KB093695

이 책을 더 잘 이용하기 위한 짧은 안내

1. 흥미로운 읽을거리

이 책의 특징	설명	효익
회사 소개	각 장은 실제로 있는 마케팅 조사 회사의 특징이나 자료의 품질을 높이기 위한 한 조직의 노력 같은 조직의 서비스에 대한 설명으로 시작	해당 장에서 배울 내용들이 실무에서 어떻게 활용되는지를 먼저 알게 해주는 역할을 함
업계 전문가로부터의 현재 이슈에 대한 통찰력	업계 실무자로부터 듣는 '성공담'과 권장사항	이론과 기법들이 어떻게 적용되는지를 알려주고 그것들을 어떻게 효과적으로 사용할 수 있는지에 대한 힌트를 줌
글로벌 실무 적용	글로벌 마케팅 조사에 대한 실제 사례	50% 이상의 마케팅 조사가 해외 시장에서 일어난다는 점을 인식하는 것을 도움
윤리적 고려사항	마케팅조사협회에서 채택한 윤리강령을 사용하여 윤리적인 마케팅 조사자가 어떻게 행동해야 하는지를 보여줌	마케팅 조사자들은 자신들이 처할 수 있는 윤리적인 딜레마를 알고 있으며 그것을 명예롭게 해결하려고 하고 있음을 알게 해줌
실무적 적용	마케팅 조사가 어떻게 적용되는지에 대한 실무적인 사례들과 뉴로마케팅 같은 새로운 기법에 대한 소개	실제 업계에서 행해지는 마케팅 조사 실무를 알게 됨으로써 마케팅 조사지식을 넓힘
디지털 마케팅 조사 적용	정보의 원천으로서 그리고 정보를 가공하는 도구들을 만들어내는 원천으로서의 기술이 마케팅 조사에 어떠한 영향을 끼치는지를 보여줌	새로운 정보 원천으로부터 생성된 정보를 제공하는 서비스를 포함시킴으로써 혁신이 마케팅 조사 회사에게 어떠한 기회를 제공하는지를 알게 됨

2. 시험 준비를 위한 이 책의 특장점

이 책의 특징	설명	효익
각 장의 학습 목표	각 장에서 다루어질 주요 주제들과 이슈들을 포인트로 정리	각 장을 읽고 나서 반드시 기억해야 할 주제들을 알려줌
본문 여백 주석	주요 개념을 한 문장으로 정리	각 장의 중심 주제들을 알려줌
요약	각 장의 주요 주제들을 요약함	각 장에서 가장 중요한 부분을 알려줌
핵심용어	각 장에서 정의된 주요한 용어들을 각 장의 말미에 정리함	각 장을 이해한 정도에 대한 평가와 주요 주제에 대한 복습을 도와줌
복습 질문	각 장에서 다루어진 주제와 이론에 대한 이해도를 평가하는 질문	이 책에서 제시된 주요 주제에 대해서 여러분이 알아야 할 것을 알고 있는지를 평가하도록 도와줌
웹사이트	웹사이트의 학생을 위한 정보란에는 각 장의 요약과 사례 분석의 힌트, 온라인 시험 질문, ppt가 있음	온라인 시험 질문과 파워포인트 슬라이드, 그리고 SPSS 설명과 데이터 세트를 제공함

3. 여러분이 습득한 지식을 응용할 수 있도록 해주는 요소

이 책의 특징	설명	효익
각 장 끝의 사례	각 장에서 배운 것들을 응용하도록 해주는 사례	때때로 각 마케팅 조사의 경우에 맞게 조정되어야 하는 내용들을 학습하게 해줌
통합학습	3~4개 장에서 학습한 내용을 통합하여 적용하는 연습	• 공부한 각 장의 내용들이 고립되는 일종의 '사일로 효과(silo effect)'를 극복하게 해줌 • 각 장의 주제와 개념들이 어떻게 연관되어 있는지를 보여줌으로써 학습효과를 증진시킴
통합 사례	책의 여러 장에서 단계적으로 쓰이는 사례로 각 장의 끝 부분에 연습 사례로 제공됨	• 실제로 마케팅 조사를 하는 것을 마케팅 조사 단계를 따라 시뮬레이션함 • 마케팅 조사를 어떻게 수행하는지를 보여줌
IBM SPSS 통계 패키지 23.0을 교재에 통합	세계에서 가장 많이 쓰이는 통계 패키지로서 스크린샷과 아웃풋에 설명을 붙여 수행방법을 단계별로 설명함	마케팅 조사 업계에서 표준이 되는 통계분석 프로그램을 학습함
온라인 SPSS 데이터 세트	웹사이트(www.pearsonhighered.com/burns)에서 통합 사례를 포함하여 이 책에서 사용된 모든 사례의 데이터 세트를 내려받을 수 있음	• 데이터 셋업이나 수정의 우려 없이 SPSS 데이터 세트를 쉽게 얻을 수 있도록 해줌 • SPSS 데이터 세트에 대한 좋은 표본으로 삼을 수 있음
SPSS 학생 도움	설명이 붙은 SPSS 스크린샷에 대한 동영상을 통하여 SPSS를 사용하는 법을 보여줌	통계적 분석을 포함하여 많은 SPSS 기능에 대한 유용한 참고물

마케팅 조사론 제8판

Alvin C. Burns, Ann Veeck, Ronald F. Bush 지음
남인우, 전주언 옮김

Σ 시그마프레스

마케팅 조사론, 제8판

발행일 | 2019년 7월 30일 1쇄 발행
2023년 2월 10일 2쇄 발행

지은이 | Alvin C. Burns, Ann Veeck, Ronald F. Bush
옮긴이 | 남인우, 전주언
발행인 | 강학경
발행처 | **(주) 시그마프레스**
디자인 | 이상화
편 집 | 문수진

등록번호 | 제10－2642호
주소 | 서울시 영등포구 양평로 22길 21 선유도코오롱디지털타워 A401~402호
전자우편 | sigma@spress.co.kr
홈페이지 | http://www.sigmapress.co.kr
전화 | (02)323－4845, (02)2062－5184~8
팩스 | (02)323－4197

ISBN | 979-11-6226-147-7

Marketing Research, 8th Edition

Authorized translation from the English language edition, entitled MARKETING RESEARCH, 8th Edition, 9780134167404 by BURNS, ALVIN C.; VEECK, ANN; BUSH, RONALD F., published by Pearson Education, Inc, publishing as Pearson, Copyright © 2017

All rights reserved. No part of this book may be reproduced or transmitted in any form or by any means, electronic or mechanical, including photocopying, recording or by any information storage retrieval system, without permission from Pearson Education, Inc.

KOREAN language edition published by SIGMA PRESS, INC., Copyright © 2019

이 책은 Pearson Education, Inc.와 **(주) 시그마프레스** 간에 한국어판 출판 · 판매권 독점 계약에 의해 발행되었으므로 본사의 허락 없이 어떠한 형태로든 일부 또는 전부를 무단복제 및 무단전사할 수 없습니다.

* 책값은 책 뒤표지에 있습니다.

이 도서의 국립중앙도서관 출판예정도서목록(CIP)은 서지정보유통지원시스템 홈페이지(http://seoji.nl.go.kr)와 국가자료종합목록시스템(http://www.nl.go.kr/kolisnet)에서 이용하실 수 있습니다.(CIP제어번호: CIP2019027699)

역자 서문

마케팅을 공부하는 학생들에게 아주 좋은 소식이 있다. 미국의 직장 평가 및 취업 정보 사이트인 글래스도어(Glassdoor)에서는 매년 그 해의 유망한 직종을 발표하는데 올해 1월에 발표한 2019년 랭킹에서 마케팅 매니저가 3위를 차지했다는 것이다. 사실 마케팅 매니저가 3위를 차지한 것은 올해가 처음이 아니다. 마케팅 매니저 직종의 랭킹은 2016년에 14위, 2017년에 11위, 2018년에 3위를 기록하여 금년에도 그 위치를 유지하고 있다. 지난 4년 동안 마케팅 매니저 직종의 랭킹이 상승한 것은 무척 고무적인 일이다. 그런데 그동안 1위는 어떤 직종이었을까? 1위 자리는 지난 4년 동안 한 직종이 변함없이 지켰다. 그 직종은 바로 데이터 전문가(data scientist)이다. 이를 반영하듯이 미국의 많은 대학에서 데이터 전문가 석사 과정을 신설하고 있고 기존의 통계학과 역시 유례없는 인기를 누리고 있다.

빅데이터라는 말에서도 드러나듯이 데이터 홍수의 시대가 되었다. 기술의 발전은 데이터의 분석을 쉽게 해주거나 분석 결과를 이해하기 쉽게 보여주는 것에 그치지 않고 보다 더 정확한 데이터를 더 많이 그리고 더 짧은 시간 안에 확보할 수 있도록 해주었다. 데이터의 원천도 다양해져서 설문이나 2차 데이터를 넘어서 소비자들의 자연스러운 SNS 활동에서 정보를 얻는 수동적 데이터(passive data)도 각광을 받고 있다. 바야흐로 많은 영역에서 데이터가 없어서 분석을 못한다는 말은 옛말이 되어 가고 있다. 디지털 마케팅의 섬세한 타겟팅에서 보듯이 지금까지 소비자들을 파악하기 위해서 이런저런 것들을 해야 한다라고 쓰고 할 수 있으면 좋겠다라고 읽어야 했던 것들이 이제는 드디어 할 수 있는 것들이 되어 간다. 이 모든 것이 급증한 데이터의 양과 그에 대한 분석 도구들의 발전 덕분이다.

논쟁의 여지는 있지만 개인적으로 경영학에서 이러한 빅데이터의 혜택을 가장 많이 보는 부분이 마케팅이라 생각한다. "나는 행성의 운행은 계산할 수 있어도 인간의 광기는 계산할 수 없다"라고 말한 아이작 뉴턴이나 "입자가 생각할 수 있다면 물리학이 얼마나 더 어려워질까 생각해보라"는 노벨 물리학 수상자인 머리 겔만(Murray Gell-mann)의 말에서 보듯이, 주가, 매출액, 연봉 등의 객관적이고 정형화된 정보보다는 주관적이고 비정형적 정보를 많이 사용하는 마케팅에서는 측정 오차가 더 클 수밖에 없고 이를 줄이는 데 빅데이터는 큰 공헌을 한다.

이렇듯 마케팅은 데이터를 분석해야 할 필요성이 가장 큰 경영학 분야 중 하나임에도 불구하고 대학 현장에서 이에 대한 교육이 얼마나 이루어지고 있는지는 의문이다. 데이터 분석의 기본이 되는 것이 통계학임에도 불구하고 마케팅 조사론, 마케팅 리서치 과목에서 통계학을 아예 강의하지 않거나 데이터 집계 정도에서 그치는 것은 시대의 흐름을 따라가지 못하는 것이다. 통계를 바탕으로 데이터 분석을 가르치는 과목이 있다 하더라도 그 과목을 기피하는 학생들이 늘고 있음은 앞의 문제와 동전의 양면과 같은 관계에 있다. 개인적으로 이는 경영학과 학생들이 대부분 문과 교육을 받았고 대부분의 문과생들이 숫자에 대해서 불편함을 가진다는 사실 때문이라고 생각한다. 숫자가 나오지 않는 경영학은 상상하기 힘든 것임에도 불구하고 대부분의 학생들은 통계는 어려운 것이라는 인식을 하고 있다. 역자 역시 그러했는데, 역자의 경우를 생각해보면 이러한 점은 통계를 처음 접한 고등학교에서는 입시 문제 위주로 공부를 했고 대학에 들어와서는 기초 통계를 지나치게 어려운 이론 중심으로 배웠음에 그 이유가 있지 않을까 한다. 물론 기본은 아주 중요한 것이고 기본기라는 것은 수준이 올라갈수록 빛을 발하는 것이라 굳게 믿고 있다. 하지만 통계학을 응용하여 의사결정의 도구로 사용하는 경영학과 학생들에게는 그것들이 어떤 결정에 사용되어야 하는지에 대한 설명이나 명확한 개념에 대한 이해 없이, 익숙하지 않은 표기 방식으로 쓰인 베르누이 분포하에서의 확률을 계산하거나 정규 분포를 나타내는 식을 외울 것을 요구하는 식의 교육방법은 효과적이지 못하다. 이러한 통계교육을 받은 학생들은 학년이 올라가서 배우게 되는 과목들 중에 통계학이 사용된다고 하면 대학생활의 새로움에 취해 있을 신입생 시절에 필수과목으로 배워야 했던 통계학의 어려움이 되살아나서 그 통계 관련 과목(그것이 응용 통계라 기초 통계보다 쉬울지라도)을 피하는 것이 아닐까 생각한다. 역자가 유학을 할 당시에 통계학과(경영학과가 아닌) 학부 2~3학년의 통계학 교과서들이 얼마나 쉽게 쓰여 있나 감탄을 한 적이 있고 한국에서도 이러한 교재들로 수업을 한다면 많은 학생들이 통계 울렁증을 벗어나서 이 분야를 더 공부하고 싶어 하는 사람들이 늘어날 것이라는 생각도 했다.

Burns, Veek, Bush의 *Marketing Research*는 그러한 교재다. 이 책은 통계 개념을 어려운 수식들을 지양하고 일상생활에서 흔히 접할 수 있는 예로서 알기 쉽게 설명한다. 또 저자들은 그 쉬운 설명을 심하다 싶을 정도로 여러 번 반복하여 독자들이 개념을 확실하게 이해하고 있는지를 확인한다. 가장 많이 쓰는 통계 프로그램이기는 하지만 많은 학생들이 처음 접하게 되는 SPSS 통계 프로그램의 명령 입력 화면과 출력 화면의 스크린샷에 말풍선을 넣어서 어떤 순서로 명령을 하고 결과 해석을 위해서는 출력 화면의 어디를 자세히 봐야 할지를 설명한다. 이 책만 있으면 이 책에서 사용되는 통계기법을 사용하는 데는 SPSS 매뉴얼이 필요 없을 정도로 상세한 설명을 하고 있다. 이러한 점 때문에 역자는 2004년 싱가포르의 난양기술대학교(Nanyang Technological University)에 재직하고 있을 당시부터 이 교재를 채택하여 지금까지 사용하고 있다가 이번에 분에 넘치게도 번역을 하게 되었다.

번역은 그대로 번역했을 시에는 의미가 잘 전달되지 않는 경우를 제외하고는 가능한 직역을 하려고 했고 통계 용어 등과 같은 전문 용어는 괄호 안에 원문을 넣어서 혼란을 없애도록 했다. 이 책의 장점 중 하나인 SPSS 인터페이스와 아웃풋에 대한 스크린샷의 언어는 원서에는 당연히 영어로 되어 있다. 이것을 그대로 사용하면 이 책의 장점이 퇴색될 것 같아 예제에 사용된 데이터를 한글 인터페이스로 된 SPSS로 직접 분석하여 한글로 된 스크린샷을 만들었다.

원서가 쉽게 쓰여져서 번역도 쉬울 것이라 생각했던 처음의 생각이 잘못된 것임을 깨닫는 데는 그리 오래 걸리지 않았다. 직역 중심으로 번역을 해서 생긴 거친 문장도 손을 더 봐야 하는 것 아닌가라는 생각이 든다. 무엇보다도 번역을 하는 데 있어서 저자의 의도를 그대로 살려서 쉽게 설명을 하고 싶었으나 역자들의 역량 부족으로 그러지 못하여 저자들과 독자들에게 누를 끼치는 것이 아닐까 걱정된다.

이 책을 번역하는 데는 많은 분들의 도움이 있었다. 그중에서도 많은 시행착오로 인하여 번역이 늦어진 것을 오랫동안 기다려주신 (주)시그마프레스의 강학경 사장님, 그리고 실수투성이 원고를 수정해주시고 편집해주신 문수진 과장님과 편집부 직원들에게 감사드린다.

번역 기간 동안 성원을 보내준 가족들에게도 감사드린다. 특히 이 책이 나올 때쯤 대학에 진학하게 되는 아들 정연이가 대학에서 이 책으로 마케팅 리서치를 공부하고 느낀 그대로 피드백을 줄 수 있는 가장 솔직한 독자 겸 비평가가 되어 주면 얼마나 좋을까 하는 꿈을 꾸면서 역자의 인사를 마친다.

저자 서문

제8판에서 새로 소개된 부분과 유지된 부분

- **새로운 점 : 새 공동저자 Ann Veeck!** 이번 제8판은 저자의 중대한 변화가 있다. 제7판까지 이 책은 Al Burns와 Ron Bush가 저술했다. Ron은 제7판이 출판된 후 곧 은퇴했고, Ann Veeck이 새로 참여하게 되었다. Ann은 조지아대학교 테리경영대학에서 마케팅 조사 석사학위를 취득하는 등 우수한 자격을 갖추었다. 그녀는 오랜 기간 동안 마케팅 조사를 강의했고 이 책의 이전 판을 사용해 왔다. Ann은 제8판 전체를 거쳐, 특히 마케팅 조사 산업, 마케팅 조사 과정, 문제 규정, 조사 설계, 2차 및 패키지 정보, 정성적 조사 기법 범위에 기여했다. 그녀는 또한 디지털 마케팅 조사 및 빅데이터 분석에 뛰어나다. 그럼에도 불구하고 이 책의 이전 판을 사용해 왔던 사람들은 Ron Bush의 기여를 인정할 것이며, 이러한 이유로 Ron이 제8판을 적극적으로 저술하지 않았지만 우리는 이 책의 공동저자로 그의 이름을 유지했다. 따라서 마케팅 조사론 제8판의 저자는 Burns와 Bush에서 Burns, Veeck 및 Bush로 변경되었고, 제9판은 Burns와 Veeck이 될 것이다.

  이점 : 마케팅 조사의 오랜 사용자이자 수많은 학생들의 탁월한 교사, 마케팅 조사를 직관적이고 즉시 이해할 수 있도록 하는 이 책의 전통을 잇도록 공헌했다.

- **새로운 점 : 업계의 큰 변화를 반영한 교재의 작은 변경 사항** 마케팅 조사 산업에 종사하는 사람들은 커다란 변화가 일어나고 있음을 느낄 수밖에 없다. 빅데이터 및 마케팅 효율 분석(marketing analytics)이 이루어졌으며, 소셜미디어 마케팅 조사가 진행되고 있다. 정성적 조사가 훨씬 더 보편화되고 있고, 기술 혁신은 매일 일어난다. 또한 패널기법이 기본적인 설문조사 방법이 되었고, 데이터 시각화, 인포그래픽(infographics) 및 대시보드는 현재 선호되는 결과 보고 방식이 되었다. 숙련된 마케팅 교육자이자 통찰력 있는 이 책의 저자로서, 우리는 강사들이 그들이 사용해 왔던 책의 새로운 버전이 너무 많이 변하는 것을 매우 싫어한다는 것을 잘 알고 있다. 그래서 우리는 마케팅 조사 업계에 부응하기 위해서 이전 버전에서 옳다고 판명된 내용들은 그대로 유지하면서 새로운 섹션을 추가하는 좀 더 진화적인 방식을 취했다. 새로운 섹션은 마케팅 조사 인사이트를 예시로, 일부 장의 부분을 현재 실무와 연관하여 재구성했다. 우리는 학생들에게 마케팅 조사를 가르칠 때, 책에서 다루는 내용을 *Quirk's Marketing Research Review, GreenBook*과 기타 마케팅 조사 업계의 뉴스 출처에서 수집된 실무적인 예시를 공부하는 데 구름판으로 사용하고 있는데 다른 독자들도 이러한 방식으로 공부하기를 추천한다.

  이점 : 제8판 사용자는 책의 현대화된 내용을 볼 것이다. 그러나 책의 구성, 주제 범위, 책 데이터의 흐름이 크게 바뀌지 않았기 때문에 놀라거나 불편을 겪지 않을 것이다.

■ **새로운 점 : 디지털 마케팅 조사** 우리는 신기술, 주로 컴퓨터 기반의 혁신이 마케팅 조사 관행을 근본적으로 변화시키고 있다고 확신한다. 이전 판에서는 소셜미디어 마케팅 조사 및 '모바일 마케팅 조사'란 용어를 사용했지만, 이 용어는 현황을 정확히 담지 못했다. 따라서 '디지털 마케팅 조사'라는 문구를 사용하기로 했다. 우리는 이 용어가 소셜미디어 마케팅, 모바일 마케팅 조사, 그리고 온라인 패널, 인터넷 기반 정성적 기법의 성장, 인포그래픽 등 모든 기술적 변화의 성장을 포괄한다고 생각한다. 따라서 이 책 전반에 걸쳐 마케팅 조사 인사이트 코너의 많은 부분이 이 디지털 마케팅 조사에 할애되었다. 디지털 미디어의 영향하에 많은 참고 데이터들이 소셜미디어 데이터에 관한 것(예를 들면 제5장에서 설명된 2차 데이터의 한 형태로서 소셜미디어 데이터)들로 구성되었다.

이점 : 학생들은 마케팅 조사에 미치는 기술적인 영향에 관하여 업계의 최신 정보를 얻을 수 있을 것이다. 또한 마케팅 조사에 있어 급속한 변화와 진화가 현대적인 현상임을 인식할 수 있을 것이다.

■ **새로운 점 : 빅데이터** '빅데이터' 시대를 살아가는 학생들은 새롭고 흥미로운 데이터 이외에 전통적인 데이터 출처에 대해서도 알아야 한다. 제5장 '2차 데이터와 패키지 정보'는 빅데이터에 대해서 정의하는 것으로 도입부를 시작하고, 데이터 형식과 용량이 왜 마케팅 조사 전문가의 기대와 우려를 동시에 일으키는지 설명한다. 점점 중요해지는 데이터 출처 중 하나는, 소셜미디어 웹사이트에서 얻을 수 있는 사용자 제작 데이터(user-generated data, UGD)이다. 이에 대하여 제5장에는 소셜미디어 데이터의 강점과 취약점, 또한 광범위한 용례까지 내용을 추가하였다. 점점 유용해지고 있는 또 다른 2차 디지털 데이터 형태는 사물인터넷(Internet of Things, IoT)이다. 그리고 제5장은 이러한 '수동적 데이터(passive data)' 출처의 미래 잠재력에 대하여 설명하는 것으로 결론 짓는다.

이점 : 학생들은 최근 생겨나는 데이터 출처의 현재 및 미래의 잠재적 사용에 대하여 더 잘 이해하게 될 것이고 이를 통하여 마케팅 조사 산업에 적합한 커리어를 쌓을 수 있는 기법들을 개발하게 될 것이다.

■ **새로운 점 : 업데이트된 마케팅 조사–실무적 인사이트와 글로벌 인사이트** 마케팅 조사 실무의 짧은 예시와 설명으로 구성된 마케팅 조사 인사이트는 이 책의 제1판부터 중요한 역할을 담당해 왔다. 디지털 마케팅 조사 인사이트와 더불어, 우리는 이전 개정판의 내용들을 발전시켜서 새로운 판에 포함시켜 왔다. 즉 실무적 마케팅 조사 인사이트와 글로벌 마케팅 조사 인사이트는 모든 챕터마다 새로운 예시와 함께 등장한다. 이 부분들은 모두 마케팅 조사의 당면한 이슈와 실제 업무들을 반영하는 것으로 구성되었기 때문에 우리가 책에서 논했던 개념을 실제로 보여주거나 학생들에게 실무의 특수성을 보여주는 데 도움이 될 것이다.

이점 : 학생들은 실제 마케팅 조사 산업에 대해서 알게 될 것이다. 4개의 카테고리에 집중하여, 학생들은 마케팅 조사 산업에서 중요한 오늘날의 쟁점들이 무엇이며, 현업 종사자들이 마

케팅 업계에 영향을 미치는 주요 이슈들을 어떻게 다루고 있는지를 알게 될 것이다.

- **새로운 점 : 마케팅 조사 회사 스케치** 이 책의 이전 개정판에서 우리는 업계에서 가지고 있는 인맥을 사용하여 업계의 주요인사를 초청해 특정 마케팅 조사 주제에 대한 설명이나 간략한 기업 설명, 논평을 각 장 도입부에 제시했다. 제8판에서는 모든 기업 스케치(Vignette)를 새롭게 구성했다. 우리는 대부분 가장 혁신적인 마케팅 조사 기업만 초대하기로 하였다. 따라서 2015년도 GreenGook Research Industry Trends Report의 마케팅 조사 분야의 가장 혁신적인 50개 공급 업체(Top 50 Most Innovative Suppliers Companies in Marketing Research)에 선정된 기업을 초대했다. 몇몇 기업은 간략한 설명, CEO 또는 다른 기업 대표의 사진, 회사 로고로 답신했다. 호기심 있는 각 학생들은 기업 웹사이트에 방문하기를 권한다. 이 기업들은 혁신적이며, 최첨단이기 때문에 이전 개정판에서 다루었던 기업들처럼 각 장 내용의 '틀'에 맞지는 않는다. 그 대신, 강사들은 이 기업 스케치 부분을 오늘날 마케팅 조사 기업에 관한 흥미로운 성공 스토리로 사용할 수 있을 것이다.

  이점 : 학생들은 마케팅 조사에 대한 학문적인 관점 그 이상의 것을 얻을 것이다. 그들의 글을 읽고 (웹사이트를 방문해봄으로써) 마케팅 조사 실무진들이 실제 문제를 독창적으로 해결하는 방식에 대해서 알게 될 것이다.

- **새로운 점 : 각 장의 마무리 사례** 우리는 여러 장에서 이번 개정판의 내용을 반영한 새로운 사례를 제시했다. 우리는 학생들을 위해 흥미로운 사례를 만들고, 실무에서 어떻게 적용되는지를 보이려고 노력했다. 이러한 사례들은 물론 허구지만 학생의 흥미와 호기심을 자극할 수 있을 것이다.

  이점 : 학생들은 각 장에서 배운 개념을 실제 상황에 적용할 수 있다. 이를 통해 학생들은 실무적인 사례를 통해 배운 정보가 얼마나 유용한지 느낄 수 있을 것이다.

- **유지된 점 : 책의 구성과 더 축소된 분량** 우리는 이전 개정판과 같이 책의 사용자들이 보다 간결한 접근방식을 원한다는 점을 반영했다. 많은 교재에서 볼 수 있는 20개 이상의 장들을 16개 장으로 축소했다. 우리는 일부 장을 합치고 소재를 간소화하여 이 목표를 달성했다. 예를 들어 우리는 조사 과정 단계와 문제 정의를 한 장으로 합쳤다. 간소화된 접근방식을 통하여 독자들은 학습해야 할 핵심 수업에 집중할 수 있게 될 것이다. 이러한 구성 및 각 장의 축소된 목록은 책의 판매와 책의 사용자들 의견 면에서 모두 성공적이었다. 따라서, 우리는 이번 제8판에서 이 형식을 유지했다.

  이점 : 이 책은 15, 16주차 학기에 사용하기 알맞다. 학생들은 이제 보다 관리 가능한 패키지 안에서 포괄적인 학습 경험을 갖게 된다.

- **유지된 점 : 주석을 붙여 설명한 IBM SPSS 통계 프로그램(SPSS) 23.0** 이번 제8판은 SPSS 23.0

을 사용했다. 우리는 1995년에 이 프로그램을 사용하기 시작했고, 학생들이 SPSS의 키 입력을 배우는 데 도움이 되는 단계별 스크린샷을 제공함으로써 SPSS와 이 책의 내용이 더 잘 통합될 수 있도록 했다. 이를 통해 여러분은 통계분석에 대해서 언제 사용하는지, 어떻게 결과를 해석하는지 등을 더 잘 알 수 있게 될 것이다. SPSS 최신판 키 입력 또한 명확하고 쉽게 설명이 잘 되어 있다.

이점 : 학생들은 마케팅 조사자들 사이에서 인기가 높은 SPSS의 최신 버전을 배울 수 있다. 단계별 스크린샷을 통해 학생들은 필요한 메뉴 작업을 보고 SPSS 출력을 읽는 방법을 배운다. 이 책을 읽는 것만으로도 SPSS가 컴퓨터로 작동되는 것을 보면서 SPSS에 대해 많은 것을 배울 수 있다.

- **유지된 점 : 의뢰인들에게 통계분석 결과를 보고하는 법에 대한 가이드라인 제시** 우리는 학생들이 SPSS를 사용하여 통계분석을 적절하게 수행하도록 배운 후, 그들이 분석한 내용을 작성하는 데 어려움이 있음을 알아챘다. 제6판에서 이 문제를 해결할 수 있는 요소를 추가했다. 우리는 이것이 중요한 개선이라고 믿으며, 제8판에서도 그것을 유지하고 간소화했다. 데이터 분석 장에서 우리는 의뢰인들에게 조사 결과를 보고하는 법을 포함시키고, 이해하기 쉬운 가이드라인과 예시를 제공했다.

  이점 : 대부분의 교재들은 데이터 분석을 가르친다. 이 책을 읽는 학생들은 데이터 분석을 수행하는 방법뿐 아니라 분석한 내용을 보고하는 방법을 알게 된다. 학생들은 이를 통하여 더 나은 조사 보고서 작성자가 될 수 있을 것이다.

- **유지된 점 : 조정된 통합 사례** 강의를 통해 우리는 통합 사례가 훌륭한 학습 도구라는 것을 알게 되었다. 한 학기 전체에 걸쳐 하나의 사례를 사용한다면 실제 현장에서의 문제 정의에서 결과 도출까지의 연결점들에 대해서 더 잘 알 수 있게 될 것이다. 이 책에 사용된 통합 사례는 마케팅 조사 기업의 실제 프로젝트와 비슷하게 구성되었다. 새 통합 사례에는 고객사를 Global Motors에서 Auto Concepts로 변경하고 조사 중인 자동차 모델을 현대화했다. 이 사례는 시장이 앞으로 요구하는 자동차 유형을 결정해야 할 관리자에게 초점을 맞춘다. 이 사례를 통해 학생들은 소비자 선택에 영향을 미칠 수 있는 태도와 의견(예 : 지구온난화에 대한 태도)을 조사하는 방법, 최고 선호 모델을 알아내는 방법, 다른 모델 간 세분시장의 차이점들을 찾는 방법을 배우게 된다. 학생들은 중요한 의사결정을 하기 위해서 SPSS 도구가 사례 데이터를 분석하는 데 어떤 도움을 주는지 알게 된다. 데이터는 더 적은 변수로 간소화되고, 각 장마다 하나씩 있었던 예시를 9개 장 마지막 부분에만 예시를 제시하는 것으로 축소했다. 물론, 데이터는 분석 장에서 광범위하게 사용되기 때문에 학생들은 이를 반복함으로써 연습을 할 수 있다.

  이점 : Auto Concepts의 통합 사례는 학생들이 마케팅 조사 프로젝트의 중요한 단계를 확인할 수 있도록 하며, 관리자가 여러 대안들 사이에서 의사결정을 하는 데 데이터 분석이 어떤 도움을 줄 수 있는지를 보여준다.

- **유지된 점 : 마케팅 조사 인사이트에 윤리강령 조항 포함** 네 번째 마케팅 조사 인사이트는 윤리적 고려사항에 대한 것이다. 이전 개정판에서는 업계에서 다루는 방식대로 윤리 문제를 다루기로 결정했고 따라서 마케팅조사협회(Marketing Research Association, MRA)에서 제시한 마케팅 조사 표준 코드(Code of Marketing Research Standards) 발췌 내용을 넣었다. 우리는 오랫동안 MRA와 좋은 관계를 맺고 있고, MRA는 이 책에서 현행 기준에 따른 발췌 부분을 제시할 수 있도록 허가했다. 이번 제8판도 이 접근방식을 계속 유지한다. 책을 통해 윤리적인 것을 가르칠 수 없다는 것을 알지만, 우리는 각 장의 윤리강령 글을 통해 마케팅 조사 시 발생하는 윤리적 감수성 이슈들을 함께 넣었다.

  이점 : 학생들은 마케팅 조사 실무와 관련하여 실무자들이 사용하는 실제 규정/기준을 통해 윤리적 감수성 분야를 접할 수 있다. 결론적으로, 학생들은 조사에 대한 미래의 구매자 또는 공급자로서 잠재적인 '윤리 위험(ethical danger)'에 대한 지식을 얻을 수 있을 것이다.

- **유지된 점 : 유튜브 예시** 밀레니얼 세대 학생들의 교육 접근방식에 대하여, 현대 사람들은 소셜미디어와 인터넷 기반 학습이 중요함을 강조한다. 이에 우리는 이전 개정판에서 유튜브 동영상 참조 검색을 시도했고, 제8판에서도 이 학습 데이터를 계속 유지한다. 이 책의 유튜브 참조는 문제 정의부터 통계분석, 보고서 작성까지 유용한 통찰력을 제공한다.

  이점 : 동영상 학습을 좋아하는 학생들은 유튜브 참조를 통해 책에서 다루는 주제에 대한 기본적인 통찰력과 다양한 관점을 얻을 수 있다.

- **유지된 점 : 능동적 학습 과제** 우리는 제6판에서 각 장의 요점을 활용한 연습문제를 도입했다. 학생들은 방금 배운 개념들을 활용하고 예시적 상황에 적용하여 문제를 풀어야 한다. 이러한 활동은 개념 학습을 강화하기 때문에 이번 제8판에서도 능동적 학습 과제를 유지했다.

  이점 : 능동적 학습 과제를 통해 학생들은 방금 읽은 개념이나 기법을 연습하거나 적용할 수 있다. 학습은 책을 읽은 후 '실행(doing)'을 함으로써 촉진된다.

- **유지된 점 : 종합학습** 우리는 학생들이 여러 장에서 얻은 지식을 종합할 수 있도록 제6판부터 이 활동을 유지했다. 이 활동은 학생들에게 이전 장으로 돌아가서 데이터를 찾아 문제를 답하도록 한다. 종합학습은 약 3개 장이 끝나는 시점에 있으며, 각 장에서 다루는 주제가 마케팅 조사 사례를 풀기 위해서 어떻게 적용되는지를 보여주기 위한 목적을 갖는다.

  이점 : 이 활동을 통해 학생들은 작은 부분으로 배운 데이터를 통합하여 학습 데이터들의 관련성을 알 수 있으며, 실제로 마케팅 조사 과정이 어떻게 통합되는지 배울 수 있다.

이 책이 필요한 사람들

1990년내 초반에 우리가 이 책을 처음 고안했을 때 우리는 이 책을 마케팅 조사 수업을 처음 듣는 학부생을 위하여 저술하려 했다. 다른 교재들은 '모든 사람을 위한 모든 내용'을 담으려고 했다. 그 교재들은 학부생을 위한 마케팅 조사 교재로 포지셔닝되어 있었지만 많은 책들이 상급 수준이었고, 강사들도 책을 전혀 사용하지 않거나 힘들어하는 학생들을 참아내며 교재를 사용했다. 7개의 과거 개정판과 마찬가지로 이번 제8판은 마케팅 조사에 대한 확실하고 기본적인 이해가 필요한 학부생들을 위하여 작성되었다. 오늘날은 쉽게 접근할 수 있는 마케팅 조사 도구가 많기 때문에, 기술적인 스페셜리스트를 배출하는 것보다 스스로 조사를 할 수 있는 제너럴리스트를 기르는 것이 더 낫다.

그러나 모든 마케팅이 그렇듯이, 이 책을 사용했던 우리의 고객인 학생 및 강사 모두가 바뀌었다. 우리는 교육적인 기법에서 완벽을 추구하기 때문에, 밀레니얼 세대 학습자들의 성공을 위한 요구사항을 만족시키기 위해 끊임없이 마케팅 조사를 수정하려고 노력했다. 모든 개정판마다 우리는 주류 학부생이 직관적으로 이해할 수 있도록 책의 설명을 개선하기 위한 방법을 모색했다. 이 책의 초기 개정판은 학생들이 효과적인 마케팅 조사 의뢰인이 될 수 있도록 학생들에게 마케팅 조사 도구에 대한 지식을 전달하는 데 중점을 두었다. 오늘날 필요한 것은 학생들에게 마케팅 조사 실행에 대한 기본 지식을 제공하여 스스로 마케팅 조사를 시도하게 하는 것이다. 즉 우리는 현재 DIY(do-it-yourself) 세대의 마케팅 조사 학생들을 가르치고 있다.

접근방법

이 책의 독자층을 감안했을 때, 우리는 강사들에게 마케팅 조사의 '기본기'을 알고 싶어 하는 학부생을 가르치기 위한 책을 제공하려고 노력했다. 예를 들어 측정과 관련된 장에서는 학생들에게 기본적인 질문 형식, 측정방법, 각 유형의 주요 용도, 대중적인 구성개념(construct)을 측정하는 데 사용되는 일반적인 방법 등을 가르칠 수 있다. 그러나 여러 가지 유형의 신뢰성과 타당성 또는 그러한 여러 항목의 척도를 개발하는 데 사용되는 방법에 대해서는 설명하지 않았다. 분석 관련 장에서는 데이터를 분석하는 데 사용되는 가장 기본적인 통계 절차를 설명하는 데 주력하고 책 자체에서 다변량 기법이나 비모수 통계는 다루지 않았다.

이 책이 20년 넘게 시장을 선도해 온 두 가지 주된 이유는 접근방식과 저술방식이었을 것이다. 책에 대한 학생들의 평가는 마케팅 조사를 처음으로 공부하는 사람들이 이해할 수 있는 수준으로 저술되었다는 것이었다. 교수 평가도 이와 같기를 바란다.

사전 권장사항

이 과정을 준비하기 위해 학생들은 마케팅 입문 과정을 밟아야 한다. 마케팅 전략과 마케팅 믹스요소에 관해서는 우리가 의도한 것을 학생들이 알고 있다고 가정하고 설명했다. 마케팅 입문 과정을 수강한 학생들은 관리자가 더 나은 결정을 내리기 위한 마케팅 조사의 역할에 대해 더 잘 이해할 수 있을 것이다. 또한 학생들은 이 과정을 수강하기 전에 기초 통계학 과정을 수강할 것을 권장한다. 이는 정규분포곡선 아래의 면적, z값 및 p값의 해석을 포함한 통계 검정의 기본 사항과 같은 개념을 아는 데 도움이 된다. 그러나 수년간 많은 학생들을 가르친 바, 많은 학생들이 이러한 개념을 많이 기억 못할 것을 잘 알고 있기 때문에 필요한 경우 이러한 기본 내용에 대한 리뷰를 제공했다.

제8판의 다른 기능

- **마케팅 조사 업계에서 경력을 시작하는 것에 대한 온라인 링크** 일부 학생들은 마케팅 조사 업계에서 경력을 발전시키고 싶을 것이다. 우리는 제6판부터 제8판까지 온라인 링크를 제공하여, 업계의 새로운 일들에 대해 게시했다. 학생들은 직급, 급여 정보, 교육 요건, 현재 채용공고 링크와 같은 설명을 볼 수 있다.

  또한 마케팅 조사와 관련하여 우수한 석사학위 과정이 있다. 온라인 링크는 이와 같은 프로그램 정보를 역시 제공한다. http://www.pearsonhighered.com/burns로 들어가서, Student Download Page에서 'Careers'를 클릭하면 된다.

  이점 : 학생들은 직업에 관한 최신 정보를 얻을 수 있다.

- **고급 데이터 분석 모듈** 심지어 마케팅 조사 첫 과정을 이수한 학부생들도 우리가 교재에서 제공한 것 외에 통계학적 분석에 대한 지식이 필요할 수도 있다. 이러한 문제들은 학기말 실제 프로젝트와 관련된 특별한 필요성 때문에 많이 발생한다. 우리는 이러한 기술 중 일부를 온라인에서 사용할 수 있도록 만들고자 했고, 몇 가지 추가 데이터 분석 모듈을 작성했다. 이 모듈의 주안점은 분석의 기초와 적절한 시기를 설명하는 것이다. 예제도 함께 제공되며, 다루는 주제는 다음과 같다.
  - 비모수 테스트 사용시기
  - 비모수 : 카이제곱 적합도 테스트
  - 비모수 : Mann-Whitney U 테스트
  - 비모수 : Wilcoxon 테스트
  - 비모수 : Kruskal-Wallis H 테스트
  - 다변량 기법을 사용해야 하는 경우
  - 요인 분석
  - 클러스터 분석(Cluster Analysis)
  - 컨조인트 분석(Conjoint Analysis)

  학생들은 교재 웹사이트로 이동하여 모든 모듈에 접속할 수 있다.

- **데이터 세트** 우리는 다운로드할 수 있는 사례와 관련된 데이터 세트를 제공한다. 물론, 통합사례 Auto Concepts에 대한 데이터 세트 역시 제공했다.
  - Auto concepts(AutoConcepts.sav) – 제12~16장에서 사용된 통합 사례 데이터 세트
  - Auto Concepts Recoded(Auto Concepts Recoded.sav) – Auto Concepts 데이터 세트에서 서열척도로 측정된 인구통계학 변수를 각 변수의 중간점을 사용하여 등간척도로 변환한 것. 회귀분석의 독립변수로 사용하기 위해서는 이렇게 변환된 등간척도를 사용해야 한다.

학생

SPSS Student Assistant 우리는 학생들에게 SPSS 사용 및 해석 방법을 가르치는 자습서 'SPSS Student Assistant'를 이전 개정판부터 만들었다. SPSS Student Assistant는 www.pearsonhigered.com/burns에서 다운로드할 수 있다. 개인용 컴퓨터에 간단하게 설치할 수 있기 때문에, 쉽고 즉각적으로 접속할 수 있을 것이다. 비디오는 커서의 움직임 및 SPSS 작동 및 출력 결과를 보여준다. 학생들이 데이터를 얼마나 잘 배웠는지 평가할 수 있도록 스스로 평가시험도 볼 수 있도록 해두었다.

요약 차례

차례

제1장 마케팅 조사 소개

제2장 마케팅 조사 산업

제3장 마케팅 조사 과정과 문제 정의, 그리고 조사목적

제4장 조사 설계

제5장 2차 데이터와 패키지 정보

제6장 정성적 조사 기술

제8장 측정의 이해, 문항 개발, 그리고 설문지 설계

제9장 표본 추출

제10장 표본의 크기 결정

제11장 현장 조사 및 데이터 품질 문제 관리

제12장 기술통계분석, 모집단 추정, 그리고 가설 검정

제13장 차이 검정

제14장 연관분석

제15장 회귀분석

제16장 조사 보고서

제 8 판

마케팅 조사론

1 마케팅 조사 소개

학습 목표

이 장에서 여러분은 다음을 학습하게 될 것이다.

1-1 마케팅 조사, 마케팅 콘셉트 및 마케팅 전략과의 관계
1-2 마케팅 조사방법 정의
1-3 마케팅 조사의 기능과 용도
1-4 마케팅정보시스템(MIS) 설명 및 MIS에서의 마케팅 조사 필요성 인식

Quirk's Marketing Research Media : 마케팅 조사의 세계에 오신 것을 환영합니다!

Joe Rydholm은 Quirk's Marketing Research Media의 편집자이다.

인터넷이 모든 삶을 바꾸기 시작한 바로 그 순간, 나는 Quirk's에서 일을 시작했다. 나는 마케팅 조사 업계가 온라인에 반응하여 적응하는 것을 보는 것이 매우 흥미로웠다. 과거에는 포커스 그룹(in-person focus group), 전화 및 우편물 기반의 전통적인 설문조사가 신뢰할 만한 최고의 방법이었기 때문에, 처음 웹 기반 조사방법을 시작할 때는 그 기법의 통계적 타당성에 대한 의문 때문에 대소동이 있었다. 그 이슈와 씨름하면서 업계는 전통적인 종이와 연필 기반의 조사방법을 디지털 시대에 적용하기 위해서 힘들게 노력했다.

오늘날 조사자들이 사용하는 여러 도구를 보면 그러한 노력이 그만한 가치가 있었음을 알 수 있다. 스마트폰 덕분에 무수히 많은 즉각적인 조사가 가능해졌다. 모바일 민족지 연구(mobile ethnography)에서 위치 기반 설문조사(location-based surveys)에 이르기까지, 마케터와 조사자가 새롭고 다양한 유형의 통찰력(insights)에 접근할 수 있다.

사람들은 마케팅 조사자들은 숫자를 나열하는 것에 집착하고 규칙을 따르는 내향적인 인물이라고 생각한다. 하지만 이 마케팅 조사 업계는 똑똑하고, 창의적이며, 혁신적인 사람들로 가득하다. 따라서 빅데이터 및 스스로 할 수 있는(do-it-yourself, DIY) 조사 도구는 전통적인 마케팅 조사자라는 직업을 유지하는 데 두 가지 강력한 위협으로 보일 수도 있겠지만 인터넷 시대 이전부터 스마트폰 시대로 전환 가능하게 했던 적응력과 기업가 정신은 현재 및 미래 조사 전문가들이 조직의 전략적 결정을 이끌어내는 통찰력을 계속적으로 제공하는 데 도움을 줄 것이다.

Quirk's에 관하여

1986년 *Quirk's Marketing Research Review*를 설립하여 출판을 시작하기 수십 년 전부터, Tom Quirk는 기업 또는 의뢰인 측 조사자로, 또 그 이후에는 연구 회사 경영진으로서 마케팅 조사 과정의 모든 측면에서 일했다. 마케팅 조사의 장점을 굳게 믿고 있는 그는 마케팅 조사 서비스의 잠재적 사용자들이 소비자들의 요구, 필요, 의견, 그리고 그와 같이 사용될 수 있는 다양한 기술의 가치를 알기 위한 정기 교육을 실시하고 있다. 지금껏 기업가로서 활동한 그는 모든 업계에서 마케팅 조사를 사용하고 이해하고 그 가치를 홍보하기 위한 출판의 필요성을

느끼고, 마케팅 조사 의뢰인과 협력업체를 대상으로 월간 전문 잡지인 *Quirk's Marketing Research Review*를 만들었다.

1988년 여름, 미네소타대학교의 저널리즘 학부를 갓 졸업한 나는 월간지의 2대 편집장이 되기 위해 Tom과 인터뷰를 했다. 나는 마케팅 조사에 대한 그의 열정과 더불어 Quirk's의 기사가 마케팅 조사의 가치 홍보를 목적으로 하지만 그것은 가능한 한 객관적이고, 유익하며, 실용적인 정보를 담고 있어야 한다는 그의 주장에 감동받았다. 그의 목표는 마케팅 조사가 사용되는 많은 방법을 보여주고, 독자들에게 이를 적용하기 위한 실제적이고 구체적인 예를 보여주는 것이었다.

QUIRK'S
Marketing Research Media

Quirk's Marketing Research Media: www.quirks.com에 방문해보라.

그 이후로 거의 30년 동안, 직원들과 나는 Tom의 말을 지침 삼아 왔다. 월간 잡지로 시작하여, Quirk's Media는 현재 다양한 형태의 웹사이트를 제공하고, e-뉴스레터부터 블로그 및 웹세미나 등 다양한 형태의 마케팅 조사 관련 콘텐츠를 선별 및 제작하여 이것을 자격을 갖춘 마케팅 조사 및 인사이트 전문가에게 무료로 제공한다.

—Joe Rydholm

출처 : Text and photos courtesy of Joe Rydholm and Quirk's Marketing Research Media.

최근 몇 년간 일어난 사건들은 비즈니스 세계에 큰 변화를 가져왔다. Joe Rydholm이 지적한 바와 같이, 이러한 변화들은 마케팅 조사 산업에 지대한 영향을 미쳤다. 바야흐로 마케팅 조사 업계에 아주 흥미로운 시기가 도래했다. 세계화는 '비즈니스 세계'라는 문구에 진정한 의미를 더해 왔다. 디지털 및 기타 기술 혁신은 몇 년 만에 '정보화 시대'라는 약속을 실현 가능하도록 만들었다. 새로운 기술은 이전보다 훨씬 큰 빈도로 경쟁환경을 끊임없이 바꾸고 있다. 디지털 미디어는 전례 없는 속도로 확장되었다. 소비자들은 다양한 모바일 기기와 앱을 통하여 하루 24시간 정보를 얻는다. 사람들이 사용하는 많은 사물들은 정보를 수집하고 지속적으로 전송하여 사물인터넷(IoT)을 만든다. 중요한 것은 소비자들이 이러한 온라인 혁신을 통해 자신의 정보를 만들고, 실시간으로 소비자가 만들어낸 피드백을 개발할 수 있는 힘을 가지고 있다는 것이다.

빅데이터와 디지털 미디어의 새로운 시대에는 관리자에게 잘 따라오는 것만을 요구하는 것이 아니라 변화하는 세계 경제를 이해하고 이에 적극적으로 대응할 것을 요구한다. 모든 국가는 지급능력 확보를 위해 고심한다. 정치 혁명은 세계의 상당 부분을 변화시켰고, 계속되는 불안은 더 많은 변화가 올 것임을 예견하기도 한다.[1] '기업들은 이러한 변화들이 시장에 어떤 의미가 있는지를 예측하고 그러한 변화가 발생하는 곳을 경제 성장의 기회로 삼아야 한다. 관리자는 어떤 제품을 만들 것인지, 어떤 서비스를 제공할 것인지, 어떤 광고 방법이 가장

마케팅 조사 산업은 빠르게 변화하고 있다.

© Peshkova/Shutterstock

효과적인지, 어떤 가격을 통해 목표 투자수익률(return on investment, ROI)을 실현할 수 있는지, 어떤 유통시스템이 공급사슬에 가장 큰 가치를 부여하는지 결정해야 한다.

이것이 바로 마케팅 조사가 중요한 부분이다. 마케팅 조사는 더 나은 의사결정을 내리기 위해 정보를 모으는 과정이다. 이 책은 전례 없는 변화의 세계에서의 관리를 위한 활용 가능한 통찰력을 기르기 위하여 마케팅 조사를 어떻게 활용할 수 있을까라는 문제에 대한 답을 얻을 수 있도록 해줄 것이다.

1-1 마케팅 조사는 마케팅의 일부이다

마케팅 조사의 역할을 완전히 이해하려면 마케팅에서 마케팅 조사의 역할과 마케팅 조사와 마케팅의 관계를 이해하는 것이 도움이 된다. **마케팅**(marketing)이란 무엇인가? 간단하게 정의하자면 '이익이 되도록 니즈(needs)를 충족시키는 것'이다.[2] 애플이 아이패드를 디자인했을 때 아이패드는 태블릿 형식의 컴퓨터 휴대성을 추구하는 사람들이 가진 많은 니즈를 충족시켰다. 또 아마존은 킨들 태블릿을 통해 1세대 온라인 북 리더를 개발하는 데 성공했다.[3]

미국마케팅협회는 마케팅을 고객, 의뢰인, 파트너 및 사회 전반에 가치가 있는 오퍼링을 생성, 소통, 전달 및 교환하는 활동, 일련의 기관 및 프로세스로 정의한다.

미국마케팅협회(American Marketing Association, AMA)는 보다 자세한 정의를 제공하는데, 그 정의에 따르면

> 마케팅이란 고객, 의뢰인, 파트너 및 사회 전반에 가치가 있는 오퍼링을 생성, 소통, 전달 및 교환하는 활동, 일련의 기관 및 프로세스를 말한다.[4]

최근 몇 년간 마케팅적 사고는 (a) 핵심 역량을 파악하고, (b) 이러한 핵심 역량에 이익을 얻을 수 있는 잠재고객을 확인하고, (c) 고객의 특정 요구를 충족하는 가치를 창출하여 고객과의 관계를 형성하고, (d) 시장으로부터 피드백을 수집하고, 피드백에서 배우고, 대중에게 제공되는 가치를 향상하는 서비스 중심의 관점으로 발전했다. 마케팅에 대한 이러한 견해는 기업이 고객 중심(회사가 고객이 원하고 필요로 하는 것을 만들고 판매하는 것) 이상의 것이어야 함을 의미한다. 또한 고객의 변화하는 요구에 맞춰 그들과 **협력**하고 고객으로부터 **배워야** 한다. 이러한 견해의 두 번째 의미는 기업이 제품을 서비스와 구분하여 보지 않는다는 것이다. "GM은 실제로 자동차라는 부산물을 포함하고 있는 서비스를 마케팅하고 있는 것은 아닌가?"라는 식으로 생각해볼 수도 있다.[5]

현대 마케팅은 기업이 소비자와 **협력**하고 또 그들에게 **배워야** 한다는 견해를 갖고 있다.

우리의 목표는 마케팅 사고가 어떻게 진화하고 있는지를 논의하는 것이 아니라 '마케팅을 실천하려면 마케팅 의사결정권자가 결정을 내려야 한다'는 중요한 사실을 강조하는 것이다. 우리의 핵심 역량은 무엇인가? 소비자를 위한 가치를 창출하기 위해 어떻게 핵심 역량을 사용해야 하는가? 우리의 소비자는 누구이며 어떻게 그들과 협력할 수 있는가? 관리자는 더 나은 의사결정을 내리기 위해 항상 더 좋은 정보를 필요로 한다. 우리는 오늘날의 환경에서 마케팅을 잘하려면 더 많고 나은 정보에 접근해야 한다고 생각한다. 여러분이 앞으로 배우게 되듯이, 마케팅 연구는 의사결정자에게 정보를 제공한다.

크라우드소싱은 일반적으로 온라인 커뮤니티의 대규모 그룹의 사람들에게 도움을 요청함으로써 서비스나 아이디어를 얻는 행위이다.

디지털 미디어의 보급은 소비자 협업을 키우는 문화를 창출했다. 중요한 협력 방법 중 하나는 크라우드소싱이다. **크라우드소싱**(crowdsourcing)은 일반적으로 온라인 커뮤니티의 대규모 그룹의

마케팅 조사 인사이트 1.1 **디지털 마케팅 조사**

신개념을 개발한 레고 크라우드소스

레고(Lego)는 모든 연령층의 소비자가 열광하는 블록 장난감으로 전 세계에 알려져 있다. 덴마크의 장난감 제조사는 사용자 인구에 대한 공식 통계를 가지고 있지 않지만, 회사는 성인 사용자 또는 성인 팬(Adult Fans of Lego, AFoL)들이 매장 매출의 절반 정도를 발생시킨다고 추정한다.

레고는 팬들의 열정을 이용하여 'Lego Ideas'라는 웹 플랫폼을 만들었으며, 소비자는 새로운 콘셉트에 대한 아이디어를 게시할 수 있다(https://ideas.lego.com/ 참조). 이 사이트에서 사용자들은 그들이 만든 레고 프로젝트의 사진과 설명을 게시한다. 이 콘셉트가 365일 이내에 10,000명의 지지를 받는다면 자동으로 회사의 레고 검토위원회(Lego Review Board)의 검토 자격을 얻게 된다. 웹사이트는 프로젝트를 제출하기 위한 명확하고 상세한 규칙이 있기 때문에 최상의 아이디어만 게시되도록 한다. 예를 들어 고문, 흡연, 인종주의 또는 정치와 관련된 콘셉트는 금지된다.

콘셉트가 채택되고 제작되면, 제작자는 수익의 1%와 레고 세트의 사본 5개, 제작자임을 나타내는 크레딧을 받는다. 소비자 중심의 레고 세트에는 Mini-Big Bang Theory 및 Lego Bird Project가 있다. Lego Minecraft는 특히 성공한 레고 아이디어 중 하나이며, Minecraft 세트의 다양한 버전 생산을 이끌었다.

레고 아이디어는 페이스북, 인스타그램, 트위터, 링크드인 및 기타 다른 플랫폼을 포함하는 회사가 추구하는 광범위한 소셜미디어 전략의 일부이다. 레고의 전략은 분명히 효과가 있다. 수익과 이윤을 기준으로 레고는 마텔(Mattel)을 능가하는, 2014년 세계 최대의 장난감 제조사가 되었다.

© Tpfeller/Shutterstock

레고는 새로운 제품 콘셉트를 개발하기 위해 크라우드소싱을 사용한다.

출처 : Grauel, T. (2014, November 28). Lego build adult fan base. *USA Today*. Retrieved from http://www.usatoday.com/story/news/nation/2014/11/28/lego-builds-adult-fan-base/19637025/, accessed August 24, 2015. Hansegard, J. (2015, February 25). Lego's plan to find the next big hit: Crowdsource it. *Wall Street Journal*. Retrieved from http://blogs.wsj.com/digits/2015/02/25/legos-plan-to-find-the-next-big-hit-crowdsource-it/tab/print/, accessed August 25, 2015. Dann, K., and Jenkin M. (2015, July 23). Back from the brink: Five successful rebrands and why they worked. The Guardian. Retrieved from http://www.theguardian.com/small-business-network/2015/jul/23/five-successful-rebrands-why-worked, accessed August 25, 2015. Petroff, A. (2014, September 4). Lego becomes world's biggest toymaker. *CNNMoney*. Retreived from http://money.cnn.com/2014/09/04/news/companies/lego-biggest-toymaker/, accessed August 24, 2015.

사람들에게 도움을 요청함으로써 서비스나 아이디어를 얻는 행위이다. 디지털 미디어를 통한 크라우드소싱은 마케팅 조사를 위한 새로운 도구들 중 하나이다. 마케팅 조사 인사이트 1.1은 덴마크 장난감 회사 레고(Lego)가 크라우드소싱을 어떻게 사용하는지 설명한다.

기업이 올바른 결정을 내리면 표적 시장이 가치 있다고 여기는 제품과 서비스를 생산한다. 그 가치는 매출, 이익 및 긍정적 ROI로 변환된다. 그러나 우리는 시장에서 많은 실패 사례를 본다. 컨설턴트 Joan Schneider와 Julie Hall은 혁신적인 제품을 고안했다고 믿는 기업가와 브랜드 관리자로부터 정기적으로 연락을 받는다고 한다. 그러나 Schneider와 Hall에 의하면 이러한 기업가 대부분이 그들의 거대한 기대를 확인하기 위한 마케팅 조사는 하지 않는다.[6] 예를 들어 셀 존스(Cell Zones)는 개인 휴대전화 사용을 위한 방음 부스를 제작함으로써 도서관, 레스토랑 등 휴대전화 프라이버시에 대한 해답을 얻었다고 생각했다. 그 회사가 올바른 조사를 하여 사람들이 통화보다 문자메시지를 보내는 용도로 스마트폰을 사용하는 것을 알았더라면, 관리자들은 비밀스럽게 통화하는 것은 소비자가 절실하게 필요로 하는 것이 아님을 깨달았을지도 모른다.

Marketing

on YouTube™

레고가 제품 개발 단계에서부터 어떻게 소비자들의 도움을 받아 왔는지에 대해서는 **www.youtube.com**에서 **Lego Ideas Third Product Review 2014 Results**를 검색하라.

Marketing Research on YouTube™

유명한 제품 실패 사례를 보려면 **www.youtube.com**에서 **10 Worst Product Flops**를 검색하라.

실패한 제품과 서비스의 많은 사례를 보면, 관리자가 적절한 마케팅 조사를 실시했다면 관련 손실을 피할 수 있었음을 알게 된다. 많은 제품 확장(성공적인 브랜드를 다른 제품에 연결하는 것)이 실패했다. 맥피자, 콜게이트 음식, BIC 속옷, 쿠어스 생수, 할리데이비슨 향수가 그 예다.[7, 8] 소비자의 부정적인 반응으로 인해 켄(Ken) 인형은 귀걸이는 없앴고, 버거킹의 Satisfries도 시장에 내놓지 않게 되었다. 더 나은 조사로 정보를 얻었다면 이러한 실패를 피할 수 있었을까?

마케팅 콘셉트의 철학은 관리자의 결정을 유도한다

Marketing

on YouTube™

컨설턴트 Schneider와 Hall의 이야기는 **www.youtube.com**에서 **Lesson from New Product Launches-cell Zone to Ipad**를 검색하라.

철학은 삶의 가치 체계나 원칙으로 생각할 수 있다. 여러분의 가치관이나 원칙은 여러분의 생활을 지시하기 때문에 중요하다. 이것이 철학이 중요한 이유이다. 즉 철학은 일상생활의 여러 결정에 영향을 준다. 예를 들어 여러분이 다음과 같은 철학을 가지고 있다고 하자. "나는 고등교육이 중요하다고 믿는다. 왜냐하면 내가 원하는 삶의 기준을 누릴 수 있도록 필요한 지식과 깨달음을 제공하기 때문이다." 이것이 고등교육에 관한 여러분의 철학을 반영한다고 가정하고 이에 따른 일상생활을 생각해보면, 여러분은 수업에 참여하여 강의를 경청하고 메모를 하고 책을 읽은 후, 시험 준비를 할 것이다. 만일 여러분이 방금 제시한 철학을 가지고 있지 않다면 완전히 다른 행동을 할 것이다.

철학과 행동 사이의 관계는 경영 관리자에게도 동일하게 적용된다. 관리자가 가진 가장 중요한 철학 중 하나는 시장에 제공하는 것에 대하여 회사의 역할을 어떻게 볼 것인지 결정하는 것이다. 일부 관리자는 '우리는 제품 X를 만들고 판매합니다'라는 철학을 가지고 있다. 마케팅 역사에서 이러한 철학은 **제품지향**(product orientation)이라고 불린다. **판매지향**(sales orientation)으로 알려진 또 다른 철학은 다음 진술에 의해 설명된다. "성공하려면 높은 판매 할당량을 설정하고 판매, 판매, 판매해야 합니다!"[9] 이러한 철학 중 하나를 사용하여 회사를 경영하는 관리자는 회사를 망하게 할 수 있다. 저명한 마케팅 철학 교수 Philip Kotler는 매우 효과적인 철학인 마케팅 콘셉트를 다음과 같이 정의했다.

마케팅 콘셉트는 조직의 목표를 달성하기 위해 경쟁사보다 더 효과적으로 표적 시장에 고객 가치를 창출 및 전달하고 소통해야 한다는 경영철학을 가지고 있다.[11]

> **마케팅 콘셉트**(marketing concept)는 경쟁사보다 더 효과적으로 표적 시장에 대해 고객 가치를 창출 및 전달하고 소통해야 한다는 조직의 목표를 달성하는 데 중요한 열쇠가 되는 경영철학이다.[10]

오랫동안 비즈니스 지도자들은 이것이 '올바른' 철학이라고 인식해 왔다. **마케팅 콘셉트**라는 용어가 '**고객지향**(customer orientation)' 또는 '**시장 중심**(market-driven)'과 같은 다른 용어와 혼용되더라도, 이 철학의 핵심 포인트는 소비자를 최우선으로 생각한다는 것이다.[12]

이것이 어떤 의미일까? 그것은 올바른 철학을 갖는 것이 성공으로 가는 첫 번째 중요한 단계라는 것을 의미한다. 그러나 소비자의 원츠와 니즈 충족의 중요성을 인식하는 것만으로는 충분하지 않다. 기업은 또한 '올바른' 전략을 수립해야 한다.

'올바른' 마케팅 전략

전략은 계획의 또 다른 이름이다. 기업은 마케팅 이외에 여러 분야에서 전략을 수립한다. 예를 들어 재무 전략, 생산 전략 및 기술 전략은 기업 전반적인 전략 계획의 주요 구성요소이다. 여기서 우리는 마케팅 전략에 중점을 둘 것이다. 마케팅 전략은 어떻게 정의할까?

마케팅 전략(marketing strategy)은 표적 시장으로서의 세분시장을 선택하고 그 표적 시장의 소비자의 원츠와 니즈를 충족하기 위해 제품/서비스, 가격, 촉진 및 유통 시스템으로 구성된 적절한 마케팅 '믹스'를 설계하는 것을 포함한다.

마케팅 전략은 기업이 표적 시장을 정하고, 그 표적 시장의 소비자의 원츠와 니즈를 충족하기 위해 제품/서비스, 가격, 판촉 및 유통 시스템의 적절한 마케팅 '믹스'를 설계하는 것을 포함한다.

우리는 마케팅 콘셉트를 채택했기 때문에 아무 전략이나 제시할 수 없다. 우리는 '올바른' 전략, 즉 우리가 선택한 시장 분야에서 소비자의 요구와 필요를 진정으로 충족할 수 있는 전략을 개발해야 한다. 지금 우리가 꼭 대답해야 할 다음의 질문들을 생각해보라 — 시장은 무엇이며 어떻게 세분화하는가? 각 세분화의 필요와 요구사항은 무엇이며, 규모는 어떠한가? 경쟁사는 누구이며, 그들은 이미 어떻게 소비자의 니즈(needs)와 원츠(wants)를 충족시키고 있는가? 어떤 세분시장을 타겟팅해야 하는가? 표적 시장에 가장 적합한 제품 또는 서비스는 무엇인가? 가장 좋은 가격은 무엇인가? 어떤 홍보 방법이 가장 효율적인가? 제품/서비스를 어떻게 배포해야 하는가? '올바른' 전략을 개발하려면 이러한 모든 질문에 답해야 한다. 관리자는 올바른 결정을 내리기 위해 객관적이고 정확하며 시기적절한 **정보**를 제공해야 한다.

이 장의 시작 부분에서 언급했듯이 비즈니스 환경에서는 전례 없는 변화가 일어나고 있기 때문에 오늘의 전략이 내일은 작동하지 않을 수 있다는 것을 이해하는 것이 중요하다. 내일의 세계에서는 어떤 새로운 전략이 필요할까? 환경이 변화함에 따라 새로운 환경에 맞는 올바른 전략을 수립하기 위해 비즈니스 결정을 지속적으로 수정해야 한다.

마케팅을 실행하고 마케팅 콘셉트를 구현하며, 올바른 마케팅 전략을 수립하는 데 필요한 의사결정을 내리기 위해서 관리자는 정보가 필요하다. 이제 독자들은 마케팅 조사가 왜 마케팅의 일부인지 알 수 있을 것이다. 마케팅 조사는 관리자가 더 나은 결정을 내리는 데 도움이 되는 정보를 제공하기 때문이다.

1-2 마케팅 조사란 무엇인가

우리는 관리자가 마케팅 프로세스를 수행하려면 정보가 필요하다는 것을 알았으니 이제 마케팅 조사를 정의해보자.

마케팅 조사(marketing reseach)는 특정(specific) 마케팅 문제를 해결하는 데 사용될 수 있는 정보를 설계, 수집, 분석 및 보고하는 과정이다.

마케팅 조사는 특정 마케팅 문제를 해결하는 데 사용될 수 있는 정보를 설계, 수집, 분석 및 보고하는 과정이다.

따라서 마케팅 조사는 가격 결정이나 가장 효과적인 광고 매체 확인과 같은 마케팅 문제를 해결하는 데 사용되는 정보를 보고하는 과정으로 정의된다. 이 정의는 의사결정에 사용될 정보를 생성하는 프로세스에 중점을 둔다. 이 정의에서 **특정** 마케팅 문제를 해결하기 위한 정보라는 점에 주목하라. 이 장의 뒷부분에서 이 특정성의 중요함을 강조할 것이다. 이 책의 정의가 마케팅 조사의 유일한 정의는 아니다. 미국마케팅협회(AMA)는 수년 전 마케팅 조사의 정의를 내리기 위해 위원회를 구성했는데, 그 위원회의 정의는 다음과 같다.

> 마케팅 조사는 정보를 통해 소비자, 고객 및 대중을 마케팅 담당자와 연결하는 기능을 말하며, 여기에서 말하는 정보는 마케팅 기회와 문제점들을 파악 및 정의하고, 마케팅 시행(action)을 창출, 개선 및 평가하며, 또한 마케팅 실적물을 모니터하고, 마케팅을 하나의 과정으로 이해하는 것을 돕는다.[13]

위 정의들은 모두 옳다. 다만 이 책의 정의가 더 간결하며 마케팅 조사를 **과정**으로 설명한다. AMA의 정의는 마케팅 조사의 **용도**와 기능을 상세하게 설명하기 때문에 더 길다. 다음 절에서는 마케팅 조사의 기능과 용도에 대해 자세히 설명할 것이다.

마케팅 조사일까? 마켓 조사일까?

마케팅 조사와 마켓 조사가 가끔 혼용되기도 하지만 마켓 조사는 특정 시장에 마케팅 조사를 적용하는 것을 말한다.

마케팅 조사와 마켓 조사의 의미를 구분하는 사람들이 있다. 마케팅 조사의 정의는 이 책과 AMA가 이전 단락에서 정의한 것과 같다. 사실상 이와 마찬가지로 마케팅조사협회(Marketing Research Association, MRA)는 마케팅 조사를 기업의 올바른 비즈니스 의사결정과 성공적인 경영 관리를 위한 정보를 수집, 분석 및 해석하는 데 사용되는 과정으로 정의한다. 반대로, 어떤 사람들은 **마켓 조사**(market research)를 **마케팅 조사**(marketing research)의 한 부분으로 정의하고, 특정한 시장 영역에 마케팅 조사를 적용하여 이 용어를 사용한다. MRA의 정의에 따르면 마켓 조사는 제품 혹은 서비스를 위한 시장의 규모, 위치 또는 구성요소를 규정하기 위해 사용되는 과정이다.[14] 이러한 구분이 있지만, 우리는 업계 및 학계에 종사하는 많은 실무자, 출판물, 기관들이 이 두 용어를 서로 바꾸어 사용할 수 있음을 알고 있다.

마케팅 조사의 기능

마케팅 조사의 기능은 소비자를 마케팅 담당자와 연결하는 것이다.

AMA의 정의에 따르면 마케팅 조사의 기능은 마케팅 결정을 내리는 데 사용되는 정보를 제공함으로써 소비자와 마케팅 담당자를 연결하는 것이다. AMA의 정의는 컨슈머(consumers)라는 용어와 커스터머(customers)라는 용어를 구분하는데, 정의를 담당한 위원회는 소매(혹은 B2C) 고객은 컨슈머로, 기업(혹은 B2B) 고객은 커스터머로 구별하고자 했다. 어떤 사람들은 오늘날 마케팅 조사를 통해 소비자와의 연결 고리를 갖는 것은 그 어느 때보다도 중요하다고 생각한다. 시장에서 소비자의 기대 가치를 제공하려면 소비자와의 관계가 중요하다. 세계화, 온라인 쇼핑 및 소셜 미디어 덕분에 오늘날의 소비자들은 이전보다 시장에서 더 많은 선택권, 정보, 그리고 타인과 대화할 수 있는 힘을 갖게 되었다.

© Robert Kneschke/Shutterstock
마케팅 담당자들은 소비자가 인식하는 제품의 가치를 결정하기 위해 마케팅 조사를 활용한다.

1-3 마케팅 조사의 용도는 무엇인가?

AMA는 마케팅 조사의 다양한 용도를 세 가지로 상세히 설명하는데, (1) 시장 기회와 문제점 파악, (2) 잠재적 마케팅 행동의 창출, 개선 및 평가, (3) 마케팅 성과 검토가 그것으로, 세 가지 용도를 각각 더 자세히 살펴보자.

시장 기회와 문제점 파악

마케팅 조사의 첫 번째 용도는 시장 기회와 문제점의 인식이다. 시장에 어떤 기회가 있는지 파악하는 것은 쉽지 않다. 우리는 신제품이나 서비스 아이디어를 생각할 수 있지만 그중에서 실제로 실현 가능한 것은 무엇인가? 어떤 아이디어를 얻을 수 있으며 어떤 것이 좋은 투자수익률을 창출할 것인가? 종종 관리자들은 다른 누군가가 매우 성공적인 제품이나 서비스를 만들어 기회를 찾은 후에야 묻는다. "왜 우리는 그 기회를 보지 못했을까?" 일부 마케팅 조사 연구는 소비자의 문제가 무엇인지 알아내고 이러한 문제를 해결하기 위해 제안된 여러 가지 방법의 적합성을 평가하기 위해 고안되었다. 높은 휘발유 가격과 화석 연료 배출에 대한 우려로 인해 소비자가 어려움을 겪고 있었기 때문에 도요타는 프리우스(Prius)를 개발했다. 소비자들은 점점 커지는 TV 화면을 벽에 걸기 원했기 때문에 삼성은 초박형 LED 대형 스크린 TV를 개발했다. 케이블 방송을 사용하지 않으면서도 HBO 구매를 원하는 소비자들이 있기 때문에 HBO는 HBO Now를 개발했다.

여러분은 관리자들이 항상 문제가 무엇인지를 알고 있을 것이라 생각할 것이다. 그런데 문제 인식이 왜 마케팅 조사의 용도일까? 문제는 항상 쉽게 식별되는 것이 아니다. 관리자가 증상(판매가 감소하고 시장점유율이 떨어지는 경우)을 알게 되는 것은 쉽지만, 증상의 원인을 파악하기 위해서 때로는 연구가 필요다. 시장 기회와 문제점 인식은 제3장에서 더 논의할 것이다.

잠재적 마케팅 행동의 창출, 개선 및 평가

마케팅 조사는 또한 잠재적 마케팅 행동을 창출하고 개선 및 평가할 수 있다. 여기서 마케팅 '행동(action)'이란 전략, 캠페인, 프로그램 또는 전술로 생각할 수 있다. 제너럴 밀스(General Mills)는 2014년에 유기농 식품 회사 애니스 홈그로운(Annie's Homegrown)을 인수하고 유기농 및 자연 식품에 접근하여 소비자의 수요를 충족시켰다. 제너럴 밀스의 '행동'에는 유기농 식품에 대한 소비자의 욕구를 충족하기 위한 기본 전략을 **창출**하고, 애니스 홈그로운 브랜드를 **개선**하기 위해 그 브랜드의 기존 제품을 홍보하면서 그 브랜드의 문화와 일치하는 신제품을 개발하는 방법을 찾고, 애니스 홈그로운을 마케팅하고 키울 계획을 **평가**했다. 경영진은 이러한 모든 조치에 대해 더 나은 결정을 내리기 위해 마케팅 조사를 활용할 수 있다.

우리는 이러한 마케팅 '행동'을 전략으로 생각할 수 있으며, 전략은 표적 시장을 설정하고 그 표적 시장의 니즈와 원츠를 충족하는 마케팅 믹스를 설계하는 것이다. 마케팅 조사는 표적 시장 선정 및 제품 조사, 가격 조사, 촉진 및 유통 조사를 포함한 다양한 영역에서 수행된다.

표적 시장 선정 많은 마케팅 조사가 다양한 세분시장의 규모를 알아내기 위해 수행된다. 관리자는 전기 차량을 원하는 세분시장 규모를 아는 것에 관심이 있을 뿐 아니라, 해당 세분시장이 성장 또는 축소되고 있는지, 경쟁업체가 그 시장의 필요와 요구를 얼마나 잘 충족시키고 있는지 알고 싶어 한다. 조사 결과 시장의 상당 부분이 인식 가능한 니즈를 가지고 있다는 것이 밝혀지면, 세분시장은 성장하고 있는 것이다. 이러한 시장의 니즈가 충족되지 않거나 경쟁사가 니즈를 만족시키는 성과가 미약할 경우, 이 세분시장은 표적 시장에 이상적인 후보가 된다. 이제 기업은 기업의 핵심 역량이 해당 세분시장의 수요를 얼마나 잘 충족할 수 있을지 판단해야 한다. 닛산은 하루당 운행 마일의 수를 고려하여 자동차 시장을 세분화해보았다(제5장의 2차 데이터 부분에서 다시 언급할 것이다). 회사는 하루당 90마일 이하를 운전하는 상당한 규모의 세분시장을 찾았어야 했다. 그 이유는 이것이 자사의 전기 자동차인 리프(Leaf)가 하루에 운행할 수 있는 범위이기 때문이다.

제품 조사 성공적인 기업은 끊임없이 새로운 제품과 서비스를 찾는다. 그들은 모든 제품은 최종적으로는 소멸된다는 제품수명주기의 교훈을 알고 있다. 따라서 결과적으로 기업은 신제품을 발견하고 시험하기 위한 프로세스를 갖추어야 한다. 신제품을 개발하기 위한 테스트는 아이디어 생성으로 시작하여, 기업이 제안된 신제품 개념에 대한 소비자의 반응을 신속하고 저렴하게 얻을 수 있도록 콘셉트 테스트를 진행한다. 마케팅 조사는 상업화 이전에 제안된 브랜드 이름 및 패키지 디자인에 대해서도 수행된다. 마리츠 리서치(Maritz Research)는 새로운 자동차에 대한 소비자 연구(New Vehicle Customer Study)를 실시한다. 이 회사는 수년에 걸쳐 데이터를 수집했으며, 최근 몇 년간 하이브리드 자동차에 대해 연구했다. 그 결과로 시장 분석가들은 운전자가 하이브리드 자동차를 구입하는 이유, 하이브리드 자동차의 어떤 점이 소비자를 만족시키는지, 예상 연비는 얼마인지, 그리고 소비자들의 대체 연료 선호도에 대해 알 수 있게 되었다.[15]

가격 조사 혁신적인 신제품이 만들어지면 마케팅 담당자는 소비자가 신제품에서 인식하는 '가치'를 결정하기 위해 마케팅 조사를 사용한다. 케이블 TV가 소개되었을 때 초기 케이블 제공 업체는 깨끗한 수신감도와 추가 채널에 대해서 고객들이 얼마나 더 금액을 지불할 것인지에 대한 단서를 얻기 위하여 마케팅 조사를 했다. 휴대전화가 도입될 때도, 그 당시 혁명적이었던 '휴대 가능한' 전화에 사람들이 기꺼이 가격을 지불할 것인지 알아보기 위해 많은 조사가 수행되었다. 마케팅 조사는 또한 소비자가 '1+1' vs '반액 할인' 같이 여러 유형의 가격 책정 전략에 어떻게 반응할 것인지를 알아보기 위해서도 실시된다. 잠재구매자에게 일련의 개방형 질문들을 묻는 형식의 정성적(qualitative) 조사('구매 스토리 연구'라는 정성적 조사방법)를 사용하여, 조사자는 제품을 카테고리로 분류한 방식이 B2B 구매자가 구매 계정을 사용하는 방식에 부정적인 영향을 미친다는 사실을 발견했다. 이 경우 품목이 재분류될 때 판매는 상승한다.[16]

촉진 조사 촉진(promotion) 활동을 하는 데 비용이 들기 때문에 기업은 광고비, 영업 인력, 광고/홍보 및 판촉 할인에 대한 지출이 얼마나 효과적인지 알기 원한다. 기업은 또한 타 매체의 효과성을 조사한다. TV, 라디오, 신문 및 잡지 광고와 같은 전통적 매체보다 온라인 광고가 더 경제적일까? 촉진 조사의 한 예로, 오후에 간식으로 먹는 요거트인 초바니 플립(Chobani Flip)에 대한 인지도를 높이기 위해 초바니는 2015년에 'The Break You Make'라는 캠페인을 시작했다. 조사 결과에 따르면 초바니 플립의 판매가 전년도에 비해 300% 증가한 것으로 나타났고 그 결과 초바니는 캠페

인 기간을 연장하고 캠페인 지역을 확장했다.[17]

마케팅 조사는 마케팅 활동의 성과를 검토하기 위해서 사용된다.

© 123rf

유통 조사 제품을 소비자에게 제공하는 가장 좋은 채널은 무엇인가? 제품에 가장 적합한 딜러는 어디에 있으며, 그들이 제공하는 서비스를 어떻게 평가할 수 있는가? 딜러는 얼마나 만족스러운가? 딜러는 동기부여가 되었는가? 다중유통경로를 사용해야 하는가? 얼마나 많은 유통 업체가 있어야 하는가? 이들은 관리자가 마케팅 조사를 통해 대답해야 할 중요한 질문 중 하나이다.

마케팅 성과 검토

통제는 경영의 기본 기능이다. 일부 변수가 있는 성과를 평가하기 위해서 마케팅 조사가 자주 사용된다. 예를 들어 재고관리단위(stock-keeping unit, SKU) 및 유통 유형별 판매 정보는 식료품점, 대량 판매자 및 편의점에서 소비재가 스캔되면서, 포스 단말기[point-of sale(pos) terminal]에서 수집한 데이터를 추적하여 정보를 모으는 경우가 많다. 스캐너 데이터를 통해 관리자는 브랜드 매출뿐 아니라 경쟁사 매출을 모니터링하여 시장점유율도 모니터링할 수 있다. 기업은 마케팅 조사를 통해 직원 및 고객 만족도와 같은 다른 변수를 모니터링한다. 예를 들어 MSR 그룹은 단계적인 추적조사를 실시하여 은행 고객 만족도의 직접적 원인을 측정하고자 했다. 전국적인 연구를 통해 은행은 옹호자, 충성 고객, 위험 고객, 주요 고객관계를 결정하는 요소를 발견할 수 있었다.[18] 닐슨 코퍼레이션(Nielsen Corporation) 및 IRI와 같은 조사 기관에서는 슈퍼마켓이나 다른 소매점에서 판매되는 제품의 판매실적을 모니터링한다. 이 회사들은 특정 제품이 어느 체인점을 통하여 얼마의 가격으로 얼마나 많이 팔리는지 등에 관한 정보를 추적한다. 추적조사에 관해서는 제5장에서 더 학습할 것이다. 세계를 빠르게 성장시킨 소셜미디어를 추적하는 것은 시장 성과를 모니터링하는 또 다른 수단이다. 조사 기관은 사람들이 회사, 브랜드 및 경쟁업체에 대해 말하는 것을 모니터링하는 서비스를 개발해 오고 있다.

마케팅 프로세스 이해 향상시키기

마케팅 프로세스에 대한 이해를 높이려면 마케팅에 대한 지식을 확장하기 위한 조사를 해야 한다. 전형적인 기초연구로는 마케팅 현상을 정의 및 분류하고, 마케팅 현상을 묘사하고 설명하며 예측함으로써 이론을 발전시키려는 시도일 것이다. 대학 및 마케팅 과학 연구소와 같은 기타 비영리 기관 내 마케팅 교수는 종종 기초연구를 실시하고 그들의 결과를 *Journal of Marketing Research* 또는 *Journal of Marketing*과 같은 곳에 출판한다.

기초연구(basic research)의 목적은 특정 문제를 해결하기보다는 지식을 확장하는 것이다. 예를

기초연구는 특정 문제를 해결하기보다는 지식을 확장하기 위해 수행되는 연구이다.

© Karen Roach/Shutterstock

마케팅 조사는 틀릴 수도 있다.

들어 *Journal of Marketing Research*에 게재된 연구는 소비자가 제공될 서비스를 위해 얼마나 기다릴 것인지 결정하는 데 소비자가 겪게 되는 심리적 과정을 조사한 것이 될 수 있다. 이 조사는 어떤 특정 기업 문제에 대해 조사하지 않고, 소비자 서비스를 충족시키는 방법에 대한 이해를 높이기 위해 사용된다.[19] 그러나 이러한 기초연구는 만약 AT&T가 대기 시간별 소비자 반응을 분석했고, 이것이 AT&T가 직면한 특정한 문제일 경우 AT&T에게 유용할 수 있다. 특정 문제를 해결하기 위해 수행된 연구를 **응용연구**(applied research)라고 하며, 이는 마케팅 조사 연구에서 다수를 차지한다. 대부분의 경우 마케팅 조사 업계는 회사가 직면한 특정 문제를 해결하기 위한 연구를 수행하고 있다. 이는 뒷부분에서 다시 살펴볼 것이다.

응용연구는 특정 문제를 해결하기 위해 수행하는 연구이다.

마케팅 조사가 항상 옳은 방법은 아니다

마케팅 조사가 항상 경영진에게 올바른 답을 제시하는 것은 아니다. 예를 들어 GM은 미니밴(가족에게 적합한 소형 밴)에 대한 조사를 수행했지만, 그 자동차 제조업체가 밴을 생산하도록 설득력 있는 조사 결과를 얻지 못했다. 그럼에도 불구하고 그 연구 직후에 크라이슬러는 미니밴을 출시했고 자동차 역사상 가장 성공적인 모델 중 하나인 닷지 캐러밴(Dodge Caravan)과 플리머스 보이저(Plymouth Voyager) 미니밴이 탄생했다.[20] 영국의 맥주 광고는 마케팅 조사에서는 부적절한 것으로 나타났지만, 경영진은 이에 동의하지 않았고 그 광고를 추진한 결과 광고는 매우 성공적이었다.[21] 〈사인펠드(Seinfeld)〉라는 유명 TV 코미디 프로그램에 대한 조사 결과는 이 프로그램에 대해서 상당히 부정적이었다. 하지만 6개월 후 관리자가 연구의 정확성에 대해 의문을 제기하고 프로그램을 방송한 결과 〈사인펠드〉는 TV 역사상 가장 성공적인 쇼 중 하나가 되었다.[22] 던컨 하인스(Duncan Hines)가 자사의 부드러운 쿠키를 선보였을 때 실시한 마케팅 연구 조사에 따르면 그 쿠키를 시험적으로 먹어본 고객 중 80%가 향후에 재구매할 것이라고 밝혔지만, 고객들은 실제로는 재구매하지 않았다.[23]

시장을 관찰하는 사람은 누구든 제품과 서비스가 출시되고 나서 소비자 기대에 부합하지 못해 회수되는 것을 볼 수 있을 것이다. 이러한 실패 중 일부는 조사 없이 시장에 출시되어 실패 가능성이 높았을 것이다. 그러나 마케팅 조사의 이점을 가진 제품을 시장에 출시할 때도 예측이 항상 정확한 것은 아니다. 하지만 이것이 마케팅 조사가 유용하지 않다는 것을 의미하지는 않는다. 대부분의 마케팅 조사 연구는 파악하기 어려운 소비자 행동을 이해하고 예측하려고 함을 기억하라. 마케팅 조사 업계가 수년 동안 지속하고 성장하고 있다는 사실은 시장의 테스트라는 테스트 중 가장 힘든 테스트를 통과하여 그 가치를 증명하고 있다는 것을 의미한다. 조사 업계가 가치를 제공하지 않는다면 사라질 것이다. 이전에 언급한 실패보다 마케팅 조사 사용을 지지하는 성공 사례가 수만 배나 많다.

Marketing Research on YouTube™

마케팅 조사가 항상 옳은 것은 아니다. 1980년대 고전 영화 〈빅(Big)〉에서 Tom Hanks는 장난감 회사에게 정말 필요한 통찰력을 제공하는데, 그것은 아이의 관점으로 보는 것이다! **www.youtube.com**에서 **Tom Hanks in BIG 'I Don't Get It' by Therototube**를 검색하라.

1-4 마케팅정보시스템

관리자는 수년간 관리해야 할 자산으로서 정보의 중요성을 인식해 왔다. 1960년대 컴퓨터 기술의 출현으로 정보 관리의 꿈이 실현되었다. 수십 년이 지난 지금 정교한 경영정보시스템은 의사결정을 하는 사람들에게 올바른 정보를 적시에 적절한 형식으로 제공할 수 있도록 계속 진화하고 있다. 경영정보시스템은 일반적으로 조직 내부의 각 기능적인 영역에 필요한 정보를 제공하도록 하위시스템을 가지고 있다. 이러한 하위시스템에는 회계정보시스템, 재무정보시스템, 생산정보시스템, 인적자원정보시스템 및 마케팅정보시스템이 있다. 지금까지 우리는 마케팅 조사가 정보를 얻기 위한 유일한 근원이라고 알아 왔지만, 이번 마케팅정보시스템에 관해서 읽음으로써 그렇지 않음을 알 수 있을 것이다.

마케팅 의사결정권자는 다양한 정보 원천을 이용할 수 있다. **마케팅정보시스템**(marketing information system, MIS)의 구성요소를 살펴보면 이러한 다양한 정보 원천을 이해할 수 있을 것이다. MIS는 인력, 장비 및 절차로 이루어진 구조이며, 정보를 수집, 분류, 분석, 평가하여 의사결정자에게 필요한 정확한 정보를 적시에 배포한다.[24] MIS의 역할은 의사결정권자의 정보 필요성을 결정하고, 필요한 정보를 얻고, 의사결정을 위한 형태와 시기에 맞춰 정보를 배포하는 것이다. 이것은 이전에 우리가 살펴본 의사결정을 돕기 위해 정보를 제공하는 마케팅 조사와 매우 흡사하다. 다음 절 'MIS 구성요소'를 학습함으로써 그 차이점도 알게 될 것이다.

MIS는 인력, 장비 및 절차로 이루어진 구조이며, 정보를 수집, 분류, 분석, 평가하여 의사결정자에게 필요한 정확한 정보를 적시에 배포한다.[25]

MIS의 구성요소

이전에 언급했듯이 MIS는 정보에 대한 관리자의 필요를 파악하고 이러한 정보를 수집하며, 의사결정을 내리는 마케팅 관리자에게 정보를 배포하도록 설계되었다. 정보는 MIS의 네 가지 하위시스템에 의해 수집되고 분석된다. 하위시스템은 내부보고시스템, 마케팅 인텔리전스, 마케팅 의사결정 지원시스템, 마케팅 조사시스템으로 구성된다. 다음 각각의 하위시스템을 살펴보자.

내부보고시스템 많은 정보가 일상적인 거래에서 생성된다. 여러분이 식료품점에서 제품을 구매할 때 관리자는 여러분이 구입한 제품에 대한 재고관리단위(SKU), 지불 방법, 사용된 쿠폰 또는 특별 프로모션, 매장 위치, 요일 및 시간을 기록한다. 식료품점이 식품 공급을 주문하면 구매 요청서와 물품을 배송하는 공급 업체의 송장(shipping invoice)을 갖게 된다. 이러한 모든 형태의 수집된 데이터가 관리자를 위한 정보 원천이 된다. **내부보고시스템**(internal report system)은 주문, 청구, 미수금, 재고 수준, 재고 부족 등을 포함하여 회사 내부에서 발생한 정보를 수집한다. 주로 내부보고시스템을 회계정보시스템이라고 한다. 이 시스템에 의하여 재무제표(대차대조표 및 손익계산서 등) 등이 작성된다. 재무제표 자체는 마케팅 결정에 대해 충분한 정보를 담고 있지 못하지만, 내부보고시스템은 의사결정에 매우 중요할 수 있는 수익 및 비용에 대한 상세한 세부 정보원이다. 또한 재고 기록, 영업 상담 기록, 주문 기록과 같은 기타 정보도 수집한다. 좋은 내부보고시스템은 관리자에게 과거에 있었던 많은 정보를 알려준다. 기업 외부의 정보원이 필요하면 마케팅 조사자는 다른 MIS 구성요소를 의지해야 한다.

내부보고시스템은 주문, 청구, 미수금, 재고 수준, 재고 부족 등을 포함하여 회사 내부에서 발생한 정보를 수집한다.

마케팅 인텔리전스 시스템은 관리자가 마케팅 환경 개발에 관한 일상 정보를 얻기 위해 사용되는 일련의 절차 및 원천으로 정의된다.

마케팅 인텔리전스 시스템 **마케팅 인텔리전스 시스템**(marketing intelligence system)은 관리자가 마케팅 환경 개발에 관한 일상 정보를 얻기 위해 사용되는 일련의 절차 및 원천으로 정의된다. 결과적으로 마케팅 인텔리전스 시스템은 기업 외부에서 생성된 정보를 가져오는 데 중점을 둔다. 그러한 시스템은 비공식 및 공식 정보 수집 절차를 모두 포함한다. 비공식적 정보 수집 절차에는 신문, 잡지 및 무역 출판물 스캔과 같은 활동이 포함된다. 기업이나 산업 관련 정보를 찾는 특정 업무를 부여받은 직원은 공식적인 정보 수집 활동을 한다. 그런 다음 정보를 편집하여 적절한 회원 또는 회사 부서에 보급한다. 'clipping bureaus'[고객에 대한 관련 신문 기사를 정리(clip)해주기 때문에]로 알려진 렉시스-넥시스(Lexis-Nexis)와 같은 온라인 정보 서비스 업체들도 마케팅 정보를 제공한다. 서비스를 이용하기 위해서는 렉시스-넥시스가 제공하는 온라인 검색 양식에 키워드를 입력해야 한다. 검색어를 포함한 정보는 가입자의 컴퓨터 화면에 하루에 여러 번 나타난다. 기사 제목을 클릭하면 구독자는 전체 텍스트 버전의 기사를 볼 수 있다. 이러한 방식으로 마케팅 인텔리전스는 지속적으로 진행되며 광범위한 정보 원천을 검색하여 관련 정보를 의사결정자에게 제공한다.

마케팅 의사결정 지원시스템(DSS)은 관리자들이 의사결정할 수 있도록 돕는 도구와 기법을 사용하여 접근 및 분석되어 수집한 데이터로 정의된다.

마케팅 의사결정 지원시스템 MIS의 세 번째 구성요소는 마케팅 의사결정 지원시스템이다. **마케팅 의사결정 지원시스템**(marketing decision support system, DSS)은 관리자들이 의사결정을 할 수 있도록 돕는 도구와 기법을 사용하여 접근 및 분석되어 수집된 데이터로 정의된다. 기업이 방대한 양의 정보를 수집하면 그들은 이 정보를 거대한 데이터베이스에 저장하고, 의사결정 도구 및 기법(예 : 손익분배 분석, 회귀 모델 및 선형 프로그래밍)을 사용하여 접속할 때, 데이터베이스는 회사의 여러 가지 상황이 바뀌었을 때 결과는 어떻게 될 것인가 하는 질문을 할 수 있도록 한다. 이러한 질문에 대한 답은 즉시 의사결정에 사용할 수 있다. 예를 들어 영업사원은 하루 동안 통화한 고객

© Glenda/Shutterstock

마케팅 조사는 소매업자가 배달이나 픽업 같은 서비스에 대한 고객들의 수요를 이해할 수 있도록 도와준다.

구글 알리미(Google Alerts)를 사용하여 나만의 인텔리전스 시스템 만들기

여러분은 구글에서 제공하는 구글 알리미(https://www.google.com/alerts)라는 무료 서비스를 통해 나만의 정보시스템을 만들 수 있다. 키워드를 입력하여 해당 키워드와 함께 무엇이든 표시될 때마다 여러분은 구글 알리미에서 메일을 받게 된다. 인터넷에 나타나는 모든 것을 검색하도록 지정하거나 블로그, 비디오 또는 서적만 검색할 수 있도록 결과를 제한할 수 있다. 이것이 여러분에게 어떤 가치가 있을까? 학기 말에 논문을 작성해야 할 경우, 이 서비스를 통해 모든 학기 정보를 수집할 수 있다. 또는 인터뷰가 있을 경우 회사 또는 업계에 관한 최신 정보를 추적할 수 있다. 여러분은 매일 이메일로 정보 결과를 받게 된다.

과, 서면 주문을 나타내는 일일 활동 보고서를 작성한다. 이러한 보고서는 정기적으로 회사 데이터베이스에 업로드된다. 영업 관리자는 이러한 보고서에 접속할 수 있으며 스프레드시트 분석을 통해 어떤 영업사원이 하루 할당량을 달성했는지, 미달했는지 신속하게 알 수 있다.

마케팅 조사시스템 우리가 앞서 논의하고 정의했던 마케팅 조사는 MIS의 네 번째 구성요소이다. 이제 MIS의 세 가지 다른 구성요소에 대해 소개했으므로 새로운 질문을 할 준비가 되었다. 마케팅 조사와 MIS가 모두 의사결정자에게 정보를 제공하도록 설계되었다면, 이 둘의 차이점은 무엇인가? 이 질문에 답하기 위해 마케팅 조사시스템은 다른 세 가지 MIS 구성요소와 다르다는 것을 알아야 한다.

첫째, **마케팅 조사시스템**(marketing research system)은 다른 MIS 구성요소 하위시스템이 수집하지 못한 정보를 찾는다. 즉 마케팅 조사는 회사가 직면한 **특정** 상황에 대해 수행된다. MIS의 다른 구성요소들은 특정 상황에 필요한 특정 정보를 얻지 못할 가능성이 있다. 월마트가 '월마트 투고(Walmart To Go)'를 설계하여 특정 시장에서 온라인 배달 또는 픽업 서비스를 제공하려 할 때, 경영진은 고객에게 제공 가능한 몇 가지 서비스 옵션을 제시했다. 관리자는 이 옵션 중 현 구매자가 무엇을 선호하는지에 대한 정보를 내부보고시스템으로 얻을 수 있는가? 없다. 인텔리전스 시스템에서 유용한 정보를 얻을 수 있을까? 아니다. DSS에서 정보를 얻을 수 있는가? 없다. 월마트가의 어떤 식품 배달 및 배달 서비스가 현 소비자에게 가장 매력적인지는 마케팅 조사를 통해서만 정보를 얻을 수 있다.

마케팅 조사시스템은 회사가 직면한 특정 상황에 대한 정보를 수집한다.

또 다른 예를 들면, 피플(People)지가 세 가지 표지 기사 중 이번 주 어떤 것을 출간해야 할지 알고 싶을 때, 관리자가 내부보고시스템에서 해당 정보를 얻을 수 있을까? 없다. 인텔리전스 시스템이나 DSS는 어떠한가? 이 또한 얻을 수 없다. 이러한 정보 격차를 메우는 것이 마케팅 조사가 회사 전체 정보시스템에서 독특한 역할을 하는 방식이다. 특정 문제에 대한 정보를 제공함으로써, 마케팅 조사는 MIS의 다른 구성요소들이 제공하지 않는 정보를 제공한다. 이것이 마케팅 조사 연구가 '특수 연구(ad hoc study)'라고 불리는 이유이다. *Ad hoc*는 '특정 목적과 관련된'의 의미를 가진 라틴어이다. [앞부분에서 마케팅 조사에 대해 정의할 때, **특정**(specific)이라는 단어를 다시 보게 될 것이라고 했다. 이제 왜 우리가 이 단어를 사용하여 정의했는지 알 것이다.]

마케팅 조사의 마지막 특성은 다른 MIS 구성요소와 차별화된다. 이러한 차이가 MIS 안에서 마케팅 조사의 존재를 정당화하지는 않지만 주목할 만한 것이다. 마케팅 조사 프로젝트는 다른 구성요소와 달리 연속적이지 않고 시작과 끝이 있다. 이것이 마케팅 연구 조사가 '프로젝트'라고 불리는 이유이다. MIS의 다른 구성요소들은 지속적으로 사용할 수 있는 반면, 마케팅 조사 프로젝트는 내부 보고, 인텔리전스 또는 DSS에서 얻을 수 없는 정보가 필요할 때만 수행된다.

요약

세계화와 디지털 혁신은 비즈니스 세계의 변화를 가속화했다. 그러나 관리자는 여전히 의사결정을 해야 하고, 마케팅 조사의 역할은 관리자가 더 나은 의사결정을 내릴 수 있도록 정보를 제공하는 것이다. 마케팅 조사는 마케팅의 일부이기 때문에 마케팅 조사를 이해하려면 마케팅 내에서의 역할을 이해해야 한다. 미국마케팅협회(AMA)는 마케팅을 고객, 의뢰인, 파트너 및 사회 전반에 가치가 있는 오퍼링을 생성, 소통, 전달 및 교환하기 위한 활동, 일련의 기관 및 프로세스로 정의한다. 마케팅 이해를 위한 새로운 프레임워크가 있다. 소셜미디어의 진보는 마케터들이 소비자들의 의견을 '듣고' 심지어 그들과 협력할 수 있는 기회를 증가시켰다. 기업은 어도비 소셜 애널리틱스(Adobe Social Analytics) 및 훗스위트(Hootsuite)와 같은 제품을 제작하여 소셜미디어에서 기업에 대한 소비자의 의견을 발견하고, 소셜미디어를 활용하여 고객과 협업한다. 마케팅 담당자는 고객과의 지속적인 관계를 유지할 수 있는 가치를 창안하고 소통하며 전달하기 위해 '소비자의 목소리를 들어야' 한다. 기업들은 고객의 의견에 '귀 기울여' 성공을 거두거나 적어도 제품 및 서비스 실패를 경험하지 않는다. 라이프 세이버(Life-Savers) 소다, 콜게이트(Colgate) 음식, 프리토레이(Frito-Lay) 레모네이드 등 제품 실패 사례가 많이 있는데, 이 경우 관리자들이 더 나은 정보를 가질 수 있었다면 더 나은 결정을 내릴 수 있었을 것이다.

철학이 우리의 일상의 의사결정을 하도록 안내함과 같이 마케팅 담당자는 **마케팅 콘셉트**(marketing concept)로 알려진 철학을 따라야 한다. 마케팅 콘셉트는 선택한 표적 시장의 고객 가치를 경쟁업체보다 더 효과적으로 창출하고, 전달하고, 소통하는 것이 비즈니스 성공의 열쇠라고 말한다. 회사의 철학이 제품과 판매 노력에 초점을 맞춘 회사는 시장에서 오래 버티지 못한다. 경영진이 마케팅 콘셉트 철학을 따를 경우 소비자에게 가치를 제공하는 '올바른' 전략 또는 계획이 수립된다. 간단히 말해서 마케팅을 설명하기 위해 관리자는 원하는 목표를 결정하고, 선택한 표적 시장에서 고객을 만족시킬 마케팅 전략을 수립할 수 있는 정보가 필요하다. 또한 환경 변화로 인해 마케팅 담당자는 고객, 시장 및 경쟁업체를 모니터링하기 위해 지속적으로 정보를 수집해야 한다.

마케팅 조사의 한 가지 정의는 특정 문제를 해결하는 데 사용되는 정보를 설계, 수집, 분석 및 보고하는 프로세스라는 것이다. AMA 정의에 따르면 마케팅 조사란 정보를 통해 소비자, 고객 및 대중을 담당자와 연결하는 기능을 한다. 그 정보는 마케팅 기회와 문제를 찾고 정의하는 데 사용되고, 마케팅 행동을 생성, 개선 및 평가하며, 마케팅 성과를 검토하고, 프로세스로서의 마케팅에 대한 이해를 높인다. 일부 학자들은 마케팅 조사와 마켓 조사를 구분하는데 마케팅 조사는 마켓 조사보다 더 광범위하며, 의사결정을 위해 정보를 수집, 분석 및 보고하는 프로세스를 나타낸다. 마켓 조사는 특정 시장에 마케팅 조사를 적용하는 것을 말한다. 그러나 실제로는 두 이름이 같은 의미로 사용된다.

마케팅 조사의 기능은 의사결정을 내릴 때 사용할 정보를 제공하여 마케팅 담당자와 소비자를 연결하는 것이다. 마케팅 조사의 용도는 (1) 마케팅 기회와 문제를 찾고 정의하고,

(2) 마케팅 행동을 생성, 개선 및 평가하며, (3) 마케팅 성과를 검토하고, (4) 마케팅에 대한 이해를 높이는 것이다. 특정 문제를 해결하기 위해 수행되는 대부분의 마케팅 조사는 응용연구로 간주된다. 기초연구란 우리의 지식 한계점을 확장하기 위한 연구이며 전체 연구에서 작은 부분을 차지한다.

마케팅 조사가 마케팅 의사결정을 내리기 위한 정보를 제공한다면, 왜 또한 마케팅정보시스템(MIS)을 사용해야 할까? 사실, 마케팅 조사는 MIS의 일부이다. 마케팅 조사는 MIS를 구성하는 4개의 하위시스템 중 하나일 뿐이다. 다른 하위시스템에는 내부보고, 마케팅 인텔리전스 및 의사결정 지원시스템이 포함된다. 마케팅 조사는 다른 하위시스템을 통해 얻을 수 없는 정보를 수집한다. 마케팅 조사는 특정 문제에 대한 정보를 제공하고 프로젝트 단위로 진행되며 시작과 끝이 존재한다. 다른 MIS 구성요소는 항상 계속적으로 작동한다.

핵심용어

기초연구
내부보고시스템
마케팅
마케팅 의사결정 지원시스템
마케팅 인텔리전스 시스템
마케팅 전략
마케팅정보시스템
마케팅 조사
마케팅 조사시스템
마케팅 조사의 기능
마케팅 콘셉트
마켓 조사
응용연구
크라우드소싱

복습 질문/적용

1.1 마케팅이란 무엇인가? 마케팅 조사와 마케팅과의 관계는 무엇인가?

1.2 의사결정자가 철학을 갖는 것은 왜 중요한가? 마케팅 콘셉트란 무엇이며, 마케팅 조사와 어떤 관계가 있는가?

1.3 마케팅 전략이란 무엇이며, 마케팅 조사가 전략 수립자에게 중요한 이유는 무엇인가?

1.4 마케팅 조사를 정의하라. 마케팅 조사와 마켓 조사의 차이점은 무엇인가?

1.5 마케팅 조사의 기능은 무엇인가?

1.6 마케팅 연구의 네 가지 주요 용도를 열거하라. 각 용도마다 한 가지 예를 제시하라.

1.7 어떤 마케팅 조사 용도를 기초연구라고 하는가?

1.8 (a) 제품 조사, (b) 가격 조사, (c) 촉진 조사, (d) 유통 조사에 사용되는 마케팅 조사 연구를 자신의 예를 들어 설명하라.

1.9 제품 실패 사례를 세 가지 들고, 실패한 주요 원인을 설명하라. 더 나은 조사 정보를 얻었다면 이러한 실패를 피할 수 있었겠는가?

1.10 MIS(마케팅정보시스템), 마케팅 조사, DSS(의사결정 지원시스템)을 구별하여 설명하라.

1.11 제품을 만드는 데, 그리고 광고를 개발하는 데 사용되는 크라우드소싱의 예는 무엇인가?

1.12 실제 도서관이나 온라인으로 도서관을 방문하여 *Advertising Age*, *Business Week*, *Fortune* 및 *Forbes*와 같은 여러 비즈니스 정기 간행물을 살펴보고, 마케팅 조사를 사용하는 회사의 세 가지 예를 찾아 설명하라.

1.13 여러분이 관심 있는 커리어와 관련 있는 기업을 선택하여 도서관 또는 인터넷에 정보를 찾아보라. 기업 정보와 그 기업의 제품, 서비스, 고객 및 경쟁사에 대한 지식을 얻은 후, 그 기업의 경영진이 지난 2년간 내렸던 결정 세 가지 유형을 제시하라. 각 결정에 대하여, 회사의 경영진이 그러한 결정을 내리는 데 필요한 정보를 나열하라.

1.14 다음과 같은 상황에서, 관리자가 필요한 정보를 찾기 위해서는 마케팅정보시스템의 구성요소 중 어떤 요소를

사용하겠는가?

a. 한 전력공급회사 관리자는 점심시간에 동료가 과학 간행물에서 읽은 태양 전지판 기술의 새로운 돌파구에 대해 듣게 된다.

b. 관리자는 지난 3년 동안 매월 세 제품 중 얼마나 많은 제품 단위가 판매되었는지 알고 싶어 한다.

c. 관리자는 기업의 제품 라인에 있는 10개의 다른 제품에 대한 회사의 투자수익률(ROI) 기여도를 추정하려고 한다.

d. 관리자는 새로운 유형의 건강식품 생산을 고려 중이다. 그는 소비자가 새로운 음식을 구매할 가능성이 있는지, 어떤 식품을 가장 많이 먹는지, 어떤 식품 포장방법을 선호하는지 알기 원한다.

사례 1.1

Anderson Construction

래리 앤더슨은 Anderson Construction의 회장이다. 이 회사는 2008년 월가 폭락으로 주택 산업이 추락할 당시에 5년 가까이 사업을 해 오고 있었다. 이 회사는 건물 사업에서 빠르게 이익을 냈지만, 그때는 건설 업계의 거의 모든 사람들이 이익을 내고 있었고, 은행 수수료를 기반으로 한 붐에 의해 실수요보다 지나치게 건설 산업이 부풀려져 있었다. 좋은 회사라는 명성을 얻기 위하여 이 회사는 우수한 건설 인력 선발에 많은 투자를 했다. 래리는 오직 높은 수준의 훈련과 경험을 가진 직원을 채용하는 전략을 세웠고, 이것은 그에게 다재다능한 능력을 주었다. 경험이 풍부한 그의 직원들은 그가 다양한 건설 프로젝트에 착수할 수 있도록 했다. Anderson Construction은 2012년까지 시장에 남아 있는 몇 안 되는 회사였다. 대부분의 건설 회사들은 주택시장의 붕괴가 끝나길 기다리다가 사업을 접었다.

회사는 소수 우수 직원만으로 맞춤 주택 건설에 관심이 있는 소수의 사람 사이의 매우 제한된 수요만을 충족시키면서 파산은 피할 정도로 버텨내고 있었다. 래리는 직원들에게 좋은 임금과 지속적인 교육을 투자했기 때문에 이전에 근무했던 직원들과 연락을 계속 유지했다. 이 직원들은 회사에서 다시 일하기 위해 하나 이상의 파트타임 직업을 갖고 시간을 보내고 있었다.

래리는 마케팅 조사에 익숙하지 않았다. 인공 건축물 붐이 있었던 시기에, 고용 기회가 끊임없이 제공될 것처럼 보였던 시기에 그는 사업을 시작했다. 래리가 그러한 기간 동안 수행한 유일한 조사는 핵심 인력을 찾고, 건물 자재 및 건물 코드 변화를 따라잡는 것이었다. 이제 래리는 두 가지 맞춤형 주택 작업만 남아 있어, 그의 직원들을 위한 일거리를 찾을 수 있는 방법에 대해 걱정하기 시작했다. 그는 마케팅 조사가 도움이 될지 궁금했다.

1. 왜 래리는 마케팅 조사를 해야 할지 모른다고 생각하는가?
2. 마케팅정보시스템의 구성요소 중 래리의 경우 어떤 구성요소를 사용하는 것이 좋겠는가? 그 이유는 무엇인가?

사례 1.2 통합 사례

Auto Concepts

닉 토머스는 Auto Concepts의 CEO이며, Auto Concepts는 자동차 및 트럭 브랜드를 대표하는 여러 사업부로 구성된 미국 최대 규모의 자동차 제조업체 중 한 기업의 새로운 사업부이다. 이 기업은 점점 다른 경쟁업체에 시장점유율을 잃어 가고 있다. Auto Concepts는 오늘날의 변화하는 자동차 시장과 일치하는 완전히 새로운 모델을 개발하기 위해 만들어졌다. 이 개발 노력에 있어 그들의 주된 고려사항은 프로판, 천연가스, 바이오 디젤, 전기, 하이브리드 및/또는 에탄올 같은 대체 자동차 연료의 사용을 권장하는 미국 에너지부의 청정도시 발의(clean cities initiative)이다. 동시에 경영진은 안전한 모바일 연결, 자가 또는 보조 운전, 인포테인먼트(infotainment), 배기가스 자가진단장치(on-board diagnostics) 등의 기능을 갖춘 사물인터넷(IoT)이 미래 차량의 중요한 부분이 될 것이라고 믿는다.

닉은 자동차 설계 및 엔지니어링 분야의 혁신을 계획해야 함을 잘 알고 있지만, 그는 자신의 부서를 어떤 방향으로 이끌어야 할지 확신이 서지 않는다. 닉은 연료 가격과 지구온난화에 대한 소비자의 태도를 알아야 한다는 사실을 깨달았다. 이 지식은 그가 자동차 디자인 측면에서 회사의 방향을 결정하는 데 도움이 될 것이다. 닉은 소비자 선호도에 대한 더 많은 데이터가 필요하다. 소비자들은 오늘날의 표준 소형차 또는 하이브리드에 계속 머무르길 원할 것인가? 아니면 훨씬 높은 연료 절약을 약속하는 근본적으로 다른 모델에 관심이 있을까?

1. 새로운 자동차 모델의 개발에서 다음 중 닉이 주로 우려해야 하는 것과 그 이유는 무엇인가?
   a. 엔지니어링 및 생산 타당성
   b. 해당 부서의 모기업 자동차 제조업체의 브랜드 이미지
   c. 기술 혁신
   d. 소비자 선호도
2. 닉은 마케팅 조사를 해야 하는가?

2 마케팅 조사 산업

학습 목표

이 장에서 여러분은 다음을 학습하게 될 것이다.

2-1 마케팅 조사 산업의 역사
2-2 마케팅 조사 업체의 유형
2-3 마케팅 조사 산업 구조
2-4 마케팅 조사 산업이 직면한 도전 과제
2-5 마케팅 조사 과정에서 윤리적 문제와 산업 발전을 위한 계획
2-6 마케팅 조사 산업에서 경력 관리

조지아대학교 테리경영대학 : 마케팅 조사 전문가 과정

Charlotte Mason, 테리경영대학 학장, MMR 프로그램 디렉터, 코카콜라 마케팅 연구회 센터장

최근 들어 고객 욕구가 빠르게 변함에 따라 기업들은 고객에게 보다 가까이 다가가 그들의 욕구를 탐색할 필요성을 깨닫기 시작했다. 게다가 확보 가능한 고객 데이터가 많아지면서 기업들은 이를 전략적으로 활용할 수 있는 방안에 대해 고민하기 시작했다. 이를 위해 기업들은 고객 인사이트(consumer insight)라고도 부르는 마케팅 조사 본연의 기능을 수행할 수 있는 전문적인 마케팅 조사자를 찾기 시작했다.

*U.S. 뉴스&월드리포트*의 보고에 의하면 미국노동통계국에서는 2012년부터 2022년 사이에 마케팅 조사 신규 채용 부분에서 31.6% 증가한 131,500명의 고용이 발생할 것이라고 예측하기도 했다.

조지아대학교(UGA)의 테리경영대학에서는 1980년에 마케팅 조사 전문가 과정(Master of Marketing Research, MMR)을 운영하기 시작했다. MMR 프로그램은 미국에서 처음으로 시작된 마케팅 조사 전문가 과정으로 전 세계적으로 마케팅 조사 과정의 수준을 가늠할 때 표준으로 언급되고 있다. 학생들이 마케팅 조사 전문가로서 성공적인 경력을 시작할 수 있도록 UGA 교수들에 더하여 업계의 유명 전문가들이 공동으로 커리큘럼을 기획 및 운영하고 있다. 이 커리큘럼은 학생들에게 마케팅 조사 산업의 공급자와 의뢰인 양측의 시각으로 바라본 전략적 마케팅의 주요 이슈에 대한 이해뿐만 아니라 분석 도구에 대한 기술적인 면까지도 제공할 수 있도록 구성되었다. 디지털 혁명의 촉발과 더불어 산업이 진화하게 됨에 따라 MMR 프로그램 역시 이를 반영하기 위한 진화를 거듭하고 있다. 오늘날 마케팅 조사 산업에서 일할 수 있는 기회는 무수히 많고 MMR 졸업자들의 장기적인 전망도 매우 밝다. MMR 프로그램을 졸업한 학생들은 곧바로 프로젝트 매니저, 수석 연구원, 그리고 마케팅 조사 매니저로 취업하고 있다. 다수의 MMR 졸업생들은 고객 인사이트의 디렉터나 연구원, 혹은 마케팅 조사 업체의 부사장으로 활동하고 있다.

까다로운 입학 조건을 통과한 테리경영대학의 MMR 학생들은 입학 후의 교육과정에서도 실제 산업에서 사용하고 있는 마케팅 분석 및 조사 방법론 등을 직접 경험하고 학습할 수 있는 프로그램을 열심히 공부해야 한다. 이러한 프로그램의 궁극적인 목적은 마케팅 조사방법을 통해 비즈니스 의사결정을 위한 통찰력을 갖추는 것이다. 따라서 MMR 프로그램은 마케팅 조사 방법론 학습을 실제 비즈니스 실무에 적용해 마케팅 전략 및 전술을 구축하는 데 그 초점을 맞추고 있다.

MMR 프로그램은 학생들에게 데이터 수집, 분석 도구, 그리고 인사이트를 얻고 그것을 배포하는 기법에 대해서 배울 수 있는 기회를 제공한다. 이를 통해 MMR 학생들은 특정 문제에 초점을 둔 마케팅 조사 프로젝트 설계, 최신 통계 기법을 활용한 조사 분석론, 영향력 있는 보고서 작성, 그리고 매니저에게 마케팅 정보 컨설턴트로서 도움을 주는 방법 등을 학습하게 된다. MMR 프로그램은 기업 실무와 관련된 표준화된 콘텐츠 개발을 위해 다양한 분야의 기업들을 프로그램의 자문위원으로 삼아 관계를 유지하고 있다. 물론 이 프로그램은 마케팅 조사를 위한 도구와 기술뿐만 아니라 성공적인 비즈니스 전문가가 되기 위한 '유연한' 기술까지 함께 강조하고 있다.

조지아주 애선스에 위치한 테리경영대학은 Business Learning Community의 1단계를 끝냈다. 코렐 홀(Correll Hall)은 대학원 과정을 진행하고 있으며 보다 자세한 정보는 uga.edu/mmr에서 확인할 수 있다.

테리경영대학 MMR 프로그램은 마케팅 조사의 지식과 실용적 경험에 근거하여 구축되어 있다. 학생들은 수많은 팀프로젝트를 경험하게 되는데, 이를 통해 실제 기업 경영환경에서의 팀 경영을 미리 준비해볼 수 있는 것이다. 결과적으로 MMR 졸업생들은 마케팅 조사 전문업체부터 주요 기업의 마케팅 조사 부서에 이르기까지 다양한 분야에서 활동하고 있으며, 마케팅 조사와 고객 인사이트 산업에서 이들은 강력한 리더십을 보여주고 있다. 또한 많은 졸업생들은 MMR 프로그램과의 유대관계를 통해 강력한 네트워크를 형성하고 있을 뿐만 아니라 새로운 졸업생들에게도 다양한 기회를 제공해주고 있다. 테리경영대학 프로그램은 마케팅 조사 교육 분야에서 여전히 선두를 지키고 있다.

—Charlotte Mason

출처 : Text and Images by permission, University of Georgia Terry College of Business: The Master of Marketing Research Program.

이 장 서두에서 논의되었듯이, 마케팅 조사는 정보를 수집하고 분석하기 위한 새로운 형태의 기술이 대두됨에 따라 그 중요성이 높아지고 있는 유일한 산업이다. 2015년 U.S. 뉴스&월드리포트(U.S. News & World Report)는 마케팅 조사 분석과 관련된 경력은 '최고의 비즈니스 직무' 중 하나라고 보고한 바 있다.[1] 마케팅 조사 교육을 수료한 이후 여러분은 마케팅 조사 산업에 대해 많은 관심을 갖게 될 것이다. 이 장 서두에서 다루었듯이, 이 장은 마케팅 조사 산업과 관련된 간단한 역사, 마케팅 조사 업체의 형태와 규모, 산업이 직면한 도전과 산업 발전을 위한 마케팅 조사방법 등에 대해 소개한다. 우리는 또한 마케팅조사협회(MRA)가 후원하는 전문 조사자 수료 프로그램(Professional Researcher Certification, PRC)과 같은 전문적인 기관에 대한 다양한 정보도 제공할 것이다. 마지막으

설문조사(survey)는 1800년대 초부터 사용되었다.

© Mrfiza/Shutterstock

로 우리는 마케팅 조사 산업이 직면한 윤리적 문제에 대해서도 논의할 것이다.

2-1 마케팅 조사 산업의 진화

초기 연구

역사가 문자로 기록되기 시작한 후 사람들은 보다 효과적인 의사결정을 위해 다양한 정보를 수집해 왔다. Lockley가 밝혔듯이 "이스라엘 사람들은 가나안(Canaan)의 시장과 상품들을 알기 위해 조사자를 파견했다"고 알려져 있다.[2] 그리고 미국에서는 1800년대 초에 유권자의 여론을 파악하기 위해 설문조사가 실시된 바 있다.[3] 오늘날 정책 여론조사는 마케팅 및 여론조사에서도 매우 중요한 역할을 차지하고 있다. 마케팅 및 광고 문제를 해결하기 위한 초기 마케팅 조사는 1879년에 광고 대행사인 N.W. 아이어 & 선(N.W. Ayer & Son)에 의해 수행되었다. 농기계 제조사인 니콜스-셰퍼드 컴퍼니(Nichols-Shepard Company)의 광고 집행 스케줄을 잡기 위해 N.W. 아이어 & 선이 미국 전역의 행정기관과 매체 관계자들에게 곡물 수확량 등의 다양한 정보를 수집했던 것이 마케팅 조사의 첫 출발인 것이다.[4]

Charles Coolidge Parlin은 1911년에 처음으로 본격적인 마케팅 조사를 시작했다. 커티스 퍼블리싱 컴퍼니에 고용된 Parlin은 커티스의 광고 집행을 돕기 위해 시장과 고객에 대한 정보를 수집했다.

마케팅 역사가인 Robert Bartels는 1911년에 위스콘신에 위치한 작은 마을의 교사인 **Charles Coolidge Parlin**에 의해 처음으로 연속적이고 조직화된 마케팅 조사가 집행되기 시작했다고 주장한다. 커티스 퍼블리싱 컴퍼니(Curtis Publishing Company)에 고용된 Parlin은 커티스의 광고 지면을 파는 데 도움이 되는 시장과 고객에 대한 정보를 수집했고, 이렇게 수집된 정보는 커티스의 *Saturday Evening Post* 잡지의 광고 수주 증가를 성공적으로 이끌어냈다. Parlin은 오늘날 '마케팅의 아버지'라 불리고 있고 현재 미국마케팅협회(AMA)에서는 매년 마케팅 컨퍼런스에서 그의 이름을 딴 상을 수여하고 있다.[5]

마케팅 조사 산업은 어떻게 발전해 왔는가?

1920년대까지 많은 마케팅 조사가 이루어졌으나 마케팅 조사가 널리 확장된 것은 시장의 영역이 지리적으로 확장된 1930년대에 들어서부터였다. 산업혁명 이전에 비즈니스는 오직 고객 근처에서만 이루어졌다. 오로지 장인과 고객과의 물물교환만 이루어졌을 때는 고객을 '연구'할 필요가 없었다. 하지만 기업가들은 매일 고객을 관찰하기 시작했고 그들의 원츠와 니즈 그리고 무엇을 좋아하고 싫어하는지를 파악하게 되었다. 제조업체들이 보다 멀리 떨어져 있는 시장을 위한 제품을 제조하기 시작하면서 마케팅 조사의 필요성이 대두되기 시작했다. 보스턴에 있는 제조업체들은 덴버나 애틀랜타 등 '멀리 떨어진' 곳에 있는 시장의 욕구도 파악하길 원한 것이다.

20세기의 '성숙화된 산업'

마케팅 조사 산업은 1900년대에 본격적으로 진화하기 시작했는데, A.C. 닐슨(A.C. Nielsen)은 1923년에 사업을 시작했으며 그가 창업한 닐슨 컴퍼니는 현재까지도 마케팅 조사 산업에서 일류 기업 중 하나이다. 1930년대 들어 각 대학에서는 마케팅 조사를 본격적으로 가르치기 시작했다. George

Gallup은 대통령 선거 결과를 예측하기 위한 설문을 설계했다. 1940년대에는 Alfred Politz가 마케팅 조사에서 표본에 의한 통계 이론을 적용했다.[6] 또한 같은 시기에 Robert Merton은 포커스 그룹을 처음 소개했는데, 이는 오늘날 정성적 마케팅 조사(qualitative marketing research)의 하나로 자리매김하게 되었다.

1950년대 들어서 컴퓨터의 발달은 마케팅 조사 산업을 한 단계 더욱 진화시키는 계기가 되었다.[7] 20세기 중반 마케팅 조사 산업은 대부분 작은 기업들이 차지했다.[8] 하지만 1950년대 후반에서 1960년대 사이 빠르게 변하는 고객을 추적하기 위해 마케팅 조사는 필수 활동으로 여겨지기 시작했다. 이 기간 동안 많은 기업들은 마케팅 조사 부서를 설치하기 시작했고, 마케팅 조사를 대신 수행해주는 기업들도 눈에 띄게 증가했다. 1970년대 컴퓨터 기술의 발달로 데이터 관리와 분석의 자동화가 가능해졌다. 1980년대에는 개인 컴퓨터의 도입으로 컴퓨터 기술이 모든 기업에게 적용되기 시작했다. 데이터 자동화의 도입으로 인해 마케팅 데이터의 수집과 분석은 보다 빠르게 진행될 수 있었다.

1990년대와 2000년대 사이에 세계화와 함께 인터넷의 성장으로 마케팅 조사 산업은 혁신을 거듭하기 시작했다. 세계적인 마케팅 조사 업체들이 전 세계에 지사를 수립하기 시작했고 이는 업체 간의 인수합병으로 이어졌다. 결과적으로 이때 시작된 업체 간 인수합병은 최근에 들어서야 잦아들게 되었다. 한편 어디서나 편리하게 사용되는 인터넷은 데이터 수집에서 분석에 이르는 마케팅 조사의 모든 과정을 변모시켰고 온라인 서베이는 설문지를 설계하고 만드는 과정에서 가장 강력한 도구로 자리매김했다.

마케팅 조사 산업은 현재도 지속적으로 성장하고 있다. 오늘날 마케팅 조사 산업에는 상장회사뿐만 아니라 산업 내 협회들과 공인기관이 있다. 이 장 마지막에는 이 산업 내 협회들과 산업 전체의 수익 규모에 대해서 알아볼 것이다.

2-2 누가 마케팅 조사를 수행하는가?

클라이언트 사이드 마케팅 조사

자사의 고객, 중개상, 경쟁사, 그리고 외부환경을 이해하길 원하는 그 어떤 기업도 마케팅 조사를 수행할 수 있다. 이와 같이 조직 내부에서 마케팅 조사를 직접 수행하는 것을 **클라이언트 사이드 마케팅 조사**(client-side marketing research)라고 부른다. 포춘지 500대 기업과 같이 큰 기업들의 경우 마케팅 조사에 집중하는 특별 부서를 따로 설치, 운영하고 있다. 이러한 부서는 고객 인사이트 부서와 같이 다양한 이름으로 역할을 수행하고 있는데, 마케팅 의사결정자에게 적재적소의 마케팅 정보를 제공한다는 공통점을 가지고 있다. 소비재, 첨단 기술, 광고, 금융, 의약 및 헬스케어, 자동차 제조, 그리고 소매업에 이르기까지 마케팅 조사에 의존하는 산업은 매우 다양하다. P&G, 구글, 유니레버, 제너럴 밀스, 코카콜라와 같은 대기업들은 혁신적인 마케팅 조사방법을 사용하는 것으로 유명하다.[9]

클라이언트 사이드 마케팅 조사는 조직 내부에서 조사를 수행하는 것을 의미한다.

중소기업의 경우 1명 혹은 그 이상의 종업원이 마케팅 조사를 담당하고 있다. 어떤 경우에는 이

마케팅 조사 인사이트 2.1 디지털 마케팅 조사

전통적인 마케팅 조사 보고를 넘어서다 : 버크의 디지털 대시보드

Michael Webster, 리서치 솔루션 수석 부사장

버크(Burke, Inc.)는 현장에서 데이터가 수집될 때 거의 실시간으로 의뢰인이 그 데이터에 접근하고 업데이트된 보고서를 작성할 수 있는 온라인 보고 도구를 개발했다. 이 디지털 대시보드(Digital Dashboard)®는 전 세계 어디에서든지 접속할 수 있으며, 사전에 정해진 형식의 보고서뿐만 아니라 고객이 원하는 형식으로 데이터를 보여줄 수 있는 웹 애플리케이션이다. 이 애플리케이션은 최적의 의사결정을 할 수 있도록 사용자가 직접 데이터를 분석할 수 있으며 마케팅 조사 프로젝트에 참여하는 사람은 누구나 마케팅 데이터와의 상호작용이 가능하게 설계되어 있다. 과거에 의뢰인들은 데이터가 완전히 수집되고 최종 보고서가 완성될 때까지 데이터에 접근할 수 없었다. 또한 보고서가 출판될 경우 더 이상의 상호작용은 불가능했다. 만약 마케팅 매니저가 보고서에 있는 내용과 다른 방식으로 데이터를 검토해보고 싶다면 추가적인 의뢰를 해야 하고 그 일이 진행될 때까지 기다려야 했다. 그래서 많은 경우 마케팅 매니저는 추가적인 검토를 포기하곤 했다.

www.burke.com에 방문해보라.

디지털 대시보드는 추가적인 분석을 방해하는 전통적 보고법의 한계점을 제거할 수 있는 보다 진화된 보고 방법이다. 운전자가 자동차의 중요한 사항을 그 차의 계기판(dashboard)에서 확인할 수 있듯이 디지털 대시보드를 사용하는 의뢰인은 마케팅 프로젝트의 모든 과정을 모니터링할 수 있을 뿐만 아니라 수정도 가능하도록 설계되어 마케팅 조사 결과가 그들을 올바른 목적지에 도착할 수 있도록, 즉 보다 나은 결정을 할 수 있도록 도와준다.

디지털 대시보드는 사용자와의 상호작용을 여러 가지 방법으로 가능하게 해주는 모듈들로 구성되어 있다. 그 첫 번째는 Report Builder 모듈로 사용자 마법사의 안내에 따라 다양한 방식으로 차트와 표를 만들 수 있고 의미 있는 데이터 분석과 보고가 이루어지도록 도와준다. 이를 통해서 진행되고 있는 전 과정을 기업 내 다른 구성원과 공유할 수 있으며, 정해진 목표가 달성될 때까지 협업을 가능하게 해준다. 두 번째는 Catalog Builder 모듈로, 사용자가 응답자 수준의 데이터를 볼 수 있도록 도와준다. Report Builder 모듈과 마찬가지로 사용자 마법사의 안내에 따라 다양한 차트와 표를 만들 수 있다. 또한 해당 데이터들을 메일을 통해 정기적으로 전달할 수 있는 기능도 있다. 마지막으로 Project Background 모듈로 의뢰인이 프로젝트와 연관된 주요 정보를 이해하고 프로젝트 결과를 해석하기 위한 가이드라인을 제공해 준다. 디지털 대시보드는 전화, 우편, 몰인터셉트, 그리고 온라인 서베이의 경우에도 사용될 수 있다.

Mike Webster는 버크가 인터넷 리서치에서 선두적인 위치를 차지하는 데 있어 중요한 역할을 담당해 왔다. 버크의 디지털 대시보드의 주요 개발자로서 Webster는 정보통신기술, 금융 서비스, 소비재와 같은 다양한 산업에 있는 시장 선도자들을 위한 온라인 리포트 솔루션을 설계해 왔다. 그는 버크에서 다양한 언어와 플랫폼을 사용하며, 데이터 수집 및 온라인 리포트 소프트웨어의 상근 전문가로서 중요한 역할을 수행하고 있다. 그는 현재 버크의 리서치 솔루션 부분 수석 부사장이다.

출처 : Text and photos courtesy of Michael Webster, Burke, inc.

그림 2.1
디지털 대시보드

러한 개인이나 팀이 실제로 어느 정도의 마케팅 조사를 직접 수행하기도 하지만 이들의 역할은 회사 내의 다른 사람들에게 마케팅 조사가 필요한 시기를 알려주거나 마케팅 조사를 대신 수행해줄 수 있는 적절한 기업을 찾는 역할을 하는 경우가 대부분이다.

마케팅 조사의 '민주화(democratization)'라고도 불리는 **DIY 조사**[do-it yourself(DIY) research]는 클라이언트 사이드 마케팅 조사를 수행하는 기업들에게 매우 중요한 트렌드 중 하나로 자리매김하고 있다.[10] DIY 마케팅 조사는 온라인을 통하여 2차 데이터에 쉽게 접근할 수 있고 SPSS와 같은 소프트웨어를 통해 데이터 분석에 대한 이해가 증진됨에 따라 가능해진 조사방법이다.

DIY 조사(혹은 do-it-yourself 조사)는 기업이 스스로 당면한 문제를 해결할 수 있도록 수행하는 마케팅 조사이다.

DIY 마케팅 조사는 비용을 절감하면서 사용자가 당면한 문제를 해결할 수 있도록 필요한 정보를 제공해준다. 다양한 도구의 증가로 기업들은 스스로 마케팅 조사를 수행할 수 있게 되었다. 온라인 플랫폼(Qualtrics와 SurveyMonkey), 통계분석 도구(SPSS, SAS, R), 소셜미디어 모니터링(Hootsuite), 데이터 분석 및 시각화 대시보드(dashboard) 등의 도구들이 DIY 마케팅 조사를 실현시켜주고 있다. 마케팅 조사 인사이트 2.1에서는 온라인 데이터 도구의 하나의 예로서 Burke, Inc.의 디지털 대시보드가 소개되어 있다.

DIY 마케팅 조사를 수행하다 보면 기업 관리자들은 조사를 수행하기 위한 시간이 부족하고 그 전문성이 떨어진다고 느낄 때가 종종 있다. 따라서 자사가 원하는 정보를 제공하고 보다 전문적인 마케팅 조사를 수행할 수 있는 마케팅 조사 전문 업체와 협업을 하는 경우도 있다.

서플라이 사이드 마케팅 조사

자사의 마케팅 조사 욕구를 충족시켜줄 수 있는 외부업체와 조사를 수행할 경우 이를 **서플라이 사이드 마케팅 조사**(supply-side marketing research)라고 부른다. 서플라이 사이드 마케팅 조사에서 조사를 수행하는 외부업체를 **대행사**(agency) 혹은 **공급자**(supplier)라고 부른다. 이러한 업체들은 마케팅 조사에 특화되어 있을 뿐만 아니라 구매자가 의사결정을 위해 필요로 하는 정보를 적절하게 제공해준다. 대부분의 경우 클라이언트 사이드 마케팅 조사 연구자들은 마케팅 조사 업체로부터 조사 결과를 구매한다. 전기 자동차를 개발하는 General Motors의 경우 고객이 시승한 전기 자동차 테스트 드라이브를 피드백받기 위해 캘리포니아에 위치한 조사 업체와 협업하기도 했다. 기업 규모(대기업과 중소기업), 조직 목적(영리 조직, 비영리 조직)에 상관없이 마케팅 의사결정을 위하여 조사 업체로부터 마케팅 정보를 구매한다.

자사의 마케팅 조사 욕구를 충족시켜줄 수 있는 외부업체와 조사를 수행할 경우 이를 서플라이 사이드 마케팅 조사라고 부른다. 서플라이 사이드 마케팅 조사에서 조사를 수행하는 외부업체를 대행사 혹은 단순히 공급자라고 부르기도 한다.

2-3 마케팅 조사 산업 구조

수익에 근거한 업체 규모

미국마케팅협회(AMA)는 매년 협회의 정기 간행물인 *Marketing News*와 웹사이트를 통해 마케팅 조사 산업에 대한 두 가지 보고서를 발표하고 있다. 그중 *AMA Gold Global Top 50*(구 *Honomichl Global Top 25*)은 수익에 근거하여 전 세계 마케팅 조사 업체 순위를 발표한다. 이 업체들에는 수천 명의 종업원을 고용하고 있는 글로벌 업체뿐만 아니라 1인 사업체(proprietorships)까지 포함된다.

AMA Gold Global Top 50과 AMA Global Top 50을 보려면 www.ama.org에 들어가 'Top 50'을 검색하라.

표 2.1 글로벌 마케팅 조사 업체 Top 10

순위	업체	본사	웹사이트	종업원	전 세계 매출
1	닐슨 홀딩스(Nielsen Holdings N.V.)	뉴욕	Nielsen.com	42,000	$5,888,100,000
2	칸타르(Kantar)	런던	Kantar.com	23,400	$3,389,200,000
3	IMS 헬스(IMS Health Inc.)	댄버리(코네티컷)	IMSHealth.com	15,000	$2,544,000,000
4	입소스(Ipsos S.A.)	파리	Ipsos-NA.com	16,530	$2,276,600,000
5	GfK SE	뉘른베르크	GfK.com	13,380	$1,985,200,000
6	IRI	시카고	IRIWorldwide.com	4,547	$845,400,000
7	웨스탯(Westat Inc.)	록빌(메릴랜드)	Westat.com	2,011	$582,500,000
8	던험비(dunnhumby Ltd.)	런던	dunnhumby.com	1,000	$462,000,000
9	인테이지 그룹(INTAGE Group)	도쿄	Intage.co.jp	2,283	$402,000,000
10	우드 맥켄지(Wood MacKenize)	에든버러	WoodMac.com	957	$360,700,000

출처 : Bowers, D. (2015, August). 2015 AMA Global Top 25 Research Report. *Marketing News*, pp. 35–75. See original article for complete details on revenues and other information. Reprinted with permission.

풀서비스 마케팅 조사 업체는 구매자를 위하여 마케팅 조사 프로젝트를 위한 모든 과정을 대행해준다.

제한된 서비스 마케팅 조사 업체는 소수의 마케팅 조사를 대행해준다.

표 2.1에는 2015년 *AMA Gold Global Top 50* 중 수익에 근거한 상위 10위 업체들이 소개되어 있다.

표 2.1을 보면 일부 업체들이 종업원과 수익 측면에서 산업을 압도하고 있음을 확인할 수 있다. 보고서에서 26위를 기록한 업체는 수익이 1억 달러 미만이다. 그럼에도 불구하고 이 업계의 경쟁 강도는 높다. 확실히 큰 업체는 많은 이점을 갖고 있다. 하지만 다수의 작은 업체들은 큰 업체와의 비교에서 경쟁력을 갖기 위해 새로운 접근법과 기술을 개발하고 있고 유능한 인재에 의존하고 있다. 또한 AMA는 성공한 미국 마케팅 조사 업체들을 목록화한 *AMA Gold Top 50*을 보고하고 있다(AMA 웹사이트나 *Marketing News* 출판물을 통해 확인할 수 있다).

© kRie/Shutterstock

풀서비스 마케팅 조사 업체는 다양한 조사를 수행한다.

서비스 유형에 따른 구분

마케팅 조사 산업 업체는 풀서비스와 제한된 서비스 두 유형으로 구분된다. **풀서비스 마케팅 조사 업체**(full-service supplier firms)는 구매자를 위해 전체 마케팅 조사 프로젝트를 수행할 수 있는 역량을 갖추고 있다. 풀서비스 업체는 의뢰인에게 다양한 범위의 서비스를 제공한다. 해당 업체들은 문제를 정의하고, 조사 설계를 구체화하며, 데이터 수집 및 분석을 담당하고, 최종 보고서 작성을 담당한다. 일반적으로 풀서비스 업체들은 전문가들을 보유하고 있으며, 정성적 조사에서부터 제안된 마케팅 믹스 효과 검증을 위한 대규모의 해외 서베이에 이르기까지 다양한 연구를 수행할 수 있는 시설을 갖추고 있을 정도로 규모가 크다. *AMA Global 25*와 *AMA Top 50*에 포함되어 있는 대부분의 조사 업체들은 풀서비스 업체다.

표 2.2 마케팅 조사 서비스의 주요 유형

유형	설명	주요 기업
신디케이트 데이터 서비스	산업 내에서 트렌드와 소비자 행동을 분석하며 이를 기업에게 판매함	The Nielsen Co., SymphonyIRI Group, Arbitron
패키지 서비스	자신들이 개발한 과정과 기법을 사용해 테스트 마케팅, 고객 및 종업원 만족도 측정과 같은 서비스를 수행	GfK, Video Research LTD, Burke, Inc.
온라인 리서치 전문업	온라인 소비자 행동 측정, 온라인 데이터 수집 및 측정과 연관된 서비스 제공	Comscore, Inc., Harris Interactive, Knowledge Networks, Toluna, Mindfield Internet Panels, Focus Vision
고객 맞춤 서비스	개인 의뢰인이 원하는 고객 맞춤 서비스를 제공	Burke, Inc., Kantar, Ipsos SA, Synovate, Maritz 등 대부분의 주요 조사회사들이 이러한 서비스를 제공한다.
산업 혹은 시장 세분화에 특화된 유형	특정 산업이나 시장을 세분화하는 데 전문화되어 있음	IMS Health, Inc., Westat Inc., Latin Facts, Inc., Olson Research Group, Inc.
특화된 기술		
a. **아이 트랙킹(Eye Tracking)**	패키지 디자인이나 광고 카피와 같은 자극물에 대한 눈동자 움직임을 추적	The PreTesting Company
b. **모바일 리서치**	아이패드나 스마트폰과 같은 모바일 디바이스를 사용한 조사 수행	Kinesis Survey Technologies, Cint+Mobile, NPolls
c. **표본 추출**	다양한 표본 추출기법을 사용하여 의뢰인의 조사목적에 부합하는 표본 추출	SSI, uSamp, Research Now, Peanut Labs
d. **뉴로이미징**	패키지나 광고 등에 노출되었을 때 반응하는 소비자의 뇌 활동 분석	Neurofocus(Nielsen), Sands
e. **시장 세분화**	목표 시장 선정, 해당 시장에서의 고객 선정 및 해당 고객의 특성(매체 습관) 분석	ESRI, Nielsen Claritas
f. **소셜미디어 모니터링**	소셜미디어를 통해 퍼진 기업과 자사 브랜드에 대한 입소문 추적과 그에 대한 의미 부여	Decooda, Conversition
g. **필드 서비스**	전화, 온라인, 대면, 몰인터셉트와 같은 다양한 종류의 데이터 수집 수행	MktgInc., Readex Research, I/H/R Research, Group, Focus Market Research, Irwin, Fieldwork, Schlesinger Associates

제한된 서비스 마케팅 조사 업체(limited-service supplier firms)는 하나 혹은 일부의 마케팅 조사 활동을 위해 특화되어 있다. 해당 업체들은 온라인 커뮤니티, 설문지 개발과 사전조사, 데이터 수집 및 분석과 같은 몇 가지 서비스에 특화되어 있다. 몇몇 업체들은 고령층 혹은 히스패닉과 같은 특화된 세분시장을 대상으로 조사를 수행하며, 또 어떤 업체들은 항공사, 스포츠, 혹은 제약과 같은 특정 산업만을 대상으로 조사를 수행하기도 한다.

마케팅 조사 서비스 유형은 표 2.2에 제시되어 있다. 하지만 다양한 유형의 조사 업체들과 각 업체들의 전문성에 대한 보다 나은 이해를 제공하는 정보 원천들이 있다. 이러한 목록을 제공하는 세 단체는 *GreenBook*, MRA의 *Blue Book*, 그리고 Quirk's이며 뒤 페이지 능동적 학습 코너의 '마케팅

능동적 학습

마케팅 조사 목록의 사용

다음에 소개될 온라인 정보 원천을 통해 여러분은 전 세계에서 활동하는 다양한 유형의 마케팅 조사 업체들을 만날 수 있다.

GreenBook(www.greenbook.org) 수년 전에 뉴욕의 미국마케팅협회(AMA)는 초록색 커버의 마케팅 조사 업체 명부를 출판한 바 있다. *GreenBook*으로 알려져 있는 해당 명부는 마케팅 조사 산업의 다양한 정보를 제공하고 있다. 해당 웹사이트를 방문하면 다양한 유형의 마케팅 조사 업체를 검색할 수 있다. 특화된 조사 업체가 등록되어 있을 뿐만 아니라 국가, 주, 그리고 도시에 따라서도 업체들을 검색할 수 있다. 'Market Research Specialties'를 가면, 'Business Issues', 'Research Solutions', 'Industries & Demographics', 'Related Services & Software', 'International Expertise' 등이 있다. 이러한 하위 메뉴를 통해 여러분은 마케팅 조사 산업에서 활동하는 업체들을 볼 수 있다. 각 업체들을 클릭하면 해당 업체의 자세한 정보를 확인할 수 있다.

Blue Book(www.bluebook.org) *Blue Book*은 마케팅조사협회(MRA)가 제공하는 마케팅 조사 서비스 및 포커스 그룹 업체 명부다. 해당 웹사이트를 방문하면 업체 위치, 데이터 수집 유형, 그리고 특화된 분야에 따라 다양한 조사 업체들을 검색할 수 있다. 여러분은 해당 웹사이트를 통해 마케팅 조사 산업에서 활동하고 있는 다양한 업체를 보다 쉽게 이해할 수 있을 것이다.

Quirk's Researcher SourceBoook^{TM}(www.quirks.com) Quirk's Makreting Research Media에서 발간하는 온라인 명부로 전 세계 7,000개 지역 이상에서 활동하는 조사 업체들을 소개하고 있다. 메뉴 바에 있는 'Directories'를 클릭하면 지역, 전문성, 그리고 산업 유형에 따른 조사 업체 리스트를 확인할 수 있다.

여러분이 각각의 웹사이트를 방문하면 마케팅 조사 업체들은 다양한 조사 활동(미스터리 쇼핑, 모의 재판, 행동 경제, 공항 인터뷰, 크라우드소싱, 미각 테스트, 광고 카피 테스트, 신제품 콘셉트 테스트, 경쟁사 분석, 포커스 그룹, 브레인스토밍 조사, 정치여론, 그리고 매장 내 인터뷰 등)을 수행하고 있음을 확인할 수 있을 것이다.

조사 목록의 사용'에 설명되어 있다.

마케팅 조사 산업의 성과

아이 트랙킹을 전문으로 하는 기업을 알기 위해서 www.youtube.com에서 benefits of eye tracking을 검색하라.

마케팅 조사 산업은 수익 측면에서 어떤 성과를 보여주고 있을까? 국제마케팅조사전문가협회인 ESOMAR에서는 전 세계 마케팅 조사 산업의 수익을 430억 달러 이상으로 추정하고 있다.[11] AMA Gold Report는 2014년 전 세계 상위 50위 안에 포함된 업체들의 수익은 280억 달러 이상을 기록했다고 밝히고 있다.[12] AMA 보고를 보면, 상위 50위 업체들은 2013~2014년 동안 10.6%에 달하는 양호한 매출 성장을 보였다. 이 업체들 중 닐슨은 2위와 현격한 차이를 보이는 가장 큰 마케팅 조사 업체로, 이 회사는 2014년에 63억 달러의 수익을 기록하여 상위 50위 업체들의 전체 수익 중

1/4(26.4%)을 상회하는 수익을 올렸고 전체 종업원 수도 7.9% 증가했다.[13]

마케팅 조사 업체는 파생 수요에 의존하는 구조를 갖고 있다. 만약 의뢰 기업이 신제품을 개발하고, 새로운 시장으로 확장하며, 새로운 기회를 탐색하고, 새로운 프로모션 캠페인을 기획한다면 그들의 의사결정을 도울 수 있는 정보가 필요하다. 세계 경제가 지속적으로 성장하면 의뢰 기업들의 사업 역시 성장할 것이고 이들을 지원하는 마케팅 조사 업체들의 매출과 수익도 함께 증가한다.

마케팅 조사 업체 중 가장 큰 업체들은 전 세계에서 활동하고 있다. 상위 5위 안에 포함된 업체들은 최소 70개국 이상에 사무실 혹은 자회사를 갖고 있다.[14] 가장 큰 업체인 닐슨의 경우 100여 개국 이상에 40,000명이 넘는 종업원이 있다. 수익은 지역에 따라 다르게 발생하는데, 북미(43%)는 가장 큰 시장이며 다음으로 유럽(37%), 아시아태평양 지역이 그 뒤를 잇고 있다. 또한 가장 빠른 성장을 보여주고 있는 지역으로 아프리카와 중동이 있다. 또한 국가별 시장 규모가 큰 5개 나라는 미국(42%), 영국(12%), 독일(8%), 프랑스(6%), 중국(4%) 순이다.[15]

2-4 마케팅 조사 산업의 도전

기술의 빠른 변화에 따라 마케팅 조사 산업은 매우 중요한 몇 가지 도전에 직면하게 되었다. 새롭고 진화하는 데이터 원천과 조사방법론, 조사 결과에 대한 효과적인 커뮤니케이션, 그리고 유능하고 전문성을 갖춘 연구자에 대한 필요 세 가지를 도전과제로 볼 수 있다. 구체적으로 살펴보면 다음과 같다.

새롭고 진화하는 데이터 원천과 조사방법

마케팅 조사방법은 수년간 상대적으로 안정적이었으나 최근 들어 데이터 원천과 기술의 발전으로 새로운 도전에 직면하게 되었다. 과거에는 우편 및 전화 서베이와 같은 전통적인 조사방법을 통해 의견과 정보 등을 수집해 왔다. 하지만 신디케이트 데이터, 포커스 그룹, 새로운 정성적 조사방법, 몰인터셉트 서베이, 마케팅 믹스와 브랜드 자산 모델링 등이 추가되었다. 1990년대에 온라인 패널이 데이터의 주요 원천으로 등장함과 동시에 전자 서베이는 상당한 변화를 가져왔다. 최근에는 명확한 질문이나 소비자와의 어떤 유형의 상호작용도 없이 수집된 데이터들을 의미하는 **수동적 데이터**(passive data)가 새롭고 가치 있는 정보 원천으로 자리매김해 오고 있다(제5장에서 자세히 설명할 것이다).[16]

이렇듯 새로운 데이터 원천의 등장은 새로운 기술의 이점을 활용하려는 마케팅 조사 업체들에게 새로운 도전으로 작용하고 있다. 2015년 *GreenBook*에 의해 실시된 마케팅 조사 전문가 설문조사 결과에 의하면 응답자의 절반 이상(56%)은 그들이 직면한 최대 도전 중 하나가 조사방법론이라고 응답했다.[17] 소셜미디어 웹사이트, 사물인터넷(IoT), 그리고 새로운 유형의 신디케이트 데이터와 같은 데이터 원천들은 가치 있는 통찰을 제공해줄 수 있는 잠재력을 갖고 있다. 하지만 해당 데이터를 분석하기 위한 조사방법을 개발하고 학습하는 것은 어렵다. 일부 조사자들은 마케팅 조사 산업이 새로운 기회를 수용하는 것에 대해서 너무 느리다고 믿고 있다.[18] 설립 역사가 긴 마케팅 조사 업체들은 새로운 기술을 따라잡는 것에 대해 어려움을 겪고 있으며, 역사가 짧은 마케팅 조사

마케팅 조사 인사이트 2.2 디지털 마케팅 조사

사용자 친화적인 정보 원천을 제공하는 소셜미디어 유형

고객의 중요한 정보를 제공해주는 소셜미디어 웹사이트가 있다. 다음은 다양한 유형의 소셜미디어 웹사이트 리스트다.

1. **블로그** – 작성 날짜가 명시되어 있고, 특정 주제 중심으로 온라인에 게시한 글 모(예 : 블로거, 워드프레스)
2. **마이크로블로그** – 사용자의 활동에 대해 짧게 언급한 글(예 : 트위터, 웨이보, 텀블러)
3. **동영상 공유 네트워크** – 비디오 동영상을 온라인상에서 공유하는 웹사이트 혹은 애플리케이션(예 : 유튜브, 바인, 비메오)
4. **사진 공유 사이트** – 사진을 온라인상에서 공유하는 웹사이트(예 : 인스타그램, 플리커)
5. **소셜 네트워크** – 개인 프로파일을 생성하고, 친구들과 동료들을 초대하여 해당 프로파일에 친구를 초대하고 접근하게 하거나 이메일과 메시지를 주고받을 수 있도록 하여 사용자들을 연결하는 웹사이트(예 : 페이스북, 위챗)
6. **프로페셔널 네트워크** – 전문가 정보 프로필을 생성하고, 해당 프로필에 동료를 초대하여 접근하게 할 수 있으며, 이메일과 메시지를 주고받을 수 있게 함으로써 사용자들을 연결하는 웹사이트(예 : 링크드인)
7. **제품과 서비스 리뷰 사이트** – 제품(서비스) 사용 경험을 자유롭게 이야기 나눌 수 있는 사이트(예 : 옐프, 아마존, 앤지스 리스트)
8. **웹 기반 커뮤니티와 포럼** – 특정 주제를 논의하기 위해 회원들이 온라인상에서 상호작용하는 온라인 커뮤니티(예 : 갈라온라인, 칼리지 컨피덴셜)
9. **뉴스 공유 사이트** – 뉴스에 대해 자유롭게 의견을 나누는 웹사이트(예 : 디그, 레딧)

© Syda Productions/Shutterstock

다양한 유형의 소셜미디어가 있다.

업체들은 그들이 약속한 인사이트를 항상 제공해주지는 못하기도 한다. 산업은 진화하지 않으면 사멸한다.[19] 마케팅 조사 인사이트 2.2에는 다양한 유형의 소셜미디어 웹사이트와 사이트가 제공하는 소비자 조사가 제시되어 있다. 제5장과 제6장은 정량적 데이터와 정성적 데이터를 소개하고 있으며, 이러한 데이터들을 분석하는 데 필요한 방법론이 소개되어 있다.

조사 결과에 대한 효과적인 커뮤니케이션

새로운 유형의 데이터와 이를 활용하는 연구방법론이 대두되면서 마케팅 조사자들은 데이터 수집과 분석에 대한 기술뿐만 아니라 결과에 대한 효과적인 커뮤니케이션 역시 필요로 한다. 종종 마케팅 조사자들은 관리자로부터 적절하게 대우를 받지 못한다고 느낀다.[20] 동시에 의뢰인들은 조사자들이 그들의 사업에 대한 지식이 부족하다는 불만을 갖고 있다.[21] 2015년 Quirk's의 서베이에 의하면 의뢰인들의 절반은 마케팅 조사 업체들이 '우리의 사업을 이해하기 위한 시간을 할애하고 있지 않다'고 응답하기도 했다.[22] 데이터를 심도 있게 분석하고 그 결과에 대한 전략적 인사이트를 전달할 수 있는 마케팅 조사자가 필요하다.[23]

이제는 길고 복잡한 문서가 아닌 '이야기를 하듯' 간단하지만 직설적인 결과 보고를 할 수 있는 마케팅 조사자가 요구되는 추세다. 마케팅 조사자들은 조사 결과를 명확하고 이해하기 쉽게 제시

할 것을 요구받고 있다.[24] 마케팅 조사자들은 결과를 관리자들이 기억하기 쉽도록 전달하기 위해서 그림, 영상, 애니메이션, 그리고 기타 시청각 기술을 이용한 '스토리텔링' 기법을 더욱더 많이 사용하고 있다. 제16장에서는 이러한 보고서 작성과 구두발표에 대해 상세하게 다루고 있다.

유능하고 전문성을 갖춘 조사자 수요

마케팅 조사 산업에서 또 다른 도전 중 하나로 자격을 갖춘 조사자를 꼽을 수 있다. 마케팅 조사 산업의 처음 두 가지 도전에서 제안된 것처럼, 2015년 *GreenBook* 서베이는 데이터를 통합할 수 있는 기술력, 분석능력과 그 결과를 강력한 방식으로 전달할 수 있는 의사소통능력을 겸비한 인재가 요구된다고 지적하고 있다. 동시에 조사방법에 대한 기초 지식을 갖추고 있는 인재 역시 필요하다고 밝히고 있다.[25] 기존의 몇몇 마케팅 조사자들은 젊은 조사자들이 기초 통계와 조사방법에 대한 훈련이 부족하다고 불만을 갖고 있다.[26] ESOMAR 회원들 중 약 4%만이 30세 미만이며, 50세 이상은 39%에 이른다.[27] ESOMAR에 따르면 대학 재학 시절 동안 마케팅 조사에서 경력을 쌓으려는 계획은 극히 드물지만 해당 산업에 재직하는 것에 대한 만족도는 상당히 높은 것으로 알려져 있다.[28]

2-5 마케팅 조사 산업 계획안

마케팅 조사 산업은 주로 산업 계획안, 광범위한 지속적인 교육 프로그램, 그리고 인증을 통해 자기발전 측면에서 적극적인 자세를 취해 오고 있다.

산업 성과 계획안

몇몇 업계 내 협회들을 선두로 하여 산업 성과를 개선하기 위한 계획안을 실행해 오고 있다. 몇 가지 계획안을 살펴보면 다음과 같다.

모범 사례 1990년대의 전사적 품질관리(Total Quality Management, TQM)를 적용함으로써 기업들은 품질 개선을 가져올 수 있는 방법들에 대하여 더 많이 인지하기 시작했다. 그중 한 가지 방법은 기업들이 주요 영역에서 성과를 벤치마킹하는 데 도움이 되는 모범 사례를 설명하는 것이다. 마케팅 조사 산업을 지원하는 다수의 산업 내 협회들은 모범 사례 프로그램을 갖고 있다. 마케팅 조사 업체들도 모범 사례에 기반한 다양한 마케팅 프로그램을 개발하기 시작했다. 실제로 MRA는 개인정보, 전화조사, 그리고 온라인 서베이와 관련된 몇 가지 모범 사례를 보고하고 있다.[29]

마케팅 조사의 대중적 신뢰 유지 마케팅 조사자들은 조사 정보에 대한 대중들의 신뢰에 대해 우려하고 있다. '강제유도 여론조사'[30]로 알려진 텔레마케팅과 정치 여론조사에 대한 반감을 가진 대중들은 종종 부적절하게 마케팅 조사자들에게 탓한다. 일부 산업 계획안을 살펴보면 마케팅 조사의 가치, 조사방법의 적절성, 그리고 수집된 정보의 윤리 등과 같은 부분에 대해서 대중들에게 알릴 것을 권장하고 있다. 또한 마케팅 조사 업계는 **sugging**(조사를 빙자한 판매, selling under the guise of research)을 불법화하기 위해 노력하고 있다. 수년간 텔레마케터들은 대중들이 여론조사로 생각하고 참여를 유도한 후 실제로 제품을 강매하는 sugging을 사용했다. 또한 불법은 아니지만 실제 의

sugging은 불법이다. 반면에 frugging은 불법은 아니지만 비윤리적이다.

도는 기금 마련임을 모르는 소비자들을 서베이에 참여토록 하는 관행과도 싸우고 있다. 이러한 관행을 **frugging**(조사를 빙자한 모금, fund raising under the guise of research)이라고 부른다.

미국서베이조사연합회(Council of American Survey Research Organizations, CASRO)에서는 서베이 조사의 실행과 활용에 대한 정보를 대중들에게 제공하는 '서베이 참여자들이 알아야 할 사항'이라는 온라인 가이드를 제공하고 있다.[31] 미국여론조사협회(American Association for Public Opinion Research, AAPOR)가 2014년에 발표한 **투명 계획안**(Transparency Initiative)에 따르면 일반인들에게 알려진 조사 정보를 어떠한 방식으로 수집하였는가 하는 것을 정기적으로 알리도록 장려하고 있다.[32] 이 수업을 수강하면서 여러분은 편향된 응답을 유도할 수 있는 서베이가 수행될 수 있음을 알게 될 것이다. 마케팅 조사 산업에서는 편향된 조사가 이루어지지 않도록 노력하는 것이 무엇보다 중요하다.

미국여론조사협회(AAPOR)가 발표한 투명 계획안은 대중들을 대상으로 진행된 조사에서 조사 방법을 정기적으로 공개하는 것을 강화하고 있다.

2003년에는 미국 거주자들이 그들의 전화번호를 등록해 원하지 않는 텔레마케팅 전화로부터 보호받을 수 있는 **국가전화수신거부제도**(National Do Not Call Registry)가 설립되었다. 단, 서베이를 목적으로 진행되는 전화는 수신거부 제한에서 제외된다. 이는 서베이를 진행하는 조사자는 합법적으로 미국 거주자들에게 전화를 할 수 있음을 의미한다.

서베이를 목적으로 진행되는 전화조사는 번호가 수신거부목록(Do Not Call Registry)에 들어 있다 하더라도 전화를 하는 것이 가능하다.

산업 트렌드에 대한 지속적인 관찰 오랜 기간 동안 *GreenBook*은 산업 트렌드를 지속적으로 관찰해 오고 있다. 매년 *GreenBook Research Industry Trends*(*GRIT*)를 통해 어떤 기술이 사용되며, 어떤 용도로 사용되는지에 대한 데이터가 업계에 보고된다. 이 보고서는 어떤 이슈에 대해 구매자(의뢰인) 관점과 공급자(마케팅 조사 업체) 관점을 대조함으로써 인사이트를 제공한다. 또 이 보고서는 산업 변화에 대한 지각된 위협과 태도를 검토하고 수익을 예상하며 혁신에 대한 프로파일을 작성하고 있다. ESOMAR는 *Global Market Research*를 매년 발간하면서 산업 성과를 측정하고 발표한다.

윤리강령의 개선 마케팅 조사 산업을 지원하는 산업 내 여러 협회들은 윤리 실천을 위한 규칙, 표준, 그리고 윤리강령 등을 갖고 있다. 또한 이러한 규범을 유지하고 개정하기 위해서 상당한 노력을 기울여 왔다. 예를 들어 인터넷으로 온라인 서베이가 가능해지자 업계는 이러한 규정들을 온라인 서베이 상황에도 적용할 수 있도록 개정을 했다. 대부분의 윤리강령은 전문가들의 행동을 스스로 통제하는 것을 목적으로 하지만 어떤 경우에는 협회가 불신임, 자격정지, 제명과 같은 패널티를 부과하기도 한다. 만약 협회의 윤리강령을 위배했음이 발견되면 전문자격을 박탈하기도 한다. 일부 협회들은 서로 행동 규범을 비슷하게 조정하기도 하지만 개별 협회들은 고유의 규범을 갖고 있다. 이러한 규범에는 차이가 있지만 주요 협회들 간에는 몇 가지 공통점이 있다. 가장 중요하게 여겨지는 마케팅 조사 규범은 아래와 같다.

I. 응답자에 대한 공정 대우

a. 응답자들은 조사 요구에 참여하지 않을 수 있는 선택권이 있음을 알아야 한다. 응답자들은 언제나 자발적으로 응답에 참여해야 하고 연구가 진행되는 각 단계에서 철회 혹은 거절할 수 있는 권리를 갖고 있음을 알아야 한다.

b. 응답자 기밀은 반드시 지켜져야 한다. 응답자 정보는 사전 동의 없이 노출되어서는 안 된다.
c. 응답자는 전문적으로 다루어져야 한다. 응답자가 제품 혹은 서비스를 사용하도록 요구받을 때, 조사자는 해당 제품과 서비스가 안전하고 사용 용도에 적절하며, 법과 규정에 따름을 명시해주어야 한다.
d. 조사자는 응답자의 협조를 얻을 목적으로 부정직한 설명을 하면 안 되며 응답자 협조를 얻기 위해 행해졌던 약속을 반드시 준수해야 한다.
e. 미성년자(18세 이하)를 대상으로 조사를 진행할 때는 특별 규정이 요구된다.

Ⅱ. 의뢰인과 협력업체에 대한 공정한 대우

a. 의뢰인으로부터 수집한 정보는 기밀로 유지되어야 한다.
b. 모든 연구는 의뢰인의 동의하에 진행된다.
c. 의뢰인 정보는 사전 동의 없이 노출되어서는 안 된다.
d. 2차 데이터에 의한 조사를 1차 데이터에 의한 조사처럼 의뢰인에게 제시해서는 안 된다.
e. 연구 결과는 오직 의뢰인에게만 보고되어야 하며 협업 중인 다른 의뢰인과 공유되어서는 안 된다.
f. 조사자들은 의뢰인의 명백한 동의 없이 하나 이상의 의뢰인을 위한 정보를 동시에 수집해서는 안 된다.
g. 의뢰인들은 연구의 진실성을 보장받기 위해 연구 과정을 지속적으로 모니터링할 수 있는 기회를 가져야 한다.
h. 조사자들은 협력업체에게 윤리강령, 준거법, 그리고 기타 규칙에 위배되는 어떤 활동도 요구할 수 없다.

Ⅲ. 연구 진실성 유지

a. 조사자는 데이터를 빠뜨리거나 조작해서는 안 된다.
b. 연구 결과는 정확하게 그리고 정직하게 보고되어야 한다.
c. 마케팅 조사자는 표본 추출방법과 표본 추출방법이 표본에 미치는 영향을 잘못 보고해서는 안 된다.

Ⅳ. 사회적 고려

a. 대중에게 알려지는 조사는 정보의 투명성을 갖추어야 한다(가능하다면 데이터 수집, 표본 프레임, 표본 추출방법, 표본 규모, 오차율 등을 공개해야 한다).
b. 조사자는 연구를 진행하는 과정에서 대중 신뢰를 남용해서는 안 된다(강제유도 여론조사).
c. 조사자는 응답자 협조를 구하기 위하여 조사가 아닌 비조사 활동(판매 및 채권 추심)을 조사인 것처럼 표현해서는 안 된다.

다음 협회 사이트를 방문하면 윤리강령 전문을 확인할 수 있다.

AAPOR(www.aapor.org) : Standards & Ethics를 방문

마케팅 조사 인사이트 2.3 **윤리적 고려사항**

오케이큐피드와 페이스북이 실시한 사용자 실험

오케이큐피드(OKCupid)는 사이트 이용자들을 대상으로 실험을 진행한 적이 있다고 밝혔다. 유명한 온라인 데이트 사이트인 오케이큐피드는 한 실험에서 남녀 두 쌍의 어울리는 정도(match percentage)를 실제보다 부풀려서 고객들에게 알려주었다. 그 결과를 보면 이용자가 서로 자신들이 잘 어울린다는 사실을 알게 되면, 이 두 사람은 서로 메신저로 연락을 시작할 가능성이 높았다. 하지만 실제로 연결되는 정도는 실제로 어울리는 정도가 높았을 때였다. 해당 실험이 끝나고 나서 오케이큐피드는 이용자들에게 그들은 실험에 참여한 것뿐이며 사용자들이 전달받은 어울림의 정도는 조작되었음을 밝혔다.

페이스북 역시 실험을 진행한 적이 있음을 인정했다. 페이스북은 한 실험에서 조작된 뉴스피드를 통해 사용들의 감정에 영향을 끼치고 그 사용자들로 하여금 보다 긍정적 혹은 보다 부정적 포스트들을 게시하게 만들 수 있음을 발견했다.

오케이큐피드와 페이스북 같은 몇몇 사이트들은 사용자들을 대상으로 실험을 진행한다.

오케이큐피드의 이용자들처럼 사이트 이용자들은 자신도 모르게 사이트 실험에 참여하고 있음을 알게 되었을 경우 때때로 불쾌한 기색을 보인다. 오케이큐피드의 회장인 Christian Rudder는 많은 사이트들이 유사한 실험을 진행하고 있다고 밝혔다. Rudder는 그의 블로그를 통해, "잘 생각해보세요, 여러분! 여러분이 인터넷을 이용할 때, 그 시간에 여러분은 모든 사이트에서 실험 대상이 되고 있는 것입니다. 그것이 바로 웹사이트가 작동하는 방식입니다." Rudder는 이러한 실험은 보다 나은 서비스를 가능하게 하며 궁극적으로 이용자들에게 다양한 혜택으로 이어진다고 주장하기도 했다. 다른 웹사이트와 마찬가지로 오케이큐피드는 개인정보 보호정책을 통해 사이트 개선을 위한 실험을 진행하고 있음에 대한 경고메시지를 보여주고 있다.

오케이큐피드와 페이스북, 그리고 기타 다른 사이트에서 진행되는 이러한 실험들은 과연 윤리적으로 옳다고 볼 수 있을까? 마케팅 컨설턴트인 Allen Fromen은 해당 실험에 대한 결과를 알리고 출판하는 것에 대해 긍정적으로 평가하고 있다. "우리는 좋든 싫든 빅데이터 분석의 피험자입니다. 윤리적 고민에 놓일 때도 있지만 실험을 통해 과학적 통찰력과 새로운 사실을 발견할 수 있다는 것이 더욱 중요하다고 생각합니다." 다시 말해 Fromen이 주장하는 바는 업계의 모든 업체가 실험을 하고 있으며 오케이큐피드와 페이스북은 실험 결과를 공유하는 것에 대해서 칭찬을 받아야 한다는 것이다.

이 장에서 마케팅 조사 과정에서 실행되는 실험과 관련해 두 가지 윤리적 규범에 대한 이슈를 생각해볼 수 있다 – (1) 사람들에게 그들이 실험에 참여하고 있음을 언제 그리고 어떻게 알려야 하는가? (2) 실험 마지막에 이르러서 실험 참여자들에게 이를 알리는 과정에서 기업은 어떤 책임을 져야 하는가? 여러분은 이에 대해 어떻게 생각하는가?

출처 : Fromen, A. (2015, August 14). The upside to the Facebook and OKCupid experiments. *GreenBook*. Retrieved from www.greenbookblog.org/2014/08/14/the-upside-to-the-facebook-and-okcupid-experiments; Rudder, C. (2014, September 4). When websites peek into private lives. *Wall Street Journal*. Retrieved from www.wsj.com/articles/when-websites-peek-into-private-lives-1409851575?alg=y; Rudder, C. (2014, July 28). We experiment on human beings!, *oktrends*. Retrieved from blog.okcupid.com/index.php/we-experiment-on-human-beings; Wood, M. (2014, July 28). OKCupid plays with love in user experiment. *Wall Street Journal*. Retrieved from www.nytimes.com/2014/07/29/technology/okcupid-publishes-findings-of-user-experiments.html?_r=0.

MRA(www.marketingresearch.org) : MRA Code of Marketing Research Standards를 방문

CASRO(www.casro.org) : Resources를 가서 CASRO Code를 방문

MRIA(www.mria-arim.ca) : Standards를 방문

ESOMAR(www.esomar.org) : Knowledge and Standards를 방문

MRS(www.mrs.org.uk) : Standards를 방문

우리는 이 책에서 MRA의 마케팅 조사 표준(Code of Marketing Research Standards) 중 각 장에서 토의된 주제에 관련된 조항과 기준을 조명함으로써 이 윤리적인 이슈들을 검토할 것이다. 사용

마케팅 조사 인사이트 2.4 실무적 적용

전문 마케팅 조사자 자격증

최근 들어 마케팅 조사 산업에서는 양질의 프로그램 개설의 필요성을 인식함에 따라 마케팅조사협회(MRA)를 필두로 몇몇 기관들은 마케팅 조사자를 양성하기 위한 인증 프로그램을 개설했다. 몇 년의 개발 과정을 통해 2005년 2월에 해당 프로그램은 본격적으로 가동되었다. 전문 마케팅 조사자 자격증(PRC)이라고 불리는 해당 프로그램은 마케팅 및 여론조사 전문가들이 갖추어야 할 자격 요건과 전문지식 수준을 인증하기 위하여 개발되었다. PRC의 목적은 마케팅 조사 업계의 기준 향상을 장려하여 마케팅 조사자들의 능력을 향상시키고 개개인의 지식과 전문성을 객관적으로 측정하며, 전문성을 개발할 수 있도록 하는 데 있다. PRC 자격증을 취득하고 유지하고 있다는 것은 마케팅 조사 산업에 대해 충분한 이해가 있음을 검증받는 것이고, 비슷한 수준을 가진 전문가 집단에 포함되는 것을 의미한다. 이는 자격증은 그 자격을 가지고 있는 사람이 전문적인 기술과 헌신 그리고 열정을 가지고 있음을 나타내주는 배지와 같은 것이다.

전문 마케팅 조사자 자격증을 취득하기 위한 조건

- 마케팅 조사 산업에서 최소 3년 이상의 경력
- 2년 이내에 12시간의 PRC 트레이닝 참여
- PRC 시험 합격
- PRC 갱신을 위해서는 PRC에서 승인한 교육에 20시간(18시간은 연구방법, 2시간은 법률) 참여해야 하며, 자격증은 2년마다 갱신되어야 함

PRC

PROFESSIONAL RESEARCHER CERTIFICATION

www.marketingresearch.org/certification을 방문하면 PRC에 대한 정보를 더욱 자세히 확인할 수 있다.
출처 : *Marketing Research Association*, by permission.

자들을 대상으로 실험을 진행한 소셜미디어 사이트의 윤리 문제를 다룬 마케팅 조사 인사이트 2.3과 같은 마케팅 조사 인사이트, 윤리적 고려사항은 이에 대한 내용들을 다룬다.

일반적인 규범을 넘어 조사자에게 윤리적 문제를 야기할 수 있는 이슈로 그 결과가 사회 이익에 부합하지 않는 프로젝트가 진행되는 경우를 들 수 있다. 가령 의뢰인이 조사자에게 10대 청소년들을 자사 담배로 첫 흡연을 유도할 수 있도록 설득하는 광고 메시지 제작을 요청할 수 있다. 혹은 어린이들에게 더욱 많은 사탕 섭취를 유도할 수 있는 효과적인 프로모션 제작도 요구할 수 있다. 이러한 경우 조사자들이 의사결정하는 것은 때때로 매우 어려운데 이러한 난제가 전문적으로 논의되는 경우도 상당히 드물다.

자격을 갖춘 조사 전문가를 위한 인증 인증 프로그램은 그 인증을 취득한 사람이 성과에 대한 기준들을 충족했음을 보증하는 것이다. 경영학 분야에서는 회계(CPA), 재무(CFA), 그리고 기타 전문 분야에서 인증 프로그램이 수년간 시행되어 왔고, 이를 통하여 의뢰인들이 공인된 전문가를 신뢰할 수 있도록 해주었다. 미국에서는 조사 전문가들은 **전문 마케팅 조사자 자격증**(Professional Researcher Certification, PRC)을 취득하고 있다. 마케팅 조사 인사이트 2.4에서 이 PRC에 대해 보다 구체적으로 확인할 수 있다. 캐나다에서는 MRIA를 통해 마케팅 조사 전문가 인증(Certified Marketing Research Professional, CMRP)을 부여하고 있다.

캐나다의 MRIA는 조사자들에게 마케팅 조사 전문가 자격을 부여하고 있다. www.mria-arim.ca에 들어가면 자격요건을 검색할 수 있다.

지속적인 교육 마케팅 조사 산업에서는 컨퍼런스, 워크숍, 교육과정, 웹세미나, 그리고 기타 여러 가지 방식을 통해 업계 전문가들을 위한 지속적인 직무 교육을 제공하고 있다. 모든 산업 내 협회들은 산업에서 요구하는 최신 기술을 회원들이 학습하도록 설계된 프로그램을 제공하고 있다. 버크 Inc.의 부처인 버크 인스티튜트는 1975년부터 고품질의 훈련 세미나를 운영하고 있다. www.burkeinstitute.com을 방문하면 기관에서 전문가들에게 제공하는 세미나를 확인할 수 있다.

2-6 마케팅 조사 산업에서의 경력

아마 여러분은 마케팅 조사 산업에서의 경력 개발에 관심을 가질 수도 있다. 젊은 조사자들에 대한 ESOMAR의 최근 연구를 보면 최근에 고용된 신진 마케팅 조사자들은 직무에 상당히 만족하고 있음을 확인할 수 있다. 그들은 자신의 직업을 '권한 있고(empowering)', '의미가 있다'고 묘사하며, '당신이 변화를 만들어낼 수 있다'고 언급했다.[33]

IBIS월드(IBIS World)에서는 2020년까지 마케팅 조사 산업에 종사하는 사람 수는 연평균 2.1% 증가할 것이고 임금도 연평균 2.5% 상승할 것이라고 예측하고 있다.[34] 마케팅 조사 산업 내 전 종업원은 연평균 2.1% 비율로 증가하여 154,250명에 이를 것으로 전망하고 있다. 동일 기간 동안 총 산업 임금은 연 2.5%씩 증가해 73억 달러에 이를 것으로 보고 있다.

마케팅, 통계학, 비즈니스 분석, 컴퓨터 과학, 심리학, 사회학 혹은 연관 학위를 받은 일부 학생들은 대학을 졸업하면서 동시에 곧바로 마케팅 조사 업계에 뛰어들기도 한다. 하지만 일부 클라이언트 사이드 기업의 마케팅 조사 직무는 현장 경험이 없는 지원자들에 대해서는 석사학위를 요구하는 경우도 있다. 마케팅 조사 분야에는 뛰어난 전문 석사학위 프로그램도 있다. 마케팅 조사를 위한 전문 석사학위 과정도 있다. 조지아대학교 마케팅 조사 전문가 과정(MMR) 프로그램이 그중 하나이며 이 장 서두에서 소개되었다. 또한 여러분은 Quirk's Marketing Research Media 웹사이트를 통해 마케팅 조사 전공의 학위 과정에 대한 정보를 얻을 수 있다. 해당 사이트에는 마케팅 조사 영역에서 인증, 집중교육 과정, 비학위 프로그램, 그리고 학위 과정을 갖고 있는 단과대학 및 대학교 목록이 제공된다. 또한 마케팅 조사 분야의 최근 채용공고와 업체 위치들을 확인할 수 있는 서비스도 제공한다.

여러분은 이 학위를 여러 방법으로 사용할 수 있다. 마케팅 조사 산업에 곧바로 종사하거나 혹은 마케팅 조사와 관련된 석사학위를 취득하는 등 다양한 방법으로 경력을 쌓을 수 있다.

지금까지 학습한 내용과 앞으로 학습할 내용

이것으로 두 장에 걸쳐서 행해졌던 마케팅 조사에 대한 소개를 마치고자 한다. 제1장에서 여러분은 마케팅 조사를 어떻게 정의하는지, 그리고 기업 마케팅정보시스템에 어떻게 적용하는지 학습했다. 이 장에서는 마케팅 조사 산업의 전반을 학습했다. 여러분은 이제 업체 유형과 규모를 이해했으며, 업계를 지원하는 산업 내 협회에 대해서도 친숙해졌을 것이다. 여러분은 산업이 직면한 몇 가지 이슈와 함께 모든 마케팅 조사자들이 직면하는 윤리적 이슈들도 학습했다. 이제 여러분은 마케팅 조사를 특정 짓는 11단계 과정에 대해 학습할 준비가 되었다. 이 과정과 그 첫 단계는 제3장에서 논의된다. 이후의 단계들 역시 그 이후의 장들에서 다루어질 것이다.

요약

정보를 수집하는 활동의 시초는 역사가 처음 기록되기 시작했던 시절까지 거슬러 올라간다. 1800년대 초 미국에서는 정치여론을 파악하기 위해 서베이가 사용되었다. 처음 알려진 비즈니스, 마케팅, 광고 문제를 위한 응용 조사는 1879년 광고대행사에 의해 수행되었다. 그 후 지속적이고 조직화된 연구는 1911년 Charles Coolidge Parlin에 의해 시작되었다. 1900년대 초 산업혁명으로 기업 소유주와 고객이 분리됨으로써 함께 마케팅 조사 산업은 성장하기 시작했다. 마케팅 조사 산업이 성숙 산업으로 들어온 20세기에는 상당한 발전이 이루어졌다.

마케팅 조사는 크게 클라이언트 사이드와 서플라이 사이드로 구분된다. 클라이언트 사이드 조사는 기업 내부에서 기업을 위해 진행되는 마케팅 조사다(제조업체 내 마케팅 조사 부서에 의해 수행되는 조사). 서플라이 사이드 조사는 기업의 마케팅 조사 욕구를 충족시켜 주는 외부업체에 의해 수행되는 조사다. 서플라이 사이드 조사를 수행하기 위한 업체를 대행사 혹은 간단하게 **공급자**라고도 부른다. 현재 마케팅 조사 업계는 몇 개의 큰 업체와 다수의 중소업체로 구성되어 있다. 큰 업체의 경우 수백억 달러의 수익을 기록하고 있다. 또한 마케팅 조사 업체는 풀서비스와 제한된 서비스 업체로 구분된다. 의뢰인들이 여러 온라인 디렉토리에서 마케팅 조사 업체를 파악할 수 있다.

2014년 마케팅 조사 산업의 전체 수익은 430억 달러를 기록했으며, 지역별로 볼 때 북미 지역이 전체 시장에서 가장 큰 수익 규모(43%)를 차지하고 있고, 국가별 기준으로는 미국이 다른 모든 나라들보다 가장 큰 규모를 가지고 있다. 중동과 아프리카는 근래에 빠른 속도로 성장하고 있는 지역이다.

최근 들어 많은 양의 새로운 데이터 원천과 다양한 방법론의 등장으로 마케팅 조사 업계는 다양한 도전에 직면해 있다. 또한 결과에 대한 효과적인 커뮤니케이션과 유능한 전문가 고용은 또 다른 도전이기도 하다. 마케팅 조사 산업은 다양한 모범 사례를 규정하고 알리며, 조사의 대중적 신뢰를 유지하고, 트렌드를 읽고, 업계의 윤리강령을 개선하고, 전문가를 인증하기 위한 프로그램을 지원하는 등 자생적으로 발전하기 위한 노력을 지속하고 있다. 마케팅 조사 업계는 최근에 졸업한 대학생들을 위한 뛰어난 경력들을 제공하고 있다.

핵심용어

공급자
국가전화수신거부제도
국제조사전문가협회(ESOMAR)
대행사
마케팅조사협회(MRA)
미국서베이조사연합회(CASRO)
미국여론조사협회(AAPOR)
서플라이 사이드 마케팅 조사
전문 마케팅 조사자 자격증
제한된 서비스 마케팅 조사 업체
클라이언트 사이드 마케팅 조사
투명 계획안
풀서비스 마케팅 조사 업체
Charles Coolidge Parlin
DIY 조사
frugging
MRIA
MRS
sugging

복습 질문/적용

2.1 '마케팅 조사의 아버지'는 누구이며 그 이유는 무엇인가?
2.2 마케팅 조사가 1930년대에 성장하게 된 배경은 무엇인가?
2.3 포커스 그룹은 어떤 유형의 조사인가?
2.4 클라이언트 사이드 조사의 정의는 무엇인가?
2.5 DIY 조사의 장단점을 논의해보라.
2.6 서플라이 사이드 조사의 정의는 무엇이며, 이러한 공급업체를 무엇이라 부르는가?
2.7 풀서비스 마케팅 조사 업체는 무엇이며, 어떤 서비스를 제공하는가?
2.8 제한된 서비스 마케팅 조사 업체의 특징을 설명해보라.
2.9 '마케팅 조사는 파생 수요를 통해 성장한다'라는 문장은 무엇을 의미하는가?
2.10 1990년대에 마케팅 조사 산업이 엄청난 변화를 맞이하게 된 계기는 무엇인가?
2.11 마케팅 조사 산업이 직면한 세 가지 도전 과제는 무엇이며, 그 이유는 무엇인가?
2.12 OKCupid가 실행했던 실험은 윤리적인가? 그렇게 생각하는 이유를 설명해보라.
2.13 조사 기업들이 발전을 가져올 수 있는 방법들에 대해서 주목하게 된 것은 어떤 운동(movement) 때문인가? 이러한 방법들을 몇 가지 설명해보라.
2.14 sugging과 frugging을 설명해보라.
2.15 주요 마케팅 조사 협회들이 가지고 있는 윤리강령들의 공통점은 무엇인가?
2.16 PRC는 무엇이며, 어떤 목적으로 구축되었는가?

사례 2.1

Heritage Research Associates

팀 콜리와 존 윌리엄스는 최근에 그들의 고향에서 작은 규모의 마케팅 조사 업체인 Heritage Research Associates를 설립했다. 그들은 그동안 스타트업 소매상과 같은 작은 업체들과 프로젝트를 수행했지만 그 결과는 대부분 만족스럽지 못했다. 그들은 비록 마케팅 조사 경험이 풍부하지 않지만 기본적인 마케팅 지식은 갖추고 있었다. 그들은 대학교에서 수강한 마케팅 조사 과목 이상의 전문적인 훈련을 받은 적이 없기에 마케팅조사협회(MRA)에 가입하기로 결정했다. 팀은 "우리는 의뢰인들에게 우리가 북미에서 가장 유명한 마케팅 조사 조직의 회원이 될 정도로 충분한 자격요건을 갖추고 있다고 말할 수 있을 거야"라고 말했다. 파트너들 역시 협회 가입은 의뢰인으로부터 인정받기 위한 좋은 방법이라고 생각했다. 또한 그들의 판촉물에 MRA 로고와 함께 'Heritage는 MRA로부터 인증받았습니다'라는 문구를 삽입했으며 한정된 예산에도 불구하고 경제 잡지에 1/4페이지 크기의 광고를 게재하기도 했다.

어느 날 아침 Heritage는 실제로 좋은 기회가 될 수 있는 전화를 한 통 받았다. 그 잠재적인 의뢰인은 '경제활동을 위한 권리를 신장하고 자유방임주의적 비즈니스 환경을 유지하기 위한 후원 재단'이라고 소개했다. 그들은 몇몇 대학교에서 이루어진 조사 결과를 반박할 수 있는 연구를 하고 싶어 했으며, Heritage에 관심을 갖게 되었다고 밝혔다. 그 대학의 연구 결과는 재단의 주요 회원이 속한 산업에 부정적인 영향을 끼칠 수 있는 것이었다. 해당 관리자는 "우리의 주요 회원은 이러한 잘못된 정보가 미국 시민들에게 알려지는 것에 대해 매우 불쾌해하고 있습니다. 우리는 사실을 밝힐 수 있는 추가 연구를 위한 자금을 댈 수 있습니다. 사실 여러분은 우리가 원하는 결과를 얻기 위해서 추가적인 연구를 언제든지 진행할 수 있습니다. 이 제안을 받아들이시겠습니까?"라고 말했다. 팀과 존은 전화를 건 사람에게 Heritage Research Associates는 대중이 잘못 알고 있는 것을 확실히 고칠 수 있는 높은 품질의 객관적인 연구를 수행할 수 있음을 확신해도 좋다고 밝혔다. 전화의 발신인은 3일 후에 다시 전화를 걸겠다고 했다.

다음 전화에서는 보다 구체적인 요구사항을 재단으로부터 들었다. 해당 재단은 문제가 되는 그 특정 환경 조건이 재단의 특정 산업 때문이 아니라고 증언을 해줄 독립적인 과학자들을 고용했음을 밝혔다. "우리는 매우 유명한 대학교에서 박사 학위를 취득한 3명의 과학자를 고용했는데, 그들은 우리의 주요 고객 기업은 환경에 해를 끼칠 만한 그 어떤 일도 하지 않았다고 확인해줄 것입니다." 의뢰인은 말을 계속했다. "우리가 지금 원하는 것은 Heritage와 같은 독립적인 조사 업체가 소비자들이 산업 규제에 대하여 어떤 태도를 가지고 있는가에 대한 연구를 수행해주는 것입니다. 우리는 사전조사를 위한 연구비를 제공할 수 있습니다. Heritage가 객관적인 데이터를 제공할 수 있다고 판단이 되면 우리는 아마 10개가 넘을 후속연구를 여러분에게 맡길 것입니다. 게다가 우리는 재정적으로 아주 넉넉하고 해당 연구를 위해서라면 여러분의 요구사항을 얼마든지 맞춰드릴 수 있습니다." 의뢰인은 설문조사 표본, 조사 문제, 그리고 표본 분석, 보고 형식과 같은 전반적인 방법론이 설명된 제안서를 요구했다. "기억하세요. 우리는 이 연구가 여러분이 최선을 다한 객관적인 연구이자 독립적인 연구 프로젝트이기를 바랍니다"라고 의뢰인은 언급했다. 팀과 존은 10일 내에 제안서를 전달하겠다고 했다.

팀과 존은 이러한 기회가 자신들에게 온 것에 대해 흥분하고 있었다. "의뢰인이 우리가 원하는 요구사항을 다 들어준다고 한다는 말 들었어?" 존은 외쳤다. "그는 우리에게 우리가 원하는 대로 연구비를 지급해줄 거라고 말한 거야. 의뢰인이 통이 커!"

팀이 말했다. "잠깐. 그는 사전조사 이후의 연구를 이야기한 거야. 그들이 첫 번째 연구 결과를 마음에 들어 하지 않으면 어쩌지? 그렇다면 우리는 이 고객을 잡을 수 없을 거야."

존은 동의했다. "비싼 값을 받을 수 있는 사후연구를 딸 수 있도록 의뢰인이 좋아할 만한 연구 설계를 해보자. 이것은 분명 작은 우리 회사가 새로운 방향으로 나아갈 수 있는 전환점이 될 것이 분명해!"

"세계에서 가장 유명한 회사로 성장할 수 있을 것 같아!" 팀이 말했다.

1. 여러분은 해당 업체가 전문 경험이 없음에도 불구하고 고객들이 경쟁력을 갖추었다고 생각하도록 협회 회원임을 내세우는 것이 윤리적이라 생각하는가?
2. MRA의 마케팅 조사 표준 관점에서 1번 문제에 대한 대답을 충분히 설명할 수 있는가?
3. 팀과 존 그리고 Heritage Research Associates에 향후 어떤 문제가 닥칠 것으로 예상하는가? 그들이 정말 '세계에서 가장 유명한 업체'로 성장할 수 있을 것이라고 생각하는가?
4. MRA의 마케팅 조사 표준을 살펴보라. 3번 문제에 대한 여러분의 답을 지지해줄 수 있는 표준이 거기에 있는가?

3

마케팅 조사 과정과 문제 정의, 그리고 조사목적

학습 목표

이 장에서 여러분은 다음을 학습하게 될 것이다.

3-1 마케팅 조사 과정 단계
3-2 문제 정의의 중요성과 그 과정
3-3 조사목적의 정의와 기술
3-4 실행기준은 무엇이며 어떤 도움을 주는가
3-5 마케팅 조사 보고서의 구성요소

우리는 어느 과정에 있는가?

1 마케팅 조사 필요성 인식
2 문제 정의
3 조사목적 수립
4 조사 설계 결정
5 정보 유형과 원천 식별
6 데이터 분석 방법 결정
7 데이터 수집 양식 설계
8 표본 계획과 크기 결정
9 데이터 수집
10 데이터 분석
11 최종 보고서 준비 및 작성

제너럴 밀스 : 명확하게 정의된 문제는 그 문제 해결의 절반이다

Carrie Breisach, 제너럴 밀스의 글로벌 고객 인사이트 매니저. 위스콘신-매디슨대학교에서 MBA를 취득했으며 마케팅 조사 현장에서 10년의 경력을 갖고 있음.

'명확하게 정의된 문제는 문제 해결의 절반이다'라는 말이 있다. 제너럴 밀스의 글로벌 고객 인사이트(Global Consumer Insight)에서 우리는 지혜롭고 고객 우선적인 의사결정을 내리기 위하여 마케팅, 광고, 제품 개발을 위시한 다양한 영역의 전문가들과 협업을 해 왔다. 가끔 우리에게 가져오는 비즈니스 파트너들의 당면한 문제들은 애매모호하고 추상적이며, 난해할 뿐만 아니라 시급한 문제들이었다. 해결방안을 빨리 내놓기 위해 우리는 바로 조사 설계에 임하고 성급하게 조사를 진행할 수도 있었지만, 그렇게 한다면 그 결과는 올바른 문제에 대한 답을 얻는 데 있어 도움이 되지 못할 것이다.

그 대신에 우리가 사전에 확보한 정보는 무엇인지, 무엇을 탐색하고 결정해 왔는지를 알아보는 것들을 포함하여 진정한 문제가 무엇인지를 인내를 가지고 파악하려고 노력했고 이에 따라 조사자들은 학습 목적과 연구 문제로 이루어진 순차적이며 의미 있는 과정을 거칠 수 있었다. 조사 설계 과정에서 사용할 수 있는 원칙 중 하나는 '급할수록 돌아가라'는 것이다. 마케팅 조사 초기에 당면한 실제 문제와 질문을 명확하게 정의하고 정리하는 데 시간을 투자하는 것은 조사의 다음 과정들이 더 잘 수행되도록 도와주고 궁극적으로 보다 정확하고 빠른 의사결정을 내리게 해줄 수 있기 때문에 충분한 시간을 들일 만한 가치가 있는 일이다.

최근에 글로벌 고객 인사이트팀이 파트너들과 함께 기업 내 스낵팀 사업에 대해 협업한 사례를 살펴보자. 스낵팀은 가장 중요한 브랜드의 신제품 개발을 위해 무엇에 초점을 맞추어야 할지 고민하고 있었다. 이 팀의 경우에는 그들이 초점을 맞추어야 할 소비자들과 브랜드는 이미 정해져 있으나 혁신적인 제품군을 개발하는 데 거의 아무런 제한이 없었다. 새로운 그래놀라 바, 새로운 쿠키, 새로운 과일 스낵, 새로운 요거트를 개발해야 하는 것일까? 어떤 것이 이 브랜드를 위해서 가장 큰 성공을 가져올 수 있는 기회가 될 것인가?

우리의 핵심 컨설팅팀은 당장 '문제 해결 모드'에 들어가기보다는 그 문제의 배경, 목적, 핵심 이해관계자, 진행 스케줄, 그리고 현재 지식 등이 포함되어 있는 내부 문건들을 먼저 확인했다. 그리고 의뢰인을 직접 만나 조사 범위, 기대효과, 성공기준들을 위시하여 프로젝트 설계에 영향을 끼칠 수 있는 다양한 이슈에 대해 의견을 나누었다. 그리고 우리는 내부 전문가와 함께 최적의 연구 계획을 설계했고 그 계획을 실제 프로젝트가 시작되기 전에 비즈니스팀과 공유하고 피드백을 받았다.

이상의 사례와 다른 여러 사례들에서 나타나듯이 일반적으로 글로벌 고객 인사이트팀에서는 단순히 조사 설계 및 실행만 하는 것이 아니라 비즈니스팀이 실제 당면한 비즈니스 이슈들과 기회를 제공해줄 수 있는 질문들을 명확하게 이해할 수 있도록 도와주는 역할을 한다. 이렇게 함으로써 우리는 그 팀이 장래에 출시될 신제품에 대한 아이디어를 바르게 인식하는 데 도움이 될 수 있는 접근법을 설계할 수 있었다.

—Carrie Breisach

출처 : Text and photos courtesy of Carrie Breisach and General Mills, Inc.

www.generalmills.com에 방문해보라.

마케팅 조사에는 매우 다양한 유형의 조사가 있다. 몇 가지 예를 들면 신제품 판매를 예측하기 위한 모형, 고객 만족 측정, 고객들의 관심사를 파악하기 위한 온라인 커뮤니티, 모바일 서베이, 그리고 고객의 눈을 사로잡을 수 있는 패키지 디자인 선정을 위한 실험 등을 들 수 있다. 마케팅 조사자들은 프로젝트를 수행하기 위하여 체계화되어 있지 않아 보이는 여러 접근법 중에서 선택을 해야 한다. 다행히도 조사자들에게는 프로젝트를 잘 수행하기 위한 절차들이 주어져 있다. 이 절차들을 잘 이해하고 충실히 따른다면 조사자들은 프로젝트를 어떤 방향으로 추진해 나갈 수 있을지에 대해서 방향을 잡을 수 있을 것이다.

이 장에서는 마케팅 조사 과정 단계를 소개하고 마케팅 조사 과정 중 첫 세 단계, 즉 마케팅 조사 필요성 인식, 문제 정의, 그리고 조사목적 수립에 집중할 것이다. 그리고 문제 정의와 조사목적을 정의한 뒤에 준비할 수 있는 마케팅 조사 제안서(marketing research proposal)와 같은 문서 작성에 대해 살펴볼 것이다.

3-1 마케팅 조사 과정

마케팅 조사를 위한 11단계

다른 많은 사람들처럼 우리는 마케팅 조사 과정이 연속된 단계로 구성되어 있다고 믿고 있다. 각 단계에 대한 이해는 조사 프로젝트를 계획하기 위한 로드맵을 제공해준다. 성공적인 단계 수립을 위해 조사 프로젝트의 성격을 규정하는 것은 두 가지 중요한 가치를 갖고 있다. 첫째, 조사자를 비롯한 다양한 이해관계자들에게 마케팅 조사 과정에 대한 개요를 제공해준다는 점, 둘째, 조사자들이 마쳐야 할 과업과 그 순서를 이해하기 위한 구체적인 절차를 제공해준다는 점이 그것이다. 여기서 이루어지는 각 단계의 소개는 앞으로 공부하게 될 이 책의 이후 장들에서 여러분이 학습할 내용들을 미리 알려준다.

그림 3.1에 **마케팅 조사 과정을 위한 11단계**가 소개되어 있다.[1] 마케팅 조사 과정은 (1) 마케팅 조사 필요성 인식, (2) 문제 정의, (3) 조사목적 수립, (4) 조사 설계 결정, (5) 정보 유형과 원천 식별, (6) 데이터 분석 방법 결정, (7) 데이터 수집 양식 설계, (8) 표본 계획과 크기 결정, (9) 데이터

그림 3.1 마케팅 조사 과정을 위한 11단계

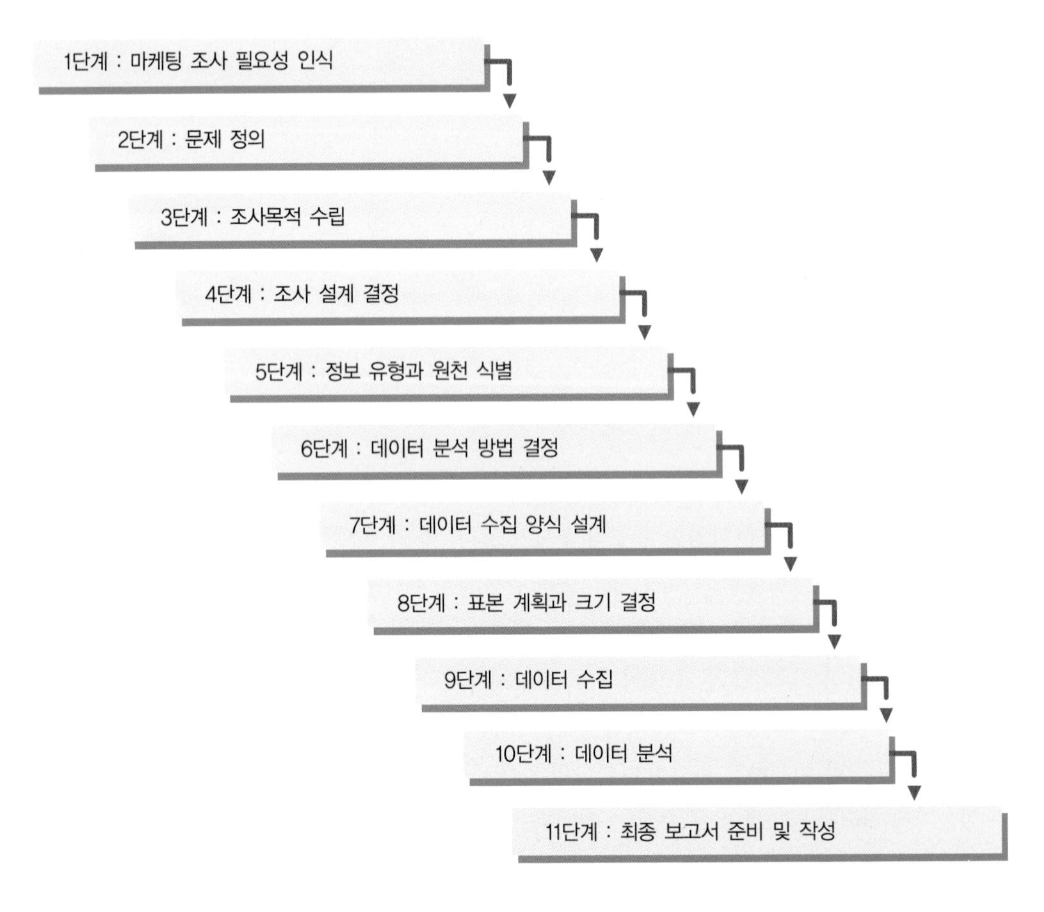

수집, (10) 데이터 분석, 그리고 (11) 최종 보고서 준비 및 작성으로 구성되어 있다. 우리는 이어질 각 절에서 각 단계에 대해 구체적으로 논의할 것이다. 즉 단계별 내용을 정리한 후 핵심별 용어에 대한 정의를 소개할 것이다. 핵심용어들은 고딕체로 표시될 것이며, 책 뒷부분에 자세한 용어들을 설명해 놓았다. 각 단계를 소개하기에 앞서 우리는 마케팅 조사 과정에서 각 단계별 접근 과정에서 유발될 수 있는 몇 가지 유의사항을 알려줄 것이다.

각 단계별 과정에 있어 유의사항

왜 11단계인가? 이 책에서 제안한 11단계는 절대적으로 규정된 과정이 아니다. 우리는 마케팅 조사 과정을 11단계로 제안하고 있지만 다른 교재에서는 이보다 더 적게 혹은 더 많은 과정을 제안하기도 한다. 예를 들어 문제 정의, 데이터 수집 및 분석, 그리고 결과 제시와 같이 총 3단계로 줄일 수 있다. 우리는 이러한 3단계가 마케팅 조사 과정을 과도하게 축약했다고 판단했다. 반면에 마케팅 조사 과정을 20단계 혹은 그 이상으로 세분화할 수 있지만 이는 필요이상으로 지나치게 세분화된 것이라고 우리는 판단한다. 이 책에서 제안하고 있는 11단계는 마케팅 조사 과정을 지나치게 세분화하지 않고 적절하게 구분하고 있다고 생각한다. 하지만 여러분은 우리가 제안한 단계를 모든 사람이 동일하게 제안하는 것은 아니라는 점을 명심해야 한다.

모든 연구가 11단계의 전 과정을 거치는 것은 아니다 두 번째 유의사항은 모든 연구가 11단계를 거치는 것은 아니라는 것이다. 가령 오로지 2차 조사 연구만으로도 조사목적을 달성할 수 있다. 우리의 11단계는 마케팅 조사 과정이 2차 데이터 수집 후 1차 데이터도 함께 수집한다는 가정하에 제안된 것이다.

각 단계에서 제시된 순서를 반드시 따라야만 하는 것은 아니다 세 번째와 마지막 유의사항은 대부분의 조사 프로젝트가 각 단계별로 반드시 순서를 따르는 것은 아니라는 것이다. 실제로 각 단계는 상호 관련성이 높다. 때로는 데이터를 수집한 뒤에 조사목적이 바뀌는 경우도 있다. 조사자들은 각 단계별 순서를 로봇처럼 지키지는 않는다. 대신에 조사자들은 각 단계를 거치는 과정에서 이전 단계로 돌아가 그 단계의 과정을 다시 반복할지 아니면 다음 단계로 진행할지에 대해 의사결정을 내린다.

1 마케팅 조사 필요성 인식
2 문제 정의
3 조사목적 수립
4 조사 설계 결정
5 정보 유형과 원천 식별
6 데이터 분석 방법 결정
7 데이터 수집 양식 설계
8 표본 계획과 크기 결정
9 데이터 수집
10 데이터 분석
11 최종 보고서 준비 및 작성

그림 3.2 "우리는 어느 과정에 있는가?"

"우리는 어느 과정에 있는가?"

마케팅 조사 과정에서 각 단계를 이해하는 것은 마케팅 조사를 수행하기 위한 학습 초석이 될 수 있다. 각 단계에 대한 지식은 조사자들이 마케팅 조사에서 부각된 복잡한 쟁점들을 처리하는 데 도움이 된다. 우리는 이 책에서 이러한 복잡한 쟁점들에 대해 논의할 것이다. 이후에 이어지는 장들에서의 학습에 도움을 주기 위해, 우리는 제4장부터 각 장의 시작 부분에 새로운 섹션인 '우리는 어느 과정에 있는가?(Where We Are?)'를 배치한다. 그림 3.2에는 마케팅 조사 과정의 11단계가 나열되어 있다. 여러분이 현재 읽고 학습하는 단계가 하이라이트 처리되어 있다. 이러한 방식을 통해 여러분은 마케팅 조사의 보다 자세한 내용들을 이해하게 될 것이다. '우리는 어느 과정에 있는가?'는 여러분이 현재 읽고 있는 단계가 전반적인 마케팅 조사의 구조 속에서 어디에 있는지를 알려줄 것이다.

제4장부터 각 장 서두에 소개될 '우리는 어느 과정에 있는가?'는 마케팅 조사의 11단계 과정이 나와 있고, 각 장에서 제시된 단계가 표시되어 있다.

자, 이제 마케팅 조사 과정의 그 첫 번째 단계를 살펴보도록 하자!

1단계 : 마케팅 조사 필요성 인식

기업 관리자들이 의사결정을 내려야 하지만 부적절한 정보를 가지고 있을 경우, 이는 마케팅 조사의 필요성에 대한 신호라 볼 수 있다. 물론 모든 의사결정 과정에서 마케팅 조사가 요구되는 것은 아니다. 조사는 기간과 비용이 요구되기 때문에 관리자들은 마케팅 조사를 수행함으로써 획득할 수 있는 가치와 정보를 획득하기 위한 비용을 저울질해 비교해야 한다. 다행히 대부분의 경우 마케팅 조사가 필요하지 않다. 만약 마케팅 조사가 매번 필요하다면 관리자들은 시의적절한 의사결정이 아닌 마케팅 조사에만 몰두할 것이다.

마케팅 조사의 필요성은 관리자가 의사결정을 해야 하지만 부적절한 정보를 갖고 있을 때 나타난다.

조사의 중요성에 대한 기업철학은 마케팅 조사의 활용과 연관된 기업정책에 반영된다. 관리자들은 기업 내에서 마케팅 조사가 담당하길 원하는 역할에 대해 결정해야만 한다. 몇몇 관리자들은

마케팅 조사 인사이트 3.1 실무적 적용

구매행동 조사 서비스를 위한 셀프 서비스 플랫폼을 제공하는 자피스토어

Courtesy of ZappiStore

Ryan Barry, 자피스토어 부회장

자피스토어(ZappiStore)는 기업들이 고객 인사이트에 접근하는 방식을 바꾼 온라인 조사 업체다. 많은 기업들이 시장의 급격한 변화와 더욱 빠듯해진 일정하에서 수요에 대응하기 위해 노력을 다하고 있지만 마케팅 조사는 종종 뒤처지는 경우가 많다. 자피스토어는 적은 비용으로 고품질의 조사 서비스를 아주 빠른 시간에 구할 수 있는 자동화된 셀프 서비스 플랫폼을 제공한다.

자피스토어의 혁신적인 시스템은 실로 기민하게 인사이트를 제공해 준다. 한 예로 이 시스템 덕분에 브리핑이나 조사 제안(proposal)을 없앨 수 있으며, 제품 개발 과정의 주요한 상황에서 더 빨리 그리고 더 자주 조사를 실행할 수 있다. 자피스토어는 세계 최고의 마케팅 조사 대행사와 협업을 맺고 있으며, 신제품 개발, 패키지 개발과 시험, 그리고 소셜미디어 모니터링과 같은 다양한 기업 이슈에 대한 서비스를 제공하고 있다.

Courtesy of ZappiStore

www.zappistore.com에 방문해보라.

출처 : Courtesy Ryan Barry.

마케팅 조사를 위해 시간과 돈을 투자하는 것 자체를 신뢰하지 않기 때문에 마케팅 조사를 수행하지 않는 것을 원칙으로 두기도 한다. 하지만 뛰어난 의사결정자조차도 올바른 정보를 갖고 있지 않은 상황에서는 적절한 의사결정을 내리지 못하며, 복잡하고 빠르게 변하는 마케팅 환경에서 직관에 의존해 의사결정을 내리는 것은 매우 위험하다. 어떤 관리자들은 포커스 그룹을 아주 많이 이용하고, 또 어떤 관리자들은 온라인 커뮤니티를 이용하기도 한다. 또한 큰 표본에 기반 한 정량적 조사에 의존하는 관리자들도 있다. 어떤 기업은 기업 내부에서 자체적으로 대부분의 조사를 수행하는 것을 선호하고 어떤 기업은 다양한 조사를 수행할 수 있는 마케팅 조사 업체를 고용하는 것을 선호하기도 한다. 마케팅 조사 인사이트 3.1에는 마케팅 조사 서비스의 구매를 위한 혁신적인 솔루션을 개발한 마케팅 조사 업체의 프로필이 소개되어 있다.

때로는 마케팅 조사를 통해 문제를 해결하는 것이 최선이 아닐 수 있다. 다음 네 가지의 경우 마케팅 조사가 최고의 선택이 아닐 수 있음을 보여준다.

접근 가능한 정보가 있을 경우 관리자들은 많은 의사결정을 내린다. 일상적이고 단순 반복되는 의사결정 문제에서는 대부분의 관리자들은 추가적인 정보 습득을 위한 노력 없이도 의사결정을 할 수 있는 경험을 가지고 있다. 시장에 견고하게 자리 잡은 기업의 관리자들은 수년간 그들의 시장에 상당히 관여해 왔음을 기억하자. 많은 의사결정 문제에서 관리자들은 단지 이미 습득된 지식 기반에 의존할 수도 있다. 의사결정을 위한 추가 정보가 요구되는 상황에서 기업은 이미 관련 정보를 가지고 있는 경우도 있다. 조사를 수행하기 전에 관리자들은 항상 다음과 같이 자문해야 한다 – 우리가 이미 정보를 갖고 있지 않은가? 마케팅 인텔리전스 시스템(marketing intelligence system, MIS)의 구성요소들이 데이터를 제공할 수 있지 않은가? 필요한 정보들을 내부보고시스템 혹은 의사결정 지원시스템(decision support system, DSS)을 통해 수집할 수 있는 것은 아닌가? 이러한 모든 시스템은 정보 원천이 될 수 있다. 마케팅 관리자들은 빠르고 저렴하게(낮은 변동비) 정보를 수집할 수 있다. 가령 코카콜라는 이미 의사결정 지원시스템(DSS)의 일부로 막대한 양의 데이터베이스를 가지고 있다. 탄산음료기업의 관리자들은 제품 성분을 다르게 함으로써 발생하는 매출 변화를 추정할 수 있는 데이터를 이미 갖고 있다. 만약 정보를 갖고 있지 않을 경우 조사자들은 마케팅 조사 수행 여부를 고려하게 된다.

마케팅 조사를 수행하기 위한 시간이 적절하지 않을 경우 관리자들이 마케팅 조사가 필요하다고 판단할 경우 시간은 매우 중요하다. 마케팅 조사를 결정하는 과정에서 시간은 종종 매우 중요한 역할을 한다. 온라인 조사가 마케팅 조사 과정에 요구되는 시간을 단축시켰지만 마케팅 조사를 할 절대적인 시간이 부족할 상황이 생길 수도 있다. 예를 들어 어떤 자동차 제조업체가 물 위를 달리는 수소엔진 차량을 새롭게 도입하고 자동차 산업에 전례없는 매출을 올리고 있다고 가정해보자. 과연 경쟁업체들은 시장선호도를 '파악'하기 위하여 마케팅 조사를 수행할 필요성을 인식할까? 보다 현실적인 사례로 비약적인 매출신장과 시장점유율을 확보할 수 있는 새로운 패키지 디자인, 새로운 맛, 그리고 새로운 성분 등을 생각해보자. 이럴 경우 경쟁사들은 빠르게 반응할 필요가 있다.

또 시간은 제품수명주기가 막바지에 다다른 제품의 경우에 대한 조사에도 고려할 한 요인이 된다. 어떤 제품이 수년간 시장에서 소비되어 왔으며, 수명주기상 쇠퇴기에 접어들었다면, 의미 있는 결과를 도출하기 위한 조사는 이미 늦을 수 있다.

마케팅 조사 가치를 넘어서는 비용 마케팅 조사는 투자로 간주되어야 한다. 관리자들은 언제나 조사비용을 고려하고 조사 수행으로부터 얻을 수 있는 가치는 무엇인지 고려해야 한다. 비용은 쉽게 추정되지만 마케팅 조사가 수행됨으로 인해 도출되는 가치를 추정하기는 상대적으로 어렵다. 때로는 조사 가치가 그 비용에 부합하지 못하는 경우도 있다. 어떤 조사자는 파이 제조업체 의뢰인에게 편의점에서 파이를 구매하는 소비자를 이해하기 위한 마케팅 조사는 필요없다고 보고한 바 있다. 왜 그럴까? 그 조사자는 전체 파이 매출 중 단 1%만이 편의점에서 판매된다는 것을 이미 알고 있기 때문이다.[2]

최근의 한 연구는 조사의 가치를 결정할 수 있는 휴리스틱(heuristic) 방법을 개발하기 위한 시도를 했다. *Quirk's Marketing Research Review*와 *Research Innovation*, 그리고 *ROI, Inc.*가 수행한 공동연구는 마케팅 조사의 투자수익률(ROI)을 결정하기 위한 11가지 방법을 개발했다. 그중 몇 가지는 다음과 같다.

a. 조사의 가치 측정을 위한 모든 방법은 조사 결과와 사업 영향력을 직접적으로 연결할 수 있어야 한다. 즉 연구조사가 대안 A는 고객 만족도를 높여준다고 결론을 짓는 것이 아니라, 고객 만족도 증가는 고객 유지 혹은 높은 시장점유율 확보와 같은 영향력과 연결이 되어 있다고 결

론을 지어야 한다.

b. 조사의 가치 측정을 위한 모든 방법은 조사 결과로 인하여 얻을 수 있었고 조사가 없었다면 얻을 수 없었을 것을 제시해야 하며 그것의 재무적 가치 차이를 계량화할 수 있어야 한다. 혹은 가치 측정방법은 조사로 인해 리스크가 완화되었고 완화된 리스크의 재무적 가치를 계량화해 보여줄 수 있어야 한다.[3]

가치를 계량화하기는 어렵지만, 조사자들은 의뢰인들이 조사를 평가할 수 있는 데 도움을 줄 수 있는 방법을 개발하는 일에 있어 진전을 보여주고 있다. 조사자들이 소비자 인지도의 1% 상승이 매출에 얼마나 영향을 미칠 수 있는지 보여줄 수 있다면, 의뢰인들이 인지도를 높일 수 있는 새로운 패키지 디자인 효과에 대한 조사비용이 얼마나 가치 있는지를 파악하는 것을 훨씬 더 수월하게 도와줄 수 있을 것이다.[4] 관리자들(그리고 조사자들)이 마케팅 조사의 필요성을 인식하면, 그다음으로 문제와 연구 목적을 정의해야 한다.

2단계 : 문제 정의

기업이 마케팅 조사를 수행한다고 결정했다면 두 번째 단계는 문제를 정의하는 것이다. 이 과정은 매우 중요한데, 문제가 적절하게 정의되지 않을 경우 모든 노력이 수포로 돌아갈 수 있기 때문이다. 마케팅 조사는 기업이 의사결정을 필요로 하지만 의사결정에 도움이 될 수 있는 정보를 갖고 있지 않을 경우에만 수행된다. 따라서 2단계에서는 기업이 당면한 문제를 간결하게 표현한 **문제 기술**(problem statement) 과정을 거친다. 이 장 마지막에는 문제 기술을 적절하게 개발하기 위해 고려되어야 할 몇 가지 논의를 다룰 것이다.

3단계 : 조사목적 수립

조사목적(research objectives)은 관리자가 문제와 연결된 의사결정을 하기 위해서 정확히 어떤 정보가 수집되고 분석되어야 하는지를 조사자에게 알려준다. 조사목적은 명확하게 제시되어야 한다. 이는 조사에 사용될 구체적인 마케팅 조사방법과 측정도구를 결정짓기 때문이다. 이 장 마지막에서 연구목적에 대해 보다 자세하게 재논의할 것이다.

4단계 : 조사 설계 결정

다음 단계는 **조사 설계**(research design)다. 우리는 조사 설계를 조사목적에 부합하는 조사 접근방식으로 보고 있다. 조사 설계는 크게 **탐색적 조사**(exploratory research), **기술적 조사**(descriptive research), **인과관계적 조사**(causal research)가 있다. 탐색적 조사는 단어 그대로 비공식적이고 약식으로 진행되는 연구로서 연구문제에 대한 이해도를 높이고, 용어와 그 정의를 학습하며 조사 우선순위 등을 정할 때 수행된다. 탐색적 조사는 의뢰인이 조사목적을 결정하는 데 도움이 될 수 있도록 전반부에 수행되기도 한다. **기술적 조사**는 마케팅 현상을 기술하기 위하여 수행되는 조사다. 대다수의 설문조사는 광고 인지도 수준, 신제품 구매의도, 서비스 만족도와 같은 마케팅 현상을 기술하기 위하여 이루어진다. 마지막으로 **인과관계적 조사**는 특정 현상이 발생하는 데 영향을 미친

요인(factor)을 발견하기 위하여 수행되는 조사다. 예를 들어 자사의 세제 패키지 사이즈 변화에 따른 매출 변화를 검증해야 할 경우 인과관계적 조사가 수행될 수 있다. 인과관계적 조사는 일반적으로 **실험연구**(experiments)를 통해 검증될 수 있다. 여러분은 이 세 가지 연구 설계와 이 연구 설계를 각각 언제 사용하는 것이 적합한지를 제4장에서 학습할 것이다.

5단계 : 정보 유형과 원천 식별

마케팅 조사는 문제를 해결할 수 있는 정보를 제공해야 하기 때문에 5단계에서 조사자는 정보 유형과 원천을 결정해야 한다. 정보는 문제를 해결하기 위해 직접 수집한 정보인 **1차 정보**(primary, 해당 연구를 위해서 특별히 수집된 정보)와 이미 내부적으로 수집된 **2차 정보**(secondary, 이미 수집되어 있는 정보)로 구분된다.

일반적으로 2차 정보가 먼저 수집되는데, 2차 정보는 저렴하고 빠르게 수집될 수 있으며, 간혹 개별 기업들이 직접 수집한 정보보다 더욱 우수한 경우도 있다. 대부분의 2차 정보는 도서관의 출판물을 통해 수집될 수 있으며, 온라인에서 무료 혹은 약간의 비용을 지불하면 수집될 수 있다. 때때로 마케팅 조사 업체들은 정보를 수집하고 사용자들이 유료로 구독해서 접근할 수 있도록 관리하기도 한다. 이러한 정보를 **신디케이트 데이터**(syndicated data)라고 한다. 각 가구의 개인들이 시청하는 TV 프로그램의 시청률을 조사하는 닐슨 미디어 리서치의 TV 시청조사는 신디케이트 데이터 중 하나다. 하지만 2차 정보는 조사 목적과 부합하지 않거나 오래된 데이터인 경우도 있으며, 그 양이 충분하지 않은 경우도 있다. 이러한 상황에서 조사자들은 1차 데이터를 수집해야 한다. 제5장에서는 2차 정보에 대해 더 자세히 논의할 것이며, 제6장에서는 1차 데이터를 수집하고 분석한 후 보고하는 과정에 대해 논의할 것이다.

© BlueOrange Studio/Shutterstock

소비자 관찰을 통해 데이터가 수집될 수 있다.

6단계 : 데이터 분석 방법 결정

데이터에는 다양한 방법으로 접근할 수 있다. 2차 데이터는 수집하기 쉬운 반면에 1차 데이터는 상대적으로 더욱 복잡하다. 어떤 데이터는 소비자 관찰을 통해 수집이 가능하며, 어떤 데이터는 온라인에서 정보들을 지속적으로 모니터링해야 수집이 가능하다. 또 어떤 경우에는 서베이를 통해 수집되기도 한다. 때때로 데이터 수집을 위해 혼합 조사법을 사용해야 하는 경우도 있다. 제7장에서는 데이터 수집방법에 대해 더욱 자세히 살펴볼 것이다.

7단계 : 데이터 수집 양식 설계

7단계는 데이터 수집을 위한 양식을 설계하는 단계다. 우리가 응답자들로부터 질문을 하고 응답을 받고자 한다면 **설문지**

(questionnaire)라 불리는 양식을 설계해야 하며, 포커스 그룹으로 질문하려면 **포커스 그룹 가이드**(focus group guide)를 설계해야 한다. 어떤 양식을 선택하든 간에 그 양식을 적절하게 설계하기 위해서는 상당한 노력이 요구된다. 이는 조사 과정상 가장 중요한 과정 중 하나다. 데이터 수집 양식은 해당 양식으로 수집된 데이터의 품질을 결정짓기 때문이다. 질문 문항은 조사목적에 부합하고 당면한 문제를 해결할 수 있도록 만들어져야 한다. 또한 명확하고 편향되지 않아야 한다. 응답 거부를 줄이도록 설계되어야 하며, 응답자로부터 많은 양의 정보를 얻도록 문항이 만들어져야 한다. 퀄트릭스(Qualtrics)나 서베이몽키(SurveyMonkey) 등의 소프트웨어들은 조사자들이 서베이를 제작하는 데 도움을 준다. 이런 대부분의 소프트웨어들은 조사자들이 온라인으로 설문을 하는 것을 지원한다. 이 경우에는 응답자들이 응답을 마치면 엑셀이나 SPSS와 같은 소프트웨어에 모든 데이터가 즉시 다운로드된다. 여러분은 제8장에서 설문지 제작에 대해 자세히 학습할 것이다.

8단계 : 표본 계획과 크기 결정

많은 경우, 마케팅 조사는 모집단으로부터 추출된 표본을 사용하여 그 모집단에 대해 정보를 얻는 방식으로 수행된다. **모집단**(population)은 조사자가 표본데이터에 의해 제공된 정보를 추론을 통하여 최종적으로 적용하고자 하는 전체 집단(entire group)을 의미한다. 즉 모집단은 '오리건주의 포틀랜드에 있는 모든 백화점'이 될 수 있으며, 또 'XYZ대학교의 경영대학에 등록한 대학생'이 될 수 있다. 모집단은 조사목적에 의해 정의된다. **표본**(sample)은 모집단의 부분집합이다. **표본 계획**(sample plan)은 각 요소 혹은 단위들을 전체 모집단으로부터 어떤 방식으로 추출할 것인가에 대한 계획이다. 조사목적과 표본 프레임(sample frame, 모집단 모든 구성원의 리스트)은 어떤 표본 계획을 세울지 결정짓는다. 사용된 표본은 이 표본 계획의 유형에 따라 모집단을 대표할 수 있는 정도가 달라진다.

제9장에서 학습하겠지만 응답자들에게 접근하는 가장 좋은 방법이 계속 변함에 따라 표본 계획은 점점 더 복잡해지고 있다. 예를 들어 얼마 전만 하더라도 미국 전체 가구 중 약 96%는 전통 유선전화를 통해 접근이 가능했지만 최근에는 그 수가 눈에 띄게 줄어들었다. 이제 조사자들은 무선전화를 사용하는 응답자들에게 접근하기 위한 다른 방법을 찾아야 한다.

또 다른 이슈는 **표본 크기**(sample size)다. 표본을 구성하기 위해 얼마나 많은 모집단 구성원이 필요할까? 표본 크기는 표본의 결과가 모집단의 수치를 얼마나 정확히 반영하는지를 결정한다. 제9장에서 우리는 최적의 표본 크기를 결정하는 방법을 학습할 것이다. 서베이 샘플링 인터내셔널(Survey Sampling International)과 같은 몇몇 마케팅 조사 업체들은 표본 과정에 특화되어 있다.

9단계 : 데이터 수집

여러분은 제11장에서 가장 양질의 데이터를 확보하기 위해 현장에서 데이터를 수집하는 과정에서 고려될 수 있는 다양한 이슈에 대해 학습할 것이다. 데이터를 수집하는 데 있어 오류(error)는 현장 실사자 혹은 응답자에 의해 발생할 수 있고 의도적으로 혹은 비의도적으로 발생하기도 한다. 조사자들은 오류의 원인을 알아야 하고 오류를 최소화하도록 통제해야 한다. 예를 들어 현장에서 데이터를 수집하는 현장 조사자(fieldworker)들이 자신이 조작한 데이터를 응답자에게 온 것처럼 속이는 경우가 있다. 조사자들은 조사의 타당성 검증(validation)이라 불리는 통제활동을 통해서 이러한 가능성을 최소화해야 한다. 업계 표준을 따르면 모든 응답자들 중 10%를 무작위로 추출하고, 그들에게 다시 연락해서 실제로 조사에 참여했는지 여부를 확인해야 한다. 이러한 데이터 수집에 특화된 기업들을 **마케팅 실사 전문 업체**(field services firms)라고 부른다.

마케팅 실사 전문 업체는 데이터 수집에 특화되어 있다.

10단계 : 데이터 분석

마케팅 조사자들은 데이터 수집 양식으로부터 수집된 데이터를 변환해서 데이터 분석을 위한 소프트웨어에 데이터를 입력한다. 제12장에서는 정량적 데이터를 취급하는 방법과 IBM SPSS를 이용한 데이터 분석 방법을 학습할 것이다. 또한 제12장에서는 기본적인 기술통계와 여러분의 표본 데이터에서 모집단으로 일반화할 수 있는 통계방법에 대해 공부할 것이다. 제13장에서는 집단 간 차이를 검증하는 방법에 대해 학습할 것이다. 가령 서로 다른 집단 간 신규 브랜드 구매 의도 차이를 검증하는 것이 그것이다. 제14장에서는 각 변수들 간의 관계를 규명하는 방법에 대해서 학습할 것이며, 제15장에서는 특정 변수가 다른 변수에 영향을 미치는 관계를 예측하는 회귀분석에 대해 학습할 것이다. 데이터 분석(data analysis)은 조사목적을 달성하기 위해 수집된 데이터를 통계적으로 분석하는 과정이다. 조사목적이 4개 소득집단 간의 신제품 구매 의도 차이를 검증하는 것이라면, 데이터 분석을 실제로 선정된 표본에서 4개의 소득층 간에 신제품 구매 의도 차이가 발생했는지 여부와 실제 모집단에서 그러한 현상이 발견되는지를 파악하도록 사용된다.

11단계 : 최종 보고서 준비 및 작성

마케팅 조사의 최종 단계는 마케팅 조사 보고서를 준비하고 작성하는 것이다. 보고서는 반드시 필요한데, 의뢰인들에게게는 이 보고서가 마케팅 조사 프로젝트의 유일한 기록물(문서)이기 때문이다. 대부분의 경우, 마케팅 조사 업체들은 조사 보고서를 직접 작성하고 의뢰인과 직원들에게 구두로 발표한다. 전통적으로 마케팅 조사자들은 표준화된 보고서 양식을 따른다. 하지만 최근에는 상호작용이 가능한 혁신적 방법을 사용해 데이터를 보고하는 추세다. 보고서 방법과는 별개로 보고 결과의 가장 중요한 기준점은 조사 결과에 대한 의뢰인과의 커뮤니케이션이다. 결과 보고에 대한 방법은 제16장에서 자세히 다룰 예정이다.

우리는 마케팅 조사 과정의 각 단계를 간단하게 살펴보았다. 마케팅 조사자와 의뢰인이 각 과정을 세심히 다룬다면, 조사 과정을 당면한 문제를 해결할 수 있는 정보를 제공할 것이다. 각 장 서두에 있는 '우리는 어느 과정에 있는가?'는 여러분이 마케팅 조사를 학습하는 과정에서 마케팅 조사 과정의 각 단계를 보다 자세히 학습하는 데 도움을 줄 것이다. 마케팅 조사 과정에서 1단계는 이미 살펴보았다. 이제 2단계와 3단계를 살펴보도록 하자.

3-2 문제 정의

올바른 문제 정의는 마케팅 조사 과정 중에서 가장 중요한 단계이다.

올바른 문제 정의는 마케팅 조사 과정상 가장 중요한 단계다. 마케팅 조사 프로젝트의 성공 여부는 문제 기술(problem statement)을 작성해 문제를 정확히 파악하는 것에 달려 있다. 우리는 문제를 정의한 후 그 이후의 모든 마케팅 조사 과정을 따라 답을 얻었다고 해도 애초에 잘못된 질문을 했었다는 것을 깨달을 경우도 있다. 만약 문제를 올바르게 정의하지 않는다면 마케팅 조사의 나머지 과정은 근본적으로 잘못된 것일 수밖에 없다. 즉 마케팅 조사 과정에서 요구된 시간과 비용이 모두 낭비될 수밖에 없는 것이다.

문제는 관리자들이 여러 대안 중 선택안을 정해야 하는 상황을 의미한다.

우리가 '문제'라는 것을 정의할 때, 대부분은 관리자 혹은 의뢰인이 당면한 특정 상황에 초점을 맞추게 된다. **문제**(problem)는 관리자들이 여러 대안 중 선택안을 정해야 하는 상황을 의미한다. 또 관리자가 의사결정을 한다는 것은 문제를 해결하기 위한 의사결정을 하는 것을 의미한다. 때로는 이러한 상황이 일상적이어서 우리가 '문제'라고 인식하지 않고 과거 경험에 근거해 쉽게 결정을 내리기도 한다. 하지만 의사결정은 거쳐야 하고, 관리자는 이를 행해야 한다. 관리자들은 신제품 선택을 위한 대안 결정, 광고카피 대안 결정, 제품(혹은 서비스) 가격 결정, 그리고 딜러 선택과 같이 다양한 의사결정을 해야 한다.

마케팅 조사 과정은 행동을 요하는 문제 혹은 기회가 발생했을 때 시작된다. 하지만 그 문제에 어떻게 반응해야 하는지에 대한 정보가 충분하지 않은 경우가 있다. 이 상황에서 조사자들은 일련의 과업들을 작동시키고, 이 과업들은 궁극적으로 조사목적을 수립하는 것으로 연결된다. 그림 3.3에서는 마케팅 조사 문제를 정의하기 위한 다섯 가지 과업을 보여주고 있다. 각각의 과업을 함께 살펴보자.

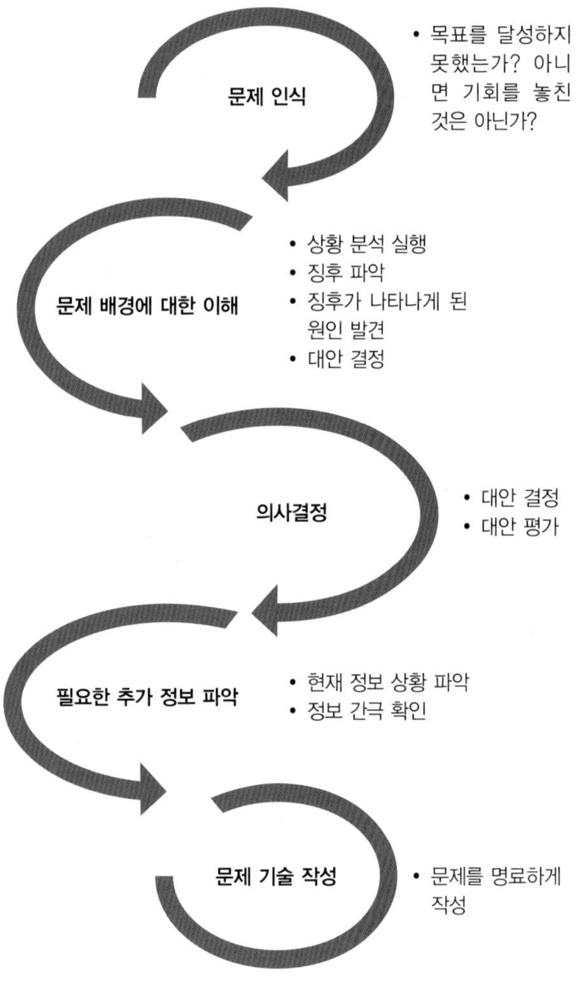

문제 인식
- 목표를 달성하지 못했는가? 아니면 기회를 놓친 것은 아닌가?

문제 배경에 대한 이해
- 상황 분석 실행
- 징후 파악
- 징후가 나타나게 된 원인 발견
- 대안 결정

의사결정
- 대안 결정
- 대안 평가

필요한 추가 정보 파악
- 현재 정보 상황 파악
- 정보 간극 확인

문제 기술 작성
- 문제를 명료하게 작성

그림 3.3 문제 정의 과정

1. 문제 인식

관리자는 자사 기업이 부정적 혹은 잠재적으로 긍정적인 상황에 놓일 수 있다고 판단할 경우 문제를 맞이하게 된다. 이러한 문제의 원천은 (성과가) 자사 목표에 도달하지 못했을 경우 혹은 특정 기회가 발견될 경우로 구분된다.

목표 달성 실패 발생해야만 하는 상황과 실제로 발생한 상황 간에 차이(gap)가 발생하면(혹은 우리가 목표 달성에 실패했을 때) 우리는 이를 문제로 인식하게 된다.[5] 예를 들어 소매업자들이 특정 기간 동안 매출이 하락했다던지, 웹사이트 트래픽이 감소할 경우, 광고 캠페인을 진행했음에도 불구하고 목표했던 인지도를 달성하지 못할 경우가 이에 해당한다고 볼 수 있다. 이 경우는 우리가 일반적으로 문제(problem)라고 말할 때와 같은 경우이다. 이럴 경우 목표와 실제 성과 간의 차이를 줄이기 위해 우리는 무엇을 해야 할지 정해야 한다.

기회의 발견 문제의 두 번째 원천은 즉각적으로 문제라고 인식하기 어려운 경우이다. 이 경우는 발생한 성과와 발생할 수 있었던 성과 간의 차이가 있을 경우, 즉 기회를 놓침으로 인해 문제가 발생하는 경우다. 이러한 상황은 '긍정적인 상황 혹은 보다 진일보할 수 있었던 기회'를 깨닫지 못할 경우다.[6] 예를 들어 특정 제품에 대한 새로운 사용법이 소셜미디어를 통해 알려지는 경우 혹은 표적 시장에 있는 고객들이 배달 서비스를 선호한다는 것을 알게 되는 경우가 그 예다. 이 책에서는 **마케팅 기회**(marketing opportunity)를 기업이 성공적인 성과를 낼 수 있도록 하는 잠재적으로 긍정적인 환경 요인으로 정의한다. 예를 들어 구글은 자사 서비스를 매일 이용하는 전 세계 수백만 명의 고객을 이미 갖고 있기 때문에 이 시장을 활용한 많은 마케팅 기회를 갖고 있다. 구글 관리자는 이러한 기회를 활용할 것인지, 한다면 어떻게 할 것인지에 대한 결정을 해야 한다.

마케팅 기회는 기업이 성공적인 성과를 낼 수 있도록 하는 잠재적으로 긍정적인 환경 요인이다.

목표 달성을 실패했든 혹은 기회를 발견했든 두 가지 상황 모두 관리자에게 동일한 결과를 가져다준다. 즉 결정을 해야만 하는 것이다. 즉 이 둘 다 우리가 이전에 '문제'라고 정의한 상황이다. 문제 인식의 중요성을 강조하는 것은 지나친 것이 아니다. 문제를 제대로 인식하지 못하는 관리자는 조직을 오랫동안 관리할 수 없다. 따라서 관리자는 올바른 목적을 구축하고 지속적으로 성과를 확인할 수 있는 시스템을 갖추어야 한다. 이렇게 해야 관리를 안정적으로 할 수 있다.

기업 마케팅정보시스템(MIS)(제1장 참조)의 한 부분인 내부보고시스템 기능 중 하나는 문제가 발생했을 경우 이를 즉각 알리는 것이다. 현재 그러한 시스템들은 빠른 시간 내에 문제를 찾을 수 있는 기능을 갖추고 있다. 예를 들어 매장 관리를 위한 시스템은 매장 관리자들에게 재고 소진의 문제에 대한 경고를 해주어 촉진활동으로 인해 예상보다 빨리 재고가 소진될 경우를 대비하고 있다. 또한 촉진활동으로 인해 발생할 수 있는 제품 간 자기잠식(cannibalization)에 대한 알림, 혹은 특정 촉진활동에 대한 지역별 반응 여부 등을 알려주는 기능들이 그것이다. 문제에 대해 인식을 빠르게 한다면 그에 맞게 관리를 변경해 큰 수익의 증대를 가져올 수 있을 것이다.[7]

그렇다면 반대로 관리자들이 기회를 가졌을 경우는 어떻게 해야 할 것인가? 기업들은 자신들의 기회를 식별할 수 있는 능력에 있어서 많은 차이를 보인다. 어떤 기업은 기회를 발굴하고 평가하기 위한 전문 부서 혹은 공식적인 절차를 갖추고 있다. 이러한 기업들은 혁신을 사용하여 수명주기를 새롭게 연장시키고 경쟁우위를 확보하는 기업들이다.[8] 또한 어떤 기업은 기회를 찾기 위하여 일선 종업원들에게 권한을 위임하고 문제

© Michaeljung/Shutterstock

MIS는 재고가 부족한 경우와 같은 문제 상황에 대해 긴밀하게 대응할 수 있다.

를 찾도록 한다. 또 다른 기업은 그저 기회가 품 안에 들어올 것 같은 경우에만 신경을 쓴다. 하지만 그런 경우가 발생한다고 하더라도 이미 늦었거나 경쟁자들이 이미 따라잡지 못할 정도로 앞서 나가 있는 경우일 수가 있다. 따라서 기회를 전략적으로 활용하기 위해서는 적극적으로 탐색하고 대응해야 한다.

2. 문제 배경에 대한 이해

징후는 목적을 달성했는지 측정하는 지표들 중 주요한 지표가 변화하는 것으로 나타난다.

관리자들은 어떤 경우에는 스스로 무언가 잘못되었다고 인지하거나 혹은 상황에 대한 정확한 진단이 요구된다고 판단할 경우 마케팅 조사자를 찾는다. 관리자들은 특정 **징후**(symptoms)를 인지하는데, 이는 목표 달성을 측정하는 핵심 관찰 수준의 변화를 의미한다(예 : 지난 두 달간 측정된 고객 만족도가 매달 10%씩 하락). 하지만 그것이 관리자가 문제를 정확히 정의했다는 것을 의미하는 것은 아니다. 결과적으로 관리자들은 어떤 의사결정을 해야 할지 확신하지 못하는 것이다.

또 다른 경우에는 기업 관리자들이 그들이 문제라고 생각하는 것들과 이를 해결하기 위해 내려져야 할 결정들을 스스로 정의할 수도 있다. 이 두 가지 경우 중 어떤 경우라도 조사자들은 문제가 정확하게 정의되었는지를 확인해야 할 의무가 있다. 이는 관리자들이 세부적인 용어와 숫자를 사용하여 이미 문제에 대한 정의를 내린 상황에서는 더욱 그렇다. 조사자들은 관리자들의 의사결정 과정에 지배적으로 영향을 끼칠 수 있는 최근의 일들, 경향과 추세, 그리고 영향력 등으로부터 자유로운 새롭고 신선한 시각을 관리자에게 제공함으로써 이 문제 정의 단계에서 가치 있는 역할을 할 수 있다. 조사자들은 단순히 업무를 처리하는 '주문 처리자(order-takers)'가 아니라 그들의 경험과 지식에 기반하여 관리자들이 문제에 어떻게 접근해야 하는지 조언을 할 수 있어야 한다.[9]

Marketing Research on YouTube™

Murphy Research로부터 새로운 프로젝트를 위한 초기 단계에 대한 조언을 얻기 위해 **www.youtube.com**에서 **4 Questions to Ask Before You Start a New Marketing Research Project**를 검색하라.

문제 배경을 이해하기 위해서 조사자들은 상황 분석을 실시해야 하고 문제의 징후를 명확하게 파악해야 하며, 그 징후를 나타낸 가능성 있는(probable) 원인들을 파악해야 한다. 각각의 과정은 다음 절에서 설명하도록 한다.

상황 분석은 다양한 배경 정보와 문제를 정의하기 위해 도움이 되는 적절한 데이터들을 수집하는 탐색적 조사다.

상황 분석 문제의 배경을 이해하기 위한 첫 번째 단계로 조사자들은 **상황 분석**(situation analysis)이라 불리는 사전조사를 수행한다. 상황 분석은 문제를 정의하는 데 도움을 주는 정보들과 배경 데이터들을 모으는 탐색적 조사(exploratory research)의 한 형태이다. 예를 들어 상황 분석은 매출 하락이 광고 카피 때문이 아니라 중간상(distributor)들을 잃었기 때문이라는 것을 밝혀낼 수도 있다. 관리자들이 사전에 문제를 정의했다 하더라도 조사자들은 정말로 옳은 문제를 다루고 있는지를 스스로 재확인해야 할 의무가 있다.

상황 분석은 조사자가 산업, 경쟁자, 핵심 제품(혹은 서비스), 시장, 시장 세분화와 같은 다양한 요인에 대해서 학습하는 것으로 시작될 수 있다. 조사자들은 발견된 징후가 전체 산업과 연관되어 있는지 혹은 특정 기업만 연관되어 있는지 파악하면서 시작한다. 그다음으로 조사자들은 해당 기업 자체에 대한 조사로 옮겨 가서 회사의 역사, 성과, 제품/서비스, 독특한 경쟁우위, 마케팅 계획, 고객, 주요 경쟁사 등을 조사한다.

상황 분석을 위한 주요 방법은 내외부 2차 데이터(internal and external secondary data)를 검토하

는 것이다. 다른 방법으로는 **경험조사**(experience survey, 기업 내외부의 전문 지식을 갖춘 사람들을 대상으로 의견을 구하는 방법), **사례 분석**(case analysis, 과거 혹은 유사 사례 분석), **사전조사**(pilot studies, 문제를 밝히는 상대적으로 규모가 작은 연구), 그리고 **포커스 그룹**(focus group, 기업 제품 혹은 서비스 등과 같은 주요 주제에 대한 소규모 자유 토론) 등이 있다.

징후에 대한 파악 문제를 진단할 때, 때때로 징후는 문제와 혼동되기도 한다. 징후의 역할은 발생하길 원하는 현상과 이미 발생 중인 현상 간의 차이에 대해 관리자들에게 경고를 하는 것이다. 또한 이러한 징후는 새로운 기회가 부각되고 있음을 의미하는 시장의 변화요소를 감지함으로써 파악되기도 한다.

조사자와 관리자는 문제와 징후를 혼동하면 안 된다. 다음의 문장을 읽어보자. "문제가 발생했어 – 우리는 돈을 잃어 가고 있는 중이야." 여기서 문제는 '우리가 돈을 잃어 가고 있는 중'이 아니다. 대신 문제는 돈을 잃어 가고 있는(혹은 벌어들이는) 상황에 영향을 미치는 모든 영향 요인들 중에서 발견될 수 있다. 옳은 문제(들)를 발견하기 위해서 관리자는 조사자의 도움을 받아 그 가능한 영향 요인들을 식별할 수 있어야 한다. 관리자들은 징후는 문제는 아니지만 문제를 인지하도록 사전에 알려주는 '신호'라는 것을 알아야 한다. 예를 들어 소니의 Walkman과 Watchman의 인기로 1980년대에 휴대용 라디오, 카세트테이프 플레이어, 그리고 TV 등의 매출이 상승했을 때, 이는 휴대성에 대한 시장 욕구(market needs)의 징후로 볼 수 있었다. 그리고 이러한 욕구는 오늘날에는 휴대용 모바일 제품으로 불리는 휴대성에 대한 높은 수요로 이어졌다. 다시 말하면 징후는 문제가 아니다. 징후의 역할은 관리자에게 사전에 문제를 인지시켜줄 수 있는 신호이다.

마케팅 조사자는 조사 과정에서 이러한 징후를 일찍 파악해야 한다. 징후가 올바르게 식별되었는지를 어떻게 알 수 있을까? 기업들은 목표를 정의하고, 결과를 모니터링하며, 개선을 위한 행동을 취하는 방식이 매우 다양하다. 징후가 올바르게 식별되었는지를 알기 위해 다음과 같은 질문을 해보아야 한다 – 징후들을 판별할 수 있는 적절한 시스템을 구축하고 있는가? 발견되지 않은 징후들이 있는가? 그것은 무엇인가? 성과 측정이 올바른가? 적시에 보고되고 있는가? 기회를 포착할 수 있는 환경 탐색을 하고 있는가?

다음으로 마케팅 조사자는 징후 그 자체를 다음과 같이 평가해보아야 한다 – 상황 분석에서 도출된 요인들에 의해 징후가 입증될 수 있는가? 발견된 징후는 독특한 것인가? 해당 징후가 재발할 가능성은 없는가? 여러분은 마케팅 조사자의 이와 같은 행동들이 수사관의 모습과 유사하다고 생각할 수 있다. 조사자의 역할은 문제를 제대로 정의하기 위해 탐색하고 질문하는 것이다. 조사자가 해당 징후가 타당하다고 판단하면, 그러한 현상이 나타난 원인을 찾아야 한다.

징후에 대한 가능한 원인의 발견 관리자와 조사자가 어떤 징후(들)에 주목해야 하는가에 동의하면 이제는 무엇이 이러한 징후가 나타나게 할 수 있었는지를 결정해야 한다. 일반적으로 변화에는 그 변화를 가져온 원인(들)이 있다. 이윤은 저절로 하락하지 않는다. 매출은 고객이 과거와는 다른 행동을 하지 않고서는 떨어지지 않는다. 만족도 지수 역시 이유 없이 하락하지 않는다.

이 단계에서는 가능한 원인을 모두 찾는 것이 중요하다. 일부분의 원인만을 식별한다면 실제 원인을 그냥 지나쳐, 궁극적으로 잘못된 의사결정으로 이어지기도 한다. 여러분이 재학 중인 학교 근처 아파트 단지를 사례로 생각해보자. 지난 세 학기 동안 학교 주변 아파트의 입주율이 100%에서 80%로 하락했다고 가정해보자. 조사자와 의견을 나누고 이러한 현상을 나타나게 한 모든 가능한 원인을 다음의 네 가지 유형으로 분류할 수 있다 – (1) 경쟁 아파트의 촉진활동으로 입주민들이 떠남, (2) 고객 변화(표적 학생들 집단), (3) 아파트 단지 자체, (4) 기타 일반적 환경 요인 등. 조사자는 이러한 모든 원인을 관리자와 상의해야 한다. 각 원인 유형에 대한 몇 가지 가능성을 다음과 같이 생각할 수 있다.

1. 경쟁 아파트가 월세를 낮추었거나 무료 케이블 TV 서비스를 제공해 체감되는 월세를 낮추었을 가능성
2. 대학교 재학생 수의 감소
3. 아파트 단지 자체의 적절하지 않은 유지 보수 혹은 노후화되어 보이는 외관
4. 학자금 지원에 대한 감소로 인한 학생들의 교외 주거비 부담 가중

이러한 가능한 원인들은 상황 분석을 통하여 식별되어야 한다. 위의 유형들 각각에서 모든 가능한 원인을 찾은 후에 조사자와 관리자는 이 가능한 원인들(possible causes)을 검토하여 보다 적은 수의 가능성이 큰 원인들(probable causes)로 줄여 나간다. 아파트 단지 사례에서 관리자와 매니저는 징후의 원인이 되는 원인들을 많이 줄였다고 가정하자. 예를 들어 학자금 지원에는 변화가 없고, 재학생 수는 오히려 증가했으며, 경쟁 아파트와 비교했을 때 크게 노후화되어 보이지 않거나 오히려 더 좋아 보인다면 이 원인들은 후보군에서 제거된다. 모든 가능한 원인을 평가한 후 관리자와 조사자는 그 가능한 원인 목록을 줄여 나가서 경쟁 아파트가 무료 케이블 TV를 제공하는 것을 가능성이 큰 원인으로 식별했다고 가정하자. 우리는 아주 중요한 일을 수행했다는 것을 알기 바란다. 이제 관리자들은 결정을 해야 할 일이 생겼다.

대안에 대한 결정 문제를 정의하는 데 있어서 중요한 것은 해당 문제의 결과로 관리자가 어떤 의사결정을 내려야 하는지다. 관리자가 문제를 정의했고 조사자가 상황 분석을 했을 경우, 조사자는 문제가 제대로 정의되었는지 정해야 한다. 조사자에 의해 문제가 확정되면, 관리자들은 어떠한 대안들을 고려해야 할지를 결정해야 한다.

3. 의사결정

(아파트 입주율이 낮아진) 징후의 원인이 경쟁 아파트가 제공한 무료 케이블 TV 서비스라고 결정한 것은 관리자에게 또 다른 의사결정 문제를 발생시키고, 우리는 그 의사결정 문제들을 명확하게 구체화해야 한다. 의사결정은 결정 대안들로 구성되기 때문에 그 의사결정 문제를 구체화하기 위해서 관리자는 자신이 가진 결정 대안들을 파악해야 한다. 예를 들어 관리자들은 시장점유율을 다시 올리기 위해 무엇을 해야 할 것인가?

결정 대안은 관리자가 문제를 해결할 수 있는 모든 마케팅 활동을 의미한다.

결정 가능한 대안의 구체화 근본적으로, 가능한 **결정 대안**(decision alternative)들은 관리자들이 문

제를 해결할 수 있다고 생각하는 모든 마케팅 활동이다. 일반적인 예로 가격 변화, 제품 수정 및 개선, 판촉활동 변경, 중간상의 조정 등이 그것이다. 이러한 과정에서 조사자는 마케팅 지식과 경험들을 총동원해야만 한다. 관리자와 조사자는 문제를 해결할 수 있는 모든 대안을 구상할 수 있도록 브레인스토밍을 시도할 수 있다. 관리자는 특정 징후가 나타난 원인에 근거하여 문제를 해결할 수 있는 모든 대안을 구체화하는 것이 중요하다. Semon은 "가능한 모든 해결 방안을 고려하지 않는다면, 조사 문제가 정확하게 정의될 가능성은 희박하다"고 언급하기도 했다.[10]

아파트 사례로 다시 돌아오면, 해당 아파트 단지 관리자는 문제를 해결할 수 있는 모든 대안을 고려해야 한다－(1) 경쟁 아파트와 동일하게 무료 케이블 TV 서비스를 제공해주는 대안, (2) 무료 케이블 TV에 이어 와이파이 인터넷 서비스를 추가로 제공해주는 대안, (3) 어떤 무료 서비스도 제공해주지 않는 대안 등이 있다. 각 대안들은 명확해 보인다. 하지만 여기서 생각해야 할 점은 각 대안의 선택으로 인한 결과는 어떠할 것인지다.

대안의 가중치 부여 **결과**(consequence)는 마케팅 활동으로 인해 나타난 현상으로 정의된다. 대안들을 평가하기 위해 선택된 대안들이 어떤 결과로 이어질지 추정해야 한다. 즉 우리가 선택한 대안으로 인해 나타날 결과가 무엇인지 예측해야 하는 것이다. 각 대안이 매출에 어떤 영향을 미칠지, 제품 인지도를 어떻게 변화시킬 수 있을지, 그리고 시장점유율에 긍정적인 영향을 미칠 수 있을지 여부를 예측해야 한다. 만약 우리가 그 결과를 알고 있다면 마케팅 조사는 필요가 없을 것이다. 우리가 그 결과를 모르는 경우에는 각 대안들에 대한 조사를 하는 것이 어떤 대안이 최선의 선택일지 결정하는 데 도움이 될 것이다.

결과는 마케팅 활동으로 인해 나타난 현상이다.

아파트 사례로 다시 돌아와서, 관리자는 이렇게 무료 케이블 TV를 제공할 경우에 그 결과로서 나타날 입주율 상승이 케이블 TV 제공을 상쇄하기에 충분할 것인지를 추정해보는 것이 합리적일 것이다. 그런데 여기서 우리는 생각해봐야 한다. 이러한 결과가 나타날 것이라고 관리자는 얼마나 확신하고 있을까? 관리자는 무료 기본 케이블 서비스를 제공하면 아파트 단지 수요가 증가할 것이라 가정하고 있는 것은 아닐까?

의사결정자는 각각의 대안들과 그것들의 결과를 연결시킬 때 가정을 한다. **가정**(assumption)은 고려되고 있는 대안들이 실제로 실행되었을 때, 존재하고 있다고 믿어지는 조건이나 일어날 것이라고 생각하는 반응을 설정하는 것이다. 이러한 가정은 의사결정 과정 각 단계들을 연결하는 역할을 하기 때문에 조사자들은 상당한 주의를 기울여야 한다. 어떤 징후가 나타났다면 관리자는 어떤 특정한 원인이 잘못되었다고 가정한다. 그리고 관리자는 더 나아가 올바른 행동(대안)을 취함으로써 문제는 해결되고 징후는 사라질 것이라고 가정한다. 앞서 논의했던 아파트 관리 사례에서 관리자의 가정은 무료 케이블 TV 서비스 제공이 다음 학기 동안 아파트 입주율을 높여주는 강력한 인센티브가 될 것이라는 것이다. 다른 가정은 케이블을 제공하지 않은 경우의 아파트 수요보다 케이블 TV 서비스를 제공했을 때의 수요가 매우 커서 케이블을 제공하는 데 필요한 비용을 상쇄할 수 있다는 것이다. 그림 3.3에서 보듯이 다음 단계는 이러한 가정을 내리는 데 대한 적절한 정보를 가지고 있는지 여부를 확인하는 것이다. 만약 이러한 가정을 지지할 수 있는 정보가 올바르지 않다고 판단

가정은 고려되고 있는 대안들이 실제로 실행되었을 때, 존재하고 있다고 믿어지는 조건이나 일어날 것이라고 생각하는 반응을 설정하는 것이다.

한다면 우리는 새로운 정보를 찾아내야 한다. 이러한 새로운 정보는 마케팅 조사를 통해서 수집을 하게 된다.

관리자가 가정을 지지할 수 있는 적절한 정보를 가지고 있다고 확신하면 더 이상의 조사는 필요하지 않고 의사결정을 하면 된다. 문제는 이제 올바른 대안 선택을 하는 것만으로도 해결될 수 있다. 이러한 경우는 마케팅 조사가 필요하지 않다. 하지만 조사자가 선택될 대안의 결과에 대해서 관리자가 어떠한 믿음을 가지고 있는가 하는 것을 관리자에게 물었을 경우에 관리자가 사실은 그렇게 강한 확신을 하지 못하고 있음이 드러날 수도 있다. 따라서 우리는 관리자의 가정이 타당한지를 분석해야만 하는 것이다.

4. 필요한 추가 정보 파악

정보 상태는 각각의 가정들에 대해서 관리자가 보유하고 있는 증거의 양과 질을 의미한다.

정보 간극은 현재의 정보 상태와 관리자가 문제를 해결하기 편하다고 생각하는 바람직한 정보 상태 간의 차이를 의미한다.

문제를 정의하기 위한 다음 과정은 추가 정보가 필요한지 여부를 결정하는 것이다. 이 과정에서 조사자는 현재의 **정보 상태**(information state)를 평가하는데, 이 정보 상태란 각각의 가정들에 대해서 관리자가 보유하고 있는 증거의 양과 질을 의미한다. 조사자는 이 평가 과정에서 관리자에게 현재의 정보 상태에 대해서 질문을 하고 바람직한 정보의 상태를 결정해야 한다. 조사자는 현재의 정보 수준과 관리자가 문제를 해결하기에 충분하다고 믿을 수 있는 바람직한 정보 수준 간 차이인 **정보 간극**(information gap)을 찾아서 파악해야 한다. 궁극적으로는 이 정보 간극이 조사목적을 수립하는 데 기본이 된다.

현재 정보 현황에 대한 확인 이번 단계에서 중요한 질문은 의사결정을 위한 정보를 이미 갖고 있는지 여부를 파악하는 것이다. '1단계 : 마케팅 조사 필요성 인식'에서 마케팅 조사는 관리자가 의사결정을 위해 필요한 정보를 가지고 있지 못할 경우에만 수행됨을 기억하자. 따라서 문제를 정의하면서, 관리자들은 그들이 무엇을 결정할 것인지 정해야 하고 그다음에는 그 의사결정을 위한 적절한 정보를 이미 가지고 있는지 자문해야 한다. 관리자는 단순히 '무엇인가를 알기 위해' 마케팅 조사를 실시하지 않는다. 왜냐하면 마케팅 조사는 시간과 비용이 요구되기 때문이다.

정보 간극의 확인 아파트 관리 사례로 돌아가 정보 간극(information gap)에 대해 생각해보자. 경쟁 아파트가 단지 외곽에 무료 케이블 TV를 제공하고 있다는 것을 광고하고 이를 알리기 때문에 관리자들은 경쟁 아파트가 무료 케이블 서비스를 제공한다는 정보가 정확하다고 확신하고 있다고 가정해보자. 조사자는 지속적으로 다음과 같은 질문을 할 수 있다. "당신은 학생들이 케이블 TV에 얼마나 많은 관심이 있을 것으로 생각하시나요?" 관리자는 이렇게 답한다. "이 케이블 채널에서는 굉장히 많은 영화가 방송되죠. 제 아내와 저는 매일 밤마다 그 채널로 영화를 봐요." 그렇다면 조사자는 다시 이렇게 질문할 수 있다. "하지만 당신은 밤에 공부할 필요가 없지 않나요? 그리고 당신은 캠퍼스 생활을 하고 있는 것도 아니고 학생들의 사교모임에 참석하는 것도 아니잖아요. 게다가 학생들은 케이블 TV가 아닌 다른 경로로 TV 프로그램이나 영화를 시청하고 있습니다." 조사자는 계속해서 이야기한다. "당신은 어떤 이유로 대학생들이 케이블 TV를 원할 것이라고 생각하죠?" 관리자는 이렇게 답한다. "솔직히 모르겠네요. 저는 제 아파트에 거주하는 학생들 중 얼마나 많은 학생들이 케이블 TV를 시청하는지 물어본 적조차 없는 걸요."

"당신의 아파트 학생들 중 얼마나 많은 학생들이 케이블 TV를 시청하는지를 아는 것이 당신이 이 당면한 의사결정을 내리는 데 도움이 될까요?" 조사자는 말한다. "케이블 TV를 시청하는 사람이 없다면, 그것은 학생들이 케이블 TV를 별로 안 좋아하거나 혹은 그럴 만한 금전적 여유가 없어서일 수도 있죠. 넷플릭스나 아마존 프라임과 같은 곳에 개인 컴퓨터로 접속해서 영화나 TV 프로그램을 볼 수도 있고요."

관리자는 이 순간 그의 '확신'이 '불확실'로 바뀌었음을 깨닫는다. 그는 정보 간극을 경험하고 있고 올바른 의사결정을 위하여 그러한 정보 간극을 줄여야 함을 깨닫고 추가적인 정보를 수집해야 할 필요성을 인식한다. 이러한 상황은 자주 발생한다. 아파트 관리자처럼 많은 사람들은 가정을 하고 그들이 어려운 질문에 맞닥뜨리기 전까지는 그러한 가정에 대체로 만족한다. 하지만 의사결정이 매우 중요한 상황에서는 문제를 해결하기 위한 올바른 대안들을 선택해야 한다. 아파트 관리 사례에서 조사자는 관리자가 올바른 의사결정을 위해 추가적인 정보가 필요하다고 인식하고 있음을 확신하게 되었다. 이제 그는 정보 간극을 줄이기 위해 어떤 정보를 수집해야 할지 결정해야 한다.

5. 문제 기술 작성

이전의 모든 과정을 거쳤다면 조사자는 문제 정의의 마지막 단계, 즉 **문제 기술**(problem statement)을 해야 할 단계에 도달한다. 문제 기술은 기업이 직면한, 그리고 조사를 통해 결정을 내려야 할 문제 혹은 기회에 대한 간결한 설명이다. 문제 기술의 사례는 다음과 같다.

문제 기술은 의사결정을 위해 마케팅 조사를 수행할 필요성에 직면한 기업이 현재 갖고 있는 문제 혹은 기회를 명료하게 작성한 문장으로 정의된다.

- 아파트 관리자는 자신의 아파트 단지 입주율이 매년 높아지기를 원한다.
- 스낵 제조업체는 생분해 가능한 포장용기를 적용해서 매출 상승을 원한다.
- 앱 개발자는 자신의 앱 다운로드가 많아지기를 희망한다.
- 소매업자들은 지난 12개월 동안 베이비부머 세대에서의 매출 상승과 밀레니엄 세대에서의 매출 감소의 결과를 이해하기 원한다.

문제를 정의했다면, 다음 단계에서는 문제를 해결하기 위해 어떤 정보가 필요한지 정해야 한다.

3-3 조사목적

마케팅 조사의 필요성을 인식하고 그 문제를 정의했다면 마케팅 조사의 세 번째 단계는 조사목적의 수립이다. 조사목적은 무엇인가? **조사목적**(research objective)은 문제를 해결하기 위해 어떤 정보가 필요한지 명시된 목적지향적 기술 혹은 질문으로 정의된다. 조사목적은 간결하고 명확해야 하며, 실행 가능해야 한다. 즉 시간, 비용, 그리고 기술적인 한계의 상황에서 조사목적은 마케팅 조사를 통해 달성될 수 있는 것이어야 한다. 조사목적의 수는 문제 기술에 따라 다양하지만 보통 조사 프로젝트당 3~6개 정도 된다. 조사목적은 평서문 혹은 의문문 형태로 기술되지만 구조적 일관성(모두 평서문 또는 모두 의문문)을 유지해야 한다. 조사목적은 누구로부터 정보를 수집할지 그리고 정확히 어떤 정보를 수집할 것인지 명시해야 한다.

조사목적은 목적지향적이며 문제를 해결하기 위해 어떤 정보가 필요한지를 알려주는 기술 혹은 질문이다.

표 3.1 문장과 질문으로 기술된 조사목적

문제 기술 : 미국 적십자는 헌혈하는 미국 대학생들이 매년 증가하기를 희망한다.

문장으로 기술된 조사목적	질문으로 기술된 조사목적
대학생들은 헌혈의 이점으로 무엇을 기대하는지 파악해야 한다.	대학생들은 헌혈의 이점으로 무엇을 기대하는가?
대학생들이 헌혈하는 데 있어 방해 요인은 무엇인지 파악해야 한다.	대학생들은 헌혈하는 데 있어서의 방해 요인으로 무엇을 꼽는가?
학생들의 헌혈을 독려하기 위해 어떤 인센티브가 적절한지 파악해야 한다.	학생들의 헌혈을 독려하기 위해 어떤 인센티브가 있겠는가?
대학생들의 헌혈을 유도할 수 있는 프로모션 유형을 구분해야 한다.	대학생들의 헌혈을 유도하기 위해 어떤 프로모션 유형이 있는가?
성별, 학년, 재학 중인 대학교, 국적, 지역과 같은 대학생들의 특성에 따라 다른 정보를 파악해야 한다.	위 질문들을 통해 얻은 성별, 학년, 재학 중인 대학교, 국적, 지역과 같은 대학생들의 특성에 따라 어떻게 다른가?

가령 미국 적십자는 보다 많은 대학생들이 헌혈에 동참하여 혈액 공급의 증가를 가져올 수 있는 잠재력, 즉 기회(opportunity)를 식별했다고 하자. 미국 적십자의 문제 기술은 다음과 같을 것이다.

미국 적십자는 헌혈하는 미국 대학생들이 매년 증가하기를 희망한다.

그렇다면 다음과 같이 조사목적을 작성할 수 있다.

- 대학생들은 헌혈의 이점으로 무엇을 기대하는가?
- 대학생들은 헌혈하는 데 있어서의 방해 요인으로 무엇을 꼽는가?
- 학생들의 헌혈을 독려하기 위해 어떤 인센티브가 있겠는가?
- 대학생들의 헌혈을 유도하기 위해 어떤 프로모션 유형이 있는가?
- 위 질문들을 통해 얻은 정보가 성별, 학년, 재학 중인 대학교, 국적, 지역과 같은 대학생들의 특성에 따라 어떻게 다른가?

표 3.1에는 문장 혹은 질문 형태로 작성된 조사목적이 소개되어 있다.

가설 이용

가설이란 논증 혹은 조사목적을 위해 진실이라고 여겨지는 진술이다.

조사목적 개발을 위해 마케팅 조사자들은 때로 가설을 사용하기도 한다. **가설**(hypotheses)이란 논증 혹은 조사목적을 위해 진실이라고 가정된 진술이다. 선택된 대안의 결과를 가정하는 과정에서 관리자들은 가설을 설정한다. 가령 어떤 성공한 레스토랑 운영자는 레스토랑을 방문한 고객들을 만족시키기 위해 반드시 X양만큼의 음식을 사용해야 한다는 가설을 갖고 있다. 즉 어떤 음식 선택을 선택했는지와는 상관없이 각각의 음식에는 확실한 양이 정량적으로 표기되어야 한다는 타당성에 근거하여 의사결정을 한다. 기업가들은 매일 자신이 진실이라고 믿고 있는 기술(statements)에 기반하여 의사결정을 한다. 그들은 그들이 가장 중요하게 생각하는 결정이 타당한 가설에 기반하고 있다는 자신감을 갖길 원한다. 이것은 우리가 앞서 보았던 가정(assumption)과 유사하다. 관리자들은 때때로 특별한 기술(가정)을 하고 그 기술을 지지하는 증거가 있는지 여부를 알기 원한다. 이것이 문장으로 만들어지면, 우리는 이를 가설이라 한다. 우리는 '마케팅 연구 조사

목적을 위해 진실이라고 생각되는 기술'을 가설이라는 용어로 사용한다.[11]

구성개념의 정의

조사목적 개발의 주요 부분은 어떤 유형의 정보를 측정할 것인지 결정하는 것이다. 하나의 개념을 측정하기 위해 다양한 속성을 사용할 때, 이를 구성개념이라고 부른다. **구성개념**(constructs)이란 상호 연관된 태도 혹은 행동의 집합으로 구성된 아이디어 혹은 개념으로 정의된다.

구성개념이란 상호 연관된 태도 혹은 행동의 집합으로 구성된 아이디어 혹은 개념으로 정의된다.

4개의 광고 중 하나를 선택해야 하는 관리자들의 사례를 살펴보자. 그들은 4개의 광고 중 최적의 광고를 선택해야 한다. 하지만 무엇이 '최적'인가? 명확한 기준을 정의하지 않고서는 조사목적을 작성하기란 어렵다. 어떤 정보가 우리에게 최적의 광고임을 알려줄까? 기억에 남는 광고? 가장 연관성이 높은 광고? 가장 믿을 만한 광고? 잘못 해석될 가능성이 가장 낮은 광고? 호의적인 태도가 형성될 수 있는 광고? 혹은 광고된 제품 구매 의도를 높여줄 수 있는 광고?[12] 이러한 질문들은 우리가 수집할 수 있는 다양한 형태의 정보를 보여주며, 이 질문들을 구분된 구성개념으로 정리할 수 있다. 각각의 구성개념은 다음과 같다–기억, 관련성, 신뢰, 이해도, 선호도, 태도, 그리고 구매 의도.

구성 개념에 대한 또 다른 예로 마케터는 '브랜드 충성도'라는 구성개념을 동일한 브랜드를 9~10번 재구매한 경우로 정의할 수 있다. 마케팅 조사자들은 그들이 연구하는 구성개념을 변수라고 부르기도 한다. **변수**(variables)란 구성개념의 한 요소로서 측정 혹은 계량화할 수 있는 것들이다. 변수는 서로 다른 값을 갖고 있기 때문에, 즉 그 값들이 변하기 때문에 변수라고 불린다.[13] (상수는 변하지 않고 항상 같은 값이다.) 구성개념은 우리들에게 실제 현상을 대변하는 심적 개념(mental concept)을 제공한다. 소비자들이 광고를 보고 "나는 새로 출시된 X를 살 것이다"라고 말했을 때, 마케터는 '구매 의도(intention to buy)'라는 구성개념으로 이러한 현상을 설명하게 된다. 마케터는 시장에서의 다양한 현상을 설명하기 위해 많은 구성개념을 사용하고 있다. 마케팅 조사자들은 문제 정의 과정에서 지속적으로 구성개념을 생각한다. 그들이 측정해야 할 구성개념을 파악한다면, 그들은 이러한 구성개념들을 측정할 수 있는 적합한 방법을 정해야 한다. 이에 대한 논의는 다음 장에서 자세히 다룰 것이다.

변수란 측정 혹은 계량화할 수 있는 개념의 구성요소다.

구성개념을 올바르게 측정하는 것은 매우 중요하다. 여러분은 앞에서 나온 아파트 프로젝트의 조사목적에서 측정되어야 할 구성개념들을 말할 수 있겠는가? 우리는 그 개념들을 '임차 의향(likelihood to rent)' 혹은 '임차 의도(intention to rent)' 등으로 명명할 수 있다. 올바른 구성개념을 선택하는 것이 왜 중요한지를 알아보기 위해 학생 표본을 대상으로 현재 어떤 TV 채널을 시청하는 것을 '가장 선호하는지'라고 물었다고 가정해보자. 우리는 '현재 TV 채널 선호도'를 측정할 수 있을 것이다. 그런데 우리는 이 정보에 근거해 대학생들이 가장 선호하는 채널을 알 수 있을까? 그렇지 않다. 왜냐하면 '현재 채널 선호도'에 대해서 학생들은 그들이 볼 수 있는 TV 채널에 한해서만 응답을 할 것이기 때문이다. 우리의 경우에 해당하는 케이블 TV에 접속을 못하는 학생들은 선호채널들의 목록을 작성하지 못할 것이고 따라서 우리는 얼마나 많은 학생들이 케이블 채널들을 선호하는지 정확히 파악하지 못할 것이다. 잘못된 구성개념을 측정했기 때문에 올바른 의사결정을 할 수 없는 것이다. 우리는 케이블 TV 서비스 여부가 정말로 아파트 임차 의향(likelihood to rent)에 영향을 미치는지를 알아야 할 것이다.

측정단위는 무엇인가? 구성개념이 조사자들에게 도움이 되는 점은 구성개념이 문제에 적용 가능하다고 판단하면 그것을 측정 또는 조작화(operationalzing)할 수 있는 정해진 방법들이 있기 때문이다. 조사목적은 평가될 구성개념이 실제로 어떻게 측정될지 결정한다. 이를 조작적 정의라고 한다. **조작적 정의**(operational definition)란 제품 구매 의도, 혹은 만족도와 같은 구성개념이 실증적으로 측정될 수 있도록 정의하는 것을 의미한다.[14]

예를 들어 '구매 의도'(아파트 단지 사례에서 임차 의도와 같다)라는 구성개념을 생각해보자. 이 개념은 임차 의도처럼 개인이 특정 제품 혹은 서비스를 구매할 의향이 얼마나 되는지를 반영하고 있다. 자신이 구매를 할 것인지 혹은 구매를 안 할 것인지 100% 확신하는 경우는 드물다. 그래서 우리는 이러한 구성개념을 척도 양식을 사용해 측정한다. 이러한 척도는 1~5, 1~7, 1~10에 이르는 선택 보기로 주어진다(여기서 우리는 척도의 급간에 크게 신경 쓸 필요는 없다. 단지 척도 숫자를 통해 구성개념을 측정하는 것이며, 각각의 숫자는 서로 다른 의도를 갖는다). 이러한 방식을 이해하는 것은 조사목적을 올바르게 정하는 데 있어 매우 유용하다. 조사자들은 여러 구성개념을 측정하는 데 필요한 조작적 정의를 제공하는 정보 원천을 사용해야 한다.[15]

조사목적을 결정하는 데 있어서 아주 중요한 것은 그 구성개념에 적합한 측정단위를 사용하는 것이다. 무엇이 '적절한가'라는 질문에 답을 하기 위해서 우리는 '어떤 측정단위가 관리자들이 결정 대안을 선택하도록 해줄 수 있는가?'라는 질문을 해보아야 한다. 예를 들어 조사자와 관리자는 무료 케이블 TV와 무료 인터넷 서비스에 따른 임차 의도 평균 간의 통계적으로 유의미한 차이에 근거하여 의사결정을 하기로 했다고 가정하자. 이 경우 우리는 무료 케이블 TV와 인터넷에 따른 임차 의도를 1~5점 척도로 측정해서 각각의 서비스에 대한 평균값을 계산할 수 있다. 또 이 두 평균값이 통계적으로 유의미하게 차이가 나는가를 결정할 수도 있다. 이것은 우리에게 두 가지 대안 중 하나를 선택할 수 있는 기준이 된다. 만약 '임차 의도'를 측정하기 위해 학생들에게 다음과 같은 질문을 한다면 어떻게 될까? "당신은 유사한 2개의 아파트 중 하나를 선택할 수 있는 상황에 있다고 가정해보세요. 한 아파트는 무료 케이블 TV(채널 목록을 보여줌)가 갖춰진 아파트이고 다른 아파트는 무료 인터넷 서비스가 갖춰진 아파트입니다. 이 둘 중 어떤 아파트를 선호하십니까?" 우리는 당연히 이렇게 질문할 수 있다. 하지만 이러한 식으로 질문하는 것으로는 우리에게 우리가 의사결정을 위해 필요로 하는 평균값을 계산할 수 없을 것이다. 조사자와 관리자는 조사 프로젝트 후 선택 대안들에 대한 의사결정이 잘 내려질 수 있도록 연구 문제를 정의하기 이전에 어떤 측정단위를 쓸 것인가에 대해 동의해야만 한다.

적절한 용어 선택 우리는 특정 분야에서만 사용되는 전문용어를 쓰는 경우가 있다. 조사자들은 조사목적을 구축할 때 응답자들로부터 얻고자 하는 정보를 위해 응답자들의 기준틀(frame of reference)에 맞는 단어를 사용해야 한다. 의사를 응답자로 한 마케팅 조사 프로젝트를 수행하는 제약 관리자는 투약량, 조제 형태, 그리고 경쟁사와 구분된 다른 성분 등을 고려해 특정 의약품을 생각한다. 반면에 조사를 위한 정보를 제공하는 의사는 먼저 환자의 증상, 질병의 심각성, 그리고 다른 약물과의 상호작용, 그리고 치료에 대한 동의 정도 등을 고려한다. 제약 관리자는 자신의 관점이 아닌 응답자인 의사의 기준에서 필요 정보를 생각해야 한다.

이러한 개념을 아파트 단지 사례에 적용한다면, 우리는 방송사가 '기본', '일반', '프리미엄' 서비스라는 단어를 사용함을 알고 있다. 하지만 소비자들은 이러한 용어로 방송사를 판단하지 않는다. 소비자들은 ESPN, CBS, Golf, SHOWTIME, 어덜트 스윔(Adult Swim), HBO라는 이름으로 채널을 알고 있다. 이러한 이유로 우리는 소비자들이 아파트가 무료 케이블 TV를 제공한다면 어떤 채널을 볼 수 있는지를 추측하지 않고 정확하게 제시된 정보에 입각한 결정을 내릴 수 있도록 실제 채널을 소비자에게 제공하는 것이 중요한 것이다.

3-4 실행기준

앞서 우리는 서로 다른 문제의 원인(목표 달성 실패 혹은 놓친 기회)과 이러한 문제를 인식할 수 있는 시스템에 대해 논의하면서 이 장을 시작했다. 그리고 문제 정의를 살펴보았다. 또 문제는 의사결정의 형태로 표현되어야 하며 그 의사결정은 결정 대안의 형태로 보여져야 한다는 것을 학습했다. 우리는 조사자들의 결정 대안을 정의하는 두 가지 서로 다른 과정을 보았다. 그리고 우리는 결정 대안이 가정을 어떻게 포함하는지 논의했으며, 관리자들은 이러한 가정에 대해 어떻게 불확실성을 갖는지도 논의했다. 가정의 불확실성은 정보 간극을 만들고 조사자는 이러한 정보 간극을 줄이기 위한 노력을 기울이게 된다. 조사목적은 조사자가 정보 간극을 줄이기 위해 어떤 정보를 수집해야 하는지 정확히 구체화되어야 한다. 정보가 수집되면, 관리자는 결정 대안들 중에서 결정을 할 수 있어야 한다. 하지만 그 결정은 정확히 어떻게 이루어지는 것일까? 다른 대안들을 제치고 하나의 대안이 선택되기 위해서는 그 정보가 어떤 모습을 가져야 할까? 우리는 지금부터 이에 대한 논의를 하겠다.

우리는 문제 정의와 조사목적 개발이 어떻게 진행되는지를 아파트 단지 사례를 통해 확인해보았다. 이제는 실행기준을 결정할 단계이다. **실행기준**(action standard)이란 미리 정해진 행동을 취하기 위해 달성되어야 하는, 조사목적 내에서 사전 설정된 계량화된 속성값 혹은 특성값이다. 즉 실행기준 목적은 도출된 조사 결과를 바탕으로 어떠한 행동을 할 것인지를 정의하는 것이다.[16] 즉 실행기준을 구체화함에 의해서, 관리자들은 조사자들이 수집한 정보를 받자마자 어떤 대안을 선택해야 하는지 알게 된다. 아파트 관리 사례로 돌아가면, 우리의 조사목적 중 하나는 다른 대안들과 비교했을 때, 무료 케이블 TV를 제공할 경우 해당 아파트에 대한 대학생들의 입주 의향에 대한 정보를 수집하는 것이다. 우리는 조사목적에서 '입주 의향'이라는 구성개념은 '1 = 입주할 의향이 매우 낮다, 5 = 입주할 의향이 매우 높다'라는 5점 척도를 통해 측정되는 것으로 한 것을 기억하자. 우리는 조사 결과를 통해 다음의 세 가지 대안, 즉 (1) 무료 케이블 TV 제공, (2) 무료 와이파이 서비스 제공, (3) 어떤 서비스도 제공하지 않음 중 어떻게 선택할 것인지를 어떻게 알 수 있을까?

실행기준이란 미리 정해진 행동을 취하기 위해 달성되어야 하는, 조사목적 내에서 사전 설정된 계량화된 속성값 혹은 특성값이다.

마케팅 조사를 통해 우리는 (1) 기본 케이블 TV 평균, (2) 무료 와이파이 평균, 그리고 (3) 어떤 서비스도 제공하지 않는 것에 대한 평균값을 얻게 된다. 우리는 응답자들에게 다른 요인이 모두 동일하다는 가정하에 세 가지 서비스에 기반 해 아파트를 선택할 것을 질문했음을 기억하자. 세 가지 평균값을 사용하여 쉽게 의사결정을 할 수 있는 상황을 만들어보자. 무료 인터넷 서비스는 4.8(높은 의도), 그리고 무료 케이블과 어떤 서비스도 제공하지 않은 경우는 각각 1.0(매우 낮은 의도)으로 나왔으며, 두 평균값은 유의미한 차이가 나타났다고 하자. 이 경우에 우리는 당연히 무료 와이파이 서비스를 제공하는 대안을 선택할 것이다.

관리자와 조사자는 데이터를 수집하기 전에 마케팅 실행을 위한 기준점을 정해야 한다. 만약 무료 와이파이 서비스가 3.5 이상으로 나오고 무료 케이블 TV 혹은 어떤 서비스도 제공하지 않는 경우와 비교했을 때 통계적으로 유의미하게 높게 나타났을 경우 이를 선택하기로 결정한다고 가정하자. 즉 평균값이 무료 와이파이 서비스 제공이 3.5 이상 나오고 그것보다 낮은 케이블 평균값이나 어떤 서비스도 제공하지 않는 평균값이 통계적으로 유의미하게 차이가 난다면, 무료 와이파이를 제공함으로써 요구되는 추가비용을 상쇄할 만한 수요가 있을 것으로 믿어야 한다. 또 예를 들어 모든 평균값이 2.0 아래라면 어떤 것도 선택하지 않도록 실행기준을 정할 수도 있다.

이러한 실행기준은 정보를 수집하기 전에 내려져야 할 중요한 결정기준을 포함하고 있고, 데이터들이 수집되었을 때 어떤 행동을 해야 할지에 대한 가이드로서 역할을 한다. 이에 대해 버크의 전 CEO였던 Ron Tatham은 "실행기준이 없을 때 관리자들은 종종 '마케팅 조사 결과가 흥미롭군요. 덕분에 현재 시장이 어떤 상황인지 알 수 있게 되었답니다. 단, 그다음에는 무엇을 해야 할지 잘 모르겠네요'라고 말한다"고 언급했다.[17]

문제 정의의 방해요소

문제를 정의하고 조사목적을 수립하는 것은 간단치 않다는 것을 알 수 있을 것이다. 이는 시간이 소요될 뿐만 아니라 의뢰인과 조사자 간의 상당한 상호작용이 발생하기 때문이다. 이로 인해 문제가 발생하는데, 의뢰인은 자신의 주요 정보를 누설하지 않으면서 외부 공급자와 일을 해 왔기 때문이다. 다수의 컨설턴트와 함께 일해 본 몇몇 관리자들은 조사자와의 소통이 매우 중요하다는 것을 알고 있다. 하지만 대부분의 관리자들은 보다 솔직하고 자세한 의견이 오고가야 하는 것에 대한 중요성은 잘 인지하지 못한다. 조사 프로젝트의 성공 여부는 마케팅 조사를 진행하는 과정에서 관리자와 조사자 간의 소통에 달려 있다고 해도 과언이 아니다.

이러한 문제에 대해 Chet Kane은 기존의 관리자들은 마케팅 조사 프로젝트에 깊게 관여하지 않으면서 리서치 발주를 한다고 지적했다. 그는 관리자는 연구 설계에 개입해야 할 뿐만 아니라 먼저 현장에 직접 나가 고객 반응을 들어야 한다고 주장한다. 만약 관리자가 '투명한' 제품에 대한 조사에 더욱 많이 관여했다면 이러한 제품들(투명한 맥주, 투명한 구강청결제, 투명한 콜라)에 대한 긍정적인 결과는 단지 일시적인 독특함이나 유행에 따른 것임을 알 수 있었을 것이다. 관리자가 조사과정에 더욱 관여했다면, 시장에서 실패한 이런 신제품을 도입하지 않았을 것이다.[18]

때로는 마케팅 조사가 효과적이려면 시간이 필요할 수도 있다. 이 장 서두에서 언급했던 제너럴밀스의 Carrie Breisach의 말을 다시 인용하자면, 궁극적으로 앞길을 밝혀주고 주요 의사결정을 보다 잘 그리고 보다 빨리 내리기 위해서는 리서치의 초기 단계에서 옳은 문제와 질문을 명확하게 정리하는 것에 시간을 투자해야 한다. 관리자들은 종종 조사자와 협업하는 것에 대한 필요성을 인지하지 못하고 이로 인해 실제 문제를 찾는 데 어려움을 겪기도 한다. 경험이 많은 조사자들은 이러한 상황을 잘 알고 있기 때문에 마케팅 조사 과정에서 관리자들에게 그들의 역할을 알리고 이 기초 단계가 조사 과정에서 얼마나 중요한지를 알려주어야 한다.

3-5 마케팅 조사 제안서 작성

마케팅 조사 과정의 초기 중 어느 시점에서 계약이 체결된다. **마케팅 조사 제안서**(marketing research proposal)는 마케팅 조사자가 마케팅 조사의 결과로서 어떤 것을 전달할 것인가를 문서화한 계약양식이다. 의뢰인이 조사를 수행해줄 마케팅 조사 업체를 선정할 때, 의뢰인은 **입찰공고**(invitation to bid, ITB) 혹은 **제안요청서**(request for proposal, RFP)를 통해 업체에게 제안을 요청한다. 조사를 수행할 업체를 선정하기 위하여 다수의 마케팅 조사 업체들로부터 마케팅 조사 제안서를 요청하기도 한다. 어떤 의뢰인은 조사에 대한 합리적인 가격과 좋은 품질을 확보하기 위해 마케팅 조사 업체 선정 전에 세 업체 이상 경쟁입찰이 이루어지도록 관리자에게 요구하기도 한다. 따라서 마케팅 조사 제안서는 전문적으로 보여야 하며, 잘 쓰여져야 하고, 내용이 잘 드러나도록 작성되어야 한다.

마케팅 조사 제안서는 전문적으로 보여야 하며, 잘 쓰여져야 하고, 내용이 잘 드러나도록 작성되어야 한다.

© Stephen Coburn/Shutterstock

마케팅 조사 제안서는 마케팅 조사자가 마케팅 조사의 결과로서 어떤 것을 전달할 것인가를 문서화한 계약 양식이다.

입찰공고 혹은 제안요청서는 마케팅 조사를 수행할 때 종종 사용된다. 기업들이 제안서나 입찰을 요구할 때 모든 사업 분야에서 일상적으로 나타난다.

제안서는 명확하게 문제가 정의되어 있어야 하고 프로젝트 목적에 대한 의뢰인과 조사 업체 간의 동의가 가능하도록 조사목적이 명시되어 있어야 한다. 일반적으로 마케팅 조사 업체가 문제의 배경과 조사에 필요한 연구방법에 대해서 더 자세한 사항을 제안서에 수록할수록 더 많은 역량을 가진 업체로 보이게 된다.

자신의 기업을 위한 조사를 수행하는 클라이언트 사이드 마케팅 조사자들도 조사 수행 전에 제안서를 제출하도록 요구받기도 한다. 관리자들은 마케팅 조사 프로젝트를 수행하기 전에 그들이 지불해야 할 비용과 자사의 종업원이 관여될 시간 등을 파악하길 원한다. 때때로 마케팅 조사를 위한 예산이 충분하지 않다면, 마케팅 조사 부서는 자금 마련을 위해 다른 가치 있는 프로젝트와 회사 차원에서 경쟁하기도 한다.

제안서 구성요소

다음은 마케팅 조사 제안서의 구성요소들이며, 각 제안서 안에서 응답될 수 있는 질문 유형이다.

1. **문제 기술.** 직면한 전반적인 문제는 무엇인가? 마케팅 조사를 수행하면서 평가될 결정대안들은 무엇인가?
2. **조사목적.** 어떤 정보를 수집할 것인가?
3. **조사방법.** 조사를 수행하기 위해 어떤 조사방법을 채택할 것인가? 탐색적, 기술적, 혹은 인과

적 연구를 수행할 것인가? 혹은 정량적 조사, 정성적 조사 혹은 정량적 조사와 정성적 조사를 혼합한 조사를 선택할 것인가? 모집단, 표본 계획, 표본 크기, 표본 추출방법, 발생률과 응답률은 어떻게 설계하는가? 측정 도구는 무엇으로 할 것인가? 데이터 분석을 위해 어떤 연구방법을 적용할 것인가? 그리고 필요한 경우에 어떤 서비스에 외주업체를 사용할 것이며, 어떤 외주업체를 사용할 것인가?

4. **보고방법.** 조사 결과를 언제, 어떻게 보고할 것인가? 문서로 보고할 것인가 혹은 구두 발표를 할 것인가? 연구 결과를 실행에 옮기는 것을 논의하기 위해 의뢰인과 미팅을 가질 것인가?
5. **비용.** 해당 프로젝트를 위한 비용은 얼마인가? 어떤 비용을 사전에 지불해야 하며, 언제 지불되어야 하는가? 의뢰인은 어떤 외주업체에게 직접 지불할 것인가?
6. **일정.** 조사 프로젝트의 각 단계가 완료되는 날짜는 언제인가?

윤리적 이슈와 마케팅 조사 제안서

마케팅 조사 제안 과정은 의뢰인과 조사자에게 윤리적 이슈에 있어서 민감한 영역이다. 의뢰인은 계약이 이루어지기 전에 마케팅 조사 업체에게 부가 서비스를 기대해서는 안 된다. 의뢰인은 입찰 과정에서 서비스 가격을 낮추기 위해 특정 업체의 마케팅 조사 제안서를 다른 경쟁업체에게 제공해서는 안 된다. 조사 제안서는 상당한 시간이 투여되었으며, 자세한 방법론이 포함되어 있고, 비용도 반영되어 있기 때문에 하나의 독점 정보로 간주되어야 한다.[19]

마케팅조사협회(MRA)에서는 마케팅 조사 제안서와 관련해 다음과 같은 윤리 규칙을 제정하고 있다.

섹션 A : 마케팅조사협회에 가입한 모든 회원은 다음에 동의한다.

18. 모든 업무는 의뢰인과 합의된 대로 수행되어야 한다.
19. …의뢰인이나 연구 후원사의 마케팅 조사 기술, 방법론, 그리고 기업정보와 같은 민감하고 독점적인 정보에 대한 보안을 유지해야 할 수 있는 신뢰관계를 가져야 한다. 의뢰인과 연구 후원사가 누구인지에 대해서도 보안을 유지해야 한다.
(MRA 마케팅 조사 윤리 규정 – http://www.mra-net.org/resources/documents/expanded_code.pdf, page 7)

요약

마케팅 조사 프로젝트는 많은 변수가 있지만, 조사 과정의 각 단계를 특징지어줄 수 있도록 하는 충분한 공통점들이 있다. 마케팅 조사는 연속적인 단계를 갖는데 이런 단계를 따라 조사 프로젝트를 특징짓는 것은 (1) 그러한 단계들이 조사자와 이해관계자들에게 전반적인 조사 과정을 이해시킬 수 있고, (2) 단계별로 조사자들이 무엇을 결정하고 고려해야 하는지 안내해주는 이점이 있다. 조사 각 단계는 (1) 마케팅 조사 필요성 인식, (2) 문제 정의, (3) 조사목적 수립, (4) 조사 설계 결정, (5) 정보 유형과 원천 식별, (6) 데이터 분석 방법 결정, (7) 데이터 수집 양식 설계, (8) 표본 계획과 크기 결정, (9) 데이터 수집, (10) 데이터 분석, (11) 최종 보고서 준비 및 작성이다.

첫 번째 단계는 마케팅 조사의 필요성을 정하는 것이다. 내부보고시스템이나 마케팅 인텔리전스 시스템, 의사결정 지원시스템상에서 필요한 정보를 수집할 수 있는가? 이러한 정보원천이 필요한 데이터를 제공하지 않는다면 마케팅 조사가 필요하다. 때로는 경쟁에 빠르게 대응해야 할 필요성 때문에 마케팅 조사를 수행할 시간을 가질 수 없게 되기도 한다. 마케팅 조사의 가치를 화폐로 부여하는 것은 어렵지만 가치는 측정될 수 있으며, 보다 많은 정보 결정들이 마케팅 조사를 정당화 혹은 정당화하지 않도록 해준다.

문제는 관리자들이 여러 대안 중에 선택안을 정해야 하는 상황을 의미한다. 조사목적은 관리자들이 문제를 해결하기 위한 최적의 대안을 선택하기 위해서 조사자가 어떤 정보를 수집하고 제공해야 하는지를 명확하게 기술하는 것이다. 그림 3.3은 문제를 정의하는 과정이 소개되어 있다. 문제는 두 가지 원천으로 구분된다. 실제로 발생해야 하는 것과 발생한 것에서의 차이에 의해 유발되는 '목적 달성의 실패'와 발생한 상황과 발생할 수 있었던 상황의 차이에 의해 유발되는 '기회'가 그것이다. 관리자들은 통제시스템을 모니터링하거나(목표를 달성하지 못한 경우) 혹은 기회발견시스템을 통해 문제를 파악해야 한다.

징후는 목적을 달성했는지를 측정하는 지표들 중 주요한 지표가 변화하는 것으로 나타난다. 징후는 관리자들에게 위의 두 가지 유형의 문제 모두에 대해서 사전에 알려준다. 조사자는 경영진이 입찰공고 혹은 제안서를 요청해 문제를 정의했어도 적절하게 문제를 정의했는지 확인해야 할 책임이 있다. 대부분의 경우 상황 분석은 문제를 정의하는 데 도움을 준다.

문제를 정의할 때, 조사자들은 관리자들에게 문제가 있음을 알려주는 이 징후들이 보고하도록 되어 있는 것들을 제대로 보고하고 있는지를 확인함으로써 징후들의 타당성을 검증해야 한다. 조사자는 징후에 영향을 미친 가능한 모든 원인을 찾아내기 위해서 관리자들과 협업을 해야 한다.

조사자는 관리자와 함께 징후에 영향을 미칠 수 있는 모든 가능한 원인(possible cause)을 가능성이 높은 원인(probable cause)으로 줄여 나가야 한다. 가능성이 높은 원인 중 어떤 것을 선택하는가 하는 것이 주요 의사결정 문제이다. 이 의사결정 문제는 먼저 이 결정이 실행된다면 그 결과로 당면한 징후를 사라지게 할 수 있는 결정 대안들을 특정지을 수 있어야 한다. 조사자는 관리자와 함께 의사결정의 대안들을 명확히 해야 하고 각 대안의 결과를 파악해야 한다. 조사자들은 관리자가 결정 선택이 어떤 결과를 가져올 것인가를 결정하는 데 있어서 관리자가 가지고 있는 가정들을 평가해야 한다. 관리자가 가정에 대한 확신이 있다면, 더 이상의 조사 없이 의사결정을 할 수 있다. 하지만 대부분의 경우 관리자들은 가정에 대한 확신을 갖고 있지 않다. 충분한 정보가 부족할 경우 정보 간극을 발생시키고 이 정보 간극은 조사목적 수립의 기반이 된다. 때때로 조사목적을 개발하기 위한 가이드로서 가설(hypothesis)이 설정되기도 한다.

조사목적은 목적지향적이며 문제를 해결하기 위해 어떤 정보가 필요한지를 알려주는 기술 혹은 질문이다. 조사목적은 명확하고, 분명해야 하며, 실행 가능해야 한다.

실행기준이란 미리 정해진 행동을 취하기 위해 달성되어야 하는, 조사목적 내에서 사전 설정된 계량화된 속성값 혹은 특성값이다. 때때로 문제 정의는 방해를 받는데, 관리자들은 문제를 해결하는 상황에서 외부 공급업체와 거래하는 기존의 행동을 변화시키려 하지 않기 때문이다.

마케팅 조사 제안서는 조사자가 문제 발생, 조사목적의 구체화, 자세한 조사방법, 조사 과정과 납기와 비용, 그리고 일정표 등을 명시한 보고서다. 마케팅 조사 제안서를 제출하고 평가하는 과정은 윤리적 이슈를 동반한다.

핵심용어

가설	마케팅 조사 과정을 위한 11단계	입찰공고(ITB)
가정	마케팅 조사 제안서	정보 간극
결과	문제	정보 상태
결정 대안	문제 기술	제안요청서(RFP)
구성개념	변수	조사목적
마케팅 기회	상황 분석	조작적 정의
마케팅 실사 전문업체	실행기준	징후

복습 질문/적용

3.1 마케팅 조사 과정의 각 단계는 어떻게 되는가?

3.2 마케팅 조사 과정을 위한 11단계는 항상 적용되는가? 그 이유에 대해 논의해보라.

3.3 마케팅 조사 과정이 단계별로 진행되지 않는 경우의 사례를 이야기해보라.

3.4 기업들이 마케팅 조사 필요성을 왜 인식하지 않는지 설명해보라.

3.5 마케팅 조사 과정에서 문제 정의가 왜 가장 중요한가?

3.6 문제 정의가 실제로 결정 대안을 왜 의미하는지 논의해보라.

3.7 조사목적은 문제 정의와 어떤 차이가 있는가?

3.8 문제란 무엇인가?

3.9 조사목적이란 무엇인가?

3.10 마케팅 문제의 두 가지 원천은 무엇인가?

3.11 관리자들은 그들이 문제에 당면했다는 것을 어떻게 인식하는가?

3.12 문제를 인식하는 과정에서 징후의 역할은 무엇인가?

3.13 기업 관리자가 문제를 이미 정의한 상황에서 마케팅 조사자의 역할은 무엇인가?

3.14 상황 분석이란 무엇이며, 문제를 정의하는 과정에서 언제 이루어지는가?

3.15 기업 관리자가 문제를 정의하지 않은 상황에서 조사자의 역할은 무엇인가?

3.16 조사자가 징후의 타당성을 검토한다는 것은 무엇을 의미하는가?

3.17 '가능한 모든 원인'과 '가능성 높은 원인'은 어떤 차이가 있는가?

3.18 결정 대안의 결과는 무엇을 의미하는가?

3.19 문제 정의 과정에서 가정의 역할이 무엇인지 설명해보라.

3.20 정보 간극이 발생했을 때 정보 상태를 설명해보라.

3.21 정보 간극을 줄이기 위해 필요한 것은 무엇인가?

3.22 문제 정의 단계에서 가설은 어떤 역할을 하는가?

3.23 조사목적을 정하는 관련 요인들은 무엇이 있는가?

3.24 문제 정의/조사목적 과정에서 구성개념은 어떤 역할을 하는가?

3.25 조작적 정의란 무엇이며, 어디서 사용되는가?

3.26 실행기준이란 무엇인가?

3.27 문제 정의의 방해요인은 무엇인가?

3.28 마케팅 조사 제안서의 구성요소는 무엇인가?

3.29 마케팅 조사 업체를 검색하고 웹사이트를 확인해보라. 그들이 제시하고 있는 것들 중에서 조사 과정의 단계와 연관된 예들을 찾아보라.

3.30 다음 상황에 따라 문제기술과 조사목적을 만들어보라.

a. 줄리(Zulily)는 구매 시 반품을 허용해야 하는지 여부를 조사하기 원한다.

b. 스타벅스는 프라푸치노에 더 많은 비용을 청구할 것

인지 여부를 검토하고자 한다.

c. 이케아는 사람들이 그들의 홈오피스를 어떻게 사용하는지 파악하길 원한다.

d. 마이클 코어스는 프리미엄 브랜드로서 명성을 어떻게 유지할 수 있을지 파악하길 원한다.

3.31 도서관 온라인 데이터베이스 혹은 인터넷에 접속해 마케팅 조사 연구를 수행하는 업체의 사례를 찾아보자. *Advertising Age*, *Marketing News*, *Business Week*, *Forbes*와 같은 많은 정기간행물에 소개된 사례들이 있다. 일반적으로 이러한 간행물들은 조사 프로젝트의 세 사항을 언급한다. 여러분이 찾은 간행물에서 언급된 마케팅 조사 과정의 각 단계들을 확인해보라.

3.32 여러분의 지역사회에서 하나의 기업을 관찰해보라. 무엇을 하는지, 어떤 제품 혹은 서비스를 제공하는지, 얼마에 판매하는지, 그리고 제품과 서비스를 어떻게 촉진시키는지 확인해보라. 여러분이 그 기업을 관리한다면, 여러분은 기업의 제품, 디자인, 속성, 기격, 촉진, 그리고 기타 사항들을 정하는 조사를 수행할 것인가? 마케팅 조사를 수행하지 않기로 결정했다면 왜 그렇게 정했는지 설명해보라.

사례 3.1

Golf Technologies, Inc.

Golf Technologies, Inc.(GTI)는 높은 수준의 과학적 테스트를 통해 최적의 스위트 스팟(sweet spot)을 제공하는 골프 클럽을 개발했고, 이는 정확한 타격과 비거리를 늘리는 결과로 이어졌다. 작년에 GTI는 클럽 디자인에서 혁신적인 기술을 개발했다. 새롭게 개발된 클럽은 기존 클럽보다 동일한 힘으로도 골프 공이 더 멀리 날아갈 수 있게 설계되었다. 최고경영자인 하비 페닉(Harvey Pennick)은 이러한 혁신적인 기술에 감탄했고 기존 골프 선수들로부터 큰 관심을 받을 것으로 기대했다. 페닉은 대부분의 골프 클럽 제조업체들이 매년 신제품을 출시할 때마다 '혁신적인 기술'이라고 강조하고 있음을 알고 있다. 또한 대부분의 소비자들은 이러한 주장에 대해 별 감흥이 없다는 것도 알고 있었다. 그는 잠재 고객들이 자사의 새로운 골프 클럽이 넓은 스위트 스팟을 가지고 있고 실제로 최대 비거리로 공을 칠 수 있다고 확신하도록 무엇인가 다른 것을 해야 한다고 믿었다. 이를 해결하기 위해 페닉과 마케팅 직원들은 프로모션(TV 광고, 잡지 광고, 인포모셜, 이벤트 등)을 진행하면서 높은 신뢰를 갖고 있는 골프 선수를 활용할 필요성을 깨달았다. GTI 프로모션에 골프 선수가 자사의 골프 클럽 설계의 혁신성을 믿는다고 하면, 프로모션에 대한 전반적인 신뢰도가 높아질 것으로 기대했다.

페닉과 그의 직원들은 이름이 잘 알려진 Rory McIlroy와 Bubba Watson을 고려하고 있었다. 둘 다 전 세계적으로 실력이 있고 이름이 잘 알려져 있는 골프 선수다. 하지만 두 선수 모두 다른 골프 클럽 제조업체와 독점 계약이 맺어져 있는 상황이다. 이들의 계약은 바이아웃 조항이 있어서 위약금을 문다면 이들을 광고모델로 고용할 수 있으나, 그러기 위해서는 큰돈이 든다.

1. 페닉이 그의 직원들과 McIlroy와 Watson 중 한 명을 선택해야 한다고 동의했다고 가정하면, 현재 결정 대안 관점에서 페닉의 결정은 무엇인가?
2. 페닉이 여러분의 결정 대안과 관련된 결과에 대한 가정을 확신하지 않는다면, 그는 무엇을 고려해야 하는가?
3. 페닉이 마케팅 조사를 수행해야 한다고 정했다면, 그 조사 목적은 무엇이 될 것인지 작성해보라.

사례 3.2 통합 사례

Auto Concepts

사례 1.2에서 논의했던 대규모 자동차 제조업체의 새로운 사업부인 Auto Concepts의 최고 경영자 닉 토머스는 자사 자동차의 시장점유율이 경쟁사와 비교했을 때 계속해서 하락하고 있음을 확인했다. 오늘날 신차 시장에서 새로운 자동차 모델이 도입되면서 자동차 시장의 경쟁이 매우 치열해지고 있고 Auto Concepts는 새로운 개념의 신차를 개발함으로써 경쟁력을 확보하고자 하는 노력에서 신설된 사업부이다.

Auto Concepts는 기술과 생산 측면에서 서로 다른 다섯 가지 모델을 보유하고 있다. 닉은 해당 모델들을 다음과 같이 구분하고 있다.

1. Super Cycle : 1인승 전기, 연비 mpg-e 125, 제조업자 권장가격 30,000달러, 주행거리 200마일.
2. Runabout Sport : 2인승 전기, 연비 mpg-e 99, 제조업자 권장가격 35,000달러, 주행거리 150마일.
3. Runabout Hatchback : 2인승 가솔린 하이브리드, 연비 mpg-e 50, 충전 시 50마일이며 가솔린으로 전환 가능, 제조업자 권장가격 35,000달러, 주행거리 250마일.
4. Economy Hybrid : 4인승 디젤 하이브리드, 연비 mpg-e 75, 충전 시 75마일이며 디젤 전환 가능, 제조업자 권장가격 38,000달러, 주행거리 300마일.
5. Economy Standard : 5인승 표준 가솔린, 연비 mpg 36, 컴퓨터 컨트롤로 연료 효율성 극대화, 제조업자 권장가격 37,000달러, 주행거리 350마일.

mpg-e는 연료당 평균 주행 거리로 미국환경보호청(U.S. Environmental Protection Agency)에서 대체연료(전기)에 대한 연비를 측정할 때 사용하는 측정단위이며, 대체 에너지 연비 비교를 위해 사용되기도 한다.

닉은 그 어떤 단일모델도 전체 시장 모두에게 매력적으로 보일 수는 없다는 것을 알고 있다. 하지만 각각의 모델들은 보다 세분화된 시장을 공략할 수 있을 것으로 보았는데, 문제는 다른 경쟁자들 역시 그 각각의 세분 시장의 고객들을 만족시키기 위하여 많은 노력을 기울이고 있다는 점이다. Auto Concepts 각각의 모델에 관심을 가지지 않을 사람들에게 프로모션 비용을 낭비하는 일 없이 각 모델에 적합한 세분시장만을 공략하는 것이 효율적이라고 판단했다. 만약 Auto Concepts가 특정 모델을 생산한다면 해당 제품을 프로모션할 수 있는 매체(TV, 라디오, 잡지, 신문, 소셜미디어)를 결정해야 한다. 닉은 세분화된 고객들의 매체 습관을 파악하고자 했다. 각 시장에서 사람들이 선호하는 TV 프로그램, 라디오 장르, 잡지 유형, 지역 신문 등이 무엇인지 파악해야 한다. 또한 마케팅 부서는 온라인 프로모션에 상당한 예산을 투입해 왔다. 닉은 블로그, YouTube와 같은 커뮤니티, Facebook과 같은 소셜 네트워크, 그리고 온라인 게임 등을 통해 어떻게 하면 세분화된 시장에 도달할 수 있을지 알기 원했다.

소비자들은 특정 미디어를 선호한다는 정보만으로는 충분하지 않다. Nick은 특정 모델을 선호하는 표적 고객들은 특정 종류의 잡지를 다른 종류의 잡지에 비해서 선호한다는 것을 알 수 있을 것이지만 해당 잡지 종류 안에서도 이미 많은 잡지가 발행되고 있었다. 표적 시장 고객의 인구통계학적 프로파일을 파악하는 것은 그 소비자들이 선호하는 하나의 신문, 하나의 잡지, 혹은 하나의 소셜미디어를 선택할 때 도움이 될 수 있다. 모든 매체는 잠재 광고주들에게 자신들의 독자들의 인구통계학적 정보를 제공해주기 때문에 Auto Concepts는 세분화된 각 시장의 인구통계적 프로파일을 얻을 수 있을 것이다. 정보를 유용하게 사용하려면 자동차 제조사는 각각의 모델별로 해당 모델을 열망하는 사람들의 인구통계학적 프로파일(성별, 나이, 거주지 크기, 결혼 여부, 총가구 수, 교육수준, 수입, 주거 형태)이 필요하다.

자동차 포지셔닝 관점에서 닉은 연비가 핵심 요소라는 것을 인지하고 있다. 또한 지구온난화에 대한 심각성을 소비자들이 인지한다면 자사 모델의 매출에 중요한 영향을 미칠 것으로 예상했다. Auto Concepts는 연비를 높이고 탄소배출량을 줄이는 데 노력을 기울였고 이를 해당 제품의 포지셔닝에 적용해 프로모션을 통해서 강조하고자 했다. 닉은 지구온난화와 연관된 다양한 환경 정보를 수집했다. 그는 소비자들이 다음과 같은 두 가지 이슈에 대해 어떻게 생각하는지 알기 원했다－(1) 소비자들이 실제로 지구온난화를 걱정하는가? (2) 가솔린 배출이 지구온난화에 영향을 미친다고 믿고 있는가?

마지막으로 사물인터넷(IoT)에 대해서도 고려해야 한다. 소비자들이 미래 자동차 산업에서 기대하는 혁신은 무엇인가? 실제로 자동주행차에 관심을 갖고 있는지, 혹은 자동차 운전에 도움을 주는 다양한 기능(인포테인먼트 유형, 대시보드 정보, 기타 스마트폰 컨트롤 주행)을 원하는지 파악해야 한다.

닉이 마케팅 조사를 수행하려 하고 해당 마케팅 조사자 역시 위의 사례에 언급된 문제 제기에 동의한다고 가정하자.

1. 현재 당면한 문제들을 작성해보라.
2. 1번 문제에서 정의된 문제들 중 하나에 대하여 조사목적을 작성하라.

4 조사 설계

학습 목표

이 장에서 여러분은 다음을 학습하게 될 것이다.

4-1 조사 설계란 무엇이며 왜 중요한가
4-2 조사 설계의 세 가지 유형 : 탐색적 조사, 기술적 조사, 인과관계 조사
4-3 탐색적 조사 설계는 조사자가 문제를 이해하는 데 어떤 도움을 주는가
4-4 기술적 조사의 측정방법과 유형 구분
4-5 인과관계 조사의 의미와 실험설계의 유형
4-6 테스트 마케팅의 유형과 테스트 마켓 선정 방법

우리는 어느 과정에 있는가?

1 마케팅 조사 필요성 인식
2 문제 정의
3 조사목적 수립
4 조사 설계 결정
5 정보 유형과 원천 식별
6 데이터 분석 방법 결정
7 데이터 수집 양식 설계
8 표본 계획과 크기 결정
9 데이터 수집
10 데이터 분석
11 최종 보고서 준비 및 작성

최고의 아이디어를 개발하기 위한 조사 설계

Sven Arn, Happy Thinking People의 디렉터 겸 파트너

1989년 독일 뮌헨에서 설립된 Happy Thinking People은 정성적 조사 분야에서 세계 최고의 기업 중 하나다. 베를린, 뮌헨, 파리, 취리히, 뭄바이에 사무실이 있으며 100여 명의 종업원이 근무하고 있다. 지난 25년간 전 세계에 걸쳐 인간을 이해하기 위한 다양한 프로젝트를 수행했고 이를 통해 의뢰인들이 그들의 브랜드, 제품, 서비스와 그들의 고객과의 관계 형성을 통한 성공적인 사업을 수행하하는 데 도움을 주어 왔다.

우리는 지난 15년간 ESOMAR와 BVM(독일마케팅조사사협회)에 정성적 조사 훈련방식을 제공해 왔다. 또한 2013년에는 독일마케팅조사연구협회에서 수여하는 'Best in Class in Analysis'를 수상하기도 했다.

Happy Thinking People은 다양한 분야의 의뢰인들에게 도움을 주고 있는데 그중 시장 탐색, 콘셉트 개발, 아이디어 평가, 그리고 브랜드 컨설팅 네 가지 분야에 집중하고 있다.

시장 탐색은 사람이 의사결정을 내리는 맥락, 장소와 상황에 대한 이해에 관한 것이다. 우리는 온라인 · 오프라인 사이의 희미한 경계를 초월하여 브라질에서 상하이에 이르기까지 또 모바일 민족지 연구(mobile ethnography)와 온라인 커뮤니티에서부터 행동기호학(behavioral semiotics)까지 분석할 수 있는 혁신적인 도구를 갖고 있다.

우리의 콘셉트 개발은 소비자와의 협업이라는 원칙을 염두에 두고 있긴 하지만 소비자에게 모든 것을 맡기지는 않는다. 우리는 우리의 직관적인 통찰력에 근거하여 나아가야 할 방향을 정해 두고 우리의 경험과 노하우를 사용하여 구체적으로 무엇을 따라갈 것이며 어떻게 소비자들의 기대를 뒤흔들어 놓을 것인가를 결정한다. 우리는 이를 위해 스토리텔링과 스토리 체인지, 실행창조, 롤플레잉, 모의전쟁(war games), 그리고 시나리오 빌딩과 같은 강력한 독점적 기술 포트폴리오를 구축하고 있다.

www.happythink-ingpeople.com에 방문해 보라.

우리가 수행하는 아이디어 평가는 인간의 의사결정의 복잡성을 보여주면서도 그

결과가 너무 혼란스럽지 않은 방식을 취한다. 아이디어 평가 결과로서 우리가 제시하는 내용들은 사람들이 말한 것을 반영하는 것이 아닌 소비자들의 실제적인 반응에 대한 이해에 기초해 작성된다.

우리의 브랜드 컨설팅은 혁신과 포트폴리오 수립, 그리고 포지셔닝을 통하여 통찰력을 발견하는 것으로부터 브랜드 개발에 이르기까지 전략 과정의 모든 단계를 다루고 있다.

정리하자면, 우리는 'Happy Thinking', 즉 즐겁게 생각하는 것이 최고의 아이디어를 탄생시킬 수 있는 상태를 만든다고 믿는다. 또한 우리는 사람들의 삶에 진정한 변화를 일으킬 수 있는 아이디어를 개발하는 비전 있는 담론에 우리의 고객들과 의뢰인들을 참여시키는 것이 옳은 비즈니스 모델이라고 생각한다.

—Sven Arn

출처 : Text and photos courtesy of Sven Arn, Managing Director & Partner, Happy Thinking People.

문제가 정의되고 조사목적이 구축되면 마케팅 조사의 다음 과정은 조사 설계를 결정하는 것이다. 이 장에서 여러분은 세 가지 조사 설계 유형인 탐색적 조사, 기술적 조사, 그리고 인과관계 조사를 학습할 것이다. 각각의 조사는 다른 목적을 가지고 있고 다른 조사방법을 사용한다. 그리고 각각의 조사 설계는 장단점을 갖고 있다. 조사 설계에 대한 지식은 조사자들에게 조사 프로젝트를 실제로 수행하기 이전에 미리 적절한 의사결정을 할 수 있도록 도와준다.

4-1 조사 설계

마케팅 조사는 매우 다양한 방식으로 진행된다. 어떤 프로젝트는 부엌과 유사한 실험실에서 음식 맛에 대한 평가 실험으로 진행된다. 또 어떤 프로젝트는 포커스 그룹, 민족지 연구 조사 또는 전 국가적인 표본 설문으로 진행되기도 한다. 몇몇 조사목적은 단지 조사로만 끝나는 경우도 있으며, 또 어떤 경우에는 수천 명을 대상으로 인터뷰를 진행해야 하는 경우도 있다. 조사자들은 편의점에서 소비자들을 관찰하기도 하고, 응답자의 집에서 2시간에 걸쳐 심층 인터뷰를 진행하기도 한다.

각각의 조사방법은 장단점이 있기 때문에 특정 조사 문제에 대해서는 특정 조사방법이 다른 조사방법보다 더욱 적합할 수 있다. 마케팅 조사자는 어떤 조사방법이 적합한지 어떻게 결정해야 할까? 문제 정의와 조사목적이 정해지면 조사자는 조사 프로젝트를 위해 필요한

© NotarYES/Shutterstock
조사 설계는 마케팅 프로젝트를 수행하는 과정에서 정보를 수집하고 분석하기 위한 사전 계획이다.

정보를 수집하고 분석하는 조사방법이 구체화된 마스터 플랜인 **조사 설계**(research design)를 선택해야 한다.

조사 설계에 대한 지식이 왜 중요한가?

조사 설계 지식은 문제(problem) 혹은 기회(opportunity)에 접근하기 위한 연구방법을 개발하는 과정에서 중요하다. 지먼 마케팅 그룹(Zyman Marketing Group)의 David Singleton은 좋은 조사 설계는 좋은 연구의 첫 번째 규칙이라고 믿고 있다.[1] 실무자들이 이렇게 말하는 이유는 무엇일까? 조사 설계의 중요성을 정당화할 수 있는 몇 가지 이유가 있다. 첫째, 조사 문제들과 목적들은 다 독특하게 보일 수 있지 만, 사전에 문제를 해결하기 위한 최적의 조사 설계가 무엇인지에 대한 결정을 내리기에 충분한 유사성이 있다. 이는 다양하게 보이는 여러 조사 프로젝트를 그룹화하거나 혹은 분류하여 최적의 조사 설계를 사전에 정할 수 있음을 의미한다.

문제와 조사목적이 정해지는 마케팅 조사 초기 단계에서 조사자는 가장 적합한 조사 설계 계획을 시작한다. 이것이 가능한 이유는 조사자들이 이미 잘 알고 있는 몇몇 조사 설계들이 다양한 문제와 조사목적에 성공적으로 연결될 수 있다는 사실 때문이다. 즉 조사자가 기본적인 조사 설계를 알고 있으면, 조사 프로젝트 개발을 위한 구조를 구성하기 위한 일련의 의사결정을 조사가 시작되기 전에 미리 할 수 있다. 프로젝트의 조사 설계는 프로젝트를 성공적으로 완성하기 위해 어떠한 단계를 따를 것인가를 결정하는 것을 필요로 한다.

가령 조사자가 탐색적 조사를 해야 하겠다고 생각하는 경우를 가정해보자. 이때에 그(녀)는 특정 프로젝트의 성격에 준하는 탐색적 조사를 수행하기 위한 다양한 방식을 떠올릴 것이다. 그중 포커스 그룹(focus group)이 요구된다고 가정해보자. 누구를 포커스 그룹에 참석시킬 것인가? 포커스 그룹을 몇 번 진행해야 하는가? 포커스 그룹 참여자들에게 어떤 질문을 해야 하는가? 포커스 그룹을 통해 어떤 결과를 도출할 수 있을 것인가? 조사 설계는 이러한 세부사항들을 제시해준다. 만약 조사자가 인과관계 조사가 필요하다고 판단하면, 이는 조사자가 실험설계(experiment design)를 위해 완전히 다른 계획을 세워야 함을 의미한다. 이처럼 조사자들이 가장 적절한 조사 설계와 조사 특성을 선정하는 것은 건물을 짓는 사람들에게 청사진이 제공되는 것과 마찬가지다.

적합한 조사 설계에 대한 지식이 있으면 필요한 의사결정을 미리 내릴 수가 있다. 따라서 이러한 사전 단계에서의 효율성을 확보함에 따라 조사자는 프로젝트를 수행하는 데 있어 필요한 시간을 줄여주고 비용을 줄일 수 있다. 긴 여행을 간다고 생각해보자. 만약 여러분이 사전에 계획을 세웠다면 시간과 비용을 아낄 수 있을 것이다. 조사 프로젝트도 마찬가지다. 이런 조사 설계 단계에서도 조사자는 이 단계와 연관된 윤리적 이슈에 직면하기도 한다. 마케팅 조사 인사이트 4.1에는 자주 직면하게 되는 윤리적 고려사항이 소개되어 있다.

4-2 조사 설계의 세 가지 유형

조사 설계는 전통적으로 세 가지, 즉 탐색적 조사, 기술적 조사, 그리고 인과관계 조사로 구분된다. 가장 적합한 조사 설계는 그 조사목적에 따라 다르다. 조사목적 중에서 일반적인 것 세 가지는

마케팅 조사 인사이트 4.1 윤리적 고려사항

조사 설계 계획 : 윤리적 고려사항

대부분의 경우에 많은 전문가들은 그들을 고용한 의뢰인에 비해 해당 현장에 대해 더욱 잘 알고 있다. 실제로 이러한 풍부한 지식 때문에 의뢰인은 전문가를 고용하는 것이다. 하지만 이러한 지식의 불균형으로 인해 심각한 윤리적 문제가 발생하기도 한다. 마케팅 조사 산업에서 이러한 이슈는 마케팅 조사 설계 과정에서 마케팅 조사 전문가가 의뢰인의 전문성 결여를 이용하는 식으로 발생하기도 한다.

비용이 많이 드는 조사 설계 추천 일부 조사 설계는 간단하고, 효율적이며, 그 비용이 많이 요구되지 않는 경우가 있다. 예를 들어 탐색적 조사가 이에 해당한다. 조사자는 시간이 소요되는 더욱 복잡한 조사 설계를 추천해 의뢰인에게 비용 부담을 높일 수 있다. 조사자는 왜 이러한 행동을 하는 것일까? 조사자의 연구용역비가 전체 프로젝트 비용의 일정 비율로 계산되는 구조를 가지고 있다면 전체 프로젝트 비용을 증가시키면 자동적으로 조사자가 받는 연구용역비도 커진다. 혹은 마케팅 조사 업체가 여러 가지 이유로 하도급 업체를 고용하고 싶어 한다면, 해당 하도급 업체의 필요 여부와 상관없이 비용을 높여서 이 하도급 업체를 사용하려 들 것이다. 이러한 윤리적 이슈 중 가장 심각한 것은 조사자들이 2차 데이터를 1차 데이터라고 하는 경우다. 마케팅조사협회(MRA)의 마케팅 조사 윤리강령 II 21에 따르면 '마케팅 조사자는 2차 데이터를 수집할 때, 의뢰인에게 2차 데이터의 출처를 밝히고 1차 데이터로 오해하지 않도록 알려야 한다'고 명시하고 있다.

다수의 의뢰인을 위한 데이터를 동시에 수집하는 조사 설계 조사자는 동시에 다수의 의뢰인을 위한 데이터를 수집하면서 데이터 수집 비용을 아낄 수 있다. MRA의 마케팅 조사 윤리강령 II 22에 따르면 '조사자는 한 프로젝트의 과업의 전체 혹은 일부를 다른 의뢰인에 대한 프로젝트와 결합하려고 하거나 그 과업을 외부업체에 하도급을 주려고 하는 경우에는 반드시 의뢰인으로부터 사전 승인을 받아야 한다'고 명시하고 있다.

다른 의뢰인을 위한 조사 프로젝트를 위해 수집된 정보의 사용 조사자는 현 조사 설계의 일부분이 다른 의뢰인을 위해 수행되었던 이전 프로젝트에 기반하고 있거나 그 사전 결과를 반영하는 방식임에도 불구하고 현 의뢰인에게 원본 데이터인 것처럼 데이터를 제시할 수도 있다. MRA의 마케팅 조사 윤리강령 II 24에 따르면 '마케팅 조사자는 기존에 수행된 마케팅 조사는 의뢰인의 소유임을 알고 있어야 하며, 해당 연구는 기존 의뢰인의 공식적인 서면 허락 없이 공유되어서는 안 된다'고 명시하고 있다.

과대 혹은 과소평가하는 데이터 수집 비용 뒤에서 학습하겠지만, 데이터 수집 비용은 현상의 발생률(incidence rate, 전체 모집단에서 해당 마케팅 조사목적에 부합하는 대상자들이 차지하는 비율)에 영향을 받는다. 만약 조사 설계상 '18세 이상의 성인'을 대상으로 인터뷰를 진행한다면 발생률은 높다. 반면에 '콜레스테롤 수치가 높아 지속적으로 약을 복용하고 있는 65세 이상의 남성'이라면 발생률은 낮다. 발생률이 낮다는 것은 해당 조건을 만족시키는 응답자를 찾기 위해 더욱 많은 조사대상지를 접촉해야 함을 의미한다. 결과적으로 발생률이 낮을 경우 그 비용은 높아질 수밖에 없다. MRA의 마케팅 조사 윤리강령 II 34에 따르면 '마케팅 조사자는 발생률과 같은 연구 지표(research metrics), 응답률과 같은 성과 측정치, 그리고 허용 가능 표본오차와 같은 오차 척도와 기타 마케팅 조사 업계에서 흔히 사용되는 공식들을 사용해야 한다'고 명시하고 있다.

비용 절감을 위해서 잘못된 방식으로 응답자의 협조를 구하는 행위 조사자는 잠재적인 응답자에게 지킬 수 없거나 지킬 생각이 없는 거짓 약속을 함으로써 응답자의 협조를 높이는 조사 설계를 할 수도 있다. MRA의 마케팅 조사 윤리강령 I 8은 마케팅 조사자에게 '데이터베이스나 표본을 구성하는 등의 업무에 협조를 구하기 위해서는 사실에 바탕을 둔 옳은 진술을 할 것과 데이터를 사용할 수 있도록 해주겠다는 등의 약속을 한 것이 있으면 그 약속을 반드시 지킬 것'을 요구하고 있다.

표본 추출방법의 잘못된 명시 조사 설계는 적절한 표본 설계와 크기를 포함한다. 조사자는 조사목적을 달성할 수 없는 표본 추출방법을 사용해서는 안 된다. 조사자는 의뢰인에게 표본 대표성을 확보하게 된 구체적인 방법을 알려야 한다. 또한 표본 크기가 조사의 정확성에 어떤 영향을 미칠 수 있는지도 알려야 한다. 어떤 표본 추출방법은 다른 방법보다 비용이 많이 들고 표본의 크기가 커지면 의뢰인은 더 큰 비용을 지불하게 된다. MRA의 마케팅 조사 윤리강령 II 30에 따르면 '마케팅 조사자는 의뢰인에게 각 프로젝트마다 사용된 방법론과 추출된 표본의 적절성을 최대한 자세히 알려야 한다'고 명시하고 있다.

© Mehmet Dilsiz/Shutterstock

조사 설계를 하는 것은 윤리적으로 민감한 문제들을 포함한다. 조사자들은 윤리규범을 숙지함으로써 의뢰인들을 보다 공정하게 대하는 법을 배울 수 있을 것이다.

이상의 윤리적 규범의 준수는 마케팅 프로젝트를 설계하는 과정에서 반드시 실행되어야 하며, 그래서 MRA를 비롯한 기타 마케팅조사협회에서는 이러한 윤리강령을 제정하여 지킬 것을 요구하고 있다. 이러한 규범을 이해하고 준수하는 전문가들은 의뢰인을 공정하고 책임 있게 대한다. 다행스럽게도 99%의 마케팅 조사 전문가들은 윤리적이며, 협회의 가이드라인을 잘 따르고 있다. 자유시장경제는 놀라운 방식으로 비윤리적인 조사자들을 시장에서 퇴출시키고 있다.

우리는 제2장에 있는 전문가 단체의 웹사이트를 방문해서 각각의 윤리강령을 읽어보길 권한다. MRA의 웹사이트 주소는 http://www.marketingresearch.org이다.

(1) 배경정보 수집과 가설 개발, (2) 관련된 변수(예 : 브랜드 충성도) 측정, (3) 둘 혹은 그 이상의 변수들 간의 관계(예 : 광고와 브랜드 충성도 수준)를 구체화하는 가설 검증으로 나뉜다.

조사 설계 선택은 우리가 문제와 조사목적에 대해 얼마나 잘 알고 있는지, 즉 이미 가지고 있는 정보의 양에 따라서도 달라진다. 우리가 조사목적에 대해 모르는 것이 많을수록 탐색적 연구를 선택해야 할 가능성은 커진다. 반면에 우리가 이미 문제에 대해서 충분히 이해하고 있는 상황에서 문제와 조사목적과 관련된 각 변수들 간의 인과관계를 찾길 원하는 경우에만 인과관계 조사를 선택할 수 있다. 이 장을 읽으면서 여러분은 다른 각각 조사목적을 가진 조사들을 잘 수행할 수 있는 다양한 조사 설계 방법들에 대해서 알게 될 것이다.[2]

조사 설계 시 주의할 점

세 가지 조사 설계를 학습하기 전에 여러분은 조사 설계가 순서를 반드시 따라야만 하는 것은 아니라는 점을 이해해야 한다. 이 장에서는 탐색적 조사, 기술적 조사, 인과관계 조사 순으로 소개되어 있지만 이는 실제 조사에서 반드시 그 순서를 따라야 함을 의미하는 것은 아니다. 때로는 세 가지 조사 설계 중에 어떤 조사 설계로부터 시작할 수 있고 또 그 조사 하나만을 사용할 수도 있다. 하지만 많은 경우 조사는 반복적인 과정을 거친다. 어느 하나의 조사 프로젝트를 수행하면서, 추가 조사를 해야 한다고 판단하면 혼합 설계를 할 수 있다. 가령 기술적 조사를 수행한 후 우리가 다시 뒤로 돌아가야 한다고 판단하면 그다음으로 탐색적 조사를 수행할 수도 있는 것이다.

4-3 탐색적 조사

탐색적 조사는 조사 문제의 일반적인 현상과 연관된 배경정보를 수집하기 위해 수행되는 비정형적 조사로, 비구조적 형태의 조사이다.

탐색적 조사(exploratory research)는 조사 문제의 일반적인 현상과 연관된 배경 정보를 수집하기 위해 수행되는 비정형적 조사(informal research)로 비구조적(unconstructed) 형태의 조사다. 여기서 비구조적 조사라는 것은 조사를 수행하기 위한 과정이 정해져 있지 않음을 의미한다. 즉 탐색적 조사에서는 조사자가 정보를 수집하는 과정에서 조사 성격이 변할 수 있다. 또한 다른 조사방법과 다르게 조사목적, 표본 계획, 그리고 설문지처럼 정형화된 형태로 이루어지는 조사가 아니기 때문에 비정형적 조사로 간주된다. 대개 탐색적 조사에서는 대표성이 확보되지 않은, 그리고 적은 수의 표본을 대상으로 진행되기도 한다. 보다 정형적인 조사는 가설의 검증 혹은 한 변수의 변화에 대해서 다른 변수가 반응하는 정도를 측정하기 위해 사용된다. 하지만 탐색적 조사는 단순히 잡지를 읽거나 혹은 어떤 상황을 관찰하는 것만으로도 진행될 수 있다. 맥도날드를 창립한 밀크셰이크 기계 판매원이었던 Ray Kroc은 캘리포니아주 샌버나디노에서 맥도날드 형제가 운영하는 레스토랑에 손님이 너무 많아 다른 레스토랑보다 더 많은 밀크셰이크 기계의 부품을 소모하는 것을 관찰했다. Kroc은 이러한 탐색적 관찰의 결과로 결국 세계에서 가장 유명한 패스트푸드 체인을 창립할 수 있었다. 다른 사례로는 TV 쇼인 〈가십 걸〉의 등장인물이 착용한 헤어 액세서리를 열망하던 중학교 2학년 학생들이던 Julianne Goldmark와 Emily Matson은 보다 저렴한 가격에 유사한 제품을 판매하는 매장을 찾기 어렵다는 것을 알게 되었다. 두 소녀는 직접 헤어 액세서리를 만들고 판매하기 시작했다. 그들은 연 1,000만 달러의 수입을 올리는 에미-제이(Emi-Jay) 사업을 그렇게 시작하게 되었다.[3]

Marketing Research on YouTube™

탐색적 조사를 찾아보기 위해 **www.youtube.com**에서 **brand exploratory research Giants game**을 검색하라. 'man-on-the-street' 인터뷰 사례를 확인할 수 있을 것이다.

탐색적 조사는 조사자들에게 그들이 식별한 어떤 원천도 탐색할 수 있으며, 문제에 대한 이해를 위해 충분한 정도까지 탐색할 수 있다는 점에서 유연한 연구 설계이다. 가령, 웬디스의 가맹업자는 그의 레스토랑에서 날짜와 시간이 기록되어 있는 영수증 데이터를 검토했다. 그는 평일 오후 2시에서 4시 30분 사이가 가장 한산한 시간이라는 것을 발견했다. 이에 그는 오후 시간에 프렌치프라이를 무료로 제공하는 모바일 캠페인을 벌였고 이는 높은 고객 방문율과 매출로 이어졌다. 웨스트버지니아대학교 졸업생 Tom Petrini는 지속 가능 경영에 대한 컨퍼런스에 참석한 적이 있다. 그곳에서 그는 컨퍼런스에 참석한 대부분의 사람들이 재활용 컵으로 물을 마시지 않는다는 것을 발견했다. 그가 사람들에게 그 이유를 물어보니 컵을 씻고 다시 리필할 수 있는 곳이 없기 때문이라는 답변을 들었다. 그래서 그는 스테인레스 컵을 제공하고 살균소독과 리필까지 해주는 이바이브 스테이션(Evive Station)을 창업하게 되었다.[4]

탐색적 조사는 조사자들이 문제를 정확히 이해하지 못한 경우나 추가 정보를 수집할 필요성이 있는 경우 혹은 최신 정보를 수집하길 원할 경우 수행된다. 때때로 탐색적 조사는 마케팅 조사 프로젝트의 시발점으로 간주되기도 한다. 제3장에서 우리는 문제를 정의하기 위한 상황 분석에 대해 논의한 바 있다. 상황 분석은 탐색적 조사 중 하나로 볼 수 있다.

탐색적 조사의 적용

탐색적 조사는 다양한 상황에 적용될 수 있다. 배경정보의 수집, 용어의 정의, 문제와 가설의 규정, 그리고 조사의 우선순위를 정하기 위해 탐색적 조사는 활용된다.

탐색적 조사는 배경정보 수집, 용어 정의, 문제와 가설 규정, 그리고 조사 순서를 정하기 위한 목적으로 수행된다.

배경정보의 수집 탐색적 조사는 문제에 대해 알고 있는 것이 적고 그 문제가 정확하게 정의되어 있지 않은 경우에 문제에 대한 배경정보를 수집하기 위해 사용된다. 경험이 아주 많은 조사자들조차도 최신 배경정보를 수집하기 위해 탐색적 조사를 수행한다. 탐색적 조사는 큰 성공을 낳을 수 있는 아이디어를 제공하기도 하고 전략적 사고를 이끄는 신선한 통찰력을 제공하기도 한다.

용어 정의 탐색적 조사는 용어와 개념을 정의하는 데 도움을 주기도 한다. '서비스 품질에 대한 만족이란 무엇인가?'와 같은 질문의 정의를 내리기 위해 탐색적 조사가 수행되면서, 조사자들은 '서비스 품질에 대한 만족'은 유형성, 신뢰성, 반응성, 보장성, 그리고 공감성으로 구성될 수 있음을 알게 된다. 탐색적 조사는 서비스 품질의 만족도 구성요소를 파악할 수 있게 해줄 수 있을 뿐만 아니라 각각의 구성요소들이 어떻게 측정되는지를 파악하는 데도 도움이 된다.[5]

문제와 가설의 명확화 탐색적 조사는 조사자들에게 문제를 보다 정확히 정의하고 다음 연구를 위한 가설을 확증하도록 해준다. 가령, 은행 이미지를 측정하기 위한 탐색적 조사를 수행하면서 은행 고객들 안에는 서로 상이한 집단이 있음을 알 수 있다. 은행의 고객으로는 소매고객, 상업고객, 그리고 수수료를 목적으로 서비스를 제공하는 다른 은행이 있다. 이러한 정보는 어떤 고객들이 가지는 은행 이미지를 측정할 것인가라는 문제를 생각해볼 수 있게 해주므로 은행 이미지 측정의 문제를 명확하게 할 수 있다.

또한 탐색적 조사는 둘 혹은 그 이상의 변수들 간의 추측된 관계를 설명하는 가설을 구축하는 데 유용하다. 일반적으로 조사연구를 수행하기 전에 가설을 설정하는데 이는 적합한 변수를 측정하는 데 도움을 주기 때문이다. 조사가 완전히 끝나고 나서 어떤 가설이 검증되어야 하는지 정하는 것은 너무 늦은 것일 수 있다.

연구의 우선순위 설정 탐색적 조사는 기업이 조사의 우선순위를 결정하는 데 도움을 주기도 한다. 예를 들어 엔가젯(Engadget)이나 옐프(Yelp)와 같은 리뷰 웹사이트의 사용자 피드백을 조사해보면 관리자들이 어느 영역에 집중해야 할 것인가를 알려줄 수 있다. 또한 B2B 기업은 영업사원과의 인터뷰를 통해 향후 제품 혹은 서비스 콘셉트를 얻을 수도 있다.

탐색적 조사를 위한 방법

탐색적 조사를 수행하는 다양한 연구방법이 있다. 우리는 이러한 기법들을 정성적 조사를 다루는 절에서 알아볼 것이다. 탐색적 조사와 정성적 조사는 많은 부분에서 서로 겹치는 면이 있다. 이 절에서 우리는 2차 데이터 분석, 경험적 설문(experience survey), 그리고 사례 분석과 같은 탐색적 조사에 대해 간단히 알아볼 것이다. 탐색적 조사와 정성적 조사에서 공통적으로 사용되는 다른 연구방법은 제6장에서 다룰 예정이다.

2차 데이터 분석 조사주제와 연관해서 이미 존재하는 정보를 검색하고 해석하는 과정을 2차 데이터 분석(secondary data analysis)이라고 부른다. 2차 데이터를 분석하는 것은 마케팅 조사 프로젝트에서 언제나 중요한 부분으로 간주된다. 2차 정보는 널리 퍼져 있고 쉽게 수집할 수 있다. 오늘날 인터넷의 발달과 함께 구글과 같은 검색 엔진의 발달로 여러분은 어떤 주제든 실시간으로 빠르고 효율적으로 2차 정보를 수집할 수 있게 되었다. 즉 인터넷과 여러분의 도서관은 상당한 분량의 2차 데이터에 접근하도록 해주는데, 이러한 데이터들은 웹사이트, 출판물, 저널, 잡지, 리포트, 게시판, 그리고 뉴스레터 등의 정보를 포함한다. 때때로 2차 데이터 분석은 탐색적 조사의 핵심이다. 2차 데이터나 정보를 탐색하는 것에는 여러 가지 방법이 있다.[6] 많은 경영자들은 조직이 속한 산업의 정보가 담긴 잡지 혹은 무역 간행물을 구독한다. 이러한 출판물들을 보면서 현재의 시장 추세, 혁신, 현재, 그리고 잠재고객과 경쟁자들의 정보와 경제동향을 파악하면서 조사를 수행하는 것이다. 마케팅 조사 인사이트 4.2에서는 소셜미디어가 탐색적 조사를 위한 최고의 데이터 원천이 될 수 있음을 소개하고 있다. 제5장에서 2차 데이터 분석과 원천에 대해 학습할 것이다.

마케팅 조사에서 자주 사용되는 2차 데이터 사례를 보기 위해서 Decision Analyst, Inc.에서 개발한 www.secondarydata.com에 접속해 확인해보라.

마케팅 조사 인사이트 4.2 디지털 마케팅 조사

소셜미디어 데이터 탐색하기

소셜미디어 웹사이트는 탐색적 조사를 위한 강력한 정보 원천이다. 가공되지 않은 소비자 의견에 대한 접근을 가능하게 해줌으로써 소셜미디어는 문제의 배경정보를 얻고, 용어를 정의하며, 문제와 가설을 명확하게 하고, 연구의 우선순위를 수립하는 데 큰 도움을 준다. 많은 기업들이 소셜미디어가 문제의 배경정보를 얻게 해주는 데 도움을 준다는 사실을 알고 있고 그 밖에 많은 정보가 있다. 조사자는 소셜미디어를 어떻게 사용하면 소비자들에 대한 강력하고 활용도가 높은 인사이트를 얻을 수 있을까? 다음은 소셜미디어 데이터를 분석하기 위한 단계이다.

1단계 : 문제 정의와 조사목적 수립

제3장에서 보았듯이, 뚜렷한 조사목적을 정하는 것은 조사 과정에서 필수 단계다. 이러한 가이드라인은 방대한 양의 데이터를 이해하기 위해서 명확한 방향 설정이 필요한 소셜미디어 분석에서도 더더욱 지켜져야 한다. 주제를 정의하고 구체적인 목적에 초점을 두면 분석은 보다 쉽게 관리될 수 있다. 하지만 소셜미디어 데이터 분석의 장점을 충분히 활용하려면 그 뚜렷한 조사목적이 사전에 예상하지 못했던 새로운 것들을 발견할 가능성을 막아서는 안 된다. 데이터는 우리를 우리가 예상하지 못했던 곳으로 인도할 수도 있다.

2단계 : 핵심 검색어의 정의

적절한 핵심 검색어를 정하는 것은 소셜미디어 데이터를 성공적으로 분석하는 데 있어 매우 중요한 요소다. 때로는 이러한 과정이 반복되는 경우가 있는데, 폭넓은 검색에서 시작하여 점차 동의어들이나 유사한 검색어, 연관된 구절 등을 사용하여 조사범위를 조금씩 좁혀야 하기 때문이다. 브랜드 네임, 경쟁사 브랜드 네임, 제품군과 같이 명확한 용어들을 사용해서 검색을 시작할 수도 있지만 보다 탐색적인 접근을 위해서는 브랜드와 관련된 특정 활동, 사건, 그리고 감정들을 조사해보는 것이 좋다.

3단계 : 소셜미디어 데이터 출처 정하기

가장 유용한 데이터 출처를 정하는 것은 소셜미디어 데이터를 분석하는 데 있어 매우 중요한 과정이다. TweetDeck이나 Scout Labs 같은 온라인 도구는 이에 유용하다. 하지만 여전히 소셜미디어 플랫폼의 중요한 유형들을 놓치는 경우가 종종 있다. 적절한 최신 웹사이트를 찾는 것은 움직이는 표적을 맞추는 것과 같은데, 이는 소셜미디어 데이터 출처들이 밀물과 썰물같은 인기도에 영향을 받기 때문이다. 데이터를 수집할 수 있는 최적의 웹사이트를 정하는 것이 어려움에도 불구하고 새로운 형태의 사용자 기반 피드백이 지속적으로 발견되고 있다는 점에서 보면 아주 기대되는 현상이다.

4단계 : 데이터 정리

소셜미디어 이용자가 만든 중요한 데이터는 단순히 텍스트 형태로

© Champipat/Shutterstock

최적의 데이터 원천을 파악하는 것은 소셜미디어 데이터 분석의 중요한 단계다.

만 존재하지는 않는다. 소셜미디어 데이터는 사진, 영상, 회화, 문학, 그리고 기타 다양한 형태로 제품 피드백에 중요한 통찰력을 제공해준다. 결과적으로 데이터 수집은 다양한 형태의 미디어를 포함할 수 있도록 유연한 구조를 가져야 한다. 소셜미디어 전문 서비스(HootSuite와 Radian6), 소프트웨어(NVivo), 그리고 무료 온라인 도구(SocialMention과 Googld Alerts) 등이 이를 도와주는 주요 도구로 활용된다. 혹은 조사자들은 다양한 기능과 완전성을 기하기 위해서 조사자가 직접 자유롭게 데이터를 정리하는 방법도 있다.

5단계 : 데이터 분석

소셜미디어 데이터가 수집되고 조직되면 그 데이터는 분석되어야 한다. 먼저 조사자는 전체 데이터를 엄밀하게 살펴보아야 한다. 모든 조사와 마찬가지로 의미 있는 분석이 이루어지기 위해서는 데이터에 대한 지식과 이해가 선행되어야 한다. 그 후 수집된 데이터들 중에서 핵심 테마를 정해야 한다. 이러한 핵심 테마에는 신념, 아이디어, 콘셉트, 정의, 특정 행동 등이 포함된다. 그리고 해당 데이터들을 비교하고 범주화해야 한다.

6단계 : 결과 보고

데이터를 분석하고 난 후 결과를 핵심 사례와 시각화된 데이터를 활용해 구두 혹은 문서로 보고한다. 이 부분이 소셜미디어 데이터의 장점이 특히 부각되는 지점이다. 이때 실제로 소셜미디어 데이터를 보여줄 수도 있는데, 트위터, 리뷰, 그리고 블로그 등의 내용을 실제로 인용할 수 있다. 온라인에서 찾은 사진을 통해 소비자들이 언제, 어디서, 어떻게 제품 혹은 서비스를 이용하는지 정확히 설명할 수 있다. 소비자가 직접 만든 영상으로 제품에 대한 장단점을 보여줄 수도 있다.

7단계 : 한계점 제안

소셜미디어 데이터를 활용할 때는, 다른 조사방법의 경우와 마찬가지로, 그 한계점도 제시해야 한다. 데이터를 수집하고 분석하면서 발견된 문제점들을 명시적으로 언급하면 해당 결과물에 대해 보다 쉽게 이해할 수 있다.

8단계 : 전략

다른 모든 조사방법과 마찬가지로 가장 중요한 그 마지막 단계는 분석된 데이터에 근거하여 조사목적에 부합하고 실행 가능한 행동을 제안하는 것이다. 그리고 프로젝트 결과에 근거하여 다음에 진행될 마케팅 조사가 계획된다.

출처 : Veeck, A. (2013, October). Beyond monitoring: Analyzing the content of social media data. *Quirk's Marketing Research Review*, 74–77.

경험적 설문은 조사 문제와 관련된 지식을 갖고 있는 사람들로부터 정보를 모으는 연구방법이다. 경험적 설문은 **주요정보 제공자 기술** 혹은 **선도사용자 설문**으로도 불린다.

경험적 설문 **경험적 설문**(experience survey)은 조사 문제와 관련된 충분한 지식을 갖고 있다고 여겨지는 사람들로부터 정보를 모으는 연구방법이다. 이러한 연구방법은 **주요정보 제공자 기술**(key-informant technique)로도 불린다. 특히 기술 현장에서, **선도사용자 설문**(lead-user survey)은 신기술에 대한 수용도가 높은 사용자로부터 정보를 수집하는 데 유용하다.[7] 예를 들어 보다 저렴하지만 우수한 단열재를 제공하는 새로운 건축자재 제조업체가 12명의 건설 시공자들에게 새로운 단열재를 소개하고 다음에 건물을 지을 때 해당 제품을 사용할 것인지 여부를 물어보는 것이 그 예다. 또 다른 예로 병원 환자들이 필요로 하는 것을 알기 위해서 간호사들을 인터뷰한다든지 초등학교 교사를 대상으로 초등학생들 학습에 도움이 되는 제품을 개발하기 위한 정보를 설문하는 것도 경험적 설문 중 하나다. 경험적 설문은 기술적(descriptive) 조사에서 적용되는 설문과 다른데, 경험적 설문은 설문조사 결과가 연구 대상 집단에 대한 대표성을 갖도록 할 필요가 없다. 그럼에도 불구하고 조사자들은 이 기법을 통해서 유용한 정보들을 수집할 수 있다.

사례 분석은 현재 조사 문제의 이해를 위해 기존에 발생했던 유사한 상황에 대한 정보를 검토하는 방법이다.

사례 분석 현재 조사 문제의 이해를 위해 기존에 발생했던 유사한 상황에 대한 정보를 검토하는 방법을 **사례 분석**(case analysis)이라 부른다. 일반적으로 조사가 필요한 어떠한 상황은 과거의 상황과 몇 가지 유사점을 갖고 있다. 완전히 새로운 제품을 다루는 조사 문제라 하더라도, 과거의 유사 사례를 발견할 수 있다.[8] 가령, 애플이 아이패드를 도입할 때, 이 새로운 기기는 그 자체가 혁신이었다. 하지만 애플은 태블릿 PC를 도입하기 위한 전략을 구축할 때 2007년에 아이폰을 도입했던 경험을 참고할 수 있었다. 그러고 나서 애플이 아이패드의 후속 버전들을 도입할 때는 이전 버전의 아이패드들을 도입할 때의 실수와 성공의 경험들을 참조할 수 있었다.

사례 분석은 자주 일어나지 않는 위기에 대응하고 관리할 수 있는 전략 개발에도 유용하다. 예를 들어 2008년경 중국에서는 불순물이 섞인 우유로 인해 6명의 임산부가 사망하고 수십만 명의 신생아가 질병에 걸린 사례를 통해 공급사슬관리에 대한 대책을 마련한 바 있다.[9] 또한 2009~2010년에 발생했던 액셀 페달이 움직이지 않는 문제로 인한 리콜 사태를 통해 도요타 자동차는 제품 문제가 발생했을 때 고객과 어떻게 소통해야 하는지에 대한 최적의 사례를 개발할 수 있었다.[10]

포커스 그룹 **포커스 그룹**은 여러 사람을 한 곳에 모은 후 조사 문제와 관련된 정보를 수집하기 위하여 자유로운 상황에서 진행자의 지시에 따라 자연스럽게 의견을 나누는 연구방법이다(우리는 제6장에서 포커스 그룹에 대해 보다 자세히 다룰 것이다). 포커스 그룹은 탐색적 조사에서 가장 널리 사용되는 방법 중 하나로 현재의 문제를 보다 구체적으로 이해하고 기술적 조사 혹은 인과관계 조사 설계를 위한 사전 지식을 쌓기 위한 목적으로 활용된다. 예를 들어 2015년에 미국 프로미식축구리그(NFL)는 세인트루이스, 오클랜드, 샌디에이고 연고지의 팬들을 대상으로 현재의 팀이 연고지를 옮긴다면 팬들은 어떤 반응을 보이는지를 알아보기 위해서 프로젝트를 수행했는데 이 프로젝트의 일환으로 여러 번에 걸친 포커스 그룹이 실시되었다.[11]

결론을 내리자면 탐색적 조사는 어떤 형태를 갖든 거의 모든 마케팅 조사 프로젝트에서 사용된다. 왜 그런가? 첫째, 2차 데이터 분석과 탐색적 조사는 온라인과 도서관 데이터의 활용으로 효율적으로 수행될 수 있다. 둘째, 1차 데이터를 수집하는 것과 비교했을 때 탐색적 조사는 상대적으로 비용이 적게 든다. 마지막으로 탐색적 조사는 조사목적에 부합하는 정보를 제공해주거나 기술적 혹은 인과관계 조사를 수행하기 위해 필요한 최신 정보를 수집하는 데 도움을 줄 수 있다. 따라서 탐색적 조사로 시작하지 않는 조사 프로젝트를 진행하는 조사자는 드물다.

4-4 기술적 조사

기술적 조사(descriptive research)는 누가, 무엇을, 어디서, 언제, 그리고 어떻게와 같은 질문에 대한 답안을 찾아낼 때 수행된다. 우리는 우리의 고객이 누구인지, 그들은 어떤 브랜드를 얼마나 구매하는지, 그들은 어디서 그 브랜드를 구매하고, 언제 그 매장을 가는지, 그들은 우리 제품을 어떻게 찾아냈는지 등을 알기 원할 때 기술적 조사를 진행하게 된다. 또한 기술적 조사는 조사의 결과를 큰 모집단에 적용하려 할 경우에도 바람직한 방법이다. 만약 기술적 조사의 표본이 대표성을 갖고 있다면, 그 결과는 매출과 같은 관련 변수들을 예측하는 데 활용될 수 있다.

기술적 조사는 소비자 그리고 (혹은) 매장 특징을 파악하기 위해 데이터를 수집할 때 수행되는 조사다.

기술적 조사의 구분

마케팅 조사자가 수행할 수 있는 기술적 조사는 크게 횡단연구와 종단연구 두 가지로 구분된다. **횡단연구**(cross-sectional study)는 전체 모집단으로부터 추출된 표본을 대상으로 단 한 번의 측정으로 조사가 이루어지는 연구다. 예를 들어 인턴십을 학위 과정 중의 한 필수사항으로 추가하는 것에 대한 대학생들의 태도를 조사하는 것은 횡단연구를 통해 수행 가능하다. 특정 주제에 대한 태도는 단 한 번 측정된다. 종단연구 혹은 인과관계 연구와 비교했을 때 이 횡단연구는 마케팅 조사에서 상당히 많이 사용된다. 횡단연구는 단 한 번의 측정만 이루어지기 때문에, 모집단에 대해서 '스냅사진(snapshots)'을 찍는 것으로 표현될 수 있다.

횡단연구는 전체 모집단으로 추출된 표본으로부터 단 한 번의 조사가 이루어지는 연구를 의미한다.

예를 들어 많은 잡지들은 구독자를 표본으로 설문을 진행하면서 그들에게 나이, 직업, 소득수준, 그리고 교육수준 등을 질문한다. 특정 시점에서 한 번 수행된 표본데이터는 인구통계상 독자들의 특징을 파악하기 위한 데이터로 활용 가능하다. 일반적으로 횡단연구는 전체 모집단에 대한 대표성을 가지는 큰 표본을 대상으로 설계되기 때문에 표본 설문으로 불리기도 한다.

표본 설문(sample survey)은 특정 모집단에서 대표성을 갖도록 추출된 표본을 대상으로 하는 횡단연구다. 선거 전에 많은 표본 설문들이 유권자를 대상으로 "오늘 선거를 해야 한다면, 당신은 어떤 후보를 선택하실 겁니까?"라고 질문한다. 설문 결과는 종종 뉴스에 보도되기도 하는데, 이는

표본 설문은 미리 결정된 오차범위에서 특정 모집단에 대한 대표성을 갖는 표본을 설계한 횡단연구 중 하나다.

유권자들의 관심을 유도할 수 있기 때문이다. 설문 표본은 뉴스 매체를 통해 미국 전체 유권자의 대표성을 갖고 있고 이 결과는 표본오차(보통 ±3%) 내에서 정확하다고 보도될 수 있도록 추출된다. 표본 설문의 정확성을 보고하기 위해서 조사자는 모집단으로부터 표본이 어떤 방식으로 추출될 것인지와 얼마나 많은 표본을 대상으로 설문을 진행할 것인지 계획해야 한다. 제9장, 제10장에서는 여러 가지 표본 추출방법과 오차 범위(margin of error)를 계산하는 방법에 대해서 학습할 것이다.

종단연구는 동일 표본을 대상으로 일정 기간 동안 반복적으로 측정이 이루어지는 연구를 의미한다.

종단연구(longitudinal study)는 모집단의 동일 표본단위를 대상으로 일정 기간 동안 반복적으로 측정하는 조사다. 종단연구는 시간의 흐름에 따른 반복 측정이 이루어지기 때문에 전체 모집단에 대한 '영화(movies)'로 표현될 수 있다. 마케팅 조사를 수행하는 규모가 큰 대부분의 기업들은 종단연구를 수행한다. 종단연구를 성공적으로 수행하려면 반복 측정이 필요하고 따라서 조사자는 패널이라 불리는 동일한 표본집단에 접근할 수 있어야 한다. **패널**(panel)은 일정 간격으로 정보를 제공하거나 질문에 응답하겠다고 동의한 응답자 표본인데 이 패널이 전체 응답자들에 대한 대표성을 갖도록 하는 것이 매우 중요하다.

패널은 일정 간격으로 정보를 제공하고 측정문항에 응답하겠다고 동의한 응답자 표본집단을 의미한다.

일부 마케팅 조사 업체들은 종단연구를 위해 소비자 패널을 구축하고 유지하고 있다. 일반적으로 이러한 업체들은 모집단의 대표성을 갖는 표본을 확보하기 위해 노력한다. IRI나 닐슨과 같은 업체들은 수십 년간 수백만 가구를 패널로 갖고 있다. 많은 경우 이러한 업체들은 패널의 인구통계 특징이 통계청에 기록되어 있는 전체 국민 모집단에서 발견되는 인구통계 특징과 일치하도록 패널을 모집한다. 때로는 이러한 패널들이 미국 전체의 인구통계학적 특성이 맞추어지는 것이 아니라 다양한 특정 지역의 대표성에 맞도록 균형을 맞춰야 하는 경우도 있다. 예를 들어 미국 북서부에 위치한 가구 패널을 대상으로 데이터를 수집하길 원하는 의뢰인은 해당 패널이 미국 북서부에 위치한 주들의 거주자들을 대표할 수 있는지 확인해야 한다. 많은 기업들은 '반려견을 키우는 애견인' 혹은 '어린이'와 같이 세분화된 고객층에 맞는 패널을 갖고 있다. 패러다임 샘플(Paradigm Sample)은 IdeaShifters 패널을 통해 18~34세 모바일 사용자 패널을 제공한다. B2B 패널의 경우 조사자들이 건물 시공자, 슈퍼마켓 관리자, 의사, 변호사, 대학교수, 그리고 정부 공무원과 같은 특수 모집단에 접근할 수 있도록 구성되어 있다.

연속적 패널은 일정 간격으로 동일한 측정문항에 반복적으로 응답하겠다고 동의한 응답자 표본집단 패널이다.

비연속적 패널은 측정 시 다른 질문에 대한 응답을 하게 된다.

패널은 크게 연속적 패널과 비연속적 패널로 구분된다. **연속적 패널**(continuous panels)은 패널 회원들에게 측정마다 동일한 질문을 하는 것이며, **비연속적 패널**(discontinuous panels)은 한 번의 측정 이후 그다음에는 다른 질문을 하는 것이다.[12] 연속적 패널의 예로는 패널 회원들에게 다이어리나 스캐너를 이용해 그들의 구매 내역을 기록하도록 요청하는 신디케이트 패널 데이터가있다. 여기서 중요한 것은 해당 패널들이 동일한 정보(상점에서의 구매 등)를 연속적으로 기록해야 한다는 점이다.

비연속적 패널 혹은 옴니버스 패널은 서로 다른 질문에 정기적으로 응답하겠다는 응답자 표본이다.

비연속적 패널은 **옴니버스 패널**(omnibus panels, 옴니버스는 다양한 주제 혹은 소재를 모아 놓은 것을 의미함)로 불리기도 한다. 옴니버스 패널은 다양한 목적으로 사용될 수 있으며, 비연속적 패널에 의해 수집된 정보는 측정할 때마다 다르다. 종단 데이터가 어떻게 적용되는지는 데이터를 수집하는 패널 유형에 따라 달라진다. 비연속적 패널의 주요한 유용성은 그것이 매우 큰 집단(사

능동적 학습

옴니버스 설문

옴니버스 설문을 알아보기 위해 www.greenbook.org를 방문해보자. 왼쪽 위에 위치한 'Greenbook Directory'를 클릭한 후 'Research Service'를 클릭하고, 메뉴 내에서 'Omnibus Surveys'를 클릭하라. 옴니버스 설문을 사용하면 'consumers' 외에 어떤 종류의 표본들에 접근할 수 있는가? 각 업체 홈페이지에 들어가서 그들이 옴니버스 설문에 대해 어떤 의견을 가지고 있는지를 확인하라. 또한 설문 기간과 의뢰인에게 그 결과를 알리는 기간은 어느 정도 되는지 확인해보라.

람, 상점, 기타 기질)을 대표할 수 있고 그 회원들이 다양한 마케팅 조사 정보를 제공할 수 있다는 것이다. 연속적 패널과 마찬가지로 비연속적 패널 역시 인구통계적으로 매우 큰 집단에 대한 대표성을 가져야 한다. 따라서 전체 미국인들의 인구통계적 특성에 부합하는 많은 소비자들이 두 가지 다른 상품 콘셉트 중 무엇을 선호하는지를 알고 싶어 하는 마케터들은 옴니버스 패널 서비스를 사용하여 정보를 얻을 수 있을 것이다. 비연속적 패널(옴니버스 패널)의 장점은 조사에 참여하는 사람들이 집단 대표성을 갖고 있다는 것이다. 따라서 비연속적 패널은 매우 다양한 연구 목적에 대해서 대표성을 가진 소비자들에게 빠르게 접근할 수 있도록 해준다.

연속적 패널은 다르게 사용된다. 보통 기업들은 이 연속적 패널을 소비자의 태도 혹은 행동 변화에 대한 통찰력을 얻기 위해서 사용한다. 예를 들어 연속적 패널을 통한 데이터는 패널 회원들이 한 측정에서 다음 측정까지 사이에 행한 브랜드 전환(brand-switch)을 보여줄 수 있다. 고객들이 특정 브랜드에 충성적인 정도와 다른 브랜드로 바꾸는 정도를 비교한 연구를 **브랜드 전환 연구**(brand-switching studies)라고 한다. 이러한 연구를 횡단연구로 수행하면 일부 브랜드들 사이에서 발생한 시장점유율의 변화를 잘못 보여주는 경우가 많아서 연속적 패널을 사용한 브랜드 전환 연구는 브랜드 관리자에게 아주 중요한 가치를 갖는다. 표 4.1과 표 4.2에 이러한 예가 나와 있다. 표 4.1은 여섯 달 간격으로 수행된 2개의 설문 결과가 보고되어 있다. 여러분을 페이머스 아모스(Famous Amos) 초콜릿칩의 브랜드 관리자라고 가정해보자. 우리는 초콜릿칩 쿠키를 구매한 500가구를 대상으로 한 두 가지 설문 연구 결과를 볼 수 있다. 설문 1에서는 페이머스 아모스를 구매한 가구는 100가구이며, 다른 2개의 브랜드는 각각 200가구가 구매했음을 확인할 수 있다(여기에 기록된 데이터는 실제 시장점유율을 반영한 것이 아니다). 브랜드 관리자로서 우리는 이상의 횡단

브랜드 전환 연구는 하나의 브랜드에 충성하는 정도를 검사하는 연구이다.

표 4.1 "당신이 최근에 구입한 초콜릿칩 쿠키 브랜드는 무엇입니까?"와 연관된 두 번의 횡단연구 결과

브랜드	횡단연구 1	횡단연구 1
페이머스 아모스	100	75
페퍼리지 팜	200	200
나비스코	200	225
총가구 수	500	500

표 4.2 "당신이 최근에 구입한 초콜릿칩 쿠키 브랜드는 무엇입니까?"와 연관된 두 번의 종단연구 결과

설문 1 브랜드	설문 2 브랜드			
	페이머스 아모스	**페퍼리지 팜**	**나비스코**	**설문 1 총구매량**
페이머스 아모스	50	50	0	100
페퍼리지 팜	25	150	25	200
나비스코	0	0	200	200
설문 2 총구매량	75	200	225	

연구를 통해 무엇을 파악할 수 있을까? 아마 페이머스 아모스의 시장점유율은 20%이며, 경쟁사인 두 브랜드의 시장점유율은 40%임을 파악할 수 있을 것이다. 다음으로 여섯 달 뒤에 다른 500가구를 대상으로 추가적으로 수행된 횡단연구 결과인 설문 2를 살펴보자. 여기서 우리는 무엇을 파악할 수 있을까? 첫째, 페이머스 아모스의 시장점유율이 하락했다는 것이다! 브랜드 관리자는 이러한 시장점유율 하락에 대해 매우 심각한 고민을 하지 않을 수 없을 것이다. 과연 무엇이 문제일까? 설문 결과를 보면 페퍼리지 팜(Pepperidge Farm)은 200가구 그대로며, 나비스코(Nabisco)는 225가구로 증가했다. 이를 통해 나비스코가 페이머스 아모스의 브랜드 점유율을 빼앗은 것으로 자연스럽게 생각할 것이다. 따라서 브랜드 관리자는 지난 몇 달간 진행되었던 나비스코의 마케팅 믹스를 분석할 것이다. 경쟁사가 패키지 디자인을 변경했는가? 판매 촉진에 힘을 기울였는가? 소매업자들에게 인센티브를 제공했는가?

자, 이제는 위의 연구가 여섯 달 간격으로 두 번 측정하는 것으로 진행된 종단연구라고 생각해보자. 해당 결과를 살펴보면 각각의 브랜드가 판매된 총량은 두 번에 걸쳐 진행된 횡단연구 결과와 동일하다. 우리는 그 결과(개별 브랜드를 구매한 총가구 수)가 두 번의 횡단연구를 통해 동일하다고 볼 것이다. 우리는 여기서 종단연구 대상인 연속적 패널은 동일 가구에 동일 문항을 질문함을 기억하자. 그리고 표 4.2의 결과를 살펴보자.

설문 1(초록색)과 설문 2(파란색)의 총구매량을 보면 두 번에 걸쳐 진행된 횡단연구 결과와 동일함을 확인할 수 있다. 하지만 표 4.2 안에 있는 회색 구역에 표시된 종단 데이터를 보면 의미 있는 흐름을 확인할 수 있다. 설문 1에 있는 페이머스 아모스를 구매한 총 100가구 중 50가구는 설문 2에도 페이머스 아모스를 구매했으며, 나머지 50가구는 페퍼리지 팜을 구매했다. 그리고 나비스코를 구매한 가구는 없다. 설문 1에 있는 페퍼리지 팜을 구매한 200가구 중 25가구는 페이머스 아모스로 구매했고, 또 다른 25가구는 나비스코를 구매했으며, 동일하게 페퍼리지 팜을 구매한 가구는 150가구다. 마지막으로 설문 1에 있는 나비스코를 구매한 200가구는 설문 2에서도 동일하게 나비스코를 구매했으며, 다른 브랜드로의 전환이 없음을 확인할 수 있다. 이상의 결과는 페이머스 아모스가 직면하고 있는 경쟁이 어떠한 것인가를 보여준다. 즉 나비스코가 아닌 페퍼리지 팜이 페이머스 아모스와 경쟁하고 있는 것이다. 이처럼 보다 자세한 데이터는 횡단연구만 했을 때보다 더 타당한 결론을 내리게 해준다. 이렇듯 연속적 패널을 사용한 종단연구는 브랜드 관리자에게 경쟁 브랜드들 간의 역동성을 탐색할 수 있게 해준다.

종단 데이터의 다른 예로 시장 추적이 있다. **추적조사**(tracking studies)는 조사자가 관심 있는 변수(시장점유율이나 매출추이)를 시간 경과에 따라 모니터링하는 연구다. 즉 재고관리단위(stock keeping units, SKU)별 매출을 추적함으로써 관리자들은 시장에서 발생하고 있는 다양한 현상을 발견할 수 있다. 우리는 제5장에서 추적조사에 대해 보다 구체적으로 살펴볼 것이다.

시장 추적조사는 시간 경과에 따라 동일한 관심 변수를 모니터링하는 연구다.

4-5 인과관계 조사

인과관계 조사(causal research)는 '만약 *x*라면, *y*가 발생할 것이다(if *x*, then *y*)'와 같이 원인과 결과에 대한 인과관계를 측정하는 연구다. **인과관계**(causality)는 한 가지 이상의 변수가 또 다른 변수나 변수들에 영향을 미치는 조건을 의미한다. 인과관계 조사를 수행할 때, '만약 …라면 …이다'와 같은 문장 형식으로 변수들을 조작한다. 예를 들면 '온도조절기를 낮추면 공기는 보다 시원해질 것이다', '자동차 속도를 줄이면 연비는 증가할 것이다', '광고에 많은 비용을 들이면 매출이 상승할 것이다' 등의 문장들을 말한다. 마케팅 관리자는 고객 만족, 시장점유율 확보, 홈페이지 방문 수, 그리고 매출 상승 등에 영향을 미치는 변수가 무엇인지 찾기 위해 언제나 노력한다.

인과관계 조사는 '만약 x라면, y가 발생할 것이다'와 같이 원인과 결과에 대한 인과관계를 측정하는 연구다.

인과관계는 한 가지 이상의 변수가 또 다른 변수에 영향을 미치는 관계를 의미한다.

2015년 펩시코(PepsiCo)는 아스파탐(인공 감미료)이 없는 다이어트 콜라를 출시하기 전에, 2년간 수천 명의 소비자를 대상으로 시험을 했으며 그 결과 소비자들은 이 신제품을 수용할 것이라는 확신을 갖게 되었다.[13] 하지만 실제로 제품이 출시된 후 소셜미디어상에서는 다이어트 펩시에 대한 긍정적/부정적인 여론의 비율은 보통 다른 신제품 출시에서 발견되는 비율보다 더 나빴다.[14] 소비자들이 무엇으로부터 영향을 받아 행동하는지 정확히 이해하는 것은 어렵다. 하지만 시장에서 발생하는 현상들에 대한 인과관계를 부분적으로나마 이해하는 것은 큰 보상을 가져온다. 인과관계는 특별한 연구방법 중 하나인 실험을 통해서 검사될 수 있다.

실험

실험(experiment)은 추가적인 가외변수를 통제한 후 한 가지 이상의 독립변수를 조작하여 이 독립변수들이 한 가지 이상의 종속변수에 어떤 영향을 미치는지를 파악하는 연구방법이다. **독립변수**(independent variables)는 조사자가 조정할 수 있고 조작(manipulate)할 수 있는 변수다. 이것에 대한 예로 독자들은 4P(제품, 가격, 촉진, 유통)를 생각해낼 수 있을 것이다. 실제로 이 독립변수의 예로는 광고예산 수준, 광고 소구 유형(유머 혹은 고급스러운), 디스플레이 위치, 웹사이트 광고 배치, 영업사원 보상 방법, 가격, 그리고 제품 유형 등을 들 수 있다. 반면에 **종속변수**(dependent variables)는 독립변수의 변화에 의한 반응으로 측정된 변수를 의미한다. 자주 쓰이는 종속변수로는 매출, 시장점유율, 고객 만족도, 영업팀 이직률, 웹사이트에 머문 시간, 순이익, 그리고 순자산 등이 있다. 확실히 마케터들은 이와 같은 변수들에 상당한 관심을 갖고 있다. 관리자들은 이러한 변수들을 직접 변경할 수 없기 때문에 독립변수를 조작해서 그것들을 변화시키려 한다. 마케터들은 독립변수와 종속변수 간의 인과관계를 파악해내는 정도만큼 종속변수에 영향을 끼칠 수 있다. 학생들에게 매우 친숙한 상황을 생각해보자. 여러분이 우수한 학점(종속변수)을 받길 원한다면, 여러분은 공부 시간, 수업 출결, 교재를 읽는 노력, 그리고 강의실에서의 수업 태도와 같은 독립변

실험은 기타 가외변수 효과를 통제한 상황에서 하나 이상의 조작된 독립변수가 하나 이상의 종속변수에 어떤 영향을 미치는지 파악하는 연구다.

독립변수는 조사자가 통제하고 종속변수에 미치는 효과를 측정하기 위해 조작될 수 있는 변수다.

종속변수는 독립변수에 의해 발생하는 결과를 의미하는 변수다.

수들을 변화시켜야 할 것이다.

가외변수는 독립변수가 아니지만 종속변수에 영향을 미치는 모든 변수들이다.

가외변수(extraneous variables)는 종속변수에 영향을 미치는 독립변수 외의 모든 변수를 의미한다. 여러분이 여러분 친구와 함께 휘발유 브랜드(독립변수)가 연비(종속변수)에 미치는 영향력을 파악하고자 한다고 가정해보자. 여러분과 여러분 친구는 각자의 차에 브랜드 A와 브랜드 B의 휘발유를 각각 가득 채우고 '실험'을 할 것이다. 일주일 후에 여러분은 브랜드 A는 갤런당 18.6마일을 기록했으며, 브랜드 B는 갤런당 26.8마일을 기록했음을 확인했다. 그렇다면 브랜드 B가 브랜드 A보다 더욱 우수하다고 할 수 있을까? 혹시 연비(종속변수)의 차이가 휘발유 브랜드(독립변수)가 아닌 다른 요인으로 인한 것일 수도 있을까? 이럴 경우 우리는 다음과 같은 가외변수를 생각해볼 수 있다 – (1) 두 대의 차 중 하나는 SUV이고 또 다른 하나는 소형차일 수 있으며, (2) 하나의 차량은 고속도로만을 달렸고, 또 다른 하나는 교통체증이 심한 도심에서만 달렸을 수 있으며, (3) 하나의 차량은 타이어 공기압이 적절한 반면 다른 차량은 그렇지 않았을 수도 있다. 이와 같은 모든 가외변수들은 휘발유 브랜드와 함께 종속변수에 영향을 미쳤을 것이다.

또 다른 예를 살펴보자. 레스토랑 체인에서 음식 메뉴에 영양정보를 표기하는 것(독립변수)이 레스토랑 매출(종속변수)에 어떤 영향을 미치는지를 실험했다고 가정해보자.[15] 레스토랑 관리자는 영양정보가 없는 음식을 판매했을 때 매출기록을 갖고 있고, 영양정보가 표기된 음식(독립변수의 조작)을 판매했을 때 레스토랑 매출을 다시 측정하게 된다. 이 실험은 레스토랑 체인 중 하나에서 수행된다. 만약 매출이 상승했다고 가정해보자. 이것은 메뉴 정보를 수정했을 경우 전체 레스토랑 체인의 매출이 오르게 됨을 의미하는가? 다른 가외변수가 레스토랑 매출에 영향을 미쳤다고 볼 수 있지 않을까? (1) 건강에 관심이 많고 운동 시설로 유명한 고소득 인구가 많은 캘리포니아에 위치한 레스토랑이 실험에 의해 선택되었을 경우, (2) 메뉴를 바꾸기 전에 FDA에서 동일한 음식이라 하더라도 레스토랑에 따라 칼로리는 천차만별(한 컵당 커피 칼로리는 80~800, 햄버거는 250~1,000)이라는 연구를 발표했을 경우가 그것이다.

© Lightspring/Shutterstock

레스토랑 음식 메뉴의 영양정보 표기가 매출에 영향을 미치는지 여부를 파악하는 것은 실험연구 사례 중 하나다.

그렇다. 실험을 위해 선택된 레스토랑의 고객들은 독특하고, FDA와 같은 공신력 있는 기관으로부터 영양정보에 대한 새로운 연구 발표는 새로운 메뉴 정보에 대한 수용에 영향을 미쳤을 수도 있다. 실제로 '입소문(buzz)' 혹은 긍정적인 구전(word-of-mouth, WOM) 효과도 나타났을 것이다. 이러한 가능한 요인들은 독립변수로 정의되지 않았지만 가외변수로서 종속변수에 영향을 미쳤다. 이상의 사례에서 볼 수 있듯이, 가외변수를 통제하지 않고는 오직 독립변수만이 종속변수에 끼치는 영향력을 구분해내는 것은 어렵다. 인과관계를 설정하는 것은 쉽지 않지만 가능하다. 다음 절에서는 우리는 인과관계를 파악할 수 있도록 해주는 실험설계에 대해 학습할 것이다.

실험설계

실험설계(experimental design)란 종속변수의 변화가 오직 독립변수에 의해서만 가능하도록 실험을 고안하는 과정이다. 즉 실험설계는 연구자가 종속변수에 영향을 미치는 가외변수를 통제할 수 있도록 해주는 과정이다. 이 과정을 통해 연구자는 종속변수의 변화는 오로지 독립변수의 변화에 의해 나타난다고 확신하게 된다.

실험설계란 종속변수의 변화가 오직 독립변수에 의해서만 기인하도록 이루어지는 실험을 고안하는 과정이다.

이제 실험설계 방법에 대해 알아보기 전에 아래의 실험설계 기호를 확인해보자.

O = 종속변수의 측정
X = 독립변수의 조작(변화)
R = 실험집단과 통제집단에 참여할 피험자(예 : 소비자, 점포 등)의 무작위 할당
E = 실험 효과(독립변수에 의해 발생한 종속변수 변화)

독립변수의 값을 변화시키기 **전**에 종속변수를 측정할 경우 이러한 측정을 **사전조사**(pretest)라고 한다. 또한 독립변수의 값이 변화되고 나서 종속변수를 측정할 경우 이러한 측정을 **사후조사**(posttest)라고 한다.

사전조사란 독립변수의 값을 변화시키기 전에 종속변수를 측정할 경우를 말한다.

사후조사는 독립변수의 값이 변화되고 나서 종속변수를 측정하는 것을 말한다.

가외변수 통제는 일반적으로 통제집단이라 불리는 두 번째 피험자 집단을 사용함으로써 가능하게 된다. 여기서 **통제집단**(control group)이란 변화된 독립변수의 변화에 노출되지 않은 집단을 의미한다. 반대로 **실험집단**(experimental group)이란 독립변수의 변화에 노출되는 집단을 의미한다. 우리는 다음 실험설계를 통해 통제집단의 중요성을 학습할 것이다.

통제집단이란 변화된 독립변수에 노출되지 않은 집단을 의미한다.

실험집단이란 조작된 독립변수에 노출되는 집단을 의미한다.

통제집단과의 사전사후 설계 **통제집단과의 사전사후 설계**(before-after with control group design)는 통제집단과 실험집단에 피험자들을 무작위로 배치하면서 실행된다. 가령 (우리는) 레스토랑 체인을 100개 갖고 있다고 가정하면, 우리는 레스토랑들을 무작위로 반으로 나누어 통제집단과 실험집단에 각각 50개씩 배치할 수 있다. 그리고 두 집단의 레스토랑 관리자들은 모두 자신들의 매출액을 알고 있을 것이기 때문에 사전조사의 측정치는 이미 확보된 것으로 볼 수 있다. 다음으로 독립변수, 즉 메뉴에 영양정보를 추가하는 것을 오직 실험집단(50개의 레스토랑)에만 적용한다. 마지막으로 일정 시간이 지난 후, 사후조사를 통해 두 집단 레스토랑의 종속변수(매출)를 측정한다. 이러한 실험설계는 다음과 같은 기호로 나타낼 수 있다.

실험집단(R)	O_1	X	O_2
통제집단(R)	O_3		O_4

여기서

$$E = (O_2 - O_1) - (O_4 - O_3)$$

100개의 레스토랑은 실험집단 50개와 통제집단 50개로 무작위(R)로 할당되기 때문에 메뉴를 제외한 나머지 환경들은 동등(equivalent)하다. 즉 두 집단은 독립변수로 조작된 부분을 제외한 나머지 환경들은 비슷한 조건을 유지해야 한다. 각 집단에 포함된 레스토랑들은 소득 수준(고소득, 중

간소득, 저소득)과 지역민들의 운동 및 건강에 대한 관심 모두 비슷해야 한다. 또한 각 레스토랑의 평균 업력은 동등해야 하고, 평균 매장 크기도 비슷해야 하며, 레스토랑에서 근무하는 종업원 수 역시 비슷해야 한다. 또한 각 레스토랑의 평균 매출 역시 비슷해야 한다. 이는 무작위 할당은 각 레스토랑의 모든 조건을 두 집단 간에 동등하게 만들어야 함을 의미한다. 실험 설계자는 필요한 어떤 수단을 사용해서라도 이러한 조건들을 충족할 수 있어야 한다. 무작위 방법 외에 동등성을 얻기 위한 다른 방법이 있다. 예를 들어 중요하다고 고려되는 항목이 같도록 매칭(matching)하는 것이다. 만약 무작위 할당이나 혹은 매칭이 동등집단(equivalent group)을 만들기 어렵다고 판단되면 더욱 복잡한 실험설계 과정을 거쳐야 한다.[16]

다시 우리의 실험설계로 돌아와서 R은 전체 레스토랑을 무작위로 2개의 집단으로 구분했다는 것을 의미한다. 하나의 집단은 통제집단이며 또 다른 집단은 실험집단이다. 두 집단에 속한 레스토랑 매출의 사전조사 측정치는 이미 기록이 되어 있고 이는 O_1과 O_3로 표기되어 있다. 다음으로 위의 X는 실험집단에만 적용되어 있는데, 이는 영양정보가 표기되도록 메뉴가 변경된 것을 말한다. 마지막으로 종속변수의 사후조사 측정치로서 두 집단의 레스토랑 매출을 같은 시기에 측정하는데, 이는 O_2와 O_4로 표시되어 있다.

이 실험을 통해서 우리는 어떤 정보를 얻을 수 있을까? 첫째, $(O_2 - O_1)$을 통해서 실험 기간 동안 종속변수의 변화량을 알 수 있다. 하지만 이러한 변화는 오로지 독립변수인 X를 통해서 발생했다고 볼 수 있을까? 그렇지 않다. $(O_2 - O_1)$은 (1) 메뉴 정보의 변화뿐만 아니라 (2) 기타 가외변수(FDA의 연구 결과 혹은 단순히 더 많은 사람들이 해당 레스토랑에 방문)에 의해 매출이 변화된 것으로 볼 수 있다. 따라서 우리는 우리의 통제집단에서의 매출 변화를 측정$(O_4 - O_3)$해야 한다. 이 경우의 변화$(O_4 - O_3)$는 메뉴를 바꾼 것에 기인한 것이 아니기 때문에(통제집단의 메뉴는 바뀌지 않았다) 이 변화는 레스토랑 매출에 대한 다른 가외변수의 영향이라고 볼 수 있다. 따라서 실험집단과 통제집단 간의 차이(difference), 즉 $(O_2 - O_1) - (O_4 - O_3)$가 E, 즉 '실험 효과(experimental effect)'를 나타낸다.

자, 이제 우리는 메뉴 정보를 변경하면 레스토랑 매출은 E만큼 변한다는 사실을 알게 되었다. 적절한 실험설계를 통해 인과관계를 보이는 것에 어느 정도의 성과를 거두었다. 우리는 여기서 적절한 인과관계를 추정했지만 실험은 복잡하고 비용이 많이 드는 방법이다. 실제로 이 실험에서 메뉴를 변경한 레스토랑은 레스토랑 1에서 레스토랑 50까지 변화된 메뉴로 실험을 했지만 실제 실험을 위해 도입된 레스토랑은 총 100개임을 기억해야 한다.

A/B 테스팅은 2개의 대안(A 혹은 B) 중 어느 대안이 더 우수한지 판단할 때 사용된다.

기업들은 제품을 마케팅하는 데 있어서 2개 혹은 그 이상의 대안들(2개의 가격 수준, 2개의 패키지, 2개의 브랜드 네임 등)을 비교할 때 A/B 테스팅을 종종 한다. **A/B 테스팅**(A/B testing)은 2개의 대안(A 혹은 B) 중 어느 대안이 더 우수한지 판단할 때 사용된다. A/B 테스팅는 2개의 웹사이트 중 어느 것이 보다 효과적인지 판단할 때도 사용된다. 디자인 A와 디자인 B에 따라 웹사이트 트래픽도 달라지고 매출과 재방문 같은 주요 변수들 역시 비교되어 어떤 디자인이 보다 우수한지에 대한 결정이 이루어지는 것이다.

앞서 논의했듯이 많은 실험설계가 있고, 마케팅 문제에 이러한 실험설계를 적용할 수 있는 경우도 수없이 많다. 우리는 실험설계가 지식을 제공해주는 데 있어 아주 가치 있는 방법이라는 것을 보였지만 모든 실험이 타당하다고 생각해서는 안 된다. 우리는 다음 절에서 이 실험 타당성의 문제를 어떻게 평가하는지를 공부할 것이다.

실험은 얼마나 타당한가?

우리는 실험의 타당성을 어떻게 평가할까? 실험은 (1) 종속변수의 변화가 실제로 독립변수의 변화에서 기인했을 때 (2) 해당 실험 결과가 실험 상황에 국한되지 않고 '실제 상황'에 적용해도 동일한 결과가 나올 수 있다고 판단될 때 타당하다고 본다.[17] 타당성(validity)은 크게 내적 타당성과 외적 타당성으로 구분된다.

내적 타당성(internal validity)은 조사자가 종속변수의 변화가 독립변수로 인한 것이라고 확신하는 정도를 말한다. 이는 결국 실험이 적절한 실험설계를 통해 진행되었는지 여부 그리고 실험이 올바르게 진행되었는지를 평가하는 것과 동일한 것이다. 내적 타당성을 확보하지 않은 상황에 대해 설명하기 위해 먼저 앞서 보았던 레스토랑의 메뉴 정보 사례로 돌아가보자. 우리는 100개의 레스토랑을 대상으로 실험을 진행하고자 했으며, 메뉴 변경을 제외한 나머지는 동등한 조건에서 각 레스토랑을 실험집단과 통제집단 두 집단으로 구분해 무작위로 배치했다. 하지만 조사자가 각 집단이 동등한 조건에 있는 것을 확인하지 않는다면 어떤 일이 발생할까? 우리의 실험 효과인 *E*가 두 집단 사이에서 어떤 차이(레스토랑의 한 집단은 영양정보에 민감한 손님들이 거주하는 지역에 위치하고 다른 집단은 그렇지 않음)에 의해 발생했을 수도 있다. 이 집단 간의 차이는 적절하게 통제되지 못했던 가외변수이다. 이러한 경우는 오로지 독립변수의 변화로 인해 종속변수의 변화가 오직 독립변수의 변화에서만 기인했다고 할 수 없기 때문에 이 실험은 내적 타당성을 확보하지 못한 것으로 볼 수 있다. 내적 타당성이 부족한 실험은 잘못된 결과를 도출할 수 있기 때문에 가치가 적다.

내적 타당성은 조사자가 종속변수의 변화가 독립변수로 인한 것이라고 확신하는 정도를 말한다.

외적 타당성(external validity)은 실험 상황에서 발견된 독립변수와 종속변수의 관계가 '실제 상황'에서 일반화될 수 있는 정도를 의미한다.[18] 즉 실험 결과가 레스토랑의 모든 체인에 적용될 수 있는지 여부로 볼 수 있다. 외적 타당성을 저해하는 몇 가지 요인이 있다. 실험 표본이 얼마나 대표성을 갖고 있는가? 이러한 표본들이 실제로 모집단을 대표하는가? 실험 목적을 위해 선정된 표본단위가 잘못 선정되는 사례는 매우 많다. 예를 들어 겨울에 매우 추운 지역에 위치한 큰 도시에 본사가 있는 기업의 경영 관리자가 겨울에도 더운 열대기후를 보이는 지역에서 '실험'을 했다고 가정해보자. 수행된 실험 자체가 내적 타당성을 확보했다 하더라도 그 결과를 전체 모집단에 일반화하기는 어렵다.

외적 타당성은 실험 상황에서 발견된 독립변수와 종속변수의 관계가 '실제 상황'에서 일반화될 수 있는 정도를 의미한다.

외적 타당성에 대한 또 다른 위협요소에는 실험 세팅 자체에 문제가 있을 수 있다. 가능한 최대로 변수들을 통제하려다 보니 일부 실험 상황은 실제 상황과 많이 달라지기도 한다.[19] 실험 자체가 부자연스러워 실제 세계에서는 쉽게 발견되지 않는 행동 결과가 도출되었다면 이 실험은 외적 타당성이 부족한 것으로 볼 수 있다.

실험 유형

실험실 실험은 한 가지 이상의 독립변수를 조작하고 종속변수에 영향을 미칠 수 있는 많은 가외변수를 최대한 통제하기 위한 인위적 공간에서 종속변수의 변화를 측정하는 실험을 의미한다.

우리는 실험을 크게 실험실 실험과 현장 실험으로 구분한다. 먼저 **실험실 실험**(laboratory experiments)은 한 가지 이상의 독립변수를 조작하고 종속변수에 영향을 미칠 수 있는 많은 가외변수를 최대한 통제하기 위한 인위적 공간에서 종속변수의 변화를 측정하는 실험을 의미한다.

예를 들어 피험자가 극장에 초대되어 TV 파일럿 프로그램에 삽입된 두 가지 광고 시안(광고 A와 광고 B)을 본 후 평가하는 연구를 생각해보자. 마케터는 왜 이러한 인위적 공간에서 실험을 하는 것일까? 이렇게 함으로써 구매행동에 영향을 미치는 변수들 중 광고에 포함되어 있는 내용 외의 다른 변수들을 통제할 수 있기 때문이다. 인위적으로 만들어진 실험실에 소비자들을 불러 실험을 하면 다양한 가외변수를 통제할 수 있다. 예를 들어 여러분은 실험상 동등 집단(광고 A와 광고 B를 보는 사람은 유사해야 한다)이 왜 중요한지 이미 학습했다. 실험자는 극장에서 TV 파일럿 프로그램을 보도록 선택된 피험자를 초대할 때 소비자들의 주요 변수에 있어서 광고 A를 보는 집단과 광고 B를 보는 집단이 비슷하도록 초대를 해 집단의 동등성을 갖출 수 있다. 인접한 '매장'에 소비자를 초대함으로써 연구자는 광고에 노출되는 것과 쇼핑 사이의 시간이나 경쟁자의 광고에 노출되는 등과 같은 다른 요소들을 통제할 수 있다. 앞에서 이미 학습했듯이 이러한 요인들 중 통제하지 못한 어느 하나의 요인은 종속변수에 영향을 미치게 된다. 이러한 기타 요인들을 적절하게 통제하면, 연구자는 종속변수의 변화는 오로지 독립변수(광고 A와 광고 B)의 차이로 인해 발생했다고 확신할 수 있게 되는 것이다. 이렇듯 실험실 실험은 높은 내적 타당성을 확보하기 위한 실험이 진행되어야 할 때 이상적이다.

실험실 실험에는 여러 장점이 있다. 첫째, 실험실 실험은 가외변수의 영향을 통제하도록 해준다. 둘째, 현장 실험과 비교하여 실험실 실험은 적은 비용으로 신속하게 수행할 수 있다. 단점으로는 자연스러운 세팅이 되지 못함에 따라 결과물을 실제 상황에 일반화하기 어려울 수 있다는 우려가 있을 수 있다는 점이다.

현장 실험은 한 가지 이상의 독립변수를 조작하고 자연스러운 상황에서 종속변수의 변화를 측정하는 실험을 의미한다.

현장 실험(field experiments)은 한 가지 이상의 독립변수를 조작하고 자연스러운 상황에서 종속변수의 변화를 측정하는 실험을 의미한다. 많은 마케팅 실험이 슈퍼마켓, 몰, 소매점, 그리고 집과 같은 자연스러운 상황에서 이루어진다. 앞서 마케팅 관리자는 현재 사용하고 있는 광고 A와 새롭게 개발한 광고 B의 차이를 검증하기 위한 실험실 실험을 했고, 실험실 실험 결과 기업이 현재 사용하고 있는 광고보다 새로운 광고 B가 훨씬 더 우수함을 발견했다고 가정하자. 하지만 광고 B를 위한 예산을 집행하기 전에 관리자는 광고 B가 실제로 매출 상승을 견인할 수 있는지 여부를 알기 원할 것이다. 따라서 그녀는 미국 전체 인구의 평균적인 특성을 대표하는 도시로 알려진 펜실베이니아주의 이리(Erie)에 새로운 광고를 방송하게 된다. 이처럼 현장에서 연구가 진행되면, 마케팅 관리자는 실험 결과가 실제 상황에서도 발생할 것이라는 자신감을 얻게 된다. 하지만 현장 실험은 실제 현장에서 진행되어 외적 타당성을 높일 수 있지만, 내적 타당성이 낮다면 실험은 타당성을 확보하지 못하게 된다.

현장 실험의 가장 큰 이점은 자연스러운 상황에서 실험이 진행되기 때문에 그 결과가 실제 세계에서도 동일한 결과를 가져올 가능성이 높다는 것이다. 하지만 현장 실험은 높은 비용이 요구되며 많은 시간을 필요로 한다. 또한 실험연구자는 가외변수로부터 발생할 수 있는 영향에 항상 주의를 기울여야 하는데, 현장 실험의 자연스러운 상황에서는 이를 통제하기 어렵다.

앞서 보았던 현장 실험의 펜실베이니아주 이리의 사례는 '테스트 마켓(test market)'으로 불린다. 즉 현장 실험에서 적용되는 상당수의 실험은 테스트 마케팅이라고 불리고 있는데, 다음은 이에 대해 알아보자.

4-6 테스트 마케팅

테스트 마케팅(test marketing)이란 실제 현장에서 진행되는 실험, 연구, 그리고 검증 등을 일컫는 데 많이 쓰이는 표현이다. 많은 기업들은 하나 혹은 그 이상의 테스트 마켓 지역을 활용하는데, 이를 위해 검증이 수행될 지역을 선택해야 한다. 테스트 마켓은 크게 두 가지 범위에서 이루어지는데 (1) 신제품(서비스)의 잠재 매출 검증과 (2) 제품(혹은 서비스)의 마케팅 믹스 변이(variation) 검증이 그것이다.[20]

테스트 마케팅이란 신제품, 서비스 혹은 마케팅 믹스 요소들을 평가하기 위해 실제 현장에서 진행되는 실험 혹은 연구를 의미한다.

테스트 마케팅은 많은 비용과 시간이 요구되지만 국가 혹은 특정 지역에 신제품을 도입하는 데 드는 비용은 일반적으로 수백만 달러에 달한다. 따라서 테스트 마켓의 결과가 제품 출시의 성공 가능성을 높일 수 있다면 테스트 마켓의 비용은 당위성을 확보할 수 있다. 때때로 테스트 마켓은 실패를 조기에 예측해 기업의 더 큰 손실을 예방하기도 한다. 또 한 시장의 테스트 마켓에서 제품 테스트가 잘 이루어지면 보다 넓은 지역에 그 제품을 확산시키기도 한다. 가령 타코벨(Taco Bell)은 2015년 두 달 동안 톨레도 지역 36개 매장에서 케사디야(quesadilla)와 차루파(chalupa)를 합친 케사루파(Quesalupa)라 불리는 새로운 메뉴를 테스트했고, 그 결과는 긍정적으로 나타나 타코벨은 해당 제품을 전국에 판매하기로 결정했다.[21]

테스트 마켓은 신제품의 매출 잠재력을 추정할 뿐만 아니라 마케팅 믹스 변수에 대한 소비자 혹은 딜러 반응을 추정할 때도 사용된다. 기업은 하나의 테스트 마켓 도시에서 백화점을 통해서 제품을 유통하고 또 다른 테스트 마켓 도시에서는 유통하면서 최적의 제품 유통 경로를 찾기 위한 정보를 수집하기도 한다. 또한 기업들은 매체 사용, 가격, 판매촉진 등을 테스트 마켓을 통해 검증한다. 또한 테스트 마켓은 소비재 시장(B2C)뿐만 아니라 산업재 시장(B2B)에서도 적용이 가능하다. 마케팅 조사 인사이트 4.3에는 테스트 마켓에 대한 사례가 소개되어 있다.

테스트 마켓의 유형

테스트 마켓은 크게 표준화, 통제, 전자, 그리고 모의 테스트 마켓으로 구분된다.[22] 각각에 대한 설명은 다음과 같다.

테스트 마켓은 크게 표준화, 통제, 전자, 그리고 모의 테스트 마켓으로 구분된다.

표준 테스트 마켓 **표준 테스트 마켓**(standard test market)이란 기업의 일반적인 유통채널을 통해 신제품 혹은 마케팅 믹스 요소를 검증하는 것이다. 해당 테스트의 단점은 자사의 신제품(서비스)을 경쟁사가 사전에 인지할 수 있다는 것이다. 하지만 표준 테스트 마켓은 실제 상황에서 진행되기 때문에 제품이 실제로 어떤 성과를 보여줄지 예측할 수 있다는 이점이 있다.

표준 테스트 마켓이란 기업의 일반적인 유통채널을 통해 제품 혹은 마케팅 믹스 요소를 검증하는 것이다.

마케팅 조사 인사이트 4.3 **실무적 적용**

신제품과 서비스 아이디어에 대한 테스트 마케팅

타겟과 인스타카트가 함께 진행한 홈배달 서비스

미네소타주 미니애폴리스에서는 타겟(Target)이 인스타카트(Instacart, Inc.)와 손잡고 식료품과 기타 소비재 제품들을 구매 당일에 집으로 배달해주는 서비스의 테스트 마켓이 진행되었다. 인스타카트는 샌프란시스코에서 창업한 업체로 제품 규모에 따라 다르지만 주문당 최소 3.99달러에 배달 서비스를 제공하고 있다. 인스타카트는 향후 타겟의 제품들을 다른 도시로 확장하여 배달 서비스를 제공할 계획을 갖고 있다. 온라인 식료품점이 지속적으로 확장될 것으로 예상되는 가운데 해당 시장을 선점한다면 상당한 이점을 갖게 될 것이라고 기대한다.[23]

아몬드와 코코넛으로 만든 유제품이 함유되지 않은 크림

그린 그래스 푸즈(Green Grass Foods, Inc.)는 아몬드와 코코넛으로 만든 유제품이 함유되지 않은 크림 제품인 '넛팟(nutpods)'을 테스트 마케팅했다. 그린 그래스 푸즈는 이 제품을 30,000달러를 모금한 킥스타터 캠페인을 통해 론칭했다. 넛팟은 워싱턴주 시애틀에 위치한 몇 개의 점포에서만 테스트를 진행했다.[24]

앱이 투표 참여를 높일 수 있을까?

노스캐롤라이나주 샬럿에서는 미국 시민들에게 다양한 투표 정보(후보자, 투표소)를 제공하는 새로운 앱이 테스트되었다. Amy Chiou(32세)이 개발한 'Ballot'은 투표와 관련된 상세 정보를 제공할 뿐만 아니라 유권자들의 관심을 높이기 위한 목적을 갖고 있다. Chiou는 샬럿에서 Ballot을 테스트하는 과정에서 다양한 피드백을 받은 후 품질을 개선하고 시장에 도입할 계획을 갖고 있다.[25]

© Sergey Peterman/Shutterstock

기업들은 제품이나 서비스의 마케팅 믹스 요소들을 최적화하기 위해서뿐만 아니라 새로운 제품이나 서비스의 판매 잠재력을 평가하기 위해서도 테스트 마켓을 실시한다.

와인(피노 그리지오)과 함께 하는 브리또 슈프림

타코벨은 맥주, 와인, 그리고 기타 음료를 제공하는 새로운 콘셉트의 레스토랑을 테스트 마케팅하고 있는 중이다. 첫 번째 타코벨 칸티나(Taco Bell Cantina)는 2015년 9월에 시카고에서 오픈했다. 이는 타코벨이 미국 내의 자사 레스토랑에서 주류 판매를 시험하는 첫 시도기는 하지만 한국, 일본, 스페인 등에서는 이미 주류를 판매하고 있다.[26, 27]

통제 테스트 마켓은 사전에 지정된 유통업체 수와 유통업체 유형을 사용하여 유통을 보장하는 외부 조사 업체에 의해 테스트 마켓을 실시하는 경우를 말한다.

통제 테스트 마켓 **통제 테스트 마켓**(controlled test market)은 사전에 지정된 유통업체 수와 유통업체 유형을 사용하여 유통을 보장하는 외부 조사 업체에 의해 테스트 마켓을 실시하는 경우를 말한다. 이러한 서비스를 제공하는 데 특화된 업체들은 제품 진열을 보장할 수 있도록 유통업체들에게 금전적 인센티브를 제공해야 한다. 통제 테스트 마켓은 사전에 테스트 마켓 목적에 부합하는 유통 시스템에 빠르게 접근하길 원하는 기업들에게 그 대안을 제공할 수 있다. 하지만 이 테스트 마켓에서 선택된 유통채널은 해당 기업이 실제로 사용하는 유통채널을 대표하지 못할 가능성도 있다는 단점도 있다.

전자 테스트 마켓은 제품 혹은 서비스를 구매할 때 지정된 카드를 사용하겠다고 동의한 소비자 패널을 이용해 테스트를 하는 방법이다.

전자 테스트 마켓 **전자 테스트 마켓**(electronic test market)은 제품 혹은 서비스를 구매할 때 지정된 카드를 사용하겠다고 동의한 소비자 패널을 이용해 테스트를 하는 방법이다. 이러한 테스트는 테스트에 참여하겠다고 동의한 소매업체들이 있는 소수의 작은 도시에서 주로 진행된다. 카드의 장점은 소비자들이 테스트 제품을 구매하는(혹은 구매하지 않는 경우) 과정에서 고객의 인구통계 정보가 자동으로 기록된다는 것이다. 때때로 전자 테스트 마켓을 제공하는 업체들은 패널들과 그들의 매체 시청 습관을 연결 지을 수 있다. 이를 통해 전자 테스트 마켓을 하는 기업은 촉진 믹스의 서로 다른 구성요소들이 신제품 구매에 어떤 영향을 미치는지 파악할 수 있다. 분명한 것은 전자 테스트 마켓은 표준 테스트 마켓 그리고 통제 테스트 마켓과 비교했을 때 빠르고 높은 비밀보장성을 가지며, 비용도 저렴하다는 것이다. 하지만 단점은 이 테스트 마켓은 실제 시장에 비해서 한 단계 더 상이하다는 점이다.[28]

모의 테스트 마켓 **모의 테스트 마켓**(simulated test markets, STMs)이란 신제품에 대한 소비자 반응 데이터를 마케팅 프로그램에 대한 특정 가정이 반영된 모델에 적용하여 테스트하는 기법으로 판매량이 대략 어떠할지를 보여줄 수 있다.[29] STMs은 빠르고, 소요비용이 표준 테스트 마케팅 비용의 약 5~10%에 불과하다. STM은 기밀 유지가 가능해서 경쟁사가 해당 테스트를 인지하기 어렵다. STM의 주요 단점은 모델에 포함된 가정에 의존하기 때문에 실제적인 테스트 마켓에 비해 정확성이 떨어진다는 것이다.[30]

모의 테스트 마켓(STMs)이란 신제품에 대한 소비자 반응 데이터를 마케팅 프로그램에 대한 특정 가정이 반영된 모델에 적용하여 테스트하는 기법으로 판매량이 대략 어떠할지를 보여줄 수 있다.

테스트 마켓 도시 선정

테스트 마케팅을 위한 도시를 선정하기 위한 기준은 **대표성**(representativeness), **고립 정도**(degree of isolation), 그리고 **유통 및 촉진의 통제 가능 여부**(ability to control distribution and promotion) 세 가지가 있다. 테스트 마켓을 하는 이유 중 하나는 외적 타당성을 확보하는 것이기 때문에 테스트 마켓 도시는 궁극적으로 제품이 유통되고 판매되는 지역을 대표할 수 있어야 한다. 결과적으로 전체 미국(혹은 다른 국가) 국민들의 특성과 부합하는 '이상적인' 도시를 찾기 위해서 많은 노력을 기울여야 한다. 물론 '이상적인' 도시는 상품을 출시하고자 하는 전체 시장의 인구통계 특성과 비슷한 특성을 가지고 있는 도시여야 한다. R. J. Reynolds는 '연기가 나지 않는' 담배인 Eclipse를 시험하려고 할 때 당연히 흡연자들을 대상으로 실험을 해야 했는데 이러한 이유로 다른 도시보다 높은 흡연율을 보여주는 테네시주 채터누가를 시험 시장으로 선정했다.[31]

McDonald's의 제품 테스트를 위한 긴 과정을 학습하기 위해 **www.youtube.com**에서 **McDonald's Test Kitchen: Where Fast Food Is Born**을 검색하라.

유통과 촉진의 통제 가능 여부에는 여러 가지 요인이 영향을 끼친다. 특정 도시에 협조를 해줄 중간상(distributor)들이 있는가? 그렇지 않다면 통제 테스트 마켓 서비스를 제공해주는 기업을 그 도시에서 이용할 수 있는가? 또한 해당 도시에 있는 매체가 여러분의 테스트 마켓에 적합한 시설을 갖추고 있는가? 비용은 어느 정도인가? 도시를 선택하기 이전에 이상의 요건들을 반드시 확인해야 한다. 다행스럽게도 도시의 관청들은 추가 수익을 가져오는 테스트 마켓이 자신들의 도시에서 수행되기를 바라기 때문에 행정기관과 지역 매체들은 해당 도시에 대한 매우 가치 있는 정보를 테스트 마케터들에게 제공해주기도 한다.

테스트 마케팅을 위한 도시를 선정하기 위한 기준은 대표성, 고립 정도, 그리고 유통 및 촉진의 통제 가능 여부 세 가지가 있다.

테스트 마케팅의 장단점

테스트 마켓의 장점은 분명하다. 그것은 실제 현장에서 제품 수용과 마케팅 믹스 변인에 대한 검증을 하는 것은 대규모 실제 마케팅을 실행하기에 앞서 의사결정자들에게 가능한 최고의 정보를 제공해준다는 점이다. 테스트 마케팅은 미래 매출 예측에 있어 가장 정확한 방법이며, 기업들에게는 마케팅 믹스를 사전에 탐색할 수 있는 기회를 제공한다. 하지만 몇 가지 한계점도 발견된다. 첫째, 테스트 마켓은 그 결과가 절대로 옳은 것이 아니다. 둘째, 경쟁사들이 테스트 마켓을 의도적으로 방해할 수 있다. 예를 들어 어떤 기업이 자신의 경쟁사가 제품을 테스트 마케팅하고 있음을 알고 있다면 그 기업은 해당 테스트 마켓에 상당한 판매촉진 노력을 기울여서 테스트 상품의 판매를 방해할 수 있다.[32] 또 다른 테스트 마켓의 문제는 비용이다. 몇 개의 테스트 시장과 다양한 형태의 프로모션이 포함된 테스트 마켓의 비용은 상당히 높다. 셋째, 테스트 마켓은 경쟁사에게 제품을 노출시킬 수 있다. 경쟁사는 테스트되는 시제품을 볼 수 있으며, 테스트 마켓을 통해 신제품에 대한 계획된 마케팅 전략을 볼 수 있다.

마지막으로 테스트 마켓은 윤리적 문제가 부각될 수 있다. 기업들은 제품 출시 전 제품에 대한 퍼블리시티(publicity)를 노려서 언론사에게 테스트 마케팅 결과를 보고한다. 하지만 테스트 마켓에서의 부정적인 결과도 항상 보고되는가? 아니면 항상 좋은 뉴스만 보고되는가? 기업들은 호의적인 결과를 낼 수 있을 것이라 기대하는 테스트 마켓 도시를 선정해 긍정적인 퍼블리시티를 얻고자 한다. 아마 해당 기업은 그 시장에서 강력한 브랜드와 마켓 파워를 갖고 있을 것이다. 이러한 방식으로 퍼블리시티를 노리는 것이 옳다고 볼 수 있을까? 테스트 마켓의 결과를 보다 솔직하게 보고해야 한다는 움직임들이 일어나고 있다.[33]

요약

조사 설계는 조사 프로젝트를 위해 필요한 정보를 수집, 분석하기 위한 구체적인 연구방법을 명시한 마스터 플랜이다. 조사 설계는 크게 세 가지로 구분되는데 탐색적 조사, 기술적 조사, 그리고 인과관계 조사가 그것이다. 조사 설계의 중요성은 조사목적에 부합하는 조사 설계를 구축해 조사에 의사결정을 미리 내릴 수 있다는 것이다. 조사 설계는 조사자들에게 일종의 '청사진'으로 간주될 수 있다. 조사 설계는 순서를 반드시 지켜야 하는 것은 아니다. 실제로 어떤 조사의 경우 단 하나의 조사로만 진행되기도 한다. 하지만 많은 경우 초기 연구에서 추가 연구 혹은 다른 형태의 조사 설계로 이어지는 식으로 마케팅 조사가 반복적으로 진행되기도 한다.

때때로 조사자들은 기업 관리자들보다 마케팅 조사 과정에 대한 보다 많은 지식을 갖추고 있기도 하다. 마케팅 조사에만 국한된 것은 아니지만 이러한 지식의 불균형으로 인해 심각한 윤리적 문제에 부딪히는 경우가 있다. 협회와 같은 전문 기관에 의해 만들어진 윤리강령과 표준은 조사 설계가 필요 이상으로 복잡하거나 높은 비용으로 진행되지 않게 금지하고 있다.

조사 설계 선택은 조사목적과 문제에 대해서 현재 갖고 있는 정보에 달렸다. 만약 가지고 있는 정보가 거의 없다면 탐색적 조사를 수행하는 것이 적합하다. 탐색적 조사는 비구조적인 조사로 배경정보를 수집하기 위해 진행되는 비정형적 연구다. 이 탐색적 조사는 조사 문제를 보다 명확하게 정의하는데 도움을 준다. 탐색적 조사는 배경정보 수집, 용어 정의, 문제와 가설 설정, 그리고 조사 순서를 정하는 목적으로 다양하게 활용될 수 있다. 기존 문헌 고찰, 특정 분야에 지식을 갖고 있는 사람들을 대상으로 진행하는 설문, 이전의 유사한 사례 분석, 포커스 그룹 조사 등이 탐색적 조사에 해당한다. 탐색적 조사는 빠른 시간에 저렴하게 진행될 수 있기 때문에 대부분의 조사에서 수행된다. 또한 조사목적을 명확히 정의할 수 있을 뿐만 아니라 기술적 조사와 인과적 조사를 수행하는 데 있어 큰 도움을 준다.

개념과 용어에 대해 이미 알고 있고 조사목적이 현상을 묘사하고 측정하는 것이라면 기술적 조사가 적합하다. 기술적 조사는 소비자 그리고(혹은) 시장의 특성을 측정하고, 누가, 무엇을, 어디서, 언제, 어떻게 행동(반응)하는지에 대한 질문을 측정할 때도 사용된다. 기술적 조사는 단 한 번 측정되기도 하며(횡단연구), 서로 다른 시점에 동일한 표본을 대상으로 여러 번 측정되기도 한다(종단연구). 종단연구를 수행하기 위해서 때로는 패널을 이용하기도 한다. 패널은 일정 기간 간격으로 질문에 응답하기로 동의한 표본들의 집합을 의미한다. 연속적 패널은 표본단위가 같은 질문에 대해서 반복적으로 응답을 하는 것으로 이루어진 종단연구이다. 브랜드 전환 표는 연속적 패널로부터 구해진 데이터에 바탕을 두고 작성된다. 시장 추적연구 역시 연속적 패널로부터 데이터를 사용해 수행된다.

종단연구에 사용되는 두 번째 유형의 패널은 비연속적 패널이다. 비연속적 패널은 옴니버스 패널이라고도 하며, 해당 패널들은 설문을 할 때마다 서로 다른 질문에 응답하도록 요구받는다. 비연속적 패널의 장점은 조사업체들이 다양한 어떤 질문이든지 응답할 수 있는 큰 표본을 확보할 수 있다는 점이다.

인과관계 조사는 '만약 *x*라면, *y*가 발생할 것이다(if *x*, then *y*)'와 같이 원인과 결과에 대한 인과관계를 측정하는 연구다. 인과관계 조사는 실험이라 불리는 특별한 연구를 통해 수행되는 경우가 대부분이다. 실험은 독립변수로 알려진 변수가 종속변수라 불리는 다른 변수에 미치는 영향력을 알도록 해준다. 이러한 실험설계는 종속변수에서 관찰할 수 있는 영향이 전적으로 독립변수의 변화에 인한 것이며 가외변수라 불리는 기타 요소에 의해 발생하지 않았다는 것을 확증할 수 있도록 이루어져야 한다. 실험의 타당성은 내적 타당성과 외적 타당성으로 평가된다. 실험실 실험은 내적 타당성을 확보하는 데 용이하며, 현장 실험은 외적 타당성을 확보하는 데 보다 적합한 방식이다.

테스트 마케팅은 현장 실험 중 하나다. 테스트 마켓은 표준, 통제, 전자, 그리고 모의 테스트로 구분된다. 테스트 마켓은 유용한 정보를 수집할 수 있지만 비용 부담이 있으며, 그 결과를 절대적으로 신뢰할 수 없다는 단점도 있다. 테스트 마켓을 위한 도시 선정은 대표성, 고립 정도, 그리고 유통 및 촉진과 같은 마케팅 변수가 통제될 수 있는 정도에 의하여 선정된다.

핵심용어

A/B 테스팅
가외변수
경험적 설문
고립 정도
기술적 조사
내적 타당성
대표성
독립변수
모의 테스트 마켓
브랜드 전환 연구
비연속적 패널
사례 분석
사전조사
사후조사
선도사용자 설문
실험
실험설계
실험실 실험
실험집단
연속적 패널
옴니버스 패널
외적 타당성
유통 및 촉진의 통제 가능 여부
인과관계
인과관계 조사
전자 테스트 마켓
조사 설계
종단연구
종속변수
주요정보 제공자 기술
탐색적 조사
테스트 마케팅
통제집단
통제집단과의 사전사후 설계
통제 테스트 마켓
패널
표본 설문
표준 테스트 마켓
현장 실험
횡단연구

복습 질문/적용

4.1 조사 설계란 무엇인가?

4.2 마케팅 조사자 입장에서 조사 설계에 대한 지식을 갖추는 것이 왜 중요한가?

4.3 조사 설계 과정에서 윤리적 문제는 어떻게 발생할 수 있는가?

4.4 탐색적 조사의 사례에 대해 설명해보라.

4.5 어떤 조사 설계 유형이 주요정보 제공자 기술을 사용하는가?

4.6 종단연구와 횡단연구의 차이점은 무엇인가?

4.7 연속적 패널이 비연속적 패널보다 더 적합한 상황은 무엇인가? 비연속적 패널이 연속적 패널보다 적합한 상황은 무엇인가?

4.8 어떤 유형의 패널이 옴니버스 패널에 포함되는가?

4.9 '만약 …라면 …이다'라는 상황을 검증하는 것이 왜 인과관계 조사로 고려되는지 설명해보자.

4.10 광고 캠페인 효과를 검증하기 위해 실험설계를 한다고 가정했을 때 독립변수, 종속변수, 가외변수, 통제집단, 실험집단에 대한 정의와 예를 들어보라.

4.11 실험에서 요구되는 두 가지 타당성은 무엇이며, 각각의 타당성을 확보하기 위한 실험은 어떤 유형이 있는지 설명해보라.

4.12 테스트 마케팅 유형을 구분해보라.

4.13 여러분이 과거에 속했던 조직(기업)을 떠올려보라. 여러분 혹은 조직의 다른 사람이 조사에 의해 수집된 정보로부터 도움을 받은 세 가지 영역을 떠올려보라. 세 가지 영역에서 가장 적절한 조사 설계는 무엇인가?

4.14 소셜미디어 웹사이트를 검색을 통해 다루어질 수 있는 해결 가능한 조사 문제들에는 어떤 것들이 있는가? 이러한 문제를 위해 여러분은 어떤 조사 설계를 추천할 수 있는가?

4.15 실험을 설계해보라. 독립변수와 종속변수를 선정하라. 문제를 일으킬 수 있는 가능한 가외변수는 무엇이 있겠는가? 종속변수에 영향을 미칠 수 있는 이러한 변수들을 여러분은 어떻게 통제할 것인지 설명해보라. 여러분의 실험은 타당한가?

4.16 맥시멈 컴퍼니(Maximum Company)는 인스턴트 커피 브랜드인 'Max-Gaff'를 개발했으며, 경쟁 브랜드보다 진한 맛으로 포지셔닝하고 있다. 소비자를 대상으로 Max-Gaff와 다른 2개의 선두 브랜드 중 무엇이 더욱 강한 맛을 갖고 있는지 검증하기 위한 시음 테스트 실험을 설계해보라. 여러분의 실험을 기호로 나타내보라. 이 실험을 어떻게 진행할 것인지, 그리고 내적 타당성과 외적 타당성을 확보할 수 있는 방법에 대해 설명해보라.

4.17 Artia Hunt는 중서부에서 성공한 커피 체인점의 CEO다. 그녀는 커피 체인점의 음식 메뉴에 새로운 작은 케이크를 도입하고자 한다. 여러분은 소셜미디어를 활용한 탐색적 조사를 통해서 시장에 도입할 페이스트리 후보들을 정하기 위해 고용되었다. 마케팅 조사 인사이트 4.2에 근거하여 프로젝트를 수행하고 결과를 Hunt에게 제시할 각 단계를 설명해보라.

4.18 코카콜라는 게토레이와 경쟁하는 스포츠 음료 브랜드인 파워에이드를 판매하고 있다. 편의점의 냉장고에서 판매되는 스포츠 음료들은 경쟁이 매우 치열하다. 코카콜라는 보통의 편의점 냉장고에 들어맞으면서 게토레이보다 눈에 잘 띄게 해주는 특수한 홀더를 생각하고 있다. 이 특수한 홀더가 편의점에서의 파워에이드의 매출을 높여줄 것인지를 결정하는 데 도움을 줄 수 있는 실험을 설계해보라. 여러분의 실험의 각 변수들을 식별하고 기호로 나타내보라. 이 실험을 어떻게 진행할 것인지를 구체적으로 설명하고 실험의 내적 타당성과 외적 타당성을 평가하라.

4.19 스플릿스크린(SplitScreen)은 TV 광고를 테스트하는 마케팅 조사 업체다. 스플릿스크린은 아이오와주의 중·소규모 도시에 있는 케이블 TV 업체와 계약을 맺었다. 해당 케이블 업체는 서로 다른 가구들에게 4개의 다른 광고를 보낼 수 있다. 또한 스플릿스크린은 3개의 큰 식

료품 체인과 계약을 맺고 있는데, 해당 업체들은 스플릿스크린에 스캐너 데이터를 제공하고 있다. 전체 주민 중 약 25%는 상점에서 제품을 구매할 때 스캔이 되는 스플릿스크린의 스캐너 카드를 갖고 있으며, 스플릿스크린은 이를 통해 누가 어떤 제품을 구매했는지에 대한 정보를 얻을 수 있다. 스플릿스크린에게 TV 시청과 식료품점에서의 구매 내역에 대한 정보를 제공하는 대가로 주민들은 상점에서 제품을 구매할 수 있는 보너스 포인트를 받는다. 스플릿스크린 시스템상에서 가능한 실험설계의 독립변수와 종속변수를 식별하고 기호로 표시해보라. 이 실험의 내적 타당성과 외적 타당성을 평가하라.

사례 4.1

마케팅 조사자의 메모[34]

대학교를 막 졸업한 수습사원인 여러분은 Georgia Metro Research의 연구원인 존 대니얼로부터 몇몇 의뢰인에 대한 메모를 받았다.

의뢰인 A는 유명한 브랜드 네임을 갖고 있는 소비재 제조업체다. A는 지난 몇 년간 마케팅 프로그램에는 크게 관심을 갖지 않고 제조 및 유통에 집중해 왔다. 한동안 별 문제가 없었으나 시장점유율이 조금씩 하락하면서 그 문제가 조금씩 드러나기 시작했다. 현재 의뢰인 A는 시장점유율 보고서를 검토하는 과정에서 지난 1년간 점유율이 약 15% 하락했음을 발견했다. 시장점유율이 하락하는 상황에서 의뢰인 A는 어떤 이유로 이러한 일이 발생했고, 어떻게 이것을 해결할 수 있을지 그 대처방안을 강구하고 있었다. 하지만 안타깝게도 의뢰인 A는 이러한 일이 발생한 원인을 파악하지 못한 것이 보다 심각한 문제라고 우리는 판단했다. 이러한 점유율 하락에는 여러 가지 가능한 원인이 있을 것이다. 이를 위해 우리는 필요한 연구 설계를 결정해야 한다.

두 번째 의뢰인 B는 식료품 가게를 통해 전국적으로 팔리는 베이커리 전문업체다. 의뢰인 B는 미국 전 지역을 5개로 나눈 후 각 지역을 담당하는 각 사업부에게 광고에 대한 전권을 위임했다. 이 다섯 사업부는 모두 TV 광고에 집중해 여러 광고를 진행했다. 그중에는 성공적인 것도 있었고 그렇지 못한 것도 있었으나 아무도 예산 대비 광고 효과에 대해 공식적으로 평가를 해보지 않았다. 이번에 새롭게 부임한 마케팅 부사장은 개별 TV 광고 효과를 측정하길 원했다. 그녀는 각각 다른 광고 캠페인이 진행되는 동안의 자사 매출뿐만 아니라 그 기간 동안 경쟁자의 매출 변화 역시 알고 싶어 했다. 이 경우에 우리는 TV 광고가 진행되는 각각의 시장에서 의뢰인의 제품을 재고관리단위(SKU)별로 나누어 각각의 TV 광고가 방송되는 기간별로 매출을 조사하길 원한다. 이를 위해서 우리는 어떤 조사 설계를 해야 하는가?

세 번째 의뢰인 C는 상위 3개의 브랜드가 거의 비슷한 시장점유율을 가지고 있는 경쟁 강도가 심한 제품군에 속해 있다. 해당 의뢰인은 지금까지 패키지 디자인을 제외하고는 가능한 모든 마케팅 믹스 변수들을 바꾸었다고 확신했다. 기존 3개의 경쟁 브랜드는 일반적으로 나란히 함께 진열되어 있는데, 의뢰인 C는 패키지 디자인의 어떤 요소(크기, 형태, 색채, 소재)가 인지도, 선호도 혹은 구매 의도를 높여줄 수 있는지 알기 원했다. 이럴 경우 가장 적절한 조사 설계는 무엇인가?

1. 각각의 의뢰인에 부합하는 조사를 설계해보라.
2. 각 의뢰인을 위해 설계된 조사가 왜 적절한지 그 이유를 밝혀라.

5 2차 데이터와 패키지 정보

학습 목표

이 장에서 여러분은 다음을 학습하게 될 것이다.

- 5-1 빅데이터의 의미
- 5-2 1차 데이터와 2차 데이터의 차이점
- 5-3 내부 데이터베이스와 외부 데이터베이스 관점에서 2차 데이터의 구분
- 5-4 2차 데이터의 장단점
- 5-5 2차 데이터 평가
- 5-6 미국지역사회조사를 위한 통계청 데이터 사용
- 5-7 패키지 정보의 정의와 신디케이트 데이터와 패키지 서비스의 차이
- 5-8 패키지 정보의 장단점
- 5-9 패키지 정보의 적용
- 5-10 소셜미디어 데이터 사용과 장단점
- 5-11 사물인터넷과 미래 전망

우리는 어느 과정에 있는가?

1 마케팅 조사 필요성 인식
2 문제 정의
3 조사목적 수립
4 조사 설계 결정
5 정보 유형과 원천 식별
6 데이터 분석 방법 결정
7 데이터 수집 양식 설계
8 표본 계획과 크기 결정
9 데이터 수집
10 데이터 분석
11 최종 보고서 준비 및 작성

훗스위트 : 소셜미디어 모니터링 – 가장 큰 기회를 놓친 것은 아닌가?

Kristina Cisnero, 훗스위트의 온라인 전략가

사람들은 자신의 일들에 대해 온라인상에서 이야기를 나누고 있다. 그런 이야기들 중에는 긍정적인 이야기도 있고 부정적인 이야기도 있으며 단지 의문만 제기하는 경우도 있다. 그러한 일들이 어떻게 그리고 왜 발생했는지와 상관없이 여러분은 소셜미디어를 통해서 이와 같은 대화들을 듣고, 배우고, 관여하게 되는 기회를 갖고 있다.

소셜미디어 모니터링(소셜 리스닝이라고도 불림)이란 고객, 경쟁사, 그리고 산업 인플루언서(industrial influencer)들의 독특한 통찰력을 수집하는 모든 것을 의미한다. 소셜미디어에서 사람들은 비즈니스와 거기에 영향을 미치는 이슈들에 대해서 무엇을 말하는지 모니터링하면서, 기업들은 고객과의 관계를 강화하고 경쟁사를 뛰어넘을 뿐만 아니라 투자수익률을 높일 수 있는 기회를 가질 수 있게 된다.

소셜미디어 모니터링을 최대한 활용할 수 있는 세 가지 방법

1. 고객 지식의 확보

소셜미디어 모니터링은 고객에 대한 정성적 정보를 확보할 수 있는 아주 좋은 방법이다. 소셜미디어상에서 고객의 목소리를 경청하면서 얻을 수 있는 통찰력에는 다음과 같은 것들이 있다.

- 브랜드와 제품에 대한 주요 감정
- 고객이 기업으로부터 원하는 속성 혹은 제품
- 고객 문제 해결 방법

소셜미디어를 모니터링하기 위해서 여러분은 우선 소셜미디어 모니터링 도구를 갖추어야 한다. 모든 준비가 완료되면, 여러분은 다음과 같은 소셜미디어 모니터링 전술의 몇 가지 사례를 사용할 수 있다.

- 기업 트위터를 멘셔닝하는 사람들을 모니터링
- 트위터, 페이스북, 구글플러스, 인스타그램을 통해 특정 기업의 긍정적 혹은 부정적 단어

혹은 해시태그를 사용하여 언급하는 사람들을 청취할 수 있는 검색 스트림 구축

- 고객(향후 고객까지)의 목소리를 경청

www.hootsuite.com에 방문해보라.

2. 경쟁우위점을 파악

소셜미디어 모니터링은 여러분에게 경쟁사의 주요 정보를 제공해준다. 이는 경쟁사보다 한 발 앞서 전략적 의사결정을 내리도록 도와줄 것이다.

경쟁사에 대해 사람들이 무엇을 말하는지 듣기 위해서, 앞서 설명한 전술을 사용하되 자사의 제품 이름 대신 경쟁사의 이름이나 제품명을 사용하라. 소셜미디어 마케팅은 제품 촉진만을 목표로 하는 것은 아니다. 누군가 실행하기 전에 사람들의 문제를 해결하면서 기업들은 새로운 고객을 확보할 수 있을 뿐만 아니라 현재 고객에게 도움을 줄 수 있음을 보여줄 수 있다.

3. 비즈니스 인플루언서의 모니터링

소셜미디어를 사용하는 데 익숙한 대부분의 기업가들은 고객과 경쟁사가 무엇을 말하는지 듣는 것이 중요하다는 것을 알고 있지만 많은 기업들이 자신들의 소셜미디어 전략에서 빠뜨리는 집단이 있는데 그 집단은 인플루언서이다. 혁신적이며 앞서 나가는 비즈니스를 위해 산업에서 리더들이 무엇을 말하는지 듣는 것도 중요하다.

훗스위트 신디케이터(Hootsuite Syndicator)와 같은 도구들은 트위터, 페이스북, 링크드인, 구글플러스상에서 영향력 있는 경영자, 블로거, 그리고 주요 분석가들을 추적하고 그들의 웹사이트에서 무엇을 포스팅하는지 보여준다. 이를 통해 기업들은 그들의 산업에서 트렌드를 예측하고 혁신가로서 포지셔닝을 할 수 있으며, 비즈니스를 개선할 수 있다.

—Kristina Cisnero

출처 : Text and photos courtesy of Kristina Cisnero and Hootsuite

---

마케팅 조사가 요즈음 전례 없는 흥분을 경험하고 있는 이유는 최근 들어 분석 가능해진 새로운 형태의 데이터 때문이다. 포괄적으로 이를 **빅데이터**(big data)라 하는데, 정부 통계데이터부터 센서(sensor) 데이터, 그리고 추적연구에 이르기까지 전례 없이 다양한 분야에서 수집이 가능한 정보다. 훗스위트의 Kristina Cisnero가 서문에서 밝혔듯이 소셜미디어 플랫폼의 등장으로 고객과 비즈니스에 대한 강력한 통찰력을 갖출 수 있는 환경이 조성되었다.

여러분은 2차 데이터를 빠르게 수집하고 쉽게 접근할 수 있는 세상에 살고 있다. 이 장에서는 2차 데이터를 어떻게 사용하고, 2차 데이터의 유형을 어떻게 구분할 것인지, 또 제공된 각 정보 원천의 장단점, 그리고 조사자들이 유의미한 2차 데이터를 어디서 찾는지 등을 탐색할 것이다. 더 나아가 우리는 **패키지 정보**(packaged information)라 불리는 또 다른 형태의 정보를 소개하고 마케팅 조사의 적용을 소개할 것이다. 끝으로 우리는 소셜미디어 데이터와 사물인터넷(IoT)이라 불리는 두 가지 강력한 디지털 데이터를 논의할 것이다. 다양한 형태의 데이터 및 데이터 관리와 관련된 도구는 빠르게 변하고 있으며, 이러한 변화를 보다 빠르게 따라잡고 적용할수록 여러분은 어떤 전문직인 자리에서든 성공을 거두기 위한 더 나은 준비를 할 수 있을 것이다. 이 장에서 제안하고 있

듯이, 데이터 관리와 분석기술을 마케팅 지식과 결합할 수 있는 조사자들에 대한 수요는 상당하다는 것을 알게 될 것이다.

빅데이터는 다양한 원천으로부터 수집된 매우 많은 양의 데이터를 말한다.

5-1 빅데이터

빅데이터(big data)는 간단하게는 다양한 원천으로부터 수집된 매우 많은 양의 데이터로 정의된다. 빅데이터라는 용어는 이를 통해 기업들이 상당히 다양하고 많은 양의 데이터를 실시간으로 접근할 수 있게 해주기 때문에 최근 몇 년 동안 많은 관심을 받아 오고 있다. 종종 이러한 용어는 지속적으로 만들어지는 엄청난 양의 데이터에 대한 경고 및 우려를 표현하는 데 사용되기도 한다.[1] *Wall Street Journal*에 따르면 1950년대 보험회사 존 핸콕 뮤추얼 라이프(John Hancock Mutual Life)는 600메가바이트의 데이터를 가지고도 최고로 방대한 정보를 가진 기업 중 하나였다. 하지만 2010년대에 들어 Facebook은 매일 100페타바이트 이상의 정보를 저장하고 있다.[2] 2014 GreenBook Research Industry Trends Report(GRIT) 서베이는 빅데이터 관리는 마케팅 조사 산업이 직면한 매우 중요한 이슈임을 발견했다.[3]

데이터 원천은 기업, 센서스, 소매업자, 무역협회, 정부, 출판사, 소셜미디어 등 다양한 곳에서 발견된다. 이러한 데이터는 문자, 사진, 영상, 거래내역, 조사 데이터 등을 포함하는 정량적 · 정성적 데이터의 형태를 갖고 있다. 현재는 그 어떤 기업이라도 철저하게 수집, 저장, 분석, 보고할 수 없는 엄청난 양의 정보가 존재한다. 어떤 데이터를 수집할 것인지 그리고 다양한 원천으로부터 수집된 데이터들 간의 추세, 패턴, 관계들을 찾기 위해 데이터들을 어떻게 분석할 것인지와 관련된 결정이 이루어져야 한다. 빅데이터의 등장은 마케팅 조사자들에게는 큰 도전으로 여겨질 수 있다. 여러 데이터 원천을 효과적으로 사용하려면 데이터 검색, 저장, 통합, 분석, 그리고 보고할 수 있는 자원과 능력을 갖고 있어야 한다.

빅데이터로의 접근은 굉장히 큰 기회 역시 제공한다. 적절한 빅데이터 관리는 잠재적으로 기업의 생산성을 증대시킬 수 있다. 마케팅 조사 인사이트 5.1에서는 야구 산업에서 빅데이터를 활용해 운동장과 관중 스탠드에서 어떻게 성과를 높일 수 있었는지 나와 있다.

활용할 수 있는 데이터의 양이 엄청나기 때문에 조사자는 이를 사용하는 데 있어 전략적이어야 한다. 빅데이터를 최적의 방식으로 사용하려면 우선 제3장에서 다루었던 조사 과정을 따르는 것으로 시작해야 한다. 첫째, 조사자는 당면한 문제가 무엇인지 파악하고 조사목적을 명확하게 정의해야 한다. 궁극적으로 어떤 목적인지 알지 못하는 상황에서 데이터 분석 프로젝트를 시작해서는 안 된다. 둘째, 조사자는 문제를 해결하고 목적에 도달하기 위해 어떤 데이터가 필요한지 정해야 한다. 마지막으로 조사자는 데이터를 직접 수집해야 하는지 혹은 이미 그 데이터를 가지고 있는지를 판단해야 한다. 이 장은 이미 누군가에 의해 이미 수집된 2차 데이터에 초점을 맞추고 있다. 다음 절에서는 1차 데이터와 2차 데이터를 비교해볼 것이다.

1차 데이터는 조사 프로젝트를 위해 조사자가 직접 개발하고 수집한 데이터를 의미한다.

2차 데이터는 조사자가 아닌 다른 누군가에 의해 이미 수집되었고 혹은 다른 목적으로 진행된 조사 프로젝트에 의해 수집된 데이터다.

5-2 1차 데이터와 2차 데이터의 비교

마케팅 관리 의사결정 과정에서 요구되는 데이터는 크게 **1차 데이터**(primary data)와 **2차 데이터**

마케팅 조사 인사이트 5.1

실무적 적용

빅데이터 야구시대

Michael Lewis 원작으로 2011년에 개봉한 영화 〈머니볼〉은 데이터 분석이 어떻게 저평가받은 선수를 발견하고 경쟁력 있는 야구팀을 구축할 수 있는지 보여준다. 기존에 전통적 견해를 갖고 있던 스카우터와 코치들의 강력한 반대에도 불구하고 오클랜드 애슬레틱스(Oakland A's)는 수익이 부족했음에도 불구하고 단장인 Billy Beane의 지시에 따라 증거 중심 통계에 기반해 팀을 발전시켰다. 이때부터 대부분의 모든 프로야구팀들이 '세이버메트릭스(sabermetrics)', 즉 야구 기록에 근거한 통계분석을 사용했기 때문에 오클랜드 애슬레틱스는 게임을 위해 데이터를 분석하는 것에 기인한 그들의 경쟁우위를 잃게 되었다. 다음은 시카고 컵스, LA 다저스, 밀워키 브루어스의 세 가지 사례다.

시카고 컵스와 아이비

최근 시카고 컵스는 다양한 방법으로 팀 운영을 개선해 왔는데, 가장 눈에 띄는 변화 중 하나는 야구 운영 수장인 Theo Epstein의 주도하에 프로야구 연구개발(research and development) 부서를 만든 것이다. 팀은 수천만 달러를 아이비(Ivy)라 불리는 데이터베이스를 포함한 기술개발에 투자했다. 아이비는 관중 수, 스카우팅 데이터, 선수 메디컬 정보, 그리고 기타 통계적 수치와 같은 고객 및 선수들에 대한 다양한 정보를 관리하도록 해준다.

Zack Greinke과 타격 패턴

*Wall Street Journal*은 Zack Greinke를 2015년 LA 다저스의 '빅데이터 야구시대의 최고의 투수'로 평가했다. Greinke는 피처의 구속과 투구 위치의 조합들에 대해서 타자들이 어떻게 반응하는지를 이해하기 위해 타자들의 타격 패턴을 공부하는 데 많은 시간을 투자했다. 그리고 Greinke가 투수로 올라왔을 때, 투구 계획에 따라 수비수들이 어디에 위치해야 하는지 벤치 코치와 의견을 나눴다. 그는 2015 시즌 미국 메이저리그 내셔널리그에서 가장 낮은 ERA(1.66)를 기록했다.

밀워키 브루어스와 팬 분석

데이터 분석은 팀 성적을 높이는 데 활용될 뿐만 아니라 팬 관리와 관중 수를 높이는 데도 활용될 수 있다. 팀 성적은 그리 높지 않지만 밀워키 브루어스는 진일보한 데이터 관리 덕분에 시즌 티켓과 부분 시즌 티켓(partial season ticket) 판매에 성공을 거두었다. 밀워키 브루어스의 데이터 분석가인 Diny Hurwitz에 따르면 브루어스는 팬으로부터 온 이메일, 인구통계적 데이터(성별, 나이, 수입), 태도 서베이, 그리고 티켓 사용과 관련된 방대한 데이터들을 분석했다. Hurwitz는 이 데이터들을 티켓 판매업자들이 어디에 우선순위를 둘 것인가를 판단하는 데 도움이 되도록 했다. 궁극적인 목적은 프리미엄 시즌 티켓으로 업그레이드하고 야구장에서 돈을 지출할 팬을 찾는 것이다.

© David Lee/Shutterstock

MLB팀은 선수를 선택하는 데 도움이 되는 빅데이터를 사용한다.

출처 : Costa, B. (2015, October 16). How the Cubs emerged from the Stone Age. *Wall Street Journal*. Retrieved from http://www.wsj.com/articles/how-the-cubs-emerged-from-the-stone-age-1445014187; Costa, B. (2015, October 9). Zack Greinke: Baseball's most obsessively prepared pitcher. *Wall Street Journal*. Retrieved from http://www.wsj.com/articles/zack-greinke-baseballs-most-obsessively-prepared-pitcher-1444409548; Knowledge@Wharton. (2015, July 21). The other "Moneyball": Using analytics to sell season tickets. Retrieved from http://knowledge.wharton.upenn.edu/article/the-other-moneyball-using-analytics-to-sell-season-tickets.

(secondary data)로 구분된다. 1차 데이터는 조사 프로젝트를 위해 조사자가 직접 개발하고 수집한 데이터를 의미한다. 반면에 2차 데이터는 조사자가 아닌 다른 누군가에 의해 이미 수집되었고 혹은 다른 목적으로 진행된 조사 프로젝트에 의해 수집된 데이터다. 이 장 이후로 이 책의 나머지 부분들은 여러분에게 1차 데이터 수집과 분석에 대해 안내할 것이다.

일반 기업, 정부 대리인, 혹은 지역 봉사단체 등에서는 설문조사, 거래계약, 실제 비즈니스 활동 등을 수행하면 이러한 활동들이 기록된 보고서를 만들게 된다. 소비자들이 자가용을 등록할 때,

소셜미디어 플랫폼을 사용할 때, 소매점에서 제품을 구매할 때 혹은 온라인에서 제품을 검색할 때 이러한 정보들은 저장된다. 다른 목적으로 수집된 정보가 있을 경우 이는 2차 데이터가 된다. 최근 들어 2차 데이터의 원천은 매우 다양해지고 있는 추세다.

2차 데이터의 활용

2차 데이터를 전혀 쓰지 않고 진행되는 마케팅 조사 프로젝트는 드물 정도로 2차 데이터의 쓰임새는 매우 다양하다. 어떤 프로젝트의 경우에는 2차 데이터로만 진행되기도 한다. 2차 데이터의 적용 범위는 지역의 '생활방식'과 같은 광범위한 변화를 예측하는 것에서부터 신차를 세차할 수 있는 지역의 주소 선택과 같이 독특한 적용에 이르기까지 다양하다. 또한 경쟁사 분석, 경제 추세 예측, 진출할 해외시장 선택, 그리고 위기상황에서 소비자 우려에 대한 이해와 같이 다양한 상황에서 2차 데이터가 적용된다. 또한 2차 데이터는 마케터가 관심을 갖고 있는 지역의 시장 규모를 예측하도록 도움을 주는 인구통계적 정보를 제공해주기도 한다.

2차 데이터를 활용함으로써 조사자는 거의 모든 지역의 인구 및 성장률을 파악할 수도 있다. 정부기관들은 공공정책을 결정하는 데 도움을 받기 위해 2차 데이터를 종종 사용한다. 가령 교육부에서는 매년 얼마나 많은 5세 어린이들이 공교육기관에 입학하는지 파악할 필요가 있고, 공공의료 담당자는 향후 10년간 얼마나 많은 노인들이 의료보험 혜택을 받게 될지 파악해야 할 필요가 있다. 때때로 2차 데이터는 시장 성과를 파악하는 데도 활용된다. 예를 들어 갤런당 유류세가 공공 보고서를 통해 수집이 가능하기 때문에 정유회사 마케터들은 국가당 소비되는 정유량을 쉽게 파악할 수 있어서 쉽고 정확하게 시장점유율을 계산할 수 있다. 모든 주제에 대해 실시간으로 기사가 쓰여지기 때문에 마케터들은 이러한 기사와 같은 2차 데이터들에 접근하여 연구 주제에 대한 이해도를 높일 수 있다.

라이프스타일과 인구통계학 집단의 구매습관 등을 제공하는 2차 데이터 역시 풍부하다. 같은 인구통계집단에 있는 사람들은 유사한 구매와 태도를 갖고 있기 때문에 마케터들은 이를 면밀하게 분석해 왔다. 예를 들어 사람을 분석하는 중요한 기준 중 하나가 연령이다. 베이비부머(1946~1964

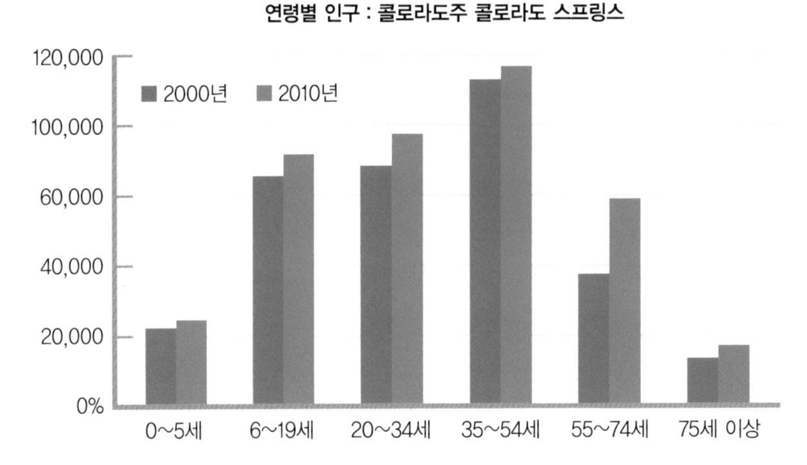

그림 5.1 연령별 시장 변화를 추정하는 데 활용될 수 있는 인구 센서스 데이터

출처 : Created by Ali Russo with data from the 2010 Census.gov website.

년 출생)[4], X세대(1965~1979년 출생), 그리고 밀레니얼 혹은 Y세대(1977~1944년 출생) 등이 세대별 연령집단이다. 1995년 이후에 출생한 Z세대는 새로운 기술에 능숙할 뿐만 아니라 가족의 식습관, 의류, 그리고 전자제품 및 엔터테인먼트 제품 선택에 이르기까지 이미 시장에서 강력한 영향을 미치고 있다.[5] '할아버지, 할머니' 집단은 미국 전체 인구의 약 1/4을 차지하고 있으며 그들의 손주를 위해 연간 550억 달러를 지출하는 것으로 알려져 있다.[6] 또한 2차 데이터는 지리적 영역의 변화를 검토하는 데도 사용된다. 그림 5.1은 콜로라도주의 콜로라도 스프링스시의 거주민 수 변화를 보여주고 있는데 2000~2010년 사이 도시의 총인구수가 변했다. 모든 세대의 인구수가 증가했는데, 특히 55~74세 연령집단이 가장 높은 증가율을 기록했다.

5-3 2차 데이터의 구분

내부 2차 데이터

2차 데이터는 크게 내부 데이터와 외부 데이터로 구분된다. **내부 2차 데이터**(internal secondary data)는 기업 내에 이미 수집된 데이터다. 가령 판매기록, 구매요청, 청구서(invoice), 고객 불만데이터 등이 그것이다. 당연하지만 우수한 마케팅 조사자는 언제나 어떤 내부 정보가 활용 가능한지를 파악한다. 여러분은 제1장에서 내부 데이터 분석을 기업 마케팅정보시스템(MIS)의 내부보고시스템의 일부로서 언급한 것을 떠올릴 수 있을 것이다. 내부 데이터의 주요 원천은 기업들이 추적하길 원하는 고객, 영업, 공급자 그리고 기타 사업 요소들과 같은 정보들이 포함된 데이터베이스이다.

내부 2차 데이터는 기업 내에 이미 수집되어 있는 데이터다.

우리가 내 · 외부 데이터베이스를 논의하기에 앞서, **데이터베이스**(database)란 특정 주제를 설명하는 데이터와 정보의 집합이라는 것을 이해해야 한다.[7] 데이터베이스의 정보 개별 단위는 **레코드**(record)라 부른다. 예를 들어 레코드는 고객, 공급자, 경쟁사, 제품, 그리고 재고품목 등을 나타낼 수 있다. 레코드는 **필드**(field)라 불리는 정보의 하위 구성요소로 구성된다. 가령 고객 데이터베이스를 갖고 있는 하나의 기업은 개별 고객들이 반영된 **레코드**를 갖는다. 그리고 고객 데이터베이스 레코드의 일반적인 **필드**의 예로는 고객 성명, 주소, 전화번호, 이메일 주소, 구매 제품, 구매일자, 구매장소, 품질보증정보, 그리고 기타 기업이 유용하다고 보는 정보 등이 있다.

데이터베이스는 관심 있는 특정 주제를 설명하는 데이터와 정보의 집합이다.

내부 데이터베이스(internal database)는 일상적인 기업 거래 과정에서 기업에 의해 수집된 정보들로 구성된 데이터베이스다. 일반적으로 마케팅 관리자들은 고객과 관련된 데이터베이스를 구축할 뿐만 아니라 제품, 판매원, 재고, 유지보수, 공급업체와 같은 관심 있는 주제들로도 데이터베이스를 구축한다. 또한 기업은 고객들이 제품(서비스)에 대한 문의, 구매, 사후 서비스 등을 요구할 때 고객에 대한 정보를 수집한다. 기업은 직접 마케팅과 고객과의 관계를 강화하기 위한 목적으로 내부 데이터베이스를 이용하는데 이를 **고객관계관리**(customer relationship management, CRM)라 부른다.[8]

내부 데이터베이스는 일상적인 기업 거래 과정에서 기업에 의해 수집된 정보들로 구성된 데이터베이스다.

내부 데이터베이스는 그 양이 매우 많으며, 방대한 양의 데이터를 처리해야 하기 때문에 문제가 발생할 수 있다. **데이터 마이닝**(data mining)은 관리자가 데이터베이스가 포함된 겉보기에는 불필요해 보이는 대량의 정보로부터 의미 있는 정보를 뽑아낼 수 있도록 도와주는 소프트웨어의 이름

데이터 마이닝 소프트웨어는 관리자가 데이터베이스가 포함된 겉보기에는 불필요해 보이는 대량의 정보로부터 의미 있는 정보를 뽑아낼 수 있도록 도와준다.

마이크로마케팅은 세분화된 특별한 고객들을 위해 차별화된 마케팅 믹스를 활용하는 것으로 때로는 개별 구매자들을 위해 조율되기도 한다.

이다.[9] **마이크로마케팅**(micromarketing)은 세분화된 특별한 고객들을 위해 차별화된 마케팅 믹스를 활용하는 것으로 때로는 개별 구매자들을 위해 조율되기도 한다.[10] 데이터베이스와 데이터 마이닝은 마이크로마케팅을 가능하게 해준다. 가령 여러분은 어떤 제품을 검색한 이후에 관련 제품 광고가 온라인상에서 자주 뜨는 것을 본 적이 있을 것이다.

데이터베이스는 매우 크고 복잡하지만 중소기업의 간단한 데이터베이스도 매우 큰 중요성을 갖는다. Kotler와 Keller는 기업들이 다음과 같은 다섯 가지 방법으로 데이터베이스를 사용할 수 있음을 설명했다.

1. 회사 광고에 반응을 보이는 고객들의 리스트를 바탕으로 보다 많은 정보를 통해 표적화될 수 있는 구매 가능 고객(prospect)을 식별하는 것
2. 구매 후 2주 뒤에 교차구매 제시와 같이 특별한 제안을 보내게 될 때, 그것을 어느 고객에게 보낼 것인지를 결정하는 것
3. 고객 선호도를 기억하고 이러한 선호도가 반영된 고객 맞춤 데이터를 보내면서 고객 충성도를 강화하는 것
4. 자동으로 생일카드를 발송하면서 고객 구매를 재활성화하는 것
5. 우량 고객 중 한 명에게 수수료를 부과하는 것과 같은 심각한 고객 실수를 예방하는 것[11]

데이터베이스는 관리자에게 판매되고 있는 제품, 재고 수준의 보고, 재고관리단위(SKU)에 의한 고객 프로파일 등을 알려준다. 또한 지리인구통계 정보시스템(geodemographic information system, GIS)과의 결합을 통해 수익이 가장 높은 고객들과 수익이 가장 낮은 고객들이 주거하는 곳이 각각 표시된 지도를 제공할 수 있다. 내부 데이터베이스는 일상적인 거래를 통해 수집된 정보와 결합되어 관리자에게 매우 가치 있는 통찰력을 제공해준다.

내부 데이터베이스를 위해 수집된 정보를 사용하여 수행되는 일들은 기업들에게 윤리적 문제를 제기할 수도 있다. 여러분이 사용하는 신용카드 업체는 여러분이 어떤 제품 및 서비스를 구매했는가 하는 정보를 그 정보를 구매하고자 하는 사람들과 공유해야 하는가? 인터넷 서비스 공급업체가 여러분이 방문한 인터넷 사이트를 저장하도록 해야 하는가? 많은 고객들의 개인정보 이슈에 대한 인지가 높아지고 있는 상황에서 많은 기업들은 개인정보보호 정책을 적용하기 시작했다.[12] 마케팅 조사 인사이트 5.2에서는 고객 데이터를 수집하는 것이 어떤 윤리적인 문제를 야기할 수 있는지를 보여준다.

외부 2차 데이터

외부 데이터는 기업 외부에서 수집된 데이터를 의미한다.

외부 데이터(external data)는 기업 외부로부터 수집된 데이터다. 정보를 어디서 찾는지 아는 것은 실무에서 매우 중요한 기술이다. 다음 절에서는 2차 데이터를 수집할 수 있는 원천에 대해 소개할 것인데, 여러분의 경력에 도움이 될 수 있는 2차 데이터 원천을 소개만 하는 것에도 충분하지 않을 것이다. 여러분의 대학교에서 이러한 기술을 발전시킬 수 있는 기회를 갖도록 하자. 여러분의 대학 도서관은 최고의 원천이 될 수 있다. 표 5.1에는 마케팅 조사 과정에서 가장 유용한 주요 원천의

마케팅 조사 인사이트 5.2 **윤리적 고려사항**

타겟은 산모를 겨냥한다

대부분의 소매상처럼 타겟®은 대부분의 고객이 한 매장에서 원하는 제품을 모두 구매하지 않는다는 것을 알고 있다. 대신 그들은 식료품은 식료품점에서 구입하고, 장난감은 장난감 전문점에서 구매하며, 청소용품 혹은 양말과 같이 타겟과 관련된 제품들이 필요할 때는 타겟을 방문한다. 체인이 성공하기 위해 달성할 목표 중 하나는 고객들을 그들이 필요한 하나의 상점은 타겟이라고 설득하는 것이다. 하지만 고객들의 구매습관은 고정되어 있기 때문에 이를 바꾸기란 매우 어렵다.

우리는 살아가면서 오래된 구매습관 대신 새로운 구매습관을 갖게 되는 확실한 전환점이 있다. 타겟의 마케팅 직원들은 그 전환점 중 하나를 아이가 태어난 순간으로 보고 있는데, 부모들은 매우 지쳐 있고 딴 곳에 쏟을 정신이 없어서 쇼핑 패턴과 브랜드 충성도도 바뀔 수 있게 되는 순간이다. 출생신고는 공개되기 때문에 아이가 태어난 순간 부모들은 다양한 기업들로부터 구매제안, 인센티브, 그리고 광고의 홍수에 빠진다. 이렇게 치열한 경쟁 상황에서 타겟은 다른 경쟁사들이 출산이 다가옴을 알아채기 전에 부모들에게 접근할 수 있는 방법을 고민해 왔다. 마케터들은 비타민과 산모용 옷을 구매하기 시작하는 임신 중기(second trimester)에 산모들에게 특별히 설계된 광고를 발송하고자 했다. 그 목적은 이러한 제품으로부터 시작하여 기저귀, 옷, 장난감으로 연결하고 더 나아가 일반 가정용품들까지 아울러서 최종적으로 가족들을 위한 원스톱 쇼핑이 가능한 상점이 되는 것이다. 그렇다면 타겟은 이러한 목적을 달성하기 위해 어떻게 해야 할까?

타겟은 타겟에서 쇼핑하는 모든 사람을 대상으로 데이터를 수집하고, 게스트 ID 숫자로 알려진 개별 코드를 할당했다. 고객이 신용카드 혹은 쿠폰을 사용할 경우 서베이를 작성하거나, 환급신청서를 메일로 송부하거나, 고객 지원 전화를 하거나, 이메일을 기록할 때 타겟은 이것들을 개별 ID와 연동시켰다. 또한 나이, 결혼 여부, 아이 수, 거주지, 소득과 같은 인구통계데이터를 수집했고 추가데이터는 구매했다. 이러한 모든 정보를 이해하기 위해 다른 기업과 마찬가지로 타겟은 마케팅 조사와 예측분석 소프트웨어를 이용했다. 이러한 분석의 목적은 쇼핑 습관에 변화가 발생하는 대학졸업, 대도시로의 이사와 같은 생애 이벤트 기간 동안 고객과의 접촉을 위해서다. 이러한 이벤트들 중 아이가 태어난 것만큼 중요한 이벤트도 없다. 이때에 부모들의 습관은 성인으로 살아가는 동안 그 어느 순간보다도 더 잘 변한다.

타겟은 다른 소매업체보다 어떻게 먼저 산모들을 찾아낼 수 있었을까? 한 조사자는 유아등록을 사용한 고객들을 찾을 수 있는 타겟 유아등록증을 보고 임신 동안 그들이 구매했던 제품들을 역추적했고 이를 통해 그는 독특한 패턴을 찾았다. 산모들은 임신 중기 동안 다량의 무향 로션을 구매하며, 임신 첫 20주에는 칼슘, 마그네슘, 아연 등을 구입한다. 또한 비누, 코튼볼, 손 세정제, 수건 등을 배달 서비스로 구매하기 시작한다. 이를 통해 그 조사자는 '임신 예측 지수(Pregnancy Prediction Score)'를 계산할 수 있는 25개의 제품을 식별해냈다. 타겟은 이를 모든 고객에게 적용하여 지수가 높은 고객들을 임신 가능성이 높은 고객으로 식별했고 그들이 필요할 것이라고 예측된 상품에 대한 프로모션을 표적화해서 발송했다.

많은 마케터들과 마찬가지로 타겟은 개별 고객들을 위해 설계된 프로모션을 진행하는 미시적 마케팅을 진행하고 있다. 타겟이 개선해야 할 몇 가지 결함이 있지만, 엄마와 아이들을 위한 제품 매출은 증가하고 있다. 여러분은 이러한 마케팅 활동이 윤리적으로 옳다고 보는가?

출처 : Information adapted from Charles Duhigg, "How Companies Learn Your Secrets," *New York Times*, February 16, 2012.

명단이 소개되어 있다. 일부는 출판물로 출간되지만 이러한 원천의 대부분은 온라인으로 제공된다. 여러분의 대학교 도서관은 이러한 데이터의 원천들을 제공해주고 있다.

다음 절에서는 (1) 출판물, (2) 공식통계데이터, (3) 데이터 통합기업(data aggregator)의 총 세 가지 외부 데이터 원천을 소개할 것이다.

외부 데이터의 세 가지 원천은 (1) 출판물, (2) 공식통계데이터, (3) 데이터 통합기업이 있다.

출판물 **출판물**(published sources)은 대중(public)에게 배포될 목적으로 준비된 정보 원천으로 일반적으로 도서관이나 온라인에서 구할 수 있다. 각 산업의 협회들, 예를 들어 식료품산업에서의 전국식료품협회(National Grocer's Association, NGA)와 전문 청소업체 산업의 경우 세계청소산업협회(Worldwide Cleaning Industry Association, WCIA)는 특정 산업의 필요에 부합하는 공적 정보를 출판한다. 제2장에서 자세히 보았듯이 마케팅 조사 산업에서는 Quirk's, ESOMAR, *GreenBook*과 같은 정기 간행물과 연차보고서 등을 출판하는 다수의 협회가 있다. 또한 *Wallstreet Journal*, *Economist*, *Bloomberg Businessweek*, *Fortune*, *Forbes*와 같은 경제전문 잡지 등을 온라인, 도서관,

출판물은 산업협회, 직능 조직, 기업, 그리고 기타 조직들에 의해 공적으로 유통되는 정보 원천으로 도서관이나 온라인에서 발견된다.

표 5.1 마케팅 조사를 위한 2차 정보 출처

I. 비즈니스 출처 디렉토리

- *Encyclopedia of Business Information Sources*(Gale, Cengage Learning)－약 11,000개의 비즈니스, 금융, 그리고 산업 현황에 대한 정보가 있으며, 매년 출판됨.
- *BRASS Business Guides*(BRASS, RUSA, 미국도서관협회)－연구 중심 대학의 비즈니스 정보 전문가들에 의해 유지 및 업데이트되고 있으며, 온라인 가이드는 매년 미국도서관협회에서 수여하는 Outstanding Business Reference Source의 명단을 포함한 비즈니스 토픽과 관련된 데이터들을 연결시키고 제공함.
- *Directory of Business Information Sources*(Grey House Publishing)－협회, 출판사, 전시회, 데이터베이스, 웹사이트와 관련된 약 24,000개 이상의 정보단위를 보유하고 있으며, 매년 발간됨.

II. 논문

- *ABI/Inform Complete*(ProQuest)－ABI/Inform 서비스들(Global, Trade and Industry, Dateline, Archive)의 총서로 2,200개 이상의 학술 논문과 더불어 Business Monitor International, Economic Intelligence Unit, First Research, *Wall Street Journal* 등에서 출간하는 다양한 비즈니스 관련 정보를 보유하고 있음.
- *Business Abstract with Full Text*(H.W. Wilson, Ebsco)－최고의 저널들을 비롯한 450개 이상의 풀텍스트 비즈니스 출판물을 보유하고 있음.
- *Business Collection*(Gale, Cengage Learning)－Economic Intelligence Unit과 All Data Processing 등에서 출간하는 390여 개의 피어리뷰 저널, 뉴스, 보고서 등 총 2,900개 이상의 학술 논문을 보유하고 있음. 또한 기업과 산업 정보들이 논문들을 보유하고 있는 Gale의 Business Insights가 있음.
- *Business Source Complete*(Ebsco)－Ebsco의 Business Source Premier의 확장판. *Harvard Business Review*를 포함한 2,000개 이상의 학술 저널을 보유하고 있음. 또한 Marketline, Barnes Reports, Bernstein, Country Watch로부터 산업 정보, 뉴스, 그리고 기타 보고서들을 공급받고 있음.
- *Factiva*(Dow Jones)－Dow Jones, Reuters, *Financial Times*, Bloomberg, *Wall Street Journal*과 같은 수천 개의 뉴스가 있음.
- *LexisNexis Academic*(LexisNexis, Reed Elsevier)－수천 개의 뉴스 기사가 있고, Hoovers, Business Monitor International, Morningstar, Standard & Poor's 보고서에 접근 가능함.

III. 사전 및 백과사전

- *Brands and Their Companies*(Gale, Cengage Learning)－공공기관과 민간기업의 활성화된 혹은 비활성화된 브랜드들을 위해 기업, 제품, 그리고 산업 정보들을 제공하며, 매년 발간됨.
- *Dictionary of Advertising and Marketing Concepts by Arthur Asa Berger*(Left Coast Press, 2013)－마케팅 분야에서 개념, 이론, 그리고 핵심 인물에 대한 100여 개의 출판물과 에세이가 소개되어 있음.
- *A Dictionary of Marketing by Charles Doyle*(Oxford University Press, 2011)－마케팅 역사에 따른 마케팅 이론 변화와 연관된 100개 이상의 사건들이 소개되어 있음.
- *Encyclopedia of Global Brands, 2nd Ed.*(St. James Press, 2013)－*Encyclopedia of Consumer Brands*(St. James Press, 2005)의 업데이트 버전으로 세계 각국의 브랜드에 대한 현황과 역사, 성과, 핵심 경쟁사, 산업분석과 전망 등이 포함된 269여 개의 보고서가 있음.
- *Encyclopedia of Major Marketing Strategies*(Gale, Cengage Learning, 2013)－*Encyclopedia of Major Marketing Campaigns*의 세 번째 출판물로 2010년대 초반 100여 개의 마케팅 캠페인이 소개되어 있음.
- *Wiley International Encyclopedia of Marketing*(Wiley, 2011)－마케팅 전략, 마케팅 조사, 소비자 행동, 광고 및 통합적 마케팅 커뮤니케이션, 제품 혁신과 관리, 국제 마케팅을 주제로 360여 개의 보고서가 소개되어 있음.

IV. 마케팅 디렉토리

- *Advertising Redbooks*(Red Books, LLC)－시리즈로 출판. 이 데이터베이스는 기업 혹은 매체별 예산 등이 포함된 광고 캠페인 대행사 목록을 제공함. 또한 마케팅 직무 전망, 산업에서 핵심 인물의 인사이동, 그리고 입찰 가능한 캠페인 등이 실시간으로 소개됨.
- *Complete Television, Radio & Cable Industry Directory*(Grey House Publishing)－*Broadcasting and Cable Yearbook*(ProQuest)에서 나오는 출판물로 텔레비전, 케이블, 라디오에서 미국과 캐나다의 시장 및 프로그램 순위 등이 매년 출판됨.
- *GreenBook*(New York AMA Communication Service, Inc.)－마케팅 조사 업체들의 온라인 명부.

(다음 페이지에 계속)

표 5.1 마케팅 조사를 위한 2차 정보 출처(계속)

- *Advertising & Branding Industry Market Research*(Plunkett)−광고 산업의 상위 400위 기업들에 대한 프로파일과 산업 분석들을 인쇄물, e북, 그리고 온라인으로 제공하는 연감.
- *Standard Rate and Data Service*(Kantar Media SRDS)−디지털 미디어, 고객 및 비즈니스 잡지, 다이렉트 마케팅, 신문, 라디오, TV, 그리고 라디오 디렉토리로 DMA에서 제공하고 있음. 가격, 고객 분석, 유통과 관련된 정보들을 제공하며, Local Market Audience Analyst와 Experian Simmons lifestyle, 그리고 Nielson PRIZM 세분화 정보를 갖고 있는 Local Market Audience Analyst 추가 섹션이 있음.

V. 통계 및 보고서

- *American Consumer Series*(New Strategist Press)−고객 지불, 인구통계정보 및 라이프스타일 통계 보고가 있는 심도 있는 저서
- *DemographicNow*(Gale, Cengage Learning)−인구통계, 고객 지출, Experian Simmons 고객 연구, Experian Mosaic 라이프스타일 데이터 등을 표와 지리정보시스템으로 제공하고 있음. 개별 및 가구 소득 디렉토리, 중소기업들의 수입, 자산, 고용 데이터, 비즈니스 사이트 등이 포함된 디렉토리가 있음.
- *eMarketer*(eMarketer)−온라인 마케팅 트렌드와 신기술에 대한 조사 보고서. 무료 데일리 뉴스레터는 최근 보고에서 중요한 내용을 제공함.
- *LexisNexis Academic*(LexisNexis, Reed Elsevier)−공공기관 혹은 중소기업을 포함한 기업의 고용, 수입, 자산 등에 대한 정보 디렉토리로 세계 각 지역과 국가들의 뉴스도 함께 제공하고 있음.
- *Market Share Reporter*(Gale)−각 산업별로 브랜드, 기업, 그리고 서비스들의 시장점유율과 매출들을 매년 발행함.
- *Mediamark MRI+*(GFK Mediamark Research and Intelligence)−미국 내 25,000가구의 인구통계, 브랜드 사용, 매체 이용, 라이프스타일 행동을 분석한 서베이 보고서.
- *Mintel Reports*(Mintel Group)−일정 기간 출간되는 산업별 시장 조사 보고서로 미국 및 해외 시장에서 수집 가능함. 국가별 트렌드에 따른 인구통계 세분화 분석과 보고를 제공함.
- *Nielson*(Nielson Company)−고객 매체 사용과 개인 수준에서 구매의사결정 측정. PRIZM, P$YCLE, 그리고 ConneXions 세분화로 표적 집단을 구분하고 표적 집단별로 고객 및 라이프스타일 분석, 재무행동, 그리고 기술 수용 등을 분석하고 있음. 해외 시장 수준에서도 사용 가능함.
- *Passport GMID*(Euromonitor International)−Global Market Information 데이터베이스로 해외 시장에도 적용 가능한 산업, 고객, 그리고 기업 트렌드와 시장점유율을 제공함.
- *Reference USA*(Infogroup)−중소기업을 포함한 기업, 개인 및 가구 소득 및 지출, 라이프스타일 정보를 제공하는 비즈니스 디렉토리.
- *Simmons OneView*(Experian)−이전 이름은 Choice3로, 이 데이터베이스는 라이프스타일, 매체 습관, 제품 및 브랜드 선택 등이 보고된 Simmons 고객 조사 데이터 보고까지 제공함.
- *Simply Map*(Geographic Research, Inc.)−D&B, Experian Simmons, Nielson, EASI, 그리고 Mediamark MRI 데이터와 같은 공식 통계를 이용한 통계 맵핑 도구.
- *Statista*(Statista)−기업과 산업 원천에 초점을 맞춘 일반 관심 분야에 대한 가능한 사설 혹은 공식 통계데이터를 모아둔 곳. 개별 테이블 및 주제별 보고 수집 측면에서 검색 가능한 통계데이터. 국내외 수준에서 데이터 적용 가능.

Courtesy of LuMarie Guth, Business Librarian, Western Michigan University.

서점 등에서 접할 수 있다. 또한 *Journal of Marketing Research*, *Journal of Business Research*, *Journal of International Business*, *Journal of Consumer Research*, *Journal of Macromarketing*과 같은 학술저널 등은 마케팅과 관련된 조사연구를 출판한다. 조사 산업에서 성공한 사례와 관련된 도움이 되는 정보를 갖는 책들이 자주 출판되기도 한다. 많은 마케팅 조사 업체들은 책, 뉴스레터, 백서(white paper), 스페셜 리포트, 잡지 혹은 저널 형태로 2차 정보를 출판한다. 마케팅 조사 업체들은 그들의 웹사이트에 많은 주제로 백서를 게재한다. 예를 들어 www.burke.com에서 'About' 탭에 들어가면 'Literature Library'가 있는데 산업 트렌드와 조사방법론에서의 성공 사례 등이 보고되어 있다.

공식통계데이터는 정부기관이나 국제기관과 같은 공적 기관에 의해 출판되는 정보를 포함한다.

공식통계데이터 **공식통계데이터**(official statistics)는 정부기관이나 국제기관과 같은 공적 기관에 의해 출판되는 정보를 포함한다. 공식통계데이터는 정량적 데이터와 정성적 데이터 모두 있으며, 인구통계, 경제개발, 교육, 소비 패턴, 건강, 환경 등 다양한 주제로 집계되고 있다. 많은 국제기관에서는 온라인에서 무료로 통계데이터를 제공하고 있는데, 세계보건기구(WHO), 경제협력개발기구(OECD), 세계은행(World Bank), 국제통화기금(IMF) 등이 있다. 전 세계 거의 대부분의 국가에서는 공식통계데이터를 수집하며 일반적으로 엄격한 방법론을 통해 대부분은 대중에게 제공된다. 예를 들어 중국 국가통계청에서는 매년 각 성(城)과 도시별 인구통계, 교육수준, 수질 접근 현황, 가전제품 보급률과 같은 다양한 주제를 다루고 있다. 중국의 공식 통계데이터는 1996년부터 중국어와 영어로 매년 온라인(www.stats.gov.cn)을 통해 수집할 수 있다.

미국은 데이터공개정책이 시행되면서 개인정보 혹은 국가 안보와 관련된 데이터를 제외한 모든 데이터가 정부 주도 아래 수집되고 있다.

미국에서는 2013년 연방법에 의해 **데이터공개정책**(Open Data Policy)이 시행되면서 정부에 의해 수집된 데이터들 중 개인정보 혹은 국가 안보와 관련된 데이터를 제외한 모든 데이터가 '기본적으로 공개'되고 있다. 웹사이트(www.data.gov)는 170여 개의 조직으로부터 구한 약 200,000개의 데이터를 포함하고 있다. 이러한 무료 공적 데이터는 기업(예 : Garmin and Zillow)이나 앱 업체(Citymapper) 등에 의해 유료 서비스로 통합되거나 정리되어 있다.[13]

Marketing Research on YouTube™

데이터공개정책에 대한 더 많은 정보를 알기 위해서 **www.youtube.com**에서 **Open Data Changes Lives**를 검색하라.

다음 절에서 우리는 미국의 공식통계데이터 중 하나인 미국지역사회조사(American Community Survey)에 대해 보다 자세히 소개할 것이다. 우리가 미국지역사회조사를 선택한 것은 온라인상에서 무료로 제공되는 풍부한 정보 원천의 최적 사례이기 때문이다.

데이터 통합기업은 특정 주제에 대한 정보를 조직하고 묶은 서비스 혹은 공급업체다.

데이터 통합기업 **데이터 통합기업**(data aggregator)은 특정 주제에 대한 정보를 조직하고 통합해주는 업체이다. 이러한 서비스의 일부는 무료로 제공되지만 대부분 상업적 용도로 제공된다. 대표적인 예로 IBIS월드(IBISWorld), 팩티바(Factiva), 엡스코(Ebsco), 프로퀘스트(ProQuest) 등이 있다. 비즈니스 데이터베이스는 이러한 서비스들의 상당한 비율을 차지한다. 표 5.1의 데이터 원천의 대부분은 데이터 수집기업이다. 아마 여러분 대학교의 중앙 도서관에서는 많은 데이터 수집기업에 무

능동적 학습

data.gov를 활용한 미국 공식통계데이터 사용

미국 정부에 의해 수집되었고, 데이터공개정책에 공개된 모든 무료 데이터를 조사해보라. www.data.gov를 방문해보자. 웹사이트 첫 페이지에는 "여러분은 여기서 데이터, 도구, 조사를 수행하기 위한 출처, 웹과 모바일 애플리케이션 개발, 시각화된 데이터 설계 등을 할 수 있습니다"[14]라는 문구가 있다. 여기서는 농업, 비즈니스, 소비자, 제조업, 그리고 기타 다양한 주제를 다루고 있다. 'consumer'를 클릭한 후 'apps'에 들어가면, 데이터들을 자유롭게 다룰 수 있는 다양한 애플리케이션을 접할 수 있을 것이다. 검색창에 'family'를 입력하면 여러분은 '가족'과 연관된 다양한 데이터를 검색할 수 있다. 이는 굉장히 다양하고 많은 데이터 중 일부에 불과하다. 이러한 데이터들은 그것 자체만으로 흥미롭지만 마케팅 전문가들이 해야 할 일은 새로운 통찰력을 제공할 수 있도록 이러한 데이터들 간의 관계를 발견하는 것이다.

료로 접근할 수 있게 해줄 것이다.

5-4 2차 데이터의 장점과 단점

2차 데이터의 장점

2차 데이터의 장점은 분명하다. 2차 데이터를 사용함에 있어 총 다섯 가지의 장점이 있다 – (1) 2차 데이터는 빠르게 수집될 수 있다. (2) 1차 데이터와 비교했을 때, 2차 데이터는 상대적으로 저렴하다. (3) 어떤 것을 조사하든 간에 어느 정도의 2차 데이터는 이미 활용 가능하다. (4) 2차 데이터는 최신 이슈, 트렌드, 성과척도 등을 제공해줌으로써 수집되어야 할 1차 데이터의 유형에 영향을 미쳐 1차 데이터의 품질을 높여준다. (5) 조사목적을 달성하기 위해서는 2차 데이터만 있어도 되는 경우도 있다. 예를 들어 슈퍼마켓 체인의 마케팅 관리자가 자사의 슈퍼마켓이 있는 12개 시장에 TV 광고 예산을 편성하길 원한다고 가정해보자. 2차 데이터를 빠르게 검토해보니 TV 광고 시장별로 슈퍼마켓의 매출이 구해진 데이터가 있음을 확인했다. 따라서 주어진 시장에서 식료품 매출의 비율에 근거한 TV 광고 예산 편성은 관리자의 문제를 해결하고 조사목적을 만족시키는 최적의 방법이 될 수 있다.

2차 데이터의 장점은 빠르고 쉽게 수집되며, 상대적으로 저렴하고, 1차 데이터를 보완해주며, 때로는 이것만으로도 조사목적을 달성할 수 있다는 점이다.

2차 데이터의 단점

이러한 2차 데이터의 장점으로 인해 거의 대부분의 경우에 이 2차 데이터의 탐색이 정당화될 수 있지만 몇 가지 주의사항이 있다. 2차 데이터와 연관된 다섯 가지 문제점은 보고단위의 비호환성, 측정단위의 불일치, 데이터를 분류하는 데 있어 서로 다른 정의, 데이터 노후화, 데이터 보고의 신뢰성을 추정하는 데 필요한 정보의 부족 등이 있다. 이상의 문제점들은 2차 데이터는 당면한 문제를 해결하기 위해 수집된 것이 아니라 다른 목적으로 수집된 것이라는 사실에서 기인한다.

보고단위의 비호환성 지역단위 조사의 경우에 2차 데이터는 카운티(county), 시(city), 도시(metro area), 주(state), 지역, 우편번호, 그리고 기타 통계 지역단위로 보고가 이루어진다. 2차 데이터를 활용하려는 조사자는 2차 데이터의 보고단위가 조사자의 필요와 맞는지 여부를 종종 파악해야 한다. 예를 들어 시장 확장을 판단하기 위한 목적으로 시장 지역을 평가하길 원하는 조사자는 카운티 단위로 보고된 데이터도 충분하다고 생각할 수 있다. 사실 많은 경우에 이러한 데이터는 카운티별로 정리되어 있다. 하지만 그 조사자를 고용한 마케터가 매장 입점을 위해 제안된 도로주소 주변의 2마일 지역을 평가하고 싶다면 어떻게 해야 할까? 시 단위의 데이터는 거의 적합하지 않을 것이다. 또 다른 마케터는 직접 우편 캠페인의 표적 고객을 선정하기 위한 최적의 우편번호들을 파악하려고 주요 도시의 개별 우편번호로 구성된 인구통계데이터를 알기 원한다고 가정해보자. 그에게도 역시 주 단위의 2차 데이터는 적합하지 않을 것이다. 이처럼 2차 데이터를 활용하는 데 있어 불일치한 보고단위로 인한 문제점이 종종 발견되지만 보다 자세히 확장된 우편번호(ZIP+4)와 같이 오늘날 여러 보고단위로 정리된 더 자세한 데이터들이 사용 가능해지고 있다.

측정단위의 불일치 2차 데이터는 종종 조사자가 필요로 하는 측정단위와 다른 측정단위로 보고되기도 한다. 예를 들어 어떤 조사자가 터키와 중국의 도시 평균 소득수준을 알기를 희망한다. 만약 한 국가에서는 1년 단위로 세후 소득으로 보고되고 또 다른 국가에서는 매달 세전 소득으로 보고가 된다면 두 국가 간의 소득수준을 비교하는 것은 매우 어려울 것이다.

집단 정의의 차이 보고된 데이터의 집단(class) 정의가 어떤 조사자에게는 유용하지 않은 경우가 있다. 2차 데이터는 종종 서로 다른 집단을 구분한 후 개별 집단에서 발견되는 특성들을 보고한다. 예를 들어 2차 데이터의 원천이 세 계층의 가구소득 차이를 보고한다고 가정해보자. 첫 번째 계층은 소득수준이 20,000~34,999달러의 비율이고, 세 번째 계층은 50,000달러 이상의 비율로 보고되고 있다. 대부분의 연구에서는 이러한 구분의 적용이 가능하다. 하지만 여러분이 대리점의 수를 확장하려는 최고급 배관설비 제조업자라고 상상해보자. 또 여러분의 딜러가 평균 소득이 80,000달러 이상인 가구가 있는 지역에서 가장 성공할 수 있다고 하자. 이 경우 현재 가지고 있는 데이터에는 50,000달러 이상의 가구들로만 구분이 되어 있기에 여러분은 또 다른 정보 원천이 필요할 것이다. 이러한 상황에서 조사자는 무엇을 해야 할까? 일반적으로 말해서 데이터를 계속해서 찾는다면, 결국 원하는 데이터를 찾게 될 것이다. 2차 데이터와 관련된 다양한 정보 원천이 있기 때문이다.

2차 데이터와 연관된 다섯 가지 문제점으로는 보고단위의 비호환성, 측정단위의 불일치, 데이터를 분류하는 데 있어 서로 다른 정의, 데이터 노후화, 데이터 보고의 신뢰성을 추정하는 데 필요한 정보의 부족 등이 있다.

노후화된 데이터 때로는 정보가 희망하는 측정단위로 측정되어 적절한 집단으로 구분되어 있음에도 불구하고 데이터 자체가 오래되어 더 이상 신뢰하기 어려운 경우가 발생하기도 한다. 어떤 데이터는 단 한 번만 발행된다. 하지만 어떤 데이터는 정기적으로 발행되기도 하지만 최근 문제에 해당 데이터를 적용하기에는 또 다른 문제가 발생할 수 있을 정도로 출판 시간이 지난 경우도 있다. 조사자는 입수한 데이터의 사용 가능성 역시 평가해야 한다.

5-5 2차 데이터의 평가

'당신이 읽은 모든 것을 믿을 수 있는 것은 아니다(You can't believe everything you read)'라는 격언은 마케팅 조사에서도 통용된다. 여러분은 마케팅 의사결정의 근거로서 2차 데이터를 사용할 것인지 여부를 결정하기 위해 해당 데이터의 품질과 타당성을 철저히 평가해야 한다. 특히 인터넷 원천은 주의를 기울여야 하는데, 대부분의 인터넷 사이트는 품질 기준이 거의 없기 때문이다. 2차 데이터의 신뢰성을 결정하기 위해 마케팅 조사자는 그 신뢰성을 반드시 평가해야 한다. 데이터의 신뢰성을 검증할 수 있는 데이터가 없다면, 그 원천은 믿을 수 없다. 믿을 수 있는 정보 원천은 데이터를 어떻게 수집했는지 등에 대한 세부적인 정보를 가지고 있다.

아래에 2차 데이터를 평가하는 데 유용한 다섯 가지 질문이 제시되어 있다.

이 연구의 목적은 무엇인가?

연구는 특정 목적을 위해 수행된다. 그리고 때때로 독자들은 연구의 실제 목적이 무엇인지 파악하지 못하는 경우도 있다. 일부 연구는 어떤 입장을 '증명'하기 위해 수행되기도 하고 연구를 수행하는 사람들의 관심이 있는 부분을 발전시켜 나가기 위해서 수행되기도 한다. 1980년대 환경 운동가들은 천기저귀를 거의 대체할 수 있는 일회용 기저귀의 막대한 사용량에 대한 우려가 커졌다. 그리고 12개 주 이상의 입법기관에서는 일회용 기저귀 사용 금지, 세금, 기타 경고문 등을 부착하는 것을 고려하고 있었다. 그리고 일회용 기저귀가 자연환경에 미치는 영향력을 천기저귀의 영향과 비교하기 위한 '목적'으로 '조사연구'가 시작되었다. 이 '새로운 연구'는 일회용 기저귀보다 천기저귀를 세탁하면서 사용되는 세제로 인한 환경파괴가 더욱 심각하다는 것을 '검증'하는 것이 목적이었다. 그리고 이와 같은 유사한 연구들이 입법기관에 받아들여지면서 일회용 기저귀를 반대한 운동은 그 힘을 잃었다. 하지만 향후 정밀조사 결과 이 연구에 몇 가지 의문이 제기되었다. 이들 연구 중 하나는 일회용 기저귀 시장에서 강력한 시장점유율을 갖고 있던 P&G가 아서디리틀(Arthur D. Little) 컨설팅 업체에 의뢰했던 것이다. 또한 프랭클린 어소시에이츠(Franklin Associates)에 의해 수행된 일회용 기저귀를 지지하는 또 다른 연구는 일회용 기저귀가 천기저귀에 비해 해롭지 않다고 밝혔는데 이 연구는 누가 후원했을까? 이 연구는 바로 일회용 기저귀 산업에 상당한 관심을 갖고 있는 미국종이협회(American Paper Institute)로부터 후원을 받고 있었던 것이다. 이러한 논쟁에 개입된 모든 '과학적' 연구들이 일회용 기저귀 사용을 지지하는 것은 아니었다. 1988년에 일회용 기저귀를 '쓰레기'로 규정한 한 연구에서는 일회용 기저귀로 인해 썩지 않는 막대한 쓰레기 더미가 형성된다고 했다. 누가 이 연구를 후원했을까? 바로 전국 천기저귀 산업회였던 것이다.[15]

데이터 원천을 고려해야 할 필요성을 보여주는 또 다른 예로 미국 주요 도로와 교량에서 심각한 결함이 발견되었다는 '연구'를 보고한 뉴스 매체 보도를 들 수 있다. 누가 이 연구를 후원했을까? 도로 및 교량 건설을 대표하는 단체였던 것이다. 그러한 조사는 객관적이고 정확했었을 수도 있다. 하지만 2차 정보의 사용자들은 어떤 목적으로 연구가 수행되었는지 파악하고 정보를 정확히 평가해야 한다.

누가 이 정보를 수집했는가?

여러분은 연구의 목적에 그 어떤 편견도 없다고 확신한다 하더라도 해당 정보를 수집한 기관의 역량에 대해 의문을 가져야 한다. 기관들은 그들이 주장하는 자원 및 품질 관리 측면에서 차이가 있다. 여러분은 데이터를 수집한 기관의 역량을 어떻게 평가할 것인가? 첫째, 해당 산업에서 보다 많은 경험을 갖고 있는 사람에게 물어보자. 일반적으로 신뢰성 있는 조직은 연구를 수행한 해당 산업에서 잘 알려져 있다. 둘째, 보고서 자체를 조사해보자. 역량 있는 기관들은 보고서에 명시된 정보를 수집하고 처리하는 방법과 그 과정에 대해 자세히 설명하고 세심하게 기록한다. 셋째, 해당 기업의 이전 의뢰인을 만나보자. 그 조직에 의해 수행된 성과업무 품질에 대해 만족해하고 있는가?

인터넷에서 정보가 올라와 있다는 것만으로 정보를 사용하는 것은 주의해야 한다. '정보 고속도로' 시대에 정보의 모든 원천들은 매우 풍부해졌다. 하지만 우리가 앞에서 지적했듯이, 이러한 모든 데이터가 객관성과 신뢰성을 보증하지는 않는다. 최근에는 **크라우드소싱**(crowdsourcing) 데이터가 주요 트렌드다. 예를 들면 크라우드소싱의 주요 적용 중 하나가 마케팅 조사 인사이트 5.3에 소개된 지리정보데이터 수집이다. 크라우드소싱은 실제로 데이터 유형의 품질을 높여줄 수 있을지

마케팅 조사 인사이트 5.3 **디지털 마케팅 조사**

크라우드소싱 지리정보 지식

크라우드소싱(crowdsourcing)은 단순히 기존 종업원 혹은 공급자가 아닌 많은 사람들이 참여하여 제품 혹은 서비스를 개발하는 비즈니스 모델이다. 크라우드소싱은 자발적 참여자들 혹은 파트타임 참여자들의 노력들을 통합한다. 스스로가 가진 계획과 목적에 따른 참여자들이 각각 공헌하는 정도는 작으나 이들을 모아 큰 목적을 달성할 수 있도록 통합된다.

크라우드소싱은 특정 집단이나 구축된 비즈니스 공급사슬로부터 위임받은 것이 아닌 일반 대중으로부터 작업이 수행된다는 점에서 아웃소싱과 다르다. 기존 비즈니스 모델과 비교했을 때, 크라우드소싱은 원가절감, 빠른 속도, 예상치 못한 놀랄 만한 혁신, 유연성/확장성, 그리고 다양성/공공 참여와 같은 눈에 띄는 변화들을 보여준다. 마케팅 조사자들은 소비자들이 제품 혹은 서비스 개발에 직접 참여할 경우 그 제품을 사용하는 경향이 더욱 크기 때문에 크라우드소싱은 효과적인 마케팅 도구라는 데 동의하고 있다.

크라우드소싱 적용에서 한 가지 흥미로운 분야는 자발적 지리정보(volunteered geographic information, VGI)시스템으로 불리는 지리정보 지식 생산물이다. VGI는 개인의 자발적 활동 혹은 전 지리적 정보를 자발적으로 제공하는 개인이나 집단에 의해 만들어져서 다른 사람들에게 제공되는 정보를 의미한다. 지난 10년간 VGI는 웹 2.0, 지오웹(geoweb), 공간 매체, 신지리학(neogeography), 시민과학, 크라우드소싱, 그리고 공개 과학 기술에 힘입어 발전해 왔다.

VGI는 다양한 종류의 기존 지리공간 데이터베이스를 확장하기 위해 쓰일 수 있다. OpenStreetMap(OSM)은 자발적 참여자들에 의해 개발된 최고의 지리공간 프레임워크 데이터 사례다. OSM은 지원자들의 자발적 노력으로 전 세계 도로망의 디지털 지도를 커버하도록 만들어진 국제적 협업의 결과이다. 자원봉사자들은 GPS와 위성 이미지를 사용해 교통 인프라와 지형들의 위치를 파악한다. 이렇게 모아진 데이터들은 온라인에 게재되고 내려받을 수 있도록 공개되었다. 이러한 데이터를 무료로 사용할 수 있다는 점은 다수의 국가 지도 에이전시나 기업이 제공하는 높은 비용의 지리 데이터와 현저한 대조를 보여준다.

OSM의 데이터 구축 방법은 가치가 매우 높다. 예를 들어 OSM 자원봉사자들은 지진이 발생한 후의 아이티에 뛰어들어 지진 대응과 재건 계획에 필요한 지도와 디지털 지리정보를 개발했다. 다양한 장소에서 지원자들이 모여 사용 가능한 온라인 정보로부터 정보를 모아 지리정보를 구축했다. 며칠 내에 무료 디지털 지도가 사용 가능하게 되었고, 여러 구호단체가 그 지도를 사용할 수 있게 되었다.

VGI에서 가장 흥미로운 점은 이전에 기록되지 않았던 정보들을 포함한 다양한 테마 혹은 현상에 대한 데이터를 생산할 수 있다는 것이다. Apple iHealth, Google Fit, Jawbone UP, 그리고 기타 개인 건강 데이터(심장박동수, 칼로리, 체중) 등이 인기를 끌기 시작하면서 VGI는 새로운 정보들을 사용할 수도 있게 되었다. 이러한 데이터는 개인정보가 될 수 있지만 소비자들이 개인정보 유출을 걱정하지 않고 개인 건강 정보를 공유하기로 한다면 이것들은 유용한 데이터로 활용될 수 있을 것이다.

— Daniel Sui

Daniel Sui에 대하여

Daniel Sui 박사는 오하이오주립대학교 문리과학대학 석학교수(distinguished professor)이자 지리학과 교수다. 그가 2012년에 저술한 *Crowdsourcing Geographic Knowledge: Volunteered Geographic Information in Theory and Practice*(Sarah Elwood, Michael Goodchild와 공동저술)은 VGI에 대해 자세하게 설명하고 있다.

Daniel Sui, 오하이오주립대학교 문리과학대학 석학교수 겸 지리학과 교수

모르지만 또 한편으로는 신뢰도가 낮을 수 있다. 다시 강조하지만 어떤 방법으로 데이터를 수집했는지 면밀히 검토해야 한다.

어떤 정보가 수집되었는가?

오늘날 경제 영향력, 시장잠재력, 그리고 실행성과 같은 주제에 초점을 맞추고 있는 정보가 많이 있다. 하지만 이러한 연구들에서 영향력, 잠재력, 혹은 잠재력의 요인으로 정확히 무엇을 측정했는가? 연구들은 특별한 주제에 관한 정보를 제공한다고 주장할지 모르지만 실제로는 다른 것을 측정한 것일 수도 있다. 예를 들어 B2B 서비스 판매 예측을 위해 각 지역별 사업체 수를 제시한 2개의 서로 다른 연구 사례를 살펴보자. 여기서 두 데이터가 다르다고 평가하는 것은 각 데이터에서 사업체 수를 측정하는 방식이 다르기 때문이다. 한 보고서는 기존 사업체 지역을 하나의 사업체로 간주하고 있는데 이 사업체는 12개의 중개상을 갖고 있어 높은 집계 결과를 보여준다. 하지만 다른 보고서는 오로지 사업체만 집계하고 중개상을 포함하지 않는다. 따라서 '사업체 수가 적은' 것으로 결과가 나온다. 이러한 차이가 중요한가? 물론 정보를 사용하는 연구자의 의중에 따라 달라질 것이다. B2B 서비스 제공자는 서비스를 모기업을 중심으로 판매할 것인지 혹은 개별 중개상 대상으로 판매할 것인지를 평가할 필요가 있다. 중요한 것은 정확하게 어떤 정보가 수집되었는지를 발견하는 것이다.

어떻게 정보가 수집되었는가?

여러분은 2차 원천에 보고된 데이터를 수집한 방법을 알아야 한다. 표본은 누구인가? 표본의 크기는 어떻게 되는가? 응답률은 어느 정도인가? 정보는 타당성을 확보하고 있는가? 여러분은 이 책을 통해 학습할 것인데, 1차 데이터를 수집하기 위한 다양한 방법이 있다. 여러분이 2차 데이터를 평가하지만 이러한 정보는 결국 다른 기관에 의해 1차 데이터로 수집된 것임을 기억하자. 데이터를 수집하는 방법들은 데이터의 상태와 품질에 영향을 미친다. 2차 데이터를 어떻게 수집할 것인지 찾는 것은 언제나 쉽지 않다. 하지만 앞서 논의했듯이, 2차 데이터를 제공하는 명성 있는 대부분의 기관들은 그들의 데이터 수집방법에 대한 정보를 자세히 제시한다.

정보들 간의 일관성이 확보되고 있는가?

때로는 동일한 2차 데이터가 다수의 기관들로부터 보고되기도 하는데, 이는 2차 데이터 원천을 평가하는 데 있어 최고의 방법이 될 수 있다. 이상적으로, 만약 둘 혹은 그 이상의 기관들이 동일한 데이터를 보고한다면, 여러분은 해당 데이터의 신뢰성과 타당성에 대해 확실한 확신을 갖게 될 것이다. 주요 도시, 카운티, 그리고 각 지방자치 현황이 반영된 인구통계데이터의 경우 다양한 정보 원천을 통해 수집할 수 있다. 여러분이 그 지역의 대표성을 갖고 있다고 주장하는 서베이를 평가한다면, 서베이 표본 특성을 그 지역 모집단의 인구통계데이터와 비교하길 원할 것이다. 만약 미국 센서스 데이터에 근거해 한 도시의 인구가 45%는 남성이고 55%는 여성이라는 것을 알고 있고 있는 상황에서, 한 서베이에서 도시 응답자의 46%가 남성이고 54%가 여성이라는 것을 보고한다면, 여러분은 그 서베이 데이터를 보다 신뢰할 것이다.

두 기관이 정확히 동일한 결과를 제시하는 경우는 드물다. 데이터 간의 차이점을 평가하기 위해 처음으로 할 것은 그 차이의 정도를 비교하는 것이다. 만약 기관별 데이터가 동일 변수에서 매우 큰 차이가 나타나면 여러분은 그 어떤 데이터에 대해서도 확신을 갖기 어려울 것이다. 여러분은 어떤 정보가 수집되었는지 신중하게 검토하고 각 보고 원천들의 데이터가 어떻게 수집되었는지 살펴야 한다.

5-6 미국지역사회조사

무료로 제공되는 공식통계데이터의 대표적인 예로 미국인구조사(American Census)에서 나온 미국지역사회조사(American Community Survey, ACS)를 자세히 살펴보자. 미국 거주민들의 전체 조사는 1790년에 시작되었다. 1940년 이전에는 미국의 모든 거주민들은 인구조사의 모든 설문문항에 응답해야만 했다. 1940년에는 모든 응답자들에게 응답 부담을 지게 하지 않으면서 많은 데이터를 신속하게 수집할 수 있는 긴 설문(long form, 응답자 표본에게만 보내지는 긴 설문지)이 도입되었다. 2000년대까지 이 긴 설문은 여섯 가구당 한 가구에 보내졌고 결과적으로 상당한 인구조사 데이터는 통계 샘플링에 기반했다.[16]

2010년 미국인구조사는 전통적인 조사 방식을 벗어나 짧은 설문(short form) 형태로 수집되기 시작했다. 이는 보다 정확한 집계를 달성하려고 한 것이 그 목적이었는데 그 결과로 우리는 매우 정확한 2010 센서스 결과를 얻게 되었다.[17] 오직 이름, 성별, 나이, 생년월일, 인종, 문화배경, 가족관계, 그리고 주택보유에 대한 질문만 있다. 여전히 보다 긴 형태의 문항도 필요하지만 미국지역사회조사를 통해서도 현재 해당 데이터들을 충분히 수집할 수 있게 되었다. 매우 오랫동안 인구조사는 미국 내에서 2차 데이터의 중추 역할을 담당해 왔다. 마케터들은 해당 정보를 다양한 형태로 활용하고 있으며, 마케팅 조사 업체들은 이 센서스 데이터의 사용을 도와주는 많은 상품들을 개발했다. http://2010.census.gov를 방문하면 2010 센서스에 대해서 더 많은 정보를 확인할 수 있다.

미국지역사회조사(ACS)는 수십 년간 마케팅 조사목적을 위한 2차 데이터의 활용성 면에서 가장 큰 변화를 보여주고 있다. 1996년 미국통계청에서는 10년 주기 인구조사 프로그램의 일환으로 경제, 사회, 인구통계, 주거형태 등의 데이터를 수집하는 ACS를 만들었다. ACS 서베이는 미국의 아

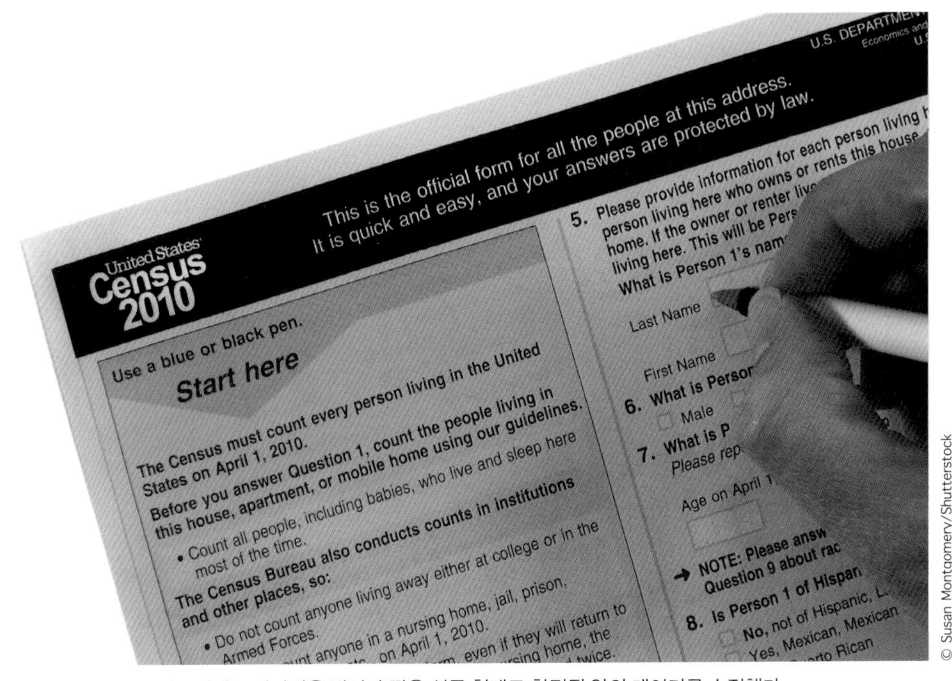

© Susan Montgomery/Shutterstock

2010년 미국인구조사는 전통적인 조사방법을 벗어나 짧은 설문 형태로 한정된 양의 데이터를 수집했다.

메리칸인디언 지역, 알래스카 원주민 지역, 하와이안 지역 등을 돌면서 모든 카운티 내 모집단에서 소수 비율을 차지하는 사람들의 정보를 수집하는 것을 통해 10년 주기 인구조사를 업데이트하도록 설계되어 있다. ACS의 장점은 10년에 한 번씩 조사가 이루어지는 것이 아니라 매년 조사가 이루어진다는 것이다. 실제로 이 데이터는 미국통계청의 신뢰도 있는 데이터로 '고평가' 받고 있으며 최신의 데이터가 반영되어 있기에 ACS는 마케팅 조사자들에게 있어 가장 유용한 2차 데이터로 활용되고 있다.

매년 새로운 데이터를 제공하기 위해 ACS는 연간 추정의 정확성에 대한 측정치를 제공한다. 이를 위해 ACS는 매년 300만 명의 미국인에 대한 서베이를 포함한 표본계획을 사용한다. 표본을 사용하기 때문에 데이터는 데이터의 정확성을 의미하는 오차 범위도 함께 보고된다(여러분은 제10장에서 오차에 대해 학습할 것이다). ACS의 활용 사례는 마케팅 조사 인사이트 5.4에서 확인할 수 있다.

5-7 패키지 정보란 무엇인가?

이제 우리는 조금은 다른 형태의 2차 데이터를 살펴볼 것이다. **패키지 정보**(packaged information)는 수집된 정보와 그 정보의 수집 절차가 모든 사용자에게 사전에 패키지로 묶여 제공되는 2차 데이터의 형태를 말한다. 패키지 정보는 신디케이트 데이터와 패키지 서비스로 구분된다.

패키지 정보는 수집된 정보와 그 정보의 수집 절차가 모든 사용자에게 사전에 패키지로 묶여서 동일하게 제공되는 2차 데이터의 형태를 말한다.

신디케이트 데이터

신디케이트 데이터(syndicated data)는 서비스 비용을 지불한 구독자들에게 공동 데이터베이스를 통해 데이터를 제공해주는 외부 2차 데이터 형태다. 신디케이트 데이터는 표준화된 형태로 데이터가 수집되며 모든 사용자에게 접근이 가능하도록 되어 있다. 이런 신디케이트 데이터는 특정 산업의 기업들에게는 가치 있는 자세한 정보지만 도서관에서는 구할 수 없는 정보들로 구성된다. 신디케이트 데이터를 제공하는 업체는 시간이 지나도 동일한 데이터를 수집할 수 있도록 표준화된 조사 형식을 따른다. 이러한 업체들은 구독 업체들에게 이미 바로 사용될 수 있는 가공된 데이터 형태로 특정 산업의 특화된 기본 정보들을 제공한다.

패키지 정보는 신디케이트 데이터와 패키지 서비스로 구분된다.

신디케이트 데이터는 서비스 비용을 지불한 구독자들에게 공동 데이터베이스를 통해 데이터를 제공해주는 외부 2차 데이터 형태다.

신디케이트 데이터의 예로 마케팅 이밸류에이션즈(Marketing Evaluations, Inc.)의 Q Score가 있다. Q Score는 남성 및 여성 배우, 작가, 운동선수, 그리고 스포츠 캐스터와 같은 유명인들의 친숙도와 매력도를 측정한 지표다. 이 정보는 기업을 위해 가장 적절한 홍보대사를 선정하는 데 도움을 주고 TV쇼 및 영화 제작사에게는 자신들의 쇼에 누구를 출연시킬지를 결정하는 데 도움을 준다. Q Score는 약 1,800명의 유명인을 대상으로 측정된다. 이 데이터는 인구통계적 집단별로 구성되어 있으며 1964년부터 유명인들에 대한 추세도 제공하고 있다.[18] Meryl Streep과 Tom Hanks 같은 인물들은 지표가 매우 높다. 심지어 이 기업은 이미 타계한 인물들에 대한 지표인 Dead Q도 함께 보고하고 있다.[19] 조사된 인물들에 대한 다른 정보 역시 패키지로 묶여서 광고사, TV와 영화 제작사, 라이선싱 대행사, 그리고 PR 대행사와 같은 구독자들에게 판매된다. 데이터는 2,000명의 표본을 사용하여 모든 유명인들을 대상으로 1년에 두 번 측정되고 있다. 마케팅 이밸류에이션즈의 www.

qscore.com을 방문하면 해당 지표를 보다 자세히 확인할 수 있다.

신디케이트 데이터의 또 다른 예로 닐슨 레이팅스(Nielsen Ratings) 서비스가 있는데, TV 프로그램 시청률과 시청자의 인구통계데이터를 보고하고 있다.[20] 이 정보 역시 다양한 데이터를 일괄적으로 측정하는데 광고인, 광고 대행사, TV 제작사, 네트워크, 그리고 케이블 업체 등이 해당 데이

마케팅 조사 인사이트 5.4 실무적 적용

미국지역사회조사의 활용

이 실습은 미국지역사회조사(ACS)와 ACS가 수집한 데이터를 검색할 수 있는 American Factfinder를 소개하는 것이 목적이다.

글로벌 모터스(Global Motors)는 자사의 제품 믹스에서 완전히 전기로만 움직이는 차를 새롭게 도입하는 것을 고려하고 있다. 이 차를 사용하면 구매자들은 휘발유 주유를 전혀 하지 않아도 될 것이다. 전기차는 마일당 0.02달러의 유지비가 요구되는 반면에 가솔린차는 마일당 0.12달러가 필요하다. 글로벌은 닛산 리프와 같은 전기차를 제조하는 제조업체가 이미 존재한다는 것을 알고 있다. 하지만 글로벌 모터스의 디자이너와 관리자들은 자동차 외장을 태양 전지판(solar panels)으로 제조한다면 경쟁우위를 확보할 수 있다고 믿고 있다. 전기코드에 꼽을 때만 충전 가능한 기존 자동차와 다르게 태양 전지판 '외장'은 햇볕이 있는 동안 추가 에너지를 흡수할 수 있다. 이러한 혁신은 다른 이유로도 그 의미가 있다. 전기차 소유자들이 석탄동력의 전기발전소(미국 발전소의 대부분을 차지함)로부터 생산된 전기로 그들의 자동차를 충전한다면 마일당 0.8파운드의 온실가스 배출물이 여전히 분출된다. 이는 가솔린 자동차에서 배출되는 마일당 1파운드보다 낫지만 '분출물 제로'를 의미하는 것은 아닌 것이다.[21] 태양 전지판 외장은 가스분출을 줄여줄 수 있고 주행거리를 길게 해줄 뿐만 아니라 글로벌 모터스가 완전 무분출 차량을 달성하는 데 가까이 다가갈 수 있게 되는 것이다. 하지만 태양 전지판으로 전기를 충전한다고 하더라도 전기차의 주행거리는 여전히 고민거리이다. 태양 전지판이 도움이 될 수 있겠지만, 아주 화창한 날에도 자동차를 움직이는 데 필요한 충분한 에너지를 만들어내지 못한다. 이러한 새로운 자동차의 주행거리는 125마일이 될 것으로 예상되는데, 완전한 전기 자동차의 주행거리인 60~100마일보다는 개선된 것이다.

ACS는 미국인들의 통근시간에 대한 자료를 제공한다.

© Christian Delbert/Shutterstock

구체적인 설계에 앞서 글로벌 관리자는 출퇴근에 많은 전기를 소모하고도 여전히 다른 작은 일들을 처리해야 되는 경우에도 사용될 수 있을 것인지를 알고 싶어 한다. 만약 대부분의 근로자들이 30분 이내로 통근한다면 이 새로운 자동차는 차주가 출퇴근하고도 다른 일상의 일들을 처리할 수 있는 적합한 주행거리를 가지고 있다고 판단된다. 이 새로운 자동차 콘셉트를 진행하기 이전에 회사는 2차 데이터를 통해 다음 질문에 대한 답을 얻기를 원했다 – "미국인들의 편도 통근 시간은 얼마인가?" American Factfinder를 통해 ACS 데이터를 추출해, 관리자들은 미국인들의 평균 통근시간이 25.3분이라는 것을 금방 파악할 수 있었다. 이것은 신차 개발 계획에 있어 중요한 근거라 할 수 있다.

포커스 그룹을 사용해 콘셉트 테스트를 진행한 몇 달 뒤에 신차 프로토타입이 개발되었다. 해당 프로토타입은 공학적인 면과 디자인 면에서 모두 기대를 충족시켰다. 전체 생산비용은 일반 소형 세단보다 높지만, 이 가격은 운영비 절감으로 상쇄될 수 있다는 점을 판매 유인으로 삼을 수 있다. 글로벌은 30분 이내에 통근하는 근로자들 비율에 근거해 선택된 도시통계지역(metropolitan statistical area, MSA)에서 20개의 자동차를 대상으로 테스트 마켓을 하고자 한다. 여러분은 플로리다주 잭슨빌의 MSA를 평가한 ACS 데이터에 접근해 다음 단계를 거치면서 조사를 직접 수행할 수 있다.

1. www.census.gov에 들어가서 'Data' 메뉴를 선택하라.
2. 'Data Tools and Apps'에서 American Factfinder를 클릭한 후 'Advanced Search'에 들어가라.
3. 'Show Me All'을 선택한 후 'Topics'를 선택하라.
4. 대화상자에서 'People'을 클릭하고 'Employment'에 들어간 후 'Commuting(journey to work)'에 들어가면 'Your Selections'가 보일 것이다.
5. 플로리다주 잭슨빌의 MSA를 선택하기 위해 'Geographies'로 가서 플로리다주 잭슨빌을 찾을 때까지 Metro/Micro statistical area를 선택하라. 잭슨빌을 선택하고 'Add to your Selection'을 선택하라. 여러분이 이 지역을 추가하면, 대화상자를 닫고 표를 보자. 여러분은 몇 가지를 확인할 수 있을 것이다.
6. 맨 위에 있는 표를 선택하고 'Travel Time to Work'에 대한 정보를 찾자. 잭슨빌은 이러한 기준에 근거해 테스트 마켓에 적절한가?

에스리의 Tapestry Segmentation을 사용하여 여러분이 사는 지역을 조사해보자

www.esri.com에 들어가서 product를 클릭한 후 'See All Products'에서 당신은 'Products A-Z'를 찾을 수 있을 것이다. 여러분은 Tapestry Segmentation 프로그램을 볼 수 있는데, 이것은 65개의 서로 다른 소비자 유형에 중에서 어떤 유형이 다수를 차지하는가에 따라 우편번호를 구분해 놓고 있다. 여러분의 우편번호를 입력해서 여러분이 사는 지역에 대해 어떻게 기술되어 있는지 알아보라. 그 설명은 여러분 지역에 사는 사람에 대한 여러분의 생각과 일치하는가?

터를 구독하고 있다. 닐슨의 웹사이트인 www.nielsen.com을 방문하면 TV 프로그램 순위인 Top10을 비롯하여 도서, 음악, 그리고 비디오 게임과 관련된 정보들도 무료로 접할 수 있다.

닐슨 오디오(Nielsen Audio, 이전에 Arbitron으로 불림)는 개별 라디오 전파 지역에서 다양한 라디오 방송국의 청취율과 청취자 유형을 제공하는 신디케이트 데이터의 또 다른 사례다. 이 정보 역시 표적 시장에 도달하려는 광고 회사들에게 유용하다. 청취자의 규모와 특성에 대해 객관적이고 독립적인 측정을 제공하기 때문에 라디오 방속국이 시청자 특성을 정의하는 데 도움이 된다. 신디케이트 데이터는 데이터 수집과 분석 과정은 의뢰인에 따라 다르지 않다.[22] 개별 구독자들은 개별 라디오 전파 지역에서 동일한 '보고서'를 구매하는 것이다.

패키지 서비스

패키지 서비스(packaged service)는 특정 사용자를 위해 정보를 생성하는 사전에 계획된 마케팅 조사 프로세스다. 신디케이트 데이터와 다르게 패키지 서비스 데이터는 개별 의뢰인마다 다르다. 패키지 서비스는 동일 데이터를 의뢰인에게 제공하는 경우는 드물다. 대신에 그들이 마케팅하는 것은 그 과정 자체이다. 예를 들어 패키지 서비스는 고객 만족도를 측정한다. 의뢰업체가 고객 만족도를 측정하기 위해 자체 프로세스를 개발하는 소모적인 투자를 시도하는 대신 이러한 목적을 달성하기 위해 패키지 서비스를 이용할 수 있다. 이는 테스트 마케팅, 신규 브랜드의 네이밍, 신제품 가격 설정, 그리고 미스터리 쇼퍼와 같은 다른 마케팅 조사 서비스의 경우도 마찬가지이다.

패키지 서비스는 특정 사용자를 위해 정보를 생성하는 사전에 계획된 마케팅 조사 프로세스다.

에스리(Esri)의 Tapestry Segmentation은 사전에 개발되어 있는 절차를 사용하여 주택가 주민들에 대한 프로파일을 구축하는 서비스다. 의뢰인은 그들의 고객은 누구인지, 어디에 사는지, 그리고 고객을 어떻게 찾고 접근할 수 있는지 보다 잘 이해하기 위하여 이 서비스를 구매한다. 각 의뢰인마다 데이터는 모두 다르지만 에스리의 데이터 수집 과정은 모든 의뢰인에게 동일하게 진행된다.[23]

5-8 패키지 정보의 장점과 단점

신디케이트 데이터

신디케이트 데이터의 가장 큰 장점 중 하나는 공유비용(shared costs)이다. 다수의 의뢰업체들은 이 신디케이트 데이터의 장점은 비용 분담, 고품질 데이터, 그리고 의사결정을 위한 빠른 데이터 수집이 가능하다는 것이다.

정보를 구독한다. 따라서 하나의 구독 업체에게 부담되는 서비스 비용은 상당히 절감된다. 둘째, 신디케이트 데이터 업체는 표준화된 데이터 수집에 전문화되어 있고 데이터의 타당성은 업체의 생존과 직결되는 문제이기 때문에 데이터 품질이 일반적으로 매우 뛰어나다. 신디케이트 데이터의 마지막 장점으로는 최신의 유용한 정보가 구독자들에게 빠르게 전달된다는 점이다.

신디케이트 데이터의 단점은 데이터 수집 통제 어려움, 장기 계약, 경쟁사가 동일 정보에 접근 가능하다는 점이다.

신디케이트 데이터의 첫 번째 단점은 구매자들이 어떤 데이터를 수집했는지 통제하기 어렵다는 것이다. 측정단위가 올바른가? 지리적 보고단위가 적절한가? 두 번째 단점은 구매업체들이 신디케이트 데이터를 구매할 때 계약기간을 오래 설정해야 한다는 것이다. 마지막으로 모든 경쟁자들이 똑같은 데이터에 접근할 수 있기 때문에 전략적 정보우위를 갖기 어렵다는 것이다. 하지만 많은 경우 기업들은 이러한 정보를 구매하지 않음으로써 심각한 전략적 불리함을 가질 수 있다. 추가하자면, 기업이 정보를 얼마나 잘 사용하는지는 기업이 어떤 정보에 접근할 수 있는지만큼 중요하다.

패키지 서비스

패키지 서비스를 사용하는 것의 가장 큰 장점은 서비스를 제공하는 마케팅 조사 업체의 경험을 누릴 수 있다는 것이다. 특정 기업이 처음으로 테스트 마켓을 실시한다고 가정해보자. 그 기업은 테스트 마켓을 올바르게 수행하는 데 필요한 자신감을 갖기 위해 몇 달을 소요하게 될 것이다. 그렇기 때문에 이러한 경험이 많은 업체와 함께하는 것은 조사 과정에서 발생할 수 있는 잠재적인 실수를 최소화할 수 있는 좋은 방법이다. 패키지 서비스를 제공하는 업체는 효과적으로 필요한 정보를 전달할 수 있게 시간과 노력을 기울여 왔다. 그 과정에서 모든 가능한 문제들을 제거한 결과물이다. 두 번째 장점은 조사비용의 절감이다. 공급업체는 정기적으로 많은 의뢰인들을 위해 서비스를 수행해 왔기 때문에, 그 서비스 과정은 구매업체가 스스로 서비스를 수행할 때보다 훨씬 효율적이고 적은 비용을 필요로 한다. 세 번째 장점은 조사 서비스의 속도다. 반복된 서비스를 통해서 얻은 효율성으로 인해 조사 프로젝트 종료까지 이어지는 과정에서의 총 필요시간을 줄일 수 있다. 네 번째 장점은 비교를 통한 벤치마킹을 실현할 수 있다는 것이다. 패키지 서비스를 제공하는 업체는 이전 조사로부터 얻은 측정치를 사용해 이전의 결과와 현재의 결과를 비교해 결과의 이해를 도울 수 있다. 예를 들어 제품 콘셉트 테스트 서비스를 제공하는 닐슨 베이시스(Nielsen BASES)는 200,000개 이상의 제품 콘셉트 테스트를 35년 이상 진행해 온 경험으로 신제품을 성공적으로 정확하게 출시할 수 있는 확률을 예측할 수 있다. 이러한 모든 이유들이 의뢰업체가 패키지 서비스에 관심을 갖는 이유이며, 이러한 이유 때문에 다수의 마케팅 조사업체들이 패키지 서비스를 제공한다.

패키지 서비스의 장점은 해당 분야에 기업의 전문성을 활용할 수 있고, 비용을 절감할 수 있으며, 서비스 수행이 빠르다는 것이다.

패키지 서비스의 한 가지 단점은 프로젝트의 여러 부분을 고객화(customize)하기 어렵다는 것이다. 둘째, 패키지 서비스를 제공하는 업체는 특정 산업에 대한 특수성을 잘 모를 수 있다. 따라서 서비스의 고객은 이러한 패키지 서비스가 자신이 처한 상황에 맞는 것인지를 스스로 판단해야 하는 부담을 감수해야 한다. 따라서 자신이 속한 시장의 특수성을 잘 알고 있는 의뢰업체는 패키지 서비스가 어떤 모집단을 대상으로 어떤 데이터를 수집하고, 어떻게 데이터를 수집하고, 데이터를 어떻게 보고하는지를 서비스 구매 전에 파악해야 한다.

패키지 서비스의 단점은 프로젝트에 특화된 서비스를 이용하기 어려우며 서비스 업체가 산업에 대한 독특성을 이해하지 못할 수 있다는 것이다.

5-9 패키지 정보의 활용

패키지 정보는 소비자 태도와 의견 측정, 세분시장의 정의, 매체 사용과 촉진 효과성에 대한 모니터링, 그리고 시장 추적연구와 같이 다수의 마케팅 조사 의사결정에 유용하다. 다음 절에서는 패키지 서비스를 제공하는 업체 사례의 적용에 대해 알아볼 것이다.

소비자 태도와 의견 측정

마케터는 언제나 소비자 태도와 의견에 관심을 갖는다. 한때 상당수의 미국인들은 신용카드로 구매하는 것에 대해 상당히 부정적이었다. 1970년대 들어 신용카드 소유가 늘어나면서 이러한 태도는 확실히 변했다. 마케터는 유통업체 브랜드(private brand)와 제조업체 브랜드(national brand)에 대한 소비자 태도, 미국 혹은 그 밖의 지역에서 제조된 제품 태도, 그리고 건강 편익 등에도 관심을 갖고 있다. 방위산업체는 전쟁에 대한 대중의 태도에 관심을 갖고 있다. 대학교들은 고학력의 가치에 대한 일반 소비자 태도에 관심을 갖고 있다. 제조업자들은 환경오염과 정부 규제에 대한 태도에 관심을 가질 수밖에 없다. 조사 업체들은 이러한 이슈들에 대한 태도와 의견을 측정하고 보고하는 패키지 서비스를 제공하고 있다. 가장 오랜 역사를 가진 업체 중 하나인 갤럽(Gallup)의 경우 지난 수십 년 동안 태도, 의견, 그리고 모니터링 변화를 추적해 왔다.

시장 세분화

다수의 마케팅 조사 업체들은 의뢰업체에게 표적 시장의 구성원들은 누구인지, 그들이 어디에 있는지 파악하고 이러한 표적 시장에 효율적으로 도달할 수 있는 촉진활동을 개발할 수 있는 정보를 포함한 패키지 서비스를 제공한다. 이러한 서비스의 상당수는 소비자들의 인구통계적 정보와 같은 마케팅 정보를 경도와 위도 같은 특정한 지리적 위치에 연결시키는 지리인구통계적 정보에 기초하고 있다. **지리인구통계**(geodemographics) 특성이란 각각의 지역을 그 지역 거주민들의 사회경제적인 특성에 따라 구분한 것이다. 지리인구통계 정보시스템(geodemographics information systems, GIS)이라고 불리는 컴퓨터 프로그램으로 인해 지리인구통계 전문가들은 엄청난 데이터베이스에 접근할 수 있고 그들이 관심을 가지는 지역의 소비자 프로파일을 구성할 수 있다. 지리인구통계 전문가들은 도시, 군, 그리고 주와 같은 고정된 지리단위에 국한되지 않고 주어진 마케팅 문제에 따라 지역 정보를 만들 수 있다.

지리인구통계란 각각의 지역을 그 지역 거주민들의 사회경제적인 특성에 따라 구분하여 설명할 때 사용되는 용어이다.

매체 사용과 촉진 효과성에 대한 모니터링

우리는 이미 닐슨 레이팅스에서 TV 시청률을 측정하고 닐슨 오디오에서 라디오 청취율을 조사하는 것에 대해 살펴보았다. 또 다른 예로 인쇄매체 촉진 영향력 측정이 있다. 촉진활동이 신문, 우편 송부, 웹사이트, 잡지, 그리고 제품 상자 등에서 이루어질 때, 마케터는 무엇이 소비자 관심을 유도하는지, 그들이 메시지에 대해 어떤 생각을 하는지 알기 원한다. 패키지 서비스는 인쇄매체 촉진 메시지의 효과성을 모니터링해주기도 한다. 인쇄매체의 반응을 측정하기 위해 스코포스(SKOPOS)의 서비스 RepliKator는 소비자로 하여금 전자 방식으로 잡지나 다른 인쇄매체의 페이지

능동적 학습

브레인주서로 광고에 대한 정서적 반응을 파악해보자

브레인주서는 2014, 2015년 동종업계로부터 세계에서 가장 혁신적인 마케팅 조사 업체로 선정된 바 있다.[24] 그 이유를 파악하기 위해 브레인주서의 홈페이지(www.brainjuicer.com)를 방문해보자. 'Feel More' 메뉴를 클릭하라. 여기서 여러분은 브레인주서가 개발한 Emotion-in-Action 지수에서 올해 최고의 지수를 기록한 광고를 접할 수 있다. 여러분은 이 페이지에서 브레인주서가 해당 지수를 어떻게 개발했는지 확인할 수 있다. 그해 최고에 오른 광고에 대해 여러분은 정서적으로 반응하는가?

를 넘기도록 함으로써 실제로 잡지를 읽는 것을 최대한 근사한 방식으로 재현한다. 이를 통하여 스코포스는 잡지를 읽은 독자들이 무엇을 기억하는지 측정할 수 있다. 마케팅 조사 업체인 브레인주서(BrainJuicer)는 자사의 'Emotion-in-Action-score'를 통해 광고에 대한 소비자들의 감정들을 측정하기도 한다.

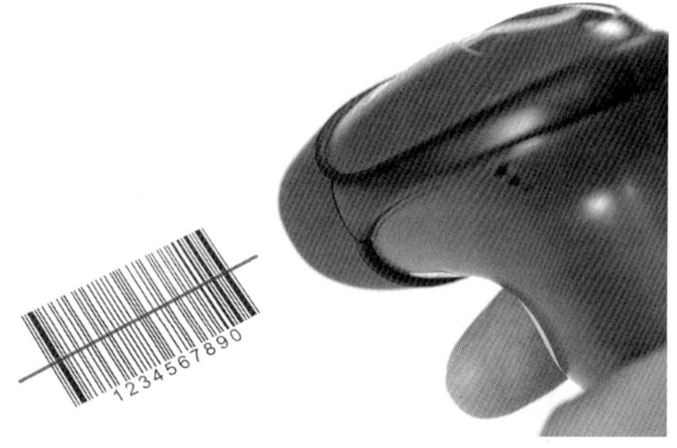

© Florin oprea/Shutterstock

기업들은 특별한 제품군의 추적데이터를 구매할 수 있고, SKU 수준에서 어떤 소매점에서 어떤 브랜드가 판매되었는지에 대한 최신 정보도 얻을 수 있다.

시장 추적연구

닐슨은 소비자 구매행동을 분석하는 분야에서 리더다. 닐슨의 **추적연구**(tracking studies)는 시간에 따른 매출 혹은 시장점유율과 같은 변수를 모니터하는 종단연구다. 닐슨은 소매점 수준에서 제품의 이동을 추적하는 두 가지 방법을 갖고 있다. 첫째, 큰 패널 집단에 참여한 소비자들은 닐슨이 제공한 특수장비를 이용해 집으로 가져온 제품에 UPC 바코드를 읽힌다. 데이터는 닐슨 데이터베이스에 업로드된다. 둘째, 닐슨은 소매상의 계산대에서 스캔된 상품들의 정보를 구매할 수 있는 협정을 다수의 소매상들과 맺고 있다. 닐슨은 매장 내 조사원을 통해 점포가 대표성이 있는지를 확인함으로써 이러한 방법을 보완하는 작업도 한다. 이러한 기법들은 닐슨이 마케팅 관리자에게 핵심 정보 패키지 서비스를 제공하도록 해준다. 마케팅 관리자들은 그들의 카테고리를 위한 추적된 데이터를 구매하여 재고관리단위(SKU) 수준에서 어떤 소매점을 통하여 어떤 브랜드가 판매되었는지에 대한 최신 데이터를 입수할 수 있다. 또한 그들은 이를 통하여 핵심 전략 정보 중 하나로서 그들의 경쟁사가 무엇을 판매하는지에 대해서 알 수 있다.

추적연구는 시간에 따른 매출 혹은 시장점유율과 같은 변수들을 모니터하는 종단연구이다.

5-10 소셜미디어 데이터

마케팅 조사에서 가장 빠르게 성장하고 있는 분야 중 하나가 소셜미디어 데이터의 조직과 분석이다. 2014년 수행된 마케팅 전문가 서베이에서 마케팅 조사 전문가들 중 약 절반(46%)은 현재 소셜미디어 데이터를 분석하고 있으며, 그 나머지 1/3(31%)은 향후에 소셜미디어 데이터 사용을 고려하고 있음을 발견했다.[25] **소셜미디어 데이터**(social media data)는 **사용자제작콘텐츠**(user-generated

소셜미디어 데이터는 사용자제작콘텐츠(UGC)라고도 불리며, 온라인 시스템 사용자에 의해 만들어졌고, 다른 사람들과 함께 공유하기 위한 의도를 가진 정보를 의미한다.

content, UGC)라고도 불리는데, 온라인 시스템 사용자에 의해 만들어졌고, 다른 사람들과 함께 공유하기 위한 의도를 가진 정보를 의미한다. 소셜미디어 데이터는 마케팅 조사 프로젝트 결과에 의해 형성되지 않은 정보이기 때문에 2차 데이터의 형태로 간주된다. 제6장에서 우리는 1차 데이터를 활용하는 온라인 조사방법의 두 가지 형태인 마케팅 조사 온라인 커뮤니티와 온라인 포커스 그룹에 대해 논의할 것이다.

소셜미디어 정보는 사진, 동영상, 코멘트, 리뷰, 트윗, 팟캐스트, 핀, 게시, 순위, 이모티콘, 좋아요, 블로그 등 매우 다양한 형태로 존재한다. 마케팅 조사 인사이트 2.1에서 자세히 다루었듯이 소셜미디어 플랫폼은 블로그, 마이크로블로그, 동영상 공유 네트워크, 사진 공유 사이트, 소셜 네트워크, 전문가 네트워크, 제품과 서비스 리뷰 사이트, 웹 기반 커뮤니티와 포럼, 그리고 뉴스 공유 사이트와 같이 다양한 형태로 존재한다. **소셜미디어 리스닝**(social media listening)으로도 불리는 **소셜미디어 모니터링**(social media monitoring)은 고객 인사이트를 모으기 위해 소셜미디어 데이터를 적극적으로 수집하고, 조직하며, 분석하는 활동을 포함한다. 소셜미디어 모니터링의 시간은 다양할 수 있다. 특정 문제를 해결하기 위해 단 한 번 진행될 수 있고, 일정 간격(예 : 분기별 혹은 연도별)을 두고 진행될 수 있으며, 또는 지속적으로 진행될 수도 있다.

소셜미디어 리스닝으로도 불리는 소셜미디어 모니터링은 고객 인사이트를 모으기 위해 소셜미디어 데이터를 적극적으로 수집하고, 조직하며, 분석하는 활동을 포함한다.

정보 유형

서문에서 훗스위트의 Kristina Cisnero가 이야기했듯이 소셜미디어에서 생성된 정보들 중에는 비즈니스에 유용한 것들이 무수히 많다. 예를 들어 기업들은 인터넷을 통해서 다른 지역에 거주하는 고객들은 제품을 다른 방식으로 사용하는 것을 알 수 있고 이를 통해 새로운 광고 캠페인 혹은 제품 확장을 이끌어낼 수 있다. 호주에서 Vegemite의 매출이 떨어졌을 때, 크래프트는 소셜미디어를 조사해 호주 소비자들과 이스트 기반으로 빵에 발라 먹는 제품의 관계를 조사했다. 소셜미디어 플랫폼을 통해 크래프트는 호주인들은 그들의 문화 방식에 따라 Vegemite를 특이한 음식 조합에 포함시킴을 알았다. 이를 통해 "너는 Vegemite를 어떻게 먹니?(How do you have your Vegemite?)"라 불리는 성공적인 광고 캠페인을 이끌었다. 또한 크래프트는 일부 호주인들은 Vegemite를 크림치즈와 섞는다는 것을 발견했다. 그 결과 Cheesybite라 불리는 새로운 인기 제품을 출시하게 되었다.[26]

다음은 소셜미디어에서 발견되는 사용자가 제작한 정보 유형에 대해 소개다.

후기 소비자들은 소매업자(예 : 바나나 리퍼블릭)의 제품 혹은 서비스에 대한 후기를 제공하고 전문 웹사이트(예 : 옐프)를 통해 제품 혹은 서비스 후기를 작성한다. 이러한 후기는 판매 혹은 반품과 같은 내부 데이터를 위한 맥락을 제공한다. 후기는 소매업자 혹은 생산자들에게 문제와 성공에 대한 빠른 경고를 해주고 진단을 내려줄 수 있다. 소비자들의 코멘트는 제품 및 서비스에 대한 무료 프로모션을 제공하기도 하지만 후기가 호의적이지 않을 때 이러한 퍼블리시티는 바람직하지 않을 수도 있다.

팁 때때로 소비자들은 제품 문제 해결 정보(소프트웨어의 버그 해결), 제품 시연(제품 사용을 직접 보여줌), 제언(호텔에서 가장 좋은 룸을 선택할 때), 그리고 경고(당신의 애완견을 위해 이 장난감은 절대 구매하지 마시오)와 같이 다른 소비자와 제품 혹은 서비스와 관련된 정보를 공유하기 위해 소셜미디어 웹사이트를 이용한다. 또 소비자들은 기업을 위한 의견을 공개적으로 전달하려고 소셜미디어를 사용하기도 한다. 이는 새로운 콘셉트를 위한 아이디어 그리고 개선 및 속성 추가를 위한 제안으로 활용될 수 있다.

새로운 사용 용도 소비자들은 제품을 위한 새로운 사용법을 공유하기도 하는데, 이는 제품 촉진의 새로운 방법으로 이어지기도 한다. 조리법에서 식료품의 새로운 용도 발견이나 예상치 못했던 가전제품의 새로운 사용 등이 그 예다.

경쟁사 뉴스 소셜미디어 사이트는 경쟁사 제품에 대한 소비자 지각을 모니터링할 수 있는 방법을 제공하기도 하는데, 이는 유사한 제품을 직접 비교하게 해주고 산업 발전의 초기 경고 등을 제공하기도 한다.

소셜미디어 데이터의 장점과 단점

소셜미디어 데이터는 마케팅 조사 데이터로서 매우 많은 강점을 갖고 있다. 첫 번째이자 가장 중요한 것으로 이러한 정보는 최신 정보라는 점을 들 수 있다. 소셜미디어는 브랜드와 관련된 마케팅 믹스에 대해 빠르고, 즉각적이며, 최신의 피드백을 제공한다. 둘째, 데이터를 적절하게 수집하고 분석해야 하는데 전문성이 필요하기는 하지만 데이터 접근에 있어 상대적으로 저렴하다. 셋째, 소셜미디어 데이터는 자발적이며 여과되지 않은 소비자의 진솔한 목소리를 반영하고 있다. 이를 통하여 소셜미디어 데이터는 그 밖의 다른 조사에서 나타나지 않는 새로운 이해를 가져올 수 있다. 넷째, 소셜미디어 플랫폼은 소비자에게 영향을 미치는 트렌드를 추적하고 중요한 테마(공포 혹은 열망)를 발견하는 데 있어 최고의 수단 중 하나이다.

마케팅 조사를 위한 소셜미디어 데이터 활용은 단점도 많다. 첫째, 소셜미디어 코멘터들(사용자)이 브랜드의 표적 고객을 대표하지 않을 수 있기에 잘못된 피드백으로 이어질 수 있다. 비슷하게, 브랜드를 옹호하든 비판하든 가장 목소리가 큰 소비자들은 더욱 적극적인 목소리를 내고 의견이 왜곡될 수 있다. 다음으로, 소비자의 인구통계와 지리정보가 식별되지 않거나 위조일 경우 사용성은 제한될 수 있다. 추가하면, 전자제품 혹은 호텔과 같은 몇몇 제품 유형은 온라인 후기가 쉬운데, 일부의 지역 제품 혹은 시장 침투력이 낮은 제품들은 아예 소셜미디어에 나타나지 않는 경우도 있다. 또한 유명 웹사이트에는 조작을 방지하기 위해 장치들이 있긴 하지만 소셜미디어 후기 웹사이트는 조작이 될 수 있고, 일부 후기는 어떤 특수한 동기를 숨긴 개인이 포스팅할 수도 있다. 마지막으로 그리고 가장 실망스러운 것은 소셜미디어상의 데이터 다수는 의미가 없거나, 불필요하며, 공격적이고, 관련이 없는 경우가 많다. 이는 유용한 정보를 찾기 위해 다수의 콘텐츠를 찾아야 함을 의미한다.

소셜미디어 모니터링을 위한 도구

닐슨과 리버만 리서치 월드와이드(Lieberman Research Worldwide) 같은 상당수의 풀서비스 조사

업체들은 패키지 서비스로서 소셜미디어 모니터링을 제공한다. 디지털MR(DigitalMR), 페이스(Face) 등과 같은 몇몇 조사 업체들은 소셜미디어 모니터링에 특화되어 있다. 하이퍼마켓 체인인 메이어(Meijer)나 P&G 같은 몇몇 의뢰업체들은 소셜미디어 리스닝을 대부분 직접 진행하고 있다. 델, 적십자, 게토레이와 같이 소셜미디어에 상당한 가치를 두는 회사들은 소셜미디어의 활동 등을 모니터하기 위해서 '커맨드 센터'를 운영하고 있다. 이러한 소셜미디어 커맨드 센터는 위기나 특별 사건들을 다루기 위해 일시적으로 운영되기도 하는데, NFL(National Football League)은 2015 슈퍼볼(애리조나주 피닉스에서 개최)을 위해 커맨드 센터를 운영하기도 했다.

무료 혹은 일부 무료 혹은 유료로 제공되는 수많은 도구와 기술들이 소셜미디어 혹은 웹 분석 모니터링을 위한 목적으로 만들어져 오고 있다. 라디안6(Radian6), 구글 애널리틱스(Google Analytics), 그리고 소셜 멘션(Social Mention) 등이 그것이다. 훗스위트와 스프라우트 소셜(Sprout Social)과 같은 기업들은 한 화면에 다수의 소셜미디어를 모니터링할 수 있는 소셜미디어 대시보드를 제공하고 있다. 이러한 서비스들은 단어 수, 단어량, 키워드, 그리고 주요 인플루언서들에 대한 측정치와 요약 정보를 제공한다. 예를 들어 소셜미디어 검색엔진인 소셜 멘션은 소비자 **정서**(sentiment)에 대한 측정이나 웹사이트상에서 제품 혹은 브랜드에 대한 긍정적, 부정적 게시물 비율을 제공하고 있다. 그럼에도 불구하고 소셜미디어 데이터 수집을 위한 도구는 브랜드, 제품, 그리고 기업에 대해 깊은 이해를 갖고 있는 마케팅 조사 분석가에 의해 진행되는 깊이 있는 분석을 대체할 수 없다. 마케팅 조사 인사이트 4.2에는 소셜미디어를 분석하기 위한 단계가 소개되어 있다.

정서는 웹사이트상에서 제품 혹은 브랜드에 대한 긍정적/부정적 게시물의 비율이다.

5-11 사물인터넷

빅데이터의 떠오르는 중요한 원천 중 하나로 **사물인터넷**(Internet of Things, IoT)이 있는데, 이는 데이터를 수집하고 송출할 수 있도록 설계된 소프트웨어 혹은 센서가 탑재된 유형의 사물들의 네트워크로 정의된다. 디사이퍼 마켓 리서치(Decipher Market Research)의 사장인 Kristin Luck과 같은 마케팅 조사 전문가들이 IoT는 "1차 데이터에 의존한 우리의 산업을 수동적으로(passively) 수집된 2차 데이터 중심으로 변모시키고 있다"고 주장하고 있는 것은 이러한 데이터 원천에 대한 이해가 아주 중요함을 보여준다.[27] 미래에는 인물이 아닌 사물(thing)이 데이터를 더욱 많이 제공할 것으로 여겨진다.[28] 사물인터넷은 사람과 마케팅 조사자들에게 수동적 데이터를 통해 컴퓨터 인텔리전스에 더욱 접근할 수 있게 해줄 것이다. **수동적 데이터**(passive data)란 소비자의 직접적인 관여 없이 수집된 정보로 정의된다.

Marketing Research on YouTube™

소셜미디어 커맨드 센터의 사례를 확인하기 위해서 **www.youtube.com**에서 **Introducing Dell's Social Media Command Center**를 검색하라.

사물인터넷은 데이터를 수집하고 송출할 수 있도록 설계된 소프트웨어 혹은 센서가 탑재된 유형의 사물 네트워크로 정의된다.

수동적 데이터란 소비자의 직접적인 관여 없이 수집된 정보로 정의된다.

사물인터넷의 주요 카테고리는 **웨어러블**(wearables), 혹은 **웨어러블 기술**(wearable technology)인데, 이는 데이터를 수집하고 공유하도록 컴퓨터 혹은 센서가 장착된 의류 혹은 액세서리다. 스마트안경(예 : 구글 글래스), 피트니스 트랙커(예 : 핏빗), 스마트워치(예 : 애플 워치) 등이 웨어러블이다. 2015년 랄프 로렌은 PoloTech라 불리는 '스마트 셔츠'를 런칭했는데, 이 스마트 셔츠는 호흡, 심장박동수, 스트레스지수, 칼로리 소비량 등을 측정할 수 있는 센서가 부착되어 해당 정보들이 앱으로 전달되도록 만들어졌다. 이를 이어 랄프로렌은 스마트 넥타이와 양복도 계획하고 있다.[29] 웨어러블은 사람들을 걷고 말하는 데이터의 운반책으로 변모시키는데, 이렇게 운반된 데이

웨어러블(혹은 웨어러블 기술)은 데이터를 수집하고 공유하도록 컴퓨터 혹은 센서가 부착된 의류 혹은 액세서리이다.

Marketing Research on YouTube™

사물인터넷에 대한 더 많은 정보를 얻기 위해 www.youtube.com에서 Data Security and the Internet of Things Deloitte University Press를 검색하라.

터들은 이후에 적절한 기술과 지식으로 결합되고 분석될 것이다. 이러한 데이터들은 보건, 건강 산업에 유용할 뿐만 아니라 인간 행동을 연구하는 기업들에게도 매우 유용하다.

더 많은 사물들이 센서를 장착하고 정보를 공유할 수 있는 능력을 갖게 되면서 형성된 정보의 양은 마케팅 조사의 적용점과 더불어 폭증하고 있다. 예를 들어 특정 매장에 센서가 설치되어 있다면, 해당 매장을 지나친 사람 수, 매장 안에 들어온 사람 수, 제품을 구매한 사람 수, 사람들이 걸어 다닌 매장 복도(aisle), 선택한 제품 등과 관련된 다양한 정보 등이 수집될 수 있다. 이러한 데이터

종합학습

해당 실습은 아래 장에서 학습한 개념과 자료들을 고려해야 한다.

제1장 마케팅 조사 소개
제2장 마케팅 조사 산업
제3장 마케팅 조사 과정과 문제 정의 그리고 조사목적
제4장 조사 설계
제5장 2차 데이터와 패키지 정보

Drill Bits, Inc.

벤 더글러스는 기계공장을 갖고 있다. 그의 비즈니스는 그 지역에서만 사업을 하고 있는 노동집약적 기계공장으로 대량 주문을 받지는 못하고 있었다. 벤은 주변 지역에 지사를 세울 것을 고려하고 있다. 수년 동안 그는 금속에 정교한 구멍을 뚫어야 하는 지역 공장들을 오랫동안 관찰해 왔다. 예를 들어 그들이 제조한 엔진블록 실린더는 엔진이 압축 표준에 맞게 동작되도록 매우 정교하게 제작되어야 한다. 드릴비트는 반복적으로 사용하다간 원래의 크기가 달라져서 정교한 크기의 구멍을 뚫기 위해서는 드릴비트를 몇 번밖에 사용할 수 없다. 고가의 드릴비트는 이렇게 몇 번 쓰고 버려졌다. 벤의 고객들은 수년간 이에 대한 불만이 있었다. 벤은 폐기된 비트를 원래 사양으로 다시 만드는 과정을 진행해 왔다.

결국 벤은 이 과정을 완벽히 마쳤다. 그의 지역 고객들은 재생 비트를 사용해보았고 그 결과에 감탄했다. 이를 통해 그들은 드릴비트 수명을 2배 이상 늘릴 수 있었다. 벤은 두 제조업체 고객들의 일로 곧 바빠질 것으로 예상했다. 이 드릴비트 재생 사업을 확장하려면 사업을 위해 필요한 건물과 설비 확장을 위해 상당한 돈이 투자되어야 한다는 것을 알고 있었다. 하지만 그는 사업을 어느 정도로 확장할 것인지에 대해 잘 모르고 있다.

1. 제1장으로 돌아가서, 벤이 처한 상황에서 여러분은 당면한 마케팅 조사목적이 무엇이라 보는가?
2. 벤이 그의 상황에서 마케팅 조사 업체를 찾는 데 관심을 보인다면, 제2장에 포함된 정보를 사용해 어떻게 마케팅 조사 업체를 찾아야 하는가?
3. 제3장에서 우리는 '문제'가 무엇인지 살펴보았다. 벤의 문제는 무엇인가?
4. 벤이 미국에서 엔진블록을 제조하는 업체가 얼마나 되는지 파악하길 원한다면, 이를 위한 최적의 조사 설계 유형은 무엇인가?
5. 4번 문제의 목적을 달성하기 위해 벤은 어떤 2차 정보 원천을 찾아보아야 하는가?

분석은 매장 진열, 재고, 가격관리, 촉진 디스플레이와 같은 의사결정 개선에 활용될 수 있다.

사물인터넷은 마케팅 조사의 거대한 자동화를 이끌고 미래에 흥미진진한 적용점을 약속해준다. 동시에 사물인터넷으로 인해 개인정보 및 보안과 관련된 문제도 떠오르고 있다. 또한 사물인터넷은 일반적으로 맥락이 부족하기 때문에 수동적 데이터와 정성적 데이터를 짝짓는 것이 중요하다. 다음 장의 주제가 이 정성적 데이터다.

요약

빅데이터는 간단하게는 다양한 원천으로부터 수집된 아주 많은 양의 데이터로 정의된다. 이 용어는 최근 들어 기업들이 실시간으로 다양한 형태로 많은 양의 데이터에 접근하는 것에 대한 반응으로 상당한 관심을 받고 있다. 이러한 데이터는 기회와 도전을 동시에 제공한다.

데이터는 크게 1차 데이터와 2차 데이터로 구분된다. 1차 데이터는 조사 프로젝트를 위해 직접 수집된 데이터다. 2차 데이터는 다른 목적으로 이미 수집된 데이터다. 마케팅 조사에서 2차 데이터는 다양하게 활용되고, 때때로 이 2차 데이터만으로 조사목적을 달성하기 충분한 경우도 있다.

2차 데이터는 기업이 다른 목적으로 수집하여 이미 가지고 있는 내부 데이터일 경우도 있다. 예를 들어 판매제품, 판매량, 그리고 구매된 제품 혹은 서비스 가격 등의 정보는 판매 영수증에 기록되어 있을 것이고 또 고객 이름, 배송지, 배송날짜, 그리고 제품 판매사원 등의 정보 역시 이미 기록되어 있다. 전자 데이터베이스에 저장된 데이터는 데이터베이스 마케팅에 활용될 수 있다. 기업들은 직접 마케팅을 위해서나 고객관계 강화를 위해 내부 데이터베이스에 기록된 정보를 사용하는데 후자는 고객관계관리(CRM)라고 부른다.

외부 데이터는 기업 외부 원천으로부터 수집된다. 이러한 데이터 원천은 (1) 출판물, (2) 공식통계데이터, (3) 데이터 통합기업으로 구분될 수 있다. 출판된 2차 데이터에는 산업협회 출판물, 정기 간행물, 학술저널, 저서, 마케팅 조사 업체 출판물 등 다양한 종류가 있다. 공식통계데이터는 정부 혹은 국제기관을 통해 수집된 데이터다. 미국에서는 법에 의해 개인정보 혹은 정부보안과 관련된 데이터가아니라면 수집된 데이터를 공개하도록 규정해 놓고 있다. 데이터 통합기업은 특정 주제의 정보를 수집하고 통합하여 정리한 서비스를 제공하는 공급업체다.

2차 데이터는 빠르고 쉽게 수집되며, 상대적으로 저렴하다는 장점이 있다. 또한 필요한 1차 데이터를 위한 통찰력을 제공하며, 때때로 이 2차 데이터만으로 조사목적을 달성할 수도 있다. 하지만 2차 데이터는 데이터가종종 보고단위와 호환이 되지 않으며, 측정단위가 조사자의 필요에 맞지 않고, 집단 정의가 조사자의 필요와 맞지 않다는 단점이 있다. 2차 데이터를 바르게 평가하는 것은 매우 중요하기 때문에 조사자는 그들이 가지고 있는 데이터가사용할 수 있는 데이터인지를 확인하기 위한 질문들을 해야 한다.

미국지역사회조사(ACS)는 조사자들에게 유용한 무료 공공데이터의 사례다. ACS는 10년 단위로 갱신되던 과거 인구조사 데이터와 다르게 매년 갱신된다. ACS는 마케팅 조사목적에서 사용 가능한 2차 데이터 중 가장 괄목할 만한 변화를 가져온 것이다.

패키지 정보는 모든 의뢰기업에게 동일한 데이터 혹은 동일한 방식으로 수집한 데이터들을 제공하는 2차 데이터이다. 패키지 정보는 신디케이트 데이터와 패키지 서비스로 구분된다. 신디케이트 데이터는 표준화된 형식으로 수집되고 모든 구독자에게 제공된다. 패키지 서비스는 표준화된 마케팅 조사과정을 사용하지만 특정 사용자만을 위한 정보를 형성하고 제공한다.

신디케이트 데이터는 고품질의 데이터를 빠르게 수집해 모든 구독자들에게 전달할 수 있고 데이터 수집을 위한 비용을 분담할 수 있다는 점이 장점이다. 그러나 그 데이터의 구매자들은 데이터 제공회사가 어떤 데이터를 수집하는지 통제할 수 없고, 장기간 계약해야 하며, 모든 경쟁사가 정보를 확보할 수 있기 때문에 이 신디케이트 데이터 구매를 통해서는 전략적 정보 우위를 기대하기 힘들다.

패키지 서비스는 해당 분야에 기업의 전문성을 활용할 수 있고, 비용을 절감할 수 있으며, 빠르게 구할 수 있고, 비교를 통한 벤치마킹이 가능하다는 장점이 있다. 하지만 프로세스를 고객화하기 어렵고 공급업체가 의뢰업체가 운영해야 할 산업의 특수성을 잘 모를 수 있다는 단점이 있다.

패키지 정보 원천이 적용 가능한 네 가지 분야는 소비자 태도와 의견 측정, 시장 세분화 정의, 매체 사용과 촉진 효과성 모니터링, 그리고 시장 추적연구 수행이 있다.

마케팅 조사에서 가장 빠르게 성장하고 있는 분야 중 하나는 소셜미디어 데이터의 조직과 분석이다. **사용자제작콘텐츠**(UGC)라고도 불리는 소셜미디어 데이터는 온라인시스템 사용자에 의해 만들어졌고, 다른 사람들과 함께 공유하기 위한 의도를 가진 정보를 의미한다. 소셜미디어 데이터는 후기, 팁, 신제품 사용, 그리고 경쟁사 뉴스 등을 포함하는 중요한 정보 형태를 제공한다.

마케팅 조사데이터에서 떠오르는 중요한 원천 중 하나로 사물인터넷(IoT)이 있는데, 이는 데이터를 수집하고 송출할 수 있도록 설계된 소프트웨어 혹은 센서가 탑재된 유형의 사물 네트워크로 정의된다. IoT의 주요 분야는 웨어러블 혹은 웨어러블 기술로, 이는 데이터를 수집하고 공유하도록 컴퓨터 혹은 센서가 장착된 의류 혹은 액세서리다. 센서가 장착된 사물들이 늘어나면서, 데이터를 위한 마케팅 조사 응용 분야는 다양해질 것이다.

핵심용어

고객관계관리(CRM)
공식통계데이터
내부 2차 데이터
내부 데이터베이스
데이터공개정책
데이터 마이닝
데이터베이스
데이터 통합기업
레코드
마이크로마케팅
미국지역사회조사(ACS)
빅데이터
사물인터넷 (IoT)
사용자제작콘텐츠(UGC)
소셜미디어 데이터
소셜미디어 리스닝
소셜미디어 모니터링
수동적 데이터
신디케이트 데이터
외부 데이터
웨어러블
웨어러블 기술
정서
지리인구통계
추적연구
출판물
패키지 서비스
패키지 정보
필드
1차 데이터
2차 데이터

복습 질문/적용

5.1 빅데이터란 무엇이며, 그것이 왜 기회와 도전을 제공하는지 설명해보라.

5.2 미국 내에서 2차 데이터의 역사를 간단히 설명해보라.

5.3 2차 데이터란 무엇이면 1차 데이터와 어떤 차이가 있는가?

5.4 2차 데이터의 활용에 대해 설명해보라.

5.5 2차 데이터를 구분해보라.

5.6 데이터베이스란 무엇이며, 데이터베이스의 구성요소는 무엇인가?

5.7 지역 내 피자 레스토랑에서 유용한 데이터베이스는 무

엇이 있을지 설명해보라.

5.8 CRM은 무엇을 의미하는가?

5.9 데이터 마이닝과 마이크로마케팅의 차이점은 무엇인가?

5.10 마이크로마케팅을 사용하는 기업의 사례를 제시하고 어떻게 사용하는지 설명해보라.

5.11 마케팅 조사 인사이트 5.2에서 소개된 타겟의 데이터베이스 정보 사용에 대해 윤리적인지 혹은 그렇지 않다고 생각하는지 이유를 들어 설명해보라.

5.12 이 장에서 논의된 세 종류의 외부 데이터에 대해 간단히 설명해보라.

5.13 대학 도서관에서 수집할 수 있는 2차 데이터 원천 세 가지를 나열해보라.

5.14 2차 데이터의 다섯 가지 장점은 무엇인가?

5.15 2차 데이터의 단점에는 무엇이 있는가?

5.16 지리인구통계는 2차 데이터의 어떤 단점을 해결할 수 있는가? 그 이유는 무엇인가?

5.17 여러분은 2차 데이터 평가를 어떻게 할 것인가? 평가는 왜 중요한가?

5.18 ACS가 제공하는 장점과 어떻게 그 정보를 구하는지에 대해 설명해보라.

5.19 패키지 정보는 무엇을 의미하는가?

5.20 신디케이트 데이터란 무엇인가? 신디케이트 데이터를 제공하는 기업 사례를 제시하고 제공하는 정보로는 어떤 것들이 있는지 설명해보라.

5.21 패키지 서비스란 무엇인가? 패키지 서비스를 제공하는 기업 사례를 제시하고 제공하는 정보는 무엇이 있는지 설명해보라.

5.22 에스리의 시장 세분화 서비스인 Tapestry Segmentation 서비스는 어떤 패키지 정보에 속하는가? 그 이유는 무엇인가?

5.23 신디케이트 데이터의 장단점을 논의해보라.

5.24 패키지 서비스의 장단점을 논의해보라.

5.25 패키지 정보가 적용될 수 있는 분야를 설명해보라.

5.26 소셜미디어에서 발견되는 사용자제작 정보 네 가지 유형에 대한 사례를 제시해보라.

5.27 소셜미디어의 장단점을 논의해보라.

5.28 사물인터넷이란 무엇인가?

5.29 여러분의 도서관 온라인 데이터베이스에 접속해보라. 여러분의 도서관은 비즈니스에 적합한 출처 선택을 안내해주는 다수의 데이터베이스를 어떻게 범주화하도록 도와주는지 설명해보라.

5.30 여러분의 도서관 웹사이트에 접속해보라. 여러분은 학술저널, 산업협회 출판물, 그리고 신문과 같은 출판물들을 찾기에 좋은 데이터베이스를 찾을 수 있는가? 그것은 무엇인가?

5.31 도서관 온라인 데이터베이스를 찾아서 검색하고 관심 있는 기사를 인용하기에 적합한 형식(MAL 혹은 APA)으로 자동으로 올릴 수 있는지 확인해보라.

5.32 마케팅 조사 인사이트 5.4로 돌아가 플로리다주 잭슨빌이 실제로 테스트 마켓 기준에 부합하는가? 그 근거에 해당하는 정보를 인용해보라.

5.33 능동적 학습에서 다루었던 에스리의 Tapestry Segmentation 사례를 살펴보자. 해당 소프트웨어를 실행해보라. 여러분이 거주하는 지역의 우편번호를 입력한 후 소프트웨어에서 한 가지 이상의 소비자 유형 관점에서 주민들을 묘사해보라.

5.34 소셜멘션(www.socialmention.com) 웹사이트에 접속해보라. 웹사이트를 이용해 코카콜라를 검색한 후 펩시를 검색해보라. 두 브랜드의 강점, 열정, 정서 및 도달 범위에서 어떤 차이가 있는가? 이것은 무엇을 의미하는가? (각 정의 용어에 마우스를 올려보자.)

5.35 사물인터넷의 응용으로 슈퍼마켓에서 적용 가능한 다섯 가지를 나열해보라.

사례 5.1

애슬레저(athleisure)의 남성 시장[30]

1998년에 창립한 룰루레몬 애슬레틱스(Lululemon Athletica)는 캐나다에서 시작하여 매우 빠르게 성장해 온 세련된 운동복 제조업체이다. 여성들이 체육관 밖에서도 편하게 입을 수 있는 옷인 '애슬레저(athleisure)' 트렌드의 선구자로 룰루레몬은 요가 팬츠 분야에서 가장 널리 알려져 있다. 룰루레몬의 사업은 미국, 캐나다, 일본, 호주의 오프라인 매장뿐만 아니라 온라인 판매로도 확장되었다. 룰루레몬은 그 핵심 강점이 여성복에 있었음에도 불구하고 남성복도 판매하기 시작했다.

룰루레몬의 매출은 빠르게 성장하고 있지만 그 기업은 몇 가지 중요한 도전에 직면했다. 첫째, 나이키와 언더 아머 같은 스포츠의류 업체들이 애슬레저 시장에 직접 뛰어들어 경쟁하기 시작했다. 또한 2013년 룰루레몬은 상당수의 검은색 요가 팬츠 소재에서 여성들의 속살이 비친다는 이유로 대규모의 리콜을 단행했는데, 회사는 이 문제를 회복하는 데 어려움을 겪었다. CEO였던 Chip Wilson은 "솔직히 몇몇 여성들의 몸이 그 제품에 맞지는 않지요"라고 설명하다가 문제가 더 악화했다. 결국 Wilson은 사임했고 그 기업은 새로운 리더십 아래에 성장해 왔다.

룰루레몬은 남성의류 시장 성장 전략을 추진해 왔다. 룰루레몬은 여성복과 연관성이 높음에도 불구하고 남성복 역시 강력한 이윤을 기록했으며 일부 충성 고객을 갖고 있다. 여러분의 과업은 룰루레몬의 현재 강점과 남성 애슬레저 시장의 잠재력을 파악하기 위해 어떤 2차 데이터를 활용할지 선택하는 것이다. 룰루레몬은 남성복 시장에서 보다 많은 자원을 투자해야 하는가?

1. 남성복 시장의 통찰력을 얻기 위해 룰루레몬이 기존에 갖고 있는 어떤 내부 2차 데이터를 사용해야 하는가? 공급 기록, 매장 기록, 웹사이트 정보, 매출 기록들을 고려해보라.
2. 어떤 외부 출판물과 데이터 통합기업이 룰루레몬이 남성 운동복 시장에서 가지고 있는 현재 위치와 그 잠재력에 대한 유용한 정보를 갖고 있는가? 다음의 데이터들을 사용해 보라.
   a. 비즈니스 출판물(예 : *New York Times*, *Wall Street Journal*, *Forbes*, *Economist* 등)
   b. 산업협회 정보(예 : athleticbusiness.com, wewear.org)
   c. 학술저널(도서관 데이터베이스에서 비즈니스 저널 검색)
   d. 산업 정보(표 5.1과 같은 도서관 출처 확인)
3. 현재 룰루레몬의 남성전용 매장은 어디에 있는가? 미국지역사회조사에서 룰루레몬의 도시통계지역(MSA)을 조사한 후 남성전용 매장을 입점시킬 지역을 결정하고 그 결정을 정당화해보라.
4. 룰루레몬과 연관된 사용자제작콘텐츠가 사용된 소셜미디어를 조사해보라.
   a. 소셜미디어상에서 룰루레몬과 연관된 최근 토픽은 무엇이 있는가?(Addictomatic 혹은 Twazzup과 같은 무료 소셜미디어 수집기를 이용해보라.)
   b. 룰루레몬과 연관된 코멘트의 정서는 무엇인가? 두 경쟁 브랜드와 룰루레몬의 정서 비율을 비교해보자. 이는 무엇을 의미하는가?
   c. 소셜미디어상에서 여러분은 어떤 사용자제작콘텐츠 출처를 찾을 수 있는가? 소비자들은 룰루레몬 남성복 매출을 지지한다고 인식하는가? 설명해보라.
5. 룰루레몬이 남성복 시장에 더욱 투자할 것인지 여부를 결정하기 위해 지금까지의 질문들에 대한 대답을 통합해보자. 여러분이 수집한 2차 데이터에 근거하여 사용한 정보에 근거해 설명해보라.

출처 : Beilfuss, L. (2015, September 10). Lululemon sales rise, gross margin declines. *Wall Street Journal*. Retrieved from http://www.wsj.com/articles/lululemon-quarterly-profit-slips-but-retailer-raises-full-year-guidance-1441882373; Petro, G. (2015, September 16). Lululemon, Nike and the rise of "Athleisure." *Forbes*. Retrieved from http://www.forbes.com/sites/gregpetro/2015/09/16/lululemon-nike-and-the-rise-of-athleisure/; Wallace, A. (2015, February 2). *New York Times*. Retrieved from http://www.nytimes.com/2015/02/08/magazine/lululemons-guru-is-moving-on.html?_r=0.

6 정성적 조사 기술

학습 목표

이 장에서 여러분은 다음을 학습하게 될 것이다.

6-1 정성적 조사와 정량적 조사의 차이점
6-2 데이터 수집 의미에서 관찰조사의 장점과 단점
6-3 포커스 그룹의 정의와 실행 및 분석 방법
6-4 민족지연구 조사의 강점과 약점
6-5 마케팅 조사 온라인 커뮤니티(MROCs)의 이용방법
6-6 심층 인터뷰, 프로토콜 분석, 투사법, 뉴로마케팅과 같이 마케팅 조사자들에 의해 사용되는 기타 정성적 조사방법

우리는 어느 과정에 있는가?

1 마케팅 조사 필요성 인식
2 문제 정의
3 조사목적 수립
4 조사 설계 결정
5 정보 유형과 원천 식별
6 데이터 분석 방법 결정
7 데이터 수집 양식 설계
8 표본 계획과 크기 결정
9 데이터 수집
10 데이터 분석
11 최종 보고서 준비 및 작성

MTV: MTV는 젊은 시청자들을 위해 온라인 패널을 어떻게 이용하는가?

Alison Hillhouse, MTV 고객 인사이트 부회장

지난 30년간 MTV는 새로운 젊은 세대 모두를 위한 혁신을 지속해 오고 있다. 시리즈물부터 어워드 쇼, 디지털 쇼트, 그리고 소셜미디어 포스팅까지 최신 콘텐츠를 개발하고 있다. MTV가 젊은 세대들의 심리와 행동으로부터 지속적으로 정보를 얻는 행동은 아주 중요한 일이다. 기술의 발달로 인해 신세대 문화는 과거보다 더욱 빠르게 변하고 있다. 실제로 MTV 조사에 따르면 20~24세 세대들의 84%는 '오늘날 10대들은 내가 10대였을 때와 굉장히 다르다'는 데 동의하는 것으로 나타났다. 따라서 MTV는 빠르게 변하는 인구통계를 따라잡기 위해 자사의 조사/인사이트팀인 MTV 인사이트팀에 상당히 의존하고 있다.

MTV 인사이트가 10대 및 20대 초반 청중들과 매일 소통하는 데 사용하는 핵심 연구방법 중 하나는 온라인 패널이다. 이러한 패널들은 'Facebook Groups'를 통해 진행되는데 이 그룹은 전국에서 뽑힌, 표현을 정확하게 할 줄 알고 문화적인 부분에 관심이 많은 청소년들로 구성되어 있다. MTV는 패널들에게 고등학생 문화에서부터 틴더(Tinder) 데이트, 그리고 스타트업 문화 같은 주제들에 대한 질문을 포스팅한다. 그리고 패널들은 소셜 피드에서부터 고등학교나 대학 캠퍼스에 벌어진 사건들, 그리고 개인적 생활에 이르기까지 트렌디한 주제들을 적극적으로 공유한다.

나는 우리의 조사방법론에서 가장 중요한 가치를 갖고 있는 것은 온라인 패널이라는 것을 발견했다. 우리는 우리의 패널들과 관계를 구축하고, 그들은 우리에게 최신 트렌드를 제공해주기 위해 헌신하며, 이러한 활동은 신세대를 이해하는 데 도움이 된다고 생각한다. 이러한 관계는 서로에게 도움이 되는 관계인데, 패널들은 현금으로 보상을 받기도 하고 이 경험을 이력서에서 경력으로 제시하는 등의 혜택을 받는다. 하지만 그들은 이러한 보상을 넘어서 자신들의 의견이 도움이 되기를 진정으로 원하고 있다. 나는 패널들과 페이스북 메시지를 자주 교환한다. 나는 진심으로 그들을 이해하고 있는 것 같고 그들에게 의지하고 있는 것 같아 그들을 나의 '고등학교 절친'이라고 부른다.

MTV 인사이트가 제공하는 리서치 결과물 중 여러 가지는 이러한 패널들이 제공한 인사이트를 바탕으로 제작되고 멀티미디어 파워포인트 프레젠테이션, 주간 뉴스레터, 그리고 그들의 생활에 대해 이야기를 나눈 영상물(패널들은 특정 주제에 대한 자신들의 의견이나 생각들을 영상으로 업로드함)의 형태로 전 MTV 부서에 공유된다.

한번은 MTV 인사이트팀이 MTV의 건물 안에 고등학교 침실, 파티룸, 그리고 소셜미디어 디톡스 텐트에 이르기까지 다양한 주제가 담겨 있는 'High School Hallways'라는 다중매체 전시회를 개최하기도 했다. 조사를 통해 도출된 결과물들은 MTV 쇼 아이디어에 반영될 뿐만 아니라 MTV 직원들에게도 공유되어 시청자들이 어떤 것을 중요하게 생각하고 어떤 것들을 소비하기를 원하는지 등 그들을 이해하는 데 전반적인 도움을 준다.

http://www.MTV.com에 방문해보라.

—Alison Hillhouse

출처 : Text and photos courtesy of Alison Hillhouse and MTV Networks

정량적 자료들을 수집하는 것이 자동화되고 저렴해지고 있지만(제5장 참조), 정성적 조사방법은 마케팅 조사 산업에서 활력을 유지해 왔다. 이는 정성적 조사방법이 사람들의 활동, 의견, 정서 등을 이해하기 위해 요구되는 맥락을 제공하기 때문이다. 여러분은 정량적 조사에서는 발견하기 어려운 통찰력을 정성적 조사를 통해 발견할 수 있음을 이 장에서 학습할 것이다.

조사 절차에 있어서 데이터를 수집하는 방법은 크게 정성적, 정량적으로 구분된다.

이 장은 정성적 조사와 정량적 조사의 차이점과 함께 정성적 조사를 수행하는 데 있어 사용되는 다양한 방법론에 대해서도 학습할 것이다. 각각의 정성적 조사방법이 마케팅 조사 과정에서 언제 활용되는지, 각 조사방법이 갖고 있는 장점과 단점에 대해서도 학습할 것이다. 포커스 그룹은 가장 유명한 정성적 마케팅 조사 기법이기 때문에 그것에 대한 심도 있는 논의를 할 것이다. 지금부터 우리는 정성적 조사, 정량적 조사, 그리고 혼합조사에 대해 학습할 것이다.

6-1 정성적 조사, 정량적 조사, 그리고 혼합조사

조사를 수행하는 과정에서 데이터를 수집하는 방법은 정성적 조사와 정량적 조사로 구분된다. 두 방법은 상당한 차이점이 있기 때문에 적절한 선택을 위해 각 조사방법에 대한 독특한 특성을 이해해야 한다. 그 시작을 위해 우리는 두 가지 접근방법에 대해 간단히 정의하고, 혼합조사방법에 대해 알아볼 것이다.

정량적 조사는 사전에 정해진 구조화된 선택문항으로 구성된 구조화된 질문을 사용한다고 일반적으로 매우 큰 표본으로 구성된다.

정량적 조사는 조사 산업에서 대표적인 전통 연구로 흔히 '설문 조사(survey research)'라고도 불린다. 우리의 목적을 위해 **정량적 조사**(quantitative research)란 많은 수의 응답자들을 대상으로 사전에 정해진 응답문으로 구성된 구조화된 질문으로 진행되는 연구다. 여러분은 정량적 조사를 생각하면, 아마 온라인 서베이에 응답하는 패널들을 갖고 있는 기업들을 떠올릴 것이다. 정량적 조사는 종종 모집단의 대표성을 갖는 상당히 많은 수의 표본과 구조화된 방법을 통해 데이터를 수집하는 과정을 포함한다. 정량적 조사의 목적은 구체적이고 이 조사는 관

© Paul Maguire/Shutterstock

온라인 서베이는 정량적 조사의 한 형태다.

리자와 조사자가 어떤 구체적인 데이터가 필요한지에 대해서 서로 동의할 때 사용된다. 데이터 형태와 원천은 간결하고 잘 정의되어 있으며, 데이터의 형식을 맞추거나 데이터를 합칠 때는 기본적으로 계량적인 순서가 정해진 절차를 따른다.

정성적 조사는 사람들이 무엇을 행동하고 말하는지 관찰을 통해 데이터를 수집, 분석, 해석한다.

반면에 **정성적 조사**(qualitative research)는 사람들의 행동과 말을 관찰하면서 발견된 비구조화된 데이터를 수집, 분석, 해석하는 것이다. 질문과 관찰은 개방형으로 되어 있기에 질문과 관찰의 결과들도 자유양식 혹은 비표준화된 형태를 따른다. 정성적 데이터는 다른 범주로 구분될 수 있지만 일반적으로 계량화하기 어렵다. 예를 들어 여러분이 총기사용 통제 혹은 대학생들을 대상으로 한 술 판촉과 관련된 주제로 5명의 사람들에게 그들의 의견을 표현해달라고 질문한다면, 여러분은 5개의 서로 다른 답변을 들을 수 있을 것이다. 하지만 여러분은 각각의 의견(문장)을 읽어보고 나서 그 응답들을 '긍정', '부정', 혹은 '중립' 중 하나로 구분할 수 있을 것이다. 이러한 전환 단계는 여러분이 사전에 '예' 혹은 '아니요'와 같이 이미 결정된 응답에 대한 선택을 하도록 안내했다면 불필요한 작업일 것이다. 관찰기법 혹은 비구조화된 질문으로 수행되는 연구는 정성적 조사로 구분될 수 있고, 이는 상당히 많은 조사 상황에서 그 인기가 높아지기 시작했다.[1]

정성적 조사는 소비자 행동에 풍부한 통찰력을 제공한다.

왜 이런 '물렁한(soft)' 접근법을 사용하는 것일까? 때때로 마케팅 조사자들은 대규모로 진행되는 서베이가 부적절한 경우에 직면하게 된다. 예를 들어 P&G는 Ultra Tide 세제를 개선하는 데 관심을 두고 30~45세의 여성을 초청해 Ultra Tide의 성능이 좋아지는 방법, 패키지 개선 방법 혹은 세제의 또 다른 속성에 대한 의견을 청취하기 위한 브레인스토밍을 진행한 바 있다. 이러한 아이디어는 Tide PODS와 Tide To Go를 개발하는 데 주요한 시작점이 되었을 수도 있다. 이러한 방법으로 시장에 귀 기울이는 것은 우수한 패키지, 제품디자인 혹은 제품 포지셔닝 아이디어를 개선하는 데 아주 우수한 방법이 될 수 있다. 또 다른 예로 P&G 마케팅 그룹은 Tide를 위해서 슈퍼마켓의 통로 끝에 설치하는 특별한 디스플레이를 개발하려고 한다고 가정하자. 이 경우에 P&G는 실제 슈퍼마켓 환경에서 한 가지 버전을 테스트해볼 수도 있을 것이다. 샌프란시스코 근교에 있는 세이프웨이(Safeway) 슈퍼마켓에 이를 설치하고 쇼핑객들이 그 디스플레이를 마주할 때의 반응을 비디오테이프로 녹화하고 그 비디오테이프를 돌려보면서 쇼핑객들의 다양한 반응을 확인할 수 있을 것이다. 예를 들어 쇼핑객들은 그 앞에 멈췄는가? 그들은 디스플레이에 있는 카피 문구를 읽었는가? 그들은 디스플레이된 제품을 선택하고 그것을 봤는가? 정석적 조사 기술은 소비자 행동에 있어 상당한 통찰력을 제공한다.[2] 실제 정성적 마케팅 조사를 집중적으로 수행하는 기업 사례로 글로벌 홈퍼니싱 기업인 이케아가 있다(마케팅 조사 인사이트 6.1 참조).

이 장에서 우리의 목적은 정성적 조사 기술의 가치를 강조하고 정성적 조사와 정량적 조사를 결합함으로써 얻을 수 있는 장점에 논의할 것이다. 정성적 조사와 정량적 조사 중 한 방법을 특별히 지지하는 사람들도 있지만 마케팅 조사자들의 대부분은 다원적(pluralistic) 혹은 하이브리드 조사라고도 알려진 혼합조사를 수용하고 있다. 2015년에 수행된 마케팅 조사 전문가 설문에서 응답자들의 약 2/3(69%) 이상은 자신들의 프로젝트를 위해 정성적 조사와 정량적 조사를 결합해 사용한다고 응답했다.[3] **혼합조사**(mixed methods research)는 두 연구의 장점을 모두 얻기 위한 목적으로 정성적 조사와 정량적 조사를 결합한 조사방법으로 정의된다. 정량적 데이터는 '무엇을(what)' 측

혼합조사는 두 조사의 장점을 이용하기 위한 목적으로 정성적 조사와 정량적 조사의 결합으로 정의된다.

마케팅 조사 인사이트 6.1 **글로벌 실무 적용**

이케아 : 새로운 시장을 개척하기 위한 정성적 조사의 활용

스웨덴의 홈퍼니싱 기업인 이케아는 관찰 및 민족지 연구와 같은 다양한 형태의 정성적 조사를 적극적으로 활용한다. 이케아는 글로벌 시장으로 사업을 확장하면서 다양한 시장이 가진 문화적인 미묘한 차이를 이해하기 위해 정교한 마케팅 조사를 수행하고 있다. 2014년 한국에 1호점을 오픈하기 전에, 이케아는 약 6년간 한국 시장을 연구했다. *Fortune*지는 '리서치는 이케아 시장 확장의 핵심'이라고 밝히기도 했다.

이케아는 집 안에서 소비자의 경험을 이해하기 위해 관찰 조사를 수행한다. 사람들이 소파를 어떻게 사용하는지 파악하기 위해 이케아는 스톡홀름, 밀라노, 뉴욕, 그리고 중국 선전에서 카메라를 집 안에 설치했다. 조사 결과 이케아는 선전의 많은 사람들은 바닥에 그냥 앉으며, 소파는 등받침대 용도로만 사용하는 것을 밝히기도 했다.

또한 이케아는 민족지 연구 조사를 적극적으로 활용하고 있는데, 이에 대해 *New Yorker*지는 "홈라이프 분야에서 가장 앞서 나가는 세계 인류학자들 중 하나"라고 언급했다. 이케아 직원들은 매년 소비자들의 집을 수천 번 방문해 소비자들이 가구에 대해 어떤 식으로 만족하고 불편해하는지 파악한다.

집을 방문하고 모니터링하는 것에서 더 나아가, 이케아는 '리빙 연구소'로 사용하기 위해 스웨덴 말뫼에 있는 아파트를 매입하기도 했다. 이 아파트들은 다소 작은 규모인데 이는 이케아의 주요 시장인 이머징 마켓과 샌프란시스코나 보스턴과 같은 대도시에 있는 아파트는 평수가 점점 작아지고 있는 추세이기 때문이다. 이케아는 다양한 규모와 특성을 갖고 있는 가족들을 초대해 약 2주 정도 아파트에 머물도록 한다. 가족들은 약 600달러를 받고 프로젝트에 참여하며 그들의 인상을 기록할 수 있는 앱이 깔려 있는 아이패드를 지급받는다. 해당 아파트에서 테스트된 제품 중에는 이동식 벽과 슬라이딩 전기 소켓 등이 있다.

© Merzzie/Shutterstock

민족지 연구 조사는 그들의 집 안에서 소비자를 관찰하는 것도 포함될 수 있다.

최근에는 덴마크 코펜하겐에 Space 10이라 불리는 '이노베이션 센터'를 설립했다. 이케아는 교수, 학생, 예술가, 디자이너와 같은 혁신가들을 Space 10으로 초대해서 아이디어를 위한 협업을 진행하고 있다.

마케팅 조사 통찰력 관점에 기반해, 이케아는 매년 약 2,000개의 신제품을 개발하고, 재설계한다. 정교한 시장 조사로 인해 이케아는 제품 설계에 많은 시간이 걸릴 수 있다. 이케아가 향후 출시 계획 중인 제품으로는 전기 자전거가 있다.

출처 : Collins, L. (2011, October 3). House perfect: Is the IKEA ethos comfy or creepy? *New Yorker*. Retrieved from http://www.newyorker.com/magazine/2011/10/03/house-perfect; Hansegard, J. (2015, September 29). IKEA Tests Movable Walls for Cramped Homes. *Wall Street Journal*. Retrieved from http://www.wsj.com/articles/ikea-tests-movable-walls-for-cramped-homes-14www43546181; Kowitt, B. (2015, March 15). How Ikea took over the world. *Fortune*. Retrieved from http://fortune.com/ikea-world–domination/; Rhodes, M. (2015, November 24). The innovation lab: Where Ikea will get its next idea. *The Wired*. Retrieved from http://www.wired.com/2015/11/the-innovation-lab-where-ikea-will-get-its-next-big-idea/.

정했는지 보여주고, 정성적 데이터는 '왜(why)' 그러한 현상이 나타났는지를 제공한다.

혼합조사는 다양한 형태를 취한다. 전통적으로 탐색적 정성적 조사가 정량적 조사 이전에 사용된다. 예를 들어 제품 혹은 서비스가 경쟁사와 비교해 어떻게 인식되는지를 이해하기 위해 선택된 딜러와의 심층 인터뷰 혹은 고객과의 포커스 그룹을 진행할 수 있다. 또한 관찰연구는 소비자들이 제품을 어떻게 사용하는지 파악하기 위해 사용될 수 있다. 이러한 조사방법들은 문제를 보다 선명히 해주거나 조사자들이 대규모 설문으로 바로 진행했을 때 간과할 수 있는 중요한 요소 혹은 고려 요인들을 발견할 수 있게 해준다.

정성적 조사 단계는 조사자에게 조사문제의 직접적인 지식을 제공하기 때문에 조사 프로젝트에서 정량적 조사 단계를 위한 기초가 될 수 있다. 이러한 지식을 바탕으로 정량적 조사를 수행하는 것은 정성적 조사 단계 없이 수행하는 경우에 비해 보다 우수하다. 예를 들어 *The Arizona Republic* 신문은 브레인스토밍을 위한 온라인 포커스 그룹을 진행하고 이러한 결과에 근거해 온라인 서베이를 고안한다. 이러한 혼합조사를 통해 쇼타임(Showtime) 네트워크는 각각 다른 방식으로 Nurse Jackie Show를 시청하는 사람들, 즉 방송으로 보는 것을 선호하는 사람, 온디맨드 방식으로 보는 것을 선호하는 사람, DVR로 시청하는 사람, 이러한 방식을 혼합해서 시청하는 사람에 대한 라이프스타일에 대해서 조사를 했다.[4] 온디맨드와 DVR 시청자는 실제로 중단, 되감기, 그리고 재시청을 중요하게 고려하는 것으로 나타났으며, 라이브 시청을 하는 사람들은 이 쇼를 보기를 정말로 고대하는 사람들이고, DVR 시청자는 녹화된 각각의 에피소드를 보다 편하게 시청하길 원하는 것으로 나타났다. 그리고 혼합해서 보는 시청자들은 일정이 복잡했고 그 주에 가능한 방법으로 쇼를 시청하는 것으로 나타났다.

다른 방식으로, 조사자들은 정량적 조사를 수행한 다음에 정량적 조사 결과를 보다 이해하기 위해 정성적 조사를 수행하기도 한다.[5] 많은 기업들은 서베이 조사 결과에 대한 보다 깊이 있는 이해를 위해 정성적 조사를 수행한다. 예를 들어 서베이 조사 결과를 얻은 후 기업들은 서베이 결과를 보다 이해하기 위해 포커스 그룹을 진행하기도 한다. 또 다른 예로, 고객 세분화 연구에 따르면 조사자들은 세분화된 개별 고객의 풍부한 프로파일을 개발하기 위해 심층 인터뷰를 진행하기도 한다.

또한 정성적 조사와 정량적 조사가 동시에 수행될 수도 있다. 예를 들어 세 가지 새로운 맛의 페이스트리를 테스트하기 위해, 제과업체는 미국 전역에 걸쳐 포커스 그룹을 진행했다. 개별 페이스트리를 위해 포커스 그룹 참여자들은 개인적인 맛에 대한 평가를 요청받았고, 다양한 속성에 근거해 페이스트리의 맛 순위를 매긴 후에 다른 포커스 그룹 참여자와 자신들의 반응에 대해 의견을 나누었다. 이러한 방법은 기업들이 제품 콘셉트의 독립적 평가를 얻을 수 있도록 해주었으며, 참여자들이 어떻게 그러한 평가를 하게 되었는지에 대한 자세한 사항들을 파악할 수 있게 해주었다. 또한 포커스 그룹 참여자들 간의 상호작용을 모니터링하면서 기업들은 페이스트리 맛에 대한 지각이 사회적 환경에 어떻게 영향을 받는지도 관찰할 수 있었다.

6-2 관찰 기법

관찰법은 사람, 객체, 그리고(혹은) 행동들과 관련된 현상들을 체계적으로 관찰하고 문서화하는 기술이다.

정성적 조사에 대해서 우리가 처음으로 다루고자 하는 기법은 **관찰법**(observation methods)이다. 관찰법이란 사람, 객체, 그리고(혹은) 행동들과 관련된 현상들을 체계적으로 관찰하고 문서화하는 기술이다. 각각의 관찰 기법들을 학습하면서, 여러분은 관찰을 어떻게 하느냐에 따라 서로 다름을 알게 될 것이다.

관찰조사의 유형

관찰조사는 (1) 직접관찰 vs. 간접관찰, (2) 은밀한 관찰 vs. 명시적 관찰, (3) 구조화된 관찰 vs. 비구조화된 관찰, 그리고 (4) 자연적 관찰 vs. 조작적 관찰로 구분된다.

처음 봤을 때, 관찰조사는 별 다른 구조(structure) 없이 진행되는 것처럼 보일 수 있다. 하지만 관찰조사는 일관성 있게 유지되어야 하며, 관찰방법에 따라 결과가 달라지는 것과 같은 일이 일어나지 않도록 하면서 그 결과들이 비교 혹은 일반화될 수 있도록 확실한 계획을 수립하고 철저하게 그 계획을 따라 이루어져야 한다. 관찰조사는 네 가지 방법으로 구분된다 — (1) 직접관찰 vs. 간접관찰, (2) 은밀한 관찰 vs. 명시적 관찰, (3) 구조화된 관찰 vs. 비구조화된 관찰, 그리고 (4) 자연적(in situ) 관찰 vs. 조작적(invented) 관찰.

직접관찰 vs. 간접관찰 관찰방법은 관찰이 실시간으로 이루어지느냐 아니냐에 따라 직접관찰과 간접관찰로 구분된다. 만약 현상이 발생하면서 관찰행동이 이루어진다면 이는 **직접관찰**(direct observation)로 간주된다.[6] 예를 들어 얼마나 많은 소비자들이 토마토의 신선도를 확인하기 위해 토마토를 직접 눌러보는지를 알고 싶다면, 우리는 실제로 토마토를 선택하는 쇼핑객들을 관찰하면 될 것이다. 직접관찰은 켈로그가 아침식사 행동을 이해하기 위해 사용되었으며, 스위스 초콜릿 제조업체에 의해 '초코홀릭(chocoholics)' 행동 연구를 위해서도 사용되었고, 미국 우체국의 광고 대행사가 "We Deliver" 광고 슬로건을 만드는 데 사용되기도 했다.[7] 제너럴 밀스는 어린이들이 아침 식사를 어떻게 섭취하는지 이해하기 위해 직접관찰을 했고, 취학아동들을 위한 아침나절 스낵인 Go-Gurt를 런칭했다.[8]

어떤 일이 발생하는 것을 실시간으로 관찰하는 것을 직접 관찰이라고 한다.

하지만 지나간 과거 행동과 같은 일부 행동들은 직접 관찰할 수 없다. 이를 위해 우리는 **간접관찰**(indirect observation)을 하게 되는데, 이는 행동 그 자체가 아닌 행동 결과 혹은 그 영향력을 관찰하는 것을 의미한다. 간접관찰은 크게 기록과 물리적 추적으로 구분된다.

간접관찰은 행동으로 인한 결과를 추정할 수 있다. 간접관찰은 크게 기록과 물리적 추적으로 구분된다.

기록(archives)은 역사 기록(historical records)처럼 현재 문제에 적용할 수 있는 2차 데이터다. 이러한 원천은 풍부한 정보를 포함하고 있기에 간과하거나 과소평가해서는 안 된다. 다양한 형태의 기록이 있다. 예를 들어 매출 기록으로 영업사원들의 영업 빈도를 판단할 수 있다. **물리적 추적**(physical traces)은 지난 사건에 대한 물리적 증거다. 예를 들어 우리는 '쓰레기 조사(garbology)'를 통해 플라스틱 우유병이 얼마나 재생되고 있는지를 알아낼 수 있다. 탄산음료 기업은 알루미늄 캔이 교외지역에 어떤 영향을 끼치는지를 알아내기 위해서 쓰레기 조사(litter audit)를 해볼 수 있다. 웬디스와 같은 패스트푸드 업체들은 각 지역에 있는 건물에 그려진 그래피티(graffiti)를 통해 해당 지역의 범죄 가능성을 추정하기도 한다.[9]

은밀한 관찰 vs. 명시적 관찰 은밀한 관찰과 명시적 관찰은 관찰 대상자가 자신의 행동이 관찰되는 것을 인지하고 있는지 여부에 따라 구분된다. **은밀한 관찰**(covert observation)은 관찰 대상자가 본인이 관찰되고 있음을 모르는 상황에서 이루어지는 관찰이다. 그 예로 소매점 체인에 의해 판매점원들의 서비스와 예절들을 기록하고 보고하기 위해 고용된 '미스터리 쇼퍼(mystery shopper)'가 있다. 일방향 거울 혹은 몰래 카메라(hidden camera)는 관찰 대상자들이 관찰되고 있다는 사실을 인지하지 않도록 사용되는 방법이다. 은밀한 관찰의 목적은 일반적인 행동의 관찰이다. 관찰 대상자들이 본인이 관찰되고 있다고 인지한다면 평소와 다른 행동을 보여줄 것이고 결국 대상자들의 비일상적인 행동을 관찰하게 될 것이다. 만약 여러분이 매장 직원인데, 백화점 관리자가 여러분에게 다음 시간 동안 여러분을 관찰할 것이라고 알려주면, 여러분은 어떻게 행동하겠는가? 아마 여러분은 60분 동안 최선을 다해 행동할 것이다. 은밀한 관찰은 슈퍼마켓에서 부모와 아이가 함께 쇼핑하는 상황에서 빛을 발한다.[10] 직접적으로 질문을 한다면 부모들은 쇼핑하는 동안 아이들이 행동을 잘한다고 말해야만 하는 압박을 느낄 것이다.

은밀한 관찰은 관찰 대상자가 본인이 관찰되고 있다는 것을 모른다.

응답자들 본인이 관찰되고 있음을 아는 경우 이는 명시적 관찰에 해당된다.

때로는 응답자들 본인이 관찰되고 있음을 모르게 진행하는 것이 불가능할 수 있다. **명시적 관찰**(overt observation)의 예로는 실험실 상황, 판매 기록, People Meters(닐슨 미디어 리서치의 TV 시청 추적기로 언제 어떤 방송국을 시청했는지가 기록), Nielsen Audio's Personal Portable Meter등이 있고 관찰 대상자들이 알고 있는 상황에서 진행된다. 사람들은 본인이 관찰되고 있다는 것을 알면 영향을 받을 수 있기 때문에 관찰자의 존재를 최대한 줄이는 것이 바람직하다.

구조화된 관찰을 사용할 때 조사자들은 정확히 어떤 행동을 관찰하고 기록할 것인지 정한다.

구조화된 관찰 vs. 비구조화된 관찰 관찰은 그 관찰할 대상이 되는 것을 사전에 어느 정도로 결정해 두고 진행하는지에 따라 구조화된 관찰과 비구조화된 관찰로 구분된다. **구조화된 관찰**(structured observation)을 사용할 때 조사자들은 정확히 어떤 행동을 관찰하고 기록할 것인지 정한다. 다른 행동들은 '무시'된다. 조사자가 특별한 요인에 집중할 수 있도록 체크리스트 혹은 표준화 관찰 양식을 사용기도 한다. 이러한 구조화된 관찰에서는 일반적으로 관찰자가 들이는 노력이 최소화된다.

비구조화된 관찰은 관찰자가 무엇을 기록할 것인지에 대한 기준 없이 진행되는 관찰이다.

비구조화된 관찰(unstructured observation)은 관찰자가 무엇을 기록할 것인지에 대한 기준 없이 진행되는 관찰이다. 관찰자는 관심 혹은 관련된다고 생각하는 상황들과 기록들을 관찰하고 기록한다. 물론 사전에 관찰자는 관심을 가져야 할 분야에 대해 철저히 브리핑 받는다. 이러한 관찰조사는 탐색적 조사에서 종종 활용된다. 예를 들어 블랙&데커(Black & Decker) 공구회사는 공구들이 어떻게 사용되는지를 이해하고 공구들의 안전성을 높일 수 있는 아이디어를 얻기 위해 다양한 분야에서 일하는 목수들을 지속적으로 관찰하기 위해 관찰자를 보낼 수도 있다.

자연적 관찰은 조사자가 자연스러운 환경 속에서 발생하는 행동을 정확하게 관찰하는 것을 의미한다.

자연적 관찰 vs. 조작적 관찰 관찰법은 자연스러운 상황에서 이루어지느냐 혹은 인위적이거나 조작적인 상황에서 이루어지느냐에 따라 자연적 관찰과 조작적 관찰로 구분된다. **자연적 관찰**(in situ observation)은 조사자가 있는 그대로의 자연스러운 환경 속에서 발생하는 행동을 관찰하는 것을 의미한다. 예를 들어 모션 센서 카메라를 부엌에 설치해 냉장고 안에 있는 음식들을 조사하거나 아침 식사 준비, 식료품을 푸는 행동과 같이 부엌에서 발견되는 다양한 일상적 행동들을 관찰하기도 한다. 미스터리 쇼핑 역시 자연적 환경에서 이루어진다. 미다스(Midas)는 고객들이 자동차 수리 서비스를 예약할 때 스스로 비디오를 찍게 해 서비스 품질을 개선하기도 했다.[11]

조작적 관찰은 조사자가 현상의 이해를 높이기 위해 조작된 환경을 만들 때 이루어진다.

조작적 관찰(invented observation)은 조사자가 현상의 이해도를 높이기 위해 조작된 환경을 만들 때 이루어진다. 예를 들어 조사자들은 소비자들에게 새롭게 론칭한 변기세정제 사용 상황을 비디오로 녹화하도록 요청할 수 있을 것이다. 월풀(Whirlpool)은 본사에 테스트 키친을 갖고 있는데, 조사자들은 월풀 가전제품의 성능 개선을 위한 목적으로 지원자들이 부엌에서 하는 행동을 관찰한다.[12]

관찰조사가 적절한 상황

조사자가 마케팅 조사 도구로 성공적인 관찰조사를 사용하기 전에 특정 조건이 부합해야만 한다. 첫째, 사건은 비교적 짧은 기간 동안 발생해야 하며, 관찰된 행동은 공공장소에서 발생해야 한다. 또한 응답자들의 기억력이 완전하지 않아서 직접적으로 질문을 해서 답을 얻을 수가 없을 경우에 사용된다.

짧은 시간 주기(short time interval)란 합당한 짧은 시간 주기 안에서 사건이 시작되고 끝나야 함을 의미한다. 슈퍼마켓 내에서의 쇼핑 경로, 은행창구에서의 창구 대기, 의류 구매, 혹은 TV 프로그램을 시청하는 아이들의 모습을 관찰하는 것이 그 예다. 어떤 의사결정 과정은 긴 시간이 걸릴 수 있고(예 : 주택 구매), 이러한 경우는 전체 과정을 관찰하는 것이 비현실적일 수 있다. 결과적으로 일반적인 관찰조사는 상대적으로 짧은 시간 내에 완료될 수 있는 행동을 조사하거나 긴 시간 동안 진행되는 활동의 어느 한 부분을 면밀하게 관찰하는 경우에 사용된다.

공적 행동(public behavior)은 조사자가 실제로 관찰할 수 있는 상황에서 발생하는 행동을 의미한다. 즉 개인위생 혹은 신앙과 같은 행위들은 공적 행동이 아니기에 여기서 설명한 관찰조사 연구에는 적합하지 않다.

잘못된 회상(faulty recall)은 관찰 대상자가 질문에 해당하는 행동에 대한 특별한 점을 회상할 수 없을 만큼 행동 혹은 행위가 매우 반복적이며 자동적일 때 나타난다. 예를 들어 사람들은 흥행 중인 영화 티켓을 구매하기 위해 긴 줄에 대기 중인 상황에서 자신이 얼마나 자주 손목시계를 봤는지를 정확히 떠올리지 못한다. 혹은 식료품점에서 쇼핑하는 동안 어떤 쿠키 브랜드를 살펴봤는지 정확히 기억하지 못한다. 이렇듯 잘못된 회상 환경에서는 연구 주제가 되는 행동을 완전히 이해하기 위해 관찰법이 필요하다. 잘못된 회상은 기업들이 이러한 행동을 관찰할 수 있는 특수 장비가 설치된 실험실을 오랫동안 갖고 있는 이유 중 하나다.[13]

관찰 데이터의 장점

자연스러운 맥락에서 인간행동을 관찰하는 것은 이미 100여 년 이상 인류학(anthropology)에서 사용되었으며, 마케팅 조사 분야에서도 이러한 방법이 적용되었다.[14] 일반적으로 관찰 대상자들은 본인이 관찰되고 있음을 인지하지 못하고 있다. 이러한 이유로 그들은 자연스러운 상황에서 그들이 보고한 반응이 아니라 실제의 반응에 대한 통찰력을 조사자들에게 제공해주었다. 앞서 논의했듯이, 관찰조사 방법은 응답자들의 회상오류를 방지할 수 있음을 의미한다. 조사자들은 관찰 대상자들이 특별한 행위에 대해 그들이 무엇을 기억하는지 질문을 하는 대신에 그들이 어떤 행동을 하는 동안 관찰하는 것이다. 어떤 경우에는 관찰조사가 정확한 정보를 획득할 수 있는 유일한 방법이 되기도 한다. 예를 들어 새 장난감에 대한 의견을 말로 적절하게 표현하지 못하는 어린이들은 단순히 그 장난감을 가지고 놀거나 혹은 놀지 않는 것으로 그 장난감에 대한 자신의 의견을 표현한다. 유통 마케터들은 실제로는 교육을 받은 관찰자지만 고객으로 가장한 미스터리 쇼퍼를 고용해 경쟁사 혹은 자사 종업원들의 행동에 대한 마케팅 인텔리전스를 수집한다.[15] 물론 미스터리 쇼퍼의 경우 윤리적 문제에 당면하기도 한다. 마케팅 조사 인사이트 6.2에서는 마케팅조사협회(MRA) 윤리규범을 살펴볼 것이다. 몇몇 상황에서는 다른 조사방법에 비해 관찰조사에 의해 수집된 데이터가보다 정확하고 비용이 저렴하다. 예를 들어 매장 내 혼잡도를 측정할 경우 관찰조사가 서베이 조사보다 정확하고 저렴하게 진행될 수 있는 것이다. 또한 혼합 연구 조사자들은 관찰조사를 사용해 다른 조사방법들을 보완한다.[16]

관찰조사의 가장 큰 장점은 응답자들이 했다고 생각하는 행동에 대한 자기보고에 의존하는 것이 아니라 실제 행동을 관찰해서 기록할 수 있다는 것이다.

마케팅 조사 인사이트 6.2 윤리적 고려사항

마케팅조사협회의 윤리강령

미스터리 쇼핑

미스터리 쇼핑은 기업, 정부, 그리고 기타 다양한 기관에서 사용되어 온 오랜 조사방법이다. 미스터리 쇼핑의 목적은 자신들이 달성한 실적을 자신의 목표나 경쟁사, 혹은 다른 기관의 표준과 비교해 고객에게 제공되는 서비스 표준을 평가하고 개선하기 위함이다. 이러한 기법에는 고객에게 제공되는 서비스 품질과 현상을 관찰하고 측정할 수 있도록 특별하게 훈련된 평가자가 관여된다. 이러한 미스터리 쇼퍼들은 소비자로 분하고 설문지 혹은 구두 보고서를 통해 미스터리 쇼핑 경험에 대한 자세한 정보를 전달한다.

마케팅조사협회(MRA)에서는 미스터리 쇼핑을 고객 만족도, 즉 고객이 지각과 욕구를 결정할 수 있는 점을 찾고자 할 때는 마케팅 조사의 정당한 형태로 인정하고 있다. 하지만 처벌하기 위한 종업원을 찾아내거나 현재 시장에서 존재하지 않는 제품이나 서비스에 대한 수요를 허위로 만들어 매출을 부당하게 높이거나 개인 정보를 찾는 것과 같이 조사 목적과 동떨어질 경우 마케팅 조사로 보지 않는다.

© Wavebreak Premium/Shutterstock

미스터리 쇼핑은 고객에게 제공되는 서비스 품질과 현상을 관찰하고 측정할 수 있도록 훈련된 평가자가 관여된다.

출처 : Marketing Research Association, Inc. THE CODE OF MARKETING RESEARCH STANDARDS Ratified March, 2007, p. 37. Used courtesy of the Marketing Research Association, Inc.

관찰조사의 주요 단점은 작은 표본 규모로 구성되고, 모집단의 대표성을 확보하지 못하며 소비자의 동기, 태도, 그리고 의도를 파악하기 힘들다는 것이다.

관찰 데이터의 한계점

관찰조사의 한계점은 정성적 조사의 일반적인 한계점과 유사하다. 직접 관찰조사의 경우 조사가 진행되는 관찰 대상자 수가 적을 뿐만 아니라 특수한 상황에서의 관찰로만 한정되어 있기 때문에 조사 결과에 대한 대표성을 갖기 어렵다.[17] 이와 더불어 관찰된 행동을 설명하기 위해서는 해석이 다분히 주관적이기 때문에 조사자가 관찰의 결과로 내리는 결론은 단지 잠정적인 결론으로만 간주할 수밖에 없다. 물론 관찰조사의 가장 큰 단점은 조사자가 관찰된 행동 근간에 무엇이 있는지 알아낼 수가 없기 때문에 숨어 있는 동기, 태도 및 발생한 관찰 행동의 보이지 않는 모든 측면을 파악할 수 없다는 것이다.

이러한 느낌들이 비교적 중요하지 않고 행동으로부터 쉽게 추론이 가능하다면 관찰조사 방법이 유용할 수 있다. 예를 들어 어린이들은 자극에 대해서 확실한 신체 표현으로 반응하기 때문에 다양한 과일음료수 맛에 대한 어린이들의 태도 혹은 선호도를 추정하기 위한 지표로 그들의 표정을 활용할 수 있다. 하지만 성인과 일부 어린이들은 공개된 장소에서 실제 반응과 그 이유를 밝히는 것을 꺼리는데, 관찰로는 사람들이 그러한 행동을 왜 그리고 어떻게 하게 되었는지에 대한 결과를 도출할 수 없으므로 직접 질문이 필요한 경우도 있다.

포커스 그룹은 조사문제와 연관된 정보를 수집하기 위해 소규모의 사람들이 모여 진행자를 따라 비구조화되고 자발적인 토의를 하는 것으로 진행되는 연구방법이다.

6-3 포커스 그룹

정성적 조사에서 자주 사용되는 다른 조사방법으로 **포커스 그룹**(focus group)이 있는데, 이는 소규모 집단의 사람들이 모여 진행자(moderator)의 주도 아래 자발적이고 비구조화된 의견을 교환하는 것으로 조사 문제와 연관된 정보를 수집하는 방법이다.[18] 포커스 그룹은 참여자들의 개방된 의견을 제시하도록 독려하지만 관련 주제 영역에 '초점을 맞춰(focus)' 토론이 진행된다. 예를 들어 버라이즌(Verizon)은 10대 청소년과 34세 이하 성인들을 대상으로 젊은 소비자들이 동영상을 어떻게 시청하는지 '초점을 맞춰' 포커스 그룹을 진행해 왔다. 관찰조사 결과와 결합한 포커스 그룹으로 젊은 세대들은 스마트폰을 통해 동영상을 시청하고 공유한다는 버라이즌의 예상을 지지했다. 이상의 연구 결과 근거해 10대와 젊은 세대들을 공략하기 위해 ios와 안드로이드용 go90이 론칭되었다.[19]

포커스 그룹은 한정된 응답자들로부터 정보를 수집할 수 있는 유용한 기술을 대표한다. 이렇게 얻은 정보는 새로운 아이디어를 낳을 수 있고 제품의 특정 유형과 연관된 응답자들의 '단어(vocabulary)'를 파악할 수 있으며, 또는 기본적인 욕구(needs)와 태도에 대한 통찰력을 얻을 수 있다.[20] 2015년에 수행된 마케팅 전문가 서베이에서 응답자들의 91%는 포커스 그룹이 효과적일 뿐만 아니라 유용한 통찰력을 얻는 데 매우 효과적이라고 응답했다.[21] 이 포커스 그룹 기법은 마케팅 조사에서 아주 인기가 있어 전 세계에 걸쳐 많은 도시에서 포커스 그룹 조사에 특화된 기업들이 있다. 여러분이 마케팅 관리자가 된다면 여러분은 반드시 포커스 그룹 조사 기법과 조우하게 될 것이다. 포커스 그룹은 마케터들이 잃어버린 고객들을 되찾는 데 도움이 될 뿐만 아니라 새로운 고객들을 파악할 때도 도움이 된다.

포커스 그룹으로부터 확보한 정보는 아이디어를 생성하고, 제품의 특정 유형과 연관된 응답자들의 '단어(vocabulary)'를 파악할 수 있으며, 또는 기본적인 욕구와 태도에 대한 통찰력을 얻을 수 있다.

포커스 그룹 진행 방식

전통적인 포커스 그룹은 의뢰인이 참여자들을 볼 수 있는 일방향 거울(one-way mirror)이 설치된 방에 작은 집단(6~12명)의 참여자가 모여 약 두 시간가량 진행된다. 포커스 그룹 참여자들은 **진행자**(moderator)의 가이드에 따른다. 진행자의 훈련과 경력은 포커스 그룹의 성공을 위해서 매우 중요하다.[22] 포커스 그룹 진행자는 개방된 분위기를 조성해야 하지만 동시에 참여자들이 연구주제로부터 너무 멀리 벗어나지 않도록 관리해야 한다. 훌륭한 진행자는 생산적인 집단 토론을 저해하는 위협요소들을 발견해내고 제거하는 탁월한 관찰력, 대인관계, 그리고 커뮤니케이션 스킬을 갖고 있다. 그들은 너무 조용한 참여자들이 마음을 열고 토론에 참여하도록 전술적으로 독려함과 동시에 한 명의 참여자가 토론을 독점하지 않도록 해야 한다. 그들은 토론에서 다루어질 주제들에 대해서 준비되어 있고, 경험이 있는 사람들이다.[23] 진행자들은 토론 주제에 대해서 스스로가 가진 선입견을 제거하는 것이 좋다. 최고의 포커스 그룹 진행자는 경험, 열정, 사전준비, 관여, 활력, 그리고 열린 마음을 갖고 있다.[24] 경쟁력이 떨어지는 진행자와 함께하는 포커스 그룹은 재앙이 될 수도 있다.

포커스 그룹 참여자들의 코멘트는 진행자에 의해 독려되고 안내된다.

때때로 포커스 그룹 조사를 수행하는 회사의 주요 인물들은 정성적 조사 컨설턴트(qualitative research consultants, QRCs)로 간주된다. QRCs는 연구주제와 관련해 포커스 그룹 참여자들에 의해 제공된 정보를 요약한 **포커스 그룹 보고서**(focus group report)를 준비한다. 이러한 데이터를 분석할 때 두 가지 엄격한 기준이 요구된다. 첫째, 포커스 그룹 참여자들의 언어(혹은 단어)를 범주 혹은 테마로 전환함으로써 그 데이터들을 이해할 수 있도록 만들어야 하고 어떤 의견에 대한 그룹

능동적 학습

정성적 조사에 대한 다양한 학습

정성적조사컨설턴트협회(Qualitative Research Consultants Association)의 웹사이트(www.qrca.org)를 방문해보라. 'About Qualitative Research'를 클릭하고 'When to Use Qualitative Research' 페이지를 가보라. 대학교 교수 대표가 행정부서에 제안한 권고안을 살펴보라. 이러한 권고안을 보고, 학생들의 의견을 평가하기 위해 정성적 조사가 수행되어야 하는지 생각해보자. 각 상황에서 정성적 조사를 적용할 때 장단점은 무엇인가?

1. 모든 학생들은 학교 캠퍼스로부터 2마일 떨어진 주차장에 주차를 해야 하며, 셔틀버스를 타고 캠퍼스에 오도록 요구
2. 10%에 이르는 등록금 상승
3. 수업을 월요일/수요일, 화요일/목요일로 배정하고, 금요일은 학생회 미팅과 그룹 프로젝트를 위해 비워둠
4. 여름학기 동안 최소 18학점 이수
5. 모든 학생들은 수업에 iPad를 구매해 지참하고 오도록 요구

내의 동의 정도 역시 보고해야 한다.[25] 둘째, 포커스 그룹 참여자들의 인구통계요소와 구매행동 특성을 표적 시장 특성과 비교해 표적 시장의 대표성을 어느 정도 갖는지 평가해야 한다.

포커스 그룹 보고서는 정성적 조사 방법의 특성들을 보여준다. 명확해진 주제들이 모두 나열되고 참여자에 의해 표현된 다양한 생각이나 의견들도 함께 보고된다. 참여자들이 한 이야기들은 가공되지 않고 있는 그대로 증거로서 인용된다.[26] 실제로 일부 보고서는 완성된 포커스 그룹의 스크립트와 비디오 영상을 포함시키기도 한다. 이러한 정보는 향후 심화된 조사연구 혹은 더 많은 포커스 그룹을 위한 근거로 활용된다. 그 정보가 후속 포커스 그룹을 위해 사용된다면, 의뢰인은 첫 번째 그룹과 포커스 그룹을 한 내용을 학습 경험으로 삼아 조사목적을 개선하기 위해 필요한 토론 주제를 수정하기도 한다. 포커스 그룹은 마케팅 문제 혹은 질문을 해결하기 위한 도구 중 하나일 뿐이지만 정량적 조사를 시작하는 데 있어 중요한 시발점이 될 수 있다. 즉 포커스 그룹은 대표성을 갖는 표본들로부터 표준화된 정보를 도출하기 위한 특별한 서베이를 설계하기 위한 감을 잡는 데 사용될 수 있는 것이다.

온라인 포커스 그룹

온라인 포커스 그룹은 인터넷을 통해 진행되며, 의뢰인은 가상 채팅을 통해 관찰할 수 있다.

온라인 포커스 그룹(online focus group)은 인터넷 포럼을 통해 응답자들과 소통할 수 있는 새로운 형태의 포커스 그룹으로 의뢰인들도 관찰이 가능하다. 일반적인 온라인 포커스 그룹은 참여자들이 자신의 컴퓨터 앞에 앉아서 참여하고 진행자는 자신의 사무실에서 진행하면 되기 때문에 참석자들에게 편의성을 제공한다. 온라인 포커스 그룹은 서로 대면하지 않고 온라인을 통해서 진

행되기 때문에 '가상적(virtual)' 포커스 그룹이다. 예를 들어 포커스비전 월드와이드(FocusVision Worldwide, www.focusvision.com)은 실시간으로 진행자와 포커스 그룹 참여자들을 연결하고 의뢰인은 토론을 관찰하고 그들이 원할 때 메시지를 진행자에게 보낼 수 있는 웹캠과 보이스 커뮤니케이션 기능을 가진 포커스 그룹 시스템을 갖고 있다. 온라인 포커스 그룹은 전통적인 포커스 그룹을 넘어 다음과 같은 장점이 있다 – (1) 물리적 환경이 필요하지 않다. (2) 실시간으로 스크립트가 파일로 저장된다. (3) 지리적으로 멀리 떨어져 있는 참여자들도 참여할 수 있다. (4) 참여자들이 자신의 집 혹은 사무실에서 편하게 참여할 수 있다. (5) 진행자가 각각의 참여자들에게 개별 메시지를 보낼 수 있다. 일부 조사자들은 최대한 효과성을 높이기 위해 전화와 온라인을 결합한 혁신적 접근법을 사용하기도 한다.[27] 하지만 온라인 포커스 그룹은 몇 가지 단점이 발견되는데, (1) 참여자들의 보디랭귀지를 관찰하는 것이 불가능하다는 점, (2) 참여자들이 물리적으로 제품 혹은 식품 맛 등을 평가할 수 없다는 점, (3) 참여자들이 흥미를 읽고 집중력이 흐트러질 수 있다는 점이다.[28]

온라인 포커스 그룹 참여자들은 편안한 분위기에 있지만 지루함을 느끼거나 집중력을 잃을 수 있다.

© Spotmatik Ltd/Shutterstock

온라인 포커스 그룹 조사의 변형된 형식 중 하나는 포커스 그룹 진행은 전통적인 포커스 그룹 형식을 따르지만 의뢰인들은 온라인에서 관찰하는 형식이다. 예를 들어 미국 내 18개 도시에서 시설을 운영하는 포커스 포인트 글로벌(Focus Pointe Global, www.focuspointeglobla.com)은 의뢰인들이 스트리밍 비디오를 통해 포커스 그룹 온라인을 확인할 수 있게 해준다. 포커스 그룹은 참여자가 진행자와 함께 앉아 포커스 그룹 시설에서 진행된다. 이러한 온라인 포커스 그룹은 다수의 의뢰업체들이 자신들이 위치한 지역에서 포커스 그룹을 관찰할 수 있도록 해준다. 이로 인해 의뢰업체들은 이동을 위한 비용과 시간을 절감할 수 있다. 전통적인 포커스 그룹을 대체하지는 못하지만 온라인 포커스 그룹은 하나의 실행 가능한 조사방법을 제공한다.[29]

포커스 그룹의 장점

포커스 그룹의 주요 장점은 (1) 신선한 아이디어를 도출할 수 있다는 점, (2) 의뢰인이 참여자들을 직접 관찰할 수 있다는 점, (3) 새로운 식료품, 브랜드 로고, TV 광고 반응과 같은 다양한 이슈를 직접 이해할 수 있다는 점, (4) 변호사나 의사와 같이 특별한 응답자 집단(반면 이러한 집단의 대표성 있는 표본을 찾기란 매우 어려움)에 쉽게 접근할 수 있다는 점이다.

포커스 그룹의 단점

포커스 그룹의 단점은 (1) 대표성을 갖기 힘들기에 결과의 일반화가 어렵다는 점, (2) 진행자의 능력에 따라 성공 여부가 달려 있다는 점, (3) 경우에 따라서는 포커스 그룹의 결과를 해석하기 어렵다는 점(진행자의 보고는 참여자들의 언어와 상호작용에 대한 주관적 평가에 근거함)이 그것이다.

포커스 그룹은 언제 적용되는가?

조사목적이 예측이 아닌 탐색 혹은 기술이라면, 포커스 그룹은 하나의 대안이 될 수 있다. 다음과 같은 상황에서 포커스 그룹은 적절하게 적용될 수 있다 – 기업이 자사 시장에 '어떻게 말할 것인지'를 알기 원할 때, 자사 고객들은 어떤 말과 용어를 사용하는지 파악하고자 할 때, 광고 캠페인을 위한 새로운 아이디어를 찾고자 할 때, 개발 중인 새로운 서비스가 고객에게 어필할 수 있는지 여부와 이를 개선하기 위한 방법을 알고자 할 때, 자사 제품을 위해 어떻게 패키지를 개발해야 하는지 파악할 때 등[30] 또한 광고의 반응과 아이디어, 서비스, 제품, 혹은 패키지 속성이 왜 매력적인지에 대한 이유, 기업이 제품의 편익을 어떻게 전달할 것인가와 같은 모든 상황에서 포커스 그룹은 고객들이 사용하는 용어를 설명할 수 있다. 포커스 그룹이 언제 특별히 유용한지에 대한 자세한 내용은 아래의 '포커스 그룹의 몇 가지 목적'을 참조하라.

포커스 그룹을 사용하지 않을 때는 언제인가?

포커스 그룹은 모집단의 대표성을 갖지 않은 매우 적은 수의 사람들로 진행되기 때문에 신중히 다루어져야 한다. 조사목적이 예측이라면, 포커스 그룹은 사용하기 어렵다. 가령 우리가 12명의 참석자들에게 시제품을 보여주고, 이 중 6명이 해당 제품을 구매하겠다고 말했다 하더라도, 전체 모집단의 50%가 해당 제품을 구매할 것이라고 예측하기 어렵다. 또한 조사 결과에 근거해 매우 중요하고 큰 비용이 드는 의사결정을 내려야 한다면, 그 기업은 포커스 그룹에만 의존할 수 없을 것이다. 즉 높은 이해관계가 걸려 있는 의사결정이 이루어져야 할 경우에는 특정 모집단의 대표성을 갖고 오차 범위(정량적 조사)가 밝혀진 조사가 이루어져야 한다.

포커스 그룹의 몇 가지 목적

포커스 그룹은 네 가지 주요 목적이 있다 – (1) 아이디어 도출, (2) 고객 언어의 이해, (3) 제품 혹은 서비스에 대한 고객의 욕구, 동기, 지각, 태도 유추, (4) 정량적 조사 결과에 대한 보다 구체적인 이해가 그것이다.

포커스 그룹은 관리자가 고려해야 할 아이디어를 도출한다. 크리스피크림(Krispy Kreme)은 신제품 선택과 매장을 설계하기 위해 포커스 그룹을 이용한 바 있다. 크리스피크림 관리자들은 고객들이 도넛을 선호하지만 맛좋은 커피는 다른 곳에서 찾는다는 것을 일관되게 듣는다면 크리스피크림은 맛좋은 커피를 포함한 새로운 제품 믹스 변경을 위한 아이디어를 도출할 수 있을 것이다. 아이들을 좌석 벨트로 고정시키는 것에 대한 어려움을 겪는다는 엄마들의 말은 디자이너들에게 제품 아이디어로 전달된다. 가구 이동의 어려움을 토론한 소비자들은 이동이 간편하게 설계된 혁신적인 가구를 만들도록 해준다.

고객의 언어를 이해한다는 것은 제품 혹은 서비스에 대한 커뮤니케이션을 개선하기 위해 고객들이 제품에 대해서 설명할 때 사용하는 단어나 문장을 정확하게 이해하는 것을 의미한다. 이와 같은 정보는 광고 카피 제작 혹은 사용설명서를 만들 때 유용하다. 이러한 지식들은 조사 문제 정의를 재수정하고 향후 이어지는 정량적 조사를 위한 구조화된 질문을 만드는 데 도움이 된다.

세 번째 목적은 제품 혹은 서비스에 대한 **고객 욕구**(needs), **동기**(motives), **지각**(perception), 그리고 **태도**(attitude) 등을 밝히는 것으로 제품이나 서비스에 대해 소비자들이 실제로 어떤 느낌과 생각을 갖고 있는지를 마케팅팀에서 새롭게 이해하고자 할 때 포커스 그룹이 사용된다. 혹은 관리자들이 제품에 대해서 고려하는 것들을 변화시키기 위해서 고객들의 초기 반응을 필요로 할 때도 사용된다.[31] 포커스 그룹은 일반적으로 탐색적 연구가 진행되는 동안 사용되기도 한다. 이러한 적용은 후속 조사에 의해 제기되는 목표를 만들 때 유용하다.[32]

마지막으로 **정량적 조사 결과에 대한 이해**는 다른 서베이를 통해 수집된 데이터를 이해하기 위해 포커스 사용이 요구됨을 의미한다. 때때로 포커스 그룹은 설문의 결과가 왜 그렇게 나왔는지를 밝혀준다. 예를 들어 은행 이미지 서베이 조사 결과 일부 지점에서 일관되게 '종업원 친화도' 부분에서 낮은 점수를 받았다. 포커스 그룹 조사를 통해 효율성에 대한 고민을 갖고 있던 창구직원들이 불친절하게 보여지는 행동을 하는 것에 그 문제가 있음을 찾을 수 있었다. 그 은행은 문제를 해결하기 위해 직원 훈련 프로그램을 수정했다.

워너램버트(Warner-Lambert)는 이상의 네 가지 목적을 달성하기 위해 성공적으로 포커스 그룹을 활용한 기업이다. 워너램버트의 비처방의약품을 비롯한 일반 건강 및 미용제품에 집중하는 소비자 헬스 제품을 제조하는 그룹은 포커스 그룹을 광범위하게 많이 사용한다.[33] 실제로, 워너램버트는 배경정보 수집, 건강 및 미용제품과 관련된 욕구 및 태도 발견, 그리고 새로운 아이디어 도출을 위한 브레인스토밍을 위해 정성적 조사들의 조합을 이용하고 있다. 포커스 그룹은 고객 라이프스타일, 가치, 그리고 구매 패턴 등의 변화를 이해하는 데 유용하게 사용되어 왔다.

전통 포커스 그룹의 운영

전통 포커스 그룹을 수행하기 전에 몇 가지 운영상의 문제가 제기되어야 한다. 얼마나 많은 사람들을 참여시킬 것인지, 그들은 누구인지, 그리고 그들을 어떻게 선택하고 선발할 것인지, 그리고 어디서 진행할 것인지를 정하는 것은 중요하다. 이러한 질문의 대답을 위한 일반적인 가이드라인이 있다. 다음에서 살펴보자.

포커스 그룹의 최적 인원은 6~12명이다.

몇 명의 사람이 포커스 그룹에 참여해야 하는가? 산업 기준에 따르면, 전통적인 포커스 그룹의 최적 인원은 6~12명이다. 작은 집단(6명보다 더 적은 인원)은 유익한 포커스 그룹 세션을 위한 활기찬 분위기와 집단 역동성이 발생하기 어렵다. 종종 작은 집단은 어색한 침묵으로 이어져 진행자는 보다 활발한 토론 분위기를 만들어야 한다는 압박감에 놓이기도 한다. 반대로 12명보다 더 많은 집단은 자연스러운 토론이 형성되기에 너무 많을 수 있다. 포커스 그룹 인원이 많아지면 조각화될 수 있다. 즉 참여자들은 관련 없는 이야기나 다른 의견으로 짜증이 날 수도 있는 것이다. 다른 사람이 이야기하는 동안 2~3명의 참여자들이 대화를 나눌 수 있다. 이러한 상황은 진행자가 논의해야 할 주제에 초점을 맞추기보다는 참석자를 조용히 시키거나 질서를 따르도록 제재를 가하는 역할을 하게 만든다.

안타깝게도 포커스 그룹 인터뷰에 정확히 몇 명이 참석할 것인지 예측하기란 매우 어렵다. 10명이 참석하겠다고 동의해도 실제로는 4명만 참석할 수 있다. 실제로는 몇 명이 빠지고 8명이 참석할 것을 예상해 14명을 초청했는데 14명 모두 참석할 수도 있다. 물론 이러한 상황이 발생할 때, 참석자 중 일부를 집으로 되돌려 보내야 할지 말지를 결정하는 것은 진행자가 판단할 사안이다. 참여율을 보장하는 방법은 없다. 인센티브(후에 논의할 것이다)를 지급하는 것은 도움이 될 수 있지만 참석률을 높이기 위한 확실한 방법은 아니다. 6~12명이 가장 이상적이지만 참여의 불확실성 때문에, 6명 이하 혹은 12명 이상으로 포커스 그룹이 진행되기도 한다.

이상적으로 포커스 그룹 회원들은 동질적이어야 한다.

포커스 그룹에 어떤 사람들이 참석하는가? 일반적으로 성공적인 포커스 그룹이 진행되기 위해서는 참석자들 간에 동질성(homogeneous)이 확보되어야 한다. 때때로 이 조건은 특정한 그룹의 사람들을 포커스 그룹에 포함시키고자 하는 조사자들에 의해 자동으로 충족되는 경우도 있다. 가령 포커스 그룹은 위성 전화를 사용하는 기업 임원, 500,000달러 이상의 빌딩을 건축한 경험이 있는 건축 도급업자, 일반적인 고객 서비스 어려움을 겪고 있는 영업사원 등으로만 구성되는 경우에는 동질성이 자동적으로 확보된다. 소비재의 경우에는, 포커스 그룹이 공유해야 하는 공통점으로는 단지 살사를 구매하는 소비자들인 경우도 있다. 유사한 인구통계적 프로파일이나 혹은 다른 연관성 있는 특성들이 비슷해야 하는 필요성은 참여자들이 서로 잘 모를 때 두드러진다. 대부분의 경우 포커스 그룹 참석자들은 친구가 아니거나 혹은 전혀 모르는 사이이기 때문에 많은 사람들은 어색함을 느끼고 자신의 의견이나 제안을 잘 모르는 집단 내에서 말하는 것에 대해 주저하는 경우가 많다. 하지만 참석자들이 나이(모두 30대 초반인 경우), 직업(젊은 임원), 가족관계(미취학 아동들 부모), 구매경험(작년에 신차를 구매한 경우), 레저활동(테니스를 즐김)과 같이 유사점을 갖고 있다고 인식하면 포커스 그룹의 분위기는 보다 자연스러워진다. 또한 포커스 그룹을 인구통계 및 기타 특성에 대해 가능한 동일화된 집단으로 수행하게 되면 조사자는 이러한 변수의 차이로 인한 토론의 혼동이 줄어들 것으로 확신하게 된다.

언제나 한 번 이상의 포커스 그룹이 진행된다.

포커스 그룹은 몇 번 진행되어야 하는가? 얼마나 많은 포커스 그룹을 진행하는지에 대한 대답은 언제나 '한 번 이상'이다. 각각의 포커스 그룹은 고유의 특성이 있기 때문에 단 한 번 진행된 포커스 그룹으로 결론을 내릴 수 없다. 원칙적으로는, 새로운 정보가 포화될 수준으로 획득될 때까지 포커스 그룹을 진행해야 한다. 하지만 현실적으로 포커스 그룹은 상당한 계획이 필요하고, 몇 번 진행할 것인지를 사전에 정확히 결정하는 것을 알기란 어렵다. 일반적으로 작은 규모의 프로젝트는 3~4번, 그리고 큰 규모의 프로젝트는 9~12번 포커스 그룹이 수행된다. 만약 크래프트의 Craker Barrel Cheese가 포커스 그룹을 통해 새로운 광고를 제작하기 위한 아이디어를 도출하고자 한다면 Craker Barrel 브랜드팀은 총 9번의 포커스 그룹을 진행할 수 있을 것이다. 보스턴, 시카고, 그리고 샌디에이고 등에서 고사용자(heavy user), 저사용자(light user), 그리고 구매 경험이 없는 소비자 집단 각각 3번씩 진행할 수 있을 것이다.

포커스 그룹에 참석할 참여자들을 어떻게 모집하고 선택할 것인가? 여러분도 예상하겠지만, 포커스 그룹 참여자들을 선택하는 것은 포커스 그룹의 목적에 따라 달라진다. 예를 들어 그 목적이 GPS 시 포커스 그룹 참여자 선정은 포커스 그룹 목적에 달려 있다.

스템 개선을 위한 아이디어 수집이라면 참석자들은 반드시 GPS를 소유하고 있는 사람들이어야 한다. 또한 포커스 그룹이 새로운 유형의 중앙 에어컨 시스템에 대한 건축 도급업자들의 반응을 유발하는 것이 목적이라면, 포커스 그룹 참석자들은 건축 도급업자들로 구성되어야 한다. 기업이 고객 목록을 제공하거나 포커스 그룹 모집자가 잠재 참여자들이 기록된 보안 문건으로부터 모집을 시작하는 것도 드문 일이 아니다. 가령, 건축 도급업자들의 경우 지역 전화번호부 혹은 협회 목록으로부터 명단을 확보할 수 있다. 어떤 경우에든, 이러한 잠재 참여자들에게 전화를 걸어 자격사항을 충족하는지 확인하고 포커스 그룹 참여를 부탁해야 한다. 때로 포커스 그룹 기업들은 몰(mall)에서 쇼핑하는 쇼핑객들에게 포커스 그룹 참석 의사를 문의하는 경우도 있지만 이런 경우는 매우 드물다.

앞서 보았듯이 포커스 그룹을 진행하는 데 있어 '노쇼(no-show)'는 문제를 야기하기에 조사자들은 잠재적인 참여자들의 참여율을 높이기 위해 적어도 두 가지 전략을 구상해야 한다. 인센티브는 포커스 그룹에 모집된 사람들이 참여하도록 독려하는 데 사용될 수 있다. 이러한 인센티브는 참여자들의 시간 제공에 대한 보상으로 금전, 사은품, 혹은 상품권으로 제공될 수 있다. 두 번째는 포커스 그룹이 진행되기 전날부터 참여 의사를 밝힌 잠재 참석자들에게 전화, 이메일, 문자 메시지를 통해 지속적으로 상기시키는 것이다. 만약 한 명의 잠재 참여자가 여러 이유로 포커스 그룹에 참석하는 것이 어렵다면, 다른 사람으로 대체해야 한다. 앞에서도 논의했지만, 앞에서 언급한 두 가지 방법은 완벽하지 않으며, 얼마나 많은 참여자들이 참석할지 예측하는 것은 항상 어려운 문제이다. 일부 포커스 그룹 기업은 참여자 수를 필요한 사람보다 좀 더 많이 확보해 두는 원칙을 갖고 있고 또 어떤 기업들은 자격이 충족되는 사람들로서 회사가 믿을 수 있는 사람들의 리스트를 가지고 있다.

포커스 그룹은 어디에서 진행되어야 하는가? 포커스 그룹은 90분에서 2시간 정도 진행되기 때문에 참석자들이 편하게 자리를 잡고 포커스 그룹이 진행될 수 있도록 환경을 조성하는 것이 중요하다. 일반적으로 포커스 그룹은 조사목적에 부합하도록 세팅된 넓은 룸에서 진행된다. 많은 경우, 참석자들 간의 대면 상호작용(face-to-face interaction)이 중요하기 때문에 원형 테이블이 가장 이상적일 수 있다. 식음료의 맛을 테스트하거나 시청각 데이터를 봐야 하는 경우에는 다른 형식으로 룸을 세팅하기도 한다. 하지만 무엇보다 가장 중요한 것은 진행자가 모든 참석자들과 눈 맞춤이 가능해야 한다는 것이다.[34]

포커스 그룹은 다양한 곳에서 진행이 가능하다. 광고 대행사 컨퍼런스 룸, 진행자의 집, 참석자들의 집, 의뢰업체 사무실, 호텔, 그리고 교회 내에서도 포커스 그룹은 진행될 수 있다. 참여자들이 서로를 볼 수 있도록 좌석 배치가 되어야 한다는 것 다음으로 중요한 고려사항은 오디오 녹음이 가능

© Marmaduke St. John/Alamy Stock Photo

포커스 그룹 시설은 진행 과정에서 브랜드팀이 포커스 그룹을 관찰할 수 있도록 일방향 거울이 설치되어 있다.

하도록 되도록 조용한 장소여야 한다는 것이다. 포커스 그룹 시설을 갖춘 마케팅 조사업체들은 우리가 앞서 설명했던 것과 거의 유사하게 사용 가능한 녹음시설과 브랜드팀이 진행되는 포커스 그룹을 관찰할 수 있는 반투명 거울을 갖춘 이상적인 환경을 제공한다.

조사 프로젝트가 진행되는 동안 진행자는 언제 개입되어야 하는가? 진행자는 포커스 그룹 진행 직전에 고용되어서 주어진 토론을 이끄는 로봇처럼 보여져서는 안 된다. 포커스 그룹의 성공 여부는 참여자들이 주제에 대해서 이해를 하고 토론에 적극적으로 개입하는 것에 달려 있다. 참여자들을 토론에 생산적으로 개입시키려면 효과적인 진행자가 필요하고 그 진행자가 조사목적을 정확하게 이해하고 있어야 한다. 만약 진행자가 조사자가 어떤 정보를 얻기를 원하는지를 알지 못한다면 그 진행자는 효과적인 질문을 할 수 없을 것이다. 진행자가 토론 주제를 정하는 데 도움을 주려면 진행자를 프로젝트 목적 개발에 참여시켜 기여하게 하는 것도 좋은 방안이 될 수 있다. 주제(질문) 형성에 참여하면서, 진행자는 주제들에 익숙하게 되고 포커스 그룹 진행을 보다 잘 준비할 수 있을 것이다. 질문들을 구성할 때는 그 질문들이 논리적 흐름에 따라 순차적으로 전개되도록 질문을 구성하고 진행자는 이러한 순서를 최대한 지켜야 한다. 진행자가 토의에 대한 소개를 어떻게 하는가 하는 것에 따라 세션의 톤이 달라질 수 있으므로 이는 중요한 부분이다. 이어지는 모든 질문들은 참석자들이 어떻게 반응해야 하는지에 대한 명확한 설명을 해야 한다. 예를 들어 그들이 어떻게 느껴야만 하는지가 아니라 실제로 어떻게 느끼는지를 말하라고 요구하는 것이다. 이것은 진행자들이 참석자들과의 관계를 형성시켜 주고 인터뷰 구조를 위한 기초 작업이 된다.

포커스 그룹을 망치는 법을 공부하려면 www.youtube.com 에서 **The #1 Focus Group Moderator in the World**를 검색하라.

포커스 그룹 결과는 어떻게 보고되고 활용되는가? 앞서 보았듯이 포커스 그룹은 소비자와 제품, 광고, 그리고 판매 노력 등의 관계에 대한 미묘하고 모호한 관계를 보고한다. 즉 포커스 그룹은 연구의 대상이 되는 제품 디자인, 패키지, 촉진, 기타 마케팅 프로그램에 대한 소비자 언어, 광고에 대한 정서적 및 행동적 반응, 라이프스타일, 관계, 제품군과 특정 브랜드 그리고 무의식적 고객 행동 등의 정성적 데이터를 보고한다. 하지만 포커스 그룹은 정성적 조사이므로 모집단의 대표성을 확보하지 못한다.

포커스 그룹은 다른 어떤 이점을 제공하는가? 포커스 그룹 접근법은 마케팅 조사 분야에서 주요 기술로 확고부동하게 자리를 잡았다. 수천 명 혹은 그 이상의 응답자들을 대상으로 한 큰 규모의 정량적 서베이와 비교했을 때, 합리적인 비용이 들고, 관리자의 우려를 수용할 수 있으며, 즉각적인 결과 도출을 가능하게 하기 때문에 포커스 그룹은 정성적 조사방법으로 매력이 있다. 게다가 대면 포커스 그룹은 전 세계에서 점점 흔한 조사방법이 되어 가고 있으며 온라인 포커스 그룹은 포커스 그룹의 새로운 기능으로 인기가 높아지고 있다.[35] 포커스 그룹은 마케팅 관리자가 시장을 보고 들을 수 있는 유일한 조사방법이기도 하다. 관리자들은 매일의 문제와 위기에 상당히 몰두해 있기 때문에 고객을 직접 만나는 것을 신선하게 여긴다. 포커스 그룹 참석을 마친 마케팅 관리자는 포커스 그룹에서 들은 시장의 욕구에 반응하겠다는 생각으로 활기에 차오르는 것도 흔히 발견되는 반응이다.

6-4 민족지 연구 조사

인류학에서 시작된 **민족지 연구 조사**(ethnographic research)는 특정 집단과 그 집단의 행동, 개성, 그리고 문화 등을 기술적(descriptive)으로 자세히 연구하는 방법이다.[36] 민족지 연구의 원어인 *ethnography*에서 *ethno*는 사람을 의미하며, *graphy*는 연구 분야를 의미한다. 민족지 연구 조사는 장기간에 걸쳐 소비자들의 행동을 그 행동이 발생하는 순간 관찰함으로써 마케팅에서 소비자와 소비자 행동에 대한 보다 심도 있고 완전한 이해를 하기 위해 사용된다. 민족지 연구는 소비자 행동 분야에서 트렌드, 인간 행동, 라이프스타일, 그리고 사회문화적 맥락 등을 연구하는 데 매우 유용하다. 민족지 연구는 몇 가지 다른 조사방법을 사용하는데, 현장에 빠져들기(immersion), 참여관찰(participant observation), 그리고 비공식적이고 지속적인 심층 인터뷰(informal an ongoing in-depth interview) 등이 그것이다. 민족지 연구자는 자신의 생활을 설명하고 서로 의사소통하기 위해 사용하는 단어, 은유(metaphor), 기호, 그리고 이야기에 세심한 주의를 기울인다.[37]

인류학에서 시작된 민족지 연구 조사는 특정 집단의 행동, 개성, 그리고 문화 등을 기술적으로 자세히 연구하는 방법이다.

마케터들은 새 차를 구입할 때와 레스토랑에 있을 때 사람들의 반응, 부모가 되었을 때 변화와 같은 소비자 행동을 연구할 때 민족지 연구를 점점 더 많이 사용하고 있다.[38] 켈로그는 남아프리카, 인도, 멕시코와 같은 개발도상국에서 아침식사와 간식을 먹을 때의 행동을 파악하기 위해 정기적으로 민족지 연구를 활용한다. 켈로그에서 글로벌 인사이트와 계획 수립을 맡고 있는 부사장인 Mike Mickunas는 켈로그가 임원들을 정기적으로 민족지 연구 조사에 투입시킨다고 밝힌 바 있다. 그는 "당신의 CEO가 뭄바이에 있는 비즈니스 회의실에 들어와 포트폴리오 계획을 보면서 식탁 너머로 한 어머니와 함께 아침을 먹은 경험에 바탕한 질문을 한다면 얼마나 대단한 일인가"라고 했다.[39] 다수의 마케팅 조사 업체와 클라이언트 사이드 마케팅 조사부서는 민족지 연구 훈련을 받은 조사자를 정기적으로 고용한다. Context-Based Research Group and Housecalls, Inc.와 같은 마케팅 조사 업체는 민족지 연구에 특화된 마케팅 조사 업체다.

민족지 연구 조사 중에서 가장 널리 알려진 방법 중 하나는 **쇼핑 따르기**(shopalongs) 연구다. 문자 그대로 쇼핑 따르기는 조사자가 쇼핑 중인 쇼핑객(허락을 받음)을 따라다니면서 쇼핑객의 행동을 관찰하고 기록하는 조사방법이다. 조사자는 쇼핑객이 쇼핑하는 동안 녹음, 녹화를 할 뿐만 아니라 사진도 찍는다. 쇼핑 전후에 인터뷰가 진행되는 경우도 종종 있다.

쇼핑 따르기는 조사자가 쇼핑 중인 쇼핑객(허락을 받음)을 따라다니면서 쇼핑객의 행동을 관찰하고 기록하는 조사방법이다.

정성적조사컨설턴트협회에서 제공한 민족지 연구 마케팅 조사의 또 다른 사례들이 아래에 있다.[40]

- 가정에서 저녁식사를 준비하는 어머니 관찰
- 아침식사로 무엇을 먹고 이를 왜 선택했는지 관찰
- 노인들과 함께 걸으며 그들의 희망, 두려움, 걱정, 건강, 그리고 가족과 친구들에 대한 다양한 주제를 경청
- 사람들이 일상생활에 제품을 어떻게 적용하는지 발견하기 위해(자사 제품과 경쟁 제품 테스트) 며칠 전에 주어진 제품을 사용하는 것을 관찰
- 약물치료 전후의 변화와 그들의 삶에 어떤 변화가 나타났는지 관찰

민족지 연구에 대해 알아보려면 **www.youtube.com**에서 **Sports Fan Ethnography**를 검색하라.

모바일 민족지 연구

모바일 민족지 연구란 개인의 경험들을 자신의 휴대전화를 통해 기록한 데이터를 연구하는 마케팅 조사 유형이다.

스마트폰이 보편화되면서 민족지 연구 유형 중 하나로 모바일 민족지 연구가 등장하기 시작했다. **모바일 민족지 연구**(mobile ethnography)란 휴대전화를 통해 형성된 개인의 경험들이 문서화된 데이터를 연구하는 마케팅 조사 유형이다. 모바일 민족지 연구는 모바일 정성적 조사(mobile qualitative 혹은 간단히 줄여서 mobile qual)라고 불리기도 한다. 모바일 민족지 연구를 진행하기 위해서는 녹음된 설명이 동반된 사진 혹은 동영상을 직접 찍으면서 그들의 행동과 정서를 기록할 참석자를 모집해야 한다. 예를 들어 결혼 혹은 장례식과 같은 중요한 사건에서부터 아침식사 준비, 애완견과의 산책과 같은 일상적인 생활까지 다양한 행동 양식들을 기록해달라고 요구하게 된다. 모바일 민족지 연구는 아침에 눈뜰 때, 혹은 의약치료 등을 수행하는 것과 같은 사적 행동 등을

마케팅 조사 인사이트 6.3 디지털 마케팅 조사

모바일 민족지 연구의 적용

스마트폰의 보급률이 높아짐에 따라 모바일 민족지 연구는 마케팅 조사의 떠오르는 기법으로 자리매김하고 있다. 다음에 모바일 민족지 연구를 활용한 세 가지 사례가 소개되어 있다.

집에서 경험하는 엔터테이닝

크래프트 푸즈는 마케팅 조사 업체인 브레인주서와 손잡고 식품과 소비자의 정서적 관계를 탐색하고자 했다. 브레인주서는 스스로 요리를 준비하는 행사(self-catered event)를 주최하고 기록하는 데 동의한 150명의 미국 참여자들을 모집했다. 참여자들은 쇼핑, 계획. 음식 장만, 행사 진행, 그리고 뒤처리에 이르는 행사 스토리를 스마트폰을 통해 이야기하도록 요구받았다. 조사팀은 참여자들이 자신이 주최한 행사를 문서화하도록 함으로써 즐거움(entertaining)에 수반되는 스트레스와 보상이 생생해짐을 느꼈다. 프로젝트를 통해 수집된 영상, 그림, 텍스트 등에 근거해, 크래프트는 즐거움과 관련된 16개의 테마를 발견하고 제품 혁신을 위한 새로운 아이디어를 창출했다.

© Gareth Boden/Pearson Education

모바일 민족지 연구는 조사자가 놓치기 쉬운, 자신의 삶에 대한 전문가로서 참여자들의 시각을 발견할 수 있다는 것이다.

박물관 투어

투어리즘 조사연구팀은 박물관에서 Y세대 소비자들의 경험을 이해하길 원했다. 모바일 민족지 연구를 위해 설계된 MyServiceFellow 앱을 이용해, 참여자들은 캔버라에 있는 호주국립박물관을 관람하는 동안 그들의 경험을 평가하고 작성하도록 요구받았다. 참여자들은 주차에서부터 직원과의 상호작용 그리고 전반적인 박물관 경험과 같은 전체 관람에 대한 많은 경험을 반영해 평가했다. 이를 통해 주차장의 혼란스러운 안내물 같은 문제점과 박물관 직원들이 친절하다는 긍정적인 면이 두드러졌다.

모발 관리

P&G는 조사업체인 레버레이션(Revelation)과 함께 라틴계 미국인들의 모발관리를 파악하고자 했다. 레버레이션은 20명의 라틴계 미국인을 모집해서 3일간 스마트폰을 이용해 문자와 이미지를 이용해 다양한 행동을 기록하라고 요구했다. 이러한 활동은 건강과 미용에 대한 참여자들의 생각을 알기 위해서 설계되었다. 그 결과 P&G는 건강한 모발에 대한 정의를 보다 풍부하게 이해할 수 있었으며 제품 개발 부서에 이러한 통찰력을 전달할 수 있었다.

출처 : Appleton, E. (2014, April 3). Mobile qualitative – How does it fit in the research toolkit? *GreenBook*. Retrieved from http://www.greenbookblog.org/2014/04/03/mobile-qualitative-how-does-it-fit-in-the-research-toolkit/; Hunt, A. (2014, December). Mobile ethnography let Kraft capture the highs and lows of party planning and hosting. *Quirk's Marketing Research Review*, 28(12), 30 – 33; Muskat, M., Muskat, B., Zehrer, A., & Johns, R. (2013, September). Generation Y: Evaluating services experiences through mobile ethnography. *Tourism Review*, 68(3), 55 – 71.

기록하기에 유용하다.

모바일 민족지 연구의 장점은 자신의 삶의 전문가로서 참여자들의 도움을 받아 조사자들이 놓치기 쉬운 진실한 행동과 감정을 드러낼 수 있다는 것이다. 하지만 한계점은 참석자가 제품 혹은 서비스를 사용하는 과정에서 자신의 습관 혹은 무의식적 행동을 알지 못해 기록하지 못하는 경우가 발생한다는 것이다. 결과적으로 훈련된 조사자들은 발견할 수 있었을 중요한 통찰력을 잃어 버리게 될 수도 있다. 이는 몇몇 조사자들이 이 기법은 분명 가치가 있는 모바일 연구 기법이기는 하지만 정당하게 민족지 연구라고 부를 수는 없다고 말하는 이유이기도 하다.[41] MyServiceFellow, QualBoard, Field Notes, MyInsights처럼 모바일 민족지 연구를 지원하는 도구로서 다양한 모바일 앱들(무료 혹은 약간의 비용이 요구)이 개발되고 있다. 마케팅 조사 인사이트 6.3에서는 모바일 민족지 연구를 활용한 사례가 소개되어 있다.

네트노그래피

네트노그래피(Netnography, InterNET과 ethNOGAPHY의 합성어)는 온라인 활동의 민족지 연구를 의미한다. Robert Kozinets에 의해 개발된 네트노그래피는 사람과 전자기기 사이의 관계처럼 인터넷 상에서의 개인과 커뮤니티의 상호작용을 밝히는 데 사용된다.[42] 네트노그래피는 소셜미디어(제5장 참조)의 사용자제작콘텐츠 연구에 적용될 수 있다. 또한 네트노그래피는 스웨덴 패션 블로그[43]를 통해 스타일 아이디어를 어떻게 공유하는지 그리고 개인이 소셜미디어 사이트를 통해 건강과 관련된 목적을 위해 어떻게 도움을 얻고 있는지와 같은 관련된 연구에도 사용되어 왔다.[44]

네트노그래피는 온라인 활동에 대한 민족지 연구를 의미한다.

6-5 마케팅 조사 온라인 커뮤니티

마케팅 조사 분야에서 많은 인기 속에 성장하고 있는 트렌드는 **마케팅 조사 온라인 커뮤니티**(marketing research online community, MROCs)를 사용해 인사이트를 얻는 것인데 2014년에 실시된 마케팅 조사 전문가 서베이에서 응답자들의 약 절반은 자신의 회사가 이러한 기법을 사용한다고 밝혔다.[45] 온라인 패널로도 불리는 **마케팅 조사 온라인 커뮤니티**(MROCs)란 온라인에서 상호작용하고 의견과 아이디어를 제시하며 과업을 완성하기 위한 응답자 집단이다. 온라인 커뮤니티는 저렴하고 유연해서 게시글, 사진, 동영상과 같은 다양한 데이터를 수집할 수 있도록 해준다. 또한 온라인 커뮤니티는 개방형 질문에 대한 응답, 제품 혹은 광고에 대한 피드백, 개인 기록 남기기, 컴퓨터, 태블릿 PC, 그리고 휴대전화를 이용한 작은 설문조사 등을 포함한 많은 수의 작업들을 완성시켜준다. 또한 회원들에게 제품명을 위한 아이디어 도출이나 특정 제품을 사용한 요리법과 같이 창의적인 과업도 온라인 커뮤니티에 요청할 수 있다. 참여자들은 제품 혹은 서비스와 상호작용하는 모습을 사진이나 동영상으로 공유하도록 요청받기도 한다. 온라인 커뮤니티는 밀레니얼과 Z세대들로부터 통찰력을 얻는 데 특별히 효과적인데, 이러한 젊은 세대들은 소셜미디어를 사용하는 것에 상당히 익숙하기 때문이다.[46] 이 장 서두에서 Alison Hillhouse가 설명했듯이 MTV가 10~20대들에 대한 통찰력을 얻기 위해 온라인 커뮤니티를 유지하는 것은 그 한 예라 할 수 있다.

마케팅 조사 온라인 커뮤니티(MROCs)란 온라인에서 상호작용하고 의견과 아이디어를 제시하며 과업을 완성하는 응답자 집단이다.

마케팅 조사 온라인 커뮤니티 참여자들은 그들의 인구통계적 특성과 관심사에 따라 선택된다. 프로젝트 커뮤니티는 보통 짧은 기간 동안 수행되는 프로젝트를 위해 모집되지만 몇 달 혹은 몇 년 동안 온라인 커뮤니티가 지속될 수도 있다. 커뮤니티는 회원들 사이에서 충분한 상호작용이 일어날 정도로 작아야 하지만 충분히 의미 있는 피드백이 도출될 수 있을 정도로 충분한 수의 참여자로 구성되어야 한다. 커뮤니티 규모는 매우 다양한데 일반적으로 50~300명 정도로 구성된다.

포커스 그룹과 마찬가지로 마케팅 조사 온라인 커뮤니티 역시 대화를 관리하는 진행자를 갖는다. 진행자는 긍정적인 분위기 속에서 참여자들로부터 진실되고 진정성 있는 응답이 나오도록 해야 한다. 온라인 커뮤니티의 강점은 회원들 간의 협력에서 오기 때문에, 진행자는 커뮤니티 회원들 간의 상호작용이 발생하도록 노력해야 한다.

일부 온라인 커뮤니티는 하나의 브랜드만을 취급하는 반면에 어떤 커뮤니티는 다양한 브랜드를 대상으로 한다. 온라인 커뮤니티를 통해 메시지를 형성하는 데 도움을 받은 많은 브랜드들 중에는 다논 액티비아 요거트나 내셔널 카 렌털(National Car Rental)이 있다. MTV와 같은 일부 기업들은 자신들의 브랜드에 대한 온라인 커뮤니티를 가지고 있다. 보통 기업들은 마케팅 조사 업체를 통해서 온라인 커뮤니티를 구성하게 되는데 이러한 온라인 커뮤니티를 갖고 있는 많은 마케팅 조사업체들로는 씨스페이스(CSpace), 마켓비전(MarketVision), C+R 리서치(C+R Research) 등이 있다. 몇몇 마케팅 조사 업체들은 온라인 커뮤니티 활동을 지원하고 커뮤니티 회원들이 그들의 모바일 디바이스로 쉽게 게시물을 올릴 수 있는 앱을 갖고 있다. 곤고스리서치(Gongos Research)의 경우 회원들이 사용할 수 있는 iCommunities라는 앱을 운영하고 있다.

온라인 커뮤니티의 한 가지 사례로 마케팅 조사 업체인 커뮤니스페이스(Communispace)가 애드버타이징 리서치 파운데이션(Advertising Research Foundation)과 협력해 고객의 무의식적인 쇼핑 행동을 연구한 것을 들 수 있다. 이 연구에서는 모바일 민족지 연구에 동의한 커뮤니티 회원들에게 세 가지 종류의 제품(식료품, 자동차, 모바일 제품)을 지각(perception)하는 데 있어 영향을 미쳤다고 생각하는 시각 데이터 혹은 경험을 게시하도록 요구했다. 커뮤니티 회원들은 앱에 의해 지리정보가 자동으로 추적되는 사진과 동영상을 업로드했다. 이 조사 프로젝트를 통해 고객들은 여전히 광고에 상당한 영향을 받고 있으며, 제품을 직접 경험하는 것은 궁극적으로 구매로 연결하는 데 매우 영향력이 있는 것이라는 결과를 발견할 수 있었다.[47]

마케팅 조사 온라인 커뮤니티의 장점은 상대적으로 저렴하고 빠르게 구성될 수 있고 이미지, 음성 녹음, 그리고 영상 녹화와 같은 다양한 매체 데이터를 수집할 수 있다는 점이다. 또 이 기법은 사회적 영향력이 어떻게 작동하는지에 대한 살아 있는 사례를 제공하고 커뮤니티의 역동성에 대한 보다 깊은 이해를 제공함으로써 고객의 삶을 조망하는 데 색다른 관점을 제공한다. 온라인 커뮤니티는 회원들이 참여 가능한 시간과 편안함을 느끼는 장소에서 참여할 수 있기 때문에 참여자들에게도 편리한 기법이다. 온라인 커뮤니티는 기존의 장기적으로 지속되는 커뮤니티를 통해 종단 데이터(longitudinal data)를 제공할 수 있다. 또는 특정 주제에 집중하고 몇 주간 유지되는 온라인 커뮤니티를 따로 모집할 수도 있다.

그러나 온라인 커뮤니티는 온라인에 접속해 있는 응답자들이 질문들에 즉각적으로 응답하기 때

표 6.1 전통 포커스 그룹, 온라인 포커스 그룹, 마케팅 조사 온라인 커뮤니티(MROCs) 비교[48]

	대면 포커스 그룹	온라인 포커스 그룹	MROCs
참여자들 간의 상호작용	✓	✓	✓
실시간 의뢰인 관찰	✓	✓	✓
고품질의 관찰 경험	✓		
보디랭귀지와 표정 확인	✓		
고품질의 시청각 녹화	✓		
비디오 사용 가능 여부	✓		
의뢰인 방문 편의성		✓	✓
진행자 방문 편의성		✓	✓
참여자들의 지역 다양성		✓	✓
컴퓨터, 태블릿, 스마트폰을 통한 소통		✓	✓
지속적 관찰 여부			✓
어디서든지 의견과 통찰력을 공유할 수 있는지 여부			✓
다양한 세분화 집단의 동시비교			✓
시간 유연성			✓

문에 지속적으로 온라인활동을 하는 사람들의 모집단에만 적절한 방법이다. 이 때문에 온라인 커뮤니티의 멤버가 기업이 관심이 있는 모집단을 대표할 수 없는 위험을 가지고 있다. 또한 커뮤니티 회원들의 동기를 장기간 유지하기 어렵고 회원들의 탈퇴도 빈번하게 일어난다. 포커스 그룹과는 달리 진행자는 모든 커뮤니티 회원들을 참여시킬 수 없다. 그리고 온라인 커뮤니티의 익명성 때문에 진행자는 커뮤니티 회원들이 정직한지 여부를 확신할 수 있는 방법이 없다. 온라인 커뮤니티의 또 다른 단점은 커뮤니티가 생성하는 매우 많은 양의 데이터다. 관리자들은 이 많은 양의 게시물들을 매일매일 살펴보는 것을 어려워한다.[49] 온라인 커뮤니티에 의해 생성된 데이터는 그때그때 정리되고 보고되어야 한다. 그렇지 않다면 왜 이 방법을 쓰겠는가?

지금까지 논의한 세 가지 기법의 중요한 차이점을 살펴보기 위해 표 6.1에는 전통적인 포커스 그룹, 온라인 포커스 그룹, 그리고 마케팅 조사 온라인 커뮤니티 세 가지 조사방법이 비교되어 있다.

6-6 기타 정성적 조사방법

관찰조사, 포커스 그룹, 에스노그래픽, 그리고 온라인 커뮤니티와 함께 마케팅 조사를 수행함에 있어 유용한 다른 정성적 조사방법이 있다. 그중 심층 인터뷰, 프로토콜 분석, 투사법과 뉴로마케팅에 대해서 알아보겠다.

심층 인터뷰는 잘 훈련된 인터뷰어가 응답자가 어떤 생각을 갖고 있고 왜 그런 행동을 하게 되었는지와 관련된 아이디어를 수집하기 위해 일대일로 응답자에게 질문을 하는 것으로 정의된다.

심층 인터뷰

IDI라고도 불리는 **심층 인터뷰**(in-depth interview)는 잘 훈련된 인터뷰어(interviewer)가 응답자가 어떤 생각을 갖고 있고 왜 그런 행동을 하게 되었는지와 관련된 아이디어를 수집하기 위해 일대일로 응답자에게 질문을 하는 것으로 정의된다. 이 기법은 응답자의 집에서 수행되기도 하며 혹은 상대적으로 짧은 시간 내에 심층 인터뷰를 하기 위해 몰인터셉트 시설과 같은 중심 인터뷰 지역에서 진행되기도 한다.

심층 인터뷰의 목적은 응답자들의 자유로운 의견이나 제언 등을 수집하고 마케팅 조사자들이 이러한 의견들의 다양한 차원과 그 이유를 보다 잘 이해하기 위한 질문을 하는 것이다. 가장 중요한 것은 공통의 테마를 찾기 위해 데이터들을 조합해 요약된 보고서를 만드는 것이다. 조사자는 심층 인터뷰를 통해서 새로운 콘셉트, 디자인, 광고, 프로모션 메시지 등을 도출할 수 있다.[50] 포커스 그룹과 비교했을 때 IDI는 구매행동의 복잡한 상호 관련성, 욕구, 동기 등을 조사하는 데 보다 용이하다.[51] IDI가 전화로 진행될 때, 이를 **전화 심층 인터뷰**(tele-depth interviews, TDIs)라고 한다. 몇몇 기업들은 인터넷을 통해 시각 이미지를 보여주는데, 이러한 접근법을 Web-TDI라고 한다.[52]

심층 인터뷰의 장점과 단점은 다음과 같다. 먼저 심층 인터뷰는 응답자의 반응에 따라 추가적인 질문으로 조사가 가능하다. 이것은 풍부하고 심도 있는 반응을 유도한다. 또한 어떤 상황에서는 심층 인터뷰에서 얻게 되는 반응이 예-아니요로 진행되는 구조화된 서베이와 같이 사전에 결정된 반응보다 훨씬 많은 것을 알려줄 수가 있다. 심층 인터뷰가 적절히 진행된다면, 고객 행동에 대한 깊이 있는 통찰력을 줄 수 있다.[53, 54] 그러나 이러한 장점은 인터뷰가 구조화되어 있지 않다는 심층 인터뷰의 주요 단점으로 연결된다. 인터뷰어가 훈련이 잘 되어 있는 경우가 아니라면, 이 기법으로 얻게 되는 결과는 너무 다양한 것들이라 문제를 해결하는 데 있어 충분한 통찰력을 제공하기 어려울 수 있다. IDI는 조사자들이 개인 수준에서의 의사결정이나 제품을 어떻게 사용하는지에 대한 자세한 정보, 제품 사용법, 고객의 삶에서 정서적인 부분, 심지어는 그들의 사적인 측면들에 대한 깊이 있는 이해를 원할 때 매우 유용하다.[55, 56]

심층 인터뷰는 주제와 관련된 목록 혹은 개방형 질문 등을 준비한 훈련된 현장 실무자에 의해 진행된다. 인터뷰 대상자(interviewee)는 답변 항목들의 리스트 중에서 하나를 고르라는 요구를 받는 것이 아니라 자신만의 언어로 응답하도록 요청받는다. 인터뷰어는 "왜 그렇다고 생각하시죠?", "보다 구체적으로 말씀해주실 수 있으십니까?", "특별한 이유를 말씀해주실 수 있나요?"와 같은 질문들을 사용하도록 훈련되어 있다. 이러한 질문들은 잠재 동기를 추적하는 것이 아니라 조사자가 응답자의 생각을 더 잘 이해할 수 있도록 행해진다. 인터뷰어는 응답된 내용들을 기록하고 자세히 저장한다. IDI는 일대일로 진행되는 것이 일반적이지만 지리적으로 떨어져 있을 경우에는 전화로도 진행 가능하다.[57] 심층 인터뷰는 다방면으로 활용될 수 있지만 세심한 계획, 훈련 그리고 준비가 되어 있어야 한다.[58]

래더링은 심층 인터뷰를 통해 제품 속성이 소비자의 궁극적인 가치와 어떻게 연결되어 있는지를 발견하기 위한 기술로 정의된다.

래더링(laddering)은 제품 속성이 소비자의 궁극적인 가치와 어떻게 연결되어 있는지를 추정하기 위한 심층 인터뷰 기법으로 정의된다. 소비자에게 중요한 가치가 '건강'이라고 밝혀졌다면, 조사자는 운동, 적절한 음식 섭취, 스트레스 줄이기와 같이 가치를 성취하기 위한 소비자들이 취할 수 있는 경로를 결정해야 한다. 그다음으로 조사자는 어떤 제품 속성이 이상적인 가치의 최종 결과를 달성하기 위한 수단이 되는지 추정해야 한다. 심층 인터뷰 조사자는 저염식 혹은 '흰 고기(white meat, 닭고기 등)'가 '좋은 건강'을 달성하는 도구라는 것을 찾을 수 있을 것이다.[59] 래더링이라는 용어는 제품 속성으로부터 가치에 이르는 연결, 단계, 방향 등을 찾는 개념으로부터 나왔다.

심층 인터뷰의 요약 보고서는 포커스 그룹 보고서와 아주 흡사한 형태를 가진다. 즉 진행된 심층 인터뷰 스크립트를 통해 공통된 테마를 발견하기 위해 분석하고 이를 보고서에 기록한다. 조사자의 분석 결과를 지지하는 응답자들의 답변이 그대로 인용되고 응답자들의 코멘트에서 발견되는 의견들 간의 차이도 함께 작성된다. 다시 한 번 강조하지만 심층 인터뷰 동안 수집된 정성적 데이터의 해석은 경험과 훈련이 충분한 분석가가 담당해야 하는 것은 필수다.

프로토콜 분석

프로토콜 분석(protocol analysis)은 응답자를 어떤 의사 결정 상황에 놓이게 한 다음 그(녀)에게 그 의사결정에서 고려하는 모든 것들을 구두로 표현하도록 요청하는 것이다. 이러한 특수한 목적을 가진 정성적 조사 방법의 소비자 의사결정 과정을 훔쳐보기 위함이다. 종종 개인 생각을 오래 보존하기 위해 녹음기를 사용하기도 한다. 참석자들이 프로토콜을 제공하면, 조사자는 프로토콜을 리뷰하고 사용된 평가기준, 고려된 브랜드의 수, 정보 유형과 원천과 같은 공통성을 찾는다.

프로토콜 분석은 어떤 의사결정 상황에 참석자를 놓이게 한 후 그(녀)에게 의사결정에서 고려하는 모든 것들을 구두로 표현하도록 요청하는 것이다.

투사법

투사법(projective techniques)은 참여자가 직접적인 질문에 응답하기 어려워하는 것을 자연스럽게 보여주도록 가상 활동에 참여시키는(투사되어) 상황이다. 투사법은 응답자들이 그들의 실제 의견을 내놓기 어렵거나 혹은 꺼려지는 상황이라고 조사자가 확신할 때 적절하다. 여기에는 흡연, 난폭운전(road rage)과 같이 사회적으로 바람직하지 않은 행동이나 축구 도박과 같은 불법적 행동, 혹은 데오도란트나 다이어트와 같이 민감한 행동과 관련된 상황들이 포함된다.

투사법이란 참여자가 직접적인 질문에 응답하기 어려워하는 것에 대해 자연스럽게 내비추길 원하는 가상의 활동에 참여하는 상황을 만들어 정보를 얻는 방법이다.

마케터가 사용하는 다섯 가지 투사법이 있는데, 단어연결법, 문장완성, 그림테스트, 만화완성, 그리고 롤플레잉 활동이 그것이다. 구체적으로 살펴보면 다음과 같다.

단어연결법 **단어연결법**(word-association test)이란 응답자에게 단어를 읽어주고 그것을 들은 응답자에게 마음속에 떠오르는 첫 단어를 말하게 하는 기법이다. 이러한 단어연결법은 100개 이상의 단어를 사용할 수도 있는데 일반적으로 중립적인 단어를 광고 속에 삽입된 단어나 제품 이름 혹은 서비스가 포함된 단어들을 섞어서 사용한다. 조사자들은 목록에 있는 단어들과 응답내용 간의 숨겨진 의미와 관계를 찾는다. 이러한 접근법은 제품(서비스), 브랜드 네임, 광고 카피에 대한 응답자의 숨겨진 느낌 혹은 정서들을 파악하기 위해 사용된다. 응답자들이 응답하는 데 걸리는 '응답 시간(response latency)'과 추론을 하기 위한 응답자의 신체적 반응 역시 측정된다. 예를 들어 만약 'duo'라는 단어의 응답 시간이 길었다면, 그 응답자는 해당 단어와 즉각적으로 연관지을 것을 갖고 있지 않음을 의미한다.

단어연결법이란 응답자가 단어를 읽고 마음속에 떠오르는 첫 단어를 분석하는 조사방법이다.

디시전 애널리스트(Decision Analyst Inc.)는 정성적 온라인 조사 서비스로 단어연상법을 사용하고 있다. 이 조사회사는 온라인 응답자들에게 50~75개의 단어를 자극물로 제시한다. 응답자들은 마음속에서 떠오르는 첫 번째 단어, 연관, 혹은 이미지 유형을 응답한다. 일반적인 표본 크기는 100~200명이며, 30여 분 정도 소요된다. 디시전 애널리스트는 이러한 투사법은 브랜드와 관련된 인지도 혹은 이미지나 연상을 탐색하는 데 있어 도움이 된다고 말한다.[60]

문장완성법은 응답자들이 미완성된 문장을 보고 나머지 빈칸을 자유롭게 채우도록 요구하는 조사방법이다. 조사자는 이후에 이러한 문장을 분석해 테마 혹은 콘셉트를 도출한다.

문장완성법 **문장완성법**(sentence-completion test)에서는 응답자들이 미완성된 문장을 보고 나머지 빈칸을 자유롭게 채우도록 요구받는다. 그다음에 조사자는 테마 혹은 콘셉트를 도출하기 위해 이러한 문장을 분석한다. 이를 통해 응답자들은 그들의 반응으로 자신에 대한 다양한 것들을 밝히게 된다. 예를 들어 립톤은 뜨거운 홍차 티백을 청소년 시장으로 확장하는 데 관심을 갖고 있다고 가정하자. 조사자들은 고등학생 응답자들을 모집해 다음과 같은 문장을 제시한 후 나머지 빈칸을 채우도록 요구할 수 있을 것이다.

뜨거운 차를 마시는 사람은 ______________________.
뜨거운 차는 ______________________ 때(when) 마시면 좋다.
뜨거운 차를 만드는 것은 ______________________.
내 친구는 차에 대해 ______________________ 라고 생각한다.

조사자는 채워진 문장을 검토해 핵심 테마를 발견하고자 한다. 예를 들어 첫 번째 문장에서는 '건강'이라는 단어를 테마로 발견했다면, 이는 뜨거운 차는 건강을 의식하는 사람들을 위한 음료라고 지각됨을 의미한다. 두 번째 문장에서는 '밖이 추울 때'라는 문장이 나왔다면, 이는 차(tea)는 추운 날 마시기에 좋은 음료라고 지각되고 있음을 의미한다. 반면에 세 번째 문장에서는 '지저분한(messy)'이라는 테마가 발견되었다면, 이는 티백을 사용하는 것에 대한 일반적인 학생들의 반응으로 해석된다. 마지막 문장에서는 '괜찮음(okay)'이라는 단어가 나올 수 있을 것이다. 그렇다면 이는 고등학생들이 차를 마시지 않는 것은 친구들의 영향 때문이 아니라는 것을 의미한다. 이러한 정보에 근거해, Lipton은 청소년들을 대상으로 한 뜨거운 차 시장에서 이익을 얻을 수 있음을 추측할 수 있을 것이다.

그림연상법은 응답자에게 하나의 그림을 제시한 후 그림에 대한 짧은 이야기를 작성하도록 요구하면서 그 반응을 살피는 조사방법이다.

그림연상법 **그림연상법**(picture test)은 때때로 '주제통각검사(thematic apperception test)'라고 불리며, 응답자에게 하나의 그림을 제시한 후 그림에 대한 짧은 이야기를 작성하도록 요구하면서 그 반응을 살피는 방법이다. 조사자는 그런 이야기를 분석해 그림에 의해 나타난 느낌, 반응, 그리고 생각 등을 알아본다. 이러한 연상법은 그림이 브로슈어, 인쇄 광고, 제품 패키지 등에 사용되는 것을 고려하는 경우에 유용하다. 예를 들어 테스트 광고에는 아이를 안고 있는 남성이 그려져 있었고 광고 헤드라인은 "당신은 당신의 가족을 사랑하기에 포드는 표준 규격에 맞는 운전자와 동반자를 위한 에어백을 장착하고 있습니다"라고 적혀 있는 경우를 가정해보자. 그림연상법은 그 그림에 대한 반응이 부정적이거나 혹은 취향에 맞지 않는다는 것을 밝혀낼 수도 있다. 아마도 미혼의 남성 응답자들은 아이가 없고 아이와의 유대관계 경험이 적기 때문에 광고와 관련이 없었을 수 있을 것이다. 하지만 그 그림은 포드의 광고 대행사가 의도했던 것보다 중립적인 톤을 유지하는 것으로 밝혀질 수도 있다. 어린아이를 두고 있는 기혼자들의 가족을 위한 걱정과 안전에 대한 느낌을 충분하게 발생시키지 못할 수도 있다. 어떤 경우든 이러한 그림연상법이 아니라면 소비자들의 반응을 판단하기 힘들 것이다.

만화완성법 **말풍선완성법**(ballon test)이라고도 불리는 **만화완성법**(cartoon test)은 응답자가 만화 속 등장인물의 머리 위에 제시된 빈 칸으로 남겨져 있는 '말풍선'에 등장인물이 말하거나 생각하고 있는 것을 작성하도록 요구하는 방법이다. 조사자는 이러한 생각을 조사함으로써 만화 속에 묘사된 상황에 대해서 응답자들이 어떻게 느끼는지를 파악한다. 예를 들어 등장인물들 중 한 명의 말풍선에 "포드 익스플로러는 4,000달러 가격 할인에 48개월 무이자 할부로 판매되고 있어"라고 적어두고 참여자에게 다른 등장인물의 말풍선에 무엇을 적을지를 요청하는 것이다. 작성된 글에 근거해 응답자들의 느낌과 반응을 판단하게 된다.

만화완성법은 응답자가 만화 속 등장인물의 머리 위에 제시된 빈칸으로 남겨져 있는 '말풍선'에 등장인물이 말하거나 생각하고 있는 것을 작성하도록 요구하는 방법이다.

롤플레잉 활동 **롤플레잉**(role-playing)이란 참여자들에게 친구 혹은 이웃과 같은 '제3자(third person)'가 되어 특정 상황에서 어떻게 행동할 것인지를 기술할 것을 요청하는 방법이다. 그들의 코멘트를 리뷰하면서, 조사자는 특정 상황에서의 잠재 반응, 긍정 혹은 부정 요인들을 찾는다. 참여자들은 다른 사람인 척하게 만듦으로써 오히려 응답자들의 어떤 실제 느낌과 신념들이 거짓 없이 드러날 수 있다고 여겨진다. 예를 들어 레이밴(Ray-Ban)은 자외선 차단이 뛰어나고 스페이스-에이지(space-age) 스타일의 새로운 'Astronaut' 선글라스를 200달러에 판매하려는 계획을 세우는 상황을 가정하고 이를 위해서 롤플레잉으로 소비자의 초기 반응을 조사하는 경우를 생각해보자. 이 롤플레잉 조사에서 응답자들은 친구 혹은 직장동료가 되었다고 가정한 후 제3자인 그들의 친구가 Astronaut 선글라스를 구매했음을 알았을 때 그 지인에게 뭐라고 말할 것인지 알려달라고 요청한다. 만약 소비자들이 Astronaut이 너무 비싸다고 생각한다면, 이러한 느낌은 빠르게 나타난다. 하지만 스페이스-에이지 구조와 스타일링이 소비자의 라이프스타일과 그들이 원하는 제품에 잘 맞는다면, 이러한 사실들은 롤플레잉 코멘트를 통해 나타날 것이다.

롤플레잉이란 참여자들이 친구 혹은 이웃과 같은 '제3자'가 되어 특정 상황 혹은 문장에 대해 그들이 어떻게 행동할 것인지를 기술할 것을 요청하는 방법이다.

이러한 투사법들은 심리학에서 개발되어 오래전부터 마케팅 조사자들에 의해 적용되어 왔다. 이 기법은 오늘날에도 사용되고 있는데, 몇몇 마케팅 조사자들이 새로운 투사법을 개발해 독자적으로 사용하고 있다. 표 6.2에는 혁신적 조사방법과 전략적 브랜드 개발에 특화된 정성적 조사 업체인 토킹 비즈니스(Talking Business, www.TalkingBusiness.net)에 의해 개발되고 사용되는 다섯 가지 투사법이 소개되어 있다.

심층 인터뷰와 마찬가지로 투사법은 결과를 해석하기 위해 상당한 전문성이 요구된다. 이 때문에 투사법은 다른 서베이 조사보다 개별 응답자 1명당 조사비용이 높다. 투사법은 포커스 그룹 혹은 심층 인터뷰와 함께 결합되어 사용될 수 있다. 어떤 연구에서는 조사자가 영국의 18~24세의 젊은 세대들이 영국 보수당에 대해 어떤 느낌을 갖고 있는지 알기 원했다. 조사자들은 영국의 세 지역에서 해당 세대들을 모집해 총 8번의 포커스 그룹을 진행했으며, 그림연상법, 문장완성법과 같은 투사법도 동시에 진행했다. 포커스 그룹에 투사법을 함께 사용하면서 조사자들은 젊은 세대들이 갖고 있는 깊은 내면을 확인할 수 있었다.[61]

표 6.2 포커스 그룹에 적용될 수 있는 투사법[62]

투사법	설명	적용
Sort Me Up	응답자들에게 제품(혹은 제품명이 적힌 카드)을 나눠 준 후 각 제품을 몇 개의 그룹으로 나눈 후 각 그룹을 묘사할 수 있는 이름을 부여하라고 요청	제품 혹은 브랜드의 경쟁우위를 발견 시장 세분화 시사점 제공 제품(브랜드)에 대한 소비자 지각 도출
Sort Me Straight	각 제품 속성별로 응답자들은 브랜드 이름이 적힌 카드의 순위를 매김	경쟁 브랜드와 비교한 표적 브랜드의 속성에 대한 성과 측정
Picture This, Picture That	응답자들은 다양한 감정이 표시된 그림을 받고 특정 브랜드/제품군/상황을 표현하는 그림을 선택하도록 요청	특정 브랜드/제품군/상황과 연관된 이미지나 감정을 도출
Color My World	응답자들은 몇 개의 색채 칩을 받고 특정 브랜드/제품군/상황을 표현하는 색채를 선택하도록 요청	특정 브랜드/제품군/상황과 연관된 긍정적 혹은 부정적 이미지나 연상을 도출
Dot, Dot, Dot	응답자들은 10개의 점 형태의 스티커나 토큰을 받고 취향, 브랜드, 광고에 따라 스티커를 배열하도록 요청	각 대안들의 상대적 순위를 파악하고 그 이유를 도출

뉴로마케팅

뉴로마케팅은 마케팅 자극물에 대한 개별 소비자들의 비자발적인 반응을 연구하는 것으로 눈동자 움직임, 심장박동수, 피부전도, 호흡, 뇌활성화, 뇌파를 추정한다.

생리적 반응 측정 혹은 소비자 신경과학(neuroscience)이라고도 불리는 **뉴로마케팅**(neuromarketing)은 마케팅 자극물에 대한 개별 소비자들의 비자발적 반응을 연구하는 것으로 눈동자 움직임, 심장박동수, 피부전도, 호흡, 뇌활성화[기능적 자기공명영상장치(fMRI) 사용], 뇌파[뇌파기록(EEG) 사용] 등을 연구한다. 뉴로마케팅 조사는 인간은 자신의 생리적 반응을 의식적으로 통제할 수 없다고 간주하기에 개인이 인지하지 못하거나 기꺼이 보여주려 하지 않는 반응들을 밝혀낼 수 있다는 점에 기반한다. 실무자들은 다른 유형의 조사방법으로는 불가능한 사람들의 정서와 의견 의향 등을 밝힐 수 있다고 주장하고 있다.

뉴로센스(Neurosense)나 브레인주서와 같은 뉴로마케팅에 특화된 다수의 마케팅 조사 업체들이 있다. 닐슨, 칸타르, 입소스와 같이 대형 풀서비스 마케팅 조사 업체들도 뉴로마케팅 조사법을 그들의 전문분야 중 하나로 내세우고 있다. 캠벨 수프, P&G, 구글, 디즈니, 프리토레이 등의 회사들은 소비자의 정서를 측정하기 위해 뉴로마케팅을 활용하는 다수의 의뢰업체들의 예이다.[63, 64] 우리는 뉴로마케팅의 대표적인 조사방법인 뉴로이미징, 아이 트랙킹, 그리고 얼굴해독에 대해서 간략하게 논의할 것이다.

뉴로이미징은 마케팅 조사자가 소비자의 무의식적인 정서를 보다 이해하기 위한 목적으로 사용된다.

뉴로이미징 **뉴로이미징**(neuroimaging) 혹은 '뇌활동 보기'는 마케팅 조사자가 소비자의 무의식적인 정서를 보다 잘 이해하도록 해줄 수 있다. 마케팅 조사자는 뉴로이미징을 사용하고 그것에 기반한 뇌과학을 이해함으로써 소비자가 실제로 무엇을 원하는지(그들이 겉으로 표현한 것과는 다르게), 무엇이 그들을 매혹시키는지, 그리고 무엇이 그들을 구매하게 만드는지 등을 보다 정확히 파악하길 원한다. 예를 들어 fMRI를 활용한 뉴로이미징 실험은 참여자들이 컴퓨터 게임 안에서 거부되었을 때 물리적 고통과 연관된 뇌 영역이 보다 크게 활성화되는 것을 보여주었다.[65]

뇌파기록(EEG) 혹은 뇌 전기 활동 측정은 제품 혹은 광고에 대한 소비자 반응을 측정하는 데 사용된다. 상대적으로 저렴하고, 휴대가 간편하며, 사용하기 편리한 EEG가 개발됨으로써 이 기법은 마케팅 조사 분야에서 더 많이 사용되기 시작했다. 하나의 사례로, 캐나다 공공 커뮤니케이션 미디어 기업인 로저스 커뮤니케이션(Rogers Communication)은 브레인사이츠(Brainsights)와의 협업을 통해 소비자들이 하키 프로그램에 대해 어떻게 반응하는지 조사했다. 로저스는 지원자를 모집해 참가비를 주고 헤드기어를 장착하게 하고 바에서 하키를 시청하는 동안 뇌파를 측정했다.

아이 트랙킹 **아이 트랙킹**(eye tracking)은 소비자의 눈동자 위치와 움직임을 측정하는 기술이다. 광고의 어떤 부분이 '소비자의 눈을 사로잡는지', 쇼핑객들이 슈퍼마켓 통로에 진입하면 가장 먼저 어디를 보는지 등을 측정한다. 아이 트랙킹은 컴퓨터 게임, 인터랙티브 TV, 소프트웨어, 그리고 모바일 기기의 사용 측정에도 도움이 된다. 예를 들어 AT&T의 경우 아이 트랙킹과 심층 인터뷰를 함께 진행하면서 소비자들이 고객 서비스 웹사이트와 어떻게 상호작용하는지 이해하고자 했다.[66] 또한 아이 트랙킹은 소비자들이 광고를 어떻게 처리하는지를 파악하는 데도 유용하다.[67] 아이 트랙킹은 가상 매장과 결합되어 가장 효과적인 매장 진열을 검증하는 데도 사용된다. 아이 트랙킹 글래스를 착용한 모바일 아이 트랙킹(mobile eye tracking)은 매장 혹은 집과 같은 자연스러운 환경 속에서 눈동자 움직임을 추적하기도 한다.

아이 트랙킹은 소비자의 눈동자 위치와 움직임을 측정하는 기술이다.

얼굴해독 **얼굴해독**(facial coding)은 얼굴표정으로 드러나는 행복, 슬픔, 공포, 놀라움과 같은 일반적인 정서 표현을 측정하기 위해 사용되는 시스템이다. 훈련된 '코더(coders)는 준비된 자극물을 관찰한 소비자가 녹화된 데이터에 기록되어 있는 다양한 얼굴 근육들을 코딩한다. 얼굴해독에 사용되는 장비들은 저렴한데 이는 참여자들이 콘텐츠를 시청할 수 있는 컴퓨터와 참여자를 녹화할 수 있는 내외부 비디오카메라만 필요하기 때문이다. 얼굴해독은 제품 혹은 광고 반응을 측정하는 데 가장 자주 사용된다. 한 실험에서는 대학생들에게 자동차에 관련된 13개의 슈퍼볼 TV광고를 보도록 요구하고 표정을 측정한 얼굴해독을 했다. 조사 결과 얼굴해독은 서베이보다 더욱 강력한 미래 매출 지표임이 확인되었다.[68]

얼굴해독은 표정으로 드러나는 행복, 슬픔, 공포, 놀라움과 같은 일반적인 정서를 측정하는 방법이다.

논란 뉴로마케팅의 사용은 다양한 논란이 있을 수 있다. 정치 캠페인은 촉진활동을 구성하는 데 있어서 뉴로마케팅을 사용했다는 점에서 비난을 받은 적이 있었다. 하지만 *New York Times*에 따르면, 적어도 세 대륙에 있는 많은 국가들이 정치 캠페인을 진행하면서 뉴로마케팅을 활용하고 있다. 예를 들어 멕시코 대통령 Enrique Peña Nieto는 2012년 캠페인 기간 동안 선거 메시지를 개발하기 위해 자주 뉴로마케팅 기법을 사용했다. 미국의 정치 캠페인에서 뉴로마케팅 사용은 제한적인데, 아마도 이러한 조사방법에 대한 선입견이 있기 때문일 것이다.[69]

뉴로마케팅에 대해서는 서로 상충되는 두 가지 주요 비판점이 있다. 첫 번째는 조사방법이 소비자를 조작할 수 있다는 점이고 두 번째는 뉴로마케팅은 '유사 과학(pseudoscience)'으로 실제로 효과적이지 않다는 점이다. 뉴로마케팅 기술은 진일보하고 있고 대부분의 경우 이 기술을 가장 잘 적용할 수 있는 방법은 아직 개발되지 않았다. 일부 조사자들은 뉴로마케팅 방법이 보다 저렴하고 비침습적인 조사방법들에 비해서 우월하다는 것에 회의적인 시각을 가지고 있지만 최근 일부 연구들은 뉴로마케팅은 특정 목적의 조사에서 전통적인 조사방법보다 우월하다고 밝히고 있다.[70] 구글 글래스나 애플 워치와 같은 웨어러블 기기의 발전으로 인해 보다 자연스러운 조건에서 마케팅 자극물에 대한 소비자 반응을 측정하면서 뉴로마케팅에 대한 신뢰도는 높아질 수 있을 것이다. 닐슨이 소유하고 있는 Innerscope Research는 일상 활동에서 나타나는 소비자 정서 반응을 측정하기 위해 웨어러블 벨트를 개발했다. 뉴로마케팅에서 사용되는 몇몇 기술들의 가격이 빠르게 낮아지면서 이러한 기술을 사용한 광고 테스트는 향후 보다 큰 기업들에게 표준으로 자리매김할 것으로 예측되고 있다.[71] 결론적으로 뉴로마케팅 분야는 빠르게 변하고 있는 중이며, 주목할 만한 가치가 있다.

더 많은 정성적 조사를 알고 싶다면

이 장에서는 마케팅 조사 산업에서 일반적인 정성적 조사방법을 소개하고 있지만 보다 많은 정성적 조사들이 있다. 1983년에 설립된 국제 비영리 단체인 정성적조사컨설턴트협회(Qualitative Research Consultants Association, QRCA)은 정성적 조사의 증진과 향상을 이끌고 있다. 전통 혹은

마케팅 조사 인사이트 6.4 실무적 적용

우수한 정성적 조사를 장려하는 정성적조사컨설턴트협회

Shannon Thompson, QRCA 수석 디렉터

1983년부터 정성적조사컨설턴트협회(QRCA)는 우수한 정성적 조사를 장려하기 위해 노력을 다하고 있다. 정성적 조사를 실행하고 사용하는 모든 사람들을 위해, QRCA는 정성적 조사가 오늘 그리고 내일도 최고의 역할을 수행할 수 있도록 도와주고 있다. QRCA는 전통적 그리고 새로운 정성적 조사 분야 모두에서 최고의 인재와 자원을 갖고 있으며, 다음의 기능들을 수행한다.

- 가장 강력한 정성적 조사 자원
- 최신의 조사방법, 아이디어, 그리고 혁신 전문가와 연결
- 선구적인 지식과 경험
- 열린 학습의 독특하고 따뜻한 문화, 지식의 공유 그리고 누구나 환영하는 마음

QRCA의 회원들은 전 세계에 걸쳐 정성적 조사의 설계, 실행, 그리고 분석에 관여된 사람들이다. 정성적 조사는 새로운 도구, 플랫폼, 기술에 의해 극적이며 빠르게 변하고 있다. QRCA는 회원 실무자들의 이해를 돕고, 새로운 아이디어를 실무와 통합하도록 하며, 그들의 기술이 강력해지도록 할 뿐만 아니라 의뢰인들이 찾는 전문가와 신선한 생각들을 제공한다. QRCA 회원들은 컨퍼런스, 북미에서 진행되는 20개의 지역 프로그램, 그리고 해외 회원들을 위한 Qcast 웹세미나, 특별 집단(민족지 연구, 온라인 정성적 조사, 의약헬스 케어, 소셜미디어 연구, 라틴아메리칸 연구, 창의혁신, 그리고 신진 전문가), 회원 포럼, 그리고 출판물을 통해 선구적인 지식과 경험을 공유한다.

QRCA에 대한 보다 많은 정보는 http://www.qrca.org를 방문해보라.

QRCA는 정성적 조사 세계에 새롭게 입문한 사람들을 위해 또 젊고 열정적인 정성적 조사 컨설턴트들이 협회에 가입하도록 Young Professional Grants and Global Scholarships를 수여하고 있다. 정성적 조사 서비스를 이용하고 구매하는 사람들에게 QRCA와 그 회원들은 최고의 자원이 될 수 있는데, 전통적인 조사방법과 새로운 조사방법 모두를 이해할 수 있도록 해준다. 조사를 의뢰하는 사람들은 조사를 가능하게 하는 가장 좋은 방법을 조언해주는 조사 파트너의 전문성과 신선한 생각에 의존하기 때문에 그들은 강력한 자원과 최신 조사방법, 아이디어, 그리고 전문 혁신가로의 접근 혜택을 기대할 수 있는 QRCA 및 회원들과 협업할 때 최고를 경험할 수 있게 된다. QRCA의 선구적인 지식과 경험은 프레젠테이션, 웹세미나, 출판물, 그리고 의뢰인들을 위한 업무 현장에서 시연하는 것을 통해 전달될 수 있다.

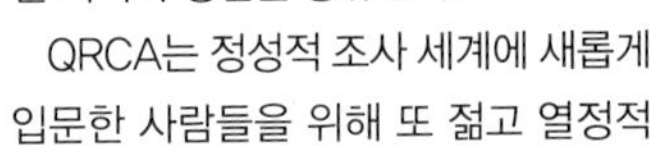

출처 : Courtesy Shannon Thompson

최신의 정성적 조사 방법에 대한 정보는 QRCA의 웹사이트(www.qrca.org)에서 찾을 수 있다. 마케팅 조사 인사이트 6.4에서 QRCA에 대한 보다 많은 정보를 소개하고 있다.

종합학습

해당 실습은 아래 장에서 학습한 개념과 자료들을 고려해야 한다.

제5장 2차 데이터와 패키지 정보
제6장 정성적 조사 기술

Lucy Betcher는 수년간 중소기업청에서 컨설턴트로 재직하고 있다. 그녀의 오랜 고등학교 친구들과는 우정을 돈독히 유지하기 위해 적어도 1년에 한 번씩 만나고 있다. Judy Doyle, Mike Fuller, Adele Smith, Nancy Egolf, Joy Greer, Jackie Reynolds는 모두 직장 경력이 다르고 몇몇은 이미 퇴직했다. 마지막 만남 이후에 Jackie는 Lucy에게 교직에서 퇴직한 이후 뭔가 새로운 일에 관심을 갖기 시작했다고 말했다. Adele은 이 대화를 듣고 그녀도 뭔가 새로운 일에 도전하고 싶다고 이야기했다. 과연 Lucy는 새로운 사업을 시작하고자 하는 사람들을 수년간 도와 왔던 경험을 사용해 자신의 친구들을 도와줄 수 있을까?

다음 날 Lucy는 아침 운하의 배들이 내려다보이는 Todd와 Joy의 편안한 발코니에 앉아 있던 중 모든 친구들에게 "Jackie와 Adele이 뭔가 새로운 사업 기회를 찾는 데 관심을 갖고 있는데, 너희들 생각은 어때?"라고 물어보았다.

제약 영업에서 큰 성공을 거두고 있는 Mike는 "노인들을 위한 처방약을 관리하고 실행하는 서비스에 기회가 있기는 해"라고 말했다. Mike는 실제로 많은 노인들이 여전히 집에 거주하거나 노인 복지시설에서 살아가면서 일정에 맞게 처방약을 받거나 약을 먹는 것을 어려워하고 있다고 강조했다.

"86세 이상이 넘어가면 정말로 심각한 문제로 이어질 수 있어"라며, "나는 이러한 유형의 도움을 제공하는 개인 서비스의 욕구가 증가할 것이라고 생각해"라고 Mike는 말했다.

Nancy와 Judy는 그들이 가는 독특한 커피숍에 대해 이야기를 했다. 그 커피숍은 직원들이 다양한 종류의 커피에 대한 지식을 갖추고 고객들에게 서로 다른 맛의 샘플을 고객들에게 알려줄 뿐만 아니라, 다양한 종류의 커피 메이커와 티 메이커를 판매하고 커피와 차를 판매하고 있다. 하지만 실제로 그들이 마음에 들었던 것은 분위기였다. 대부분의 커피숍이 차분하고 조용한 분위기를 제공하지만 이 커피숍은 무엇인가 새로운 것을 발견하고 교류할 수 있는 다양한 '학습' 경험을 제공하고 있었던 것이다. 그 주제는 지역 역사, 커피 메이킹, 회화, 음악, 그리고 독서와 같은 것으로 매주 바뀐다.

두 여성은 해당 커피숍에 매력을 느끼고, 커피숍 주인에게 자신들의 고향인 펜실베이니아와 뉴욕에서 해당 커피숍을 프랜차이즈로 확장하는 것에 대한 이야기를 나누었다. 주인은 그들에게 성공적인 프랜차이즈가 몇 군데에서 운영되고 있다고 말했다. 커피숍 주인이 되려는 사람이 초기에 직면할 수 있는 가장 큰 도전은 제품과 분위기에 매력을 느끼고 지속적으로 찾아올 수 있는 고객이 있는 지역을 찾는 것이다. 주인은 그들의 고향에서 이런 곳을 찾는 것을 도울 수가 없기 때문에 그들은 이러한 최적의 장소를 찾는 것에 대한 도움이 필요하다.

1. 제5장으로 돌아가서, 각 CBSA에서 어떤 2차 데이터가서로 다른 연령대의 사람 수를 파악할 수 있는가?

2. 제5장에서 학습한 내용에 기초해, 다른 지역에서 성공적인 커피숍 위치 선정을 위해 도움이 될 수 있는 패키지 서비스 업체를 찾아보자. 커피숍 주인이 성공적인 커피숍을 가지고 있기 때문에 그는 현재 자신의 고객들에 대한 정보를 가지고 있다고 가정하라.
3. 의약처방 서비스나 커피숍을 고려하는 데 있어, 여러분은 비즈니스 주인들에게 어떤 정성적 조사 기술을 추천하겠는가? 이러한 정성적 조사를 추천한 이유는 무엇인가?

요약

이 장에서는 마케팅 조사자들에 의해 사용되는 정성적 조사방법에 대해 알아보았다. 정량적 조사는 사전에 정해진 구조화된 선택문항으로 구성된 구조화된 질문을 사용한다. 또한 일반적으로 매우 큰 표본으로 구성된다. 정성적 조사는 정량적 접근법에 비해 상대적으로 덜 구조화되어 있다. 정성적 조사는 사람들이 무엇을 하고 어떤 말을 하는지 관찰을 통해 데이터를 수집하고, 분석하며, 그 결과를 해석한다. 관찰과 문장은 비구조적이며, 표준화된 형태를 따르지 않는다. 정성적 조사의 장점은 응답자로부터 보다 깊고 풍부한 데이터를 수집할 수 있다는 점이다. 혼합조사는 정성적 조사와 정량적 조사를 모두 사용하는 방법이다.

관찰조사는 소비자들과 소통하는 대신 그들이 어떤 행동을 하는지 관찰하는 정성적 조사방법이다. 관찰조사는 직접관찰과 간접관찰, 은밀한 관찰과 명시적 관찰, 구조화된 관찰과 비구조화된 관찰, 자연적 관찰과 조작적 관찰로 구분된다. 관찰조사는 (1) 짧은 시간 간격, (2) 공적 행동, (3) 응답자들에게 이전의 경험에 대해 물어보았는데 기억을 잘 해내지 못할 가능성이 있을 때 적절하다. 관찰조사의 가장 큰 장점은 응답자들이 행했다고 생각되는 행동에 대한 기억에 의존하는 것이 아니라 실제 행동을 관찰해서 기록할 수 있다는 것이다. 하지만 관찰조사의 한계점은 응답자의 수가 적어 표본의 대표성을 확보하기 어렵다는 것이다. 또 다른 단점으로는 관찰된 행동을 설명하기 위한 조사자의 주관적 해석이 요구될 수 있다는 것이다. 조사자들은 관찰을 통해서는 소비자의 동기, 태도, 그리고 그 의도를 알아낼 수가 없다.

포커스 그룹(진행자가 있는 소그룹 토의)은 정성적 조사에서 가장 인기 있는 조사방법 중 하나다. 진행자의 주요 과업은 조사 주제에 포커스를 맞추면서도 참여자들 간의 자연스럽고 개방된 커뮤니케이션이 가능하도록 하는 것이다. 전통적인 포커스 그룹은 6~12명 정도의 참여자들로 구성되고 의뢰인만 볼 수 있는 반투명 거울이 있는 방에서 진행된다. 오늘날 포커스 그룹에 도입된 혁신적인 방법은 의뢰인이 인터넷 비디오 스트리밍을 통해 지리적으로 멀리 떨어져 있는 참여자들을 관찰할 수 있는 온라인 포커스 그룹이다. 온라인 포커스 그룹의 또 다른 형태는 참여자들 각자 집이나 다른 떨어진 장소에서 진행되고 채팅방을 통해 다른 참여자들의 반응을 관찰할 수 있게 해주는 방식이 있다. 포커스 그룹은 (1) 신선한 아이디어를 창출하고, (2) 의뢰인이 참여자들을 관찰할 수 있으며, (3) 다양한 이슈에 대한 이해를 직접 경험할 수 있다는 장점이 있다. 하지만 참여자들의 대표성 부족, 토론 의미의 주관적 평가, 참여자당 높은 비용이 단점이다. 포커스 그룹은 마케팅 현상에 대해서 기술할 필요가 있을 때 사용될 수 있다. 하지만 신제품 매출을 예상하는 것과 같이 현상 예측이 필요할 때는 사용되기 어렵다. 포커스 그룹의 네 가지 주요 목적은 아이디어 창출, 소비자 언어의 이해, 제품 혹은 서비스에 대한 소비자 욕구, 동기, 인식, 태도 발견, 그리고 정량적 조사 결과에 대한 보다 깊은 이해를 들 수 있다.

포커스 그룹 진행을 위해, 마케팅 조사자들은 유사한 특성을 가진 6~12명의 참여자들을 모집하고 잠재적 '노쇼(no show)'에 대비할 수 있는 계획을 갖춰야 한다. 포커스 그룹 시설들은 대부분의 큰 도시에 있는데, 중심 테이블이 있는 큰 룸으로 구성되어 있다. 진행자의 역할은 성공적인 포커스 그룹 조사를 하기 위한 핵심적인 사항으로, 그(녀)는 조사 프로젝트에 일찍 개입되어야 한다.

인류학에서 파생된 민족지 연구는 집단과 그 집단의 행동, 특징, 그리고 문화를 자세하게 기술하는 연구로 정의된다. 민족지 연구 조사는 사람들의 행동, 관계, 그리고 정서 등을 모니터링하기 위해 거의 자연스러운 상황에서 소비자를 관찰한다. 스마트폰의 확산으로 참여자들이 개인의 경험들을 자신의 휴대전화에 기록하는 모바일 민족지 연구를 이끌었다. 민족지 연구의 또 다른 버전으로 네트노그래피가 있는데, 이는 온라인 활동을 연구한다.

최근 조사 분야에서는 마케팅 조사 온라인 커뮤니티의 인기가 높아지고 있는데, 이 커뮤니티 안에서 표적 모집단 회원들이 온라인에서 상호작용, 의견과 아이디어 제시, 그리고 과업을 수행한다. 온라인 커뮤니티는 저렴하고 유연하며, 포스트, 사진, 그리고 동영상과 같은 다양한 형태의 데이터를 수집할 수 있게 한다.

다른 정성적 조사방법으로 소비자 동기와 숨겨진 욕구를 파악하는 심층 인터뷰가 있다. 프로토콜 분석은 조사자들이 참여자들에게 '사고 구술(think aloud)'을 하도록 유도해 구매 의사결정에서 소비자들이 사용하는 의사결정 프로세스를 추적할 수 있다. 단어연결법, 문장완성법, 그리고 롤플레잉과 같은 투사법도 참여자들이 구두로 잘 표현하지 못하는 동기, 신념, 태도 등을 파악하는 데 유용하다.

뉴로마케팅은 마케팅 자극물에 대한 무의식적 반응을 파악하는 연구다. 뉴로마케팅 유형은 뉴로이미징, 아이 트래킹, 얼굴해독 등이 있다. 뉴로마케팅은 소비자 행동으로 정성적 통찰력을 제공하는 떠오르는 분야다.

핵심용어

간접관찰
관찰법
구조화된 관찰
그림연상법
기록
네트노그래피
뉴로마케팅
뉴로이미징
단어연결법
래더링
롤플레잉
마케팅 조사 온라인 커뮤니티
만화완성법
명시적 관찰
모바일 민족지 연구
문장완성법
물리적 추적
민족지 연구 조사
비구조화된 관찰
쇼핑 따르기
심층 인터뷰
아이 트래킹
얼굴해독
온라인 포커스 그룹
은밀한 관찰
자연적 관찰
정량적 조사
정성적 조사
조작적 관찰
직접관찰
진행자
투사법
포커스 그룹
포커스 그룹 보고서
프로토콜 분석
혼합조사

복습 질문/적용

6.1 정량적 조사를 정의해보라. 정성적 조사를 정의해보라. 두 조사방법의 차이점을 기술해 보자. 혼합조사란 무엇인가?

6.2 '관찰 기술'은 무엇을 의미하는가? 무엇이 관찰되고, 그것을 왜 기록하는가?

6.3 외식할 때 부모가 아이들을 어떻게 훈육하는지 파악하

기 위한 연구를 위해 은밀한 관찰이 왜 적절한지 논의해보라.

6.4 전통적인 포커스 그룹에 대해 설명해보라.

6.5 온라인 포커스 그룹의 두 가지 형태에 대해 설명해보라.

6.6 포커스 그룹의 적어도 세 가지 다른 용도에 대해 설명해보라.

6.7 포커스 그룹 참여자들은 어떻게 모집되는가? 그리고 모집 과정에서 발생하는 일반적인 문제점은 무엇인가?

6.8 포커스 그룹 참여자들은 서로 비슷해야 하는가, 그렇지 않아야 하는가? 그 이유는 무엇인가?

6.9 포커스 그룹 세팅은 어떤 모습인가? 그리고 그와 같은 세팅에서 포커스 그룹은 어떻게 이루어지는지 설명해보라.

6.10 마케팅 관리자 의뢰인은 포커스 그룹 진행자가 될 수 있는가? 그 이유는 무엇인가?

6.11 포커스 그룹 진행자는 다음과 같은 상황에서 어떻게 대처해야 하는가 – (1) 한 참여자가 큰 목소리로 대화를 주도할 경우, (2) 특정 참여자가 독감에 걸려 기침을 반복적으로 할 경우, (3) 두 명의 참여자가 자기 아이들에 대해 사적인 대화를 나눌 경우, (4) 포커스 그룹의 유일한 소수 대표성을 갖는 참여자가 그룹에 불편함을 느끼고 의견을 제시하지 못할 경우.

6.12 포커스 그룹 결과의 요약 보고서는 어떤 내용들이 포함되어야 하는가?

6.13 포커스 그룹 연구를 설계하고 실행할 때 의뢰인과의 상호작용의 장점과 단점은 무엇인가?

6.14 민족지 연구 조사란 무엇인가? 마케팅 조사자들은 이러한 연구를 할 때 윤리적으로 민감한 상황에 어떻게 직면하는지 논의해보라.

6.15 모바일 민족지 연구란 무엇인가? 모바일 민족지 연구를 적용할 수 있는 소비 활동 세 가지를 나열해보라.

6.16 프로토콜 분석이란 무엇인가?

6.17 투사법에서 투사는 무엇을 의미하는가?

6.18 (1) 문장완성법, (2) 단어연결법, (3) 만화완성법에 대해 설명해보라. 그리고 밤에 오줌을 싸는 자녀들을 둔 부모들이 잠옷 안에 있을 수 있는 기저귀 같은 속옷에 대해서 어떤 반응을 보이는가를 파악하기 위해 위의 세 가지 방법을 어떻게 활용할 수 있을지 제안해보라.

6.19 뉴로마케팅이란 무엇인가? 세 가지 방법의 사례를 제시해보라.

6.20 Associated Grocery Stores(AGS)는 슈퍼마켓 체인에서 식료품을 포장할 때 종이 가방을 항상 사용했다. 경영관리팀은 다수의 경쟁사들이 그들의 고객에게 재활용 백을 제공하는 것을 알게 되었다. AGS 경영지원팀은 소비자들이 슈퍼마켓을 방문할 때마다 재활용백을 가지고 오는 것에 대해 얼마나 강렬하게 느끼는지 확신하지 못하고 있다. 이를 알기 위해서 두 가지 투사법을 선택해보라. 첫째, 그 투사법을 선택한 이유를 제시하라. 둘째, 여러분이 선택한 투사법을 조사문제에 어떻게 적용할 것인지 설명해보라.

6.21 여러분 대학교는 아파트 건설 회사가 캠퍼스 내에 아파트 단지를 세우는 것을 허락하려고 한다. 비용을 절감하기 위해, 건설사는 4개의 아파트가 공동으로 사용할 수 있는 공동 부엌을 설치하자고 제안했다. 공동 부엌에는 오븐, 버너, 전자레인지, 싱크대, 식료품 준비 공간, 음식물 분쇄기가 설치되고, 열쇠가 달린 개인 미니 냉장고가 각 아파트에 설치된다. 2명이 한 아파트를 사용하기 때문에 총 8명이 공동 부엌을 사용하게 된다. 여러분은 이러한 콘셉트에 대한 반응을 판단하고 개선을 위한 브레인스토밍을 위해 학생들과 함께 포커스 그룹을 진행하는 것에 지원했다. 여러분이 진행자로서 갖춰야 할 주제들을 정리해보라.

사례 6.1

대학생활

이번 사례는 웨스턴워싱턴대학교의 마케팅 교수 Wendy Wilhelm과 Daniel Purdy가 제공해 주었다.

웨스턴워싱턴대학교의 경영대학은 지역 중소 규모 대학으로 경영학과 관련된 모든 교육을 제공하고 있다. 경영대학은 학부 비즈니스 교육과 몇 가지 대학원 프로그램에 특화되어 있다. 이 경영대학은 전문화된 교육을 강조하지만 인문학적인 맥락 안에서 이루어진다. 경영학 주요 분야는 회계, 마케팅, 재무와 같은 기본 전공에서 성공적으로 운영되고 있는 생산/공급사슬관리 학위와 같은 독특한 전공까지 마련되어 있다.

대학은 교육 과정에서 학생을 단순히 고객으로 보는 것이 아니라 동등한 이해관계자로 간주하고 있음을 강조하며, 학생 중심의 교육에 집중하고 있다. 실제 파트너로서 학생들을 관여시키기 위한 노력의 일환으로, 최근 대학은 대학생과 대학원생으로 구성된 포커스 그룹을 실행해 왔다. 이러한 포커스 그룹의 목적은 경영대학에 대한 긍정적, 부정적인 태도를 발견하고 대학을 개선하기 위한 아이디어를 도출하기 위함이다.

다음은 첫 번째 대학생 포커스 그룹에서 나왔던 스크립트 발췌문이다. 이 그룹은 14명이 참여했으며, 구성 비율은 남성 50%, 여성 50%이고, 93%는 파트타임(혹은 그 이상)으로 근무하고 나머지 7%는 무직인 상황이다. 그리고 29%는 경영학 전공이며, 기타 다른 전공은 15% 이하다.

진행자 : 그렇다면, 여러분은 대학(대학교가 아닌 경영대학) 발전을 위해서는 어떤 방법들이 있을 거라고 생각하시나요?

제프 : 저는 교수님들을 언제나 찾아갈 수 있고 우리를 기꺼이 도와줄 뿐만 아니라, 많은 교수님들이 학생들에게 교수님들의 이름을 성을 빼고 이름만 부르게 한다는 사실이 좋아요. 하지만 교수님들이 이론을 설명하는 시간이 길어서 실제로 그것을 어떻게 하는지를 배울 수 있는 시간은 부족한 것 같아요.

사라 : 맞아요. 정말 그래요. 대부분의 시간을 실용적 기술을 배우는 것이 아니라 우리가 무엇을 '해야 하는지'에 대한 이야기를 나누는 데 보내고 있고, 그것을 어떻게 하는지에 대한 시간은 없는 것처럼 보여요.

진행자 : 흥미로운 이야기군요. 그렇다면, 여러분은 실용적 학습 시간을 높이기 위해 대학은 어떤 노력을 해야 한다고 생각하시나요?

토드 : 강의실에서 살아있는 전문적인 업무를 할 수 있다면 정말 멋지죠. 실제로 졸업 후 우리 분야에서 하게 될 업무에 초점을 둔 기술 기반 프로젝트 같은 것들이 있겠죠.

팀 : 저는 우리 전공 과목 중에 인턴십을 의무적으로 이수하는 것도 좋다고 봐요. 어떤 전공들은 인턴십을 이수하면 선택과목으로 인정하게도 해주지만 인턴십을 찾는 것이 힘들어요.

진행자 : 좋은 생각이네요. 또 학교 개선을 위한 다른 의견은 없을까요?

론다 : 저는 교수님들이 학생들과 소통하기 위해서 항상 열심히 노력하신다고 생각하지만, 학생 면담은 별로 좋지 않아요. 어떻게 이 문제를 해결할 수 있을지 모르겠지만 지도 교수는 확실히 도움이 되지 않아요. 저는 어떻게 해결해야 할지 잘 몰라요.

아리엘 : 맞아요. 때로는 큰 실망을 할 때도 있어요. 저는 제 지도 교수님께 상담받으려고 간 적이 있는데, 그 분은 제 학위 계획표를 채우라고 하신 후 단순히 사인만 하셨어요. 제가 왜 찾아왔는지에 대해 전혀 모르시는 것 같았어요.

존 : 제 지도 교수님은 좀 웃겼어요, 그 분은 제게 본인이 담당하지 않는 수업에 대해서는 아는 게 전혀 없다고 얘기했어요. 저도 그렇게 생각해요. 적어도 정직한 분이시죠.

진행자 : 좋습니다. 여러분들이 교수들과의 면담한 내용들에 대해서는 다소 아쉬움이 있군요. 그렇다면 지도 교수님들이 특별히 도움을 주지 않는다면 학위 계획은 어떻게 하시나요?

사라 : 저는 저보다 더 빨리 학위 과정을 거친 친구들에게 물어봐요.

마크 : 저도 마찬가지예요. 대학생 마케팅 동아리에서 우리는 서로 어떤 교수님이 좋으신지, 수업 방식은 어떤지 그리고 선

수과목은 무엇인지 등에 대해 서로 조언을 나눠요. 전체 단과대에 대해 이런 정보를 얻을 수 있는 무엇인가가 있다면 더욱 좋을 것 같다는 생각이 들어요.

진행자 : 그렇다면 우리가 동료 상담 프로그램을 도입하면 대학 발전에 도움이 될 수 있을 것으로 생각하시나요?

전체 포커스 그룹에서 발췌한 지문을 보고, 다음의 질문에 답해보라.

1. 여러분은 해당 포커스 그룹이 주어진 조사목적에 맞게 적절하게 진행되고 있다고 생각하는가? 어떤 다른 유형의 조사가 유용한 데이터를 제공할 수 있는가?
2. 조사목적/질문에 근거해 진행자가 제시한 질문을 평가해보라–(1) 어떤 식으로든 유도 질문이나 편의가 내포된 질문을 하지는 않았는가? (2) 포함되어야 할 추가적인 질문은 어떤 것이 있을까?
3. 해당 결과를 생각해보라. 경영대학은 어떻게 지각되고 있는가? 그것의 명백한 강점과 약점은 무엇인가?
4. 우리는 이러한 결과를 모든 대학생에게 일반화할 수 있는가? 그 이유는 무엇인가?

텍스트 출처 : By permission, Mr. Daniel Purdy and Dr. Wendy Wilhelm, Western Washington University.

사례 6.2 통합 사례

Auto Concepts

Auto Concepts의 CEO인 닉 토머스는 모기업 제품 라인을 재가동하기 위해 자동차 모델의 유형에 대한 몇 가지 콘셉트를 구축하기 시작했다. 그는 이를 위한 계획에 재무, 생산, R&D, 마케팅, 그리고 광고에 이르기까지 다양한 부서들이 관여된 신제품 개발에 부서 간 통합 접근법을 사용하고 있다. 광고를 담당하는 애슐리 로버츠는 닉과 함께 새로운 자동차 모델을 위한 계획에 대해 이야기를 나누었다. 닉은 애슐리에게 Auto Concepts는 자동차의 다른 유형의 소비자 선호를 밝혀주는 마케팅 조사 정보가 보다 필요하다고 말했다. 고려되는 한 가지 모델은 거의 스쿠터 크기에 가까울 정도로 작고, 나머지 모델은 그것보다는 크지만 안정적인 연비를 위해 '전통적인' 차보다 다소 작은 차다. 애슐리는 이러한 정보는 효과적인 광고 전략과 전술을 위해 결정적인 역할을 한다는 것을 알고 있다. 그녀는 새롭고 작은 모델을 선호하는 소비자는 다른 사람과는 구별되는 뚜렷한 가치 체계를 지니고 있는지 궁금했다. 아마 스쿠터 크기의 모델을 선호하는 소비자는 일상생활에서 열정과 즐거움을 중요한 가치로 두고 있는 반면에 보다 큰 사이즈에 높은 연비를 보여주는 모델을 선호하는 소비자는 환경과의 조화 혹은 다른 가치에 비해 사회적 인식을 추구할 것이다. 그 차이점이 발견된다면, 광고 전략은 광고의 시각데이터와 카피에서 나타난 가치를 프로모션되는 모델에 맞춰 수정할 수 있다(열정적인 삶에 대한 묘사, 스릴 넘치는 드라이빙, 성취감, 환경 문제에 대한 상기 등).

이 장에서 학습한 조사방법 중 애슐리의 광고 과업에 도움이 될 수 있는 것은 무엇이 있겠는가? 왜 그런가?

7

설문 데이터 수집방법에 대한 평가

학습 목표

이 장에서 여러분은 다음을 학습하게 될 것이다.

7-1 표준화, 관리의 용이성, 그리고 기타 측면에서 설문의 장점

7-2 인터뷰어 유무와 컴퓨터 유무에 따른 다양한 설문 방법

7-3 아홉 가지 데이터 수집방법의 기술

7-4 마케팅 조사자가 패널기업과 함께 데이터를 수집하는 방법

7-5 데이터를 수집하기 위한 특정 방법을 선택할 때 다양한 고려사항

우리는 어느 과정에 있는가?

1 마케팅 조사 필요성 인식
2 문제 정의
3 조사목적 수립
4 조사 설계 결정
5 정보 유형과 원천 식별
6 데이터 분석 방법 결정
7 데이터 수집 양식 설계
8 표본 계획과 크기 결정
9 데이터 수집
10 데이터 분석
11 최종 보고서 준비 및 작성

슐레진저 어소시에이츠

Steve Schlesinger, 슐레진저 어소시에이츠의 최고경영자

슐레진저 어소시에이츠(Schlesinger Associates)는 질적 혹은 양적 마케팅 조사방법을 위해 높은 품질의 응답자 확보와 프로젝트 관리 서비스를 제공하는 것에 대해 자부심을 가지고 있는 선도적인 국제 데이터 수집 기업이다. 슐레진저는 급변하는 시장 상황에서 다양해지는 조사 필요성에 부합하는 폭넓은 조사 솔루션과 고객들에게 보다 나은 조사 인사이트를 제공할 수 있는 새로운 조사 솔루션을 제공하는 데 지속적인 공헌을 해 왔다. 이 회사가 제공하는 핵심 방법론으로는 포커스 그룹, 심층 인터뷰, 민족지 연구, 온라인과 모바일 설문, 그리고 온라인 커뮤니티 등이 있다. 또한 슐레진저는 조사에 가치를 더할 수 있는 행동 및 정서 측정을 수행할 수 있는 최첨단 조사 연구실을 제공한다. 이 연구실에는 사용 적합성 연구실, 얼굴해독 연구실, 아이 트랙킹 연구실, EEG 뉴로마케팅 연구실, 생체인식 연구실 등이 있다. 헬스케어, 소비자, 산업재 그리고 IT 조사 서비스에 특화되어 있으며, 슐레진저의 광범위한 프로파일과 엄격한 검증으로 다양한 모집 방법을 통해 모인 패널은 지리, 인구, 심리, 혹은 행동 등에서 다양한 표적층을 대상으로 높은 조사 참여를 보여준다. 슐레진저 어소시에이츠는 포커스 그룹을 진행할 수 있는 시설이 갖추어져 있는 미국의 핵심 시장에 사무소가 있는데, Impulse Survey of Focus Group Facilities에 의해 세계에서 최상급으로 평가되었다.

지난 10여 년간 슐레진저는 유럽의 선두 데이터 수집 기업들(런던의 The Research House, 파리의 ConsuMed Research & Passerelles, 그리고 베를린, 프랑크푸르트, 뮌헨의 Schmiedl Marktforschung)을 성공적으로 인수했다. 전략적 글로벌 파트너십을 맺은 글로벌 솔루션즈팀은 조사자들이 전 세계 시장을 진단할 수 있게 해준다. 슐레진저의 어드바이저는 슐레진저의 가장 최근의 사업이다. 이 서비스는 지식을 찾는 사람들과 세계적인 전문가들을 연결해 일대일 자문 혹은 자문 위원회를 주선한다. 과학자, 의사, 의료보험 평가원, 의료보험 회사 간부 그리고 행정가들은 컨설팅 업체, 시장 조사 업체, 그리고 재무 서비스 업체를 포함해 의뢰업체가 이용할 수 있는 전문가 유형이다. 또한 슐레진저는 일괄적인 데이터 수집 솔루션을 완성하기 위해 필사, 번역, 해석, 필기와 같은 보완 서비스도 제공한다. 2016년에 슐레진저 어소시에이츠는 열정, 파트너십, 혁신으로 가득찬 50주년을 맞이했다. 이 기업은 1966년 10만 달러 매출을 기록했고 현재 1억 달러로 빠르게 성장했다.

슐레진저 어소시에이츠의 CEO인 Steve Schlesinger는 기업의 성공을 매우 강력한 비즈니스와 리더십 관계에 있는 자신의 파트너이자 공동 소유자이며 회사의 사장인 Mike Sullivan

과 재능 있고 역동적인 시니어 리더십 그룹에게 돌리고 있다. 이 회사의 리더들은 회사 창립자인 Sarah Schlesinger가 제시한 품질, 서비스 우수성 그리고 파트너십의 핵심 가치를 깊게 믿고 있다. 이는 이 기업과 사회적 책임과 마찬가지로 의뢰업체 서비스에 대한 기업의 사명과 비전을 동일하게 뒷받침하는 모든 종업원의 지침이다. Steve Schlesinger는 "우리 기업 비전의 원동력은 'People Passion & Purpose'로 성공을 위해 우리의 사람들(people)을 모집, 훈련, 그리고 소통합니다. 관계와 우리가 하는 일에 진정한 열정(passion)을 느낍니다. 모든 수준의 목표에 따른 관리, 보수적인 성과 측정, 신중한 위험 감수, 그리고 '가능성의 예술'이라는 강력한 신념 등의 분명한 목적(purpose)을 갖고 있습니다"라고 말했다. 슐레진저 어소시에이츠는 오랜 역사와 함께 마케팅 조사 업계와 강력한 관계를 맺고 있으며, 협회의 자원 활동에 대한 헌신과 존경을 받고 있고 오늘날에는 시장 조사를 개선하고 내일을 도모하고 있다. 슐레진저의 마케팅과 고객 개발 전략은 대면 산업 이벤트와 직접적인 고객 관계에 초점을 맞추고 있다. 교육과 현장 참여 프로그램 후원은 젊은 조사자들이 산업 활동에 보다 빠르게 몰두하고 그들의 경력에서 초기에 목소리를 개발할 수 있도록 해준다.

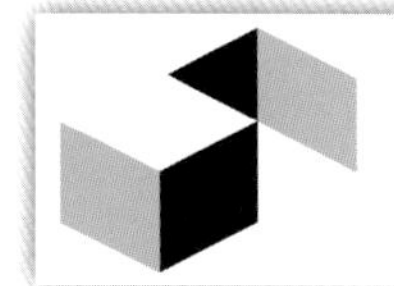

www.SchlesingerAssociates.com에 방문해보라.

출처 : Text and photos courtesy of Steve Schlesinger and SchlesingerAssociates.

여러분이 현재 학습하고 있으며 슐레진저 어소시에이츠가 서두에서 밝힌 것처럼 마케팅 조사 연구를 수행하기 위한 방법은 매우 다양하다. 우리는 이전 장에서 이미 포커스 그룹, 실험, 그리고 설문과 같은 다양한 형태의 조사방법에 대해 논의했다. 이러한 다양한 조사방법들은 정보를 수집하는 방법도 다양하다. 이 장에서 우리는 설문에 초점을 맞추고 있다. **설문**(survey)이란 사전에 만들어진 설문지를 사용해 다수의 응답자들을 대상으로 인터뷰가 이루어지는 조사방법이다.[1] 응답자들이 무엇을 생각하는지(의견, 선호도, 계획된 의도) 파악하기 위한 의사소통이 요구된다. 중요한 하위집단의 표본들이 충분하게 선택되고 큰 모집단의 대표성을 정확히 확보하기 위해서 많은 수의 응답자들이 필요하게 된다. 이 장에서 우리는 설문을 통한 데이터 수집을 위한 다양한 방법에 초점을 맞추고 있다.

설문이란 사전에 만들어진 설문지를 사용해 다수의 응답자들을 대상으로 인터뷰가 이루어지는 조사방법이다.

역사적으로 봤을 때, 설문데이터 수집은 기술에 상당한 영향을 받아 왔다. 초기 기술은 대인 인터뷰(personal interview) 혹은 설문지를 활용한 우편조사(mail survey)처럼 종이를 사용하는 방식이었다. 이러한 데이터 수집방법은 전국 전화 통신으로 통신 네트워크가 도입되고 전화회사들 간의 경쟁으로 장거리 전화 비용이 낮아지면서 대체되었다. 전화 데이터 수집법(telephone-based data collection)이 자동다이얼을 가능케 했고, 컴퓨터의 등장으로 CATI(computer-assisted telephone interviewing, 컴퓨터를 이용한 전화 인터뷰법)가 개발되었다. CATI 시스템은 자동다이얼, 관리자에게 보고되는 성과 통계 추적, 그리고 스킵 패턴 프로그램을 통해 전화 인터뷰의 생산성을 개선해 주었다. 이러한 전화 설문(telephone survey)은 효율성을 주도하는 인터넷 혹은 온라인 설문으로 대체되었다. 데이터 수집에서 최근 가장 인기가 많은 형태는 패널(panel)인데, 패널은 이에 대한 사용료를 받는 기업이 모집하고 그에 따른 보상을 지급하는 잠재 응답자들의 집합을 의미한다. 패널 기업들은 보통 온라인으로 구성되며, 조사자들이 가장 빠른 속도와 데이터 수집 오류를 최소화해주는 모집단에게 접근하도록 보장한다.

이 장에서는 설문이 왜 인기가 있고 어떤 장점이 있는지 간단히 살펴보며 시작한다. 그리고 일반적인 설문 방식을 확인할 것이다 – (1) 인터뷰어 실행 설문(person-administered surveys), (2) 컴퓨터 지원 설문(computer-assisted survey), (3) 컴퓨터 실행 설문(computer-administered survey), (4) 자기실행 설문(self-administered survey), (5) '하이브리드' 설문(hybrid survey). 온라인 설문은 분명 그 인기가 높지만, 각각의 설문은 특성이 있고 온라인 데이터 수집이 언제나 최고의 방법인 것은 아니기 때문에 다른 데이터 수집방법의 용도와 의미를 이해하는 것은 중요하다.

우리는 이러한 방법들의 장점과 단점을 논의하고 세 가지 기본적인 데이터 수집방법 안에서 다양한 데이터 수집법을 안내할 것이다. 예를 들어 자기실행 설문은 몰인터셉트와 전화를 통해 진행된다. 마지막으로 우리는 마케팅 조사자가 사용할 데이터 수집방법을 결정할 때 고려해야 할 사항에 대해서 논의할 것이다.

7-1 설문의 장점

설문 방법의 다섯 가지 장점은 표준화, 관리 용이성, '관찰되지 않은 현상(unseen)'에 대한 추적, 도표작성과 통계분석 용이성, 하위집단 차이 검증이 있다.

관찰조사 혹은 다른 정성적 조사와 비교해서, 설문은 많은 양의 정보를 체계적이고 경제적이며 효율적인 방식으로 수집하고 보통 큰 표본을 대상으로 행해진다. 설문 방법은 (1) 표준화(standardization), (2) 관리 용이성(ease of administration), (3) '관찰되지 않은 현상(unseen)'에 대한 추적, (4) 도표 작성과 통계분석 용이성, (5) 하위집단(세분화된 집단) 차이 검증(표 7.1 참조)의 장점을 가지고 있다.

표 7.1 설문의 다섯 가지 장점

장점	설명
표준화 제공	모든 응답자는 동일한 단어에 동일한 순서로 제시된 질문에 응답함. 선택 문항도 역시 동일함.
관리 용이성	인터뷰어들은 응답자들에게 문항을 읽고 그들의 답안을 빠르고 쉽게 기록할 수 있음. 많은 경우 응답자들은 스스로 설문지를 읽고 응답하기도 함.
'관찰되지 않은 현상' 확보	심층 인터뷰나 포커스 그룹처럼 자세하지는 않지만 동기, 상황, 사건의 순서, 혹은 정신적 숙고에 관한 질문을 공통적으로 물어볼 수 있으며, 관찰조사에서는 할 수 없음.
분석 용이성	큰 표본 규모임에도 불구하고 표준화와 컴퓨터 프로세스로 빠른 집계, 교차 표, 그리고 기타 통계분석이 가능함.
하위집단 간 차이 검증	응답자들은 의미 있는 차이 검증 비교를 위해 세분화 혹은 하위집단(예 : 사용자 대 비사용자 혹은 세대별)으로 구분될 수 있음.

설문 장점에 대한 실제 학습

설문의 장점을 실제로 경험하기 위해, 남성 2명과 여성 2명으로 된 여러분의 친구들에게 설문을 진행해 보라. 여러분은 (1) 질문 문항을 복사해서 각 친구들에게 직접 나누어 주거나 혹은 (2) 각 문항을 읽어주고 각 친구들의 응답을 구분해서 기록하는 방법 중 하나를 선택한다. 하지만 두 번째 방법을 선택할 경우 여러분은 개별 응답들을 구분해서 관리해야 한다.

1. 당신은 지난밤에 TV를 시청하셨습니까?
   ______ 예 ______ 아니요
2. (만약 예라고 응답했다면) 당신은 지난밤에 몇 시간 동안 TV를 시청하셨습니까?
   ______ 1시간 미만
   ______ 1~2시간
   ______ 2~4시간
   ______ 4시간 이상
3. 당신은 일반적으로 TV를 왜 시청하십니까? (한 문항만 선택 가능)
   ______ 엔터테인먼트(버라이어티, 유머, 스포츠, 토크)
   ______ 교육(과학, 뉴스, 다큐멘터리, 요리)
   ______ 일상탈출(사이언스 픽션, 리얼리티, 판타지)
   ______ 즐거움(액션, 드라마, 여행)
4. 당신의 성별은 어떻게 되십니까?
   ______ 남성 ______ 여성

자, 이제 여러분은 설문을 진행했다. 이를 통해 설문의 장점들을 생각해보라.

표준화 2번과 3번 선택 문항이 설문을 어느 정도 표준화했는가? 다시 말하면, 만약 여러분이 여러분의 응답자들에게 선택할 특정 범주를 주지 않았다면 어떤 대답이 나왔겠는가?

분석의 용이성 설문에 참여한 여러분의 친구들은 몇 퍼센트가 지난밤에 TV를 시청했는가? 4시간 혹은 그 이상 TV를 시청한 친구들은 몇 퍼센트인가? 이러한 질문에 대답하기 위해, 여러분은 이러한 결과를 도식화하는 데 얼마나 많은 시간이 걸렸는가? 응답자들이 답안을 체크하거나 대답했을 때, 이는 여러분의 분석을 얼마나 용이하게 했는가?

관리의 용이성 여러분은 설문을 관리하는 데 얼마나 어려움이 있었는가? 이 질문에 답변하기 위한 한 가지 방법은 각 응답자가 설문을 완료하는 데 평균적으로 시간이 얼마나 걸리는지 추정하는 것이다.

'관찰되지 않은 현상'에 대한 측정 여러분 친구들은 주로 엔터테인먼트, 교육, 일상탈출 혹은 즐거움을 위해 TV를 시청하는가? 3번 질문의 결과를 표로 작성해보라. 친구들의 TV 시청에 대한 이유나 동기를 발견하게끔 하는 것은 단 하나의 질문이다.

세분화된 그룹 간 차이 검증 남성과 여성은 서로 다른 결과가 나왔는가? 성별로 구분하여 도출된 결과를 비교해보자. 여러분은 각 집단별 차이점 혹은 공통점을 찾을 수 있을 것이다.

7-2 데이터 수집방법

데이터 수집과 기술의 영향

이 장 서두에서 확인했듯이, 마케팅 조사 과정에서 데이터 수집 단계는 기술로 인해 큰 변화를 겪었다. 실제로 가장 최근에 발견된 변화는 두 가지 이유가 있다. 첫째, 지난 20년간 일반 대중들의 설문 참석률은 극적으로 하락하고 있다. 둘째, 컴퓨터와 정보통신 기술의 발달로 마케팅 조사자들은 새롭고 효율적인 방법으로 데이터를 수집하게 되었다. 설문 응답률이 하락하고 있는 것에 대해, Roger Tourangeau[2]는 몇 가지 이유를 제시했다. 자동응답기, 발신번호표시 그리고 수신차단과 같은 '게이트키퍼(gatekeepr)'의 일반적인 사용, 자유로운 시간의 감소, 중요한 이슈에 대한 대중들의 관심도 하락, 영어가 익숙하지 않은 외국계 미국인 비율의 증가, 이해와 표현에 어려움을 느끼는 노년층의 증가 등으로 설문에 참여하지 않으려는 대중들이 늘어나고 있는 것이다. 또한 미국인들 사이에서 개인정보 보호에 대한 욕구가 높아진 것도 있다. 실제로 협력의 감소는 미국뿐만 아니라 전 세계에서 공통적으로 발견되고 있다. 이와 같은 무응답 비율은 마케팅 조사자들을 전통적인 데이터 수집의 개선으로 이끌었다.

기술(technology)은 무응답 문제를 해결하지 못함에도 불구하고 새로운 데이터 수집방법을 이끌었다. 이러한 기술 도입을 촉진한 두 가지 주요 이유는 CATI와 같은 전통적인 데이터 수집 비용이 증가한 것과 소비자들의 새로운 커뮤니케이션 시스템을 수용한 것이다.[3] 조사비용은 에너지, 인적 지원, 그리고 지원 기능 등의 가격 상승으로 인하여 높아지고 있다. 경쟁력을 갖추기 위해서, 또 어떤 경우는 살아남기 위해서 마케팅 조사 업체들은 다양한 방법으로 비용을 줄일 수 있는 데이터 수집방법들을 모색해 왔다. 이러한 시기에 개인용 PC, 태블릿 PC, 그리고 기타 모바일 기기 등이 생활화되었고 모집단의 많은 세분집단들이 모바일 커뮤니케이션 시스템을 수용했다. 이러한 상황에서 마케팅 조사 업체들은 새로운 커뮤니케이션 시스템을 도입해야 하는 상황에 놓이게 되었다.

컴퓨터 기술은 최근에 데이터 수집을 극적으로 바꾸었다.

기술의 성장과 소비자들에 의한 최첨단 개인 커뮤니케이션 시스템의 빠른 도입으로 전 세계 마케팅 조사자들은 까다로운 데이터 수집 딜레마에 직면하게 되었다. 곧 배우게 되겠지만, 기술 진보로 인한 변화는 데이터 수집을 빠르게, 간단하게, 보다 안전하게, 그리고 저렴하게 만들어주었다. 그럼에도 불구하고 설문에 참여하도록 요청받은 사람들 중에서 실제로 설문에 참여하는 사람들의 비율인 응답률(response)은 매년 감소해 왔다.[4] 동시에 조사자들이 설문에 참여하도록 접촉을 하려 했으나 연결될 수 없었던 사람의 비율이 증가하는 것과 같은 '압박(squeez)'도 있다. 이러한 문제는 전화 사용자가 발신번호표시, 자동응답과 같은 마케팅 조사자들을 효과적으로 차단할 수 있는 전화 인터뷰에서 두드러진다. 온라인 참여자들도 비슷한 방법으로 설문을 피하고 있다.

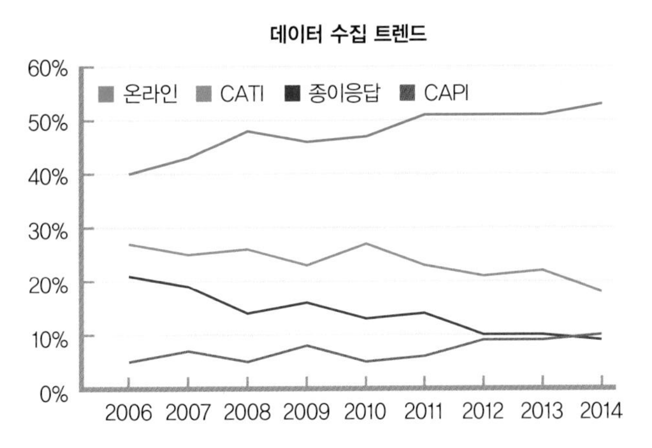

그림 7.1 최근의 데이터 수집 트렌드

데이터 수집방법의 트렌드는 그림 7.1에 제시되어 있는데,

표 7.2 데이터 수집과 컴퓨터 기술

	컴퓨터 부재	컴퓨터 존재
인터뷰어 존재	**인터뷰어 실행 설문** 인터뷰어가 문항을 읽고 답안을 종이에 기록	**컴퓨터 지원 설문** 인터뷰어가 문항을 읽고 컴퓨터 기술을 이용해 답안을 기록하고 (혹은) 기타 인터뷰 지원을 받음
인터뷰어 부재	**자기실행 설문** 응답자가 페이지의 문항을 읽고 설문 문항에 직접 답을 작성	**컴퓨터 실행 설문** 컴퓨터가 질문하고 응답자의 답안을 기록

온라인, CATI, 종이응답(paper-and-pencil), 컴퓨터 지원 대면 인터뷰 등의 최근 비율이 나타나 있다. 그림은 지난 7년간 전 세계 마케팅 조사 산업의 설문 결과를 보여주고 있다.[5] 그래프를 보면 온라인 설문은 극적으로 증가하고 있고 반대로 CATI와 종이응답은 하락하고 있으며, 컴퓨터 지원 대면 인터뷰는 소폭 증가하고 있다. 컴퓨터 기술의 영향력은 그림 7.1에 나와 있듯이 명백하다.

그림 7.1에서 확인할 수 있듯이 온라인 설문은 다른 모든 방법을 앞서고 있음에도 불구하고, 현재 데이터 수집은 전통적인 로우테크 방법과 현대의 하이테크 방법들을 결합해 이루어진다. 표 7.2는 데이터 수집방법들을 (1) 인터뷰어 유무와 (2) 컴퓨터 기술의 활용 여부에 따라 인터뷰어 실행 설문, 컴퓨터 지원 설문, 컴퓨터 실행 설문, 자기실행 설문의 네 가지로 구분하고 있다. 우리는 이 장에서 각 유형에 대해 자세히 논의할 것이다. 각 범주에서 발견되는 다양한 설문 유형을 논의하기 전에 우리는 데이터 수집방법의 특별한 장점과 단점을 소개할 것이다.[6] 또한 각 형태의 변화와 기술로 인하여 새롭게 용법이 개발되기도 하는데 이러한 유형의 장단점은 이 책의 마지막 부분에서 다루게 될 것이다.

인터뷰어 실행 설문

인터뷰어 실행 설문(person-administered survey)은 인터뷰어가 면대면 혹은 전화상으로 응답자에게 질문을 읽고 응답 내용을 컴퓨터를 사용하지 않고 기록하는 방법이다. 이것은 오랜 기간 동안 가장 주요하게 사용된 방법이다. 하지만 비용 증가와 컴퓨터 기술의 발달로 그 인기는 떨어지고 있다. 그럼에도 불구하고 인터뷰어 설문은 여전히 사용되고 있으며, 이 기법의 장단점은 다음과 같다.

인터뷰어 실행 설문은 인터뷰어가 면대면 혹은 전화상으로 응답자에게 질문을 읽고 응답 내용을 컴퓨터를 사용하지 않고 기록하는 방법이다.

인터뷰어 실행 설문의 장점 인터뷰어 설문은 피드백, 관계(rapport), 품질관리, 융통성(adaptability)의 네 가지 독특한 장점이 있다.[7] 인터뷰어의 존재는 현장에서 응답자들을 통제하고 설문에 집중하게 해준다.

1. 피드백 인터뷰를 진행하는 동안 인터뷰어는 응답자의 직접 질문에 응대할 수 있다. 때때로 응답자들은 지시를 이해하지 못하거나, 질문을 명확히 듣지 못하고, 인터뷰 중간에 주의를 빼앗기는 경우도 발생한다. 인터뷰어는 응답자들이 보이는 언어적 혹은 비언어적 단서를 통해 자신들의 질

© Rineca/Shutterstock

인터뷰어가 없다면, 응답자는 설문 질문을 이해하기 어려울 수 있다.

문을 조정할 수 있다. 응답자들이 산만하거나 지루함을 느낄 때 인터뷰어는 "이제 질문이 얼마 남지 않았습니다"라는 말을 할 수 있다. 또한 응답자가 어떤 의견을 제시하면 인터뷰어는 이를 남겨 조사자에게 넘길 수 있다.

2. 관계 일반적으로 몇몇 사람들은 설문을 신뢰하지 않거나 설문에 대해 의심하는 경우가 있다. 질문을 하는 동안 초기에 응답자와의 관계(rapport)가 형성된다면 상당한 도움이 된다. 즉 사람은 데이터 수집의 비인적 형태가 달성할 수 없는 신뢰와 이해를 만들 수 있다.

3. 품질관리 종종 인터뷰어는 성별, 나이, 그리고 다른 특성들에 기반해 응답자를 선별해야만 한다. 대인 인터뷰는 응답자를 정확하게 선택하는 데 유용하다. 대인 인터뷰는 모든 질문에 응답자들이 대답할 수 있게 해준다. 또한 몇몇 조사자들은 응답자들이 면대면으로 응답할 때 좀 더 진실하게 응답한다고 느끼기도 한다.

대인 인터뷰는 초기에 신뢰가 낮고 의심을 가진 응답자와 인적관계를 형성할 수 있다.

4. 융통성 대인 인터뷰는 응답자들을 다르게 응대할 수 있다. 예를 들어 질문에 응답하는 방법을 이해하기 위해 응답 과정 첫 단계부터 도움을 주어야 하는 노인이나 어린이들로부터 데이터를 수집해야 하는 경우도 드물지 않게 일어난다. 인터뷰어는 응답자들에게 질문 내용을 설명하는 데 있어 의미가 달라지지 않도록 하는 훈련이 되어 있다. 실제로 인터뷰어는 응답자들이 처한 서로 다른 상황에 맞추려고 하는 경우에도 정확한 규칙을 따라야 한다.

대인 인터뷰는 응답자들을 다르게 응대할 수 있다. 하지만 그들은 질문의 의미가 바뀌지 않도록 조심해야 한다.

인터뷰어 실행 설문의 단점 인터뷰어 실행 설문의 단점은 인간 오류, 느린 속도, 비용, 그리고 인터뷰 평가(interview evaluation)가 있다.

1. 사람이 만드는 오류 대인 인터뷰는 질문순서가 바뀐다거나 혹은 질문 단어를 수정해 질문의 의미가 바뀔 수 있다. 인간은 응답자들이 제공한 정보를 잘못 입력할 수 있다. 반복된 작업으로 피로와 지루함을 느낄 때 실수나 오류가 발생할 수 있다.

우리가 논의하고 있는 '오류'는 아니지만 개별 인터뷰어의 또 다른 위험은 응답자를 특정 응답으로 유도하거나 응답자들의 응답을 제대로 반응하지 못하는 답안을 의도적으로 녹음하려는 시도와 같은 '속임수(cheating)'의 가능성이 있다.

2. 느린 속도 대인 인터뷰를 사용한 데이터 수집은 순차적으로 인터뷰가 진행되기 때문에 다른 조사방법에 비해 속도가 느리다. 그림, 동영상, 그래픽 등을 인터뷰어가 직접 처리할 수 있지만 컴퓨터와 같은 속도를 낼 수 없다. 때때로 인터뷰어는 연필과 종이를 이용해 응답자의 응답을 기록하는데, 이는 컴퓨터 데이터 파일로 데이터를 변환하는 과정을 거쳐야 한다. 이러한 이유로 많은 수의 데이터 수집 기업들이 응답을 데이터 파일에 즉각적으로 추가할 수 있는 랩톱(laptop) 컴퓨터

사용으로 전환하고 있다.

인터뷰어 실행 설문의 단점은 사람이 만드는 오류, 느린 데이터 수집, 높은 비용, 그리고 응답자들 간의 인터뷰 평가에 대한 걱정이 있다.

3. 고비용 자연스럽게, 대인 인터뷰어는 응답자에게 우편으로 설문지를 발송하는 것보다 높은 비용이 요구된다. 일반적으로 인터뷰어는 훈련이 잘 되어 있고 기술이 있어서 높은 비용으로 이어진다. 물론 전화 인터뷰는 상대적으로 저렴하지만 이 조사방법 역시 우편 혹은 온라인 설문과 비교하면 여전히 비싼 방법이다.

인터뷰 평가는 인터뷰어의 존재로 응답자들이 일반적인 응답을 변경할 수 있는 걱정이 있을 때 발생한다.

4. 인터뷰 평가에 대한 두려움 인터뷰어 실행 설문의 또 다른 단점으로는 다른 사람이 앞에 있기 때문에 발생하는 불안인데[8] 일부 응답자들 사이에서는 이를 인터뷰 평가라고 부른다. **인터뷰 평가**(interview evaluation)는 인터뷰를 진행하는 동안 다른 누군가가 있을 때 발생하는데, 몇몇 응답자들은 '바르게(correctly)' 응답해야 한다는 걱정을 할 수 있다. 몇몇 응답자들은 질문자가 처음 보는 사람이라 하더라도 자신들의 응답에 대해서 질문자가 보일 반응에 대해서 우려를 한다. 이러한 현상은 특히 개인위생, 정치의견, 재무상황, 그리고 나이와 같은 개인적인 주제에서 두드러진다. 인터뷰어의 존재는 비인적 데이터 수집과는 다른 응답을 발생시킬 수도 있다. 예를 들어 몇몇 응답자들은 사실이 아니더라도 인터뷰어가 좋아할 만한 응답을 하는 경우도 있다.

컴퓨터 지원 설문

컴퓨터 기술은 설문 방법에 있어서 매력적이고 효율적이며 상당히 유연한 대안인데, 새로운 기술 개발이 거의 매일 이루어지고 있다. 대인 인터뷰는 조사 산업에서 주요 설문 방식이었지만, 컴퓨터 지원 설문 방법은 선진국에서 압도적인 위치를 차지하게끔 성장했다. 이 방식으로 설문을 진행할 때 전화 인터뷰어는 컴퓨터 스크린에 있는 질문을 읽고 컴퓨터에 응답을 기록하고 대인 인터뷰는 태블릿 컴퓨터를 사용하여 설문을 진행한다. **컴퓨터 지원 설문**(computer-assisted survey)은 기본적으로 구두로 인터뷰를 진행하지만 원활한 진행을 위하여 컴퓨터 기술을 사용한다. 예를 들어 컴퓨터는 읽을 질문을 보여주거나, 응답 내용을 저장하거나 혹은 영상이나 그림이 있는 제품속성을 시연하는 등의 인터뷰 진행을 도와준다. 컴퓨터 기술은 인터뷰가 보다 효율적이고 효과적으로 진행될 수 있도록 인터뷰어를 지원한다. 예상하듯이, 컴퓨터 지원 설문은 몇 가지 장점과 단점이 있다.

기술은 컴퓨터 지원 설문에서 인터뷰어의 업무를 지원해주는 역할을 한다.

컴퓨터 지원 설문의 장점 컴퓨터 지원 설문은 다양하다. 인터뷰어는 전화를 직접 걸거나 혹은 면대면으로 응답자와 상호작용한다. 컴퓨터는 모든 질문과 문항을 패드나 태블릿으로 제공하고 기록하거나, 암호로 응답을 저장하기도 한다. 어떤 방법을 사용하든 상관없이, 컴퓨터 지원 설문은 적어도 네 가지의 장점이 있는데 속도, 상대적으로 적은 오류, 그림, 시청각, 그래픽의 사용과 즉각적인 데이터 저장이 그것이다. 물론 훈련이 잘 된 인터뷰어가 있기 때문에 컴퓨터 지원 설문은 대인 데이터 수집의 혜택도 함께 갖는 것이다.

컴퓨터 지원 설문은 빠른 속도, 낮은 오류, 그림과 시청각 데이터의 활용 가능, 그리고 실시간 데이터 저장이 가능하다.

1. 속도 아마도 컴퓨터 지원 설문의 가장 큰 장점은 데이터를 빠르게 수집할 수 있다는 것이다. 컴퓨터 지원 접근법은 순전히 사람이 할 때보다 훨씬 빠르다. 컴퓨터는 피로감과 지루함을 느끼지 않

기 때문에 사람이 만드는 오류도 없다. 속도는 비용 절감으로 이어진다.

2. 상대적으로 오류가 없는 인터뷰 실수로 문항을 건너뛰거나, 이전 응답에 기반해 부적절한 질문을 하거나, 질문방식을 잘못 이해하거나, 혹은 틀린 응답을 잘못 기록하는 등 인터뷰어 오류를 방지하기 어렵지만, 적절하게 프로그램된 컴퓨터 지원 접근법은 컴퓨터 오류 제로를 보장한다.

3. 그림, 시청각, 그래픽의 활용 이 기법을 사용하면 컴퓨터 그래픽을 컴퓨터 스크린에 보여지는 질문들과 함께 통합시킬 수 있다. 예를 들어 인터뷰어가 새로운 유형의 윈도우 에어컨 사진을 직접 들고 다니는 대신에 컴퓨터 그래픽으로 360도 각도에서 에어컨의 모습을 보여줄 수 있다. 또한 컴퓨터 프로그램을 통하여 고해상도의 비디오를 보여줘서 응답자가 제품이 사용되는 모습을 볼 수 있게 해주거나 다양한 시청각 디스플레이를 보여줄 수도 있다.

컴퓨터 지원 설문의 중요한 장점은 데이터를 즉시 포착할 수 있다는 점이다.

4. 즉각적인 데이터 저장 일반적으로 응답이 포착됨과 동시에 컴퓨터에 입력된다. 인터뷰어의 일과가 끝날 때, 그(녀)는 응답자의 데이터를 본사로 전송하거나 무선 통신망을 통해 실시간으로 데이터를 전송하기도 한다. 컴퓨터 지원 전화 인터뷰의 경우 중심 컴퓨터 시스템을 통해서 응답 내용은 바로 저장된다.

컴퓨터 지원 설문의 단점 컴퓨터 지원 설문의 단점은 숙련된 기술이 요구되며 컴퓨터 셋업을 위한 비용이 요구된다는 것이다.

1. 숙련된 기술의 요구 다양한 컴퓨터 지원 방법이 마케팅 조사에 사용될 수 있다. 가장 간단한 방식은 최소한의 기술이 요구되고 컴퓨터에 능숙하지 않은 인터뷰어도 빠르게 마스터할 수 있는 반면 보다 정교한 버전(후에 배울 CATI와 같은)은 컴퓨터 인터페이스를 마스터하기 위해서 상당한 프로그램 기술이 요구된다.

2. 셋업을 위한 높은 비용 컴퓨터 기술은 생산성을 높일 수 있지만 이러한 시스템을 구축 및 관리하는 데 요구되는 셋업 비용은 높을 수밖에 없다. 노트북 혹은 태블릿 PC와 같은 컴퓨터 지원 시스템은 구매 비용이 발생한다. 가장 정교한 컴퓨터 지원 설문 유형은 각 설문에 맞춘 프로그래밍과 버그 수정이 필요하다. 어떤 컴퓨터 지원 설문을 고려하는가에 따라 다르겠지만 시간 요소를 포함한 이러한 비용은 다른 데이터 수집 선택에 비해 컴퓨터 지원 시스템을 덜 매력적이게 만들 수도 있다.

컴퓨터 지원 설문의 단점은 숙련된 기술이 요구되며 컴퓨터 셋업을 위한 높은 비용이다.

자기실행 설문

자기실행 설문은 응답자가 사람 혹은 컴퓨터 없이 스스로 설문지에 응답하는 방식이다.

자기실행 설문(self-administrated survey)이란 응답자가 사람 혹은 컴퓨터와 같은 대리인 없이 스스로 설문지에 응답하는 방식이다.[9] 우리는 이를 '종이응답(paper-and-pencil)'으로 간주하는데, 응답자들은 설문지를 읽고 설문문항에 직접 기입한다. 일반적으로, 응답자들은 자신이 원하는 장소에서 원하는 시간에 설문을 완성한다. 또한 응답자들은 설문지를 언제 되돌려줄 것인지 결정할 수 있는데, 이는 문항에 대한 응답은 순전히 응답자의 통제하에 있음을 의미하기도 한다.

자기실행 설문의 장점 자기실행 설문은 세 가지 중요한 장점이 있다. 비용 절감, 응답자 통제, 인터뷰 평가로부터의 자유로움이 그것이다.

1. 비용 절감 인터뷰어 혹은 컴퓨터 프로그램 등이 필요하지 않기 때문에 비용을 절감할 수 있다.

2. 응답자 스스로 통제 가능 응답자는 자신이 원하는 시간에 응답을 할 수 있기 때문에 압박을 느끼지 않는다. 이상적인 설문 방식은 응답자들이 여유를 가지도록 할 수 있어야 하는데 자기실행 설문은 이러한 여유로운 상황을 만들 수 있다.

3. 인터뷰 평가로부터의 자유로움 앞서 보았듯이, 몇몇 응답자들은 질문에 응답할 때 혹은 도박,[10] 흡연, 그리고 개인위생과 같은 민감한 이슈에 놓일 때 불편함을 느끼기도 한다. 자기실행 접근법은 사람 혹은 컴퓨터와 같은 관리자가 없기 때문에 응답자가 더 편하게 생각할 수 있다.

자기실행 설문은 비용 절감, 응답자 통제, 그리고 인터뷰 평가 우려가 없다는 세 가지 장점이 있다.

자기실행 설문의 단점 자기실행 설문은 응답자를 통제할 수 없고, 모니터링이 힘들며, 설문지의 요구사항이 높다는 단점이 있다.

1. 응답자 통제 자기실행 설문은 개별 응답자가 진행하기 때문에, 응답자들이 설문을 완성하지 않거나, 잘못된 문항 응답을 하거나, 기한 내에 응답하지 않거나, 혹은 설문 발송을 거절하는 등의 가능성들이 있다.

2. 모니터링의 부족 자기실행 설문을 하는 동안 조사자는 응답자 모니터링 혹은 상호작용할 수 있는 기회가 없다. 인터뷰어가 있다면 설문에 대한 설명을 제공하고 응답자가 계속 답변할 수 있도록 독려할 수 있을 것이다. 하지만 자기실행 설문은 단어의 의미를 이해하지 못하거나 문항에 어떻게 응답해야 하는지 모르는 참여자들이 부적절하게 응답하거나 혼란을 느끼고 응답을 아예 거부할 수도 있다.

자기실행 설문의 단점은 응답자를 통제할 수 없고, 모니터링이 힘들며, 고품질의 설문지가 요구된다는 점이다.

3. 설문지의 높은 요구사항 인터뷰어나 컴퓨터가 없기 때문에 설문지 자체가 응답자들이 설문을 제대로 이해해는지에 대해 전적인 책임을 져야 한다. 설문지는 안내, 예시, 그리고 기억에 도움을 주는 내용 등이 완벽해야 할 뿐만 아니라 응답자들이 온전히 참여하고 모든 문항을 완성하도록 이끌 수 있어야 한다. 설문지 설계는 데이터 수집방법과는 상관없이 중요하다. 하지만 자기실행 설문을 위해서는 데이터를 수집하기 전에 설문지가 명확하게 검토되어야 하고 특히 더 정확해야 한다. 여러분은 제9장에서 설문지 설계에 대해 학습할 것이다.

자기실행 설문에 사용되는 설문지는 응답 오류를 최소화하기 위해 특별히 철저하고 정확해야 한다.

컴퓨터 실행 설문

컴퓨터 실행 설문(computer-administered survey)은 문항을 제시하고 응답자의 응답 내용을 저장하는 통합적 역할을 컴퓨터가 담당하는 설문이다. 일반적인 컴퓨터 실행 설문은 문항이 저장되어 있는 웹사이트에 응답자들이 직접 접속하는 온라인 설문이다. 놀랍게도, 정교한 웹 기반 설문지 설계 시스템은 응답자를 쉽게 선별할 수 있고, 이전 답변에 근거해 질문해서는 안 되는 문항 건너뛰기를 할 수 있으며, 무작위로 자극물을 노출시킬 수 있고, 표본 크기의 할당 시스템을 사용할 수 있으며, 다양한 그래픽과 시청각 자극물을 보여줄 수 있고, 대인 인터뷰에서의 다양한 과업 등을 수행할 수 있다. 컴퓨터 실행 설문은 인터넷 범주에만 활용되지 않고, 사전에 녹음된 혹은 컴퓨터 목소리를 통해 응답자들이 구두 혹은 전화기의 키패드로 응답하는 설문인 'IVR(interactive voice response)'을 통해 전화를 통해서도 실행 가능하다.

컴퓨터 실행 설문의 장점 컴퓨터 실행 설문은 다양한 범위에서 사용자 친화적 속성을 제공하고, 상대적으로 저렴하며, 대부분의 응답자들은 대부분의 컴퓨터 실행 설문 주제에 대해 편안함을 느낀다.

1. 사용자 친화적 속성 현재 아주 많은 온라인 설문지 설계 시스템들이 사용가능한데, 어느 정도 컴퓨터에 능숙한 사용자들이라면 쉽게 프로그래밍할 수 있게 구축되어 있다. 따라서 조사자들을 위해 많은 시스템들은 문항 라이브러리, 간단한 문항 건너뛰기 로직, 그리고 복사-붙여넣기 기능을 갖고 있다. 다양한 형태의 그래픽 및 시청각 자료를 쉽게 활용할 수 있다. 몇몇 시스템은 드래그앤드롭, 슬라이딩 척도(sliding scales), 고정합 척도, 그림 척도(graphic rating scale)와 같은 응답자 상호작용 기능도 갖고 있다. 대부분은 스크린 캡처 화면에 설명이 첨부되어 있거나 영상을 통해서 도움을 주는 시스템을 갖고 있다. 많은 컴퓨터 실행 설문 시스템은 온라인 패널 기업과 연계되어 있어서 조사자들은 전형적인 응답자 집단에 즉각적으로(유료로) 접근할 수 있다. 컴퓨터 실행 설문 시스템은 온라인 측정문항을 만들어주고, 데이터를 수집하며, 간단한 통계와 그래픽 분석을 제공하며 엑셀이나 SPSS와 같은 다양한 서식으로 데이터를 변환해주기도 한다. 응답자 측면에서 봤을 때 컴퓨터 실행 설문은 쉽고, 효율적이며, 때로는 재밌는 경험이 되기도 한다.[11]

2. 저렴한 비용 이러한 시스템의 다수는 스스로가 모든 것을 다 해야 하는 마케팅 조사자를 위해서 고안되었기 때문에 무료 시험 버전도 있고 학생 버전도 있어서 비용이 저렴하다. 물론 가장 정교한 시스템은 비싸지만, 매년 다수의 설문을 진행하는 마케팅 조사 업체들에게는 설문 건당 비용으로 계산하면 그렇게 비싸지 않다.

3. 인터뷰 평가에 대한 부담이 없음 응답자들이 컴퓨터를 통해 응답할 경우 '올바른 응답' 혹은 '질문자가 원하는 응답'을 해야 한다는 응답자들의 우려가 줄어드는 경향이 있다.[12] 이러한 상황에서 어떤 조사자들은 컴퓨터를 이용하면 민감한 주제에 대해서 보다 진실한 응답을 얻을 수 있을 것이라고 믿기도 한다. 최근 주목받고 있는 온라인 설문 장점은 온라인 설문이 응답자들의 사전동의하에 이루어지는 퍼미션 마케팅(opt-in or permission marketing)과 조합을 이룰 경우에 높은 응답률을 보여준다는 점이다. 즉 기업 고객의 데이터베이스 패널들은 조사 업체 혹은 기업으로부터 온라인 설문 요구에 응답한다고 동의한 상황에서, 응답자들은 설문에 보다 협력적이고 적극적으로 임한

컴퓨터 실행 설문은 사용자 친화적이며, 저렴하고, 응답자를 불편하지 않게 한다.

다는 연구도 있다. 사전 알림이나 개인화된 정보로 응답자들을 유인할 필요도 없다.[13]

컴퓨터 실행 설문의 단점

컴퓨터에 대한 지식과 인터넷 연결을 할 수 있는 응답자 첫 번째 충족사항은 그리 까다롭지 않지만, 일부 어린이, 노년층, 그리고 사회경제적 약자와 같은 응답자들은 자격을 갖추지 못할 수 있다. 많은 국가에서는 컴퓨터와 인터넷 보급률이 낮아 컴퓨터 실행 설문을 진행하는 데 한계가 있다.

혼합 설문

하이브리드 설문(hybrid survey)이라고도 불리는 **혼합 설문**(mixed-mode survey)은 다양한 방법을 통해 데이터를 수집하는 것을 의미한다. 최근 들어 혼합 설문에 대한 관심이 높아지기 시작했다. 이와 같은 인기는 온라인 설문조사의 증가 때문이기도 하다. 점점 더 많은 응답자들이 인터넷, 온라인 설문, 그리고 컴퓨터 실행 설문 형태에 적합하게 되면서, 이 방법에 전화 설문이나 자기실행 설문 등이 결합되기 시작한 것이다. 혼합 설문 인기의 또 다른 이유는 마케팅 조사자는 응답자를 고객처럼 대해야 한다는 것을 실현할 수 있기 때문이다.[14] 즉 응답자가 선호하는 데이터 수집방법을 선택함으로써 응답자들의 호의적인 협조를 얻을 수 있고[15] 결과적으로 더 나은 데이터 품질을 극대화할 수 있게 된다.[16]

하이브리드 설문이라고도 불리는 혼합 설문은 다양한 방법을 통해 데이터를 수집하는 것을 의미한다.

혼합 설문 방식으로 조사자는 대표성 있는 표본에 접근하기 위하여 둘 혹은 그 이상의 조사방법을 사용하거나[17] 인터넷을 통하여 면대면 인터뷰에 참가하기를 요청하는 방식을 사용될 수 있다.[18] 일부 기업들은 소셜미디어를 이용하는 모바일 고객들에게 부합하는 다양한 모바일 미디어 방법을 실험하고 있다.[19] 또한 이베이(eBay)의 하이브리드 조사 사용을 보면,[20] 판매자와 구매자 간의 신뢰관계를 보다 '의미 있게 이해하기 위해(deep dives)' 정성적 조사와 정량적 조사를 혼용한 설문을 실시하고 있다.

혼합 설문의 장점

다양한 방법으로 데이터 수집 목적 달성 설문의 주요 장점은 조사자들이 데이터 수집 목적을 달성하기 위해 개별 방법들의 장점을 취할 수 있다는 점이다. 일반적으로, 혼합 설문은 모집단을 폭넓게 커버할 수 있고, 응답률이 높을 뿐만 아니라, 설문지 길이를 줄일 수 있으며, 전체 설문 비용도 줄일 수 있다.[21]

혼합 설문의 주요 장점은 조사자들이 데이터 수집 목적을 달성하기 위해 개별 방법들의 장점을 취할 수 있다는 점이다.

혼합 설문의 단점 하이브리드 데이터 수집방법을 사용하는 데는 두 가지 주요 단점이 있다.

혼합 설문의 단점은 상이한 데이터 수집방법이 응답 데이터에 미치는 영향을 평가해야 한다는 것이다.

1. 설문 방법이 응답에 영향을 미칠 수 있음 과거 조사자들이 데이터를 수집하는 데 있어 혼합 설문을 주저하는 이유 중 하나는 그 방법이 소비자가 제공한 응답에 영향을 미칠 수 있기 때문이다.[22] 대인 인터뷰로 집에서 인터뷰에 응답하는 소비자는 온라인으로 응답하는 사람과 다르지 않을까? 이러한 서로 다른 결과는 온라인 설문과 전화 설문[23] 그리고 웹 설문과 우편 설문과 비교했을 때도 나타난 적이 있다.[24] 혼합 설문을 적용해 수집된 데이터들 간의 불일치를 검증하는 연구들이 진행되어 왔다.[25] 설문 방식이 응답에 영향을 주는가에 대한 연구의 결과를 보면 그 결과들이 반드시 일치하

지는 않는다. 그래도 조사자가 수집된 데이터의 차이를 평가해 데이터 수집방법이 이러한 불일치를 가져오는지를 조심스럽게 살펴보아야 할 필요는 있다고 할 수 있다.

혼합 설문은 서로 다른 정보 수집 방식이 혼합되어 있어 상이한 지시사항이라든지 데이터의 통합방법 등의 복잡성 증대로 이어진다.

2. 복잡성 증가 혼합 설문은 데이터 수집의 복잡성을 증가시킨다.[26] 가령, 여러분은 온라인 설문과 전화 설문을 동시에 진행한다면 안내문의 내용을 스스로 읽는 사람들(응답자가 직접 읽고 응답)을 위한 단어 선택과 안내문의 내용을 읽어 주는 전화 인터뷰어가 읽을 단어 선택이 달라야 한다. 또한 두 방법을 통해 수집된 데이터를 하나의 데이터세트로 통합해야 할 필요성이 있기에 데이터는 호환이 가능하도록 세심하게 다루어져야 한다. 단지 하나의 데이터 수집방법 안에서도 서로 다른 정보 유형들이 혼합되어 있어 마케팅 조사의 복잡성 증대로 이어진다.

7-3 데이터 수집방법에 대한 기술

지금 여러분은 인터뷰어 실행 설문, 자기실행 설문, 컴퓨터 지원 설문과 컴퓨터 실행 설문의 장점과 단점을 학습했다. 우리는 각 조사방법의 다양한 인터뷰 기술을 설명할 것이다. 혼합 설문을 제외한 마케팅 조사자들에 의해 사용되는 몇 가지 데이터 수집방법이 소개되어 있다(표 7.3).

인터뷰어 실행 설문/컴퓨터 지원 설문(컴퓨터 사용이 가능할 때)

1. 홈 설문
2. 몰인터셉트 설문
3. 오피스 설문

표 7.3 다양한 데이터 수집방법

데이터 수집방법	설명
홈 인터뷰	인터뷰어가 응답자 집에서 인터뷰를 진행함. 전화로 약속을 받아야 함.
몰인터셉트 인터뷰	몰 쇼핑객들에게 접근하고 설문 참석을 요청함. 몰 혹은 몰에 위치한 몰인터셉트 기업 시설에서 질문이 이루어짐.
오피스 인터뷰	인터뷰어가 응답자의 근무 장소에서 인터뷰를 진행하기 위해 약속을 정함.
전화 인터뷰	개별 인터뷰어를 위한 칸막이 혹은 작업 공간이 있는 데이터 수집 업체 사무실에서 컴퓨터 모니터에 있는 질문을 읽으며 인터뷰를 진행함. 종종 관리자는 인터뷰를 '듣고' 인터뷰가 제대로 진행되는지 확인할 수 있음.
완전 자동화 인터뷰	컴퓨터가 질문을 관리할 수 있도록 프로그래밍되어 있음. 응답자는 컴퓨터와 상호작용하고 키보드 사용, 스크린 터치, 혹은 다른 수단을 사용해 그들의 응답을 입력함.
온라인 설문	응답자는 인터넷에 있는 설문지에 응답함.
그룹 자기실행 설문	응답자들은 그룹 내에서 설문에 참여함. 각 응답자들은 개별적으로 응답하지만 그들은 그룹으로 만났기에 응답자들에게는 경제적임.
드롭오프 설문	설문지는 이를 채울 응답자에게 남겨짐. 관리자는 완성된 설문지를 나중에 받거나 우편으로 받음.
우편 설문	설문지가 응답자 후보들에게 우편으로 보내지고, 응답자는 설문지를 채운 후 우편으로 반송해달라는 요청을 받음.

4. 전화 설문

컴퓨터 실행 설문

5. 완전 자동화 설문
6. 온라인 설문

자기실행 설문

7. 그룹 자기실행 설문
8. 드롭오프 설문
9. 우편 설문

각각의 설문을 설명하기에 앞서, 우리는 여러분에게 마케팅조사협회(MRA)가 모든 설문 양식에 윤리강령을 명시적으로 제시하고 있다는 점을 알려두고자 한다. 마케팅 조사 인사이트 7.1에 제시된 MRA 윤리규범 발췌문을 읽으면, 응답자들을 전문적으로 다루는 사항, 인터뷰어의 자세한 안내 요구조건, 한 응답자에게 다수의 설문을 진행하는 것에 대한 금지, 그리고 인터넷 응답자 모집과 관련된 다양한 법안을 위한 요구조건 등에 대한 기준들을 알게 될 것이다.

설문에 대한 심도 있는 학습을 공부하려면 www.youtube.com에서 Quantitative Surveying Methods를 검색하라.

마케팅 조사 인사이트 7.1 윤리적 고려사항

마케팅조사협회의 윤리강령 : 응답 참여

1. **응답자들은 존중받아야 하며 전문적으로 다루어져야 한다.**
2. **조사 과정의 일부 혹은 모든 과정에서 참여를 거절할 수 있는 권리도 포함하여 응답자들의 권리를 보호해야 한다.**
   조사자는 정보가 제공되는 모수를 통제하는 응답자들에 의해 설정된 협조 범위를 존중해야 한다. 실제로 이것은 다음의 내용을 의미한다.
   - 조사에 참여하는 응답자 동의는 사후보다 사전에 이루어져야 한다.
   - 동의는 강요 없이 자유롭게 얻어져야 한다.
   - 응답자는 접촉 중 언제든지 동의를 철회할 수 있다.
   - 후속 연구에 참여하기 위해서는 명시적인 동의가 필요하다.
   - 과정 중 어느 시점에서든 향후 연락 혹은 참여에 대한 명시적 거부 요청을 수락해야 한다.
   - 응답자가 마케팅 조사 프로젝트 참여로 인해 부정적인 영향을 받지 않도록 모든 합리적인 예방조치를 취해야 한다.
5. **사전에 혹은 요청에 따라 데이터를 수집하는 조사업체의 이름을 밝혀야 한다.**
16. **주 및 국경에서 조사를 수행하거나 아동을 포함한 취약한 모집단에 대해서 조사를 수행할 때는 각별히 주의를 기울이고 해당 법률을 준수해야 한다.**
   특정 인터뷰 방법이나 사용 중인 응답 기술에 상관없이 특별한 법률이나 규정이 이러한 집단에 적용되어야 하고 모든 취약한 모집단에 대해서 이러한 규정을 준수하는 것이 마케팅 조사자의 의무다.
   어린이를 대상으로 한 조사는 대다수 연령 이하의 모든 응답자, 즉 미성년자에게 적용되는 고유한 주의사항 준수와 지식을 필요로 한다.
   취약 집단은 다음을 포함하지만 이에 국한되지 않는다.
   - 고령자/노인
   - 인지장애인
   - 죄수
   - 환자 혹은 기타 의료 문제가 있는 사람
25. **데이터 수집 과정에서 참여하는 사람들에게 상제한 서면 혹은 구두 지침을 제공한다.**
   조사 과정의 모든 관계자들이 품질에 몰입할 때만 정확한 데이터를 얻을 수 있다. 주연구책임자는 조사가 계획대로 완료될 수 있도록 표본, 현장, 데이터 과정, 분석, 그리고 기타 조사 측면에 관여하는 직원들에게 적절하고 상세한 지침을 제공해야 한다. 후속 연구원이 연구 결과를 이해하고 재실행할 수 있도록 프로젝트의 모든 단계에서 문서를 작성하고 보존해야 한다.

인터뷰어 실행 인터뷰/컴퓨터 지원 인터뷰

홈 인터뷰는 설문이 응답자들이 제품 원형을 보고, 읽고, 만지고, 사용하고, 상호작용하는 것을 요구하거나 수집된 응답자의 안전과 편안함이 데이터의 품질에 영향을 미치는 중요한 요소라 판단할 때 유용하다.

앞에서 언급한 내용을 다시 말하자면, 인터뷰어 실행 인터뷰는 컴퓨터에 의존하는 인터뷰어를 사용하기 때문에 인터뷰어 실행 인터뷰인데 이 인터뷰어가 컴퓨터의 지원을 받기 때문에 동시에 컴퓨터 지원 인터뷰이다. 이 형태의 중요한 점은 사람이 인터뷰를 진행한다는 것이다. 이 형태의 설문에는 인터뷰가 진행되는 장소에 따라 네 가지 종류가 있는데 홈 설문, 몰인터셉트 설문, 오피스 설문, 그리고 전화 설문이 그것이다.

홈 설문 말 그대로 **홈 설문**(in-home survey)은 인터뷰어가 응답자의 집에 직접 찾아가서 진행되는 설문을 의미한다. 홈 설문은 응답자를 모집하는 데 시간이 걸릴 뿐만 아니라 응답자가 응답자의 집에 찾아가야 한다. 따라서 인터뷰당 비용이 상대적으로 높다. 하지만 두 가지 요인이 홈 인터뷰의 높은 비용을 정당화한다. 첫째, 마케팅 조사자는 응답자와의 대면접촉이 성공적인 설문을 위해 필수적이라고 믿는 경우, 둘째, 조사자는 응답자의 집이라는 환경이 질문 과정에 도움이 된다고 확신하는 경우가 그것이다. 홈 인터뷰는 조사목적이 응답자들이 제품 원형과 같은 조사 대상을 보고, 읽고, 만지고, 사용하고, 상호작용해야 할 때 유용하다. 또한 조사자들은 수집된 응답자의 안전과 편안함이 데이터의 품질에 영향을 미치는 중요한 요소라 판단할 때도 유용하다. 예를 들어 Yankelovich Youth MONITOR는 부모와 자녀가 모두 인터뷰 과정에 편안함을 느끼도록 6세 이상 어린이 집에서 홈 인터뷰를 수행한다.[27] 컴퓨터 지원 대인 인터뷰는 효율적이며 편익도 제공한다.[28] 하지만 성공적인 설문을 위해 프로그래밍과 테스트가 필요하다.[29]

홈 인터뷰는 인터뷰어와 인터뷰 대상자의 우호적 관계를 형성한다.

몇몇 조사목적을 위해서는 응답자가 조사 대상물과의 상호작용을 위해 실제로 같이 있어야 하는 경우가 있다. 한 기업이 깨끗하게 요리할 수 있도록 설계된 새로운 토스터 오븐기를 개발했다고 가정하자. 하지만 깨끗한 요리의 혜택을 얻기 위해서는, 개별 조리법(예 : 피자와 베이컨)에 맞춰 준비되어야 하고 일회용 '기름 받이(grease catch foil)'를 기구 아래에 정확하게 배치해야만 한다. 소비자들은 이와 같은 세팅 안내를 따를 수 있을까? 이것은 조사자들이 응답자의 집 부엌에서 설문을 진행하는 이유에 대한 연구 사례다. 조사자들은 응답자들이 박스를 열고 포장을 뜯은 후 기계를 조립하고, 설명서를 읽고, 조리하는 과정들을 관찰한다. 이러한 모든 과정은 한 시간 혹은 그 이상이 걸릴 수 있다. 다시 말하자면, 응답자들은 어딘가를 찾아가 조사 프로젝트에 한 시간을 소비하는 것을 기꺼이 하지 않는다. 그들의 집에서 진행하는 것이 더 나을 수 있다.

몰인터셉트 설문은 큰 쇼핑몰에서 진행되고 홈 인터뷰에 비해 인터뷰당 비용은 저렴하다.

몰인터셉트 설문 홈 인터뷰는 중요한 장점을 가지고 있음에도 불구하고 비용의 단점이 분명히 있다. 한정된 지역 설문을 진행할 때조차도 홈 인터뷰어의 방문 비용은 높다. **몰인터셉트 설문**(mall-intercept survey)은 여론조사기관과 보행자들이 많이 다니는 거리에서 조사를 하는 회사들에 의해서 개척된 '행인(man-on-the-street)' 인터뷰와 같이 쇼핑몰을 방문한 쇼핑객들에게 직접 찾아가 질문하는 설문이다. 몰인터셉트 설문 기업은 일반적으로 작은 로컬 시장이 아닌 좀 큰 지역에 있는 대형 쇼핑몰 안에 사무실을 가지고 있다. 일반적으로 특정 인터뷰 기업들이 몰에서 인터뷰를 진행할 수 있는 독점적 권리를 가지고 있다. 따라서 몰인터셉트를 진행하길 희망하는 모든 마케팅 조사업체들은 그 특정 인터뷰 기업의 서비스를 이용해야 한다. 이 방식을 사용하면 응답자가 스스로 몰로 직접 찾아오기 때문에 방문 비용은 제거된다. 몰인터셉트 인터뷰는 실행이 용이하고[30] 다수의 국가에서 진행되고 있기 때문에 설문 방법 중에서 중요한 역할을 차지하고 있다.[31] 쇼핑몰 내 보행지역에서 쇼핑객들은 찾아온 조사자에 의해 그 자리에서 인터뷰를 하거나 혹은 쇼핑몰 오피스에 위치한 인터뷰 시설로 이동해 질문을 받기도 한다. 일부 몰에서는 쇼핑객들에게 성가시게 보여질 수 있다는 이유로 마케팅 조사 인터뷰를 허락하지 않는 경우도 있으나 대부분은 이를 허락하고 이러한 데이터에 근거해 그들의 마케팅 프로그램을 수정하기도 한다. 몰인터셉트 기업들은 아이패드나 다른 모바일 기기와 같은 최첨단 접근법을 활용하고 있고, 응답자들의 관심을 유도하기 위해 키오스크 등으로 실험하기도 한다.[32]

© Syda Productions/123RF

몰인터셉트 인터뷰 표본의 대표성은 언제나 이슈가 된다.

낮은 비용과 함께 몰 인터뷰는 홈 설문이 갖고 있는 많은 편익을 갖고 있다. 초기에 언급했듯이, 가장 중요한 장점은 응답자와 상호작용하는 인터뷰어의 존재다.[33] 하지만 몰 인터뷰와 연관된 몇 가지 한계점이 발견되기도 한다. 첫째, 표본 대표성이 이슈가 될 수 있는데, 조사 기업이 있는 위치에 근접한 상대적으로 작은 지역에서 대부분의 몰이 선정된다. 조사자가 카운티나 혹은 MSA와 같은 보다 큰 지역에 대한 대표성을 갖는 표본을 찾는다면, 그들에게 몰인터셉트는 적합하지 않을 수 있다.[34] 몇몇 몰 쇼핑객들은 다른 사람들보다 방문 빈도수가 높기 때문에 인터뷰에 참석할 확률도 높다. 또한 카탈로그와 같은 무점포 소매상의 등장, 월마트와 같은 독립할인점, 아마존과 같은 온라인 중개상의 성장으로 쇼핑몰이 아닌 형태의 소매상들이 등장함에 따라 몰에서 쇼핑하는 사람들은 편의성을 추구하는 사람들이 아닌 쇼핑 자체에서 즐거움을 찾은 사람들로 간주될 수 있고 이는 이 표본이 어떤 소비자들을 대표하는가의 문제를 조심스럽게 살펴볼 필요성을 야기한다. 또한 많은 쇼핑객들은 다양한 이유로 몰 인터뷰를 거절하고 있다. 이러한 대표성이 낮은 문제를 해결하기 위해서 제9장에서 다룰 할당(quotas)이라 불리는 표본 선택 기법을 사용할 수도 있다.

몰인터셉트 인터뷰의 두 번째 한계점으로 쇼핑몰은 관계를 형성하고 보다 자세히 주의를 기울일 수 있는 집과 같은 분위기를 조성하기 힘들다는 것이다. 응답자들은 주위에 오가는 사람들이 자신들을 쳐다보기 때문에 불편할 수 있다. 시간 압박도 있을 수 있으며, 조사자의 통제 밖 요인으로 인하여 산만해질 수도 있다. 이러한 요인들은 인터뷰 품질에 악영향을 미칠 수밖에 없다. 일부 인터뷰는 쇼핑몰 내의 인터뷰 장소에서 인터뷰를 진행해 이러한 문제를 해결하려고 한다. 이러한 과정은 산만함을 최소화하고 응답자가 보다 편한 마음을 갖도록 해준다. 일부 몰 인터뷰 시설은 일방향 거울이 있는 부엌과 방도 갖고 있다.

오피스 설문 홈 인터뷰와 몰인터셉트 인터뷰는 다양한 유형의 소비재(consumer goods)를 조사할 때 적절하지만, B2B 혹은 기업 시장에서 마케팅 조사를 수행할 때는 기업 임원, 구매 대리인, 엔지

오피스 설문은 오피스가 가장 적합한 장소이기 때문에 기업 간부 혹은 관리자의 근무 장소에서 진행된다.

니어 혹은 기타 관리자들과의 인터뷰가 요구될 수 있다. 일반적으로 **오피스 설문**(in-office survey)은 응답자가 그의 사무실 혹은 회사 라운지에 있는 상황에서 대면적으로 진행된다. 기업가와의 면대면 인터뷰는 홈 인터뷰와 같은 장점과 단점을 갖고 있다. 예를 들어 놀(Knoll, Inc.)이 기업 임원들을 위해 인체공학적으로 설계된 의자를 개발하기 위해서 제품의 속성에 대한 사용자들의 선호도 정보를 파악하길 원한다면, 예상되는 사용자 혹은 이러한 의자를 구매하는 구매자와 인터뷰를 해야 할 것이다. 또한 이러한 사람들은 그들의 근무 장소에서 인터뷰하는 것이 보다 바람직할 것이다.

예상할 수 있듯이 오피스 설문 비용은 상대적으로 높다. 처음으로 할 일은 무엇보다 특정 주제에 대해 의견을 제시할 수 있는 기업 임원 혹은 제품 구매 결정에 관여하는 개인들을 찾아내는 것이다. 때때로 이러한 대상자들은 산업체 명부 혹은 산업 협회 리스트 등을 통해 확보할 수 있다. 이보다는 필요한 유형의 임원이 있다고 여겨지는 특정 기업에 전화를 걸어 선별해야 한다. 하지만 큰 규모의 조직에서 그러한 사람들을 찾는 것은 시간이 걸릴 수밖에 없다. 요건을 갖춘 사람이 있다면, 그다음 단계는 인터뷰에 동의하도록 설득하고 인터뷰를 위한 시간을 준비해야 한다. 이는 상당한 인센티브가 요구된다. 마지막으로, 인터뷰어는 약속된 시간에 특정 장소로 직접 방문해야 한다. 약속이 되어 있다 하더라도 대기를 해야 하기도 하고, 예상치 못했던 기업가의 스케줄 변경으로 인해 인터뷰가 취소되는 경우도 있다. 또한 이러한 비용 요인에 더 추가되는 것은 기업가 인터뷰에 특화된 인터뷰어들을 사용하는 것은 그들의 전문 지식과 능력으로 인해 더 높은 비용이 든다는 점이다. 그들은 비서와 같은 문지기(gate keeper)들을 탐색해야 하고, 전문 용어를 학습하고, 응답자가 날카로운 질문을 하거나 비판적 질문을 제기할 때 제품 기능에 대해서도 잘 알고 있어야 한다. 기술은 스카이프(Skype)와 같은 인터넷 컨버세이션 시스템이나 웹 인터뷰 시스템과 같은 방식을 통해 집, 오피스, 그리고 집단 인터뷰의 지역적인 이동 문제를 제거해주면서 인터뷰어의 인터뷰 방식에 영향을 끼치고 있다.

오피스 설문은 응답 자격을 갖춘 응답자로의 접근의 어려움 때문에 비용이 발생한다.

전화 설문 앞에서 언급했듯이, 면대면 인터뷰의 필요성은 응답자들이 제품, 광고, 패키지 등을 실제적으로 검토하는 것이 필요한지 여부에 달려 있다. 또 응답자들이 올바른 과정을 따르고 있는지 확인하거나 응답자의 응답 혹은 반응에 대한 무엇인가를 검증해야 할 때 인터뷰어는 응답자를 직접 관찰해야 하는 것이 필수적이다. 하지만 물리적 접촉이 필요하지 않다면 전화 인터뷰가 보다 매력적인 선택이 될 수 있다. 전화 인터뷰는 여러 가지 장점과 단점이 있다.[35]

전화 인터뷰의 장점은 비용, 품질, 그리고 속도다.

전화 인터뷰가 마케팅 설문에서 자주 사용되게 만드는 많은 장점이 있다. 첫째, 전화는 데이터 수집방법에서 상대적으로 저렴하다. 전화비는 면대면 인터뷰 비용보다 훨씬 저렴하다. 전화 인터뷰의 두 번째 장점은 높은 품질의 표본에 접근할 수 있는 잠재력이 있다는 것이다. 조사자가 무작위 전화 방식과 콜백 방식을 사용한다면 전화 접근법은 다른 조사방법보다 더 나은 표본을 생성할 수 있다. 세 번째 중요한 장점은 전화 설문 회전율이 상당히 빠르다는 것이다. 대부분의 전화 인터뷰는 짧은 시간 내에 이루어지는데, 능숙한 인터뷰어는 한 시간 동안 몇 개의 인터뷰를 완료하기도 한다. 아마도 전화 인터뷰를 통해 며칠 만에 데이터 수집 단계를 실행할 수도 있다. 실제로 실시간으로 유권자들의 의견을 수집해야 하는 정치 여론 산업에서는 단 하룻밤 사이에 전국 전화 여론 조사를 마치는 경우도 이례적이지 않다. 하지만 상당수의 가구들이 휴대전화를 선호하기 때문에 유선전화 서비스를 중단하고 있다. 이러한 추세는 보다 젊은 세대들에게서 두드러지고 있는데, 그래서 조사자들은 모바일 기기를 활용한 설문으로 옮겨 가고 있는 중이다.

안타깝게도 전화 설문은 몇 가지 한계점이 있다. 첫째, 응답자들은 어떤 것도 볼 수 없고 조사 대상과의 물리적 상호작용도 어렵다. 이러한 한계점 때문에 전화 설문은 응답자들이 제품 원형, 광고, 패키지, 기타 요소들을 봐야 하는 상황에서는 선택될 수 없다. 두 번째 단점은 전화 인터뷰를 하는 인터뷰어는 대인 인터뷰를 하는 인터뷰어가 할 수 있는 다양한 판단과 평가를 할 수 없다는 것이다. 예를 들어 전화를 통해서는 응답자의 집이나 기타 경제적 지위를 나타내는 다른 단서들을 사용해서 응답자 소득수준에 대해 판단하는 것이 어렵다. 유사하게, 전화는 응답자의 보디랭귀지, 표정을 관찰할 수 없고 눈 맞춤도 확인할 수 없다. 물론 면대면 접촉이 없다는 것은 오히려 장점이라고 말하는 사람도 있다. 하지만 자기노출(self-disclosure) 연구에 따르면 일반적으로는 응답자들이 대면 인터뷰에서 보다 많은 정보를 제공하지만 주제가 위협적이거나 난감할 경우에는 그렇지 않다. 알코올 섭취, 피임, 인종차별 문제, 소득세와 같은 질문들은 면대면으로 만나는 것보다 전화상으로 익명성이 보장되었을 때 보다 타당한 응답들이 나온다. 기존 연구들을 살펴보면, 대인 인터뷰와 비교했을 때 전화 인터뷰는 더 많은 의혹과 적은 협력을 이끌고, 보다 많은 '의견 없음(no opinion)'이나 사회적으로 바람직한 응답이 나타나며, 긴 인터뷰인 경우 더 큰 불만을 일으킨다.[36]

전화 인터뷰는 다수의 개방형 질문에 적절하지 않다.

전화 인터뷰의 세 번째 단점은 마케팅 조사자들이 얻을 수 있는 정보의 양과 유형에 대한 한계다. 전화상으로 매우 긴 인터뷰를 하는 것은 부적절한데, 질문에 대한 응답옵션이 많은 설문은 응답자들이 전화상에서 그 옵션들을 기억하기가 어렵다. 인내심이 부족한 응답자는 인터뷰 중 전화를 끊거나 인터뷰 속도를 높이기 위해 짧고 편리한 응답에 응답할 수 있다. 응답자들은 언제든지 인터뷰를 중단할 수 있기 때문에 짧은 시간 내에 이루어지는 전화 인터뷰를 선호한다. 전화 인터뷰를 통해서 인터뷰어들이 응답내용을 다 기록하는 것이 어렵기 때문에 응답자들이 직접 코멘트를 하거나 문장을 작성해야 하는 개방형 질문(open-ended questions)을 수행하는 것은 바람직하지 못하다.

전화 인터뷰는 텔레마케터에 대한 부정적인 인식에 맞서 싸워야 한다.

아마 가장 중요한 마지막 전화 설문의 단점은 대중에 의한 비협조의 증가로 인해 전화 설문 존재에 대한 위협이 증가하고 있다는 것이다. 이러한 상황은 자동응답기, 발신자표시, 발신차단의 소비자 사용 증가와 연관되어 있다. 또 다른 어려움은 합법적인 전화 인터뷰어들이 텔레마케터가 갖고 있는 부정적인 인상과 싸워야 한다는 것이다.

그 한계점과 응답률 하락이 있음에도 불구하고, 전화 설문은 여전히 인기가 있다. 실제로 뉴질랜드에서 수행되었던 한 연구에 따르면, 금전적 인센티브가 주어지고 판매 목적이 아님을 보여주며, 짧은 설문을 약속한다면 응답률은 좋아진다.[37]

중심지역 인터뷰는 효율적인 인터뷰어 통제로 최근 전화 설문의 표준이다.

중심지역 전화 설문(central location telephone surveying)은 인터뷰어들이 다수의 전화기가 설치되어 있는 한 장소에서 인터뷰어가 전화를 직접 걸 수 있는 시설을 가진 현장 데이터 수집 기업에 의해 이루어진다. 일반적으로 인터뷰어는 구분되어 있는 작업 공간에서 가벼운 헤드셋을 쓰고 양손으로 응답을 기록한다. 모든 것이 중심지역에서 이루어진다. 분명히, 이러한 방식에는 많은 장점들이 있다. 예를 들어 자원을 한곳으로 모을 수가 있고 인터뷰어들은 플랜트 관리자에게는 오후에 전화를 걸고 저녁 시간에는 주부에게 전화를 거는 것처럼 복수의 설문을 수행할 수 있다. 중심지역 전화 설문을 사용하는 주요 이유는 효율성과 통제성에 있다. 효율성은 모든 것이 하나의 장소에서 이루어질 때 실현되고, 다양한 전화 설문이 동시에 수행됨으로 인한 효율성 증대도 기대할 수 있다.

중심지역 전화 설문의 가장 중요한 장점은 품질관리일 것이다. 이 방식을 사용하면 한 장소에서 인터뷰어 모집과 훈련이 진행될 수 있다. 인터뷰어들은 장비 사용에 대한 안내를 받고, 설문지와 안내사항을 숙지하며, 그들의 전화기로 인터뷰를 연습할 수 있다. 또한 실제 인터뷰 과정을 모니터할 수도 있다. 대부분의 전화 인터뷰 시설에는 관리자(supervisor)가 진행되는 인터뷰를 들을 수 있도록 모니터링 장비가 갖추어져 있다. 적절하게 인터뷰를 수행하지 않는 인터뷰어를 발견하면 필요한 수정이 이루어진다. 일상적으로 개별 인터뷰어들은 한 근무단위(shift)당 적어도 한 번 모니터링되지만[38] 관리자들은 새롭게 고용된 인터뷰어들에게 더 초점을 맞추어 그들이 적절하게 인터뷰를 진행하도록 할 수 있다. 관리자들이 언제 자신의 인터뷰 내용을 듣는지 인터뷰어들이 알 수 없다는 사실은 그들을 보다 근면하게 근무하도록 한다. 또한 품질관리를 위해 완성된 응답지는 그 자리에서 즉각적으로 확인된다. 이를 통해 인터뷰어들은 설문지를 완성하는 과정에서 부족했거나 빠진 부분을 즉시 알게 된다. 마지막으로 인터뷰어의 일정 통제가 가능하다. 가령 인터뷰어들은 출퇴근을 알리고, 근무 시간을 보고하며, 저녁 시간이라 하더라도 조사자가 적절하다고 생각하는 시간에 전화를 걸 수 있게 된다.

CATI를 통해 인터뷰어가 컴퓨터 스크린의 질문을 읽고 응답자의 답안이 컴퓨터 프로그램에 직접 입력된다.

대부분의 선진화된 중심지역 전화 인터뷰 기업들은 **컴퓨터 지원 전화 인터뷰**(computer-assisted telephone interviews, CATI)을 사용하여 인터뷰를 진행한다. 이 기법은 그 개별 시스템들이 각각 다르고 새로운 개발이 지속적으로 이루어지고 있지만, 우리는 이 기법의 일반적인 셋업에 대해 설명할 수 있다. 먼저 개별 인터뷰어는 핸즈프리 헤드셋을 착용한 후 기업 컴퓨터 시스템에 의해 작동되는 컴퓨터 앞에 착석한다. 컴퓨터는 응답자 후보들에게 자동으로 전화를 걸고, 컴퓨터 스크린을 통해 인터뷰어에게 도입 문구를 띄워준다. 인터뷰가 진행되면서, 인터뷰어는 자판들을 누르면서 질문을 진행한다. 일부 시스템은 라이트펜이나 터치 스크린을 사용하기도 한다.

CATI의 인터뷰어는 '컴퓨터 음성(computer voice)'이다.

컴퓨터 스크린에는 질문과 함께 가능한 응답 옵션들이 나온다. 인터뷰어는 응답자에게 각 질문을 읽어주고 응답 코드를 입력하면, 컴퓨터는 적절한 다음 질문으로 넘어간다. 예를 들어 인터뷰어가 응답자에게 애완견을 키우는지 여부를 질문했을 때, 응답자가 "네"라고 하면, 컴퓨터 스크린에는 주인이 구매하는 사료 유형을 물어보는 질문이 순차적으로 나올 수 있다. 만약 "아니요"라고 응답하면 이러한 질문들은 적절하지 않고 컴퓨터 프로그램은 다음 질문으로 건너뛰어 "당신은 고양이를 키우시나요?"라는 질문으로 연결한다. 다시 말해 컴퓨터는 설문이 CATI 인터뷰가 아닐 경우 나타날 수 있는 인간의 오류 가능성을 제거해준다. 인간인 인터뷰어는 컴퓨터의 '음성(voice)' 역할을 할 뿐이지만, 전화 통신망을 사용하기 때문에 일반적으로 응답자들은 컴퓨터가 관여되어 있다는 것을 전혀 알 수가 없다.

CATI 방식에서는 질문을 응답자에 맞게 변형하는 데 컴퓨터를 활용할 수 있다. 예를 들어 긴 인터뷰의 초기에 인터뷰어가 응답자에게 소유하고 있는 차종, 제조사, 연식 등을 물어보는 경우를 가정해보자. 그 후 인터뷰 질문은 각 자동차에 초점을 맞추게 될 것이다. 이 경우 인터뷰어의 스크린에는 다음의 질문이 이어질 것이다. "응답자님께서는 렉서스를 가지고 계신다고 답하셨습니다. 응답자님의 가족 중 누가 해당 차종을 자주 운전하시나요?" 이러한 차에 대한 다른 질문이나 기타 질문들이 유사한 방식으로 나타난다. 대부분의 CATI 시스템은 '불가능한' 응답을 입력하지 못하도록 되어 있다. 예를 들어 응답 보기 질문이 코드 A, B, C 총 세 가지로 제시되었는데 인터뷰어가 실수로 D를 입력했다면 컴퓨터는 정확한 코드가 입력될 때까지 입력을 거부하게 되어 있다. 응답의 조합 혹은 패턴이 불가능하다면, 컴퓨터는 답안을 거부하거나 인터뷰어에게 불일치한 것

대부분의 CATI 시스템은 잘못된 응답을 거부하게끔 프로그램되어 있다.

마케팅 조사 인사이트 7.2 **디지털 마케팅 조사**

어떤 컴퓨터 지원 설문이 최고인가? : CASI, CAPI, 혹은 CATI

데이터 수집에 대해 이 장에서 반복적으로 언급한 것처럼, 컴퓨터 기술은 마케팅 조사자의 최고의 친구가 되었고 큰 도움을 주고 있다. 하지만 인터뷰를 위한 컴퓨터를 사용한 설문을 통합하는 방법이나 지원하는 방법에는 다양한 특성과 종류가 있다.

- 컴퓨터 지원 자기 인터뷰(Computer-Assisted Self Interviewing, CASI) – 온라인 설문처럼 인터뷰어와 같은 사람의 도움 없이 응답자가 질문에 응답
- 컴퓨터 지원 대인 인터뷰(Computer-Assisted Personal Interviewing, CAPI) – 인터뷰어가 노트북이나 태블릿과 같은 컴퓨터를 사용하여 면대면 맥락에서 질문을 실행하고 응답자의 구두 응답을 '하드 카피'를 대신해 컴퓨터나 태블릿에 저장하고 기록함
- 컴퓨터 지원 전화 인터뷰(Computer-Assisted Telephone Interviewing, CATI) – 인터뷰어가 질문을 실행하고 전화를 통한 응답자의 답변을 '하드 카피'를 대신해 랩톱 혹은 태블릿과 같은 기기를 사용하여 기록하는 방식

위의 세 가지 컴퓨터 지원 설문은 비슷해 보이지만, 세 가지 방법에는 직관적인 차이점이 있다. 예를 들어 CASI는 사람이 없거나 전화선을 통하기 때문에 프라이버시나 익명성이 보장된다. 따라서 CASI 응답자들은 보다 정직하고 열려 있다고 예상하기도 한다. 다르게 말하자면, 응답자의 응답 내용을 듣고 기록하는 누군가의 존재는 성적 행동, 약물사용, 주류 소비, 위험한 행동들과 같은 개인적 혹은 정서적 주제를 다루는 질문에 일부 응답자들은 과소보고 혹은 과소평가를 하는 데 영향을 미칠 수 있다. 종교생활, 신문 구독, 특정 TV쇼 시청, 자원보전에 대한 노력, 프리미엄 혹은 럭셔리 브랜드 구매와 같이 덜 민감한 개인적이며 정서적 이슈에 대한 질문 답안도 역시 영향을 받을 수 있다. 게다가 응답자들은 설문을 자신의 속도로 진행하기 때문에 그들은 빠른 응답에 대한 압박을 덜 느끼는데 이는 문장을 작성하거나 응답해야 하는 개방형 질문에서는 특히 그렇다. 그래픽 혹은 영상이 있는 경우, 응답자들은 그것을 기다리는 인터뷰어에게 빨리 답안을 줘야 한다는 필요성을 느끼지 않고, 이러한 영상을 연구하고, 흡수하며, 처리하는 데 더 많은 시간을 쓸 수 있다.

조사자들은[39] CASI, CAPI 그리고 CATI가 설문 응답에 어떤 영향을 미치는지 연구해 왔다. 그들은 컴퓨터 지원 인터뷰의 각 유형별로 세 가지의 데이터 수집 상황을 만들었고, 응답자 표본에 일치하도록 각각의 방법을 실행했다. 이 연구는 응답 행동의 많은 다른 측정들을 비교했는데 인터뷰어와 얼굴을 마주하게 되거나 음성대화를 하는 것이 필요한 CAPI와 CATI 사이에서는 CAPI가 CATI보다 때때로 더 나은 응답을 얻을 수 있는 것으로 밝혀졌다. 그러나 인터뷰어가 없는 CASI는 거의 대부분의 경우에 CAPI 혹은 CATI보다 '더 나은' 응답을 얻을 수 있었다.

이 연구 결과는 일반적으로 CASI는 CAPI 혹은 CATI보다 더 나은 선택이고 다음 주제들 중 하나 또 그 조합이 조사될 경우에 CAPI는 아마도 CATI보다 더 나을 가능성을 제시해준다.

- 성적 행동, 약물사용, 난폭운전과 같은 사회적으로 바람직하지 않은 개인행동
- 드라마를 보지 않고, 매일 뉴스를 시청하고, 재정 관리와 같이 사회적으로 바람직한 행동
- 진실한 극단적 답안 혹은 소수의 '의견 없음' 응답 확보
- 진실한 '잘 모르겠음' 응답 확보
- 광고 등의 시각자료를 읽거나 연구
- 정치적으로 관심을 받는 이슈에 대한 진실한 의견 확보

CASI는 언제나 더 나을까? 이 연구는 패널 기업에 의해 제공된 응답자들을 사용했다는 점을 고려해야 한다. 즉 그들은 온라인 혹은 기타 설문 경험을 갖고 있는 '노련한' 응답자들이다. 그래서 그들은 모두 아마도 일반적인 설문에 높은 수준의 편안함을 갖고 있다. 경험이 부족한 응답자들, 즉 일반적인 대중들은 설문에 대해 낮은 편안함을 갖고 있고 인터뷰어가 있을 때 아마도 인터뷰에 대한 보다 큰 걱정을 표출할 것이다.

에 대한 경고를 하고 이러한 모순을 해결할 수 있는 질문들로 이동시켜 준다. 마지막으로 인터뷰가 완료되면, 데이터는 컴퓨터 파일로 즉각 입력되고, 표나 그래프를 만들어줄 수도 있다. CATI와 CAPI(computer-assisted personal interviewing, 컴퓨터 지원 대인 인터뷰)의 많은 잠정과 빠른 회전율은 다수의 신디케이트 옴니버스 설문 서비스를 위한 중요한 데이터 수집방법으로 자리매김해주었다.[40, 41]

여러분이 학습했듯이, 컴퓨터 지원 인터뷰는 전달방식, 즉 인터뷰어의 유무에 따라 나뉘고 인터뷰어가 있을 경우 대인 인터뷰인지 혹은 전화 인터뷰인지로 나뉜다. 마케팅 조사 인사이트 7.2에는 CASI와 CAPI, CATI에 대한 차이점이 소개되어 있다.

 능동적 학습

전화 인터뷰를 위한 통제 설정

능동적 학습을 실습하기 위해 여러분의 마케팅 조사 수업은 팀 프로젝트를 요구하고 여러분 팀은 여러분의 대학교 재학생들이 왜 이 대학에 진학하기로 정했는지 대한 조사를 수행하기로 정했다고 가정하자. 5명으로 구성된 여러분의 팀은 재학생 명단으로부터 무작위로 선택된 200명의 학생들에게 전화 인터뷰를 진행할 것이며, 각 팀원들은 그(녀)의 아파트, 혹은 기숙사에서 40명에게 전화를 걸어 인터뷰할 책임을 지고 있다. 여러분은 전화 인터뷰를 감독한다고 지원했다. 여러분은 중앙 전화 인터뷰 기업과 관련한 엄격한 통제에 대해 읽었고 여러분은 여러분의 학생 팀원 전화 인터뷰 인터뷰어의 인터뷰에 대해서 품질 관리 절차를 거쳐야 한다는 것을 깨달았다. 다음의 전화 품질 이슈를 만족시키기 위해, 여러분은 어떤 과정을 사용할 것으로 제안할 것인가?

품질 보증 순서	여러분이 제안한 과정을 여기에 작성
학생 팀원 인터뷰어들은 하루 중 적절한 시간대에 옳은 학생들에게 전화해야 한다.	
그들은 지시문을 읽으면서 인터뷰를 정확하게 진행해야 하고 응답자의 응답에 근거하여 요구된 질문을 '건너뛰어'야 한다.	
40개의 인터뷰가 일정 내에 진행되어야 한다.	
인터뷰어들은 '무응답' 혹은 자동응답기가 전화를 받는 경우에 대해서 지시를 받는다.	
어떤 인터뷰어가 허위 결과를 제출하기로 결정할 때 가짜 인터뷰를 탐지할 수 있는 메커니즘이 마련되어야 한다.	

팀 조사 프로젝트에 대해서 여러분이 위에 한 답변들이 이 장에서 설명한 마케팅 조사 표준 실행과 일치하는지 확인하기 위해 여러분은 중앙 전화 설문이 어떻게 수행되는지에 대한 설명을 검토할 수 있을 것이다. 여러분이 이번 실습을 마치고 난 후에 전화 인터뷰가 중앙 전화 시설에서 이루어진다면 전화 인터뷰를 통제하는 것이 얼마나 더 쉬워질지 작성해보자.

컴퓨터 인터뷰

앞에서 설명했듯이, 컴퓨터 기술은 설문 데이터 수집에 상당한 영향을 미치고 있다. 새로운 양식이 지속적으로 진화되어 나타나고 있지만 우리는 컴퓨터 인터뷰 시스템의 큰 두 가지 형태에 대해 논의할 것이다. 하나는 '합성(synthetic)' 인간 인터뷰어를 사용하는 경우로 질문이 미리 녹음되어 있거나 혹은 '컴퓨터 음성(computer voice)'으로 진행되는 인터뷰이다. 이 경우, 인터뷰어가 질문을 하는 것처럼 들리지만 실제로 응답자가 듣게 되는 것은 기계 음성이다. 두 번째는 여러분이 그림 7.1에서 볼 수 있듯이 인터넷 기반 인터뷰는 설문 기술의 선두에 있다. 우리는 이 장에서 온라인 설문에 대해서도 설명할 것이다.

완전 자동화 설문 몇몇 기업들은 **완전 자동화 설문**(fully automated survey)을 개발하고 있는데, 이 방식은 설문이 컴퓨터에 의해 진행되지만 온라인 방식은 아닌 경우이다. 이와 같은 시스템은 컴퓨터가 전화를 걸고 녹음된 목소리가 설문에 대한 소개를 한다. 응답자는 응답을 위해 자신의 전화기에 전화 버튼을 누르면서 컴퓨터와 직접 상호작용한다. 조사 업계에서는 이러한 접근법을 **완전 자동화 전화 설문**(completely automated telephone survey, CATS)이라고 일컫는다. CATS는 고객 만족도 조사, 서비스 품질 조사, 선거 여론조사, 제품 보증 등록, 그리고 신제품을 미리 받은 소비자들의 제품 테스트에 성공적으로 사용될 수 있다.[42] 또한 CATS가 전화 통신망과 함께 사용되고 응답자의 구두 응답을 컴퓨터가 해석하는 방식을 상호작용 음성 반응인 IVR이라고 부른다.

Marketing Research on YouTube™

자동화 전화 시스템 셋업 방법을 공부하려면 www.youtube.com에서 Learn About PrecisionPolling.com을 검색하라.

다른 시스템으로는 응답자가 컴퓨터 앞에 앉거나 서서 컴퓨터 스크린 속 안내를 읽는다. 각 질문들과 응답 보기들이 스크린에 나타나고, 응답자는 자판을 누르거나 스크린을 직접 터치해서 응답한다. 예를 들어 응답자가 여행사를 통해 경험한 가족 휴가 여행에 대해 얼마나 만족했는지 여부를 파악하기 위해서 1~10 사이의 응답 보기(1은 매우 불만족 10은 매우 만족) 중 하나를 선택하도록 요청할 수 있다. 컴퓨터 안내로 응답자는 그가 만족한 수준에 맞춰 자판을 누르도록 안내된다. 응답자는 본인이 경험한 여행과 그 기대 수준에 따라 2 혹은 7 등의 숫자를 입력하게 된다. 하지만 응답자가 0 혹은 그 밖의 다른 숫자를 입력했다면, 컴퓨터는 응답이 적절하지 않다고 안내하고 다시 응답을 요청하도록 프로그램되어 있다.

이 기법은 컴퓨터에 기반한 인터뷰의 모든 장점을 가지고 있다. 또한 인터뷰어 비용 혹은 인간 음성 커뮤니케이션 실행을 위한 추가 비용이 제거된다. 응답 내용이 인터뷰 진행 동안 파일로 저장되기 때문에 도표도 매일 만들 수 있으며, 조사자는 설문 데이터에 언제든지 접근할 수 있다.[43]

온라인 설문 응답자가 온라인으로 질문에 응하는 **인터넷 기반 설문지**(internet-based questionnaire)는 인터넷 보급률이 높은 국가에서 설문을 위한 업계 표준이 되었다. 인터넷 기반 온라인 설문은 빠르고 쉬우며 저렴하다.[44] 온라인 설문지는 모든 표준화된 질문 양식을 담을 수 있고 상당히 유연하며, 응답자들에게 그림, 다이어그램, 다양한 디스플레이 등을 보여줄 수 있는 기능들을 갖고 있다. 온라인 설문의 스마트폰 버전은 진화 중이다.[45] 인터넷 기반 혹은 웹 설문은 전 세계에서 다양한 인기를 끌고 있지만 온라인 설문은 약간의 테크니컬한 기술이 요구되고 페이지 스크롤 및

Google Docs 온라인 설문 사용법을 공부하려면 www.youtube.com에서 Create a Free Online Survey Using Google Docs를 검색하라.

© Tyler Olson/Shutterstock

온라인 설문은 응답자들이 편하고 아늑한 환경에서 참여하도록 해준다.

화면 디자인 같은 고유의 실질적 문제들을 갖고 있다.[46]

마케팅 조사 인사이트 7.3을 읽으면 조사자들이 온라인 데이터 수집법을 사용해 트렌디한 의류를 구매하는 대학생들에게 패션의 '쿨함'이 어떤 식으로 구매 동기 요인이 되는가 하는 것을 조사한 방식을 배울 수 있다.

온라인 데이터 수집은 마케팅 조사의 지평을 근본적으로 바꾸었는데,[47] 그러한 변화는 온라인 패널 측면에서 두드러진다.[48] 예를 들어 패널을 사용하면서 기업들은 웹에 지속적으로 게시되고 기업의 전략이 이행됨에 따라 수정되는 설문을 통해 '지속적인 시장 정보(continuous market intelligence)'를 촉진할 수 있기 때문에 고객 만족도와 같은 조사를 1년에 한번 대규모로 하는 대신에 그때그때 나누어서 실시할 수 있다. 기업 관리자들은 매일 표로 나타난 고객 반응을 클릭할 수 있다.[49] 몇몇 조사자들은 온라인 설문의 이와 같은 장점을 실시간 조사(real time research)로 간주한다.[50] 그뿐만 아니라 온라인 설문은 속도, 편의성, 유연성으로 인해 모든 경우에 매력적인 방식이다.[51] 온라인 설문의 한 가지 뜻하지 않은 장점은 조사자가 설문 진행 상황을 지속적으로 모니터링할 수 있

온라인 설문은 속도, 낮은 비용, 실시간 데이터 접근의 장점이 있다. 하지만 표본 대표성의 부족, 응답자 타당성, 그리고 질문 유형 조사의 어려움이 있다.

마케팅 조사 인사이트 7.3 — 실무적 적용

대학생들이 인식하는 '쿨함(Cool)'을 웹 설문으로 밝히다

종종 Y세대로 간주되는 대학생들은 그들의 부모 혹은 다른 소비자 세대와 비교했을 때, 매우 다른 소비자다. 특히 Y세대는 훨씬 큰 구매력을 가지고 있는데, 그들은 음악, 영화, 음식, 그리고 TV 와 같은 제품을 구매하는 데 소비한다. 그들은 또한 의류와 강력한 브랜드에 '빠져' 있다. 결과적으로, Y세대들은 고급 백화점이나 전문 의류점을 애용한다. 그들은 '쿨'하다고 생각하는 패션 아이템에 많은 돈을 지출하는 것에 대해 아무렇지 않게 생각한다.

Y세대의 패션 수용에 대한 연구를 한 마케팅 조사자들은[52] 혁신적 의류를 구매하는 동기인 '쿨함'에 대한 다섯 가지 서로 다른 유형을 찾았다.

- 특이한 쿨함 : 독특함, 참신함, 독립적인
- 개인적 쿨함 : 개인 및 정체성의 표현
- 심미적 쿨함 : 돋보이는 색채, 컷, 그리고/혹은 스타일
- 기능적 쿨함 : 합리적 가격 그리고/혹은 편안함
- 품질적 쿨함 : 뛰어난 내구성과 지속성

이 조사자들은 다섯 가지 종류의 쿨함, 인구통계 요인, 그리고 패션 수용을 측정한 긴 설문지를 구성했다. 대학생들의 패션 의식과 혁신품에 대한 오픈 마인드 때문에 조사자들은 특별히 대학생들을 대상으로 설문을 진행하길 원했다. 조사자들은 데이터 수집방법 대안을 곰곰이 생각했고, 홈 대인 인터뷰는 인터뷰어를 기숙사, 아파트, 여학생 동아리, 동아리방으로 보내야 하기 때문에 불가능하다는 것을 깨달았다. 전화 인터뷰는 긴 설문 때문에 비현실적이고, 우편 설문은 전혀 가능하지 않았다. 따라서 대학생들의 하이 테크놀로지의 익숙함에 맞추기 위해, 조사자들은 온라인 설문을 만들었다. 미국의 한 주요 대학의 11개 과정 강사들은 그들의 학생들에게 그 설문에 대해 알리고 접속하는지를 안내했다. 많은 대학생 표본들은 며칠 만에 설문을 완성했고 그 표본의 인구통계 프로파일(나이, 성별, 민족 등)은 전체 대학생들에 근접했다.

물론 조사자들은 패션 수용도가 모든 대학생들에게 동일하지 않다는 것을 알고 있었다. 따라서 그들은 표본을 고소득과 저소득 집단으로 구분했다. 저소득 대학생들의 패션 수용도는 아이템의 지각된 고품질, 아이템의 독특성, 그리고 색채, 컷, 혹은 스타일 이 세 가지 유형의 쿨함에 의해 동기를 받는 것으로 나타났다. 고소득 대학생들은 다소 다른 동기를 갖고 있었는데, 그들은 독특함과 색채, 컷, 혹은 스타일 때문에 새로운 패션의류를 구매하기도 하지만 그들의 개성 혹은 자기표현에 의한 동기도 갖고 있는 것으로 나타났다. 흥미로운 차이점은 고소득 대학생들은 기능성에 의한 동기는 부정적이었는데, 그들은 패션이 가격이 높고 불편하고, 그리고 전반적으로 기능성이 떨어진다 하더라도 그것을 수용함을 의미한다.

온라인 마케팅 조사 소프트웨어 시스템에 대한 학습

여러 기업들은 온라인 설문지 설계와 호스팅시스템을 개발해 오고 있다. 구글을 이용해서 검색을 해보면 이 분야에서 20여 개 이상의 경쟁업체들을 찾을 쉽게 찾을 수 있다. 실질적으로 이러한 모든 기업들은 여러분이 그들의 시스템을 시험적으로 사용할 수 있게 해준다. 하나를 선택하고 다운로드 혹은 다른 방식으로 온라인 설문 시스템에 접속해보고 다음의 질문에 답해보자.

1. 여러분은 이 시스템에서 다음의 질문과 답안을 어떻게 만들 수 있는가?: 당신은 지난달에 베스트바이 상점에서 무엇인가 구매한 경험이 있습니까? 예 __________ 아니요 __________
2. 여러분은 베스트바이에서 무언가를 구입한 응답자가 3-D HDTV를 구매했는지 여부를 알아보길 원한다면 건너뛰기 질문을 어떻게 구성할 것이고 그것은 이 시스템에서 어떻게 작동하는가?
3. 그 시스템은 사용자 친화적인가? 그 이유는 무엇인가?
4. 이 시스템이 정교한 컴퓨터 그리고/혹은 인터넷 기술을 사용하고 있음을 가장 잘 나타내는 기능은 무엇인가?

기 때문에 설문에서의 문제점을 발견하고 이러한 문제를 수정하기 위해 조정할 수 있다는 점이다.

주제로 다시 돌아가 온라인 설문은 마케팅 조사자들의 데이터 수집 문제를 해결해줄 수 있는 모든 것은 아닌데, 마케팅 조사업계는 인터넷 설문과의 밀월 관계가 짧다는 것을 빨리 알았기 때문이다. 참신함은 곧 사라졌고, 인터넷 설문은 전화나 우편 설문의 품질을 떨어뜨리는 낮은 협조율의 징후를 빠르게 보이기 시작했다. 마케팅 조사자들은 온라인 설문이 잠재적 응답자의 협력을 이끄는 것과 관련된 설문 설계에 대해 문제와 기회를 제시하고 있음을 금방 깨달을 수 있었다.

자기관리 설문

자기관리 설문(self-administrated survey)은 응답자의 전적인 통제하에 있는 것으로 언제, 어디서, 그리고 얼마간 집중해서 설문을 할 것인지를 응답자가 결정하는 설문이라는 것을 기억하자. 자기실행 설문을 진행할 때는 응답자가 어떤 질문에 응답하고 응답하지 않을지를 결정한다. 즉 앞서 보았던 '종이응답(paper and pencil)' 설문이라고 부른 고정된 설문지에 응답자들이 응답을 채우는 것이다. 아마도 가장 잘 알려진 자기관리 설문은 우편 설문일 것이다. 하지만 조사자들은 때에 따라 그룹 자기관리 설문과 드롭오프 설문 두 가지 양식을 고려하기도 한다.

자기관리 설문을 설명하기에 앞서, 인터넷 기반 설문이 자기관리 설문에 왜 포함되지 않는지 살펴보자. 정교한 인터넷 기반 설문지 설계 소프트웨어는 응답자가 핵심 질문에 대한 응답을 회피하지 못하도록 하기 때문에 인터넷 기반 설문은 자기관리 설문에 포함되지 않는다. 예를 들어 프로그램은 응답자가 특정 질문을 하지 않았다는 것을 상기시켜주도록 설정되어 있을 수도 있다. 이것은 응답자가 그 질문에 응답할 때까지 계속된다. 또한 온라인 설문지 시스템은 스킵 로직(skip logic)

을 갖추고 있는데, 이는 이전 응답에 근거해(예 : 여러분은 차를 소유하고 있습니까? 만약 그렇지 않다면, 차에 대한 질문에 응답하지 않으셔도 됩니다. 만약 그렇다면, 차에 대한 질문에 응답해주십시오) 적절하지 않은 질문은 응답자에게 보여지지 않는 것을 의미한다. 일부 온라인 설문지 시스템은 이전 질문에 대한 답변으로 특정 질문이 나오거나 표시되는 디스플레이 로직을 갖고 있다. 예를 들어 "지난 한 달 동안 당신은 테이크아웃 음식을 주문해본 적이 있습니까?"라는 질문과 "당신은 드라이브스루로 주문한 경험이 있습니까?"라는 질문에 "예"라는 응답은 그다음에 테이크아웃과 드라이브스루 서비스의 만족도에 대한 질문이 표시되도록 유발시킨다. 우리는 인터넷 설문의 기능이 응답자들이 질문을 기피하는 것을 방지할 수 있고 건너뛰기 기능이나 질문 제시 방법들이 품질 통제 기능을 가지고 있다고 보기 때문에 인터넷 기반 인터뷰는 자기관리 설문에 포함시키지 않는다.

그룹 자기실행 설문은 편의성을 위해 개인이 아닌 집단 내 응답자들에게 설문지가 배포되어 규모의 경제를 획득할 수 있게 된다.

그룹 자기실행 설문 기본적으로, **그룹 자기실행 설문**(group self-administered survey)은 편의성과 규모의 경제를 달성하기 위하여 개인이 아닌 집단의 응답자들에게 설문지를 배포하는 것을 말한다. 예를 들어 20~30명의 사람들이 테스트 광고가 삽입된 TV 프로그램을 보기 위해 모집되었다고 가정하자. 모든 응답자들이 시청각실에 앉으면 대형 TV 프로젝션 스크린으로 영상이 실행된다. 그리고 그들은 광고 회상도, 광고에 대한 반응 등의 내용을 설문지에 응답한다. 여러분이 예상할 수 있듯이, 집단 맥락에서 관리하기 때문에 비용을 줄일 수 있고 짧은 시간 내에 다수의 응답자들을 대상으로 인터뷰가 진행될 수 있다.

그룹 자기실행 설문의 변형은 다양하다. 학생들을 대상으로는 그들의 수업 시간에 설문을 진행할 수 있다. 예배에 모인 교인들도 설문에 참석할 수 있다. 그리고 사회 그룹 혹은 조직, 종업원, 영화관객 그리고 기타 구성원들도 회의, 근무, 레저 시간 동안 설문에 참석할 수 있다. 때때로 조사자는 집단 리더의 협조를 얻기 위하여 집단에게 금전으로 보상하기도 한다. 이 모든 경우, 각 응답자들은 자기만의 속도로 질문에 응답한다. 설문 관리자가 있기 때문에 지시문에 대한 궁금증 혹은 응답 방법에 대한 상호작용이 가능하지만, 집단 맥락에서 응답자들은 가장 시급한 질문을 제외하고는 질문을 잘 하지 않는다.

드롭오프 설문은 응답자에게 접근해 다른 지원 없이 설문을 채우도록 설문지를 맡기는 설문이다.

드롭오프 설문 자기실행 설문의 또 다른 변형인 **드롭오프 설문**(drop-off survey)은 종종 '떨어뜨리고 수집(drop and collection)'한다고 불리는데, 이는 설문 대리인이 잠재 응답자에게 접근해 설문 목적을 소개하고 응답자가 스스로 채우도록 설문지를 맡기는 설문이다. 이 방식의 본질적인 목적은 예비 응답자의 협력을 얻어내는 것이다. 응답자는 설문지가 자체적으로 설명되어 있고 한가할 때 작성하도록 설문지를 두고 갈 것이라고 듣는다. 설문 회수를 위해서는 보통 설문 대리인이 특정 시간에 직접 찾아가 회수하거나 혹은 설문지 응답이 완료되면 응답자가 선불 우편을 통해 설문지를 발송하도록 요청한다. 보통의 경우 대리인은 완성된 설문지를 당일 회수하거나 혹은 그다음 날에 회수한다. 이러한 방식으로 처음에 설문지를 두고 후에 찾는 하루의 시간 동안 수많은 거주지와 사업장을 방문할 수 있다. 드롭오프 설문은 직접 방문을 해야 하지만 그 지역이 넓지는 않은 지역 시장 조사에 특히 적합하다. 드롭오프 설문은 빠른 응답속도, 높은 응답률을 보여주며 답안에 대한 인터뷰어의 영향력이 최소화되며 응답자 선정방법에 대한 통제력을 갖추고 있다. 또한 이 방식은 비용이 많이 들지 않는다.[53] 기존 연구들에 의하면 드롭오프 설문은 비즈니스 혹은 조직 응답자들의 응답률을 높이는 것으로 밝혀지고 있다.[54]

드롭오프 방법의 변형으로는 근무지로 찾아가 응답자에게 설문을 주고, 집에서 응답하도록 요청한 후 다음 날 돌려달라고 하는 방식이 있다. 일부 호텔 체인은 각 방에 비치된 설문지에 응답하고 체크아웃할 때 데스크에 제출토록 요청하는 경우도 있다. 레스토랑은 손님들이 떠나기 전에 짧은 시간 동안 측정문항에 응답하도록 요청하기도 한다. 또한 매장에서는 고객들이 인구통계, 매체습관, 구매의도, 그리고 기타 정보들을 집에서 작성한 후 다음 방문 때 가져오도록 요청하기도 한다. 상품권은 드롭오프 설문의 주요 보상 중 하나가 될 수 있다. **드롭오프**(drop-off)란 용어는 응답자 후보들에게 설문이 '떨어지는' 어떤 상황으로도 확장이 가능하다.

우편 설문은 무응답과 자기선택편향이 발생할 수 있다.

우편 설문 **우편 설문**(mail survey)은 설문지가 응답자 후보들에게 우편으로 보내지고 응답자는 측정문항에 모두 기입한 후 우편으로 조사자에게 반송하는 방법이다.[55] 이 방식의 장점들 중 일부는 이것이 자기실행 방식이라는 것에서 비롯된다. 즉 이 방식에는 응답자들을 모집하고, 훈련시키고, 모니터링하고, 보상을 줄 인터뷰어가 없다. 메일을 보낼 주소록은 이에 특화된 기업을 통해 수집이 가능하고 이를 통하여 목표 응답자 집단에게 접근하는 것이 가능하다. 예를 들어 50만 명이 넘는 큰 도시에서 가정의학을 전공하고 있는 의사들의 명단을 수집할 수 있다. 또한 어떤 경우에는 이러한 업체들로부터 컴퓨터 파일, 주소가 인쇄된 라벨, 또는 라벨이 붙은 봉투를 구매하는 것을 선택할 수도 있다. 실제로 이러한 주소록을 판매하는 기업들은 설문지를 봉투에 넣어 메일을 보내는 서비스도 제공하고 있다. 주소록을 판매하는 많은 기업들의 대부분은 옵션으로 온라인 주소 상품도 가지고 있다. 한 응답자 기준으로 볼 때 우편 설문은 저렴하다. 그러나 우편 설문은 이 장 앞부분에서 논의한 인터뷰어의 부재와 관련된 모든 문제들과 연관되어 있다.

우편 설문은 미국통계협회에서 "강력하고, 효과적이며, 효율적"[56]이라고 묘사하고 있는 것이 사실이지만 두 가지 주요한 문제점이 발견된다. 그 첫 번째는 **무응답**(nonresponse)으로 설문지가 회수되지 않는 경우다. 두 번째는 **자기선택편향**(self-selection bias)으로 설문지에 응답을 한 사람들은 설문지에 응답을 하지 않은 사람들과 다를 수 있음을 의미한다. 따라서 이러한 조사방법을 통해 얻은 표본은 일반적인 모집단에 대해 대표성을 갖지 못한다. 한 연구에 의하면 자기가 선택을 하여 응답을 한 응답자들은 연구 주제에 보다 흥미를 갖고 관여하는 사람들이라고 보고하고 있다.[57] 물론 우편 설문은 무응답과 자기선택편향으로부터 어려움을 겪는 유일한 설문은 아니다.[58] 응답 실패는 모든 종류의 설문에서 발견되고, 마케팅 조사자들은 체계적 경향이나 응답의 잠재적 패턴 때문에 최종 표본이 본래 잠재 응답자 집단과 다를 가능성에 대해 지속적으로 주의를 기울여야 한다. 어떤 설문을 진행하거나 응답자들은 제품에 보다 관여하거나 높은 교육을 받았거나 보다 불만족하는 정도가 좀 더 크거나 작거나 혹은 목표 모집단보다 일반적으로 의견 표출을 더 강하게 하는 사람들일 수 있다.[59] 우편 설문 조사자들은 응답률을 높이기 위한 다양한 전술과 인센티브를 시도해 왔지만 현재까지는 크게 나아지지는 않고 있다.

자기선택편향은 응답을 한 응답자가 실제 표본과 다름을 의미한다.

마케팅 조사 인사이트 7.4 **글로벌 실무 적용**

남아프리카공화국의 사파리 사냥꾼들을 설문하는 방법

때때로 마케팅 조사자들은 일상적이지 않은 주제에 대한 연구를 요청받는데, 최근 남아프리카 공화국에서 수행된 설문은 그 사례이다. 실제로 설문은 남아프리카 공화국에서 진행되지는 않았지만 지난 몇 년간 빅게임 사냥을 위한 특별한 목적으로 국가를 방문한 사람들에 관한 것이었다. 다음은 조사의 대상이 되는 현상에 대한 설명이다.[60]

> 사파리 사냥은 개인 소유의 게임 목장에서 주로 이루어지지만, 잘 조직된 게임 목장이나 전문 사냥업계에 의해 규제된다. 사냥 전문 업체들은 방문한 사냥꾼들이 요구하는 모든 서비스를 제공하고 있다. 사냥 준비, 필요한 사냥 허가증 획득, 땅 소유주와의 협의, 그리고 트로피 비용, 일일 비율, 그리고 게임의 종과 성별에 대한 서면 동의 작성이 포함된다. 제공되는 기타 서비스에는 지상 이동, 숙박, 국내 에어 차터(air charters) 이용, 실제 사냥, 그리고 트로피 준비, 패키징, 수송 등이 있다. 사냥 전문 업체들은 훈련된 전문 사냥꾼[등록된 전문 헌팅스쿨에 출석하여 지역 자연 보존 관청(Provincial Nature Conservation Authorities) 주관의 이론과 실무 시험을 통과하고 전문 지식, 능력, 기술, 그리고 경험을 갖고 있음. 그리고 최고 난이도 사냥 게임에 6일 이상의 경험도 함께 갖고 있어야 함]의 지원을 받는다. 사냥꾼들은 여러 사파리로 이루어진 패키지를 선택할 수 있다. 사파리의 최종 비용은 사냥지역, 일정과 종(species), 예약 시트 상태, 그리고 사냥업체 혹은 사냥꾼의 명성에 따라 달라진다. 이러한 협상 과정은 18개월까지 걸릴 수 있으며, 일반적으로 큰 게임을 원하는 사냥꾼들은 21일간 100,000달러까지 지불해야 할 수 있다. 이 비용에는 동행자 혹은 사냥에 동행한 가족들과 같이 추가 게스트 비용이 제외된 것이다.

여러분이 생각할 수 있듯이, 사파리 사냥꾼들은 매우 특이한 사람들로 이러한 모집단을 대상으로 설문을 진행하는 것은 대부분의 다른 모집단에서 발견되지 않는 도전이 있다. 첫째, 이러한 사람들은 세계 어디에서나 살 수 있다. 대인 인터뷰는 이러한 이유로 불가능하다. 몰인터셉트 설문과 집단 데이터 수집 역시 비슷한 이유로 비현실적이다. 사파리 사냥꾼들은 분명히 매우 부유하고, 의심할 여지없이 자신의 프라이버시 보호를 강하게 요구한다. 그들은 선택된 데이터 수집방법과는 관계없이 어떤 설문에도 참여하지 않으려 한다.

하지만 앞서 설명에서 볼 수 있듯이, 허가, 계약, 동의서, 식별, 그리고 사파리 사냥꾼들을 위한 접촉 정보와 같은 몇 가지 형태의 서류작업이 있다. 안타깝게도 남아프리카공화국과 전문 사냥 업계는 모든 종류의 정보 보안을 엄격하게 유지하고 있다. 이러한 모집단에 접근하기 위해 조사자들은 설문을 위한 중간 역할을 하기로 동의한 '전문 조력자'를 이용했다. 조력자들은 지난 몇 년간 남아프리카공화국 사파리에 참여한 사냥꾼들에게 약 2,000개의 설문 패키지를 발송하는 것에 동의했다. 조사자들은 우편 요금이 지불된 회신봉투와 함께 종이와 연필로 작성하는 설문지를 설계했고, 데이터 수집을 위해서 우편 설문을 이용했다. 응답률은 13%였고, 이는 일반적인 우편 설문의 회수율이다. 하지만 회수된 설문지 중 약 19%는 무응답된 질문이 상당히 많은데 이 또한 자기 실행 우편 설문의 일반적이고 안타까운 상황이다. 하지만 조사자들은 이 설문을 성공이라고 간주했다. 전문 조력자들의 설문 요청은 응답자들의 관심을 끌었고 그들에게 설문의 중요성과 심각성을 확신시켜 주었다. 또한 사파리의 전반적인 좋은 경험은 다수의 전문 사냥꾼들이 설문을 완성하는 데 확실히 영향을 미쳤다.

일반적인 남아프리카 공화국 사파리 사냥꾼들은 미국(76%)에 거주하는 남성(98%)이며 40~69세(83%)였으며, 고소득에 교육수준도 높았고 사냥에 대한 경험이 있었다. 사파리 사냥은 자연 보전과 이해, 일상탈출, 그리고 유산에 대한 사냥꾼의 개인적 가치와 밀접한 관련이 있었다. 그것은 또한 사냥 트로피로 다른 이들의 존경을 받는 것과 관련이 있었고 열정, 모험, 스포츠, 도전에 대한 사냥꾼의 욕구와도 밀접한 관련이 있었다. 마지막으로 사파리 사냥꾼들은 그들의 사파리에서 다른 사람들에 대해 배우고, 다른 사냥꾼들을 만나고, 새로운 사람을 만날 수 있는 기회를 즐겼다. 또한 설문은 남아프리카공화국은 사파리의 위치로서 독창성을 갖고 있다고 보여주었는데, 사냥꾼들이 남아프리카공화국의 다양한 동물 종과 서식지를 비롯하여 자연의 아름다움을 풍부하게 가지고 있다고 강하게 동의했기 때문이다. 그들은 남아프리카공화국이 실제로 독특한 사냥 경험과 '꿈을 실현할 수 있는' 곳이라는 것에 대해 동의했다.

마케팅 조사 인사이트 7.4는 아주 특별한 표적층, 말 그대로 남아프리카 사파리 사냥꾼들에게 어떻게 우편 설문지를 전달하고 회수했는지에 대해 소개하고 있다. 이 프로젝트의 특수성하에서는 우편 설문이 성공적인 방식이었다.

7-4 패널회사와의 협업

몇 번이나 강조했듯이, 마케팅 조사 업계는 응답자들이 설문에 참석하는 것을 회피하는 전 세계적인 현상에 대해 많은 고민을 하고 있다. 이러한 상황은 어떤 데이터 수집방법을 사용하든 간에 표본 크기 목표와 표본 구성 요건을 달성하기가 매우 어려움을 의미한다. 예를 들어 5,000번의 무작위 전화 걸기를 한다면, 그중 약 5%만이 완성된 설문으로 이어진다. 또는 이메일을 받기로 동의한 기업 고객들에게 같은 수의 이메일 초대장이 보내진다면, 설문에 참여하는 사람들은 상당수 충성 고객일 가능성이 높을 것이다. 그러나 그 설문의 목적이 새로운 고객들을 확고히 하기 위한 전술을 만들기 위한 것이라면 이 경우는 응답자들이 적합하지 않을 것이다. 또 설문 참여자가 적거나 적합하지 않은 모든 경우에 응답자들이 설문을 대충 훑어보거나, 질문을 건너뛰거나, 혹은 핵심 질문에 대한 의심스러운 답안을 하는 것과 관련된 증거들이 있다. 그 결과 조사자들은 응답 준비가 되어 있지 않은 사람들, 즉 '콜드콜(cold call)'이나 중립적이지 않은 '응답 친화적인(respondent friendly)' 경우 모두 낮은 데이터 품질을 낳는 불행한 현실에 처해 있다. 다음 장에서는 모든 설문의 주요 목적은 높은 데이터 품질을 달성하는 것임을 논의할 것이다.

데이터 수집의 최전선으로 떠오르고 있는 것은 패널회사라 불리는 특별한 종류의 마케팅 조사업체가 있다. **패널회사**(panel company)는 보상을 받고 설문에 참석하겠다고 동의한 매우 많은 수의 잠재 응답자들을 모집한다. '많은'은 과소평가한 표현일 수가 있는데, 그 이유는 다수의 패널회사들은 전 세계적으로 수십만 명 이상의 회원을 갖고 있다고 주장하고 일부는 200만 명 이상 갖고 있다고 주장하고 있기 때문이다. 이러한 응답자들은 어떤 설문이든 빠르게 응답할 뿐만 아니라 모든 문항에 솔직히 응답할 것에 대해 동의한 사람들이다. 일반적으로 패널회원들은 설문에 참여함으로써 쌓이는 포인트 혹은 그와 유사한 보상시스템에 의해 제품 그리고/혹은 서비스로 보상받도록 되어 있어 동기부여가 된다.

패널회사를 사용하는 것의 장점

패널회사의 인기는 패널회사들이 갖고 있는 다음과 같은 장점들을 검토함으로써 쉽게 이해할 수 있을 것이다.

1. **빠른 회전율** 대부분의 패널회사들은 온라인인데, 이는 그들의 패널리스트 회원들과 이메일 혹은 문자로 즉각 접촉할 수 있으며, 접촉 후 하루 혹은 이틀 뒤에 회원들이 온라인 설문을 마칠 수 있음을 의미한다.
2. **고품질** 패널리스트들은 설문에 신중하게 참여하겠다고 동의한다. 그리고 최고의 패널회사들은 회수, 설문 질문에 대한 응답 성실성, 그리고 정확성에 대한 내부 점검을 적절한 시기에 한다.
3. **데이터베이스 정보** 패널리스트들은 등록 과정에서 많은 양의 인구통계, 라이프스타일, 구매행동, 그리고 기술적 정보들을 제공한다. 따라서 패널회사의 데이터베이스에는 개별 패널리스트들의 의미 있는 정보들이 저장되어 있다. 이러한 정보는 개별 패널리스트 응답자별로 구매되기 때문에 설문을 위한 설문지 길이는 줄어들게 된다. 일반적으로 패널회사들은 설문의 문항 수에 따라 요금을 청구하기 때문에 비용 절감 효과가 있다.
4. **목표 응답자에 대한 접근성** 패널리스트들의 인구통계, 건강 프로파일, 재산 등이 데이터베이스

로 등록되어 있기에, 패널회사가 의뢰인의 표본 특성에 부합하거나 일치하는 패널리스트들에만 알리는 것은 매우 쉽다. 예를 들어 자동차 제조업체가 13세 미만의 자녀가 둘 이상 있는 SUV 소유주를 대상으로 설문하기를 원할 수 있다. 혹은 네스트(Nest)와 같은 홈컨트롤 전문 업체들은 미국에서 눈이 많이 오는 주에 2층 집을 소유한 세대주 표본을 원할 수 있다. 수십만 명의 패널 회원을 갖고 있는 패널회사들은 특별한 요건에 맞는 많은 수의 표본을 연결시켜 줄 수 있는 것이 사실이다.

5. **통합된 속성** 시장을 선도하는 패널회사들은 고객을 위해 몇 개의 설문 서비스를 갖고 있다. 예를 들어 그들은 효율적인 데이터 수집을 진행할 뿐만 아니라 측정문항 설계, 데이터 분석, 대시보드, 설문 스케줄 사전조율, 연구 추적, 그리고 온라인 포커스 그룹 및 제품시연과 같은 정성적 조사들도 진행할 수 있다. 실제로 의뢰업체가 원한다면 일부 패널회사들은 모든 필요를 충족시키고 고객 맞춤형인 마케팅 조사 조직을 운영하고 있다.

패널회사를 사용하는 것의 단점

마케팅 조사자들이 패널회사들을 많이 사용하고 있고 패널회사들이 빠르게 성장한다는 사실을 볼 때 패널회사는 전 세계적 현상인 설문 참여 거부에 대해 어떤 면에서는 확실한 해결책이다. 하지만 이들 업체를 사용하는 것에는 대한 몇 가지 단점이 있다. 실제로 대부분의 양심적인 패널회사들은 이러한 단점들을 줄이기 위해 상당한 노력을 기울이고 있다.

1. **무작위 표본이 아니다** 뒤에서 학습하겠지만, 통계적으로 정확한 설문을 진행하기 위해서는 모집단(population) 전체 구성원들의 대표성을 정확히 갖는 표본을 확보해야 한다. 분명하게도, 많은 사람들은 패널에 가입하기를 주저할 뿐만 아니라 기술적인 장벽으로 가입을 하지 못한다. 따라서 패널로 수천 명의 잠재 응답자들이 있다 하더라도 어떤 모집단 구성원은 포함되지 않는다. 반대로 패널 회원들은 일반 모집단에 비해 온라인을 상당히 빈번하게 사용하는 사용자 집단임이 증명되었다.[61] 패널 업계에서 중요한 역할을 하는 닐슨과 인포에이션 리소시즈(Information Resources Inc.)가 진행한 패널 연구는 미국 인구통계와 비교했을 때 젊은 여성 회원이 과하게 많음을 밝혔다.[62] 패널회사들은 목표 표본을 전달할 수 있는데, 이것은 마케팅 조사자의 인구통계 그리고 기타 측정요인들에 부합함을 의미하지만 무작위 표본은 아니라는 것이다.
2. **응답자 남용** 패널의 크기와 용도에 따라 다르지만, 패널 회원들은 짧은 기간 동안 설문에 여러 번 참석할 수 있다. 결과적으로 일부 패널리스트들이 너무 무리하거나 피로감을 느낄 수 있다. 당연하게도 모든 패널회사들이 그들의 패널 회원들에게 무리하게 설문 요청을 하는 것은 아니지만 대부분의 큰 패널회사들의 일부를 조사해보면 패널리스트들이 매주 상당한 양의 요청 폭격을 받고 있음이 발견되고 있다. 그리고 일부는 하루에 하나 이상의 설문 요청을 경험하기도 한다.[63]
3. **비용** 예상하겠지만, 몇 개의 국가에서 다양한 언어로 패널을 모집하고 유지하고 관리하는 것은 비용이 많이 든다. 물론 패널회사들은 이러한 이점을 원하는 다수의 의뢰업체들에게 이 비용을

표 7.4 온라인 패널 기업 Top 10

업체명	설명	웹사이트
서베이 샘플링(Survey Sampling, Inc.)	가장 큰 업체 중 하나, 72개국에 30개 오피스 운영	http://www.surveysampling.com
톨루나(Toluna)	개별 회원당 데이터베이스 750데이터	http://www.toluna-group.com
리서치 나우(Research Now)	37개국 600만 명 이상의 패널리스트	http://www.researchnow.com
신트(Cint)	최첨단 기술 중 하나	http://www.cint.com
올글로벌(All Global)	유럽, 북미, 남미, 아시아의 헬스케어 시장에 특화	http://www.allglobal.com
라이트스피드 GMI(Lightspeed GMI)	데이터 품질의 선두주자 : 최고의 프로토타입	http://lightspeedresearch.com
비전 크리티컬(Vision Critical)	고객화된 패널 커뮤니티 구축에 특화	http://www.visioncritical.com
KL 커뮤니케이션즈(KL Communications)	혁신적인 '크라우드위빙' 서비스	http://www.klcommunications.com
어센틱 리스폰스[Authentic Response (criticalmix)]	예외적으로 높은 서비스 품질 기록	http://www.autheticresponse.com
슐레진저 어소시에이츠(Schlesinger Associates)	신뢰할 수 있는 많은 데이터를 확보	http://www.schlesingerassociates.com

분산시키기 때문에 이 비용은 특정 의뢰업체에게만 부담되는 것은 아니다. 하지만 패널회사의 의뢰업체들은 고품질의 데이터, 특별한 유형의 응답자 접근, 데이터 수집의 신속성, 그리고 기타 패널회사의 장점들 때문에 스스로 조사를 할 경우보다 비용이 든다는 것을 잘 알고 있다.

최고의 패널회사들

범위, 규모, 서비스유형, 그리고 기타 요소들이 매우 복잡하게 얽혀 있기 때문에 무엇이 최고의 패널 기업인가에 대한 명확한 측정법은 없다. 하지만 적어도 하나의 산업 전문가는 최고의 온라인 패널회사들을 선정해 오고 있고[64] 우리는 그 명단의 상위 10개 회사를 표 7.4에 수록했다. 패널회사들, 특히 온라인 패널회사들은 지속적으로 성장하고 있으며 데이터 수집 분야에서 압도적인 위치를 차지할 것이다. 시장을 선도하는 기업들은 스스로를 발전시키고 도전자들은 혁신적인 접근법으로 시장에 진입하고 있고 매년 합병이 이루어지고 있다. 표 7.4에 나타난 기업을 위시해 이러한 기업들은 근래에 업계의 리더 위치에 오르게 될 것이고 가까운 미래에 데이터 수집의 중심이 될 것이다.

7-5 설문 방법의 선택

마케팅 조사자들은 어떤 설문 방법을 사용할지 어떻게 결정할까? 여러분은 앞에서 우리들의 설명을 읽었기 때문에 각각의 데이터 수집방법들은 고유의 장점과 단점 그리고 특징이 있음을 알고 있다. Greenbook은 매년 시행하는 마케팅 조사 기업 설문에서 데이터 수집방법을 선택할 때 고려하

표 7.5 데이터 수집방법에 있어 속도, 비용, 품질 차이 비교*

연구방법	속도	비용	데이터 품질
홈 인터뷰	느림	높음	높음
몰인터셉트 인터뷰	빠름	보통	보통
오피스 인터뷰	느림	높음	높음
전화 인터뷰	빠름	낮음	낮음
완전 자동화 인터뷰	빠름	보통	보통
온라인 설문	빠름	보통	보통
그룹 자기실행 설문	보통	낮음	낮음
드롭오프 설문	빠름	낮음	낮음
우편 설문	느림	낮음	낮음

* 이러한 평가는 일반적으로 그렇다는 것이다. 최상의 데이터 수집방법을 결정할 때는 각 설문의 특수한 상황과 고려 요인들을 판단해야 한다.

데이터 수집할 때 조사자는 속도, 비용, 그리고 시간에 따른 품질 균형을 맞춰야 한다.

는 사항들의 중요성에 대해 질문했다. 조사업체와 의뢰업체 모두 세 가지가 가장 중요하다고 동의했는데, 속도, 비용, 그리고 데이터 품질이 그것이다.[65] 따라서 표 7.5에는 우리가 설명한 9개의 데이터 수집방법을 이 중요한 고려사항에 따라서 비교해 놓았다. 표를 보면 알겠지만 '완벽한' 데이터 수집방법이란 없다. 마케팅 조사자들은 주어진 상황에서 가장 최적의 설문을 선택해 문제에 직면하게 된다. 해당 표에는 일반화된 내용이 포함되어 있으며, 각 데이터 수집 상황은 고유하다는 것을 알려둔다.

조사자들은 특정 조사 프로젝트를 위한 최고의 설문 방법을 어떻게 결정해야 할까? 이러한 질문에 답할 때, 조사자들은 언제나 가장 우선적으로 수집된 데이터의 전반적인 품질을 꼽는다. 가장 정교한 분석 기술조차도 낮은 품질의 데이터를 보완할 수 없다. 조사자들은 시간, 비용, 조사 프로젝트와 연관된 고려사항들이 허락하는 한 최고의 데이터 품질을 확보할 수 있는 설문 방법을 선택해야만 한다.[66] 우리는 이러한 고려사항에 대한 일련의 질문을 제시해 가장 적합한 단일 데이터

© Eric Isselee/Shutterstock

설문 방법을 선택할 때, 조사자는 몇 가지를 고려해야 한다.

수집방법을 제안할 수 있으면 좋겠다. 하지만 상황들은 독특하고 조사자들은 다수의 데이터 수집 방법 중에서 환경에 가장 잘 맞는 하나의 방법으로 좁히기 위한 좋은 판단을 해야 하기 때문에 이는 가능하지 않다. 일부의 경우, 이와 같은 판단은 매우 명백한 것들이다. 하지만 다른 경우 상당히 세심한 판단이 요구된다. 또 전술한 바와 같이 새로운 데이터 수집방법이 나타나고 기존 방법에서 개선된 방법들이 나타나고 있기에, 조사자들은 이러한 데이터 수집방법에 대한 지식을 지속적으로 쌓아야 한다. 그럼에도 불구하고 역시 데이터 품질, 시간, 비용, 그리고 기타 환경들은 데이터 수집 결정에서 가장 우선이 된다.

데이터 수집이 얼마나 신속하게 이루어지는가?

때때로 데이터가 빠르게 수집되어야 하는 경우가 있는데 이러한 시간 압박에는 많은 이유들이 있다. 국가 캠페인은 4주 만에 시작되며, 그동안 테스트가 요구되기도 한다. 4주 후에 시작되는 상표권침해재판의 경우 그전에 기업 상표권의 인지도 설문이 필요하다. FCC의 라디오 라이선스 신청이 6주 후에 있는데 그전에 해당 지역의 다른 라디오 방송국의 청취자에 대한 조사를 수행해야 되는 경우도 있다. 이것들은 데이터 수집에서 시간이 문제가 되는 몇가지 예에 불과하다. 가용 시간이 짧은 프로젝트의 경우에 전통적으로 선택하는 데이터 수집방법은 전화 설문이었는데 오늘날은 온라인 설문이 아주 빠른 데이터 수집의 대안으로 선택되고 있다. 잡지광고, 로고, 기타 마케팅 자극물은 온라인 설문으로 평가될 수 있다. 시간 압박이 있는 상황에서 옳지 않은 조사방법은 홈 설문 혹은 우편 설문인데, 그 과정이 상당한 시간을 요구하기 때문이다.

짧은 조사 기간은 사용할 수 있는 조사방법에 결정적인 영향을 미친다.

데이터 수집을 위한 비용은 어느 정도인가?

어느 정도 예산이 여유가 있다면, 어떠한 적절한 데이터 수집방법이든 고려될 수 있지만, 예산이 여유가 없다면, 예산에 맞춰 고려되는 데이터 수집방법은 줄어든다. 기술 비용의 하락과 인터넷으로의 접근이 보다 일반화되면서, 온라인 설문은 한정된 예산 범위에서 상당한 매력이 있다. 예를 들어 일부 온라인 설문 업체들을 의뢰업체에게 스스로 설문지를 작성하고, 패널 안에서 목표 응답자 유형이나 수를 정하도록 한다. 조사는 수백 혹은 수천 달러에 완료될 수 있는데, 이 비용은 많은 조사자들이 적은 비용이라고 생각할 만한 비용이다. 물론 조사자는 패널 회원들이 설문에 적합한 사람들이라는 확신이 있어야 한다.

데이터 품질은 얼마나 우수한가?

앞서 아홉 가지의 데이터 수집방법에 대해 설명했듯이, 모니터링의 부족, 응답자들의 제품 사용 및 시험에 대한 어려움, 특정 고객층에 대한 접근성, 응답자의 가능한 응답 시간은 어떤 해당 설문 방법에서도 데이터의 품질을 낮춘다. 이상적으로 설문 데이터는 깊고, 넓으며, 진실성이 확보되어야 높은 품질이 유지된다. 하지만 데이터 수집방법의 제약과 현실은 데이터 품질을 낮추는 경향이 있다. 때때로 요구되는 데이터 품질이 설문 방법을 결정하기도 한다. 예를 들어 응답자가 광고, 패키지 디자인, 혹은 로고 등을 평가해야 하는 요구사항이 있을 수도 있고 응답자가 시제품을 시용하

응답자가 어떤 것을 보고, 만지고, 경험해야 할 경우 데이터 수집방법은 이를 수용해야 한다.

거나 맛을 보거나 혹은 동영상을 시청해야 하는 요구사항이 있을 수도 있다. 또 짧은 기한과 한정된 예산 등의 실무적 고려사항으로 인해 조사자들은 고품질의 데이터를 수집하는 데 한계를 경험하기도 한다. 일반적으로 이와 같은 요구사항들이 설문에 반영될 때, 조사자들은 초기에 의뢰인들과 데이터 수집 이슈에 대해 논의하고 의뢰인의 시간, 비용, 그리고 기타 요구사항들을 반영한 데이터 수집방법에 동의를 해야 한다.

예를 들어 응답자가 로고 혹은 잡지광고 사진을 봐야 할 필요성이 있다면 우편 혹은 온라인 설문이 고려될 수 있다. 만약 응답자가 짧은 영상 혹은 무빙 그래픽을 봐야 한다면 온라인 설문이 고려될 수 있다. 만약 응답자가 약 20분에 걸친 기사성 광고(infomercial)를 봐야 한다면 우편, 몰인터셉트, 혹은 특별한 온라인 시스템이 고려될 수 있다. 만약 응답자가 제품을 직접 만지고, 조작하고, 느끼고, 맛봐야 한다면 몰인터셉트 기업 서비스가 합리적이다. 응답자가 실생활에서 제품을 실제로 사용해야 하는 것이 필요하다면, 홈 인터뷰가 데이터를 수집할 수 있는 유일한 방법이 될 수 있다.

기타 고려사항

모든 설문은 저마다 고유하기 때문에 모든 고려사항들을 열거하기란 어렵다. 하지만 우리는 설문방법 결정에서 거의 모든 경우에 고려해야 하는 두 가지를 제안한다. 하나는 발생률이며 다른 하나는 데이터 수집방법의 선택과 관계가 있는 상황적 요인이다. 우리는 **발생률**(incidence rate)을 설문에 포함되는 데 요구되는 특별한 특성을 갖춘 모집단 비율로 간주한다. '모든 사람(everyone)'을 대상으로 하는 조사 프로젝트는 드물다. 대부분의 경우 연구에 포함되어야 하는 특정 조건이 있다. 등록된 유권자, 자동차를 운전하는 자가 운전자, 18세 이상의 성인 등이 그 예다. 어떤 경우에는 발생률이 매우 낮은 경우도 있다. 제약회사들은 250 이상의 콜레스테롤 수치를 갖고 있는 50세 이상의 남성을 대상으로 인터뷰를 진행하기를 원할 수 있다. 화장품 기업은 6개월 이내에 성형수술 계획이 있는 여성만을 대상으로 인터뷰하기를 원할 수 있다. 이와 같은 낮은 발생률에서는 데이터 수집방법을 채택할 때 사전에 주의를 상당히 기울여야 한다. 앞서 특정 건강 상태의 사람 혹은 성형수술 계획이 있는 사람의 사례에서, 연구에 참여할 수 있는 요건을 갖춘 회원들을 인터뷰어가 일일이 찾아가는 것은 시간이 많이 걸리고 비용도 많이 든다. 이러한 경우 상당히 많은 잠재 응답자들이 컨택되어야 하지만 많은 사람들이 설문 참석 요건을 충족시키지 않기 때문에 전화 혹은 인터넷과 같은 쉽고 저렴하게 응답자를 선별할 수 있는 데이터 수집방법은 낮은 발생률 상황에서 이상적인 방법이다. 물론 마케팅 조사 업계는 오랜 기간 낮은 발생률에 대한 경험이 있고, 조사 제공자들에 의해 유지되는 온라인 패널은 이전에 확인된 낮은 발생률의 패널 회원들에게 접근할 수 있는 저렴한 방법을 제공한다.[67]

발생률은 요구되는 특별한 특성을 갖춘 모집단 비율로 간주되며, 데이터 수집방법에 영향을 미친다.

마지막으로 때때로 데이터 수집방법의 선택은 문화적 규범, 그리고/혹은 소통 그리고 기타 발생할 수 있는 다른 시스템과 같은 상황적 요인에 의해 달라진다. 세계화가 진행되면서 이와 같은 고려사항들은 마케팅 조사 업체들에게 점점 더 이슈화되고 있다. 예를 들어 면대면은 스페인 사람들이 선호한다. 하지만 스칸디나비아 지역의 사람들은 외부인이 자신의 집에 들어오는 것을 불편

데이터 수집방법의 선택은 문화적 규범, 그리고/혹은 소통의 한계는 데이터 수집방법에 제한을 둔다.

해한다. 따라서 전화나 온라인 설문이 방문 인터뷰보다 인기가 있다. 하지만 인도의 경우 인구 중 10% 미만이 전화를 갖고 있으며, 온라인 접근성이 매우 낮다. 따라서 방문 인터뷰가 자주 사용된다. 일반적으로 예상 응답자에게 인센티브가 제공되지 않는 캐나다는 전화 설문이 주를 이룬다.

요약

우리는 설문이 사전에 만들어진 설문지를 이용해서 많은 응답자들을 인터뷰하는 것으로 다음과 같은 장점을 가지고 있음을 알리며 이 장을 시작했다—표준화, 관리 용이성, 행동의 '관찰되지 않은 현상(beneath the surface)' 확보, 쉬운 분석 그리고 하위집단 간 차이 검증이 그것이다. 설문은 인터뷰어를 사용하는 방식과 사용하지 않는 방식 그리고 컴퓨터를 사용하는 방식과 사용하지 않는 방법을 사용하여 데이터를 수집한다. 기술은 데이터 수집에 상당한 영향을 미쳐 왔다. 마케팅 조사 과정에서 데이터 수집 단계는 다섯 가지 설문 방식으로 성취되는데 (1) 인터뷰어 실행 설문, (2) 컴퓨터 지원 설문, (3) 컴퓨터 실행 설문, (4) 자기실행 설문, 그리고 (5) 하이브리드라고도 불리는 혼합 설문이 그것이다. 인터뷰어 실행 설문은 피드백, 관계형성, 특정 품질 통제의 용이성, 그리고 인터뷰어의 활용 가능성이라는 장점이 있다. 하지만 이 방식은 느리고, 인간 오류가 발생할 수 있으며, 비용이 들고, 때때로 인터뷰 평가로 알려진 응답자의 우려도 발생한다. 컴퓨터 지원 인터뷰는 인터뷰어 실행 설문의 장점과 단점을 모두 갖고 있고, 낮은 오류를 보여주며, 보다 효율적이고 컴퓨터 매체 사용이라는 장점이 추가된다.

반면 컴퓨터 실행 인터뷰어는 보다 빠르고 오류도 거의 없다. 또한 그림이나 그래픽 사용이 가능하고, 실시간으로 데이터 저장을 가능케 하며, 다른 사람이 응답자 응답을 듣지 않기 때문에 응답자들은 설문에 보다 편하게 응답을 할 수 있다. 단점은 때때로 전문 기술이 요구되고 사용자가 컴퓨터 지식이 없다면 높은 설치비용이 요구될 수 있다. 자기실행 설문은 비용 절감, 응답자 통제, 그리고 인터뷰 평가에 대한 우려가 없다는 점이 장점이다. 단점은 응답자가 설문지를 완성하지 않거나 오류가 발생한 설문지를 완성할 수 있으며, 응답자를 가이드해주는 모니터가 없고, 자기실행이 가능하도록 설문지가 '완벽'해야 한다는 점이다.

마지막으로 혼합 혹은 하이브리드 설문은 다양한 데이터 수집방법이다. 혼합 설문의 장점은 조사자들이 그들의 데이터 수집 목적을 달성하기 위해 개별 방법들의 장점을 취할 수 있다는 점이다. 단점은 서로 다른 종류의 설문은 동일한 조사 질문에 대해서도 서로 다른 응답을 생성하고, 조사자는 이러한 차이점을 반드시 평가해야 한다는 점이다. 또한 혼합법은 보다 높은 복잡성을 가지는데, 조사자들은 서로 다른 설문지를 설계해야 하고 분석을 위해 서로 다른 원천으로 온 데이터들을 공통된 데이터로 통합해야 하기 때문이다.

적어도 아홉 가지 대안의 설문 데이터 수집방법이 사용될 수 있다—(1) 응답자 집에서 수행되는 홈 인터뷰, (2) 몰에서 쇼핑객에게 접근해 수행되는 몰인터셉트 인터뷰, (3) 근무지에서 경영자 혹은 관리자와 함께 수행되는 오피스 인터뷰, (4) 중심 지역 전화 인터뷰로 전화 인터뷰 업체 사무실에서 근무자에 의해 수행되거나 CATI 시스템을 사용하는 전화 인터뷰, (5) 컴퓨터로 진행되는 완전 자동화 설문, (6) 온라인 설문, (7) 개별 응답자들에 집단으로 설문지를 관리하는 그룹 자기실행 설문, (8) 설문지를 응답자에게 전달해 완성하도록 하고 직접 받거나 후에 돌려받는 드롭오프 설문, (9) 설문지를 우편으로 배달하고 응답자들에게 그 설문지를 채우고 돌려주기를 요청하는 우편 설문이 있다.

전 세계적으로 설문 참석을 꺼리고 이는 기술적 진보와 결합하여 패널회사들은 실용적인 데이터 수집의 대중적 수단이 되고 있다. 패널회사들은 보상을 받고 설문에 참석하겠다고 동의한 많은 수의 잠재 응답자들을 모집한다. 이러한 기업들은 빠른 처리시간, 고품질 데이터베이스 정보 제공, 표적 응답자 접근, 그리고 통합된 서비스를 제공할 수 있다. 패널회사들은 무작위 표본을 제공하지 않고, 때때로 패널들은 무리한 참여를 하고, 저렴하지 않음에도 불구하고 패널회사들은 데이터 수집 환경을 지배한다.

조사자들은 데이터 수집방법을 결정할 때 몇 가지 고려사항들을 확인해야 한다—(1) 데이터 수집의 속도, (2) 데이터 수집 비용, (3) 생성될 데이터 품질, (4) 발생률 혹은 설문의 특별한 환경과 같은 기타 고려사항. 모든 것이 고려되어야 하지만 각 데이터 수집 상황은 고유하기에 하나 혹은 그 이상이 우선되어야 한다. 궁극적으로 조사자들은 그들이 편하다고 느끼고, 시간이나 예산의 한도 내에서 원하는 품질과 정보량을 얻을 수 있는 데이터 수집방법을 선택할 것이다.

핵심용어

그룹 자기실행 설문
드롭오프 설문
몰인터셉트 설문
무응답
발생률
설문
오피스 설문
완전 자동화 설문
완전 자동화 전화 설문
우편 설문
인터넷 기반 설문지
인터뷰어 실행 설문
인터뷰 평가
자기선택편향
자기실행 설문
중심지역 전화 설문
컴퓨터 실행 설문
컴퓨터 지원 설문
컴퓨터 지원 전화 인터뷰
패널회사
혼합 설문
홈 설문

복습 질문/적용

7.1 정성적 조사방법과 비교했을 때, 설문 조사 방법의 장점을 열거해보자. 여러분은 단점을 생각할 수 있는가? 그렇다면 그것은 무엇인가?

7.2 과거에서 현재까지 기술은 데이터 수집에 어떻게 그리고 왜 영향을 미쳤는가?

7.3 인터뷰어 실행 설문의 어떤 측면이 마케팅 조사자들에게 매력적인가? 어떤 측면이 조사자들에게 덜 매력적으로 보이게 하는가?

7.4 컴퓨터 실행 설문의 어떤 측면이 마케팅 조사자들에게 매력적인가?

7.5 자기실행 설문에 비해 인터뷰어 실행 설문은 어떤 장점이 있는가? 그리고 그 반대는 무엇인가?

7.6 조사자들이 혼합 설문을 고려하는 동기는 무엇인가?

7.7 (a) 홈 설문, (b) 몰입터셉트 설문, 그리고 (c) 오피스 설문의 간의 차이점을 논의해보자.

7.8 인터넷이 널리 사용되기 전에는 전화 설문이 왜 인기가 있었는가?

7.9 자기실행 설문의 장점과 단점에 대해 논의해보자.

7.10 다양한 자기실행 설문 유형에 비해 온라인 설문이 가지고 있는 장점은 무엇인가?

7.11 우편 설문의 주요 단점은 무엇인가?

7.12 드롭오프 설문은 일반적인 우편 설문과 어떤 차이점이 있는가?

7.13 패널회사란 무엇이며 오늘날 이와 같은 회사들이 설문 데이터 수집을 압도하는 이유는 무엇인가?

7.14 발생률은 데이터 수집방법의 선택에 어떤 영향을 미치는가?

7.15 설문 목적이 지난 한 주 동안 한 사람에게 노출된 모든 가능한 광고 매체를 열거하는 설문이라면 전화 인터뷰는 부적절한가? 그 이유는 무엇인가?

7.16 나파 오토 파츠(NAPA Auto Parts)는 국내외 자동차 부품을 구비하고 판매를 하는 것을 전문으로 하는 소매체

인이다. 기업 고객에 대해서 이해를 하기 위해, 마케팅 디렉터는 2,000개의 모든 지점 매니저들에게 고객들이 150달러 이상을 구매할 때마다 해당 구매자의 설명을 기록하라는 안내문을 발송했다. 그들은 이것을 10월 두 번째 주에 진행하고, 각각을 독립된 종이에 설명을 붙여서 기록해야 하고 그것을 그 주 마지막에 마케팅 디렉터에게 보내야 한다. 이 데이터 수집방법에 대해서 언급해 보라.

7.17 다음 사례에서 적용 가능한 설문을 논의해보라.

a. 파베르제(Fabergé)는 'Lime Brut'라 불리는 향수를 테스트하길 원한다.

b. 켈리 서비스(Kelly Services)는 얼마나 많은 사업체들이 여름휴가 중인 사람들을 위해 임시 비서들을 고용할 것인지 정할 필요가 있다.

c. 온라인 교육 게임 업체인 펀브레인(Funbrain)은 초등학생의 학부모가 온라인 수학과 독서게임이 자녀 교육을 위해 얼마나 가치 있다고 생각하는지에 대해서 알고 싶어 한다.

d. 삼성은 스크린 뷰 폰 워치 시스템을 고려하고 있는 중이고 그것에 대한 사람들의 반응을 알기 원한다.

7.18 전화 설문을 진행하면서 잠재 응답자들이 설문 참여를 거절하거나 전화번호를 바꾸거나 멀리 떠난 것이 밝혀지면 완료될 때까지 다른 잠재 응답자들에게 연결을 시도하는 것이 일반적이다. 거절 혹은 비접촉의 수를 보고하는 것은 표준적 관행은 아니다. 이러한 정책이 무응답 보고에 대해서 가지는 함의점은 무엇인가?

7.19 컴퓨애스크 코퍼레이션(Compu-Ask Corporation)은 거의 모든 유형의 설문에 적용할 수 있는 독립형 컴퓨터 인터뷰 시스템을 개발했다. 그것은 태블릿 컴퓨터에 장착될 수 있어서 인터뷰어가 태블릿을 작동하여 프로그램을 시작하면 응답자들은 스타일러스를 이용해 태블릿 화면의 질문에 바로 답할 수 있다. 다음 사례에서 이러한 인터뷰 시스템이 적절한지 답해보자.

a. 새로운 유형의 유해 폐기물 처리시스템을 고려 중인 플랜트 관리자 설문

b. 기업의 교육용 공공 방송 TV 프로그램에 관심이 있는지 여부를 파악하기 위한 고등학교 교사 설문

c. 다양한 종류의 비냉장 요거트에 대한 고객들의 반응을 위한 소비자 설문

7.20 조사자는 집 소유주들을 위한 가정방범시스템을 제공하는 의뢰업체를 위해 어떤 설문방식을 사용할지 숙고 중이다. 그 시스템은 모든 창문과 문에 장착된 작은 모션 센서로 구성되어 있다. 앱으로 활성화되면 침입자가 센서 중 하나에 걸리는 경우 큰 알람이 울리고 경비견이 짖는 소리가 나도록 되어 있다. 의뢰업체는 미국에 얼마나 많은 자가 소유주들이 이 시스템을 알고 있는지, 그것에 대해 어떻게 생각하는지, 그리고 향후 그것을 구매할 의향이 어느 정도인지 파악하길 원했다. 설문 방식을 정할 때의 고려사항들 중 다음의 설문 방식이 가지는 긍정적인 면과 부정적인 면에는 어떤 것들이 있겠는가 – (a) 홈 인터뷰, (b) 몰인터셉트, (c) 온라인 설문, (d) 드롭 오프 설문, (e) CATI.

사례 7.1

마추픽추 국립공원 설문

페루에는 잉카 인디언들의 사원과 궁궐 유적지가 많이 있으며, 일부 역사가들은 이 잉카인들이 농업, 엔지니어링, 기념물 건축 및 장인 정신에 있어 미국 대륙에서 가장 높은 성취를 보였다고 간주하고 있다. 불행하게도, 잉카인들은 1560년대에 총과 말을 가지고 불과 몇 년 만에 잉카 제국을 정복한 스페인 탐험가들의 적수가 되지 못했다.

1913년 Hiram Bingham은 마추픽추라 불리는 잉카 도시를 발견했는데, 이곳은 스페인 정복자들에게 약탈되지 않았다. 그곳은 보존이 가장 잘된 잉카 유적으로, UNESCO의 세계 문화유산 중(http://whc.unesco.org/en/list/274) 하나다. 안데스

산맥과 페루 정글의 해발 8,000피트에 위치한 마추픽추는 여전히 접근하기 매우 어려운데, 가장 가까운 도시인 페루의 쿠스코로부터 기차로 3시간이 걸린다. 일반적으로 관광객들은 매우 이른 아침 쿠스코에서 기차를 타고 떠나서 마추픽추 기차역에 오전 10시경에 도착한다. 그리고 그들은 버스를 타고 30분 동안 6마일에 이르는 비포장도로를 오르면 마추픽추 정문에 도착한다. 관광객들은 가이드와 함께 혹은 그들 스스로 광활한 마추픽추 유적지를 돌아다니다가 산 정상에 있는 마추픽추 산장에서 점심을 해결한 후, 산 아래로 내려가는 버스를 타기 위해 서둘러야 오후 3시에 쿠스코로 돌아가는 기차를 놓치지 않는다. 몇몇 여행객들은 Machu Picchu Lodge나 마추픽추 마을에 있는 6개의 호텔 중에 하나를 선택해 밤을 보내야 한다. 성수기 때에는 매일 거의 1,000명의 관광객들이 방문한다.

마추픽추는 페루국립공원으로, 전 세계에서 가장 매력적인 관광지 중 하나이기에 국립공원 부서는 공원의 많은 특성들과 페루 방문의 전체 경험에 대한 관광객들의 만족도를 조사하는 설문을 실시하길 원한다. 관광연구에 특화된 마케팅 조사자의 도움으로, 공원부서는 설문을 위한 자기실행 방식의 설문지를 만들었다. 지금 그들은 데이터 수집을 위한 몇 가지 대안 중 하나를 선택해야 한다. 이 장에서 설명한 개념과 데이터 수집방법과 이슈에 대한 여러분의 지식을 이용해 다음 질문들에 답해보자.

1. 설문지가 온라인 설문으로 진행된다면, 그것은 성공할 수 있을까? 그 이유는 무엇인가?
2. 공원부서에서 우편 설문을 사용한다면, 해결해야 할 이슈는 무엇이 있겠는가? 그것은 성공할 수 있을까? 그 이유는 무엇인가?
3. 마추픽추에 있는 7개의 호텔이 서비스, 가격, 그리고 숙박시설에 대해 소비자들이 어떻게 느끼는지 알기 희망하는 경우, 국립공원과 호텔이 어떻게 협력하면 데이터 수집에서 상호 이익이 될 수 있는 설문을 할 수 있겠는가?
4. 페루국립공원은 마케팅 조사를 위한 빈약한 자원을 갖고 있다는 사실을 이용해, 잠재적으로 높은 응답률과 고품질 응답을 기대할 수 있는 다른 데이터 수집방법(온라인이 아니고 우편도 아니며, 그리고 지역 호텔과 연계되지 않은)을 제안해보자.

사례 7.2

Advantage Research, Inc.

조 스피베이는 Advantage Research, Inc.의 대표다. 그 업체는 미국에서 가장 큰 5개의 몰에서 컴퓨터 지원 몰 인터뷰를 수행하면서 다양한 산업에 있는 의뢰업체들을 위한 고객화된 조사에 특화되어 있다. 업체는 100개의 전화기가 설치된 컴퓨터 지원 전화 인터뷰(CATI)를 운영하고 있다. 이 시설에는 인터랙티브 자동응답(IVR) 기능도 탑재되어 있다. Advantage Online 부서는 온라인 설문에 특화되어 있으며, 북미에 거주하는 200,000명이 넘는 패널 회원을 모집해 왔다. Advantage Online의 모든 패널 회원들의 250비트의 정보들(인구통계, 라이프스타일, 재산 등)이 수집되고 저장된 데이터베이스를 갖고 있다. 필요하다면, 조는 의뢰업체에게 가장 적절한 데이터 수집법을 제공해주기 위해 다른 조사 업체 서비스에 하청하기도 한다. 그의 프로젝트 디렉터와의 아침 회의에서 조는 각 의뢰업체들의 특별한 상황에 대해 논의했다. 여기에는 현재 세 의뢰업체 논의의 주요 측면이 요약되어 있다.

의뢰업체 1 : 작은 규모의 공구 제조업체로 고정밀 드릴비트를 정밀하게 연마해주는 새로운 장치를 개발했다. 고정밀 드릴비트는 엔진블록과 같은 장치에 거의 완벽한 구멍을 뚫게 해준다. 이러한 장치는 규격이 정해져 있으며 드릴비트는 몇 번 사용 후에는 폐기되어야 한다. 하지만 이 새로운 연마기는 비트를 원래 규격으로 복구시킬 수 있고, 비트는 다시 연마되어 최대 12번 사용할 수 있다. 장치를 테스트하고 제품의 개선점을 듣기 위한 몇 번의 포커스 그룹을 진행한 후, 현재 의뢰업체는 판매 프레젠테이션 방식에 대해서 보다 많은 정보를 얻기를 원하고 있다. 프로젝트 디렉터와 의뢰업체는 몇 개의 다른 판매 프레젠테이션 포맷을 개발했다. 의뢰업체는 전국 125명의 영업사원들의 훈련 프로그램을 도입하기 전에 앞서 이상의 프레젠테이션에 대한 시장의 평가를 알기 원한다.

의뢰업체 2 : 한 베이커리는 캘리포니아, 네바다, 애리조나, 그리고 뉴멕시코 등지의 슈퍼마켓에 몇 개의 브랜드 쿠키와 크래커를 판매하고 있다. 그 제품군은 경쟁이 치열할 뿐만 아니라 경쟁사들은 뉴스와 TV 광고를 적극적으로 활용하고 있으며, 가장 진보적인 경쟁사는 소셜미디어 광고로 옮기고 있다. 베이커리 업체의 마케팅 부사장은 기업을 위해 프로모션 의사결정을 위한 더 많은 분석을 원하고 있다. 그녀는 4개 주에서 연간 수백만 달러를 프로모션에 투자했지만, 예산의 효과성을 평가할 수 있는 측정방법이 없어 안타까워하고 있다. Advantage Research의 프로젝트 디렉터는 브랜드의 최초 상기도[top-of mind(TOMA), 이러한 인지도 측정은 응답자에게 '쿠키'와 같은 제품군 혹은 서비스군을 생각할 때 떠오르는 세 가지 브랜드를 말하도록 요청하면서 수행된다), 태도, 그리고 선호도에 기반한 연구를 진행하자고 제안했다.

의뢰업체 3 : 한 발명가가 칫솔을 사용하거나 교체할 때마다 칫솔을 살균해주는 새로운 살균기를 개발했다. 그 살균기는 스팀으로 칫솔을 살균해주는데 실험실 테스트에서 모든 세균과 바이러스를 살균하는 데 매우 효과적인 메커니즘을 보여주었다. 칫솔 살균기와 연동되어 사용 정도와 효과 정도를 추적해주며, 세척 필터와 용액을 교체할 때를 사용자에게 알려주는 앱이 있다. 그 발명가는 해당 살균기 권리를 사는 것에 관심이 있는 한 대형 제조업체에게 접촉했다. 하지만 그 제조업체는 사람들이 칫솔 살균에 어떤 걱정이 있는지 여부와 칫솔 살균을 유지하기 위해 앱이 있는 전기 장치를 구입할 의향이 있는지 여부를 알고 싶어 했다. 프로젝트 디렉터는 그 제조업체는 미국과 캐나다에서 약 3,000명의 대표성을 갖는 표본을 대상으로 한 설문에 관심을 갖고 있다고 언급했다. 그 발명가는 제조업체들이 그 아이디어에 대한 관심이 줄어들기 전에 빠르게 이러한 정보를 제공하고 싶어 한다.

1. 각각의 의뢰업체 설문을 위해 이 장에서 봤던 9개의 데이터 수집방법을 수행하라. 데이터 수집에 있어서 각 방식이 가지는 가장 큰 강점과 약점은 무엇인가?
2. 앞의 질문에 대한 나온 여러분의 분석과 또 다른 여러 요소를 모두 고려하여 각 의뢰업체 설문에 가장 적합한 데이터 수집방법을 결정해보라. 각각의 사례에 대한 여러분의 선택을 주장해보라.
3. 여러분은 이전 질문에서 개별 의뢰업체들의 설문에 대해 선택한 데이터 수집방법을 추천하는 프로젝트 디렉터라고 가정해보자. 한 회의에서 조와 다른 프로젝트 디렉터는 여러분이 추천한 방법을 다수결로 부결시켰다. 각 의뢰업체 설문에 있어 여러분이 생각하기에 그다음으로 적합한 데이터 수집방법은 무엇인가? 각 경우에 대해서 여러분의 선택을 옹호해보라.

8

측정의 이해, 문항 개발, 그리고 설문지 설계

학습 목표

이 장에서 여러분은 다음을 학습하게 될 것이다.

8-1 측정의 기본 개념은 무엇인가
8-2 마케팅 조사에서 두 가지 측정 개념
8-3 마케팅 조사에서 일반적으로 사용되는 세 가지 등간척도
8-4 측정에 대한 신뢰성과 타당성
8-5 설문지 설계에서 고려해야 하는 것들
8-6 문항 개발에서 해야 할 것과 하지 말아야 할 것
8-7 추천되는 문항 구성과 설문지 섹션
8-8 컴퓨터 지원 설문지 설계가 과정을 단순화하고 설명하는 방법
8-9 코딩과 사전조사

우리는 어느 과정에 있는가?

1 마케팅 조사 필요성 인식
2 문제 정의
3 조사목적 수립
4 조사 설계 결정
5 정보 유형과 원천 식별
6 데이터 분석 방법 결정
7 데이터 수집 양식 설계
8 표본 계획과 크기 결정
9 데이터 수집
10 데이터 분석
11 최종 보고서 준비 및 작성

MARC USA : 소비자 선택을 이해하는 행동경제학

Jim McConnell, 고객 인사이트, 그룹 디렉터

우리는 모두 이러한 경험을 한 적이 있다. 여러분은 어떤 일을 하려고 했으나 결국 결과적으로는 전혀 다른 일을 하게 하게 된 경험 말이다. 또는 여러분이 계획했던 것 이상으로 지출하거나 여러분은 절대 구매하지 않을 것이라고 말한 무언가를 구매해보았을 것이다. 최악의 경우 여러분은 여러분에게 불리한 결정을 내리기도 한다. 마치 여러분의 의사결정능력은 그 자체가 다른 마음을 갖고 있는 것 같다. 사실 의사결정의 95%는 거의 무의식적으로 감정을 관장하는 뇌의 부분에서 시작된다. 거기가 우리가 택한 선택의 진정한 이유가 존재하는 곳이다. 이 지식은 선택을 이해하고 영향을 미치는 욕구와 함께 행동경제학의 최근 연구 발전에 힘을 보탰다. 그리고 행동을 이해하고 영향을 끼쳐야 하는 역할을 가진 마케터는 이것에 관심을 두고 있다. MARC USA에서 우리는 뇌과학과 행동경제학을 통해 행동을 변화시키는 커뮤니케이션을 만들기 위해 의사결정이 어떻게 내려지는지에 대해서 더 나은 이해를 하도록 돕고 있다. 그 의사결정이 구매 선택이든 중요한 건강 이슈에 관한 것이든 말이다.

이를 위한 우리의 도구는 프레이밍(Framing), 손실 회피(Loss Aversion), 현상 유지 편향(Default Bias), 상대성(Relativity), 군집(Herding), 공짜의 힘(Power of Free), 후회에 대한 공포(Fear of Regret), 닻내림(Anchoring), 청킹(Chunking), 선택의 역설(Paradox of Choice), 사회적 증거(Social Proof) 그리고 그 이상의 기본적인 행동경제학 이론을 포함한다. 예를 들어 사회적 증거가 심장마비 증세가 시작될 때 사람들을 어떻게 변화시키는지 살펴보자. 사회적 증거는 가족, 친구, 그리고 기타 타인들의 행동에 근거해 무엇인가가 좋은지(혹은 나쁜지)를 정하고 사람들은 종종 타인의 행동을 모방하고 타인이 회피하는 행동을 회피한다고 가정한다. 우리는 미국심장협회(American Heart Association, AHA)와 함께 심장마비의 첫 징후가 있을 때 911에 신고하는 행동을 변화시키기 위한 연구를 수행했다. 수년 동안, AHA 접근법은 사람들에게 피해자 혹은 의학 전문가들에 의해 심장마비 증상을 상기시키는 것이었다. 만약 사람들이 자신이 생명을 위태롭게 하는 증상을 가지고 있다는 것을 알기만 해도 그들은 전화를 할 것이다. 그렇지 않은가? 틀렸다. 911 호출의 비율은 변하지 않았다. 사람들은 기다리고 또 기다렸다. 증상을 더 이상 간과할 수 없을 때, 그들은 종종 자신과 사랑하는 사람을 병원으로 데려간다. 그렇다면 사람들은 그들이 죽을 수 있는 매우 심각한 징후를 경험하는 것을 알고 있을 때 왜 올바른 결정을 하지 않는 것일까? 우리의 연구는 사람들이 당황하고 소란을 피우고 싶지 않기 때문에 911 호출을 하지 않음을 발견했다. 만약 이게 잘못된 경고 증상이라면 어떻게

할 것인가라는 걱정을 하는 경우 특히 그랬다. 많은 사람들은 죽음에 대한 두려움보다 일반적 규범에서 벗어나는 행동에 대한 공포가 더욱 컸다. 사회적 증거가 작동하는 것이다.

새로운 생각이 분명히 필요했다. 이러한 통찰력과 함께 MARC USA는 새로운 사회적 규범을 만들기 위한 커뮤니케이션 캠페인을 설계했다. 즉 911을 호출하지 않는 것은 사회적으로 수용될 수 없는 것으로 만들었다. 그 아이디어는 팔과 다리가 있는 폭력적인 심장이 공원 벤치에 앉아 있는 한 남성을 공격하지만 구경꾼들은 보고도 아무것도 하지 않는 장면의 TV 인쇄물과 옥외 광고를 통해 활기를 띠었다. 우리는 심장마비를 보고 행동하지 않는 것은 어리석은 것처럼 보이게 했다. 우리는 "심장마비의 첫 증상에서 당신은 왜 911을 부르지 않나요?"라고 질문했다. 이 날카로운 광고는 엄청난 결과를 낳았다. 캠페인 집행 후 3개월 만에 심장마비 환자들과 주변 사람들의 911 신고가 테스트 마켓에서 58%에서 76%까지 증가했으며, 6개월 뒤에는 80%까지 증가했다. 그렇다. 마케팅 캠페인은 사람들의 행동을 변화시킬 수 있다. 그리고 행동 뒤에 숨겨진 진짜 이유를 이해하고 직면하는 하는 데 도움을 주는 행동경제학이 촉매의 역할을 했다.

marcusa.com에 접속하여 MARC UASA를 방문하시오.

출처 : Text and photos courtesy of Jim McConnell and MARC USA..

8-1 측정 개념의 기본

측정은 조사자가 관심을 가지는 대상의 설명이나 특성의 양을 결정하는 것이다.

이 장 서두에서 McConnell이 밝혔듯이, 마케팅 조사는 **측정**(measurement)에 상당히 의존하는데, 측정이라는 것은 조사자가 관심을 가지는 대상의 특성에 대한 설명이나 그 양을 결정하는 것으로 정의된다. 예를 들어 마케팅 관리자는 사람들이 일반적으로 어떤 브랜드를 구매하는지 혹은 특정 기간에 얼마나 많은 제품을 사용하는지 파악하기를 원할 수 있다. 이러한 정보가 취합되면 제품의 견이나 용도를 정하는 것과 같은 구체적인 조사목적에 답하는 데 도움이 된다.

하지만 우리는 실제 무엇을 측정하고 있는 것일까? 우리는 때때로 특징, 기능, 혹은 품질이라 불리는 대상의 속성들을 측정하고 있다. 그 대상은 소비자, 브랜드, 매장, 광고, 혹은 특정 관리자와 함께 일하는 조사자가 관심을 갖는 어떤 개념들도 포함한다. **속성**(properties)이란 다른 대상과 구분될 수 있는 대상의 특별한 특색(feature) 및 특성(characteristics)이다. 예를 들어 우리가 조사하길 원하는 대상을 소비자라고 가정해보자. 그림 8.1에 나와 있듯이, 특정 제품을 구매하는 사람을 정의하려는 관리자가 관심 갖는 속성은 나이나 성별과 같은 인구통계와 구매자의 선호 브랜드와 다양한 브랜드의 지각 등을 포함하는 구매자 행동의 조합이다. 그 측정 대상과 해당 속성이 연결되고 나면 우리는 그 대상이 특정 속성에 대해서 특정되었다고 말한다. 마케팅 조사자들은 마케팅 현상을 기술하는 데 굉장한 관심을 갖고 있기 때문에 이 측정은 마케팅 조사에서 큰 부분을 차지하고 있다. 게다가 조사자들은 종종 다양한 소비자 유형의 프로파일 간 차이점을 발견하는 일을 하게 되는데, 측정은 이러한 과업을 수행하기 위해 필요한 첫 번째 단계이다.

측정은 나이, 소득, 구매한 병(bottle) 개수, 최근에 방문한 매장과 같이 물리적으로 입증 가능한 특징을 말하는 **객관적 속성**(objective properties)을 측정하는 경우에는 그 과정이 상대적으로 간단

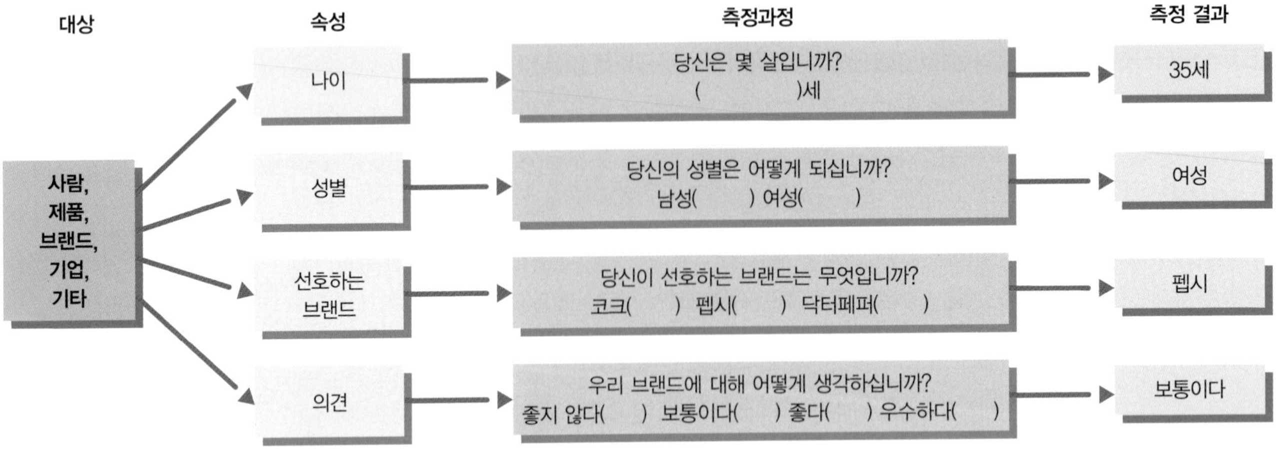

대상
사람, 제품, 브랜드, 기업, 기타

속성	측정과정	측정 결과
나이	당신은 몇 살입니까? ( )세	35세
성별	당신의 성별은 어떻게 되십니까? 남성( ) 여성( )	여성
선호하는 브랜드	당신이 선호하는 브랜드는 무엇입니까? 코크( ) 펩시( ) 닥터페퍼( )	펩시
의견	우리 브랜드에 대해 어떻게 생각하십니까? 좋지 않다( ) 보통이다( ) 좋다( ) 우수하다( )	보통이다

그림 8.1 마케팅 조사에서 측정 과정

하다. 객관적 속성은 관찰 가능하고 유형적(tangible) 특성을 갖고 있다. 일반적으로 성별과 같은 객관적 속성은 '남성' 혹은 '여성'과 같은 적절한 선택 보기로 사전에 준비된다. 하지만 마케팅 조사자들은 **주관적 속성**(subjective properties) 역시 측정하기를 희망하는데, 주관적 속성은 사람의 태도 혹은 의도와 같은 심적 개념(mental construct)이기 때문에 직접 관찰을 할 수 없다. 주관적 속성은 관찰될 수 없고 무형적(intangible) 특성을 갖고 있는 것이다. 많은 경우 마케팅 조사자들은 응답자들에게 그(녀)의 느낌, 의견 등을 연속적인 척도로 전환하도록 요구하는데, 이는 결코 쉬운 과업이 아니다. 이를 위해 마케팅 조사자들은 매우 명확하며 응답자들이 동일하게 사용할 수 있는 등급 척도 양식을 채택하거나 개발해야 한다. 이러한 과정은 **척도 개발**(scale development)로도 알려져 있는데, 이는 대상의 주관적 속성을 측정할 수 있는 질문과 문항 양식을 설계하는 것이다.[1] 우리는 지금부터 측정개념의 기본을 우선 소개하면서 이러한 과정에 대한 탐구를 시작하고자 한다.

객관적 속성은 관찰 가능하고 유형적 특성을 갖고 있다. 주관적 속성은 관찰할 수 없고 무형적 특성을 갖고 있는데 척도 개발 과정을 통해 평가척도로 전환된다.

8-2 척도의 유형

마케팅 조사자들은 척도를 몇 개의 다른 방식으로 설명한다. 이 장에서는 우리는 SPSS에서 사용되는 세 가지 척도인 명목척도, 서열척도, 그리고 연속형 척도에 대해 안내할 것이다. 이러한 접근은 여러분의 설문지 설계 지식과 SPSS에서 사용하는 개념이 연결될 것이므로 향후 여러분의 SPSS 사용을 용이하게 해줄 것이다.

명목척도

명목척도(nominal measures)는 오직 표식(label)만 사용하는 것으로 정의된다. 즉 그것은 서술의 기능만 있다. 예를 들면 인종, 종교, 주거유형, 성별, 마지막으로 구매한 브랜드, 구매자/비구매자 등을 지정하는 것을 포함한다. 답안은 예/아니요, 동의합니다/동의하지 않습니다, 혹은 정성적인 설명 외에 정량적인 차이가 없는 기타 답안들을 포함한다. 만약 여러분이 설문에서 응답자들을 직업(재무분석가, 소방관, 컴퓨터 프로그래머 등)에 따라 기술하려고 한다면, 여러분은 명목척도를 사용해야 한다. 명목척도의 이러한 예시들은 오직 소비자를 범주화할 뿐이라는 것을 기억하자. 이

명목척도는 대상을 표식한다.

척도는 '상대적으로 더 높은(혹은 더 강한)', '2배 더 많은'과 같은 정보를 제공하지 않는다. 명목척도를 사용한 질문의 예시는 표 8.1A에 제시되어 있다.

© Stephen Finn/Shutterstock
서열척도는 대상들의 순위를 매기지만, 그것들의 정확한 차이는 알기 어렵다.

서열척도

서열척도(ordinal measures)는 조사자가 응답자 혹은 그들의 응답의 순위를 매기도록 하는 것이다. 만약 응답자가 브랜드 선택의 첫 번째, 두 번째, 세 번째, 그리고 네 번째가 무엇인지 응답하도록 요청했다면, 그 결과는 서열척도를 사용해 측정된 것이다. 유사한 경우로 한 응답자가 여행 빈도 척도에서 '정기적으로 여행을 간다'고 응답했고, 또 다른 응답자는 '불규칙적으로 여행을 간다'고 응답을 했다면, 우리는 첫 번째 응답자가 두 번째 응답자보다 더욱 자주 여행을 가지만 얼마나 더 자주 가는지는 알 수 없기 때문에 그 결과는 서열척도다. 서열척도는 대상들 간의 상대적 차이(더욱 많은, 더욱 적은, 혹은 동일한)만 파악할 수 있다. 대상들의 순서(첫째, 둘째)만 파악할 수 있을 뿐 정확한 차이를 파악할 수는 없다. 서열척도의 예는 표 8.1B에 제시되어 있다.

서열척도는 대상 간의 상대적 크기 차이만을 나타낸다.

연속형 척도

연속형 척도(scale measure)는 각 수준(level) 간의 거리가 알려져 있는 척도이다. 척도 측정은 두 가지가 있다. **비율척도**(ratio scale)는 특정 기간 동안 실제로 구매한 횟수, 지출한 돈, 여행 거리, 가구당 자녀 수, 혹은 대학 재학 기간과 같은 절대 0이 존재하는 속성을 측정한다. 여러분도 동의하듯이 비율척도는 금액, 거리, 연도 혹은 유사한 명칭을 사용하기 때문에 응답자들이 이해하기 쉽다. 비율척도는 측정 결과를 비교할 때 이 비율이라는 특성을 사용할 수 있도록 해준다. 예를 들어 한 사람이 지출한 금액은 다른 사람의 2배일 수 있거나 한 사람이 여행한 거리는 다른 사람의 1/3 수준일 수 있는 것이다. 표 8.1D의 비율척도 예시를 참고해보자.

비율척도는 절대 0점이 존재한다.

등간척도로 관찰할 수 없는 구성개념을 측정하는 데 사용된다.

등간척도(interval scale)는 주관적 속성을 측정하는 척도로, 인접한 수준에서 차이(거리)는 하나의 눈금 단위로 정의된다. 가령 3의 값이 매겨진 하나의 커피 브랜드 맛은 4가 매겨진 경우로부터 한 단위 떨어져 있는 것이다. 암묵적으로 인접한 수준의 표식자(descriptors) 사이에는 동일한 간격이 존재하는 것이다. 즉 만약 조사자가 여러분에게 '굉장히(extremely) 호의적이다', '매우(very) 호의적이다', '다소(somewhat) 호의적이다', '다소 비호의적이다', '매우 비호의적이다', '굉장히 비호의적이다'의 나열로부터 하나의 설명을 선택함으로써 매장 점원을 평가하도록 요청한다면, 조사자는 각 표식자와 앞 혹은 뒤의 표식자 간에는 동일한 한 단위씩 떨어져 있다고 가정해야 한다. 이러한 상황에서 우리는 척도를 가정된 **동일간격**(assumed interval), 즉 등간(等間)으로 본다. 표 8.1C에 소개되어 있는 등간척도는 응답자들에게는 직관적으로 쉽게 보일 수 있겠지만, 이 척도는 언제나 주관적 속성을 측정하고 있다. 또 여러분은 마케팅 조사자들이 이 척도를 사용할 때 아주 신중

Marketing Research on YouTube™

마케팅 조사에서 사용되는 기본 척도를 공부하려면 **www.youtube.com**에서 **Variable Measurement Scales**를 검색하라.

표 8.1 서로 다른 유형의 측정 사용 예시

A. 명목척도 문항

1. 당신의 성별은 어떻게 되십니까?
   ______ 남성 ______ 여성
2. 당신은 향후 6개월 이내에 새로운 자동차를 구매할 계획이 있으십니까?
   ______ 네 ______ 아니요 ______ 잘 모르겠음
3. 당신은 지난 주에 델타항공의 '걱정 없는 휴가' 광고를 봤던 기억이 있으십니까?
   ______ 네 ______ 아니요

B. 서열척도 문항

1. 각 브랜드에 대한 당신의 선호도를 표시해주세요. 1은 '가장 선호하는', 2는 '다음으로 선호하는' 순입니다.
   ______ 3 Musketeers
   ______ Baby Ruth
   ______ Milky Way
2. 당신의 의견에 근거해, Walmart의 가격은
   ______ Sears보다 고가다.
   ______ Sears와 비슷하다.
   ______ Sears보다 저렴하다.

C. 등간척도 문항

1. 각 TV 쇼에 대해 당신은 전체적으로 얼마나 즐거움을 느끼는지 평가해주시기 바랍니다.

	평가									
쇼	전혀 즐겁지 않다									매우 즐겁다
America's Got Talent	1	2	3	4	5	6	7	8	9	10
Amrican Idol	1	2	3	4	5	6	7	8	9	10
Dancing with the Stars	1	2	3	4	5	6	7	8	9	10

2. 아래 각 문장에 대한 당신의 동의 정도를 나타내는 숫자에 동그라미를 해주십시오.

	전혀 그렇지 않다				매우 그렇다
a. 나는 항상 저렴한 제품을 찾는다.	1	2	3	4	5
b. 나는 야외 활동을 좋아한다.	1	2	3	4	5
c. 나는 요리를 좋아한다.	1	2	3	4	5

3. Chevrolet Camaro에 대한 당신의 평가에 가장 부합하는 칸에 표시를 해주십시오.
   느린 픽업 ______ ______ ______ ______ ______ ______ ______ 빠른 픽업
   디자인이 좋은 ______ ______ ______ ______ ______ ______ ______ 디자인이 나쁜
   저렴한 가격 ______ ______ ______ ______ ______ ______ ______ 높은 가격

D. 비율척도 문항

1. 당신의 나이는 어떻게 되십니까? ______ 세
2. 당신은 지난 달 세븐일레븐에서 10달러가 넘는 제품을 몇 번 구매하셨습니까?
   0 1 2 3 4 5 그 이상(구체적으로 : ______)
3. 당신은 보험금이 25만 달러인 생명보험의 일반적인 구매자는 매년 얼마를 지불한다고 생각하십니까? ______ 달러

표 8.2 척도 응답 문항 형식의 강도 연속성

극도로 부정적인			중립적인			극도로 긍정적인
매우 그렇지 않다	그렇지 않다	다소 그렇지 않다	보통이다	다소 그렇다	그렇다	매우 그렇다
1	2	3	4	5	6	7
굉장히 불만족한	매우 불만족한	다소 불만족한	보통	다소 만족한	매우 만족한	굉장히 만족한
1	2	3	4	5	6	7
굉장히 비호의적인	매우 비호의적인	다소 비호의적인	보통	다소 호의적인	매우 호의적인	굉장히 호의적인
1	2	3	4	5	6	7

하게 판단해야 한다는 것을 곧 배우게 될 것이다.

대부분의 주관적 혹은 심리적 속성들은 응답자의 마음속에 하나의 극단점에서 다른 방향의 극단점까지의 연속성(continuum ranging)을 띠고 있기에, 이러한 속성들을 측정하기 위한 등간척도 질문의 사용은 일반적인 관행이다. 때때로 숫자는 척도상 각 위치 간의 차이 단위를 표시하기 위해 사용된다. 항상 그렇지는 않지만 보통 척도는 극단적인 부정적 지점에서 중립 지점을 거쳐 극단적인 긍적적 지점까지에 이르는 범위를 가진다. 곧 학습하겠지만 중립 지점은 0 혹은 원점을 의미하는 것이 아니다. 대신에 연속된 값 사이에서 하나의 값만을 의미한다. 표 8.2의 예시에도 나와 있듯이, 여러분은 모든 것이 매우 부정에서 매우 긍정까지 이어지는 연속된 범위로 되어 있다는 것을 알 수 있으며, '의견 없음'은 척도 중간에 위치해 있다.[2] 표 8.1C와 8.2에 보여지듯, 설문지에 있는 표식자들은 동일한 간격으로 떨어져 있다. 수준에 대한 설명은 이것이 연속이라는 것을 의미하고 표시를 하게 된 포인트들은 같은 간격으로 떨어져 있음을 알 수 있다. 선택문항 간의 간격이 동일하게 보여지도록 척도상의 선택문항 단어를 선택하고 같은 간격으로 떨어뜨려 놓음으로써 조사자들은 명목척도와 서열척도보다 더욱 높은 수준의 측정을 달성하고 응답자들의 속성에서 더 세밀한 차이를 발견할 수 있도록 해준다.

8-3 마케팅 조사에서 일반적으로 사용되는 등간척도

모든 설문지에서 새로운 척도를 개발하는 것은 좋은 방법이 아니다. 대신에 마케팅 조사자들은 업계에서 자주 사용되는 표준 유형을 사용한다. 이제 여러분은 마케팅 조사자들은 종종 소비자의 주관적 속성을 측정하는 것을 알고 있을 것이다. 이러한 구성개념에는 태도, 의견, 평가, 신념, 인상, 지각, 느낌, 의도 등 다양한 것들이 있다. 이러한 구성개념들은 주관

© Becky Swora/Shutterstock

마케팅 조사자들은 종종 *일꾼척도*라고도 불리는 표준척도에 의존한다.

적이기 때문에, 마케팅 조사자들은 응답자들이 편리하고 이해하기 쉬운 방식으로 자신의 인상의 방향과 강도를 표현할 수 있는 수단들을 개발해야만 한다. 이를 위해 마케팅 조사자들은 등간척도를 사용한다. 이 장에서는 우리는 마케팅 조사를 수행할 때 가장 일반적으로 사용되는 기본적인 등간척도의 양식을 설명할 것이다. 여러분은 이러한 척도 양식을 설문지에서 아주 자주 보게 될 것이다. 우리는 이러한 등간척도가 많은 마케팅 조사 측정에서 사용되기 때문에 **일꾼척도**(workhorse scale)라고 부른다.

마케팅 조사자들은 각 조사목적을 위해 새로운 척도를 개발하는 대신 표준척도를 사용한다.

리커트 척도

리커트 척도 형식은 동의 혹은 비동의의 강도를 측정한다.

마케팅 조사자들[3]에 의해 사용되는 일반적인 등간척도는 **리커트 척도**(Likert scale)로 이 척도는 응답자에게 일련의 문장 각각에 대한 대칭적 동의/비동의 척도에 대해 응답자들의 동의 혹은 비동의의 정도를 응답하도록 요청한다.[4] 즉 그 척도는 응답자들에게 서술형 문장에 어느 정도 동의하는지 응답하도록 요구하기 때문에 문장의 의견 혹은 주장에 대한 응답자들 느낌의 강도를 포착할 수 있다. 표 8.3에는 온라인 설문에서 사용되는 리커트 척도 사례가 제시되어 있다.

Rensis Likert가 도입한 척도 개발 접근법을 차용한 리커트 응답 양식은 마케팅 조사자들에 의해 광범위하게 수정되고 채택되었다.[5] 실제로 그것의 정의는 조사자들마다 상당히 다양하다. 어떤 조사자들은 '매우(strongly)', '다소(somewhat)', 그리고 '약간(slightly)'이라는 기술문을 사용한 모든 강도 척도를 리커트 척도의 변형이라고 가정하고 있다. 또 다른 조사자들은 오직 동의/비동의로 응답을 요구하는 경우에만 리커트라는 용어를 사용하기도 한다. 우리는 두 번째 의견에 보다 동의하는데 이런 동의/비동의를 제외한 다른 모든 척도들을 '감도(sensitivity)' 혹은 '강도(intensity)' 척도로 간주하는 것을 선호한다. 그러나 이러한 의견은 오직 우리의 생각이며, 다른 조사자들은 다른 기준으로 명명하고 있다는 것을 알아야 한다.

라이프스타일 인벤토리는 개인의 활동, 관심, 그리고 의견을 측정한다.

라이프스타일 인벤토리(lifestyle inventory)라 불리는 리커트 질문양식을 응용한 척도는 사람들의 직업, 여가 시간, 그리고 구매에 대한 그들의 독특한 활동(activities), 관심(interest), 의견(opinion) 등에 반영된 사람들의 가치와 개인적 특질(traits)을 고려한 측정을 한다. 라이프스타일 문장의 사례로는 '나는 특별 행사제품 쇼핑을 자주 한다', '나는 직불카드로 구매하는 것을 선호한

표 8.3 리커트 척도의 예시

각 문항에 대해 당신이 동의하는 수준에 표시해주시기 바랍니다.

문항	매우 그렇다	그렇다	보통이다	그렇지 않다	매우 그렇지 않다
리바이스 501 청바지는 멋지다.	◎	◎	◎	◎	◎
리바이스 501 청바지의 가격은 합리적이다.	◎	◎	◎	◎	◎
다음에도 리바이스 501 청바지를 구매할 것이다.	◎	◎	◎	◎	◎
리바이스 501 청바지는 사람이 입었을 때 쉽게 알아볼 수 있다.	◎	◎	◎	◎	◎
리바이스 501 청바지는 나를 기분 좋게 해준다.	◎	◎	◎	◎	◎

다' 혹은 '우리 아이는 내 삶의 중요한 부분을 차지한다' 등이 있다. 라이프스타일 질문은 소비자의 독특한 생활방식을 측정한다. 이러한 질문들은 제품 다량 사용자 vs. 소량 사용자, 매장 단골고객 vs. 매장 비단골고객 그리고 기타 소비자 유형을 구분시켜 줄 수 있다. 이 질문은 개인의 가격 민감도, 패션 민감도, 의견 제시자, 스포츠 열정, 아이 지향도, 가정 중심, 혹은 재정 낙관주의 정도를 추정할 수 있다. 이 기술은 보다 효과적인 광고를 실행하기 위한 수단으로 소비자 집단에 대한 설명을 얻으려는 광고 전략가들로부터 비롯됐다. 이 기법은 단순히 인구통계가 아닌 소비자들의 라이프스타일에 대한 지식이 마케팅 의사결정에 방향성을 제시한다는 믿음에 근거하고 있다. 많은 기업들은 심리적 변수를 시장 표적화를 위한 도구로 사용한다.[6]

리커트 척도를 '귀엽게' 설명한 것을 공부하려면 www.youtube.com에서 Using the Likert Scale to Evaluate a kid's Halloween Party를 검색하라.

5점 리커트 척도는 구성개념 혹은 개념을 측정할 때 유연하게 적용될 수 있다. 또한 그것은 구성개념들 간의 중요한 관계 혹은 연관성을 증명하기 위한 정교한 통계분석에도 적합하다.

어의차이척도

개인의 정성적 판단을 측정법으로 전환하는 문제로부터 시작된 특수한 등간척도 형식이 **어의차이척도**(semantic differential scale)다. 리커트 척도처럼, 이것은 말 그대로 의미론(semantics)이라는 다른 영역의 연구로부터 빌려온 것이다. 어의차이척도는 연구 대상의 다양한 속성들에 대한 일련의 정반대 의미의 형용사(bipolar adjective)들을 마련해두고 응답자들로 하여금 각 속성에 대한 자신들의 인상을 그 정반대의 형용사들을 연결한 연속선 위에 표시하도록 하는 것이다. 어의차이척도의 초점은 어떤 대상, 개념, 개인, 그리고 경험의 의미를 측정하는 데 있다.[7] 많은 마케팅 자극물

어의차이척도는 브랜드, 기업, 혹은 매장 이미지를 측정하는 좋은 방법이다.

능동적 학습

대학생 라이프스타일 양식 구성

대학생인 여러분은 대학생 라이프스타일의 차원과 쉽게 관련될 수 있다. 이번 능동적 학습에서는 다음의 대학생 활동을 보고 대학생 라이프스타일 양식 설문지에 나타난 리커트 척도 문항을 작성해보자. 리커트 척도 설명에서 권장한 대로 여러분의 문장을 모델링해보라.

대학생 라이프스타일 차원	문장 작성	매우 그렇지 않다	그렇지 않다	보통이다	그렇다	매우 그렇다
학습		1	2	3	4	5
외출		1	2	3	4	5
일		1	2	3	4	5
운동		1	2	3	4	5
쇼핑		1	2	3	4	5
데이트		1	2	3	4	5
소비		1	2	3	4	5

은 의미, 심적 연상, 그리고 함축된 의미를 갖고 있기 때문에, 마케팅 조사자들이 브랜드, 매장, 기타 이미지 등을 결정하려 할 때에는 이러한 합성 척도가 매우 적합하다.[8]

어의차이척도를 구성하는 것은 보통 브랜드 혹은 기업과 같은 개념이나 대상을 정함으로써 시작된다. 그러고 나서 조사자들은 대상의 눈에 띄는 속성을 묘사할 수 있는 정반대의 뜻을 가진 단어나 구절을 선택해야 한다. 연구 대상에 따라 다르지만 이러한 단어나 구절의 예로는 '호의적인-비호의적인', '뜨거운-차가운', '편리한-불편한', '높은 품질-낮은 품질', 그리고 '신뢰할 수 있는-신뢰할 수 없는' 등이 있다. 상반된 단어가 강도(intensity)의 연속성에 따라 양 끝점에 위치해 있으며, 양 끝점 사이에는 5개 혹은 7개의 중간 포인트가 있다. 응답자는 적절한 지점에 표시를 하면서 대상(브랜드)의 성과 평가를 나타낸다. 응답자가 체크한 선(점)이 양끝에 가까울수록, 측정된 대상에 대한 응답자의 평가는 더욱 강해진다.

표 8.4는 치포틀레 멕시칸 그릴(Chipotle Mexican Grill) 설문에서 사용한 어의차이척도를 보여주고 있다. 또한 응답자들은 호세스 마초 타코 레스토랑(Jose's Macho Taco Restaurant)에도 동일한 설문에 응답하고 있다. 여러분은 응답자들이 몇 개의 상반된 형용사 구 사이에 있는 동그라미에 체크함으로써 치포틀레와 같은 다양한 레스토랑에 대한 인상을 표시하도록 안내받았음을 알 수

표 8.4 어의차이척도의 예시

치포틀레 레스토랑에 대한 당신의 인상과 각 문항이 일치한 곳에 표시해주시기 바랍니다.

고가의	○	○	○	○	○	○	○	저렴한
불편한 위치	○	○	○	○	○	○	○	편리한 위치
나를 위한	○	○	○	○	○	○	○	나를 위하지 않는
따뜻한 분위기	○	○	○	○	○	○	○	차가운 분위기
제한된 메뉴	○	○	○	○	○	○	○	다양한 메뉴
빠른 서비스	○	○	○	○	○	○	○	느린 서비스
낮은 품질의 음식	○	○	○	○	○	○	○	높은 품질의 음식
특별한 장소	○	○	○	○	○	○	○	일상적인 장소

연구 결과의 표시

고가의	○	●(호세스)	○	●(치포틀레)	○	○	○	저렴한
불편한 위치	○	○	●(호세스)	○	●(치포틀레)	○	○	편리한 위치
나를 위한	○	●(호세스)	●(치포틀레)	○	○	○	○	나를 위하지 않는
따뜻한 분위기	○	○	●(호세스)	●(치포틀레)	○	○	○	차가운 분위기
제한된 메뉴	○	●(치포틀레)	○	●(호세스)	○	○	○	다양한 메뉴
빠른 서비스	○	○	○	●(치포틀레)	●(호세스)	○	○	느린 서비스
낮은 품질의 음식	○	○	●(치포틀레)	●(호세스)	○	○	○	높은 품질의 음식
특별한 장소	○	●(호세스)	○	○	●(치포틀레)	○	○	일상적인 장소

●——● 치포틀레 멕시칸 그릴
●·····● 호세스 마초 타코 레스토랑

있다. 이러한 구절을 보면 이러한 척도는 한쪽에만 모두 '긍정적인' 구절이 놓이는 것을 피하도록 무작위로 뒤집어져 있음을 알 수 있을 것이다. 이러한 배치 과정은 **후광효과**(halo effect)[9]를 피하기 위해서인데, 후광효과는 특별한 속성에 대해 응답자의 인상을 편향시키는 매장 혹은 브랜드에 대한 일반적인 느낌이다.[10] 가령 치포틀레의 충성고객인 응답자들이 오른쪽은 모두 긍정적인 문장이고 왼쪽은 모두 부정적인 문장으로 구성된 설문에 답한다면, 그들은 모든 문항을 자세히 읽지 않고 질문문항의 오른쪽에 치우쳐서 응답할 것이다. 하지만 치포틀레 식사 경험의 특정 측면은 다른 것만큼 좋지 않을 수도 있다. 어의차이척도에서 양 끝에 있는 호의적이거나 부정적인 기술문을 무작위로 배치하는 것은 후광효과를 최소화해줄 수 있다.[11] 또한 응답자들이 설문 주제에 대해 좋고 싫음이 혼재된 감정을 가지고 있다는 증거가 있을 때에는 부정적/긍정적 단어로 된 질문 문항의 균형을 이루는 것이 좋다.[12]

어의차이척도를 사용하면 *후광효과*를 통제할 수 있다.

어의차이척도의 가장 매력적인 특성 중 하나는 조사자가 평균 계산을 통해 브랜드 혹은 기업 이미지의 프로파일을 그려낼 수 있다는 점이다. 응답자가 표시하게 되는 선 각각은 코딩을 위해 숫자가 부여되는데 일반적으로 왼쪽에서 오른쪽으로 방향으로 숫자 1, 2, 3 순으로 주어진다. 그다음으로는 연속형 척도가 사용되었기 때문에 각각의 상반된 수식어에 대한 평균을 계산할 수 있다. 여러분이 아래에서 보는 것처럼 평균은 도표화되고 마케팅 조사자들은 의뢰업체에게 결과물을 보고하는 멋진 그래픽 커뮤니케이션 수단을 갖게 되는 것이다.

어의차이척도 사용으로 조사자는 상반된 형용사에 대한 평균을 계산해서 도표화할 수 있다.

스타펠척도

스타펠척도(stapel scale)는 양극단에 상반된 단어를 제시하는 것이 아니라 +5에서 −5 사이에서 긍정적 그리고 부정적 숫자를 부여하는 것이다. 스타펠척도는 중립점인 0이 있을 수도 없을 수도 있다. 스타펠척도는 조사자들이 각 속성에 대한 상반된 제시어를 나타내지 않아도 되기 때문에 어의차이척도보다 구성이 쉽다. 또한 응답자가 어의차이척도에 응답하는 방식으로 척도를 '확인'할 필요가 없기 때문에 관리 면에서 유연하다. 하지만 스타펠척도를 적절하게 활용하기 위해서는 응답자들이 부정적인 숫자를 편하게 느껴야 한다.

스타펠척도는 중간점으로 0을 포함하든 포함하지 않든 마이너스 끝에서 그에 대응되는 플러스 끝까지 연속적인 숫자로 표시되어 있기 때문에 쉽게 인식된다.

마케팅 조사자들이 가장 일반적으로 사용하는 척도를 논의한 이 장을 마치기 앞서, 우리는 사용 가능한 설문지 설계 소프트웨어 옵션(나중에 설명하겠지만)으로 다양한 유형의 시각 척도를 쉽게 만들 수 있음을 알아두어야 한다. 가까운 미래에 인기를 얻을 이러한 시각 척도에 대해 알아보기 위해 마케팅 조사 인사이트 8.1을 읽어보자.

마케팅 조사에서 사용되는 등간척도에 대한 두 가지 이슈

등간척도의 기본 양식을 여러분에게 간단히 소개하기 위해 우리의 세 가지 일꾼척도인 리커트, 어의차이, 스타펠척도를 보았다. 여기에는 다양한 변형 형태가 있을 수 있으며, 곧 설명될 설문지 설계 소프트웨어를 통해 쉽게 구성될 수 있다. 하지만 그 양식 혹은 형태와는 무관하게, 우리는 등간척도를 사용할 때 발견되는 두 가지 이슈에 대해 논의해봐야 한다. 첫 번째 이슈는 중간, 즉 중립 선택문항 포함 여부다. 리커트 척도, 라이프스타일, 어의차이척도는 모두 중위수를 갖고 있다. 하

마케팅 조사 인사이트 8.1 **디지털 마케팅 조사**

시각 척도

온라인 설문지 설계 기업들은 체크박스와 라디오 버튼으로부터 다양한 형태의 인터랙티브 그래픽 척도까지 문항 응답 형식을 발전시켰다. 사용자 친화적 포인트-클릭 기능과 함께 설문지 설계자는 응답자들이 설문을 하는 동안 보다 집중하고 즐거울 수 있는 많은 수의 척도들을 선택할 수 있다. 여기에 몇 가지 예시가 있다.

슬라이더(sliders)는 응답자가 막대 위에 표식자의 위치를 정하거나 막대의 끝을 끌어서 강도의 양을 나타낼 수 있다.

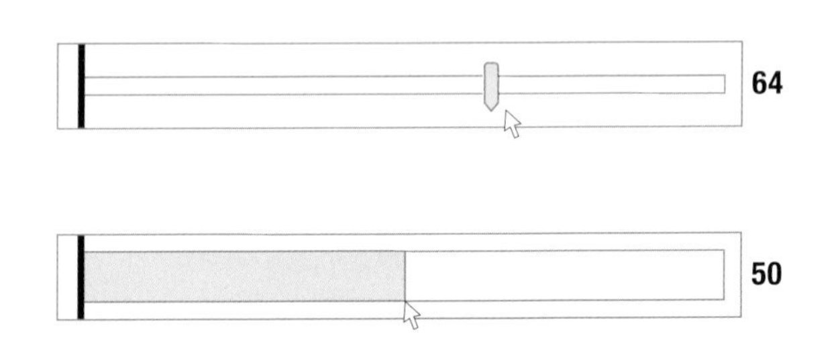

별(stars)은 응답자가 원하면 별의 반까지 포함해서 별에 평가를 나타낼 수 있다.

그래픽 슬라이더(graphic sliders)는 다양한 물건의 클립아트들과 슬라이더가 통합되어 있다.

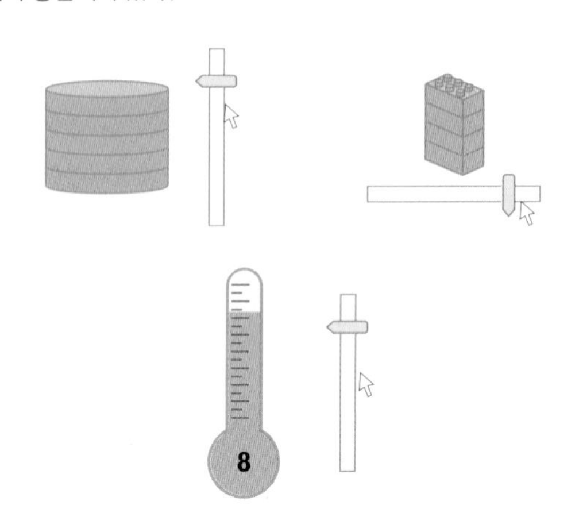

레이아웃, 배열, 이미지 등에 대한 다양한 옵션이 있다. 데이터 품질 관점에서 봤을 때, 이러한 시각 척도는 전통적인 통계 척도 형식보다 더 많은 이점을 제공한다고 평가하기에는 이르지만 현재 설문지 개발자는 응답자들이 매 페이지마다 연속적으로 나오는 매트릭스 유형 척도를 사용함으로써 느끼게 되는 단조로움과 지루함에 대응할 수 있는 몇 가지 도구를 가질 수 있게 되었다. 시각 척도를 지지하는 사람들은 응답자들의 마음을 보다 잘 사로잡는다고 믿는데, 이는 응답자들이 이것을 사용하는 데 더 많은 시간과 노력을 기울이고 설문을 보다 즐겁게 한다는 것을 의미한다.

지만 일부 조사자들은 척도에서 중립 선택을 포함시키지 않는 것을 선호한다. 두 선택 모두 타당한 논리를 가지고 있다.[13] 중립 선택을 포함시켜야 한다고 주장하는 사람들은 일부 응답자들이 특정 문항에 대한 의견을 갖고 있지 않기 때문에 그들의 중립적인 태도를 나타낼 수 있는 기회를 줘야 한다고 믿고 있다. 하지만 중립 선택을 포함시키지 않아야 한다고 주장하는 사람들은 응답자들이 자신의 의견을 속이거나 숨기기 위해 중위수를 선택할 수 있다고 믿고 있다.[14] 중위수 제거는 이러한 응답자들에게 그들의 의견이나 느낌을 표시하도록 강제하는 효과가 있다.

여러분은 응답자들의 '의견 없음' 응답이 타당한 것이라고 생각한다. 중립응답 선택을 사용하라.

두 번째 이슈는 등간척도에서 대칭 혹은 비대칭 척도의 사용 여부다. **대칭 등간척도**(symmetric interval scale)는 '균형'이 잡혀 있는데, 동일한 양의 긍정과 부정이 위치해 있고, 일반적으로 긍정과 부정을 구분해주는 '보통' 혹은 '중립'을 갖고 있다. 표 8.2의 사례에도 확인된다. 하지만 모든 구성개념들이 상반된 의미를 갖고 있지는 않다. 즉 대부분의 사람들은 부정적인 응답 수준에서 생각하지 않기 때문에 주로 긍정적인 응답 수준으로 작성된 **비대칭 등간척도**(nonsymmetric interval scale)가 보다 적절한 경우도 있는 것이다.

때로는 상식적인 선에서 조사자들은 긍정적인 쪽만이 적절하다고 결론을 내리기도 한다.[15] 예를 들어 자동차 보험에 가입할 때 보석금 대출이 여러분에게 얼마나 중요한지 표시하도록 요청했다고 가정해보자. 여러분이 '굉장히 중요하지 않다', '매우 중요하지 않다', 혹은 '다소 중요하지 않다'의 차이를 구별할 수 있을지 의심스럽다. 하지만 여러분은 '중요하지 않다', '다소 중요하다', '매우 중요하다', 그리고 '굉장히 중요하다'라는 선택문항으로 이 보험 혜택이 여러분에게 얼마나 중요한지를 표시할 수 있다. 실제로 많은 구성개념들을 봤을 때, 대칭 척도는 어색하고 직관적이지 않기 때문에 사용되기 어렵다.[16] 결과적으로, 일부 척도들은 긍정적인 측면만을 포함시키는데, 이는 부정적인 측면에서 응답을 하는 응답자들은 거의 없기 때문이다. 의심스럽다면, 조사자들은 응답자들이 부정적인 측면을 이용할 것인지 여부를 확인하기 위해 완전한 버전과 한 측면만 있는 버전 모두를 사전조사할 수 있다. 일반적으로, 감도척도(sensitivity scale)는 그것을 전체적으로 사용할 수 있는지를 사전조사하는 것이 좋다.[17] 히스패닉계와 같은 일부 사람들은 척도의 한쪽 부분만을 사용하는 경향이 있는데, 사전조사를 활용해 적합한 척도를 찾을 필요가 있다.

완전히 대칭적인 척도를 사용할지 말지를 결정할 때에는 상식을 이용하라.

척도는 그 구성개념에 적합해야 한다

우리의 경험에 의하면 여러분은 이 장에서 설명한 각각의 일관척도와 기타 응답 질문 형식 척도들을 이해하는 것이 그리 어렵지 않을 것이다. 하지만 주어진 상황에서 어떤 척도를 추천해야 할지 어려워한다. 제3장에서 설명했듯이, 마케팅 조사자들의 사고방식은 실제 설문 단계에서 맞춰져 있으며, 설문지 설계는 마케팅 조사 제안서를 작성할 때 반드시 생각해야 하는 필수 단계다. 이와 같은 상황에서 조사자들은 '구성개념' 혹은 표준화된 마케팅 개념을 사용하고 각 구성개념을 어떻게 측정할 것인가에 대한 심적 목표(mental vision)를 개발한다. 제3장에서 이러한 심적 목표를 조작적 정의(operational definition)로 소개한 바 있다.

표 8.5에는 마케팅 조사자들에 의해 가장 자주 측정되는 구성개념들에 대한 척도가 제시되어 있다. 여러분은 대부분의 구성개념이 태도 혹은 강도를 측정하기에 표에 있는 척도들은 등간척도라는 것을 알 수 있을 것인데 일반적으로 볼 때 가장 높은 수준의 척도를 사용하는 것을 추천한다.[18] 물론 마케팅에서 사용하는 모든 구성개념이 제시된 것은 아니지만 표 8.5에 있는 구성개념은 마케팅 조사 수행에서 자주 사용되는 것들이다.

조사자들은 '유효성이 증명된' 양식에 의존하고 있다.

매우 다양한 등간척도가 마케팅 조사에서 사용되고 있다. 만약 여러분이 마케팅 조사 업계에 발을 들이게 되면, 마케팅 조사 업체나 마케팅 부서에서 다양한 연구를 통해 '유효성이 증명된(tried-and-true)' 양식에 의존하고 있음을 알게 될 것이다. 선호하는 질문 양식을 사용하는 것은 좋은 이유가 있다. 첫째, 설문지 설계 과정을 신속하게 해준다. 즉 다수의 연구에서 사용되었던 표준화된 척도-응답 양식을 선택함으로써 새로운 양식을 만들거나 개발할 필요가 없는 것이다. 이는 시간과 비용의 절감으로 이어진다.[19] 둘째, 다수의 연구를 통해 표준화된 척도-응답 양식 검증은 신뢰도와 타당성을 평

© Ana Blazic Pavlovic/Shutterstock

어떤 척도를 사용할지 결정하는 것은 신입 마케팅 조사자에게 도전이다.

표 8.5 각 구성개념에 대해 일반적으로 사용되는 등간척도

개념	척도
브랜드/매장 이미지	상반된 형용사를 이용한 어의차이척도(5점 혹은 7점 척도) 예 : 207쪽 사례 참조
사용 빈도	정도 설명(절대, 드물게, 때때로, 보통, 자주, 매우 자주) 혹은 특정 기간 동안의 빈도수로 측정(예 : 월간) 예 : 당신은 얼마나 자주 중국 요리를 드십니까?
중요성	정도 설명(중요하지 않은, 다소 중요하지 않은, 중요한, 매우 중요한, 굉장히 중요한) 혹은 5점 척도로 측정 예 : 당신은 하루에 드라이클리닝 서비스를 완료해주는 것이 얼마나 중요하다고 생각하십니까?
구매의도	정도 설명(매우 그렇지 않다, 그렇지 않다, 다소 그렇지 않다, 보통, 다소 그렇다, 그렇다, 매우 그렇다) 혹은 확률로 측정 예 : 다음에 당신이 쿠키를 구매하신다면, 무지방 쿠키 브랜드를 구매할 의향이 어느 정도 되십니까?
라이프스타일/의견	일련의 라이프스타일 문장을 사용한 리커트 척도(매우 그렇지 않다~매우 그렇다로 구성된 5점 척도) 예 : 다음 문항에 대한 동의 정도를 기입해 주시기 바랍니다. 1. 나는 바쁜 일정을 갖고 있다. 2. 나는 일을 많이 한다.
성과 혹은 태도	정도 설명(부족한, 보통의, 좋은, 매우 좋은, 매우 우수한) 혹은 5점 척도 혹은 스타펠 척도(−3~+3) 예 : 당신이 생각하는 Arby's의 각 속성에 대해 응답해주시기 바랍니다. 1. 다양한 메뉴 구성 2. 합리적인 가격 3. 집에서 편리한 곳에 위치
만족도	정도 설명(매우 만족한, 만족한, 다소 만족한, 보통의, 다소 불만족한, 불만족한, 매우 불만족한) 혹은 10점 척도(1=매우 불만족한, 10=매우 만족한) 예 : 페덱스를 이용한 당신의 경험에 근거해 당신은 익일 배송 서비스에 대해 얼마나 만족하셨습니까?

가하는 기회를 준다. 다음 절에서는 신뢰성과 타당성 측정에 대한 기본 개념과 신뢰성과 타당성을 평가하는 방법 두 가지 주제를 다룰 것이다.

8-4 측정의 신뢰성과 타당성

신뢰성 있는 척도란 한 응답자가 동일하거나 거의 동일한 질문에 대해 같거나 유사한 방식으로 답을 하는 것을 말한다.

마케팅 조사자들이 사용하는 측정은 신뢰성이 있고 타당성이 있어야 한다. **신뢰성 있는 척도**(reliable measure)는 한 응답자가 동일하거나 거의 동일한 질문에 대해 같거나 유사한 방식으로 답을 하는 것을 말한다. 분명한 것은, 만약 한 문항이 동일한 사람으로부터 완전히 다른 대답을 이끌어내고, 질문과 질문 사이에 그 사람이 변하지 않았다면 그 문항은 무엇인가 크게 잘못된 것이다. 즉 신뢰성이 없는 것이다.[20]

반대로 타당성은 측정의 정확성을 의미한다. 실제로 존재하는 것에 대해서 측정을 한 것이 얼마나 정확한가를 평가하는 것이 타당성이다. **타당성이 확보된 측정**(valid measure)은 진실하다. 이 타당성의 개념을 설명하고 신뢰성과의 개념적 차이를 보이기 위해, 수입에 대한 질문에 당황한 응답자를 생각해보자. 이 사람은 연소득이 40,000달러 이하지만 인터뷰어와 이를 공유하길 원하지 않았다. 따라서 그는 보다 높은 수준인 '100,000달러 이상'이라고 응답했다. 질문을 다시 해봐도, 그 응답자는 가장 높은 수준 소득으로 말하며 거짓말을 계속했다. 결국 그 응답자는 완벽하게 일관된 응답(즉 신뢰성은 있지만)을 하고 있지만, 완전한 거짓이었던 것이다(타당성은 낮은). 물론 거짓말이 타당성을 저해하는 유일한 이유는 아니다. 어떤 응답자는 잘못된 기억을 갖고 있거나 오해를 할 수도 있으며, 혹은 잘못된 생각을 할 수도 있고, 그의 응답이 현실과 다른 경우도 있다.[21] 이 책의 학습 범위를 벗어나서 설명은 하지 않겠지만 신뢰성과 타당성을 평가하기 위한 기법들이 존재한다는 것은 알아두어야 하겠다.

8-5 설문지 설계

설문지(questionnaire)는 응답자가 답변하기를 원하는 질문을 응답자들에게 전달하기 위해 조사자가 사용하는 운반수단이다. 설문지는 다음과 같은 여섯 가지 특성이 있다 – (1) 조사목적을 응답자들을 향한 구체적인 질문으로 전환한다. (2) 모든 참여자가 동일한 자극에 응답할 수 있도록 문항과 응답을 표준화한다. (3) 단어, 문항순서, 그리고 외관으로 협력을 이끌고 인터뷰 동안 응답자들에게 동기를 부여한다. (4) 조사 기록이 보존될 수 있도록 해준다. (5) 온라인과 같은 사용된 데이터 수집방법에 따라 설문지는 데이터 분석 과정의 속도를 높일 수 있다. (6) 마지막으로 신뢰성과 타당성이 평가될 수 있는 정보를 포함한다. 다른 말로 표현하자면, 조사자는 품질 관리를 위해 설문지를 사용할 수 있다.

설문지는 응답자에게 설문 문항을 보여준다.

설문지가 이러한 기능들을 모두 수행한다고 볼 때 설문지는 조사 과정의 중심이다. 실제로 많은 연구들을 통해 설문지 설계가 수집된 데이터의 품질에 영향을 미치는 것으로 밝혀지고 있다. 경험이 많은 인터뷰어조차도 설문지 결함을 보완할 수 없다.[22] 좋은 설문지를 개발하는 데 시간을 아까워해서는 안 된다.[23] 설문지 설계는 조사자가 일련의 서로 연결된 단계를 거치도록 요구한다.

설문지 설계 과정

설문지 설계(questionnaire design)는 조사자가 다양한 질문 양식에 대해 고민하고 설문 성격을 규정할 다양한 요소를 고려하며, 문항을 위한 단어들을 세심하게 선택하고, 설문지 레이아웃을 어떻게 할 것인지를 결정하고 궁극적으로 설문을 실행에 옮기는 체계적 과정이다.

설문지 설계는 조사자가 일련의 고려사항들을 확인하도록 요구하는 체계적 과정이다.

그림 8.2는 일반적인 설문지 설계 과정의 여러 단계에 대한 플로차트를 보여주고 있다. 조사목적에서부터 시작해, 조사자는 관심 가는 구성개념의 특성을 정하고 각 구성개념에 사용될 척도 유형을 정해야 한다. 그다음으로, 각 질문에 사용될 단어들을 포함해 문장을 작성해야 한다. 마지막으로 의뢰인에게 보여주고, 마지막 검증을 한 후, 코딩을 확인한 후에 데이터 수집을 위한 설문지가 배포된다.

효과적인 온라인 설문지 설계를 공부하려면 www.youtube.com에서 How to Create a Free Online Survey with Google Docs를 검색하라.

설문지 설계의 상당 부분은 설문에서 개별 질문들을 개발하는 것을 포함하는데, 이것이 그림 8.2에서 '단어 선택'으로 나타나 있다. 여러분이 상상할 수 있겠지만, 마지막 양식이 확정되기 전까지 문항은 일련의 초안들을 작성하고 검토된다. 실제로, 문항이 구성되기 전에도 조사자들은 설

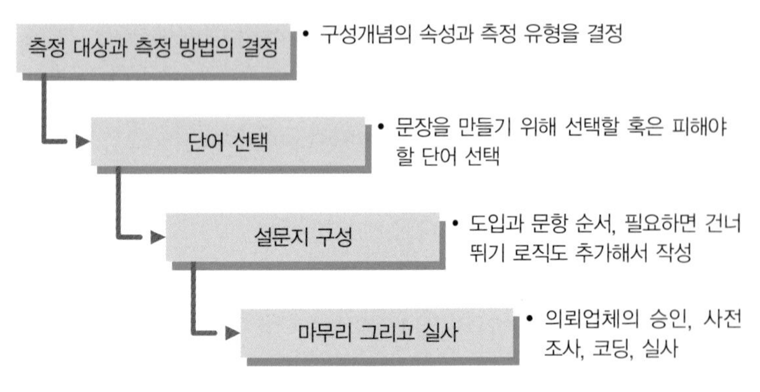

그림 8.2 문항 개발과 설문지 설계 과정

문의 응답자들과 환경에 가장 잘 맞는 응답척도 양식 대안들을 마음속으로 검토한다. 문항 형태가 갖춰지면, 조사자는 지속적으로 문항과 선택 응답들을 평가한다. 문항이 변경되고 조사자들의 의도에 맞춰진 문항인지 확신하기 위해 문항 단어의 재평가가 이루어진다. 또한 조사자들은 **문항 편향**(question bias)을 최소화하기 위해 상당히 노력하는데, 문항 편향이란 응답자들의 답안에 영향을 미치는 질문 단어 혹은 양식으로 정의된다.[24] 질문 개발은 각 조사목적과 관련된 모든 질문을 위해 이루어진다. 우리는 다음 절에서 문항 개발과 문항 편향의 최소화에 대해 설명할 것이다.

문항 편향이란 질문의 단어나 양식이 응답자들의 답안에 영향을 미칠 때 발생한다.

맞춤형 조사연구의 경우, 설문지의 지침 부분, 도입 부분, 그리고 일반적인 레이아웃과 함께 설문지의 문항은 잠재적인 오류에 대해 체계적으로 평가되고 그에 따라 수정된다. 일반적으로 이러한 평가는 조사자에 의해 이루어지며, 의뢰인은 설문지가 조사자에 의해 상당한 개발과 평가를 거칠 때까지 관여하지 않을 것이다. 의뢰인에게는 의뢰인 승인 단계 동안 설문지에 대한 의견을 제시할 수 있는 기회가 주어지며, 이 단계에서 의뢰인은 설문지를 검토하고 설문지가 모든 적절한 이슈를 다루고 있는가에 대해서 동의를 하는 절차를 거친다. 이 단계는 필수이며, 일부 조사 업체들은 의뢰인에게 승인 확인을 위해 설문지 사본에 서명을 요구하기도 한다. 물론, 의뢰인은 설문지 설계의 모든 기술적인 측면을 이해하지 못할 수도 있지만, 그(녀)는 조사목적에 상당한 관심을 갖고 있고, 설문지의 문항이 이러한 목표들을 다루는 정도가 어느 정도인지에 대한 의견을 언급할 수 있다. 의뢰인 승인 이전에, 일반적으로 설문지는 사전조사 단계를 거치는데, 이 사전 조사단계는 조

마케팅 조사 인사이트 8.2 실무적 적용

설문지 설계 모범 사례

어떤 사람들은 문항을 위한 단어, 응답척도의 선택, 문항 흐름 등과 같은 설문지 설계를 과학인 아닌 기술로 보는 경우도 있지만 어떤 것들이 가장 효과가 좋다라는 것에 대한 상당한 연구와 글들이 있다. 최근에는 설문지 설계에 대한 연구들을 포괄적으로 검토한 연구가 이루어졌으며, 그 연구의 저자[25]는 설문지 설계 과정의 다양한 측면에서 권장사항을 제기했다. 우리는 권장한 설문지 설계를 위한 그가 제기한 권장사항들을 아래의 11가지로 정리했다.

1. 문항은 가능한 단순하고, 명료하고 간결하며, 구체적이고 조사목적과 관련이 있어야 한다.
2. 문항은 현재의 태도와 최근 행동에 초점을 맞추어야 한다.
3. 일반적인 문항은 구체적인 질문보다 먼저 나와야 한다.
4. 모호한 단어는 피해야 한다. 모호해 보이는 응답 선택을 신중하게 사전조사해야 한다.
5. 리커트 유형의 척도는 5~8점 사이가 적절하다.
6. 상황에 적합할 경우에는 척도에서 중립 혹은 의견 없음과 같은 응답 포인트를 넣으면 타당도와 신뢰도를 높여준다.
7. 모든 숫자 표식은 응답자에게 보여야 한다.
8. 숫자 혹은 구두 끝점은 명시적으로 보여져야 한다.
9. '동의하지 않는다'는 선택은 '동의한다'는 선택보다 작은 숫자값을 부여해야 한다.
10. 응답자들이 친숙하지 않거나, 정보가 부족하거나 혹은 주저함으로 응답자가 응답을 꺼릴 때 '잘 모름' 응답 선택을 사용하라.
11. 인구통계 문항은 설문 마지막에 배치한다.

사자가 문구, 지침, 안내, 실행 등에서 여전히 도사리고 있는 문제들을 찾기 위해 제한된 표본을 대상으로 수행하는 실제 현장 검증이다. 우리는 이 장 마지막에 사전조사에 대해 보다 자세히 다룰 것이다.[26] 나중에 설명될 응답 코드가 결정되면 설문지는 최종적으로 확정된다.

여러분은 곧 좋은 설문지 설계를 위한 몇 가지 가이드라인을 학습할 것이다. 하지만 학습 전에 사전검토로 우리는 마케팅 조사 인사이트 8.2를 준비했는데, 설문지 설계에 있어 가장 좋은 몇 가지 실무적 방법들이 열거되어 있다.

8-6 문항 개발

문항 개발(question development)은 이해할 수 있고, 모호하지 않으며, 편향되지 않은 적절한 응답 양식과 단어들을 선택하는 실행이다. 마케팅 조사자들은 신뢰성과 타당성이 있는 응답을 희망하기 때문에 (1) 태도, (2) 신념, (3) 행동, (4) 인구통계[27]를 측정하는 조사 문항을 개발하는 것에 상당한 노력을 기울인다. 문항 개발은 설문의 성공에 절대적으로 중요하다. 우리의 논점을 분명하게 하기 위한 다소 뻔한 예를 들도록 하겠다. 여러분은 설문지의 다음 질문문항에 어떻게 응답할 것인가?

문항 개발은 이해할 수 있고, 모호하지 않으며, 편향되지 않은 적절한 응답 양식과 문항을 선택하는 실행이다.

당신은 당신의 강박적인 도박을 통제하려고 노력하고 계십니까?

예 ______________ **아니요** ______________

만약 여러분이 '예', '아니요'에 응답을 했다면, 여러분은 도박 중독을 인정하는 것이다. 어떤 쪽이든, 그 결론은 설문에 참석한 모든 사람들은 강박적인 도박을 하는 것이다. 하지만 우리 모두는 모든 사람들이 강박적 도박꾼인 것은 아니라는 것을 알고 있다. 따라서 이 문항에 쓰인 단어들은 확실히 문제가 있다.[28]

상당한 수의 연구에 의하면 단 하나의 단어가 조사 참여자들이 그 문항에 어떻게 응답하는가에 대한 차이를 발생할 수 있다. 예를 들어 한 조사의 조사자는 피험자에게 몇 초간 하나의 자동차 그림을 보여주었다. 그리고 그 조사자는 하나의 질문을 한 단어만을 변경해서 했다. 즉 조사자들은 한 집단에게는 "당신은 깨진 그 헤드라이트를 보셨습니까?(Did you see the broken headlight?)"라고 질문했으며, 다른 집단에게는 "당신은 깨진 헤드라이트를 보셨습니까?(Did you see a broken headlight?)"하고 질문했다. 오직 'a'와 'the'의 차이만 있었고, 'the'가 포함된 문항은 'a' 문항보다 '모른다'와 '예'가 더 많이 나타났다.[29] 우리의 요점은 문항의 작은 단어가 설문 결과를 왜곡할 수 있는 편향된 질문을 만들 수 있다는 것이다. 안타깝게도, 우리가 평소에 다른 사람에게 말하기 위해 사용하는 일반적인 단어들은 문자 그대로 해석하기 불가능하기 때문에 설문지에 나타날 때 때때로 편향된 응답을 이끌어내게 된다. 예를 들어 "당신은 빨래방을 사용한 적이 있습니까?(Did you ever use a Laundromat?)"는 여러분의 인생에서 그 언제였더라도를 의미한다. "당신은 당신의 휴대전화 수신에 대해 어떤 걱정이 있나요?(Did you have any concerns about your cell phone's reception?)"는 굉장히 작은 걱정까지도 의미한다. 그리고 "당신은 언제나 보스 제품을 구입하십니까?(Do you always buy Bose products?)"는 한 번도 다른 것을 사지 않고 언제나를 의미한다. 일반

어떤 단어들은 문자 그대로 받아들일 경우 문항 편향을 유발한다.

적으로 사용되는 이러한 단어들은 극단적으로 절대적인(extreme absolute) 의미로, 응답자들을 질문 문항의 극단적 입장에 대해 완전히 동의하거나 혹은 완전히 동의하지 않아야 하는 상황에 놓이게 한다.

문항 단어를 위한 네 가지 권장사항

조사자는 문항 편향을 일으킬 가능성이 있는 문항들을 면밀히 검토하는 문항 평가를 한다.

문항 평가(question evaluation)는 편향된 문항을 최소화하고 응답자들이 이해할 수 있고 상대적으로 쉽게 응답할 수 있도록 단어들로 선택되었는지를 확인하기 위해서 문항의 문구를 면밀히 검토하는 것이다. 앞에서 언급했듯이, 문항 편향은 문항의 표현이 응답자로 하여금 틀리게 혹은 완벽히 정확하지 않게 대답하도록 할 때 발생한다. 이상적으로는, 문항 편향과 관련된 알려진 여러 가지 중요한 요인에 맞춰 모든 문항이 검증되고 테스트되어야 한다. 문항 평가는 조사자의 판단에 따른 문제지만 문항의 검토를 확실하게 하기 위해 우리는 네 가지 가이드라인 혹은 '권장사항(dos)'을 제안한다.[30] 즉 문항들은 (1) 초점을 맞추어야 하고, (2) 단순해야 하며, (3) 간결해야 하고, (4) 명료해야 한다. 이 네 가지 가이드라인에 대해서 아래에서 설명하겠다.

문항은 한 가지 이슈 혹은 주제에 초점을 맞춰야 한다 문항은 특별한 이슈 혹은 주제에 최대한 초점이 맞춰져야 한다.[31] 이러한 가이드라인을 지키지 않은 문항은 모호하며 일관되지 않게 해석될 여지가 있다. 예를 들어 다음과 같은 질문 문항을 살펴보자. "당신은 보통 여행 중에 어떤 유형의 호텔에 머무르십니까?" 이 문항의 초점은 여행의 유형이 좁혀져 있지 않고 언제 호텔을 사용하는지가 명확하지 않기 때문에 모호한 질문이 된다. 가령 그 여행은 출장(business trip)인가 여가 여행(pleasure trip)인가? 그 호텔은 경유지인가인가, 최종 목적지인가? 이런 질문을 구체적으로 변경해 "당신은 가족 휴가를 떠날 때 보통 어떤 유형의 목적지 호텔에 머무르십니까?"라고 질문할 수 있다. 두 번째 사례로 다음의 문항이 얼마나 초점을 맞추고 있지 못한지 보라. "보통 당신은 언제 출근하십니까?" 이것은 여러분이 직장에 가기 위해 집에서 나오는 시간을 의미하는 것인가? 아니면 실제로 직장에서 업무를 시작하는 시간인가? 이보다는 "일반적으로 당신은 직장에 가기 위해 몇 시에 집에서 떠납니까?"라는 질문이 더 나을 것이다.

문항은 초점을 맞춰야 한다.

문항은 간결해야 한다 불필요하고 반복되는 단어들은 항상 제거되어야 한다. 이 원칙은 전화 인터뷰와 같이 구두로 전달되는 문항 설계를 할 때 특히 중요하다. 간결함은 응답자들이 핵심 질문을 이해하고 말이 많음으로써 생길 수 있는 혼란을 줄이는 데 도움을 준다. 여기에 간결함이 부족한 문항이 있다. "당신은 냉장고에 있는 제빙기(icemaker)가 처음 구매했을 때처럼 얼음을 만들지 못하고 있다고 가정했을 때, 어떤 종류의 수리를 해야 함을 결정해야 하는 동안 어떤 고려사항들이 떠오르십니까?" 이보다는 "당신의 제빙기가 제대로 작동하지 않는다면, 당신은 어떻게 문제를 해결하시겠습니까?"라는 질문이 간결하다. 한 연구에 의하면 문항은 20단어 이상을 넘지 않는 것이 좋다고 한다.[32]

문항은 간결해야 한다.

문항은 문법적으로 단순해야 한다 단순한 문장은 하나의 주어와 술어가 있는 반면, 복문이나 복잡한 문장은 복수의 주어, 술어, 목적어, 그리고 보어로 구성되어 있기에 단순한 하나의 문장이 선호된다. 문장이 복잡할수록 응답 오류가 발생할 가능성이 더 커진다. 기억해야 할 조건이 더욱 많을 경우, 응답자들의 주의는 감소하거나 문항의 오직 한 부분에만 집중할 수 있다. 이러한 문제를 피하기 위해서는 문항의 핵심을 전달하기 위해 2개의 구분된 문장이 필요하더라도 조사자는 간단한 문장 구조만을 사용하도록 해야 한다.[33] 다음 문항을 보자. "아이들 등·하교, 음악학원 레슨, 그리고 친구 집에 데려다 주는 일을 주로 하는 가장이 사용할 신차를 찾고 있다면, 여러분과 여러분의 배우자는 자동차 시승을 한 자동차들 중 한 대의 안전 기능에 대해 어느 정도 논의할 것입니까?" 이것을 단순한 문장으로 만들면 "여러분과 여러분 배우자는 새로운 가족용 자동차의 안전 기능에 대해 논의를 하십니까?"이다. 만약 '네'라고 응답했다면, 후속 질문으로 "여러분은 안전에 대해 '거의 논의하지 않는다', '조금 논의한다', '매우 논의한다', '매우 많이 논의한다'"를 제시할 수 있을 것이다.

문항은 문법적으로 단순해야 한다.

질문문항은 아주 명료(crystal clear)해야 한다[34, 35] 모든 응답자들은 문항을 같은 의미로 '이해'할 수 있어야 한다. 명료함은 매우 명백하고 이해하기 쉽다는 의미다. 부정확하고 잘못 해석될 가능성이 있는 단어들은 피하는 것이 가장 좋다. 예를 들어 "당신은 몇 명의 자녀를 가지고 있습니까?"라는 문항은 다양한 의미로 해석될 수 있기에 명확하지 않다. 한 응답자는 집에서 함께 거주하고 있는 자녀만 생각할 수 있고, 다른 응답자는 이전에 결혼했을 때 낳았던 자녀까지 포함시킬 수 있다. 더 나은 질문으로 "집에서 당신과 함께 거주하고 있는 18세 이하의 자녀는 몇 명입니까?"가 있다. 명료한 문항을 개발하기 위해서, 조사자들은 앞에서 말한 단순한 질문을 위한 가이드를 조금 남용할 수밖에 없지만, 약간의 노력으로도 경제적인 단어의 수로 문항의 명료함을 얻을 수 있다.[36] 한 연구자는 이러한 가이드라인을 잘 요약했다. "질문은 단순하고(simple), 이해할 수 있으며(intelligible), 명확(clear)해야 한다."[37]

문항은 명료해야 한다.

문항 단어를 위해 하지 말아야 할 네 가지 규칙

네 가지 하지 말아야 할 상황(do not situation)에서는 문항 편향이 거의 항상 일어난다. 이러한 문제 영역에 대해서 인식을 하는 것은 설문지 초안을 검토할 때 문제를 피하거나 발견할 수 있도록 도와준다. 구체적으로 말하면, 문항은 (1) 유도하지 말아야 하고, (2) 타당하지 않은 가정(loaded)을 하지 말아야 하며, (3) 한 번에 두 가지를 묻지 말아야 하고, (4) 과장된 표현을 사용해서는 안 된다. 이 각 상황에 대해서 문항의 사례를 살펴보기 전에, 우리는 조사자가 의도적으로 이들 중 하나를 사용한다면 마케팅조사협회의 윤리강령에 어긋난다는 것을 강조하고 싶다. 마케팅조사 인사이트 8.3은 '프레이밍(framing, 혹은 점화)' 혹은 응답자의 응답에 영향을 미치는

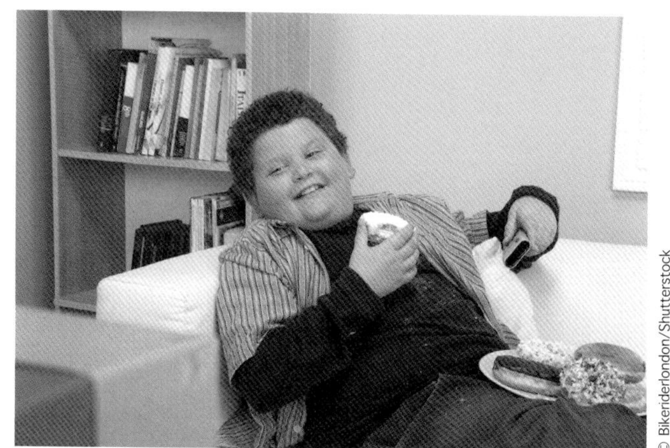

© Bikeriderlondon/Shutterstock

'당신은 어린이가 정크 푸드를 너무 많이 먹는다고 생각하지 않습니까?'는 유도질문이다.

마케팅 조사 인사이트 8.3 윤리적 고려사항

마케팅조사협회의 윤리강령 : 응답자 참여

3. 프레이밍 혹은 문항의 순서를 포함하는 직간접적인 시도로 응답자의 의견이나 태도에 영향을 미쳐서는 안 된다.

스크리닝, 사전심사, 혹은 기타 요건 절차와 데이터 수집 도중 조사 결과가 실제 현상을 반영할 수 있도록 정보를 공평하게 찾고 수집하도록 주의를 기울여야 한다.

예외 : 메시지 테스트와 같이 의견이 어떻게 조작되는지 파악하는 프로젝트

출처 : Used courtesy of the Marketing Research Association.

문항의 단어를 사용하는 것이 잘못임을 보여주고 있다.

응답에 영향을 미치는 강력한 단서를 가진 유도질문을 해서는 안 된다.

응답자가 특별한 응답을 하도록 '유도'해서는 안 된다. **유도질문**(leading question)은 어떤 답안을 제공해야 하는지에 대한 강한 단서 혹은 기대를 보여주기 때문에 편향된 응답을 이끈다.[38] 다음 문항을 보자. "당신은 온라인 구매를 위해 신용카드를 사용할 때 걱정하지 않으십니까?" 문항의 문구는 응답자가 당연히 걱정해야 한다는 것을 내포하고 있기 때문에 응답자들을 유도한다. 따라서 문항은 다소 걱정을 해야 한다는 결론으로 응답자들을 '유도'하고 있고, 특히 의견이 없는 응답자들도 질문에 동의하게 되는 것이다. "온라인 구매를 위해 신용카드를 사용할 때 우려가 되십니까?"로 문항을 수정하는 것이 응답자에게 보다 객관적인 요청이 된다. 여기에 응답자들이 유도되지 않고 '예' 혹은 '아니요'로 응답할 수 있는 문항이 있다. 다른 형식의 유도 문항인지 판단해보자.

캐딜락 소유주시면, 당신은 그 차에 만족하고 계십니다. 그렇지 않나요?	이 질문은 모든 캐딜락 소유주가 만족하고 있다고 이미 가정하고 있기 때문에 유도질문이다. 이러한 질문은 동의하지 않는 것을 불편하게 만들고 동의하지 않는 응답자들을 독특한 사람으로 간주하게 하는 상황에 응답자들을 처하게 한다.
당신은 모든 사람이 말하고 있는 위성 인터넷 서비스를 들어보신 적이 있습니까?	이 질문은 응답자들을 사회적으로 바람직한(social desirable) 방향으로 응답하게 만들기 때문에 유도질문이다. 즉 '모든 사람이 말하고 있는' 것에 대해 자신만 아무것도 모른다는 것을 인정하고 싶은 사람은 거의 없을 것이다.[39]

타당하지 않은 가정을 하는 문항을 사용해서는 안 된다.

'타당하지 않은 가정을 하는' 단어 혹은 문구를 사용해서는 안 된다 유도질문인지 아닌지는 일반적으로 분명하게 알 수 있지만, 이 타당하지 않은 가정을 하는 질문은 은밀하다. 즉 **타당하지 않은 가정을 하는 질문**(loaded question)은 교묘한 전제를 단어요소에 묻어두거나 보편적 신념이나 행동 규칙을 언급할 수 있다. 감정에 호소하기도 하고 개인의 심적 공포를 자극하기도 한다. 강박적 도박 질문은 응답자들은 도박 문제를 갖고 있다고 전제했기에 가정된 것이다. 어떤 조사자들은 이러한 타당하지 않은 가정을 하는 질문을 '편향된 질문'으로 간주하기도 한다.[40] 문항에서 편향을 확인하려면

상당한 판단이 요구된다. 기업 마케팅 담당자는 개인적 용도를 위해 이렇게 질문할 수 있다. "사람들은 자기방어를 위해 테이저건을 사용함으로써 공격으로부터 스스로를 보호하도록 허용되어야 할까요?" 분명히 대부분의 응답자들은 공격으로부터 자신을 보호해야 할 필요성에 동의하고 자기방어는 받아들일 수 있는 것이다. 하지만 이것은 어떠한 사람도 다치는 것을 원하지 않으며, 누군가 공격을 할 경우에만 자기방어는 합법이기 때문에 타당하지 않은 가정을 하는 것이다. 이 문항에서 이러한 측면을 제거하면 다음 문항으로 이어진다. "여러분은 개인 안전을 위해 테이저건을 소지하는 것을 수용해야 한다고 생각하십니까?" 문항의 편향된 오류의 다양한 원천을 방지하기 위해 각 문항들은 철저히 검토해야 한다. 우리의 사례에서 제시한 새로운 수정 문항에서, 우리는 다친다거나 혹은 자기방어를 언급하지 않음으로써 잘못된 타당하지 않은 가정의 부분을 제거한 것이다.

'한 번에 두 가지를 묻는' 문항을 사용해서는 안 된다 **한 번에 두 가지를 묻는 문항**(double-barreled question)은 한 문항에 두 가지 서로 다른 문항이 포함되어 있는 것이다.[41] 두 가지 문항이 함께 있다면, 응답자는 어느 한 가지도 직접 응답하는 것이 어렵다.[42] 레스토랑 방문객에게 다음과 같이 질문했다고 가정해보자. "당신은 레스토랑 음식과 서비스에 만족하십니까?" 방문객은 과연 어떻게 응답해야 할까? 만약 '네'라고 응답했다면 이는 응답자들이 음식에 만족했다는 뜻일까? 아니면 서비스에 만족했다는 뜻일까? 아니면 둘 다 만족했다는 뜻일까? 설문은 두 문항, 즉 음식에 대한 문항 하나와 서비스에 대한 문항 하나로 질문함으로써 보다 개선될 수 있다. 일반적으로 하나 이상의 주어 혹은 하나 이상의 술어가 있는 문항은 두 가지를 동시에 묻는 문항이다.

한 번에 두 가지를 물어보는 중복된 문항을 사용해서는 안 된다.

사례를 과장한 단어를 사용해서는 안 된다 **과장된 질문**(overstate question)은 주제의 일부 측면을 지나치게 강조하는 것이다. 이 경우는 주제를 묘사할 때 '극적으로' 여겨질 수 있는 것들을 사용하는 경우를 말한다. 레이밴 선글라스를 대상으로 수행된 설문 사례를 보자. "실명을 일으키는 것으로 알려진 해로운 자외선으로부터 당신의 눈을 보호할 선글라스에 대해 얼마를 지불하실 생각이십니까?" 보다시피, 이 문항은 과장된 문구로 자외선의 영향을 우려하고 있고, 이러한 과장된 문구 때문에 응답자들은 실제로 선글라스를 구매하는 것이 아닌 실명을 예방하는 것에 대해 돈을 얼마나 지불할지 생각할 수밖에 없다. 보다 부드럽게 그리고 수용할 만한 문항 단어로 문항을 작성한다면 "당신은 눈부신 햇빛으로부터 당신의 눈을 보호하기 위한 선글라스에 얼마를 지불하실 겁니까?"가 적절할 것이다. 조건을 과장하는 단어 사용을 피하라. 지나치게 긍정 혹은 부정적인 톤보다는 중립적인 톤으로 문항을 표현하는 것이 더 낫다.

사례를 지나치게 강조한 과장된 문항을 사용해서는 안 된다.

또 다른 문항 단어들의 함정이 있다.[43] 예를 들어 응답자들이 기억하지 못하는 세부사항에 대해 질문하는 것 ("당신은 지난번에 아스피린을 구매했을 때 얼마나 많은, 그리고 어떤 아스피린 브랜드를 보았습니까?")이나 짐작하게 하는 질문("코너에 있는 엑슨 주유소의 고급 휘발유는 갤런당 얼마였습니까?"), 혹은 응답자들이 생각할 수 없는 상황에서의 그들의 행동을 예측하는 질문("여러분 집으로부터 약 10마일 떨어진 곳에 새로 지어질 새로운 고급 레스토랑에는 얼마나 자주 가십니까?)은 적절하지 못하다. 설문지에 대한 문항을 개발하는 데 일반적인 상식을 이용하면 대부분

좋은 설문 문항을 개발하기 위한 몇 가지 팁을 공부하려면 www.youtube.com에서 **7 Tips for Good Survey Questions**를 검색하라.

능동적 학습

'잘못된' 문항 식별 및 수정

당신은 문항에 대해 '잘못된' 것이 무엇인지 식별하고 그것을 수정할 수 있는가? 여기에 설문지에서 보여지는 몇 가지 문항이 있다. 이 문항들은 이 장에서 학습한 문항 단어 선택에서 해야 할 규칙과 하지 말아야 할 규칙 중 적어도 하나는 지켜지고 있지 않다. 각 문항을 보고 무엇이 문제가 있는지, '해야 할 규칙'과 '하지 말아야 할 규칙' 중 무엇을 위반했는지, 그리고 더 나은 문항은 무엇인지 짧게 작성해보라.

문항	문제점	개선된 문항
당신은 유아를 위한 카시트에 대해 어떤 느낌이 드십니까?		
당신이 일처리를 하거나 학교, 연습, 친구의 집에서 당신의 큰 아이를 데리러 갈 때 당신의 아이가 함께 차를 타기를 원할 때 당신은 유아용 카시트를 사용하십니까?		
당신에게 유아용 카시트 사용이 편하지 않거나 혹은 당신이 바쁘고 아이는 울고 있을 때, 당신은 여전히 유아용 카시트를 사용하십니까?		
누군가가 당신의 차로 달려들거나 당신이 차를 통제하지 못해 가벼운 기둥이나 다른 물체에 부딪칠 경우 당신의 아이를 보호하기 위해 당신은 유아용 카시트에 얼마를 지불해야 한다고 생각하십니까?		
사려 깊은 아이의 부모는 유아용 카시트를 사용해야 하지 않습니까?		
유아용 카시트는 매우 중요한 것으로 밝혀졌으므로, 당신은 사랑하는 아이를 위해 유아용 카시트를 사용해야 하는 것에 동의하십니까?		
책임감 있는 시민이고 운전의 위험을 알고 있는 부모는 유아용 카시트를 사용한다고 생각하십니까?		
만약 당신이 당신의 아이와 함께 사고를 당했다면, 당신은 유아용 카시트가 불구가 되는 것으로부터 당신의 아이를 보호할 수 있다고 믿습니까?		

표 8.6 문항을 만들기 위한 단어 선택에서 해야 할 것과 하지 말아야 할 것

가이드라인	잘못된 질문문항	수정된 질문문항
해야 할 것 : 초점을 맞춰라	당신은 당신의 자동차 내비게이션 시스템에 대해 어떤 느낌이 드십니까?	당신의 자동차 내비게이션 시스템의 각 속성에 대해 평가해주시기 바랍니다(아래 속성 나열)
해야 할 것 : 간결해야 한다	교통상황이 좋지 않을 때, 당신은 근무지로 가는 가장 빠른 길을 찾기 위해 당신의 자동차 내비게이션 시스템을 사용하십니까 아니면 사용하지 않으십니까?	당신의 자동차 내비게이션 시스템은 정시에 근무지에 도착하도록 도와줍니까?
해야 할 것 : 문법상 간단해야 한다	당신은 생일 파티 참석을 위해 집에서 10마일이상 떨어진 당신 자녀의 가장 친한 친구 집을 찾아야 한다면, 당신은 자동차 내비게이션 시스템을 이용해 거기에 가십니까?	친구 집을 찾기 위해 자동차 내비게이션 시스템을 어느 정도로 의존하십니까?
해야 할 것 : 명료하게 작성	당신의 자동차 내비게이션은 유용합니까?	아래 주어진 상황에서 당신의 내비게이션은 얼마나 유용합니까?(아래에 상황 나열)
하지 말아야 할 것 : 유도해서는 안 됨	모든 사람들의 자동차에 내비게이션이 있어야 하지 않습니까?	당신 생각에 자동차 내비게이션 시스템은 어느 정도 도움이 됩니까?
하지 말아야 할 것 : 타당하지 않은 가정을 하는 문장을 사용해서는 안 됨	네비게이션 시스템이 세계 석유 매장량의 고갈을 줄이는 데 도움이 된다면 당신은 그것을 구매하시겠습니까?	당신은 자동차 내비게이션이 가솔린을 얼마나 아낄 수 있다고 생각하십니까?
하지 말아야 할 것 : 한 문항에 두 가지 이상 물으면 안 됨	만약 시간, 돈 그리고 걱정을 덜어준다면, 당신은 자동차 내비게이션 시스템 구매를 고려하시겠습니까?	만약 통근 시간을 10% 줄여줄 수 있다고 믿는다면, 당신은 자동차 내비게이션 시스템 구매를 고려하시겠습니까?(아래에는 돈과 걱정을 덜어주는 구분된 문항을 제시)
하지 말아야 할 것 : 과장된 단어는 피해야 함	몇 시간 동안 지속되는 교통체증을 피하는 데 자동차 내비게이션 시스템은 도움이 된다고 생각하십니까?	자동차 내비게이션 시스템이 교통 혼잡을 피하는 데 어느 정도 도움이 된다고 생각하십니까?

의 문항 단어 편향을 피하는 데 도움이 될 것이다.

표 8.6에는 문항 단어를 위한 가이드라인이 요약되어 있고 논의했던 해야 할 규칙과 하지 말아야 할 규칙이 자동차 내비게이션 시스템을 위한 설문에 적용되어 있다. 이 표는 관련된 문항 단어에서 권장사항을 위반한 문제가 있는 문항의 예시와 권장사항을 준수한 개선된 예시가 작성되어 있다. 여러분이 문항 개발에 관여할 때 우리의 문항 단어에 대한 권고사항을 중요하게 생각할 수 있도록 표 8.6을 학습 가이드와 참고로 사용하라.

이상의 가이드라인을 적용하는 것은 경험이 많은 조사자들에게는 표준화된 운영 절차지만 숙련된 전문가들에게도 종종 이런 실수가 나타난다. 실수에 대한 이런 가능성 때문에 많은 조사자들이 설문지 초안을 검토할 때 '전문가'를 활용한다. 예를 들어 조사 업체의 한 직원이 설문지를 설계하고 그 설문지를 설문지 설계를 이해하는 동료에게 넘겨서 문항 편향 및 **안면 타당성**(face validity), 즉 문항이 '올바른지'를 철저히 검사하는 것이 일반적이다.

8-7 설문지 구성

설문지 구성은 설문지의 도입문과 실제 문항 흐름과 관련이 있다.

여러분은 문항 개발에 대해 학습했으니 이제는 설문지 구성을 공부할 때가 되었다. 일반적으로 조사자들은 각 조사목적을 나열하는 것으로 시작해 각 조사목적과 관련된 문항을 개발함으로써 문항을 만든다. 즉 문항은 개발되는 것이지 설문지에 배열되는 것이 아니다. **설문지 구성**(questionnaire organization)이란 설문지를 구성하는 문장과 문항들의 순서 혹은 그 '흐름(flow)'이다. 설문지의 배치와 응답자들이 문항을 완성하는 데 있어서의 용이성은 수집되는 정보의 질에 영향을 미칠 가능성을 갖고 있기 때문에 설문지 구성은 아주 중요한 사안이다. 잘 구성된 설문지는 응답자에게 양심적이며 완전한 응답을 하도록 동기를 부여해주는 반면 체계적이지 못한 설문지는 응답자를 좌절시키고 응답자가 설문 중간에 응답을 중단하게끔 하기도 한다. 우리는 설문지상에서 두 가지 중요한 측면즉, 도입 부분과 본문에서의 실제 문항 흐름을 설명할 것이다.

도입

도입문은 설문지 설계에서 아주 중요하다.[44] **도입문**(introduction)은 무대 준비를 하는 것과 같다. 도입문은 잠재 응답자들이 설문문항에 응답하기 전에 무엇을 읽고 들을 것인지 안내한다. 물론 각 설문과 표적 응답자들은 모두 연구마다 다르다. 따라서 조사자들은 표준화된 도입문을 사용할 수 없다. 이 절에서 우리는 도입문이 할 수 있는 다섯 가지 기능을 논의하고자 한다.

설문 후원기관의 명시 여부는 설문의 목적, 의뢰인을 아는 것이 부적절한 영향을 미치는지 혹은 경쟁사에게 설문이 알려지지 않고자 하는 희망 여부에 따라 결정된다.

누가 설문을 진행하는가? 첫째, 인터뷰어는 설문을 시작하기 전에 본인을 소개하는 것이 일반적인 예의다. 또한 설문의 후원기관을 밝혀야 한다. 후원기관을 명시하는 것에 있어 두 가지 선택을 할 수 있다. **명시적 설문**(undisguised survey)는 후원기관을 밝히는 것이며, **위장된 설문**(disguised survey)는 후원기관을 응답자에게 알리지 않는 것이다. 어떤 것을 선택하는가의 문제는 조사목적 혹은 후원기관의 이름이나 실제 의도를 공개하는 것이 응답자의 응답에 어떤 식으로든 영향을 미칠 것인지에 대해서 조사자 및 의뢰인이 어떻게 동의하는가에 달려 있다. 후원기관을 명시하지 않는 또 다른 이유로는 설문에 대해 경쟁사에게 알려지는 것을 예방하기 위해서다.

설문의 목적은 무엇인가? 둘째, 설문의 일반적인 목적이 간단하고 명료하게 제시되어 있어야 한다. 간단하게 말한다는 것은 조사목적이 일반적으로 한두 문장으로 나타나야 하는 것이다. 모든 조사목적을 나열하는 것은 응답자들이 지루하고 골치 아프게 생각할 수 있기 때문에 보통의 경우에는 응답자들에게 세세한 모든 조사목적을 알리지는 않는다. 설문을 진행하기 위해 조사업체를 고용한 한 은행의 경우를 생각해보자. 설문의 실제 목적은 경쟁사와 비교했을 때 자사 은행의 이미지를 파악하는 것이다. 하지만 설문을 진행하는 조사자가 이렇게 말할 필요가 있다. "우리는 이 지역의 금융기관에 대한 고객 인식에 대한 설문을 진행하고 있습니다." 이는 응답자의 궁금증을 충족시킬 수 있을 뿐만 아니라 은행의 이름도 알리지 않도록 해준다.

도입문은 응답자가 어떻게 선택되었는지 알려주어야 한다.

응답자가 어떻게 선택되었는가? 셋째, 응답자 후보들이 어떻게 그리고 왜 선택되었는지 알도록 해주어야 한다. '왜 나인가?'라는 응답자의 심적 질문에 짧은 문장으로 대답하면 충분하다. 응답자들에게 '무작위 추출'로 선택되었다고 알려도 충분하다. 물론 여러분은 조사윤리를 지켜서 실제로 어떤 방식을 통해 선택되었는지 알려주어야 한다. 만약 무작위 추출방식이 아니라면, 여러분은 그들이 어떤 방법을 통해 선택되었는지 비기술적인 방식으로 설명해야 한다.

참여에 대한 동기부여 넷째, 응답자 후보들에게 설문에 참여하도록 요청해야 한다. 만약 여러분이 대인 인터뷰 혹은 전화 인터뷰를 한다면 다음과 같이 말해야 한다. "차량정비소에 대한 당신의 경험에 대한 몇 가지 질문을 드리고자 합니다. 괜찮으신가요?" 여러분은 가능한 짧게 말해야 하지만 여러분이 응답자들로 하여금 문항에 대답하게 함으로써 인터뷰에 참여시킬 준비가 되었다는 것을 응답자들에게 알려야 한다. 이것은 응답자들에게 보상을 제공할 수 있는 적절한 시간이기도 하다. **보상**(incentives)은 응답자들이 설문에 참여할 가능성을 높이도록 응답자들에게 무엇인가를 해주는 것이다. 조사자들은 참여를 독려하기 위해 다양한 보상을 사용한다. 텔레마케터와 마케팅 조사자들의 요청에 대한 소비자들의 저항이 점점 높아지고 있어서 조사자들은 보다 많은 보상을 제공해야 한다고 보고하고 있다. 금전 보상, 제품 샘플 제공, 연구 결과 사본 제공 등이 보상의 예시다. 또 다른 보상으로 응답자들의 참석 중요성을 알도록 하는 것이 있다. "여러분은 새로운 종류의 자동차 타이어에 대한 당신의 견해를 표현하기 위해 무작위로 선택된 몇 안 되는 사람들 중 한 분입니다"가 그 예시다. 혹은 주제 자체의 중요성을 강조할 수 있다. "소비자들이 자신들의 만족 여부를 기업에게 알리는 것은 중요합니다"가 그 예시다.

보상의 또 다른 형식으로 프라이버시에 대한 의구심을 해결하는 방법이 있다. 두 가지 방법이 이러한 의구심을 줄여서 결과적으로 참여율을 높일 수 있다. 그 첫 번째는 응답자가 알려지지 않는 **익명성**(anonymity)을 보장하는 것으로 응답자의 이름이나 응답자의 응답과 관련된 신원 확인이 되지 않음을 확신시키는 것이다. 두 번째는 응답자의 이름은 조사자에게 알려지지만 응답자 정보가 조사자가 아닌 의뢰업체 등의 제삼자에게 누설되지 않도록 하는 **보안**(confidentiality)[45]을 보장하는 것이다. 익명의 설문은 응답자가 설문지에 직접 응답하는 데이터 수집방법에서 가장 적절하다. 응답자가 자신의 신분을 밝히지 않고 설문지에 은밀한 신원 추적 메커니즘이 없는 한 어떤 자기실행 설문도 익명성을 확보할 수 있다. 하지만 인터뷰어가 사용될 때, 예약이나 회신 전화가 일반적으로 필요하기 때문에 응답과 관련된 응답자의 이름, 주소, 그리고 전화번호 등이 명시적으로 나타나야 한다. 이럴 경우, 보안이 요구된다.

익명성은 응답자가 알려지지 않는 것이며, 보안은 응답자 신원이 제삼자나 다른 의뢰업체에게 누설되지 않는 것이다.

응답자가 참여 자격을 갖는가? 다섯째이자 마지막 도입문의 기능은 응답자 후보가 조사 참여에 적합한 사람인지를 선별해야 하는 경우 이들의 자격 여부를 판단할 수 있게 해준다. **스크리닝 질문**(screening questions)은 조사연구에 참여하는 데 필요한 자격 요건을 충족시키지 못한 응답자를 가려내는 데 사용된다.[46] 응답자를 선별할지 말지는 조사목적에 달려 있다. 만약 설문 목적이 신차를 구매하기 위한 목적으로 자동차 딜러를 선택하는 소비자의 선택 요인을 파악하는 것이라면, 여러분은 신차를 구매한 경험이 없는 사람 혹은 2년간 신차를 구매한 경험이 없는 사람들을 선별해 제외하기를 원할 것이다. "당신은 지난 2년간 신차를 구매한 적이 있습니까?"라는 질문에 '아니요'라고 답했다면, 여러분은 "시간을 내주셔서 감사합니다"라고 말하고 설문을 공손히 중단해야 한다.

스크리닝 질문은 조사 연구에 참여하는 데 필요한 자격 요건을 충족시키지 못한 응답자를 가려내는 데 사용된다.

어떤 사람들은 조사자나 응답자의 시간을 낭비하지 않기 위해 스크리닝 질문을 일찍 해야 한다고 주장하기도 한다. 이는 각 설문에 따라 고려되어야 한다. 앞서 논의한 네 가지 항목을 처리하지 않고 예비 응답자들과 대화하는 것은 곤란하기 때문에 우리는 스크리닝 질문을 도입문 마지막에 두어야 한다고 보고 있다.

도입문의 작성은 설문지에서 문항을 개발하는 것만큼 상당한 관심과 노력이 요구된다. 예비 응답자들이 처음 읽거나 듣는 단어는 그들이 설문에 참석할 것인지 여부를 결정한다. 따라서 조사자가 설문에 참여하는 것에 대한 응답자의 협조를 최대한 끌어낼 때까지 초청문에 대해 노력하는 것이 맞다.[47] 조사자가 응답자 후보들을 설문에 참석시키도록 설득하는 것에 실패한다면, 설문지에 들인 그(녀)의 모든 노력들은 수포로 돌아갈 것이다.[48]

질문 흐름

질문 흐름(question flow)은 설문지에서 지시문을 포함한 문항 혹은 문항 블록의 순서를 지정하는 것이다. 각 조사목적은 하나의 문항 혹은 문항의 조합들을 필요로 한다. 결과적으로 그림 8.2에 나와 있듯이, 문항은 일반적으로 각 조사목적별로 개발된다. 하지만 응답자들이 문항 응답을 쉽게 하려면 이러한 문항의 조합들을 구성하는 것은 가능한 한 이해할 수 있는 논리의 흐름을 따라야 한다. 일반적으로 사용되는 문항순서는 표 8.7에 나와 있다. 문항은 논리적 혹은 상식적인 흐름을 따라 구성되어야 한다.[49] 물론 긴 설문지는 응답률에 부정적인 영향을 미치기 때문에 설문지를 가능한 한 짧게 유지해야 한다.[50] 필요하다면 처음 몇 가지 문항은 스크리닝 질문으로 배치하는데, 이를 통해 잠재 응답자가 조사자가 필요하다고 판단한 특정 선택 기준에 근거해 설문 참석 요건을 충족하는지 여부를 결정한다.

예열 문항은 설문 시작 부근에 위치하며, 응답자의 관심을 얻고 문항 요청에 응답을 쉽게 할 수 있음을 시연하기 위한 간단하고 응답하기 용이한 문항이다.

참석자가 설문 참석 요건을 충족하면, 다음 문항은 '예열(warm-up)' 기능을 하게 된다. **예열 문항**(warm-up question)은 응답자의 관심을 불러일으키고[51] 문항에 쉽게 응답할 수 있음을 응답자들에게 보여주기 위한 간단하고 응답하기 용이한 문항들이다. 이상적으로는, 예열 문항은 조사목적과 관련이 있으나 응답자가 뒤따르는 더 어려운 질문을 잘 다룰 수 있도록 응답자의 관심을 높이기 위해 빨리 그리고 쉽게 답할 수 있는 몇몇 질문으로 구성된다.

전환은 응답자들이 문항 주제 혹은 형식의 변화가 발생하려는 것을 알도록 해주는 문구 혹은 문항이다.

전환(transition)은 응답자들이 문항 주제 혹은 형식의 변화가 발생하려는 것을 알도록 해주는 문구 혹은 문항이다. "지금부터 TV 시청 습관에 대한 몇 가지 질문을 하도록 하겠습니다"와 같은 문구가 전화의 예시다. 이러한 문구는 응답자가 질문의 맥락을 이해하는 데 도움을 준다. 전환은 '건너뛰기' 문항도 포함한다. **건너뛰기 문항**(skip question)에 대한 응답은 다음에 어떤 질문이 제시될지에 영향을 미친다. "당신은 식료품을 구매할 때, 보통 쿠폰을 사용하십니까?"라는 문항이 그 예시다. 만약 응답자가 부정적인 응답을 했다면, 쿠폰 사용에 대한 자세한 질문은 하는 것은 적절하지 않고, 설문지는 응답자에게(혹은 인터뷰어가 있다면 인터뷰어에게) 건너뛰거나 그와 관련된 문항을 지나도록 안내할 것이다. 만약 조사자가 잦은 전환과 건너뛰기 문항이 많다고 생각하면, 그(녀)는 지침에 오류가 없는지 확인하기 위해 문항 순서도를 작성하는 것을 고려해볼 수 있다.[52]

표 8.7에도 나와 있듯이, 복잡하고 대답하기 어려운 질문들은 설문지에 깊숙이 '묻어두는(bury)'

표 8.7 설문 문항의 논리적 순서

질문 유형	순서	예시	이유
스크린	가장 첫 번째	"당신은 지난 달 Old Navy를 구매한 경험이 있으십니까?" "당신은 본 매장을 처음 방문하신 겁니까?"	조사자가 설문 목적에 부합하는 응답자를 선택하기 위해 사용.
예열	스크린 질문 후 바로 다음	"당신은 캐주얼 의류 쇼핑을 얼마나 자주 하십니까?" "당신은 캐쥬얼 의류를 구매하기 위해 일주일 중 언제 쇼핑하십니까?"	응답하기 쉬움. 응답자에게 설문이 어렵지 않음을 알려주기 위한 목적. 관심 유도.
전환(문장 혹은 문항)	문항의 주요 섹션 이전 혹은 문항 형식이 바뀌는 지점	"이제 몇 가지 질문을 드리겠습니다. 당신 가족들의 TV 시청 습관에 대해 질문을 드리겠습니다." "이제 몇 가지 문항을 읽어드리겠습니다. 다 들으시고, 다음 문항에 어느 정도 동의하시는지 알려주시기 바랍니다."	응답자에게 다음 질문의 제목 혹은 형식이 변경될 것을 알림.
복잡하고 응답하기 어려운 문항	설문지 중간 혹은 거의 마지막 부분	"다음 10개 매장의 판매사원들의 친절도를 1~7점 사이로 평가해주시기 바랍니다." "향후 3개월 이내에 아래 각각의 제품들을 구매할 의향이 어느 정도 되십니까?"	응답자들은 설문지를 끝내기 위해 집중하고 있는 상황임. 문항이 얼마 남지 않았음을 전달.
분류 그리고 인구통계 문항	마지막	"당신의 최종 학력은 어떻게 되십니까?"	'개인적'이며 민감한 문항은 설문지 마지막에 배치.

것이 좋다. 선택에 대한 평가, 의견 제시, 과거 경험 회상, 의도 표현, 혹은 '만약 …라면(what if)'과 같은 심적 활동의 수준을 요구하는 어의차이척도, 리커트 척도 혹은 기타 문항과 같은 연속형 척도를 사용한 측정들이 여기에서 발견된다. 이러한 질문들을 나중에 하는 것은 두 가지 이유가 있다. 첫째, 응답자들이 이러한 문항에 도달할 때까지, 응답자들은 상대적으로 쉬운 문항에 응답했고, 그(녀)는 일종의 몰입을 느끼는 응답 모드에 빠지게 되는 것이다. 따라서 문항들이 심적 노력이 요구된다 하더라도 응답자들은 설문지를 중단하기보다는 마쳐야 한다는 느낌을 받게 된다. 둘째, 설문지가 자기실행 방식이라면, 이 단계에서 응답자들은 응답을 필요로 하는 섹션들이 얼마 남지 않았음을 보게 될 것이다. 말하자면 끝이 보이는 것이다. 설문이 인터뷰어에 의해 실행된다면, 설문지는 인터뷰어가 응답자에게 인터뷰가 마지막 단계에 있음을 알리는 내용(프롬프트)을 포함한다. 또한 경험 많은 인터뷰어는 응답자들의 관심 수준이 언제 떨어지는지 감지할 수 있어서, 허용될 경우에는, 그들은 응답자가 계속 과업을 수행할 수 있도록 그들만의 프롬프트대로 말할 수 있다. 온라인 설문은 종종 설문이 완료 단계에 가까워졌음을 보여주는 '% 완료' 바(bar) 혹은 표시를 갖고 있다.

보다 복잡하고 대답하기 어려운 문항은 설문지상에 깊숙이 배치된다.

설문지의 마지막 단계는 전통적으로 분류 문항이 위치한다. 거의 대부분 인구통계 문항을 포함하는 **분류 문항**(classification questions)은 분석을 위해 응답자를 다양한 집단으로 구분하는 데 사

응답자의 참여를 용이하게 하기 위해 개발된 문항을 논리적으로 배치하는 데 신경을 써야 한다.

능동적 학습

설문지상에서 문항의 순서 결정

새로운 레스토랑에 대한 매력도를 측정하기 위한 설문을 위해 아래 표는 각 조사목적과 조사목적에 사용 가능한 척도가 나와 있다. 문항 흐름과 문항 구성에 대해 새롭게 획득한 당신의 지식을 활용해, 각 조사목적에 관한 문항들을 설문지 어디에 위치시켜야 할지 제시해보자. 당신 이 제시한 문항 위치에 대한 이유도 함께 작성해보라.

조사목적과 설명	어떻게 측정할 것인가?	순서 이유
레스토랑은 성공할 것인가? 레스토랑을 방문할 사람들의 수는 충분한가?	레스토랑의 콘셉트를 기술하고 구매할 의향을 물어보라.	
레스토랑은 어떻게 설계되어야 하는가? 데코, 분위기, 주메뉴에서 디저트, 직원 유니폼, 예약 및 특실 등은 어떤가?	몇 가지 가능한 디자인 속성에 대한 응답자 선호도를 선호도 척도 위에 나타내라.	
주메뉴의 평균 가격은 얼마가 적당한가? 잠재 방문자들은 하우스 스페셜 메뉴뿐만 아니라 주메뉴에 얼마까지 기꺼이 지불할 의향을 갖고 있는가?	주메뉴와 하우스 스페셜 메뉴를 설명하고 가격 범위를 사용해 응답자들이 얼마를 기꺼이 지불할 것인지 파악	
최적의 지역은 어디인가? 방문객들은 집으로부터 얼마나 멀리 떨어진 곳까지 운전해서 찾아갈 것인가? 그리고 고려해야 할 특별한 위치 속성(워터프론트 데크, 무료 발렛파킹, 예약 없음 등)은 무엇인가?	각 위치 속성별로 새로운 레스토랑까지 운전할 의향이 있는 가장 먼 거리를 파악하라.	
표적 시장의 프로파일은 무엇인가?	응답자의 인구통계를 질문하라.	
최고의 프로모션 매체는 무엇인가? 표적 고객에게 도달할 수 있는 광고 매체는 무엇이 있는가?	신문이나 라디오, TV 등의 미디어를 어떻게 사용하는가를 결정하라. 구체적으로는 어떤 뉴스 섹션을 읽고, 어떤 라디오 프로그램 청취를 선호하고, 어떤 지역 뉴스를 보는지를 밝히고 신문, 라디오, 텔레비전과 같은 다양한 지역 매체를 결정하라.	

용된다. 예를 들어 조사자는 응답자를 나이, 성별, 그리고 소득수준에 기반한 범주로 구분하길 원할 수 있다. 일부 응답자들은 특정 인구통계 문항을 '개인적인 질문'으로 생각하고 최종학력, 나이, 소득, 결혼 여부에 대한 문항에 응답하는 것을 거절하기 때문에 이러한 분류 문항은 설문지의 끝에 위치시켜야 한다.[53] 이러한 경우, 응답자가 응답을 거절하면, 이 거절은 문항 과정의 가장 마지막에 발생하는 것이다. 만약 이러한 거절이 처음에 발생하면, 인터뷰는 부정적인 분위기에서 시작되고 응답자들은 아마도 설문이 이러한 개인적인 질문을 여러 번 요구할 것이라 생각하게 되어서 설문에 참여하지 않을 수도 있을 것이다.[54]

인구통계 문항은 때로는 분류 문항이라고 부르며, 분석을 위해 응답자들을 다양한 집단으로 구분할 때 사용된다.

8-8 컴퓨터 지원 설문지 설계

컴퓨터 지원 설문지 설계(computer-assisted questionnaire design)는 사용자가 컴퓨터 기술로 설문지를 개발하고 배포하고 회수한 후 설문지에 의해 수집된 데이터를 분석하도록 해주는 소프트웨어다. Google 혹은 Bing을 통해 검색을 해보면 퀄트릭스(Qualtrics®), 서베이몽키(SurveyMonkey®), 스냅서베이(SnapSurvey®), 스마트서베이(SmartSurvey®), 키서베이(KeySurvey®) 등 온라인 설문지 설계 시스템을 갖고 있는 많은 기업들을 보여준다. 이러한 업체들의 대부분은 무료체험버전을 갖고 있고 그들의 기능을 광범위하게 시연하고 있다. 이것들은 대부분 웹 기반 시스템이기 때문에, 사용자는 프로그램 설치 없이 해당 사이트에 인터넷으로 접근할 수만 있으면 된다.

컴퓨터 지원 설문지는 쉽고, 빠르며, 친화적이고, 유연하다.

무료체험버전은 일반적으로 짧은 만료일과 소수의 응답만 허락하는 등과 같은 제한이 있다. 대부분은 합리적인 가격으로 단기 사용 서비스를 제공하기도 하고 1년에 많은 설문을 하는 조사자들을 위한 장기 기업 라이선스는 할인을 제공하기도 한다. 컴퓨터 지원 설문지 설계 소프트웨어 패키지는 몇 가지 이점을 제공한다.[55] 워드 프로세서 사용과 비교했을 때 쉽고, 빠르며, 사용자 친화적이고, 유용한 기능을 제공한다. 사용자는 간단한 클릭만으로 다양한 설문지 설계 기능에 접근이 가능하며, 광범위한 문서화 기능, 예제, 템플릿 그리고 유용한 힌트가 포함되어 있다. 이 절에서 우리는 컴퓨터 지원 설문지 설계 프로그램의 기능에 대해 알아보겠다.

컴퓨터 지원 설문지 설계 프로그램은 문항 유형, 문항 라이브러리, 실시간 데이터 포착, 그리고 다운로드할 수 있는 데이터 세트를 갖고 있다.

Marketing Research on YouTube™

한 회사의 설문 소프트웨어에 대해 공부하려면 **www.youtube.com**에서 **Survey Software: What Is Snap Survey Software?**를 검색하라.

문항 만들기

일반적인 설문지 설계 프로그램은 사용자에게 어떤 유형의 문항을 사용할 것인지, 얼마나 많은 응답 카테고리를 포함시킬 것인지, 복수응답을 허용할 것인지, 그리고 얼마나 많은 응답선택을 설문지에 보여줄 것인지 등을 질문한다. 일반적으로 프로그램은 폐쇄형(closed-ended), 개방형(open-ended), 숫자, 혹은 척도문항과 같은 문항 유형의 선택 리스트를 제공한다. 슬라이더를 사용한 시각 척도, 모든 종류의 그래픽, 그리고 상호작용 기능이 공통적으로 제공된다. 그 프로그램은 조사자들이 자주 측정하는 개념들(인구통계, 중요도, 만족도, 성과, 혹은 사용용도)에 대한 '표준' 문항을 제공하는 문항 라이브러리(question library)[56]를 갖

© Bloomua/Shutterstock
대부분의 컴퓨터 지원 설문지 설계 시스템은 모바일 기기를 위한 레이아웃과 실행을 제공한다.

고 있기도 하다. 또한 조사자들은 조사목적에 해당할 경우 다양한 형태의 그래픽 파일을 업로드할 수 있다. 대부분의 컴퓨터 지원 설문지 설계 프로그램은 상당히 유연하며 사용자가 문항 형식을 수정하고, 동일한 응답 형식으로 문항 블록 혹은 문항 메트릭스를 작성하고, 구체적인 문항에 대한 설명과 지침을 포함하고, 문항의 위치를 쉽게 옮길 수 있게 해준다. 또 서체, 배경, 색채, 모바일 기기 레이아웃 등을 설계자의 선호도에 따라 수정함으로써 설문지의 외관을 변경할 수도 있다.

건너뛰기와 디스플레이 로직

건너뛰기 로직(skip logic)은 설문지 설계자가 온라인 설문에서 이전 문항의 응답에 근거해 문항을 건너뛸 수 있도록 해주는 것이다. 예를 들어 "당신은 지난 한 달간 가족을 위해 파파존스 피자 배달 서비스를 주문한 경험이 있으십니까?"라는 질문에 '네'라고 응답했다면, 응답자는 파파존스 피자에 대한 몇 가지 문항으로 연결될 것이다. 하지만 '아니요'라고 응답했다면 이러한 질문을 건너뛰게 된다. **디스플레이 로직**(display logic)은 건너뛰기 로직과 유사한데, 응답자의 이전 응답에 근거해 적절한 설문 문항을 제시하거나 질문한다. 디스플레이 로직에 따라 "지난 달에 당신이 이용했던 피자 배달 기업을 모두 체크해주시기 바랍니다"라는 질문과 함께 관련된 모든 기업들의 목록이 나타날 수 있다. 그런 다음 프로그램은 체크된 기업에 관련한 질문만 묻거나 나타낸다.

데이터 수집과 데이터 파일 생성

컴퓨터 지원 설문지 설계 프로그램은 온라인 설문을 만들 수 있다. 온라인의 경우이기만 하다면 설문은 조사자가 사용하길 원하는 그 어떤 커뮤니케이션 방법으로도 응답자들에게 온라인 설문에 대해서 알림을 보내고 설문 준비를 할 수 있다. 일반적으로 데이터 파일은 응답자가 답변하자마자 실시간으로 구축된다. 부연하자면 개별 응답자들은 온라인 설문지에 접근해서, 문항에 응답을 입력하고, 설문지 마지막에 '제출' 버튼을 클릭한다. 제출 신호는 응답자의 응답을 데이터 파일로 작성되도록 프로그램에 지시하기 때문에 응답자들이 설문을 제출할 때와 동일한 비율로 데이터 파일은 증가한다. 이메일 주소 요구와 같은 기능들은 종종 동일한 응답자로부터 복수 제출을 막기 위한 용도로 쓰인다. 데이터 파일은 응답자가 재량껏 다운로드할 수 있고, SPSS에서 읽을 수 있는 파일을 포함한 몇 개의 서로 다른 형식으로도 사용이 가능하다.

응답자 구성

설문지 설계 업체들은 대중들이 설문 참석에 대해 꺼리고 있음을 알고 있기에, 많은 업체들은 패널회사와 파트너십을 맺고 패널 표본들이 그들의 설문지 설계 웹사이트에 접근할 수 있도록 통합해 사용자들이 패널회사들의 응답자들에게 자연스럽게 접근할 수 있게 하고 있다. 어떤 때는 사용되는 패널회사를 명확하게 알 수 있는 반면 다른 경우에는 명확하지 않을 수 있다. 어느 경우라도 사용자는 파트너십을 통해 협상된 가격에 따라 응답자들에게 접근할 수 있는 권한을 구매한다. 만약 사용자가 패널 접근을 이용하지 않기를 원한다면, 그(녀)는 설문을 만들어서 응답자 후보들에게 온라인 설문지 웹주소를 보내는 것으로 간단하게 설문을 시행할 수 있다.

마케팅 조사 인사이트 8.4 **실무적 적용**

효과적인 모바일 마케팅 조사를 위한 팁

모바일 마케팅 조사는 데이터 수집에서 가장 빠르게 성장하고 있는 형식으로 이는 응답자들이 그들의 모바일 디바이스나 스마트폰을 통한 문항 응답 요청이 높아지고 있음을 의미한다. 이러한 추세는 스마트폰이 기존 PC, 랩톱, 태블릿 PC보다 화면이 훨씬 작음으로 인해 설문지 설계상 주요 시사점을 갖는다. 모바일 설문에서 풍부한 경험과 전문성을 갖고 있는 카탈리스트MR(CatalystMR®)의 대표는 최근에 모바일 마케팅 조사 데이터 수집에서 성공을 원하는 기업을 위해 몇 가지 팁을 제시했다. 여기에 그의 기고문의 주요 포인트를 소개한다.[57]

- 10~15분 내에 설문 길이를 유지하라.
- 5점 척도(최대 7점)를 사용하라.
- 각 문항마다 글자 수를 제한하라
- 순위를 매기는 문항과 스크롤이 요구되는 문항을 피하라.
- 화면당 한 문항으로 프로그램하라.
- 모바일 기기에서 잘 작동하므로, 건너뛰기 로직을 사용하라.
- 설문 도입에서 주의를 기울여라.
  - 응답자들에게 다가가라.
  - 짧고, 명확하고, 강렬해야 한다.
  - 초대가 선택된 그룹에게만 보내졌다는 것을 명확히 하라(사실이라면).

데이터 분석, 그래프, 그리고 데이터 다운로드

설문지 설계를 위한 많은 소프트웨어 프로그램은 데이터 분석, 그래프 표현, 그리고 결과 보고를 위한 양식도 갖고 있다. 일부 패키지는 간단한 그래픽 기능만을 제공하는 반면, 어떤 패키지는 다양한 통계 분석 옵션을 제공한다. 이러한 기능은 조사자가 설문 과정을 모니터링하는 데 유용하다. 그래프 기능은 다양한데, 이러한 프로그램의 일부는 사용자가 워드 프로세서 리포트 파일로 저장하거나 그 안에 넣을 수 있는 전문적인 품질의 그래프를 만들 수 있도록 한다. 물론 대부분의 마케팅 조사자들은 일반적인 설문지 설계 시스템에 사용 가능한 것 이상의 강력한 분석과 데이터 시각화 도구를 사용하는 것을 선호하기 때문에 Excel(csv), text, SPSS와 같은 다양한 형식으로 설문 데이터를 다운로드할 수 있도록 해준다.

우리는 설문지 설계 시스템의 주요 기능의 일부만을 강조했다. 일부 응답자들이 선호하는 설문 참여 방식과 관련된 한 가지 기능은 이 시스템이 모바일 기기 형식을 지원한다는 것이다. 하지만 모바일 기기 형태를 선택하기 위해서는 그전에 반드시 고려해야 할 장애 요인이 있다. 온라인으로 실행되기 위해 설계된 설문지를 그대로 설문지 설계 시스템을 통해서 모바일 기기 형식으로 제시하는 것은 현명하지 않다. 마케팅 조사 인사이트 8.4에는 모바일 실행에 깊은 전문 지식을 갖춘 마케팅 조사 업체의 대표가 제시한 몇 가지 팁이 열거되어 있다.

8-9 설문지 마무리

온라인으로 설계된 설문지인지 여부와 관계없이, 두 가지 단계인 사전코딩과 사전조사가 남았다.

설문지 코딩

설문지 설계에서 중요한 과업은 **코딩**(coding), 즉 설문이 수행된 이후 데이터 분석을 위해 문항에서 선택된 응답과 연결된 숫자들을 이용하는 것이다. 온라인 설문지는 일반적으로 자동으로 코딩

코드란 데이터 입력 및 분석을 위해 문항 응답과 연결된 숫자들이다.

된다. 코딩의 논리는 여러분이 기본 규칙을 안다면 간단하다. SPSS와 같은 컴퓨터 통계 프로그램 상에서 숫자는 사용하기에 보다 쉽고 빠르기 때문에 코딩의 주요 목적은 각 가능 응답과 독특한 숫자를 연결시키는 것이다. 여러분은 이후의 여러 장에 걸쳐서 SPSS를 사용하는 법과 해석하는 법을 학습할 것이다.

여기에 몇 가지 설문지 코딩을 위한 기본 규칙이 있다.

- 모든 폐쇄형 문항은 문항의 모든 가능한 응답 각각에 연결된 코드 번호가 부여되어야 한다.
- '1'로 시작해 1씩 증가하고 응답척도의 논리적 방향을 사용한 한 자리의 숫자 코드 번호를 사용한다.
- 문항이 설문지 어디에 위치해 있든 상관없이 동일한 응답 선택은 동일한 코딩시스템을 사용한다.
- '해당하는 모두를 체크하시오' 문항은 '예' 또는 '아니요'의 특수한 경우이므로, 각 응답 선택에 대해 1(=예), 2(=아니요) 코딩시스템을 사용한다.
- 가능한 그 언제라도 설문지를 완성하기 전에는 코딩시스템을 먼저 준비해야 한다.

하드카피 설문지의 경우, 코드는 보통 응답 옆 괄호에 위치한다. 온라인 설문지에서 코드는 내부적으로 셋업되고, 보이지는 않는다. 이름이 붙어 있는 척도의 경우는 응답 방향과 일치하게 숫자들을 부여하는 것이 좋다. 예를 들어 코드 1~5는 '매우 그렇지 않다-그렇지 않다-보통-그렇다-매우 그렇다 척도'와 일치되어야 한다. 만약 설문지상에서 매우 동의하지 않는다와 매우 동의한다의 응답 선택으로 구성된 5점 리커트 척도를 사용한다면, 코드는 1~5가 된다. 응답 범주에 숫자가 사용되는 등간척도의 경우는 숫자들이 설문지에 이미 있기 때문에 각 문항에 대한 코드를 사용할 필요가 없다.

'모두 응답하시오' 문항은 가능한 응답들 각각에 대해 '예' 혹은 '아니요'로 답할 수 있는 것처럼 마련되어 있다.

마지막으로 종종 조사자들은 가능한 응답 나열로부터 하나의 항목 이상을 선택하도록 요청하는 **'모두 응답하시오(all that apply)' 문항**(question)을 사용한다.[58] '모두 응답하시오' 문항에 대해서는 보통 각 응답 범주 선택에 0 혹은 1을 코드한다. 그 범주가 체크되지 않으면 0이 사용되고, 범주가 응답자에 의해 체크되면 1이 사용된다. 이것은 조사자가 각 선택 항목에 대해서 예/아니요 질문을 한 것과 같이 코딩하는 것이다.

설문지 사전조사

사전조사는 응답자가 설문에 참여하는 동안 부딪히는 어려움을 찾고 수정하기 위한 설문조사다.

표 8.2를 다시 확인해보면, 여러분은 설문지 완성의 일환으로 전체 설문지에 대한 사전조사를 해야 한다.[59] **사전조사**(pretest)는 설문을 시작하기에 앞서 설문지 오류를 찾기 위해 대표성을 갖는 적은 수의 응답자를 대상으로 설문을 진행하는 것을 포함한다.[60] 사전조사 응답자들은 연구에 해당하는 표적 모집단을 대표할 수 있어야 한다. 설문지 문항이 배포되기 전에, 참여자들에게 이것이 사전조사라는 것을 알리고, 단어, 문구, 지침, 질문흐름 혹은 혼란스러운지, 이해하기 어려운지, 그리고 기타 설문지에 보여지는 문제점 등을 찾도록 협력을 요청한다. 보통 5~10명의 응답자들이 사전조사에 관여되며, 조사자는 이 집단이 공통적으로 제기한 문제가 있는지를 파악한다.[61] 예를

들어 단 한 명의 사전조사 응답자가 한 문항에 대해 문제가 있다고 하면, 아마도 조사자는 문구(단어) 수정을 시도하지 않을 것이다. 하지만 3명이 동일한 문제를 지적하면, 조사자는 수정할 필요성을 알게 된다. 이상적으로, 설문을 수정할 때, 조사자는 응답자 관점에서 다음과 같은 질문을 해야 한다. 이 문항의 의미는 명확한가? 지침은 이해가 쉬운가? 용어가 정확한가? 타당하지 않은 가정이 들어 있는 질문이나 혹은 유도하는 단어는 없는가?[62] 조사자는 완벽하게 응답자 입장이 되기는 어렵기 때문에, 사전조사는 매우 가치가 있다.[63]

종합학습

해당 실습은 아래 장에서 학습한 개념과 자료들을 고려해야 한다.

제7장 설문 데이터 수집방법 평가
제8장 측정에 대한 이해, 문항 개발, 그리고 설문지 설계

Moe's 토르티야 랩(Moe's tortilla wraps)

Moe 샌드위치는 샌드위치 빵이 아닌 토르티야로 만들어진 랩을 판매하고 있다. 7개의 Moe 매장은 캘리포니아주 샌디에이고에 위치해 있으며, Moe는 '대박'을 터뜨리기 위해서 주 전체로 나아갈 수 있는 프랜차이즈 시스템 준비를 생각하고 있다. Moe는 마케팅 전략 컨설턴트를 고용했는데, 그는 고객을 보다 잘 이해하고 Moe도 인지하지 못하는 강점과 약점을 파악하기 위해 7개의 샌디에이고 매장을 대상으로 기초 설문을 실시하자고 제안했다. 또 컨설턴트는 충성 고객이 되는 데 방해가 되는 약점 혹은 요인이 있는지를 파악하기 위해서 샌디에이고 거주자 중 Moe's 토르티야 랩의 고객이 아니거나 혹은 구매를 자주 하지 않는 사람들을 대상으로 고객 설문을 해야 한다고 권장했다. 마지막으로 컨설턴트는 확장 가능한 대도시 중 샌디에이고, 새크라멘토, LA 세 곳에서 설문을 수행해 Moe's 토르티야 랩이 이 도시들의 샌드위치 구매자들에게 매력적인지, 그리고 이 시장들의 잠재력이 있는지를 파악하자고 권했다. 컨설턴트는 이상적으로는 위의 세 가지 지역에서 실행되는 설문 결과를 쉽게 비교하기 위해 동일하거나 유사한 문항을 사용해야 한다고 언급했다. Moe와 컨설턴트는 다음 조사목적에 대해 동의했다.

캘리포니아주 샌디에이고에서 Moe's 토르티야 랩 사용자를 위한 설문의 조사목적

1. 사용자들은 Moe's에서 얼마나 자주 샌드위치를 구매하는가?
2. 고객들은 Moe's 토르티야 랩에 전반적으로 얼마나 만족하고 있는가?
3. 고객들은 다음 측면에서 Moe's 토르티야 랩에 대해 어떻게 평가하고 있는가?
   a. 경쟁력 있는 가격
   b. 위치의 편의성
   c. 샌드위치의 다양성
   d. 샌드위치 속재료의 신선도
   e. 서비스 속도
   f. 랩의 맛
   g. 샌드위치의 독특함

4. 표본의 인구통계 프로파일

캘리포니아주 샌디에이고에서 Moe's 토르티야 랩 비사용자를 위한 설문의 조사목적

1. 사람들은 샌드위치 가게에서 얼마나 자주 샌드위치를 구매하는가?
2. 그들이 자주 방문하는 샌드위치 가게에 대해 그들은 전반적으로 얼마나 만족하는가?
3. 그들은 Moe's 토르티야 랩을 들어본 적이 있는가?
4. 그렇다면, 지난 6개월 동안 Moe's에서 구매해본 경험이 있는가?
5. 그렇다면, 그들은 다음 측면에서 Moe's 토르티야 랩에 대해 어떻게 평가하고 있는가?
   a. 경쟁력 있는 가격
   b. 위치의 편의성
   c. 샌드위치의 다양성
   d. 샌드위치 속재료의 신선도
   e. 서비스 속도
   f. 랩의 맛
   g. 샌드위치의 독특함
6. 표본의 인구통계 프로파일

캘리포니아주 샌프란시스코, 새크라멘토, LA에서 Moe's 토르티야 랩 잠재 고객을 위한 설문의 조사목적

1. 사람들은 샌드위치 가게에서 얼마나 자주 샌드위치를 구매하는가?
2. 그들이 자주 방문하는 샌드위치 가게의 아래와 같은 측면을 어떻게 평가하고 있는가
   a. 경쟁력 있는 가격
   b. 위치의 편의성
   c. 샌드위치의 다양성
   d. 샌드위치 속재료의 신선도
   e. 서비스 속도
   f. 샌드위치 맛
   g. 샌드위치의 독특함
3. 다음의 서술문을 제시한 후…

   샌드위치를 만들기 위해 빵 대신 토르티야를 사용하는 샌드위치 가게가 있다. 그 가게는 서남지역의 소고기, 치킨, 햄, 치즈가 첨가된 다진 고기, 잘게 썬 양배추, 토마토, 양파, 그리고/혹은 고추 그리고 살사 혹은 조금 매운 치포틀레 드레싱에 특화되어 있다. 이 모든 샌드위치들은 Jack in the Box의 샌드위치와 동일한 가격이다.

   샌드위치에 빵 대신 토르티야를 사용하는 것에 대해 그들의 반응은 어떤가?
4. 자신들이 거주하는 도시의 편리한 위치에 이 샌드위치 가게가 있다면 그들은 이 샌드위치 가게를 얼마나 자주 이용할 것인가?
5. 표본의 인구통계 프로파일

   소비자들의 표적집단과 연결된 각 연구 목적을 위해 데이터 수집방법을 정해보라. 여러분이 선택한 데이터 수집방법에 맞춰, 세 가지 Moe's 토르티야 랩 설문에 사용될 각각의 설문지에 대해서 측정척도 선택, 문항 개발, 그리고 외관 마무리를 포함해 전체 설문지를 설계해보자. 여러분이 이 문

제에 대해서 생각할 때, Moe's는 이 조사에 많은 자금을 투여할 여력이 없기 때문에 비용을 걱정하고 있음을 명심하자. 하지만 그의 확장 계획은 급한 일정하에 있지 않기 때문에 설문의 완성 시간은 특별히 중요하지 않다. 물론 각 설문의 결과들이 해당 표적 고객들에 대한 대표성을 갖는 결과를 얻는 것은 중요한 문제이다.

요약

이 장에서는 마케팅 현상의 주관적 속성의 측정에 관련한 개념들을 논의했다. 마케팅 조사에서 사용되는 세 가지 측정은 (1) 명목 혹은 간단 분류, (2) 서열 혹은 순위척도, (3) 실제 0을 포함한 실수(real numbers)를 사용하는 비율척도와 단위당 간격이 동일하게 측정되는 등간척도를 포함한 연속형 척도가 있다. 마케팅 조사자들은 일반적으로 대상의 주관적 속성을 측정하기 위해 등간척도를 사용한다. 첫째, 리커트 척도(Likert scale)는 5점 혹은 7점 사이에 동의-비동의의 연속성으로 나타난 척도다. 라이프스타일 문항은 사람들의 태도, 관심, 의견을 측정하는 리커트 접근법을 이용한다. 둘째, 어의차이척도는 브랜드 혹은 매장 이미지를 측정하기 위해 상반된 형용사를 사용한다. 셋째, 스타펠척도는 대칭의 +와 − 숫자시스템을 이용한다. 일부 구성개념은 대칭적 등간척도로 측정되는 반면에 어떤 구성개념은 부정적 등급을 갖지 않는 비대칭적 등간척도로 측정된다.

마지막으로 측정의 신뢰성과 타당성을 설명했다. 신뢰성은 응답자가 그(녀)의 응답에서 일관성을 갖는 수준이다. 반면에 타당성은 응답의 정확성으로 정의된다. 신뢰성을 갖고 있지만 정확하지 않아서 타당성을 확보하지 않을 수도 있다.

설문지 설계 과정은 설문지에서 문항이 편향되지 않도록 문항을 개발하는 것과 문항 구성, 혹은 문항의 순서를 검토하는 것을 포함한다. 우리는 측정할 구성개념과 속성의 결정부터 시작해, 해야 할 그리고 해서는 안 되는 것에 대한 가이드라인을 따라 문항의 정확한 단어를 결정하고, 적절한 문항 흐름에 따른 설문지 요소들을 구성해, 최종실행을 위한 마무리 작업에 이르는 일련의 단계별 개발 과정을 설계자는 따라야 한다고 강조한다. 문항 개발의 목적은 편향을 최소화하고 초점을 맞추고, 단순, 간결, 명료한 문항을 만드는 것이다. 문항 편향은 문항 단어가 유도하거나, 잘못된 당위성을 띠거나, 한 질문에서 두 가지 이상을 묻거나, 혹은 과장될 때 대부분 나타난다.

설문지에서 처음 이야기하게 되는 내용이나 설문의 도입문을 포함한 설문지의 문항 구성은 매우 중요하다. 도입문은 설문의 후원업체, 관련된 목적, 응답자가 선택된 이유, 설문 참석을 위한 개인 협조 요청, 그리고 적절한 경우에, 그(녀)가 설문에 참여하는 자격요건 충족 여부 등이 명시되어야 한다. 설문지에서 문항의 순서와 흐름은 스크린, 예열, 전환, '어려운' 문항, 그리고 분류 문항의 역할과 연관되어 있다.

설문 문항은 보통 분석이 용이하도록 모든 가능한 응답과 연결되는 숫자로 코드된다. 마케팅 조사자들은 일반적으로 온라인 설문지 설계가 가능한 웹 기반 소프트웨어 시스템을 사용한다. 우리는 이러한 프로그램의 몇 가지 이점의 기능들을 간단히 설명했다. 이 장은 설문지의 사전조사에 대한 기능과 내용을 논의하면서 마무리했다.

핵심용어

객관적 속성	과장된 질문	등간척도
건너뛰기 로직	대칭 등간척도	디스플레이 로직
건너뛰기 문항	도입문	라이프스타일 인벤토리

리커트 척도
명목척도
명시적 설문
'모두 응답하시오' 문항
문항 개발
문항 편향
문항 평가
보상
보안
분류 문항
비대칭 등간척도
비율척도
사전조사
서열척도
설문지
설문지 구성
설문지 설계
속성
스크리닝 질문
스타펠척도
신뢰성 있는 척도
안면 타당도
어의차이척도
연속형 척도
예열 문항
위장된 설문
유도질문
익명성
일꾼척도
전환
주관적 속성
질문 흐름
척도 개발
측정
컴퓨터 지원 설문지 설계
코딩
타당성이 확보된 척도
타당하지 않은 가정을 하는 질문
한 번에 두 가지를 묻는 문항
후광효과

복습 질문/적용

8.1 측정이란 무엇인가? 여러분의 대답에서 대상과 객관적 속성과 주관적 속성 등의 속성들을 구분해 설명해보라.

8.2 마케팅 조사에서 주로 사용하는 세 가지 척도를 구분해 보라.

8.3 등간척도와 서열척도의 차이점은 무엇인가?

8.4 대상의 주관적 속성을 측정하는 연속성이 의미하는 것을 설명해보라.

8.5 대칭 척도에서 중립 응답을 포함하는 것에 대한 찬성과 반대 논리는 무엇인가?

8.6 리커트 척도, 라이프스타일 척도, 그리고 어의차이척도를 구분해보라.

8.7 후광효과란 무엇이며 조사자는 이를 어떻게 통제하는가?

8.8 다음의 구성개념들을 측정하기 위한 문항을 만들어보라. 척도를 구성하기 전에, 문헌들을 참조해 구성개념의 명확한 정의를 찾아라. 그리고 그 정의에 관련된 문항을 만들어보라.

a. 브랜드 충성도(brand loyalty)
b. 구매의도(intentions to purchase)
c. 가격 대비 가치(value for the price)의 중요성
d. 브랜드 태도(attitude toward brand)
e. 광고 회상도(recall of an advertisement)
f. 과거 구매

8.9 신뢰성은 타당성과 어떻게 다른가? 여러분의 답안에서 각 용어를 정의해보라.

8.10 설문지는 무엇이며 어떤 기능을 하는가?

8.11 설문지 설계는 체계적 과정이라는 문장은 무엇을 의미하는가?

8.12 문항 단어를 위해 '해야 할' 네 가지 가이드라인은 무엇이 있는가?

8.13 문항 단어를 위해 '하지 말아야 할' 네 가지 가이드라인은 무엇이 있는가?

8.14 설문지 도입문의 목적은 무엇이며, 무엇을 달성해야 하는가?

8.15 (a) 스크리닝 질문, (b) 예열, (c) 전환, (d) 건너뛰기, (e) 분류 문항의 기능을 설명해보라.

8.16 코딩이란 무엇이며 왜 하는가? '모두 응답하시오' 문항

의 특별한 코딩은 어떻게 하는가?

8.17 마이크 마켓(Mike's Market) 편의점 주인은 낮은 매출로 고민 중이다. 그는 매장 이미지는 표적 시장을 끌어들이는 데 영향을 미친다고 마케팅 교과서를 통해 배웠다. 그는 올라잇 리서치(All-Right Research)에 의뢰해 매장 이미지를 개선하기 위한 조사를 시작했다. 여러분은 매장 이미지와 연관된 설문지를 개발하는 책임이 있다. 마이크 마켓 이미지 측면과 관련된 측정을 위한 어의차이척도를 설계해보라. 척도 개발 과정에서 여러분은 다음을 수행해야 한다—(a) 측정될 속성의 브레인스토밍, (b) 적합한 상반된 형용사 결정, (c) 척도점의 수 선정, (d) 이 척도는 어떻게 후광효과를 통제할 수 있는가에 대한 설명.

8.18 아래에는 시장 조사자가 어떤 구성개념을 측정할 필요성이 있는 경우의 사례들이다. 각 사례에 적합한 척도를 고안해보라. 척도의 가정, 응답 범주의 수, '의견 없음' 혹은 중립 응답의 사용 혹은 비사용, 그리고 안면 타당성 측면에서 그 척도를 정당화해보라.

a. 마텔(Mattel)은 유치원 아이들이 만화 캐릭터와 함께 노래를 부르고 비디오의 다양한 상황에서 다음에 나올 노래 가사를 추측해야 하는 노래 부르기 비디오 게임에 어떻게 반응하는지 알고 싶어 한다.

b. TCBY는 새로운 다섯 가지 요거트 맛을 테스트하고 있는데 이 회사는 고객들이 달콤함, 맛의 강도, 맛의 풍부함 측면에서 다섯 가지 요거트를 어떻게 평가하는지 알기 원한다.

c. 제약회사는 의사가 무료 샘플 처방약을 환자들에게 주는 것을 금지하는 연방법이 의사들이 환자들에게 유명 브랜드약을 처방할지 복제약을 처방할지에 대한 결정에 어떤 영향을 끼칠지 알고 싶어 한다.

8.19 할리데이비슨은 미국의 가장 큰 모터사이클 제조업체며, 수년간 사업을 진행해 왔다. 강력한 브랜드를 가지고 있는 다른 기업과 마찬가지로, 할리데이비슨은 자신의 로고를 커다랗게 프린트한 셔츠와 같은 '시그니처' 제품을 확장하고자 한다. 하지만 일부 사람들은 할리데이비슨이 Hell's Angels 등 모터사이클 갱들이 선호하는 브랜드이기 때문에 이 브랜드에 대해 부정적인 이미지를 갖고 있다. 여기서 두 가지 연구 문제가 있다. 첫째, 소비자들은 할리데이비슨에 대해 부정적인 느낌을 갖고 있는가? 둘째, 그들은 셔츠, 벨트, 부츠, 재킷, 라이터, 열쇠고리와 같은 할리데이비슨 시그니처 제품 구매를 꺼리는가? 두 가지 이슈를 수행하기 위해 전국 전화조사를 할 경우 사용될 수 있는 리커트 척도를 개발해보라.

8.20 아래에는 미국 하와이주 마우이에 있는 공예협회를 위해 설계된 설문지의 다섯 가지 다른 측면이 나열되어 있다. 이 설문은 마우이 공항에서 비행기 탑승을 기다리는 여행객에게 직접 찾아가 대인 인터뷰를 통해 진행하려고 한다. 표 8.3 가이드라인을 이용해 설문지에서 논리적인 문항 흐름을 만들어보자.

a. 목적지로 마우이를 어떻게 선택했는지 판단하는 것

b. 마우이에서 그들이 방문한 지역과 각 지역에 대해 그들이 얼마나 좋았는지 발견하는 것

c. 구매한 공예품, 구매 장소, 구매 시기, 구매 가격, 선택할 결정한 사람과 특별한 아이템을 구매한 이유 등을 설명하는 것

d. 그들은 마우이에 얼마나 머무르는지 그리고 어디에서 머무는지에 대한 구체적인 정보

e. 인터뷰한 각 관광객들의 인구통계 프로파일을 생성하는 것

8.21 구글이나 빙, 기타 유사한 검색엔진을 이용해 컴퓨터 지원 설문지 설계 프로그램의 무료체험버전 다운로드를 찾아보고 그것에 친숙해지자. 다음에 열거된 컴퓨터 지원 설문지 설계 프로그램이 수행할 수 있는 기능들에 대해서 여러분이 선택한 프로그램이 이 기능들을 어떻게 제공하는지 간단히 설명해보라.

a. 질문 유형 선택

b. 문항 라이브러리

c. 폰트와 외관

d. 웹 업로딩[때때로 '퍼블리싱(publishing)'이라고 불림]

e. 그래픽을 포함한 분석

f. 파일 다운로드 형식 선택

8.22 팬더 마틴(Panther Martin)은 다양한 형태의 낚시 미끼를 개발하고 판매한다. 잠재 구매자들의 반응을 설문하기 위한 목적으로 조사 업체를 계약했다. 이 조사 업체의 업무는 계약 보트 선착장에서 낚시꾼에게 다가가서 낚시 중에 개발 중인 팬더 마틴 미끼를 사용하도록 협조를 구하고, 돌아올 때 그들을 만나 구두로 설문을 하는 것이다. 보상으로서 각 응답자들은 시험할 세 종류의 미끼를 받고, 낚시 여행이 끝날 때 문항에 답하는 낚시꾼에게는 5개가 더 주어진다.

보트를 출발시키려는 낚시꾼에게 다가갈 때 어떤 모두 발언을 할 수 있을까? 낚시꾼에게 설문에 참석하도록 요구할 때 사용될 수 있는 스크립트를 작성해보라.

사례 8.1

Extreme Exposure Rock Climbing Center가 The Krag을 마주하다

지난 5년간 Extreme Exposure Rock Climbing Center는 시장을 독점하고 있었다. 캘리포니아주 새크라멘토에 위치한 Extreme Exposure은 익스트림 스포츠 경기로 인한 반복된 부상으로 '은퇴한' 전직 익스트림 스포츠 경기 참가자인 카일 앤더슨의 꿈이다. 카일은 미국 북서 지역에서 최고의 락-클라이밍 시설을 갖춘 Extreme Exposure을 만들기 위해 열심히 일해왔다.

카일의 락-클라이밍 센터는 6,500제곱피트에 최고 높이 50피트에 달하는 100개의 서로 다른 루트로 된 클라이밍 가상 암벽이 마련되어 있다. Extreme Exposure의 설계는 네 가지 주요 클라이밍 유형으로 나뉘어 있다. 클라이머가 정상에 연결된 로프를 타고 오르는 탑-로핑, 오르는 동안 암벽에 클립을 고정해 로프를 걸어 오르는 리드-클라이밍, 로프 없이 바닥에 가까이 머무는 볼더링, 그리고 로프로 경사를 빠르게 내려오는 라펠링이 있다. 클라이머들은 일일, 월간, 그리고 연간 회원권을 구매할 수 있다. 신발과 안전벨트의 대여 비용은 저렴하며, 헬멧은 반드시 착용해야 하므로 무료로 대여해주고 있다. 또한 개인과 단체 수업 외에도 Extreme Exposure은 생일 파티, 어린이 여름 캠프, 그리고 기업 팀 빌딩을 위한 프로그램도 가지고 있다.

카일은 신문을 통해 The Krag이라는 다른 암벽등반 시설이 6개월 이내에 새크라멘토에 들어선다는 것을 알았다. 그는 Extreme Exposure와 다른 The Krag에 대한 몇 가지 아이템을 기록했다 — (1) The Krag은 최대 60피트 높이까지 오를 수 있음, (2) 클라이머 인증 프로그램을 가질 것임, (3) 아웃도어 락-클라이밍의 데이 트립을 함, (4) 그룹으로서 당일 일정보다 긴 일정으로 캐나다 로키산맥까지 락-클라이밍 트립을 확장할 예정이라는 점, 그리고 (5) Extreme Exposure보다 20% 저렴한 연간회원권을 판매한다는 점이다.

카일은 클라이밍 중 휴식 시간 동안 Extreme Exposure의 마케팅을 담당하는 멤버 중 한 명인 다이앤과 이야기를 나누었다. 다이앤은 그녀가 카일이 그의 현재 회원들에 대해 파악해야 한다고 믿는 것들에 대해 정리했다.

1. Extreme Exposure 회원들의 인구통계와 락-클라이밍 프로파일은 무엇인가?
2. 회원들은 Extreme Exposure 시설에 얼마나 만족하는가?
3. (a) 아웃도어 클라이밍 지역의 데이 트립, (b) 당일 일정보다 긴 일정으로 캐나다 로키산맥 락-클라이밍 트립, (c) 개인 락-클라이밍 퍼스널 가이드와 함께하는 개별, 커플, 그리고/혹은 가족 락-클라이밍 어드벤처, (d) 최소 5개의 실외 클라이밍 수업 참여가 요구되는 락-클라이머 인증 프로그램에 대해 회원들이 얼마나 관심을 갖고 있는가?
4. Extreme Exposure의 연간 회비에 대한 회원들의 의견은 무엇인가?
5. 회원들은 Extreme Exposure의 최대 높이보다 최대 10피트 높은 암벽이 마련된 새로운 락-클라이밍 센터에 가입하기 위해 Extreme Exposure을 떠날 것을 고려하고 있는가?

6. 회원들은 Extreme Exposure보다 높은 암벽을 제공하고 연간회원권이 더 저렴한 새로운 락-클라이밍 센터에 가입하기 위해 Extreme Exposure을 떠날 것을 고려하고 있는가?

다이앤의 각 문항에 따라 관련된 문항을 찾고 어떻게 측정되는지 알아보라.

사례 8.2 통합 사례

Auto Concepts

Auto Concepts의 CEO인 닉 토머스는 설문을 위해 CMG Research와 계약했다. CMG Research의 부사장인 코리 로저스는 현재 조사연구를 수행하기 위해 필요한 조사목적을 충분히 이해하고 있다고 느낀다. 게다가 그는 시간을 들여서 구성개념의 조작적 정의를 작성했고 설문지의 예비 작업 대부분을 수행했다. 다음 단계는 설문지 설계다. 코리와 닉은 이 설문에 있어서 가장 합리적인 접근법은 온라인 패널을 사용하는 것이라고 결정했다. 이 대안은 다소 비용이 들지만 최종 표본이 시장의 대표성을 갖는 것을 보증할 것이다. 그러한 패널을 운영하는 기업들은 구매자가 원하는 일반적인 표적 시장의 대표성을 나타내는 표본을 그들의 서비스 구매자에게 보증한다. Auto Concepts의 사례에서 그들이 관심을 가지고 있는 시장은 '모든 자동차 소유자들'이며, 실질적으로 모든 성인이 자격을 갖추고 있음을 의미한다.

결과적으로 성인 소비자들로 구성된 온라인 패널에 맞는 설문지를 설계해야 할 때다. 조사 프로젝트 과정에서 설문지 설계와 관련된 설문 목적은 다음을 포함한다.

1. 다음에 대한 자동차 구매자들의 태도는 무엇인가?
   a. 지구온난화를 야기하는 가솔린 사용
   b. 지구온난화
2. 세분 시장에 따라 지구온난화와 관련된 태도는 다른가? 세분 시장은 다음의 인구통계에 따라 정의된다.
   a. 나이
   b. 소득수준
   c. 교육수준
   d. 성별
   e. 가족 규모
   f. 거주지역의 크기
   g. 주거형태
3. 다양한 종류의 고연비 자동차에 대한 소비자의 선호와 의도는 무엇인가?
   a. 슈퍼사이클 : 1인승, 전기자동차
   b. 런어바웃 스포츠 : 2인승, 전기자동차
   c. 런어바웃 해치백 : 2인승, 가솔린 하이브리드
   d. 이코노미 하이브리드 : 4인승, 디젤 하이브리드
   e. 이코노미 스탠다드 : 5인승, 스탠다드 가솔린
4. 새로운 자동차 유형을 선호하는 소비자들의 매체 습관은 무엇인가?
   a. 지역 신문 구독(지역 뉴스, 주별 뉴스, 국가, 스포츠 등)
   b. TV 시청(코미디, 드라마, 스포츠, 리얼리티, 다큐멘터리 등)
   c. FM 라디오 청취(음악, 컨트리, 톱 40, 올디스, 재즈 등)
   d. 잡지 구독(일반 잡지, 비즈니스, 과학, 스포츠, 요리, 육아 등)
5. 다음을 얼마나 자주 사용하는 것과 관련한 소비자들의 소셜미디어 사용 프로파일은 무엇인가?
   a. 온라인 블로그
   b. 콘텐츠 커뮤니티
   c. 소셜 네트워크 사이트
   d. 온라인 게임
   e. 가상현실

필요하다면 이전 장에서 여러분에게 전달된 통합 사례와 정보를 검토하고 Auto Concepts를 위한 온라인 설문지를 설계해보라. 적절한 구성개념 측정문항, 명확한 문항 단어, 적절한 문항 흐름, 그리고 좋은 설문지 설계의 기타 원리들을 실현하라. (주 : 여러분의 인스트럭터는 이 과업을 위해 특정 온라인 설문지 설계 업체를 사용할 수 있도록 요구할 수 있다. 그렇지 않다면, 설문지 구성을 위한 여러분의 선택에 대해 문의하라.)

9

표본 추출

학습 목표

이 장에서 여러분은 다음을 학습하게 될 것이다.

9-1 표본과 표본 추출의 기본 개념
9-2 표본 추출의 이유
9-3 확률적 표본 추출과 비확률적 표본 추출의 차이
9-4 확률적 표본 추출을 위한 네 가지 표본 추출방법
9-5 비확률적 표본 추출을 위한 네 가지 표본 추출방법
9-6 온라인 표본 추출방법
9-7 표본 계획 단계

우리는 어느 과정에 있는가?

1 마케팅 조사 필요성 인식
2 문제 정의
3 조사목적 수립
4 조사 설계 결정
5 정보 유형과 원천 식별
6 데이터 분석 방법 결정
7 데이터 수집 양식 설계
8 표본 계획과 크기 결정
9 데이터 수집
10 데이터 분석
11 최종 보고서 준비 및 작성

인사이츠 컨설팅

Kristof De Wulf, 인사이츠 컨설팅 최고 경영자

혁신은 우리에게 생명과도 같다. 1997년에 설립한 인사이츠 컨설팅(InSites Consulting)은 설립 후부터 지금까지 단 한 가지 변하지 않은 것이 있다. 그것은 우리는 지속적으로 깊은 관여, 더 깊은 영감, 그리고 더 긴 지속적인 영향력을 위해 마케팅 조사의 범위를 확장해 나가고 있다는 것이다. 세계에서 가장 혁신적인 마케팅 조사업체 Top5 중 하나로 등재되어 있고, 25개 이상의 국제 어워즈로 업계에서 갈채를 받은 우리는 우리의 의뢰업체들을 미래로 먼저 인도한다. 오늘날 우리는 전 세계 글로벌 브랜드의 약 1/3 이상의 미래를 책임지고 있다는 것에 대해 상당한 자부심을 갖고 있다.

협업은 우리의 신념이다. 우리는 협업의 힘을 믿는다. 지난 10년간 협업적 사고방식을 가진 기업들은 좋은 기업을 넘어 위대한 기업으로 도약했다고 책 *Good to Great*에서 소개된 기업들보다 3배 이상 빠르게 성장했다. Henry Ford의 유명한 명언 "내가 사람들에게 그들이 무엇을 원하는지 물어왔다면, 그들은 더 빠른 말을 원한다고 답했을 것이다" 이후 시간이 많이 흘렀다. 파워(힘)는 조직에서 개별 소비자 혹은 종업원으로 이동하고 있으며, 전 세계는 수십 억 달러의 가치를 만들어내는 문제 해결사들로 구성되어 있다. 오늘날 협업 경제가 부각되고 있는 상황에서, 우리는 오래전에 이미 시도되었던 솔루션을 넘어, 오늘날의 비즈니스 욕구에 보다 효율적이고 민첩하고 강력한 의사결정으로 대응하고 있다.

고객 인사이트는 우리의 화폐이다. 우리는 고객 인사이트를 통해 사람들에게 힘을 실어주어 더 낫고 미래에 대비된 기업을 만들어준다. 우리 고유의 고객 인사이트 환경시스템은 기업들이 그들이 하는 모든 것의 중심에 고객 인사이트를 두도록 도와주고 있다. 우리는 세 가지 독특한 방법을 통해 고객 목소리를 기업 회의실에 전달한다.

1. 고객 컨설팅 협의회(Consumer Consulting Boards)는 신선하고 관련성이 높은 고객 인사이트를 창출하며, 여러분의 조직에 고객 목소리를 내재시킨다. 고객 컨설팅 협의회는 기업이나 브랜드에 관심을 가지고 오랫동안 협업을 한 흥미로운 고객들로 회원이 정해져 있으며 관리자가 있는 온라인 또는 모바일 커뮤니티이다.
2. 고객 활성화 스튜디오(Consumer Activation Studio)는 조직 전체에 보다 빠르게 고객 인사이트를 공유하고, 광범위한 종업원 집단과 함께 고객 인사이트를 정교하게 하며, 종업원들이 고객 인사이트를 활용하여 행동하게 한다. 고객 활동 스튜디오는 고객 인사이트

를 둘러싼 종업원들을 결합하고 활동시키는 SaaS(Sofrware as a Service) 기업 솔루션이다.
3. 인사이트 임팩트 서베이(Insight Impact Survey)는 마케팅 의사결정 영향력의 타당성을 확인해주고 고객 인사이트의 수익성을 측정한다.

인사이트 수익성의 극대화는 우리의 약속이다. 우리는 다음의 방식으로 우리 자신을 차별화하여 의뢰업체가 그들의 고객 인사이트 수익성을 극대화하도록 돕고 있다.

1. 보다 깊이 있는 인사이트 : 우리는 다양한 관심집단에 권한을 부여하고(empowering), 관여(engaging)하며, 그들과 연결하고 활성화하는 데 전문가이고 이를 바탕으로 고객들과의 깊고 의미 있는 협업을 이룩한다.
2. 더 나은 인사이트 : 우리는 여러분 사업에 크고 작은 변화를 일으킬 수 있는 힘을 가진 고객 인사이트를 생성, 활성화, 그리고 검증할 수 있는 기술에 있어서 장인들이다.
3. 종단적 인사이트 : 우리는 고객과 종업원 간 협업의 힘을 활용할 수 있는 구조적 조직 능력을 구축, 성장, 보호함으로써 반복적이고 연속적인 학습을 가능케 한다.
4. 보다 넓은 인사이트 : 우리는 조직 전반에 걸친 영향을 불러일으키고, 고객 인사이트를 민첩성, 효율성, 그리고 시장 영향력에 초점을 맞춘 측정 가능한 결과로 전환하는 데 초점을 두고 있다.
5. 글로벌 인사이트 : 우리는 전 세계 50여 개국에 걸쳐 경험 있고, 훈련되어 있으며, 인증된 진행자(moderator)들의 글로벌 네트워크를 갖고 있으며, 전 세계에서 효율적인 협업을 추진하고 있다.

insites-consulting.com에 방문해 보라.

출처 : Text and photos courtesy of Kristof De Wulf and InSites Consulting.

국제 시장에는 수억 명의 사람들이 있고, 국내 시장은 수백만 명의 개인으로 구성되어 있으며, 심지어 지역 시장은 수십만 가구로 구성되어 있다. 한 시장의 모든 개인들로부터 정보를 얻는 것은 일반적으로 불가능하고 분명 비현실적이다. 이러한 이유로 인해 마케팅 조사자들은 표본을 사용한다. 이 장에서는 조사자들이 어떻게 표본을 확보하는지 설명할 것이다. 인사이츠 컨설팅 사례에서 보았듯이 기술과 세계화는 표본 확보를 복잡한 과정으로 만들었다. 우리는 모집단, 표본, 전수조사와 같은 기본 개념을 정의하면서 시작할 것이다. 그리고 표본을 추출하는 이유를 논의할 것이다. 여기서 우리는 네 가지 표본 추출방법과 네 가지 비표본 추출방법을 구분할 것이다. 온라인 서베이는 인기가 높기 때문에, 온라인 서베이 측면에서 표본 추출도 논의할 것이다. 마지막으로, 어떤 표본 추출법인가에 상관없이 사용되는 표본의 추출 단계를 제시할 것이다.

9-1 표본과 표본 추출의 기본 개념

표본 추출은 고유의 기본 용어가 있는데 모집단, 전수조사, 표본, 표본단위, 표본 프레임, 표본 프레임 오류, 표본오차가 그것들이다. 우리가 이러한 개념들을 설명할 때 여러분은 각 개념이 서로 어떻게 연관되어 있는지를 묘사한 그림 9.1을 참조하면 더 유용할 것이다.

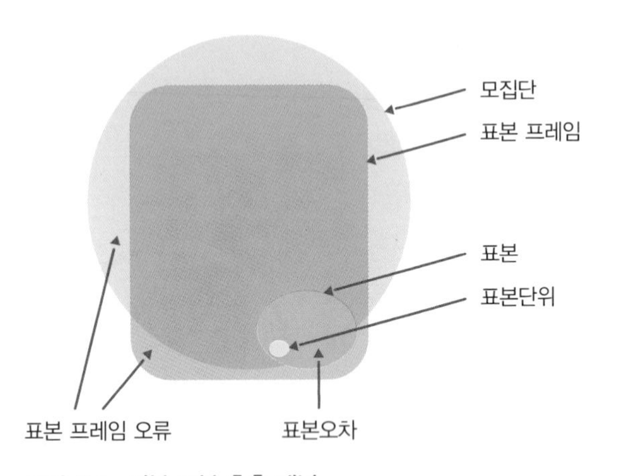

그림 9.1 기본 표본 추출 개념

모집단

모집단은 조사목적에 의해 정의된, 조사의 대상이 되는 전체 집단이다.

모집단(population)은 조사 프로젝트의 목적에 의해 정의된, 조사 대상이 되는 전체 집단(entire group)으로 정의된다. 그림 9.1에서 볼 수 있듯이, 모집단 모양은 가장 크고 가장 포괄적인 개체다. 관리자들은 마케팅 조사자들에 비해 모집단의 구체적인 정의를 덜 하려는 경향이 있다. 이는 조사자들은 모집단의 기술을 정확하게 해야 하는 반면에 관리자들은 보다 일반적인 방식으로 사용하기 때문이다.

예를 들어 터미닉스(Terminix) 해충 박멸 서비스의 조사 프로젝트를 통해 이러한 차이점을 알아보도록 하자. 터미닉스는 예비 고객들이 집에 서식하는 바퀴벌레, 개미, 거미, 그리고 기타 곤충들을 어떻게 없애는지 파악하는 데 관심을 가지고 있다고 가정해보자. 이 경우 터미닉스 관리자는 아마도 '우리의 서비스를 이용할 수 있는 모든 사람'을 모집단으로 정의할 것이다. 반면 표본 설계를 담당하는 조사자는 '터미닉스 서비스가 가능한 대도시와 주변 지역에 거주하는 해충 방제를 책임지는 가구의 가장'으로 정의할 것이다. 조사자가 '모든 사람'에서 '해충 방제를 책임지는 가구'로 변경하고, 응답자를 '가구의 가장'으로 보다 정확하게 표현했다는 점에 주목하자. 또 그 정의는 터미닉스 서비스가 가능한 대도시와 주변의 가구라는 조건으로 보다 구체화되었다. 문제 정의 오류가 서베이에 치명적일 수 있는 것처럼, 서베이 결과는 서베이 표본이 추출된 모집단에게만 적용될 수 있기 때문에 모집단 정의 오류도 치명적일 수 있다. 예를 들어 만약 터미닉스 모집단이 '우리의 서비스를 이용할 수 있는 모든 사람'이라면, 그것은 일반 가구뿐만 아니라 산업, 기관, 비즈니스 사용자들까지 포함하게 된다. 힐튼 호텔과 올리브가든 레스토랑(Olive Garden Restaurants) 같은 대규모 국가 체인이 서베이에 포함되면, 그 결과는 일반 가구들에 대한 대표성을 가질 수 없다.

전수조사

전수조사는 모집단의 모든 사람들로부터 정보를 요구한다.

전수조사(census)는 전체 모집단을 평가하고 설명(accounting)하는 것으로 정의된다. 즉 만약 여러분이 전체 모집단 구성원들의 평균 나이를 알기 원한다면, 각 모집단 단위에 있는 그(녀)들의 나이를 묻고 평균을 계산해야 할 것이다. 물론, 여러분은 특히 수백만 명의 소비자를 포함하는 표적 시장 같은 경우를 생각해보면, 이 전수조사의 비현실성을 확인할 수 있을 것이다.

© Robert F. Balazik/Shutterstock

모집단은 조사의 대상이 되는 전체 집단이다.

아마도 전수조사에 대한 가장 좋은 사례는 미국통계국(U.S. Census Bureau, www.census.gov)에서 10년마다 조사하는 미국 센서스일 것이다. 미국 센서스의 표적 모집단은 미국에 거주하는 모든 가구다. 실제로 모집단의 이러한 정의는 '이상적인' 전수조사인데, 이는 모든 미국 가구들로부터 정보를 얻는 것은 사실상 불가능하기 때문이다. 기껏해야, 전수조사 통계청은 특정 비율의 가구에게만 도달해 전수조사 활동 기간 동안 정보를 제공하는 전수조사를 얻는다. 수십만 달러의 예산을 들여서 TV, 뉴스, 라디오와 같은 주요 광고 매체를 사용하여 전수조사에 대해서 알리는 작업을 한다고 해도 통계국은 그 수가 100% 정확하지 않다는 것을 인정한다.[1]

미국 센서스가 당면한 어려움은 마케팅 조사에도 동일하다. 예를 들어 거주지가 없거나, 문맹이거나, 능력이 없거나, 미국 내 불법 체류자거나 혹은 참여를 원하지 않는 개인들의 사례가 있다. 서베이 조사를 실시하는 마케팅 조사자들은 이러한 모든 문제에 더하여 또 다른 문제들에 직면하고 있다. 실제로 마케팅 조사자들은 오래전부터 모집단의 전수조사를 수집하는 것은 실행하기 어렵고 불가능하다는 것을 깨달았다. 결과적으로 그들은 표적 모집단의 대표성을 갖는다고 선택한 하위 집합(subset) 혹은 표본을 사용하게 되었다.

표본과 표본단위

표본과 표본단위 모두 그림 9.1에 제시되어 있다. **표본**(sample)은 모집단을 적절하게 대표하는 그 모집단의 하위 집합이다.[2] 다시 한 번 말하지만, 관리자와 조사자는 이 용어를 사용하는 방법에 차이가 있다. 관리자는 종종 이러한 정의에서 '적절한' 측면을 간과하고 어떤 표본도 대표성을 가지는 표본이라고 가정한다. 하지만 조사자들은 표본오차를 찾는 데 훈련되어 있고 표본이 되기 위한 하위 집합의 대표성 수준 평가에 주의를 기울인다.

표본은 전체 모집단의 하위 집합이며, 표본단위는 탐색의 기본 수준이다.

표본단위(sample unit)는 탐색의 기본 수준이다. 즉 터미닉스 사례에서 단위는 하나의 가구(household)다. 웨이트와처스(WeightWatchers) 서베이에서 그 단위는 한 사람이 되지만 레이저 수술 장비의 병원 구매 서베이에서는 병원 구매가 조사되기 때문에 병원 구매 대리인이 표본단위가 된다.

표본 프레임과 표본 프레임 오류

여러분이 그림 9.1에서 볼 수 있듯이, 표본과 표본단위는 **표본 프레임**이라 불리는 범위에 존재한다. **표본 프레임**(sample frame)은 모집단에서 표본단위의 주요 원천이다. 그림 9.1에서 볼 수 있듯이, 표본 프레임 모양이 모든 모집단 모양과 같은 것은 아니다. 더욱이, 모집단의 범위를 벗어난 곳도 있다. 즉 표본 프레임은 언제나 모집단과 완벽히 일치하지는 않는다는 것이다.

표본 프레임은 모집단의 표본단위의 주요 원천이다.

예를 들어 한 조사자가 와이오밍에 있는 모든 자동차 딜러들을 모집단으로 정의했다면, 그녀는 표본 추출을 위한 프레임으로써 이러한 집단들의 주요 리스트가 필요할 것이다. 유사하게, 조사될 모집단이 공인 회계사(certified public accountants, CPA)라면, 이러한 집단의 표본 프레임도 필요할 것이다. 자동차 딜러 사례의 경우, 전화번호부에 나와 있는 자동차 딜러들의 목록이 제공되는 뉴저지주 터너스빌의 American Business Lists를 이용하면 될 것이다. CPA의 경우, 조사자들은 CPA 시험을 통과한 모든 회계사들의 명단이 포함된 뉴욕의 미국공인회계사협회(American Institute of Certified Public Accountants)의 회원 명부를 이용하면 될 것이다. 때때로 조사자들은 명단을 찾을 수 없는 경우도 있고, '3월에 라디오쉑(Radio Shack) 매장에서 최소 50달러 이상의 제품을 구매한 모든 고객'과 같이 조사자들이 고려하는 모집단에 어떻게 접근할 수 있는지가 문제가 되기도 한다.

마케팅 조사 인사이트 9.1 디지털 마케팅 조사

유선전화와 휴대전화 표본 추출 비교

과거만큼의 인기는 없지만, 전화 설문은 여전히 데이터 수집방법에서 활용되고 있다. 하지만 마케팅 조사의 많은 측면에서, 기술은 전화 설문에 상당한 영향을 미쳐 왔다. 그 한 가지 영향력은 컴퓨터 지원 전화 인터뷰(CATI)의 넓은 확산으로 무작위 번호 추출(random digit dialing, RDD)을 용이하게 해주었다는 점이다. 따라서 마케팅 조사자들은 더욱 효율적이고 효과적인 전화 설문을 할 수 있게 되었다. 응답자 측면에서 볼 때, 기술은 휴대전화가 넓게 확산되는 데 상당한 영향을 미쳤고, 많은 소비자들은 휴대전화 사용으로 인해 유선전화를 끊고 있다. 최근에 조사자들은 전화 설문을 할 때 유선전화 표본 프레임을 사용하는 것과 휴대전화 표본 프레임을 사용하는 것의 표본 대표성 결과를 검증했다.[3] 다음 표는 결과 표본에서 나타난 상당히 의미 있는 차이점을 강조하고 있다.

가장 큰 차이점은 모집단으로부터 추출된 유선전화 표본은 나이가 보다 많고, 도시가 아닌 곳에 있으며, 여성이 많고, 휴대전화 보급률이 낮으며, 교육수준이 낮고, 소득수준도 낮다.

특성	유선전화 표본	휴대전화 표본	차이
응답률	22%	13%	9%
도심 거주	60%	68%	8%
평균 연령	53	39	14세
여성/남성	40%/60%	57%/43%	17%
현 거주지에서 5년 혹은 그 이하 거주	23%	52%	29%
고졸 이상 학력	65%	77%	12%
소득 60,000달러 이상	48%	57%	9%

모집단의 목록은 불완전하고 부정확하기에 표본 프레임 오류를 포함한다.

표본 프레임은 예외 없이 **표본 프레임 오류**(sample frame error)를 포함하는데, 이는 표본 프레임이 모든 모집단을 설명하지 못하는 정도를 의미한다. 그림 9.1에서 보듯이, 여러분은 표본 프레임이 표본 프레임이 일부 단위를 빠뜨려서 불충분(incomplete)하거나 혹은 모집단에 속하지 않은 단위를 포함하여 부정확(inaccurate)할 수 있음을 의미한다. 표본 프레임 오류를 찾는 방법은 모집단의 명단을 비교하고, 그 명단이 표적 모집단과 어느 정도 일치하는지를 확인하는 것이다. 여러분은 와이오밍의 자동차 딜러의 경우에 어떤 표본 프레임 오류가 있다고 생각하는가? 표본 프레임으로 전화번호부만을 사용한다면 주요 오류가 발생할 수 있다. 모든 매장들이 전화번호부에 등재되어 있는 것은 아니다. 일부는 사업을 중단했을 수 있고, 일부는 전화번호부 발행 이후에 사업을 시작했을 수 있으며, 또 일부는 등재되어 있지 않을 수도 있다. CPA에서도 동일한 유형의 오류가 발생할 수 있는데, 조사자는 사용하는 목록의 최신 상태를 확인해야 한다.[4]

서베이 결과에서 표본 프레임의 영향력을 설명하기 위해, 전화 서베이에서 휴대전화 표본 프레임과 유선전화 표본 프레임이 어떤 차이가 있는지를 설명한 마케팅 조사 인사이트 9.1을 준비했다.

마케팅 조사에서 표본 프레임에 대해 공부하려면 www.youtube.com에서 Sample Source and Sampling Frames를 검색하라.

표본 추출 오류

표본이 취해질 때마다 설문에는 표본오류가 발생한다.

표본 추출 오류(sampling error)는 표본을 사용했기에 발생하는 서베이에서의 오류다.[5] 표본 추출 오류는 두 가지 요인에 의해 발생한다. 첫째, 이 장 뒷부분에서 이를 학습할 표본 추출방법에 의해 발생할 수 있는데 이는 표본 프레임 오류를 포함한다. 그림 9.1에 나오듯이, 표본 모양은 표본 프레임 모양 안에 있는데 이 표본 프레임이 모집단 밖 일부 범위를 포함한다. 이러한 표본오차 유형은 표본 프레임이 모집단 정의에 완벽히 들어맞지 않아 발생한다. 여러분은 이 장에서 일부 표본 추출방법은 이러한 오류를 최소화할 수 있는 반면 다른 방법들은 이를 적절하게 통제하지 못함을 학습할 것이다. 두 번째 요인은 표본 크기다. 우리는 제10장에서 표본 크기와 표본 추출 오류와의 관계를 다룰 것이다.

9-2 표본 추출을 하는 이유

지금까지 여러분은 왜 표본이 전수조사보다 더욱 이상적인지에 대한 일반적인 두 가지 이유에 대해 추측했을 것이다. 첫째, 비용과 모집단 크기와 같은 실무적인 고려사항들이 전수조사보다 표본을 더욱 이상적으로 만들어준다. 전체 소비자 모집단은 수백만 명이기 때문에 전수조사를 취하는 것은 높은 비용이 든다. 그 모집단을 중소도시로 줄여도 수십만 명이 관여된다.

표본을 확보하는 것은 전수조사를 하는 것보다 비용이 덜 든다.

둘째, 일반적인 조사업체 혹은 조사자들은 전수조사에 수집된 방대한 양의 데이터를 분석할 수 없다. 컴퓨터 통계 프로그램은 수천 개의 관찰 데이터들을 쉽게 다룰 수 있지만, 그것은 수십만 개를 다루면서 속도가 상당히 저하되고 대부분은 수백만 개의 관찰 데이터들을 수용할 수 없다. 실제로, 조사자들이 사용할 컴퓨터의 크기 혹은 통계 장비를 고려하기 전에 그들은 설문지 혹은 응답을 다루고 이러한 응답들을 컴퓨터 파일로 전환하는 데 다양한 데이터 준비 과정을 고려해야 한다. 만약 조사자가 '하드카피' 설문지를 사용한다면, 그 설문지의 순수한 물리적 부피만으로도 조사자는 쉽게 압도되어 버릴 수 있다.

다른 방식으로 표본 사용을 옹호해보기 위해, 비공식적인 비용-편익 분석을 해볼 수 있다. 터미닉스 가구 서베이의 프로젝트 담당자가 10,000달러의 비용을 들여 500가구를 표본으로 선택했고, 서베이 응답자 중 20%가 현재 사용하는 해충방제 업체에서 터미닉스로 전환하려고 '고려하고 있음'을 발견했다고 가정한다면, 동일한 특성을 결정하기 위해서 동일한 크기의 완전히 다른 표본을 선택한다면 어떤 결과가 나올까? 예를 들어 두 번째 표본은 약 22% 결과로 나왔다고 가정해보자. 그 두 번째 프로젝트를 수행하는 데는 10,000달러가 더 들겠지만 그 두 번째 표본으로부터 무엇을 얻을 수 있을까? 프로젝트 담당자가 두 표본을 합하면 21%의 추정치를 얻을 것이기 때문에 상식적으로 두 번째 샘플로부터는 추가 정보를 거의 얻지 못할 것임을 알 수 있다. 정보를 1%더 수집하기 위해 10,000달러 이상을 지출한 셈이다. 이러한 추가적인 정확성이 추가 비용을 결정할지는 매우 의심스럽다. 우리는 다음 장에서 표본 크기를 결정하는 보다 자세한 내용들을 다룰 것이다. 여러분은 놀라울 만큼 작은 표본으로도 완벽하게 수용 가능한 정밀도 혹은 정확성을 얻을 수 있다는 것을 배울 것이다.

9-3 확률적 표본 추출방법과 비확률적 표본 추출방법

모든 표본 설계는 확률과 비확률 중 하나에 포함된다. **확률적 표본**(probability samples)은 모집단의 구성원들이 표본으로 선택될 수 있는 기회(확률)가 알려진 표본이다. 반면에 **비확률적 표본**(nonprobability samples)은 모집단으로부터 표본으로 선택되는 구성원들의 기회(확률)가 알려지지 않는다. 안타깝게도, '알려진'과 '알려지지 않은'이라는 용어는 오해의 소지가 있다. 정확한 확률을 계산하기 위해 모집단의 정확한 크기를 알아야 하는데, 대부분의 마케팅 조사 연구에서는 모집단

확률적 표본 추출방법은 선택될 확률이 알려져 있지만 비확률적 표본 추출방법은 알려져 있지 않다.

의 정확한 크기를 아는 것은 불가능하기 때문이다. 가령 우리가 우버 사용자를 타겟팅한다고 가정해보자. 새로운 수용자, 기존 사용자의 서비스 사용 하락, 그리고 교통 변동, 날씨, 기타 요소들로 인한 매출 변동성으로 인해 매주 모집단의 정확한 크기는 변한다. 실제로 모집단 크기가 알려져 있거나 정확한 숫자가 안정적으로 충분히 연결된 사례를 생각하기란 어렵다.

확률적 표본 추출방법에서는 특정 기법이 표본단위의 표본으로 선택될 확률을 결정한다.

'알려진' 확률의 본질은 모집단의 정확한 크기를 아는 것이 아니라 표본 추출방법에 있다. 확률적 표본 추출방법은 표본 추출이 이루어지는 시간에 모집단의 정확한 크기가 알려진 경우라면 모집단의 구성원들이 표본으로 추출될 수 있는 확률이 계산될 수 있다는 것이 보장되는 방법을 의미한다. 즉 이러한 확률값은 실제로 완벽히 계산될 수 없으나 표본 추출방법에 의해서 표본으로 선택될 수 있는 모집단 구성원들의 확률이 계산될 수 있다는 것을 확신하는 것이다. 이것은 확률적 표본 추출방법을 설명하는 중요한 이론적 근거다.

비확률적 표본 추출방법은 추출 기술이 주관적이기 때문에 모집단 크기가 알려져 있다 하더라도 확률을 파악할 수 있는 방법은 없다. 어떤 조사자는 비확률적 표본 추출방법은 인간의 개입을 활용하지만 확률적 표본 추출방법은 그렇지 않은 것으로 둘의 차이점을 설명하기도 했다.[6] 때때로 비확률적 표본 추출방법은 인간의 오류와 무의식적인 편향을 발생시키기 쉽기 때문에 '무계획적인 표본 추출방법(haphazard sampling)'이라고 불리기도 한다.[7] 다음 절에서는 표본 추출방법이 그 방법이 확률적 표본 추출방법인가 혹은 비확률적 표본 추출방법인가를 결정함을 설명한다.

9-4 확률적 표본 추출방법

네 가지의 확률적 표본 추출방법이 있는데 단순무작위 표본 추출법, 체계적 표본 추출법, 군집표본 추출법, 층화표본 추출법이 그것이다. 표 9.1에 각각의 추출법이 소개되어 있다.

단순무작위 표본 추출법에서 표본으로 선택될 확률은 모집단의 모든 구성원들에게 '알려져' 있다.

단순무작위 표본 추출법 **단순무작위 표본 추출법**(simple random sampling)은 모집단의 모든 구성원들이 표본으로 추출될 확률이 같다. 이러한 확률은 다음의 공식을 따른다.

단순무작위 표본 추출법 공식

$$\text{표본 추출 확률} = \text{표본 크기} / \text{전체 모집단 크기}$$

만약 조사자가 100,000명의 최근 애플 워치 구매자 모집단 중 1,000명의 응답자를 표본의 크기로 서베이한다면, 단일 모집단 구성원에서 표본으로 추출될 확률은 100,000을 1,000으로 나누어 (혹은 1/100), 1%로 계산된다.

단순무작위 표본 추출법의 사례는 무작위 장치법과 난수법을 포함한다.

'무작위 추출 장치'는 단순무작위 추출법의 가정을 내포하고 있다.

무작위 장치법 **무작위 장치법**(random device method)은 모집단 전체 구성원들이 동일한 확률로 표본으로 추출될 수 있도록 장치 혹은 절차 사용을 포함한다. 무작위 장치법의 친숙한 사례로 앞뒷면을 정하는 동전 던지기, 숫자 공에 의해 선택되는 로또(복권), 카지노에서의 룰렛 바퀴, 그리고 포커게임에서 카드를 손으로 섞어서 나눠주는 것 등이 있다. 모든 사례에서 모집단의 모든 구성원

표 9.1 네 가지 확률적 표본 추출방법

단순무작위 표본 추출

조사자는 표본 프레임에 있는 모집단의 각 구성원들이 표본으로 추출될 수 있는 동일한 기회를 보장하도록 컴퓨터를 이용한 난수, 무작위 전화걸기 추출, 혹은 다른 무작위 선택 절차를 사용함.

체계적 표본 추출

모집단의 구성원들이 목록화된 표본 프레임을 이용해, 조사자는 무작위 시작점을 선택하여 첫 번째 표본으로 삼고 이로부터 표본 크기로 표본 프레임에서 모집단 구성원들의 수를 나누면서 계산된 건너뛰기(skip interval)를 사용하여 표본 프레임을 이동하면서 선택된 모든 표본 구성원들을 선택함. 이러한 절차는 단순무작위 표본 추출과 유사하지만 보다 효율적임.

군집표본 추출

표본 프레임을 집단 간에 유사성이 높은 군집이라 불리는 집단으로 구분함. 조사자는 몇 개의 군집을 무작위로 선택하고 그 선택된 군집들에 대한 전수조사를 실시함(1단계 군집표본 추출). 대안으로, 조사자는 더 많은 군집을 무작위로 선택하고 각 군집으로부터 표본을 취함(2단계 군집표본 추출). 이러한 방법은 지리적으로 넓은 지역의 구역과 같이 서로 상당히 유사한 군집이 쉽게 발견될 때 이상적임.

층화표본 추출

모집단이 하나 혹은 그 이상의 구분되는 요인(소득 수준 혹은 제품 용도) 등에서 치우친 분포를 가진다고 볼 경우, 조사자들은 계층(strata)이라 불리는 표본 프레임 내의 하위 모집단을 정함. 이후 단순무작위 추출을 사용하여 각 계층에서 표본을 취함. 평균과 같은 모집단 값은 가중치를 부여하여 추정함. 이러한 접근법은 종 모양의 분포가 아닌 경우(예 : 치우친 분포) 모집단에서 확률적 표본 추출을 할 때 적합함.

들은 그 집단의 다른 구성원들과 동일한 확률로 선택된다. 동전 던지기는 1/2, 로또는 5/69, 룰렛은 1/37, 그리고 포커게임은 5/52이다. 이것을 표본 추출에 적용하기 위해, 여러분은 이름 혹은 식별로 표시된 참여자들을 무작위로 선택할 수 있는 장치(device)를 만들 수 있다. 예를 들어 여러분은 마케팅 조사 수업 시간에 마케팅 조사 직종에 취업하는 것에 대한 수강생들의 태도를 파악하길 원한다고 가정해보자. 여러분이 모집단으로 선택한 분반은 30명이 등록되어 있다. **블라인드 뽑기**(blind draw)를 하기 위해서 위해 여러분은 모든 학생들의 이름을 3×5 색인 카드에 적고 모든 카드를 박스에 넣는다. 다음에 여러분은 박스 위에 뚜껑을 덮고 세게 흔든다. 이 절차는 이름들을 완전히 섞이게 해준다. 여러분은 표본을 뽑기 위해 몇몇 사람들에게 요청한다. 이 사람은 눈이 가려져 있기 때문에 박스 안을 확인할 수 없다. 여러분은 그(녀)에게 표본으로 10개의 카드를 꺼내라고 안내한다. 이러한 표본은 그 분반의 모든 학생들이 10/30 혹은 3명 중에 1명으로 추출되는 33%의 확률로 선택될 수 있는 동일한 기회를 갖고 있다.

난수법 모든 무작위 장치법 사례들은 기구의 물리적 측면에 의해 쉽게 적용할 수 있는 작은 모집단의 경우에 유용하다. 많은 수의 모집단의 경우 무작위 장치법은 성가실 수 있다(1,000장의 카드를 섞어야 한다). 추적 가능하고 보다 정교한 무작위 추출방법으로 확률이 알려져 있는 숫자인 **난수**(random numbers)에 근거한 컴퓨터 생성 번호 사용법이 있다. 컴퓨터 프로그램은 어떤 체계적인 순서 없이, 즉 무작위로 번호를 생성하도록 설계되어 있다. 컴퓨터는 수십만 명의 데이터세트를 쉽게 다룬다. 그것은 각 개인들에게 숫자 혹은

© zentilia/123RF

빙고, 로또, 룰렛과 같은 확률 게임은 무작위 선택에 근거하고, 무작위 표본 추출에 활용된다.

능동적 학습

난수는 정말 무작위인가?

어떤 사람들은 난수(random numbers)가 실제로 무작위라고 믿지 않는다. 이러한 사람들은 종종 로또에서 다른 숫자보다 더욱 자주 반복되는 특정 숫자가 있다고 지적하거나 도박이나 혹은 어떤 종류의 기회를 잡아야 할 때 '선호하는' 혹은 '운이 좋은' 숫자에 걸어야 한다고 주장하기도 한다. 여러분은 엑셀 스프레드시트로 난수 기능을 사용해 난수의 무작위를 테스트해볼 수 있다. 다음 단계를 따라해보자.

1. 엑셀을 실행하고 A2는 1, A3는 2, A4는 3의 식으로 A2－A101셀에 1부터 100까지의 숫자를 입력하라.
2. C1－CX1셀에도 1부터 100까지의 숫자를 동일하게 입력하라.
3. 다음으로, C2－CX101셀에 =RANDBETWEEN(1,100) 함수를 입력하라(여러분은 이 공식을 C2셀에 입력하라. 그리고 C2－CX101셀에 복사하여 붙여 넣어라). 여러분은 C2－CX101 셀 안에 1부터 100까지의 정수 중 하나가 형성되는 것을 확인할 수 있을 것이다.
4. 그다음으로는 B2셀에 =COUNTIF(C2:CX2,A2) 함수를 입력하라. 그리고 이 공식을 복사하여 B2－B101에 붙여 넣어라. 여러분은 B2－B101행에 0, 1, 2, 3과 같은 정수가 나타나는 것을 확인할 수 있을 것이다.
5. 마지막으로 B102셀에 =AVERAGE(B2:B101) 함수를 입력하라. B102셀을 소수점 두 자리까지 나타나도록 소수점을 지정하라.
6. B102셀에 적힌 숫자는 A2－A101까지 각각의 열에 나타난 수가 그에 해당하는 행에서, 즉 A2 혹은 1은 C2－CX2에서 A3 혹은 2는 C3－CX3에서 나타난 횟수를 의미한다.

B102 안에 있는 숫자는 무엇인가? 이는 1부터 100까지의 각 숫자가 각 행에 있는 100개의 숫자들 중에 나타난 평균 횟수다. 즉 B102에 있는 평균이 1이면, 1부터 100까지 모든 숫자가 각 행에 있을 확률이 같다는 뜻이다. 달리 말하자면 B102는 100번 뽑았을 때 1부터 100까지의 특정 숫자가 엑셀의 랜덤함수에 의해 선택될 횟수이다.

여러분은 이 함수를 스프레드시트의 아무 곳이나 빈칸에 간단히 입력해 1,000개의 난수를 '다시 생성'할 수 있다. A1셀에 이를 여러 번 붙여 넣기를 해보면 B102의 평균은 약간 변하지만 약 1.0 주위에 '움직이는' 경향이 있다.

여러분은 101행을 105－114행으로 복사하고 A105－A114에 여러분의 행운의 숫자를 넣어 '행운의 숫자' 이론을 테스트할 수 있다. B115셀에 B105:B114의 평균을 만들어보자. 그리고 나서 빈칸에 여러 번 반복해 B115셀에 나타나는 숫자를 추적해보자. 여러분은 일반적으로 1이 나오는 것을 확인할 수 있는데, 이는 행운의 숫자가 다른 99개의 난수보다 더 많이 추출될 가능성이 높지 않다는 것을 의미한다.

식별자와 같은 이름을 빠르게 부여할 수 있고, 일련의 난수를 생성하며, 표본을 선택 혹은 '뽑기' 위해 난수를 데이터세트에서 개인의 고유 식별치에 대응시킬 수 있다. 난수를 이용해 컴퓨터 시스템은 거대한 수의 모집단으로부터 많은 무작위 표본을 몇 분 만에 추출할 수 있고, 컴퓨터 파일에 있는 모든 모집단 구성원들이 표본으로 추출될 수 있는 동일한 기회를 갖도록 보장한다.

난수는 단순무작위 추출법 가정을 따른다.

마케팅 조사 인사이트 9.2 실무적 적용

단순무작위 추출을 위한 난수 사용

1단계 : 모집단의 구성원들에게 고유 번호를 부여함.

이름	숫자
Adams, Bob	1
Baker, Carol	2
Brown, Fred	3
Chester, Harold	4
Downs, Jane	5
…	↓
Zimwitz, Roland	30

2단계 : 이전 페이지의 능동적 학습에서 학습한 난수 발생을 참고해, 마이크로소프트 엑셀(Excel)[8]과 같은 스프레드시트 프로그램의 난수 발생 기능을 이용해(=RANDBETWEEN(1, N) 기능) 1부터 N(이 예의 경우는 N값은 30)까지 난수를 생성함. 아래와 같은 식으로 난수가 생성됨.

23	12	8	4	22	17	6	23	14	2	13

이 중 첫 번째 난수를 선택해 그 숫자에 해당하는 모집단의 구성원을 찾음. 이 예에서는 23이 첫 번째 난수임.

3단계 : 23에 해당하는 사람 Stepford, Ann 선택.
#23 – Stepford, Ann.

4단계 : 다음 난수를 선택하고 모집단에서 거기에 해당하는 사람을 찾아 표본에 추가함.
#12 – Fitzwilliam, Roland 선택.

5단계 : 모든 표본이 선택될 때까지 반복함. 만약 8번째 난수로 나타난 23과 같이 앞에서 선택한 숫자가 나오면 해당 모집단 구성원을 표본으로 선택했기 때문에 건너뜀. (이 때문에 10명의 표본이 필요한데도 11개의 난수가 생성되었다.)

마케팅 조사 인사이트 9.2는 30명의 모집단으로부터 학생들을 추출하기 위해 스프레드시트 프로그램에 의해 생성되는 난수를 사용하는 단계들이 소개되어 있다. 여러분은 모집단 구성원들을 표본으로 추출할 때 처음 생성된 임의의 숫자부터 시작해서 발생된 난수들을 거쳐 가게 된다. 만약 동일한 표본 추출 내에서 동일한 숫자를 두 번 뽑게 되면, 동일한 사람으로부터 정보를 두 번 수집하는 것은 적절하지 않기 때문에 그 번호는 건너뛰어야 한다.

단순무작위 표본 추출법의 장점과 단점 단순무작위 추출법은 확률표본을 얻기 위한 조건들을 충족하고 이를 통하여 모집단 특성의 편향되지 않은 추정치를 도출할 수 있기 때문에 매력적인 표본 추출법이다. 이러한 표본 추출법은 모집단의 모든 구성원이 표본으로 추출될 수 있는 동일한 기회를 갖도록 해준다. 표본 크기와 상관없이 표본 추출 결과는 전체 모집단에 대한 타당한 대표성을 갖는다.

하지만 단순무작위 표본 추출법과 관련된 몇몇 단점도 있다. 무작위 장치법과 난수법 중 어느 방법을 사용하더라도 전체 모집단 구성원들에게 고유의 숫자 혹은 표식이 부여되어야 한다. 블라인드 뽑기 사례에서는 개별 학생들의 이름이 카드에 적혀야 하고, 난수법 사례에서는 모든 모집단 구성원들에게 고유의 표식자 혹은 숫자가 부여되었다. 본질적으로, 단순무작위 표본 추출법은 전체 모집단 구성원들의 완전한 목록과 함께 시작되는데, 최신의(current) 그리고 완전한(complete) 목록을 얻기가 어려운 경우가 있다. 물론 완전하지 않거나 정확하지 않은 모집단 목록은 표본 프레임 오류를 일으킨다. 전자 목록으로 된 표본 프레임이 존재하지 않으면, 각 모집단 구성원들에게 고유의 표식을 부여하는 것은 성가실 수 있다.

난수를 사용하여 단순무작위 표본을 추출하려면 모집단을 완전하게 감안하는 것이 요구된다.

단순무작위 표본 추출법에 대해 공부하려면 www.youtube.com에서 Simple Random Sampling by Steve Mays를 검색하라.

실무에서 단순무작위 표본 추출법 단순무작위 표본 추출 설계가 성공적으로 이루어질 수 있는 두 가지 실무적 적용 분야가 있는데 그것은 무작위 전화 걸기와 컴퓨터 기반 무작위 추출 두 가지가 있다. 실제로 이 두 가지 추출방식은 마케팅 조사에서 상당히 자주 사용된다.

단순무작위 표본 추출에서 사용되는 방법 중 하나는 무작위 전화 걸기이다. **무작위 전화 걸기**(random digit dialing, RDD)는 목록에 포함되지 않거나 새로운 전화번호로 인해 나타날 수 있는 문제점을 극복하기 위한 전화 서베이로 사용된다. 물론 무작위 전화 걸기에 대한 최근의 도전으로는 휴대전화 보유 문제가 있다.[9]

무작위 전화 걸기는 목록에 포함되지 않거나 새로운 전화번호로 인해 나타날 수 있는 문제점을 극복한다.

무작위 전화 걸기 기법에서는 컴퓨터로 전화번호가 무작위로 생성된다. 이 번호로 전화를 걸고, 전화 인터뷰어는 요건이 충족되는 응답자를 대상으로 서베이를 진행한다.[10] 단순무작위 전화 걸기가 일반적으로 사용되기 전에는 **1 더하기 다이얼 절차**(plus-one dialing procedure)가 사용되었는데, 전화번호부를 통해 선택된 번호에 '1'과 같은 한 자릿수가 더해져 전화번호가 생성되고 이 전화번호에 전화를 거는 것이다. 이것의 대안으로, 전화번호의 마지막 번호만 난수로 대체하여 시행되기도 했다.[11]

무작위 전화 걸기는 마케팅 조사 산업에서 최초로 단순무작위 표본 추출을 전체적으로 사용한 것이지만 현재는 컴퓨터 기술로 보다 다양한 범위에서 단순무작위 표본 추출 사용이 가능해졌다. 예를 들어 기업들은 종종 데이터베이스로 전환된 컴퓨터 리스트, 기업 파일 혹은 상업 리스팅 서비스를 보유하고 있다. 거의 모든 데이터베이스 소프트웨어 프로그램은 난수 선택 기능이 있어서, 조사자가 컴퓨터화된 모집단의 데이터베이스를 가지고 있다면, 단순무작위 표본 추출을 쉽게 할 수 있다. 데이터베이스 프로그램은 필요한 그 어떤 많은 자릿수의 난수도 다룰 수 있는데, 9개의 자릿수로 구성되어 있는 사회보장번호(Social Security Number)도 문제 없이 생성할 수 있다. 신용카드 파일, 가입목록, 그리고 마케팅정보시스템을 보유한 기업은 이러한 접근법을 사용할 수 있는 가장 좋은 기회를 갖고 있으며, 조사 업체들은 엄청나게 큰 데이터베이스를 사용하여 특정 지역의 가구나 사업체들을 무작위로 추출하는 서베이샘플링(Survey Sampling Inc.) 같은 표본 추출에 특화된 기업에 의뢰할 수도 있다.

마케팅 조사 산업을 다룬 장에서 우리는 다양한 형태의 고객 혹은 패널을 보유한 회사들을 확인했고, 사실상 이러한 회사들은 모두 그들의 패널에 무작위 표본에 대한 액세스 권한을 판매하고 있다. 즉 때로는 수만 명의 개인이 있는 패널들은 실제로 다양한 유형의 모집단에 대한 거대한 표본이다. 패널회사는 이러한 패널을 표본 프레임으로 이 패널에서 그들의 의뢰인 요구사항에 맞춰 보다 적은 무작위 표본을 추출한다.

체계적 표본 추출법 컴퓨터 데이터베이스가 널리 사용되기 전, 조사자들은 표본 프레임으로 전화번호부 혹은 인명부(directory)를 사용했는데, 이 경우 단순무작위 표본 추출의 시간적 문제, 비용의 문제, 그리고 실제 구현의 문제는 아주 심각했다. 다행스럽게도, 경제적인 대안의 확률적 표본 추출방법이 활용 가능했다. 인명부 혹은 목록을 통해 표본을 무작위로 추출하는 방식인 **체계적 표본 추출법**(systematic sampling)은 단순무작위 표본 추출법보다 훨씬 효율적이다(노력이 덜 든다).

체계적 표본 추출법은 단순무작위 추출법보다 효율적이다.

그래서 회원 명부 혹은 전화번호부와 같은 모집단의 물리적 목록의 특별한 경우에는 체계적 표본 추출법은 단순 무작위 추출보다 경제적 효율성 덕분에 보다 나은 방법이다. 즉 단순무작위 추출법에 비해 체계적 표본 추출법은 어렵지 않게 적용할 수 있고 보다 짧은 시간에 표본을 추출할 수 있다. 게다가, 체계적 표본 추출법은 무작위 표본 추출로부터 형성된 표본의 질에 거의 일치한 표본을 만들 수 있는 잠재력도 있다.

체계적 표본 추출법을 사용하기 위해서는 모집단의 완전한 목록이 확보되어야 한다. 앞서 보았듯이, 이러한 대부분의 목록은 일종의 명부지만, 데이터베이스일 수도 있다. 조사자는 다음 공식처럼 표본 크기로 목록의 이름 수를 나누는 것으로 계산되는 **건너뛰기 간격**(skip interval)을 정해야 한다.

건너뛰기 간격 공식

건너뛰기 간격 =모집단 목록 크기 / 표본 크기

목록의 이름들은 이렇게 계산된 건너뛰기 간격에 근거해 선택된다. 예를 들어 건너뛰기 간격이 250으로 계산되었다면, 250번째 이름마다 표본으로 선정된다. 이러한 건너뛰기 간격 공식은 목록의 모든 이름이 고려되는 것을 보장한다. 마케팅 조사 인사이트 9.3에는 체계적 표본 추출을 어떻게 하는지가 소개되어 있다.

체계적 표본 추출법을 사용하기 위해서는 '건너뛰기 간격'을 계산해야 한다.

체계적 표본 추출법은 왜 '공정'한가? 체계적 표본 추출법은 무작위 시작점(starting point)을 적용하기 때문에 확률적 표본 추출법인데, 이 무작위 시작점은 체계적 표본 추출법에서 모집단의 어떤 구성원이라도 거의 동등한 확률로 표본으로 추출될 수 있는 충분한 무작위성을 보장한다. 본질적으로 체계적 표본 추출법을 위해서는 표본으로 선정될 모집단 구성원들이 대표성을 갖도록 일정 간격의 배타성을 확보해야 한다. 표본 추출을 위한 시작은 선정된 표본이 무작위로 선정되어야 한다. 본질적으로, 체계적 표본 추출법은 건너뛰기 간격을 사용하여 각각 모집단을 대표하지만 상호

마케팅 조사 인사이트 9.3 실무적 적용

체계적 표본 추출방법

1단계 : 허용 가능한 표본 프레임 오류 수준을 갖고 있는 모집단 목록 확보(예 : 도시 전화번호부)

2단계 : 목록에 있는 이름의 숫자를 표본 크기로 나누어 건너뛰기 간격을 계산함(예 : 전화번호부에 총 25,000명이 등록되어 있고, 표본 수는 500이라면, 건너뛰기 간격은 50이 됨. 즉 매 50번째 사람이 뽑힘).

3단계 : 표본 목록에서 시작점을 정하기 위한 난수 사용. [예 : 페이지 쪽수를 위한 난수 선정, 페이지의 열(column) 선정을 위한 난수 선정, 해당 열에서 대상자 이름을 선정하기 위한 난수 선정 (결과의 예 : Jones, William P.)]

4단계 : 목록에서 다음 표본으로 선정될 이름을 정하기 위해 건너뛰기 적용(예 : Jones, William P. 다음으로 50번째에 있는 Lathum, Ferdinand B. 선정)

5단계 : '순환 과정'으로 목록을 처리. 즉 목록의 첫 이름이 현재 여러분이 선택한 초기 이름이고, 현재 마지막 이름은 초기에 선택한 것 이전의 이름임[예 : 여러분이 전화번호부상 마지막(Zs) 대상자까지 다다랐다면, 전화번호 맨 앞으로 다시 돌아와서 시작(As)].

배타적인 표본 리스트를 만들 수 있다. 무작위 시작점은 선택된 표본이 무작위로 선택될 수 있음을 보장한다.

무작위 시작점은 어떻게 취할까? 표본 프레임을 위한 인명부 혹은 물리적 목록으로 효율적인 접근법은 1과 목록의 총페이지 번호 사이에서 하나의 난수를 먼저 정하여 시작 페이지로 삼는 것으로 시작한다. 시작 페이지로 53이 나왔다고 가정하자. 다음으로는 페이지의 열(column)을 정하기 위해 1과 페이지의 열 수 사이에 임의의 다른 숫자를 정한다. 세 번째 열이 정해졌다고 가정하자. 1과 열의 이름 수 사이에 마지막 임의의 숫자를 사용해 해당 열의 실제 시작점을 정한다. 3번째 열의 17번째 이름이 선택되었다고 가정해보자. 그 시작점으로부터 건너뛰기 간격을 적용한다. 건너뛰기 간격은 전체 목록이 포함되도록 하며, 마지막 선택된 이름은 시작점 이전에 거의 하나의 건너뛰기 간격에 위치한 것이 된다. 목록을 원형으로 생각하면 편리한데, 목록이 알파벳순으로 정렬된 경우 Z 다음으로 A가 다시 오고 임의의 시작점이 목록이 '시작되는' 곳이 된다. 물론 전자 데이터베이스의 경우 시작점은 데이터베이스 내에서 1과 개별 구성원들 수 사이에서 임의의 수가 된다.

체계적 표본 추출법과 단순무작위 표본 추출법의 본질적인 차이점은 체계(systematic)와 무작위(random)의 단어 사용에서 보여진다. 체계적 표본 추출법에서 체계의 사용은 건너뛰기인 반면, 무작위 표본 추출법에서 무작위는 연속적인 무작위 추출을 통해 결정된다. 체계적 표본 추출법은 무

마케팅 조사 인사이트 9.4 **글로벌 실무 적용**

체계적 표본 추출을 통해 중국 병원들의 비디오 홈페이지 전략 구축

세계에서 가장 인구가 많고 정부와 민간 기업이 수십억 달러에 달하는 자금을 지출하여 매우 공격적인 근대화 단계에 접어들고 있는 국가임에도 불구하고 중국의 일부 분야는 뒤처져 있다. 특히 의료 부분에서 중국 병원들은 중국 시민들에게 더 나은 의료 관리를 제공하는 데 힘겨워하고 있다. 'e-헬스' 캠페인의 확산을 총체적으로 방해하는 데는 단 하나의 원인만 있는 것이 아니라 여러 요인이 있다. 이러한 요인 중에는 중장년들에게 익숙한 약초, 침술, 마사지, 그리고 식이요법과 같은 전통 중국 의료 행위가 있다. 또한 시골 지역의 낮은 인터넷 보급률, 중국 병원 관리 기술 전문성의 부족, 그리고 자원 부족 등이 있다. 최근에 중국 조사자들은 중국 병원의 온라인 비디오 사용을 연구하기로 결정했다.[12]

이 조사자들은 매년 62억여 명의 환자들이 22,000여 개의 공공 그리고 민간 병원을 방문한다는 사실을 밝혔다. 또한 해당 병원들은 총 약 370만 개의 병상이 있고 그중 90%에서 조금 부족한 정도의 점유율을 보여주고 있음을 발견했다.

조사자들은 병원 웹사이트 콘텐츠를 직접 관찰해 중국 병원들의 e-헬스 비디오의 사용을 연구하길 원했다. 수천 개의 병원 웹사이트를 방문하는 것은 불가능하기 때문에 그들은 표본을 선택해야만 했다. 하지만 중국 병원들의 공식적인 목록이 없었기에 표본 프레임을 구하는 데 즉각 문제가 발생했다. 중국보건복지부는 중국 내에 총 22,000개의 병원이 있다고 보고하지만 이에 대해서 공적으로 입수 가능한 목록은 없었다. 조사자들은 많은 양의 검색을 수행했고, 그들은 약 1년 전에 민간 기업이 편집한 19,084개의 병원 목록을 발견했다. 이것은 온라인으로 얻을 수 있기 때문에 표본 프레임이 되었고, 조사자들은 목록의 매 8번째 병원을 선정했다. 즉 그들은 건너뛰기 간격으로 8을 이용한 체계적 표본 추출을 사용하여 총 2,385개의 병원을 선택한 것이다. 조사자들은 선택된 각 병원 웹사이트를 방문해 조사했으며, 웹사이트 내에 발견된 비디오 콘텐츠에 대한 내용분석(content analysis)을 실시했다.

확률표본 추출방법 중 하나인 체계적 표본 추출을 사용하여 조사자들은 중국 병원 전체 모집단에 대해 아래와 같이 정확히 설명할 수 있었다.

- 42%는 웹페이지를 가지고 있음
- 웹사이트의 22%는 적어도 하나의 비디오를 탑재하고 있음
- 약 10%는 오직 하나의 비디오만 탑재하고 있음
- 약 3%는 11~30개의 비디오를 탑재하고 있음
- 약 1%는 30개 이상의 비디오를 탑재하고 있음

조사자들은 중국 병원들이 웹사이트에 비디오를 매우 적게 사용하고 있는데 전 세계에서 중국이 가장 큰 비디오 소비 시장이라는 점에서 볼 때 이는 놀라운 점이라고 결론을 내렸다.

작위 시작점에서 끝까지 전체 모집단 목록을 건너뛰는 반면, 무작위 표본 추출법은 모든 연속적인 무작위 표본 추출마다 완전한 모집단이 대상이 되어야 한다. 체계적 표본 추출법은 (1) 건너뛰기 간격의 측면과 (2) 시작점에만 난수 발생이 필요하다는 것 이 두 가지에 의해 효율성을 확보하게 되는 것이다.

오직 하나 혹은 적은 수의 난수가 필요하기 때문에 체계적 표본 추출법은 단순무작위 추출법보다 더 효율적이다.

앞서 보았듯이, 체계적 표본 추출법은 모집단 목록이 요구된다. 우리는 마케팅 조사 인사이트 9.4에서 중국의 조사자들이 중국 병원이 그들의 웹사이트에서 비디오를 어떻게 사용하는지 파악하는 조사에서 병원 표본 추출을 어떻게 했는지에 대한 사례를 소개했다.

체계적 표본 추출법으로 인한 표본의 정밀도의 작은 손실은 더 나은 경제성으로 상쇄된다.

체계적 표본 추출법의 단점 체계적 표본 추출법에서 가장 심각한 위험은 모집단 명부(표본 프레임)

 능동적 학습

전자 목록을 활용한 체계적 표본 추출법 실습

이번 능동적 학습에서 여러분은 학급 명단 혹은 회원 명단과 같은 전자 목록으로부터 체계적 표본을 추출하는 것을 경험할 것이다. 이 실습에서 여러분은 엑셀로 된 회원 목록을 탐색하기 위해 위해 인터넷을 사용하게 될 것이다. 또 체계적 표본 추출을 적용하여 100명의 표본을 추출하는 것처럼 해볼 것이다. 먼저 여러분은 리스트를 찾아야 한다. 구글 혹은 빙과 같은 검색엔진을 통해 '회원 목록'를 검색해보자. 여러분이 찾은 것은 어떤 조직이나 협회든 상관없으며, 여러분이 엑셀 파일로 완전한 회원 목록을 다운로드할 수 있으면 된다. 예를 들어 미국펜싱협회(USA Fencing Association; www.usfencing.org)에서는 현재 19,000명이 넘는 회원 목록을 갖고 있다.

체계적 표본 추출을 위해, 다음 단계를 따라해보자.

1. 목록의 전체 회원 수를 계산해보자. 일반적으로 개별 회원들은 고유의 행을 사용하고 있기에 데이터 세트의 전체 행에서 머리글에 사용되는 행의 수를 빼주면 된다.
   목록의 회원 수 : ______________
2. 목록의 회원 수에서 표본 크기(100)를 나누어 건너뛰기 간격을 정한다.
   건너뛰기 간격 : ______________
3. 이제 엑셀 함수 혹은 난수표(일반적으로 통계 교재에 나와 있음)와 같은 난수 생성기를 사용해 무작위 시작점을 선정한다. 엑셀 난수 기능인 'RANDBETWEEN'을 사용해 여러분은 1부터 여러분의 표본 프레임상(여러분이 다운로드한 목록)의 전체 숫자 사이에서 난수를 선택할 수 있다.
4. 여러분이 RANDBETWEEN을 통해 얻은 숫자가 여러분 표본의 시작점이다. 스프레드시트의 맨 위에 있는 머리글 행의 수를 고려하여 데이터베이스의 해당 행으로 이동한다.
5. 건너뛰기 간격를 이용해 여러분은 100명의 표본을 선정할 수 있다.
6. 여러분이 여기서 적용한 절차는 무작위로 선택된 100명의 표본이 서베이에 모두 참여할 것이라는 가정을 하고 있다(100% 응답률). 하지만 이러한 가정은 현실적이지 않다. 여러분이 50%의 응답률을 예상한다고 가정해보자. 요청을 받은 2명의 응답자 후보 중 하나가 설문을 거절한다는 사실을 고려한다면 건너뛰기 간격 계산을 어떻게 조정할 수 있겠는가?

에 있다. 기록되지 않은 번호가 있을 수 있기 때문에 표본 프레임 오류는 전화번호부를 표본 프레임으로 사용할 때 주요 문제점이다. 또한 최신 목록이 아닌 목록 역시 오류가 발생할 수 있다. 두 경우 모두 표본 프레임이 특정 모집단 구성원들을 포함하지 않기에 이러한 구성원들은 표본으로 추출될 기회를 갖지 못한다.

군집표본 추출법은 모집단을 하위집단으로 구분하는데 모든 하위집단은 대표성 있는 표본으로 고려될 수 있다.

군집표본 추출법 확률적 표본 추출의 다른 형태로 전체 모집단을 대표하는 '군집(cluster)'이라 불리는 하위집단(subgroup)으로 모집단을 나누는 **군집표본 추출법**(cluster sampling)이 있다. 군집표본 추출법의 기본 개념은 체계적 표본 추출법과 유사하지만 실행에서 차이가 있다. 이 절차는 하드카피 인명부에 있는 목록 페이지와 같은 이론적으로 동일한 군집을 식별하는 몇 가지 편리한 방법을 사용한다. 따라서 어떤 페이지 혹은 군집이라도 모집단을 대표할 수 있다. 군집표본 추출법은 전자 데이터베이스에도 적용할 수 있다(군집은 A, B, C 등으로 시작하는 이름 모두가 될 수 있다). 군집표본 추출법은 실행하기 쉽고, 표본 추출 과정을 단순화하여 체계적 표본 추출법에 비해 보다 경제적인 효율성을 획득할 수 있다.[13] 우리는 지역표본 추출법(area sampling)으로 알려진 군집표본 추출법을 예로 들면서 군집표본 추출법을 설명하고자 한다.

지역표본 추출법은 일단계 표본 추출법 혹은 이단계 표본 추출법으로 나뉜다.

군집표본 추출의 한 유형으로서의 지역 표본 추출법 **지역표본 추출법**(area sampling)은 조사자들은 서베이를 할 모집단을 전수조사 지역, 도시, 인근 혹은 기타 편리한 식별 가능한 지리적 단위 같은 지리적 영역으로 구분하는 것이다. 조사자는 이때 일단계 표본 추출법과 이단계 표본 추출법 두 가지 중 하나를 고를 수 있다. **일단계 표본 추출법**(one-step area sampling)에서 조사자는 다양한 지리적 영역(군집)은 서로 충분히 비슷하기 때문에 오직 한 지역에만 집중하여도 그 결과가 전체 모집단에 일반화될 수 있다고 믿는다. 하지만 조사자는 무작위로 한 지역을 선택해야 하며, 그 지역 구성원 전체를 조사해야 한다. 다른 방법으로는 표본 추출 과정에서 **이단계 표본 추출법**(two-step area sampling)을 사용할 수 있다. 즉 첫 단계로 조사자는 지역표본들을 무작위로 선정하고 두 번째 단계로 선택된 지역들 안에서 확률적 추출로 개별 표본을 선정하게 된다. 단일 군집은 조사자가 믿는 것보다 대표성이 낮을 가능성이 있기 때문에 이단계 표본 추출법이 일단계 표본 추출법보다 더욱 선호된다. 하지만 이단계 표본 추출법은 보다 많은 지역과 시간이 사용되기 때문에 비용이 많이 든

마케팅 조사 인사이트 9.5 실무적 적용

구역을 사용한 이단계 지역표본 추출법 활용

1단계 : 설문을 진행할 지역을 정하고 세분화된 구역(subdivision)을 정한다. 각 세분화된 구역 군집은 유사성이 높아야 한다. (예 : 새로운 레스토랑의 입점 후보지에서 5마일 이내에 있는 20개의 세분화된 구역을 선정하고 각각 숫자를 부여함)

2단계 : 일단계 혹은 이단계 군집 추출법 중 하나를 선택한다. (예 : 이단계 표본 추출법 선정)

3단계 : (이단계를 선정했다면) 난수를 이용해 표본이 될 세분화된 구역을 선택한다. (예 : 4개의 세분화된 구역을 무작위로 선택한다. 이를테면 3, 15, 2, 19가 선정)

4단계 : 확률적 표본 추출을 이용해, 선택된 세분화된 각 구역의 구성원을 표본으로 선정한다. [예 : 시작점을 정하고, 실사자에게 매 다섯 번째에 해당하는 집에 가서 설문지를 두고 오라고 지시함 (체계적 표본 추출)]

다. 마케팅 조사 인사이트 9.5에서는 군집으로서 소집단을 사용해 어떻게 지역표본을 추출했는지에 대해 소개되어 있다.[14]

지역 격자 표본 추출법(area grid sampling)은 지역표본 추출법의 변형이다. 이러한 표본 추출을 위해 조사자는 설문을 할 지역의 지도에 격자를 찍는다. 격자 안의 각 셀은 군집이 된다. 지역 격자 표본 추출법과 지역표본 추출법의 차이점은 거리, 강, 도시 경계, 혹은 일반적으로 지역표본 추출에 사용되는 구분기준과 같은 자연적 혹은 인공적 경계를 가로지르는 격자 프레임워크 사용 여부에 있다. 지리인구는 다양한 군집의 인구통계 프로파일을 설명하는 데 사용되어 왔다.[15] 모집단을 어떻게 나누는지에 상관없이 조사자는 일단계 혹은 이단계 접근법을 사용할 수 있다.[16]

군집(지역)표본 추출법의 단점 군집표본 추출법의 가장 큰 위험은 각 군집들이 서로 동일하지 않을 경우 발생하는 군집 사양 오류(cluster specification error)가 발생할 수 있다는 것이다. 예를 들어 한 지역 협회가 길(street)을 군집 식별단위로 사용하여 군집표본 추출법을 사용하려는데 그 지역의 한 부분에는 호수가 있고 그 호수를 둘러싼 길이 있다고 하자. 이 '호수 거리'에 있는 주택은 그 지역에서 다른 대부분의 주택에 비해 비싸고 고급스럽다. 이때, 호수 거리가 설문에서 대상 군집으로 선택된다면, 상대적으로 부유한 소집단의 의견에 편향된 결과가 나올 수 있다. 일단계 지역표본 추출에서는 이러한 편향은 더 심해질 수 있다.

층화표본 추출법 우리가 지금까지 설명한 모든 표본 추출법은 모집단이 정규 혹은 종 모양 분포를 따르고 있다고 암묵적으로 가정하고 있다. 즉 모든 잠재 표본단위들은 모집단에 대한 대표성이 좋고, 어떤 방식으로 극단적인 잠재 표본 단위는 그 반대의 극단적인 단위들에 의해서 균형이 맞추

© Lee Prince/Shutterstock

우리의 지역표본 추출방법은 구역을 군집으로 사용한다.

층화표본 추출법에서 모집단은 서로 다른 계층으로 세분화되고, 표본은 각 계층에서 선택된다.

어지고 있다고 가정한다. 하지만 마케팅 조사를 수행하면서 독특한 하위집단을 갖고 있는 모집단을 만나게 되는 것은 일반적인 일이다. 여러분은 정규곡선과는 달리 좌우대칭 형태가 아닌 분포를 띠고 있는 모집단을 만나게 될 수도 있다. 이 경우에, 표본 설계를 조정하지 않는다면 여러분은 '통계적으로 비효율적인' 표본을 가지게 된다. 이를 해결하는 한 가지 방법은 모집단을 서로 다른 소집단(subgroup)으로 구분하여 각각의 모든 소집단에서 표본을 추출하는 **층화표본 추출**(stratified sampling)이 있다.

층화표본 추출법은 조사자들이 각 계층으로 나뉠 수 있는 '치우친' 모집단을 다루고 높은 통계적 효율성을 성취하고자 할 때 사용된다.

치우친 모집단에서의 표본 추출 **치우친 모집단**(skewed population)은 한쪽에는 긴 꼬리를 가지고 있고 반대쪽에는 짧은 꼬리의 형태를 갖고 있다. 즉 단순무작위 추출법, 체계적 추출법, 그리고 군집추출법의 경우에 가정되는 종 모양의 분포에서 많이 벗어난 형태다. 이러한 방법들 중 하나를 사용하여 치우친 모집단으로부터 표본을 추출한다면, 그것은 부정확한 표본이 될 것임이 확실하다.

예를 들어 대학생들이 교육 프로그램의 품질을 어떻게 지각하는지를 알아보는 사례를 예로 들어보자. 조사자는 "여러분은 대학 학위가 얼마나 중요하다고 생각하십니까?"라는 문항을 만들었다. 응답 선택은 5점 척도로 1은 '전혀 중요하지 않다' 그리고 5는 '매우 중요하다'로 되어 있다. 대학생 모집단은 학년별(1학년, 2학년, 3학년, 4학년)로 계층화 혹은 구분됐다. 즉 조사자는 모든 대학생 모집단을 구성하는 4개의 계층을 식별했다. 4학년은 3학년보다 학위를 더욱 중요하게 생각하고, 3학년은 2학년보다 학위를 더욱 중요하게 생각하기 때문에 우리는 계층에 따라 응답이 다를 것으로 예상할 수 있다. 동시에, 여러분은 4학년은 저학년에 비해 문항에 더욱 동의하는 정도가 클(작은 변동성) 것으로 예상할 수 있다. 이러한 예상은 1학년 대학생들은 대학을 시험 삼아 다니거나, 학위를 마치는 것을 그리 중요하게 생각하지 않고 학위를 중요하게 생각하고 있지 않은 반면 일부 학생들은 현재 학위뿐만 아니라 의사, 변호사, 혹은 전문직이 되기 위해 요구되는 대학원 학위 과정을 진학을 고려하고 있는 것도 사실이기 때문이다. 진지한 1학년 학생들은 대학교 학위를 중요하게 생각하지만, 그렇지 않은 동료들은 학위를 중요하게 생각하지 않을 수 있다. 따라서 우리는 1학년 학생들은 2학년에 비해 변동성이 크고, 2학년은 3학년에 변동성이 크며, 3학년은 4학년에 비해 변동성이 크다고 예상할 수 있다. 이러한 상황은 그림 9.2의 묘사된 분포와 유사하게 설명된다. 그림 9.2를 보면 4개의 계층은 정규곡선을 따르지만 전체 모집단을 보면 한쪽으로 쏠려 있는 치우친 분포를 발견할 수 있다.

층화표본 추출법은 모집단이 치우쳐 있고 그 모집단 내에서 여러 하위집단 혹은 **계층**(strata)이 포함되는 경우에 사용된다. 우리는 그 각 계층은 종 모양의 분포를 따른다고 믿기 때문에 각 계층에서 단순무작위 표본 추출, 체계적 표본 추출, 혹은 기타 확률적 표본 추출법을 사용하여 표본을 추출한다. 즉 그것은 '분할해서 정복하라(divide and conquer)'의 접근법을 사용해서 표본을 추출한다.

층화표본 추출법의 정확성 층화표본 추출법은 어떻게 보다 정확한 전체 표본을 이끌어낼까? 이러한 정확성은 두 가지 방식으로 달성할 수 있다. 첫째, 층화표본 추출법은 계층별에 대한 보다 명시적 분석을 가능하게 해준다. 대학생 인식조사 사례(그림 9.2)는 조사자가 참된 그림을 가늠하기 위

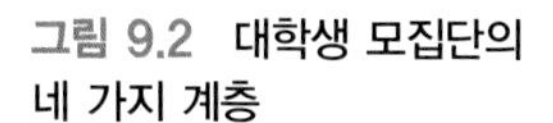
그림 9.2 **대학생 모집단의 네 가지 계층**

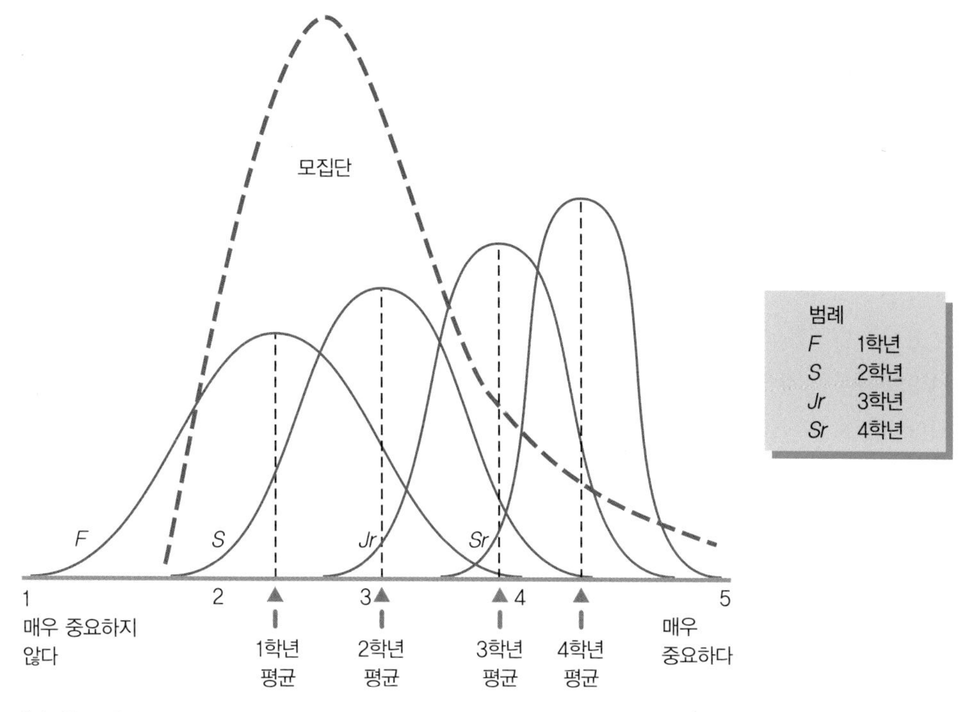

해서 계층들을 구분할 수 있는 차이를 파악하고자 하는 이유를 설명하고 있다. 각 계층은 서로 다른 응답 프로파일을 보여주고 있으며, 이를 인지함으로써 층화표본 추출이 보다 정확한 표본 설계라는 것을 알 수 있다.

둘째, 전체 표본평균의 추정에서 가중평균을 적용하여 추정하는 방법이 있다. **가중평균**(weighted mean)은 전체 모집단 크기에 상대적인 계층 크기를 고려하여 이러한 비율을 각 계층의 평균에 적용한 것이다. 모집단 평균은 각 계층의 평균값에 그 계층의 비율을 곱하고 각 계층의 가중 계층평균을 합산해 계산한다. 2개의 계층이 있다면 이것을 계산하는 공식은 다음과 같을 것이다.

층화표본은 정확성을 달성하기 위해 가중평균 계산을 요구한다.

가중평균을 이용한 층화표본 추출방식

$$\text{평균}_{\text{모집단}} = (\text{평균}_A)(\text{비율}_A) + (\text{평균}_B)(\text{비율}_B)$$

여기서 A는 계층 A를 B는 계층 B를 의미한다.

여기에 가중평균을 이용한 사례를 보자. 조사자는 주기적으로 영화를 대여하는 가구(house-hold)의 모집단을 두 계층으로 구분했다. 계층 A는 아이가 없는 가정이고 계층 B는 아이가 있는 가정이다. 영화 선택에서 넷플릭스가 제공하는 영화들에 대한 평가를 위해 5점 척도(1=매우 부족하다, 2=괜찮다, 3=좋다, 4=매우 좋다, 5=훌륭하다)로 응답을 요구했고 평균값은 아이가 있는 가정(계층 B)은 평균 2.0(괜찮다)이 나왔으며, 아이가 없는 가정(계층 A)은 평균 4.0(매우 좋다)이 나왔다. 조사자는 전수조사 정보를 통해 아이가 없는 가정은 전체 모집단에서 70%를 차지하고 있으며, 아이가 있는 가정은 30%를 차지하고 있음을 알았다. 따라서 넷플릭스 영화 선택에 평균을 적용하

조사자들은 계층 전반에 걸쳐 다른 응답을 나타내는 계층화 기준을 정해야 한다.

Marketing Research on YouTube™

층화표본 추출법에 대해 공부하려면 **www.youtube.com**에서 **Stratified Sampling by Steve Mays**를 검색하라.

면 (.7)(2.0) + (.3)(4.0) = 2.6(괜찮다와 좋음의 사이로 가상의 사례임)으로 결과를 도출할 수 있다.

층화표본 추출법의 적용 마케팅 조사자들은 치우친 모집단의 경우에는 층화표본 추출법이 유용하다는 것을 알고 있다. 하위집단을 어떻게 나누는가에 민감한 조사목적과 더불어 모집단에 대한 사전 지식은 때때로 그 모집단이 정규분포를 따르지 않음을 나타낸다. 이럴 경우 다양한 소집단의 다양성을 유지하기 위해 층화표본 추출법을 적용하는 것이 좋다. 일반적으로 **대리 척도**(surrogate measure), 즉 관찰하기 쉽고 각 모집단 구성원들의 특성을 쉽게 파악할 수 있는 것을 사용하여 모집단 구성원을 다양한 소집단으로 구분 혹은 세분화한다. 예를 들어 대학교 사례에서는 각 학생들을 학년별로 분류한 것이 편리한 대리 척도이다. 조사자들은 하위집단 간의 차이를 발견하기 위해서 모집단을 필요한 만큼 많은 서로 다른 하위집단으로 나누고 싶어 할 수도 있다. 예를 들어 대학생을 재학 단과대학 혹은 학점(GPA)에 근거하여 계층화하길 원할 수 있다. 아마도 직업적인 과목을 가르치는 단과대학 재학생들은 인문대학 재학생들보다 학위를 보다 중요하게 인식할 것이다. 또는 학점이 좋은 학생들은 학점이 낮은 학생들보다 학위의 가치를 높게 평가할 것이다. 여기서 중요한 점은 조사자들이 모집단을 계층으로 나누어 계층 간의 응답 차이를 나타내려면 그 계층을 나누는 근거를 사용해야 한다는 것이다. 또한 계층화 시스템에는 어떤 논리나 유용성이 있어야 한다.

층화표본 크기가 그 계층과 모집단의 비율과 비교적 일치하면, 이러한 조사 설계는 **비례 층화표본**(proportionate stratified sample)을 사용하고 있다고 말한다. 여기서는 가중치 공식을 사용할 필요가 없는데, 이는 각 계층의 가중치가 표본 크기에 의해 자동으로 계산되기 때문이다. 하지만 잠깐 비례표본 추출에 대해 생각을 해보라. 이 기법은 각 계층의 변동성은 그것의 크기와 관련이 있다고 잘못 가정하고 있다. 보다 큰 계층은 작은 계층보다 큰 변동성을 갖고 있으나, 큰 계층은 동질적인(homogeneous) 개인들로 구성될 수 있고, 이는 상대적으로 작은 계층 표본 크기의 효과를 가진다. 반면에 작은 계층이 매우 다른 개인들로 구성될 수 있고, 더욱 큰 계층 표본 크기의 효과를

마케팅 조사 인사이트 9.6 — 실무적 적용

층화표본 추출법 활용

1단계 : 특정 핵심 요인에 대해서 모집단 분포가 종 모양이 아니고 하위 모집단(subpopulations)이 존재하는 것을 확인하라. (예 : 주택소유 보험 욕구에서 콘도 소유주와 아파트 거주자는 주택보험에 대한 니즈가 다르기 때문에 콘도 소유주와 아파트 거주자를 다른 계층으로 구분)

2단계 : 이 요소 혹은 대리 변수를 사용하여 모집단을 식별된 하위 모집단과 일치하는 계층으로 구분한다. (예 : 콘도 소유/아파트 거주에 대한 스크리닝 문항 사용. 각 계층에 속하는 응답자 풀을 확인하기 위하여 무작위 전화 걸기를 사용하기 위한 스크리닝 설문이 요구될 수 있음)

3단계 : 각 계층으로부터 확률표본을 추출한다. (예 : 각 계층으로부터 단순무작위 표본 추출을 위해 컴퓨터를 사용)

4단계 : 문제와 관련이 있는 차이에 대해서 각 계층별로 검증한다. [예 : 콘도 소유주와 아파트 거주자는 그들이 갖고 있는 가구의 가치(그리고 그것들을 보험에 포함시키는 데 대한 니즈)에 대해서 다르게 인식하는가? (답 : 콘도 소유주는 그들의 가구 가치를 평균 15,000달러로 보고 있으며, 아파트 거주자는 그들의 가구 가치를 평균 5,000달러로 보고 있음)]

5단계 : 계층 표본 크기가 모집단의 계층 크기의 비율과 맞지 않다면, 가중평균 공식을 이용해 모집단 값을 추정한다. [예 : 콘도 소유주는 전체 모집단에서 30%, 아파트 거주자는 전체 모집단에서 70%라면 가구 가치에 대한 평균 추정값은 (15,000달러)(.30) + (5,000달러)(.70) = 8,000달러로 계산됨]

가질 수 있다. 결과적으로 일부 조사자들은 계층 표본 크기를 정하는 요인으로 상대적 크기보다는 계층의 상대적 변동성을 사용하는 것을 선택한다. 계층의 변량이 작을 경우, 계층의 정확한 추정치는 작은 표본 크기로도 얻을 수 있고, 여기서 절약된 '추가' 표본을 높은 분산을 가진 계층에 할당할 수 있다. 이것은 **통계적 효율성**(statistical efficiency)을 제공하는데, 이는 조사자가 동일한 표본 크기를 사용하여 동등한 정밀도를 얻을 수 있음을 의미한다. 이러한 접근법을 **불비례 층화표본 추출법**(disproportionate stratified sampling)이라고 부르는데, 모집단에서 계층 크기가 상대적 비율이 반영되어 있지 않기 때문에 가중치 공식 사용이 필요하다. 우리는 마케팅 조사 인사이트 9.6에서 층화표본 추출법의 단계별 설명을 제공하고 있다.

9-5 비확률적 표본 추출방법

우리가 설명했던 모든 표본 추출법은 확률적 표본 추출을 가정하고 있다. 각 사례들은, 확률을 정확하게 계산할 수 없음에도 불구하고 모집단으로부터 표본으로 추출되는 단위당 확률이 알려져 있다. 확률적 표본 추출법과 비확률적 표본 추출법의 중요한 차이점은 표본 설계의 메커니즘에 있다. 비확률적 표본 추출법의 경우 추출은 확률 혹은 무작위에 근거하지 않는다. 대신에 비확률표본 추출법은 표본 추출의 비용을 줄이기 위해 본질적으로 편향된 선택 과정에 기반한다.[17] 비확률표본 추출법의 경우 조사자들은 약간의 비용과(혹은) 시간을 아끼지만 실제로는 모집단의 대표성을 갖지 못한 표본을 얻게 되는 대가를 치른다.[18] 여기에는 네 가지의 비확률표본 추출법, 즉 편의표본 추출법, 목적표본 추출법, 추천표본 추출법, 그리고 할당표본 추출법이 있다(표 9.2). 각각의 표본 추출방법에 대한 설명은 다음과 같다.

© Julia Morgan Photography

비확률적 표본 추출방법에서는 대표성이 없는 표본 단위가 선택될 가능성이 있다(New Oreleans Saints 팬인 Scott McGowan이 Jocker로 분하고 있다)

편의표본 조사자들이 쉽게 접근할 수 있는 집단으로부터 추출한 표본을 **편의표본**(convenience samples)이라고 부른다. 일반적으로 조사자들이 시간과 노력을 줄이는 관점에서 가장 편리한 지역은 쇼핑몰 혹은 혼잡한 보행자 교차로와 같은 교통량이 많은 지역으로 나타났다. 결과적으로 장소 및 응답자 후보 선택은 객관적이기보다는 주관적이다. 이 기법을 사용하면 모집단의 특정 구성원이 표본 추출과정으로부터 자동으로 제외될 수 있다.[19] 예를 들어 교통량이 많은 특정 지역에 빈번히 가지 않거나 혹은 아예 방문을 하지 않은 사람들은 포함되지 않는다. 엄격한 절차가 없다면, 모집단의 일부 구성원들은 그들의 외모, 일반적인 태도, 혹은 그들이 혼자가 아닌 집단으로 있다는 사실 때문에 제외될 수 있다. 따라서 어떤 연구자는 "편의표본 추출법은 매우 심각한 왜곡을 야기한다"고 언급하기도 했다.[20]

몰인터셉트 기업들은 응답자를 선발하기 위해 편의표본 추출법을 사용한다. 예를 들어 큰 쇼핑몰에 있는 쇼핑객들은 스크리닝 문항으로 빠르게 요건을 심사받는다. 원하는 모집단 성격을 충족하면, 설문지가 배포되거나 맛 테스트 등을 하게 된다. 혹은 응답자들에게 테스트 제품을 주고 그(녀)가 집에서 그것을 사용할 것을 요청한다. 그리고 며칠 뒤 후속 전화로 해당 제품 성능에 대한 그(녀)들의 응답을 듣는다. 이럴 경우, 편의표본 추출법이 제공하는 편의성은 응답자에게 편하게 접근할 수 있다는 것을 넘어 맛 테스트를 위한 준비, 응답자들에게 제공될 테스트 제품의 저장 및 인

비확률적 표본 추출법에서 모집단의 일부 구성원들은 표본으로 선택될 확률을 전혀 갖지 못하는 경우도 있다.

몰인터셉트는 편의표본 추출법이다.

편의표본은 모집단을 잘못 대표하기도 한다.

표 9.2 네 가지 비확률적 표본 추출방법

편의표본 추출

조사자 혹은 인터뷰어가 혼잡한 보행자 지역이나 쇼핑몰과 같은 교통량이 많은 지역을 응답자 후보들에게 접근하는 표본 프레임으로 사용함. 그 지역에 방문 빈도가 적거나 아예 방문하지 않는 모집단 구성원들에 의해 표본 프레임 오류가 발생하기도 함. 다른 오류는 표본 프레임으로부터 인터뷰어가 응답자를 임의적으로 선택함으로 인해 발생하기도 함.

목적표본 추출

조사자들은 자신의 판단이나 다른 지식이 있는 사람들의 판단을 이용해 표본에 포함될 사람을 식별함. 여기에는 주관성과 편의성이 개입되기에, 결과적으로 모집단의 특정 구성원들은 다른 사람에 비해 선택될 확률이 적음.

연쇄사슬 추천표본 추출

응답자들은 서베이에 참석할 요건을 충족하는 자신과 같은 사람의 이름이나 정보를 제공할 것을 요청받음. 선택된 응답자들이 잘 모르거나, 좋아하지 않거나 혹은 의견 갈등이 있는 모집단의 다른 구성원들은 선택될 확률이 낮음.

할당표본 추출

조사자는 인구통계 혹은 제품 사용 요인과 같은 할당 기준을 정하고 응답자들의 각 집단마다 할당량을 정함. 할당 크기는 모집단에서 각 응답자 집단의 상대적 크기에 대한 조사자의 믿음에 따라 정해짐. 할당표본 추출은 종종 편의표본 안의 서로 다른 응답 집단이 원하는 비율을 갖도록 하기 위한 수단으로 사용되기도 함.

Marketing Research on YouTube™

비확률적 표본 추출방법을 공부하려면 **www.youtube.com**에서 **Sampling 06: Non-Probability Sampling**을 검색하라.

터뷰어 통제까지 확대된다. 추가적으로 많은 응답자들을 하루 이틀 만에 모집할 수 있다는 장점도 있다. 스크리닝 문항과 몰의 지리적 분산은 표본 설계에서 주관성을 감소시키는 것처럼 보일 수 있으나 모집단의 대부분은 거기에 없고 설문에 참여시키기 위해 접근될 수 없다. 할당표본 추출법은 편의표본 추출법으로부터 발생할 수 있는 오류를 줄여줄 수 있는 방법이고 간단히 논의할 것이다.

목적표본은 대표성을 갖는 표본을 '판단'한다.

목적표본 편의표본과는 다르게 **목적표본**(purposive samples)은 누가 모집단을 대표할 것인가에 대한 판단 혹은 '교육된 추측(educated guess)'을 요구한다. 종종 모집단에 대해 고려해야 할 지식을 가진 조사자 혹은 조사자의 조력자들은 표본을 구성할 수 있을 것이라고 판단되는 사람들을 선택하게 된다. 이러한 방법은 종종 **판단표본**(judgement sample) 혹은 **견본표본**(exemplar sample)이라고 불린다. 목적표본 추출법은 상당히 주관적이며, 많은 오류가 발생할 수 있다.

포커스 그룹 연구는 확률표본 추출방법이 아닌 목적표본 추출법을 사용한다. 저지방 영양 스낵 수요와 관련된 최근의 포커스 그룹 연구에서 12명의 미취학아동을 둔 엄마들이 현재 그리고 미래의 시장의 대표성을 갖는 표본으로 추출되었다. 이 중 6명은 다른 취학 아동을 두고 있으며, 나머지 6명은 오직 미취학 아동을 두고 있다. 즉 조사자는 포커스 그룹 참여자의 두 가지 유형을 의도적으로 포함했는데 12명의 여성들은 조사목적에 적절한 모집단을 대표한다는 판단이 있었기 때문이다. 하지만 여기서 빠르게 지적할 수 있는 것은 포커스 그룹의 목적은 서베이 목적과는 다르다는 것이다. 결과적으로, 목적표본의 사용을 사용하는 것은 스낵을 연구하는 과정에서 특정 단계를 위해서는 만족스러운 것으로 간주할 수 있다. 이 포커스 그룹의 결과는 2개월 후에 실시된 대규모 지

능동적 학습

다양한 편의표본의 대표성 평가

여러분이 재학 중인 대학교의 체육부에서는 레슬링, 크로스컨트리, 그리고 소프트볼과 같은 비인기 종목의 경기에 대해서 학생들이 많이 보러 오지 않는 것에 대해 실망하고 있다고 가정해보자. 체육부 디렉터는 왜 학생들이 이러한 경기를 보러 오지 않는가를 알기 원한다. 아래에는 편의표본 추출을 위한 가능한 지역이 나와 있다. 아래의 각각의 장소에서 표본을 추출한다면 여러분의 대학 재학생들의 모집단에 대해서 어떤 유형의 학생들이 더 많이 대표되고 어떤 유형의 학생들이 더 현저하게 낮게 대표될지를 설명해보자.

편의표본 추출 장소	어떤 학생들이 과도하게 대표되는가?	어떤 학생들이 더 낮게 대표되는가?
대학 레크리에이션 센터		
대학 기숙사		
도서관		
물리학 401(고급 물리학 수업)		

역 서베이의 토대가 되었고, 이는 확률적 표본 추출법에 의존했다.

예상할 수 있듯이 마케팅조사에서 표본 추출 결정은 윤리적 고려사항들을 일으킨다. 표본 추출과정에 관한 마케팅조사협회(MRA)의 윤리강령은 마케팅 조사 인사이트 9.7에 소개되어 있다. MRA는 조사자가 채택한 표본 추출방법을 의뢰인에게 반드시 설명해야 하며, 표본 프레임, 사용

마케팅 조사 인사이트 9.7 윤리적 고려사항

마케팅조사 윤리강령 : 표본 추출법

30. 각 프로젝트에서 사용된 방법론의 적절성 및 선택된 표본에 대해서 가능한 한 최대한 자세히 의뢰인에게 설명해야 한다.

비전문가들은 조사를 수행하거나, 적절하게 데이터를 해석하고 해석에 기반한 행동방침을 추천하는 데 필요한 지식이나 경험이 없다. 회원들은 적합한 방법과 마케팅 조사 실행, 그리고 조사 결과의 활용을 의뢰인과 대중에게 교육해야 한다. 조사자들이 의뢰인이 적절하지 않게 해석하고 다른 식으로 조사를 사용한다는 것을 인지했을 때, 올바른 이해 혹은 데이터의 적용에 대한 조언을 제공하는 전문적인 의무가 있다.

39. 공공 혹은 매체를 위해 공개된 모든 조사에 대해서는 그 연구방법에 대해서 적절한 공개를 하라.

다음을 포함한 적절한 방법론의 공개

- 사용된 데이터 수집방법
- 데이터 수집 날짜
- 표본 프레임
- 표본 추출방법
- 표본 크기
- 계산된 표본오차의 범위

출처 : Used courtesy of the Marketing Research Association

된 표본 추출법, 표본 크기, 그리고 표본오차와 같은 표본 정보를 공개해야 한다고 언급하고 있다. 표본 크기와 표본오차는 이 책의 다음 장에서 자세히 다룰 예정이다.

연쇄사슬 추천표본 추출법은 응답자에게 추가될 응답자의 이름을 요청한다.

연쇄사슬 추천표본 종종 '눈덩이표본(snowball samples)'이라고도 불리는 **연쇄사슬 추천표본**(chain referral samples)은 응답자들에게 다른 응답자 후보들의 이름을 제공하도록 요구하는 방법이다. 연쇄사슬 추천표본은 조사자가 연구를 위해 희망하는 전체 표본보다 작은 가능한 응답자의 목록으로부터 시작된다. 그 목록의 개별 응답자들과 인터뷰를 진행한 후 그(녀)는 다른 가능한 응답자의 이름을 요구한다.[21] 이러한 방식으로, 이전 응답자는 다음 응답자를 추천한다. 혹은 이 방식의 비공식적인 이름에서 알 수 있듯이, 표본은 내리막길에 굴러갈 때 커지는 눈덩이처럼 커진다. 몇몇 조사자들은 이를 간단히 '추천표본 추출법(referral samples)'이라고 부르기도 한다.

연쇄사슬 추천표본 추출법은 제한된 혹은 실망스럽게도 짧은 표본 프레임이거나 응답자가 서베이에 적절한 다른 사람들의 이름을 제공해줄 수 있을 때 가장 적절하다. 추천표본 추출이 가진 비확률적 표본 추출법의 측면은 전 과정에 걸친 선택성으로부터 비롯된다. 초기 목록은 어떤 면에서는 특별할 수 있고 표본에 사람들을 추가하는 주요 수단은 본래 목록에 있는 사람들의 기억으로부터 비롯된다. 그것은 사회적 관계망(social networks)에 크게 의존하지만[22] 추천표본은 산업 마케팅 조사 상황에서 종종 유용한 방법이다.[23]

할당표본 추출법은 표본의 구성을 정의하는 핵심 특성에 달려 있다.

할당표본 **할당표본**(quota sample)은 조사자들이 인터뷰를 할 다양한 유형의 개인들의 총 표본 비율을 구체적으로 정하고 그들을 비확률표본 추출로 선택된 표본이다. 즉 조사자는 전체 모집단에서 집단을 지정하고 각 집단에 포함될 응답자 수(최종 표본의 백분율)를 정하는 것이다. 응답자는 편의, 목적, 참조, 혹은 다른 비확률적 표본 추출법을 통해 선택된다. 조사자가 남성 50%, 여성 50%의 비율을 희망하는 경우가 이 표본의 한 예이다. 앞서 이야기했듯이, 마케팅 조사자들은 편의표본 추출법인 몰인터셉트를 할 때 할당표본을 주로 사용한다. 표본 할당은 조사목적의 응용방식과 지정된 모집단의 핵심 특성에 따른 정의에 따라 결정된다. 할당표본 추출의 적용법 중 하나로 실사자들에게 잠재 응답자를 특정 할당 집단으로 분류할 선별 기준을 제공할 수 있다. 예를 들어 인터뷰어가 흑인여성, 흑인남성, 백인여성, 백인남성을 각각 50명씩 할당받는다면 이 분류 속성은 인종과 성별이다. 실사자가 몰인터셉트에 투입되면, 각 실사자는 예비 응답자가 있는 곳을 눈으로 확인하고 4개 집단의 할당을 채우기 위해 노력한다. 이 할당이 모집단에서의 다양한 집단의 실제 비율에 근거하고 있다면 할당시스템은 비확률적 표본 추출의 비대표성을 줄일 수 있으나 그것이 무작위 표본을 확보하지는 못한다.

할당표본 추출법은 조사자들이 표본에 기준이 되는 모집단의 자세한 프로파일을 갖고 있을 때 적절하다.

할당표본은 특정 마케팅 조사 프로젝트에서 조사를 하려는 개인들의 구분하는 특색들을 잘 파악하고 있는 기업들에게 최적이다. 큰 은행의 경우 금융시장의 고객들은 기본적으로 고객은 남성과 여성이 동일하게 구분됨을 알고 있기 때문에, 최종 표본을 성인 남성 50%와 성인 여성 50%로 구성할 수 있다. 모집단의 특성에 대한 이해와 함께 충실하게 수행된다면 할당표본 추출법은 조사자들의 마음속에 확률적 표본 추출법에 필적할 수 있다.

9-6 온라인 표본 추출법

인터넷 서베이를 위한 표본 추출은 특별한 기회와 도전을 갖고 있으나, 이러한 이슈들의 대부분은 확률적 표본 추출법과 비확률적 표본 추출법 맥락에 있다.[24] 이것을 이해하는 비결은 온라인 표본 추출법을 이해하고 기본 표본 추출 개념과 함께 정확한 표본절차를 해석하는 것이다.[25] 안타깝게도, 이러한 표본 추출법은 표본 추출과정의 메커니즘이 탐구되기 전까지는 종종 '보여지지 않거나' 분명하지 않았다. 온라인 서베이에서는 주로 세 가지 유형의 표본, 즉 (1) 온라인 패널, (2) 리버 표본 (3) 목록 표본이 사용된다.

온라인 패널 표본 추출법

온라인 표본은 온라인 패널 표본, 리버 표본, 그리고 이메일 목록 표본을 포함한다.

이 책의 다양한 곳에서 이미 설명한 바 있는 **온라인 패널 표본**(online panel samples)은 온라인 서베이에 참여하겠다고 동의한 사람들로 구성되어 있다. 일반적으로, 그들은 패널회사에 가입하고 제품이나 서비스를 구매할 수 있는 포인트와 같은 보상을 받고 설문에 참여하겠다고 동의를 한다. 패널 회원들은 그들에 관한 수많은 정보를 패널회사에게 기꺼이 제공하기 때문에 기업들은 나이, 교육수준, 가족 수와 같은 의뢰인이 요구하는 모집단의 특정 기준을 충족하는 패널리스트를 쉽게 선택할 수 있다. 패널회사들은 수십만 명의 응답자 후보들을 갖고 있으며, 업체들은 그들의 의뢰업체가 요구하는 기준과(혹은) 위에서 언급된 그런 표본 조건에 근거해 응답자를 선택한다. 패널회사들은 응답자를 설문하기 위해 패널 회원들을 선택하는 데 사용되는 인구통계, 직업, 라이프스타일, 건강상태와 같은 엄청난 양의 정보 데이터베이스를 갖고 있기 때문에 '표적 표본(targeted samples)'을 선정하는 데 능숙하다. 온라인 패널 표본은 인기가 많지만 표본 프레임이 완벽하지 않기 때문에 패널회사들에 의해 제공되는 표본들의 실제 대표성에 대한 끊이지 않는 우려가 있다.

리버 표본

리버 표본(river samples)은 배너, 팝업, 그리고 온라인 장치의 사용을 통해 웹사이트 방문자들을 설문에 초대함으로써 만들어진다. '리버'는 웹사이트 방문자들의 지속적인 흐름으로, 이러한 초대들은 응답자들을 인터넷의 강으로부터 건져내 설문에 응하게 한다. 물론 온라인 설문지는 설문에 참여하는 응답자를 선별하기 위한 스크리닝 문항도 갖고 있다. 리버 표본의 표본 프레임은 이러한 사이트를 방문한 방문자들의 흐름이며, 리버 표본은 그 초대가 비정상적으로 기간이 짧거나 외관이 이상하고 적합성이 떨어지지 않는 한 이런 방문자의 흐름을 표본 프레임으로 삼은 무작위 표본으로 간주된다.

이메일 목록 표본

이메일 목록 표본(email list samples)은 관심 있는 모집단에 속하는 가입 회원들의 이메일 주소를 수집한 기업이나 사람으로부터 구매되거나 획득된 것이다. 판매 기업은 무작위 표본을 가져올 수 있고 의뢰업체에 의해 특정된 선택 기준을 충족시킬 수 있다. 표본을 선정할 수 있도록 도와주기도 한다. 목록 업체는 목록을 판매하거나 이메일 주소의 소유권을 유지하기 위해 목록을 주지 않고 이메일 초대를 대신 발행하기도 한다. 해당 리스트를 판매하는 업체는 적절한 이메일 주소를 확보하기 위한 노력을 기울인다. 물론 주원천 목록은 표본 프레임이기 때문에 목록 업체가 성실하다면, 이메일 목록 표본은 모집단의 높은 대표성을 가질 것이다. 하지만 목록 업체가 성실하지 않다면, 이메일 목록은 표본 프레임 오류를 발생시킨다.

9-7 표본 계획 개발

표본 계획은 표본 추출을 위한 필요한 모든 단계를 나열한다.

지금까지 우리는 표본 추출의 다양한 측면을 별개의 것이며 관련 없어 보이는 결정처럼 논의했다. 하지만 그것은 조사자가 표본을 추출해서 궁극적으로 최종 표본에 도달하기 위한 **표본 계획**(samples plan)이라 불리는 각 단계별 순서에 논리적으로 결합되는 것들이다.[26] 이러한 일련의 단계는 표 9.3에 소개되어 있다.

표 9.3 표본 추출 계획 단계

단계	실행	설명
1	모집단 정의	인구통계, 구매행동, 그리고 관련된 구성개념을 사용해 조사할 집단의 정확한 기술을 만듦.
2	표본 프레임 확보	최소한의 표본 프레임 오류를 가지고 모집단의 모든 단위를 고유하게 지정해주는 주요 원천으로의 접근 확보.
3	표본 추출법 결정	조사 목표와 제약에 근거해, 최고의 확률표본 추출방법을 선택하든지 아니면, 적합할 경우에는, 최고의 비확률표본 추출방법을 선택함.
4	표본 크기 결정	확률적 표본 추출 계획이 선택되었다면, 다음 장에서 학습할 공식을 사용함.
5	표본 접근	선택된 표본 추출방법을 사용해, 표본 프레임으로부터 잠재적 응답자들을 선택하기 위한 필요 단계를 적용함.
6	표본 타당성	표본의 관련된 특성(남성과 여성 분포, 연령대 등)을 조사해 모집단에서의 이러한 특성의 알려진 분포와 얼마나 잘 일치하는지 판단함.

요약

표본 추출방법은 전체 모집단에 대한 전수조사를 하지 않고도 마케팅 조사를 가능하게 해준다. 마케팅 조사자들은 표본 추출에 나쁜 영향을 미치는 데이터 누락과 부정확한 데이터의 문제를 포함하는 표본 프레임 오류를 피해야 한다.

우리가 표본을 취하는 이유는 전수조사는 비용이 많이 들고 표본에도 모집단을 대표할 만한 충분한 정보가 있기 때문이다. 우리는 모집단의 구성원들이 표본으로 추출될 확률이 알려지는 네 가지의 확률적 표본 추출방법에 대해 학습했다. 단순무작위 표본 추출은 장치 혹은 난수 등을 이용해 모집단의 모든 구성원이 동일한 확률로 표본으로 추출되도록 한다. 체계적 표본 추출은 무작위 시작점을 사용하고 목록을 '건너뛰는' 방법이다. 군집표본 추출은 구역(subdivision)과 같은 지역단위에 적용되어 오직 몇 개의 지역만이 표본으로 선택되도록 한다. 층화표본 추출은 모집단에서 서로 다른 계층이 명확할 때 사용되고 표본은 각 계층 안에서 무작위로 추출된다.

또한 우리는 모든 모집단 구성원들이 표본으로 추출될 공정한 확률을 갖고 있지 않기 때문에 편향이 발생하는 네 가지의 비확률적 표본 추출방법에 대해서도 학습했다. 편의표본 추출법은 쇼핑몰과 같은 교통량이 많은 지역에서 사용되는데, 이는 인터뷰어가 응답자에게 접근하는 것을 용이하게 해준다. 목적표본 추출은 표본으로 적합하다는 조사자의 주관적 판단에 근거한다. 연쇄사슬표본 추출법은 서베이에 참석할 수 있는 친구의 이름을 응답자에게 요청하는 방법이며, 할당표본 추출법은 구체적인 속성을 가진 응답자 수를 할당 혹은 제한하는 편의표본 추출방법이다. 온라인 서베이의 인기와 함께, 패널회사가 제공하는 온라인 표본, 웹사이트를 방문한 온라인 방문자의 흐름을 좇는 리버 표본, 그리고 이메일 표본 등이 일반적으로 사용된다. 표본 추출의 지식을 통해 조사자들은 온라인 표본이 무작위 표본 추출 요건을 구현하는 수준을 평가할 수 있다.

마지막으로 우리는 표본 추출을 위한 6단계 과정을 학습했다—(1) 관련 모집단 정의, (2) 표본 프레임 확보, (3) 표본 추법 결정, (4) 표본 크기 결정, (5) 표본 접근, (6) 표본 타당성이 그것이다.

핵심용어

가중평균
건너뛰기 간격
계층
군집표본 추출법
난수
단순무작위 표본 추출법
대리 척도
리버 표본
모집단
목적표본
무작위 장치법
무작위 전화 걸기
불비례 층화표본 추출법
블라인드 뽑기
비례 층화표본
비확률적 표본
연쇄사슬 추천표본
온라인 패널 표본
이단계 표본 추출법
이메일 목록 표본
일단계 표본 추출법
전수조사
지역표본 추출법
체계적 표본 추출법
층화표본 추출법
치우친 모집단
통계적 효율성
편의표본
표본
표본 계획
표본단위
표본 추출 오류
표본 프레임
표본 프레임 오류
할당표본
확률적 표본 추출방법
1 더하기 다이얼 절차

복습 질문/적용

9.1 비확률적 표본 추출법과 확률적 표본 추출법의 차이점을 논의해보자. 어떤 방법이 더 나으며 그 이유는 무엇인가? 또한 각 표본 추출방법의 장점과 단점에 대해서도 논의해보라.

9.2 이 장에서 설명한 확률표본 추출법 네 가지를 나열하고 간단하게 설명해보라.

9.3 무작위(random)는 무엇을 의미하는가? 다음의 각 방법은 무작위성을 어떻게 내포하고 있는지 설명해보라—(a) 블라인드 뽑기, (b) 무작위 전화 걸기, (c) 컴퓨터 생성 난수.

9.4 체계적 표본 추출법이 단순무작위 표본 추출법에 비해 어떤 면에서 보다 효율적인가? 또한 체계적 표본 추출법이 단순무작위 표본 추출법에 비해 어떤 면에서 대표성을 확보하기 어려운가?

9.5 군집표본 추출과 단순무작위 표본 추출을 구분해보자. 체계적 표본 추출과 군집표본 추출은 어떤 연관성이 있는가?

9.6 일단계 표본 추출과 이단계 표본 추출의 차이점은 무엇이고 두 추출법 중 무엇이 선호되는지 설명해보라.

9.7 치우친(skewed) 모집단은 무엇을 의미하는가? 치우친 모집단 분포 변수와 그 사례를 제시해보라.

9.8 온라인 표본 추출법의 방법에는 어떤 것들이 있는가? 각각을 설명해보라.

9.9 네 가지 비확률적 표본 추출법에 대해 간단하게 설명해보라.

9.10 할당표본 추출이 몰인터셉트와 같은 편의표본 추출에서 사용되는 이유는 무엇인가?

9.11 다음 경우에 대하여 모집단에 대한 마케팅 조사자의 정의를 제시해보라.

a. 사물인터넷을 이용한 자동온도조절기를 판매하는 네스트 써모스탯(Nest Thermostat)은 집 안에 누군가 들어왔을 때 이를 감지하는 현관 카메라에 관심을 갖는 사람들을 알기 원한다.

b. 학생회 관리자는 캠퍼스 어디에서나 그리고 캠퍼스 밖의 다양한 상점에서 사용할 수 있는 '범용' 직불 ID 카드를 갖고자 하는 학생을 파악하는 데 관심을 두고 있다.

c. 조이 매뉴팩처링 컴퍼니(Joy Manufacturing Company)는 건설사에서 사용할 새로운 에어 컴프레서 기기의 매출 잠재력을 파악하기 위한 설문을 수행하기로 결정했다.

9.12 다음 4개의 모집단과 각각의 잠재적 표본 프레임이 있다. 아래 표를 보고 (1) 표본 프레임에 포함되지 않는 모집단 구성원은 누가 있는지, (2) 모집단의 한 부분이 아닌데도 표본 프레임에 포함된 항목은 무엇인지 찾아보라. 그리고 여러분은 각각의 경우에 있어 표본 프레임 오류의 양이 허용 가능한지 혹은 허용할 수 없는지 판단할 수 있는가?

9.13 마케팅 조사자는 챔피언십 대회에 걸맞은 골프장을 만들기 위해서 골프장에 몇 가지 변화를 주고 싶어 하는 프라이빗 컨트리 클럽인 빅트리 컨트리클럽(Big Tree Country Club)에 설문을 제안 중이다. 조사자는 골프 클럽 회원들의 대표성을 가지고 있는 세 가지 표본 추출을 고려하고 있다. 세 가지 설계 대안은 아래와 같다.

a. 인터뷰어는 하루에 무작위로 선택한 첫 번째 티홀에 배치되고 10번째 골퍼마다 자기실행 설문조사를 진행.

b. 골퍼들이 체크인하고 골프 카트 비용을 지불하는 곳에 설문지를 비치해 설문지를 완성한 3명의 선수에게 추첨을 통해 '클럽 하우스 내 무료 저녁식사' 보상을 제공하도록 함.

c. 1 더하기 다이얼 절차를 수행하기 위해 도시전화번호부를 사용함. 이러한 절차로 전화번호부에 무작위로 페이지를 선정하고 페이지의 이름을 선정하되 둘 모두 난수를 사용함. 1 더하기 다이얼 시스템을 적용하여 1,000명의 골퍼가 지정되고 전화로 인터뷰될 때까지 시행함.

각각의 대표성을 평가하고 이러한 표본 문제와 관련된 이슈를 제기해보라. 각각의 경우에 고려되는 표본 추출방법을 확인해보자. 여러분은 어떤 표본 추출방법을

모집단	표본 프레임
a. 스코프(Scope) 구강 세정제 구매자	컨슈머 리포트(Consumer Report) 구독자의 주소 목록
b. 시리우스XM(SiriusXM) 위성 라디오 청취자	신차 구매자의 주(state) 등록 기록
c. 신규고객과 잠재고객을 추적할 수 있는 소프트웨어 제품의 구매자 후보군	구매 및 마케팅 이사회(구매 매니저들의 전국적인 조직)의 회원들
d. 방수 데크 재료 사용자(야외 데크에 설치)	최근 홈앤가든쇼에 등록한 개별 방문객

추천하는가? 그리고 그 이유를 제시해보라.

9.14 한 조사자는 굉장히 빠른 속도를 가진 혁신적인 복사기(잉크 카트리지가 필요 없고 용지 걸림도 없는)를 대상으로 다가오는 연간 매출 예상을 위해 오하이오주 클리블랜드에 입주한 기업들이 이 제품을 얼마나 구매할 것인지를 파악하는 과업을 맡게 되었다. 그녀의 계획은 기업들이 신제품을 구매할 의향이 어느 정도인지를 파악하고 구매할 가능성이 '아주 높은' 사람들에게 몇 대 정도를 구입할 예정인지를 추정해볼 것을 요청하는 것이다. 그녀는 기업들을 클리블랜드 사무실의 종업원 수를 기준으로 소기업, 중소기업, 대기업으로 구분한 데이터를 가지고 있다.

a. 어떤 표본 추출 계획이 사용되어야 하는가?

b. 그 이유는 무엇인가?

9.15 혼다 USA는 550명의 미국 딜러들이 작년부터 시작된 딜러들에게 제공된 새로운 서비스 프로그램에 대해 어떤 생각을 갖고 있는지 알기 원한다. 혼다 USA는 딜러들이 해당 프로그램을 실제로 이용하는지 그리고 그 프로그램을 좋아하는지 싫어하는지 여부를 파악하고자 한다. 자동차 제조업체는 550명의 모든 딜러를 대상으로 서베이를 진행하는 것을 원하지 않지만 그 결과가 모든 딜러의 대표성을 갖기를 원한다.

a. 어떤 표본 추출 계획이 사용되어야 하는가?

b. 그 이유는 무엇인가?

9.16 애플비 레스토랑은 지난 2년간 레스토랑 광고에 수만 달러를 투입했다. 마케팅 관리자는 그 광고가 어떤 효과가 있는지 측정하길 원했고, 최초상기도(top-of-mind awareness, TOMA)를 측정하기로 정했다. 이러한 레스토랑의 TOMA 점수는 서비스 지역에 대표성을 가진 소비자 표본을 대상으로 "비패스트푸드 레스토랑의 이름을 말해보세요"라는 질문의 결과로서 만들어진 순위이다. 가장 많은 사람들에 의해 이름이 불린 레스토랑이 최고의 TOMA 점수를 갖는다. 이를 위해서는 애플비의 관리자가 대도시와 그 주변 지역에서 대표성을 갖는 표본으로 TOMA 서베이를 수행하는 것이 중요하다.

a. 어떤 표본 추출 계획이 사용되어야 하는가?

b. 그 이유는 무엇인가?

9.17 벨크(Belk)는 남부에 위치한 백화점 체인이다. 최고 경영진들은 각 매장 관리자들이 고객 불만사항(이메일, 편지, 전화 등)을 받고, 관리하며, 응답하라고 요구하고 있다. 각 매장 관리자들은 지금까지 받은 불만 목록을 보관해야 한다. 최고 경영진들은 매장 관리자들이 고객 불만에 대해 제공하는 응대를 공식적으로 모니터링하고 평가하는 방법을 구축하는 것을 고려하고 있다. 그들은 공식화된 프로그램을 개발할 필요가 있는지 아니면 지금 이대로 두고 관리자들이 그들의 재량껏 불만을 대응하도록 할지 여부를 결정할 수 있는 정보를 원한다. 그들은 이러한 불만의 표본과 그에 대한 응답을 검토하길 원한다.

a. 어떤 표본 추출 계획이 사용되어야 하는가?

b. 그 이유는 무엇인가?

사례 9.1

Peaceful Valley : 교외의 문제

큰 도시 외곽에 위치한 Peaceful Valley 교외는 약 6,000여 개의 고급 주택으로 구성되어 있다. 이 지역은 약 10년 전 개발자가 Peaceful River에 토양댐을 건설하고 20에이커의 물을 가져온 Peaceful Lake를 만들었다. 호수는 개발의 중심지가 되었는데, 호반의 첫 1,000개의 1/2에이커 구획은 호반 소유지로 판매되었다. 현재 Peaceful Valley는 거의 동일한 거리의 50여 개의 거리로 개발됐고 각 거리마다 120개의 가구가 위치해 있다. Peaceful Valley 거주자들은 주로 젊고, 전문적이며, 하나 혹은 둘의 취학아동을 둔 맞벌이 부부들로 구성되어 있다.

Peaceful Valley는 최근 몇 달간 이름에 부응하지 못하고 있다. 교외조정위원회에서는 지역 뒤의 빈 공간에 수영장, 테니스 코트, 그리고 회의실을 만들자고 제안했다. 건설비용은 250~300만 달러로 시설 크기에 따라 달라진다. 현재 Peaceful Valley의 모든 집주인들은 약 75%가 유지, 안전 및 관리를 위해 매년 250달러를 지불해야 한다. 제안된 휴게 시설을 위해 모든 Peaceful Valley 거주자들은 1회 비용으로 1,500달러를 지불해야 하고, 연회비는 유지 보수비용의 추정치에 의하면 500달러로 인상된다.

휴게 시설에 대한 이의 제기도 다양하게 이루어지고 있다. 어떤 사람은 1회의 비용을 받아들이지 않으며, 또 어떤 사람은 해당 시설이 매력적이지 않다고 보고 있다. 어떤 주민은 개인 수영장을 갖고 있기도 하며, 지역 테니스 클럽에 속해 있고, 또한 회의실을 사용하지 않는 주민도 있었다. Peaceful Valley의 또 다른 집주인들은 아이들이 수영을 배우거나, 테니스를 치거나, 혹은 감독하에 자유롭게 놀 수 있는 휴게 시설을 환영하고 있다.

Peaceful Valley 교외 주민회의 회장은 수영장, 테니스 코트, 그리고 회의실 콘셉트에 대한 주민들의 의견과 선호도를 파악하기 위한 설문을 실시하기로 정했다. 다음의 표본 추출계획을 검토하고 각 방법과 연관된 문항에 답해보라.

1. 그 구역을 왕복하는 길은 오직 하나만 있다. 회장은 다음 주 오전 7시부터 8시 30분 사이에 그의 10대 딸이 Peaceful Valley 입구에서 빨간 신호에 정차해 있는 자동차 운전자들에게 설문지를 전달하는 것을 고안했다. 설문지에는 주소와 우표가 붙은 반송봉투가 동봉되어 있다. 회장이 사용하는 것은 어떤 표본 추출방법이며, 그것의 장단점을 논의하고 표본이 대표성을 가지는지 논의해보라.
2. 교외조정위원회 위원장은 Peaceful Lake에 위치한 1,000여 명의 주택 소유자를 대상으로 서베이를 진행하는 것이 적절하다고 생각하는데, 그들은 많은 돈을 지불했고, 그들의 주택은 더욱 크며, 그들은 다른 거주자들보다 Peaceful Valley에 오랫동안 거주할 의향이 높기 때문이다. 이러한 1,000명의 주택 소유자가 표본으로 사용되면 이것은 어떤 표본 추출방법이며, 그것의 장단점을 논의해보고 표본이 대표성을 가지는지 논의해보라.
3. 조정위원회의 위원장이 해안가 1,000명의 주택 소유자가 다른 5,000명의 Peaceful Valley 거주자와 같지 않다고 지적한 것이 사실이라고 가정해보자. 전체 구역의 대표성을 갖는 표본을 추출하는 데 있어 이러한 사실을 어떻게 이용할 수 있는가? 어떤 확률적 표본 추출을 사용할 것인지를 결정하고 그것을 단계별로 어떻게 적용할지 제시해보라.
4. 여러분은 작년에 관리비를 지불한 Peaceful Valley 집주인들을 대상으로 단순무작위 표본 추출을 어떻게 선택할 것인가? 이러한 표본 추출법은 어떤 편향된 표본 추출로 이어지겠는가?
5. 여기서 이단계 군집표본을 어떻게 이용할 수 있겠는가? 이러한 표본 추출을 설명하고 Peaceful Valley 가구의 대표성을 갖는 표본을 어떻게 추출할지 설명해보라.

사례 9.2

Jet's Pets

Jetadiah Brown은 Jet's Pets라는 펫스토어를 개업하길 원하고 있다. Jet은 도심 북쪽 지역에 기회가 있다고 생각하고 있는데, 그는 많은 새로운 구역들이 지어졌고, 많은 가족들이 그곳에서 집을 매입한다는 것을 알고 있기 때문이다. 게다가 북쪽에는 펫스토어가 없는 것도 알고 있다. 가족은 늘어나고 있지만 경쟁자가 없는 것은 Jet's Pets의 마케팅 기회를 강하게 시사한다.

Jet은 두 우편번호 지역에 포함되는 약 10,000가구를 대상으로 설문을 진행하길 원한다. 물론 그는 모든 가구를 대상으로 서베이를 진행할 수 없기에 표본을 사용해야만 한다. 두 우편번호 지역에 있는 여러 구역에 거주하는 가족들의 표본을 추출할 수 있는 다음의 각 방법에 대해서 (1) 표본 추출방법을 선정하고 (2) 표본프레임으로 무엇을 사용할 수 있을 지를 정하고 (3) 발생할 수 있는 표본 프레임 오류을 파악하고 (4) 선택된 표본이 두 지역의 우편번호 지역의 모든 가족들을 대표할 수 있는 정도를 설명하라.

1. 애완동물 진료를 위해 대기하는 동안 애완동물 주인들이 작성할 수 있도록 두 우편번호 지역 내에 위치한 베테랑 동물병원에 설문지를 비치.
2. 도시 전화번호부 목록에서 매번 100번째 이름을 선정. 두 우편번호 지역에 거주하는 지역 거주자에게만 전화를 걸어 인터뷰.
3. 두 우편번호 지역의 중 한 구역을 난수시스템을 사용해서 정하고 선택된 구역에 있는 모든 집의 우편함에 설문지를 송부.
4. 지역 신문에 사진과 주소를 함께 보내는 '애완견 콘테스트'를 개최한다고 알리고 그 참가자들 중에서 중에서 두 지역에 거주하는 사람들을 표본으로 추출.
5. 지역 동물 보호소에 가서 과거 애완동물 입양자들 중에서 두 지역에 거주하고 있는 사람들의 주소를 확보함. 보호소로부터 얻은 각 주소에서 가까운 이웃의 주소로 우편 설문을 보냄. 가령 입양자가 1 Green Street에 거주하면, 2 Green Street 입주자에게 설문지를 전송함.

10 표본의 크기 결정

학습 목표

이 장에서 여러분은 다음을 학습하게 될 것이다.

- 10-1 표본 숫자에 대한 공리들
- 10-2 신뢰구간을 이용한 표본크기 계산의 의미
- 10-3 표본크기 공식을 이용한 표본 크기 계산
- 10-4 표본 크기 결정에 있어서의 실무적인 고려사항
- 10-5 표본 크기 결정방법에 대한 대안들과 문제점
- 10-6 특수 상황 : 모집단이 적은 경우, 비확률 표본 추출법, 그리고 패널 운영 회사

우리는 어느 과정에 있는가?

1 마케팅 조사 필요성 인식
2 문제 정의
3 조사목적 수립
4 조사 설계 결정
5 정보 유형과 원천 식별
6 데이터 분석 방법 결정
7 데이터 수집 양식 설계
8 표본 계획과 크기 결정
9 데이터 수집
10 데이터 분석
11 최종 보고서 준비 및 작성

루시드

Patrick Comer, 루시드의 창업자 겸 CEO

Patrick Comer(CEO)와 Brett Schnittlich(CTO)는 2000년대 중반 캘리포니아주 라스 펠리즈에 있는 집 앞 벤치에서 루시드(Lucid) 설립에 대한 생각을 떠올렸다. 그 당시는 설문이나 '표본'을 사고파는 것이 인터넷 시대에 완전히 정착되지 않은 시기였다. 따라서 광고업계를 개편한 컴퓨터 프로그램 기반 ad exchange처럼 자동화된 거래시스템을 개발하기에 좋은 기회였다. 표본 온라인 거래(online exchange)는 설문 표본을 제공하는 사업을 전화 중심에서 양과 질이 모두 우수한 온라인으로 이전시킬 것이고 이를 통해 몇 주나 걸리던 설문 표본 확보가 적은 비용으로 몇 시간 만에 이루어질 것이다.

2010년에 Comer는 페더레이티드 샘플(Federated Sample)이라는 회사를 설립했다. 그는 이 회사에서 발생한 수익과 조성된 기금을 바탕으로 펄크럼 소프트웨어(Fulcrum software)를 설립했다. 펄크럼은 계량화하기 쉬운 SaaS(software as a service) 사업과 업계 최초의 프로그램 기반 표본 거래라는 창업자의 비전에 빠르게 부응하기 시작했다. 이 플랫폼하에서 2015년까지 60억 개의 질문이 응답되었으며 1억 2,500만 명의 방문자가 설문에 응답했고 2억 달러의 표본이 판매되었다. 2015년 초에 이미 페더레이티드 샘플은 '샘플'이라는 자신의 이름을 넘어서 소프트웨어 회사로 성장하게 되었다. 막대한 수의 색다른 응답자들을 통해 완성된 설문조사는 금광을 만들어냈고 마케팅 조사의 틀을 유지하면서도 표본이라는 영역을 넘어설 수 있도록 해주었다.

2015년 8월 19일에 페더레이티드 샘플은 루시드로 이름을 바꾸었다. 이러한 리브랜딩(rebranding)은 단지 이름을 바꾸는 것 이상의 의미를 가지고 있었다. 이는 패러다임의 변화를 의미하는 것이었다. 루시드는 더 이상 스타트업 회사가 아닌 마케팅 조사 영역의 다변화된 기술 회사로서 처음 5년의 성공을 유지하기 위해 노력하고 있다. '투명함과 명료함, 그리고 마법의 손길을 시장 조사 업계에 제공한다'는 루시드의 미션에서 보듯이 루시드는 이전에 펄크럼 플랫폼이 그랬던 것처럼 혼돈 속에서 명징함을 뽑아내는 데 모든 노력을 경주하고 있다.

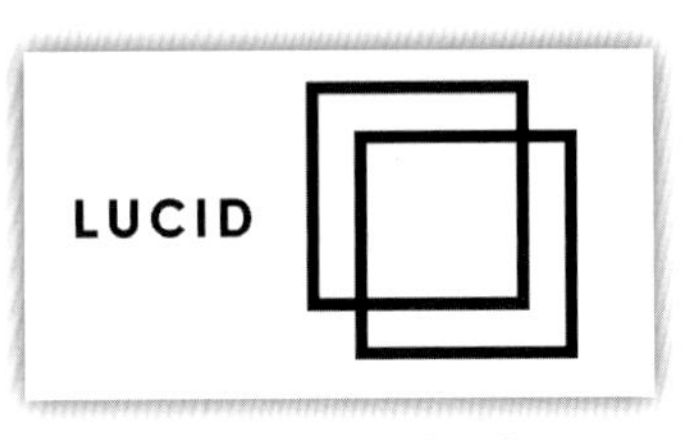

https://luc.id/에 방문해보라.

출처 : Text and photos courtesy of Patrick Comer and Lucid.

RIWI

RIWI 최고경영자인 Neil Seeman은 마케팅 조사 업계에서 반복되는 문제에 대한 혁신적인 해결책을 제시하기 위해서 전통적이지 않은 접근을 했다. 그가 발명한 이 신기술은 처음에 토론토대학교의 전 지구적 전염병 연구에 처음으로 응용되었다. RDIT™(Random Domain Intercept Technology)로 알려진 웹 기반의 이 기술은 기업 등의 조직에게 평소에는 설문응답을 잘 하지 않는 사람들에게 접근할 수 있는 방법을 제공한다. 이 신기술은 사람들의 의도되지 않은 인터넷 서핑과 데이터 입력 오류에 기반하여 무작위적이고 다양한 집단에게 접근할 수 있게 해주는데, 2009년에 개발된 이후 전 세계적으로 100만 명 이상의 모바일 기기 사용 응답자들에게 접근할 수 있었다.

RDIT 기술은 개인정보를 요구하지 않기 때문에 특히 민감한 질문(동성 결혼, 대마초 사용 등) 같은 경우에 응답자들이 좀 더 자유롭고 편의가 없는 의견을 피력할 수 있다는 장점이 있다. 즉 응답자들은 연령과 성별만 대답한 다음에 연구에 관련된 다양한 주제에 대해 응답을 하게 된다. RDIT는 이러한 종류의 기술로서는 세계에서 유일하다. 이 기술은 조사자들에게 유료 패널이나 SNS 사용자들 같은 종류의 사람들을 넘어서 평소에는 응답을 거의 하지 않는 사람들에게까지 도달할 수 있다. 현재 RDIT는 소비재를 판매하는 글로벌 기업으로부터 비정부 조직, 정부 조직에 이르기까지 다양한 조직에서 사용되고 있으며 그 주제 역시 헬스케어부터 전자상거래에 관련한 글로벌 이슈까지 다양하다.

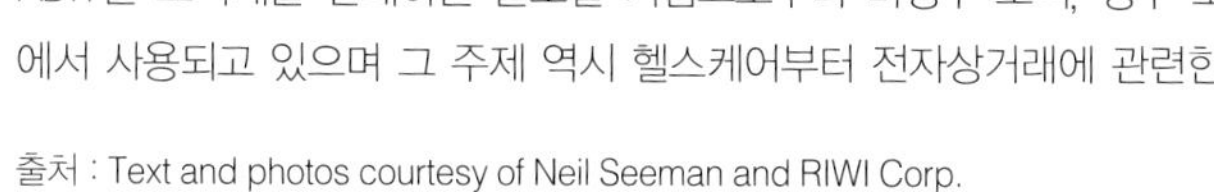

출처 : Text and photos courtesy of Neil Seeman and RIWI Corp.

Neil Seeman, RIWI의 창업자 겸 CEO

www.riwi.com을 방문해보라.

이전 장에서 여러분은 표본 추출방법이 표본의 대표성을 결정짓는다는 것을 배웠다. 아쉽게도 많은 관리자들이 표본의 크기와 표본의 대표성이 상관이 있다는 생각을 하고 있는데 이는 잘못된 것이다. 이 장을 공부하고 나면 여러분은 표본의 숫자는 표본의 대표성이 아니라 표본의 정확성과 그 오류의 수준에 대해 직접적인 영향을 미친다는 것을 알게 될 것이다. 이 장의 서두에 있는 회사 소개에서 보였듯이 기술의 발전은 우리에게 무작위로 추출된 많은 수의 응답자들에게 접근할 수 있게 해준다. 하지만 이 장을 공부하게 되면 적은 수의 표본으로도 충분히 만족스러운 정확성을 얻을 수 있음을 알게 될 것이다.

마케팅 관리자는 보통 표본의 크기와 표본의 대표성을 혼동한다.

표본의 크기와 표본의 대표성이 상관이 없음을 이해하기 위해서 다음의 예를 생각해보자. 미국 근로자들 중 몇 퍼센트가 '비즈니스 캐주얼' 방식으로 옷을 입는지를 알고 싶다고 가정하자. 이에 대한 답을 얻기 위해서 우리는 뉴욕의 월스트리트에서 우리를 지나치는 사람들에게 일할 때 비즈니스 캐주얼을 입냐고 질문을 하는 편의표본 추출법을 사용할 수 있을 것이다. 이렇게 일주일 동안 5,000명에 달하는 응답자들을 확보했다고 가정하자. 이 응답자들이 미국의 전체 근로자들을 대표한다고 생각할 수 있을까? 물론 아니다. 사실 이 표본에 포함된 사람들은 비확률적인 표본 추출 방식을 사용하였기 때문에 미국이 아니라 뉴욕의 근로자들을 대표하지도 못한다. 만약 같은 방식으로 10,000명의 표본을 확보하였다면 어떨까? 표본의 숫자와 상관없이 이 경우 역시 미국의 전체 근로자들을 대표하지 못한다.

표본의 정확성은 표본이 대표하는 모집단의 실제 값에 얼마나 근접한 값을 보고하는지를 의미한다.

두 가지 중요한 점을 명심해야 한다. 첫째, 종종 무작위 표본(random sample)이라고 불리는 확률 표본 추출 방식만이 대표성 있는 표본을 구성할 수 있다. 둘째, 이러한 무작위 표본 추출의 경우에 표본의 크기는 표본에 기반한 결과의 정확성을 결정짓는다.[1] **표본 정확성**(sample accuracy)은 표본의 통계치(어떤 질문에 대해 '예'라고 응답한 사람의 비율)가 모집단의 값(전체 집단에서 '예'라고 말한 사람의 비율)에 얼마나 가까운지를 의미한다. 표본의 크기는 표본에서 도출된 결과가 모집단에서 도출된 결과에 얼마나 가까운가 하는 것과 직접적인 연관이 있다. 무작위로 추출된 5명의 응답자로 구성된 표본에서 도출된 결과는 1명의 응답자로 구성된 표본의 결과보다 정확할 것이고 10명의 응답자로 구성된 표본에서 도출된 결과는 5명의 응답자로 구성된 표본의 결과보다 정확할 것이다. 따라서 상식적으로 많은 인원으로 구성된 무작위 표본의 결과는 적은 수로 구성된 표본의 결과보다 정확할 것이다. 그러나 이 장에서 배우게 되겠지만 5명으로 구성된 표본은 1명으로 구성된 표본보다 5배 정확하다든지 10명으로 구성된 표본은 5명으로 구성된 표본보다 2배 더 정확한 것은 아니다. 명심해야 할 점은 이것이다. 첫째, 표본 추출방법이 표본의 대표성을 결정한다. 둘째, 표본의 크기가 무작위 표본의 정확성을 결정한다. 이 장은 표본의 크기에 따라서 표본의 정확성이 어떻게 영향을 받는지를 설명하는 데 초점을 둘 것이다.

표본의 크기가 아니라 표본 추출방법이 표본의 대표성을 결정한다.

표본의 크기가 중요한 이유는 정확한 표본의 숫자가 계산될 수 있다면 많은 비용을 절감할 수 있기 때문이다. 설문 응답 거부의 문제를 해결하기 위해서 많은 마케팅 조사 회사들은 이 책의 앞 장에서 설명한 응답 패널을 보유하고 있다. 수만 혹은 수십만 명으로 구성된 이 응답 패널은 어떤 설문에라도 빠르고 완전하며 솔직한 답변을 하기로 계약을 맺은 사람들이다. 이 패널들은 소비자들을 대표하는 소규모 모집단으로 간주될 수 있다. 패널을 소유한 회사들은 이 패널을 이용하는 데 설문길이에 따라 조정되기도 하지만 기본적으로 응답자 1명당 가격을 책정하고 있다. 그래서 만약 마케팅 조사 프로젝트의 디렉터가 10,000명의 표본이 필요하다고 결정하고 패널 1명당 가격이 5달러라면 패널을 이용하는 데 드는 총비용은 50,000달러가 된다. 만약 1,000명으로 충분하다고 하면 5,000달러가 소요될 것이다. 따라서 만약 이 1,000명이 '옳은' 표본의 크기라고 한다면 그 마케팅 조사 디렉터는 45,000달러를 절감할 수 있을 것이다. 조사 회사가 조사 제안서를 제출할 때는 요구 가격과 함께 제반 비용을 명시하게 된다. 이 경우 10,000명이 필요하다고 한 경우는 비용과 가격에 상당한 증가를 가져와서 그러한 제안서는 낮은 비용을 제출한 타사의 경쟁에서 이길 수 없을 것이다.

따라서 이 장은 무작위 표본의 숫자를 결정하는 방법을 제시할 것이다. 이 방식은 복잡하지만[2, 3, 4] 최대한 단순화해서 보다 직관적인 설명을 시도할 것이다. 그 방식을 설명하는 데 앞서 표본 크기에 관한 몇 가지 공리를 나누고자 한다. 이러한 공리들은 표본의 숫자를 결정하는 데 가장 좋은 방법이라고 알려진 신뢰구간 이용법의 개념들인 변동성, 허용 가능 표본오차, 신뢰수준 등의 개념들의 기반이 되는 것이다. 이러한 개념들은 간단한 공식으로 합쳐질 것이고 이 공식을 이용한 예를 보일 것이다. 그다음으로 분명한 한계점을 가지고 있는 다른 네 가지 표본 크기 계산법을 다룰 것이고 마지막으로 실무적인 고려사항과 표본 크기에 영향을 미치는 특수한 상황에 대하여 언급하는 것으로 이 장을 마칠 것이다.

표 10.1 무작위 표본 크기와 정확성에 대한 공리

1. 완전무결하게 정확한 유일한 표본을 얻는 것은 전수조사(census)이다.
2. 무작위 표본은 항상 어느 정도의 부정확성을 갖는다. 이를 **표본오차의 범위**(margin of sample error) 혹은 줄여서 **표본오차**(sample error)라고 부른다.
3. 무작위 표본은 클수록 더 정확하다. 이는 표본오차의 범위가 작다는 것을 말한다.
4. 표본오차의 범위는 간단한 공식으로 계산될 수 있고 ±%로 표현된다.
5. 어떤 설문조사를 무작위 표본을 바탕으로 하여 재실시한다 하더라도 그 결과치의 대부분은 원 설문조사값의 ±% 안에서 결정될 것이다.
6. 거의 모든 경우에 있어서 표본오차의 범위는 모집단의 크기와는 독립적이다.
7. 무작위 표본의 크기는 모집단의 아주 작은 일부분일 수 있으며 이 경우에도 작은 표본오차 범위를 가질 수 있다.
8. 무작위 표본의 크기는 조사 요청자가 어느 정도의 표본오차를 허용할 것이고 어느 정도의 비용을 감수할 것인가 하는 점을 절충하여 결정된다.

10-1 표본 크기에 대한 공리

어떤 표본에 포함될 응답자의 숫자를 결정하는 것은 마케팅 조사 과정에서 가장 간단한 작업임에도 불구하고[5] 공식이 사용되는 이유로 좀 어려워 보이기도 한다. 표본의 숫자를 결정하는 것은 이론적으로 완전함을 기하는 것과 실무적으로 가능한 것을 추구하는 둘 사이의 타협을 필요로 한다. 이 장에서는 이 표본 크기 결정의 근간을 이루는 기본 개념들부터 설명할 것이다.[6]

마케팅 조사자는 두 가지 이유로 이 표본 크기 결정에 대한 기본적인 이해가 있어야 한다. 첫째, 많은 실무자들은 **대표본 편의**(large sample size bias)를 가지고 있다. 이는 표본의 크기가 클수록 표본의 대표성이 올라갈 것이라는 잘못된 생각이다. 이러한 잘못된 생각은 "대표성이 있으려면 표본이 얼마나 커야 할까?"라는 흔한 질문 속에서 잘 나타난다. 우리는 이미 이 둘은 상관이 없다는 것을 보였으므로 여러분은 이미 이에 대해서 이해를 하고 있을 것이다. 둘째, 마케팅 조사자들이 표본 크기 결정에 대해 이해하고 있어야 하는 이유는 표본의 크기가 심층 인터뷰법을 이용한 조사에서 특히나 그렇지만 전화 인터뷰나 온라인 설문의 경우에도 마케팅 조사의 비용을 상승시키는 주요 요소이기 때문이다. 결과적으로 표본 크기에 대한 이해가 있으면 조사자들은 마케팅 관리자의 자원 관리에 도움을 줄 수 있다.

표본의 크기는 표본의 대표성과 아무런 관계가 없고 표본의 정확성에 영향을 끼친다.

표 10.1에 소개된 여덟 가지 공리는 많은 조사 의뢰인들이 믿고 있는 대표본 편의가 잘못된 것임을 깨우쳐줄 것이다. 공리(axioms)라는 것은 언제나 참인 명제를 말한다. 하지만 아래의 공리들은 확률표본 추출법의 경우에만 해당한다는 점을 간과해서는 안 된다. 아래의 명제들이 놀라워 보이더라도 이 명제들은 무작위 표본의 경우에는 언제나 참인 명제들이다. 이 명제들은 신뢰구간법을 설명할 때 하나씩 자세히 설명될 것이다.

10-2 표본 크기 결정을 위한 신뢰구간법

표본 크기 결정을 위한 가장 옳은 방법은 **신뢰구간법**(confidence interval approach)이다. 이 방법은 표본의 크기를 결정하는 데는 신뢰구간법이 가장 옳은 방법이다.

정확성(표본오차 범위), 변동성, 그리고 신뢰구간의 개념을 이용하여 '옳은' 표본 크기를 알려준다. 이 방법은 선거와 같은 전국 규모의 의견 조사뿐만 아니라 기업이나 마케팅 조사에서도 사용된다. 이 방법을 설명하기 위해서 여러분은 다음의 네 가지 기본 개념을 숙지해야 한다.

표본의 크기와 정확성

완전하게 정확한 표본은 전수조사뿐이다.

앞에서 말한 첫 번째 공리인 **'완전무결하게 정확한 유일한 표본은 전수조사이다'**는 이해하기 쉬울 것이다. 여러분은 설문조사는 두 가지 종류의 오차를 갖는 것을 알아야 하는데, 첫 번째는 비표본오차이고 두 번째는 표본오차이다. **비표본오차**(nonsampling error)는 표본 추출방법이나 표본의 숫자 외에 여러 가지 원인, 즉 예를 들어 문제 정의의 오류, 설문 문항 오류, 데이터 기록 오류, 분석 오류 등에서 기인한다. 이 책의 제9장에서 설명한 바와 같이 표본오차는 표본 추출방법과 표본의 크기에 영향을 받는다.[7] 전수조사를 한다면 모집단의 모든 사람이 선택되어 조사됨으로써 표본 추출에 따른 오차가 존재하지 않는다. 또 모집단의 모든 사람이 조사되니 표본의 크기는 모집단과 동일하게 되고 따라서 표본오차는 존재하지 않는다. 때문에 비표본오차가 존재하지 않는다면 이 전수조사는 완전무결하게 정확한 표본이 된다.

그러나 전수조사는 비용 등의 실무적인 이유 때문에 실행 불가능하기 때문에 우리는 무작위 표본을 대안으로 이용하게 된다. 이는 우리를 다음 두 번째 공리로 이끈다. **'무작위 표본은 항상 어느 정도의 부정확성을 갖는다. 이를 표본오차의 범위**(margin of sample error) **혹은 줄여서 표본오차**(sample error)**라고 부른다.'** 이 공리는 어떠한 무작위 표본이라도 모집단을 완벽하게 대표할 수 없음을 나타낸다. 그럼에도 불구하고 무작위 표본은 완벽하지는 않더라도 모집단을 아주 잘 대표함을 기억해야 한다.

확률적 표본일 경우 표본의 수가 많을수록 표본오차가 줄어든다.

셋째 공리인 **'무작위 표본은 클수록 더 정확하다. 이는 표본오차의 범위가 작다는 것을 말한다'**는 표본의 크기와 표본의 정확성이 연관이 있음을 말한다. 이 연관성은 그림 10.1에 잘 나타나 있다. 이 그림에서 표본오차의 범위는 세로축에 표시되고 표본의 크기는 가로축에 표시되어 있다. 그래프에서는 표본의 크기가 50일 경우부터 2,000일 경우까지 나타나 있는데 그래프의 형태는 세 번째 공리와 같이 표본의 크기가 커질수록 표본오차의 범위가 줄어드는 것을 확인할 수 있다. 하지만 금방 알아차릴 수 있듯이 이 그래프는 직선이 아니다. 다시 말하면 표본의 크기를 2배로 올린다

그림 10.1 표본의 크기와 표본오차의 관계

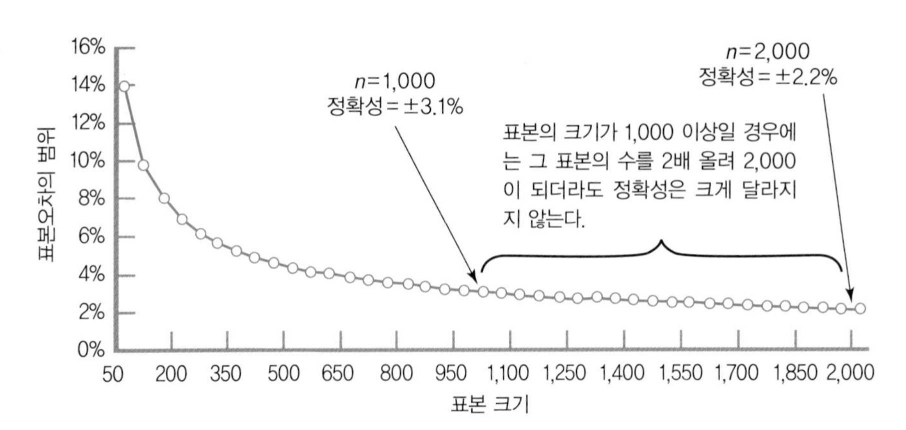

고 해서 표본오차가 반으로 줄어들지는 않는다. 이 관계는 점근적인 곡선을 따르기 때문에 0에 도달하지 않는다.

이 표본오차 그래프에는 또 다른 중요한 점이 있다. 그래프에서 보듯이 표본의 크기가 1,000일 경우에 표본오차는 ±3(정확하게는 ±3.1)이며 이후로는 표본의 크기가 증가하더라도 아주 천천히 작아진다. 다시 말하면 표본의 숫자가 큰 숫자, 예를 들어 1,000을 초과할 경우 표본의 크기를 늘리더라도 정확성은 크게 나아지지 않는다. 사실상 이미 표본오차를 ±3 정도로 줄였다면 더 이상 줄이기가 쉽지 않다.

하지만 그래프의 왼쪽 끝단을 보면 상대적으로 작은 표본의 증가가 정확성을 크게 개선하는 것을 알 수 있다. 여러분은 이 표본의 크기와 표본오차의 관계를 표 10.2에서 보다 분명하게 알 수 있을 것이다. 예를 들어 표본의 크기가 50이라면 **표본오차의 범위**(margin of sample error)는 ±13.9%인데 표본의 크기가 200으로 증가하면 이 표본오차의 범위는 ±6.9%로 줄어든다. 다시 말하면 표본의 크기가 200인 경우는 50인 경우보다 오차의 범위가 반으로 줄어든다는 것이다. 하지만 전술한 바와 같이 곡선관계로 인하여 정확성의 큰 개선은 그래프의 오른쪽 끝에서는 달성되지 않는다. 예를 들어 표본의 크기가 2,000일 경우에는 표본오차의 범위가 ±2.2%인데 표본의 크기를 8,000 늘려서 10,000개의 표본을 이용하더라도 그 표본오차의 범위는 ±1%가 되어 단지 1.2%가 낮아질 뿐이다. 따라서 표본의 크기가 증가할수록 표본의 오차가 작아지는 것은 분명하나 표본의 크기가 1,000을 넘어설 경우 표본오차의 개선은 미미할 뿐이다.

표 10.2 표본의 크기와 표본오차의 범위

표본의 크기(*n*)	표본오차의 범위
10	±31.0%
50	±13.9%
100	±9.8%
200	±6.9%
400	±4.9%
500	±4.4%
750	±3.6%
1,000	±3.1%
1,500	±2.5%
2,000	±2.2%
5,000	±1.4%
10,000	±1.0%

표본의 크기가 1,000 이상이 되면 표본의 크기를 2배, 3배 올리더라도 정확성이 크게 개선되지는 않는다.

표본오차의 값과 표본오차의 그래프는 네 번째 공리[8]인 '**표본오차의 범위는 간단한 공식으로 계산될 수 있고 ±%로 표현된다**'를 통해서 도출된 것인데 그 공식은 다음과 같다.

표본오차 범위 공식

$$\text{표본오차 범위 \%} = 1.96 \times \sqrt{\frac{p \times q}{n}}$$

이 공식은 간단하다. n은 표본의 크기를 의미하고 1.96은 상수이다. 그런데 p와 q는 무엇일까?

*p*와 *q* : 변동성의 개념

우리는 모집단 중 몇 퍼센트가 "다음에도 도미노피자를 구매하시겠습니까?"라는 질문에 '예'라고 답할 것인가를 알고 싶다고 가정하자. 이에 대한 답을 추정하기 위해서 우리는 무작위 표본을 사용할 것이다. 이 무작위 표본의 100%가 '예'라고 답을 할 수도 있고, 0%가 '예'라고 답할 수도 있으며, 50%가 그렇게 답을 할 수도 있다. 응답의 종류가 넓게 퍼져 있을 경우, 즉 많은 응답자들이 오직 한 응답만을 하는 경우와 반대되는 경우에 우리는 결과의 **변동성**(variability)이 크다고 말한다. 변동성은 특정한 질문에 대한 응답이 서로 다른 정도로 정의된다. 만약에 대부분의 응답자들이 응답척도(response scale)상에서 같은 답을 했다면 이 응답의 분포는 아주 작은 변동성을 갖게 될 것이다. 따라서 100%나 0%의 '예'라는 답이 나왔을 경우에는 모든 사람이 같은 답을 한 것으로 변동

변동성이란 특정한 질문에 대한 응답이 서로 다른 정도이다.

모집단의 변동성이 작을수록 표본의 크기는 작아도 된다.

성이 지극히 낮으나 50%의 사람이 '예'라고 답을 한 경우는 한 사람이 '예'라고 답한 경우 다른 사람은 '아니요'라는 답을 한 경우로서 이러한 분포는 아주 큰 변동성을 갖게 된다.

표본오차 공식은 명목척도로서 답이 이루어졌거나 범주형 응답으로 이루어진 경우에만 사용 가능하다. 이 공식을 이해하기 위해서 전술한 '예/아니요'의 예를 떠올리면 도움이 될 것이다. 답변이 비슷하다면, 즉 많은 사람이 '예'라고 답을 했다면 변동성은 작아질 것이다. 예를 들어 "다음번에도 도미노피자를 구매하시겠습니까?"라는 질문에 대한 대답이 예 90%, 아니요 10%로 갈라졌다고 하자. 이 경우에는 대부분의 사람들이 같은 답을 한 것으로 응답분포의 변동성이 작다. 이에 비해서 답이 50대50으로 갈라졌다고 하면 응답들은 가장 큰 정도로 상이한 경우가 되고 이 경우에 변동성이 최대가 된다. 이 경우가 그림 10.2에 나타나 있다. 오른쪽 그래프의 경우에는 90/10으로 갈라져 많은 사람들의 답이 비슷하여 변동성이 작은 경우를 보여주고 왼쪽의 그래프는 50/50으로 갈라져 응답들이 서로 상이한 경우를 나타내며 따라서 변동성이 큰 경우를 보여준다.

응답이 50/50으로 갈리는 경우가 변동성이 가장 크고 90/10으로 나뉘는 경우는 변동성이 작은 경우이다.

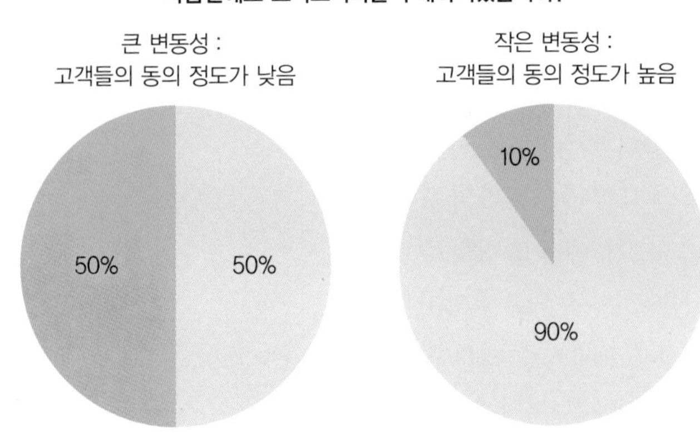

그림 10.2 응답의 분포를 보면 변동성을 알 수 있다.

도미노피자의 예를 따르면 p와 q는 다음과 같이 정의된다.

p = '예'라고 답한 비율
$q = 100\% - p$, 또는 '아니요'라고 답한 비율

즉 p와 q는 상호 보완적인 숫자이며 90/10 혹은 50/50과 같이 항상 합이 100%가 되어야 한다. 이 p가 우리가 추정하려고 하는 관심변수가 된다.

앞서 제안된 표본 크기 결정 공식에서 p와 q는 곱해지는데 그 값($p \times q$)의 최댓값은 2,500, 혹은 50% 곱하기 50%이다. 여러분은 이 사실을 다른 숫자들의 조합의 곱, 즉 90/10(900), 80/20(1,600), 60/40(2,400)을 계산함으로써 확인해볼 수 있다. 그 어떤 조합의 곱도 2,500보다는 작다. 가장 일방적으로 치우친 숫자의 조합은 99/1이 될 터인데 이 경우의 곱은 99이고 최소의 경우가 된다. 변동성이 최대가 되는 경우, 즉 50/50의 경우를 가정한다면 표본오차 계산 공식은 더욱 간단해져서 1.96과 2,500이라는 두 상수를 사용하게 되는데 그 계산은 다음과 같다.

$p = 50\%$이고 $q = 50\%$인 경우의 표본오차 공식

$$\pm \text{ 표본오차 범위 } \% = 1.96 \times \sqrt{\frac{2{,}500}{n}}$$

이 경우가 변동성이 **최대인 경우의 표본오차 범위**(maximum margin of sample error)의 계산식으로 그림 10.1의 표본오차 그래프와 표 10.2의 표본오차 비율은 이 식을 이용하여 계산되었다. 표본의 숫자가 얼마일 때 표본오차의 범위가 얼마인지를 알기 위해서는 위의 계산식에 표본의 크기를 대입하기만 하면 된다.

신뢰구간의 개념

다섯째 표본 크기 공리는 '**어떤 설문조사를 무작위 표본을 바탕으로 하여 재실시한다 하더라도 그 결과치의 대부분은 원 설문조사값의 ±% 안에서 결정될 것이다**'로서 신뢰구간의 개념에 바탕하고 있다.

신뢰구간이란 정규분포곡선에서 어떤 양 끝점 사이에 응답의 특정 %를 포함하는 구간을 의미한다.

신뢰구간(confidence interval)은 그 양 끝점 사이에 응답의 특정 %를 포함하는 구간을 의미하고 정규분포곡선에 바탕하고 있다. 그림 10.3에서 보듯이 정규분포상에서는 평균을 중심으로 ±1.96 표준편차의 구간 안에 전체 응답의 95%가 포함된다.

Marketing Research on YouTube™

중심극한정리를 공부하기 위해서는 **www.youtube.com**에서 **Central Limit Theorem... Khan Academy**를 검색하라.

중심극한정리(central limit theorem)라는 이론은 많은 통계이론의 바탕이 되는데 이 정리 역시 다섯 번째 공리에 바탕을 두고 있다. 만약 앞서 언급된 도미노피자의 실험을 1,000번 반복해서 실행하여 '예'라는 응답의 퍼센트를 막대그래프로 표시하는 것을 가정해보자. 그 경우 중심극한정리에 의하여 세로로 표시된 막대그래프를 모두 합한 그림은 그림 10.4와 같은 종 모양을 이루게 될 것이다. 그림 10.4는 95%의 반복 실험 결과가 ±1.96표본오차 사이에 포함된다는 것을 보여준다. 이 실험에서 각 표본당 100개의 응답을 가진(표본 크기가 100인) 표본을 1,000번 추출하였다고 한다면 표본오차의 범위는 다음과 같이 계산될 수 있다.

$p = 0.5$, $q = 0.5$, $n = 100$일 경우의 표본오차 공식

$$\pm \text{ 표본오차의 범위 } \% = 1.96 \times \sqrt{\frac{2{,}500}{n}} = 1.96 \times \sqrt{\frac{2{,}500}{100}}$$

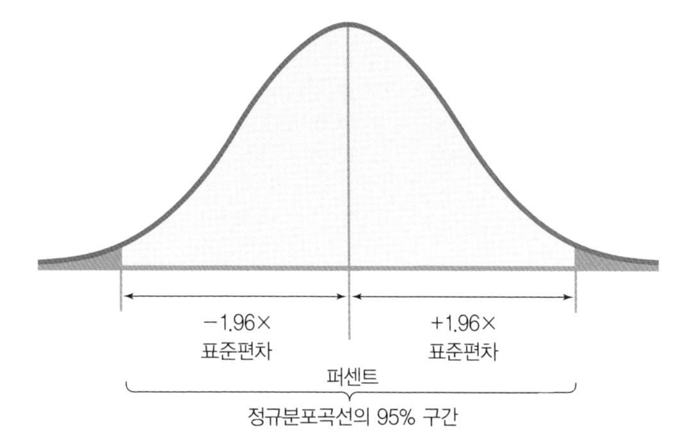

그림 10.3 정규분포곡선과 그 곡선 하부 영역의 95%

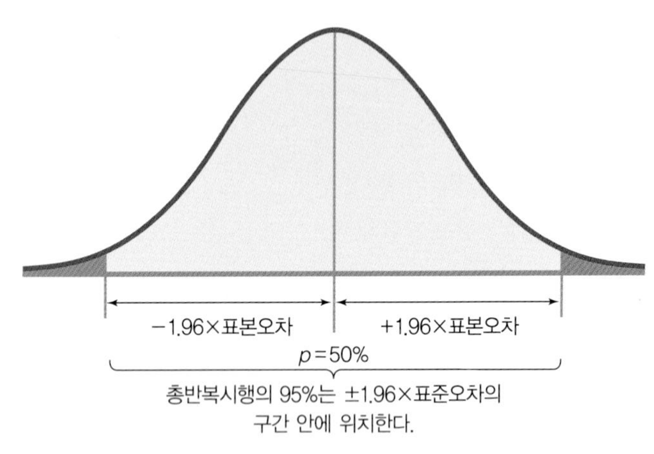

그림 10.4 도미노피자 실험을 1,000회 반복했을 경우의 결과 : 중심극한정리의 예

$$= 1.96 \times \sqrt{25}$$
$$= 1.96 \times 5$$
$$= \pm 9.8$$

이 결과는 도미노피자의 '예'에서 95% 신뢰구간은 50%±9.8%, 혹은 40.2%에서 59.8%라는 것을 의미한다.

일반적으로 신뢰구간은 다음과 같이 계산된다.

신뢰구간 공식

신뢰구간 $= p \pm$ 표본오차의 범위

조사자들은 이 신뢰구간을 어떻게 활용할 것인가? 이제는 표본 크기의 이론적인 논의를 떠나서 실무적인 이야기를 해보자. 신뢰구간 접근법은 조사자로 하여금 같은 실험을 여러 번 반복했을 때 어떠한 결과를 얻을 것인가를 예측할 수 있도록 해준다. 물론 그 어떤 고객(연구를 요청한 사람 혹은 기업)도 1,000번의 반복 실험에 수반된 비용을 감당하려 하지 않을 것이다. 그러나 조사자는 "우리는 50%의 표본이 다음번에 도미노피자를 주문할 것이라는 것을 발견하였습니다. 우리는 모집단의 참값이 40.2~59.8% 사이에 있다고 자신있게 이야기할 수 있습니다. 사실 우리가 이 실험을 1,000번 반복한다면 95%의 결과치가 이 구간 안에 위치할 것입니다"라고 말할 수 있다. 다시 말하지만 조사자는 1,000번의 실험을 한 것이 아니다. 단 한 번의 무작위 추출에 기반한 표본으로서 한 번의 실험을 하였다. 한 번의 실험에서 나온 p와 q에 기반한 표본 정확성과 중심극한정리에 의해 이 신뢰구간을 계산한 것이다.

신뢰구간은 같은 표본의 크기를 가진 설문조사를 아주 많이 반복했을 때 얻어지는 결과치의 구간을 보여준다.

만약 이 신뢰구간이 너무 넓다고 생각되는 경우에는 어떻게 할 것인다? 즉 고객이 40~60%에 달하는 구간이 너무 넓어 정확성이 떨어진다고 하는 경우라면? 그림 10.5는 표본의 크기가 이론적인 표본 분포의 형태, 보다 중요하게 신뢰구간에 어떻게 영향을 끼치는지를 보여주는 데 표본의 크기가 크다면 신뢰구간이 작아짐을 알 수 있다. 왜냐하면 표본의 크기가 크다면 표본오차가 작아지고 이는 정확성을 높이며 이는 좁은 신뢰구간으로 이어지기 때문이다.

그림 10.5 표본의 크기가 커지면 표본오차가 줄어듦을 보여주는 표본 분포 그래프

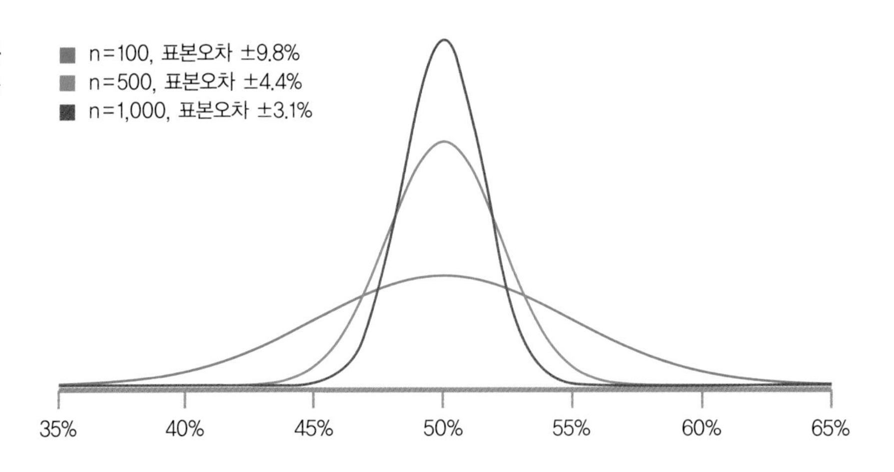

어떻게 신뢰수준이 표본 정확성 곡선에 영향을 끼치는가

지금까지 표본오차 공식은 95% 신뢰구간을 도출하는 데 해당하는 값인 1.96이라는 z값을 사용하였다. 하지만 마케팅 조사자들은 때때로 다른 신뢰수준을 필요로 하고 사용한다. 예를 들어 99%의 신뢰구간을 원한다면 2.58의 z값을 사용한다. 이 능동적 학습에서는 $p=50\%$, $q=50\%$라는 점은 전과 동일하지만 $z=2.58$인 경우의 표본오차 공식을 사용하여 다음 표 안에 있는 각각의 경우에 표본오차를 계산해보라.

표본 크기(n)	표본오차(e)
100	± _______ %
500	± _______ %
1,000	± _______ %
2,000	± _______ %

이렇게 계산된 99% 신뢰구간에 해당하는 표본오차를 그림 10.1에 있는 표본 100, 500, 1,000, 2,000의 경우에 표시하고 연결해보라. 그러면 이미 그려진 곡선과 비슷한 곡선이 나올 것이다. 또한 표 10.2에 있는 표본오차 범위를 이용하여 비슷한 곡선을 그려보라. 이러한 계산과 그림을 바탕으로 신뢰수준이 95%와 다를 경우에 표본오차는 어떻게 영향을 받는지에 대해서 두 가지 결론을 내려보라.

1. ______________________________

2. ______________________________

모집단의 크기(N)와 표본 크기의 관계

아마도 여러분은 표본의 크기에 대한 토의와 계산에서 빠진 부분이 있다고 생각할 것이고 그에 대한 내용이 여섯째 표본 크기에 관한 공리인 '**거의 모든 경우에 있어서 표본오차의 범위는 모집단의 크기와는 독립적이다**'이다. 앞에서 소개된 공식에는 모집단의 크기 N은 포함되어 있지 않다! 즉 우리는 모집단의 크기를 고려하지 않고서 표본오차와 신뢰구간을 계산하였다. 이 말은 2,000만 명의 슈퍼볼 관객이나 200만 명의 크리넥스 티슈 사용자, 그리고 20만 명의 스코티시 테리어를 키우는 견주들을 대상으로 각각 100명의 표본을 뽑는다면 이 세 경우 모두 같은 표본오차와 ±9.8%라는 같은 신뢰구간을 갖는다는 의미이다. 모집단의 크기가 표본의 크기에 영향을 미치는 경우는 '작은 모집단'의 경우에 한정되고[9] 이 경우는 이 장의 마지막 절에서 논의될 것이다.

몇몇 예외적인 경우를 제외하고 표본의 크기와 모집단의 크기는 상관이 없다.

모집단의 크기와 표본의 크기는 서로 관련이 없기 때문에 이제 일곱 번째 공리인 '**무작위 표본의 크기는 모집단의 아주 작은 일부분일 수 있으며 이 경우에도 작은 표본오차 범위를 가질 수 있다**'를 이해할 수 있다. 전국적인 조사에서도 표본은 1,000~1,200명을 사용하고 이는 표본오차가 ±3.0%로서 아주 정확한 결과를 도출한다. 표 10.2에서 여러분은 표본의 크기를 5,000으로 늘린다면 표본오차는 ±1.4%로 줄어 더욱더 정확한 결과를 얻을 수 있다. 그런데 이 5,000명의 표본

Marketing Research on YouTube™

표본의 크기에 대해서는 www.youtube.com에서 'How Sample Size is determined'를 검색하라.

도 모집단이 100만 명의 경우에 1%도 되지 않는 작은 부분이다. 더구나 소비재 시장, 예를 들어 콜라, 콘도 소유자, 직불카드 소유자, 알러지 환자, 인터넷 사용자 등은 수백만 명에 달하는 소비자들로 구성되어 있어 이 소비재 시장의 표본은 모집단의 극히 작은 부분으로도 충분하다. 정리하자면 500명의 표본은 13억 명의 중국 국민을 모집단으로 하거나 37만 5,000명의 앨라배마주 몽고메리 지역을 모집단으로 하거나 관계없이 같은 정확성을 가지며, 이 두 경우 모두 표본오차는 ±4.4%로서 동일하다.

10-3 표본 크기 공식

표본의 크기를 계산하는 데는 세 가지 개념, 즉 (1) 변동성, (2) 허용 가능한 표본오차의 범위, (3) 신뢰수준이 필요하다.

여러분은 이제 신뢰구간을 이용한 표본 크기 결정을 이해하는 데 있어서 필수적인 기본 개념들에 익숙해졌을 것이다. 표본의 크기를 결정하는 데는 단 세 가지의 개념이 필요하다—(1) 모집단이 가지고 있을 것이라 여겨지는 변동성, (2) 허용 가능한 표본오차의 범위, (3) 모집단값을 추정하는 데 있어서의 신뢰수준. 이 장은 신뢰구간 접근법을 이용한 표본 크기 결정 공식을 기술할 것이다. 이 공식을 설명하는 데 있어서 이전에 언급되었던 기본 개념들을 정식으로 제시할 것이다.

신뢰구간 공식을 사용한 표본 크기의 결정

표준 표본 크기 계산 공식은 '예'/'아니요'처럼 명목척도로 측정된 항목의 경우에 활용될 수 있다.

표본 크기 결정 공식은 전술한 세 가지 기본 개념을 이용하는데,[10] 모집단의 확률을 고려하면 다음과 같이 나타난다.[11]

표준 표본 크기 계산

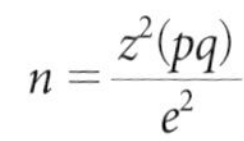

$$n = \frac{z^2(pq)}{e^2}$$

n = 표본의 크기

z = 신뢰수준에 따른 표준오차 (주로 1.96)

p = 모집단에서의 추정 확률

$q = 100 - p$

e = 허용 가능한 표본오차

변동성 : $p \times q$ 이 표본 크기 결정 공식은 명목척도로 측정된 응답에 중점을 둘 경우에 사용된다. 예를 들어 앞에서의 도미노피자 설문에서 우리의 주요 관심사는 도미노피자를 재구매하려고 하는 소비자의 비율이었다. 이 설문에는 두 가지, 즉 재구매하겠다는 답과 재구매하지 않겠다는 답만이 존재한다는 것은 당연한 사실이다. 만약 모집단의 변동성이 작다면, 즉 예를 들어 90%의 사람이 도미노피자의 광팬이라고 믿는다면 이러한 사실은 공식에 반영될 수 있다. 이 경우 $p \times q(90 \times 10 = 900)$로 다른 조합보다 상대적으로 작은 값을 가지게 되고 따라서 작은 표본으로도 충분하게 된다. 모집단 안에서의 추정 확률인 p와 p에 의해 자동으로 결정되는 $q(q = 100\% - P)$ 이 두 요소가 이 변동성을 공식에 반영한다.

© Andresr/Shutterstock

관리자들은 종종 표본의 크기가 작아도 아주 정확할 수 있다는 사실에 놀라곤 한다.

허용 가능 표본오차 범위 : e 표본오차 결정 공식의 또 다른 요소는 e로 표시된 **허용 가능 표본오차 범위**(acceptable margin of sample error)로서 이는 설문과 관련하여 조사자가 허용하기로 한 표본오차이다. 표본의 크기 n을 결정하는 데 있어서 표본오차는 변수로 취급되고 조사자나 고객은 허용 가능한 표본오차를 사전에 정한 다음 그 오차 범위가 보장되는 표본의 숫자를 결정하게 된다. 표본오차는 여러 번 반복 설문을 할 경우 그 값이 모집단의 값과 얼마나 근사한지 정도를 나타내주는 것으로 모집단의 확률 p가 동일하다면 그 어떤 설문, 즉 월마트 이용에 대한 설문, 쉘 석유회사를 이용할 가능성에 대한 설문, 올스테이트(Allstate) 보험회사를 이용할 가능성에 대한 설문에 관계 없이 표본오차는 동일하다. 허용 가능한 표본오차가 작다면, 예를 들어 ±3%의 정도의 작은 값을 갖게 되고 허용 가능 표본오차가 크다면 ±10%나 그 이상의 퍼센트를 갖게 된다.

신뢰수준 : z 마지막으로 우리는 신뢰수준, 이전에 학습한 개념과 연관시켜서 이야기한다면 신뢰구간 안에 포함되는 영역의 퍼센트를 결정해야 한다. 지금까지 우리는 이것을 계산하기 위한 값으로 1.96이라는 값을 사용하였는데 그 이유는 이 1.96이 신뢰수준 95%에 해당하는 z값이기 때문이다. 많은 마케팅 조사자들은 신뢰구간으로 보통 95% 혹은 99%만을 사용하는데 95%가 훨씬 더 많이 쓰이기 때문에 그에 해당하는 1.96을 사용하였다.

마케팅 조사에서는 주로 95%나 99%의 신뢰수준을 사용한다.

사실 신뢰수준으로서는 1~100%까지의 어떤 숫자도 가능하고 그 경우에 해당 신뢰구간에 따른 z값을 z표에서 찾아야 한다. 하지만 마케팅 조사자들은 신뢰구간으로 95% 혹은 99%만을 사용하기 때문에 이 신뢰구간에 따른 z값을 표 10.3에 정리해두었다.

표 10.3 95%와 99% 신뢰구간에 대한 z값

신뢰구간	z
95%	1.96
99%	2.58

이제 우리는 드디어 표본 크기를 계산할 수 있는 준비가 되었다. 만약 최대의 변동성(p=50%, q=50%)을 가정하고 ±10%의 허용 표본오차, 그리고 95%의 신뢰수준을 가정한다면(z=1.96) 표본의 크기는 다음과 같이 결정된다.

p = 50%, q = 50%, e = ±10%일 경우의 표본 크기

$$n = \frac{1.96^2(50 \times 50)}{10^2}$$

$$= \frac{3.84(2,500)}{100}$$

$$= \frac{9,600}{100}$$

$$= 96$$

이전에 언급한 전국 의견조사의 경우를 기억해보라. 전국적인 조사에서도 표본의 크기는 1,100 정도이며 이 경우에 ±3.0%의 정확성(허용 가능 표본오차)를 가진다고 했다. 이 경우는 95%의 신뢰구간을 가정한 것으로서 다음과 같은 공식에 의해서 계산된 것이다.

p = 50%, q = 50%, e = ±3%일 경우의 표본 크기

$$n = \frac{1.96^2(50 \times 50)}{3^2}$$

백분율의 경우 표본의 크기를 구하는 법을 공부하고 싶으면 www.youtube.com에서 How to Calculate Sample Size Proportion을 검색하라.

$$= \frac{3.84(2,500)}{9}$$

$$= \frac{9,600}{9}$$

$$= 1,067$$

다시 말해서 이 전국 조사가 ±3% 정도의 표본오차를 허용하고 95%의 신뢰구간을 가정한다면 이 조사는 1,067(혹은 약 1,100)의 표본이 필요하다는 것이다. 앞으로 신문 등에서 이러한 전국 조사 결과를 발견하게 되면 그 기사의 각주 등에 허용 가능 표본오차가 얼마로 되어 있는지 확인해보라. 그 오차는 아마도 ±3% 내외일 것이고 표본의 크기는 약 1,100 정도임을 알게 될 것이다.

만약 조사자가 99%의 신뢰구간을 원한다면 표본의 크기는 다음과 같이 정해진다.

$p = 50\%$, $q = 50\%$, $e = \pm 3\%$이고 99% 신뢰구간을 사용했을 경우의 표본 크기

$$n = \frac{2.58^2(50 \times 50)}{3^2}$$

$$= \frac{6.66(2,500)}{9}$$

$$= \frac{16,650}{9}$$

$$= 1,850$$

따라서 어떤 설문조사가 99% 신뢰구간과 ±3%의 허용 표본오차를 가졌다고 한다면 표본의 크기는 최대치의 반동성($p = 50\%$)을 가정했을 때 1,850이 된다.

능동적 학습

표본 크기 계산 연습

여러분은 이제 표본 크기를 결정하는 계산의 각 단계를 잘 이해하고 있을 것이다. 하지만 실제로 계산을 해보는 것이 더욱 중요하다. 다음 각각의 경우에 표본의 숫자를 계산해보라. 각 사례는 한 설문의 다른 질문 문항들이다.

사례	신뢰구간	p값	허용 가능 오차	표본 크기
Alpha	95%	65%	±3.5%	________
Beta	99%	75%	±3.5%	________
Gamma	95%	60%	±5%	________
Delta	99%	70%	±5%	________
Epsilon	95%	50%	±2%	________
Zeta	99%	55%	±2%	________

마케팅 조사 인사이트 10.1

실무적 적용

평균을 사용한 표본 크기 결정 : 척도 변동성의 예

이 장에서는 응답이 명목척도로 측정되어 응답의 퍼센트가 구해질 경우(p와 q)에 표본의 숫자를 결정하는 법을 논의했다. 하지만 이 방법은 설문이 연속형 변수로 이루어져 변수의 평균에 관심이 있는 경우에는 적합하지 않다. 이러한 경우에 표본의 숫자를 결정하기 위해서는 p와 q 대신에 연속형 변수의 변동성 측정방법인 표준편차를 이용해야 한다. 이 경우 표본 크기의 계산 공식은 조금 달라져 아래와 같다.

평균을 구하기 위한 표본 크기 공식

$$n=\frac{s^2z^2}{e^2}$$

n = 표본의 크기
z = 신뢰수준에 따른 표준오차(주로 1.96)
s = 추정 표준편차로 나타난 변동성
e = 정밀도(precision) 혹은 허용 가능한 표본오차

이 공식은 이전의 것과 비교해서 조금 달라 보이지만 같은 논리와 개념들을 이용한다.[12] 즉 분자에는 변동성(s)의 제곱값과 신뢰구간값(z)의 제곱값의 곱으로 구성되고 이는 정밀도 혹은 허용 가능 오차(e)로 나뉜다.

첫째, 이 경우에는 추정된 모집단의 변동성 s가 어떻게 공식의 일부분이 되는지 살펴보자. 이 연속형 변수의 경우에 우리는 모집단의 평균값에 관심을 갖게 되기 때문에 그 모집단에 대한 지식, 예를 들어 모집단의 변동성에 대한 어느 정도의 짐작을 하는 것이 필요하다. 연속형 변수의 경우에 이 변동성을 잘 나타내주는 것이 표준편차이다. 하지만 불행하게도 퍼센트의 경우와 같이 p = 50%의 경우가 가장 변동성이 큰 경우인 것과 같은 사항이 이 연속형 변수의 경우에는 존재하지 않아서 우리는 모집단의 표준편차에 대해서 사전조사 결과나 이전의 연구에 의존하여 짐작을 할 수밖에 없다.

만약 모집단의 표준편차를 모르고 사전조사도 불가능하다면 조사자는 구간 추정을 하게 되는데 이 경우에는 보통 평균 ±3표준편차(합계 6)의 구간을 사용한다.

10점 중요성 척도를 이용하거나 7점 만족 척도를 사용하는 것들은 모두 연속형 변수의 경우로서 표본의 숫자를 결정하는 데 중요한 영향을 끼친다. 마지막으로 e, 모집단 평균을 추정할 때 사용되는 표본평균을 둘러싼 허용 가능 오차를 정해야 하는데 이것은 각각의 질문에 사용된 척도의 단위에 맞게 설정된다. 예를 들어 1~10점 척도의 경우에는 이를테면 0.25척도 단위 식으로 정해진다.

만약 응답자가 의뢰인 회사의 제품에 대한 만족도를 1~10까지의 척도 위에 표시하는 경우를 가정해보자. 이 경우의 이론적인 응답 구간은 총 10이다. 이 10을 6으로 나누어서 나온 1.7이 표준편차가 되고 이것이 변동성 추정치로 사용된다. 이 방식은 지극히 보수적인 방법이라는 것을 염두에 두길 바란다. 이론적인 구간이 10이라고 하더라도 소비자들은 그 구간의 일정 부분만을 사용할 수 있고 그 구간의 중간값이 5가 아닐 수도 있다. 따라서 1.7은 이 경우의 가장 높은 변동성값이 된다.[13]

조사자는 퍼센트의 경우와 평균의 경우 모두 표본의 크기를 계산할 수 있는데 퍼센트의 경우의 예는 앞 장과 능동적 학습에서 다루어졌고 평균의 경우에 대한 설명은 마케팅 조사 인사이트 10.1을 참조하기 바란다. 이 두 경우의 공식은 달라 보이지만 기본 개념들은 동일하다.

10-4 표본 크기 결정에 있어서 실무적인 고려사항

우리는 앞에서 변동성과 허용 가능 표본오차, 그리고 신뢰수준이 표본의 크기를 결정하는 데 어떻게 쓰이는지를 설명했지만 마케팅 관리자나 조사자가 이러한 요소들을 어떻게 결정하는지에 대해서는 논의하지 않았다. 이를 결정하기 위한 일반적인 가이드라인에 대해서 설명하고자 한다.

모집단의 변동성을 어떻게 추정할 것인가

중요 변수가 비율 혹은 퍼센트일 경우, 표본 크기 관련 공식에 모집단의 변동성을 추정하기 위해서는 주로 두 가지 방법, 즉 (1) 최악의 경우를 가정하거나 (2) 실제 변동성을 짐작하는 방법을 사용한다. 우리는 앞서 최악의 경우, 혹은 가장 큰 경우의 변동성은 p = 50%일 경우라는 점을 보였다. 이 **최악의 변동성**(worst-case variability)을 가정하는 방법은 가장 보수적인 방법으로 가장 큰 표본 크

모집단의 표준편차를 추정하기 위해서 조사자들은 (1) 모집단에 대한 이전 연구를 통해 얻은 사전 지식, (2) 사전조사, (3) 구간을 6으로 나누는 방법을 사용한다.

기를 산출해낸다.

p가 50%가 아니라면 조사자들은 표본의 숫자를 줄일 수 있고 비용을 절감할 수 있다.

반면에 조사자들은 p를 경험적 추정(educated guess)을 통해 결정하여 표본의 숫자를 줄이려는 시도를 하기도 한다. 앞서 언급한 대로 p가 50%일 경우가 p/q를 최대로 만들고 이 p/q가 표본 크기 결정 공식의 분자에 있기 때문에 표본의 숫자를 최대로 만든다. 따라서 p와 q가 50/50이 아닌 어떤 경우라도 50/50일 경우보다 표본 크기를 줄일 수 있다.

조사자들은 (1) 최대의 변동성을 가정하거나($p=50\%$, $q=50\%$) (2) 모집단에 대한 사전조사를 참조하거나 (3) 사전조사를 실시할 수 있다.

놀랍게도 모집단의 변동성에 대한 정보는 여러 가지 경로를 통해서 입수할 수 있다. 조사자는 같은 모집단을 대상으로 한 이전의 연구를 참조할 수도 있고 스스로 사전조사를 통해서 정보를 얻을 수도 있다. 모집단의 정보를 통계청을 통하여 구하거나 혹은 다른 2차 데이터의 형태로 지역 신문, 지자체, 상공회의소, 지역상업기관 등을 통해서 구한 정보를 통합하여 사용할 수도 있다. 더구나 기업이 관심을 가지고 있는 모집단은 그 기업이 이전의 사업 경험을 통해서 사전정보를 알고 있는 경우가 대부분이다. 이러한 정보 모두가 연구 책임자로 하여금 모집단의 변동성을 어느 정도 짐작할 수 있도록 해준다. 만약 조사 책임자가 입수한 사전정보가 서로 상충되는 정보를 가졌거나 다른 이유로 신뢰성을 가질 수 없다고 판단될 경우에는 조사자 스스로가 사전조사(pilot study)를 통하여 p에 대한 보다 신뢰성 있는 정보를 얻을 수도 있다.[14, 15]

허용 가능 표본오차를 어떻게 결정할 것인가

마케팅 조사자들은 허용 가능 표본오차를 통하여 연구의 정밀도와 표본의 숫자가 어떻게 연관되는지를 알려줄 필요가 있다.

마케팅 관리자들은 직관적으로 작은 표본이 정확성이 떨어진다는 것을 알고 있다. 하지만 이 사실을 표본오차와 관련지어서 생각하지는 못하는 경향이 있다. 이에 조사자들은 마케팅 관리자들에게 무엇이 '허용 가능한(acceptable)' 혹은 '표준적인(standard)' 표본오차인지를 알려줄 필요가 있다.

마케팅 관리자가 더 정확한 추정치를 원한다면 표본의 크기가 커야만 한다. 마케팅 조사자는 마케팅 관리자로부터 그가 결정을 내리는 데 충분한 허용 가능 표본오차를 도출해내야 한다. 여러분이 이미 학습한 대로 허용 가능한 표본오차는 ±% 형태를 갖게 되기 때문에 마케팅 조사자는 마케팅 관리자에게 "저는 참값의 ±%10 내외에 들어가는 추정치의 값을 드릴 수 있습니다" 하는 식으로 이야기하게 될 것이다. 만약 마케팅 관리자가 이러한 표현을 이해하지 못하면 다음과 같이 이야기할 수도 있다. "만약 제가 경쟁자 고객 중 45%가 경쟁자를 떠나서 여러분의 제품을 구매할 것이라고 말한다면 그것은 실제로는 35~55%의 고객들이 경쟁자의 제품 구매를 중단하고 여러분의 제품을 구매하게 될 것이라는 의미입니다." 이런 식으로 반복하여 관리자가 신뢰구간을 이해하는 것을 도울 수 있을 것이다.

어떻게 신뢰수준을 결정할 것인가

모든 마케팅 의사결정은 불확실성하에서 이루어지고 표본 크기의 결정도 예외가 아니다. 표본 크기를 결정하는 데 있어서도 위험에 대한 추정이나 적어도 불확실성에 대한 고려가 있어야 한다. 표본의 통계값은 단지 모집단의 값을 추정하기 위해서 사용되는 것인 만큼 표본의 값을 이용하여 모집단의 값이 어느 정도에 위치할 것인지 그 구간을 제시하는 것이 옳은 접근법일 것이다. 표본 추출 과정은 완전하지 않기 때문에 이 구간을 계산하기 위해서는 표본오차를 고려해야 한다. 이 구간을 통계학 용어로 신뢰구간이라고 부른다. 조사자는 이 구간을 보고하면서 이 구간 안에 모집단의 참값이 있을 가능성을 얼마나 신뢰하는지 역시 보고한다.

앞서 언급했듯이 마케팅 조사에서는 주로 95%의 신뢰구간을 사용하고 이에 해당하는 z값은 1.96이다. 이전 통계학 수업에서 배웠듯이 이 신뢰구간은 1~99.9%까지 그 어떤 것이라도 가능하지만 마케팅 조사에서는 95%와 99%가 가장 흔히 쓰인다. 99%에 해당하는 z값은 2.58이다. 99% 신뢰구간의 의미는 2.58을 표본 크기 공식에 사용하여 도출된 숫자의 표본을 대상으로서 설문조사를 하는 과정을 여러 번 반복하였을 경우에 그 여러 표본에서 산출된 p들의 99%가 표본오차 e 안에 들어 있을 것이라는 것이다.

신뢰구간은 95%나 99%를 사용하는 것이 일반적이다.

그러나 z값은 표본 크기 결정 공식의 분자에 위치하기 때문에 z값을 1.96에서 2.58로 증가시키면 표본오차를 어떠한 수준으로 가정하더라도 필요한 표본의 크기를 73%가량 증가시킨다. 이렇듯 99%의 신뢰구간을 사용하는 것은 표본 크기에 큰 영향을 미치고 이것이 마케팅 조사에서 95% 신뢰구간이 흔히 사용되는 이유일 것이다.

표본 크기와 데이터 수집 비용 사이의 조화

여러분은 아마도 우리가 마지막 표본오차 공리를 잊은 것은 아닌가 생각할 것이다. **'무작위 표본의 크기는 조사 요청자가 어느 정도의 표본오차를 허용할 것이고 어느 정도의 비용을 감수할 것인가 하는 점을 절충하여 결정된다.'** 이는 거의 모든 표본 크기 결정에 영향을 미치는 아주 중요한 공리이다. 앞 장에서 우리는 마케팅 조사의 비용과 마케팅 조사의 효익을 언급하면서 그 비용이 효익을 초과하지 않도록 조심해야 한다는 점을 분명히 했다. 개인 인터뷰나 고가의 패널에 대한 접근권처럼 비싼 조사방법을 쓰는 등 데이터 수집 비용이 전체 조사비용에 큰 영향을 미칠 경우에는 이 표본 수집의 비용과 효익의 문제가 중요한 결정사항이 된다.[16] 직전에 언급한 것처럼 99% 신뢰구간을 쓸 경우에는 필요 표본 수가 크게 증가하여 비용의 증가를 가져오고 이 때문에 마케팅 조사자들은 95% 신뢰수준을 선호한다.

표본데이터의 크기를 결정하기 위해서는 데이터 수집 비용을 결정해야 한다.

표본의 크기와 비용을 어떻게 조화시키는지를 살펴보기 위하여 표본 크기를 결정하기 위한 전형적인 예를 다시 한 번 살펴보자.

$p = 50\%$, $q = 50\%$, $e = 3.5\%$일 경우의 표본 크기

$$\begin{aligned} n &= \frac{1.96^2(50 \times 50)}{3.5^2} \\ &= 3.84(2,500) \\ &= \frac{9,604}{12.25} \\ &= 784 \end{aligned}$$

표본과 심층 인터뷰를 완성하는 데 드는 비용이 1명당 20달러라고 가정하자. 위의 경우에 총 필요 표본 수는 784명이므로 총비용은 $20 \times 784 = 15,680$달러가 된다. 고객들은 이제 총비용뿐만 아니라 이 표본이 ±3.5%의 표본오차를 가지고 있다는 것도 이해할 것이다. 만약 고객이 이 총비용

데이터 수집 비용과 표본오차를 연관시킨 표는 표본의 크기를 결정하는 데 유용한 도구가 될 수 있다.

마케팅 조사 인사이트 10.2 실무적 적용

마케팅 조사자와 의뢰인은 어떻게 표본의 크기에 합의하는가?

다음의 가상적인 예에서 우리는 어떻게 표본의 크기가 결정되는지를 보이고자 한다. 워터파크 오너인 다나(Dana)는 'The Frantic Flume'이라는 새로운 놀이기구를 추가하는 것에 대한 소비자 설문을 실시하려고 한다.

마케팅 조사자 래리(Larry)는 소비자들이 이 새로운 놀이기구에 대해 충분한 관심을 보일 것인지를 알기 위해서 조사 목적과 기본적인 조사설계를 하였다. 다나는 어제 이 표본의 정확성이 일반적인 전국 의견조사보다 조금 낮은 ±3.5% 정도가 좋겠다고 이야기했다. 이에 래리는 약간의 계산을 하여 다음과 같은 데이터를 다나에게 팩스로 보냈다.

The Frantic Flume 설문조사의 표본 크기, 표본오차, 그리고 표본 수집 비용

표본 크기	표본오차	수집 비용*
784	±3.5%	15,680달러
600	±4.0%	12,000달러
474	±4.5%	9,480달러
384	±5.0%	7,680달러
317	±5.5%	6,340달러
267	±6.0%	5,340달러

* 표본 1명당 비용을 20달러로 가정함

이에 다나와 래리는 다음과 같은 전화 통화를 나누었다.

래리 : 팩스 받으셨나요?
다나 : 네, 근데 안 받았으면 더 좋았을 뻔했어요.
래리 : 무슨 말이시죠?
다나 : 단지 표본 수집에 15,000달러가 넘는 돈을 쓸 수는 없어요.
래리 : 그럴 것 같았어요. 전국 의견조사에 준하는 정확성을 이야기하시니 그에 대응하는 비용을 말씀드린 거고요. 아무래도 워터파크의 경우는 좀 다를 것 같아서 다른 경우의 정확성과 비용도 추가해서 드린 거예요.
다나 : 근데 정말 267명 정도로 ±6.0%의 정확성을 가질 수 있나요? 정말 작은 표본인 것 같은데…
래리 : 숫자는 작지만 데이터 수집 회사가 전화 인터뷰 한 건당 20달러를 요구하기 때문에 총금액은 5,000달러가 넘어요.
다나 : 그 정도면 뭐 15,000달러보다 한참 아래네요. 384명은 어때요? 표에 의하면 총 7,680달러가 드네요. 정확도는 ±5.0이고요. 이 정확도가 어떤 의미라고 하셨죠?
래리 : 아, 그 말은 제가 70%의 고객이 Frantic Flume에 관심이 있다고 말한다면 실제로 그 관심을 보이는 사람은 65~75% 사이에 있다는 말이에요.
다나 : 그럼 7,680달러를 표본 수집에 쓴다면 총조사비용은 15,000달러 아래로 맞출 수 있을까요?
래리 : 네, 그럴 거라고 확신합니다. 이 384명을 표본으로 한 총비용을 곧 계산해서 보내드리죠.
다나 : 그럼 이걸로 결정할게요. 언제 제게 갖다 주실 수 있나요?
래리 : 제안서를 금요일까지 드릴 테니 주말 동안 검토해주시기 바랍니다.
다나 : 좋습니다. 다음 주에 투자자들과 미팅을 잡겠습니다.

이나 표본오차에 문제를 느낀다면 조사자는 표본오차와 표본 크기를 연결한 표를 보여줌으로써 다른 정확성 정도와 그에 해당하는 비용을 제시할 수 있을 것이다. 물론 모든 마케팅 조사자가 이러한 표를 고객들에게 제시하지는 않는다 하더라도, 이 표본의 크기와 표본의 정확성 문제는 표본의 크기에 대한 조사자와 관리자의 합의를 도출하는 과정에서 반드시 언급되어야 하는 문제이다. 많은 경우에 합의된 표본의 크기는 허용 가능 표본오차와 비용 간의 절충(trade-off)으로서 이루어진다. 마케팅 조사 인사이트 10.2가 이러한 절충법의 예를 보여준다.

10-5 표본 크기를 결정하기 위한 다른 방법들

실무에서는 이 책에서 다루어지지 않은 방법을 포함하여 많은 표본 크기 결정법을 사용한다. 이 책은 그중에서 가장 자주 사용되는 방법들을 다룰 것이다.[17] 그러나 이 방식을 옹호하는 사람도 있고 이러한 방식이 실제로 쓰이는 것을 발견할 수 있지만 결국 이 방식들은 큰 한계점을 가지고 있다.

여러분은 이미 표본 크기에 관련된 공리들과 신뢰구간을 이용하여 표본의 크기를 결정하는 법을 이해하고 있기 때문에 우리가 설명하는 이러한 한계점들을 이해할 수 있을 것이다.

임의의 '경험비율'에 의한 표본 크기

임의적 방식(arbitrary aporoach)은 경험적인 비율(percent rule of thumb)이라는 형태를 가지는데 다음의 문장처럼 표현되곤 한다. "정확한 표본을 구하려면 표본의 크기는 최소한 모집단의 5%는 되어야 한다." 사실 마케팅 조사자가 표본의 크기를 보고했을 때 마케팅 관리자가 "이 표본은 모집단의 1%도 안 되는데요!"라며 놀라는 것은 드문 일이 아니다.

임의적 방식은 정확하지 못한 짐작에 의존하는 방식이다.

사실 이러한 임의적 경험비율을 이용한 방식은 기억하기 쉽고 간단하게 적용할 수 있어 직관적으로 유용해 보인다. 하지만 여러분은 이제 표본의 크기는 모집단의 크기에 독립적이라는 것을 이해하기 때문에 이러한 것에 현혹되지 않을 것이다. 하지만 명확하게 하기 위해서 다음의 예를 고려해보라. 조사자가 1만, 100만, 1,000만의 모집단의 경우에 각각 5%의 표본을 추출한다고 하면 표본의 크기는 500, 50,000, 그리고 500,000이 될 것이다. 자, 이제 그림 10.1에 있는 표본 정확성 그래프를 보라. 이 그래프에서 가장 큰 표본의 숫자는 2,000이고 이 주위의 정확성은 별 차이가 없다. 이러한 경우에 경험비율을 통해서 얻은 표본의 숫자, 특히 50,000이나 500,000의 경우는 정확성과 비용에 관련하여 얼토당토않은 결과임을 알 수 있을 것이다. 여러분은 이미 표본 크기 공리를 통하여 작은 퍼센트의 표본도 정확할 수 있음을 배웠지 않은가?

결론적으로 이 임의적 경험비율 방식은 쉽게 적용할 수 있지만 이 방식은 효율적이지도 경제적이지도 않다. 표본 추출을 할 때 우리는 사전에 정해둔 정확성을 보장하는 가장 경제적인 표본을 추출하길 원한다. 이 방식은 정확성이라는 개념을 염두에 두고 있지도 않다. 이 방식은 표본 크기에 관련한 공리들을 위반하고 있으며 여러분이 보았듯이 모집단이 클 경우 특히나 비경제적인 방법이다.

임의적 방식은 쉽게 적용할 수 있지만 효율적이지도 경제적이지도 않은 방법이다.

관습적인 표본 크기 결정

관습적 방식(conventional approach)은 표본의 크기를 결정하기 위해서 어떤 '관습(convention)'이나 옳다고 믿어져 온 숫자를 사용하는 접근법이다. 전국 의견조사(national opinion polls)에 익숙한 마케팅 관리자는 그 조사가 주로 1,000~1,200명의 표본을 사용한다는 것을 알고 있을 것이고 마케팅 조사에서도 이러한 관습을 따르려고 할 것이다. 또는 한 설문조사가 기업이 수행하는 연속적인 조사의 일부분일 경우 한 해에 사용한 표본의 숫자를 그대로 그다음 해에도 사용할 수도 있을 것이다. 이러한 관습은 여러 표본 크기의 평균이거나, 가장 큰 표본의 숫자이거나, 알아낼 수 있다면 경쟁자의 시장 조사에서 사용된 표본의 숫자에 맞추는 등 다양하다.

관습적인 방식을 따르는 경우, 표본의 숫자가 너무 크거나 너무 작은 경우가 생기기도 한다.

앞서 말한 경험비율에 따른 방법과 이 관습적인 방법의 기본적인 차이는 경험비율 방식은 아무런 논리적 근거가 없는 데 반해 이 관습적 방법은 어느 정도 논리적인 근거가 있어 보인다는 것이다. 하지만 그 논리는 문제가 있는 것이다. 우리는 경험비율 방식에서 사용하는 표본 크기 결정 방식은 모집단이 커짐에 따라서 표본 크기를 폭등시킴을 보였다. 전국 의견조사에서는 모집단의 크

© Monkey Business Images/Shutterstock

관습적인 방식은 모든 설문조사에서 같은 수의 표본을 사용하는 잘못을 저지르기도 한다.

기와 상관없이 1,200명 정도의 표본을 사용하는데 이러한 관습 그 자체가 오히려 이 방식의 약점이다. 왜냐하면 1,200을 사용하는 것은 ±3%의 정확성을 요구하고 모집단이 최대의 변동성을 가지고 있을 때만 도출되는 숫자이기 때문이다.

이전에 사용했던 표본 크기나 다른 회사가 사용한 표본 크기를 사용하는 방식도 그 표본 크기가 옳다는 것을 보장할 수 없기 때문에 문제가 있다. 만약 이전에 사용한 방식이 문제가 있는 방식이었다면 그 방식을 반복함으로써 오류를 재현하게 되고 또 이전에 옳은 방식으로 표본의 숫자를 결정했다 하더라도 이전의 상황과 지금의 상황이 달라서 이전 것을 그대로 반복하는 것은 옳지 않다. 따라서 이 관습적인 방식은 현재의 상황을 고려하지 않기 때문에 때때로 옳은 방식으로 결정한 표본의 숫자보다 훨씬 많은 표본의 숫자를 사용하게 되어 비용을 증가시킬 수 있다.

관습적인 방식은 당면한 설문조사의 특수성을 고려하지 않는 방식이다.

통계기법에 따른 표본 크기 결정 방식

어떤 **통계기법**(conventional approach)은 그 기법을 활용하기 위해서 최소한의 표본 크기를 필요로 하기 때문에 조사자는 이 기준으로 표본의 크기를 정할 수도 있다.[18] 사실 우리가 제시한 표본 크기 결정 방식은 간단한 통계분석에만 적합하고 좀 더 복잡한 통계기법을 사용하기 위해서는 훨씬 더 큰 표본이 필요할 수도 있다.[19]

때때로 조사자가 사용하는 통계기법이 표본의 크기에 영향을 끼치기도 한다.

때때로 조사의 목적이 모집단을 구성하고 있는 여러 하위집단을 비교하는 것일 수도 있다.[20] 이를 위해서는 하위집단 각각에 대한 정보를 구해야 하고 이는 표본 크기 결정에 영향을 미친다.[21] 이 경우는 각각의 하위집단을 모집단으로 보고 그 각각의 모집단에서 개별적으로 표본 크기 결정 공식에 의해서 표본을 추출하게 된다. 따라서 이 경우의 표본 크기는 표본 크기 결정 공식에서 도출된 표본의 크기 곱하기 총 하위집단의 숫자가 된다.[22] 즉 각각의 하위집단 표본을 합쳐서 모집단에 대한 표본으로 사용하게 된다. 또 조사자가 보다 복잡한 조사기법을 사용할 시에는 그 기법의 가정을 충족하기에 충분한 크기의 표본을 추출해야 한다.

비용 기준 표본 크기 결정 방식

이 방법은 **가용비용 접근법**(all you can afford approach)이라고 불리기도 하는데, 비용을 표본 크기 결정에 제일 중요한 요소로 간주하는 방식이다. 표본 크기에 관한 여덟째 공리에서 알 수 있듯이 마케팅 관리자나 조사자들은 개별 인터뷰법이나 전화 인터뷰, 혹은 우편 설문의 경우에도 설문 응답의 보상이 우편에 포함될 경우에 표본 크기의 증가가 전체 비용을 크게 증가시킴을 알 수 있다.

이 가용비용 접근법이 정확하게 어떻게 적용되는지는 경우에 따라 많이 다르다. 때때로 마케팅 조사비용은 사전에 미리 정해지는데 각 단계별로 정해져 있는 경우도 있다. 예를 들어 응답자 인터뷰에 총 10,000달러가 할당되거나 데이터 수집 전체에 5,000달러가 할당되거나 하는 식으로 말이다. 또 1년간 모든 마케팅 조사의 비용이 정해지고 개별 조사는 그 일부분으로 설정되는 경우도 있는데 이러한 경우 마케팅 관리자는 가용 예산의 한도 내에서 조사를 해야 하는 강한 압박에 놓이게 되어 다른 여러 비용 발생 요소들에 예산을 할당한 후에 남는 예산을 표본 수집에 할당하기도 한다.

비용을 표본 크기 결정의 유일한 요소로 간주하는 것은 현명하지 않은 방법이다.

마케팅 조사 인사이트 10.3 **윤리적 고려사항**

마케팅조사협회 윤리강령 : 표본 문제

표본 – 표본을 사용한 모든 조사(정성적 조사이든 정량적 조사이든)는 표본 설계의 방법들을 명시해야 한다. 즉 다음과 같은 정보들을 보고해야 한다.

- 연구의 모집단
- 확률적 표본인지 비확률적 표본인지, 또한 그 구체적인 표본 추출 방법은 무엇인지(단순무작위, 다단계 등)
- 표본의 요소들이 모집단에 얼마나 포함되어 있는지에 관한 추정된 비율
- 표본 프레임과 그 표본 프레임이 모집단을 얼마나 포함하고 있는지
- 표본의 크기
- 필요하다면 협조율과 응답률
- 전체 표본과 주요 세분 집단에서의 허용 가능한 표본오차의 한계

3. 프레이밍이나 질문 순서 등의 방법으로 직간접적으로 응답자의 의견이나 태도에 영향을 끼치려고 하면 안 됨

조사가 현실을 정확하게 반영할 수 있도록 표본 선별(screening)이나 사전 자격 확인(prequalification) 등의 과정이 한쪽으로 치우친 표본 추출을 발생시키지 않도록 특별한 주의가 요망됨

예외 : 메시지 테스트처럼 메시지 방식을 변경함으로써 응답자들이 어떻게 조작되는지 등에 관한 실험

출처 : Used courtesy of the Marketing Research Association.

비용을 먼저 정해두고 표본의 크기를 정하는 방식은 꼬리가 몸통을 흔드는 격으로 본말이 전도된 방식이다. 이 방식은 표본의 크기를 결정하는 데 있어서 설문조사를 통하여 얻을 수 있는 정보에 초점을 두기보다 비용적인 요소에 중점을 두는 방식이다. 더구나 이 방식은 표본의 정확성은 전혀 고려하지 않고 있다. 사실 많은 마케팅 관리자가 표본 크기를 가능하면 크게 가져가려는 경향이 있는 상황에서 이 방식은 예산이 여유가 있는 경우에는 실제 충분한 수의 표본보다 더 많은 표본 크기를 도출하기도 한다. 마케팅 조사 인사이트 10.3에서 보듯이 마케팅조사협회의 윤리강령은 마케팅 조사자가 이 표본 추출방법론에 대해서 부정확하게 설명하는 것에 대한 경고를 하고 있다. 윤리강령은 연구의 결과를 좀 더 중요하게 보이게 하기 위해서 혹은 총비용을 늘리기 위해서 표본의 크기를 크게 가져가려는 행동을 비윤리적인 행동으로 못박고 있다.

그럼에도 불구하고 표본 크기 공리의 마지막 부분에서 말하듯이 마케팅 관리자나 조사자는 이 비용적인 부분에 대한 고려를 하지 않을 수 없다. 문제는 언제 그러한 고려를 하는지다. 가용비용 접근법에서는 이 비용에 대한 고려가 표본 크기 결정 과정 전체를 완전히 지배한다. 예를 들어 우리가 사용할 수 있는 예산이 5,000달러이고 조사회사가 1건의 인터뷰당 25달러를 요구할 경우 가용 예산법에 의해서 표본의 크기는 200으로 결정된다. 하지만 옳은 접근법은 응답자의 가치에 비한 상대적인 비용이다. 관리자가 극도로 정확한 정보를 원할 경우에 조사자는 표본의 숫자를 늘리고 그를 위한 비용이 얼마나 드는지를 보여줄 수 있을 것이다. 이러한 방식으로 조사자와 관리자는 표본의 크기나 표본 추출 방식, 혹은 다른 고려사항도 상의할 수 있을 것이다. 이러한 과정을 통하여 마케팅 관리자도 설문조사에 보다 더 관여하게 되고 조사자와 일종의 파트너십을 갖게 되며 그 결과 표본의 숫자가 어떻게 결정되는지에 대해서 보다 나은 이해를 갖게 될 것이다. 비용은 표본의 크기를 결정하는 유일한 방식은 아니지만 이러한 이유로 인하여 표본 크기 결정의 고려요소가 될 수는 있다.

표본의 크기를 결정하는 데 비용을 고려하는 것이 적절한지는 언제 그것을 고려하는지에 달려 있다.

10-6 표본 크기 결정에 있어서 세 가지 특수한 상황

표본 크기 결정에 대한 논의를 마무리하기에 앞서 다음의 세 가지 특수한 상황에서의 표본 크기 방법을 알아보자—(1) 작은 모집단일 경우의 표본 크기, (2) 비확률적 표본 추출법을 사용할 시의 표본 크기, (3) 패널 표본의 경우의 표본 크기.

작은 모집단에서의 표본 추출

지금까지의 표본 크기 결정 논의에는 모집단이 아주 크다는 것이 암묵적으로 가정되어 있었다. 미국에는 수많은 가정과 운전면허증 소지자, 그리고 65세 이상의 사람들이 있다는 점에서 보듯이 이러한 가정은 합리적이라 할 수 있다. 소비재나 서비스 마케터의 경우 이러한 수많은 사람들이 있는 모집단에서 표본을 추출하는 것이 보통이다. 그러나 종종 모집단은 훨씬 더 작을 경우도 있다. 예를 들면 B2B 시장이 대표적인 경우이다. 이 경우는 앞에서 논의된 표본 추출의 공리 중 여섯 번째 공리에 설명되어 있다. "거의 모든 경우에 있어서 표본오차의 범위는 모집단의 크기와는 독립적이다."

모집단의 크기가 작을 경우에는 유한승수를 사용하여 표본의 크기를 결정한다.

일반적으로 **작은 모집단**(small population)이란 표본이 모집단의 5%를 넘어서는 경우를 말한다. 여기서 모집단이 크다 혹은 작다라는 표현이 표본의 고려된 크기에 의해서 결정됨을 주목하길 바란다. 만약 표본이 모집단의 5%보다 작다면 그 모집단은 큰 모집단으로 간주되고 앞에서 공부한 방법들을 사용하여 표본의 크기를 결정하면 된다. 그렇지 않고 작을 경우에는 앞에서 언급된 표본 크기 결정 공식을 **유한승수**(finite multiplier)를 곱하는 것으로 조정을 해주어야 한다. 이 유한승수는 대략 표본에 포함되지 않은 모집단의 비율의 제곱근과 같다. 예를 들어 모집단이 1,000개의 회사로 구성되어 있고 표본이 500이라면 표본에 포함되지 않은 모집단의 수는 500이고 이 비율은 0.5이다. 0.5의 제곱근은 0.71로서 기존의 500에 이 0.71을 곱하면 355가 되고 이것이 표본 크기가 된다. 즉 이 예의 경우에는 355개의 표본만 있으면 모집단의 크기가 클 경우에 500개의 표본을 사용하는 것과 동일한 정확성을 갖는다는 것이다.

유한승수를 사용한 표본 크기 결정 공식은 다음과 같다.

작은 모집단 표본 크기 결정 공식

$$\text{작은 모집단 표본 크기} = \text{표본 크기 공식에서 도출된 표본 크기 } n \times \sqrt{\frac{N-n}{N-1}}$$

위 공식을 적용하기 위하여 1,000개의 회사가 모집단으로 있는 경우의 예를 살펴보자. 만약 근로자들의 약물 남용에 대하여 의료기관이 제공하는 카운슬링 프로그램에 관심이 있는 회사의 비율을 알고 싶은 경우를 가정하자. 우리는 변동성에 대해서 사전정보가 없을 경우에 최악의 경우인 50/50을 가정할 수 있다. 또 신뢰구간으로는 95%를 사용하고 클레어몬트(Claremont) 병원 카운슬링센터의 디렉터는 ±5%의 정확성을 요구한다고 가정하자.

이 경우 표본 크기를 구하기 위한 계산은 다음과 같을 것이다.

$p=0.5$, $q=0.5$ e, $=5\%$일 경우의 표본 크기 계산

$$
\begin{aligned}
n &= \frac{1.96^2(pq)}{e^2} \\
&= \frac{1.96^2(50\times 50)}{5^2} \\
&= \frac{3.84(2,500)}{25} \\
&= \frac{9,600}{25} \\
&= 384
\end{aligned}
$$

이 계산 결과 나온 384는 1,000개 회사의 5%보다 크기 때문에 우리는 유한승수를 사용하여 이 숫자를 조정할 수 있다.

예 : 작은 모집단의 경우 표본 크기 조정 공식

$$
\begin{aligned}
\text{작은 모집단 표본 크기} &= n\sqrt{\frac{N-n}{N-1}} \\
&= 384\sqrt{\frac{1,000-384}{1,000-1}} \\
&= 384\sqrt{\frac{616}{999}} \\
&= 384\sqrt{.62} \\
&= 384\times .79 \\
&= 303
\end{aligned}
$$

즉 이 경우에는 모집단의 크기가 작기 때문에 우리는 384개의 표본이 아니라 303개의 표본을 구하게 된다. 이 유한승수를 적용함으로써 같은 정확성을 유지하면서도 81명의 표본을 줄일 수 있었다. 만약 이 설문이 인터뷰를 포함하고 있는 경우라면 이를 통하여 상당한 비용을 절약할 수 있을 것이다.

유한승수 기법을 잘 사용하면 표본의 숫자를 줄일 수 있고 따라서 비용을 절감할 수 있다.

비확률적 표본 추출일 경우의 표본 크기

이 장에서 논의된 표본 크기 결정 공식과 통계적인 논의들은 모두 표본 추출 방식이 통계적 표본 추출 방식을 따르고 있다는 것을 가정했다. 다시 말하면 표본은 무작위로 추출되어야 하고 유일한 표본오차는 표본의 크기로 인한 것인 경우를 가정하고 있다는 것이다. 이 표본의 크기는 정확성을 결정하지 대표성과는 관계가 없다는 것을 이미 알고 있을 것이다. 이 표본 추출 방식이 표본의 대표성을 결정한다. 모든 표본 크기 결정 공식은 무작위 추출 방식으로 인하여 이 대표성이 이미 확보되었다는 것을 가정하고 있다.

비확률적 표본 추출일 경우에는 표본의 크기는 정확성과 상관이 없다. 따라서 이 경우에는 효익과 비용을 고려해야 한다.

종합학습

해당 실습은 아래 장에서 학습한 개념과 자료들을 고려해야 한다.

제9장　표본 추출
제10장　표본의 크기 결정

나이아가라 폭포 관광협회

미국에서 관광지로서 가장 인기가 높은 곳 중 하나는 뉴욕주 북부, 즉 미국과 캐나다의 국경 지역에 위치한 나이아가라 폭포이다. 1년에 총 1,200만 명에 달하는 관광객이 이 나이아가라 폭포를 방문하는 것으로 추정되고 있다. 그러나 그 매력도는 변화가 없지만 최근 들어 사업환경적인 요소로 인하여 관광객 숫자가 줄어들 위험에 처해 있다. 그 사업환경적 요소 중에는 (1) 미국 국내 경기의 침체, (2) 세계 경제의 약화, (3) 앞의 두 요소 때문에 불황을 경험하고 있는 경쟁 관광지의 공격적인 마케팅 노력 등이 있다.

나이아가라 폭포를 방문하는 관광객들의 대다수는 직접 운전을 하여 여행을 하는 미국 관광객들이기 때문에 미국 가정경제에 대한 우려는 나이아가라 폭포 관광협회에 특히 큰 걱정거리다. 이 협회는 관광객들을 대상으로 하는 나이아가라 폭포 인근 모든 종류의 업체들을 대변하고 있다. 이러한 업체들 중에는 도합 16,000개의 객실을 보유하고 있는 80개의 호텔이 있다. 그중 80%는 총객실 수의 30%를 차지하고 있는 소규모 지역 호텔들이고 남은 20%는 총객실 수의 70%를 차지하는 전국적인 대규모 호텔 체인이다. 이러한 호텔들은 성수기(6월 15일~9월 15일)까지는 약 90%의 객실 이용률을 보이고 있다. 협회는 방문자들의 만족도와 함께 방문자들이 친구나 친척 혹은 직장 동료들에게 폭포를 추천할 것인지를 알아보기 위하여 설문조사를 하였다. 협회는 대면 설문조사를 설계했고 그 조사에 응답자 표본을 구하기 위하여 표본 설계에 대한 제안요청서(request for proposal)를 조사 회사들에 송부했다. 총 3개 회사로부터 제안서가 왔으며, 그 제안서를 제출한 회사와 내용은 다음과 같다.

1. 안개 아가씨(The Maid of the Mist)호 운영조합 : 안개 아가씨호는 나이아가라 강에서 폭포 관람용 배를 운영하는 회사이다. 이 회사는 회사의 직원들을 통해 배를 타기 위해 대기하고 있는 승객들을 인터뷰하는 방식을 제안했다. 이 조합은 한 가정당 1명씩 총 1,000명의 미국인 관광객들을 7월 중 일주일에 걸쳐 인터뷰하고 완성된 하나의 인터뷰당 3달러를 청구한다.
2. 심슨 리서치 컴퍼니 : 이 회사는 나이아가라 지역의 마케팅 조사 회사로서 관광협회의 회원 중 가장 큰 5개의 호텔을 골라 그 호텔의 로비에서 7월과 8월에 총 200명의 미국인 관광객들을 (한 가정당 1명씩) 인터뷰하고 완성된 하나의 인터뷰당 5달러씩을 청구한다.
3. 뉴욕주립대학교 나이아가라 캠퍼스 마케팅 학과 : 지역 대학의 마케팅 학과로서 협회에 소속되지 않은 호텔을 포함한 모든 호텔 중에서 20개 호텔을 무작위로 선정하고 그 호텔의 객실을 그 호텔의 크기에 따라 비율적으로 무작위로 추출한다. 이러한 방식으로 6월 15일~9월 15일 사이에 총 750명의 미국인 관광객들(한 가정당 1명씩)을 인터뷰하고 완성된 하나의 인터뷰당 10달러씩을 청구한다.

질문

1. 각 제안에 사용된 표본 프레임은 무엇인가?
2. 각 제안에 사용된 표본 추출 기법을 밝히고 이 표본들이 나이아가라 폭포를 방문하는 미국인들을 얼

마나 잘 대표할 수 있는지를 평가하라.

3. 각 제안의 표본 정확성(표본오차)을 평가하라.
4. 나이아가라 폭포 관광협회는 이 설문조사를 위한 데이터 수집에 총 5,000달러의 예산을 할당했다. 1~3번 질문에 대한 여러분의 대답과 각 제안에 나타난 데이터 수집 비용을 고려하면 여러분은 나이아가라 관광협회에 어떤 제안을 택하라고 추천할 것인가? 여러분의 결정에 대한 근거를 설명하라.

비확률적 표본 추출의 경우에도 이 표본의 크기를 고려하는 유일한 경우는 표본으로부터 구해지는 효익과 비용을 비교해볼 경우이다. 관리자들은 여러 가지 이유로 정보의 효익에 많은 가치를 부여한다. 예를 들어 새로운 정보를 통하여 관리자는 문제를 명확하게 정의하거나 새로운 고려사항에 눈뜨게 되거나 혹은 이전에는 몰랐던 새로운 세분시장을 발견하게 될 수도 있다.[23] 하지만 무계획적인 표본 추출 방식으로 표본을 선택하면 이로 인하여 발생하게 된 편의(bias)로 인하여 표본의 크기를 결정하는 것은 의미가 없어지게 된다.[24] 비확률적 표본 추출의 경우에 표본 크기는 편의가 있는 정보의 가치가 그 비용과 대비해서 얼마나 큰지에 의해 결정되는 것이고 이는 지극히 주관적인 의사결정 사항이다.

패널로부터의 표본 추출

이전 장에서도 종종 언급되었듯이 우리가 응답을 받으려고 하는 설문 응답자 후보들 중 많은 사람이 설문 참여를 거부하고 이는 표본의 정확성에 상당한 영향을 끼친다. 즉 표본 크기 결정 공식은 100%의 응답률을 가정한다. 즉 선택된 모든 응답자들이 응답을 하는 경우를 가정하고 있다. 혹은 어떤 사람이 응답을 거부하면 완전히 똑같은 사람이 대체할 수 있음을 가정하고 있다. 앞 장에서도 언급되었다시피 패널회사들은 다양한 보상을 받고 설문에 참가하는 수십만 명의 사람들을 보유하고 있다. 패널회사를 사용하는 것은 비용이 좀 들지만 정해진 수의 완성된 설문이 이루어질 수 있도록 보장해준다. 대부분의 패널회사들은 자신들의 표본이 무작위 표본임을 내세운다. 그렇기 때문에 조사 회사의 도움 없이 스스로 분석을 하는 마케팅 조사자들은 그 패널회사의 표본이 무작위 표본임을 간주하고 분석에 들어간다.

하지만 진실은 그렇지 않다. 패널회사들이 가지고 있는 패널은 응답을 하겠다고 자원한 사람들로 이루어져 있기 때문에 완전한 무작위 표본과는 거리가 있고 모집단을 대표하지 못한다. 즉 그 추출 과정이 무작위라고 하더라도 그것은 기껏해야 그 패널회사가 가지고 있는 패널 모집단하에서만 무작위 표본이라는 것이다. 종종 패널 모집단이 양호한 표본 프레임에 바탕을 두고 있어서 패널회사는 자신들의 패널이 마케팅 조사자가 원하는 정확성을 보증하는 데 충분하다고 말하기도 한다. 모든 패널의 경우가 상이해서 일반적으로 패널에서 뽑힌 표본의 무결성을 인정하거나 부정하기는 어려운 문제이다. 마케팅 조사 업계에서는 패널 표본의 정확성을 평가하는 기준을 수립하고 검토하는 중이다.[25] 예를 들어 거짓으로 응답하는 사람이나 성급하게 언급하는 사람을 걸러내거나, 표본에 관련된 주요한 정의와 추출방법을 명확하게 하거나, 너무 많은 설문에 답하는 사람을 걸러내거나 해외 조사에 있어서 그 응답자가 실제로 그 나라에 거주하는 사람인지 IP 조사를 통해서 추적하는 방법 등이 제시되고 있다. 현재는 패널 표본의 무결성과 정확성은 개선되어야 할 점을 안고 있고 최종적으로는 그 구체적인 방법이 마케팅조사협회의 윤리강령에 포함될 것이라고 기대한다.

요약

많은 관리자는 '대표본' 편의에 빠져 있다. 이 편의를 바로잡기 위해 표본의 크기와 표본의 정확성, 혹은 표본으로부터 계산된 숫자가 모집단의 숫자에 얼마나 가까운가 하는 문제를 연결하는 표본 크기에 대한 여덟 가지 공리를 제시했다. 이 공리들은 변동성, 표본오차의 한계 등의 통계적 개념에 바탕을 두고 논리적으로도 탄탄한 신뢰구간을 사용한 표본 크기 결정법의 근간이 된다.

백분율을 추정하려고 할 때 마케팅 조사자는 변동성(p와 q), 신뢰수준(z), 그리고 허용 가능한 표본오차의 한계 등을 사용하여 표본의 크기를 결정한다. 95%나 99%의 신뢰수준이 흔히 이용되고 이 숫자는 각각 1.96과 2.58의 z값에 대응된다. 백분율 추정에 있어서 조사자는 가장 큰 변동성을 나타내는 50%/50%의 경우를 많이 사용한다. 평균을 추정하려고 할 경우에는 다른 공식이 이용된다. 표본 크기를 결정하는 표준적인 공식을 사용하는 것이 최선의 출발점이고 여기에 표본 추출 비용을 고려하기도 한다. 보통 관리자와 조사자는 여러 가지 오차 수준이나 거기에 연관된 데이터 수집 비용을 고려해서 최종적으로 수용 가능한 표본 크기를 결정한다.

한계점이 있긴 하지만 표본의 크기를 결정하는 다른 방법들도 있다 – (1) 임의적인 결정, (2) '관습적인' 표본 크기 결정, (3) 통계기법에 따른 표본 크기 결정, (4) 비용 기준 결정. 표본 크기 결정에 있어서 두 가지 특수한 상황이 있을 수 있다. 모집단이 아주 작을 시에는 표준적인 표본 크기 결정 공식에 유한승수를 곱해서 그 숫자를 조정한다. 그리고 비확률적 표본 추출의 경우에 표본 크기를 결정하는 데는 비용-효익 분석이 이루어져야 한다.

핵심용어

가용비용 접근법
관습적 방식
대표본 편의
변동성
비표본오차
신뢰구간
신뢰구간법
유한승수
임의적 방식
작은 모집단
중심극한정리
최대인 경우의 표본오차 범위
최악의 변동성
통계기법
표본오차의 범위
표본 정확성
허용 가능 표본오차 범위

복습 질문/적용

10.1 다음 표본 크기 결정 방법을 설명하고 각각의 사용에 있어서 중요한 단점에 대해 설명하라.

a. 모집단 크기에 '경험 법칙' 비율 사용
b. 전형적인 여론조사 크기인 '관습적인' 표본 크기 사용
c. 데이터 수집에 할당된 예산 금액을 사용하여 표본 크기 결정

10.2 다음 개념에 대하여 기술하고 보조 설명하라.
(a) 가변성, (b) 신뢰구간, (c) 허용 가능 표본오차 범위

10.3 표본 크기 결정에 대해 신뢰구간 접근과 관련하여 고려해야 하는 세 가지는 무엇인가?

10.4 조사자는 표본 크기를 계산할 때 사용하고자 하는 정확성 수준을 어떻게 결정하며, 신뢰수준과 백분율 변동성은 어떻게 결정하는가?

10.5 본문에 제시된 공식 중 하나를 사용하여 다음 각 예시에 사용된 대략적인 표본 크기를 측정하라(±5%의 표본오차 범위 허용).

a. 변동성 30%, 신뢰수준 95%

b. 변동성 60%, 신뢰수준 99%

c. 변동성 미측정, 신뢰수준 95%

10.6 사전조사에서 조사자가 인구의 다양성을 이해할 수 있도록 설명하라.

10.7 조사자 및 마케팅 관리자가 조사 프로젝트와 관련된 정확도 수준을 논의하는 것은 왜 중요한가?

10.8 제안된 표본이 전체 인구의 5% 이상인 것을 알면 어떠한 점이 유리하며 어떤 마케팅 조사에서 이와 같은 현상이 발생할 수 있는가?

10.9 조사자는 경험상 다양한 데이터 수집 대안의 평균비용을 알고 있다.

데이터 수집방법	응답자당 비용
개인 인터뷰	50달러
전화 인터뷰	25달러
우편 조사	0.50달러(우편 발송당)

만약 데이터 수집에 2,500달러가 예산으로 책정되어 있다면 각 데이터 수집방법에 사용될 수 있는 표본 크기의 정확도는 얼마인가? 조사 결과가 표본 크기를 결정할 수 있는 유일한 방법이라 가정했을 때 부적절하게 비용을 사용했을 경우에 대해 서술하라.

10.10 립톤티컴퍼니(Lipton Tea Company)에서는 작년에 6개 지역 쇼핑몰을 대상으로 몰인터셉트를 통한 설문조사를 진행했는데, 대중들의 20% 정도가 오후에 커피보다 차를 마시는 것을 더 선호한다는 결과가 나타났다. 올해 립톤에서는 무작위로 전화번호를 눌러 전국적으로 전화 인터뷰를 시행하고자 한다. 99% 신뢰수준에서 ±2.5%의 정확성 수준을 달성하기 위해 올해 연구에서 사용되어야 하는 표본 크기는 얼마인가?

10.11 올북스토어스닷컴(Allbookstores.com)은 중고 교과서를 판매한다. 기말 시험 기간에 학생들이 대학 캠퍼스에 상점을 열어 판매하는 중고 도서들을 대량으로 구입하여 올북스토어스닷컴 웹사이트에 로그인한 학생들에게 신용카드 거래를 통해 재판매하는 것이다. 구매된 교재들은 UPS를 통해 해당 구매 학생에게 발송된다. 이 기업에서는 지난 4년 동안 대학생들을 상대로 중고책 구매에 대한 설문조사를 진행해 왔다. 각 설문조사에는 1,000명의 학생들이 무작위로 선택되었고 작년에 중고 책을 구매한 경험이 있는지 질문받았다. 그 결과는 다음과 같다.

	몇 년 전			
	1	2	3	4
중고 교과서 구매 비율	45%	50%	60%	70%

이 데이터들의 표본 크기는 얼마인가?

10.12 아메리칸 세라믹스[American Ceramics, Inc.(ACI)]는 고온에 강하며 지속적인 사용이 가능한 새로운 형태의 세라믹을 개발해 왔다. 담당 엔지니어는 새로운 세라믹의 개선된 특성으로 인해 현재 점화 플러그에 사용되는 세라믹을 대신하는 경쟁력이 될 것이라 믿고 있다. 그녀는 ACI의 마케팅 조사 담당자에게 새로운 세라믹 재료 구매자들을 대상으로 설문조사를 실시하라고 지시했다. 조사 담당자는 시장 수요를 조사하기 위해 100여 개의 기업들을 조사 대상으로 제안했고 그날 오후 토머스 레지스터(Thomas Register) 등 점화 플러그를 제조하는 회사 명단들을 검색하여 수집해두었다. 미국 대륙에는 등록된 기업들로 총 312개의 회사가 발견되었는데, 이 정보가 조사의 최종 표본 크기에 어떻게 사용되어야 하는가?

10.13 다음은 표본 크기 결정 시 계산 기술을 향상시키는 데 사용할 수 있는 몇 가지 숫자들이다. 크레스트 치약은

연례 설문조사 대상인 치약 구매자에 대한 계획을 검토 중이다. 각각의 사례를 바탕으로 고려 중인 주요 변수와 관련된 표본 크기를 계산하고 정보가 없는 부분에는 추정치를 가정해보라.

기본변수	변동성	허용 오차	신뢰수준
a. 작년 크레스트 치약의 시장점유율	23%	4%	95%
b. 1주일당 이를 닦는 사람들의 비율	미측정	5%	99%
c. 크레스트의 기존 고객들이 브랜드를 바꿀 확률	작년 기준 30%	5%	95%
d. 치약에 치석 조절 기능을 원하는 사람들의 비율	2년 전 20%, 작년 40%	3.5%	95%
e. 가족 중에 치과 의사가 권장하는 치약을 사용하는 비율	미측정	6%	99%

10.14 관리자들이 실제로 크게 편향된 표본 크기를 갖고 있는가? 관리자들을 쉽게 설문할 수 없기에 이번 연습에서는 대리인을 사용할 것이다. 마케팅 조사 수업을 듣지 않은 5명의 경영학 전공 학생에게 다음 질문을 해보고 다음 문장 각각이 참인지 거짓인지 표시하라.

a. 500개의 무작위 표본은 미국의 모든 풀타임 대학생을 대표하기에 충분하다.

b. 1,000개의 무작위 표본은 미국의 모든 풀타임 대학생을 대표하기에 충분하다.

c. 무작위로 추출한 2,000개의 표본은 미국의 모든 풀타임 대학생을 대표하기에 충분하다.

d. 5,000명의 무작위 표본은 미국의 모든 풀타임 대학생을 대표하기에 충분하다.

표본 크기 편향에 대해 무엇을 알았는가?

10.15 다음 항목은 평균이 포함되었을 때 표본 크기를 결정하는 것이다. 각 경우의 표본 크기를 계산하라.

기본변수	표준편차	허용 오차	신뢰수준
a. 연간 출장용으로 대여되는 자동차 수	10	2	95%
b. 월간 아이튠즈에 다운로드되는 노래 수	20	2	95%
c. 연간 출퇴근으로 운전되는 거리(마일)	500	50	99%
d. 브랜드 만족도 계산을 위해 9점 척도를 사용하는 경우	2	0.3	95%

10.16 앤드루 저겐스(Andrew Jergens)에서는 여성들이 샤워를 하는 도중 사용할 수 있는 Wet Skin Moisturizer를 판매하고 있다. 기존 연구 덕분에 저겐스 경영자들은 60%의 여성이 이러한 유형의 수분 제품을 사용하고 있으며 이 중 30%는 자신의 피부를 최고의 자산으로 여기고 있음을 알고 있다. 하지만 Wet Skin Moisturizer를 바르면 샤워를 할 때 보습 효과를 받을 수 있다고 생각하지 않을 수도 있다는 경영진의 우려가 있다. 이러한 우려는 Wet Skin Moisturizer의 표본 크기를 결정하는 데 사용될 수 있는가? 만약 사용될 수 있다면 그 이유를 서술하고 사용될 수 없다면 그 이유와 어떻게 표본의 크기가 측정되어야 하는지를 설명하라.

10.17 Donald Heel은 샤프 프로덕츠에서 전자레인지를 담당하고 있다. 그는 샤프의 새로운 crisp-broil-and-grill 전자레인지를 홍보하기 위한 수단으로 40달러의 현금 환불 프로그램을 제안했다. 그러나 샤프 회장은 이 프로그램이 매출을 25% 이상 증가시킬 수 있는지에 대한 증거를 원했고 Donald는 그의 조사 예산 중 일부를 설문조사에 적용했다. 그는 내셔널 폰 시스템스 컴퍼니(National Phone Systems Company)를 통해 임의로 번호를 눌러 전국적인 조사를 실시했다. 내셔널 폰 시스템스 컴퍼니는 완전히 통합된 전화 설문조사 회사이기

에 일별 도표를 제공할 수 있었고 Donald는 이 옵션을 사용하기로 결정했다. 그래서 최종 표본 크기를 지정하는 대신, 내셔널 폰 시스템스 컴퍼니가 매일 50회 설문을 완료하도록 요구하였다. 필드 작업이 끝난 당일 결과는 다음과 같았다.

Donald는 설문조사를 얼마 동안 계속해야 하는가? 근거를 바탕으로 서술하라.

일수	1	2	3	4	5
전체 표본 수	50	100	150	200	250
40달러의 현금 환불 프로그램을 통해 샤프의 전자레인지를 구매할 의향이 있는 응답자 비율	50%	40%	35%	30%	33%

사례 10.1

타겟 : 전화번호 수 결정

타겟은 고객을 위해 좋은 품질의 상품과 가치를 제공하는 전문 소매점 체인이다. 현재 타겟은 48개 주의 주요 도시에서 200개의 'Super Targets'를 포함한 1,700개 매장을 운영한다. 타겟이 사용하는 핵심 마케팅 전략 중 하나는 구매자가 타겟에서 쇼핑할 때마다 특별한 경험을 할 수 있도록 하는 것이다. 이 특별한 쇼핑 경험은 타겟의 직관적인 매장 구성에 의해 향상되었다. 예를 들어 장난감 코너 옆에 스포츠 용품을 배치해두는 것이다. 또 다른 특별한 경험으로 'racetrack'이 있는데 이는 매장 한가운데에 넓은 복도를 설치함으로써 고객들이 코너 간의 이동을 원활하게 해주는 것이다. 세 번째 특징은 미적 요소를 활용한 제품 디스플레이 및 제철 특별 이벤트이다. 타겟은 경쟁업체가 지속적으로 타겟의 고객 선호도를 능가하려고 시도하기 때문에 고객의 의견과 만족도를 지속적으로 모니터링한다.

타겟 경영진은 이러한 점들에 대비하고 지속적으로 고객들의 의견을 반영한 서비스를 제공하기 위해 연간 1,000여 명의 고객을 대상으로 설문을 진행해 왔다. 이 설문에는 타겟의 경쟁업체인 월마트, K마트, 시어스의 고객들을 포함시켰다. 즉 조사 대상 인구는 타겟의 지리적 시장에 있는 대량 상품 매장에서 쇼핑하는 모든 소비자들인 것이다. 마케팅 담당자는 국가적인 전화 설문 데이터 수집 회사를 통해 전화 연구를 진행했으며 현재 SSI(Survey Sampling, Inc.)에서 설문 대상자들의 번호를 구매하고 있다. SSI 요원은 필요한 전화번호의 수를 결정할 때 사용하는 기본 공식을 제시했다. 공식은 다음과 같다.

$$\text{필요한 전화번호 수} = \text{완성된 인터뷰}/(\text{유효 전화율} \times \text{발생률} \times \text{완성률})$$

유효 전화율 : 연락 가능한 전화번호 비율

발생률 : 연락이 닿았으며 설문에 참여하겠다는 의지를 보인 비율

완성률 : 설문조사에 응했으며 실제 설문을 완료한비율

편의를 위해서 타겟은 판매율이 대략 비슷한 4개의 지역(동, 서, 남, 북)을 선정하였다.

1. 각 지역에 원하는 최종 표본 크기가 250인 경우 각 지역당 구입되어야 하는 최소 전화번호 개수는 얼마인가?
2. 각 지역에 원하는 최종 표본 크기가 250인 경우 각 지역당 구입되어야 하는 최대 전화번호 개수는 얼마인가?
3. 전체 설문조사에서 최소, 최대 전화번호 개수는 얼마인가?

지역	북		남		동		서	
	최소	최대	최소	최대	최소	최대	최소	최대
유효 전화율	70%	75%	60%	65%	65%	75%	50%	60%
발생률	65%	70%	70%	80%	65%	75%	40%	50%
완성률	50%	70%	50%	60%	80%	90%	60%	70%

사례 10.2

스코프 구강청결제

P&G 브랜드인 스코프(Scope)는 구강청결제를 판매하며 동종 업계 기업들과 경쟁 관계를 맺고 있다. 리스테린(Listerine)은 최근 몇 년간 스코프, 크레스트, 콜게이트를 뛰어넘어 시장점유율 1위를 차지했다. 스코프를 더 경쟁력 있게 만들기 위해 브랜드 관리자는 구강청결제 사용자들의 불만족스러운 잠재적 욕구를 찾아내고 경쟁사의 강점과 약점 또한 파악하기 위해 미국의 구강청결제 시장을 상대로 광범위한 시장조사를 실시하고자 했다. 이 연구는 스코프에 상당한 개선을 가져다 줄 것이며 상당한 시장 점유율을 가져다줄 것이라고 기대하며 패널 액세스를 구매하기로 했는데, 이는 패널 데이터 회사 대열에 합류한 개인이 온라인 설문조사를 완료하고 온라인 설문조사에 주기적으로 응답하기로 동의한 것을 의미한다. 이들 개인은 패널회사로부터 보상을 받으며 전형적인 인구를 대표하고 있다고 주장했다. 또한 패널 회원들의 인구통계학적 정보, 일상생활, 제품 소유권 등의 정보들은 이미 패널회사에 등록되어 있기 때문에 설문조사 시에 다시 한 번 물어봐야 할 필요가 없었다.

스코프 마케팅팀은 여러 조사를 바탕으로 패널회사가 미국 가정의 대표 표본을 제공할 수 있다고 결론을 내렸다. 이러한 기업들의 예로는 Knowledge Networks, e-Rewards, Survey Sampling International이 있으며 비용은 세 곳 다 비슷하다. 약 25개의 질문에 대한 'blended' 온라인 설문조사의 경우 완료된 응답당 약 10달러가 보상된다. 'blended'는 저장된 데이터베이스 정보와 온라인 설문조사 질문에 대한 답변의 혼합을 뜻한다. 따라서 패널회사 서비스의 비용은 응답자의 수를 기반으로 하며 각 회사는 표본의 성격과 크기에 따라 입찰된다.

스코프 브랜드 관리자는 두 가지 제약 조건하에 설문을 진행한다. 우선 P&G 경영진은 전체 조사에 대한 총비용을 지원해주되 이를 효율적으로 분배 사용해야 하는 것은 스코프 브랜드 마케팅 담당자의 몫이다. 만약 온라인 패널 표본 수집에만 대량의 비용이 투자된다면 다른 조사방법에는 더 적은 연구비용이 투자될 수밖에 없는 것이다. 둘째, 스코프 브랜드 관리자 는 P&G의 경영진들이 이번 프로젝트에 대량의 표본이 수집되기를 기대하고 있음을 알고 있다. 브랜드 관리자는 과거 경험상 대량의 표본 크기는 표본오차 관점에서 크게 요구되지 않음을 알고 있었지만 표본 크기에 대해서 P&G 최고 경영진들이 질문하고 반박할 경우에 대비하고 있어야 함은 인지하고 있다. 브랜드 담당자는 최고 경영진들에게 자신이 조사의 표본 크기에 대한 올바른 결정을 내렸음을 설득하고자 마케팅 전문가들에게 도움을 청해 표본오차 및 비용이 명시된 표본표를 만들기로 하였다. 여기에 나열된 각 가능한 표본 크기에 대해 패널 표본의 예상 비용과 표본오차를 계산하라.

1. 20,000
2. 10,000
3. 5,000
4. 2,500
5. 1,000
6. 500

11 현장 조사 및 데이터 품질 문제 관리

학습 목표

이 장에서 여러분은 다음을 학습하게 될 것이다.

11-1 표본오차의 원인
11-2 현장 데이터 수집 중 발생하는 오류
11-3 현장 데이터 수집 오류를 제한하는 방법
11-4 무응답 오류에 관한 모든 것
11-5 패널회사가 오류를 통제하는 방법
11-6 데이터 세트, 데이터 코딩 및 데이터 코드북 정의
11-7 데이터 세트의 데이터 품질 문제

우리는 어느 과정에 있는가?

1 마케팅 조사 필요성 인식
2 문제 정의
3 조사목적 수립
4 조사 설계 결정
5 정보 유형과 원천 식별
6 데이터 분석 방법 결정
7 데이터 수집 양식 설계
8 표본 계획과 크기 결정
9 데이터 수집
10 데이터 분석
11 최종 보고서 준비 및 작성

Discuss.io

Jach Simmons, Discuss.io 설립자

고객 피드백은 성공적인 제품 개발을 위해 매우 중요하다. 그러나 이러한 유형의 피드백은 대부분의 사람들이 예상하는 것보다 더 복잡하다. '정량적 시장 조사' 또는 '시장 수치 평가(numerical evaluation of market)'는 전반적인 효능을 차트화할 때 널리 사용된다. 한편 '표적집단' 및 '개별 토론'과 같은 정성적 방법을 사용하면 제품의 매력점을 파악하는 데 도움이 된다. 또한 이러한 방법은 대인관계 접근법(interpersonal approach)이 필요하다. 제품 개발이 훨씬 빠른 시간에 이루어져야 하는 현대에 대인관계 접근법이 대상자를 모집하는 데 시간이 많이 들고 먼 거리를 이동해야 하는 것은 큰 단점으로 작용한다.

시애틀에 기반을 둔 Discuss.io는 정보화 시대에 맞춘 정성적 조사를 수행하기 위해 원격 시장 인터뷰를 실시간으로 가능케 했다. 온라인 정성적 조사 플랫폼은 정성적 조사 과정을 상당히 단순화시킨다. 예를 들어 Discuss.io는 우선 의뢰인으로부터 가설 또는 문제를 받고 이를 바탕으로 토론 안내서를 작성하여 해당 브랜드가 응답자의 주요 정보를 걸러낼 수 있도록 한다. 그런 다음 특허권을 가지고 있는 Rapid Recruiter를 사용하여 자동적으로 각 브랜드를 목표에 부합한 인구통계적 정보에 해당하는 참가자와 매치시킨다. 20개국이 넘는 곳에서 수백만 명의 참가자가 자발적으로 참여하고 있으며 14개 국어로 통역 또한 제공된다. 응답자가 즉각적으로 참여하게 되면 연구의 민첩성과 속도는 향상될 수밖에 없고 몇 달이나 소요되었던 모집 및 검토 과정을 피할 수 있게 되었다. 게다가 훨씬 더 많은 의견과 관점이 주목받을 수 있게 되었다. 연구원들은 세계 곳곳에서 즉각적으로 시장 세분화를 할 수 있고, 각각의 브랜드들은 상품을 개발하고 현지화하는 것에 대한 생각이 급진적으로 변화할 수 있었다.

기술적 한계 때문에 과거에는 불가능했지만 온라인 인터뷰 서비스는 현재 정성적 조사방법과 이론을 부활시키고 있다. 효율적인 대역폭 HD 비디오 스트림은 실제와 동일한 세부 관측 사항들을 제공한다. 정성적 시장 조사는 전체적인 의사소통을 분석하는데 여기에는 보디랭귀지가 중요한 역할을 한다. 생동감 있는 세부정보는 참가자들의 모든 반응을 검토하고 생산적인 대화를 촉진하는 데 중요하다. AV 품질이 높은 수준으로 발전하여 온라인을 통한 정성적 조사는 기존의 대면적 정성적 조사와 동등한 정확성을 갖게 되었다.

전통적인 정성적 조사와 비교했을 때 프로젝트 시간이 줄어들게 되면 개발 주기 또한 단축시킬 수 있다. Discuss.io는 여행, 시설 임대, 숙박 등을 필요로 하지 않기 때문에 최대 80%까지 비용을 절감할 수 있다. 이에 따라 Discuss.io는 정성적 조사방법에 필요했던 비용을 충당할 수 없던 브랜드들에게 새로운 기회를 열어주었을 뿐만 아니라 대규모 예산이 없는 조직들에게 시장에서 공정하게 경쟁할 수 있도록 해주었다. 한때 비싸거나 위험하다고 여겨졌던 아

이디어가 독창성과 혁신에 박차를 가할 만큼 가치 있는 아이디어가 된 셈이다.

온라인 정성적 조사의 적용 가능성은 그 잠재력만큼 광대하다. 유니레버는 2014년 초에 Discuss.io의 플랫폼과 독자적인 접근법에 관심을 보였다. 그 이후로 30페이지 정도의 유니레버 피드백과 플랫폼을 몇 번 변경한 현재의 Discuss.io는 26개국에서 수십 명의 의뢰인들을 지원하고 있다. 또한 2015 GRIT 보고서에서 50대 혁신 연구기관 중 하나로 선정되어 유니레버의 Foundry50에 등재되는 등 수많은 영예를 얻었다. 온라인 정성적 조사의 중요성이 점차 증대됨에 따라 Discuss.io와 같은 유사한 서비스들은 지속적으로 기술과 방법을 개선하여 전 세계 조직들에게 더 많은 사용 기회를 제공할 것이다.

www.discuss.io에 방문해보라.

출처 : Text and photos courtesy of Zach Simmons, CEO, Discuss.io

이 장에서는 Discuss.io의 장점인 데이터 수집 및 데이터 품질에 대해 다룬다. 설문조사에는 두 종류의 오류가 있다. 첫 번째로 표본오차(sampling error)는 표본을 수집할 때 발생한다. 이러한 오류의 원인은 이전 장에서 논의된 것처럼 질문을 주의 깊게 듣지 않는 응답자나 자동 응답기 혹은 응답자가 전화를 끊어버리는 데 불만을 가진 인터뷰어로부터 발생할 수 있다. 두 번째 유형은 **비표본오차**이다. 이 장에서는 비표본오차에 대한 원인을 설명하고 마케팅 조사자가 각 유형에 따른 부정적인 영향을 최소화할 수 있는 방법을 제안할 것이다. 또한 무응답 오류(nonresponse error)의 양을 측정하기 위해 응답비율을 계산하는 방법도 설명할 것이다. 또한 설문지가 회수되었을 때는 먼저 항상 긍정적으로 답변을 하는 것과 같은 편의(bias)를 보이는 응답자를 식별할 필요가 있는데 그 방법에 대해서도 논의를 할 것이다.

11-1 데이터 수집과 비표본오차

이전 두 장에서 표본계획(sample plan)과 표본 크기(sample size)는 추후에 표본오차의 양을 미리 결정하기 위해 중요하다는 것을 배웠다. 표본에 있어서 중요한 것은 우리가 표본오차를 제어할 수 있다는 것이다.[1] 표본오차의 반대편에는 **비표본오차**(nonsampling error)가 있다. 이는 표본 크기로 발생한 오류를 **제외한** 모든 오류를 의미한다. 비표본오차에는 (1) 무응답 오류의 모든 유형, (2) 데이터 수집 오류, (3) 데이터 처리 오류, (4) 데이터 분석 오류 및 (5) 해석 오류가 포함되어 있다. 비표본오차는 문제 정의나 질문 문항 등의 오류들도 포함되어 표본오차 이외의 모든 오류가 해당된다고 할 수 있다.

비표본오차는 표본계획과 표본 크기 외 모든 오류들로 구성되어 있다.

일반적으로, 데이터를 수집하는 단계에서 비표본오차가 생길 가능성은 매우 크다. 그래서 우리는 이 단계에서 발생할 수 있는 오류에 대해 자세히 논의할 것이다. **데이터 수집**(data collection)은 마케팅 조사 단계 중 하나로서 응답자가 조사자가 제기한 질문에 대한 응답으로 정보를 제공하는 것을 의미한다. 이러한 질문들은 인터뷰어가 대면적으로 할 수도 있고, 전화상으로 전달되고 기록되거나 혹은 온라인 설문처럼 응답자가 스스로 기록해야 하는 등 여러 가지 방법을 취한다. 비표본

설문에서는 데이터 수집 단계에서 큰 비표본오차가 발생할 가능성이 있다.

오차는 표본오차처럼 공식으로 측정될 수 없기 때문에 비표본오차의 영향을 최소화하기 위해 데이터 수집 과정에서 적용될 수 있는 다양한 제어방법에 대해 설명할 것이다.[2] 많은 마케팅 조사에서는 설문조사를 빠르고 정확하게 수행하기 위해 많은 응답자를 보유하고 있는 패널회사를 활용한다. 따라서 우리는 패널회사가 데이터의 품질을 보장하기 위해 사용하는 안전 장치에 대해 설명할 것이다.

11-2 현장 데이터 수집에서 발생할 수 있는 오류

비표본오차는 현장 조사원들이나 응답자로부터 발생한다.

데이터를 수집할 때 광범위한 비표본오차가 발생할 수 있다. 이러한 오차를 발생시키는 오류를 두 가지 일반 유형으로 나누고 각각의 유형 내 특정한 오류들을 추가로 설명할 것이다. 첫 번째 일반적인 유형은 설문조사를 관리하는 개인(인터뷰어 등)이 저지르는 **현장 조사원의 오류**(fieldworker error)이다.[3] 현장 조사원의 자질은 그들이 가지고 있는 자원과 설문 상황에 따라 크게 달라질 수 있지만 전문 수집가나 개별 사용자(do-it-yourselfer) 모두에게 비표본오차는 발생할 수 있음을 명심해야 한다. 물론 비표본오차의 가능성은 전문가들보다는 계약직이나 초보자들에게 더 많은 것이 사실이다. 다른 일반적인 유형은 **응답자 오류**(respondent error)로 응답자들로 인하여 발생하는 오류로 구성되어 있다. 이러한 오류는 모든 데이터 수집방법에서 발생할 수 있지만 특히 더 가능성이 많은 방법들이 있다. 각각의 일반적인 유형 내에 두 분야가 존재하는데, 의도적 오류(intentional error), 즉 응답자가 고의적으로 저지른 오류와 응답자가 의도하지 않은 오류인 비의도적 오류(unintentional error)가 있다.[4] 표 11.1에 네 가지 구분 기준 아래 다양한 오류 유형이 나열되었다. 이 장의 앞부분은 이러한 데이터 수집 오류에 대해 설명할 것이고 뒷부분은 마케팅 조사자가 이러한 오류를 최소화하기 위해 사용하는 표준 제어 방법에 대해 논의할 것이다.

현장 조사원의 의도적 오류

현장 조사원의 의도적 오류(intentional fieldworker error)는 현장 조사원이 조사자가 지정한 데이터 수집 요구사항을 의도적으로 위반할 때마다 발생한다. 현장 조사원의 의도적 오류의 두 가지 종류를 설명하자면 인터뷰어의 부정행위, 혹은 응답자를 자신의 의도대로 이끄는 행위이다. 둘 다 모

표 11.1 비표본오차는 현장 조사원들이나 응답자로부터 발생한다

	현장 조사원 오류	응답자 오류
의도적 오류	• 부정행위 • 응답자 선도	• 거짓 • 무응답
비의도적 오류	• 방문자 특성 • 오해 • 피로	• 오해 • 추측 • 집중력 저하 • 방해 • 피로

든 조사자들의 끊임없는 골칫거리이기도 하다.

인터뷰어의 부정행위(interviewer cheating)는 응답자의 응답을 의도적으로 잘못 대변했을 때 발생한다. 그들이 의도적으로 응답을 위조하는 원인은 무엇일까? 원인은 종종 보상 과정에서 발견된다.[5] 인터뷰어는 흔히 시간단위로 근무하거나 완성시킨 인터뷰 개수를 바탕으로 보상받는다. 즉 전화 혹은 쇼핑몰에 근무하는 인터뷰어는 완료시킨 인터뷰당 7.50달러를 보상받는 것이다. 설문이 끝나면 '완성'된 설문지를 제출하고(랩톱, 태블릿, PDA 시스템 또는 데이터 파일) 이의 총수량을 계산한다. 이때 완료한 인터뷰 횟수를 과장할 가능성은 분명히 있다. 아니면 표본 계획 시 지정된 인터뷰 대상자들이 아닌 접근하기 쉬운 응답자들을 인터뷰하여 속임수를 쓰고 부정행위로 계산된 인센티브를 제공받을 수 있다.[6] 대부분의 인터뷰어는 정규 직원들이 아니기 때문에[7] 그들의 진실성이 감소할 가능성 또한 존재한다.

인터뷰어들의 부정행위는 완수 보상시스템에 의해 보상받는 경우 특히 더 조심해야 한다.

이러한 보상시스템을 변경하면 문제가 해결되지 않을까라고 생각할 수도 있다. 완성된 인터뷰 수에 따라 보상을 하는 제도에 대한 지지 논리 또한 존재한다. 인터뷰어는 생산직 직원처럼 늘 근무하는 것이 아니다. 쇼핑몰에서 지나가는 사람들을 대상으로 하는 몰인터셉트 기법으로 예를 들어보면, 쇼핑객의 흐름과 응답자의 자격 요건에 따라 근무하지 않는 시기가 있다. 전화 인터뷰어는 '골든타임'인 저녁에만 전화를 돌리도록 지시받거나 응답자의 콜백 횟수에 대한 정책을 만족시키기 위해 얼마 동안 대기만 하고 있을 수도 있다. 또한 이미 알고 있다시피 그들의 보상 수준은 낮고 근무시간은 길기 때문에 스트레스가 많다.[8] 그렇기에 위조된 설문지를 제출하려는 유혹은 분명히 존재할 수 있으며 어떤 인터뷰어는 실제로 이러한 유혹에 빠진다.

인터뷰어는 응답자의 대답에 영향을 주지 않아야 한다.

비의도적 오류의 원인에는 오해와 피로가 포함되어 있다.

인터뷰어의 의도적인 두 번째 오류는 **응답자 유도**(leading the respondent)이며 문장, 말투 또는 보디랭귀지를 통해 응답자의 답변에 영향을 미치는 행위를 말한다. 최악의 경우 인터뷰어는 응답자가 특정 방식으로 답변하도록 이끌어내는 질문을 반복할 수 있다. 예를 들어 "전기를 보존하는 것이 중요한가요?"라는 질문을 했을 때 인터뷰어는 질문을 "전기를 보존하는 것이 중요하지 않을까요?"로 변경함으로써 응답자에게 영향을 줄 수 있는 것이다.

또 다른 가능성은 인터뷰어의 단서에서 발생한다. 예를 들어 대인 인터뷰 중 인터뷰어가 질문을 제기하면서 자신이 동의하지 않는 응답에는 '아니요'라는 의미로 고개를 젓고 동의할 때는 '예'라는 의미로 고개를 끄덕일 수도 있다. 응답자는 이러한 단서를 인지하고 인터뷰어의 비언어적 신호에 의해 응답할 수 있다. 전화로 진행할 경우 인터뷰어는 구두로 신호를 줄 수 있으며 이러한 지속적인 패턴은 응답자의 대답에 미묘한 영향을 미칠 수 있다. 전문 인터뷰 담당자들은 이러한 오류를 피하기 위한 훈련을 받아 오류를 범했을 시 위반하고 있음을 인식하고 있기 때문에 위와 같은 오류들은 '의도적 오류'로 분류된다.

© Warren Goldswain/Shutterstock

외모, 의상 또는 억양과 같은 개인적인 특성으로 인해 현장 조사원의 비의도적 오류가 발생할 수 있다.

현장 조사원의 비의도적 오류

현장 조사원의 비의도적 오류(unintentional interviewer error)는 인터뷰어가 자

능동적 학습

어떤 종류의 부정행위를 해보았습니까?

앞서 설명한 부정행위 오류에 대해 그러한 속임수가 계속되는 것에 대해 회의적일 수 있다. 그러나 '일반적인' 대학생이라면 학업 중 자신도 어느 정도 속임수를 써봤던 경험들이 있을 것이다. 다음 설문을 통해 경험이 있는 문항에 대해 '예' 또는 '아니요'를 표시해보라.

문항	경험이 있다	
1. 다른 사람에게 숙제를 베끼는 것을 허락한 적이 있다.	예	아니요
2. 혼자 해야 할 숙제를 누군가와 협력한 적이 있다.	예	아니요
3. 친구 숙제를 베낀 적이 있다.	예	아니요
4. 시험문제를 사전에 유출한 적이 있다.	예	아니요
5. 시험문제를 미리 알았던 경우가 있다.	예	아니요
6. 다른 친구의 부정행위를 눈감아준 적이 있다.	예	아니요
7. 다른 친구와 숙제를 나누어 해놓고 혼자 한 척 제출한 적이 있다.	예	아니요
8. 혼자 해야 할 숙제를 친구와 함께 한 적이 있다.	예	아니요
9. 숙제 기한을 연장시키기 위해 거짓된 가족이나 개인 사정을 말한 적이 있다.	예	아니요
10. 시험을 미루기 위해 거짓된 가족이나 개인 사정을 말한 적이 있다.	예	아니요
11. 시험 진행 중 다른 사람 시험지를 훔쳐 보거나 베낀 적이 있다.	예	아니요
12. 시험 중 다른 사람에게 자신의 시험지를 보여준 적이 있다.	예	아니요
13. 시험에 응용 가능한 정보나 기술을 계산기에 사전 입력한 적이 있다.	예	아니요
14. 시험에 몰래 커닝페이퍼를 가지고 온 적이 있다.	예	아니요
15. 시험지 복사본을 시험 전에 미리 가지고 있었던 적이 있다.	예	아니요
16. 다른 사람이 숙제를 대신 하도록 허락했다.	예	아니요
17. 시험 도중 모르는 문제에 대한 정보나 도움을 얻기 위해 중간에 나갔다.	예	아니요
18. 평가가 끝난 시험지나 숙제를 수정하여 다시 제출한 적이 있다.	예	아니요
19. 감독관의 허락 없이 시험문제를 시험장 밖으로 가지고 나갔다.	예	아니요
20. 시험 중 문제에 대한 정보를 교환하기 위해 휴대전화를 사용했다.	예	아니요

1~10번 문항은 '사소한' 부정행위로 간주되며 대다수의 대학생들이 인정한다. 11~20번 문항은 '심각한' 부정행위로 간주되며, 대학생 중 최대 20%는 이러한 행동 중 일부를 범하고 있다. 따라서 이 문항 중 일부에 '예'라고 답했다면 대부분의 대학생들과 다를 바 없는 것이다.[9] 여러분도 대부분의 대학생들처럼 시험과 과제에 어느 정도 부정행위를 범했는데, 재정적으로 어려운 인터뷰어 또한 속임수를 쓰고 싶은 유혹을 느낄 수도 있지 않을까?

신이 일을 올바르게 수행하고 있다고 잘못 믿고 있을 때 발생한다.[10] 이러한 오류에는 일반적으로 인터뷰어의 개인적 특성, 이해 부족, 피로 등 세 가지 원인이 있다. 현장 조사원의 비의도적 오류는 인터뷰어의 억양, 성별 및 태도와 같은 개인적 특성에서 발견된다. 어떨 때는 인터뷰어의 목소리,[11] 말,[12] 성별[13] 혹은 부족한 경험[14]이 편의(bias)의 원인이 될 수도 있다. 머리카락에 꽃을 꽂는 등의 간단한 행위조차도 여성 인터뷰어의 응답 요청에 응하는 수준을 높일 수 있는 것으로 나타났다.[15] 실제로, 이러한 개인적 특성에 관계 없이도 인터뷰어의 단순한 존재 자체도 편의의 원인이 될 수 있다.

인터뷰어의 이해 부족(interviewer misunderstanding)은 인터뷰어가 조사 관리법을 정확히 알고 있다고 믿지만 실제로 잘못 실행하고 있을 때 발생한다. 앞서 설명한 것처럼 설문지에는 인터뷰어가 준수해야 하는 복잡하고도 다양한 응답지침, 응답척도, 기록방법이 있을 수 있다. 설문지를 설계한 마케팅 조사자와 설문조사를 관리하는 인터뷰어 간에 상당한 교육 격차가 있을 수도 있다. 그렇기에 설문지침은 인터뷰어에게 다소 혼란을 줄 수가 있다. 인터뷰어의 경험은 질적으로 부족한 설문지침을 극복해낼 수 없다.[16] 지침이 이해하기 어려울 경우, 인터뷰어는 조사자의 바람에 순응하기 위해 노력은 하겠지만 미처 해내지 못하고 포기해버릴 수도 있다.[17]

현장 조사원의 비의도적 오류의 세 번째 유형은 인터뷰어가 피곤할 때 발생할 수 있는 **피로 관련 실수**(fatigue-related mistake)이다. 설문조사는 육체적으로 까다로운 작업이 아니기 때문에 과연 피로가 영향을 미칠까에 대한 의문이 들 수도 있지만, 인터뷰는 노동 집약적이며 지루하고 단조로울 수 있다.[18] 되풀이되는 과정이 제일 큰 영향을 미치지만 응답자가 비협조적일 때 특히 더 힘들어진다. 하루종일 진행한 인터뷰가 막바지가 되면 처음 시작할 때보다 더뎌지게 되고 정신적으로도 느슨해지기 때문에 실수를 범할 가능성이 크다. 결과적으로 인터뷰어는 건너뛰기 패턴(skip pattern)을 따르지 않을 수도 있고, 질문에 대한 응답자의 대답을 기록하는 것을 잊어버릴 수도 있으며, 질문 문항을 서두르거나 피곤함을 드러내 잠재 응답자가 설문 참여를 거부하게 만들어버릴 수도 있다.

의도적 응답자 오류

의도적 응답자 오류(intentional respondent errors)는 응답자가 설문조사에서 고의적으로 자신을 제대로 표현하지 않을 경우에 발생한다. 이러한 오류에는 허위응답과 응답 거부라는 두 가지 종류가 있다. **허위응답**(falsehoods)은 응답자가 설문조사에서 진실을 말하지 않을 때 발생한다. 그들은 부끄러움을 느낄 수도 있고, 그들의 사생활을 보호하고 싶을 수도 있으며, 혹은 인터뷰어가 구매 행위를 요구할 다른 목적이 있을 것이라 의심할 수도 있다.[19] 민감한 문항일수록 왜곡된 응답의 가능성이 더 커진다.[20] 예를 들어 개인 수입은 많은 사람들에게 민감한 부분이다. 혼자 사는 여성의 경우 혼인 상태에 대해 민감하고 어떤 사람들에게는 나이가 중요할 수도 있다. 또는 개인 위생에 대한 질문도 어떤 응답자에겐 거부감이 들 수 있다. 응답자는 설문에 지겨워할 수도, 짜증이 날 수도 있다. 이러한 많은 이유 때문에 응답자는 서둘러서 설문을 끝내려고 할 수 있다. 속이고자 하는 욕구가 동기부여되어 허위 진술을 나타낼 수도 있고 가능한 한 빨리 인터뷰를 마치기 위해 아무 생각 없이 응답에 응할 수도 있다. 결정적으로 주장하기에는 부족하긴 하지만 한 연구에 의하면 이 허위

때때로 응답자는 진실을 이야기하지 않는다.

응답 거부는 예비 응답자가 설문에 참여하지 않거나 질문에 응답을 하지 않는 것으로 정의된다.

응답 거부에 대해 공부하려면 www.youtube.com에서 Nonresponse—AAPOR 2008: Robert Groves를 검색하라.

추측은 비의도적 응답자 오류 중 하나이다.

응답은 여성, 젊은 응답자, 교육수준이 낮은 응답자들에게서 더 많이 발견되고 경험이 풍부한 인터뷰어가 진행하거나 응답자가 연구에 긍적적인 반응을 보이거나 혹은 이런 설문에 응답을 해본 경험이 많을수록 허위응답을 할 가능성은 줄어든다.[21] 마케팅 조사 인사이트 11.1은 이와 같은 거짓 응답 문제와 관련되어 있다.

두 번째 의도적 오류는 응답 거부이다. **응답 거부**(nonresponse)는 예비 응답자의 설문 참여 유도 실패, 인터뷰 조기 종료, 특정 질문에 대한 대답 거부 등이 있다. 사실 다양한 종류의 응답 거부는 인터뷰어가 맞이하게 되는 가장 전형적인 의도적 응답자 오류다. 일부 조사자들은 설문조사에 대한 불만이 점차 늘어나고 바쁜 스케줄과 프라이버시에 대한 욕구 때문에 조사 연구가 점점 더 어려워지고 있다고 말한다.[22] 한 추정치에 따르면 미국 소비자의 거절 비율은 거의 90%이다.[23] 대부분의 조사 업체는 협조율이 떨어지는 것을 큰 위협으로 생각한다.[24] 응답이 없거나 거부되는 경우는 거의 모든 조사에서 나타나는 현상이다. B2B(Business-to-Business) 마케팅 조사는 설문조사에 참여할 수 있는 사람을 찾기 위해 더 많은 장애물들을 극복해야 하기[예 : 게

마케팅 조사 인사이트 11.1

디지털 마케팅 조사

FTF 대 ACASI : 응답자가 인터뷰어의 눈을 쳐다볼 때 거짓말을 할까?

기술이 발전함에 따라 컴퓨터가 응답자에게 질문을 읽어주는 '컴퓨터 지원 오디오 인터뷰(audio computer-assisted self interview)', 줄여서 ACASI가 가능하게 되었다. 이 접근 방식에는 여러 가지 변형된 형태가 있지만, 기본적으로 컴퓨터 음성이나 사전 녹음된 음성이 실제 사람인 인터뷰어[대면(face to face) 혹은 줄여서 FTF 인터뷰]를 대신한다. ACASI 버전은 전화로 진행되거나 응답자가 컴퓨터 혹은 모니터 앞에 앉아 있을 때 사용된다. FTF 모델은 인터뷰어와 응답자가 한 공간에 같이 있어야 하며 결과적으로 서로의 표정이나 몸의 움직임에 영향을 받는다. 많은 연구 결과에 따르면 응답자는 컴퓨터로 진행하는 조사보다 인간을 대할 때 더 사회적으로 허용될 수 있는 답변을 하는 것으로 나타났다. 즉 다시 말하면 실제 사람보다 컴퓨터 앞에 있을 때 자신의 옳지 않은 행동에 대해서 더 솔직하게 말한다는 것이다.

4명의 조사자들은 FTF와 ACASI를 비교하면서 거짓 응답자들에 대해 조사했다.[25] FTF의 경우 응답자와 인터뷰어를 실제로 마주보게 하였고 인터뷰어가 컴퓨터 모니터에 있는 질문 문항들을 읽고 답변을 컴퓨터로 녹음하게 했다. ACASI의 경우 응답자를 컴퓨터 앞에 앉힌 뒤 이어폰을 착용하게 하고 응답자가 직접 클릭을 하며 사전에 녹음된 질문들을 듣게 하였다. 응답자는 마우스로 질문에 대한 응답을 클릭하였고 '다음' 버튼을 눌러 다음 질문들을 응답했다. 결과적으로 오른쪽 도표에 나타난 것처럼 FTF일 경우 응답자들이 ACASI 응답자보다 적당히 술을 마시고, 정기적으로 저축하며, 뉴스에 뒤처지지 않는 등 사회적으로 바람직해 보이는 대답들을 답했다. 실제로 그러한 모든 행동에 대한 FTF와 ACASI의 차이는 평균 20%로 나타났다. 다시 말해 컴퓨터로 수집된 응답이 '진실'이라고 가정했을 때 대면 인터뷰인 경우 응답자들은 사회적으로 더 바람직하게 평가받기 위해 거짓말을 20% 더 하는 것이다. 18세 생일 이후의 성 파트너 수를 묻는 질문에, FTF 응답자의 중간값은 16이었고 ACASI 응답자의 중앙값은 14였으며, 이는 응답자가 사회적으로 바람직하지 않은 행동일 경우 인터뷰어가 실제 사람인 경우에는 15% 더 많은 거짓말을 하는 것으로 나타났다.

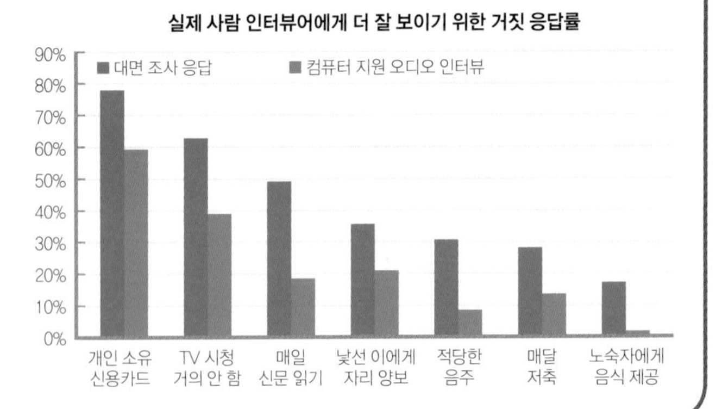

이트키퍼(gatekeeper)와의 협상 등] 때문에 더욱더 힘들다. 이 장의 뒷부분에서는 무응답 오류를 위주로 설명할 것이다.

비의도적 응답자 오류

비의도적 응답자 오류(unintentional respondent error)는 응답자가 자신은 사실이라고 믿고 있지만 실제로는 유효하지 않은 대답을 했을 때 발생한다. 여기에는 다섯 가지 유형이 있는데, 이해 부족, 추측, 집중력 상실, 방해, 그리고 피로이다. 첫 번째로, **응답자의 이해 부족**(respondent misunderstanding)은 응답자가 질문을 제대로 해석하지 않거나 지시대로 따르지 않을 경우 발생한다. 잠재 응답자의 오해는 모든 조사에서 발생할 수 있다. 이러한 오해의 범위는 한 문항에 2개의 응답을 하는 등의 단순한 오류에서 전문 용어를 오해하는 등의 복잡한 오류까지 다양하다.[26] 예를 들어 응답자는 조사자가 의도했던 세금 전의 소득이 아닌 지난 해의 순수입에 대해 답할 수 있다. 이러한 여러 가지 오해가 설문조사를 왜곡할 수 있다.

의도되지 않은 응답자 오류는 이해 부족, 추측, 집중력 상실, 방해, 그리고 피로의 경우에 나타난다.

때때로 응답자들은 질문을 이해하지 못한 채로 답변을 한다.

두 번째는 응답자가 문항에 대해 확실치 않은 답변을 했을 때 나타나는 **추측**(guessing)이다. 어떠한 경우에 응답자들은 그들이 평소에 잘 몰랐던 분야에 대해 질문을 받았음에도 대답을 해야 한다는 압박을 받을 때가 있다. 그래서 대답을 추측할 수 있고 이러한 추측은 설문 결과에 문제를 야기할 수 있다. 추측에 적합한 예를 들어보면, 킬로와트 단위로 지난 달에 사용한 전기량을 측정하라고 할 때, 얼마나 많은 응답자가 사용량을 정확히 대답할 수 있을까?

응답자가 답에 대한 추측을 한다면 오류가 발생할 가능성이 높다.

세 번째는 **집중력 상실**(attention loss)로 설문에 대한 응답자의 관심도가 하락했을 때 발생한다. 대표적인 예로 응답자가 조사자만큼 조사에 관심이 없거나 응답자가 문항을 살펴보았을 때 스스로가 별 도움이 안 될 것 같다고 느끼는 경우이다. 이렇게 집중력이 하락하는 경우 질문을 주의 깊게 생각하지 않아 의미 없는 답변을 내놓거나 설문 진행에 거부감을 표시할 수 있다.

네 번째로 **방해**(distraction)는 설문조사가 진행되고 있을 때 발생할 수 있다. 예를 들어 몰인터셉트일 경우, 설문이 진행될 동안 지인이 지나가거나 인사를 해 올 경우 방해를 받는다. 산만한 아이를 키우고 있는 부모가 설문에 응할 때도, 온라인으로 진행되는 설문조사를 응하는데 메일이 와서도 방해를 받을 수 있다. 이러한 방해 행동은 응답자가 조사자가 의도한 것만큼 설문에 진지하게 응하지 않도록 만들 수 있다.

다섯 번째는 **피로**(fatigue)로 응답자가 설문이 진행되는 중 피로를 느끼는 경우이다. 응답자가 답변을 하는 도중 지쳐버린 것이다. 응답자가 설문조사에 지칠 때는 응답에 대해서 깊게 생각하는 정도가 줄어든다. 짜증은 늘어나고 협력의사는 줄어들 것이다. 또한 응답자는 설문조사를 빨리 끝내기 위해 '의견 없음'을 선택해버릴 수도 있다.

설문조사의 방식에 따라 응답자 오류가 늘어나거나 줄어들 수도 있다. 실제로 거의 모든 유선전화가 휴대전화로 대체되는 현상들은 문제가 될 수 있다. 마케팅 조사 인사이트 11.2에서는 유선전화와 무선전화의 응답이 데이터에 영향을 미치는 차이를 나타낸다.

마케팅 조사 인사이트 11.2 — 실무적 마케팅 조사

휴대전화가 정말 데이터 품질에 영향을 미칠까?

온라인 설문조사가 널리 진행되고 있음에도 불구하고 전화 설문조사는 아직까지 데이터 수집에 중요한 형식으로 남아 있다. 수년 전에는 유선전화로 진행되는 설문조사가 업계의 정석적 방법이었다. 하지만 무선전화와 휴대전화가 유선전화의 존재를 지워버리고 있다. 많은 조사자들은 유선전화와 무선전화가 주는 데이터 품질의 차이를 걱정하고 있다. 최근의 기사[27]에서는 이러한 걱정의 이유를 열거하고 유선전화 인터뷰와 휴대전화 인터뷰의 데이터 품질을 비교했고 최적의 전화 인터뷰를 위한 네 가지 조건을 정의했다. 다음은 어떤 상황과 조건에서 휴대전화 조사가 인터뷰 대상자의 응답 품질을 떨어뜨릴 수 있는지에 대한 설명이다.

조건 1 잘 들릴 수 있어야 한다. 휴대전화는 가끔 연결 상태가 불량일 수도 있고 사용자가 서 있는 환경에 따라 여러 가지 방해를 받을 수 있다. 또한 응답자마다 휴대전화 사용과 수신 상태에 대해 서로 다른 입장을 가지고 있을 수 있다.

조건 2 집중할 수 있어야 한다. 휴대전화 환경은 사용자가 공공장소, 업무 상황 또는 집에 없을 경우 매우 혼란스러울 수 있다. 또한 휴대전화는 대부분 멀티태스킹이 가능하기 때문에 응답자가 설문 도중 TV를 시청하거나 운동을 하거나 혹은 인터넷 검색을 할 수도 있다.

조건 3 충분한 노력이 필요하다. 설문 형태와 상관없이 설문에 응답할 때는 기억력, 판단력, 그리고 표현력에 엄청난 집중력이 필요하다. 유선전화로 이야기를 나누는 것과 다르게 휴대전화 소통은 더 짧고 필요한 정보만을 요구하며 충분한 생각 없이 행해질 때가 많다.

조건 4 대답하려는 의지가 필요하다. 설문 문항은 가끔 개인의 사적인 정보를 요구할 수 있다. 하지만 지인이나 낯선 이들에게 둘러싸여서 휴대전화를 사용할 경우 그들에게도 정보가 들릴 수 있기 때문에 이러한 상황은 응답자가 솔직하게 답변하는 것에 영향을 끼칠 수 있다.

이렇듯 휴대전화 인터뷰는 데이터 품질에 타격을 입힐 수 있다. 그 기사를 쓴 조사자들은 유선전화와 휴대전화 응답자들이 같은 설문조사에 응답하게 하여 무지, 과한 동의, 극단적인 답변, 애매함, 빨리 끝내려는 등의 오류 발생률을 비교해보았다. 그런데 놀랍게도, 휴대전화 응답자들은 유선전화 응답자들과 크게 차이 나는 행동을 하지 않았다. 유일한 차이점은 휴대전화 응답자는 사회적으로 바람직하게 보이려는 편의(social desirability bias)가 적었고 휴대전화 인터뷰는 유선전화 인터뷰보다 약간 더 길게 설계됐다는 점뿐이었다. 비록 휴대전화 응답자들이 동시에 다른 일을 하느라 대답을 늦게 했다고 해도 유선전화 응답자들의 품질보다 크게 떨어지는 대답을 하지는 않았다. 그리고 개인적인 질문이 포함된 설문에서, 휴대전화 인터뷰 대상자가 유선전화 인터뷰 대상자보다 더 정직함을 보일 때도 있었다.

능동적 학습

어떤 종류의 오류인가?

의도적, 비의도적 오류 및 인터뷰어나 응답자 중 누가 오류를 일으키는가 하는 것에 대해 처음 읽는다면 혼란스러울 수도 있다. 데이터 수집에 있어서 존재하는 다양한 오류에 대해 더 자세히 배울 수 있도록 아래 표를 통해서 정확히 어떤 오류인지 구분해낼 수 있는지 연습해보자. 상황을 읽어보고 해당하는 종류의 오류 밑에 'X' 표시를 해보자.

문항	인터뷰어 오류		응답자 오류	
	의도적	비의도적	의도적	비의도적
응답자가 모든 질문 문항에 '의견 없음'이라 답했을 때				
몰인터셉트 인터뷰어가 심한 감기에 걸려 응답자들이 설문에 응하기를 거부할 때				
설문조사 중 응답자가 다른 전화가 걸려와 옆에 있던 아내에게 대신 설문조사를 마저 끝마치기를 부탁했을 때				
응답자가 설문에 대해 불평불만을 토해내서 인터뷰어가 인구통계학적 질문을 건너뛰었을 때				
올해 직장을 잃은 응답자가 올해의 수입이 아닌 작년 수입을 대답했을 때				

11-3 현장 데이터 수집 품질 관리

앞서 설명한 다양한 유형의 오류를 최소화하기 위한 주의사항 및 절차가 있다. 설문조사 중에는 항상 오류가 발생할 수밖에 없기 때문에 오류를 '최소화'하는 것이지 '없앨' 수 있는 것이 아님을 명심해야 한다. 하지만 조사자들은 다음과 같은 절차를 통해 데이터 수집과 관련된 비표본오차를 줄일 수 있다. 표 11.2에 현장 데이터 수집 품질 관리 관련 내용이 정리되어 있다.

의도적 현장 조사원 오류 통제

의도적 현장 조사원의 오류는 감독과 검증 과정으로 관리될 수 있다.

인터뷰어가 의도적으로 오류를 범하는 것을 방지하기 위해 '감독' 및 '검증'이라는 두 가지 일반적인 전략을 사용할 수 있다.[28] **감독**(supervision)은 현장 데이터 수집 작업자를 감독하는 관리자로 구성된다.[29] 대부분의 대규모 전화 인터뷰 회사에서는 '엿듣기(listening in)' 기능을 사용하여 모든 인터뷰 담당자의 전화를 감독자가 모니터링할 수 있게 되어 있다. 인터뷰어와 응답자는 사전에 '품질

표 11.2 데이터 수집 오류 통제 방법

오류 종류	통제방법
의도적 현장 조사원 오류	
부정행위 응답자 선도	감독 검증
비의도적 현장 조사원 오류	
인터뷰어의 성격 오해	인터뷰어 선정과 교육 오리엔테이션 및 상황극
피로	휴식 또는 대체 설문조사 진행
의도적 응답자 오류	
허위응답	익명성 및 기밀성 보상 타당성 검사 3인칭 기법
무응답	익명성 및 기밀성 보상 3인칭 기법
비의도적 응답자 오류	
오해	잘 만들어진 설문 지침 및 사례 직접적인 질문
추측	잘 만들어진 설문 지침 및 사례 '확실하지 않음' 응답 옵션
집중력 상실 방해 피로	척도의 양끝점 바꾸기 자세한 안내문(prompter)

관리를 위해 모니터링될 수 있다'라는 이야기를 듣지만 막상 실제로 진행 중에 있을 때는 이를 인지하고 있지 않을 수도 있기 때문에 해당 인터뷰어가 수행했던 대표 인터뷰를 검토받게 된다. 이러한 모니터링 작업은 실시간으로 진행하기보다는 녹음된 인터뷰를 검토하는 경우가 더 많다. 만약 인터뷰어가 응답자를 잘못 이끌어가고 있거나 응답에 영향을 끼치고 있다면 이 절차는 위반사항이므로 감독관은 인터뷰어에게 견책을 가하는 등 시정 조치를 취할 수 있다. 사적인 정보가 필요한 인터뷰에서는 감독자가 인터뷰어가 현장에서 설문지를 관리하는 것을 관찰하기 위해 동행할 수도 있다. 응답자의 동의 없는 '엿듣기'는 개인정보 침해로 간주될 수 있으므로 많은 기업에서는 응답자에게 통화 전체 중 일부가 모니터링 및 기록될 수 있음을 사전에 알린다.

업계 표준 방식은 완성된 설문조사의 10%를 검토하는 것이다.

검증(validation)은 인터뷰어가 작업을 했는지를 검증하는 것이다. 이 전략은 위조/부정행위 문제를 예방하기 위해 진행된다. 검증에는 여러 가지 방법이 있는데, 한 가지 방법은 감독자가 응답자에게 다시 전화를 걸어(콜백) 조사에 응했는지를 확인하는 것이다. 즉 응답이 완료된 설문지 중 10%의 응답자를 무작위로 선정하여 조사가 실제로 진행되었는지 확인하는 것이 업계의 일반적인 방식이다. 기록된 답변과 비교하기 위해 몇 가지 표본 질문들은 다시 질문이 될 수도 있다. 콜백 검증을 하지 않을 경우에는 감독자가 완성된 설문지를 검사할 수 있으며, 감독자의 경험과 훈련에 의거하여 인터뷰어의 위조 의혹을 제기하는 패턴을 찾아낼 수 있다. 즉 설문지의 답을 위조한 인터뷰어는 응답을 실제와 비슷하게 위조하는 것까지는 못할 수도 있다. 관리자는 설문지의 응답에 모순점(예 : 다자녀가 있는 매우 어린 응답자)이 있을 경우 그 진위 여부에 의문을 제기할 수 있다.

비의도적 현장 조사원 오류 통제

감독자 오리엔테이션 및 상황극 연습을 통하여 의도하지 않은 현장 작업 실수를 줄일 수 있다.

감독은 비의도적인 현장 조사원 오류를 최소화하기 위해 매우 중요하다. 이를 위하여 전문 업체에서는 대체로 선정 및 교육, 오리엔테이션, 상황극 그리고 피로를 줄이는 방법들을 사용한다.[30] 인터뷰어의 개인 특성에 의해 발생하는 비의도적 오류들을 최소화하기 위해서는 인터뷰어를 신중하게 선정하는 것이 중요하다. 선정을 하고 나면 그들의 태도, 외모 등으로 인한 편의(bias)를 최소화하기 위해 잘 훈련시키는 것이 중요하다. **오리엔테이션**(orientation)은 감독자가 인터뷰어들에게 설문조사와 이에 대한 요구사항들에 대해 설명하는 미팅이다.[31] 관리자는 응답자의 자격 또는 할당량에 대해 강조하고 문제를 건너뛰는 패턴이나 인터뷰를 표준화하기 위한 지침들을 인터뷰 담당자에게 전달한다.[32] 마지막으로, 인터뷰어가 설문지를 전달하고 답을 얻는 것에 필요한 요구사항에 익숙해질 수 있도록 상사나 다른 인터뷰어가 응답자의 역할을 맡아 종종 **상황극**(role playing)을 실시할 수도 있다. 성공적인 상황극 세션은 설문조사 중 특별히 관리되어야 할 측면들을 인터뷰어들에게 알리는 역할을 한다. 인터뷰어의 피로감을 조절하기 위해, 일부 조사자는 자주 휴식을 취할 수 있도록 해주거나 대체 설문조사를 진행할 수 있도록 한다. 짧게 말해, 인터뷰어가 트레이닝, 감독, 개인 능력 개선 등을 통해 설문조사에 대해 자신감이 생길수록 잠재적인 오류는 줄어들게 된다.[33]

의도적 응답자 오류를 최소화하는 데 유용한 전술에는 익명성, 기밀성, 타당성 검사 및 3인칭 기법이 있다.

의도적 응답자 오류 통제

의도적 응답자 오류를 통제하기 위해서는 응답자의 거짓말이나 무응답을 줄일 수 있도록 하는 것이 중요하다. 이에 유용한 전술에는 익명성, 기밀성, 보상, 유효성 확인 및 3인칭 기법(third-person technique)이 포함된다.[34] **익명성**(anonymity)은 응답자가 자신의 이름이 자신의 대답과 연결되지 않을 것이라는 확신이 있을 때 보장된다. **기밀성**(confidentiality)은 응답자의 응답이 비밀로 유지될 때 보장된다. 이 두 가지 방법은 모두 거짓말을 줄일 수 있는 효과적인 방법으로 나타났다. 응답자가 자신의 이름이 밝혀지지 않을 것이라는 점을 보장받았을 때 자기공개에 보다 편안해지고 거짓말이나 허위 진술을 자제한다고 가정할 수 있다.[35]

© Tyler Olson/Shutterstock

기밀성 또는 익명성은 설문조사 참여에 대한 거부감을 줄일 수 있다.

또 다른 방법은 **보상**(incentive)의 사용으로, 응답자가 설문지에 진지하게 임한 대가로 현금, 선물 등의 보상이 약속되었을 때를 말한다.[36] 응답자들은 설문조사에 참여하면 현금이나 보너스 쿠폰을 제공받을 수 있으며 어떤 경우에는 펜이나 티셔츠 같은 선물로 보상받을 수도 있다. 직접적인 보상을 받았을 때 응답자는 사실을 말한다. 이는 보상을 받을 것이라고 생각하면 응답자는 사실을 말하는 것이 의무라고 생각을 하거나 거짓을 말하고 보상을 받으면 죄책감을 느낄 수 있기 때문이다. 하지만 불행히도 실무자 및 학문적인 연구를 하는 사람들은 예비 응답자를 설문조사에 참여시키는 이러한 방법들을 이제야 서서히 이해하기 시작했고[37] 최근에 와서야 응답률을 높이기 위한 이와 같은 방법이 체계화되고 있다.[38]

보상은 때로 응답자가 더 정직하게 대답하고 최대한 무응답을 피할 수 있도록 강요한다.

거짓을 줄이기 위한 다른 접근법은 인터뷰 중에 응답자가 제공한 정보의 **타당성 검사**(validation check)를 하는 것이다. 예를 들어 미취학 아동을 위한 교육용 제품인 Leap Frog에 대한 자택 내 설문조사를 진행할 때 인터뷰어는 응답자가 Leap Frog 제품이나 앱을 가지고 있는지를 검사함으로써 타당성 검사를 할 수 있다. 직설적이지 않은 타당성 검증의 방법으로는 나이가 많은 응답자가 자신을 어리다고 얘기하거나 낡은 옷을 입은 사람들이 그들이 부유하다고 말하는 등의 응답자를 확인하는 것이다. 잘 훈련받은 인터뷰어는 이러한 이상점들을 기록해둘 것이다.[39]

마지막 방법은 조사자가 오류를 줄일 수 있는 방식으로 설문지를 설계하는 것이다. 이럴 때 가끔 **3인칭 기법**(third-person technique)을 사용하는데, 이는 응답자가 다소 부끄러워할 수 있는 질문들에 대해 직접적으로 물어보기보다는 응답자와 비슷한 제3자의 입장을 예로 들면서 물어보는 방법이다. 예를 들어 중년층 남자에게 "중년층 남자들은 비아그라를 사용할까요?"라고 물어본다고 가정해보자. 이때 응답자는 자신의 상황을 토대로 이 질문을 해석할 수도 있지만 질문에는 정확한 이름이 명시되지 않은 제3자가 주어졌기 때문에 사적인 질문으로 받아들이지 않을 수 있는 것이다. 다시 말해 응답자는 이 가상의 다른 사람에 대해 이야기함으로써 개인정보를 누설하지 않는 것이고 거짓말이나 무응답 오류를 피해 갈 수 있다.

당황스러운 질문일 경우, 3인칭 기법을 사용하면 상황을 덜 개인적으로 만들 수 있다.

비의도적 응답자 오류 통제

비의도적 응답자 오류에 대한 통제는 잘 만들어진 설문 지침 및 사례, 척도의 양 끝값을 바꾸는 방법, 그리고 자세한 안내문(prompter) 사용 등 다양한 형태가 있다. 명확한 **설문 지침**(questionnaire instruction)은 응답자의 혼란을 줄여준다. 이러한 방법은 질문지 설계에 대해 설명한 장에 더 자

비의도적 응답자 오류에 대처하는 방법에는 잘 작성된 설문지 지침, 척도의 양 끝값을 바꾸는 방법 사용 및 안내문 사용이 포함된다.

세히 설명되어 있다. 또한 때로는 조사자들이 직접적인 질문을 통해 응답자의 이해도를 평가한다. 예를 들어 동의-동의하지 않음의 5점 응답 척도를 사용할 때(1=완전 동의함, 2=동의함, 3=중간, 4=동의하지 않음, 5=완전 동의하지 않음) 인터뷰어는 응답자에게 "지침이 이해가 가셨나요?" 라고 물어보도록 훈련할 수 있다. 만약 응답자가 이를 잘 이해하지 못하고 있는 것 같으면 인터뷰어는 이를 다시 설명해주어야 한다. 추측 응답으로 인한 오류는 '의견 없음', '기억나지 않음' 또는 '확실하지 않음'과 같은 응답 옵션을 제공함으로써 줄여나갈 수 있다.

우리가 어의차이척도(semantic differential scale)를 논의했을 때 **척도의 양 끝점 바꾸기**(reversals of scale endpoints)에 대해서 설명했었다. 즉 한쪽에는 부정적인 형용사를, 다른 한쪽에 모두 긍정적인 형용사를 두는 대신 몇 가지 항목의 위치를 전환하는 것이다. 이는 응답자가 각각 양극 된 질문에 개별적으로 응답해야 한다는 것을 알려주기 위함이다. 동의/비동의 응답문항은 부정적인 문장으로 이루어진 설문 문항을 하나씩 집어넣어 응답자가 각각의 질문에 대하여 집중할 수 있도록 해주어야 한다.

안내문은 응답자를 집중하게 하고 경고하는 데 사용된다.

마지막으로 긴 질문들에는 **안내문**(prompter)이 포함되어 있을 수도 있다. 예를 들어 "이제 거의 끝나갑니다", "이 부분이 응답 중 가장 어려운 문항입니다" 등 응답자가 집중력을 잃지 않고 응답을 완료할 수 있도록 돕는 문항들이다. 때때로 인터뷰어는 응답자들이 집중력을 잃거나 피로를 느끼고 있음을 인지했을 때 설문조사에 끝까지 전적으로 참여할 수 있도록 안내문이나 설명 등을 제공한다. 온라인 설문조사에는 종종 응답자에게 설문조사 진행 상황을 알리는, 몇 퍼센트가 완성되었는지를 알리는 완성비율 같은 표시를 사용한다.

데이터 수집 오류 통제에 관한 최종 논평

마케팅 조사 과정의 데이터 수집 단계에서 인터뷰어와 응답자 모두에게 다양한 비표본오차가 발생할 수 있다. 마찬가지로 비표본오차를 최소화하기 위해서 다양한 주의사항과 통제기법이 사용된다. 당연히 모든 설문조사는 각각의 특성들이 있기 때문에 어디에나 적용할 수 있는 가이드라인을 제시할 수는 없다. 하지만 이러한 오류들을 줄일 수 있는 데는 설문지 설계가 아주 중요하다는 점을 강조하고 싶다. 또한 데이터 수집이 중요함을 이해하는 조사자들은 인터뷰어와 응답자의 실수를 잘 통제할 수 있는 능력을 지닌 전문 데이터 수집 회사들을 이용하는 것이 좋다.

11-4 무응답 오류

우리는 이메일 조사 부분에서 무응답 오류에 대해 간략히 설명했었다. 여기에서는 그에 대해서 조금 더 자세히 설명하고자 무응답 오류의 다양한 종류와 오류의 정도를 평가하는 방법, 이런 오류를 조정 혹은 보충하는 몇 가지 방법에 대해 설명할 것이다. 무응답은 예비 응답자가 설문조사에 참여하지 않거나 특정 설문 질문에 답하지 못하는 상황으로 정의되었다. 무응답은 마케팅 조사 업계에서 가장 큰 문제로 분류되어 왔으며[40, 41] 세계적인 현상이다.[42] 이러한 문제들을 더 복잡하게 만든 것은 곧 설문조사 횟수, 즉 응답자가 설문에 참여를 요구받을 가능성이 높아졌다는 점이다. 일부 업체들은 프라이버시 침해에 대한 두려움, 조사 참여의 이점에 대한 소비자의 회의 및 설문조사

마케팅 조사 인사이트 11.3 윤리적 고려사항

마케팅조사협회 윤리강령 : 응답자 참여

마케팅조사협회 윤리강령 : 마케팅 조사 인터뷰어는

2. **조사 과정의 일부 또는 전부에 참여하는 것을 거부할 권리를 포함한 응답자의 권리를 보호해야 한다.**
   조사자는 주어진 정보에서 모수(parameter)를 조정하는 응답자가 설정한 협력 범위를 존중해야 한다. 실제로,
   - 연구에 참여하는 응답자의 동의를 사후가 아니라 사전에 확보해야 한다.
   - 동의는 강압 없이 자유롭게 이루어져야 한다.
   - 인터뷰어와 응답자가 접촉하는 동안 응답자는 언제든지 동의를 철회할 수 있다.
   - 후속 연구에 참여하기 위해서는 동의가 명시적으로 부여되어야 한다.
   - 프로세스 중 어느 시점에서든 향후 연락 또는 참여에 대한 명시적 거부 요청은 존중되어야 한다.
   - 응답자가 마케팅 조사 프로젝트 참여로 인해 어떠한 방식으로든 악영향을 받지 않도록 합당한 주의를 기울여야 한다.

응답자의 협력은 엄격히 자발적으로 이루어진다. 응답자는 조사 프로젝트 중 철회할 수 있는 권리가 있다. 회사 정책이나 감독관 지침에는 응답자가 어떤 이유로든 참여하지 않을 기회를 제공받을 수 있음이 명시되어야 한다.

를 빙자한 텔레마케팅 시도 등이 무응답을 야기했을 것이라고 응답했다. 물론 응답을 강요하거나 응답자를 속이는 것은 비도덕적인 행위이다. 마케팅조사협회 윤리강령(마케팅 조사 인사이트 11.3 참조)에는 응답자는 언제든지 조사 참여를 거부하거나 조사에서 철회할 권리가 명백히 있다.

무응답을 식별, 제어 및 조정하는 데 필요한 사항을 아는 것은 설문조사를 성공으로 이끄는 데 매우 중요하다. 설문에서 발생할 수 있는 잠재적 무응답 오류의 유형에는 적어도 세 가지가 있는데 설문조사 참여 거부, 인터뷰 도중 중단, 특정 질문 답변 거부 혹은 항목 누락 등이 이에 해당한다. 표 11.3은 무응답 종류에 대해 간략하게 설명한다.

무응답 오류에는 설문조사 참여 거부, 인터뷰 도중 중단, 특정 질문 답변 거부(항목 누락)의 세 가지 유형이 있다.

설문조사 참여 거부

참여 거부(refusal)는 잠재 응답자가 애초에 설문조사에 참여하지 않을 경우를 의미한다. 믿을 만한 조사[43]에 의하면 "요즘에는 하나의 완성된 설문에 대해 3번 이상 참여 거부가 일어난다". 거부율은 인구통계학적으로뿐 아니라 국가 지역별로도 다르다. 거절 사유는 무수히 많고 다양하다.[44] 사람들은 바쁠 수도 있고 조사에 흥미가 없을 수도 있다. 인터뷰어의 목소리나 접근법에 의해 돌아설 수도 있다. 설문 주제가 민감할 수도 있고[45] 혹은 거절하는 것이 어떤 사람들에겐 일반적인 대답일 수도 있다.[46] 과거에 부정적인 참여 경험이 영향을 끼칠 수도 있고[47] 자신의 시간을 빼앗기고 싶지

설문조사 참여 거부는 전 세계적으로 흔한 일이다.

표 11.3 조사 무응답의 세 가지 종류

명칭	설명
거부	응답자가 설문조사 응답을 거부할 경우
인터뷰 도중 중단	조사 문항에 대해 응답하던 도중 참여를 멈추는 경우
항목 누락	응답자가 특정 질문은 대답하지 않지만 다른 질문들에는 답한 경우

© Michaeljung/Shutterstock

인터뷰 도중 중단은 설문 진행 중 언제든지 발생할 수 있다.

않거나 사생활을 침해한다고 여겨 거부할 수도 있다. 패널이라도 인터뷰 참여에 거부감을 느낄 수 있는 것이다.[48]

인터뷰 도중 중단

도중 중단(break-off)은 응답자가 어떤 시점에서 응답을 멈춰야겠다는 생각이 들거나 더 이상의 질문에는 답하기 싫을 때 발생한다. 예상할 수 있듯이 도중 중단에는 많은 이유가 있다. 예를 들어 응답자가 기대했던 것보다 소요 시간이 길 수도 있고 응답 주제나 특정 질문들이 흥미롭지 않거나, 너무 개인적이거나 혹은 지루할 때 발생한다. 문항이 혼란스러울 수도 있고 너무 복잡해서일 수도 있다.[49] 아니면 갑작스러운 방해요소가 생겨날 수도 있는 것이다.

피곤하거나, 혼란스럽거나, 흥미가 없을 때 응답자들은 인터뷰 도중에 중단할 수 있다.

특정 항목 답변 거부(항목 누락)

사전 거부나 진행 도중 중단하는 현상이 발생하지 않더라도 조사자들은 간혹 특정 질문들에 대한 답변이 다른 것들보다 더 낮다는 것을 발견할 수 있다. 실제로 마케팅 조사자들은 지난해 연간 소득과 같이 응답 거부가 발생할 가능성이 높은 질문에 대해서는 '대답하고 싶지 않음'과 같은 응답 옵션을 포함하는 것이 적절하다. 물론 이러한 응답 옵션이 없었으면 제대로 답을 했던 사람들이 이러한 옵션이 있음으로 해서 응답을 회피하게 만들 가능성이 있기 때문에 자기실행 설문지(self-administered questionnaire)에 이러한 옵션을 넣는 것이 현명하지 않다고 생각하는 사람들도 있다. **항목 누락**(item omission)은 특정 질문에 답하지 않은 표본의 비율을 식별하는 데 종종 사용되기도 한다.[50] 조사에 따르면 민감한 질문은 더 높은 비율로 항목 누락을 발생시키고, 정신적 노력을 필요로 하는 질문은 '모름' 등의 응답을 더 많이 이끌어낸다.[51] 항목 누락은 조사방법이나 문항 종류에 상관없이 발생하는 것으로 나타났다.[52] 연구원은 정신적 피로를 요구하는 질문들에 '모름' 등의 옵션을 제공하여 항목 누락을 줄여 나갈 수 있다.

때로는 응답자가 느끼기에 너무 개인적이거나 사적인 질문들은 답변이 거부될 수 있다.

완성된 인터뷰란 무엇인가?

거의 모든 설문에는 항목 누락, 중도 포기, 그리고 부분 완성의 경우가 있다. 그렇지만 이러한 응답에도 얻어지는 정보들이 있다. 중도 포기했음에도 완성된 인터뷰로 여길 수 있는 요소는 무엇일까? 항목 누락 수준이 어느 정도면 설문조사를 불완전다고 판정하게 될까? 어떤 항목 누락 수준이 불완전한 설문조사라고 판단될까? 조사자는 '완성된 인터뷰'에 대한 정확한 기준을 설정해야 한다. 궁극적으로 그것은 개인적인 판단에 따른 것이며 각 마케팅 조사 프로젝트에 따라 달라질 수 있다. 모든 응답자가 모든 질문에 답변해야만 하는 경우는 드물기 때문에 대부분의 조사자는 완료된 인터뷰와 그렇지 않은 인터뷰를 결정하는 규칙을 정해야 한다. 예를 들어 대부분의 연구 조사에는 연구의 주요 목적에 대한 질문이 있다. 또한 주요 질문에 대한 응답자의 답변에 대해 어떤 이해도를 높이기 위한 목적으로 작성된 질문들도 있다. 이러한 2차적 질문에는 인구통계적 질문이 포마케팅 조사자들은 '완성된 인터뷰'에 대해 정의해야 한다.

함되는 경우가 많으며 이러한 개인적인 질문들은 일반적으로 설문지 끝부분에 배치된다. 이러한 2차적 질문은 연구의 주요 초점이 아니기 때문에 **완성된 인터뷰**(completed interview)는 모든 주요 질문들이 답해졌을 때로 정의할 수 있다. 이러한 방식으로 마케팅 조사자는 1차 질문과 2차 질문에 대한 각각의 데이터를 보유하게 된다. 인터뷰어는 "응답자가 질문 18번까지 모두 답하면 완료된 설문으로 간주할 수 있습니다" 등 구체적으로 완료된 설문지에 대한 설명을 제시할 수 있다(예를 들어 이 경우에는 인구통계학적 질문은 19번부터 시작한다). 마찬가지로 조사자는 설문 전체 또는 특정 질문에 대한 조사 결과를 무효화하는 데 필요한 항목 누락 정도를 결정하는 규칙 역시 정해야 한다. 미국시민여론조사협회가 내세운 가이드라인으로는 완성된 설문은 80~100% 응답률, 부분 완성은 50~80% 응답률, 그리고 중도 포기는 50% 이하 응답률로 정의된다.[53]

설문조사 응답 비율 측정

마케팅 조사 업계는 설문 응답률을 계산할 수 있는 방법을 채택했다.

대부분의 마케팅 조사 연구는 응답률을 보고하고 있으며 현재 이 수치를 계산하는 방법으로는 응답률의 정의와 계산법을 제공한 미국서베이조사연합회(Council of American Survey Research Organizations, CASRO)의 1982년 보고서를 따르고 있다.[54] CASRO와 미국시민여론조사협회에 따르면 응답률은 총유효표본 수에 대한 완성된 설문의 비율로 정의된다.[55] **CASRO 응답률 공식**(CASRO response rate formula)을 수식으로 나타내면 다음과 같다.

$$\text{응답률} = \frac{\text{완성된 설문 수}}{\text{총유효표본 수}}$$

완성이란 설문조사에 참여한 사람들이 완성된 설문표본에 유효하다는 것이다.

대부분의 조사에서 유효한 응답자 수는 설문에 참가할 자격이 있는지를 묻는 질문에 의해 결정된다. 예를 들어 주방용품 코너에 고민이 있는 백화점일 경우 예비 응답자에게 "애크미(Acme) 백화점에서 정기적으로 쇼핑합니까?"라는 질문을 함으로써 조사 자격 여부를 결정할 것이다. 긍정적인 답변을 한 사람들에게는 "지난 3개월 중 언제든 주방용품 코너에서 쇼핑한 적이 있습니까?"라고 묻는다. 여기에 또 다시 '예'라고 답한 사람들이 이 조사의 유효한 표본단위인 것이다.

1,000여 명의 설문자를 상대로 조사를 진행했다고 가정해보자. 그리고 결과는 다음과 같았다.

완료=400　　부적격=300　　거부=100　　접근 불가(not reached)=200

이 정보를 통해 (a) 적격, (b) 부적격 및 (c) 접근이 되지 않아 확인하지 못한 수를 계산할 수 있다. 응답률을 계산할 때 분자에는 완성 수를, 분모에는 완료 수와 거절한 사람 수, 부재중, 자격은 있지만 대답하지 않은 사람 수를 더해 표시한다. 우리는 (선별 질문 이전에) 설문을 거절하거나, 대답을 하지 않거나, 통화중으로 응답에 참여하지 않았거나, 부재중이었던 사람들과 이야기를 하지 않았는데 이 사람들 중 몇 퍼센트가 자격이 있는 응답자라고 어떻게 결정할까? 우리는 그 수에 이야기를 나누었던 사람들 중에서 자격이 있었던, 그래서 완성된 설문을 얻을 수 있었던 사람의 비율을 곱한다. 이 방법은 우리가 대화를 하지 않은 사람들(거절하거나 응답 없음 또는 통화중이었을 때) 중에도 대화를 한 사람들과 같은 비율의 유자격자(우리가 이야기한 700명 중 자격이 있는 사람은 57%)가 있다고 가정하는 것이다.

CASRO 응답률 수식(확장 형태)

$$\text{응답률} = \frac{\text{완성}}{\text{완성} + \left(\dfrac{\text{완성}}{\text{완성} + \text{부적격자}}\right) \times (\text{거절} + \text{부재중})}$$

계산은 다음과 같다.

CASRO 응답률 계산(확장 형태)

$$\begin{aligned}\text{응답률} &= \frac{400}{400 + \left(\dfrac{400}{400 + 300}\right) \times (100 + 200)} \\ &= \frac{400}{400 + (0.57)(300)} \\ &= 70\%\end{aligned}$$

능동적 학습

CASRO 공식을 사용한 응답률 계산방법

CASRO 공식은 단순하고 복잡하지 않은 것처럼 보이지만, 개별 조사 프로젝트를 계산할 때 어떻게 해석되어야 하는지에 대해서는 끊임없는 의문점을 낳는다. 이번 능동적 학습을 통해서 응답률을 계산할 정확한 계산방법에 대해 알아보자.

학급 단위로 진행되는 설문이라고 가정해보라. 그리고 여러분이 전화 인터뷰를 해야 한다고도 가정해보라. 이 조사에서는 무작위로 선정된 전화번호 리스트를 받고 5개의 문항을 완료해야 한다. 한 번호당 적어도 3번은 전화해서 되도록이면 전화통화를 할 수 있도록 하라는 지시를 받았으며 매 전화통화마다 통화 시도 결과를 기록하는 용지를 제공받았다. 그 종이에 각 번호로 전화를 시도했을 때 발생한 결과를 다음 중에 골라 기록했다.

유효하지 않은 번호(Disconnected, D) – 해당 번호가 더 이상 유효하지 않다는 안내를 들었다.

잘못된 표적 집단(Wrong Target, WT) – 가정집 위주로 조사를 진행해야 하는데 주어진 번호는 기업에서 사용되고 있었다.

부적격자(Ineligible Respondent, IR) – 작년 내에 가족 중 누구도 자동차를 구입하지 않았다.

거부(Refusal, R) – 조사 응답을 거절했다.

도중 중단(Terminate, T) – 조사에 응했지만 중도에 그만두었다.

완성(Completed, C) – 설문조사를 다 마쳤다.

통화중(Busy, B) – 통화중이었다. 최소 3번까지는 추후에 다시 전화를 해본다.

응답 없음(No Answer, NA) – 전화를 받지 않았거나 부재중이었다. 최소 3번까지는 다시 전화하겠다는 음성 메시지를 남겼다.

재전화 요청(Call Back, CB) — 응답자가 더 편한 시간대에 다시 전화를 달라고 했다. 최소 3번까지는 약속한 시간과 날짜에 다시 전화를 했다.

전화번호와 코드 목록이 다음과 같다고 가정해보자.

전화번호	1차 시도	2차 시도	3차 시도
474-2892	NA	NA	C
474-2668	B	IR	
488-3211	D		
488-2289	C		
672-8912	WT		
263-6855	B	B	B
265-9799	T		
234-7160	R		
619-6019	CB	B	B
619-8200	IR		
474-2716	IR		
774-7764	NA	NA	
474-2654	D		
488-4799	WT		
619-0015	B	C	
265-4356	NA	NA	C
265-4480	WT		
269-8898	NA	NA	NA
774-2213	C		

여기서 완성된 인터뷰의 할당량은 19개의 전화번호에서 5개의 인터뷰를 하는 것이다. 각 번호마다 마지막으로 기록한 코드가 무엇인지 보고 각 코드를 몇 번씩 사용했는지 숫자를 세어보라. 그리고 그 숫자를 응답률 계산 공식에 대입하여 옳은 최종 응답률을 구해보라.

$$\text{응답률} = \frac{C}{C + \left(\frac{C}{C + IR + WT}\right) \times (B + D + T + R + NA)}$$

$$= \underline{\qquad\qquad} \%$$

공식에서 부적격자들이 어떻게 계산되었는지 확인해야 한다. IR과 WT 모두 부적격으로 계산되어야 한다. 중요한 점은 여러분이 이야기를 나눈 사람들 중 자격자 비율이 여러분이 이야기를 나누지 못한 사람들(B, D, T, R, NA)의 자격자 비율과 동일하다는 것이다.

11-5 패널회사들의 오류 통제법

급속히 증가하는 무응답률과 온라인 조사의 인기로 많은 기업들은 광범위한 소비자 그룹과 기업을 모집하여 설문조사를 원하는 회사가 여기에 접근하고 조사하는 것을 도와주는 **패널회사**(panel company)를 사용한다. 패널에 가입된 회원들은 온라인 설문조사를 빠르고 정확하게 끝마치는 데 대한 보상을 받는다. 또한 패널회사는 일반적으로 회원 모집 및 등록 과정의 일환으로 각 패널 회원에 대한 풍부한 정보(인구통계, 라이프스타일, 소유물 등)를 수집하며 이 데이터는 설문조사 질문과 함께 구입될 수 있기 때문에 조사자가 다시 한 번 이러한 정보들을 수집할 필요가 없다. 또한 외국 시민을 포함한 다양하고 대표성 있는 표본을 제공하며 특정 연구 목적에 부합하는 기준을 충족하는 정확한 소비자 집단을 제공할 수 있다.

온라인 패널들이 꾸준히 증가하면서 패널회사들도 많이 생겨났는데 일부는 느슨한 데이터 품질 관리에 대해 비판을 받아 왔다. 특히 개인적으로 진행하는(DIY) 마케팅 조사자들이나 패널 데이터를 사용하면 발생할 수 있는 품질에 대한 단점을 인지하지 못한 조사자들이 피해를 봤다. 그래서인지 실질적으로 모든 조사협회에서는 조사자들이 최고 품질의 패널회사를 식별할 수 있도록 공식적인 권장사항, 모범 사례, 표준 또는 조언을 제공하고 있다. 예를 들어 ESOMAR는 온라인 표본의 조사 구매자를 돕기 위한 28개 질문을 공개적으로 제공하고 있다(이 질문들은 사례 11.2의 바탕이 된다). 패널 데이터 품질 관리에 관한 모든 것을 설명하는 것은 이 책의 범위를 벗어나지만, 표 11.4

표 11.4 온라인 패널 품질 보증을 위한 모범 사례*

	모범 사례	설명
패널 목적	패널이 완벽히 마케팅 조사에만 사용되도록 만들어져 있는지 확인하라.	일부 패널회사에는 '마케팅 조사목적'이 아닌 제3자의 제품 등록 정보를 통해 채용된 회원들이 있을 수 있다.
채용	패널 회원들은 윤리적으로 초청되었거나 선의의 마케팅 조사에 참여하는데 동의를 한 사람들이어야 한다.	일부 패널회사는 스팸봇(spambots) 혹은 스파이더(spiders) 등 부정확하고 비윤리적인 방법을 사용하여 응답자를 모은다.
사생활	익명성, 기밀성, 그리고 개인정보 보호에 대한 정책이 공식적으로 작성되어 있어야 한다.	프라이버시를 보장하고자 하는 조사자들은 패널 회원 데이터가 누출되지 않는다는 보장을 패널회사로부터 받아야 한다.
참여	패널 회원들은 짧은 기간 내에 여러 개의 설문에 참여해선 안 된다.	참여 제한은 '직업적 응답자'를 없애고 설문조사에서 패널 회원이 과도하게 모집단을 대표하는 것을 제한한다.
패널 교체	매년 건강 관련 탈퇴와 패널리스트(panelist) 교체가 있어야 한다.	MRA는 패널 회원들이 흥미를 잃거나 하는 이유로 자연 소멸되는 비율['해지율(churn rate)'이라고도 함]이 연간 25~30% 정도 된다고 본다.
패널 프로파일링	패널 회원에 대한 최신 정보가 풍부해야 한다.	의뢰인들은 종종 매우 특정한 하위집단에서 표본을 추출하길 원한다.
데이터 품질	패널리스트들의 오류로 인한 데이터 품질 오류를 최소화하는 규정뿐만 아니라 유효성 확인 절차가 마련되어 있어야 한다.	원하는 패널 회원들이 참여함을 문서 등으로 보장해야 하며 같은 답을 반복적으로 표시하는 응답자 등 문제가 있는 응답자 오류를 식별할 수 있는 조항이 있어야 한다.

* 이 표는 마케팅조사협회(www.marketingresearch.org)의 웹사이트에 게시된 정보를 기반으로 작성되었다.

는 마케팅조사협회(MRA)가 주장한 온라인 패널에 대한 여러 가지 모범 사례를 요약한 것이다.

11-6 데이터 세트, 코딩 데이터 및 데이터 코드북

일반적으로 대다수의 응답 답변들은 마이크로소프트 엑셀 또는 다른 스프레드시트처럼 행과 열로 이루어진 매트릭스 형식을 가진 전자 **데이터 세트**(dataset)로 정리된다. 각 행은 응답자를 나타내고 각 열은 설문지상의 질문을 나타낸다. 물론 하나의 질문이 여러 가지 하위 질문으로 나뉜 경우에는 복수의 열에 기록된다. 응답자마다 답변이 다를 수 있기 때문에 질문 혹은 질문 부분 중 일부와 관련된 데이터를 **변수**로 칭하기도 한다. 일반적으로 첫 번째 행은 '나이', '성별' 또는 '특이점' 등 각 열에 관련된 질문을 식별하기 위한 레이블을 붙이는 데 사용되는데 이 첫째 행의 내용을 종종 **변수 이름** 혹은 **변수 레이블**로 부른다.

데이터 세트란 숫자들이 행과 열로 정리된 것이다.

데이터 세트는 **데이터 코딩**(data coding)이라는 작업에 의해 생성되며, 이 코딩은 설문지 각 질문에 대한 가능한 응답과 연관된 코드값을 정하는 것을 의미한다. 설문지 설계 장에서 데이터 코딩에 대해 설명하며 언급했던 **프리코딩**(precoding)과 동일한 작업 방식인 것이다. 숫자는 빠르고 쉽게 입력될 수 있을 뿐만 아니라 컴퓨터는 문자, 텍스트 코드보다 숫자를 더 효율적으로 사용하기 때문에 일반적으로 코드는 숫자로 구성되어 있다. 대규모 프로젝트, 특히 데이터 입력이 하청업체에 의해 수행되는 조사에서는 조사자들이 **데이터 코드북**(data code book)을 사용한다. 이 책에는 (1) 설문지 질문, (2) 변수 이름, 각 질문이나 질문의 부분에 관련된 레이블, (3) 각 질문에 대한 가능한 응답과 관련된 코드 번호 등이 식별되어 있다. 데이터 파일을 설명하는 코드북을 사용하면 분석가가 초기 단계에서 연구 프로젝트에 참여했는지는 상관없이 모두 데이터 세트 작업을 할 수 있게 된다. 곧 배우게 되겠지만 SPSS 데이터 세트가 완전히 설정된 후에 데이터 코드북이 데이터 세트에 포함될 수 있다.

데이터 코딩은 설문지의 각 질문에 대해 가능한 응답과 관련된 코드값을 식별한다.

조사자는 컴퓨터 데이터 파일로 준비하고 작업할 때 데이터 코딩을 사용한다.

사전에 코딩작업이 된 설문지에는 이미 다양한 응답과 관련된 응답 코드가 있으므로 코드북을 만드는 것이 어렵지 않다. 하지만 조사자는 응답자가 대답을 하지 않음으로 인하여 수집하지 못한 데이터가 있을 것이다. 이럴 때 사용할 수 있는 코드로는 무엇이 있을까? 가장 오래되었고 설득력 있는 코드로는 이 문항에는 응답이 주어지지 않았다는 것을 의미하는 빈칸을 사용하는 것이다. 실제로 모든 통계분석 프로그램은 빈칸을 '누락'으로 인식하기 때문에 누락된 데이터를 나타내는 가장 대중적인 코드는 빈칸이라고 할 수 있다.

Marketing Research on YouTube™

데이터 코드북에 대해서는 **www.youtube.com**에서 **Code book—Lisa Dierker**를 검색하라.

응답자가 완성된 온라인 설문지를 온라인 설문조사를 통해 제출하면 데이터 파일이 '증가(builds 또는 grows)'한다. 즉 온라인 설문 소프트웨어나 온라인 설문지를 설계한 사람에 의해 코드가 설문 파일에 프로그래밍되는 것이다. 이 코드는 응답자에게는 보이지 않으며 일반적으로 질문 편집 모드를 사용할 때 설문 설계자만 볼 수 있다. 웹 기반 설문조사일 경우, 코드북은 데이터 파일에서 발견된 숫자를 해독하고 이를 설문 질문에 대한 답변과 연결하기 위한 유일한 지도로서 아주 중요하다.

데이터 분석을 할 때에는 '1'과 '2'와 같은 코드 번호가 아니라 '남성' 또는 '여성'과 같은 레이블을 사용하는 것이 훨씬 편리하다. 따라서 실제로 모든 통계분석 프로그램에는 사용자가 숫자 코드 및 관련 단어 레이블을 식별할 수 있는 기능이 있다. SPSS를 사용하면 데이터 세트를 설정한 후 코

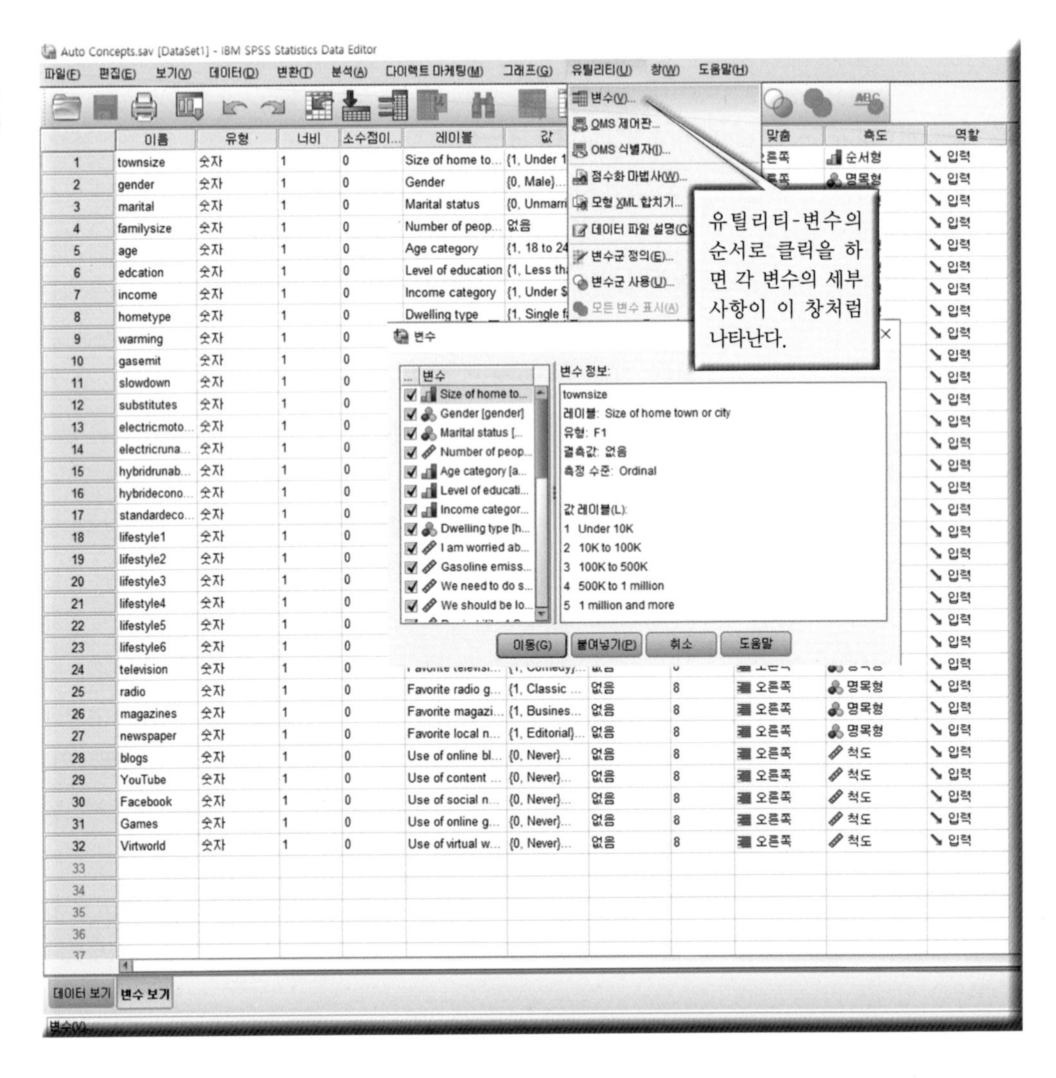

그림 11.1 IBM SPSS

SPSS의 변수 보기 탭에서 '변수'를 클릭하면 데이터를 어떻게 코딩했는지 볼 수 있다.

딩을 쉽게 얻을 수 있다. 그림 11.1은 SPSS 변수 보기 기능을 사용하여 데이터 세트의 각 변수에 대한 코딩을 알 수 있음을 보여준다. 즉 SPSS 데이터 세트가 완성되면 해당 데이터 세트의 전체 데이터 코드북을 모든 사용자가 사용할 수 있게 되는 것이다.

11-7 데이터 품질 문제

데이터 세트에 오류가 있는지 검사해야 한다.

무응답은 실제로 모든 설문조사에 나타난다. 동시에 일부 응답자는 의심을 살 만한 답변 패턴을 보일 수도 있다. 이 두 경우 모두 마케팅 조사 과정에서 데이터 세트의 응답을 검사하는 별도의 단계가 필요하다. 데이터 품질 문제는 마케팅 조사자들의 고민거리이다.[56] 당연히 조사자들의 목표는 데이터 작업을 하면서 가능한 한 적은 데이터 품질 문제로 골치를 썩는 것이다. 결과적으로, 조사원은 분석에 앞서 응답의 데이터 품질에 대한 조사를 해야 한다.

원 데이터 검사에서 눈여겨볼 사항

원 데이터 검사(raw data inspection)의 목적은 '불량' 응답자를 구분하고 앞서 말했듯이 심각한 문제점을 가지고 있는 응답자들을 걸러내기 위함이다. 문제 있는 응답자들은 다음 다섯 가지 유형에 해당한다 – 불완전한 응답(중단), 특정 질문에 대한 응답 없음(항목 누락), 동일한 답 반복자(yea-nay 응답 패턴) 및 중간값 답변(middle-of-the-road) 패턴. 표 11.5에는 이러한 문제들의 예가 있고 이러한 것들은 데이터 품질이 이상이 있을 수 있음을 알려주는 것들이다.

원 데이터 검사는 '불량' 응답자의 존재 여부를 결정한다.

일부 설문은 부분적으로만 완료될 수 있다.

응답자가 특정 질문에 대답하지 않으면 이를 *항목 누락*이라고 한다.

반복 답변은 동의하는가 동의하지 않는가의 질문 대부분에 동일한 답을 반복하는 경우를 말한다.

불완전한 응답 **불완전한 응답**(incomplete response)은 응답자가 설문 도중에 중단하는 상황을 말한다. 다시 말하지만 응답자가 왜 중간에 포기하는지에 대해서는 알 방법이 없다. 표 11.5에서 응답자 A는 3번 문항까지만 답하고 중도 포기했다.

특정 질문에 대한 응답 없음(항목 누락) 이유가 어떠하던지 상관없이 응답자는 질문을 공백으로 둘 수도 있다. 전화 인터뷰에서 응답자는 질문에 답하기를 거부할 수 있으며 인터뷰어는 이를 'ref'(거절)라고 표시하거나 또는 응답자가 질문에 대답하지 못했음을 나타내는 다른 코드를 사용하여 기록할 수 있다. 표 11.5에서 응답자 B는 문항 4번과 7번에 응답하지 않았다.

반복 답변 패턴의 응답 질문에 답을 했다 해도 응답에 문제가 있을 수 있다. Yea-saying 패턴은 '네'와 '매우 동의함'으로만 답을 하는 경우를 말한다.[57] 표 11.5 응답자 C의 5번부터 9번까지의 답변인 '5'코드를 예로서 보면 된다. Yea-sayer는 질문에 관계없이 지속적으로 같은 긍정적인 반응을 하는 경향이 있으며, 이는 유효하지 않은 응답이다. 반대로 nay-saying은 부정적인 답변을 반복하는 경우로 표 11.5에 응답자 D의 4번부터 9번까지의 답변인 코드 '1'을 예로 보면 된다. 칸이 주어진(grid-type) 질문에 대해 동일한 답을 반복하는 것은 '직선응답(straightlining)'이라고 부르며 응답 품질에 문제가 있음을 보여준다.[58]

데이터 품질에 대해 공부하려면 www.youtube.com에서 Data Quality–Lightspeedresearch를 검색하라.

표 11.5 원 데이터 매트릭스 검사에서 발견된 데이터 품질 오류의 식별

Case	Q1	Q2	Q3	Q4	Q5	Q6	Q7	Q8	Q9	오류 종류–오류 설명
	데이터 행렬 열 레이블									
A	1	2	3							중도 포기–설문지가 다 완성되지 않았다. 3번 문항까지만 답변함.
B	1	2	1		4	2		4	5	항목 누락–응답자가 특정 문항에 답변을 거부했지만 그 앞뒤 문항은 답했다. 4번과 7번에 답변하지 않았다.
C	1	2	2	3	5	5	5	5	5	반복 답변(yea-saying)–응답자는 질문에 관계없이 호의적(yea)으로 응답했다. 5번부터 9번까지 모두 '완전 동의함'의 5점이 부여되었다.
D	2	1	3	1	1	1	1	1	1	반복 답변(nay-saying)–응답자는 질문에 관계없이 불만족스럽게 응답(nay)했다. 5번부터 9번까지 모두 '완전 동의하지 않음'의 1점이 부여되었다.
E	2	1	3	1	3	3	3	3	3	중간값 답변(middle of the road)–응답자는 '의견 없음'을 대부분의 문항에 답했다. 5번부터 9번까지는 모두 3점이고 이는 '중립'을 뜻한다.

코드북 : Q1–Q4 질문은 1=예, 2=아니요, 3=의견 없음으로 코딩되었고 Q5–Q9 질문은 1=매우 그렇지 않다, 2=그렇지 않다, 3=보통이다, 4=그렇다, 5=매우 그렇지 않다로 코딩되었다.

마케팅 조사 인사이트 11.4 | 글로벌 실무 적용

데이터 품질은 전 세계적인 고민이다

마케팅 조사는 전 세계를 무대로 진행되는데 응답자가 다른 문화, 언어, 그리고 사회적 현상을 대표한다면 데이터 품질에 대한 조사자의 고민은 더욱 커진다. 최근 연구에서는 데이터 품질을 조사하며 중간값 답변과 반복 답변의 응답 정도를 비교했다.[59] 이 연구는 15개국에서 5,569명의 응답자를 대상으로 조사되었으며 각 유형의 응답 정도가 데이터 품질에 영향을 끼치는 정도를 비교하였다. 다음 그림은 결과의 평균값을 기준으로 표준화된 점수를 나타낸다. 각 그래프에서 수직축의 '0'의 위치는 15개국 전체에서 발견된 평균 오류 양을 나타낸다. 0 이상으로 표시된 점수는 '세계' 평균보다 크고 0 미만으로 표시된 점수는 평균보다 낮은 것이다. 중간값 답변 문제는 브라질, 한국 및 프랑스가 가장 낮았고 스웨덴, 싱가포르 및 독일이 가장 높았다. 미국과 네덜란드 거주자는 평균 정도의 문제를 보였다. yea-saying은 아주 다른 패턴을 보였는데 독일, 네덜란드, 영국에서 실시된 설문조사에서는 발생 빈도가 낮았지만 브라질, 한국, 인도에서는 높은 발생률을 보였다. 평균적인 yea-saying은 프랑스, 일본, 캐나다 및 미국에서 실시된 설문조사에서 발견됐다. yea-saying과 nay-saying의 빈도가 부적으로 상관되어 있을 것이라 생각될 수도 있는데, 비록 완벽히 그렇다고는 못해도 어느 정도는 그런 빈도를 보였다. nay-saying 그래프에서는 브라질, 싱가포르, 인도에서 빈도수가 낮았고 네덜란드, 일본, 그리고 한국이 제일 높았다. 평균적인 nay-saying은 프랑스, 영국, 미국에서 진행된 설문조사에서 나타났다.

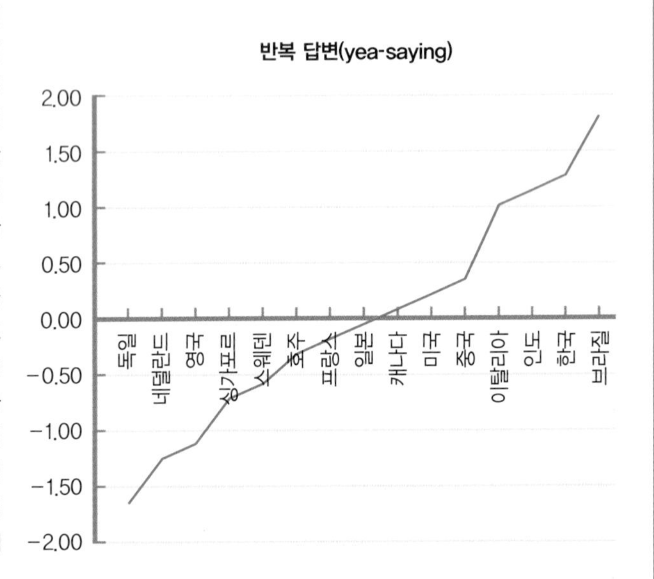

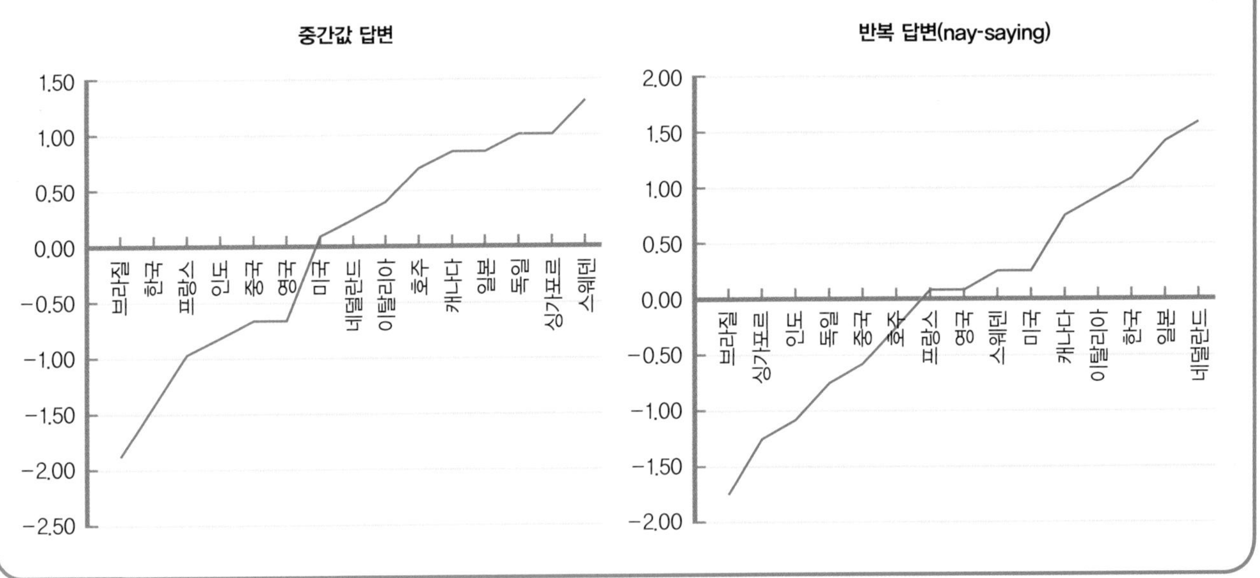

중간값 답변 패턴 **중간값 답변 패턴**(middle-of-the-road pattern)은 '의견 없음'으로 여겨지며 표 11.5의 응답자 E가 문항 5번부터 9번까지 코드 '3'번을 답한 것과 같다. 의견 없음은 무응답의 핵심이며 설문지에 대한 낮은 관심, 주의 부족 또는 설문조사 참여에 대한 거부의사 표명일 수 있다. 응답자는 설문 주제에 의견이 없을 수도 있다. 하지만 이러한 응답은 응답자가 과연 이번 설문조사

에서 중요한 영향력이 있을지에 대한 의문을 들게 한다. 표 11.5에 나타난 반복 답변과 중간값 답변 응답자들은 특수한 케이스이다. 대부분 이러한 유형의 응답자들은 반복 답변일 경우에는 모든 유형에 4, 5점으로 답하고 반복 답변 경우 1, 2로 답하고 중간값 답변 응답자들은 '중립'을 표현한다. 온라인 설문조사에서 yay, nay 혹은 '의견 없음'으로 답한 응답자들은 '속도위반자(speeders)'라고 불린다. 왜냐하면 질문을 제대로 읽지 않고 재빠르게 답변했기 때문이다. 그들은 '직선응답자(straightliners)'라고도 불리는데 이는 계속해서 같은 답을 고르기 때문이다.[60] 불행히도 이러한 응답 오류는 전 세계적으로 발견된다. 마케팅 조사 인사이트 11.4에서는 15개국의 반복 답변(yea-saying, nay-saying) 그리고 중간값 답변 응답자들의 패턴을 비교했다.

그 외 데이터 품질 문제 마케팅 조사자는 설문조사 중 다른 문제들을 접할 수 있다. 예를 들어 응답자가 하나만 답변해야 하는 문항에 여러 답변을 선택한 것이다. 혹은 뒷장을 보지 못해 뒷부분의 문항들을 모두 답변하지 못했을 수도 있다. 혹은 동의/비동의 척도를 무시하고 자신의 의견을 코멘트로 남겼을 수도 있다. 보통 이런 문제들은 설문지를 직접 훑어봐야 찾아낼 수 있다. 하지만 온라인 설문조사에서는 응답자가 답변 문항을 선택하게 구성되었기에 이러한 문제들이 발생하는 것을 예방할 수 있다.

데이터 품질 문제를 처리하는 방법 이와 같은 문제점을 발견했을 때 조사자는 다음 세 가지 옵션을 행할 수 있다. 첫째, 중대한 오류가 여러 개 있는 경우 조사자는 그 응답자의 전체 데이터 행을 삭제할 수 있다. 둘째, 오류가 사소하고 조사 결과를 왜곡하지 않으면 조사자는 응답자의 전체 데이터 행을 데이터 세트에 남겨둔다. 마지막으로, 명백한 오류가 있는 응답과 유효한 응답의 조합이 있는 경우 조사자는 불량 데이터 항목을 공백 또는 누락으로 설정하고 후속 분석에서 양호한 데이터 항목만을 사용하도록 선택할 수 있다.

요약

조사 연구에 있어서 모든 오류는 표본오차와 비표본오차로 이루어져 있다. 표본오차는 표본계획과 표본 크기에 의해 제어될 수 있다. 조사자는 표본오차의 원인과 잠재적인 부정적 영향을 최소화할 수 있는 방법 모두를 인지하고 있어야 한다. 마케팅 조사 시 데이터를 수집하는 단계에서 비표본오차가 생길 가능성이 크다. 인터뷰어와 응답자 모두 의도적 또는 비의도적 오류를 저지를 수 있고 이 모두가 규제되어야 한다. 부정직, 오해, 피로는 현장 조사원에게 영향을 미치며 허위 응답, 거부, 오해 및 피로는 응답자에게 영향을 미친다. 이러한 오류의 근원을 극복하기 위해 인터뷰어의 감독, 검증, 신중한 채용 및 오리엔테이션 등 여러 가지 통제 및 절차가 이루어질 수 있다. 또한 익명성, 기밀성, 보상, 유효성 확인, 3인칭 기법, 잘 작성된 설문 지침 및 사례, '확실하지 않음'과 같은 응답 옵션, 척도의 양 끝점 바꾸기, 그리고 자세한 안내문(prompter) 사용 등 여러 방법을 통해 응답자의 오류를 최소화할 수 있다.

다양한 유형의 무응답 오류는 데이터 수집 단계에서 발생한다. 설문조사 참여에 대한 거부, 도중 중단 및 항목 누락(모든 질문에 답하면서 특정 질문에 답변하지 않음)이 포함된다. 무응답 오류는 CASRO 공식을 사용하여 응답률을 계산하면 측정할 수 있다.

조사자들은 잠재적 응답자를 많이 보유하고 설문을 빠르고 정확하게 진행하는 패널회사에 점점 더 의존하고 있다. 비록 이러한 패널회사들이 오류를 최소화하고 대표적인 표본들을 잘 나타내고 있는 것처럼 보일 수도 있지만 데이터 품질은 여전히 골칫거리이다. 그리고 표 11.5에 설명한 절차와 정책들은 엄격히 지켜져야 한다.

설문조사에 대한 응답은 데이터 세트로 구성된다. 데이터 세트에는 각 응답자가 행으로 표시되고 각 질문 또는 질문 파트가 열에 기록되며 (일반적으로) 숫자로 작성된다. 연구원은 코드 번호가 설문지의 질문 응답과 어떻게 관련되어 있는지를 알기 위해 데이터 코드북을 사용한다. 데이터 분석에 앞서 불완전한 응답, 반복 답변, 중간값 답변 등 의심스러운 데이터 품질 문제에 대해 검사되어야 하며 해당되는 데이터들은 데이터 세트에서 삭제되어야 한다.

핵심용어

감독
검증
기밀성
데이터 세트
데이터 수집
데이터 코드북
데이터 코딩
도중 중단
무응답
반복 답변
방해
보상
불완전한 응답
비의도적 응답자 오류
비의도적 인터뷰어 오류
비표본오차
상황극
설문 지침 및 사례
안내문
오리엔테이션
완성된 인터뷰
응답자 유도
응답자 오류
응답자의 이해 부족
응답자 피로
의도적 응답자 오류
의도적 현장 조사원 오류
익명성
인터뷰어 부정행위
인터뷰어의 이해 부족
중간값 답변
집중력 상실
참여 거부
척도의 양 끝점 바꾸기
추측
타당성 검사
패널회사
피로 관련 실수
항목 누락
허위응답
현장 조사원 오류
3인칭 기법
CASRO 응답률 공식

복습 질문/적용

11.1 비표본오차와 표본오차를 구분하라.

11.2 비표본오차는 쉽게 계산되지 않는데, 신중한 조사자들이라면 이를 어떻게 다루는가?

11.3 의도적 현장 조사원 오류의 종류와 이를 최소화할 수 있는 방법들에 대해 정의하라. 비의도적 현장 조사원 오류의 종류와 이를 최소화할 수 있는 방법들에 대해 정의하라.

11.4 의도적 응답자 오류의 종류와 이를 최소화할 수 있는 방법들에 대해 정의하라.

11.5 무응답에 대해 정의하라. 그리고 조사 도중 발생할 수 있는 무응답 오류 세 가지를 기술하라.

11.6 조사자는 '완성된 인터뷰'를 어떻게 정의할 수 있는가?

11.7 사전에 데이터 세트를 검사하는 중요한 이유는 무엇인가?

11.8 데이터 세트를 검토하면서 조사자가 찾아낼 수 있는 다섯 가지 문제는 무엇인가?

11.9 '예외'란 무엇이며 각 예외들이 발견되었을 때 취해지는 전형적인 대응법은 무엇인가?

11.10 여러분의 교회는 수요일 저녁 성경 수업시간의 참석률이 낮다. 여러분은 그 이유를 찾아보고자 교회 사람들을 대상으로 한 전화 설문지를 설계하기로 한다. 교회에는 제한적인 자금과 구성원들이 있기 때문에 조사는 교회 사람들이 직접 하기로 했다. 현장 데이터 수집방법 중 하나인 자기조사(do-it-yourself)를 사용할 경우 높은 데이터 품질을 보장하기 위해 필요한 단계를 나열하라.

11.11 인근 할인 마트 부근에 몰인터셉트 회사가 새로이 문을 열었다. 그 회사의 사장은 직접 여러분이 일하는 보험회사에 전화를 걸어 일거리가 있는지를 물어보았다. 마침 여러분의 회사에서는 새로운 종신보험 정책에 대한 시장 반응 연구를 계획하고 있었다. 그 쇼핑몰 고객 대상 조사회사가 제공하는 데이터의 품질을 확인하기 위해서 여러분이 요구해야 할 정보들을 서술하라.

11.12 애크미(Acme) 냉매 매립회사는 미국환경보호청(U.S. Environ-mental Protection Agency)의 지시에 따라 오염된 냉매 매립을 수행하는 회사이다. 어떤 유형의 회사가 이 서비스를 필요로 할지를 결정하기 위해 애크미의 마케팅 책임자는 전화 설문지를 설계한다. 응답자로는 공장 엔지니어, 안전 엔지니어 또는 미국 대표 기업들의 이사들을 설정하였다. 애크미는 전문 현장 데이터 수집 회사를 사용하여 데이터를 수집해야 하는가? 그 이유를 기술하라.

11.13 여러분은 텔레마케팅 회사에 계약직으로 근무하고 있다. 여러분은 신용카드 계약 건수에 대하여 보상을 받는다. 회사 사장은 신용카드 신청 사업의 속도가 느려지고 있음을 인지하고 마케팅 조사 전화 인터뷰 비즈니스에 착수하기로 결정했다. 여러분이 월요일에 출근을 해보니 사장은 여러분에게 전화 인터뷰를 진행할 것을 요구하고 다량의 질문지를 전달했다. 이러한 상황에서 발생할 수 있는 의도적 현장 조사 오류에는 무엇이 있는가?

11.14 다음 각 설문지에 대해 발생할 수 있는 의도적, 비의도적 응답자 오류를 구분하라.

a. 질병통제 및 예방센터에서는 AIDS 예방과 관련하여 그에 대한 태도와 관행에 대한 우편 설문지를 발송했다.

b. 아이마스터즈(Eyemasters)에서 콘택트 렌즈에 대한 의견과 용도를 결정하기 위해 쇼핑몰 고객 대상 조사(몰인터셉트)를 실시했다.

c. 미국 보이스카우트는 인도주의 봉사단체에 대한 미국인의 견해를 조사하기 위한 온라인 설문조사를 후원했다.

11.15 여러분은 오늘 O-Tay 리서치 회사에 마케팅 학생 인턴으로 첫 출근을 했다. 상사는 여러분에게 어제 인터뷰어들이 진행했던 전화 인터뷰 기록을 전해주며 이에 대한 분석 결과를 오늘 5시까지 제출하라고 지시했다. 해보라!

	Ronnie	Mary	Pam	Isabelle
완성	20	30	15	9
거부	10	2	8	9
부적격	15	4	14	15
부재중	20	10	21	23
연결 안 됨	0	1	3	2
도중 중단	5	2	7	9
응답 없음	3	2	4	3

사례 11.1

스컹크 주스

사업을 구상하던 대학생 두 명은 완벽한 개인보호 앱이란 무엇일까에 대해 고민하기 시작했다. 그러던 중 공학을 전공한 한 학생이 분무기 노즐이 달린 휴대전화 케이스를 디자인했다. 스컹크 주스(Skunk Juice) 앱을 켜고 사용자가 휴대전화를 공격자에게 향하게 한 뒤 '9'를 누르면 고추 스프레이가 쏘아지는 것이었다. 스프레이가 발사되면 눈과 같이 예민한 부위를 공격할 수 있을 뿐만 아니라 독한 냄새 또한 풍길 수 있다. 또한 '9'번을 성공적으로 3번 이상 누르면 자동적으로 119에 전화가 연결되고 GPS를 통해 자신의 위치를 알려 줄 수 있도록 구성했다.

두 번째 학생은 마케팅 전공자였는데 스컹크 주스의 이상적인 사용자는 여대생일 것이라고 생각했다. 그는 어두울 때 학교 캠퍼스, 특히 주차장 쪽 인근에 가보면 휴대전화를 손에 쥐거나 사용하면서 지나가는 여대생들이 많다고 지적했다. 자신의 안전에 관심이 많은 여대생은 스컹크 주스 앱과 스프레이 케이스만 있으면 언제든지 치한에 대비할 수 있기 때문에 호의적인 반응을 보일 것이라 생각했다.

하지만 이 두 학생은 등록금, 생활비 등의 문제로 여느 대학생들과 다를 바 없이 자본이 부족했다. 하지만 그들의 아이디어는 교내 'best budding idea'에서 우승을 했고 그 결과 마케팅에 1,000달러를 사용할 수 있게 되었다. 마케팅 전공 학생은 전공 교수님께 현재 대학에 등록되어 있는 여대생들을 대상으로 조사를 진행하라는 제안을 받았다. 하지만 예산이 부족하다고 판단되었기에 그는 비용 절감의 수단으로 미국마케팅협회(AMA) 학생들을 사용하여 개인 면담 데이터 수집을 하고자 했다. 스컹크 주스는 응답자들이 직접 실행해봐야 하기 때문에 개인 면담 조사는 꼭 필요했다.

이 신진 창업자들은 설문조사에 대해 아주 기뻐했지만 학생들이 이 조사를 수행할 수 있는 능력이 충분히 있는지에 대해 회의적이었다. 교수는 학생 AMA의 마케팅 조사 프로젝트 책임자와 면담을 주선했다. 그 면담에서 교수는 AMA 학생회장에게 설문조사에 대해 알리고 스컹크 주스 마케팅 담당자가 개인 면담 조사에 사용되어야 하는 품질 관리 안전장치목록을 작성하라고 했다. 그런 다음 그 목록을 가지고 AMA 학생 인터뷰 담당자 10명(5개 팀)이 캠퍼스 내 교통량이 많은 곳에서 이를 진행하게 하라고 했다.

1. 여러분이 마케팅 담당자라고 가정해보고, 인터뷰 진행 시 지켜져야 할 요소들에 대해 전문 인터뷰 회사와 비교했을 때 품질의 차이가 없을 정도로 적어보라.
2. 학생 AMA 회장이 전화를 걸어 질문지의 길이가 너무 길어 시간이 20분 이상 걸릴 것 같다는 문제점을 제시했다. 그리고 이렇게 길게 진행되면 해당 응답자에게 거부감을 줄 수 있지 않을까라는 의견을 제시했다. 다시 한 번 여러분이 마케팅 담당자라고 가정하고 질문지의 길이에 따라 어떤 무응답 오류가 발생할 수 있는지와 이에 대응할 수 있는 방법에 대해 서술하라.

사례 11.2

소니 울트라 HD TV 조사

일본 도쿄에 위치한 소니 모바일 커뮤니케이션은 전 세계 전자장비 시장에서 두드러진 경쟁자이다. 하지만 울트라 HD TV의 판매가 정체되어 있기에 담당 부서는 소니와 삼성, LG 등 주요 경쟁업체의 소비자 태도 및 인식에 대한 데이터 수집을 위해 온라인 패널회사를 사용하기로 결정했다. 이렇게 결정한 것은 (1) 온라인 설문지의 사용, (2) 미국 가정을 대표하는 무작위 표본의 보증, (3) 높은 응답률, (4) 빠른 설문조사 데이터 수집, (5) 낮은 거부율, (6) 온라인 패널 회원들의 특성은 이미 알고 있기 때문에 인구통계, 전자제품 소유권 및 라이프스타일에 대해 질문할 필요가 없음, (7) 합리적인 비용 때문이다.

이 설문조사를 진행하는 소니 마케팅 조사 전문가는 웹사이트 설명, 이메일 및 전화 커뮤니케이션 등 여러 요소를 검토하며 두 온라인 패널회사 중 한 곳을 선택하기로 결정했다. 두 회사 모두 가격대는 비슷했기 때문에 더더욱 선택이 어려웠다. 이를 돕기 위해 연구팀은 유럽의 ESOMAR(European Society for Opinion and Marketing Research)에서 발행한 온라인 표본의 조사 구매자를 돕기 위한 28개 질문을 살펴보았다.[61] 팀은 이 중 데이터 품질과 관련된 다섯 가지 질문을 선택하여 해당 회사들에게 보냈고 각각의 패널회사들은 이 다섯 가지 질문에 대한 자신들의 의견을 다음과 같이 제시했다. A회사와 B회사의 답변들을 검토하고 어떤 회사를 사용하는 것이 더 좋을지 결정해보라. 단, 결정에 있어서 데이터 품질에 대한 요소가 가장 중요하게 고려되어야 한다.

문제 1 마케팅 조사를 위한 온라인 표본을 제공하는 데 있어 어떠한 경험이 있는가?

A회사 : 저희는1999년부터 마케팅 조사를 진행했습니다. 미국 내 유일하게 사실적인 대표 표본들을 수집할 수 있는 컴퓨터 기술을 갖췄음을 자부합니다.

B회사 : 저희는 1990년 이래로 미국의 온라인 표본, 2000년부터는 유럽에, 그리고 아시아 패널은 2005년부터 '실시간'으로 공급했습니다. 지난 10년 동안 고객들에게 대략 5,000개의 온라인 표본을 제공했습니다.

문제 2 어떠한 응답자 집단에서 어떠한 방법으로 응답자를 채용하는지 설명하라.

A회사 : 응답자들은 당사 웹사이트를 통해 온라인 패널을 위해 자원하며 그들은 참여한 조사 수를 기준으로 보상받을 것이라고 알려줍니다.

B회사 : 우리는 회원들에게 신제품 및 서비스 개발에 대한 발언권을 가질 수 있음을 알리며 패널에 가입을 요청합니다. 그들은 제품을 구매할 때 사용할 수 있는 '크레딧'으로 보상을 받습니다.

문제 3 모집단을 대표할 수 있는 표본을 얻기 위해서 어떤 단계를 밟습니까?

A회사 : 10만 명이 넘는 우리의 마스터 패널은 성별, 교육, 수입, 결혼 상태 등과 같은 인구통계학적 요인과 관련하여 미국 센서스의 인구 분포를 반영합니다.

B회사 : 고객은 인구통계, 소유권, 구매 행동 및 기타 변수를 포함하여 1,000개의 변수 중 하나를 사용하여 표적 시장 모집단을 지정하게 됩니다. 고객의 기준을 충족하는 패널 회원들을 설문조사에 참여하도록 요청합니다.

문제 4 응답자에 대한 어떤 프로파일링 데이터를 보유하고 있으며 어떻게 이루어집니까?

A회사 : 우리는 인구통계, 가구 특성, 금융, 쇼핑 및 소유권, 라이프스타일 등 약 1,000가지 변수의 형태로 광범위한 개인 수준 데이터를 관리합니다. 이 모두는 2년마다 갱신됩니다.

B회사 : 각 패널 회원당 인구통계, 소유한 제품 및 서비스의 분류, 세분화/라이프스타일 요인, 건강 관련 문제, 정치적 의견, 여행, 금융, 인터넷 사용, 여가활동, 멤버십 등 약 2,500개의 데이터포인트가 있습니다. 매년 업데이트를 진행합니다.

문제 5 설문조사 초대 절차에 대해 설명해주십시오.

A회사 : 일반적으로 설문조사 초대장은 이메일을 통해 전송되며 선택한 모든 패널 회원의 개인 회원 페이지에 '설문조사를 시작하려면 여기를 클릭하십시오'라는 링크를 포함시킵니다. 설문 할당량이 채워질 때까지 선택된 패널 회원에게 매일 이메일 초대장을 발송합니다.

B회사 : 고객의 표본 요구사항에 따라 선택된 패널 회원에게 온라인 설문조사에 대한 링크가 포함된 이메일을 보냅니다. 48시간 후 패널 회원이 참여하지 않은 경우 알림을 보내고 첫 번째 알림이 표시된 후 48시간 후에 다시 알림을 보냅니다.

12 기술통계분석, 모집단 추정, 그리고 가설 검정

학습 목표

이 장에서 여러분은 다음을 학습하게 될 것이다.

12-1 어떠한 통계기법들이 마케팅 조사에서 사용되는가
12-2 기술통계분석의 활용
12-3 언제 어떠한 기술통계분석을 사용하는가
12-4 SPSS를 활용한 기술통계분석 방법
12-5 의뢰인에게 기술통계분석을 보고하는 방법
12-6 표본 통계량과 모집단 통계량의 차이
12-7 신뢰구간을 사용하여 모집단의 평균과 비율을 추정하는 법
12-8 SPSS를 활용하여 신뢰구간 계산하기
12-9 의뢰인에게 신뢰구간 보고하기
12-10 가설 검정이란?
12-11 의뢰인에게 가설 검정 결과 보고하기

우리는 어느 과정에 있는가?

1 마케팅 조사 필요성 인식
2 문제 정의
3 조사목적 수립
4 조사 설계 결정
5 정보 유형과 원천 식별
6 데이터 분석 방법 결정
7 데이터 수집 양식 설계
8 표본 계획과 크기 결정
9 데이터 수집
10 데이터 분석
11 최종 보고서 준비 및 작성

믿거나 말거나 여러분은 이미 기본적인 기술통계를 알고 있다

© Wavebreakmedia/Shutterstock

시험 직후에 학생들이 교수들에게 하는 첫 번째 질문은 무엇일까?

기술통계(descriptive statistics)에 대해서 질문을 받으면 학생들은 기초 통계 시간에 배웠던 개념들을 떠올린다. 학생들의 대부분은 필수과목이라서 할 수 없이 수강해야 했던 기초 통계학 시간을 싫어했었을 것이기에 이러한 개념들을 떠올리는 것 또한 고통스러운 일일 것이다. 물론 많은 독자들이 이 기술통계에 대해 어느 정도 이해하겠지만, 우리가 여러분 모두가 이 기술통계를 이미 알고 있다고 한다면 놀랄 사람들이 많을 것이다. 그렇다. 여러분이 깨닫지 못하고 있겠지만 여러분은 이미 기술통계를 자주 쓰고 있으며 우린 그것을 증명할 수 있다. 학생들이 시험이 끝나고 난 뒤 교수에게 하는 질문들 중에는 어떠한 것들이 있을까? 교수로서 우리의 경험에 의하면 그것은 다음과 같다.

첫 질문 : "이 시험의 평균 점수가 얼마인가요?"

만약 교수가 '85점'이라고 말했다면 여러분 중 몇몇은 자신의 점수가 85점 이상이기를 바랄 것이고 또 몇몇은 '내 점수가 85점은 되었으면 좋겠어. 그런데 평균 아래에는 몇 명이 있을까?'라는 생각을 할 것이다. 그래서 첫 질문에 대한 답은 즉시 다음과 같은 두 번째 질문을 불러온다.

두 번째 질문 : "점수 분포가 어떻게 되나요? 몇 명이 A를 받았고, 몇 명이 B, C를 받았나요?

학생들이 성적에 대해서 자주 묻는 이 두 가지 '자연스러운' 질문은 이미 기술통계를 포함하고 있다. 설문에 대해서 기본적인 기술통계는 두 가지 근본적인 질문에 대해 답을 제시해준다 –(1) 평균적인 사람이 어떻게 반응했는가? (2) 다른 사람들은 평균과 얼마나 다른가? 따라서 교수가 '85'라고 말했을 때 그는 첫째 질문에 답을 한 것이고 A, B, C에 해당하는 숫자나 비율을 말했을 때는 둘째 질문에 답을 한 것이다. 이 두 질문 모두에 대한 답을 아는 것이 중요하다는 것을 명심하라. 첫째 질문에 대한 답만으로는 평균 점수가 85점이라는 것만 알 수 있고 다른 사람들이 그 평균과 얼마나 다른가에 대해서는 알 수가 없다. 모든 사람이 85점을 맞았을 수도 있고 85점을 맞은 사람은 아무도 없고 몇몇은 아주 높은 점수를 받은 반면에 몇몇은 아주 낮은 점수를 받았을 수도 있다. 이러한 답에 따라 교수가 평균 점수를 해석하는 것이 달라진다는 것을 알아야 한다. 첫째 경우에는 모두가 '평균' 정도를 한 경우이고 둘째 경우는 몇몇은 아주 우수한 반면에 몇몇은 어떤 이유에서건 전혀 배우지 못하고 있는 경우이다. 이렇게 이 두 질문에 대한 답을 모두 아는 것이 중요하다.

기본적인 기술통계 개념을 마케팅 조사의 예에 적용해보자. Auto Concepts 사례에서 우리는 소비자들에게 그들의 인구통계적인 정보, 구독하는 잡지, 미디어 선호도, 그리고 연비가 좋은 자동차 모델들에 대한 선호도 등 많은 질문을 했다. 이러한 질문에 대한 응답들을 빠짐없이 SPSS와 같은 통계 프로그램에 입력한 후에 마케팅 조사자는 기술통계분석을 실시한다. 여러분은 '능동적 학습'과 '사례' 코너에서 이러한 데이터를 다룰 수 있을 것이기에 지금은 간단하게 이 예를 읽어보는 것만 하도록 하자. 예를 들어 이러한 질문을 할 수 있을 것이다. "5인승 고연비 휘발유 자동차를 어떻게 생각하십니까?" 이 질문에 대한 답은 1(아주 비매력적)에서부터 7(아주 매력적)까지 7점 척도로 측정되었다고 하자. 이제 우리는 전술한 두 가지 질문에 대한 답을 할 준비가 되었다. 즉 질문에 대한 평균적인 응답은 무엇인가? 이 척도는 등간척도이기 때문에 '평균'은 산술평균을 사용할 수 있다. 이 장에서 배우게 될 것이지만, 산술평균을 사용하기 위해서는 SPSS 안에서 '기술통계'라는 명령어를 사용할 수 있고 그 결과로 다음과 같은 표가 출력될 것이다.

기술통계

	N	최솟값	최댓값	평균	표준편차
매력도 : 5인승 고연비 휘발유 자동차	1,000	1	7	3.21	1.453
N	1,000				

평균은 7점 척도상에서 3.21이다. 이는 시험의 평균 성적이 85점이라는 것을 아는 것과 같다. 이것만으로도 우리는 이 자동차의 매력도가 너무 낮지도 높지도 않다는 것을 알 수 있다. 아마도 어느 정도의 매력도를 가지고 있을 것이다. 자, 이제 우리의 두 번째 질문은 어떻게 할까? 즉 이 평균값을 가지지 못한 사람들의 점수는 이 평균과 얼마나 다를 것인가? 통계학자들은 이 다름을 표현하기 위해서 *분산*(variance)이라는 용어를 사용한다. 이 분산을 나타내는 척도 중 하나가 *표준편차*이고 이 데이터에서는 1.453이다. 이 숫자가 클수록 더 많은 사람들이 평균과 다른 값을 가지고 이 숫자가 작을수록 더 적은 수의 사람들이 평균과 다른 값을 가진다. 이 분산의 또 다른 척도는 *범위*(range)이다. 우리는 이 데이터의 경우 몇몇은 최솟값(1)을 가지고 몇몇은 최댓값(7)을 가짐을 알 수 있다. 만약 이 7개의 다른 응답 카테고리 안에 각각 몇 명이 포함되는가를 알고 싶다면 SPSS의 '빈도분석'이라는 명령어를 사용하면 되고 다음과 같은 결과를 얻을 수 있다.

매력도 : 5인승 고연비 휘발유 승용차

	빈도	퍼센트	유효 퍼센트	누적 퍼센트
아주 비매력적	104	10.4	10.4	10.4
비매력적	248	24.8	24.8	35.2
조금 비매력적	288	28.8	28.8	64.0
중립	141	14.1	14.1	78.1
조금 매력적	150	15.0	15.0	93.1
매력적	51	5.1	5.1	98.2
아주 매력적	18	1.8	1.8	100.0
합계	1,000	100.0	100.0	

이 두 표만으로도 마케팅 조사자는 의뢰자가 질문에 대한 응답을 이해하기 위해 필요한 모든 기본적인 기술통계

량을 제공한 것이다. 이 장에서 여러분은 언제 그리고 어떻게 SPSS의 '기술통계'와 '빈도분석'이라는 명령어를 사용하는지를 배우게 될 것이다. 이 장에서 여러분은 이 기술통계가 의미하는 바를 명확하게 이해하는 것을 넘어서 SPSS를 사용하여 그것을 구하는 법을 배우게 될 것이다. 또 이러한 기술통계야말로 마케팅 조사의 근간이라는 것을 알게 될 것이다.

이 장은 마케팅 조사자가 활용할 수 있는 여러 가지 통계기법에 대하여 토의를 하는 것으로 시작하고자 한다. 곧 배우게 되겠지만 이러한 기법들은 형태가 없는 데이터를 중요한 정보들로 바꿀 수 있는 도구들이다. 이러한 기법들은 마케팅 조사자들이 분석한 데이터 세트에서 발견된 패턴을 요약하고 전달한다. 우리는 마케팅 조사에서 흔히 쓰이는 다섯 가지 기법을 맛보기로 볼 것이다. 그다음에는 기술통계를 정의하고 최빈값(mode), 중위수(median), 평균(mean)과 같은 기술통계 척도에 대하여 설명할 것이다. 이에 더하여 변동성(variability)에 대한 척도로 쓰이는 빈도분포(frequency distribution), 범위(range), 표준편차(standard deviation)에 대하여 설명할 것이다. 그리고 언제 이러한 척도들을 사용하는가 하는 것이 중요한 만큼 거기에 대해서도 토의할 것이다. 그리고 이러한 기술통계값을 SPSS를 사용하여 어떻게 구할 것인가 하는 것을 공부할 것이다.

이 장의 후반부는 표본을 통하여 얻은 값인 **통계치**(statistics)와 모집단의 값인 **모수**(parameter)를 구분하는 것에 대하여 논의하는 것으로 시작하여 논리적 추론의 개념이 어떻게 통계적 추론(statistical inference)과 연관되는지를 보일 것이다. 통계적 추론에는 두 가지 종류가 있는데 우리는 그 두 경우 모두를 설명할 것이다. 그 첫째는 표본의 평균과 표본의 크기를 바탕으로 하여 모집단의 값을 추정하는 것과 같이 값 자체를 추정하는 방식이고, 둘째 방식은 표본의 값들이 모집단의 값에 대하여 마케팅 조사자나 마케팅 관리자가 가지고 있는 사전적인 지식을 얼마나 지지하는지를 판정하는 가설 검정법이다. 우리는 이러한 방법들을 이해할 수 있도록 공식과 예제들을 보일 것이고 Auto Concepts 설문 데이터를 실제로 SPSS로 분석하는 과정과 결과를 보일 것이다.

12-1 마케팅 조사에 쓰이는 통계의 유형

이전 장에서 마케팅 조사자들은 숫자들이 행과 열로 정리된 데이터 세트를 사용한다는 것을 배웠을 것이다. 데이터 세트의 행은 응답자로 구성되고 열은 설문지의 여러 질문에 대한 답으로 구성된다. 이 데이터 세트로 마케팅 조사자들은 **데이터 분석**(data analysis)을 한다. 이 데이터 분석이란 데이터의 다양한 면의 특성을 나타내는 통계치들을 계산함으로써 데이터를 설명하는 것을 의미한다. 데이터 분석은 전체 데이터를 요약하여 의뢰인이 데이터의 중요한 특성들을 이해할 수 있기에 충분한 정보를 증류해내는 과정이다.[1]

마케팅 조사자가 데이터를 요약하기 위해서 쓰는 통계적 기법에는 기술분석(descriptive analysis), 통계적 추론 분석(inference analysis), 차이분석(difference analysis), 연관분석(association analysis), 관계분석(relationship analysis)(표 12.1)의 다섯 가지가 있다. 각각의 기법은 통계분석에서 저마다의 역할이 있고 조사목적을 달성하기 위해서는 이러한 기법들이 결합되어 사용된다. 위의 기법들은 뒤로 갈수록 복잡해지지만 그만큼 뒤로 갈수록 더 유용한 정보들을 제공한다.

여기서는 이러한 여러 가지 기법에 대해서 간단히 맛보기로 살펴볼 것이다. 여기서는 단지 소개만을 할 것이기 때문에 이러한 기법들의 이름들이 자세한 정의나 설명 없이 사용될 것이다. 그 정의나 보다 자세한 설명들은 다음 장들에서 더욱 자세히 다루어질 것이지만 여기서는 이러한 분석들이 어떠한 것이고 어떤 통계분석 범주에 속해 있는지를 이해할 수 있어야 한다.

기술분석

마케팅 조사자들은 응답자들의 '전형적인' 응답자들과 응답의 일반적인 패턴을 묘사하기 위해서 평균, 최빈값, 표준편차, 그리고 범위 같은 **기술분석**(descriptive analysis)을 사용한다. 기술분석은 보통 분석의 초기 단계에 이루어지고 이후에 이루어질 분석의 초석이 된다.[2]

기술분석은 데이터 세트(모든 응답자의 응답)에 있는 변수(설문 응답)를 기술하기 위해서 사용된다.

통계적 추론 분석

통계적 추론 분석(inference analysis)이란 표본의 결과를 그 표본이 대표하는 모집단으로 일반화하기 위하여 마케팅 조사자들이 사용하는 통계적 절차를 의미한다. 다시 말하면 이러한 절차는 마케팅 조사자들이 표본에서 얻은 정보를 이용하여 모집단에 대하여 결론을 내릴 수 있도록 해주며 통계적 가설 검정이라든지 신뢰구간을 이용한 모집단의 값을 결정하는 것들을 포함한다. 이 장에서 이 통계적 추론에 대한 설명을 할 것이다.

통계적 추론 분석은 표본데이터에 바탕하여 모집단에 대한 결론을 내리기 위하여 사용된다.

차이분석

종종 마케팅 조사자는 두 집단이 서로 다른가에 대하여 결정할 필요가 있다. 예를 들면 조사자는 신용카드 이용 데이터를 분석하여 고소득층과 중산층이 아메리칸 익스프레스 카드의 사용빈도에 있어 차이가 있는지를 알고 싶어 할 수 있을 것이다. 조사자는 고소득층과 중산층의 아메리칸 익스프레스 카드 연평균 청구 금액을 통계적으로 비교할 수 있을 것이다. 또는 여러 다른 광고들을 비교하여 어떤 광고가 가장 우호적인 반응을 불러일으키는가 하는 것을 비교할 수 있을 것이다. 이

차이분석은 대량 사용자와 소량 사용자 등을 비교하는 것처럼 한 집단의 응답 평균값과 다른 집단의 응답 평균값을 비교하는 데 사용된다.

표 12.1 마케팅 조사자들이 사용하는 다섯 유형의 통계분석

유형	설명	예	통계 개념과 기법
기술분석(제12장)	표본의 요약	전형적인 응답자 기술, 응답자들이 전형적인 응답자들과 얼마나 유사한가	평균, 중위수, 최빈값, 도수분포, 범위, 표준편차
통계적 추론 분석(제12장)	모수의 결정, 가설 검정	모집단값 추정	표준오차, 귀무가설
차이분석(제13장)	차이의 존재 유무 결정	두 집단의 평균들 사이에 통계적으로 유의미한 차이가 있는가	t검정, 분산분석
연관분석(제14장)	연관성의 결정	두 변수가 체계적으로 연관되어 있는가	상관관계, 교차분석
관계분석(제15장)	변수 간의 복잡한 관계 발견	여러 독립변수들과 주요한 종속변수와의 관계 결정	다중회귀분석

© Paffy/Shutterstock

차이분석은 신용카드 사용자 집단 사이의 중요한 특이점을 발견해줄 수 있다.

경우에 조사자들은 관리자가 어떤 광고 아이템을 사용할 것인가에 대한 결정을 돕기 위하여 모집단에서 광고 테마들 사이에 차별화된 그리고 일반화할 수 있는 차이가 존재하는지 또 그 차이의 정도는 어느 정도인가를 결정할 수 있을 것이다. 조사자는 이러한 경우에 **차이분석**(difference analysis)을 수행하는데 주로 t 검정과 분산분석(analysis of variance)을 사용한다. 이 기법에 대한 설명은 제13장에서 이루어질 것이다.

연관분석

조사자들은 변수들 사이에 체계적인(systematic) 관계가 존재하는가에 대한 분석을 할 수 있고 이를 **연관분석**(association analysis)이라고 부른다. '광고 회상 지수는 그 광고된 브랜드의 매출과 관계가 있는가? 판매원의 교육에 지출된 금액과 판매원의 성과 사이에 양(+)의 관계가 존재하는가?' 등의 문제들이 그 예이다. 통계기법에 따라 이러한 분석은 설문지의 두 질문 사이에 존재하는 관계의 방향성과 그 강도 역시 알아낼 수 있다. 제14장에서는 마케팅 조사의 기본적인 연관분석에 사용되는 교차분석(cross-tabulation)과 상관관계에 대해서 설명할 것이다.

관계분석

연관분석은 2개 혹은 다수의 변수간의 연관성의 방향과 강도를 파악하기 위하여 사용된다.

관계분석은 변수들 사의의 다중 관계에 대한 이해를 가능하게 한다.

변수들 간 관계의 보다 복잡한 패턴을 알아내는 기법들도 존재하지만 하나의 기법을 제외하고 이러한 기법들의 대부분은 이 책의 범위를 넘어서는 것들이다. 마케팅 조사자가 미래의 일을 예측할 수 있도록 도와주는 기법들을 **관계분석**(relationship analysis)이라고 부르며 회귀분석이 그 복잡한 관계를 할 수 있도록 해주는 대표적인 기법이다. 마케팅 관리자들은 복수의 요소들을 동시에 고려하기 때문에 데이터상의 여러 변수 간 관계를 파악하는 것은 아주 중요하다. 회귀분석은 이러한 고려를 가능하게 해주고 이 책의 제15장에서 다루어질 것이다.

이 책의 목적은 여러분을 통계 전문가로 만드는 것이 아니라 각 기법들에 대해서 기초적인 이해를 도모하는 것에 있다. 여러분이 마케팅 관련 일을 하는 동안에는 기본적인 통계분석을 하게 되거나 통계용어로 설명된 문건을 접하게 될 수 있을 것이다. 따라서 이러한 통상적으로 이루어지는 통계분석에 대하여 기본적인 이해를 갖는 것이 필요하다. 이 책은 이러한 기법들이 언제 그리고 어디서 이루어지는지에 대한 독자들의 이해를 돕고 통계 결과가 포함된 보고서들을 읽고 이해하는 데 도움을 주기 위하여 쓰여졌다. 또 독자들은 통계분석 프로그램의 출력물이나 그 출력물이 요약된 보고서를 접하게 될 것이기 때문에 이 책은 통계분석 출력물을 이해하는 것에도 초점을 둘 것이다.

12-2 기술통계분석의 이해

응답자 표본들로부터 구해진 데이터를 요약하기 위해서 조사자들이 사용할 수 있는 몇 가지 기술통계분석 도구들을 살펴보자. 이 장을 포함하여 이후의 모든 장에서 우리는 **Auto Concepts.sav**라는 이름의 SPSS 데이터 파일에 정리가 된 Auto Concepts 설문 데이터 세트를 사용할 것이다. 이 데이터 파일을 다운로드하려면 http://www.pearsonhighered.com/burns 사이트로 가서 데이터 다운로드 섹션을 찾으면 된다.

표본에서 얻은 정보를 기술하기 위해서는 두 종류의 척도가 빈번히 사용된다. 첫째는 중심화 경향, 즉 '전형적인' 응답을 기술하는 척도들이고 둘째는 변동성, 즉 각각의 응답들이 '전형적인' 응답과 얼마나 같고 다른지에 관한 척도이다. 기술통계분석의 다른 척도들도 있으나 중심화 경향이나 변동성만큼 자주 사용되지는 않으며 의뢰인에게도 거의 보고되지 않는다.

기술통계분석 중에서는 중심화 경향(전형적인 응답)과 변동성(응답의 유사성)을 나타내는 척도가 흔히 쓰인다.

중심화 경향 척도 : '전형적인' 응답 요약하기

중심화 경향 척도(measures of central tendency)를 사용하는 모든 기술통계분석의 목적은 질문에 대한 전형적인 응답을 나타내는 한 조각의 정보를 보고하는 것이다. **중심화 경향**(central tendency)이라는 용어는 전형적인 응답 혹은 가장 흔한 응답을 나타내는 모든 통계척도에 사용된다.[3] 중심화 경향 척도에는 최빈값, 중위수, 평균이라는 세 가지 척도가 사용되며[4] 아래에서 하나씩 설명하겠다.

중심화 경향 척도에는 최빈값, 중위수, 평균이 있다.

최빈값 **최빈값**(mode)은 데이터의 일련의 숫자들 중에서 가장 자주 나타나는 값으로 정의된다. 다시 말해 데이터에 있는 숫자들을 스캔한다면 최빈값은 다른 어떤 숫자보다 자주 발견되는 숫자이다.

최빈값은 숫자들의 집합 중에서 가장 흔하게 나타나는 숫자를 의미한다.

여러분은 이 최빈값이 상대적인 중심화 경향 척도라는 것을 알아야 한다. 즉 이 최빈값은 대다수의 응답일 필요가 없다. 단지 가장 자주 발견되는 응답이기만 하면 되고 응답의 50%를 넘어야 된다거나 하는 것이 아니다. 만약 가장 자주 발견되는 숫자가 2개라면 이 분포를 '이정점(bimodal)' 분포라고 한다. 세 가지 숫자가 같은 빈도로 가장 흔하게 발견된다면 '삼정점(trimodal)'이라고 부를 수 있다.

중위수 다른 중심화 경향 척도로는 **중위수**(median)가 있는데 이는 순서대로 나열된 숫자들 중 중간에 위치한 숫자를 말한다. 분포의 절반은 이 숫자보다 크고 절반은 이 숫자보다 작은 그러한 숫자가 중위수이다. 즉 오름차순 혹은 내림차순으로 정렬된 숫자들 중에서 그 발생 빈도를 고려하여 중간에 위치한 숫자이다. 값들이 홀수라면 중위수는 언제나 그 숫자들 중 하나가 되지만 값들이 짝수라면 그 숫자는 숫자들 사이에 위치하게 된다.

중위수는 순서대로 나열된 숫자들 중에 중간에 위치한 숫자를 말한다.

이 중위수를 계산하기 위해서 조사자는 숫자들의 도수분포나 백분율 분포를 오름차순 혹은 내림차순으로 정리해야 한다. 그다음에는 누적 분포를 계산하여 50% 지점이 어디인지를 계산하면 그 지점이 중위수가 된다. 이 중위수는 최빈값보다 많은 정보를 가지고 있다. 최빈값은 어디에서든 발견될 수 있지만 이 중위수는 데이터의 중간 지점에만 위치하고 있다.

평균 세 번째 중심화 경향 척도는 **평균**(mean)이다. 이 평균은 최빈값과 중위수와는 달리 계산이 필요하며 다음과 같은 공식에 의하여 계산된다.

일반적으로 평균이라고 하면 보통 숫자들의 산술평균을 의미한다.

Marketing Research on YouTube™

중심화 경향에 대해 학습하려면 www.youtube.com에서 Measures of Central Tendency Rap을 검색하라.

평균 계산을 위한 공식

$$평균(\bar{x}) = \frac{\sum_{i=1}^{n} x_i}{n}$$

n = 사례 숫자

x_i = 개별 데이터의 값

$\sum$ = 숫자들의 합

각각의 값이 x_i로 표시된 n개의 숫자 집합에서 그 모든 숫자들을 더하고 그 합을 숫자 집합 안의 숫자의 수 n으로 나눈 것이 이 집합의 중심화 경향 척도 중 하나인 평균이다. 이 평균은 이 숫자 집합에서 가장 전형적인 값에 가깝다. 평균은 집합 안의 모든 숫자를 고려하여 계산되기 때문에 중위수보다 더 많은 정보를 가지고 있고 보다 널리 알려진 통계 개념이다.

변동성 척도들은 숫자들 사이의 전형적인 차이를 나타낸다.

이 변동성 척도에는 빈도 분포, 범위, 그리고 표준편차가 흔히 쓰인다.

빈도(백분율) 분포는 어떠한 숫자들의 조합 중에서 특정한 값이 출현하는 횟수를 숫자별로 정리한 것이다.

변동성 척도 : 응답자의 다양성에 대한 척도

중심화 경향에 대한 척도들은 아주 유용하게 쓰일 수 있는 것들이지만 어떤 특정한 숫자들의 조합에서는 그 숫자들의 가치를 판단하는 데 불충분하다. 즉 그것들은 어떠한 특정한 질문에 대한 응답들 사이의 변동성이나 응답자들이 가지고 있는 특성의 다양함을 보여주지 못한다. 마케팅 조사자들은 이러한 다양성과 변동성에 대한 인식을 얻기 위해 변동성 척도에 관심을 기울여야 한다. 모든 **변동성 척도**(measures of variability)는 숫자들 사이의 '전형적인' 차이에 주목한다.

최빈값이나 평균 등의 중심화 경향 척도를 아는 것과 다른 숫자들이 이 중심화 척도로부터 얼마나 떨어져 있는지를 아는 것은 다른 문제이다. 이러한 변동성을 안다는 것은 응답들이 서로 얼마나 비슷한지를 알려주는 것이라 마케팅 의사결정에 중요한 영향을 끼칠 수 있다. 이 변동성 척도에는 빈도 분포, 범위, 그리고 표준편차가 흔히 쓰인다. 각 척도들은 응답의 다양성에 대하여 자신만의 독특한 방식으로 정보를 제공한다.

© Mangostock/Shutterstock

변동성은 어떤 자동차 모델을 선호하는가 등의 특정 주제에 대하여 응답자들이 얼마나 다른가 하는 것을 보여준다.

빈도/백분율 분포 **빈도 분포**(frequency distribution)는 어떠한 숫자들의 조합 중에서 특정한 값이 출현하는 횟수를 숫자별로 정리한 것이다. 빈도 자체는 횟수로 헤아려지지만 보다 편한 비교를 위해서 백분율로 표시되기도 한다. 즉 특정한 숫자의 빈도를 모든 숫자의 빈도의 합으로 나누면 특정한 값의 빈도에 대한 백분율값이 나오고 이것의 분포를 **백분율 분포**(percentage distribution)라고 한다. 물론 이러한 백분율값을 모두 더하면 100%가 된다.

자세히 말하면, 이 빈도 분포는 숫자 조합의 모든 숫자들을 고려하여 이 숫자들이 얼마나 비슷한가를 보여준다. 보통 사람들은 이 빈도를 백분율과 쉽게 연관지어 생각하기 때문에 빈도 분포 대신에 백분율 분포가 사용되거나 둘 다 나란히 사용되기도 한다. 더구나 백분율 분포는 의뢰인들과 소통하는 데 도움이 되는 원그래프나 막대그래프[5]로 쉽게 표현될 수 있다.

구간 **구간**(range)은 순서대로 나열된 숫자들의 최솟값과 최댓값 사이의 거리를 나타낸다. 조금 다르게 말하면 이 구간은 크기순으로 나열된 숫자 조합의 양 끝점 사이의 거리를 의미한다. 구간은 빈도 분포에 나타나 있는 모든 정보를 보여주지는 못하지만 숫자들 조합의 최대 간격을 보여준다. 구간 역시 최댓값과 최솟값이 얼마나 자주 나타나는지 말해주지 않는다. 그러나 이런 끝점들이 얼마나 떨어져 있는지는 알려줄 수 있다.

구간은 최솟값과 최댓값 사이의 거리를 나타낸다.

표준편차 **표준편차**(standard deviation)는 변동성 혹은 다양성의 정도를 정규분포 형식으로 나타낼 수 있도록 해준다. 마케팅 조사자들은 기초적인 분석을 할 때 이 표준편차를 많이 이용하며 최종 리포트에도 보고한다. 따라서 여기서 이 통계적 개념에 대한 기본적인 설명을 하려고 한다.

표준편차는 변동성 정도를 정규분포 형식으로 나타낼 수 있도록 해준다.

그림 12.1은 종 모양의 정규분포를 따르고 있는 숫자들의 특성을 보여준다. 표본 크기 결정에 대한 논의에서도 밝혔지만 이 분포의 유용성은 이 분포가 좌우대칭이라는 점이다. 정확하게 분포의 50%가 곡선의 꼭짓점에 대응되는 중간점의 양쪽에 위치하고 있다. 정규분포에 있어서 이 중간점은 평균이고 아래 그림처럼 모집단의 분포를 나타낼 때는 μ로 나타낸다. 표준편차는 표준화된 측정치의 단위로서 그림의 수평축에 나타나 있다. 또 이는 정규분포의 가정들과 관련되어 있다. 예를 들어 평균을 중심으로 하여 양쪽으로 표준편차의 1.64배만큼 이동한 두 점들 사이의 곡선 아래에는 전체 면적의 90%가 포함된다. 이 정규분포는 이상적이고 이론적인 분포이기 때문에 이러한 특성은 변하지 않는다. 더구나 평균 좌우로 표준편차의 특정한 배수만큼을 이동했을 때 그 두 점 사이의 곡선 아래에 전체 면적의 몇 퍼센트가 포함되는지에 대한 것도 정해져 있다. 마케팅 조사자들에게는 이러한 배수 중 두세 숫자가 특히 흔하게 사용된다. 평균 양쪽의 숫자가 표준편차에 ±2.58을 곱한 값이라면 이 양쪽 숫자 사이에 곡선 아래 면적의 99%가 포함되고 ±1.96이라면 곡선 아래 면적의 95%가 포함된다. 또 전술한 바와 같이 ±1.64라면 90%가 포함된다. 빈도의 분포는 이

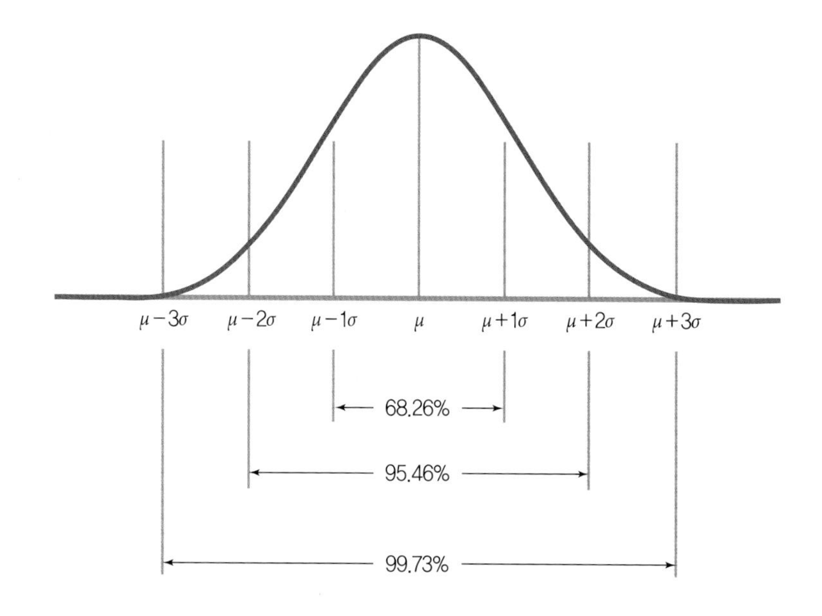

그림 12.1 표준편차를 이용한 정규분포곡선

표준편차는 정규분포를 따르는 숫자들의 특성을 나타낸다.

러한 정규분포에 근접한 형태를 가진다는 것을 가정하는 것이 중요한데 이러한 가정을 염두에 두고 다음의 예를 살펴보자.

이제 정규분포를 실제로 계산하는 법을 살펴보자. 표준편차를 계산하는 공식은 다음과 같다.

표준편차 계산공식

$$\text{표준편차}(s) = \sqrt{\frac{\sum_{i-1}^{n}(x_i - \bar{x})^2}{n - 1}}$$

여기서

n = 사례 숫자

x_i = 각 사례의 값

$\bar{x}$ = 평균값

$\sum$ = 합산기호

표준편차는 모든 값이 평균과 얼마나 다른가에 대한 정보를 하나의 숫자로 보여준다. 따라서 표준편차를 계산하기 위해서는 평균으로부터 시작해야 한다. 각각의 값들이 평균으로부터 얼마나 다른지를 각 값에서 평균을 뺀 것으로 나타내고 그 값에 제곱을 한다. 아마도 여러분은 차이를 제곱하고, 합하고, 또 $(n-1)$로 나누는 것이 이상하게 보일 수도 있을 것이다. 만약 제곱을 하지 않는다면 평균과의 차이를 나타내는 값들은 양의 값과 음의 값으로 나타날 것이다. 이 상태로 이 값들을 더하게 되면 양의 값과 음의 값들은 서로 상쇄될 것이다. 즉 큰 양의 차이는 큰 음의 차이로 인해 사라지게 될 것이고 위 식의 분자는 0에 가깝게 될 것이다. 하지만 이 결과는 큰 차이가 있다면 큰 표준편차로 나타내어야 하는 원칙에 반하는 것이다. 위의 공식은 합산을 하기 전에 제곱을 하여 음의 값을 양을 값으로 변화시켜주고 양의 값은 양을 값으로 유지시켜주어서 위와 같은 문제를 고칠 수 있다. 다음으로는 제곱한 모든 차이를 더하고 그 합을 모든 관측치의 숫자에서 1을 뺀 값으로 나눈다. 이렇게 1을 빼는 이유는 '편의가 없는' 표준편차값(불편추정량)을 구하기 위한 장치이다. 다음으로 이 숫자는 제곱을 함으로써 원래보다 커져 있기 때문에 이를 바로잡기 위해서 제곱근을 취한다. 그런데 이렇게 제곱근을 취하지 않으면 이 값은 **분산**(variance)이라고 불린다. 즉 분산은 표준편차의 제곱값이다.

제곱을 하는 것은 숫자들이 서로 상쇄되는 것을 막기 위함이다.

정규분포하에서는 95%의 값들이 평균으로부터 ±1.96×표준편차만큼 떨어진 두 점 사이에 존재한다.

자, 이제 여러분은 평균과 표준편차를 모두 알게 된다면 특별한 분포의 그림을 머릿속에 떠올릴 수 있을 것이다. 그 분포가 종 모양의 정규분포임을 가정한다면 표준편차의 크기는 분포의 값들이 평균과 얼마나 다른지에 대한 인식을 얻을 수 있을 것이다. 즉 표준편차의 값이 작다면 그 분포는 평균 주변으로 압축된 형태를 띨 것이고 표준편차의 값이 크다면 양쪽으로 확장된 형태를 가질 것이다.

Marketing Research on YouTube™

중심화 경향 척도에 대해서 알고 싶다면 **www.youtube.com**에서 **Summarizing Distributions: Measures of Variability**를 검색하라.

12-3 언제 특정 기술통계치를 사용하는가

제8장에서 우리는 사용된 척도의 종류가 사용될 수 있는 통계적 분석방법에 영향을 끼친다는 것을

표 12.2 어떤 기술통계를 언제 사용하는가

질문의 예	척도 수준	중심화 경향 척도 (가장 전형적인 답변)	변동성 (응답들 간의 유사성)
당신의 성별은 무엇입니까?	명목척도	최빈값	빈도/백분율 분포
다음의 다섯 브랜드를 선호하는 순서대로 순위를 주세요.	서열척도	중위수	누적 백분율 분포
1에서 5까지의 숫자를 사용하여 스타벅스의 음료들을 평가해주세요.	등간척도	평균	표준편차 그리고/혹은 구간
지난 주 점심시간에 패스트푸드를 몇 번이나 구매했습니까?	비율척도	평균	표준편차 그리고/혹은 구간

배웠다. 기억하겠지만 명목척도를 사용한 설문의 경우는 등간성을 가정한 척도를 사용한 설문보다 훨씬 적은 정보를 제공한다. 제8장에서 우리는 등간척도와 비율척도의 예를 제시했다. SPSS에서는 이 두 척도의 경우에 모두 'scale'이라고 이름붙이는 것으로 이 두 척도를 식별하게 했다. 비슷하게, 다양한 종류의 중심화 경향 척도와 변동성/다양성 척도가 제공하는 정보의 양도 다르다. 일반적으로 많은 정보를 제공할 수 있는 통계적 척도(예 : 평균, 표준편차)는 많은 정보를 제공할 수 있는 측정척도(등간척도, 비율척도)와 함께 쓰이고 적은 정보를 제공하는 통계적 척도(예 : 최빈값)는 적은 정보를 제공하는 측정척도(예 : 명목척도)와 쓰인다. 측정척도가 통계적 척도를 결정한다고 할 수 있다. 그렇지 않다면 척도들은 이해하기 어렵게 된다.

© Eric Isselee/Shutterstock

헷갈리는가? 너무 고민하지 말고 표 12.2를 사용하여 무엇이 적합한 기술통계량인지 살펴보라.

언뜻 보기에는 이러한 규칙들이 이해하기 힘들 수도 있을 것이다. 하지만 각 질문의 측정척도가 어떠한 통계적 척도를 사용할 수 있는가를 결정한다는 것을 이해한다면 이러한 규칙들은 자명할 것이다. 정확하게 이 시점에서 여러분은 데이터 코딩이 자의적으로 이루어짐을 이해해야 한다. 즉 자신의 종교를 묻는 질문에 여러분은 응답자의 종교가 가톨릭이면 '1'을, 개신교이면 '2'를, 불교이면 '3'을 줄 수 있을 것이다. 이 변수의 평균값을 구하는 것은 가능한 일이다. 하지만 만약 그 평균이 2.36이라고 하자. 그것은 무엇을 의미하는가? 이 평균은 아무런 의미를 가질 수가 없다. 평균을 구하려면 그 척도가 등간척도나 비율척도(이 둘을 SPSS에서는 'scale'이라고 부른다)여야 하는데 이 종교는 명목척도로 측정되었기 때문이다. 이 경우에는 최빈값을 구하는 것이 적절한 중심화 경향 척도이다.

표 12.2는 척도의 수준이 세 가지 중심화 경향 척도와 어떻게 연관되는지를 보여준다. 조사자들은 그 척도에 따라서 통계분석법을 결정하고 컴퓨터에 그 분석을 실행하도록 명령하기 때문에 척

도에 대한 명확한 이해는 필수적인 것이라는 점을 여러분은 이 표를 통해서도 깨달을 수 있어야 한다. 우리는 전통적으로 그리고 편리하다는 이유로 데이터를 숫자로 저장하기 때문에 컴퓨터는 그 숫자들의 측정 척도를 분간할 수가 없다.

능동적 학습

중심화 경향 척도와 변동성 척도 계산하기

이 장은 중심화 경향 척도(평균, 중위수, 최빈값)와 더불어 변동성 척도(백분율 분포, 구간, 표준편차)를 설명했다. 또 특정 중심화 경향이나 변동성 척도는 어떤 측정척도의 경우에는 적합하지만 어떤 측정척도에는 적합하지 않다는 것도 알게 되었을 것이다. 아래의 표는 프로판 가스 그릴에 대한 설문 응답으로 구성된 데이터이다.

각 설문 질문에 대하여 어떤 중심화 경향 척도를 사용하고 어떤 변동성 척도를 사용할지를 결정하고 직접 계산해보라. '응답자' 항목 아래에는 여러 척도가 기입되어 있다. 이들 중 각 질문에 적합한 것에는 그 답을 구하고 적합하지 않은 척도에는 '부적합'이라고 써보라.

응답자	가스 그릴을 몇 년 동안 소유하셨습니까?	가스 그릴을 어디서 구매하셨습니까?	가스 그릴에 얼마를 지불하셨습니까?
1	2	백화점	200달러
2	7	철물점	500달러
3	8	백화점	300달러
4	4	전문점	400달러
5	2	전문점	600달러
6	1	백화점	300달러
7	3	백화점	400달러
8	4	백화점	300달러
9	6	전문점	500달러
10	8	백화점	400달러
평균	________	________	________
표준편차	________	________	________
구간 : 최댓값	________	________	________
구간 : 최솟값	________	________	________
중위수	________	________	________
최빈값	________	________	________

12-4 Auto Concepts 설문 : SPSS를 사용해 기술통계량 구하기

설문의 질문이 어떤 척도를 사용하도록 되어 있는가에 따라 적합한 기술통계의 종류는 달라진다.

통합 사례

이 장과 이후의 통계분석을 다루는 모든 장에서는 SPSS를 어떻게 사용하는지에 대하여 두 가지 방식으로 설명할 것이다. 첫째, 본문 안에서는 그 사용법을 한 단계, 한 단계 설명할 것이고 이에 더하여 SPSS의 출력 결과 예를 포함시킬 것이다. 둘째 방식은 'SPSS 학생 도움(Student Assistant)'을 이용한 것이다. 여러분은 이미 이 '학생 도움' 항목에 익숙할 것이다. 여러분은 그 안의 통계분석 섹션을 통하여 SPSS를 어떻게 사용하고 SPSS 출력물에서 어떻게 특정 분석 결과를 찾아내는지에 대해서 배울 수 있을 것이다.

Auto Concepts 설문의 기본적인 결과치들을 확인하려면 기술통계를 사용해야 한다.

IBM : SPSS를 사용하여 Auto Concepts 데이터 세트를 열고 사용해보기

이 데이터를 구축하기 위하여 사용된 설문지는 이 책의 온라인 사이트에서 찾을 수 있다. 이 설문지를 바탕으로 패널회사의 도움을 받아 온라인 설문을 실시했고 시간 안에 응답한 응답자들의 답변으로 이 데이터가 구축되었다. 인구통계적 변수와 자동차를 소유 여부 등 몇몇 질문에 대한 응답은 패널회사로부터 구입했다. 이러한 설문과 구입한 데이터는 통합되어서 변수 이름과 레이블 이름을 가진 하나의 데이터 세트로 통합되었다. 이 과정을 통하여 최종적으로 1,000명의 응답자와 32개의 변수를 가진 데이터로 완성되었고 '**Auto Concepts.sav**'라는 파일명을 가진 SPSS 데이터 파일로 저장되어 있다. 여러분은 가능한 한 빨리 이 데이터를 다운로드해서 SPSS를 이용하여 이 데이터에 사용된 설문과 응답 유형에 대해서 살펴보기를 권장한다. 이 장과 이후의 장에서 사용될 SPSS를 이용한 통계분석을 설명할 때 이 데이터가 사용될 것이다.

지금부터 여러분은 통계분석 문제에 직면한 마케팅 조사자들을 어깨 너머로 살펴보게 될 것이다. SPSS 데이터 세트는 '변수 보기'라는 탭 안에서 행과 열로 이루어져 있다. 이 각각의 행은 각각의 응답자에 대응되고 열은 설문지의 설문 문항에 대응된다. 사용된 응답의 범주와 척도의 종류를 알아보기 위해서는 '변수 보기' 탭을 눌러 살펴보기를 바란다.

SPSS를 사용하여 빈도 분포와 최빈값 구하기

Auto Concepts 설문의 많은 질문들은 범주형 응답 옵션을 가지고 있으며 따라서 명목척도의 가정을 내포하고 있다. 명목척도일 경우 중심화 경향 척도로는 최빈값을 사용하며 변동성 척도로는 모든 응답 옵션의 빈도 분포로서 측정된다.

1,000명의 응답자가 있는 Auto Concepts 데이터 세트를 사용하여 어떻게 빈도 분포와 백분율 분포, 그리고 최빈값을 구하는지를 보이기 위하여 명목척도로 측정된 '거주 도시의 크기(size of hometown)' 변수를 사용해보도록 하겠다. 그림 12.2는 Auto Concepts 데이터 안의 거주 도시의 크기 변수의 최빈값을 구하기 위하여 클릭할 메뉴의 순서를 보여주고 있다. 주요 메뉴의 순서는 분석-기술통계량-빈도분석이다. 이 순서를 따르면 우선 어떤 변수를 분석할 것인가를 지정하게 해주는 변수 선택 창을 열어준다. 그리고 '통계량'이라는 단추를 클릭하면 여러 통계 개념들을

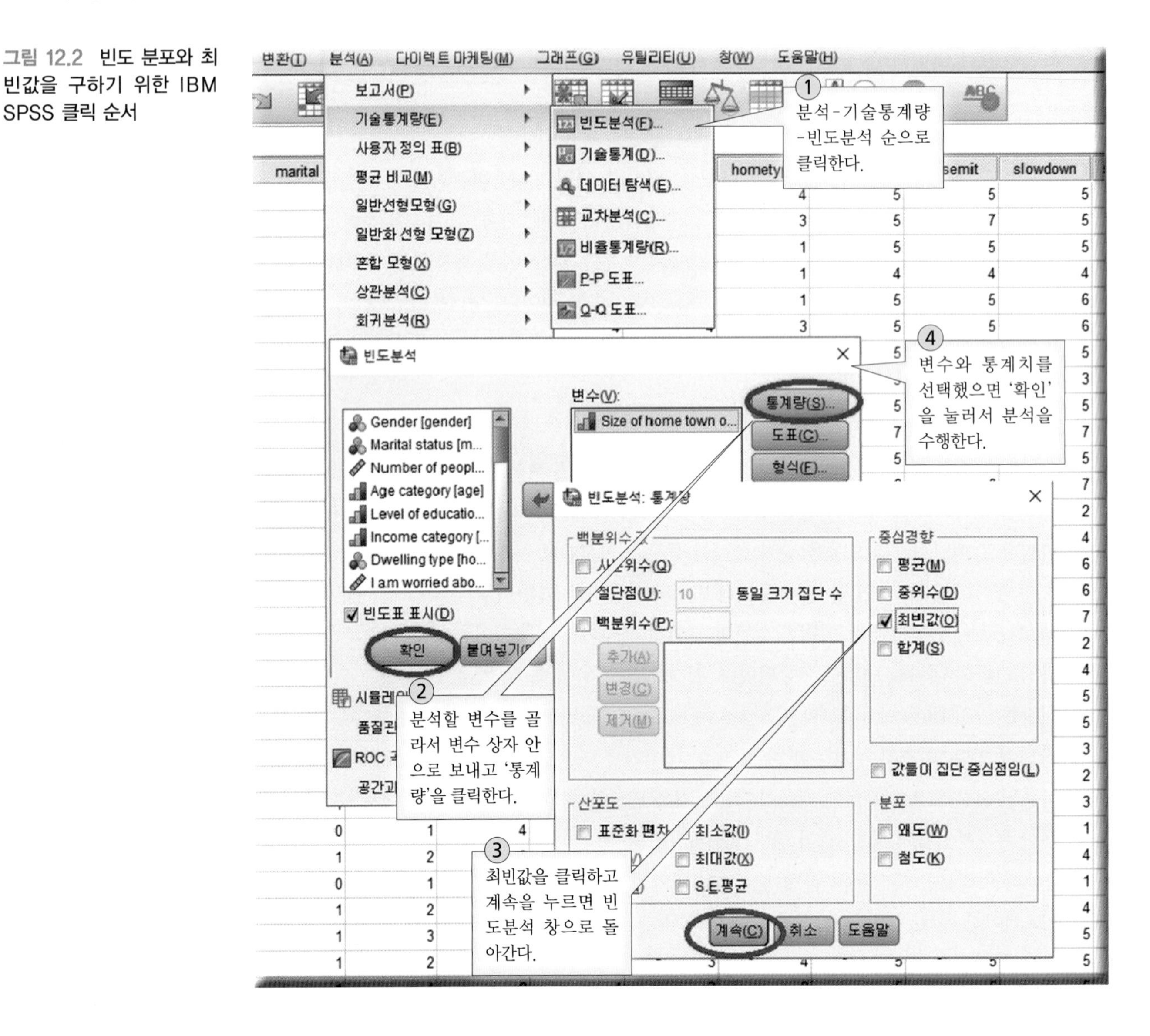

그림 12.2 빈도 분포와 최빈값을 구하기 위한 IBM SPSS 클릭 순서

표시한 화면이 열린다. 우리는 최빈값(mode)을 구하려고 하는 것이기 때문에 '최빈값'이라고 되어 있는 사각형에 체크를 한다. 그다음에 '계속'을 클릭하여 이 화면을 닫고 '확인'을 클릭하면 변수 선택을 위한 화면도 닫히면서 SPSS는 빈도 분포를 작성하고 최빈값을 찾아준다. 그림 12.3에 있는 출력물을 보면 4번 코드가 최빈값으로 나타나 있다. 그리고 빈도 분포표를 보면 '500K to 1 Million(50만에서 100만)'을 396명이 선택하여 가장 많이 선택된 응답이며 전체의 39.6%를 차지하고 있다.

출력물에서는 변수의 레이블(size of home town and city)과 값의 레이블(50만에서 100만)이 정의되었고 출력물에 나타나 있음을 유의해야 한다. '기술통계-빈도분석'의 작업을 선택하면 SPSS는 각각의 응답에 대한 빈도 분포와 그에 따른 백분율 분포를 제공해준다. 이 출력본에서는 통계치의 이름과(빈도 분석, frequency)과 변수의 레이블, 값의 레이블, 빈도, 백분율, 유효 백분율, 그리고 누적 백분율이 하나의 표로 정리되어 있다.

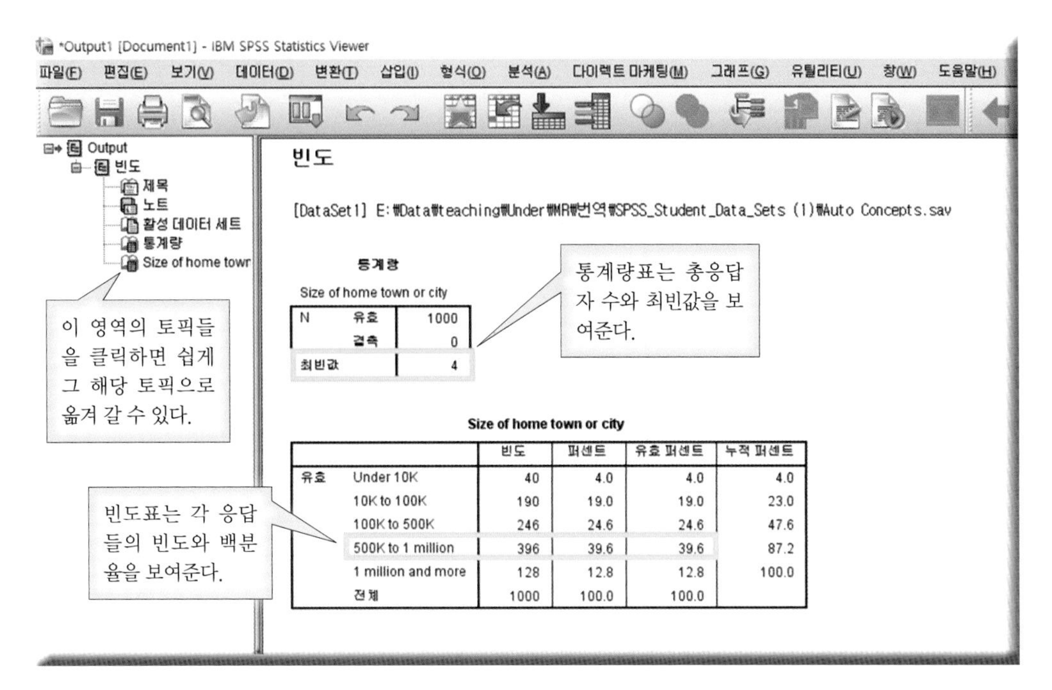

그림 12.3 빈도 분포와 최빈값을 구한 IBM SPSS의 아웃풋

우리가 사용하는 이 Auto Concepts 데이터는 무응답을 한 경우가 없는데, 사실 이는 일반적인 경우는 아니다. 이 데이터는 100%의 응답을 보장하는 패널에 기반한 데이터를 구입한 것이기 때문에 무응답이 없다. 하지만 제14장에서 보겠지만 응답자가 답변을 거부하거나 답변을 할 수 없는 상황은 드물지 않다. 또는 조사자는 응답자의 앞선 질문의 답에 따라서 그 뒤의 질문을 건너뛰거나 하도록 지시하는 경우도 있다. 이러한 경우에도 응답자는 여전히 데이터 안에 있으며 특정한 질문

능동적 학습

SPSS는 어떻게 무응답을 처리하는가

SPSS Auto Concepts 데이터 세트를 사용하여 그림 12.2에 나오는 것처럼 '거주 도시의 크기' 변수를 선택하고 빈도 분포와 백분율 분포를 작성해보고 최빈값이 무엇인지 확인해보라. 그림 12.3에 나오는 출력물과 동일한 출력물을 얻었는지를 비교해보고 최빈값이 5(100만 명 이상)인지를 확인하라. 그리고 출력물 빈도표에 나오는 '유효 퍼센트'가 무엇인지를 이해하기 위해서 SPSS 데이터 편집기의 '데이터 보기' 화면에 나타나 있는 처음 10개의 응답을 지워보라. 즉 마우스의 오른쪽 클릭을 이용해서 '거주 도시의 크기'의 처음 10개의 값을 지운 후에 빈도 분석을 다시 해보라.

자, 이제 여러분은 이 10개의 응답이 비어 있기 때문에 SPSS 빈도표가 10 'Missing System' 응답자로 보고함을 알 수 있을 것이다. 이 무응답은 Auto Concepts 데이터에서는 큰 문제가 아니지만 여러분이 마케팅 조사 수업의 일환으로 독자적인 학기말 조사 프로젝트를 하는 경우에는 반드시 직면하게 될 문제이다. 잠깐! 이 지워진 데이터 세트를 기존의 이름으로 저장하면 안 된다. 저장을 하려면 'AutoConceptswithMissingDat.sav' 등으로 새로운 파일명으로 저장하기를 바란다.

능동적 학습

SPSS를 사용하여 중위수 구하기

Auto Concepts 설문의 데이터 세트에서 가구 구성원 수라는 변수의 중위수를 구해보라. 그림 12.2에 있는 클릭 순서를 가이드 삼되, 'number of people in household' 변수를 선택하고 중위수를 체크하라. 가구 구성원 수 변수의 중위수 코드로는 3이 나올 것이다. 만약 그렇지 않다면 실수하지 않도록 처음부터 신중하게 다시 해보라.

에 대한 답만 비어 있게 된다. 이러한 경우가 있다 하더라도 SPSS나 다른 통계 프로그램은 어렵지 않게 이러한 무응답을 조정하여 보고한다. 다음 페이지의 '능동적 학습'의 경우를 보고, SPSS가 어떻게 무응답을 처리하는지를 연습하기를 바란다.

SPSS로 중위수 구하기

분석-기술통계량-빈도분석 메뉴 순서를 이용하면 중위수도 쉽게 구할 수 있다. 앞에서 언급했듯이 중위수가 유효한 중심화 경향 척도로 사용되려면 그 변수값들은 최소한 서열척도의 성격을 가지고 있어야 한다. '거주 도시의 크기' 변수는 다음과 같이 코딩되어 있다—1만 명 이하는 '1', 1만 명에서 10만 명은 '2', 10만 명에서 50만 명은 '3', 50만 명에서 100만 명은 '4', 100만 명 이상은 '5'.

이러한 코딩은 서열척도의 성격을 가지고 있다. 즉 코드 '1'의 내용은 코드 '2'의 내용보다 적은 수이다. 이런 식으로 코드 5까지는 서열척도의 성격을 띤다. Auto concepts 데이터 세트에서 거주 도시 크기 변수의 중위수를 구하는 것은 간단한 일이다. 이 절차는 앞에서 살펴본 최빈값을 구하는 것과 아주 유사하다. 즉 먼저 'size of hometown or city'라는 변수를 선택하고 그다음으로는 앞에서 클릭한 '최빈값'이 아닌 '중위수'를 선택한다. 그림 12.2의 화면에서 'size of hometown or city' 변수를 선택하고 이 그림에서 체크된 '최빈값'이 아닌 '중위수'를 선택하는 그림을 상상해보면 될 것이다.

출력물로는 그림 12.3과 같은 빈도 분포를 보여주는데 그 분포에 의하면 코드 4 '50만에서 100만'에서 50%에 다다름을 알 수 있고 그것이 중위수가 된다.

SPSS를 사용하여 평균, 구간, 표준편차 구하기

이전에 언급한 것처럼 컴퓨터 통계 프로그램은 여러 질문의 척도 수준을 구별하지 못한다. 그래서 분석을 하는 사람이 이 척도의 수준을 구별하여 적합한 통계 절차를 따라야 한다. Auto Concepts 설문에는 등간척도인 7점 리커트 척도('전혀 그렇지 않다'부터 '정말 그렇다'까지)로 측정된 응답들이 있다.

이러한 응답에 대한 기술통계를 위해서 우리는 두 가지 이유에서 빈도 분포표를 사용하지 않을 것이다. 첫째로 리커트 척도는 등간척도이고 둘째로 빈도 분포표는 모든 크기에 대하여 비율로 가득찰 것이며 이 경우에 최빈값과 중위수는 그 뜻을 바로 이해하기가 힘들게 된다. 이 경우에는 데

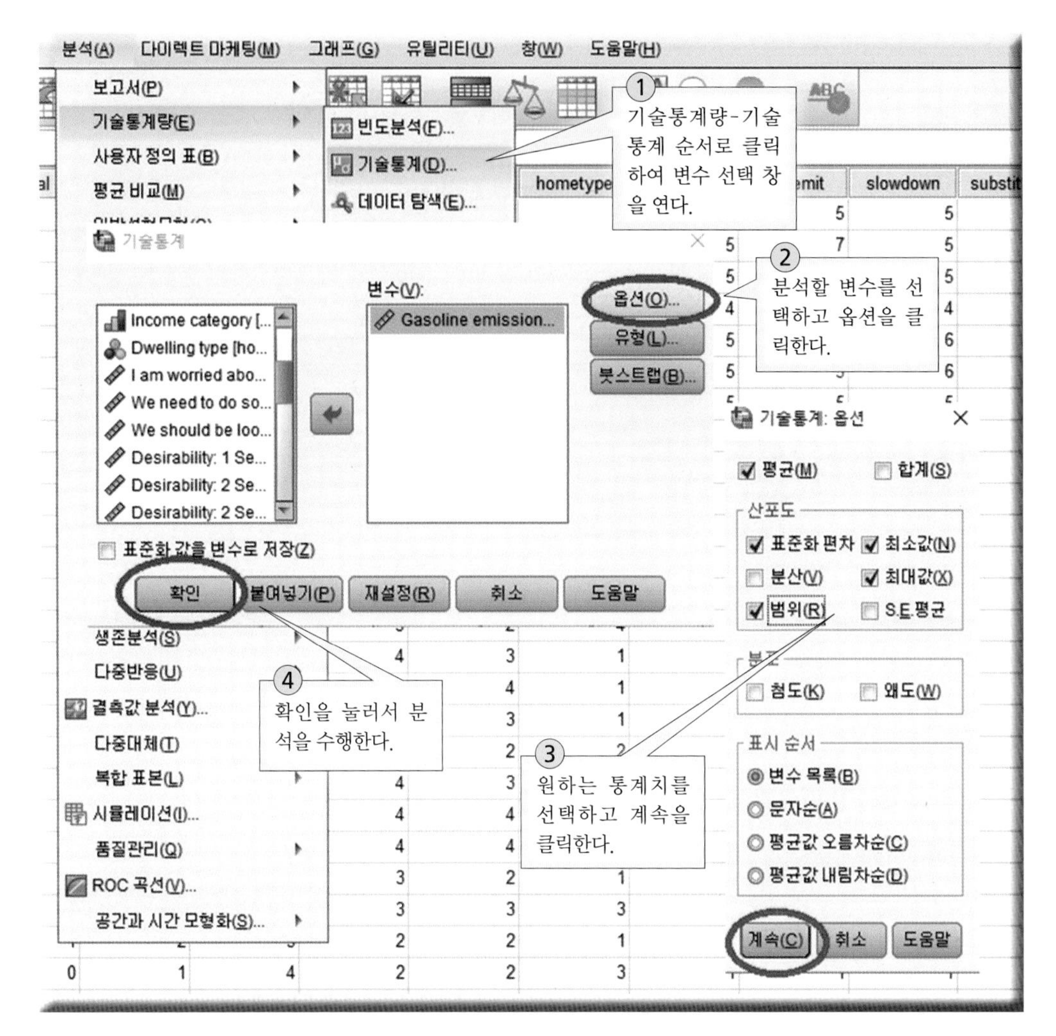

그림 12.4 평균, 표준편차, 구간을 구하기 위한 IBM SPSS 클릭 순서

이터에 대한 요약을 위해서 평균을 이용하면 된다. SPSS에서는 '분석-기술통계량-빈도분석'의 순서로 시행한 후에 변수 선택 창에서 'Gasoline emissions contribute to global warming'이라는 변수를 선택한다. 그다음에 '옵션'을 눌러서 평균, 표준편차, 구간 등을 선택한다. 이 순서에 대해서 그림 12.4의 스크린 샷을 참조하라.

그림 12.5는 이 절차에 의해서 생산된 출력물을 보여준다. 우리의 Auto Concepts 설문에 따르면 'Gasoline emissions contribute to global warming(휘발유 배기 가스는 지구온난화에 영향을 끼친다)'라는 질문에 대한 평균적인 반응은 4.62이다. 여기서 리커트 척도는 등간척도로서 1=전혀 그렇지 않다, 2=그렇지 않다, 3=별로 그렇지 않다, 4=보통이다, 5=조금 그렇다, 6=그렇다, 7=정말 그렇다로 코딩되어 있다. 따라서 4.62는 반올림하여 5라고 본다면 우리의 응답자들은 평균적으로 이 설문 질문에 대하여 '조금 그렇다'라고 응답한 것이 된다. 표준편차는 반올림하여 1.7이고 변동성이 제법 크다는 것을 알 수 있다. 이와 더불어 여러분은 이 설문응답의 최솟값은 1이고 최댓값은 7이라서 척도의 모든 구간이 응답에 사용되었음을 알 수 있다.

그림 12.5 **평균, 표준편차, 구간에 대한 IBM SPSS 아웃풋**

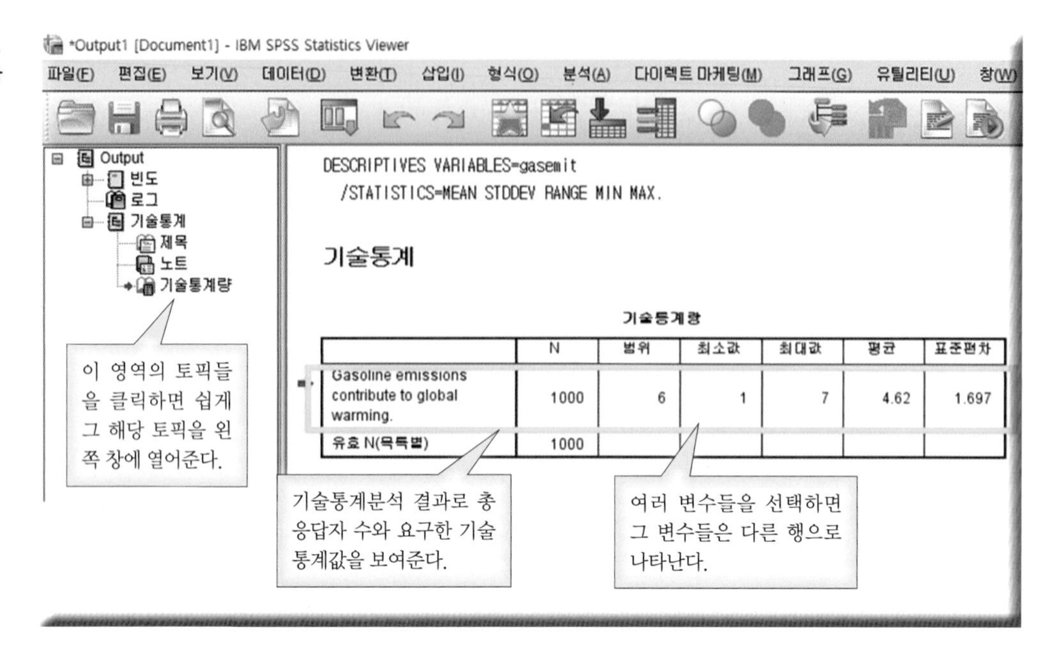

능동적 학습

SPSS를 사용하여 평균값 및 그와 연관된 기술통계량 구하기

이 능동적 학습에서는 여러분이 공부한 것을 조금 더 확장해보는 기회를 갖도록 하자. 이 장에서 설명된 평균과 표준편차 구하기를 SPSS를 사용해 반복해서 따라 하고 그 결과를 이 책의 결과와 비교하는 대신에 새로운 변수의 평균값과 표준편차를 구해보도록 하자. 즉 그림 12.4를 따라 하되 변수 설정에서 'Number of people in household(가구 구성원 수)'라는 변수를 선택하여 이 변수의 기술통계치를 구해보라.

답을 미리 말하면 그 평균은 2.61, 표준편차는 0.958, 최솟값은 1, 최댓값은 6으로 구해질 것이다.

소비자들은 배기 가스가 지구온난화를 가져온다는 것에 대해 어느 정도 동의할까?

12-5 기술통계량의 보고

마케팅 조사자들은 설문 결과를 요약하는 기술통계량을 의뢰인에게 어떻게 보고하는가? 조사자는 자신들이 발견한 것을 의뢰인에게 효과적으로 전달하기 위해서 표나 그래프 같은 프레젠테이션 도구들을 잘 이용해야 한다. 예를 들어 조사자는 변수의 평균과 표준편차, 그리고 구간을 보고하기 위하여 표를 사용할 수 있을 것이다. 만약 백분율이 계산되었다면 이 백분율표 역시 준비할 수 있을 것이다. 마케팅 조사 인사이트 12.1에서는 연구 결과를 전달하기 위한 표를 사용함에 있어서 몇 가지 가이드라인과 예를 설명하였다.

연속형 척도에 대한 보고

연속형 척도는 평균, 중위수, 최빈값, 표준편차, 최댓값, 최솟값의 기술통계량으로 요약할 수 있다. 일반적으로 조사자들은 논리적으로 연결된 혹은 연구 목적에 의해서 서로 관련이 있는 다수의 변수들이나 질문들을 분석한다. 이러한 연관된 질문들은 같은 응답척도를 갖는 경우가 많다. 복수의 태도 관련 질문이나 복수의 제품의 사용빈도의 경우가 그 예이다. 이러한 서로 연관된 질문들은 하나의 표로 합쳐서 보고하는 것이 효율적이다. 연속형 변수에 있어서 어떤 통계치를 포함해야 하는가에 대해 다음의 표처럼 하기를 추천한다.

기술통계척도	등간/비율척도의 경우 기술 통계에의 포함 여부	조언
평균	반드시 포함시킬 것	변수의 설명이 있는 열과 가까운 열에 평균을 적어 넣고 변수들을 평균의 크기순으로 정리하는 것이 좋다.
중위수, 최빈값	포함시키지 말 것	관리자들은 연속형 변수의 중위수와 최빈값을 잘 이해하지 못한다.
표준편차	보통 포함시킨다.	변수들의 표준편차가 거의 비슷하다면 중복정보를 피하기 위하여 포함시키지 않는다.
최솟값, 최댓값	변수값이 많이 다를 경우에는 포함시킨다.	같은 숫자를 반복적으로 보고하지 않는다.

다음 페이지에 연속형 변수에 대한 표의 예가 있다. 각 변수의 레이블은 바로 이해할 수 있도록 되어 있고 평균은 강조되어 있음을 주목하라. 각 변수들은 그 평균의 크기에 따라 내림차순으로 정리되어 있어 이 샌드위치 가게의 여러 요소 중 무엇이 가장 성공적으로 수행되고 있고(빵의 종류)

마케팅 조사 인사이트 12.1 실무적 조사

데이터 분석 프레젠테이션을 위한 가이드라인

표를 이용하는 것은 데이터를 요약하기 위하여 가장 흔하게 쓰이는 방법이다. 표를 작성할 때는 잠깐만 살펴보아도 데이터의 기본적인 패턴이나 중요한 결과가 드러날 수 있도록 해야 한다. 유용한 표를 작성하기 위해서는 다음과 같은 가이드라인을 따르기를 권한다.[6]

- 표는 가능한 한 단순하게 작성한다.
- 표의 행에 변수(연속형 변수의 경우)나 각각의 범주(이산형 변수의 경우)가 오도록 한다.
- 중심화 경향 척도나 변동성 척도는 열에 오도록 한다.
- 레이블을 붙일 경우에는 자세하고 바로 이해될 만한 레이블을 사용한다.
- 보통 사용하는 척도별로 모아서 각각의 표를 사용한다.
- 가능하다면 변수들(표의 행)을 기술통계량의 크기에 따르든지 아니면 다른 어떤 논리적인 기준을 세워서 오름차순 혹은 내림차순으로 정리한다.
- 주요한 발견은 강조한다.

표의 형식을 떠나서 이 표에 신뢰성을 더하고 진지하게 받아들여지게 할 수 있는 몇 가지 가이드라인이 있다.

- 특수한 경우가 아니라면 소수점은 한 자리만 사용하라. 금액과 같은 특수한 경우에는 소수점을 두 자리 사용한다.
- 각각의 척도에 대하여 표 아래 각주를 사용하여 설명을 하라.
- 계속 반복되는 척도의 종류를 반복적으로 기록할 필요는 없다.
- 의미 있고 유용한 결과만 보고하라.
- 보수적이고 전문가적인(professional) 형식을 사용하라.

무엇이 가장 부족한지(독특한 맛)를 쉽게 발견할 수 있도록 했다. 표준편차는 각 변수별로 상이하기 때문에 보고되었다. 하지만 최솟값과 최댓값은 모든 변수가 각각 '1'과 '5'이기 때문에 생략되었다. 또한 어떤 척도가 사용되었는가 하는 것이 각주에 설명되어 있다.

샌드위치 가게의 성과

샌드위치 가게의 평가항목	평균*	표준편차
빵의 종류	4.5	0.5
샌드위치 종류	4.3	0.7
토핑의 다양성	4.0	0.8
빵의 신선함	3.9	0.8
토핑의 신선함	3.8	0.7
서비스의 신속성	3.7	1.0
시설의 청결성	3.7	0.9
가성비	3.6	1.1
토핑의 양	3.5	1.0
특별한 맛	3.2	1.3

* 1='부족함', 5='우수함'을 따른 척도에 기반함

명목척도/서열척도의 보고

명목척도를 사용한 데이터는 빈도, 빈도 분포, 백분율, 백분율 분포, 그리고 최빈값을 사용하여 기술통계를 보고한다. 명목척도를 사용한 데이터의 경우는 각 명목변수하의 범주가 상이하기 때문에 한 변수당 하나의 표를 사용하는 것이 일반적이다(예를 들어 성별이라는 명목변수하에는 남자와 여자라는 범주가 있고 고객의 종류라는 명목변수에는 고객과 비고객이라는 범주가 있을 수 있다). 이러한 범주형 데이터의 기술통계는 다음과 같은 가이드라인을 따라 보고하기를 바란다.

기술통계척도	범주형 변수일 경우 표에 포함 여부	조언
빈도, 빈도 분포	표를 읽는 사람이 표본의 특성을 알아야 할 경우에 포함한다(예 : 표본이 아주 작아서 적은 수의 응답자의 변화에도 백분율의 변화가 커지는 것과 같은 경우).	빈도는 범주 레이블(예 : 남자, 여자) 바로 옆 열에 표시한다. 가능하다면 이 범주를 퍼센트에 따라 오름차순이나 내림차순으로 정리한다. 그리고 맨 아래에 총빈도수를 기록한다.
백분율, 백분율 분포	명목척도의 경우 가장 많이 쓰이는 기술통계척도이기 때문에 반드시 포함한다.	백분율 역시 범주 레이블(예 : 남자, 여자)과 빈도 바로 옆 열에 표시한다. 가능하다면 이 범주를 퍼센트에 따라 오름차순이나 내림차순으로 정리한다. 맨 아래에 백분율의 총합이 100%가 됨을 표시한다.
최빈값	강조할 것. 하지만 당연할 것 같은 경우는 보고하지 않는다.	가장 큰 백분율을 가지는 범주는 그 퍼센트 분포를 오름차순 혹은 내림차순으로 정리했을 때 쉽게 드러난다.

아래에 명목(혹은 범주형)변수의 경우의 표의 예가 나와 있다. 많은 수의 응답자가 있기 때문에 빈도는 보고되지 않았다. 각 범주는 시간순으로 정렬되어 있고 가장 높은 백분율을 가지는 시간의 백분율은 굵은 글씨로 강조되어 있다. 아래에 100%를 표시함으로써 모든 시간대가 이 표에 포함되었음을 보이고 있다.

당신은 하루 중 어느 시간에 샌드위치 가게를 방문하십니까?

시간대	백분율
오후 12시 전	5.3%
오후 12시부터 오후 3시	**56.8%**
오후 3시부터 오후 6시	24.2%
오후 6시 이후	13.7%
합계	100%

12-6 통계적 추론 : 표본 통계량과 모집단의 모수

앞에서 배웠듯이 중심화 경향 척도나 변동성 척도와 같은 기술통계치는 설문의 결과를 적절하게 요약할 수 있다. 그러나 확률적 표본을 사용했을 경우, 표본 추출 과정 자체에 있을 수 있는 어떤 오류로 인하여 이 표본의 값을 보고하는 것은 충분하지 않다. 모든 표본은 모집단에 대해서 어떤 정보를 제공하지만 모든 표본은 표본오차를 갖기 때문에 이를 고려해주어야 한다. 표본에 의해 제공된 정보로 계산된 값을 표본의 **통계량**(statistics)이라고 부르고 전수조사와 같이 모집단 전체에 대한 정보에 의해서 계산된 값은 **모수**(parameter)라고 부른다. 통계학자들은 이 모수를 나타낼 때에는 α, β 등과 같은 그리스 문자로서 표현하고 표본 통계량을 표현할 때에는 a, b와 같은 로마자를 사용한다. 모든 표본 통계량은 그에 대응하는 모수가 있다. 예를 들어 표본의 확률은 p로 표시되고 모집단의 확률은 π로 나타낸다. 또 표본의 평균은 $\bar{x}$로 나타내고 모집단의 평균은 μ로 나타낸다. 전수조사는 실제적으로 이루어지기 힘들기 때문에 표본의 통계량을 이용하여 모집단의 모수를 추정하는 시도를 하게 된다. 지금부터 그 모집단의 모수를 추정하는 절차를 설명하겠다.

통계량은 표본의 값이고 모수는 모집단의 값이다.

추론(inference)이란 전체 집단 중 우리가 관찰할 수 있는 작은 부분에 대한 결과에 바탕해서 전체 집단에 대한 일반적인 진술(일반화)을 이끌어내는 논리의 한 형식이다. 즉 추론을 한다는 것은 표본과 같은 적은 양의 근거에 의해서 결론을 내리는 과정이다. **통계적 추론**(statistical inference)은 표본의 크기와 표본 통계량을 이용하여 대응하는 모집단의 값을 추정하려는 과정들을 의미한다. 즉 통계적 추론이란 표본 통계량의 값과 표본의 크기에 근거한 표본오차를 고려하여 모집단의 값을 추정(일반화)하는 공식적인 절차이다. 지금은 일단 표본의 확률 p를 사용하여 모집단의 확률 π를 구하는 과정에 집중해보자. 그리고 이 과정에서 표본의 크기가 통계적 추론에서 어떠한 역할을 하는지 살펴보자. 닷지 자동차 회사는 불만족한 고객들이 있다는 생각을 하게 되어 고객들 중 불만족한 고객이 어느 정도인가를 알아보려는 두 독립적인 마케팅 조사를 실시했다고 가정하자. (물론 이 예는 가상적인 예이고 우리는 닷지 자동차 회사에 불만족한 고객들이 많다고 말하려는 것은 아

통계적 추론은 큰 표본의 값이 작은 표본의 값보다 정확하다는 사실을 고려한다.

통계적 추론은 표본의 크기와 표본의 변동성을 사용하여 계산된 표준오차에 기반하고 있다.

니다.)

첫째 조사에서는 닷지 자동차를 구매한 지 6개월이 안 된 사람 100명을 대상으로 조사를 하였고 이 중 30명(30%)이 불만족했다고 하자. 이 숫자를 사용하여 우리는 6개월 전부터 현재까지 닷지 자동차를 구매한 모든 고객 중 30%가 불만족하고 있다는 결론을 내릴 수도 있다. 그러나 확률적 표본 추출을 통한 이 표본은 표본오차를 가지고 있다는 것을 알기 때문에 우리는 대략 30% 정도의 고객들이 불만족하고 있다고 말해야 함을 알 수 있을 것이다. 다시 말하면 이 30%라는 것은 표본이 추정한 값이고 실제로 전수조사를 하면 30보다 크거나 작다라는 말이다.

둘째 조사에서는 총 1,000명, 즉 첫째 조사의 10배에 해당하는 응답자의 숫자를 사용하였다. 이 조사에 의하면 총 35%의 고객이 '불만족'하고 있다는 결과가 도출되었다. 이는 우리가 고객의 불만족 비율에 대해서 약 30%와 약 35%라는 두 추정치를 가지고 있다는 것이다.

어떻게 하면 우리의 답(이 답에는 '대략'이라는 표현이 포함되어 있음을 기억하라)을 보다 정확하게 수치적으로 표현할 수 있을까? 우리는 우리의 답을 구간을 통해서 표현할 수도 있을 것이다. 그러니까 첫째 조사 결과에 대해서는 '30%에서 $\pm x$%'라고 표현할 수 있을 것이고 둘째 결과에 대해서는 '35% 더하기 빼기 y%'라고 표현할 수 있을 것이다. 어떻게 이 x와 y를 비교할 수 있을까? 이것에 대한 답을 하기 위해서는 우리는 보다 많은 증거가 있는 경우가 더욱 강한 추론을 할 수 있다는 점을 기억해야 한다. 즉 표본의 크기가 크다면 (증거가 더 많다면) 표본의 값들이 모집단에 값들을 추정하는 데 있어 정확성이 높을 것이라고 더 확신할 수 있게 된다. 다시 말하면 표본이 크다면 모집단을 추정하는 데 필요한 구간이 보다 작아질 것이다. 그래서 실제로 위에 나온 y의 구간은 표본의 크기가 크고 표본오차의 크기가 작음으로 인해 x의 구간보다 훨씬 작다.

그래서 백분율이나 평균값은 모집단을 추정하는 통계적 추론에서는 표본의 값을 출발점으로 삼아 표본의 크기를 고려하여 모집단의 값이 포함되는 구간을 계산하게 된다. 표본의 크기 n은 이 장에서 나오는 통계적 추론을 위한 모든 공식에서 나타나는 것처럼 이 계산에서 아주 중요한 역할을 한다.

두 가지 흔히 사용되는 통계적 추론은 모수 추정과 가설 검정이다.

마케팅 조사자들은 두 가지 종류의 총계적 추론, 즉 **모수 추정**(parameter estimation)과 **가설 검정**(hypothesis testing)을 종종 사용한다. 모수 추정은 신뢰구간을 사용하여 모집단 값의 근삿값을 구하는 과정이고 가설 검정은 표본의 값을 모집단의 값이라고 생각했던 값과 비교를 하는 과정이다.

12-7 모수 추정 : 모집단의 확률 혹은 평균을 추정하기

모수 추정(parameter estimation)은 표본의 정보를 이용하여 모집단의 평균(μ)이나 모집단의 백분율(π) 등 모수가 어느 정도 구간 안에 위치해 있는지를 계산하는 과정이다. 이 과정에는 표본 통계량(평균이나 확률), 통계량의 표준오차, 그리고 신뢰수준(보통 95%나 99%) 이 세 가지 값을 사용한다. 이러한 숫자가 어떻게 구해지는지는 아래에 설명되어 있다.

표본 통계량

평균은 연속형 변수의 경우에 사용된다. 예를 들면 골퍼들의 표본을 사용하여 골퍼들이 평균적으로 한 달에 얼마나 많은 골프공을 구매하는지를 알고 싶거나 고등학생들이 평균적으로 패스트푸드를 얼마나 많이 소비하는가에 대한 값을 알고 싶을 때 이 평균을 쓴다. 표본 통계량으로 백분율을 사용할 수도 있다. 즉 골퍼들 중 몇 퍼센트가 오로지 타이틀리스트(Titleist) 골프공을 사용하는가를 알고 싶거나 몇 퍼센트의 고등학생이 아침과 저녁 혹은 점심과 저녁 사이에 타코벨을 구매하는지를 알고 싶을 때는 백분율을 사용한다.

모수 추정에서 사용되는 표본 통계량은 보통의 경우 평균과 백분율이다.

표준오차

보통 표본은 어느 정도의 변동성을 지닌다. 즉 골퍼들은 한 달 동안 모두 동일한 수의 골프공을 구매하지 않고, 그 골퍼들이 타이틀리스트 브랜드를 구매하는 것도 아니다. 모든 고등학생들이 식간에 패스트푸드를 또 사먹는 것도 아닐뿐더러 그 사먹는 사람들 모두가 타코벨을 구매하는 것도 아니다. 이 장의 앞부분에서 우리는 평균과 표준편차를 설명하면서 이 변동성을 설명하였다. 우리는 평균을 중심으로 한 변동성을 표준편차를 통하여 설명할 때도 백분율 분포를 사용하였고 백분율의 변동성을 설명할 때도 이 백분율 분포를 사용하였다. 그리고 만약 우리가 가상적으로 수많은 표본을 추출하여 그 각 표본의 평균이나 백분율을 빈도 분포처럼 그려본다면 그 모양은 종 모양의 그래프가 될 것이고 이를 표본 분포라고 부른다는 것을 설명하였다. 이 표준오차는 모집단으로부터 수많은 수의 독립 표본을 추출하여 작성한 표본 분포의 변동성을 의미한다. 이 **표준오차**(standard error)의 공식은 제10장에 이미 나왔지만 이는 표본의 크기와 그 변동성을 연결하는 아주 중요한 개념이라 이 장에서 다시 한 번 설명하겠다.

표준오차는 표본 분포의 변동성에 대한 척도이다.

평균의 표준오차를 구하는 공식은 다음과 같다.

평균의 표준오차 공식

$$s_{\bar{x}} = \frac{s}{\sqrt{n}}$$

$s_{\bar{x}}$ = 평균의 표본오차
s = 표준편차
n = 표본의 크기

백분율의 경우에 표준오차 공식은 다음과 같다.

백분율의 표준오차 공식

$$s_p = \sqrt{\frac{p \times q}{n}}$$

s_p = 백분율의 표준오차
p = 표본 백분율
$q = 100 - p$
n = 표본의 크기

© Monkey Business Images/Shutterstock

통계적 추론은 사람들이 하루에 얼마나 오랫동안 신문을 읽는지를 추정하는 데 사용될 수도 있다.

표본의 크기(n)는 두 공식 모두에서 분모에 위치한다. 이는 표본의 크기가 커지면 표준오차가 작아지고 표본의 크기가 작아지면 표준오차가 커진다는 말이다. 이 표준오차 공식은 또한 표본 안에서 발견되는 변동성의 영향력을 보여주기도 한다. 이 변동성은 평균의 표준오차를 구하는 경우에는 표준편차 s로, 백분율의 표준오차를 구하는 경우에는 ($p \times q$)로 나타나 있다. 각 공식에 있어서 이 변동성은 분자에 위치한다. 따라서 표본의 변동성이 크다면 표준오차도 커지고 변동성이 작다면 표준오차도 작아진다. 그래서 표준오차는 표본의 크기와 표본의 변동성을 동시에 고려한 공식이다. 아래의 예가 이를 잘 보여준다.

두 가지 경우를 생각해보자. *New York Times*는 독자들이 하루 동안에 *New York Times*를 읽는 시간에 관한 조사를 했다. 이 경우에 두 표본을 추출했는데 한 표본에서는 구독시간의 표준편차가 20, 그리고 둘째 표본에서는 표준편차가 40으로 나왔다고 가정해보자. 각 경우의 표준오차를 계산하는 방식은 다음과 같다.

	표준편차 = 20	**표준편차 = 40**
표준편차가 20일 경우와 40일 경우의 평균의 표준오차에 대한 계산	$s_{\bar{x}} = \frac{s}{\sqrt{n}}$	$s_{\bar{x}} = \frac{s}{\sqrt{n}}$
	$s_{\bar{x}} = \frac{20}{\sqrt{100}}$	$s_{\bar{x}} = \frac{40}{\sqrt{100}}$
	$= \frac{20}{10}$	$= \frac{40}{10}$
	= 2분	= 4분

평균에 대한 표준오차 공식과 백분율에 대한 표준오차 공식은 다르다.

표준오차는 표본 크기와 표본의 변동성으로부터 영향을 받는다.

본문의 두 가지 예에서 표본의 크기가 어떻게 표준오차에 영향을 끼치는지를 살펴보라.

50 대 50이 가장 변동성이 큰 경우이다.

표본의 크기가 같은 경우 50 대 50은 90 대 10보다 표준오차가 더 크다.

이 표에서 보듯이 표본의 크기가 같은 경우에 표본의 변동성이 작은 경우(20)의 평균의 표준오차가 표본의 변동성이 큰 경우(40)의 평균의 표준오차보다 작다. 사실 변동성이 20에서 40으로 2배가 되었을 때 표본의 크기가 둘 다 같다면 표본오차도 2배가 됨을 알아야 한다. 그림 12.6을 참조하라.

공식은 조금 다르게 보이지만 백분율의 표준오차 역시 비슷한 논리를 따른다. 앞에서 언급했듯이 이 경우의 변동성은 공식의 ($p \times q$)로 표현된다. p와 q가 서로 매우 상이하다면 아주 작은 변동성을 갖게 될 것이다. 예를 들어 100명의 맥도날드 고객을 대상으로 주문하는 아침 메뉴에 대해 조사를 했다고 가정하자. 만약 이 응답자 중 90%가 에그 맥머핀과 함께 커피를 주문하고 10%는 그러지 않았다고 한다면 이는 거의 모든 사람이 커피를 같이 주문했다는 말이고 이 표본의 변동성은 매우 낮다는 것을 의미한다. 하지만 반면에 커피를 주문한 사람과 주문하지 않은 사람이 50 대 50으로 갈렸다고 한다면 이는 두 사람의 고객 중 한 사람은 커피를 주문하고 한 사람은 커피를 주문하지 않았다는 뜻이기 때문에 이 표본의 변동성은 커지게 된다. 아래의 예에서도 보듯이 응답의 변동성이 커지면 백분율의 표준오차 역시 커진다.

	$p = 90,\ q = 10$	$p = 50,\ q = 50$
(1) $p=90,\ q=10$일 경우와 (2) $p=50,\ q=50$일 경우의 백분율의 표준오차에 대한 계산	$s_p = \sqrt{\frac{p \times q}{n}}$	$s_p = \sqrt{\frac{p \times q}{n}}$
	$= \sqrt{\frac{(90)(10)}{100}}$	$= \sqrt{\frac{(50)(50)}{100}}$
	$= \sqrt{\frac{900}{100}}$	$= \sqrt{\frac{2500}{100}}$
	$= \sqrt{9}$	$= \sqrt{25}$
	$= 3\%$	$= 5\%$

신뢰구간

표본을 추출하는 경우에는 언제나 표본오차가 있기 마련이다. 따라서 모집단의 값을 추정하기 위해서는 구간으로 추정할 필요가 있다. 우리는 이를 닷지 자동차의 경우로 예를 들어 이미 설명했다. 이 구간의 크기를 결정 짓는 요소 중 하나는 조사자가 이 구간이 참된 모수를 포함하고 있을 것임에 대해서 어느 정도 확신하기를 원하는가 하는 것이다. 보통 일차적으로 조사자는 자신이 원하는 확신 혹은 자신감의 정도를 결정하는데 이것이 공식적으로 신뢰구간의 수준을 정하는 것으로 연결된다. 표본의 통계량은 이 모수를 찾아가는 출발점이지만 표본에는 오차가 존재하기 때문에 이 표본의 통계량에서 같은 수를 '빼거나' '더해서' 모수가 존재할 구간의 최솟값과 최댓값을 설정한다. **신뢰구간**(confidence intervals)이란 이렇게 최댓값과 최솟값을 가진 구간으로 표현된 확신의 정도를 의미한다.

모수는 신뢰구간을 이용하여 추정한다.

추정된 평균이나 백분율의 구간은 표본의 크기와 표본의 변동성에 따라 달라진다.

보통 마케팅 조사자들은 90%, 95%, 99%의 신뢰구간을 많이 사용한다. 숫자는 각각 $\pm 1.64 \times$표준오차, $\pm 1.96 \times$표준오차, $\pm 2.58 \times$표준오차에 해당한다. 이 표준오차에 곱해지는 숫자는 z_α와 같이 표현되어 z값이라고 부르고 이 α자리에 해당하는 신뢰구간을 표시한다. 그래서 $z_{0.99} = \pm 2.58$로 표시된다. 마케팅 조사에서 **제일 흔히 사용되는 신뢰구간**(most commonly used level of confidence)은 95%이고[7] 이는 1.96배의 표준오차에 해당한다. 사실 이 95%의 신뢰구간은 SPSS를 포함한 여러 통계 프로그램에서 사전 설정되어 있는 값이기도 하다. 이제 여러분은 표준오차와 표본의 변동성의 관계에 대해 이해하고 있기 때문에 모수가 존재할 구간을 결정하는 것은 어렵지 않은 문제이다. 우선 $\bar{x}$와 p와 같은 표본 통계량을 구하고 표준오차를 계산한 다음에 우리가 원하는 신뢰구간을 적용해서 구간을 결정하면 된다. 수식으로는 다음과 같이 표현될 수 있다.

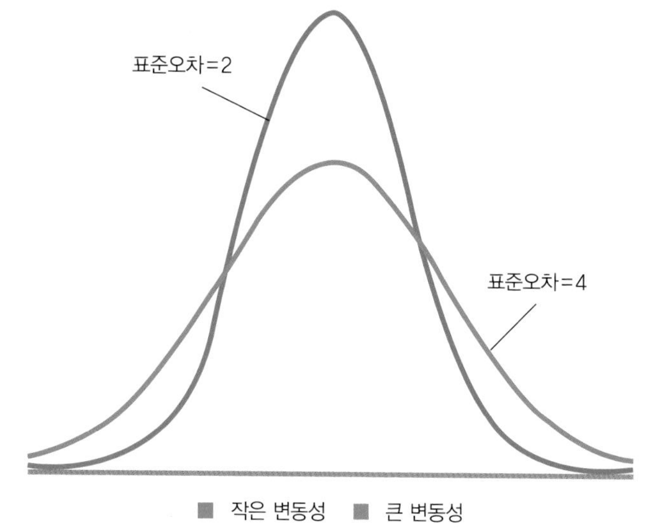

그림 12.6 표준오차에 영향을 끼치는 변동성

신뢰구간은 이와 같은 공식을 사용하여 추정된다.

평균의 경우 신뢰구간	백분율의 경우 신뢰구간
$\bar{x} \pm z_\alpha s_{\bar{x}}$	$p \pm z_\alpha s_p$
$\bar{x}$ = 표본 평균	p = 표본 백분율
$s_{\bar{x}}$ = 평균의 표준오차	s_p = 백분율의 표준오차
z_α = 주로 95% 혹은 99% 수준의 z값	

이러한 공식들이 통계적 추론에 어떻게 연결될까? 우리는 모수를 추정하려고 한다. 이 말은 곧 모수가 존재할 것이라고 믿는 구간을 표본에 기반한 정보를 통해서 정하겠다는 이야기이다. 이 작업에서 마지막으로 더해져야 할 요소는 모수 추정에 대해서 우리가 얼마나 정확하기를, 얼마나 확신하기를 원하는가의 정도이고 이것이 신뢰수준이다. 만약 보수적인 접근법을 취하여 99% 수준의 확신도를 가지고 싶다면 이 신뢰구간은 우리가 좀 덜 보수적인 접근법을 취하여 95%의 신뢰수준을 가진 경우보다 더 넓은 구간을 가지게 될 것이다. 이는 99%에 해당하는 구간은 ±2.58×표준오차이고 95%에 해당하는 값은 ±1.96×표준오차이기 때문이다.

마케팅 조사자들은 보통 95%나 99% 신뢰구간을 사용한다.

이 공식을 이용하여 앞에서 언급된 두 가지 예에 대한 신뢰구간을 구해보자. 첫째는 평균 구독시간이 45분이고 표준편차가 20분인 100명의 표본 *New York Times* 구독자들을 사용한 신뢰구간 계산은 표의 왼쪽에 있다. 그리고 100명의 맥도날드 구매자들 표본 중 50%가 커피를 구매한다는 표본을 사용하여 모평균의 신뢰구간을 구해보면 표의 오른쪽과 같다.

이 표에는 평균과 백분율의 경우에 신뢰구간을 계산하는 예가 나와 있다.

평균의 경우 95% 신뢰구간	백분율의 경우 95% 신뢰구간
$\bar{x} \pm 1.96 \times s_{\bar{x}}$	$p \pm 1.96 \times s_p$
$\bar{x} \pm 1.96 \times \frac{s}{\sqrt{n}}$	$p \pm 1.96 \times \sqrt{\frac{p \times q}{n}}$
$45 \pm 1.96 \times \frac{20}{\sqrt{100}}$	$50 \pm 1.96 \times \sqrt{\frac{50 \times 10}{100}}$
$45 \pm 1.96 \times 2$	$50 \pm 1.96 \times 5$
45 ± 3.9	40.2% − 59.8%
41.1 − 48.9분	$p = 50$
평균 = 45	$q = 50$
표준편차 = 20	$n = 100$

위의 경우는 95% 신뢰구간의 계산이고 99% 신뢰구간을 원하면 이 계산에는 1.96이 아니라 2.58 곱하기 표준오차를 사용하게 된다. 표본의 크기와 변동성이 동일한 경우에는 99% 신뢰구간이 95% 신뢰구간보다 언제나 더 크다. 평균과 백분율에 대한 신뢰구간을 계산하기 위한 방법이 표 12.3에 정리되어 있다.

Marketing Research on YouTube™

신뢰구간에 대해 공부하려면 www.youtube.com에서 Confidence Intervals Part 1 Youtube를 검색하라.

추정된 모평균 구간과 백분율 구간에 대한 해석

이 신뢰구간을 어떻게 해석할 것인가? 표본 분포의 개념이 이 신뢰구간의 이론적인 토대가 된다는 것을 생각하면 해석은 간단하다. 즉 우리가 95% 신뢰구간을 사용한다고 하면 이는 우리가 반복적 신뢰구간 계산은 이와 같은 다섯 단계를 따른다.

표 12.3 평균과 백분율에 대한 신뢰구간의 계산

1단계 평균의 표본 통계량($\bar{x}$)이나 백분율의 표본 통계량(p)을 구한다.
2단계 표본의 크기(n)를 파악한다.
3단계 평균의 신뢰구간일 경우 표본의 변동성(s)을 기반으로 평균의 표준오차($s_{\bar{x}}$)를 다음과 같이 구하고

$$s_{\bar{x}} = \frac{s}{\sqrt{n}}$$

백분율의 신뢰구간일 경우에는 백분율의 표준오차(s_p)를 다음과 같이 구한다.

$$s_p = \sqrt{\frac{p \times q}{n}}$$

4단계 원하는 신뢰수준을 정하여 그에 해당하는 z값을 구한다 : $z.95(1.96)$ 혹은 $z.99(2.58)$.
5단계 평균의 95% 신뢰구간을 $\bar{x} \pm 1.96 s_{\bar{x}}$로, 백분율의 신뢰구간을 $p \pm 1.96 s_p$로 구한다.

으로 표본을 추출하여 각 표본에서 표본 통계량을 계산했을 때 이 통계량의 빈도 분포(즉 표본 분포)는 종 모양을 따르게 된다. 이 표본 분포의 95%가 모수를 포함하는 구간을 형성한다.

당연하겠지만 마케팅 조사자는 특정 프로젝트에 대해서 하나의 표본집단만을 추출하여 사용하기 때문에 모수 추정의 과정을 거쳐야 한다. 그에 더하여 표본 분포의 개념을 사용하려면 확률적 표본 추출을 양심적으로 엄밀하게 수행해야만 한다. 따라서 통계적 추론 절차는 확률적 표본 추출과 데이터 분석을 직접적으로 연결해주는 과정이다. 앞 장에서 표본의 크기를 결정할 때 신뢰구간

능동적 학습

신뢰구간 계산하기

이번 과제는 신뢰구간을 실제로 구해보는 것이다. 이 예제는 위성 라디오에 대한 1,000명의 응답자를 대상으로 한 설문에 관한 것이다. 아래 표에 질문과 표본 통계량 등 필요한 정보들이 기입되어 있다. 이 정보를 이용하여 각 질문마다 95% 신뢰구간을 계산하라. 각 질문마다 표본의 크기에 대한 적용점이 있으니 질문의 논리를 잘 따르기를 바란다.

질문	표본 통계량	95% 신뢰구간	
		하한값	상한값
위성 라디오에 대해 들어본 적이 있습니까?	500/1000=50%, 총응답자 중 50%가 '예'라고 답했음		
만약 들어본 적이 있다면 위성 라디오를 소유하고 계십니까?	150/500=30%, 들어본 사람 중 30%가 위성 라디오를 소유하고 있음		
만약 위성 라디오를 소유하고 계시다면 지난 주에 위성 라디오를 얼마나 들으셨습니까?	위성 라디오를 소유하고 있는 150명은 평균적으로 100.7분을 청취했고 표준편차는 25분임		

의 개념을 사용한 것을 기억하는가? 이제 우리는 그것을 반대로 적용하는 생각을 해야 한다. 통계적 추론을 위해서는 표본의 크기를 사용해야 한다. 즉 모집단의 숫자를 추정하기 위해서는 신뢰구간을 사용해야 하는데 이 신뢰구간에는 무작위 표본의 크기가 항상 반영되어 있다는 것이다.

12-8 Auto Concepts 설문 : SPSS를 이용해 평균의 신뢰구간을 구하고 사용하기

이 신뢰구간의 계산은 좀 복잡하지만 다행스럽게도 SPSS가 그 계산을 대신 해줄 수 있다. 이 기능을 살펴보기 위해서 설문조사 결과의 기술통계치를 살펴보자. '휘발유 배기 가스는 지구온난화에 영향을 끼친다'는 설문 응답의 평균은 4.6 혹은 '동의함'에 가깝다. 응답자들이 휘발유 사용을 문제시하고 있다는 것이다.

이 평균치의 95% 신뢰구간은 그림 12.7의 순서대로 SPSS의 해당 단추를 클릭하면 구해진다. 올바른 순서는 '일표본 T 검정'인데 이는 순서대로 '분석-평균 비교-일표본 T 검정' 메뉴를 클릭하면 된다. 그다음에는 변수들의 리스트에서 'Gasoline emissions contribute to global warming'이라는 변수를 선택하면 된다.

그림 12.8은 이렇게 분석한 결과를 보여준다. 여러분이 확인할 수 있듯이 평균은 4.62이고 95% 신뢰구간은 4.51~4.72이다. 비록 5라는 숫자는 '동의함'이라는 응답의 코딩값이지만 이 신뢰구간

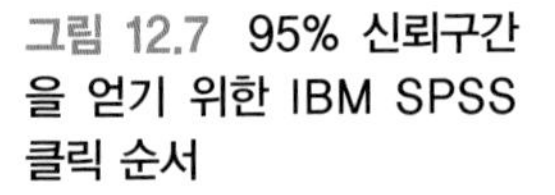
그림 12.7 95% 신뢰구간을 얻기 위한 IBM SPSS 클릭 순서

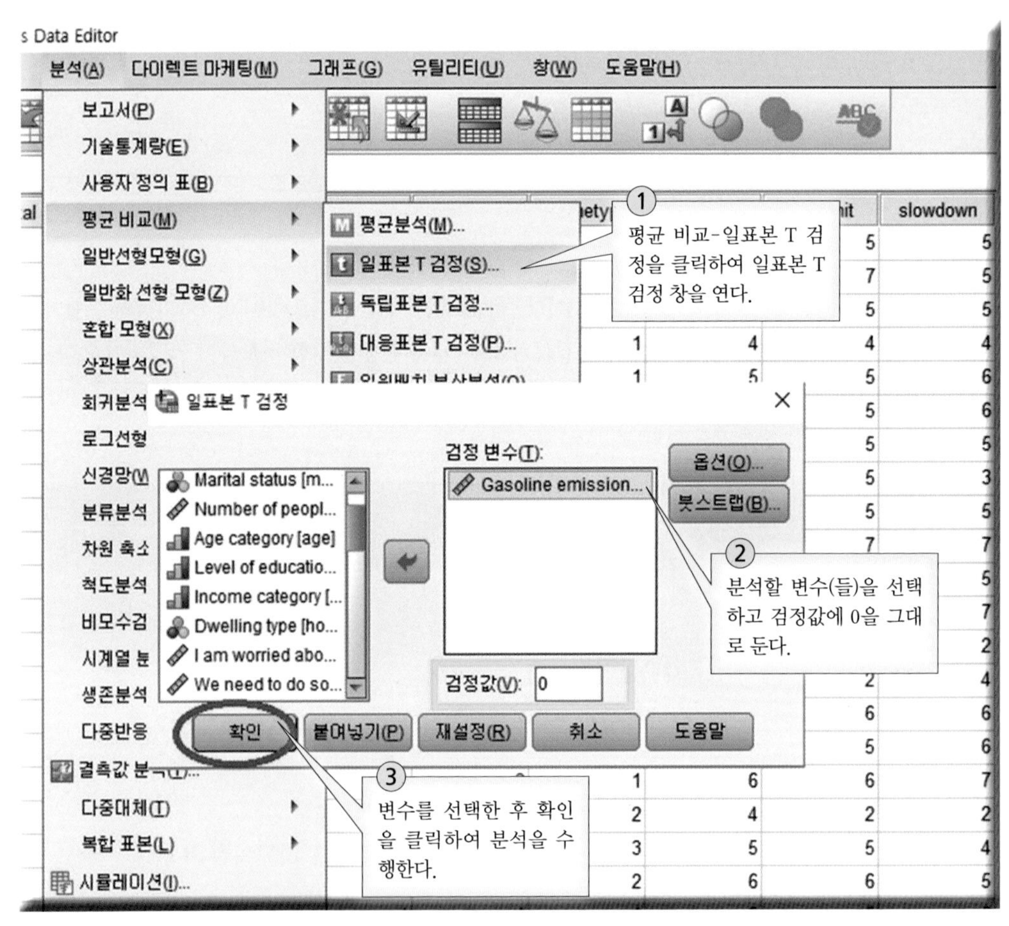

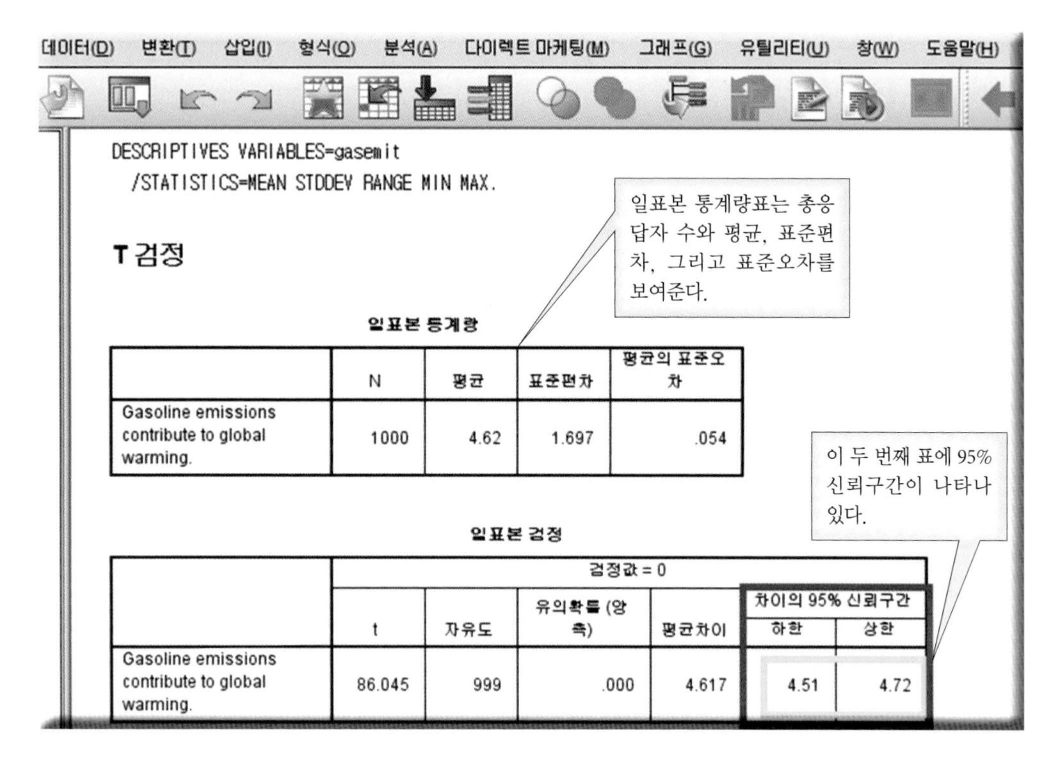

그림 12.8 평균의 95% 신뢰구간에 대한 IBM SPSS 아웃풋

능동적 학습

SPSS를 사용하여 평균의 신뢰구간 구하기

여러분은 방금 'Gasoline emissions contribute to global warming'이라는 질문에 대한 응답의 95% 신뢰구간은 4.62라는 평균값을 중심으로 4.51이 하한값(lower bound) 그리고 4.72가 상한값(upper bound)인 구간이라는 것을 배웠다. 다른 질문 'I am worried about global warming'이라는 질문에 대한 신뢰구간은 어떤가?

이 질문에 답하기 위해서는 그림 12.7에서 나온 동일한 방법으로 메뉴를 선택해서 클릭하고 이 새로운 변수를 지정해주면 된다. 여기에 대한 결과는 12.8에 나와 있는 것과 비슷하게 나올 것이다. 이 결과를 어떻게 해석할 것인가? 그리고 이 새로운 변수, 'I am worried about global warming'의 신뢰구간을 'Gasoline emissions contribute to global warming' 질문의 경우의 신뢰구간과 비교해보라.

은 이 5, 즉 '동의함'에 충분히 가까운 값을 보여준다. 이 신뢰구간에 대한 해석은 어떻게 하면 될까? 이 신뢰구간의 의미는 같은 표본 크기로 표본을 많이 추출했을 때 그 표본 평균들의 95%는 이 신뢰구간 사이에 있을 것이라는 의미이다.

12-9 신뢰구간을 의뢰인에게 보고하는 법

마케팅 조사자들은 어떤 식으로 신뢰구간을 의뢰인에게 보고할까? 여러분이 놀랄지 모르겠지만 이 신뢰구간의 자세한 부분들은 의뢰인에게 보고되지 않는다. 모든 결과에 대해서 신뢰구간을 보

마케팅 조사 인사이트 12.2 실무적 조사

신뢰구간 보고를 위한 가이드라인

조사자들은 의뢰인이나 연구 보고서의 독자들에게 신뢰구간을 보고하는 문제에 있어 두 가지 방식 중 하나를 선택할 수 있다. 그 첫 번째는 일반적인 방식이고 두 번째는 결과에 따른(findings-specific) 신뢰구간의 경우이다.

일반적 방식

이 방식이 업계의 표준이다. 선거와 같은 의견조사에서는 거의 만장일치에 가깝게 쓰이는 방식이고 마케팅 조사에서도 압도적으로 인기가 높은 방식이다. 이 일반적인 방식은 신뢰구간 보고 시에 표본오차와 표본의 크기만을 보고한다. 예를 들어 보고서는 다음과 같이 작성될 수 있다. '결과는 ±4% 범위에서 정확합니다.' 혹은 '설문조사는 ±3.5의 오차를 가지고 있습니다.' 이 표본오차는 물론 표본오차 공식(제13장 참조)에 의한 것인데 보통 신뢰수준 95%와 $p=q=0.5$, 그리고 $z=1.96$의 경우를 가정한다.

표본오차 공식

$$\pm\text{표본오차}\,\% = 1.96 \times \sqrt{\frac{p \times q}{n}}$$

결과에 따른 방식

결과에 따른 방식을 사용할 것인가에 대한 결정을 내리기 위해 조사자는 '이 결과가 일반적인 방식으로 표본오차를 보고하는 것보다 더 많은 것을 보고해야 할 만한 결과들인가?'라는 것을 생각해보아야 한다. 예를 들어 결과들 중에는 외뢰인이 중요하게 생각하는 질문이나 결정에 관련된 결과가 있을 수도 있다. 만약 그런 중요한 특별한 사항이 없다면 조사자는 일반적인 경우와 같이 보고하면 된다. 만약 보고사항 중 특별한 사항들이 있다고 한다면 그다음 단계는 이러한 특수한 경우에 해당하는 신뢰구간들이 필요한 모든 결과들을 파악하는 것이다. 그다음에는 관련있는 모든 사항에 대하여 신뢰구간을 보고하기 위해 조사자는 95% 신뢰구간의 하계(lower bound)점과 상계(upper bound)점을 보고한다. 이 하계점과 상계점은 조사자가 가지고 있는 통계 프로그램을 이용하거나 계산기를 사용하여 구할 수 있다. 다음 표는 조사자가 여러 변수에 대하여 효율적으로 신뢰구간을 보고한 것의 한 예이다. 보통 이러한 결과는 보고서 안에서 응답의 표준편차나 표본 크기 등의 정보와 같이 보고된다.

주요 결과에 대한 95% 신뢰구간

	표본 결과	하계점	상계점
지난 60일 안에 샌드위치 가게를 방문한 적이 있음	30%	26.0%	34%
지난 30일 안에 샌드위치 가게 쿠폰을 사용한 적이 있음	12%	9.2%	14.8%
지난 60일 안에 샌드위치 가게를 방문한 횟수	1.5	1.4	1.6
샌드위치 가게에 대한 만족도*	5.6	5.4	5.8

*1=매우 불만족, 7=매우 만족

고해야 한다면 결과마다 신뢰구간의 양 끝값인 두 숫자를 더 보고해야 한다. 여기에 곤란한 점이 있다. 의뢰인들은 너무 자세한 과정을 알고 싶어 하지는 않는다. 하지만 조사자들은 표본오차의 개념을 전달해야만 한다. 이 딜레마를 해결하는 방법은 의외로 간단한데, 마케팅 조사 인사이트 12.2에서 그 방법을 알게 될 것이다.

12-10 가설 검정

가설이란 모집단의 평균이나 모집단의 백분율이 어떤 것일 것이라고 마케팅 조사자나 관리자가 기대하는 것이다.

마케팅 조사자나 마케팅 관리자는 기존의 지식, 가정, 그리고 직관에 근거하여 모집단의 숫자(평균이나 백분율)에 대하여 예상을 할 수가 있다. 이러한 예상을 **가설**(hypothesis)이라고 부르고 보통 모수가 정확하게 무엇인가를 지시하는 형식을 갖는다.

가설 검정(hypothesis test)이란 표본의 값에 근거하여 가설을 '채택' 혹은 '기각'하는 과정이다.[8] 가설 검정에서 명심해야 할 것은 표본은 모집단에 대한 정보의 유일한 원천이라는 점이다. 우리의 표본은 무작위 추출을 통하여 대표성이 있도록 수집되었기 때문에 모집단의 값에 대한 가설을 채택할 것인지 기각할 것인지를 결정할 수 있다.[9]

이러한 설명은 너무 전문적으로 들릴지 모르겠지만 사실 가설 검정은 통계적 추론의 일부로서 가설이나 모수라는 용어를 사용하지 않을 뿐 우리가 부지불식간에 자주 이용하는 절차이다. 이 가설 검정이 어떤 식으로 이루어지는지 예를 보기로 하자. 여러분의 친구인 빌은 많은 사람들이 좌석벨트를 사용하지 않는다는 이유로 자신도 좌석벨트를 사용하지 않는 사람이다. 그러나 그의 차가 고장이 나서 수리하는 동안 그는 자신의 동료와 함께 출퇴근을 하게 되었다. 이 5일 동안 그는 하루하루 다른 사람의 차를 얻어 타면서 총 5명의 동료와 출퇴근을 하게 되었다. 그런데 그 5명의 동료 중 4명이 실제로 좌석벨트를 사용한다는 것을 알게 되었다. 이는 많은 사람들이 좌석벨트를 하지 않는다는 자신의 가설을 지지하지 않는 결과이다. 다음 주에 빌이 다시 자기 차를 운전하게 되었을 때 그는 자신도 좌석벨트를 채우고 운전하겠다고 마음먹을 수 있을 것이다. 이것은 그가 현실과 부합하도록 자신의 믿음을 바꾸었다는 것을 의미한다.

모수값에 대한 가설 검정

모수값에 대한 가설(hypothesized population parameter)의 경우는 평균의 경우와 백분율의 경우로 나뉜다. 모집단의 백분율과 가정된 모집단의 평균에 대한 가설을 검정하기 위하여 사용되는 식은 다음과 같다.

모수값에 대한 가설 검정의 공식들이다.

백분율에 대한 가설 검정 공식

$$z = \frac{p - \pi_H}{s_{\bar{x}}}$$

p = 표본 백분율

π_H = 가정된 모집단의 확률

S_p = 백분율의 표준오차

평균에 대한 가설 검정 공식

$$z = \frac{\bar{x} - \mu_H}{s_{\bar{x}}}$$

$\bar{x}$ = 표본 평균

μ_H = 가정된 모수값

$s_{\bar{x}}$ = 평균의 표준오차

평균에 관한 가설 검정의 경우는 평균의 표준오차를 사용한다는 점에서만 차이가 날 뿐 백분율의 가설 검정의 경우와 동일한 논리를 따른다.

이 논리를 따르면 표본의 평균($\bar{x}$)을 가정된 모집단의 평균(μ_H)과 비교하고 표본의 백분율(p)과 가정된 모집단의 백분율(π_H)을 비교한다. 이 경우에 '비교한다'라는 말은 '그 차이를 계산한다'는

통계학자들에게 '비교'한다는 것은 '차이를 계산'한다는 것이다.

말이다. 이 차이를 표준오차로 나누어 표본의 평균이 가정된 모집단의 평균으로부터 표준오차의 몇 배만큼 떨어져 있는지를 계산한다. 여러분이 기억하다시피 이 표준오차는 표본의 변동성과 크기를 고려하여 결정된 것이다. 변동성이 크고 크기가 작은 표본은 큰 표준오차를 가지게 되기 때문에 표본의 통계량이 모수와 숫자 자체는 차이가 크게 난다 하더라도 그 차이가 표준오차보다 작은 경우도 있을 수 있다. 표본에 근거한 모든 모집단 관련 정보들이 이 계산에 포함되어 있다. 그다음은 정규분포곡선 아래의 면적에 관한 지식을 사용하여 이 평균으로부터의 거리를 가설을 채택할 확률로 변환시킨다. 즉 계산된 z값이 1.96보다 크거나 -1.96보다 작다면 우리는 표본의 정보가 우리가 가정한 모집단의 숫자를 지지하지 않는다고 결론을 내린다.

빌의 가설이 지지받지 못함을 보여주는 예

10%의 운전자만이 좌석벨트를 사용한다는 빌의 경우를 예로 들어보자. 빌은 좌석벨트 사용에 관한 해리스(Harris)의 조사 결과를 보게 되었고 그 결과에 의하면 1,000명의 응답자 중 80%가 좌석벨트를 사용하는 것으로 나와 있었다고 하자. 이 가설에 대한 검증은 다음과 같이 이루어질 것이다(두 번째 단계에서 백분율 표준오차 s_p에 대한 공식을 사용했음을 알아두기 바란다).

© Jasmin Merdan/123rf

빌은 자신의 가설이 지지받지 못함을 알게 되었고 좌석벨트를 매기로 하였다.

10%의 운전자만이 좌석벨트를 사용한다는 빌의 가설에 대한 검증

주 :
가정된 백분율 = 10
표본 백분율 = 80
표본 $q = 100 - p = 20$
$n = 1,000$

$$z = \frac{p - \pi_H}{s_p} = \frac{p - \pi_H}{\sqrt{\frac{p \times q}{n}}} = \frac{80 - 10}{\sqrt{\frac{80 \times 20}{1000}}} = \frac{70}{\sqrt{\frac{1600}{1000}}} = \frac{70}{\sqrt{1.6}} = 55.3$$

통계적 가설 검정의 핵심은 **표본 분포의 개념**(sampling distribution concept)이다. 우리의 실제 표본의 결과는 가정된 모집단의 값을 중심에 두고 종 모양으로 분포되어 있는 많은 표본들의 결과 중 하나이다. 가설이 옳다는 말은 표본에서 도출된 값이 가설에 나타난 값과 비슷할 확률이 다를 확률보다 크다는 말이다. 그래서 만약 우리의 표본값이 가정된 값으로부터 표준오차의 ±1.96배 혹은 ±2.58배 안에 위치한다고 하면 이 각각의 숫자에 해당하는 정규분포곡선 아래의 면적이 전체의 95%와 99%이므로 95%와 99%의 신뢰수준에서 가설에 나온 값을 지지하게 된다.

표본 분포의 개념은 우리의 표본은 가설에 나온 값을 평균으로 하고 종 모양을 이루는 많은 이론적 표본들 중 하나라는 것을 말한다.

그런데 만약 표본의 값이 이 구간 밖에 위치하는 경우는 어떻게 될까? 이 경우에는 가설의 값과 표본의 값 중 어떤 것이 맞는 것일까? 이 경우에 답은 언제나 동일하다. 즉 표본의 결과는 언제나 가설의 값보다 정확하다. 물론 이 말은 표본이 확률적 표본 추출법을 따랐다는 것을 전제로 한다. 위의 계산에서 보듯이 빌의 가설인 10%의 운전자들만이 안전벨트를 착용한다는 것은 전국적인 확률적 표본에서 도출된 80%의 값과는 표준오차의 55.3배나 떨어져 있는 값으로 그의 가설이 크게 틀렸음을 알 수 있다.

평균에 대한 가설 검정의 경우에는 다음과 같은 예를 생각해보자. 노스웨스턴 뮤추얼(Northwestern Mutual) 생명보험회사는 대학생들이 훈련을 받고 보험 모집인으로서 일할 기회를 얻을 수 있는 한 학기짜리 인턴 프로그램을 가지고 있다고 하자. 지역 대리인인 Rex Reigen은 이 프로그램에 관한 그의 경험에 기초하여 이 인턴제도에 참여한 대학생들이 한 학기 동안 2,750달러 정도를 벌 수 있을 것이라는 가설을 가지고 있다. 이 가설이 옳은지를 검증하기 위하여 100명의 현 대학생 대리인들을 조사한 결과 이들이 버는 평균 수입은 2,800달러이고 표준편차는 350달러임이 밝혀졌다.

우리는 표본의 정보가 가설보다 더 정확하다고 가정해야 한다.

가설 검정은 표본의 증거들과 표본의 크기에 근거하여 가설을 지지하는 확률을 알려준다.

표본에서 밝혀진 2,800달러는 Rex의 가설과는 다른 숫자이다. 그런데 이 숫자가 Rex의 추측이 잘못되었다고 말하기에 충분히 다른 숫자인가? 다시 말하면 이 숫자는 Rex의 가설에서 나온 숫자와 아주 멀리 떨어져 있는 숫자인가? 이 질문에 대한 답을 하기 위해서 우리는 다음과 같은 계산을 해야 한다(여기의 두 번째 단계에서 평균의 표준오차 공식이 쓰였음을 확인하기 바란다).

표본은 학생 인턴들이 한 학기에 2,750달러를 번다는 Rex의 가설을 지지하는가?

Northwestern Mutual생명보험회사의 인턴이 한 학기에 2,750달러를 번다는 가설을 검증하기 위한 계산

주 :
가설의 평균 = 2,750
표본 평균 = 2,800
표준편차 = 350
n = 100

$$z = \frac{\bar{x} - \mu_H}{s_{\bar{x}}} = \frac{\bar{x} - \mu_H}{\frac{s}{\sqrt{n}}} = \frac{2{,}800 - 2{,}750}{\frac{350}{\sqrt{100}}} = \frac{50}{35} = 1.43$$

계산된 z값은 1.43으로 1.96보다 작다. 이는 가설이 지지됨을 이야기한다.

표본의 변동성과 표본의 크기가 표본 분포의 표준오차를 결정하기 위하여 사용되었다. 이 경우 표준오차는 35달러(공식에 의해 $350/\sqrt{100}$)이다. 차이인 50달러를 35달러로 나누면 표본의 값과 가설의 값이 표준오차의 몇 배 정도 떨어져 있는지를 구할 수 있는데 이 경우에는 1.43이다. 그림 12.9에서 보듯이 1.43 표준오차는 Rex가 가정한 평균값인 2,750으로부터 ±1.96 표준오차 구간 안에 위치한다. 이는 표본의 값이 채택역 안에 위치함으로써 Rex의 가설이 지지됨을 의미한다.

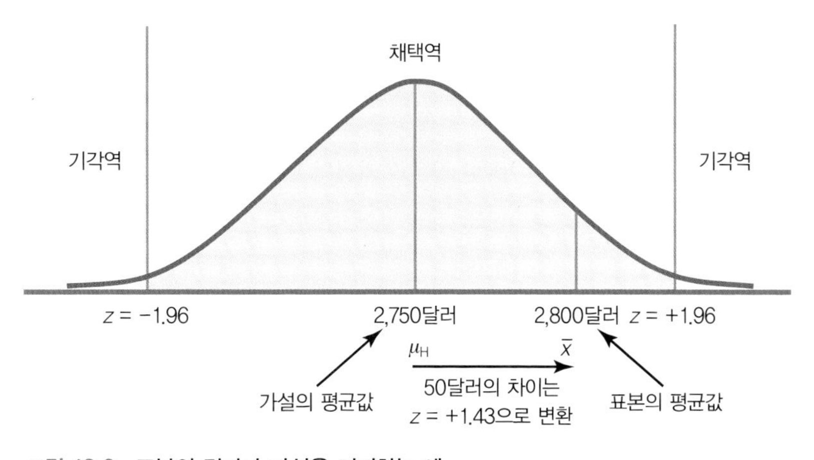

그림 12.9 표본의 결과가 가설을 지지하는 예

이러한 계산을 위해서는 마케팅 조사에서 흔히 사용되는 95%와 99%의 신뢰구간에 해당하는 z값인 1.96과 2.58을 기억해두는 것이 편리하다. 계산된 z값의 절댓값이 2.58이나 가설 검정을 위한 5단계이다.

표 12.4 가설 검정의 5단계

1단계	모집단의 평균(μ_H)과 백분율(π_H)에 대하여 여러분이 예상한 바를 정하라.
2단계	무작위 표본을 추출하여 그 표본의 평균($\bar{x}$)과 백분율(p)을 조사하라.
3단계	표본의 통계치와 가설에서 설정한 값을 비교(차이 계산)하고 그 값을 표준오차로 나누어 z값을 구하라. $z = \frac{\bar{x} - \mu_H}{s_{\bar{x}}}$ $z = \frac{p - \pi_H}{s_p}$
4단계	z값이 ±1.96보다 작으면 신뢰수준 95%에서, ±2.58보다 작다면 99% 신뢰수준에서 가설을 지지한다는 것을 말한다(혹은 SPSS를 사용하여 정확히 얼마나 가설을 지지하는지를 계산할 수 있다).
5단계	만약 표본의 통계치가 가설을 지지하지 않는다고 한다면 신뢰구간 공식을 사용하여 가설을 수정하라.

1.96보다 크다면 이는 가설을 지지할 수 있는 확률이 각각 0.01과 0.05가 된다는 의미이다. SPSS와 같은 통계 프로그램은 여러분이 직접 z값을 계산하여 z값 표에서 그에 해당하는 확률을 찾아보는 것과 같은 방식으로 정확한 확률을 찾아서 보여준다. 가설 검정의 다섯 가지 기본 단계가 표 12.4에 정리되어 있다.

Auto Concepts : SPSS를 이용한 평균에 대한 가설 검정

우리는 이 데이터 안에 있는 그 어떤 연속형 척도(등간척도 혹은 비율척도)의 평균의 경우에도 위와 같은 가설 검정을 해볼 수 있다. 그 한 예로서 우리는 '나는 지구온난화에 대해서 걱정을 한다(I am worried about global warming)'라는 질문에 대해서 응답자들은 중립적일 것이라는 가설을 세웠다고 하고 그 가설이 옳은지 테스트해보자. 우선 이 '중립적'이라는 위치는 이 척도의 코드 4에 해당한다. SPSS는 쉽게 평균을 추정하고 그 평균에 대한 가설을 검증할 수 있다.

평균에 대한 가설 검정을 하기 위해서 SPSS는 검정값 박스 안에 가설에서 가정된 평균의 값을 기입하도록 해두었다. 그림 12.10에서 보는 것처럼 '분석-평균 비교-일표본 T 검정'의 순서로 클릭을 하면 이 박스를 열 수 있다. 다음으로는 이 박스에서 해당 변수 'I am worried about global warming'을 선택하고 검정값에 4를 기입한 후 확인을 클릭하면 된다.

SPSS를 사용하여 평균에 대한 가설 검정을 하려면 '분석-평균 비교-일표본 T 검정'의 순서를 사용하라.

결과는 그림 12.11에 나타나 있다. 출력물에 나타난 정보들의 배치는 이전의 경우와 동일하다. 출력물에는 우리의 검정값이 4라는 것을 나타내고 있고 모수에 대한 95% 신뢰구간을 보여준다(중요한 것은 여기서의 모수는 가설에서 가정된 수와 표본 평균의 차이로서 가설에서 가정된 수와 표본의 평균이 동일하다면 0일 것이다). 가설의 값을 표본 평균값으로부터 빼 구해진 평균 차이는 0.880이고 이 값의 표준오차는 0.042로 구해진다. 이 평균 차이 0.880을 표준오차 0.042로 나누면 t값을 얻을 수 있는데 여기서는 20.932가 t값이다. 이 값은 양측검증의 경우 유의수준 0.000에 해당한다(여기서는 t를 지금까지 사용해 왔던 z값과 동일하다고 간주하라). 즉 이 Auto Concepts 데이터에 의하면 표본에서 도출된 값인 4.88은 그 값이 4라는 가설을 지지하지 않는다.

Marketing Research on YouTube™

가설 검정을 공부하려면 **www.youtube.com**에서 **Hypothesis tests, *p*-value-Statistics Help**를 검색하라.

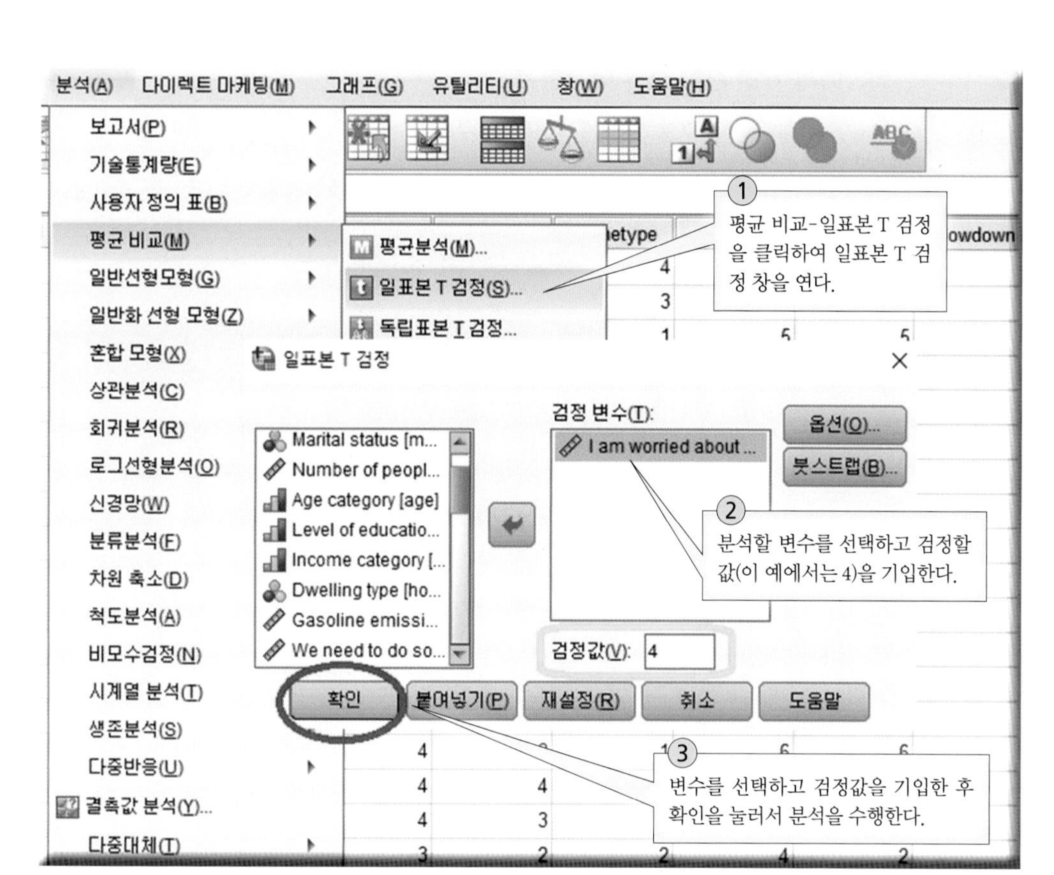

그림 12.10 **평균에 대한 가설 검정을 위한 IBM SPSS 클릭 순서**

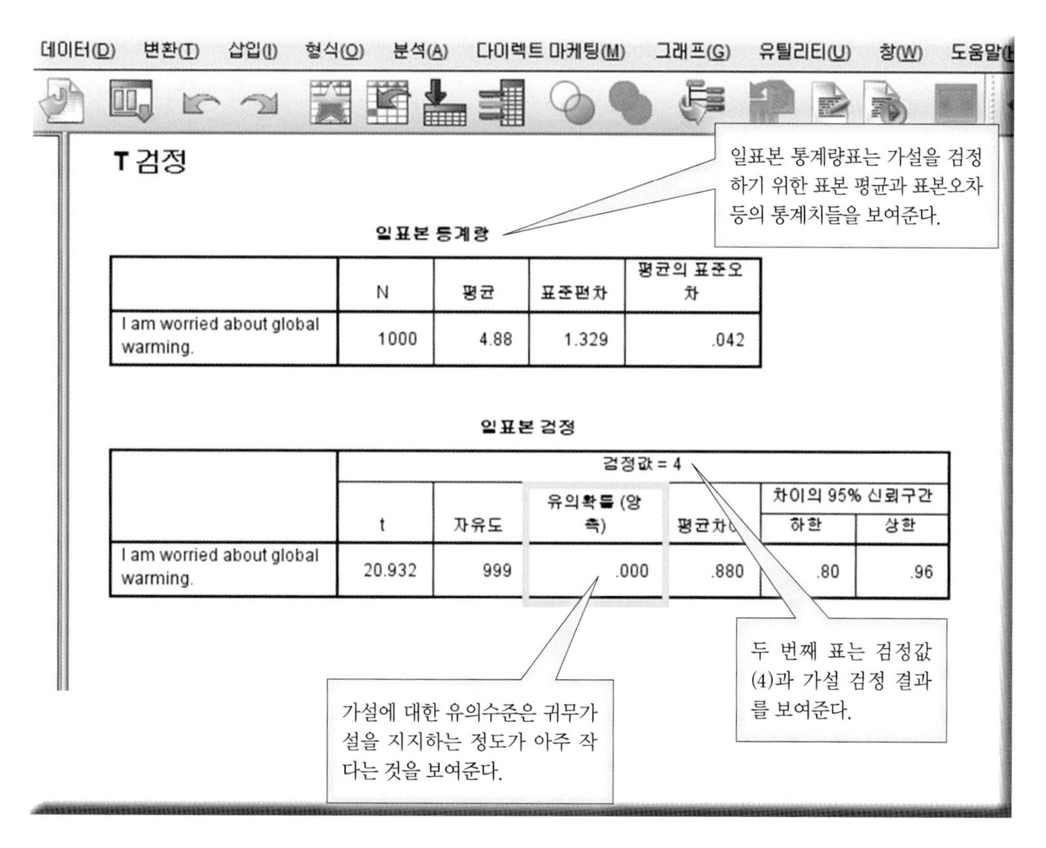

일표본 통계량

	N	평균	표준편차	평균의 표준오차
I am worried about global warming.	1000	4.88	1.329	.042

일표본 검정

	검정값 = 4					
	t	자유도	유의확률 (양측)	평균차이	차이의 95% 신뢰구간 하한	차이의 95% 신뢰구간 상한
I am worried about global warming.	20.932	999	.000	.880	.80	.96

그림 12.11 **가설 검정에 대한 IBM SPSS 결과 아웃풋**

12-11 의뢰인에게 가설 검정 결과 보고하기

마케팅 조사자는 업무에서 매우 구체적인 가설과 맞닥뜨리게 될 경우가 있다. 이러한 경우에는 그 가설을 적절한 방법을 통해 검증하고 결과를 해석해야 한다. 그 절차는 마케팅 조사 인사이트 12.3에 나타나 있는 것처럼 간단하다.

마케팅 조사 인사이트 12.3 실무적 조사

가설 검정 결과를 보고하기 위한 가이드라인

가설 검정 결과를 프레젠테이션하기 위해서는 다음의 절차를 따를 것을 추천한다.

1단계 가설을 정하라.

2단계 가설 검정을 위한 적합한 방법으로 계산을 하라. 즉 가설이 백분율에 관한 것일 경우에는 백분율 공식을 사용하고 평균에 관한 것일 경우는 평균에 관한 공식을 사용하라.

3단계 계산된 z값을 z값의 임계치(critical value)와 비교함으로써 가설을 지지할 것인지 아닌지를 정하라(보통 그 임계치는 95% 신뢰구간에 따른 1.96을 사용한다).

4단계 가설이 지지되지 않는다면 의뢰인에게 신뢰구간의 범위를 제공하라.

각각의 가설에 대해서 위의 단계를 순서대로 따를 것을 권한다. 연구 보고서에는 다음과 같은 형식으로 보고될 수 있을 것이다.

가설 검정 결과

가설	검정 결과
가설 1 : 소비자 중 60%는 적어도 한 달에 한 번 패스트푸드를 구매한다.	이 가설은 95%의 신뢰수준에서 지지되었다.
가설 2 : 일반적으로 패스트푸드를 구매하는 소비자들은 음식과 음료와 스낵을 구매하는 데 한 달에 45달러 정도를 지출한다.	평균은 31.87달러로 45달러를 지출할 것이라는 가설은 지지되지 않았다. 95% 신뢰구간은 28.5달러에서 35.24달러이다.

요약

이 장은 여러분에게 데이터의 기본적인 패턴을 이해하는 데 사용할 수 있는 기술통계 기법들을 소개하였다. 또 기술통계, 통계적 추론, 차이, 연관(association), 관계(relationship)라는 다섯 가지 기법을 소개하였다. 기술통계는 데이터 안에서 전형적인 응답자나 각 설문에 대한 전형적인 응답을 묘사하는 중심화 경향 척도를 제시하는데, 이 중심화 경향 척도에는 평균, 최빈값, 중위수가 있다. 이 장에서는 이러한 중심화 경향 척도의 계산법과 그 예 역시 설명하였다. 기술통계에는 응답들이 서로 유사한 정도를 알아보기 위한 변동성 척도 역시 포함되는데 빈도 분포, 구간, 그리고 표준편차가 이에 해당한다. 이 장에서는 이에 대한 계산법 역시 논의되었다. 기본적으로 기술통계는 응답자들이 설문에 있는 다양한 질문을 응답하는 형태에 대한 대략적인 묘사를 해준다. 이 장에서는 Auto Concepts 데이터를 이용하여 SPSS로 기술통계량을 구하는 법을 설명했다. 어떤 메뉴를 어떤 순서로 클릭할 것인가를 그림으로 설명했고 그 결과로 생성된 출력물 역시 보였다.

다음으로는 표본의 통계량을 모집단의 숫자와 구분지어서 설명했다. 이를 바탕으로 표본의 결과를 모집단으로 일반화하는 통계적 추론 과정에 대해서 설명했다. 이 과정에서 중요한 요소 중 하나는 표본의 크기 n인데 이것이 중요한 이유는 이 표본의 크기가 표본오차를 결정하기 때문이다. 즉 표본이 크다면 같은 변동성을 가진 작은 표본보다 표본오차가 작다. 우리는 또 표본오차의 개념에 근거를 둔 신뢰구간을 이용하여 모집단의 평균이나 모집단의 백분율을 계산하는 방법을 제시했다. 그다음으로는 표본의 결과를 사용하여 모집단의 평균이나 백분율에 대한 가설을 검증하는 법을 설명했다.

SPSS 사용법도 설명했다. Auto Concepts 데이터를 이용하여 평균에 대한 95% 신뢰구간을 계산하는 방법과 평균에 대한 가설 검정을 하는 법을 설명했다. 이 두 작업 모두 일표본 T 검정의 과정을 통해 수행되었다. 백분율에 대한 모수 추정이나 가설 검정은 SPSS를 사용해서 수행할 수 있으나 백분율에 대한 신뢰구간이나 유의도 검사는 이 책에 나와 있는 공식을 사용해서 직접 계산을 해야 한다.

핵심용어

가설
가설 검정
관계분석
구간
기술분석
데이터 분석
모수
모수값에 대한 가설
모수 추정
백분율 분포
변동성 척도
분산
빈도 분포
연관분석
제일 흔히 사용되는 신뢰구간
중심화 경향 척도
중위수
차이분석
최빈값
추론
통계량
통계적 추론
통계적 추론 분석
평균
표본 분포의 개념
표준오차
표준편차

복습 질문/적용

12.1 데이터 분석이란 무엇이며 왜 유용한지 서술하라.

12.2 다음에 대한 정의와 차이점들을 서술하라－(a) 기술분석, (b) 추론분석, (c) 연관분석, (d) 관계분석, (e) 차이분석.

12.3 중심화 경향 척도란 무엇이고 그것이 의미하는 바는 무엇인가?

12.4 변동성의 개념에 대해 설명하고 이것이 특정 질문에 대한 응답을 기술하는 데 어떤 도움을 주는지 서술하라.

12.5 빈도 분포(또는 백분율 분포)가 라이프스타일 관련 리커트 척도 설문 문항에 대한 응답의 변동성을 나타내는 방법을 예를 들어 설명하라. 단, 최대 변동성과 최소 변동성의 두 극단적인 예시를 사용하라.

12.6 구간이란 무엇이며 어떤 경우에 표본의 변동성을 나타내는 지표로서 사용될 수 있는지 설명하라.

12.7 표준편차에 대한 공식을 명시적으로 언급하면서 이것이 응답자들의 답변이 서로 다른 정도를 어떻게 측정할 수 있는지 보여라.

12.8 다음 각 사례에서 평균이 중심화 경향 척도로 부적절한 이유를 설명하라－(a) 응답자 성별(남성, 여성), (b) 결혼 여부(미혼, 기혼, 이혼, 별거, 사별 등), (c) 밀러 라이트, 버드 라이트 및 쿠어스 라이트 중 선호 순위를 나타내는 맛 테스트.

12.9 8번 문제에서의 각 사례들에 가장 적절한 중심화 경향 척도는 무엇인가?

12.10 생산성 애플리케이션과 관련한 설문조사에서 응답자들은 지난 6개월 동안 장착한 애플리케이션의 수를 답했다. 이때 사용될 수 있는 중심화 경향 척도는 무엇이며 그 이유는 무엇인가?

12.11 표본의 변동성을 측정하기 위해 표준편차를 사용했다면 어떤 통계적 가정을 하고 있는 경우인가?

12.12 통계적 추론 시 고려해야 할 필수요소는 무엇인가?

12.13 '모수 추정'이란 무엇을 의미하며 조사자에게 어떤 기능을 하는가?

12.14 평균에 대한 모수 추정의 경우가 백분율에 대한 경우와 다른 점이 무엇인가?

12.15 통계적 가설 검정과 직관적 가설 검정의 단계를 나열하되 어떤 점이 비슷하고 다른지를 서술하라.

12.16 조사자가 가설이 95% 신뢰수준에서 지지된다고 이야기하는 것은 어떤 의미인가?

12.17 다음 예시들은 필요한 계산 시 어떤 공식을 사용하는 것이 적절한지를 판단하고 정확히 계산해내는 법을 훈련하는 데 도움이 될 것이다. 각 사례들을 올바른 계산법을 사용하여 계산하고 다음 표의 '신뢰구간 설정'이나 '계산 결과' 칸에 답을 적어 넣어라.

a. 각 사례에 적절한 신뢰구간을 설정하라.

표본 통계	표본 크기	신뢰수준	신뢰구간 설정
평균 : 150 표준편차 : 30	200	95%	______
백분율 : 67%	300	99%	______
평균 : 5.4 표준편차 : 0.5	250	99%	______
백분율 : 25.8%	500	99%	______

b. 다음 가설을 검정하고 결과를 해석하라.

가설	표본 결과	신뢰수준	계산 결과
평균=7.5 표준편차 : 1.2	평균=8.5 n=670	95%	______
백분율=86% n=1,000	p=95	99%	______
평균=125 표준편차 : 15	평균=135 n=500	95%	______
백분율=33%	p=31 n=120	99%	______

12.18 알라모 렌트어카(Alamo Rent-A-Car) 경영진은 임대되는 모든 캐딜락의 약 50%를 알라모가 차지하고 있음을 자부하고 있다. 이를 검증하기 위해서 조사자는 현장 대여 차량이 있는 20개의 주요 공항을 무작위로 식별했다. 조사자들은 각 조사지에 배정되어 4시간 동안 렌탈된 캐딜락의 수를 기록하도록 지시받았다. 약 500대의 캐딜락이 기록되었고 그중 30%가 알라모에 반납되었다. 이러한 결과가 알라모 임원의 초기 가설에 의미하는 바는 무엇인가?

사례 12.1

L'Experience Félicité 레스토랑 설문조사 및 추론 분석

Auto Concepts 조사에 더하여 CMG Research의 코리 로저스는 메트로폴리탄 지역에 L'Experience Félicité('Delightful Experience')라는 대규모 레스토랑 오픈 기회를 노리고 있는 제프 딘의 일도 맡고 있다. 레스토랑의 콘셉트는 다음과 같았다.

넉넉한 매장 공간에 고급스러운 인테리어를 더하고 개인 맞춤형 서비스를 제공하며 국제적으로 명성이 자자한 유명 셰프들이 전통적인 요리와 특별한 메뉴를 선보이는 세미 프라이빗(semi private) 레스토랑이다. 분위기, 음식, 그리고 서비스는 최고급 레스토랑 수준으로 선보일 것이며 메뉴 가격은 '일품요리(à la carte)'별로 책정되고 최고급 레스토랑 수준이 될 것이다.

코리의 팀원들은 온라인 설문지를 설계하여 대표성 있는 표본을 수집했다. SPSS 데이터 세트 코드북은 다음과 같다.

질문	코드	레이블
적어도 2주에 한 번은 고급 레스토랑에서 외식을 하십니까?	1, 2	예, 아니요('아니요' 선택 시 설문 중단)
레스토랑에서 한 달에 총 얼마를 소비하십니까? (단, 음식에만)	실제 금액	없음
이 새로운 고급 레스토랑에 방문하실 가능성이 얼마나 있으십니까?	1, 2, 3, 4, 5	매우 없음, …, 매우 많음
제안된 새 레스토랑 메인 메뉴의 가격은 평균 얼마로 책정되기를 기대하십니까?(이전 질문에서 '매우 없음' 선택한 사람 제외)	실제 금액	없음
귀하는 라디오를 자주 듣는 청취자입니까?	1, 2	예, 아니요
(만약 '예'를 선택하셨다면) 자주 듣는 라디오 프로그램은 무엇입니까?	1, 2, 3, 4, 5	Country, Easy listening, Rock, Talk/news, 딱히 없음
귀하는 TV 지역 뉴스를 시청하는 시청자입니까?	1, 2	예, 아니요
(만약 '예'를 선택하셨다면) 보통 어떤 뉴스 보도를 시청합니까?	1, 2, 3, 4	오전 7:00, 정오, 오후 6:00, 밤 10:00
귀하는 신문을 구독하십니까?	1, 2	예, 아니요
(만약 '예'를 선택하셨다면) 제일 자주 읽는 신문 부분은 어떤 것입니까?	1, 2, 3, 4, 5	사설, 비즈니스, 지역뉴스, 광고, 건강 · 문화
*City Magazine*을 구독하십니까?	1, 2	예, 아니요
제품과 서비스를 선택할 때 얼마나 자주 온라인 리뷰를 살펴보십니까?	0, 1, 2, 3, 4	한 달에 0번, 1~2번, 3~4번, 5~7번, 7번 이상
제안된 새로운 레스토랑에 바라는 점 • 강 혹은 바다 조망 • 차로 30분 이내 거리 • 턱시도 차림 웨이터 • 특이한 디저트 • 다양한 메인 메뉴 • 심플한 데커레이션 • 고급스러운 데커레이션 • 현악 4중주 곡 • 재즈 음악	1, 2, 3, 4, 5	매우 선호하지 않음, 부분적으로 선호하지 않음, 중간, 부분적으로 선호함, 매우 선호함
귀하의 출생연도는 언제입니까?	실제 연도	없음
귀하의 최종 학력을 알려주세요.	1, 2, 3, 4, 5, 6, 7, 8	중학교 졸업, 고등학교 중퇴, 고등학교 졸업, 대학 중퇴, 전문대 졸업, 대학 졸업, 석사학위, 박사학위
귀하의 결혼 여부를 알려주세요.	1, 2, 3	미혼, 기혼, 기타
18세 이하의 자녀를 포함하여 총 가족 구성원 수는 몇 명입니까?	# 어린이	없음
귀하가 거주하는 지역 우편번호의 마지막 자리를 나타내는 글자에 체크해주세요(우편번호의 마지막 두 자리를 나타내는 문자를 지정).	1, 2, 3, 4	A (01 & 02), B (03, 04, & 05), C (07, 08, & 09), D (10, 11 & 12)
다음 중 귀하의 과거 가구 소득을 가장 잘 나타내는 범주는 무엇입니까?	1, 2, 3, 4, 5, 6, 7	15,000달러 이하, 15,000~24,999달러, 25,000~49,999달러, 50,000~74,999달러, 75,000~99,999달러, 100,000~149,999달러, 150,000달러 이상
귀하의 성별을 알려주세요.	1, 2	여성, 남성

코리는 다른 마케팅 조사 과제가 있었고 약속된 고객들과의 미팅 일정이 있었기 때문에 그의 인턴 직원인 크리스틴을 불렀다. 크리스틴은 Able State대학교 마케팅 전공 학생이고 지난 학기에 마케팅 조사 수업을 수강했다. 코리는 크리스틴을 불러 "크리스틴, 제프가 부탁했던 리서치를 분석할 때가 되었어요. 데이터가 대략 어떤 형태인지 살펴보고 기본적인 분석 방법으로 어떤 방법이 적용되어야 하는지를 결정해두면 내가 내일 오후 2시 반에 검토해볼게요"라고 전했다.

본인이 크리스틴이라 가정하고 SPSS 데이터 파일 형식인 L'Experience 파일을 살펴보라. 감독자가 와서 이 SPSS 데이터 파일을 제공해주며 이에 대한 사용방법을 알려줄 것이다.

1. 어떤 변수가 범주형(명목척도 또는 서열척도)인지 결정하라.
2. 어떤 질문 항목이 연속형 변수(등간 또는 비율척도)인지 결정하고 적절한 기술분석을 수행한 뒤 그 결과를 해석하라.
3. 다음 각각에 대한 모수 추청치는 무엇인가?
   a. 'easy listening' 라디오 프로그램을 선호
   b. 지역 TV 프로그램을 밤 10시 이후에 시청
   c. *City Magazine* 구독
   d. 세대주의 평균 연령
   e. 저녁 식사 entrée로 계산하는 평균 비용
4. 이번 레스토랑은 고급이기 때문에 소득이 높은 고객들을 상대로 운영될 가능성이 크다. 조사자는 이번 설문조사에 나타난 대표 세대주의 15%가 100,000달러 혹은 그 이상의 수익을 가지고 있기를 희망하고 있다. 이 가설을 검증해보라.
5. 제프는 L'Experience Félicité 레스토랑을 이용할 가능성이 매우 높은 사람들이 다음과 같은 문항에 '매우 선호' 또는 '다소 선호'할 것이라고 생각했다 – (a) 턱시도를 입은 웨이터, (b) 특이한 디저트 메뉴, (c) 특이한 메인 메뉴, (d) 다양한 종류의 메인 메뉴, (e) 고급스러운 데커레이션, 그리고 (f) 재즈 음악. 이 설문 조사는 제프의 가설을 지지하는가, 아니면 부정하는가? 해석하라.

사례 12.2 통합 사례

Auto Concepts 기술 및 추론분석

CMG Research의 코리 로저스는 닉 토머스에게 Auto Concepts 설문조사 데이터를 수집하고 분석할 준비가 되었음을 알리는 전화를 걸었다. 코리는 다른 마케팅 조사 회의가 있었기 때문에 그의 데이터 분석가 셀레스테 브라운을 불렀다. 코리는 "셀레스테, 닉의 Auto Concepts 설문조사를 분석해야 겠어요. 나는 이 프로젝트에 대한 모든 데이터 분석을 당신에게 맡길 겁니다. 우선 데이터 형태가 어떻게 생겼는지 살펴보고 기본 패턴과 데이터의 다양성을 이해하기 위해 몇 가지 분석을 진행하세요. 내일 오후 3시 반에 만나서 분석 결과를 검토합시다"라고 말했다.

본인이 셀레스테라 가정하고 데이터가 수집되어 있는 Auto Concepts 설문조사를 분석해보라. 파일 이름은 Concepts.sav이며 SPSS 데이터 파일 형식으로 되어 있다. 데이터 표본은 미국 가정을 대표하며 개발될 신형 차량이 향후 3~5년간 시장에 출시되지 않을 것이기 때문에 차량 소유자가 아닌 사람도 포함된다.

질문 문항	코드	레이블
거주 도시의 크기	1, 2, 3, 4, 5	1만 이하, 1~10만, 10~50만, 50~100만, 100만 이상
성별	0, 1	남성, 여성
결혼 여부	0, 1	미혼, 기혼
가족 구성원 수	실제 숫자	없음
연령대	1, 2, 3, 4, 5	18~24, 25~34, 35~49, 50~64, 65세 이상
교육수준	1, 2, 3, 4, 5	고졸 이하, 고졸, 대학 중퇴, 학사 졸업, 석사 학위
수입	1, 2, 3, 4, 5	25만 달러 이하, 25~49만 달러, 50~74만 달러, 75~125만 달러, 125만 달러 이상
주택 유형	1, 2, 3, 4	1인 가구, 다가구 주택, 아파트/연립주택, 이동주택
지구온난화가 걱정된다. 가솔린 배기 가스는 지구온난화에 영향을 끼친다. 지구온난화를 대비해야 한다. 가솔린 대체 자원을 찾아야 한다.	1, 2, 3, 4, 5, 6, 7	매우 그렇지 않다, 조금 그렇지 않다, 그렇지 않다, 중립적, 그렇다, 약간 그렇다, 매우 그렇다.
바람 : 1인승 전기 모터사이클 바람 : 2인승 전기 런어바웃 스포츠 바람 : 2인승 가솔린 하이브리드 런어바웃 해치백 바람 : 4인승 이코노미 디젤 하이브리드 바람 : 5인승 이코노미 가솔린	1, 2, 3, 4, 5, 6, 7	매우 바람직하지 않음, 바람직하지 않음, 대체로 바람직함, 중립적, 다소 바람직함, 바람직함, 매우 바람직함
라이프스타일 : 소설가 라이프스타일 : 혁신가 라이프스타일 : 트렌드세터 라이프스타일 : 선두 주자 라이프스타일 : 주류 라이프스타일 : 클래식	1, …, 7	나를 전혀 묘사하지 않는다. … 나를 아주 잘 설명한다.
가장 좋아하는 TV 프로그램 장르	1, 2, 3, 4, 5, 6, 7	코미디, 드라마, 영화/미니시리즈, 뉴스/다큐멘터리, 리얼리티, 공상과학, 스포츠
가장 좋아하는 라디오 장르	1, 2, 3, 4, 5, 6	클래식 팝&록, 컨트리, 이지리스닝, 재즈 & 블루스, 팝 & 차트, 토크
가장 좋아하는 잡지 유형	1, 2, 3, 4, 5, 6, 7, 8	비즈니스 & 금융, 음악 & 연예, 가족 & 육아, 스포츠 & 아웃도어, 홈 & 가든, 요리 & 와인, 트럭 & 오토바이, 신정치 & 시사문제
가장 좋아하는 지역 신문 영역	1, 2, 3, 4, 5, 6, 7	사설, 비즈니스, 지역 소식, 국가, 스포츠, 엔터테인먼트, 읽지 않음
온라인 블로그 사용 콘텐츠 커뮤니티 사용 소셜 네트워크 사이트 사용 온라인 게임 사용 가상 세계 사용	0, 1, 2, 3	한 번도 없다, 하루에 1~2번, 하루에 3~4번, 하루에 5번 이상

각 질문들에 대해 각 변수의 척도 유형을 결정하고, SPSS를 사용하여 적절한 기술분석을 수행한 후 그 결과를 해석하라.

1. 표본의 인구통계학적 구성은 무엇인가?
2. 응답자들은 (1) 지구온난화, (2) 가솔린 배기 가스 배출에 대해 어떻게 생각하는가?
3. 표본 중 사람들이 가장 많이 선호한 자동차 모델은 무엇인가? 혹은 가장 낮은 선호도를 보인 모델은 무엇인가?
4. 표본에 있는 응답자들의 '전통적인' 매체 사용법을 기술하라.
5. 표본에 있는 응답자들의 소셜미디어 사용법에 대해 기술하라.
6. Auto Concepts의 임원은 고려 중인 자동차 모델 각각에 대해 미국 대중들이 선호하는 정도가 다음 표와 같을 것이라고 생각하고 있다.

차량 모델 유형	선호도*
1인승 전기 모터사이클	3
2인승 전기 런어바웃 스포츠	4
2인승 가솔린 하이브리드 런어바웃 해치백	4
4인승 이코노미 디젤 하이브리드	3
5인승 이코노미 가솔린	2

*1~7점 척도로 측정함

이 가설을 설문조사의 결과에 기반하여 검정하라.

13 차이 검정

학습 목표

이 장에서 여러분은 다음을 학습하게 될 것이다.

13-1 왜 차이가 중요한가
13-2 SPSS가 작은 표본을 걱정하지 않는 이유
13-3 두 집단의 차이 검정(백분율과 평균)
13-4 분산분석 : 세 집단 이상일 경우의 집단 간 평균 차이 검정
13-5 집단 간 차이를 어떻게 보고할 것인가
13-6 동일한 표본하에서의 두 변수 간 평균 차이 검정
13-7 이 장에서 설명된 다양한 차이 검정에 대한 귀무가설

우리는 어느 과정에 있는가?

1 마케팅 조사 필요성 인식
2 문제 정의
3 조사목적 수립
4 조사 설계 결정
5 정보 유형과 원천 식별
6 데이터 분석 방법 결정
7 데이터 수집 양식 설계
8 표본 계획과 크기 결정
9 데이터 수집
10 데이터 분석
11 최종 보고서 준비 및 작성

20|20 리서치

Jim Bryson, 20|20 리서치의 창업자 겸 CEO

20|20 리서치는 온라인에 기반한 정성적 마케팅 조사와 이를 수행하기 위한 소프트웨어를 개발하고 서비스하는 사업에서 글로벌 리더인 기업이다. 이 회사는 전 세계 마케팅 조사회사와 광고회사가 그들의 의뢰인들을 위해 더 나은 조사를 수행할 수 있도록 도와준다.

창업자이자 CEO인 Jim Bryson에 의해서 1986년에 설립된 이 회사는 처음에는 테네시주 내슈빌에서 대면 포커스 그룹(in-person focus group) 시설을 제공하는 서비스를 하는 회사로 시작했다. 마케팅 조사 산업에서의 빠른 기술의 발전에 부응하여 Bryson은 2003년에 자신의 사업을 대면 포커스 그룹 조사 중심에서 조사자들을 위한 혁신적인 기술에 특화된 사업으로 변모시켰다. 이 회사는 현재 온라인 정성적 조사의 세계적인 선두업체이며 조사회사의 10개 중 7개가 이 회사의 서비스를 사용하는 것을 선호하고 있다. 현재 이 회사는 122개국에서 30개의 언어로 프로젝트를 수행하고 있다.

20|20이 가져온 주목할 만한 혁신에는 다음과 같은 것들이 있다.

- 참가자가 자신이 원하는 시간과 장소에서 포커스 그룹에 참여할 수 있는 온라인 게시판
- 실시간 대면 조사를 가능하게 하는 웹캠과 비디오 스트리밍 기술
- 광고나 디자인 콘셉트, 신기술 아이디어, 스토리보드를 포함한 시각적인 데이터에 대해서 응답자가 세세한 피드백을 제공할 수 있도록 해주는 온라인 필기 소프트웨어
- 글로벌 정성적 조사에서 사용될 수 있는 24개 언어에 대한 실시간 통합 통역기
- 웹캠과 컴퓨터 그리고 인터넷만 있으면 조사자가 응답자의 감정에 대한 통찰력을 얻을 수 있도록 도와주는 표정 코딩 기술
- 응답자를 다양한 상황에 마주하게 함으로써 그 상황에서의 응답자의 반응과 구매행동을 이해하게 도와주는 가상/증강 현실 프로그램

www.2020research.com에 방문해보라.

지난 5년간 이 회사는 조사 업계의 주요 동향 파악을 보여주는 GreenBook

Research Industry Trends가 발표한 15개의 가장 혁신적인 조사회사 중 하나로 뽑혔다. 20|20의 본사는 여전히 테네시주 내슈빌에 있고 내슈빌과 샬럿, 마이애미, 그리고 런던에서 전통적인 포커스 그룹 서비스 역시 제공하고 있다.

Bryson은 정성적 조사 컨설턴트협회의 회장직을 3회에 걸쳐서 역임하였고 *Research Business Report*에 의해서 2013년 올해의 마케팅 조사 경영자상을 수여했다. 그는 밴더빌트대학교 MBA 학위를 가지고 있다.

출처 : Text and photos courtesy of Jim Bryson and 20|20 Research.

이 장에서는 차이 검정에 대한 논리를 소개하고 SPSS를 이용하여 다양한 수행방법을 보일 것이다.[1] 앞에서 언급한 20|20 같은 회사가 수행하는 정성적 조사도 의미 있는 통찰력을 제공하지만 차이 검정 역시 유용한 결과를 제공한다. 그러나 이 차이 검정은 적절한 표본의 설문 응답자로부터 구해진 정량적 데이터를 필요로 한다. 우리는 이 장을 차이를 분석하는 것이 마케팅에서 왜 중요한가 하는 질문으로 시작하려고 한다. 그다음으로는 고속 케이블 이용자 집단과 DSL 이용자 집단 간의 만족도 비교와 같은 두 독립집단 간의 차이(평균이나 백분율)에 대해서 소개할 것이다. 그 다음으로는 여러 집단의 평균을 동시에 비교하고 유의미한 차이의 패턴을 알 수 있게 해주는 분산분석(ANOVA)을 소개할 것이다. 이와 같은 분석에 대해서 숫자를 사용하여 예를 들고 또 Auto Concepts 데이터를 사용하여 SPSS를 사용하는 방법을 보일 것이다. 마지막으로 구매자들이 가게의 상품 종류를 더 높게 평가하는지 가게의 가성비를 더 높게 평가하는지를 비교하는 것처럼 비슷하게 측정된 두 질문의 평균을 비교하는 것도 가능하다는 것을 보일 것이다.

13-1 왜 차이가 중요한가?

아마도 마케팅 관리의 개념 중 가장 유용한 것은 시장 세분화일 것이다. 기본적으로 시장 세분화는 다른 종류의 고객들은 제품에 대하여 다른 요구사항들을 가지고 있고, 이 '차이'가 마케팅 전략의 기본이 된다. 예를 들어 반려동물 사료를 만드는 아이엠스(Iams)는 개의 나이와 몸무게, 그리고 활동 정도에 따라서 20개에 달하는 제품군을 가지고 있고 도요타는 5개의 승용차 모델과 2개의 트럭 모델, 7개의 SUV/밴 모델, 그리고 8개의 하이브리드/크로스오버 모델을 포함하여 20여 개의 자동차 모델을 보유하고 있다. 보잉 역시 6종류의 승객용 제트기를 포함하여 회사 대여용으로 2개의 비즈니스 제트기를 보유하고 있다. 이 차이를 고객의 입장에서 살펴보자. 손을 씻는 데는 비누가 필요하다. 하지만 정원을 가꾸다가 손톱 밑에 흙이 끼는 사람, 손에 솔벤트를 묻히는 공장 노동자, 끈적끈적한 음료를 손이나 얼굴에 묻히고 다니는 미취학 아동, 그리고 완벽한 피부를 원하는 예쁜 공주님들이 원하는 비누는 그 종류가 다를 것이다. 이렇게 서로 다른 세분시장의 니즈와 요구사항은 서로 아주 많이 다르다. 따라서 능력 있는 마케터는 각 세분시장의 독특한 특성에 부합하도록 마케팅 믹스를 맞춤화한다.[2]

© Ljupco Smokovski/Shutterstock

시장 세분화는 집단 간의 차이를 인식하는 것에 바탕을 두고 있다.

이러한 차이는 명확하게 보일 수도 있다. 하지만 활발한 시장 세분화와 시장 표적화로 인하여 시장의 경쟁이 가열되면서 소비자 마케터들은 그들의 소비자 집단을, B2B 마케터들은 그들의 기업 고객들의 차이를 좀 더 면밀히 살펴보아야 할 필요가 생겼다. 이러한 시장 세분화는 (1) 통계적으로 유의하고 (2) 의미 있으며 (3) 안정적이고 (4) 실행 가능한 '차이'에 기반한다. 감기약을 판매하는 제약회사의 예를 사용하여 이 네 가지 요건을 하나씩 설명해보도록 하겠다.

시장 세분화는 소비자 집단 간의 차이에 기반하고 있다.

마케팅 조사자나 관리자가 유용하게 사용할 수 있으려면 그 차이는 통계적으로 유의해야 한다.

차이는 통계적으로 유의해야 한다. 통계적 유의성은 마케팅 조사의 근간이 된다.[3] **차이에 대한 통계적 유의성**(statistical significance of differences)은 표본에서 발견된 차이가 모집단에서도 존재한다는 뜻이다. 집단 사이의 차이가 확실해 보이더라도 그 차이는 통계적 유의성을 확인하기 위하여 통계적 검정의 대상이 되어야 한다. 우리는 이 차이에 대한 통계적 유의성 검정을 어떻게 수행하고 해석하는가에 대해서 설명을 해보자. 이 감기약 제조사의 경우 다음과 같은 설문 문항을 만들어 조사를 했다고 가정하자. "감기약의 효능으로 어떤 것이 가장 중요합니까?" 이 질문을 각각 열, 목감기, 코막힘, 몸살 등 각각의 증상에 대해서 1 = 별로 중요하지 않음, 10 = 아주 중요함의 척도로 응답을 측정했다고 하자. 이러한 응답에 대해서 이 장에서 설명될 기법을 통하여 응답자들이 얼마나 다른가를 통계적으로 검정할 수 있고 그 조사 결과에 기반하여 응답자들을 (1) 코막힘 해결이 중요한 소비자, (2) 몸살 해결이 중요한 소비자의 방식으로 구분할 수 있을 것이다.

마케팅 조사자나 관리자가 유용하게 사용할 수 있으려면 그 통계적으로 유의한 차이는 의미가 있어야 한다.

차이는 의미가 있어야 한다. 통계적으로 유의하다고 해서 그것이 실제로 의미 있는 차이를 가져온다고 할 수는 없다. 데이터 마이닝의 발전과 스캐너 패널 데이터의 활용, 그리고 온라인 설문의 발전으로 인하여 수만 명의 데이터를 모으는 것이 가능해졌고 이는 실제로는 별 의미가 없는 차이를 통계적으로는 유의한 차이로 만들 위험을 증가시켰다. 이는 통계적 유의성은 표본의 크기에 큰 영향을 받기 때문이다.[4] 여러분은 이 장에서 다루어질 공식에서 표본의 크기 n이 유의수준을 결정하는 z를 구하는 공식에 들어 있음을 발견하게 될 것이다. 각 집단의 크기가 1,000 이상이 되는 거대 표본의 경우에는 집단 간의 크기가 실제적으로는 작아 의미가 없는데도 불구하고 이 차이를 통계적으로는 유의하게 만든다. 이 **의미 있는 차이**(meaningful difference)는 마케팅 의사결정에서 중요하게 될 가능성이 있다.

이 감기약 예에서 우리는 한 집단은 감기약을 사용하여 코막힘을 해결하기를 원하고 다른 집단은 통증을 완화하길 원한다는 의미 있는 결과를 얻을 수 있고 다행스럽게도 감기약의 성분에는 코막힘을 완화하는 성분과 통증을 경감시키는 성분이 있다. 이 경우에 제약사는 이 두 성분을 모두 다 감기약에 넣어서 약을 만들어야 할까? 연구 결과에 의하면 코막힘을 호소하는 감기 환자들은 그들을 졸리게 만드는 진통제 성분을 원하지 않고 통증을 호소하는 환자들은 코막힘 약 성분 때문에 목이나 코가 건조해지는 것을 원하지 않을 수도 있다. 그래서 이러한 차이는 소비자와 제약사 모두에게 의미가 있는 차이로 간주될 수 있다.

차이는 안정적이어야 한다. 안정성(stability)이란 그 차이가 단기적이거나 경과적인(transitory) 차이가 아니라는 말이다. 그래서 **안정적인 차이**(stable difference)는 미래에도 발견될 수 있는 차이를 말한다. 코막힘 환자들의 문제는 아마도 호흡기가 약해졌기 때문일 것이다. 그들은 알려지라든지 다른 호흡기 문제를 이미 가지고 있을 수도 있고 공해 등 호흡기에 영향을 끼치는 다른 요소들에 영향을 받고 있을 수도 있다. 몸살 환자들은 아마도 아주 활동적인 사람들이라 호흡기 문제가 없을 수도 있고 정기적인 운동을 하거나 그 근무환경이 육체적 활동을 필요로 하는 직업에 종사하는 사람일 수도 있다. 어떤 경우라 하더라도 일단 감기에 걸리면 이 사람들은 코막힘이나 몸살 같은 증상을 겪는다. 즉 이 두 집단의 차이는 안정적이라는 것이다. 제약회사 관리자들은 경험과 연구를 통하여 소비자들은 일관되게(안정적으로) 감기에 걸렸을 때 특정한 종류의 감기약을 찾는다는 것을 알고 있기 때문에 제약회사들은 그들을 대상으로 맞춤화한 약을 개발할 수 있을 것이다.

마케팅 조사자나 관리자가 유용하게 사용할 수 있으려면 그 차이는 안정적이어야 한다.

차이는 실행 가능해야 한다. 마케터는 시장 세분화를 하기 위해서 표준적이거나 혁신적인 기준들을 사용하여 서로 다른 집단들을 인식하고 그 분석 결과를 시장 표적화에 사용한다. **실행 가능한 차이**(actionable difference)란 마케터들은 각 차이가 두드러지는 세분시장에 집중하여 제품 디자인이나 광고 등의 마케팅 전략 전술을 짤 수 있어야 한다는 것이다. 세분시장을 나누는 기준으로는 인구통계(demographics), 라이프스타일, 그리고 제품 효익 등 수없이 많은 기준이 있다. 우리의 예에서는 감기를 앓고 있는 사람들이 겪는 여러 증상 중에서 두 가지 의미 있는 집단을 인식할 수 있었고 이를 바탕으로 하여 각각의 증상에 특화시킨 감기약 라인을 구성하는 것이 가능하게 되었다.

마케팅 조사자나 관리자가 유용하게 사용할 수 있으려면 그 차이는 실행 가능해야 한다.

약국에 진열되어 있는 감기약들을 한번 둘러보기만 해도 이러한 증상기준 세분화가 실제로 이루어지고 있음을 알 수 있을 것이다. 독자들은 아마도 의미 있는 차이와 실행 가능한 차이를 제대로 구분하지 못할 수도 있을 것이다. 앞에서 의미 있는 차이를 성명할 때 이 의미 있는 차이는 마케팅 의사결정에서 중요하게 사용될 '가능성'이 있다고 하였다. 감기약의 경우, 제약회사는 아마도 각각의 증상에 특화된 감기약들을 각각의 연령대와 라이프스타일에 특화시켜 모두 다르게 개발할 수도 있을 것이다. 예를 들어 하나의 감기약은 고등학교 운동선수인 여학생의 콧물증상을 완화하기 위해서 만들고 다른 약은 고등학교 운동선수인 남학생의 코막힘을 위해서 개발할 수도 있을 것이다. 하지만 이렇게 많은 종류의 감기약을 개발하는 것은 경제적으로 정당화되기 어렵기 때문에 마케터는 그 세분시장의 크기와 수익성을 고려하여 실행 가능성을 평가해야 한다. 그럼에도 불구하고 물론 이러한 실행 가능성의 기초는, 통계적 유의성과 의미성, 그리고 안정성이다.

이 장에서는 시장 세분화와 시장 표적화의 첫 번째 고려사항인 통계적 유의성에 집중할 것이다. 의미성이나 안정성, 실행 가능성은 통계적인 주

© Subbotina/123rf

감기 환자들은 콧물, 코막힘, 몸살 등 다양한 증상을 보이기 때문에 제약회사들은 이를 바탕으로 시장 세분화를 할 수 있다.

제라기보다는 관리자의 판단에 달린 문제기도 하다.

13-2 크기가 작은 표본일 경우 *t*값과 *z*값 사이의 선택

표본의 크기가 30 이하일 경우에는 *t*값을 사용해야 한다.

표본의 크기가 클 때는 *t*값과 *z*값이 같기 때문에 대부분의 통계 프로그램은 *t*값만을 알려준다.

이 장에서 언급될 거의 모든 공식은 *z*값을 계산하는 것과 관련되어 있다. 이전 장에서 논의했듯이 *z*값을 계산하는 것은 데이터의 분포가 종 모양의 정규분포를 따른다는 것을 가정하고 있다. 하지만 통계학자들이 밝힌 바에 따르면 표본의 숫자가 30 이하인 경우는 이 정규분포의 특성을 따르기가 어렵다.[5] 이 경우에는 *z*값 대신에 *t*값을 계산하게 된다. ***t* 검정**(*t* test)은 표본의 크기가 30 이하인 경우에 사용하고 30보다 큰 경우는 ***z* 검정**(*z* test)을 이용한다.

컴퓨터를 이용한 통계분석의 큰 장점은 컴퓨터 프로그램은 정확한 통계치를 계산하도록 프로그램되어 있다는 것이다. 다시 말하면 우리는 컴퓨터에게 *t*값을 계산할 것인지 *z*값을 계산할 것인지 혹은 다른 통계치를 계산할 것인지를 판단하여 명령할 필요가 없다. SPSS에서 차이 검정은 *t* 검정으로 불린다. 그러나 그 통계치가 *t*값이든 *z*값이든 정확한 유의수준을 계산해주기 때문에 어떤 통계치를 사용할 것인가는 고민할 필요가 없다. 여러분에게 요구되는 것은 SPSS가 보고하는 유의수준을 해석할 수 있는 능력이다. 이를 이해하는 데 '그린 라이트' 비유를 사용하면 도움이 될 것이라고 학생들이 알려준 적이 있는데 이를 마케팅 조사 인사이트 13.1에 설명해 두었다.

마케팅 조사 인사이트 13.1 실무적 적용

그린 라이트 신호와 통계분석의 유의성

모든 통계분석 소프트웨어의 아웃풋은 신호등처럼 이해할 수 있다. 신호등의 그린 라이트가 켜지면 통계적 유의성이 있다. 그리고 그러한 경우에만 결과의 패턴에 대해서 추가적인 분석이 필요하다. 그린 라이트가 아니라면 더 살펴보는 것은 시간낭비일 뿐이다. 이러한 통계적인 신호등을 이해하기 위해서 여러분은 첫째, 그 신호등의 위치와 둘째, 신호등의 색깔이 무엇인가를 살펴보아야 한다.

어디에 신호등이 있는가?

거의 모든 통계적 검정이나 절차는 중요한 통계치를 계산하는 것을 포함한다. 이 통계치의 주요한 목적은 결과의 통계적 유의성을 밝히는 것이다. 중요한 통계치의 이름은 그것이 따르는 통계적 절차나 가정에 따라 달라지지만 주로 *z*, *t*, *F*와 같이 알파벳 철자로 나타내진다. 컴퓨터 통계 프로그램은 자동적으로 어떤 통계치를 계산할 것인가를 정해주기 때문에 어떤 통계치를 사용할 것인가를 미리 아는 것은 도움이 되긴 하지만 필수적인 것은 아니다. 더구나 통계치는 신호등이라기보다 어떤 색깔의 신호등을 켤 것인가를 결정하는 데 필요한 계산 절차이다.

컴퓨터 프로그램은 정지신호를 켤 수가 있는데 이 신호등의 이름은 통계절차에 따라 조금씩 다르다. 통계학자들이 '*p*값'이라고 부르는 이것은 통계 결과 아웃풋에 *유의성*(significance) 혹은 *확률*(probability)이라고 칭해지기도 하기 때문에 아웃풋에 약어로 'Sig.'이나 'Prob.'으로 표시된다. 신호등을 찾기 위해서는 아웃풋에 이 'Sig.'이나 'Prob.'으로 표시된 부분이 어디 있는가를 살펴보고 거기에 해당하는 값이 무엇인지를 살펴보라. 그 값은 0.000에서 1.000 사이에 있을 것이다. 이 숫자를 찾았다면 여러분은 통계적 유의성이라는 신호등을 찾은 것이다.

신호등의 색깔은 무엇인가?

운전할 때 마주치게 되는 신호등이 그린 라이트라면 그것은 앞으로 진행해도 좋다는 의미이다. 이 책에서는 95% 신뢰수준을 주로 사용하는데 이 말은 여러분이 생각하기에 그린 라이트일 가능성이 95% 이상이 되면 액셀러레이터를 밟아도 좋다는 말이다. 앞에서 언급했듯이 통계분석에서 보고된 유의확률(significance 혹은 probability)의 값은 0.000에서 1.000 사이의 값을 가지게 되고 이는 귀무가설(차이가 없음)을 얼마나 지지하는가에 대한 정도를 의미한다. 이 값을 1에서 뺀 값, 즉 유의확률이 0.03인 경우 1에서 이 값을 빼면 0.97이 되는데 이 0.97이 결과치의 신뢰수준이다. 이 신뢰수준의 값이 95% 이상이 되면 여러분은 이 결과를 해석하는 데 그린 라이트가 켜졌다고 생각하면 될 것이다.

13-3 두 집단 간 차이에 대한 유의성 검정

앞에서 나온 감기약의 예에서도 살펴보았듯이 조사자들은 종종 관심 있는 두 집단을 비교하고 싶어 하는 경우가 있다. 즉 조사자들은 첫 구매자와 반복 구매자 두 집단을 비교할 수도 있고 동일한 문제에 대한 답을 비교할 수도 있다. 이 경우에 해당하는 질문은 명목척도의 형식일 수도 있고 연속형 척도일 수도 있다. 질문이 명목척도라면 비교하게 되는 것은 그 집단의 백분율이 되겠고 연속형 척도라면 그 집단의 평균을 비교하게 된다. 지금까지의 학습으로 미루어 이미 알고 있겠지만 이렇게 백분율에 관한 공식과 평균에 관한 공식은 좀 다르다.

두 집단의 평균이나 백분율을 비교하고자 할 때 통계적 검정을 사용할 수 있다.

두 독립집단 백분율의 차이

마케팅 조사가가 두 응답자 집단 간에 통계적으로 유의한 차이가 존재하는지를 알기 위하여 두 집단을 비교한다는 것은 두 집단을 각각 다른 모집단에서 추출된 표본으로 간주한다는 것과 동일하다. 그렇다면 이제 질문은 그 각각의 모집단의 값이 서로 다른가 하는 문제로 귀결된다. 하지만 언제나 그렇듯이 조사자들은 표본의 통계량만을 사용할 수 있기 때문에 이 표본의 통계량 차이가 모집단의 차이에서 온 것이라고 할 수 있는가라는 질문을 하게 된다. 여러분은 곧 이 차이 검정의 논리가 이전 장에서 공부한 가설 검정의 논리와 흡사함을 알게 될 것이다.

독립적인 두 집단이라는 말은 그 두 집단이 서로 다른 모집단을 가진다는 것으로 처리된다.

우선 여러분이 집단 비교를 하기 위해서 아마도 다음과 같은 직관적인 방법을 자주 사용할 것이다. 예를 들어 *Business Week* 잡지에 의하면 100개의 무작위로 추출된 회사 중 65%가 경영학 전공 대학생들을 고용하기 위해서 캠퍼스 리크루팅을 하고 있다고 기사를 썼다고 하자. 이 기사에 의하면 작년에는 300개의 회사 중 40%만이 캠퍼스 리크루팅을 했다. 더 많은 회사가 캠퍼스 리크루팅을 하러 온다는 것은 좋은 소식이다. 하지만 표본오차 때문에 이러한 결론을 내리기는 뭔가 불안하다. 이 백분율이 올해는 80%, 작년은 20% 이런 식으로 차이가 아주 크다면 여러분은 보다 자신 있게 실제로 이러한 차이가 있다고 말할 수 있을 것이다. 하지만 이 차이가 아주 작은 표본에서 나온 결과라고 한다면 작년의 캠퍼스 리크루팅과 금년의 캠퍼스 리크루팅의 경우가 다르다는 이야기를 하기에 자신감이 떨어질 것이다. 여러분이 이와 같이 생각하고 있다면 이것은 여러분이 두 집단의 평균이나 백분율 사이에 통계적으로 유의한 차이가 존재하는지를 판단하는 데 필요한 두 가지 필수불가결한 요소를 이미 고려하고 있다는 말이다. 즉 이 두 가지는 비교되는 값의 차이의 크기(65% 대 40%)와 표본의 크기(100 대 300)이다.

두 집단의 백분율 간에 차이가 존재하는지 검정하기 위하여 우리는 **귀무가설**(null hypothesis), 즉 '두 모집단의 값은 같다' 혹은 '두 집단의 차이는 0이다'라는 귀무가설을 검증한다. 각각의 집단에서 계산된 **두 백분율 간 차이의 통계적 유의성**(significance of difference between two percentages)를 검증하기 위해서 첫 번째 할 일은 두 백분율을 비교하는 것이다. 이 비교는 두 백분율의 산술적인 차이를 구함으로써 이루어진다. 두 번째 단계는 이 차이가 귀무가설에 가정된 값인 0으로부터 표준오차의 몇 배만큼 떨어져 있는가를 계산하는 것이다. 표준오차가 알려져 있다고 한다면 정규분포곡선 아래의 면적에 관한 지식을 사용하여 귀무가설을 지지하는 확률을 구할 수가 있다.

두 집단의 백분율(혹은 평균)을 비교할 때의 귀무가설은 둘 사이에 차이가 없다는 것이다.

두 집단의 백분율을 비교하기 위한 공식은 다음과 같다.

두 백분율 간 차이의 통계적 유의성을 검증하기 위한 공식

$$z = \frac{p_1 - p_2}{s_{p_1 - p_2}}$$

p_1 = 표본 1의 백분율

p_2 = 표본 2의 백분율

$s_{p_1 - p_2}$ = 두 백분율 차이의 표준오차

두 백분율의 차이에 대한 표준오차는 각 백분율의 표준오차를 결합하여 다음과 같은 공식으로 계산된다.

두 백분율 간 차이에 대한 표준오차 계산공식

$$s_{p_1 - p_2} = \sqrt{\frac{p_1 \times q_1}{n_1} + \frac{p_2 \times q_2}{n_2}}$$

차이 검정에서는 두 집단의 평균 사이에 차이가 없다는 귀무가설을 검정한다.

$q_1 = 100 - p_1$

$q_2 = 100 - p_2$

n_1, n_2 = 표본 1, 2의 크기

위의 공식을 제12장의 가설 검정에 나온 공식과 비교해보면 그 논리가 동일함을 알 수 있을 것이다. 첫째, 공식의 분자에는 제12장에서 가설에 나온 백분율의 값을 표본의 백분율에서 뺀 값이 위치하는 것처럼 여기에서는 한 표본의 통계량(p_2)을 다른 표본의 통계량(p_1)에서 뺀 값이 위치한다. 아래첨자 1, 2는 각각 표본 1, 2를 의미하는 것이다. 둘째, 분모에는 표본 분포에 관련된 정보가 나타난다. 하나의 표본에서 나온 하나의 백분율의 표준오차를 사용했던 제12장과는 다르게 여기에서는 각각의 표본에서 계산된 백분율의 차이의 표본 분포를 고려해야 하기 때문에 사용되는 표준오차도 그 백분율 차이의 표준오차이다. 즉 반복적으로 추출된 많은 표본 중에서의 두 표본의 차이들을 계산한다면 그 차이들은 어떤 분포를 가질까 하는 것을 고려한다는 것이다. 만약 귀무가설이 옳은 것이라면 이 차이의 분포는 평균이 0이고 표준편차가 1인 정규분포를 따를 것이다. 우리는 통계적 검정을 거쳐서 이 귀무가설을 부정할 만한 충분한 근거를 찾을 수 있을 때까지 이 귀무가설을 지지하게 된다. 결과적으로 많은 표본들 중에서 둘 씩을 뽑아 하나의 표본의 백분율과 다른 하나의 표본의 백분율 차이를 계산하는 작업을 계속 반복하면 이 차이들의 평균은 0이 될 것이라는 것이다. 다시 말하면 여러 반복 실행된 표본들 중 하나의 값과 다른 하나의 값을 계산하여 차이를 계산하는 것을 반복하면 많은 '차이'가 계산되고 이 차이의 분포가 여기서 말하는 표본 분포라는 것이다.[6] 다음의 예를 보면 좀 더 이해하기가 쉬워질 것이다.

앞에서 나온 캠퍼스 리크루팅에 관한 예를 사용하여 차이를 검정해보자. 이 예에서 작년에는 300개 대학을 조사하여 40%가 캠퍼스 리크루트를 했다고 답했고 금년에는 100개의 학교를 조사하여 이 중 65%가 캠퍼스 리크루팅을 했다고 답했다.

두 백분율 간 차이의 통계적 유의성에 관한 계산

주 :
$p_1 = 65\%$
$p_2 = 40\%$
$n_1 = 100$
$n_2 = 300$

$$z = \frac{p_1 - p_2}{s_{p_1 - p_2}} = \frac{65 - 40}{\sqrt{\frac{65 \times 35}{100} + \frac{40 \times 60}{300}}} = \frac{25}{\sqrt{22.75 + 8}} = \frac{25}{5.55} = 4.51$$

이렇게 계산된 z값을 기준이 되는 z값인 1.96(95% 신뢰수준인 경우)와 비교를 하게 되는데, 우리의 z값은 4.51로서 1.96보다 크다. 이는 95% 신뢰수준에서 귀무가설에 대한 지지를 발견할 수 없다는 것을 의미한다. 다시 말하면 이 두 백분율이 통계적으로 유의하게 다르다는 것을 의미하고 또 독립된 표본을 사용하여 이러한 비교를 무한히 반복했을 경우에 그 95%에서는 이러한 차이가 발견될 수 있다는 것을 의미한다. 물론 우리는 이러한 무한한 반복추출을 하지 않을 것이지만 통계적 유의성의 개념이 이러한 반복추출에 기반하고 있다는 것이다.

능동적 학습

백분율 간 차이의 통계적 유의성 결정을 위한 계산

자, 이제 위에 설명된 공식을 사용하여 두 비율 간의 비교를 직접 해보자. 어느 헬스클럽에서 새로운 회원을 모집하기 위하여 미디어 광고(신문, TV, 라디오 등)를 했다고 하자. 잠재적인 회원이 헬스클럽 시설을 방문할 때마다 그 사람들에게 이 헬스클럽의 광고를 어떤 매체에서 보았는가 하는 짧은 설문을 보여주고 답을 부탁했다. 이 방문자들 중 어떤 사람은 회원으로 가입을 했고 어떤 사람은 가입을 하지 않았다. 30일 후에 헬스클럽의 스태프는 이렇게 방문자를 가입을 한 집단과 가입을 하지 않은 집단 두 집단으로 나누고 가입 여부에 따라 다음과 같은 표를 작성했다.

	가입	가입하지 않음
총방문자	100	30
신문 광고 회상	45	15
라디오 광고 회상	89	20
전화번호부 광고 회상	16	5
TV 광고 회상	21	6

백분율 비교에 대한 공식을 사용하여 이 두 집단 사이에 가입률에 대한 유의한 차이가 있는지 통계적 유의성 검정을 수행해보라. 이 데이터에 의하면 여러분은 회원가입 촉진 기간 중에 사용된 다양한 매체의 유효성에 대하여 어떤 결론을 내릴 수 있는가?

비율의 차이를 검정하는 법을 공부하려면 www.youtube.com에서 Hypothesis Test Comparing Population Proportions를 검색하라.

마케팅 조사 인사이트 13.2 — 디지털 마케팅 조사

미국 내 히스패닉과 비히스패닉은 디지털 미디어를 사용하는 데 있어 차이를 보일까?

지난 10년간 미국의 소비자 시장에서는 어떤 조용한 혁명같은 것이 진행되고 있다. 여러 가지 이유로 중남미계인 히스패닉 그룹의 인구가 크게 증가했고 지금은 5,000만을 넘어서고 있다. 이러한 추세로 간다면 앞으로 30~50년 사이에 미국인 3명 중 1명은 이 히스패닉 그룹이 될 것이다.

미국인들이 디지털 미디어를 많이 사용한다는 것은 주지의 사실이지만 이 히스패닉 그룹 역시 그러할까? 디지털 정보 집계회사인 컴스코어(comScore)의 경영진은 이에 대해서 히스패닉계와 비히스패닉계를 비교한 보고서를 발표했다.[7] 미국 내 히스패닉 그룹에 대해서 관심을 가지지 않았던 사람들에게는 이러한 발표가 아주 놀라울 것이다. 히스패닉 그룹의 디지털 미디어 사용 비율이 비히스패닉 그룹의 사용 비율보다 높다. 특히 휴대전화에 있어서 히스패닉 그룹은 비히스패닉 그룹에 비해 사진이나 비디오를 올리는 비율이 2배로 높다. 이들은 소셜 네트워크 사용에 있어서는 1/3 더 활동적이고 상태 메시지를 업데이트하는 것에서는 거의 2배나 더 활동적이다. 또 게임이나 음악 청취, 비디오 시청, 여러 유형의 TV 시청 등 다른 부분의 디지털 미디어 사용에 있어서도 비히스패닉 그룹보다 더 활동적이다. 독자들은 아마 영어를 사용하는 히스패닉과 스페인어를 사용하는 히스패닉에 대해서 궁금해할 것이다. 조사에 따르면 히스패닉의 절반 정도는 영어를 주로 사용하는 그룹이고 25% 정도는 영어와 스페인어를 혼용한다. 스페인어만을 사용하는 그룹은 높은 출산율과 젊은 히스패닉들이 늘어남에 따라 점점 줄어들 것으로 보인다.

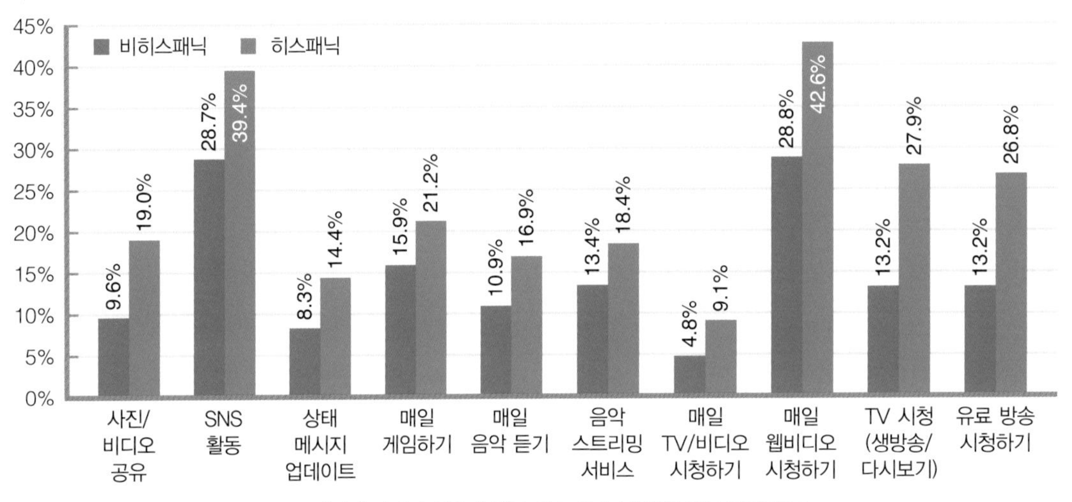

디지털 미디어 사용에 있어 히스패닉과 비히스패닉 간의 비교

각 표본집단의 크기만 알고 있으면 우리는 쉽게 위의 공식을 이용하여 백분율의 차이를 검증할 수 있다. 마케팅 조사 인사이트 13.2는 이 두 집단의 백분율의 차이에 관한 것이다. 이 예를 통하여 미국의 히스패닉 그룹이 어떻게 주소비자 층으로 변해 왔는가에 대해서 알 수 있다.

SPSS를 사용하여 두 집단의 백분율 비교하기

SPSS에는 두 집단의 백분율 차이 검정을 하는 기능이 자동으로 제공되지 않는다. 하지만 SPSS를 사용하여 필요한 정보를 얻어서 수계산할 수 있다.

다른 대부분의 통계 프로그램처럼 SPSS도 집단의 비율 차이에 대한 검정 기능을 제공하지 않는다. 하지만 여러분은 SPSS를 사용하여 표본의 크기와 표본 안에서 주요 변수에 대한 백분율을 계산할 수 있다. SPSS의 명령어인 '빈도분석'을 사용하라. 이 명령어를 각각의 집단에 사용하면 각 집단의 백분율과 표본의 크기(즉 p_1, p_2, n_1, n_2)를 구할 수 있다. 이를 바탕으로 계산기나 스프레드시트 프로그램을 사용하여 유의성 검정을 할 수 있다. 물론 '$p + q = 100\%$'라는 관계 역시 사용해야 한다.

두 집단의 평균 비교(독립 표본의 경우)

두 집단으로부터 계산된 각각의 **두 평균 간 차이의 통계적 유의성**(significance of difference between two means)(서로 다른 두 표본의 경우거나 한 표본 안에서 서로 다른 두 집단이거나)을 검정하기 위한 방법은 두 백분율을 비교하는 방법과 동일하다. 그러나 연속형 변수에 대한 것이기 때문에 공식은 조금 다르다.

두 평균 간 차이의 통계적 유의성 검정을 위한 공식

$$z = \frac{\bar{x}_1 - \bar{x}_2}{s_{\bar{x}_1 - \bar{x}_2}}$$

$\bar{x}_1$ = 표본 1의 평균

$\bar{x}_2$ = 표본 2의 평균

$s_{\bar{x}_1 - \bar{x}_2}$ = 두 평균 차이의 표준오차

귀무가설이 옳다면 한 집단의 값을 다른 집단의 값에서 뺐을 때 그 결과는 0에 가까울 것이다.

두 평균 차이의 표준오차는 표본의 변동성과 표본의 크기를 사용하여 쉽게 계산할 수 있다. 우리는 평균에 대한 정보를 사용하기 때문에 두 평균 차이의 표준오차를 표준편차를 사용하여 계산한다.

두 평균 간 차이의 표준오차를 계산하기 위한 공식

$$s_{\bar{x}_1 - \bar{x}_2} = \sqrt{\frac{s_1^2}{n_1} + \frac{s_2^2}{n_2}}$$

왼쪽에 나와 있는 공식은 평균 차이 검정을 위한 표준오차 계산 공식이다.

s_1 = 표본 1의 표준편차

s_2 = 표본 2의 표준편차

n_1 = 표본 1의 크기

n_2 = 표본 2의 크기

통계적 유의성 검정을 위한 계산을 설명하기 위해서 '십대 남자와 여자들이 소비하는 스포츠 음료의 양은 서로 다를까?' 하는 질문에 대한 답의 예를 사용해보자. 한 조사에서 십대 청소년들에게 일주일에 병당 20온스인 스포츠 음료를 몇 병이나 소비하는지 질문하였다. 기술통계량을 계산한 결과 남자 청소년은 9병을 소비하고 여자 청소년은 7.5병을 소비하는 것으로 나타났다. 또 표준편차는 각각 2와 1.2로 나타났고 각 집단의 크기는 100이다. 이러한 정보를 사용하여 이 차이에 대한 통계적 유의성 검정을 위한 계산을 해보면 다음과 같다.

© Warren Goldswain/Shutterstock

남성이 마시는 스포츠 음료의 평균과 여성이 마시는 스포츠 음료의 평균 사이에 차이가 있을까?

평균 차이 검정에 필요한 계산의 예이다.

두 평균 간 차이의 통계적 유의성에 대한 계산

주:

$\bar{x}_1 = 9.0$

$\bar{x}_2 = 7.5$

$s_1 = 2.0$

$s_2 = 1.2$

$n_1 = 100$

$n_2 = 100$

$$z = \frac{\bar{x}_1 - \bar{x}_2}{\sqrt{\frac{s_1^2}{n_1} + \frac{s_2^2}{n_2}}}$$

$$= \frac{9.0 - 7.5}{\sqrt{\frac{2^2}{100} + \frac{1.2^2}{100}}}$$

$$= \frac{1.5}{\sqrt{.04 + 0.144}}$$

$$= \frac{1.5}{0.233}$$

$$= 6.43$$

그림 13.1은 이 예에 관계된다고 가정된 표본 분포상에서 이 두 집단이 어떻게 비교되는지를 보여준다. 아래 그림에서는 z값 0을 평균으로 (귀무가설) 한 종 모양의 분포를 따른다는 것을 보여준다. 위의 계산에 의하면 z값은 6.43이고 이는 1.96보다 크다. 이는 두 평균 사이에 차이가 존재하지 않는다는 귀무가설을 지지하는 확률이 0.05 이하임을 의미한다.

이것은 무엇을 의미하는가? 언제나 그렇듯이 이러한 결과 해석은 표본 분포의 개념에 바탕하고 있다. 즉 만약 귀무가설이 옳은 경우에 표본을 계속하여 뽑아 이러한 비교를 계속해서 한다면 95%의 차이가 0으로부터 ±1.96×표준오차의 영역 안에 위치할 것이다. 물론 여기서는 하나의 비교만 이루어졌지만 동일한 표본 분포의 개념과 그 가정에 의거하여 두 집단 간에 평균의 차이가 없다고 하는 귀무가설을 지지하는가 그렇지 않은가에 대한 판단을 하게 되는 것이다.

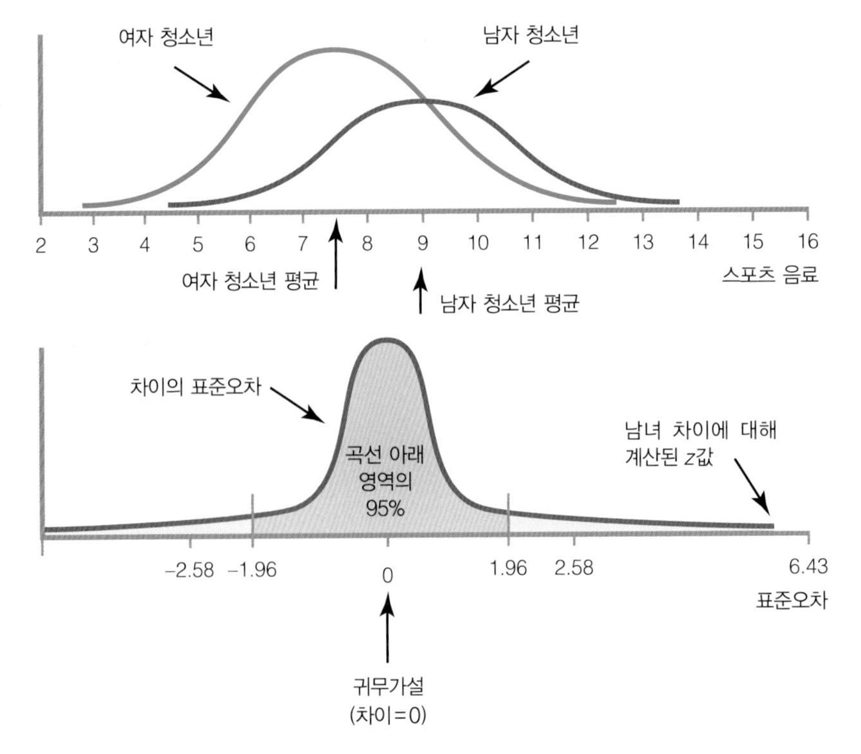

그림 13.1 계산된 z값이 1.96(95% 신뢰수준에서)보다 크기 때문에 두 집단 사이에는 통계적으로 유의한 차이가 있다.

통합 사례

Auto Concepts 설문 : SPSS를 사용하여 두 독립집단 평균 차이의 유의성 검정하기

독립표본의 유의성 검정을 설명하기 위해 시장 세분화가 이 Auto Concepts의 예에 적합한지에 관한 질문으로 시작해보자. 우선 응답자의 성별과 5인승 휘발유 승용차에 대한 호감도(desirability)에 대해서 살펴볼 수 있겠다. 우리는 5인승 휘발유 승용차에 대한 선호도를 1=아주 비호감, 7=매우 호감의 7점 척도로 측정할 수 있다. 그다음에 각 집단별로 성별에 따라서 남성과 여성의 두 집단으로 표본을 구분지을 수 있고 그 각 집단에서 이 호감도의 평균을 계산하고 검정할 수 있을 것이다.

SPSS에서 독립표본의 평균차를 검정하기 위해서 메뉴를 누르는 순서는 그림 13.2에 잘 나타나 있다. 그림에 나타난 것처럼 '분석-평균 비교-독립표본 T 검정'의 순서대로 클릭을 한다. 이렇게 하면 변수 선택 창이 열리는데 이 창에서 'Desirability: 5 Seat Economy Gasoline' 모델의 변수를 클

두 집단 평균의 차이에 대한 통계적 유의성을 검정하기 위해서는 '분석-평균 비교-독립표본 T 검정' 순서로 클릭을 한다.

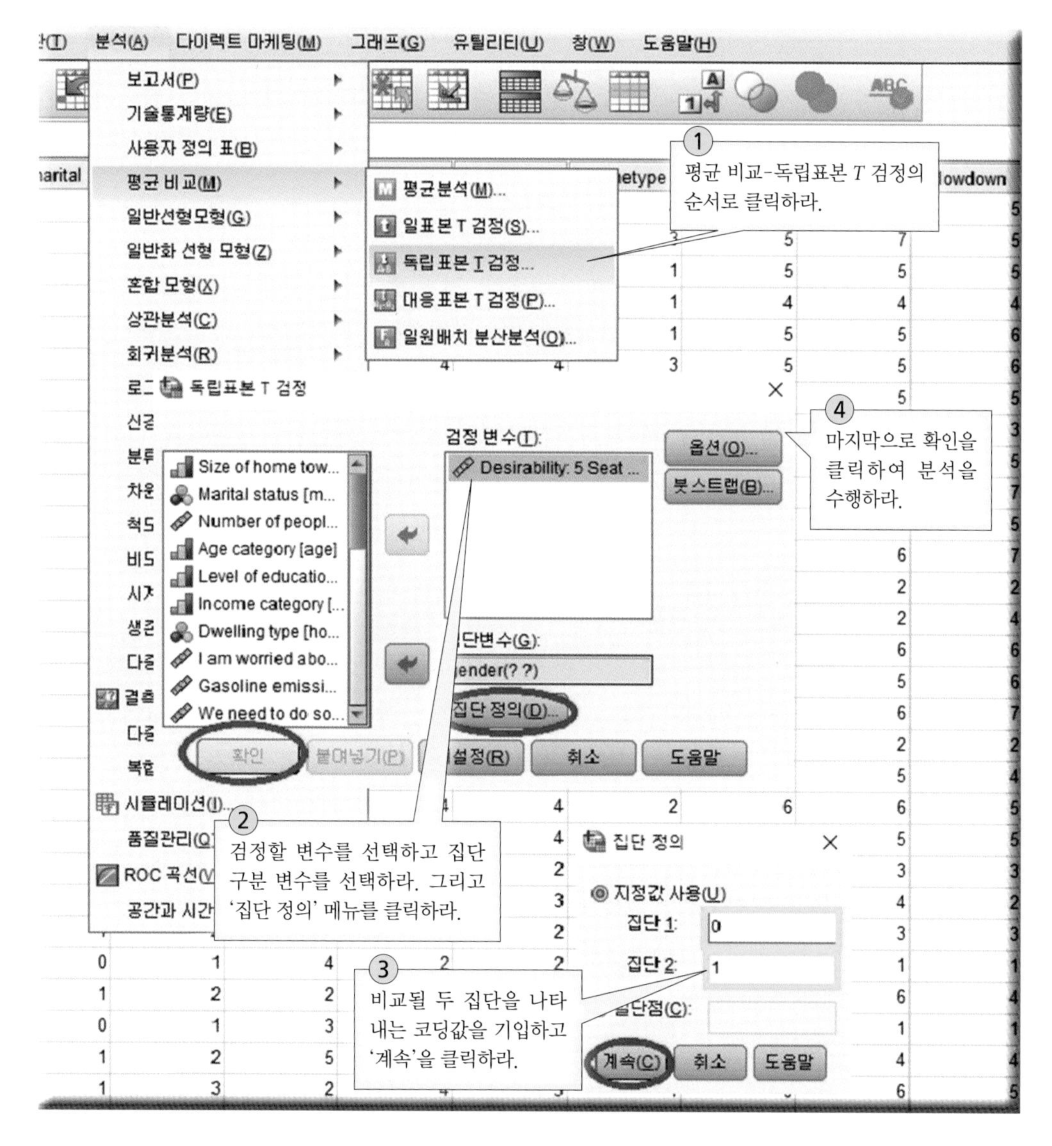

그림 13.2 독립표본 T 검정을 위한 IBM SPSS 클릭 순서

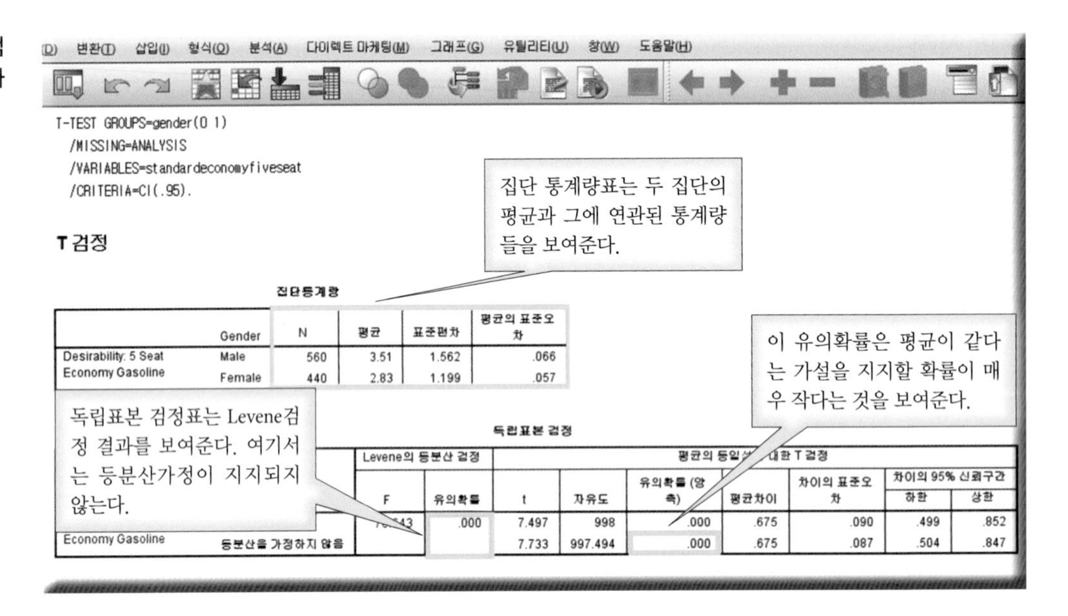

집단통계량

	Gender	N	평균	표준편차	평균의 표준오차
Desirability: 5 Seat Economy Gasoline	Male	560	3.51	1.562	.066
	Female	440	2.83	1.199	.057

독립표본 검정

		Levene의 등분산 검정		평균의 등일성에 대한 T 검정						
		F	유의확률	t	자유도	유의확률 (양측)	평균차이	차이의 표준오차	차이의 95% 신뢰구간 하한	차이의 95% 신뢰구간 상한
[illegible]	[illegible]	[illegible]43	.000	7.497	998	.000	.675	.090	.499	.852
Economy Gasoline	등분산을 가정하지 않음			7.733	997.494	.000	.675	.087	.504	.847

그림 13.3 독립표본 T 검정의 IBM SPSS 결과 아웃풋

릭하여 '검정변수'로 옮기고 'Gender' 변수를 클릭하여 '집단변수'로 옮긴다. 그리고 '집단 정의'를 누르면 새로운 창이 열리는데 이 창에서 두 그룹이 어떻게 코딩되어 있는가에 따라(0=남성, 1=여성) 비교하고자 하는 그룹을 식별한다. 이렇게 t 검정을 할 준비를 마치고 '확인'을 눌러 t 검정을 수행한다.

이렇게 하면 그림 13.3과 같은 아웃풋이 출력된다. 첫 번째 표는 560명 남성들의 응답평균은 3.51이고 440명 여성들의 응답평균은 2.83이라는 것을 알려준다.

두 평균의 차이에 대한 검정의 결과는 그다음 표에 나타나 있다. SPSS는 이 검정을 두 가지 방법으로 수행한다. 첫 번째 것은 '등분산을 가정'하는 경우이고 두 번째 것은 '등분산을 가정하지 않음'의 경우이다. 앞 장에서 우리는 이 두 표본평균을 비교하는 것에 있어서 자세한 사항들을 생략했다. 어떤 경우는 두 표본의 분산(혹은 표준편차)이 비슷하다. 즉 통계적으로 유의할 정도로 다르지 않다. 이러할 경우에는 등분산이 가정될 경우의 공식을 이용한다. 그러나 두 분산이 통계적으로 유의하게 다를 경우에는 '등분산을 가정하지 않음'의 라인을 보고 판정을 해야 한다.

어떤 경우를 사용할지 어떻게 알 수 있을 것인가? 여기서의 귀무가설은 등분산성이 가정된다는 것이다. 이 가설을 F값을 사용하여 검정을 하는데 그 결과는 독립표본 검정의 맨 윗줄에 나와 있다. F 검정은 여기서 이 등분산성을 검정하는 옳은 통계값이다(SPSS는 언제나 옳은 통계검정방법을 골라서 수행해준다는 것을 기억하라). 이 F값은 'Levene의 등분산 검정'의 절차에 바탕을 둔 것이다. 아웃풋에는 이 F값이 78.64로 계산되고 이것의 유의확률은 0.000이다. 여기서의 유의확률은 귀무가설을 지지하는 확률로서 분산이 같을 확률을 의미하고 보통 0.05 이상이면 등분산이 가정된 경우의 라인을 사용하게 된다. 이 확률이 아주 작다면(예를 들어 0.05 미만) 등분산성이 가정될 수 없는 경우로 '등분산을 가정하지 않음'의 라인을 사용한다. 이 법칙을 잊어버릴 경우엔 각 표본의 표준편차를 보라. 그 표준편차가 비슷하다면 등분산성이 가정되는 경우의 t 검정을 수행하면 된다.

평균 차이 검정을 공부하려면 www.youtube.com에서 Hypothesis Test for Difference of Means를 검색하라.

'등분산성이 가정됨' 라인의 t값은 7.733으로 나타나 있고 두 집단 간에 평균의 차이가 없다는 귀무가설을 지지하는 확률인 유의확률은 0.000으로 나타난다. 다시 말해 이 두 집단의 평균차는 통계적으로 유의하다. 남성이 5인승 휘발유 차량을 선호하는 정도는 여성이 선호하는 정도보다 더 크고 Auto Concepts 설문은 이 결과를 이용하여 성별을 기준으로 세분시장을 나누는 데 사용될 수 있다. 그러나 이 남성의 선호도는 3.51로서 7점 척도의 '중간'이다. 이는 아마도 다른 기준으로 시장 세분화를 하는 것이 더 좋을 수도 있음을 보여준다.

능동적 학습

SPSS를 사용한 평균차 분석

여러분은 방금 SPSS를 사용하여 독립표본 검정을 하는 법을 Auto Concepts의 예와 함께 배웠다. 이 예제에서는 성별에 따라 전기자동차나 하이브리드 자동차에 대한 선호도에 차이가 있는지를 살펴보자. 즉 앞에서 사용한 5인승 휘발유 자동차에 대한 선호도의 예를 다시 사용해서 배운 것을 숙지하도록 하자. 그림 13.2 에 나와 있는 대로 메뉴를 클릭하여 SPSS가 네 가지 다른 자동차 모델에 대한 선호도에서도 성별차가 있는지를 알아내기 위한 분석을 하도록 해보라. 또 그림 13.3에 있는 아웃풋의 설명을 응용하여 같은 방식으로 결과의 해석을 해보라.

종합학습

다음 3개의 장에서 배운 지식을 통합해 적용해보는 능력을 기르기 위하여 아래의 사례를 분석해보자.

제11장 현장 조사 및 데이터 품질 문제 관리
제12장 기술통계분석, 모집단 추정, 그리고 가설 검정
제13장 차이 검정

Pets, Pets & Pets(PPP)라는 가게를 위한 설문조사가 이루어졌다. 이 가게는 지난 수년간의 거래 자료를 바탕으로 10,000명의 고객리스트를 가지고 있는데 이 중에서 400명의 표본이 이 조사에 참여했다. 그중 주요한 결과는 다음과 같다.

PPP 조사표 1

반려동물의 종은?	개	고양이	기타	총합
	45%	34%	21%	100%

PPP 조사표 2

	총표본 중 '예' 응답비율	개 소유주	고양이 소유주
PPP 가게를 자주 이용하십니까?	44%	50%	38%
PPP 가게를 친구에게 추천하시겠습니까?	82%	91%	75%
PPP 신문 광고를 보신 기억이 있으십니까?	53%	50%	55%
PPP 쿠폰을 보신 기억이 있으십니까?	47%	53%	40%

PPP 조사표 3

PPP의 각 부분을 평가해주세요*	총표본		개 소유주		고양이 소유주	
	평균	표준편차	평균	표준편차	평균	표준편차
판매 제품의 종류	4.6	2.1	4.9	1.6	4.5	1.9
종업원의 친절도	4.6	2.1	4.7	1.3	4.5	2.2
계산대의 신속성	4.4	1.9	4.6	0.9	4.2	1.8
주차의 편리성	4.1	1.9	4.5	1.6	3.8	2.4
경쟁력 있는 가격	4.0	2.0	4.3	1.9	4.0	1.9
가게 내부구조	3.8	2.1	4.3	1.6	3.6	1.6
도움이 되는 종업원	3.4	1.9	3.7	1.8	3.3	2.1
고양이/개 사료의 종류	3.4	2.1	3.4	1.8	3.4	1.9
편리한 위치	2.8	1.9	3.3	1.5	2.8	1.6
종합적인 만족도	4.6	1.5	4.9	1.2	4.2	2.2

* 1=아주 불만족, 5=아주 만족의 척도로 평가

PPP 조사표 4

당신 가정의 가계소득은 얼마입니까?	표본 전체	개 소유주	고양이 소유주
응답 거부	5%	0%	25%
60,000~80,000달러 사이	10%	15%	10%
80,000~100,000달러 사이	20%	25%	10%
100,000달러 이상	65%	60%	55%
전체	100%	100%	100%

1. 95% 신뢰구간을 사용하여 다음 질문에 대한 차이 검정을 실시하라. “표 1에 있어서 개 소유주와 고양이 소유주는 차이가 있는가? 만약 있다면 얼마큼 있는가?”
2. 95% 신뢰구간을 사용하여 다음에 대한 차이 검정을 실시하라. “표 2에 대하여 개 소유주와 고양이 소유주 간에 차이가 있는가? 만약 있다면 얼마큼 있는가?”
3. PPP 관리자는 고객들의 75%가 개 소유주라고 생각한다. 이 가설이 옳은지를 신뢰구간 95%를 사용하여 검정하라. 만약 95% 신뢰구간에서 이 가설이 지지되지 않는다고 한다면 가설을 지지할 수 있는 신뢰구간을 계산하라.
4. PPP 관리자는 모든 고객들이 종합적으로 ‘매우 만족’하고 있다고 생각한다. 이 가설을 검정하라. 만약 95% 신뢰구간에서 이 가설이 지지되지 않으면 가설이 지지될 수 있는 신뢰구간을 계산하라.
5. PPP 조사표 4에 의하면 PPP가 가계소득이 100,000달러 이상인 고객들만 대상으로 한다고 하면 개 관련 상품에 집중하는 것이 옳을 것이라는 결론을 내릴 수 있는가? 데이터의 질과 표가 제공하는 정보를 사용하여 95% 신뢰구간에서 이러한 결론이 옳은지를 검정하라.

13-4 두 집단 이상일 경우의 차이에 대한 통계적 유의성 검정 : 분산분석

여러분이 배웠듯이 두 집단의 평균 차이에 대한 통계적 유의성 검토는 그리 어렵지 않았다. 하지만 때때로 조사자들은 세 집단이나 네 집단 혹은 그 이상 집단의 평균 역시 비교할 일이 있다. 이러한 다중 비교를 위해서는 **분산분석**(analysis of variance, ANOVA)이 사용된다.[8] 이 이름은 분산, 혹은 표준편차를 분석한다는 것처럼 들려서 좀 헷갈릴 수도 있다. 물론 표준편차는 표본의 크기와 함께 지금까지 논의된 모든 차이 검정의 공식에 사용된다. 근본적으로 분산분석은 집단 간의 차이가 실제 모집단의 차이에서 기인했는지 표본오차에서 기인했는지를 확인하기 위하여 집단 간의 평균을 비교하는 방법이다.[9] 즉 분산분석의 **분산**이라는 단어는 결국 여러 집단의 평균들이 서로 얼마나 떨어져 있는가, 얼마나 다른가 하는 개념을 의미하는 것이다. 이 **분산분석**이라는 표현은 많이 전문적으로 들리는 용어지만 이는 단지 여러 집단의 평균 차이를 비교하는 통계적 기법일 뿐이다. 시장세분화에 관한 논의에서 언급했듯이 전체 시장은 여러 개의 세분시장(2개의 세분시장이 아니라)으로 구성된다. 따라서 여러 세분시장 간의 차이를 비교하는 분산분석은 매우 유용한 기법이 된다. 다음 장에서는 이 분산분석의 기본 개념과 이 기법을 마케팅 조사에 어떻게 적용할 것인지를 설명하겠다.

세 집단 이상을 비교할 때는 분산분석(ANOVA)을 사용한다.

분산분석의 기초

조사자는 어떤 관심 변수에 대하여 집단의 총 수가 몇 개든 간에 어떤 **두 집단** 간 차이의 통계적 유의성을 결정하고 싶어 할 수가 있다. 분산분석의 결과는 마케팅 조사자에게 정해진 유의수준하에서 **적어도** 두 집단의 값 사이에 유의성이 존재하는지를 알려준다. 즉 모든 집단의 값이 통계적으로 유의하게 다를 수도 있지만 이 분산분석만으로는 몇 쌍의 집단이 서로 통계적으로 유의하게 다른가는 알려주지 못한다.

분산분석의 결과는 적어도 한 쌍의 평균이 서로 다르다는 것을 말해주지만 어떤 쌍이 서로 다른지는 말해주지 않는다.

자세히 말하면 이 분산분석은 **그린 라이트 절차**(green light procedure)와 같은 것이다. 즉 적어도 한 쌍의 평균이 통계적으로 유의하게 다르다고 한다면 분산분석은 이 통계적인 유의성을 보고하게 된다. 이 경우에 몇 쌍의 평균이 서로 다르고 어떤 그룹의 값이 다른가 하는 것을 알 수 있는 심층적인 분석(**사후분석**)을 수행할지 여부는 조사자에게 달린 것이다. 이 그린 라이트가 켜지지 않았다면 조사자는 집단들 사이에 통계적으로 유의미한 차이가 없다고 결론을 내리게 된다.

이 분산분석이 어떻게 작동하는지를 좀 더 자세히 살펴보자. 사실 이 분산분석은 좀 복잡한 공식을 사용하는데 우리의 경험에 의하면 마케팅 조사자들은 그 공식들을 외우지 못한다. 대신에 그들은 분산분석의 기본 개념을 이해하고 그 결과물을 분석하는 데 초점을 맞춘다. 예를 들기 이전에 A, B, C 세 그룹이 있다고 가정해보자. 분산분석의 개념은 이 집단들을 A:B, A:C, B:C 이렇게 나누어 각각의 독립집단 t 검정을 하는 것이 아니라 동시에 비교를 수행한다는 점에서 효율적이다. 분산분석이 검증하는 귀무가설은 어떤 쌍의 평균도 서로 유의하게 다르지 않다는 것이다. 여러 개 쌍의 평균을 비교하는 것이기 때문에 분산분석은 F 검정이라는 기법을 사용하고 이에 해당하는 유의확률(종종 p값이라고 불림)은 역시 귀무가설을 지지하는 확률이다.

© Eray kula/Shutterstock
분산분석은 적어도 하나의 쌍이 서로 다르다는 것을 말해주는 '그린 라이트'와 같다.

이 분산분석이 어떻게 작동하는지 그리고 언제 사용하는지를 이해하는 데 도움을 줄 수 있는 다음의 예를 생각해보자. 한 백화점이 실시한 설문조사 중 한 질문은 "당신이 최근에 250달러 이상 소비한 부문은 어디입니까?"이다. 많은 응답자들이 답변한 백화점의 네 부분은 (1) 전자제품, (2) 집/정원, (3) 스포츠 용품, (4) 자동차 부문이다. 이 질문에 이어지는 질문은 다음과 같다. "답변하신 그 부문에서 또다시 250달러 이상 소비할 가능성은 어느 정도입니까?" 이 질문에 대한 답변은 1=가능성이 매우 낮음, 7=가능성이 매우 높음으로 측정되었다. 이렇게 하여 백화점의 같은 부문에서 또다시 많은 구매를 할 가능성에 대한 평균값을 쉽게 구할 수 있다.

이 조사를 담당한 마케팅 조사자는 집단의 평균을 통계적으로 비교하려고 한다. 즉 네 부문에서 두 부문씩을 뽑아 총 6쌍에 대한 독립표본 t 검정을 수행했다. 그 결과는 표 13.1에 나타나 있다. 결과에 의하면 자동차 관련 제품 부문의 재구매 가능성이 다른 세 부문의 재구매 가능성과 통계적으로 유의하게 다르고 또 낮았다. 그리고 다른 세 부문 사이에는 통계적으로 유의한 차이가 없었다. 즉 다시 말하면 자동차 관련 제품 부문에서 250달러 이상 지출한 고객들은 다른 부문에서 비싼 제품을 구매한 다른 소비자들보다 만족도가 낮다는 것을 시사한다고 할 수 있다.

자, 이제 표 13.2에 있는 요약된 분산분석 아웃풋을 보자. 표 13.1에 있는 여러 유의확률을 보는 대신 조사자가 주목해야 할 것은 우리의 신호등 역할을 하는 F값의 유의확률(Sig.)이다. 이 값은

표 13.1 재구매 가능성에 대한 6번의 독립표본 t 검정의 결과

비교된 집단	집단 평균*	유의확률
전자제품 : 집/정원	5.1:5.3	.873
전자제품 : 스포츠 용품	5.1:5.6	.469
전자제품 : 자동차 용품	5.1:2.2	.000
집/정원 : 스포츠 용품	5.3:5.6	.656
집/정원 : 자동차 용품	5.3:2.2	.000
스포츠 용품 : 자동차 용품	5.6:2.2	.000

두 집단 간 유의한 차이가 있음

1=가능성 아주 낮음, 7=가능성 아주 높음

표 13.2 재구매 가능성에 대한 분산분석 결과

F	Sig
226.991	0.000

적어도 두 집단 사이에는 통계적으로 유의한 차이가 있음

부문	부분집합* 1	2
자동차 관련 제품	2.2	
전자제품		5.1
집/정원		5.3
스포츠 용품		5.6

자동차 관련 부문에 문제가 있음

* 같은 부분집합에 속하는 평균들은 통계적으로 유의하게 다르지 않으며 다른 부분집합에 속하는 평균끼리는 유의하게 다름

0.000으로 0.05보다 낮다. 이는 적어도 한 쌍의 평균이 통계적으로 다르다는 것이다. 이는 앞에서 말한 대로 그린 라이트가 켜진 것으로 어떤 쌍의 평균이 서로 다른가를 알기 위해서는 아래 표를 보면 된다. 아래 표는 통계적으로 유의하게 다르지 않은 평균들을 한 열에 모으고 통계적으로 유의하게 다른 평균은 다른 열에 배치하는 방식으로 정렬되어 있다. 또 평균의 크기순으로 작은 숫자부터 큰 숫자의 순으로 정렬되어 있는데 이를 보면 자동차 관련 제품 부문에 문제가 있음을 알 수가 있다.

ANOVA 표에 있는 Sig.값은 유의확률을 의미한다.

분산분석은 독립집단 t 검정을 여러 번 실시하는 것에 비해 두 가지 장점이 있다. 첫째, 분산분석은 유의하게 다른 평균이 있는지 즉시 알려준다. 조사자가 신경을 써서 봐야 할 것은 하나의 신호등, 즉 하나의 유의확률(Sig.값)이다. 둘째, 우리의 예에서 보듯이 평균들을 정리하여 통계적 유의성을 쉽게 해석할 수 있도록 해준다.

자세히 말하면 이 유의확률은 전에 언급했듯이 신호등이다. 이 신호등의 색깔이 그린 라이트라면(보통 유의확률이 0.05보다 작다면) 어떤 평균이 통계적으로 유의한지 두 번째 표를 볼 조건이 갖추어진다. SPSS의 분산분석 결과를 해석하는 법을 알고 나면 이러한 사례를 식별하는 것은 아주 쉽다. 물론 그 신호등이 그린 라이트가 아니라면(보통 p값이 0.05 이상이라면) 두 번째 표에는 어떠한 것도 통계적으로 유의하게 표시되어 있지 않기 때문에 두 번째 표를 보는 것은 시간낭비이다.

분산분석을 사용하는 것은 t 검정을 여러 번 사용하는 것보다 훨씬 편리하다.

사후분석 : 집단 평균값들 간의 통계적 유의성 검정

앞에서 언급한 것처럼 어떤 쌍의 평균들이 서로 통계적으로 유의하게 다른가를 알기 위해서는 **사후분석**(post hoc tests)을 실시할 수 있다. SPSS 사용 예에서 보게 될 터이지만 이러한 사후분석에는 여러분이 기초 통계시간에 배웠을 Scheffe's 혹은 Tukey's 방법을 포함하여 10개가 넘는 방법이 있다. 이러한 검정방법과 그 차이를 설명하는 것은 이 책의 범위를 넘어서는 일이다. 결론적으로 여기서는 이 사후분석이 어떻게 이루어지는지를 보이기 위해서 **Duncan의 다중구간 검정**(Duncan's multiple range test)이라는 한 방식만을 설명하도록 하겠다. 그 이유는 이 기법은 어떤 평균이 통계적으로 유의하게 다른가 하는 것을 주로 '그림'으로 표현해주고 통계적인 복잡함이 가장 적기 때문이다. 그 Duncan의 검정법에 의해 평균들을 정리하여 통계적 유의성을 보인 그 그림이 여러분이 방금 본 그 '두 번째 표', 표 13.2이다.

Duncan의 다중구간 검정은 그 결과표를 이해하기가 쉽기 때문에 이 책에서 우선적으로 사용된다.

15개 나라에서 6개의 혁신제품에 대한 소비자의 태도를 비교한 마케팅 조사 인사이트 13.3을 보면 독립집단 t 검정을 하는 것보다 분산분석을 하는 것이 얼마나 더 효율적인가를 다시 한 번 이해할 수 있을 것이다.

통합 사례

Auto Concepts : SPSS를 사용하여 분산분석 수행하기

Auto Concepts 설문에는 집단의 수가 3개 이상인 여러 범주형 변수들이 있다. 예를 들어 교육수준에는 중학교 졸업, 고등학교 졸업, 전문대학 졸업, 대학교 졸업, 대학원 졸업으로 총 5개의 범주가 있다.

SPSS에서 분산분석을 실시하기 위해서는 (영어)의 순서로 클릭한다.

일원배치 분산분석(one-way ANOVA)은 하나의 집단 구분 변수를 사용하는데 이 경우에는 그림 13.4에 나와 있는 것처럼 '분석-평균 비교-일원배치 분산분석'의 순서로 메뉴를 클릭한다. 분산분석의 창이 열리면 '종속변수'에는 평균값이 계산되는 변수를 넣고 '요인'에는 집단 구분이 되는 변수를 넣는다. 우리의 예에서 5인승 휘발유 자동차에 대한 선호도(Desirability: 5 Seat Economy Gasoline Model)를 종속변수로 보고 연령 그룹(age category)을 집단 변수로 분석하자. 그림 13.4에는 사후분석에서 Duncan의 다중구간 검정을 선택하는 법도 나와 있다. 다시 돌아와서 '확인'을 클릭하면 분산분석을 수행한다.

그림 13.5는 분산분석의 결과에 설명을 첨부해 놓았다. 첫 번째 표에는 분산분석에 필요한 계산

그림 13.4
분산분석(ANOVA)을 위한 IBM SPSS 클릭 순서

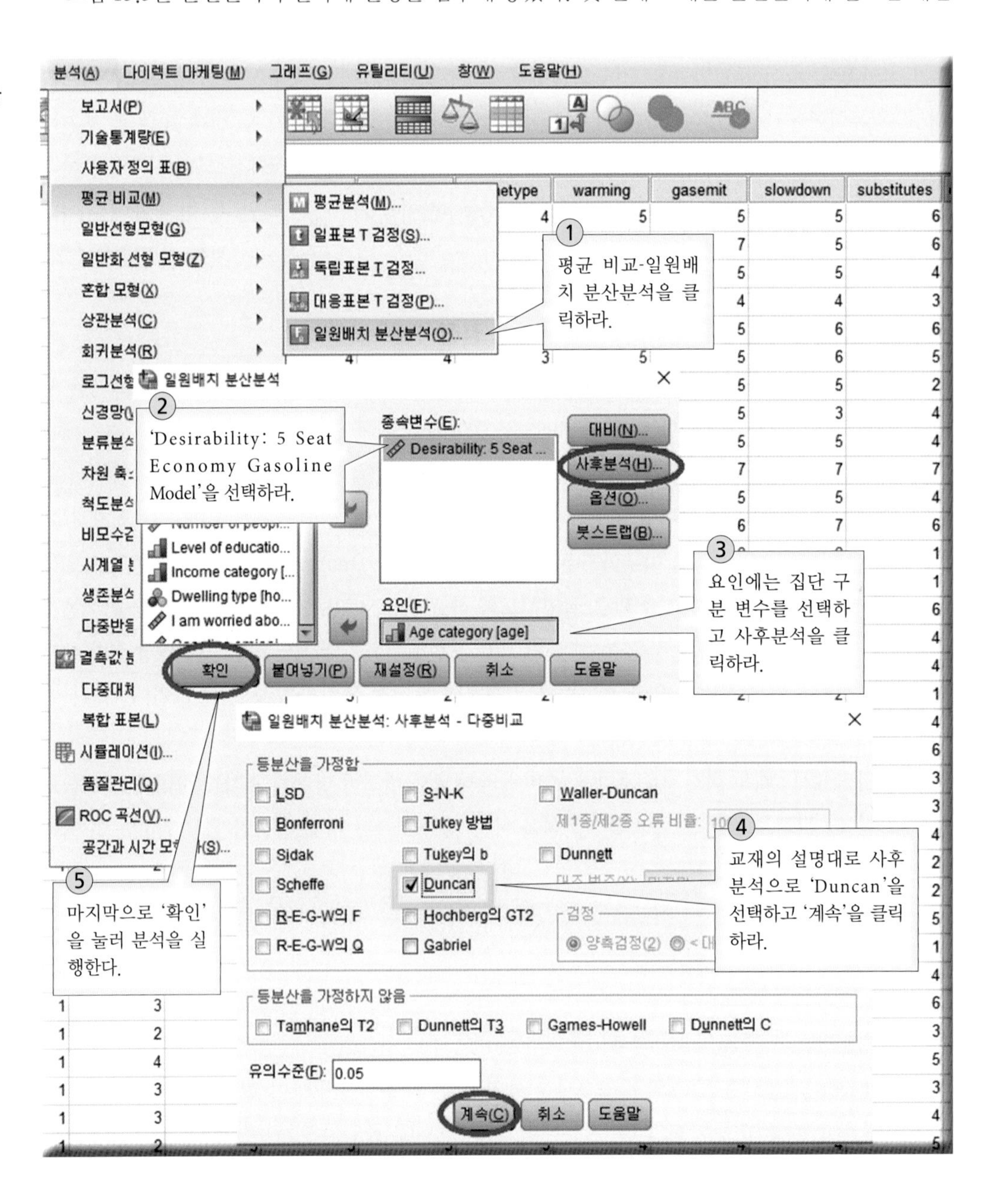

마케팅 조사 인사이트 13.3 **글로벌 실무 적용**

나라별 혁신제품 수용 정도에 대한 차이를 분산분석으로 알아보기

여러분은 새롭게 개선된 제품이나 종종 기존의 제품과 아주 색다른 제품들을 접하는 데 익숙할 것이다. 나아가 여러분은 그러한 새로운 제품들을 적극적으로 구매하여 사용하는 사람일 수도 있다. 하지만 모든 사람이 변화를 좋아하고 새로운 제품이나 서비스를 사용하기 위해서 학습을 마다하지 않는 것은 아니다. 어떤 조사자들은 이렇게 혁신제품을 수용하는 정도는 나라별로 다를 것이라고 생각했다. 예를 들어 인도나 일본 같이 오랜 역사와 전통을 가진 나라들은 변화에 대해서 저항감을 느끼고 미국이나 호주 같이 역사가 짧은 나라의 국민들은 발전과 변화를 선호하는 문화를 가지고 있다. 이 조사자들은[10] 15개국에서 총 5,569명, 나라별로 약 370개 표본을 대상으로 야심찬 조사를 수행했다. 이 조사에서 핵심이 되는 척도는 혁신제품에 대한 개방성과 새로운 제품과 서비스를 '채택하려는 열망도'이다. 그러나 조사에 사용된 제품 카테고리가 달라서 해석을 하기가 어려웠다. 따라서 조사자들은 가전제품, 자동차, 화장품, 음식, 스포츠 용품, 그리고 금융 상품에 대한 평균값을 계산하여 비교하기로 하였다. 아래 표는 좀 복잡하긴 하지만 조사에서 구해진 평균값들, 즉 15개국에서의 6개 제품 카테고리 그리고 국가의 평균을 모두 잘 보여주고 있다.

한 제품 카테고리(예를 들면 가전제품)에 대해 15개국 간의 혁신제품에 대한 채택 열망도를 비교하려면 총 105번의 독립표본 t 검정을 해야 한다(예를 들면 브라질 : 호주, 브라질 : 캐나다 등). 거기에 6개의 제품 카테고리와 전체 평균이 있으니 독립표본 검정을 둘씩 하려면 총 7×105, 735번의 검정을 해야 한다. 여러분은 아마 제품 카테고리별로 비교하지 말고 전체 평균만을 각 나라별로 비교하면 그 비교 횟수가 105번으로 줄어들지 않느냐고 의문을 가질 수 있다. 하지만 그래프에 나타나 있듯이 이 열망도는 제품 카테고리별로 다르다. 음식의 경우에는 모든 나라에서 그 열망도가 높은 반면에 화장품의 경우에는 전체적으로 낮다. 만약 국가의 평균을 구해서 그것만을 비교하면 이러한 제품별 차이에 대한 정보를 잃게 된다. 따라서 735번의 비교가 모두 필요하다. 이 예를 생각하면 분산분석을 사용하는 것이 시간을 얼마나 많이 절약해주는지 이해할 수 있을 것이다. 분산분석을 사용하면 735번의 독립표본 분석 대신에 각 카테고리별 비교에 전체 평균 비교를 더하여 7번의 분산분석만을 사용하면 된다.

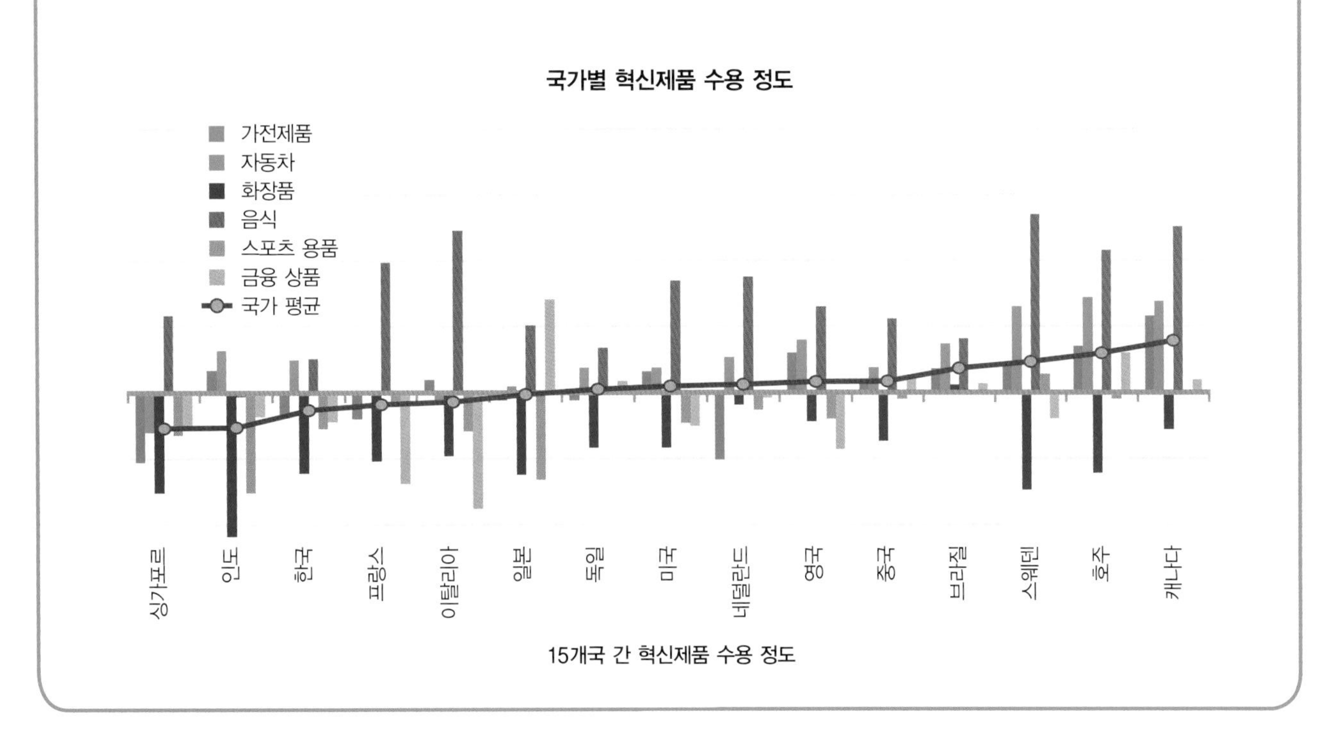

결과가 나와 있다. 그러나 우리는 여기서 'Sig.' 아래의 숫자에 초점을 맞출 것이다. 그 값이 0.000이기 때문에 우리는 적어도 하나의 평균 쌍이 서로 통계적으로 유의하게 다르다라는 것을 알 수 있다. 두 번째 표는 Duncan 검정의 표이다. 이 표는 각 집단의 평균들이 왼쪽 위에서부터 오른쪽 아

그림 13.5
분산분석(ANOVA)에 대한 IBM SPSS 결과 아웃풋

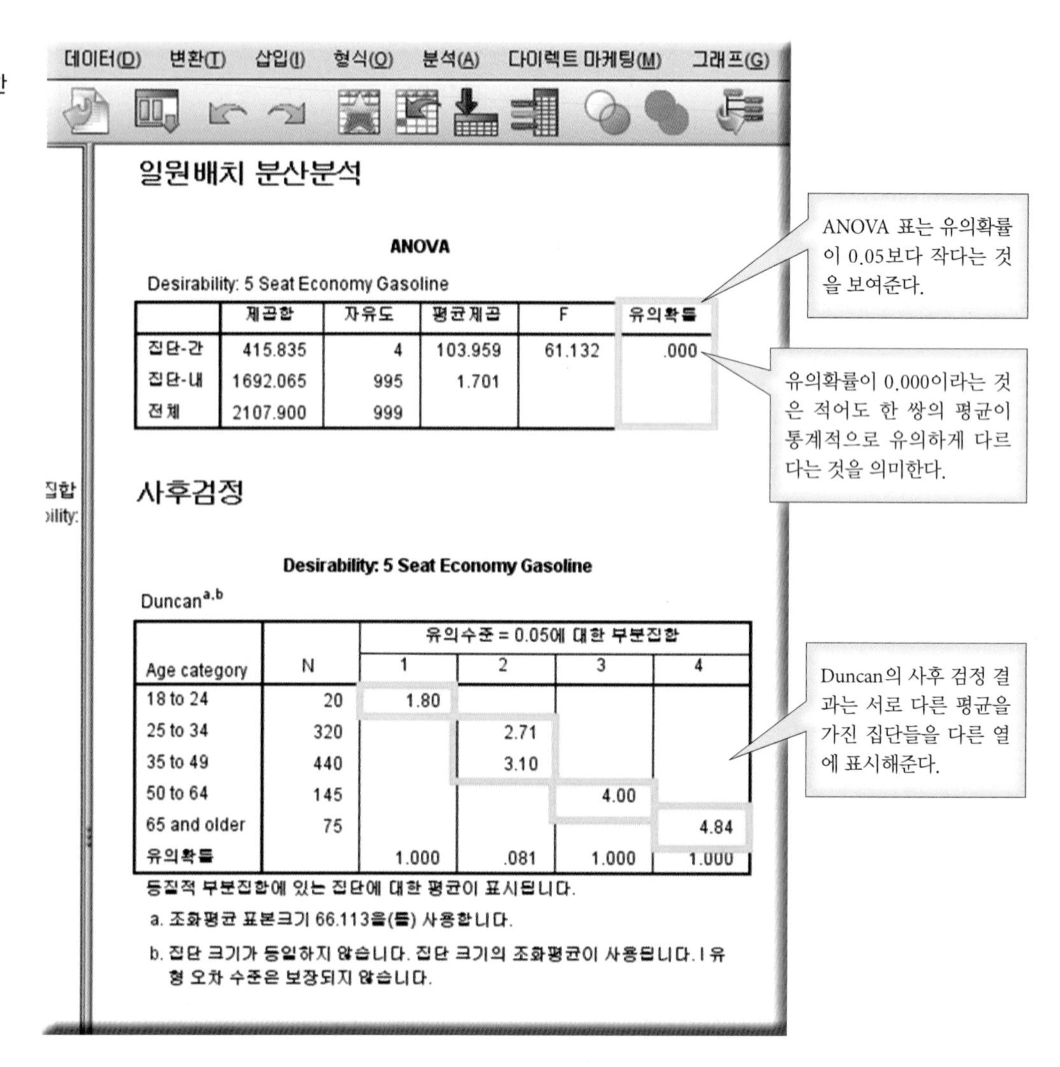

ANOVA

Desirability: 5 Seat Economy Gasoline

	제곱합	자유도	평균제곱	F	유의확률
집단-간	415.835	4	103.959	61.132	.000
집단-내	1692.065	995	1.701		
전체	2107.900	999			

Desirability: 5 Seat Economy Gasoline

Duncan[a,b]

Age category	N	유의수준 = 0.05에 대한 부분집합			
		1	2	3	4
18 to 24	20	1.80			
25 to 34	320		2.71		
35 to 49	440		3.10		
50 to 64	145			4.00	
65 and older	75				4.84
유의확률		1.000	.081	1.000	1.000

등질적 부분집합에 있는 집단에 대한 평균이 표시됩니다.

a. 조화평균 표본크기 66.113을(를) 사용합니다.

b. 집단 크기가 동일하지 않습니다. 집단 크기의 조화평균이 사용됩니다. I 유형 오차 수준은 보장되지 않습니다.

Marketing Research on YouTube™

분산분석을 공부하려면 **www.youtube.com**에서 **One-Way Anova Using SPSS**를 검색하라.

래로 오름차순으로 정리되어 있다. 이 표는 서로 통계적으로 다르다고 할 수 없는 평균들끼리는 같은 열에 포함시키고 유의하게 다른 평균들은 다른 열에 배치시키는 식으로 구성되어 있다. 이 표를 보면 '18~24세' 집단의 평균이 가장 작고(1.8) 이 집단 혼자 하나의 열을 구성하고 있다. 이로써 이 집단의 평균값이 다른 집단 모두와 통계적으로 유의하게 다른 평균값을 가지고 있음을 알 수 있다. 비슷한 방식으로 다음 표를 보면 두 집단, 즉 25~34세(2.71)와 35~49세(3.10) 집단은 같은 열에 위치해 있어 이 두 평균은 통계적으로 유의하게 다르지 않다는 것을 알 수 있다. 다음으로 50~64세 집단의 평균도 다른 모든 집단의 평균값들과 통계적으로 유의하게 다르고 마지막으로 65세 이상 집단 역시 다른 집단 모두와 다르며 가장 오른쪽에 있는 것으로 보아 가장 높은 평균값을 갖는 집단임을 알 수 있다. 이로써 우리는 가장 높은 연령대의 소비자들이 5인승 휘발유 차량을 가장 선호한다는 것을 알 수 있다. 왜 이런 결과가 나왔을까? 높은 연령대의 사람은 전기 자동차나 하이브리드 자동차의 파워에 대해서 의구심을 가지고 있을 수도 있고 그들이 몇십 년 동안 사용해 온 휘발유 자동차에서 다른 것으로 변화를 시도하는 것이 내키지 않을 수도 있을 것이다.

Auto Concepts 사례의 예에서도 사후분석으로 Duncan의 다중구간 검정을 사용했다.

SPSS를 사용한 분산분석

위에서 수행한 연령별 선호도 차이에 대한 분석을 이 조사에서 나타난 모든 형태의 자동차에 대해서 실시해보자. Auto Concepts.sav에 저장된 데이터를 열어서 위에서 설명한 대로 분산분석을 실시하면 된다. 그 결과 아웃풋이 그림 13.5와 같은 형태를 따르는지를 확인하고 다른 하이브리드 차량에 대한 분석도 수행하라.

13-5 집단 간 차이분석을 의뢰인에게 보고하는 방법

통계적으로 유의한 차이를 발견한다는 것은 의뢰인에게 의미가 있는 보고사항이 생겼다는 것을 의미하기 때문에 마케팅 조사자가 아주 좋아할 만한 상황이다. 물론 시장 세분화는 업계에서 흔히 이루어지는 기법이고 집단 간 차이가 있다는 것은 시장 세분화에 중요한 적용점을 제공한다. 하지만 긴 마케팅 조사 보고서에서 조사자가 특별히 강조하지 않는다면 이 차이는 의뢰인에게 뚜렷하게 다가오지 않을 수도 있다. 마케팅 조사 인사이트 13.4에서는 이러한 차이를 어떻게 간결하고 유용하게 표로 정리할 수 있는지를 보여준다.

조사자는 좋은 결과만을 골라서 보고해서는 안 되며 이는 마케팅 조사자에게 아주 큰 윤리적인 부담으로 작용할 수 있다. 마케팅 조사 인사이트 13.5에 설명되어 있는 MRA 윤리 규정을 읽어보라. 만약 조사자가 결과에 나타난 '나쁜' 소식을 제대로 보고하지 않으면 그는 기소당할 수도 있다.

13-6 한 표본 안 두 평균(대응표본)의 차이에 대한 비교

시장 세분화에 이용되지는 않지만 또 다른 차이 검정이 있다. 때때로 조사자들은 한 표본 안에서의 두 변수의 차이에 대해서 검정하려고 한다. 예를 들어 앞에 나온 감기약을 개발하는 제약회사의 예에서 "감기약이 __________을 낫게 해주는 것이 당신에게는 얼마나 중요합니까?"라는 질문을 하고 각 감기 증상에 대해서 1=아주 중요하지 않다, 10=아주 중요하다로 측정했다고 하자. 여기서 조사자는 어떤 두 증상 완화의 중요성이 통계적으로 다른가를 알고 싶어 할 수가 있다. 이 차이를 통계적으로 검정하기 위해서는 **두 평균에 대한 대응표본 검정**(paired samples test for the difference between two means)을 사용한다. 이 기법은 한 설문 안에서 한 응답자가 응답했고 그 측정 척도가 같은 두 질문에 대한 응답 사이에 통계적으로 유의하게 다른 차이가 있는지를 검정할 때 사용된다. 사용된 척도들이 같지 않다면 소비한 금액과 여행한 거리처럼 두 변수는 논리적으로 비교될 수가 없기 때문에 비교 대상이 되는 두 변수의 척도는 같아야 한다.

같은 응답자가 두 질문에 답을 한 것이기 때문에 이 비교는 독립집단이 아니고 한 집단에서 두 질문에 대한 비교가 된다. 앞에서 설명한 논리와 공식을 그대로 적용할 수는 있지만 한 표본만이 계산되기 때문에 약간의 조정이 필요하다. 이 책에서는 그 공식을 소개하지는 않을 것이지만 다음의 SPSS 절에서 이 대응표본 t 검정을 어떻게 수행하는지 보이도록 하겠다.[11]

한 설문에서 한 응답자가 답한 두 질문의 평균 차이를 검정할 때도 유의성 검정을 사용할 수 있다.

마케팅 조사 인사이트 13.4 실무적 적용

차이 검정 결과 보고에 대한 가이드라인

의뢰인에게 집단 간 차이를 보고할 때는 집단 간의 유의미한 차이를 효율적으로 요약하는 **집단 비교표**(group comparison table)를 구성한다. 두 집단 비교의 경우에는 각 집단을 열에 놓고 변수들은 행에 놓아서 유의미한 차이를 가져오는 변수에 표시를 하는 방식으로 표를 구성한다. 조사목적에 부합하는 경우에 백분율의 차이와 평균의 차이를 한 표에 요약하는 것도 허용되는 방법이다. 물론 이 경우 조사자는 표를 혼동이 되지 않도록 만들어야 한다. 샌드위치 가게에 대한 설문에서 두 집단 비교의 결과는 다음과 같은 표로 요약될 수 있다.

샌드위치 가게의 남녀 고객 비교*

항목	여성	남성
주로 구매하는 메뉴		
알코올성 음료	14%	37%
빅사이즈 샌드위치	24%	59%
샐러드	53%	13%
샌드위치 가게 평가**		
가성비	5.2	6.1
빠른 서비스	4.5	5.2
종합 만족도***	4.9	5.5
프로모션 사용		
쿠폰	23%	5%
마일리지 클럽 가입	33%	12%

* 95% 신뢰구간에서 통계적으로 유의미한 항목들
** 1=아주 나쁨, 7=아주 좋음으로 측정
*** 1=아주 불만족, 7=아주 만족으로 측정

표를 보면 남성 고객과 여성 고객이 크게 4개의 영역(주로 구매하는 메뉴, 샌드위치 가게의 구성요소에 대한 평가, 종합 만족도, 그리고 프로모션 사용)에서 비교되고 있음을 알 수있다.

분산분석을 보고하는 경우에는 통계적으로 유의한 비교와 유의하지 않은 비교가 겹칠 수 있기 때문에 표를 만드는 것이 훨씬 어려워진다. 이 책에서는 다음과 같이 던컨의 다중구간 비교를 응용한 표를 만들 것을 추천한다.

고객 유형에 따른 성과 차이*

<table>
<tr><th>구성요소**</th><th>매장 내 식사 고객</th><th>포장고객</th><th>드라이브 스루 이용 고객</th></tr>
<tr><td>빠른 서비스</td><td>5.4</td><td colspan="2">6.2</td></tr>
<tr><td>가성비</td><td>6.2</td><td>5.5</td><td>5.0</td></tr>
<tr><td>친절한 종업원</td><td>5.1</td><td colspan="2">4.0</td></tr>
</table>

* 신뢰구간 95%에서 통계적으로 유의한 항목들
** 1=아주 나쁨, 7=아주 좋음으로 측정

이 집단 비교에서는 세 가지 구성요소에 대하여 세 집단 간의 차이를 검정했다. 빠른 서비스 항목에 대해서는 포장 고객이나 드라이브 스루 이용 고객은 차이를 보이지 않았으나 매장 내 식사 고객은 이 두 집단보다 서비스가 느리다고 평가했다. 가성비에 대해서는 세 집단 모두 통계적으로 유의한 차이를 보였고 종업원의 친절도를 평가하는 데 있어서는 매장 내 식사 고객이 다른 두 집단보다 통계적으로 유의하게 높이 평가를 했다. 여기서 통계적으로 유의한 차이를 보이지 않는 두 집단에 대해서는 두 칸을 통합하고 두 집단의 평균값을 적어 통계적으로 유의하지 않은 차이에 대해서 의뢰인이 필요없이 주목하는 것을 방지한다는 점에 주목하기 바란다.

마케팅 조사 인사이트 13.5 윤리적 고려사항

마케팅조사협회의 윤리강령 : 결과 보고

마케팅조사협회 윤리강령 : 마케팅 조사 인터뷰어는

37. 조사 결과를 정확하게 그리고 솔직하게 보고하라.

데이터 분석과 결과의 보고에 있어서 조사자들은 '데이터가 스스로 말할 수 있도록' 최대한 객관적이기 위해서 노력해야 한다. 이러한 객관성이란 결과에 대해서 조사자가 의견이나 권장사항을 하지 말아야 한다는 뜻은 아니다. 객관성이란 조사자의 선입견에 따라서 분석 기법을 고르는 것이 아니라 조사자의 의견이나 권장사항이 분석 결과에 의해서 자연스럽게 드러나도록 공정하고 객관적으로 데이터를 분석해야 함을 의미한다.

출처 : Used courtesy of the Marketing Research Association.

통합 사례

Auto Concepts 조사 : SPSS를 사용하여 대응표본 *t* 검정 실시하기

이 자동차 콘셉트 설문의 표본 안에 속한 같은 응답자가 응답한 두 질문의 평균 차이를 대응표본 *t* 검정을 사용하여 검정할 수 있다. Auto Concepts 조사에서 반드시 해야 할 필수적인 질문을 고려해보자. 즉 지구온난화에 대한 걱정을 하는 정도와 휘발유 배기 가스가 지구온난화에 영향을 끼친다는 걱정의 정도는 같을 것인가? 만약 이 차이가 통계적으로 유의하지 않다면 이 조사를 단 한 번만 반복해도 그 차이는 사라질 수도 있다는 것을 의미한다. 대응표본 검정을 통하여 이 차이의 통계적 유의성을 검정해보자.

대응표본 *t* 검정을 하기 위한 클릭의 순서는 그림 13.6에 나타나 있다. 이 그림처럼 여러분은 '분석-평균 비교-대응표본 *t* 검정'의 순서대로 메뉴를 클릭하면 선택 창이 나온다. 이 선택 창에서 'I am worried about global warming(나는 지구온난화에 대해서 걱정을 한다)'라는 변수와 'Gasoline emissions contribute to global warming(휘발유 배기 가스는 지구온난화에 영향을 끼친다)'라는 변수를 선택하여 쌍을 짓는다. 이렇게 대응표본 *t* 검정 준비를 마치고 '확인'을 눌러 검정을 실행한다.

두 질문에 대한 같은 응답자의 답변을 비교하기 위해서는 분석-평균 비교-대응표본 *t* 검정의 순서로 클릭한다.

그림 13.7에 해설이 첨부된 결과 아웃풋이 있다. 이 출력물의 형식은 독립표본 *t* 검정과 유사하지만 완전히 같지는 않다. 이 아웃풋은 (1) 총 1,000명의 응답이 분석되었고, (2) 지구온난화에 대한 걱정 정도를 묻는 문항과 지구온난화에 휘발유 배기 가스가 영향을 끼치는가라는 질문에 대한 평균은 각각 4.88과 4.62이며 (3) *t*값은 8.6이고 (4) 여기에 해당하는 유의확률은 0.000이라는 정보가

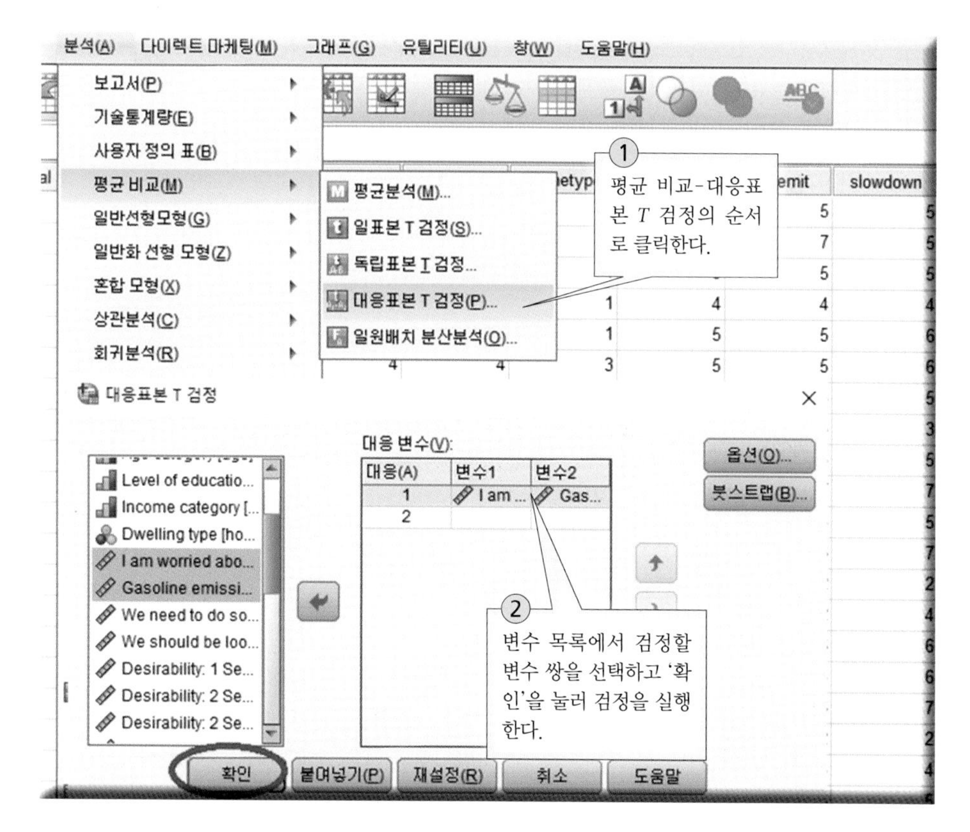

그림 13.6
대응표본 *t* 검정을 위한 IBM SPSS 클릭 순서

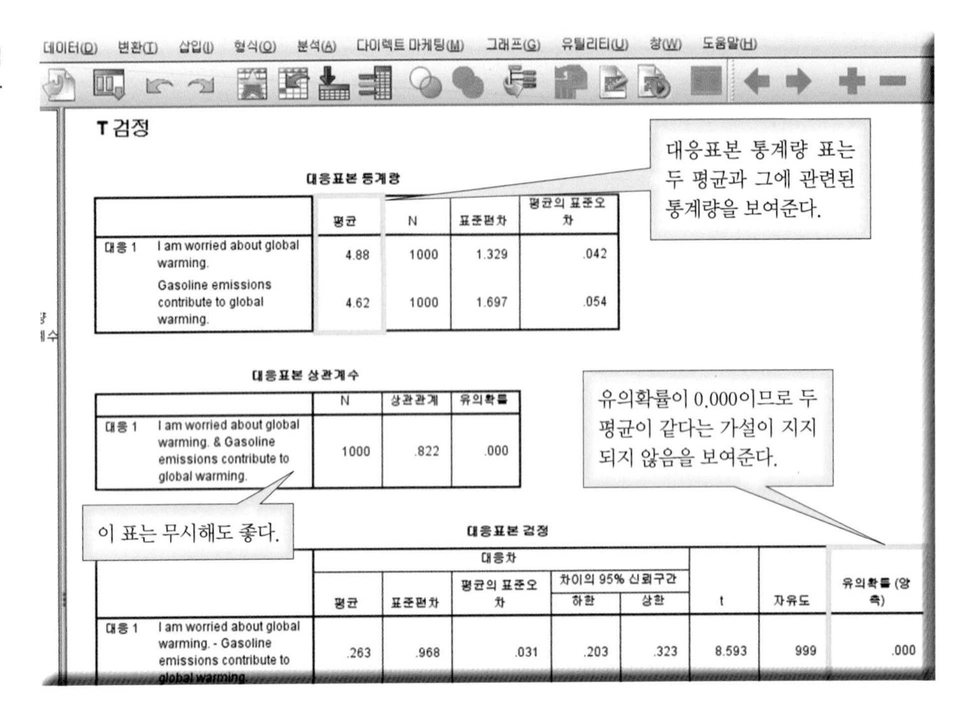

그림 13.7 대응표본 t 검정의 IBM SPSS 결과 아웃풋

보고되어 있다. 다시 말하면 검정의 결과는 두 평균이 동일하다는 귀무가설을 전혀 지지하지 않는다고 말할 수 있을 정도이고 이는 평균적으로 사람들은 그 설문에 어느 정도 동의를 하는 편이지만 지구온난화에 대한 걱정의 정도가 지구온난화에 휘발유 배기 가스가 영향을 끼친다는 것에 동의하는 정도보다는 크다고 할 수 있다.

13-7 차이 검정에 있어서의 귀무가설

이 장에서 언급된 모든 귀무가설과 공식들 그리고 그 결과들을 어떻게 해석하는가를 기억하는 것은 좀 헷갈릴 수가 있기 때문에 표 13.3에 이 장에서 논의된 차이 검정의 유형에 따른 귀무가설을 정리해두었다.

표 13.3 차이 검정의 귀무가설들

귀무가설	귀무가설이 지지되지 않는 경우는 무엇을 의미하는가
두 집단의 백분율 사이의 차이 검정	
두 집단의 백분율 사이에 차이가 없다.	두 집단(모집단)의 백분율 간에 차이가 존재한다.
두 집단의 평균 사이의 차이 검정	
두 집단의 평균 사이에 차이가 없다.	두 집단(모집단)의 평균 사이에 차이가 존재한다.
두 집단 이상의 평균 사이의 차이 검정(분산분석)	
모든 쌍의 집단(모집단)들 중에 평균 차이가 있는 집단은 없다.	적어도 한 쌍의 집단(모집단)은 서로 평균 차이가 있다.
두 변수(대응표본)의 평균 간의 차이	
두 변수의 평균 사이에 차이가 없다.	두 변수의 평균 사이에 차이가 존재한다.

요약

마케팅 관리자에게 차이란 중요한 것이다. 차이 검정의 결과는 시장 세분화에 쉽게 적용할 수 있다. 이 차이가 통계적으로 유의한가 하는 것도 중요하지만 이 차이가 의미가 있고 민감한 문제이며 또 이 차이가 실행 가능한 마케팅 전략의 기반이 될 수 있는가에 대한 고려 역시 필수 불가결한 것이다.

우리는 두 집단의 백분율 사이와 두 집단의 평균 사이의 차이에 대해서 통계적 유의성을 검정해야 한다. 이 장에서는 두 독립집단으로부터 계산된 두 백분율이 통계적으로 유의하게 다른가를 결정하는 법을 설명했다. 또 두 집단의 평균 차이에 대한 통계적인 유의성을 SPSS를 사용하여 검정하는 법 역시 설명했고 Auto Concepts 설문조사 데이터를 예로 들어 설명했다.

조사자가 세 집단 이상의 평균을 비교하기를 원할 때는 분산분석을 사용한다. 분산분석은 집단 사이에 가능한 모든 쌍의 평균 차이를 동시에 검정하고 이 검정에서 적어도 하나의 쌍의 평균이 서로 다를 경우를 유의확률(Sig.값)을 통해서 알려주는 신호등의 역할을 한다. 만약 유의확률이 0.05이거나 그보다 작다면 Duncan의 다중구간 검정 같은 사후분석을 실시하여 정확히 어떤 쌍의 평균이 유의미하게 다른가를 파악한다. 마지막으로 대응표본 *t* 검정의 개념과 이를 SPSS에서 어떻게 수행하는지를 학습했다.

핵심용어

귀무가설
그린 라이트 절차
두 백분율 간 차이의 통계적 유의성
두 평균 간 차이의 통계적 유의성
두 평균에 대한 대응표본 검정
분산분석
사후분석
실행 가능한 차이
안정적인 차이
의미 있는 차이
일원배치 분산분석
집단 비교표
차이에 대한 통계적 유의성
Duncan의 다중구간 검정
t 검정
z 검정

복습 질문/적용

13.1 '차이'는 무엇이며 조사자들과 마케팅 관리자들이 이를 고려해야 하는 이유는 무엇인가?

13.2 '작은 표본'으로 간주되는 것은 어떤 것들이며 이 문제는 왜 통계학자들에게 어려움을 주는가? 마케팅 조사자들은 이러한 작은 표본의 문제를 어느 정도로 걱정해야 하는가? 그 이유는 무엇인가?

13.3 마케팅 조사자가 동일한 질문에 대한 답변을 2개의 식별 가능한 그룹으로 나누어 비교할 때 이를 무엇이라고 하는가?

13.4 차이 검정과 관련해 다음을 간단히 정의하고 설명하라.

a. 귀무가설
b. 표본분포
c. 유의한 차이

13.5 질문이 다음과 같은 형태일 경우 두 집단 간의 차이 검정에 필요한 수식과 수식의 구성요소를 설명하라.

a. '예/아니요' 형태
b. 척도 변수 질문

13.6 다음 세 가지의 경우(a~c)에서 두 가지 표본 결과는 크게 다른가?

표본 1	표본 2	신뢰수준	결과
a. 평균 : 10.6 표준편차 : 1.5 $n=150$	평균 : 11.7 표준편차 : 2.5 $n=300$	95%	
b. 백분율 : 45% $n=350$	백분율 : 54% $n=250$	99%	
c. 평균 : 1,500 표준편차 : 550 $n=1,200$	평균 : 1,250 표준편차 : 500 $n=500$	95%	

13.7 일원배치 분산분석은 언제 사용되어야 하며 그 이유는 무엇인가?

13.8 조사자가 분산분석에서 유의미한 F값을 발견하면 왜 이를 '그린 라이트'로 간주할 수 있는가?

13.9 대응표본 t 검정이란 무엇이며 표본은 어떻게 '대응'이 되는가?

13.10 *Daily Advocate* 신문의 유통 관리자는 구독 부수가 감소하는 것의 근본 원인을 파악하기 위해 마케팅 조사를 실시했다. 특히 이번 설문조사는 현재 *Daily Advocate* 가입자와 지난 해 구독을 중단한 가입자를 비교하는 방식으로 설계되었다. 두 집단 모두 전화조사가 이루어졌으며 다음은 조사 결과의 요약이다. 순환 관리자에 대한 결과를 해석하라.

요소	현재 구독자	구독을 중단한 가입자	유의 확률
도시 거주 기간	20.1년	5.4년	.000
구독 기간	27.2년	1.3년	.000
지역 TV 뉴스 시청	87%	85%	.372
국가 TV 뉴스 시청	72%	79%	.540
인터넷 뉴스 구독	13%	23%	.025
*만족 정도			
신문 배달	5.5	4.9	.459
지역 뉴스 범위	6.1	5.8	.248
국가 뉴스 범위	5.5	2.3	.031
지역 스포츠 범위	6.3	5.9	.462
국가 스포츠 범위	5.7	3.2	.001
지역사회 뉴스 범위	5.8	5.2	.659
신문의 사설	6.1	4.0	.001
신문 구독가격에 대한 가치	5.2	4.8	.468

* 7점 척도를 기반으로 1=매우 불만족, 7=매우 만족함.

13.11 조사자는 스포츠 용품 매장에서 다양한 종류의 소비자들을 분석하고자 했다. 설문조사에서 응답자는 Fitbit 장치를 사용하여 '1시간 미만', '1~2시간', '2~3시간' 등 지난주의 운동량을 표시하도록 요청받았다. 이 응답자들은 가성비, 위치 편의성, 판매원의 유용성 등 12가지 특성을 통해 스포츠 용품점의 성과를 평가했다. 조사자는 12가지 특성 평가에 1=성능 저하, 7=우수한 성능 등의 7점 척도를 사용했다. 조사자는 응답자가 보고한 운동량을 기준으로 각 성과척도의 차이점을 어떻게 조사할 수 있는가?

13.12 온라인 전자제품 판매 기업인 뉴에그(Newegg)의 마케팅 관리자는 대상 고객의 소득을 기반으로 세분화한 체계를 사용하고자 하며 다음 네 가지로 세분화될 수 있다 – (1) 저소득, (2) 중간 소득, (3) 고소득, (4) 부유계층. 회사 데이터베이스에는 지난 몇 개월 동안 고객의 구매 정보가 저장되어 있다. 마케팅 관리자는 이 데이터를 가지고 마이크로소프트 엑셀로 네 그룹의 총구매금액의 평균을 다음과 같이 계산했다.

특정 세분시장	총구매금액 평균
저소득	101달러
중간 소득	120달러
고소득	231달러
부유	595달러

저소득 및 중간 소득 그룹은 크게 다르지 않지만 다른 그룹들은 서로 크게 차이가 난다는 것을 이 장에서 언급된 Duncan의 다중구간 검정에서 사용한 표의 형식으로 표현해보라.

사례 13.1

L' Experience Félicité 레스토랑 설문조사의 차이분석

CMG Research의 코리 로저스는 마케팅 인턴 크리스틴 유와 함께 새로운 고급 레스토랑 L'Experience Félicité에 대한 수요를 파악하고자 설문조사를 의뢰한 제프 딘과 미팅을 잡았다. 코리는 제프가 사전에 검토한 연구 주제들을 20분 정도 살펴보았고 크리스틴은 제프가 특별히 더 흥미를 보였던 6개의 질문 문항을 추려내었다.

자신을 크리스틴이라고 가정하고 L'Experience Félicité 설문조사에 대한 SPSS 데이터 세트를 사용하여 다음 질문들에 대한 적절한 분석을 수행하고 결과를 해석하라.

1. 제프는 L'Experience Félicité 레스토랑이 남성보다 여성들에게 더 인기가 있을지 아니면 그 반대일지에 대해 궁금해했다. 적합한 분석을 하고 그 결과를 해석하여 제프의 질문에 답해보라.
2. L'Experience Félicité 레스토랑의 위치는 강이 보이는 곳이 좋겠는가, 아니면 차로 운전해서 30분 이내에 도착할 수 있는 근교가 좋겠는가?
3. 고객들은 레스토랑 분위기에 재즈 콤보보다 현악 4중주가 연주되는 것을 더 선호하겠는가?
4. 독특한 메인 메뉴가 좋겠는가, 아니면 독특한 디저트가 더 좋겠는가?
5. 일반적으로 고급 레스토랑은 저소득 가구보다 고소득 가구에게 더 인기 있는 경향이 있다. 이러한 현상이 L'Experience Félicité 레스토랑에도 적용되겠는가?
6. 제프와 코리는 우편번호로 식별된 각 지역들이 새로운 고급 레스토랑에 대해 서로 다른 반응을 보일 것이라고 추측했다. 이러한 예상 차이가 설문조사에 의해 구체화되었는가? 적절한 분석을 수행하고 결과를 해석하라.

사례 13.2 통합 사례

Auto Concepts 조사 차이분석

CMG Research의 코리 로저스는 닉 토머스와의 회의를 소집하였고 CMG 애널리스트인 셀레스테 브라운이 참석했다. 20분 정도 회의를 진행한 결과 셀레스테는 미래형 고연비 자동차의 다양한 유형에 대한 잠재적 수요가 상당할 것이라는 설문조사의 결과는 Auto Concepts 원칙을 지지한다는 사실을 이해하게 되었다. 개발비용, 가격 및 기타 재정적 사항을 고려해보아야 하겠지만 이 결과에 의하면 설문에 나온 한 모델이나 혹은 모델들을 조합하는 것도 가능할 것이라는 생각을 했다. 계획의 다음 단계는 고려 중인 각 자동차 모델 유형에 대한 표적 시장을 파악하는 것이다. 이 단계는 표적 시장 정의가 정확해질수록 마케팅 전략이 더 구체적이고 정확해질 수 있기 때문에 매우 중요하다. 시장 세분화를 위한 첫째 기준으로 다음과 같은 일반적인 인구통계학적 요소가 포함되었다.

- 거주 도시의 크기
- 성별
- 결혼 여부
- 연령대
- 교육수준
- 소득 수준

다음의 다섯 가지 자동차 모델에 대한 표적 시장을 결정하기 위해 Auto Concepts SPSS 데이터 세트에 있는 호감도 척도를 분석하는 것이 여러분의 업무이다. 이를 위하여 적절한 차이분석을 실행하라.

1. 슈퍼사이클 : 1인승 전기 오토바이, mpg-e 125; 추정

MSRP(제조자의 권장 소비자 가격) 30,000달러; 완충 시 운전 가능 거리 200마일.

2. 런어바웃 스포츠 : 2인승 전기 자동차, mpg-e 99; 추정 MSRP 35,000달러; 완충 시 운전 가능 거리 150마일.
3. 런어바웃 해치백 : 2인승 가솔린 하이브리드, mpg-e 50; 50마일 배터리로 작동한 다음 휘발유 엔진으로 전환됨. 추정 MSRP 35,000달러; 완충 시 운전 가능 거리 250마일.
4. 이코노미 하이브리드 : 4인승 디젤 하이브리드, mpg-e 75; 75 마일 배터리로 작동한 다음 효율성을 위해 디젤 엔진으로 전환됨. 추정 MSRP 38,000달러; 완충 시 운전 가능 거리 300마일.
5. 이코노미 가솔린 : 5인승 경제형 가솔린, mpg 36; 효율성을 극대화하기 위해 휘발유를 컴퓨터로 제어함, 추정 MSRP 37,000달러; 완충 시 운전 가능 거리 350마일.

14 연관분석

학습 목표

이 장에서 여러분은 다음을 학습하게 될 것이다.

- 14-1 두 변수 간 관계의 종류
- 14-2 두 변수 간 관계의 특성
- 14-3 상관과 공변량
- 14-4 피어슨 적률상관관계의 개념과 그것을 구하기 위한 SPSS 활용법
- 14-5 상관관계를 의뢰인에게 보고하기
- 14-6 교차표의 개념과 그것을 구하기 위한 SPSS 활용법
- 14-7 교차표를 사용한 카이제곱 분석
- 14-8 의뢰인에게 교차표 설명하기
- 14-9 상관분석과 교차표와 같은 연관분석을 수행할 때 고려할 사항

우리는 어느 과정에 있는가?

1 마케팅 조사 필요성 인식
2 문제 정의
3 조사목적 수립
4 조사 설계 결정
5 정보 유형과 원천 식별
6 데이터 분석 방법 결정
7 데이터 수집 양식 설계
8 표본 계획과 크기 결정
9 데이터 수집
10 데이터 분석
11 최종 보고서 준비 및 작성

아이모더레이트

Adam Rossow, 아이모더레이트의 마케팅 담당 파트너

아이모더레이트(iModerate)는 고객의 동기와 니즈, 그리고 언어에 대한 깊은 이해를 통하여 의뢰인에게 고객에 대한 통찰력을 제공하는 회사이다. 오늘날 대부분의 회사들이 고객을 관찰하고 청취하고 질문하는 것을 통하여 고객에 대해서 더 많이 배우려고 하고 있다. SNS에서 고객들이 하는 말을 듣거나, 웹페이지에 어떤 상품평을 남기는지를 읽거나, 설문조사를 하거나, 행동 데이터를 분석하는 등 정보의 양과 그것에 대한 피드백 자체는 전혀 부족함이 없다고 할 수 있다. 하지만 종종 그렇게 수집된 정보는 완전하지 않거나 서로 연결시키기가 어려운 경우가 많다.

아이모더레이트에서는 고객이 '왜' 그렇게 행동하는지를 이해하지 않고서는 앞으로의 행동 방향성을 정확하게 예측하기 어렵다고 생각한다. 고객에 대한 완전한 그림을 그리지 못한다면 기업들은 종종 잘못된 문제에 집중하거나 시장의 동향을 잘못 읽거나 급기야는 위험을 향해서 나아가게 된다. 차세대 텍스트 분석에서부터 일대일 고객 참여(consumer engagement)에 이르는 기법을 동원하여 아이모더레이트는 의뢰인들이 고객의 세세한 부분을 잘 이해하도록 도움을 준다. 기업은 자신의 고객에 대하여 더 많이 알게 될수록 고객들이 필요한 것을 더 잘 공급하게 되며, 이는 고객의 충성도를 높이게 되어 기업의 본연적인 존립 목적에 더 큰 공헌을 하게 된다.

ThoughtPath라고 불리는 인지 프레임워크(cognitive framework)는 이 회사가 조사 설계에서부터 결과 보고까지의 각 단계에서 고객들과 어떻게 교류(engage)하는지를 보여준다. 아이모더레이트에서 하는 모든 일의 중추가 되는 ThoughtPath는 지각(perception), 경험, 그리고 정체성(identity) 등 인지심리학의 주요 개념에 바탕을 두고 20만 건이 넘는 고객 대화 결과를 사용하여 개발된 것이다. 이 프레임워크는 사람들의 사고방식을 적용함으로써 보다 현명하고 침투적(engaging)인 질문을 하는 데 도움을 주고 결과적으로 고객에 대한 더 깊고 적절한 통찰력을 얻기 위한 중요한 기법이다.

이 회사의 제품에는 다음과 같은 것들이 있다.

(iM)Pact One-On-Ones는 전문가에 의해서 진행되고 완전한 익명성을 보장하여 소비자들의 진솔한 의견 제시를 가능하게 하는 환경을 조성하는 온라인 대화 기능을 제공한다. 이 일대일 세팅을 통해서 대화 진행자(moderator)는 ThoughtPath 기능을 사용하여 소비자가 그들의 숨겨진 지식을 드러내게 함으로써 보다 풍성하고 보다 적합한 응답을 하도록 유도한다.

설문에 첨부되는 형식이든 아니면 심층 인터뷰 형식으로 독자적으로 사용되든 간에 이 텍스트 기반 대화기법은 의뢰인으로 하여금 빅데이터나 다른 전후 맥락이 부족한 정보 원천이 가지고 있는 구멍을 메우는 데 도움을 준다. 이 기법을 지속적으로 사용한다면 고객 친밀도를 형성하고, 고객들이 상품을 채택하고 구매하는 것에 있어서의 어떤 트렌드를 발견하며, 계절성이나 경쟁자의 동향과 같은 외부환경이 소비자들에게 미치는 영향을 관찰하고 나아가 소비자들의 행동 변화를 예측하는 것에까지 도움을 줄 수 있다

imoderate.com에 방문해보라.

(iM)merge Analytics는 소비자들의 코멘트를 수집하고 분석하여 상황에 맞고 정보량이 많은 답변으로 변화시키는 데 도움을 주는 상품이다. 조사자들은 소비자들의 코멘트, 즉 소비자들의 SNS에서 하는 이야기들이나 설문지의 개방형 질문(open-end questions), 상품평, 그리고 고객센터의 통화 녹취록 등을 사용하여 분석을 시작할 수 있다. 하지만 이러한 데이터들은 때로는 의미 있는 고객 인사이트로 변화시키기가 어렵고 고객의 피드백을 받지 못하거나 접근하기 힘든 경우도 있다.

조사의 목적이 고객의 피드백에서 의미 있는 가치를 끌어내는 것이든 그것으로부터 중요한 질문을 만들어내는 것이든 (iM)merge는 많은 도움을 줄 수 있는 제품이다. 이 고급 텍스트 솔루션은 거의 모든 형태의 고객 피드백을 수집하여 인간적인 스토리텔링과 소프트웨어의 중립적이고 계량적인 기능을 결합시킬 수 있는 상품이다.

(iM)merse Longitudinal은 광범위한 표적 고객에 대한 질적인 접근법에 기반하여 연속적이고 유연한 고객 인사이트를 제공한다. iModerate는 일대일 대화기법과 정교하게 고안된 개방형 질문을 사용하여 의사결정을 하는 데 필요한 고객정보를 확보할 수 있게 해준다. (iM)merse는 다른 전통적인 종단적 정성적 조사와는 달리 의뢰인이 아이디어를 탐색, 평가, 생성할 수 있도록 해준다. (iM)merse는 주제와 중점 영역을 자유자재로 바꿀 수 있는 점에서 트래커(trackers)보다 낫고 표적청중의 개개인이 매달 바뀌어 편의(bias)와 피로를 줄일 수 있다는 점에서 일반 커뮤니티보다 낫다.

(iM)merse는 고객의 맥을 짚을 수 있다. 고객들이 집에서 요리를 하는 데 있어서 최근에 부각되는 니즈가 무엇인가를 파악하여 주방 가구를 디자인하는 데 사용하거나, Z세대의 언어를 배워 트위터의 정보를 이용하는 것뿐만 아니라 호텔이 와인 이벤트(wine and cheese hour)를 여는 것이 고객의 충성도를 얻는 데 가장 유용한 방법이라는 것을 이해하는 것에 있어서도 고객과의 대화는 필수불가결한 것이다.

출처 : Text and photos courtesy of iModerate.com

이 장은 기술통계나 통계적 추론, 그리고 차이 검정과는 다른 영역에서의 통계분석의 유용성을 설명할 것이다. 아이모더레이트가 수십만 건의 정성적 데이터를 분석하는 것처럼 이 장의 분석은 설문에서 수집된 수십만 개의 정량적 데이터를 분석하는 데 적용될 것이다. 이 장의 서두에서 언급했듯이 마케터들은 변수들 사이의 연관성에 대해 관심을 갖는다. 예를 들어 프리토레이는 어떤 소비자들이 어떠한 상황에서 치토스(Cheetos), 프리토스(Fritos), 혹은 레이즈(Lay's) 같은 자사 제품을 구매하는지를 궁금해한다. GM의 폰티악 사업부는 솔스티스 모델의 스타일을 변경하는 데 있어 어떤 유형의 사람들이 어떤 스타일로의 변경을 좋아할 것인가를 궁금해한다. 신문사는 독자들의 라이프스타일 특성을 알아내 그 신문의 여러 섹션을 독자들에게 맞게 변경할 수 있을지를 고민한다. 더 나아가서 신문사는 다양한 유형의 구독자들의 정보를 광고주들에게 제공하여 광고

주들이 더 나은 광고 카피를 만들고 신문의 어떤 섹션에 광고를 넣을 것인가를 결정하는 데 도움을 주고자 한다. 이 모든 경우에 유용한 답을 주는 통계적 기법이 **연관분석**이다.

제8장에서 학습한 것처럼 모든 척도는 척도 안의 각각의 경계를 지칭하는 독특한 척도기술자(scale descriptor)가 있는데 이는 **수준**(level)이나 **레이블**(lable)이라고도 불린다. 수준이라는 말이 사용되면 그것은 그 척도가 등간척도이거나 비율척도라는 뜻을 의미하고 레이블이라는 용어가 사용되면 그 척도는 주로 명목척도임을 의미한다. 간단한 레이블의 예로서는 '예'/'아니요'가 있다. 이를 사용하여 어떤 특정한 상품의 구매자는 '예'로, 비구매자는 '아니요'로 표시할 수도 있다. **연관분석**(associative analysis)은 두 변수 사이에 안정적인 관계가 존재하는지를 결정하기 위해서 사용한다. 우선 우리는 이 장에서 두 변수의 사이에서 존재할 수 있는 네 가지 다른 유형의 관계를 설명하고 그다음으로 상관계수를 설명하면서 피어슨의 적률상관관계(Pearson product moment correlation)를 소개할 것이다. 그다음으로는 교차표(cross table)의 개념과 이 교차표가 어떻게 두 변수 사이의 연관관계를 나타낼 수 있는지를 설명할 것이다. 그리고 이전 장에서처럼 SPSS를 활용하여 이러한 연관분석을 하는 법과 아웃풋을 해석하는 법을 설명할 것이다.

연관분석은 두 변수 사이에 안정적인 관련성이 있는가를 결정하는 것이다.

14-1 두 변수 사이의 관계의 종류

관계(relationship)란 두 연속형 변수의 수준 간에, 그리고 두 명목변수의 경우에는 레이블 간에 존재하는 일관성 있고 체계적인 연결고리를 의미한다. 이 책에서는 **관계**(relationship)와 **연관**(association)은 서로 같은 의미로 사용되었다. 이러한 연결고리는 통계적인 연결고리를 말하는 것이고 반드시 인과관계를 의미하지는 않는다. 인과적인 연결고리는 한 변수가 다른 변수에게 영향을 미치는 것이 확실할 때 성립한다. 하지만 통계적인 연결고리의 경우에는 다른 변수 역시 영향을 미칠 수도 있어 둘 사이의 명확한 관계를 확신할 수 없다. 그럼에도 불구하고 통계적인 연결고리 혹은 통계적인 관계는 정확하게 말하면 인과관계는 아니지만 이를 이해하는 데 있어서의 기본적인 통찰을 제공한다. 예를 들어 거의 매일 운동을 하는 사람들이 특정 제품의 스포츠 음료를 구매한다는 것을 알게 되면 우리는 그 스포츠 음료 안에 몸을 가꾸는 데 도움이 되는 중요한 성분이 있을 수 있다는 것을 이해할 수 있다. 연관분석은 한 변수의 존재(레이블) 혹은 양(수준)이 다른 변수의 존재(레이블)나 양(수준) 사이에 일관되고 체계적인 관계가 있는가 하는 것을 결정지을 수 있는 유용한 기법이다. 두 변수 사이의 연관관계는 네 가지 유형, 즉 선형(linear), 곡선형(curvilinear), 단조형(monotonic), 비단조형(non-monotonic)으로 나뉜다. 이에 대한 설명은 다음과 같다.

관계란 두 연속형 변수의 수준 간에, 그리고 두 명목변수의 레이블 간에 존재하는 일관적이고 체계적인 연결고리를 의미한다.

선형과 곡선형 관계

우선 가장 정확하면서 이해하기 쉬운 관계는 **선형 관계**(linear relationship)인데, 이는 두 변수의 관계가 직선의 형태를 따르는 것을 말한다. 이 경우에 우리는 한 변수의 값을 알고 있다면 두 변수 사이에 존재하는 직선형 관계를 나타내는 공식을 사용해서 다른 변수의 값을 구할 수 있게 된다. 그 **직선형 공식**(straight-line formula)의 일반적인 형태는 다음과 같다.

선형 관계란 두 변수의 관계가 직선 형태를 따른다는 것을 말한다.

선형 관계를 나타내는 공식

$$y = a + bx$$

y = 추정되거나 예측되는 종속변수

a = 절편

b = 기울기

x = 종속변수를 예측하는 데 사용되는 독립변수의 값

이 절편과 기울기라는 용어는 여러분에게 생소한 표현은 아닐 것이다. 하지만 이런 용어에 익숙하지 않다 하더라도 크게 걱정하지 말길 바란다. 우리는 다음 장에서 이 부분에 대하여 다시 설명할 것이다. 이렇게 식으로 나타낼 수 있는 직선형 관계는 아주 정확하고 많은 정보를 갖는다는 것을 알 수 있다. a와 b값에 정확한 값을 대입할 수만 있다면, 그 어떤 x값에 대해서도 y값을 예측할 수 있다. 예를 들어 햄버거와 타코를 파는 잭인더박스(Jack-in-the-Box)가 모든 고객이 한 번 매장을 방문해서 9달러를 소비한다고 추정했다면 다음과 같은 선형식을 사용하여 매장을 방문하는 고객의 숫자와 총수입과의 관계를 쉽게 추정할 수 있을 것이다.

$$y = \$0 + \$9 \times \text{고객의 수}$$

만약 100명의 고객이 매장을 방문했다면 연관된 수입은 $0 + 9 \times 100$, 즉 900달러로 예측될 것이다. 또 만약 200명이 방문할 것으로 예측된다면 수입은 $0 + 9 \times 200$, 즉 1,800달러로 예측될 것이다. 물론 한 매장이 정확하게 200명의 고객으로부터 1,800달러의 수입을 올리지 못할 수도 있다. 위의 선형식은 평균적으로 그렇게 예측된다는 것을 의미한다.

선형 관계는 매우 정확하다.

곡선형 관계(curvilinear relationship)에서도 하나의 변수는 다른 하나의 변수와 연관되지만 그 관계가 직선이 아니라 곡선의 형태를 따른다. 다시 말하면 곡선형 관계를 나타내는 식은 직선의 방정식이 아니라 곡선 형태의 방정식을 따른다. 이 곡선에는 S자 형태, J자 형태 혹은 다른 여러 가지 형태가 있을 수 있다. 이 곡선 형태의 관계를 논의하는 것은 이 책의 범위를 넘어서는 것이다. 하지만 이런 곡선형 형태의 관계도 특별한 통계절차를 통해서 분석될 수 있음을 보이기 위해 언급했다.

곡선형 관계는 연관성이 부드러운 곡선 형태를 띠는 경우이다.

단조형 관계

단조형 관계(monotonic relationship)에서는 조사자가 두 변수의 관계에 있어서 특정한 방향성을 정할 수 있다. 단조형 관계에서는 증가와 감소 두 가지 형태가 있다. 단조 증가 관계는 한 변수가 증가하면 다른 변수 역시 증가하는 관계이고, 여러분이 짐작하듯이, 단조 감소 관계는 한 변수가 증가하면 다른 변수는 감소하는 관계이다. 하지만 이 두 관계 모두 한 변수가 얼마만큼 변할 때 다른 변수가 얼마만큼 변하는가 하는 그 변화의 양은 나타내지 못한다. 단조(monotonic)라는 말은 두 변수의 관계가 일반적으로 한 방향성을 띤다는 것만을 의미하고 이를 넘어서 정확한 관계의 표현은 하지 못한다. 예를 들어 한 기업이 광고비를 증가시켰을 때 우리는 매출이 올라갈 것으로 예측할 수 있지만 정확하게 얼마나 매출이 올라갈지는 모른다. 이 책에서는 이 단조 관계 역시 이러한

단조형 관계는 두 변수 간 관계의 일반적인 방향성(증가 혹은 감소)을 알 수 있는 경우이다.

관계의 유형이 있다는 정도만 언급하는 것에서 그치고자 한다.

비단조형 관계

비단조형 관계는 두 변수가 연관되어 있긴 하지만 정확한 특성을 알 수 없는 경우이다.

마지막으로 **비단조형 관계**(nonmonotonic relationship)란 한 변수의 한 레이블의 존재(혹은 부존재)가 다른 변수의 한 레이블의 존재(혹은 부존재)와 체계적으로 연관되어 있는 경우를 말한다. 비단조형이라는 표현은 기본적으로 두 변수 사이에 관계가 존재하기는 하지만 그 방향성을 구분 지을 수 없다는 뜻이다. 예를 들어서 맥도날드, 버거킹, 웬디스와 같은 패스트푸드 매장의 매니저는 그들의 경험을 통하여 고객들이 아침에는 커피를 주문하고 점심에는 소프트 드링크를 주문한다는 것을 알고 있다. 이 관계는 전혀 배타적이지 않다. 즉 고객들이 아침에 반드시 소프트 드링크를 주문하지 않고 커피를 주문하고 점심 고객은 반드시 커피를 주문하지 않는다고 단정적으로 말할 수는 없다. 하지만 전체적으로 볼 때, 그림 14.1에 나타난 것처럼 그 관계는 존재한다. 비단조형 관계란 결국 아침에는 고객들이 달걀과 비스킷, 그리고 커피를 주문하고 점심에는 버거, 감자 튀김과 더불어 소프트 드링크를 주문하는 경향이 있다는 것을 이야기하는 것이다. 따라서 '아침'이라는 레이블은 '커피'라는 레이블과 관련이 있고 '점심'이라는 레이블은 '소프트 드링크'라는 것과 관련이 있다. 다시 말하면 비단조형 관계에서는 한 변수의 어떤 특정 레이블이 발견되었을 때 다른 변수의 어떤 특정 레이블이 발견될 가능성이 높다는 것을 의미한다. 하지만 이러한 연관성은 일반적으로 그러하다라는 것이라서 특정 관계(예를 들어 아침 고객은 커피를 주문한다)를 이야기할 때는 그 관계를 정확하게 말로 표현해주어야 한다.

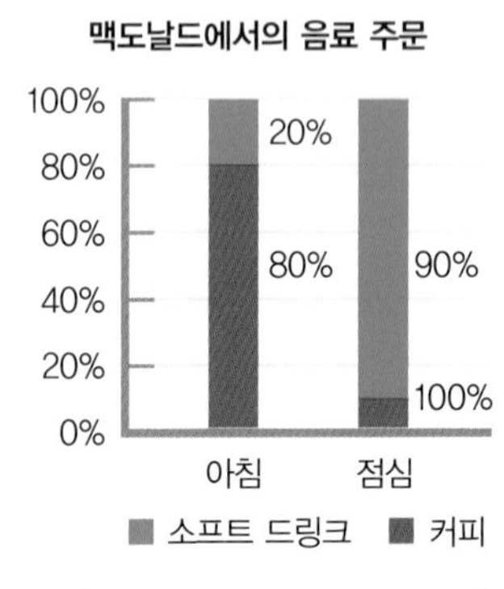

그림 14.1 맥도날드에서의 음료 주문과 식사 종류 간의 비단조형 관계의 예

14-2 변수 간 관계의 특성

두 변수 사이 관계의 존재 여부는 통계적 검정에 의해서 결정된다.

관계는 그 유형에 따라 존재(presence), 방향성(direction), 강도(strength)라는 세 가지 특성을 가진다. 두 변수 사이의 연관성을 통계적으로 분석하기 전에 이 세 가지 특성을 설명하고자 한다.

존재

존재는 모집단에서 두 관심 변수 사이에 체계적인 관계를 발견할 수 있음을 의미한다. 존재란 통계적인 이슈이다. 이는 모집단에서도 두 변수 사이에 특정 관계가 존재하는지를 보기 위해서는 표본에서 그렇게 주장할 수 있는 충분한 근거가 있는지를 살펴보는 통계적 유의성 검정을 해야 한다는 것을 의미한다. 통계적 유의성을 다루었던 장에서는 귀무가설의 개념을 소개했다. 연관분석에서는 모집단에서 두 변수 사이에 연관성이 없다는 것이 귀무가설이고 통계적 검정을 통하여 이 가설을 검정한다. 검정의 결과가 귀무가설을 기각하는 것으로 나오면 우리는 모집단에서 (특정 유의수준에서) 두 변수 사이에 관계가 있다고 판정을 한다. 이 장의 후반부에서 이러한 통계적 검정법을 설명할 것이다.

*방향성*이 있다는 것은 그 관계가 양의 관계인지 음의 관계인지를 알 수 있는 경우를 말하고 패턴을 안다는 것은 관계의 일반적인 성격만을 알 수 있는 경우를 말한다.

방향성(또는 패턴)

여러분이 이미 선형 관계와 단조형 관계에 대한 설명에서 보았듯이 관계는 방향성을 가질 수 있다.

선형 관계에서 b(기울기)가 양수이면 이는 한 변수가 증가할 때 다른 변수도 증가한다는 것을 의미하고 b가 음수이면 한 변수가 증가할 때 다른 변수는 감소함을 의미한다. 따라서 선형 관계에서 이 관계의 방향성은 명확하다.

비단조형 관계에서는 그 관계의 패턴을 아침에 오는 고객은 커피를 주문한다는 식으로 말로 표현할 수밖에 없기 때문에[1] 양의 관계 음의 관계라는 표현을 쓰는 것은 어렵다. 이 장의 후반부에서는 비단조형 관계를 갖는 변수의 척도 특성 때문에 관계의 방향성을 논할 수 없음을 알게 될 것이다. 하지만 앞에서 설명한 대로 그 관계의 패턴을 말로 설명할 수는 있다.

© Wavebreakmedia/Shutterstock

해변에 있는 관광객들의 대부분은 자외선 차단제를 사용한다는 것은 비단조형 관계이다.

관계의 강도

마지막으로 두 변수 사이의 관계가 통계적으로 유의하여 '존재'한다고 말할 수 있는 경우에는 그 관계의 강도를 생각해볼 수 있다. 이 강도는 주로 '강함', '중간', '약함' 또는 이 비슷한 표현으로 나타낼 수 있다. 즉 두 변수 사이에 일관적이고 체계적인 관계가 존재하는 경우에 마케팅 조사자는 그 관계가 얼마큼 강한지를 생각해볼 수 있다. 어떤 유형의 관계인지를 막론하고 연관성이 강하다고 할 경우에는 두 변수가 의존적인 관계일 가능성이 높고 연관성이 낮을 경우에는 두 변수가 의존적일 가능성이 낮다. 즉 이럴 경우에는 관계가 존재하기는 하지만 덜 확실한 경우이다.

이 존재, 방향성, 강도를 결정하는 순차적인 절차가 표 14.1에 나타나 있다. 이 표에서 먼저 두 변수 사이에 존재하는 관계의 유형이 비단조형인지 선형인지를 결정해야 한다. 이 장에서 배우게 되겠지만 그 결정은 변수의 척도에 달려 있다. 즉 명목변수는 정확하지 않고, 패턴과 같은 관계만을 가질 수 있고 등간이나 비율척도는 보다 정확한 선형 관계를 나타낼 수 있다. 비단조형이든 선형적이든 그 관계의 유형을 정하고 나서는 그 관계가 모집단에서도 실제로 존재하는지를 판단해야 한다. 이 단계는 통계적 유의성 검정을 필요로 하는데 이에 관련하여 상관관계(연속형 척도, 선형 관계의 경우)와 교차표(명목척도, 비단조형 관계)를 다음 절에서 설명하겠다.

관계의 *강도*란 그 관계가 얼마나 일관적으로 존재하는지를 의미한다.

어떤 척도가 사용되었는가를 먼저 파악하여 관계의 종류를 결정하고 그다음에 적절한 통계적 검정을 실시한다.

표 14.1 두 변수 간의 관계를 분석하기 위한 절차

단계	설명
1단계 : 분석할 변수를 결정하라.	서로 연관된 것 같은 두 변수를 식별하라.
2단계 : 선택된 변수의 측정척도가 무엇인지를 판단하라.	이 장에서는 그 변수의 척도가 연속형 척도(등간, 비율)이거나 범주형 척도(명목)인 경우를 다룬다.
3단계 : 옳은 관계분석기법을 사용하라.	등간척도와 비율척도인 경우는 상관분석을, 명목척도인 경우에는 교차표를 사용하라.
4단계 : 관계가 존재하는지 결정하라.	통계분석 결과, 관계가 통계적으로 유의하면 관계가 존재하는 것이다.
5단계 : 관계가 존재한다면 관계의 방향성을 파악하라.	선형 관계(연속형 척도)는 증가 혹은 감소하고 비단조형 관계는 패턴을 살펴보아야 한다.
6단계 : 관계가 존재한다면 관계의 강도를 평가하라.	상관관계는 그 계수의 크기가 강도를 의미하고 교차표의 경우는 그 패턴을 각각 평가해야 한다.

통계적 유의성 검정을 통하여 모집단에서도 그러한 관계가 존재한다는 것이 증명이 되면 그다음으로 그 관계의 방향성이나 패턴을 결정한다. 다시 말하지만 그 관계의 종류가 그 관계의 방향성을 어떻게 설명하는가를 결정한다. 그 방향성을 알기 위해서는 통계분석을 하기 전에 표나 그래프를 보거나 혹은 단지 부호가 양인가 음인가를 살펴볼 수도 있다. 마지막으로 그 관계의 강도 역시 판단해야 한다. 상관관계와 같은 연관분석은 단지 그 절댓값의 크기를 살펴보는 것만으로도 관계의 강도를 알 수 있지만 명목척도끼리의 연관성 분석은 관계의 패턴을 살펴보아야 한다. 우리는 상관관계를 설명하고 나서 명목척도를 위한 교차표 사용에 대해서 설명할 것이다.

14-3 상관계수와 공변량

상관계수는 두 변수 사이의 공변량을 표준화하여 −1과 1 사이의 숫자로 나타낸 것이다.

이미 여러분은 여러 번 들었을 것이고 이미 사용해본 사람들도 있을 테지만 지금부터 상관분석에 대해서 설명하고자 한다. **상관계수**(correlation coefficient)란 두 변수 사이 관계의 방향성과 관계의 강도를 나타내는 지표로서 −1과 1 사이의 값을 갖는다. 상관계수의 절댓값 크기는 두 변수의 관계의 강도를 나타내고 계수의 부호는 관계의 방향성을 나타낸다. 달리 설명하면 상관계수는 두 변수 사이의 공변량의 크기를 나타낸다. **공변량**(covariation)은 다른 변수의 변화와 체계적으로 연관되어 있는 한 변수의 변화의 양으로 정의된다. 상관계수의 크기가 클수록 공변량도 크고 그 관계의 강도도 더 강하다.[2]

상관계수의 통계적 유의성에 대해서 먼저 살펴보자. 상관계수의 절댓값이 무엇이든 간에 통계적으로 유의하지 않은 상관관계는 아무런 의미가 없다. 이는 상관관계의 통계적 유의성 검증에서 귀무가설은 상관관계는 0과 같다라는 것이기 때문이다. 이 귀무가설이 기각된다면(통계적으로 유의한 상관관계라면) 모집단에서 0과 다른 상관관계가 있다는 것을 확증할 수 있다. 하지만 표본의 상관관계가 통계적으로 유의하지 않다면 모집단의 상관관계는 0이 된다. 질문을 하나 하겠다. 이 질문에 답을 옳게 한다면 여러분은 상관관계의 통계적 유의성을 제대로 이해하고 있다고 생각해도 된다. 만약 이러한 상관관계분석을 위한 설문조사를 아주 여러 번 반복하여 계속해서 통계적으로 유의하지 않은 상관관계들을 얻었다고 하자. 이 통계적으로 유의하지 않은 상관관계들의 평균을 계산한다면 어떤 값이 나올까? (답은 0이다. 상관관계가 통계적으로 유의하지 않다면 귀무가설이 옳은 것이 되고 이는 모집단의 상관관계는 0임을 의미한다.)

상관관계를 사용하기 전에 그 상관계수가 통계적으로 유의하게 0과 다른지를 먼저 결정하라.

표 14.1에 나와 있는 '두 변수 간의 관계를 분석하기 위한 절차'에서 4단계, 즉 '관계가 존재하는지 결정하라'의 단계를 수행하기 위해서는 통계적 검정을 필요로 한다. 하지만 상관계수의 통계적 유의성을 어떻게 결정할 수 있을까? 표본의 숫자에 따라 상관계수의 최소 크기를 정리해둔 표가 있긴 하지만 대부분의 통계 프로그램은 상관계수의 통계적 유의성을 결정해준다. SPSS는 귀무가설을 지지하는 유의확률을 계산하여 아웃풋에 Sig.값으로 표시해준다. 이를 바탕으로 유의성 검정을 할 수 있다.

경험적 어림짐작으로 상관관계 크기 판단하기

상관계수가 통계적으로 유의한 경우에는 그 크기를 판단해야 한다. 이때 우리는 경험에 근거하여

표 14.2 상관계수의 크기와 강도*

단계	설명
+.81에서 +1.00, −.81에서 −1.00	아주 강함
+.61에서 +.80, −.61에서 −.80	강함
+.41에서 +.60, −.41에서 −.60	보통
+.21에서 +.40, −.21에서 −.40	약함
+.20에서 −.20	아주 약함

* 이 상관관계는 통계적으로 유의하다고 가정하자.

어림짐작(rules of thumb)으로 그 크기를 평가할 수도 있다. 상관계수가 1과 0.81 사이라면 우리는 그 상관관계가 '매우 강하다'고 판단하고 0.8에서 0.61까지는 '강하다'고 판정하며 0.6에서 0.41 사이는 '중간' 정도의 강도로, 그리고 상관계수가 0.4에서 0.21 사이라면 두 변수의 상관관계가 '약하다'고 간주한다. 마지막으로, 상관관계의 절댓값이 0.2와 같거나 작은 경우는 두 변수 간의 의미 있는 관련이 거의 없는 경우라서 마케팅 관리자들은 별 관심을 가지지 않는 경우이다. 물론 이 절댓값이 −0.2보다 작은 경우는 전혀 관련이 없는 경우를 말하는 상관계수 0인 경우를 포함한다. 따라서 우리는 이 +.20~−.20 구간을 '아주 약함'이라고 표현할 수 있다.

표 14.2에 이러한 어림짐작 기준을 정리해두었다. 이 기준을 사용할 때 두 가지를 명심하는 것이 좋다. 첫째, 상관관계의 통계적 유의성이 우선 충족되어야 한다. 둘째, 조사자들은 상관관계의 크기에 있어 자신의 기준이 있을 수 있기 때문에 다른 사람이 사용하는 기준은 이 표에 있는 기준과 조금 다를 수 있다.[3]

어떤 경우라도 상관계수가 0에 가까운지 ±1에 가까운지를 확인하는 것이 좋다. 통계적으로 유의한 상관계수라고 하더라도 그 숫자가 0에 가까우면 두 변수 사이에는 체계적인 연관성이 있다고 하기 어려우나 상관계수가 1이나 −1에 가까운 경우에는 체계적인 연관성이 있다고 할 수 있기 때문이다.

어느 정도로 상관관계가 큰 것인가를 결정하기 위해서 상관계수의 절댓값을 기준으로 경험적 어림짐작법을 사용해서 결정할 수 있다.

상관계수의 부호 : 관계의 방향

그러면 상관계수의 부호는 무엇을 의미하는가? 상관계수의 부호는 관계의 방향을 의미한다. 양의 부호는 양의 방향을 의미하고 음의 부호는 음의 방향을 의미한다. 예를 들어 교육수준과 *National Geographic*의 전자 잡지를 읽는 시간과의 상관계수가 0.83이라고 한다면 이는 교육수준이 높을수록 이 잡지를 읽는 데 더 많은 시간을 쓴다는 의미다. 그리고 교육수준과 담배를 피우는 횟수 사이에 음의 관계가 있다는 것은 교육을 많이 받을수록 담배를 적게 핀다는 의미이다.

상관계수의 크기는 두 변수 사이의 관계의 강도를, 상관계수의 부호는 관계의 방향성을 나타낸다.

산포도를 이용한 공변량 그래프

앞에서 두 변수 간의 공변량 개념을 이용하여 상관관계를 설명했다. 여기서는 그 공변량을 조금 다르게 표현해보도록 하겠다. 예를 들어 한 마케팅 조사자는 세계적인 제약 기업인 노바티스(Novartis)가

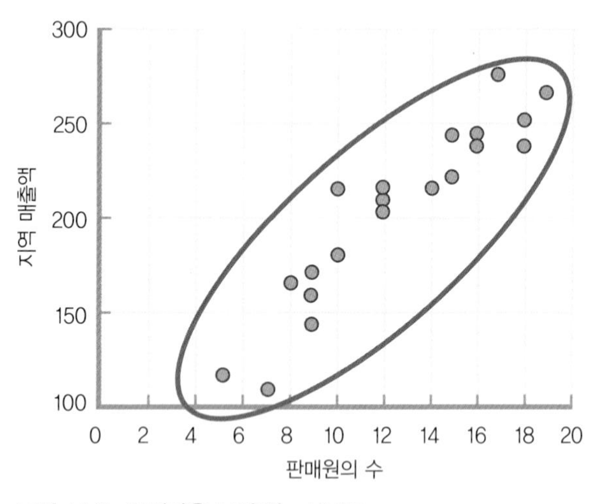

그림 14.2 공변량을 보여주는 산포도

그 지역에 할당한 판매원의 수와 그 지역의 노바티스 매출 사이에 어떠한 관계가 있는지를 조사했다. 그에게는 미국의 20개 지역에 대한 노바티스 판매원의 숫자와 노바티스 매출액에 대한 정보가 있다.

이 두 변수에 대한 데이터를 이용하여 그는 그림 14.2와 같은 **산포도**(scatter diagram)를 그릴 수 있다. 이 산포도의 각 점은 각각의 x와 y가 대응되는 부분에 표시된다. 이 그림에서 수직축에는 노바티스의 매출액이 그리고 수평축에는 노바티스의 판매원 숫자가 놓인다. 그 결과 산포도 위의 점들은 오른쪽 위로 올라가는 긴 타원 형태를 띤다. 어떤 두 변수가 서로 체계적인 공변량을 가지고 있다면 산포도는 이렇게 타원과 같은 모양을 띠게 된다. 물론 그림에 나타난 이 산포도는 조사자가 입수한 판매원의 수와 지역 매출액과의 관계에 국한되고 실제적으로는 두 변수의 관계에 의한 점들에 따라 어떤 형태든 가능하다.[4]

공변량은 산포도를 통해서 살펴볼 수 있다.

그 다양한 형태의 산포도가 그림 14.3에 나타나 있다. 이러한 산포도의 모양은 두 변수 사이의 공변량 정도를 알려준다. 예를 들어 그림 14.3(a)의 산포도는 점들의 분포가 어떤 식별 가능한 패턴을 보여주지 못하고 이는 두 변수 사이에 명백한 관계나 연관이 없음을 보여준다. 그림 14.3(b)의 산포도는 큰 x값이 작은 y값에 대응되는 형태를 띠고 이는 두 변수 사이에 음의 관계가 있다는 의미이다. 그리고 마지막으로 그림 14.3(c)의 산포도는 그림 14.3(b)와 비슷하지만 타원의 각도가 다르다. 이 기울기는 큰 x의 값이 큰 y값과 대응되는 관계를 보여주고 이는 두 변수 사이에 양의 관계가 있음을 의미한다.

산포도와 상관관계는 어떻게 연결되는가? 이 질문에 대한 답은 앞에서 언급한 직선형 관계에 대한 설명에 들어 있다. 그림 14.3(b)와 14.3(c)를 보라. 이 타원의 양쪽을 잡아서 늘린다고 생각해 보자. 그렇다면 이 타원은 양 끝으로 늘어나고 두께는 점점 얇아져서 모든 점이 직선 위에 놓이게 될 것이다. 만약 여러분이 이렇게 모든 점이 직선 위에 놓일 수 있는 데이터를 발견하여 그것의 상

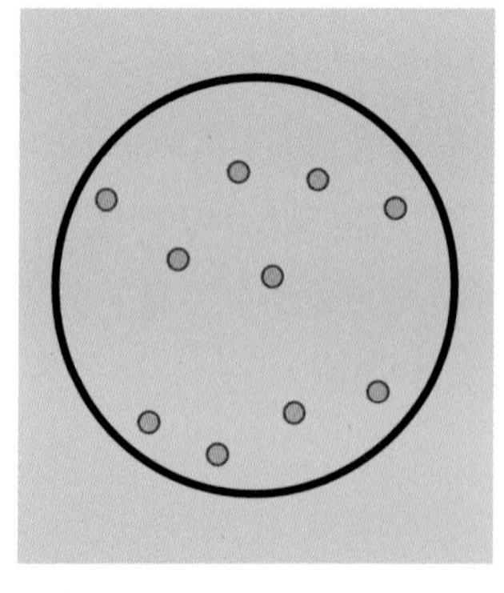
(a) 무관계

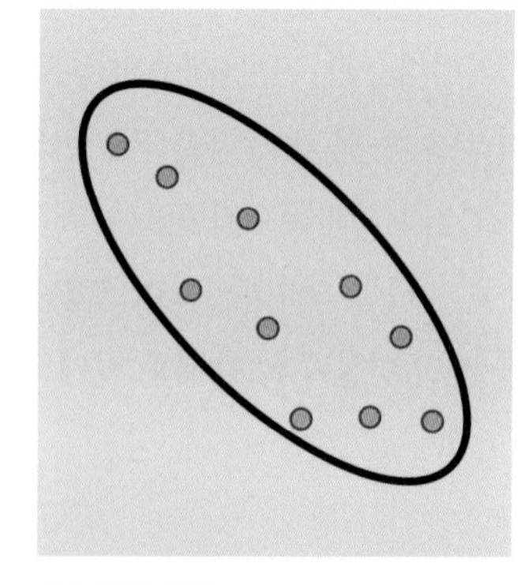
(b) 음의 관계

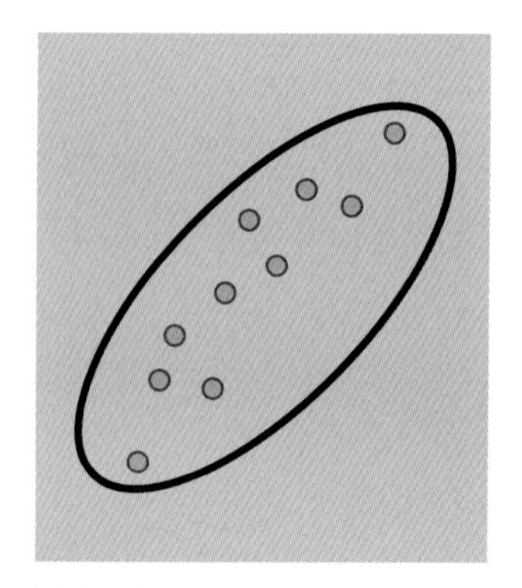
(c) 양의 관계

그림 14.3 여러 관계의 종류에 따른 산포도의 형태

관계수를 계산해보면 그 상관계수는 정확하게 1이 될 것이다(그 직선이 우상향한다면 1, 우하향한다면 −1). 자, 이제 앞과는 반대로 타원의 양 끝을 눌러서 그림 14.3(a)와 같은 형태를 만들어보자. 이 경우에는 직선을 발견할 수가 없고 두 변수 사이에 체계적인 공변량이 없다. 원 모양의 산포도를 가지는 변수 간에는 구별될 만한 선형 관계가 존재하지 않는다. 다시 말하면 상관계수는 두 변수 사이의 공변량 정도를 나타내는 것으로서 산포도의 그림으로 그 공변량의 정도를 파악할 수 있다. 또 이 산포도의 모양과 각도는 상관계수의 크기와 부호로서 표현될 수 있다.

© Michaeljung/Shutterstock
처방약의 매출은 의사와 이야기할 수 있는 판매원이 그 지역에 얼마나 많은지와 연관이 있다.

14-4 피어슨 적률상관계수

피어슨 적률상관계수(Pearson product moment correlation coefficient)는 산포도에서 묘사된 것과 같은 두 연속형 척도(등간 혹은 비율척도) 사이의 선형 관계를 측정하는 데 사용된다. 두 변수 간의 상관계수는 산포도의 점들이 직선과 가까운 정도에 대한 측정치이다. 여러분은 산포도의 모든 점이 하나의 직선 위에 위치하게 된다면 이 경우의 상관계수는 1 혹은 −1이라는 점을 알고 있을 것이다. 혹은 그림 14.3(a)와 같이 타원의 특정한 형태를 가늠할 수 없는 경우라면 상관계수는 0에 가까울 것이다. 물론 상관계수가 정확하게 0이나 1인 경우를 발견하기는 대단히 어렵다. 보통 앞에서 대략적으로 구분한 경우와 같이 '강함' 혹은 '보통' 혹은 '약함'의 경우에 해당하는 상관계수들을 발견하게 된다. 피어슨 적률상관계수를 계산하는 공식은 다음과 같다.

강한 상관관계에 있는 두 변수들은 산포도에서 폭이 좁은 타원으로 나타난다.

피어슨 적률상관계수 공식

$$r_{xy} = \frac{\sum_{n}^{i=1} (x_i - \bar{x})(y_i - \bar{y})}{n s_x s_y}$$

x_i = 각각의 x값

$\bar{x}$ = x값의 평균

y_i = 각각의 y값

$\bar{y}$ = y값의 평균

n = 총 쌍의 숫자

s_x, s_y = 각각 x와 y의 표준편차

우리가 논의한 개념들이 이 공식에 어떻게 적용되는지를 보이기 위하여 이 공식의 각 부분들을 간략하게 설명하겠다. 분자는 x와 y가 각각의 평균에서 떨어져 있는 정도를 곱하여 합한 값(교차곱의 합, sum of cross product)이고 이는 x와 y 사이의 '공변량'을 나타낸다. 이 값을 다시 n으로 나누어 한 쌍의 x와 y에 대한 평균값을 계산한다. 그다음에는 이 값을 x와 y의 표준편차로 나누어 측

정단위를 조정해준다. 이렇게 하여 상관계수가 계산되고 이 값은 1과 −1 사이에서 정해진다.

계산 연습을 한번 해보자. 여러분은 10개 지역의 인구수와 총 소매 매출액에 대한 데이터가 있다고 하자. 인구와 총 소매 매출액이 서로 연관되어 있을까? 여러분이 계산을 해보니 지역의 평균 인구는 690,000이고 평균 소매 매출액은 954만 달러이다. 각각의 표준편차는 384.3과 7.8이며 교차곱의 합은 25,154이다. 이 경우 상관관계는 다음과 같이 구해진다.

상관계수의 계산

주 :
교차곱 합 = 25,154
$n = 10$
x의 표준편차 = 7.8
y의 표준편차 = 384.3

$$r_{xy} = \frac{\sum_{i-1}^{n}(x_i - \bar{x})(y_i - \bar{y})}{ns_x s_y}$$
$$= \frac{25,154}{10 \times 7.8 \times 384.4}$$
$$= \frac{25,154}{29,975.4}$$
$$= .84$$

피어슨 적률상관계수는 두 변수 간의 선형 관계를 측정하는 도구이다.

0.84의 상관계수는 높은 양의 상관관계를 의미한다. 이것은 또 그 지역에 많은 사람이 살수록 소매 매출이 높다는 것을 의미한다.

요약하자면 피어슨 적률상관계수나 다른 선형 관계 연관계수는 그 연관성의 강도만을 의미하는 것이 아니라 앞에서 설명한 것처럼 그 계수의 부호를 통하여 관계의 그 방향성까지도 나타낼 수 있

마케팅 조사 인사이트 14.1 디지털 마케팅 조사

브랜드 팬과 음악선호도

소셜네트워크는 정보의 보고이고 마케팅 전략에 적용할 수 있는 변수들 사이의 상관관계와 다른 여러 관계성을 찾을 수 있다. 그중 하나는 페이스북, 인스타그램, 트위터 등 SNS에서 특정 브랜드를 팔로우하는 '브랜드 팬'들을 발견할 수 있고 그들이 어떤 노래의 가사나 콘서트 등을 검색하는지도 알 수 있다. 셀피쉬(Cellfish)와 에코네스트(Echo Nest)라는 두 회사는 이들 사이의 상관관계 일부를 공개했다.[5] 여러분은 옆의 표에서 브랜드와 그 브랜드의 팬들이 좋아하는 음악을 연결시킬 수 있을지 살펴보라. 첫째 줄에 있는 브랜드나 토픽을 둘째 줄의 내용과 초등학교에서 수업시간에 했던 방식으로 연결해보라. 정답은 이 장의 마지막에 있다.

이런 상관관계는 어떤 가치가 있을까? 소비자들은 매일 수만 가지의 오디오, 비디오 광고 자극에 노출된다. 이러한 광고 자극은 대부분 소비자들에 의해서 무시된다. 하지만 그들이 자신들이 좋아하는 음악을 보고 듣는 경우에는 소위 말하는 '선택적 지각(selective perception)'이 작동되고 소비자들은 그 자리에 멈춰 그 광고 자극에 관심을 보이게 될 것이다. 그래서 기업의 고객들이 좋아하는 아티스트들을 알 수 있다면 그 기업의 광고와 그 아티스트들 혹은 그들의 음악과 연결시켜서 광고 메시지에 대한 고객의 주목도를 높일 수 있다.

브랜드 혹은 토픽의 팬	선호하는 음악
시락(Ciroc) 보드카	아메리칸 아이돌 출신 얼터너티브 로커 Chris Daughtry
크래프트(Craft) 맥주	Andrew Lloyd Webber
EA 스포츠 게임	Bruce Springsteen, Pink Floyd
해러즈(Harrods)	Beetles, Jimi Hendrix와 같은 레전드 록스타
모토롤라	힙합과 랩
NHL(북미 하키 리그)	잼 밴드(Phish, Umphrey's McGee)
NPR(공영라디오)	힙합과 랩(Ice Cube, Nas)
여행 채널	Meat Loaf, Kid Rock 등의 록/컨트리 록 아티스트
빅토리아시크릿 핑크(Victoria's Secret Pink) 브랜드	Miley Cyrus, Jonas Brothers와 같은 젊은 아티스트

다. 음의 상관계수는 그 관계성이 반대방향이라는 것이다. 즉 한 변수가 커질 때 다른 변수는 작아진다. 또 양의 상관계수는 증가하는 관계를 말하며 한 변수의 큰 값은 다른 변수의 큰 값과 연관되어 있음을 의미한다. 산포도에 나타난 타원의 각도나 기울기는 상관관계의 크기와는 전혀 관계가 없음을 이해하기 바란다. 상관관계의 크기는 그 폭에 의해 달라진다. (이 기울기는 제15장에서 다시 다루어질 것이다.) 마케팅 조사 인사이트 14.1에는 SNS상의 정보를 상관관계를 이용하여 분석하여 한 브랜드의 팬들과 그들의 음악선호도 사이의 관계를 연구한 결과가 소개되어 있다.

양의 상관관계는 한 변수가 증가할 때 다른 변수도 증가하는 선형 관계이고 음의 상관관계는 한 변수가 증가할 때 다른 변수는 감소하는 관계이다.

능동적 학습

Date.net : 남성 고객의 대화방 공포

Date.net은 ChristianMingle, Match, eHarmony 등과 경쟁하는 온라인 데이팅 서비스 회사이다. 이 회사는 여성을 찾는 남성과 남성을 찾는 여성을 위해서 가상 미팅 장소를 제공하고 있다. Date.net의 단체 대화방은 서로를 처음 만나게 되는 장소이며 두 사람이 원할 경우 Date.net은 개인 대화방을 개설해주고 그 개인 대화방 사용시간에 대해서 분당 서비스 요금을 부과한다. 최근의 내부조사에 의하면 여성 고객들의 Date.net 단체 대화방에 대한 만족 정도는 남성 고객들의 만족도보다 낮다. 단체 대화방에서 실망한 고객들을 개인 대화방으로 유도하기는 어렵기 때문에 이는 Date.net을 힘 빠지게 하는 결과였다.

Date.net의 관리자는 마케팅 조사 회사를 고용하여 온라인 마케팅 조사를 설계하고 그 설문지를 자신들의 웹사이트에 게시했다. 이 설문은 인구통계적 정보와 온라인 채팅 정도, date.net 사용 목적, 사용 만족도 등 다양한 질문으로 구성되었고 최종적으로 3,000명이 넘는 사용자들이 설문에 답을 했다. Date.ent의 최고경영진은 단체 대화방을 사용하는 남성을 대상으로 독자적인 분석을 해줄 것을 요구했다. 이러한 요구사항에 대한 답으로 조사 회사는 다음 유의수준 0.01에서 유의한 모든 상관관계를 보고했는데 아래의 표가 그 내용의 요약이다.

요인		대화방 사용량과의 상관관계
인구통계적 변수	나이	−.68
	소득	−.76
	교육수준	−.78
	이혼 후 지난 시간(년)	+.57
	자녀 수	+.68
	현 주소지 거주 시간(년)	−.90
	현 직업 종사 시간(년)	−.85
…에 대한 만족도	관계	−.76
	직업/경력	−.86
	자신의 외모	−.72
	종합적인 인생	−.50

요인		대화방 사용양과의 상관관계
온라인 행동	온라인 접속 시간(분)	+.90
	온라인 구매	−.65
	다른 온라인 채팅 시간(월간)	+.86
	이메일 계정 숫자	+.77
Date.net 사용(1 = 중요하지 않음, 5 = 아주 중요함)	새로운 사람과의 만남	+.38
	여성과 이야기할 수 있는 유일한 방법	+.68
	인생의 동반자를 찾음	−.72
	다른 할 일이 없어서	+.59

상관관계에 대한 여러분의 지식을 사용하여 각 요소에 대한 상관관계를 분석하고 이를 바탕으로 남성 대화방 사용자들이 어떠한 사람들인지 이야기해보라. 결과에 의하면 여러분은 여성 고객들이 대화방에 만족하지 않는 상황을 겪고 있는 Date.net에게 어떠한 전술을 추천하겠는가?

통합 사례

Auto Concepts : SPSS를 사용하여 피어슨 적률상관계수 구하기

SPSS를 사용하면 몇 번의 클릭만으로 상관계수를 구할 수 있다. 다시 한 번 여러분에게 이미 익숙한 Auto Concepts 조사 데이터를 사용하겠다. 이 설문에서는 다섯 가지 자동차 모델에 대한 소비자들의 선호도가 7점 척도로 측정되어 있다. CMG Research는 응답자들의 라이프스타일 척도(Novelist, Innovator, Trendsetter, Forerunner, Mainstreamer, Classic 등으로 구분되는) 역시 구매하여 보유하고 있다. 각각의 라이프스타일 유형 역시 '1 = 나와는 상관없음, 7 = 나를 정확하게 묘사함'의 7점 척도로 측정되었다. 어떤 라이프스타일의 사람들이 어떤 모델의 자동차를 선호하는가를 알기 위하여 상관관계분석을 실시했다. 즉 높은 상관관계는 특정 모델을 선호하는 사람이 어떤 라이프스타일에 점수가 높다는 의미이며 반대로 낮은 혹은 음의 상관관계는 그 모델과 특정 라이프스타일이 잘 매치되지 않음을 이야기한다. 여기서는 한 모델에 대해서만 그 분석을 할 것이고 다른 모델에 대해서는 이 장 마지막에 연습문제로 나와 있는 것처럼 직접 해보길 바란다.

SPSS에서 상관관계는 '분석-상관분석-이변량 상관'의 순서로 클릭하면 된다.

우리는 5인승 휘발유 자동차에 대한 선호도와 여섯 가지 라이프스타일에 대한 상관분석을 실시하여 라이프스타일이 이 특정 모델과 연관이 있는지를 알아보고자 한다. 이를 위해서 메뉴를 그림 14.4에 나타나 있는 것처럼 '분석-상관분석-이변량 상관'의 순서대로 클릭하라. 그러면 상관관계 분석의 대상이 되는 변수를 선택할 수 있는 변수 선택 창이 열린다. 이 창에서는 'Desirability: 5 seat Economy Gasoline Model'과 모든 라이프스타일 유형을 선택하라. 다른 종류의 상관관계를 옵션으로 선택할 수 있으나 우리는 여기서는 피어슨 상관관계를 분석할 것이다. 유의수준에 대해서

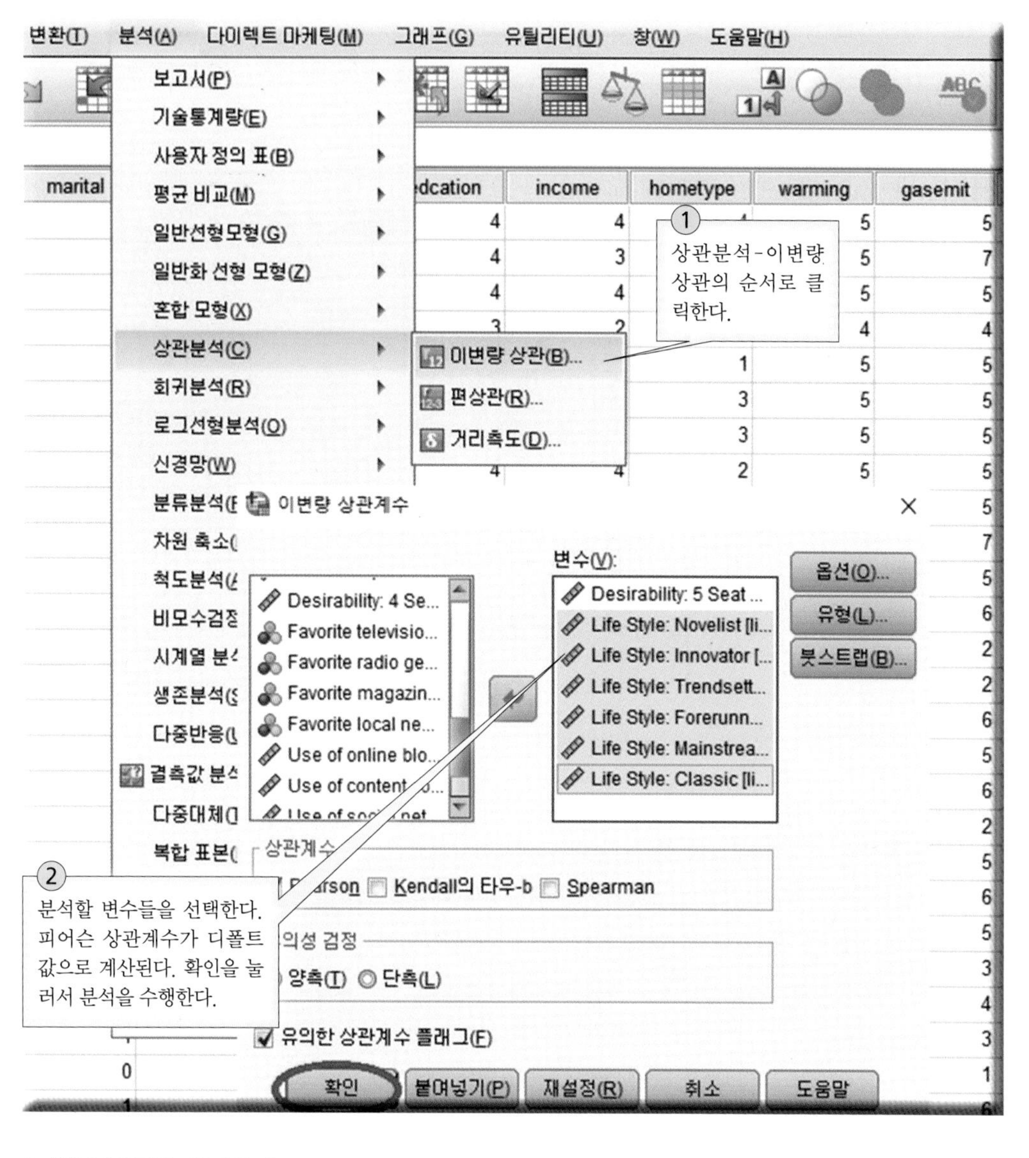

그림 14.4 상관분석을 위한 IBM SPSS 클릭 순서

는 '양측'검정을 선택한다.

이 절차에 의해서 수행된 상관분석의 결과는 그림 14.5에 나와 있다. 그림에서 보듯이 여러분의 SPSS 상관분석 결과는 열과 행이 해당 변수로 이루어진 대칭행렬 형태로 표시된다. 이 행렬의 각 칸은 세 가지 요소로 구성된다 — (1) 상관계수, (2) 유의확률, (3) 표본의 크기. 그림 14.5는 5인승 휘발유 자동차에 대한 선호도와 여섯 가지 라이프스타일과의 상관관계를 보여준다.

상관행렬은 대각선이 1로 이루어진 대칭행렬(symmetric matrix)이다.

이 결과표를 보면 같은 변수끼리의 상관관계는 1로 표시됨을 알 수 있을 것이다. 이는 좀 이상하게 보일 수도 있으나 이 행렬이 대칭행렬임을 알려주는 장치라고 생각하면 될 것이다. 다시 말하면 1 위에 있는 상관관계는 1 아래에 있는 상관관계와 일치한다는 것이다. 변수가 몇 개 없다면 이것은 자명한 사실이지만 많은 변수의 상관관계를 동시에 분석하는 경우에는 그 상관관계 표에서 1의 위치가 좋은 준거점의 역할을 한다. 결과에 나타난 상관관계의 유의확률은 모두 0.000으로 나타나 상관관계가 존재하지 않는다는 귀무가설이 지지될 가능성이 0.001보다 낮다는 것을 보여준다.

상관분석에서 각각의 상관계수는 자기만의 유의확률을 갖는다.

그림 14.5 상관관계에 대한 IBM SPSS 결과 아웃풋

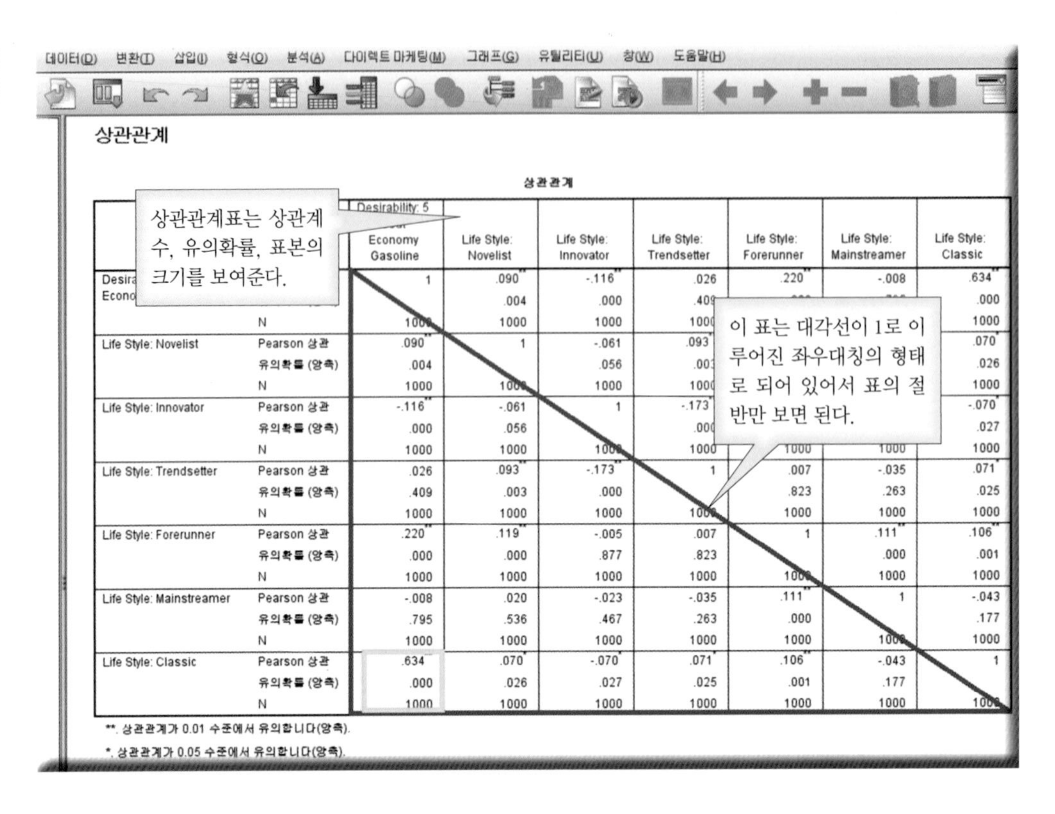

상관관계

		Desirability: 5 [illegible] Economy Gasoline	Life Style: Novelist	Life Style: Innovator	Life Style: Trendsetter	Life Style: Forerunner	Life Style: Mainstreamer	Life Style: Classic
Desira[illegible] Econo[illegible]	[illegible]	1	.090**	-.116**	.026	.220**	-.008	.634**
	[illegible]		.004	.000	.409	[illegible]	[illegible]	.000
	N	1000	1000	1000	1000	[illegible]	[illegible]	1000
Life Style: Novelist	Pearson 상관	.090**	1	-.061	.093**	[illegible]	[illegible]	.070*
	유의확률 (양측)	.004		.056	.003	[illegible]	[illegible]	.026
	N	1000	1000	1000	1000	[illegible]	[illegible]	1000
Life Style: Innovator	Pearson 상관	-.116**	-.061	1	-.173**	[illegible]	[illegible]	-.070*
	유의확률 (양측)	.000	.056		.000	[illegible]	[illegible]	.027
	N	1000	1000	1000	1000	1000	1000	1000
Life Style: Trendsetter	Pearson 상관	.026	.093**	-.173**	1	.007	-.035	.071*
	유의확률 (양측)	.409	.003	.000		.823	.263	.025
	N	1000	1000	1000	1000	1000	1000	1000
Life Style: Forerunner	Pearson 상관	.220**	.119**	-.005	.007	1	.111**	.106**
	유의확률 (양측)	.000	.000	.877	.823		.000	.001
	N	1000	1000	1000	1000	1000	1000	1000
Life Style: Mainstreamer	Pearson 상관	-.008	.020	-.023	-.035	.111**	1	-.043
	유의확률 (양측)	.795	.536	.467	.263	.000		.177
	N	1000	1000	1000	1000	1000	1000	1000
Life Style: Classic	Pearson 상관	.634**	.070*	-.070*	.071*	.106**	-.043	1
	유의확률 (양측)	.000	.026	.027	.025	.001	.177	
	N	1000	1000	1000	1000	1000	1000	1000

**. 상관관계가 0.01 수준에서 유의합니다(양측).
*. 상관관계가 0.05 수준에서 유의합니다(양측).

자, 이제 우리는 이 상관관계가 통계적으로 유의하게 0과 다르기 때문에 그 상관관계의 강도를 살펴보아야 한다. 상관관계표의 첫 줄을 보면 상관계수가 0.634인 단 하나의 상관관계만이 고려해 볼 만한 상관관계로 나타났다. 다시 말하면 우리는 단 하나의 라이프스타일만이 5인승 휘발유 자동차 모델과 양의 관계, 안정적 관계, 그리고 강한 관계를 갖는다는 것이다. 이 결과는 5인승 자동차를 선호하는 사람들은 클래식으로 분류되는 사람들로서 전통적이고 변화를 꺼리는 사람들이라는 것을 알려준다.

14-5 의뢰인에게 상관관계 보고하기

피어슨 상관계수를 계산하는 법을 공부하려면 www.youtube.com에서 Product Moment Correlation Coefficient: Exam Solutions를 검색하라.

표 14.1의 4단계에 나와 있는 것처럼 조사자는 상관관계를 보고하기 이전에 그 상관관계가 존재하는가를 먼저 통계적으로 테스트해보아야 한다. 많은 통계 프로그램들이 많은 수의 상관관계를 다소 헷갈리는 형식으로 제시하기 때문에 이 단계를 간과하는 경우도 생길 수 있다. 우리가 알기로는 이 상관관계를 어떻게 보고하는가에 대한 업계 표준은 존재하지 않는다. 하지만 우리는 상관관계의 부호와 크기에 초점을 두고 보고하라고 추천하고 싶다. 자세한 방식은 마케팅 조사 인사이트 14.2를 참조하기 바란다.

14-6 교차표

이제는 두 명목변수들 사이에 비단조형 관계가 존재하는지를 판단하는 데 도움이 되는 교차표와 그와 관련된 카이제곱(chi-square)값에 대해서 공부해보자. 비선형 관계란 점심 고객이 소프트 드

마케팅 조사 인사이트 14.2 **실무적 적용**

상관관계 보고의 가이드라인

마케팅 조사자는 보통 '표적'변수 혹은 '중점(focal)'변수라고 불리는 것을 염두에 두고 있고 상관관계를 분석할 시에 그 중점변수와 다른 변수들과의 상관관계를 밝히는 것에 초점을 둔다. 앞에서도 사용한 가상적인 예인 샌드위치 가게의 예를 사용하자면 조사자는 지난 두 달 동안 고객이 그 샌드위치 가게를 방문한 횟수를 중점변수로 생각하고 있다고 하자. 이 변수는 비율 변수로서 고객이 자신이 방문한 횟수를 '0', '3', '10' 등의 숫자로 표시한다. 조사자는 다른 6개의 연속형 변수가 이 중점변수와 통계적으로 유의한 상관관계를 가지고 있음을 파악했다. 관계의 본질에 따라 이 상관관계는 음수일 수도 있고 방향성이나 크기에 있어서 다양할 수 있다. 다음의 표에서 이 상관관계들을 어떻게 정리하여 보고하는지를 학습하기를 바란다.

이 표에는 그 중점변수가 뚜렷하게 표시되어 있고 음의 상관관계와 양의 상관관계가 구분되어 정리되어 있다. 그리고 그 구분 안에서는 상관관계들이 절댓값의 내림차순으로 정리되어 있다. 이렇게 정리해서 보고하면 의뢰인은 우선 양의 상관관계를 먼저 보게 될 것인데 그 양의 상관관계 안에서 강한 상관관계와 약한 상관관계의 순으로 주의를 옮겨 가게 될 것이다. 그다음으로는 의뢰인은 음의 상관관계들을 보게 될 것이고 이 안에서도 강한 관계에서 약한 관계 순으로 정보를 얻게 될 것이다. 필요하다면 세 번째 열을 만들어 각각의 상관관계 옆에 표 14.2의 기준에 의해 '강함', '보통', '약함' 등의 설명을 붙일 수도 있다. 혹은 상관관계 위에 별표(*)를 붙이고 그에 대한 설명을 각주나 본문 안에 추가하는 것도 한 방법이다.

샌드위치 가게 방문과 상관관계가 있는 변수들

변수	상관관계
매장 방문과 양의 상관관계에 있는 변수들*	
나는 보통 같은 샌드위치 가게를 이용하는 편이다.**	.76
나는 칼로리에 대해서 걱정한다.**	.65
나이	.55
현 직장 종사 기간	.40
매장 방문과 음의 관계에 있는 변수들*	
나는 직장에서 가까운 장소에서 점심을 먹는다.**	−.71
교육수준	−.51

* 매장 방문은 지난 두 달 동안의 방문 횟수로 측정됨
** 1=매우 아니다, 7=매우 그렇다의 7점 척도로 측정됨

링크를 주문하는 것처럼 한 명목변수의 한 레이블이 다른 명목변수의 한 레이블과 연결되어 있는 경우를 말한다. (사실 교차표는 레이블이 잘 정의되어 있기만 하다면 어떤 척도에도 사용될 수 있으나 명목변수의 경우를 예로 사용하는 것이 가장 이해하기가 쉽다.)

교차표 분석

두 명목변수 간의 관계에 관심이 있는 경우 우리는 교차표 분석을 사용할 수 있다. 이 **교차표**(cross-tabulation table)란 데이터를 행과 열의 형식으로 정리하여 서로 비교할 수 있도록 한 표를 일컫는 이름이다. 하나의 행과 하나의 열이 만나는 곳을 **교차표 칸**(cross-tabulation cell)이라고 부른다. 이 교차표의 예를 들어보자. 미켈롭(Michelob)이라는 맥주에 대해 설문을 실시해서 응답자를 제품의 '고객'과 '비고객' 두 집단으로 나누었다고 하자. 이 고객들은 직업에 따라서 전문직 종사자인 '화이트칼라'와 육체노동자인 '블루칼라'로 나눌 수 있다고 하자. 물론 행과 열의 수에는 제한이 없다. 여기서 각 변수가 2개의 레이블이 있는 경우를 사용하여 2(행)×2(열) 표의 예를 사용하는 것은 그것이 가장 간단한 경우이기 때문이다. 이 미켈롭 맥주에 대한 설문의 결과는 표 14.3A와 14.3B에 나와 있다. 교차표의 열에는 고객인지 비고객인지가 나타나 있고 행에는 블루칼라인지 화이트칼라인지가 표시되어 있다. 또 마지막으로 총합의 숫자도 나타나 있다.

교차표는 각 변수의 범주에 의해서 정의된 행과 열로 이루어져 있다.

표 14.3A 미켈롭 맥주 설문의 교차 빈도

관측 빈도							
		고객의 유형					
		고객		비고객		합	
직업	화이트칼라	152	+	8	=	160	각 행의 합
		+		+		+	
고객이며 화이트칼라인 사람의 수	블루칼라	14	+	26	=	40	
		=	각 열의 합	=		=	
	합	166	+	34	=	200	총합

표 14.3B 미켈롭 맥주 설문의 교차 백분율

총백분율						
		고객		비고객		합
직업	화이트칼라	76% (152/200)	+	4% (8/200)	=	80% (160/200)
		+		+		+
고객이며 화이트칼라인 사람의 전체 백분율	블루칼라	7% (14/200)	+	13% (26/200)	=	20% (40/200)
		=		=		=
	합	83% (166/200)	+	17% (34/200)	=	**100%** (200/200)

열 백분율						
		고객		비고객		합
직업	화이트칼라	92% (152/166)	+	24% (8/34)	=	80% (160/200)
		+		+		+
고객이며 화이트칼라인 사람의 열 백분율	블루칼라	8% (14/166)	+	76% (26/34)	=	20% (40/200)
		=		=		=
	합	**100%** (166/166)	+	**100%** (34)	=	**100%** (200/200)

행 백분율						
		고객		비고객		합
직업	화이트칼라	95% (152/160)	+	5% (8/160)	=	**100%** (160/160)
고객이며 화이트칼라인 사람의 행 백분율	블루칼라	35% (14/40)	+	65% (26/40)	=	**100%** (40/40)
	합	83% (166/200)	+	17% (34/200)	=	**100%** (200/200)

교차표의 빈도와 백분율의 종류

표 14.3A의 교차표를 보자. 이 표에는 +와 =를 넣어 용어와 계산방식의 이해를 돕고자 했다. **빈도표**(frequency table, 혹은 **관측빈도표**)는 일차적으로 집계한 숫자들을 담고 있다.[6] 왼쪽 위에 있는 칸에는 화이트칼라이면서 미켈롭 고객인 사람의 숫자(152)가 나타나 있고 그 오른쪽의 칸에는 화이트칼라이면서 미켈롭의 고객이 아닌 사람의 숫자(8)가 기록되어 있다. 즉 각 칸에는 그 칸에 해당하는 조건, 즉 행의 레이블과 열의 레이블에 해당하는 사람들의 숫자가 기록되어 있다. 같은 행의 숫자들은 합해져서 행 합계가 되고 같은 열의 숫자들을 더해서 열 합계를 계산할 수 있다. 예를 들어 화이트칼라/고객(152)과 화이트칼라/비고객(8)을 합해서 행 합계 160이 되고 화이트칼라/고객(152)과 블루칼라/고객(14)을 더해 열 합계 166이 된다. 비슷한 방식으로, 각 열 합계를 더하든지 각 행 합계를 더하면 총합계 200이 된다. 표를 다시 살펴보면서 용어와 계산법에 익숙해지길 바란다. 아래 부분에서 이들을 다시 사용하게 될 것이다.

표 14.3B는 각 칸의 빈도들에 대한 세 가지 다른 방식의 백분율이 어떻게 계산되는지를 보여준다. 이 세 백분율이란 총백분율, 행 백분율, 열 백분율이다.

교차표에는 빈도, 총백분율, 행 백분율, 열 백분율 이렇게 네 가지 유형의 숫자를 표시할 수 있다.

14.3B의 첫째 표는 앞에서 언급된 각 칸의 빈도를 총합계(200)로 나누어 **총백분율**(raw percentage table)이 구해지는 것을 보여준다. 각 행의 합인 총화이트칼라와 총블루칼라의 비율은 각각 80%와 20%가 되고 이 둘을 합한 총합은 당연히 100%가 된다. 이들 여러 칸들 중 몇몇 칸을 골라서 스스로 계산을 함으로써(예를 들어 152/200=76%) 이 계산법을 이해하고 있는지를 확인해 보라. 표에 있는 +, =는 계산법에 대한 이해를 돕기 위해서 추가된 것이다.

총백분율은 각 칸의 빈도를 총합계로 나눈 것이다.

두 가지 표가 추가적으로 소개되어 있는데 이 두 표가 두 변수들의 연관성을 살펴보는 데 더 유용한 표들이다. **열 백분율 표**(column percentage table)는 각 칸에 해당하는 빈도를 열의 합으로 나눈 백분율을 표시한다. 즉 그 백분율은 다음과 같이 구해진다.

열 백분율 계산공식

$$\text{열 백분율} = \frac{\text{각 칸의 빈도}}{\text{열의 총빈도}}$$

예를 들어 비고객 중 화이트칼라는 24%이고 블루칼라는 76%이다. 고객 사이에서는 이와는 반대의 경우가 발견된다. 즉 미켈롭 고객 중에는 화이트칼라는 92%이고 블루칼라는 8%이다. 여러분은 이 두 변수 사이의 비단조적인 연관성이 느껴지는가?

행 백분율 표(row percentage table)는 행의 합을 100%으로 보고 다음과 같이 계산한다.

행 백분율 계산공식

$$\text{행 백분율} = \frac{\text{각 칸의 빈도}}{\text{행의 총빈도}}$$

이렇게 계산을 하면 화이트칼라 응답자 중 95%는 미켈롭 고객이고 5%가 비고객이라는 것을 알게 된다. 이런 식으로 행의 백분율과 열의 백분율을 비교해보면 직업과 미켈롭 고객 여부가 서로

행 백분율(열 백분율)은 각 칸의 빈도를 행(열)의 합계로 나눈 것이다.

연관이 되어 있다는 것을 알게 될 것이다. 자, 이것으로 이 연관성을 충분히 말할 수 있을까?

위의 예와 같이 각 칸의 백분율이 서로 많이 다를 경우에는 비단조형 연관성이 있을 가능성이 높다. 그 반대로 네 칸의 백분율이 각각 25%라고 한다면 연관성을 찾기가 힘들다. 이는 미켈롭의 고객이 되거나 안 되거나, 혹은 화이트칼라가 되거나 블루칼라가 되거나 비슷한 확률이라는 말이다. 하지만 위의 예와 같이 두 칸에 집중된 백분율이 보인다는 것은 미켈롭 고객들은 화이트 칼라일 가능성이 높고 비소비자들은 블루칼라일 가능성이 높음을 보여준다. 다시 말해서 이 표본이 대표하는 모집단에 속한 사람들의 직업과 맥주 구매 행동은 서로 연관되어 있을 가능성이 높다는 것이다. 그러나 앞에서 설명한 표 14.1의 4단계에서처럼 이 관련성을 단정적으로 이야기하기 전에 통계적 유의성 검정을 수행해야 한다.

14-7 카이제곱 분석

카이제곱(χ^2) **분석**(chi-square analysis)은 두 명목변수가 통계적으로 유의하게 연관되어 있는지를 판단하기 위하여 교차표에 나타난 빈도를 검사하는 기법이다.[7] 카이제곱 분석의 절차는 모집단에서 두 변수가 서로 연관되지 않았다는 귀무가설을 설정하는 것으로 시작된다. 그러나 사실 카이제곱 분석은 항상 암묵적으로 이러한 귀무가설을 설정하고 있기 때문에 분석을 할 때마다 이 귀무가설을 명시적으로 제시할 필요는 없다. 다시 말하면 교차표를 이용하여 카이제곱 검정을 할 때마다 우리는 두 명목변수가 서로 연관이 없다는 것을 가정하고 분석에 들어간다.[8]

카이제곱 분석은 교차표의 비단조형 관계의 통계적 유의성을 검정하는 방법이다.

관측빈도와 기대빈도

통계적인 절차는 다음과 같다. 14.3A의 교차표는 실제로 관측된 **관측빈도**(observed frequency)를 표시하고 있다. 이 관측빈도를 **기대빈도**(expected frequency)와 비교하는데 이 기대빈도란 귀무가설에서 설정된 것처럼 두 변수가 관계가 없을 경우에 이론적으로 발생할 수 있는 빈도를 의미한다. 관측빈도가 이 기대빈도에서 떨어져 있는 정도를 하나의 숫자로 표시한 것이 **카이제곱 검정 통계량**이다. 이 계산된 카이제곱 검정 통계량은 설정된 신뢰수준에서 카이제곱 통계량 표에 있는 값과 비교하여 이 기대빈도와 관측빈도가 통계적으로 0과 다르다고 할 수 있는지를 검정한다.

기대빈도는 두 변수가 관련이 없다는 귀무가설이 옳을 경우에 발생할 수 있는 각 칸의 빈도이다.

기대빈도는 두 변수가 연관이 없을 때 발견될 수 있는 빈도이다. 이것이 바로 귀무가설임을 기억하라. 카이제곱 분석에서 조금 '어려운' 부분은 이 기대빈도를 계산하는 부분이다. 기대빈도는 다음과 같은 식에 의해서 계산될 수 있다.

기대빈도 계산공식

$$\text{기대빈도} = \frac{\text{열의 빈도 합} \times \text{행의 빈도 합}}{\text{총빈도 합}}$$

이 공식을 이용하면 두 변수가 관계가 없을 경우의 각 칸의 빈도를 계산할 수 있다. 미켈롭 예로 돌아가면 이 예에서는 총 160명의 화이트칼라와 40명의 블루칼라 노동자가 조사되었다. 그리고 이 사람들은 또 166명의 고객과 34명의 비고객으로 나뉜다. 두 변수, 즉 직업과 고객 여부가 관련이 없다면 각 칸의 기대빈도는 다음과 같이 계산된다.

미켈롭 예에서 기대빈도의 계산

주 :

총고객 = 166
총비고객 = 34
총화이트칼라 노동자 = 160
총 블루칼라 노동자 = 40
전체 총합 = 200

$$\text{화이트칼라 고객} = \frac{160 \times 160}{200} = 132.8$$

$$\text{화이트칼라 비고객} = \frac{160 \times 34}{200} = 27.2$$

$$\text{블루칼라 고객} = \frac{40 \times 160}{200} = 33.2$$

$$\text{블루칼라 비고객} = \frac{40 \times 34}{200} = 6.8$$

χ^2값의 계산

다음으로는 이렇게 계산된 기대빈도를 관측빈도와 비교하는 단계이다. 이 계산은 다음과 같은 **카이제곱 공식**(Chi-square formula)에 의해서 이루어진다.

카이제곱 공식

$$\chi^2 = \sum_{i=1}^{n} \frac{(\text{관측빈도}_i \times \text{기대빈도}_i)^2}{\text{기대빈도}_i}$$

관측빈도_i = 칸 i의 관측빈도
기대빈도_i = 칸 i의 기대빈도
n = 칸의 수

이 공식을 미켈롭 맥주의 예에 적용해보면 그 계산은 다음과 같다.

카이제곱값의 계산
(미켈롭 맥주 예의 경우)

주 :
관측빈도는 표 14.3A에 나와 있고 기대빈도는 위에 계산되어 있다.

$$\chi^2 = \frac{(152 - 132.8)^2}{132.8} + \frac{(8 - 27.2)^2}{27.2} + \frac{(14 - 33.2)^2}{33.2} + \frac{(26 - 6.8)^2}{6.8} = 81.64$$

카이제곱값은 기대빈도와 관측빈도를 비교하는 방법으로 계산된다.

위의 식을 보면 기대빈도와 관측빈도는 뺄셈을 통해서 비교되고 있고 그렇게 계산된 두 빈도의 차이를 제곱하여 음수가 생겨 효과가 상쇄되는 것을 방지하였다. 이 값은 기대빈도로 나누어져 칸의 숫자의 크기에 맞게 조정되었다. 이렇게 계산된 결과값을 모두 더하면 카이제곱값이 된다. 기대빈도로부터 관측빈도가 크게 떨어져 있다면 이는 카이제곱값을 증가시키게 된다. 반대로 관측빈도가 기대빈도로부터 얼마 떨어지지 않았다면 작은 카이제곱값을 얻게 된다. 다시 말하면 이 카이제곱값은 '관측빈도가 기대빈도로부터 얼마나 떨어진 곳에 발견되는가'라는 것을 요약한 정보이다. 이것을 통해서 표본의 결과가 두 변수가 관련이 없다는 귀무가설과 얼마나 일치하는지를 보여준다.

카이제곱 검정 통계량은 각 칸의 관측빈도가 기대빈도로부터 얼마나 떨어져 있는가 하는 것을 한 숫자로 요약한 것이라고 볼 수 있다.

© Cathy Yeulet/123rf

이 블루칼라 직원들은 성과를 높이기 위해서 그들의 상사가 자신들에게 미켈롭 맥주를 사주기를 바랄까? 교차표는 여기에 대한 답을 할 수 있다.

카이제곱 분포

여러분은 방금 카이제곱값을 계산하는 법을 배웠기 때문에 이제는 그 값이 통계적으로 유의한지를 판단하는 법을 배울 때이다. 앞 장에서 우리는 표로 표시될 수 있는 정규분포, z 분포, F 분포, 스튜던트 t 분포 등이 통계 프로그램에서 통계적 유의성 검증을 위해서 어떻게 사용되는지를 배웠다. 카이제곱 분석은 다른 분포를 사용한다. **카이제곱 분포**(Chi-square distribution)는 오른쪽으로 길게 늘어진 분포이고 기각역은 항상 분포의 오른쪽 꼬리 쪽에만 존재한다. 이 분포는 z 분포, t 분포와는 달리 상황에 따라 분포의 형태가 달라지고 음의 값이 존재하지 않는다. 그림 14.6은 카이제곱 분포의 예를 보여준다.

카이제곱 분포의 형태는 자유도에 의해서 달라진다. 그림을 보면 자유도가 올라갈수록 분포의 오른쪽 꼬리가 오른쪽으로 더 당겨짐을 알 수 있다. 달리 표현하면 자유도가 높을수록 기각역에 다다르기 위해서는 카이제곱값이 더 커야 한다.

자유도를 계산하는 것은 간단하다. 교차표에서 자유도는 다음과 같은 공식에 의해서 계산된다.

카이제곱 분포의 형태는 자유도에 의해서 달라진다.

카이제곱 분포의 자유도 계산을 위한 공식

$$\text{자유도} = (r-1)(c-1)$$

r = 행의 수

c = 열의 수

카이제곱 표는 다양한 유의수준하에서 채택역과 기각역을 구분 짓는 카이제곱값의 임계치(critical value)를 담고 있다. 이 표는 또 각각의 곡선에 해당하는 자유도 역시 고려하고 있다. 즉 계산된 카이제곱값은 그 자체로는 의미가 없다. 같은 유의수준에서 자유도가 높아질수록 기각역과 채택역을 구분하는 임계치는 커지기 때문에 이 임계치를 구해서 계산된 카이제곱값과 비교를 해야 한다. 자유도가 높아질수록 임계치가 커지는 이유는 교차표의 칸의 숫자에서 기인한다. 칸의 숫자가 많을수록 기대빈도로부터 떨어질 기회가 더 많다. 표의 임계치를 크게 함으로써 기대빈도와 관측빈도가 우연히 다를 가능성을 고려해주는 것이다. 우리는 실제로 존재하는 비단조형 관계를 파악하려는 것이지 우연히 그렇게 보이는 것을 발견하고자 하는 것은 아니기 때문이다.

계산된 카이제곱값을 카이제곱 표의 값과 비교해서 통계적 유의성을 결정한다.

SPSS를 비롯한 모든 통계 프로그램은 이 카이제곱 표를 저장해두고 있고 귀무가설을 지지하는 확률을 보여준다. 반복하자. 컴퓨터 프로그램은 귀무가설을 지지하는 확률을 자유도를 고려하여 결정해준다. 이 확률은 곡선 아래 면적 중에서 계산된 카이제곱값의 오른쪽에 있는 부분이 차지하는 비율을 의미한다. 귀무가설이 기각된다면 우리는 두 변수 사이에서 통계적으로 유의한 비단조적 관계를 발견할 수 있다.[9] 미켈롭 맥주의 예에서 자유도는 1이고 임계치는 3.841이다. 그래서 계

컴퓨터 통계 프로그램은 계산된 카이제곱값에 해당하는 유의확률을 계산하여 귀무가설에 대한 지지 정도를 보여준다.

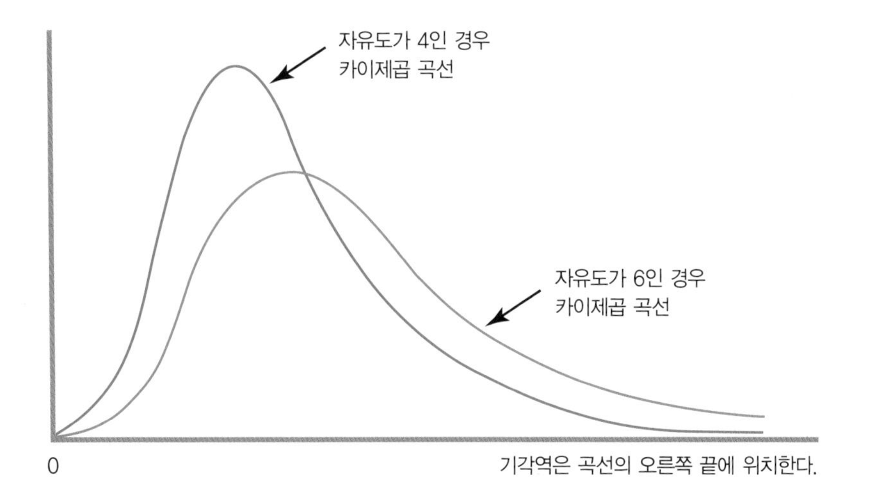

그림 14.6 카이제곱 곡선의 형태는 자유도에 따라 달라진다.

산된 카이제곱값인 81.64는 임계치보다 크기 때문에 귀무가설을 지지할 확률은 5% 미만이고 이는 두 변수 사이에 통계적으로 유의한 연관이 있다는 것을 의미한다.

카이제곱 분석 결과의 해석

카이제곱 분석 결과를 어떻게 해석할 것인가? 카이제곱 분석은 조사자가 독립된 표본을 여러 번 추출하여 분석을 반복했을 때 그 결과가 귀무가설을 지지하는 정도를 보여준다. 이제 여러분은 이렇게 여러 번 반복 실험을 한다는 뜻을 이해할 것이다. 예를 들어 카이제곱 분석 결과 귀무가설에 대한 유의확률이 0.02라면 이 반복 시행 중에서 오직 2%만이 귀무가설을 지지하는 결과를 발생시킬 것이라는 것이다. 귀무가설이 지지되지 않았기 때문에 우리는 유의미한 관계가 있다고 결론지을 수 있다.

주의해야 할 점은 카이제곱 검정은 두 변수 사이에 비단조적인 관계가 존재하는지만을 밝혀주고, 관계의 강도는 그 값의 크기로 대략적으로만 밝혀주지만 관계의 본질은 말해주지 않는다는 것이다. 즉 이 결과는 관계의 본질을 밝히기 전에 필요한 사전 단계로 생각하는 것이 좋을 것이다. 즉 이 카이제곱 검정은 열과 행을 좀 더 자세히 관찰하는 심층적인 조사가 필요한지를 알려주는 또 다른 신호등이다. 마케팅 조사 인사이트 14.3을 보고 이 교차표 분석이 인도의 하이퍼마켓 소비자들의 인구통계적 특성을 어떻게 밝혀내는지를 공부하기를 바란다.

카이제곱값이 통계적으로 유의하다면 조사자는 교차표의 행과 열을 자세히 살펴보고 두 변수 간 관계의 패턴을 파악해야 한다.

마케팅 조사 인사이트 14.3 **글로벌 실무 적용**

교차표 분석은 인도의 하이퍼마켓 소비자들의 세분시장에 대한 정보를 보여준다

근대화와 경제성장이 이루어지고 있는 다른 나라에서들처럼 인도에서는 소매업계에서 하이퍼마켓이 급격히 성장하고 있다. 미국에서 '슈퍼스토어'라고 불리는 이 하이퍼마켓은 소비자가 여러 가게를 돌아다니지 않고 한 곳에서 여러 가지 제품과 식료품들을 구매할 수 있는, 백화점과 슈퍼마켓이 결합된 형태의 소매점이다. 이 인도의 하이퍼마켓의 성장은 놀라울 정도이고 많은 국내, 혹은 다국적 소매업체가 인도의 막대한 소매시장의 점유율을 높이기 위해서 경쟁하고 있다.

흥미로운 점은 인도인들은 큰 슈퍼마켓을 잘 신뢰하지 않는다는 것이다. 이는 전통적인 소규모 상점을 방문하여 상품을 스스로 검수하고 가격을 흥정하며 또 때로는 물물교환을 하는 몇 세대에 걸친 전통 때문이다. 급격한 도시화가 진행되고 있는 다른 나라들처럼 인도의 하이퍼마켓은 전통시장을 대체하고 있는 것이 사실이다. 하지만 하이퍼마켓에서 구매를 할 수밖에 없는 상황이라 하더라도 모든 소비자가 이 하이퍼마켓을 좋아하는 것은 아니다. 하이퍼마켓 소비자들의 인구통계적 특성과 그를 통한 세분시장을 파악하기 위해서 조사자는[10] 전통시장에서 구매를 하는 소비자들과 하이퍼마켓에서 구매를 하는 소비자들을 조사했다. 이 조사자들은 네 가지 세분시장을 발견하여 각각, 효용선호자(Utilitarian), 최대화선호자(Maximier), 열광자(Enthusiast), 구경꾼 (Browser)으로 명명했다. 효용선호자 집단은 다른 어떤 화려한 면을 추구하지 않고 원하는 것만을 최소한의 노력을 들여서 구매하는 사람들이고, 최대화선호자는 효용선호자처럼 하이퍼마켓의 높은 접근성과 원스톱 쇼핑적인 면을 좋아하지만 쇼핑의 기능적인 면과 동시에 엔터테인먼트로서의 기능 역시 중요시하는 집단이다. 열광자는 최대화선호자와 비슷하지만 이들은 쇼핑을 하러 나온 많은 사람들 사이에 끼거나 다른 사람들이 쇼핑하는 것을 구경하는 등 쇼핑의 사회적 면을 중요시하는 집단이며 구경꾼 집단은 다른 집단과는 달리 실제적인 구매에는 관심이 없고 열광자들처럼 쇼핑을 하는 사람을 구경하고 또 자신이 쇼핑하는 모습을 보여주고 다른 사람들이 쇼핑하는 것을 구경하는 사회적인 면을 극히 중요시하는 집단이다. 효용선호자는 전체 집단의 25%를 차지하고 최대화선호자는 33%, 열광자는 12%, 그리고 구경꾼은 33%를 차지한다.

다음으로 조사자들은 교차표와 카이제곱 분석을 통해서 이 세분시장들 사이에 구분되는 인구통계적 변수를 찾아보았고 그 결과 이 네 세분시장은 성별, 결혼 여부, 나이, 교육수준에서 차이가 남을 발견했다. 막대그래프 결과를 보면 효용선호자는 주로 결혼한 여성이며 최대화선호자는 남녀 구성은 비슷하나 대부분이 기혼자로 구성되었다. 그리고 열광자들은 주로 기혼 남성으로 구성되고 구경꾼은 미혼 남성으로 구성되었다.

오른쪽 두 그래프는 이들 세분시장 안 소비자들의 나이와 교육수준을 보여준다. 효용선호자는 주로 대학학위를 가지고 있는 30세 이상의 사람들로 구성되고 최대화선호자는 대학학위를 가진 30~49세 사이의 사람이 대부분이다. 그리고 열광자는 나이와 교육수준에 있어서 효용선호자들과 비슷하며 구경꾼들은 다른 세분집단보다 교육수준이 낮고 젊은 사람들로 구성된다.

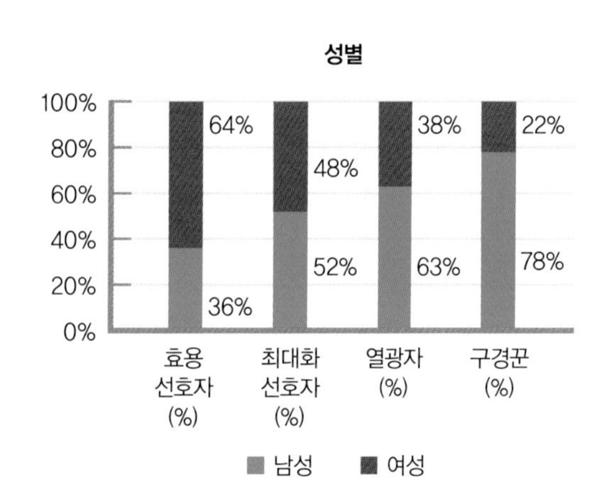

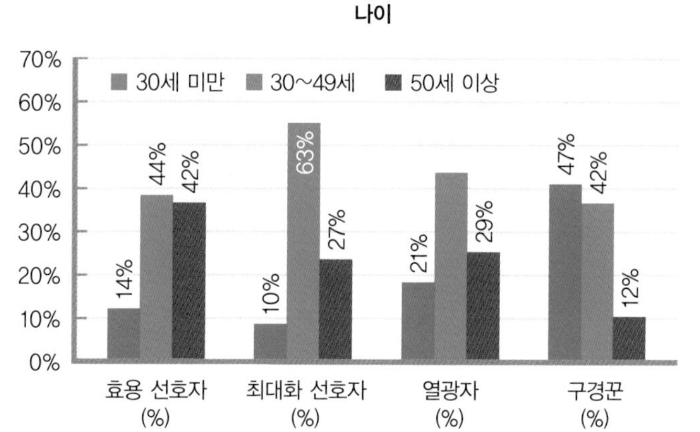

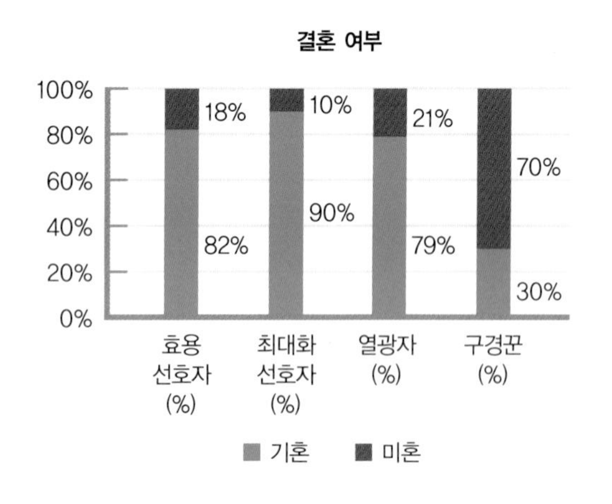

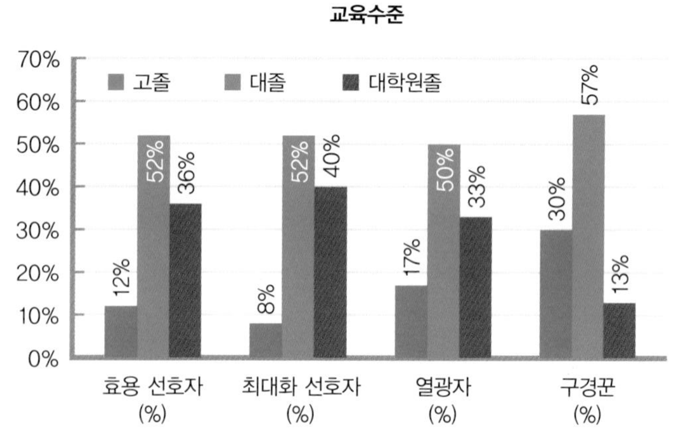

통합 사례

Auto Concepts : SPSS를 사용한 카이제곱 분석을 통한 교차표의 통계적 유의성 검정

Auto Concepts 데이터를 사용해서 SPSS를 통한 교차표 분석과 그 결과 해석 방법을 알아보자. 여러분은 이 데이터에 성별과 결혼 여부 등의 인구통계적 변수가 있음을 기억할 것이다. 이 중 성별을 하나의 명목변수로 놓고 선호하는 잡지를 다른 명목변수로 정하여 성별(남성, 여성)과 선호잡지 유형(비즈니스, 음악/연예, 가정/육아, 스포츠/아웃도어, 집/정원, 요리/음식/와인, 트럭/자동차/모터사이클, 정치뉴스/현 이벤트) 간에 연관이 있는지를 살펴보고자 한다.

카이제곱 검정을 하기 위해 SPSS의 메뉴를 누르는 순서는 다음과 같다. '분석-기술통계량-교차분석'의 순서로 메뉴를 누르면 카이제곱 검정의 대상이 되는 변수를 선택할 수 있는 창이 열린다. 그림 14.7의 예에서 우리는 성별을 열 변수로, 그리고 선호잡지를 행 변수로 설정하였다. 아래에는 세 가지 선택사항이 있다. 우선 셀 옵션은 각 칸의 관측빈도, 기대빈도, 전체 백분율, 행 백분율, 열 백분율 등을 설정하는 옵션이다. 여기서는 관측빈도와 총백분율만을 기록하였다. 그다음 통계량 옵션은 교차표를 기반으로 하여 계산될 수 있는 여러 통계치를 선택할 수 있게 해준다. 물론 여기서 우리는 카이제곱 옵션만을 선택할 것이다.

SPSS에서 카이제곱 분석은 분석의 옵션에서 찾을 수 있다.

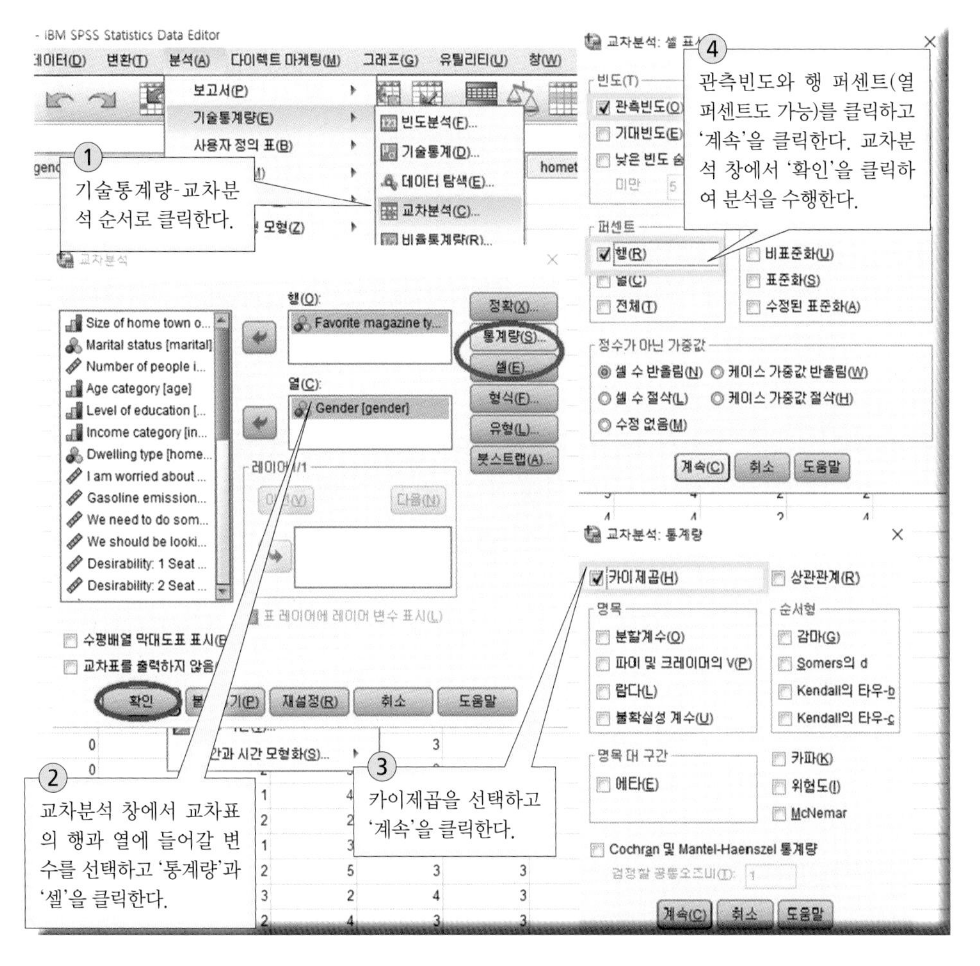

그림 14.7 교차분석을 위한 IBM SPSS 클릭 순서

그림 14.8 IBM SPSS를 사용한 교차분석과 카이제곱 검정 결과 아웃풋

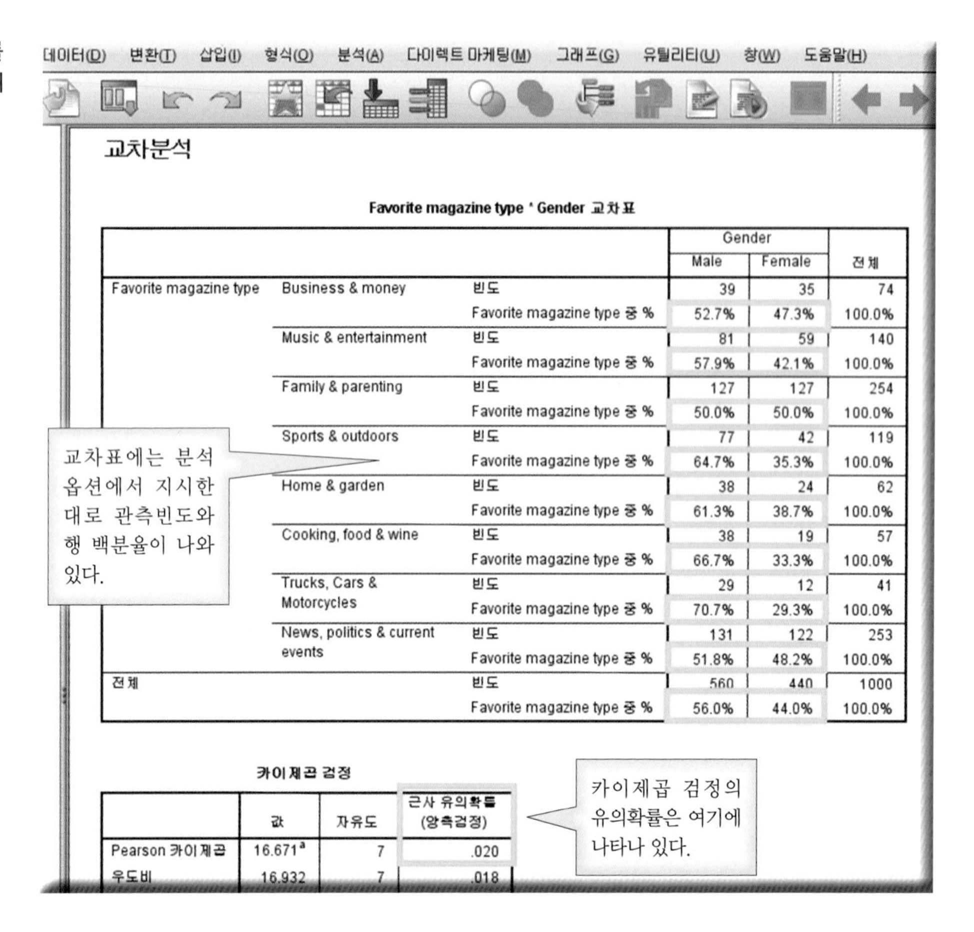

Favorite magazine type * Gender 교차표

			Gender		전체
			Male	Female	
Favorite magazine type	Business & money	빈도	39	35	74
		Favorite magazine type 중 %	52.7%	47.3%	100.0%
	Music & entertainment	빈도	81	59	140
		Favorite magazine type 중 %	57.9%	42.1%	100.0%
	Family & parenting	빈도	127	127	254
		Favorite magazine type 중 %	50.0%	50.0%	100.0%
	Sports & outdoors	빈도	77	42	119
		Favorite magazine type 중 %	64.7%	35.3%	100.0%
	Home & garden	빈도	38	24	62
		Favorite magazine type 중 %	61.3%	38.7%	100.0%
	Cooking, food & wine	빈도	38	19	57
		Favorite magazine type 중 %	66.7%	33.3%	100.0%
	Trucks, Cars & Motorcycles	빈도	29	12	41
		Favorite magazine type 중 %	70.7%	29.3%	100.0%
	News, politics & current events	빈도	131	122	253
		Favorite magazine type 중 %	51.8%	48.2%	100.0%
전체		빈도	560	440	1000
		Favorite magazine type 중 %	56.0%	44.0%	100.0%

카이제곱 검정

	값	자유도	근사 유의확률 (양측검정)
Pearson 카이제곱	16.671[a]	7	.020
우도비	16.932	7	.018

이 분석 결과는 그림 14.8에 나타나 있다. 맨 위의 표를 보면 변수와 변수의 레이블값이 나와 있다. 그리고 관측빈도가 각 칸의 처음에 나와 있고 행 빈도와 행의 총합이 나타나 있다. 두 번째 표에 카이제곱 검정의 결과가 있다. 이 책에서는 가장 위에 있는 'Pearson 카이제곱'만을 사용할 것이다. '자유도' 열은 이 분석의 자유도를 알려주고 이 예에서는 7이다. '근사 유의확률' 아래의 숫자가 귀무가설을 지지하는 확률을 보여주는데 여기는 0.020이다. 이는 실제적으로 성별과 선호잡지가 관련이 없다는 귀무가설을 지지하지 않는다는 의미이고 달리 말하면 성별과 선호잡지는 연관되어 있다는 뜻이다. SPSS의 이 절차는 비단조형 연관을 결정하는 데 첫 단계이다. 카이제곱 검정은 통계적으로 유의미한 연관이 실제로 존재하는지를 보여준다. 이 다음 단계는 이 연관의 본질을 파악하는 것이다. 비단조형 관계는 그 관계의 패턴을 파악하고 그것을 말로 표현해야 한다는 점을 기억하는가? 우리는 이 조사에서 '어떤 성별이 어떤 잡지를 읽는가'라는 질문에 대답하는 것이 목적이다. 관계의 패턴이라는 것은 정도의 문제지 있고 없고의 문제가 아니다. 그림 14.8을 보면 남성들이 읽는 잡지들은 트럭/자동차/모터사이클, 요리/음식/와인, 스포츠/아웃도어 등임을 알 수 있을 것이다. 다른 잡지들은 남녀 비율이 균형을 이루고 있다. 이 사실은 다음과 같이 해석될 수 있다. "자동차 회사가 잠재적인 자동차 구매자들과 소통하고 싶다면 위에서 드러난 그들이 선호하는 잡지에 광고를 게재해야 할 것이다. 여성 잠재고객들과 소통하기 위해서는 이런 잡지를 사용하지 않는 것이 좋다. 그들은 이런 잡지를 읽지 않는다."

SPSS로 카이제곱 분석을 수행해서 나온 유의확률은 두 변수가 관계가 없다는 귀무가설을 지지하는 확률로 생각하면 된다.

달리 말하면 유의확률이 0.05보다 작기 때문에 교차표의 백분율을 좀 더 자세히 살펴보고 해석할 필요가 생긴다. 이 백분율은 관계의 상대적인 강도를 의미하는 것이고 이렇게 함으로써 우리는 관계의 본질이나 패턴을 더 잘 알 수 있게 된다. 보다 중요한 점은 관계가 통계적으로 유의하다는 결정이 내려졌으니 이는 표본에서 발견된 관계나 연관성이 모집단에서도 발견될 것이고 추정할 수 있다는 것이다.

능동적 학습

SPSS를 사용하여 교차표 분석하기

SPSS를 사용한 교차표 분석과 카이제곱 검정을 복습하기 위해서 Auto Concepts 데이터 세트를 사용해서 성별-선호잡지 간의 연관성을 분석한 것과 같은 분석을 반복해보라. 결혼 여부(marital status)와 선호잡지 사이에는 연관성이 있는가? 결혼 여부와 신문 구독 행동 간의 연관성은 어떠한가?

14-8 교차표 분석 결과의 보고

조사자가 통계적으로 유의한 관계를 발견했다면 그다음 단계는 이 사실을 의뢰인에게 보고하는 것이다. 우리가 이 비단조형 관계에 대해서 소개했을 때 이 비단조적 관계는 명목변수를 사용하기 때문에 관계의 방향성이나 강도를 나타내기 힘들다고 했다. 명목변수는 순서나 정도를 표시할 수 없고 각각의 속성을 표시하는 레이블이나 범주(category)가 있을 뿐이다. 우리가 사용한 표들의 다수는 교차표의 형식으로 나타낼 수 있고 백분율도 쉽게 계산될 수 있으며 이렇게 계산된 백분율을 사용하여 비단조형 관계를 쉽게 파악할 수 있다. 그리고 교차표에 나타난 통계적으로 유의한 비단조적인 관계를 더 잘 표현하기 위해서 조사자는 종종 그래프를 이용하기도 한다. 마케팅 조사 인사이트 14.4를 보면 비단조적인 관계를 보이기 위한 또 다른 방법들에 대해서 알 수 있게 될 것이다.

Marketing Research on YouTube™

교차표와 카이제곱에 대해 공부하려면 www.youtube.com에서 Interpreting the SPSS Output for a Chi Square Analysis를 검색하라.

14-9 연관분석에서 고려할 사항

의뢰인들이 잘못 이해하고 있으면서도 자주 사용하는 용어 중 하나가 '통계적 상관관계(statistical correlation)'이다.[11] 상관관계이든 교차표이든 연관분석을 시행할 때 명심해야 할 네 가지 사항이 있다. 첫째, 상관관계는 두 변수가 최소한 등간척도일 경우임을 가정하고 있다. 만약 두 변수가 명목척도를 사용하고 있다면 상관관계 대신에 교차표를 써야 한다. 둘째, 이 장에서 다루어진 연관관계는 두 변수만의 관계이다. 이 관계는 다른 제3의 변수와의 상호작용(interaction)을 고려하지 않은 관계이다. 사실 다른 제3의 변수는 이 두 관심변수와 관계가 없다는 것을 보다 명시적으로 가정해야 한다. 즉 다른 변수들은 상수로 처리하거나 두 변수와의 관계를 '동결(frozen)'시켰다고 가정해야 한다는 것이다.

막대그래프는 비단조형 관계가 있는지를 시각적으로 보여준다.

셋째, 연관분석, 특히 상관계수는 한 변수가 다른 변수에게 영향을 끼치는 **인과관계**(cause-and-effect relationship)를 의미하지 않는다. 예를 들어 자사의 판매원을 늘리면 이 증가한 판매원이 매

인과관계는 원인과 결과를 의미하지는 않는다.

마케팅 조사 인사이트 14.4 실무적 적용

교차표 분석 결과를 보고하는 것에 대한 가이드라인

열 백분율과 행 백분율을 사용한 방법

교차표에서 통계적으로 유의한 관계를 발견했을 때 첫 번째로 하게 되는 질문은 열 백분율을 보고할 것인가 행 백분율을 보고할 것인가이다. 여기에 대한 답은 조사목적에 따라 다르다. 예를 들어 샌드위치 가게에 대한 다음의 결과를 보라.

열 백분율 표

주문한 샌드위치 크기	남성	여성
점보 사이즈	**50%**	5%
라지 사이즈	**40%**	20%
레귤러 사이즈	10%	**75%**
합계	100%	100%

행 백분율 표

주문한 샌드위치 크기	남성	여성	합계
점보 사이즈	**90%**	10%	100%
라지 사이즈	**67%**	33%	100%
레귤러 사이즈	13%	**87%**	100%

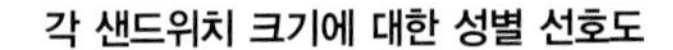

만약 조사 주제가 '누가 어떤 크기의 샌드위치를 구매했는가?'라면 남성이 점보 사이즈(90%)와 라지 사이즈(67%)를 구매하는 주고객이고 여성이 레귤러 사이즈(87%)를 구매하는 고객이라는 점을 보일 수 있는 행 백분율을 보이는 것이 더 좋을 것이다. 그러나 만약 조사 주제가 '주문 형태의 남녀 비교'라면 남성은 50%가 점보 사이즈를, 40%가 라지 사이즈를 주문하는 데 비해 여성은 75%가 레귤러 사이즈를 주문한다는 것을 보일 수 있는 열 백분율이 더 좋을 것이다. 우리는 이 비단조형 관계를 한 변수의 존재(혹은 부재)가 다른 변수의 존재(혹은 부재)와 연관되어 있음을 식별할 수 있는가 하는 것으로 설명했다. 그래서 여기서 말하는 연관성이란 100% 혹은 0%가 아니라 모집단에서 존재하는 그 관계의 정도(degree)이다. 위의 두 표는 계산을 어떻게 하는지 보이기 위해서 음영처리를 했다. 첫째 표에서는 남성과 여성의 열이 서로 다른 색으로 표시되었다. 이렇게 함으로써 백분율이 한 성별 안의 백분율임을 알 수 있을 것이다. 비슷한 방식으로 두 번째 표는 샌드위치 크기에 따라 다른 음영을 사용함으로써 백분율이 한 샌드위치 크기 안의 백분율임을 알 수 있도록 했다. 그리고 강한 관계를 보이는 부분은 굵은 활자체를 사용하여 강조했다.

분할 막대그래프를 사용하는 방법

비단조형 관계를 나타내는 효과적인 방법은 막대그래프를 사용하는 것이다. 막대그래프를 사용하면 두 변수를 한 그래프 안에 동시에 나타낼 수 있다. 이 방법은 하나의 막대 전체를 100%로 두고 한 변수가 다른 변수와 공유하는 정도에 따라 이 전체 막대그래프를 분할한다. 여러분은 이러한 형식의 막대그래프를 마케팅 조사 인사이트 14.3에서 이미 보았다. 이 분할 막대그래프(stacked bar chart)는 교차표에서 행 백분율과 열 백분율을 보일 수 있는 아주 훌륭한 방법이다. 예를 들어 앞서 사용된 샌드위치 크기와 성별의 관계를 막대그래프로 나타내면 다음과 같다.

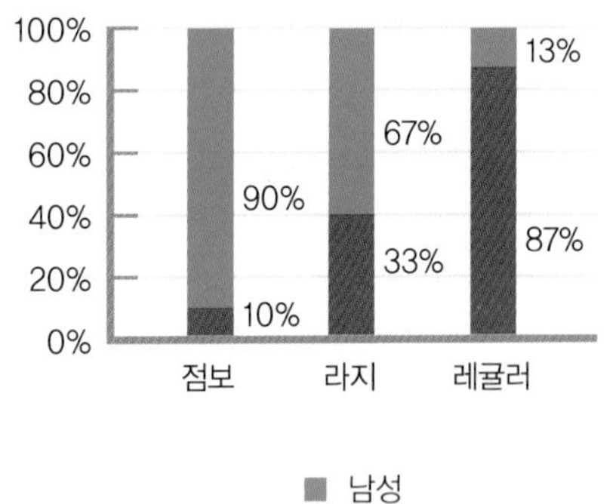

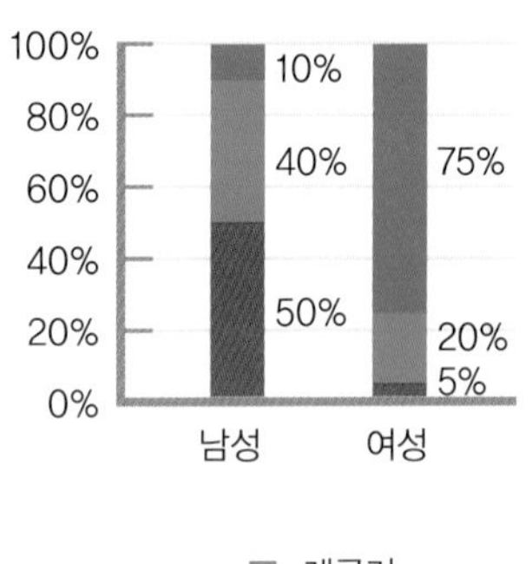

출액 증가를 가져온다거나 경쟁사의 증가한 판매원 수가 자사의 매출 감소를 야기한다는 식으로 말하고 싶겠지만 이는 인과성을 의미하는 표현으로 옳지 않다.[12] 매출액 증가를 가져오는 다른 요소들, 예를 들어 가격, 품질, 서비스 정책, 인구, 광고 등을 생각해보면 이 판매원이라는 한 요소만이 매출액 증가를 가져왔다는 것이 얼마나 잘못된 생각인지를 알 수 있을 것이다. 실제로는 이 상관관계는 두 변수 간 관계의 존재, 방향성, 그리고 강도를 보여줄 뿐이다. 비슷한 이야기로 교차표 역시 비단조형 관계의 존재와 패턴을 보여줄 뿐이다.

넷째, 피어슨 상관계수는 두 변수 사이의 선형 관계만을 나타낸다. 그래서 결과적으로 피어슨 상관계수가 0에 가깝다고 하더라도 이는 반드시 산포도의 점들이 원형으로 되어 있다는 것을 의미하지는 않는다. 이 0에 가까운 상관계수는 산포도의 점들이 명확한 타원의 모습으로 모여 있지 않음을 의미할 뿐이다. 산포도의 점들은 J 모양, S 모양 등 여러 가지 곡선형 형태를 띨 수도 있는데 선형 상관계수는 이러한 관계를 마케팅 조사자에게 보여주지 못한다. 피어슨 적률상관계수는 단지 두 변수 사이의 직선형 형태의 관계만을 식별할 수 있을 뿐이다. 사실 상관계수가 그리 크지 않음에도 불구하고 두 변수 사이에 관계가 있다는 생각이 든다면 조사자는 산포도를 그려보아야 한다. 이렇게 하면 그 조사자는 두 점들이 어떻게 연결되어 있는지 그 패턴을 알 수 있게 될 것이고 비선형적인 관계를 발견할 수도 있을지 모른다. SPSS에도 이 산포도를 그릴 수 있는 기능이 있어서 이를 이용하여 두 변수 사이에 있을지 모르는 관계를 조사해볼 수 있다.

상관관계는 변수 사이의 비선형적 관계를 측정하지 못한다.

요약

이 장에서는 설문의 한 질문과 같은 설문의 다른 질문이 서로 연관되어 있는지를 알고 싶을 경우에 어떤 방법을 쓸 것인지를 공부했다. 변수 간에는 네 가지 유형의 관계가 있을 수 있다. 첫째는 (직)선형 관계로서 두 변수를 산포도에 위치시키면 그 점들의 분포가 직선 형태를 띨 경우이다. 둘째는 두 변수의 관계가 곡선 형태를 띠는 곡선형 관계이다. 세 번째는 비단조형 관계로 이 경우는 한 명목변수 레이블의 존재(혹은 부재)가 다른 명목변수의 레이블의 존재(혹은 부재)와 관련이 있는 경우를 말한다. 네 번째는 단조형 관계로 한 변수의 변화의 방향성과 다른 변수의 변화 방향을 연관시킨 관계이다. 이 장에서는 선형 관계와 비단조형 관계를 다루었고 그 관계를 통계적으로 파악하는 방법을 설명했다.

연관(association)이란 변수에 사용된 척도에 따라 존재, 방향, 그리고 강도라는 특성이 있다. 이러한 특성은 상관관계에서 잘 드러난다. 상관계수란 두 변수의 관계의 방향성과 크기를 나타내는 지표로서 −1과 1 사이의 숫자로 표시된다. 이 상관계수의 부호는 방향성을 나타내고 절댓값은 연관성의 크기를 나타낸다. 보통 상관관계가 ±0.8을 넘으면 강한 관계가 있다고 판단한다. 두 변수의 척도가 등간척도이거나 비율척도일 경우에는 두 변수의 선형 관계를 나타내는 데 피어슨의 적률상관계수를 사용한다. 이 상관관계를 검토하기 위해서는 산포도 역시 사용될 수 있다.

두 명목변수의 관계를 보이기 위해서는 교차표가 사용된다. 이 교차표의 관측빈도가 두 변수 간에 비단조형 관계가 없을 경우에 구해질 수 있는 기대빈도와 통계적으로 다른지를 검증하려면 카이제곱 검정을 사용한다. 귀무가설이 기각되면 조사자는 교차표의 백분율을 자세히 살펴서 관계의 패턴을 파악해야 한다.

상관관계든 교차표든 이 연관분석에서 명심해야 할 것은 이 분석은 두 변수 간의 관계만을 고려하는 것이고 제3의 변수는 이 두 변수에 아무런 영향을 끼치지 않는다는 것을 명시적으로 가정하고 있다는 것이다. 또, 그렇게 하고 싶은 마음이 많이 들지라도 이러한 두 변수 사이의 연관관계로 두 변수 사이의 '인과관계'에 대한 해석을 하면 절대로 안 된다. 상관관계는 선형 관계의 가정 안에서 생각되어야 하는 개념이고 교차표를 사용하는 관계는 백분율을 사용해서 해석되어야 한다. 이 관계의 패턴을 보여주는 방법으로는 표를 사용할 수도 있고 분할 막대그래프를 사용할 수도 있다.

핵심용어

곡선형 관계
공변량
관계
관측빈도
교차표
교차표 칸
기대빈도
단조형 관계
비단조형 관계
빈도표
산포도
상관계수
선형 관계
연관분석
열 백분율 표
인과관계
직선형 방정식
총백분율
카이제곱(χ^2) 분석
카이제곱 공식
카이제곱 분포
피어슨 적률상관계수
행 백분율 표

마케팅 조사 인사이트 14.1 정답

브랜드 혹은 토픽의 팬	선호하는 음악
시락 보드카	힙합 및 랩 아티스트
크래프트 맥주	잼 밴드(Phish, Umphrey's McGee)
EA 스포츠 게임	랩 및 힙합 아티스트(Ice Cube, Nas)
해러즈	Andrew Lloyd Webber
모토로라	Miley Cyrus, Jonas Brothers와 같은 젊은 아티스트
NHL	Bruce Springsteen, Pink Floyd
NPR	Beatles, Jimi Hendrix 등의 레전드 록스타
여행 채널	Meat Loaf, Kid Rock등의 록/컨트리 록 아티스트
빅토리아시크릿 핑크 브랜드	아메리칸 아이돌 출신 얼터너티브 로커 Chris Daughtry

복습 질문/적용

14.1 통계적 관계와 인과관계의 차이점을 설명하라.

14.2 다음 각 관계 유형에 대해 예를 제시하고 설명하라 – (a) 선형, (b) 곡선, (c) 비단조형 관계, (d) 단조형 관계.

14.3 두 변수 사이의 관계에 대한 세 가지 측면을 설명하라.

14.4 관계분석을 위해 권장되는 단계를 나열하라.

14.5 공변량, 산포도, 상관관계 및 선형 관계 사이의 연결을 간략히 설명하라.

14.6 산포도를 사용하여 다음에 주어진 관계의 경우에 데이터 점의 흩어진 모양을 나타내라 – (a) 강한 양의 상관관계, (b) 약한 음의 상관관계, (c) 상관관계 없음, (d) –.98의 상관관계.

14.7 유의미한 상관관계란 무엇인가?

14.8 피어슨 적률상관에 가정되어 있는 척도는 어떤 것인가?

14.9 교차표란 무엇인가? 예를 들어 설명하라.

14.10 카이제곱 분석과 관련하여 다음의 각 항목을 기술하거나 분별하라 – (a) 교차표, (b) 빈도표, (c) 관찰빈도, (d) 기대빈도, (e) 카이제곱 분포, (f) 유의한 연관성, (g) 비례축소 가정, (h) 행 백분율 대 열 백분율, (i) 자유도.

14.11 마케팅 관리자가 흥미 있는 관계를 가질 만한 다양한 요소가 다음에 나열되어 있다. 각각에 대하여 (1) 관계의 유형을 찾고, (2) 그 성격이나 방향을 나타내고, (3) 관계에 대한 지식이 마케팅 관리자가 마케팅 전략 수립을 하는 데 어떤 도움을 줄 수 있는지 구체적으로 설명하라.

a. 스포츠 용품점에 대한 조사에서 일요일 신문의 특정 섹션을 읽으며 보내는 시간(하루당 몇 분)과 독자의 연령 간 관계

b. 기금을 모집하는 공영 TV 방송국에서 사용하는 텔레마케팅 서비스를 위한 조사에서 지역 케이블 TV 회사를 이용하는 것과 온라인 TV 시청 및 가계 소득(낮음 또는 높음) 간의 관계

c. 회사에게 할인을 제공하려는 퀵 오토 서비스 체인점을 위한 조사에서 회사 차량 주행 마일 수와 오일 교환, 튠업 또는 필터 변경과 같은 서비스 필요성 간의 상관관계

d. 몬테고베이(Montego Bay)에 위치한 샌달스(Sandals) 리조트를 위한 조사에서 자메이카에서 5일간의 휴가 계획과 자메이카 달러 시세 간의 관계

e. 에이스 하드웨어(Ace Hardware)를 위한 조사에서 집주인이 셀프 집수리를 선택하는 것과 경제 상태(예 : 경기침체 또는 붐) 간의 관계

14.12 중간 규모 자동차를 구매하는 것과 다음 각 요소와의 관련성에서 그 관계의 존재, 유형 및 강도를 나타내라 – (a) 가격, (b) 직물 대 가죽 인테리어, (c) 외관 색상, (d) 리베이트 크기.

14.13 다음의 각 예를 사용하여, 관련된 요인들 사이에 존재하는 것으로 예상되는 연관성을 합리적으로 진술하고, 그 연관성을 나타내는 분할 막대그래프를 그려보라.

a. 사립학교 학생 대 공립학교 학생 간의 치아 교정기 착용 비교

b. 도베르만을 경비견으로 두는 것, 가정 보안경보시스템을 사용하는 것, 그리고 희귀한 미술품을 소장하는 것

c. 미국 농무부에서 권장하는 마이플레이트(MyPlate) 식습관과 심장 질환의 가족력

d. 유치원생의 부모가 크리스마스 시즌에 장난감 선물을 구매하는 것 대 다른 계절에 장난감 선물을 구매하는 것

14.14 다음은 사탕 구매에 관한 우편 설문조사에 응답한 10명의 정보이다. SPSS를 사용하여 가능한 네 가지 유형의 교차분석표를 그려라. 각 표에 레이블을 지정하고 데이터에서 분명하게 일반적인 관계로 인식되는 것을 나타내라.

응답자	플레인 M&Ms 구매	땅콩 M&Ms 구매
1	예	아니요
2	예	아니요
3	아니요	예
4	예	아니요
5	아니요	아니요
6	아니요	예
7	아니요	아니요
8	예	아니요
9	예	아니요
10	아니요	예

14.15 모턴 오델은 조지아주 애틀랜타에 있는 모츠 식당의 주인이다. 모츠 식당은 약 12개월 전에 개업하여 성공을 거두었다. 하지만 주 단위로 음식 품목을 주문하는 것에 항상 걱정하고 있다. 왜냐하면 어떤 주에는 생선과 같은 재료를 많이 폐기해야 할 정도로 재고가 많이 쌓이기 때문이다. 그의 딸인 메리는 조지아주립대학교의 MBA 학생이며, 그녀의 아버지를 돕고 있다. 그녀는 고객이 구매한 식품의 총무게에 대한 지난 10주간 판매 데이터를 그에게 요청한다. 쉬운 일은 아니었지만 모턴은 다음과 같은 숫자를 주었다.

주간	고기	생선	가금류	야채	디저트
1	100	50	150	195	50
2	91	55	182	200	64
3	82	60	194	209	70
4	75	68	211	215	82
5	66	53	235	225	73
6	53	61	253	234	53
7	64	57	237	230	68
8	76	64	208	221	58
9	94	68	193	229	62
10	105	58	181	214	62

메리는 지난 10주 동안 모츠 식당에서 구입한 다양한 종류의 식품 품목 간 기본 관계를 보여주는 산포도를 작성하기 위해 이러한 판매 그림을 사용한다. 그녀는 아버지에게 이 다이어그램이 주간 재고 주문 문제에 도움이 된다고 알려준다. SPSS를 사용하여 메리의 분포도를 그리고 모츠 식당에 어떤 도움을 줄 수 있을지 나타내라. SPSS로 적절한 관련된 분석을 하고 결과를 해석하라.

사례 14.1

L'Experience Félicité 레스토랑 설문조사의 연관분석

(필요한 배경지식은 사례 12.1 및 사례 13.1을 참조하라.)

코리 로저스는 마케팅 인턴인 크리스틴 유에게 전화하여 다음과 같이 말했다. "3일 동안 샌프란시스코에 AMA 마케팅 조사 행사에 참석할 예정이기 때문에, 당신에게 L'Experience Félicité 레스토랑의 설문조사 분석을 부탁해야겠습니다. 당신이 이 분석을 좀 어려워한다는 것을 압니다. 하지만, 제안서를 살펴보고 제가 나가 있는 동안 당신이 할 수 있는 분석이 더 있는지 알아보는 것이 어떨까요? 토냐에게 파일에서 제안서를 달라고 요청하세요." 크리스틴은 즉시 조사 제안서를 보고 다루어야 할 조사 질문을 메모한다. 그녀의 메모는 다음과 같다.

사례 14.1의 과제는 L'Experience Félicité Restaurant SPSS 데이터 세트를 사용하고 적절한 분석을 수행하는 것이다. 또한 결과도 해석해야 한다.

1. 레스토랑까지 차로 30분 내에 도착하기를 원하는 사람들을 위한 L'Experience Félicité 레스토랑의 메뉴, 장식 및 분위기에 대하여 정확한 분석을 하고 결과를 해석하라.
2. 나이가 많거나 혹은 젊은 사람들은 색다른 디저트 및 메인 메뉴를 원하는가?
3. L'Experience Félicité 레스토랑의 '예상 고객'(애용 가능=1 또는 2)과 '비예상 고객'(애용 가능=3, 4 또는 5)을 구분하는 변수를 사용하라.
   예상 고객이 L'Experience Félicité 레스토랑의 표적 시장을 구성한다면, 표적 시장의 인구통계는 어떻게 구성되는가? 가구소득, 교육수준, 성별 및 우편번호의 인구통계를 사용하라.
4. *City Magazine*은 제프 딘이 사용할 수 있는 광고 매체인가? 이 질문 외에 제프가 알아야 할 다른 홍보 수단이 있는가?

사례 14.2 통합 사례

The Auto Concepts 설문조사의 연관분석

CMG Research의 코리 로저스는 Auto Concepts 프로젝트가 형성되는 방식에 매우 만족했다. CMG 데이터 분석가 셀레스테 브라운은 개발된 다양한 대체 자동차 모델에 대한 만족도 측정치에 차이분석을 적용했다. 그리고 그녀는 각 모델의 표적 시장에 대해서 특별한 인구통계학적 프로파일을 발견했다. 셀레스테는 파워포인트에 결과를 요약했고 코리와 함께 어제 닉 토머스 및 그의 관리자들에게 발표를 했다. 프레젠테이션은 매우 매끄럽게 진행되었고, 닉의 개발 팀원은 Auto Concepts의 여러 모델이 성공할 수 있을 것이라는 생각에 매우 흥분했다. 그 미팅을 마칠 때쯤 닉은 각 모델에 대한 예비 마케팅 계획을 진행하기로 결정했다.

닉은 코리와 셀레스테에게 모든 자동차 회사들은 커뮤니케이션에 중점을 두면서 매년 수백만 달러를 다양한 광고 유형에 투자하여, 잠재 고객에게 자신의 모델이 최선의 선택임을 확신시키려 하고 있다고 말했다. 닉은 다음과 같이 이야기했다. "모든 것은 각 표적 시장의 미디어 사용 특성을 드러내는 견고한 마케팅 조사를 기반으로 합니다. 따라서 Auto Concepts 설문조사에 미디어 이용 정보를 포함시켜야 합니다. 만약 제안된 자동차 모델에 대한 예비 마케팅 계획이 미디어 이용 조사에 기초한 광고 권장사항을 가지고 있지 않다면, 우리의 상사들은 그 계획을 거절할 것입니다. 당시 우리는 다섯 가지 모델 모두 작업할 것이라고 생각 못했지만, 각 개발팀은 자신들의 모델과 관련된 미디어 이용 정보가 필요할 것입니다."

코리와 셀레스테는 다음 날 Auto Concepts 프로젝트 추가 분석을 위한 회의에 참석한다. 코리는 "설문조사 응답자의 미디어 습관에 대한 세부 정보를 많이 가지고 있는 것으로 기억합니다. 소셜 마케팅 미디어의 네 가지 유형뿐만 아니라 선호하는 TV쇼 유형, 라디오 장르, 잡지 유형 및 지역 신문 섹션도 있습니다. 닉 토머스가 오늘 아침에 전화하여 일주일 안에 결과물에 대해 이야기할 수 있는지 물은 것을 보면 그와 그의 팀은 일을 매우 빨리 진행시키고자 하는 것 같습니다. 닉은 또한 그들이 이용하는 광고 대행사는 다른 미디어에 다른 특정 인구통계학적 요소를 사용하는 것을 선호한다고 합니다. 즉 광고 대행사는 라디오의 경우 연령을 선호한다고 말하고 신문과 TV 같은 경우 교육수준을 선호합니다. 잡지의 경우 소득을 선호합니다. 소셜미디어는 다소 새로운 형태라, 당신이 이것들을 위한 독특한 프로파일을 발견할 수 있다면 금상첨화일 것입니다"라고 했다.

셀레스테는 "아무런 이상이 없을 경우, 이번 주말에 이 문제를 해결하고 다음 주 초에 발표할 준비가 되어 있습니다"라고 했다. 코리는 회의를 마치며 "좋습니다. 금요일 아침에 진행상황을 말씀해주시고, 제가 닉에게 전달한 것과 같이 그날 당일에 전화를 걸어 발표일을 정하도록 하겠습니다"라고 말했다.

사례 14.2에서의 과제는 셀레스테가 차이분석을 사용하여 다섯 가지 가능한 새로운 모델에 대한 특별한 인구통계 파일을 찾는 사례 13.2를 새롭게 분석하는 것이다.

a. 슈퍼사이클 : 1인승 전기차, mpg-e 125; 추정 MSRP(제조자의 권장 소비자 가격) 30,000달러; 200마일.
b. 런어바웃 스포츠 : 2인승 전기차, mpg-e 99; 추정 MSRP 35,000달러; 150마일.
c. 런어바웃 해치백 : 2인승 가솔린 하이브리드, mpg-e 50; 50마일 간 배터리로 작동 후 가스 엔진으로 전환; 추정 MSRP 35,000달러; 250마일.
d. 이코노미 하이브리드 : 4인승 디젤 하이브리드, mpg-e 75; 75마일 간 배터리로 작동 후 효율적인 디젤 엔진으로 전환; 추정 MSRP 38,000달러; 300마일.
e. 이코노미 스탠다드 : 5인승 표준 가솔린, mpg 36; 효율성을 극대화하기 위해 컴퓨터 제어로 가솔린 사용, 추정 MSRP 37,000달러; 350마일.

1. 각각의 고유한 자동차 모델 인구통계 프로파일을 사용하여 통계적으로 유의한 연관성이 존재하는지 결정하고, 존재한다면 라디오, 신문, TV 및 잡지에 대한 특정 미디어 수단을 추천해보라. 각 매체에 대해 광고 부서가 선호하는 인구통계를 사용하는 것을 잊지 말라.
2. 가능한 각 표적 시장의 소셜미디어 프로파일은 무엇이며, 이 결과는 자동차 모델이 도입될 때 각 세분시장에 '말하려는' 광고 메시지를 어디에 배치(placement)할 것인가라는 문제에 어떤 적용점을 가질 수 있는가?

15 회귀분석

학습 목표

이 장에서 여러분은 다음을 학습하게 될 것이다.

15-1 이변량 선형회귀분석의 기본 개념, 용어, 가정, 그리고 식들
15-2 다중회귀분석의 기본 개념, 용어, 가정, 그리고 식들
15-3 단계적 회귀분석과 SPSS를 통한 실행
15-4 다중회귀분석에서 주의할 점
15-5 다중회귀분석 결과 보고

우리는 어느 과정에 있는가?

1 마케팅 조사 필요성 인식
2 문제 정의
3 조사목적 수립
4 조사 설계 결정
5 정보 유형과 원천 식별
6 데이터 분석 방법 결정
7 데이터 수집 양식 설계
8 표본 계획과 크기 결정
9 데이터 수집
10 데이터 분석
11 최종 보고서 준비 및 작성

MESH Experience

Fiona Blades, MESH Experience의 최고 경험 담당자

MESH는 의뢰인들이 마케팅과 사업 투자에 있어서 보다 빠르고 현명한 결정을 내리는 데 도움을 주기 위하여 2006년에 설립되었다. 브랜드의 성장은 사람이 그 브랜드와 가지는 경험에 의해서 가능하게 되는데 문제는 그 관계의 절반 이상이 측정되지 못한다는 것이다. MESH는 경험 주도적 마케팅 접근법을 채택하여 사람들이 브랜드와 어떻게 접촉하는지를 실시간으로 측정(real-time experience tracking, RET)함으로써 외뢰인들이 브랜드와 고객들 사이의 경험에 더하여 사회 전체를 성장시키는 브랜드 경험들을 측정하고 창조하는 데 도움을 준다. 지난 10여 년 동안 세계 각국에서 수집된 수백만 건의 브랜드 경험을 기반으로 MESH는 사람들이 브랜드를 어떻게 경험하는지를 이해할 수 있는 풍부한 광맥을 가지고 있다.

MESH는 뉴욕과 런던, 상파울루, 싱가포르에 있는 지사에 국한되지 않고 전 세계적으로 금융회사, 자동차회사, 항공사, 전자제품회사, 무선통신사, 그리고 일반 소비자 포장 제품(packaged goods)에 이르는 다양한 업체들과 연간 혹은 단기 계약을 맺어 도움을 주고 있다. 주요 고객으로는 LG 일렉트로닉스, 델타항공, 디아지오(Diageo), GM, 유니레버, 하이네켄, 펩시코, 라틴아메리카항공 등이 있다.

MESH를 다른 회사들과 구분되게 하는 것은 CEO와 마케터들이 정보가 필요할 때에 그들이 손쉽게 활용할 수 있는 정보를 제공해주는 혁신적인 고객 맞춤형 정보 도구들을 가지고 있다는 점이다. 경험 주도적 마케팅은 복잡한 세상에서 인간 중심적인 접근법을 제공한다. 이는 브랜드 성장의 새로운 기회를 열 수 있는 기회가 된다.

MESH의 첨단 경험 정보 부분은 소비자들의 미래 행동을 예측할 수 있는 데이터를 제공할 수 있는 그들만의 도구들과 인터페이스를 개발했다. 새로운 경험 측정치들은 마케터들이 취할 수 있는 행동의 폭을 넓혀주었다. 예를 들어 *share of experience* 기법은 *share of voice* 기법보다 브랜드의 성장을 더 잘 예측할 수 있다.

MESH는 고객들이 자사의 브랜드나 경쟁사의 브랜드와 접촉하는 모든 순간을 포착하는 기법인 고객 경험 추적(Real-time Experience Tracking, RET) 시장을 선도하고 있는데, *Havard Business Review*(2012년 9월 호)에 의하면 이 고객 경험 추적 기법은 마케팅 조사를 급격하게 발전시키는 새로운 기법으로 평가되기도 했다.

지속가능한 마케팅 조사는 기업에게 지속가능성을 위해 필요한 것들을 만들어냄과 동시에 고객들에 대한 깊은 이해를 할 수 있는 기회를 제공한다. MESH가 펩시코의 브라질 시장에서

실시한 마케팅 조사는 펩시의 이해관계자들이 성장하는 중산층 시장을 다시 보게끔 만드는 기폭제가 되기도 했다. MESH의 전략부서 직원들은 고객들이 취할 행동을 알려주는 견고한 정보들을 제공하는 데 조사자들과 긴밀하게 협조하고 있다.

출처 : Text and photos courtesy of Fiona Blades, President and Chief Experience Officer, MESH.

M ESH
The Experience Agency

www.meshexperience.com에 방문해보라.

이 장에서는 다중회귀분석에 대해서 공부하고자 한다. 여러분은 방금 읽은 Fiona Blades 회사의 사례를 보고 마케팅 조사의 중요한 목표 중 하나는 고객에 대한 통찰력임을 알 수 있었을 것이다. 보다 깊은 통찰력을 가질수록 더 좋음은 말할 나위도 없다. 이쯤 되면 여러분의 통찰력은 우리가 아주 복잡한 분석 모델에 대해서 설명하려고 한다는 것을 눈치챘을지도 모른다. 우리는 이 복잡한 기법에 대해서 한 단계 한 단계 천천히 설명할 것이다. 우리가 설명을 다 마칠 때쯤이면 여러분이 여기서 배운 내용은 회귀분석의 빙산의 일각에 불과하다는 점 역시 알려줄 것이다.

15-1 이변량 선형회귀분석

이 장에서는 마케팅 조사자들이 자주 사용하는 예측 모델 중 하나인 회귀분석을 공부할 것이다. 그러나 회귀분석은 필요한 요소들과 미세한 설명들이 많이 필요한 복잡한 통계기법이다.[1] 따라서 우리는 회귀분석의 기본적인 기법과 활용에 초점을 둘 것이고 이 장의 마지막에 다다라서는 회귀분석에는 이 책의 범위를 넘어서는 많은 다른 면이 있음을 밝힐 것이다.

이변량 회귀분석에서는 직선 형태의 식을 통해서 하나의 변수로 다른 하나의 변수를 예측한다.

회귀분석(regression analysis)은 하나 혹은 여러 변수를 사용하여 다른 변수의 수준을 직선 형태의 식을 사용하여 예측하는 기법이라고 정의할 수 있다. **이변량 회귀분석**(bivariate regression)이란 두 변수만이 분석에 사용되는 회귀분석을 뜻하고 조사자들은 종종 '단순회귀(simple regression)'라고 부르기도 한다. 우리는 예측을 위한 직선에 해당하는 식과 회귀분석에 사용되는 용어들에 대해서 설명할 것이다. 또 이변량 회귀분석의 기본적인 계산과 유의성 검정에 대해서도 설명할 것이다.

회귀분석은 직선형 관계에 바탕을 둔 강력한 예측 모델이다. 그림 15.1에 이러한 직선형 관계의 예가 그림으로 나와 있다. 다음에 설명하게 될 직선형 관계식(회귀식)에 대한 설명에서도 이 그림을 참조하기를 바란다. 직선형 관계에 대한 식은 다음과 같다.

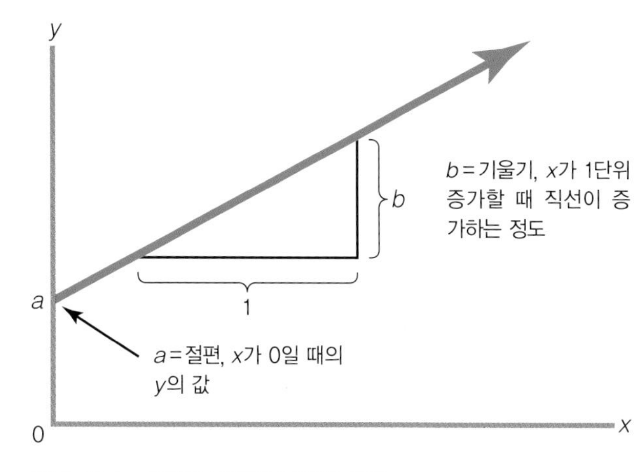

그림 15.1 그래프 형태로 나타낸 회귀

직선형 관계에 대한 식

$$y = a + bx$$

이 직선식이 회귀분석의 근간이 된다.

y = 예측된 값
x = y를 예측하기 위한 값
a = **절편**(intercept), 혹은 $x = 0$일 때
b = **기울기**(slope), 혹은 x가 1단위 증가할 때 y의 값이 변화하는 정도

회귀분석은 직선형 관계를 나타내는 상관관계와 직접적인 관계에 있다.

여러분은 앞 장 상관계수에 대한 설명에서 나온 직선형 관계를 기억할 수 있어야 한다. 산포도가 얇은 타원 모양을 띤다면 이는 두 변수 사이에 높은 상관관계가 있는 경우이고 회귀분석은 이 상관관계와 아주 밀접한 관계에 있다.

회귀분석의 기본 개념

이제 회귀분석의 변수들을 정의하고 절편과 기울기가 어떻게 계산되는지를 보이겠다. 그다음에는 SPSS 아웃풋에서 유의성 검정이 어떻게 해석되는지를 설명하겠다.

회귀분석에서는 독립변수를 사용하여 종속변수를 예측한다.

독립변수와 종속변수 앞에서 이야기했듯이 이변량 회귀분석은 예측 모델에 오직 두 변수만이 사용되는 경우를 의미한다. 이 두 변수 중에서 하나는 종속변수라고 불리고 다른 하나는 독립변수라고 불린다. **종속변수**(dependent variable)란 회귀분석에 의해서 예측되는 변수를 의미하고 회귀식에서 보통 y로 표시된다. **독립변수**(independent variable)는 종속변수를 예측하는 데 사용되는 변수이고 회귀식에서 x로 표시된다. 여기서 분명히 해두어야 할 것은 종속변수이든 독립변수이든 이것들은 자의적으로 정해진 것이기 때문에 어떤 것이 원인이고 어떤 것이 결과임을 의미하는 것은 아니라는 점이다.

기울기와 절편의 계산 a(절편)와 b(기울기)를 계산하기 위해서는 상관관계를 설명할 때 사용된 산포도와 마찬가지로 독립변수의 다양한 수준에 대응된 다양한 수준의 종속변수의 쌍이 필요하다. 이 절편(a)과 기울기(b)를 계산하는 식은 제법 복잡한데 어떤 강의자들은 학생들이 이 식을 이해해야 한다고 생각하기 때문에 우리는 그 계산법을 마케팅 조사 인사이트 15.1에 포함해두었다.

회귀분석에서 사용되는 최소자승법은 최적의 기울기와 절편을 가진 직선을 도출하기 위하여 사용된다.

SPSS나 다른 어떤 통계 프로그램도 최소자승법에 의해서 이 절편과 기울기를 계산한다. **최소자승법**(least squares criterion)은 산포도의 점들 사이를 지나가는 직선이 그 산포도의 여러 점들과 거리가 최소가 되게 하면서 지나갈 수 있도록 하는 것을 의미한다. 다시 말하면 회귀선을 그리고 그 회귀선과 모든 점들 사이의 거리(잔차, residual)의 합을 계산해보면 이 경우보다 잔차의 합이 더 작아지는 다른 선을 그을 수 없다는 것을 의미한다. 이 잔차는 음과 양의 부호를 없애기 위해서 제곱을 해주는데 최소자승법에 의해 회귀식을 그으면 그 잔차의 제곱의 합이 최소가 된다.

Marketing Research on YouTube™

선형회귀분석을 공부하려면 **www.youtube.com**에서 **Intro to Linear Regression**을 검색하라.

회귀분석의 결과를 개선하기

조사자가 회귀분석의 결과를 좀 더 개선하고 싶으면 산포도를 보고 산포도에 이상치가 있는지를

마케팅 조사 인사이트 15.1 실무적 적용

절편과 기울기의 계산

이 예에서는 표 15.1에 있는 노바티스 제약사의 판매 지역과 그 지역 판매원들의 데이터를 사용하겠다.

표 15.1 이변량 회귀분석의 계산

지역(i)	매출액(백만 달러)(y)	판매원의 수(x)	xy	x^2
1	102	7	714	49
2	125	5	625	25
3	150	9	1,350	81
4	155	9	1,395	81
5	160	9	1,440	81
6	168	8	1,344	64
7	180	10	1,800	100
8	220	10	2,200	100
9	210	12	2,520	144
10	205	12	2,460	144
11	230	12	2,760	144
12	255	15	3,825	225
13	250	14	3,500	196
14	260	15	3,900	225
15	250	16	4,320	256
16	275	16	4,400	256
17	280	17	4,760	289
18	240	18	4,320	324
19	300	18	5,400	324
20	310	19	5,890	361
합계	4,325	251	58,603	3,469
	(평균=216.25)	(평균=12.55)		

회귀계수 b를 계산하는 방식은 다음과 같다.

기울기 b를 계산하는 공식

$$b = \frac{n\sum_{i=1}^{n} x_i y_i - \left(\sum_{i=1}^{n} x_i\right)\left(\sum_{i=1}^{n} y_i\right)}{n\sum_{i=1}^{n} x_i^2 - \left(\sum_{i=1}^{n} x_i\right)^2}$$

x_i = x변수의 값
y_i = 각 x_i에 해당하는 y의 값
n = 각 쌍의 수

이 공식을 이용하여 노바티스의 예에서 b를 계산하면 다음과 같다.

노바티스 예에서의 b의 값 계산

$$\begin{aligned} b &= \frac{n\sum_{i=1}^{n} x_i y_i - \left(\sum_{i=1}^{n} x_i\right)\left(\sum_{i=1}^{n} y_i\right)}{n\sum_{i=1}^{n} x_i^2 - \left(\sum_{i=1}^{n} x_i\right)^2} \\ &= \frac{20 \times 58603 - 251 \times 4325}{20 \times 3469 - 251^2} \\ &= \frac{1172060 - 1085575}{69380 - 63001} \\ &= \frac{86485}{6379} \\ &= 13.56 \end{aligned}$$

n = 20
xy의 합계 = 58.603
x의 합계 = 251
y의 합계 = 4.325
x^2의 합계 = 3.469

절편을 계산하는 공식은 다음과 같다.

이변량 회귀분석의 절편 계산 공식

$$a = \bar{y} - b\bar{x}$$

노바티스의 예에서 절편을 계산하면 다음과 같다.

노바티스 예에서의 절편 계산

$$\begin{aligned} a &= \bar{y} - b\bar{x} \\ &= 216.25 - 13.56 \times 12.55 \\ &= 216.25 - 170.15 \\ &= 46.10 \end{aligned}$$

$\bar{y}$ = 216.25
$\bar{x}$ = 12.55

정리하면 노바티스의 예에서 회귀식은 다음과 같다.

노바티스 판매 회귀분석의 식

$$y = 46.10 + 13.56x$$

이 식을 해석하면 이런 의미가 된다. 판매지역의 평균 매출액은 46.10(백만 달러)이고 판매원을 1명 늘릴 때마다 매출액이 13.56(백만 달러)씩 늘어난다.

확인할 수 있다. **이상치**(outlier)[2]란 분석에 사용되는 데이터의 구간으로부터 아주 많이 떨어져 다른 데이터들과 확연히 구별되는 관측치를 말한다.[3] 산포도를 사용해서 이상치를 발견할 수 있다.[4] 우선 산포도의 관측치 위에 대부분의 관측치가 둘러싸지도록 타원을 그려보라. 그 타원의 패턴 밖에 위치한 관측치들이 이상치이다.[5] 다음으로는 이 이상치들을 제거하고 다시 회귀분석을 실시하면 된다. 이러한 단계를 따르면 회귀분석의 결과를 개선할 수 있다.

15-2 다중회귀분석

다중회귀에 대한 설명을 하면서 앞 절에서 소개된 이변량 회귀분석의 복습을 해보자. 사실상 복수의 독립변수를 사용한다는 점을 제외하면 이변량 회귀분석에서 사용되는 모든 개념이 다중회귀분석에도 사용될 수 있다.

개념적 모델

모델이란 다양한 구성개념(construct)과 그들 간의 관계를 묶어주는 구조를 말한다. 마케팅 관리자와 마케팅 조사자는 조사 계획을 짜기 전에 이러한 모델을 생각해두는 것이 도움이 된다. 여러분이 앞 절에서 학습한 이변량 회귀분석은 하나의 독립변수와 하나의 종속변수를 묶어주는 모델이다. 마케팅 조사자가 주로 관심을 가지는 종속변수는 매출액, 잠재매출액, 시장을 구성하는 사람들의 태도 등이다. 예를 들어 노바티스의 예에서 종속변수는 지역의 매출액이다. 만약 델 컴퓨터가 설문조사를 한다면 그들은 델 컴퓨터를 구매하려는 사람들에 대한 정보를 필요로 하거나 혹은 경쟁사의 제품을 사려는 고객들에 대한 정보를 입수하여 그들의 생각을 바꾸려고 할 것이다. 이 경우에 종속변수는 델 컴퓨터에 대한 구매 의사이다. 또 만약 맥스웰하우스 커피의 매니저가 새로운 고급 아이스커피를 마케팅할 것을 고려하고 있다면 그는 소비자들이 고급 아이스커피에 대해서 어떻게 생각하는지를 알고 싶어 할 것이다. 즉 아이스커피를 구매하고, 만들고, 마시는 것에 대한 소비자들의 태도가 종속변수가 될 것이다.

그림 15.2는 많은 마케팅 상황, 특히 소비자들의 행동을 조사하는 경우에 부합하는 일반 개념 모델을 제공하고 있다. **일반 개념 모델**(general conceptual model)은 독립변수와 종속변수를 식별하고 그들 사이에서 예상되는 관계를 보여준다. 그림 15.2에서 보듯이 구매, 구매 의사, 선호도 등의 개념이 그림의 중앙에 있다. 이는 이 변수들이 종속변수라는 의미이다. 이를 둘러싸고 있는 변수들은 가능한 독립변수들이다. 즉 이들 중 어떤 변수도 종속변수를 예측하는 데 사용될 수 있다. 예를 들어 렉서스와 같은 고가의 자동차에 대한 구매 의사는 소비자의 소득에 의존할 것이다. 이뿐만 아니라 친구의 추천(구전), 렉서스가 자신의 이미지를 어떻게 바꾸어줄 것인지에 대한 그 소비자 개인의 의견,

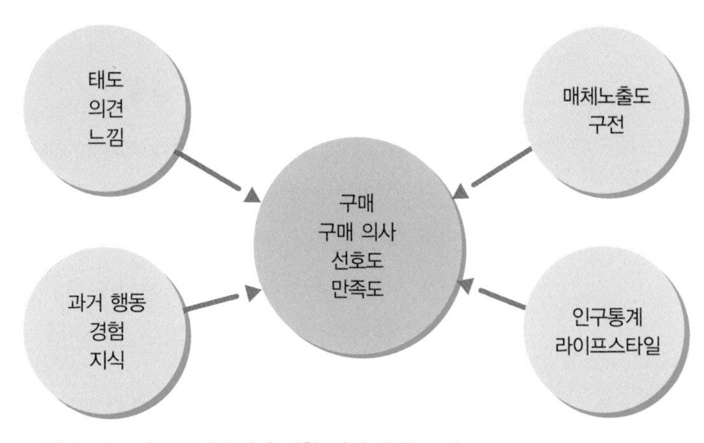

그림 15.2 다중회귀분석에 대한 일반 개념 모델

능동적 학습

Auto Concepts의 일반 개념 모델

Auto Concepts의 CEO인 닉 토머스가 모든 사람이 대체에너지 자동차를 구매하기를 바라는 것은 이해할 만한 일이다. 하지만 모든 사람이 대체에너지 자동차를 구매하는 것은 자동차를 운전하는 대중의 신념이나 기질이 다르기 때문에 어려운 일이다. 회귀분석은 어떤 변수가 Auto Concepts가 고려하고 있는 대체에너지 자동차의 구매 의사를 예측하는 데 도움을 줄 수 있는 변수인지를 파악하는 것에 도움을 준다. 이 Auto Concepts 설문 데이터 세트에서의 일반 개념 모델을 어떻게 설명할 수 있을까?

이 문제에 답하고 그 답을 그림 15.2처럼 그림으로 표현하기 위해서는 SPSS 데이터 세트에 있는 변수들을 검토하거나 설문에서 변수들을 찾아내야 한다. 사례 12.2(364쪽)에 모든 변수의 목록이 있다. 'Desirability(매력도)'변수를 종속변수로 사용하고 이 연구에서 눈에 띄는 변수들을 독립변수로 사용하여 일반 개념 모델을 그려보라. 이 일반 개념 모델의 유용성에 대해서 닉 토머스에게 설명을 한다면 어떻게 하겠는가? 즉 이 회귀분석의 결과가 통계적으로 유의하다면 어떤 마케팅 전략을 세울 필요성이 확실해 보이는가?

혹은 렉서스를 이전에 운전해본 경험이 구매 의사에 영향을 미칠 수 있다.

다중회귀분석에는 이론적 기반이 되는 일반 개념 모델이 있다.

사실 소비자의 구매 의사, 선호도 그리고 행동은 잠재적으로 아주 많은 요인의 영향을 받는다. 이는 여러분이 스스로 그림 15.2에 나오는 개념의 하위 개념들을 생각해보면 확실해질 것이다. 예를 들어 10개가 넘는 인구통계변수가 있을 것이고 또 그만큼 많은 라이프스타일이 있을 것이다. 또 소비자들은 매일 많은 수의 대중매체에 노출되고 있다. 물론 조사자는 문제 정의 단계에서 수없이 많은 독립변수들을 수행 가능한 정도의 수로 줄여서 설문지에 포함시킨다. 즉 그들은 15.2와 같은 일반 개념 모델을 가지고 있다 하더라도 특별한 문제에 특히 중요한 변수들을 식별하고 특정한다.

회귀분석을 사용할 때 조사자와 관리자는 일반 개념 모델과 상응하는 변수들을 식별하고 측정하며 분석한다.

이변량 회귀분석은 단 하나의 독립변수–종속변수의 쌍을 다루고 있기 때문에 그림 15.2에 나와 있는 변수들이 이루는 모든 쌍들의 관계를 파악하기 위해서는 많은 수의 이변량 회귀분석을 실시해야 한다. 다행스럽게도 우리는 수없이 많은 이변량 회귀분석을 하는 대신에 훨씬 더 간편한 방법을 선택할 수 있다. 그것이 이제 자세히 설명하려고 하는 **다중회귀분석**이다.

다중회귀분석에 대한 설명

다중회귀분석은 하나의 종속변수를 예측하기 위하여 2개 이상의 독립변수를 사용한다.

다중회귀분석(multiple regression analysis)은 독립변수가 2개 이상이라는 점에서 독립변수가 하나인 이변량 회귀분석의 확장판이라고 생각하면 된다. 이 하나의 독립변수를 추가한다는 것은 하나의 차원 혹은 하나의 축을 더하는 것이 되어서 회귀분석을 개념적으로 생각하는 데 복잡성을 증가시킨다. 하지만 다중회귀분석은 현실성 역시 높은데 그것은 우리가 방금 일반 개념 모델에서 본 것처럼 예측은 보통 복수의 요소나 변수에 의존하기 때문이다.

다중회귀분석의 기본 가정 판매 지역의 매출액을 종속변수로 설정하고 그 지역의 판매사원을 독립변수로 설정하여 회귀분석을 수행한 노바티스 제약사의 예를 떠올려보자. 여기에다가 두 번째 독립변수(광고비)를 회귀식에 추가할 수 있을 것이다. 이렇게 2개의 독립변수가 있게 되면 회귀식은 2차원 평면에서 회귀선으로 표현되는 것이 아니라 지역 매출액(y), 지역 판매원(x_1), 광고비(x_2)로 이루어진 3차원 공간에서 회귀선이 아닌 **회귀면**(regression plane)으로 표현된다. 이 회귀면은 회귀분석상에서의 종속변수 분포 형태이다. 만약 하나의 독립변수가 더 추가된다면 그 변수를 현재의 3차원 모든 축에서 90도 각도로 뻗어 나가는 새로운 축으로 생각해야 한다. 물론 모두 90도로 벌어진 네 가지 이상의 축을 그리는 것은 불가능하다. 사실 이러한 것을 개념적으로 생각하는 것도 힘들 수가 있다. 하지만 이러한 개념이 다중회귀분석의 기본 개념이다.

다중회귀분석에서는 회귀선이 아닌 회귀면을 사용하여 종속변수를 예측한다.

다중회귀분석의 모든 부분은 2개 이상의 독립변수를 사용한다는 것을 제외하고는 이변량 회귀분석의 경우와 거의 동일하다. 물론 용어가 때에 따라 다르고 통계치가 복수의 독립변수에 맞게 조정되지만 대부분의 개념은 이변량 회귀분석과 일맥상통한다.

다중회귀분석의 회귀식은 다음과 같이 표현된다.

다중회귀분석의 회귀식

$$y = a + b_1x_1 + b_2x_2 + b_3x_3 + \cdots + b_mx_m$$

다중회귀식에는 2개 이상의 독립변수(x)가 사용된다.

y = 종속변수, 예측된 변수
x_i = 독립변수 i
a = 절편
b_i = 독립변수 i의 기울기
m = 회귀식의 독립변수의 총 수

여기서 보듯이 다른 독립변수를 추가하는 경우 기존의 식에 b_ix_i를 추가하는 것이 전부이다. 기존의 이변량 회귀식이었던 $y = a + bx$의 직선에서 복수의 x를 더하고 x가 변할 때 y가 변하는 정도를 각각의 독립변수의 기울기로 나타낸다. 이런 식으로 독립변수를 더하면 기존의 직선형 관계의 가정들을 그대로 가져올 수 있다. 이는 새로운 변수가 기존의 식에 더해진다는 의미에서 **가산성**(additivity)으로 표현되기도 한다.

아래의 다중회귀분석 결과를 보면 다중회귀식을 좀 더 잘 이해하게 될 것이다. 렉서스 자동차의 예로 다음과 같은 회귀식을 생각해보자.

렉서스 구매 의사에 관한 다중회귀식의 예

렉서스 구매 의사 = 2 + 1.0 × 렉서스에 대한 태도(1~5점 척도) − .5 × 현 자동차에 대한 태도(1~5점 척도) + 1.0 × 소득수준(1~10점 척도) ($a = 2$, $b_1 = 1.0$, $b_2 = -0.5$, $b_3 = 1.0$)

이 식은 여러분이 세 가지 변수, 즉 (1) 렉서스에 대한 태도, (2) 현 자동차에 대한 태도, (3) 1~10으로 표현된 소득수준을 알면 렉서스에 대한 구매 의사를 예측할 수 있다고 말한다. 나아가 세 가지 변수가 렉서스 구매 의사에 끼치는 영향력 역시 알 수 있다. 이 식은 다음과 같이 더 자세히 해석될 수 있다. 첫째, 평균적으로 사람들은 렉서스의 구매 의사가 척도상 2 정도, 혹은 보통보다 낮은 편이다. 렉서스에 대한 태도는 1~5점 척도로 측정되었으며 이 척도가 1점 올라가면 구매 의사가 1점 올라간다. 즉 렉서스에 대한 어떤 이의 태도가 5점으로 아주 높다면 그 사람은 렉서스에 대한 태도가 1점인 사람보다 구매 의사가 훨씬 높음을 의미한다. 현재 가지고 있는 자동차(우리는 렉서스 구매자들은 현재 다른 자동차를 소유하고 있다고 가정한다. 보통 렉서스를 구매하고자 하는 사람들은 캐딜락이나 BMW를 가지고 있다)의 경우에는 현재 자동차에 대한 태도가 1 올라갈수록 렉서스에 대한 구매 의사가 0.5 내려간다. 마지막으로 구매의사는 소득수준이 1 올라갈 때 1 증가한다.

다음은 렉서스에 대한 태도가 4, 현 자동차에 대한 태도가 3, 그리고 소득수준이 5인 경우의 소비자의 렉서스 구매 의사에 대한 계산이다.

회귀식을 이용한 렉서스 구매 의사 계산

렉서스 구매 의사 = 2 + 1.0 × 4 − 0.5 × 3 + 1.0 × 5 = 9.5[여기서 절편 = 2, 렉서스에 대한 태도(x_1) = 4, 현 자동차에 대한 태도(x_2) = 3, 소득수준(x_3) = 5]

다중회귀분석은 어떤 요소가 종속변수에 영향을 주는지를 말해줄 뿐만 아니라 각각의 요소가 어떻게 종속변수에 영향을 끼치고(b_i의 부호) 그 영향의 크기가 얼마인지(b_i의 크기)까지도 말해주는 아주 강력한 기법이다.

다중 *R*은 다중회귀에서 독립변수들이 종속변수를 얼마나 잘 예측하는지를 보여준다.

이 다중회귀에서 종속변수와 독립변수들 간 선형 관계의 강도를 조사할 수도 있다. 다중 *R*(multiple *R*), 혹은 **결정계수**(coefficient of determination)는 전체적인 선형 관계를 파악하는 데 유용한 도구이다. 이변량 회귀분석과 마찬가지로 다중회귀분석에서도 변수들 간의 직선(혹은 평면)적인 관계가 있다는 것을 가정한다. 이 다중 *R*은 0과 1 사이의 숫자로 이 숫자는 독립변수들이 종속변수를 얼마만큼 설명하는지를 나타낸다. 높은 다중 *R*은 회귀면이 산포도의 점들 사이에 잘 배치되어 있음을 의미하고 낮은 다중 *R*은 선형 관계가 잘 이루어지지 않는다는 것을 의미한다. 동시에 다중회귀분석의 결과는 모집단의 다중회귀식 추정치이며 다른 추정치처럼 통계적 유의성을 검정해야 한다.

다중 *R*은 다중회귀분석 결과의 선도적인 지표이다. 곧 보게 되겠지만 회귀분석의 결과 출력에서 이 다중 *R*은 제일 먼저 나오는 것 중 하나다. 많은 조사자들이 이 다중 *R*을 %로 변환시켜서 이해한다. 예를 들어 다중 *R*이 .75라면 이것은 독립변수들이 종속변수를 75% 설명하는 것을 의미한다. 이 설명 정도가 클수록 회귀분석이 더 유용함은 자명한 일이다.

다중회귀분석에 사용되는 독립변수들은 서로 간의 상관관계가 크지 않아야 한다.

이 다중회귀분석을 SPSS를 사용하여 실행하는 것을 설명하기 전에 한 가지 주의를 당부하고 싶다. 회귀분석의 가정 중 하나로 **독립성 가정**(independence assumption)이 있는데 이는 독립변수들이 서로 통계적으로 독립적이고 상관관계가 없어야 함을 규정하고 있다. 이 독립성 가정은 아주 중요한 것으로 만약 이것이 위배되면 다중회귀분석은 옳지 않은 결과를 도출한다. 독립변수들 사이에 중간 정도 이상의 상관관계가 존재하면 이는 독립성 가정을 위반하는 경우로 이를 **다중공선성**(multicollinearity)이라고 한다.[6] 이 다중공선성을 검정하고 제거하는 것은 조사자에게 달렸다.

다중공선성을 피하는 방법은 대부분의 통계 프로그램에서 제공하는 경고메시지 기능을 이용하는 것이다. 그중 자주 사용되는 방법 중 하나는 **분산 확장 요인**(variance inflation factor, VIF)이다. VIF는 단일 숫자로 표현되고 10 이하일 경우에는 다중공선성 문제를 걱정할 필요가 없다. 그러나 그 어떤 독립변수라도 VIF가 10 이상이면 그 변수를 제거하거나 아니면 전체 독립변수의 구성을 달리 하는 것이 좋다.[7] 다시 말하면 다중회귀분석의 결과를 검증할 때 조사자는 각 독립변수에 해당하는 VIF를 검토하여 VIF가 10이 넘는 독립변수가 있으면 그 변수를 제거하고 남은 변수들로 다시 회귀분석을 실시한다.[8] 이 과정을 통계적으로 유의하고 VIF가 10 미만인 독립변수들만이 남을 때까지 반복한다.

다중회귀분석에서 다중공선성을 진단하고 제거하기 위해서 VIF 통계치를 사용한다.

여러분은 아직 SPSS를 사용하여 회귀분석을 실시하는 법을 배우지 못했지만 이 회귀분석이 소비자 행동에 관한 흥미로운 통찰력을 제공할 것이라는 점은 이미 알 수 있을 것이다. 마케팅 조사 인사이트 15.2를 보면 소셜미디어 마케팅에 있어서 이 다중회귀분석이 어떻게 쓰이는지를 알 수 있을 것이다.

마케팅 조사 인사이트 15.2 디지털 마케팅 조사

다중회귀분석이 팬들이 페이스북에 왜 '좋아요'나 댓글을 남기는지 밝혀내다

여러 사회관계망서비스(SNS) 플랫폼 중에서 페이스북은 아마도 가장 오래되고 가장 많이 쓰이는 서비스일 것이다. 많은 기업들이 페이스북을 SNS 광고 수단으로 사용하고 있고 그럼에 있어서 고객들(페이스북 팔로워)과 교류(engage)하기 위하여 많은 전술과 게시물들을 이용하고 있다. 페이스북에서 사용자들끼리 교류하는 방법에는 '좋아요'와 댓글 두 가지가 있다. 브랜드의 팬들은 게시물에 '좋아요'를 누름으로써 그 게시물이 마음에 듦을 표현할 수 있다. 기업이 올린 게시물에 '좋아요' 숫자가 많으면 그 게시물은 성공적으로 평가받을 수 있고 '좋아요' 숫자가 적다면 그 게시물은 팬들, 혹은 고객들과 교류하는 데 있어 성공적이지 못했다고 볼 수 있다. 팬들은 교류의 또 다른 방식으로 댓글 달기를 선택할 수 있다. 댓글은 팬들로 하여금 게시물에 대해서 생각해 보고 거기에 대해서 글을 작성하도록 만든다. 따라서 댓글을 다는 행위는 단지 '좋아요'를 누르는 행위보다 더 많은 인지적, 육체적 노력을 요구하는 작업이며 따라서 우리는 댓글을 다는 팬들이 '좋아요'를 누르는 고객들보다 기업과 보다 깊고 장기적인 교류를 하고 있다고 생각할 수 있다.

소셜미디어 조사자들은 최근 기업의 게시물 중 어떤 부분이 댓글이나 '좋아요'와 관련이 있는지 이해하기 위하여 다중회귀분석을 시도했고[9] 다음의 여섯 가지 독립변수를 찾아냈다.

- 팔로워(followers) – 해당 브랜드의 팔로워 수
- 단어 수(characters) – 포스트에 사용된 단어 수
- 링크(links) – 포스트 안의 링크 수
- 이미지(image) – 포스트에 사용된 이미지 수
- 비디오(videos) – 포스트에 사용된 비디오 수
- 시간(time) – 24시간으로 측정된 포스트를 올린 시간

두 회귀분석에 사용된 종속변수는 각각 '좋아요'의 숫자와 댓글의 숫자이다. 분석 결과, 두 회귀분석에서의 통계적으로 유의한 독립변수들이 서로 다르다는 것이 밝혀졌다. 이 분석은 '좋아요'의 숫자나 댓글의 숫자를 예측하는 데 관심이 있는 것이 아니기 때문에 유의한 베타의 부호만을 중요하게 취급했고 그 결과는 다음 표에 정리되어 있다.

페이스북 게시물 특성	좋아요	댓글
팔로워	+	+
단어 수	+	
링크		−
이미지	+	+
비디오	+	
시간		+

위의 표에서 보듯이 '좋아요'는 팔로워 숫자, 포스트의 길이, 이미지의 수, 비디오 수에 크게 영향을 받는 반면 댓글은 팔로워 숫자, 이미지 수, 그리고 포스트를 올린 시간에 영향을 받는다. 또한 댓글은 포스트에 링크가 많다면 잘 달리지 않는다.

팔로워가 많다면 더 많은 '좋아요'와 댓글이 달리기 때문에 이 결과는 기업들이 보다 많은 팔로워들을 확보해야 함을 말해준다. 많은 사진과 비디오가 포함된 긴 포스트는 팬들이 더 좋아하거나 적어도 '좋아요'를 더 많이 누르게 한다. 많은 수의 사진과 포스트를 늦은 시간에 올리면 더 많은 댓글을 얻을 수 있다. 하지만 링크가 너무 많다면 아마도 게시물을 읽는 사람들이 댓글을 남기기 전에 그 링크를 따라서 다른 사이트로 가버려서인지 댓글을 덜 남기게 된다.

통합 사례

Auto Concepts : SPSS를 사용하여 다중회귀분석을 실시하고 그 결과를 해석하기

다중회귀분석을 실시할 때 제일 먼저 할 일은 종속변수와 독립변수를 정하는 것이다. 우리는 5인승 휘발유 자동차에 대한 호감도를 종속변수로 두고 Auto Concepts와 관련된 일반 개념 모델을 생각해보기로 하자. 우리는 마케팅 전략에서 인구통계변수가 종종 세분화의 기준으로 사용된다는 것을 이미 알고 있다. 이 데이터에는 거주 도시의 크기(size of hometown), 연령대(age), 수입(income), 교육수준(education), 가족 구성원 수(household size)라는 인구통계변수가 있다. 또한 신념(beliefs)도 역시 세분화 기분으로 사용되는데 우리 데이터에는 휘발유 사용과 지구온난화에 대한 고객들의 태도라는 변수가 있다. 요약하자면 우리는 개념 모델로 5인승 휘발유 자동차에 대한 호감도를 종속변수로 하여 이를 (1) 인구통계변수와 (2) 지구온난화와 휘발유 사용에 대한 태도에 연관되는 것으로 수립할 수 있을 것이다. 어떤 경우에는 서열척도로 측정된 인구통계변수를 비율

그림 15.3 다중회귀분석을 위한 IBM SPSS 클릭 순서

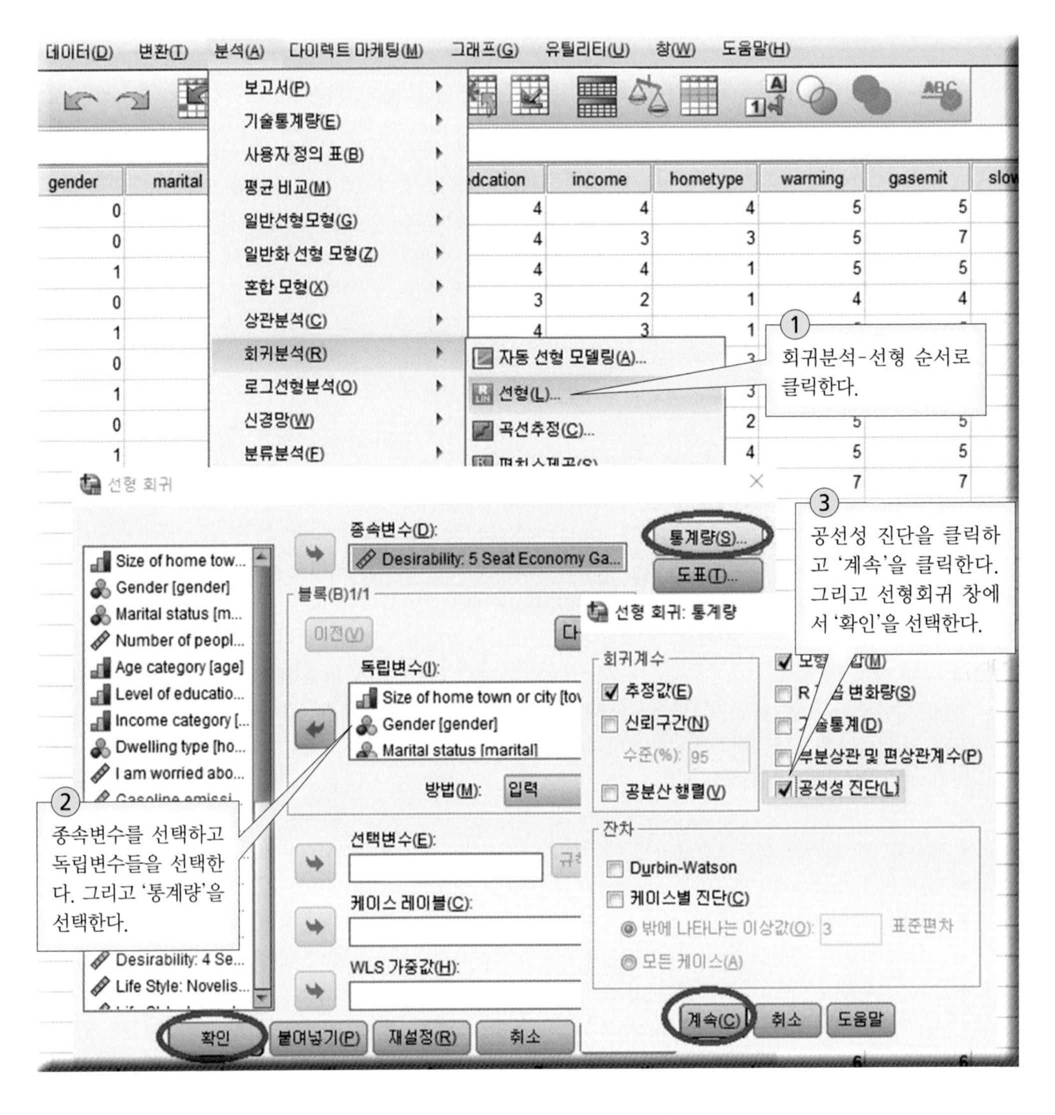

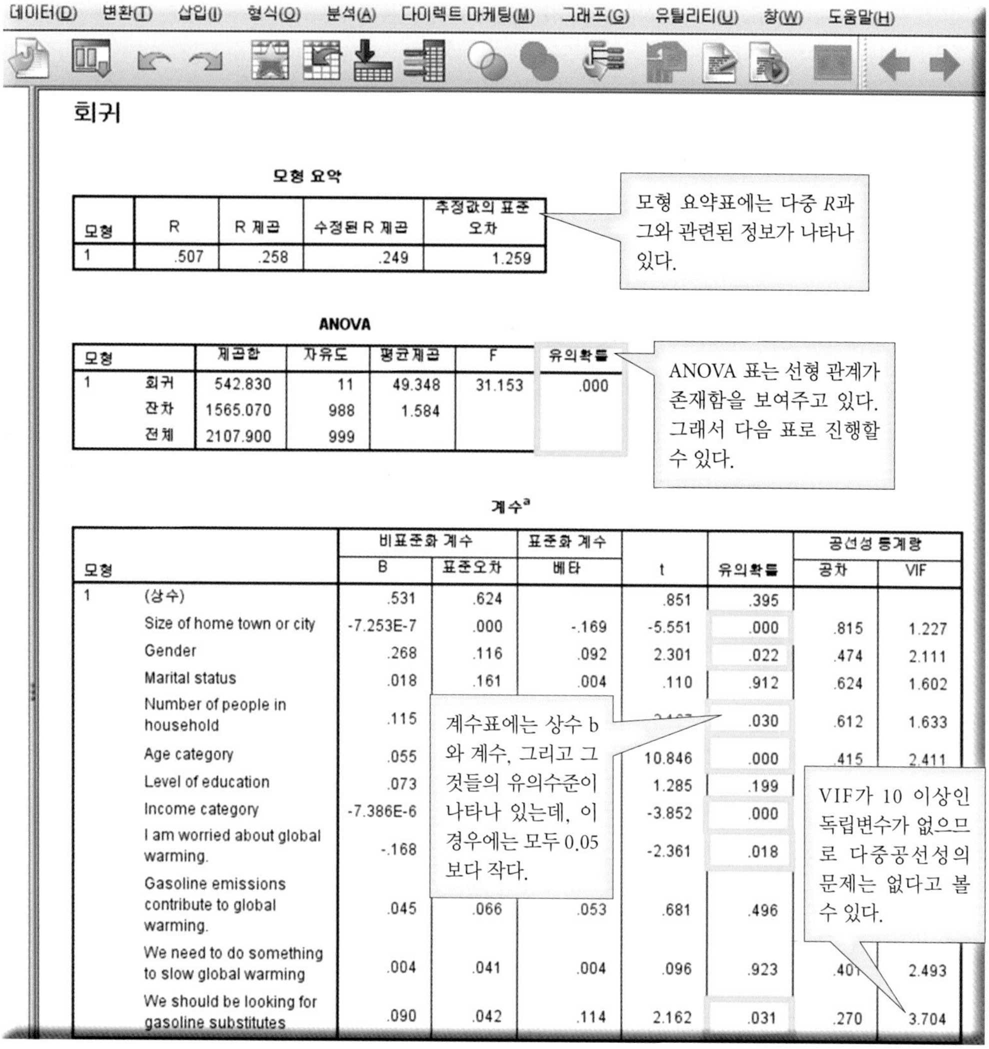

데이터(D) 변환(T) 삽입(I) 형식(O) 분석(A) 다이렉트 마케팅(M) 그래프(G) 유틸리티(U) 창(W) 도움말(H)

회귀

모형 요약

모형	R	R 제곱	수정된 R 제곱	추정값의 표준오차
1	.507	.258	.249	1.259

모형 요약표에는 다중 R과 그와 관련된 정보가 나타나 있다.

ANOVA

모형		제곱합	자유도	평균제곱	F	유의확률
1	회귀	542.830	11	49.348	31.153	.000
	잔차	1565.070	988	1.584		
	전체	2107.900	999			

ANOVA 표는 선형 관계가 존재함을 보여주고 있다. 그래서 다음 표로 진행할 수 있다.

계수[a]

모형		비표준화 계수		표준화 계수	t	유의확률	공선성 통계량	
		B	표준오차	베타			공차	VIF
1	(상수)	.531	.624		.851	.395		
	Size of home town or city	-7.253E-7	.000	-.169	-5.551	.000	.815	1.227
	Gender	.268	.116	.092	2.301	.022	.474	2.111
	Marital status	.018	.161	.004	.110	.912	.624	1.602
	Number of people in household	.115				.030	.612	1.633
	Age category	.055			10.846	.000	.415	2.411
	Level of education	.073			1.285	.199		
	Income category	-7.386E-6			-3.852	.000		
	I am worried about global warming.	-.168			-2.361	.018		
	Gasoline emissions contribute to global warming.	.045	.066	.053	.681	.496		
	We need to do something to slow global warming	.004	.041	.004	.096	.923	.40	2.493
	We should be looking for gasoline substitutes	.090	.042	.114	2.162	.031	.270	3.704

계수표에는 상수 b와 계수, 그리고 그것들의 유의수준이 나타나 있는데, 이 경우에는 모두 0.05보다 작다.

VIF가 10 이상인 독립변수가 없으므로 다중공선성의 문제는 없다고 볼 수 있다.

그림 15.4 IBM SPSS를 사용한 다중회귀분석의 결과 아웃풋

척도로 변환할 수가 있는데 이렇게 변환된 데이터가 Auto Concepts.Recoded.sav에 저장되어 있다.

회귀분석을 실시하기 위해서는 '분석-회귀분석-선형' 순서로 클릭을 하고 변수 'Desirability: 5 Seat Economy Gasoline Model'을 종속변수로 선택한다. 그다음에 다른 11가지 변수를 독립변수로 선택한다. 그림 15.3에 이 과정이 나타나 있다.

다중회귀분석을 수행하기 위해서는 '분석-회귀분석-선형'의 순서를 사용한다.

그림 15.4에 있는 결과 아웃풋을 보면 독립변수와 종속변수 간 관계의 강도를 보여주는 다중 R 값은 .249이고 어느 정도의 선형 관계가 존재함을 알려준다. 다음으로는 ANOVA F를 봐야 하는데 이 값 역시 통계적으로 유의미하여 이 또한 독립변수와 종속변수 사이에 유의미한 선형 관계가 있음을 보여준다.

다중회귀분석에는 각 독립변수의 계수인 b_i(beta)들에 대해서 각각 통계적 유의성 검정을 실시해야 한다. 다시 말하면 표본오차(sampling error)가 결과에 영향을 끼쳐서 잘못된 결과가 나온 것이 아닌가를 검정해야 한다. 각각의 계수인 b_i가 0이라는 귀무가설을 검정하기 위하여 t 검정을 각 계수마다 실시한다. 각각의 계수에 대한 유의수준은 그림 15.4에 있는 SPSS 아웃풋에서 유의확률이

다중회귀분석에는 각각의 베타들에 대해서 통계적 유의성을 살펴보아야 한다.

라고 표시된 열에서 찾을 수 있고 유의확률이 0.05보다 낮은 경우(95% 신뢰수준)는 노란색으로 강조되어 있다. 이 결과에 의하면 거주 도시의 크기, 성별, 가족 구성원 수, 연령대, 수입, 그리고 두 태도변수가 통계적으로 유의하다. 다른 인구통계변수는 검정을 통과하지 못했는데 이는 그 변수들의 계수가 0으로 처리된다는 의미이다. 또한 VIF가 10이 넘는 변수가 없으므로 다중공선성 문제는 걱정할 필요가 없다.

유의미한 결과 중심으로 회귀분석 '가지치기'

가지치기를 한다는 것은 통계적으로 유의미하지 않은 변수들을 제거하고 다시 회귀분석을 실시하는 것을 말한다.

위의 회귀분석 결과에서 보듯이 유의성 검정의 결과가 좋은 것도 있고 나쁜 것도 있는 경우에는 어떻게 할까? 이 질문에 대한 답을 하기 전에 우리는 이러한 섞인(mixed) 결과는 매우 흔하게 일어나며 이 경우를 처리하는 방법을 아는 것이 다중회귀분석을 성공적으로 이해하고 수행하는 데 매우 중요하다는 말을 해두고 싶다. 답부터 말하자면 이런 경우에는 '가지치기(trimming)'처럼 유의하지 않은 독립변수를 하나씩 제거하여 회귀분석을 다시 실시한다. 이러한 과정을 통하여 통계적으로 유의하지 않은 독립변수들이 제외된 간단한 모델을 도출해낼 수 있다. 그림 15.5에는 이렇게 가지치기가 되어 모든 독립변수가 통계적으로 유의미한 모델이 나타나 있다. 이미 이전 모델에서 다중공선성에 대한 검정은 마쳤고 문제가 없었기 때문에 여기서는 VIF 진단은 행해지지 않았다.

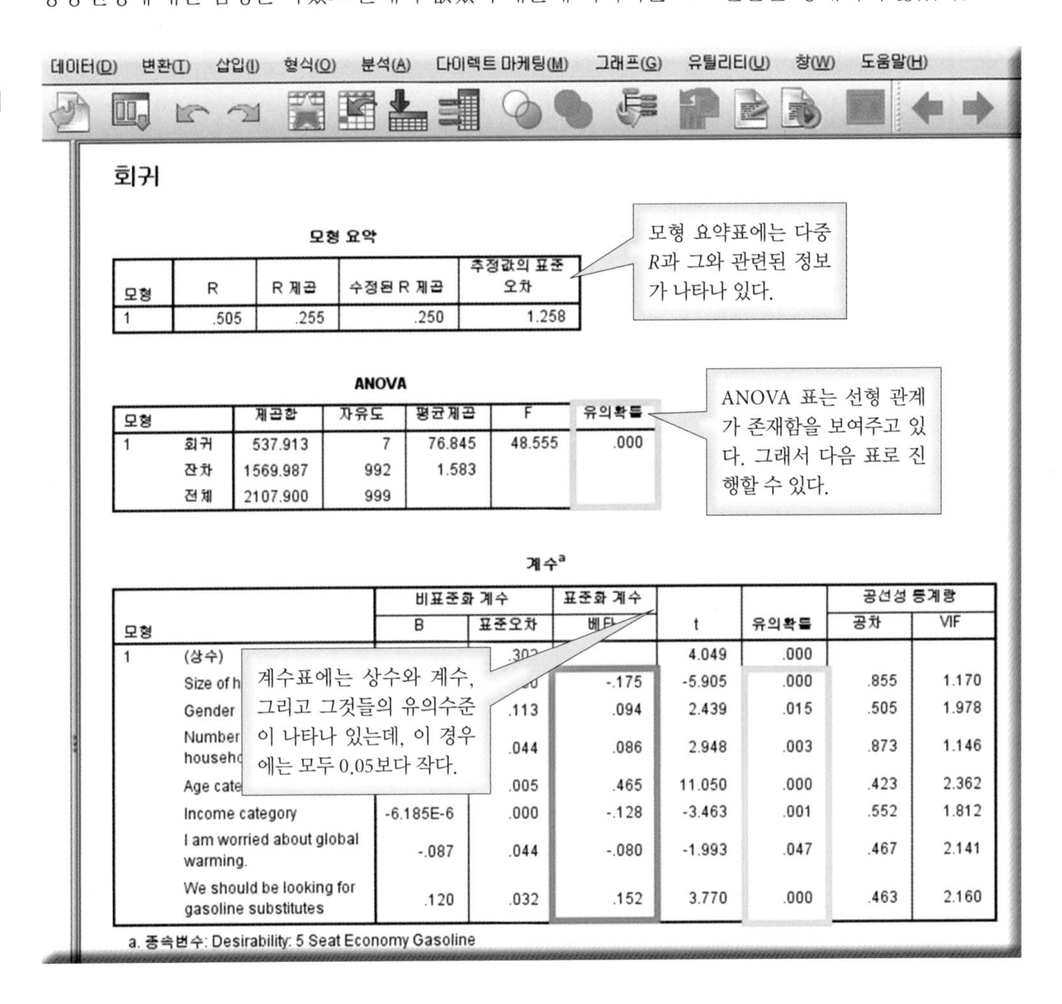

회귀

모형 요약

모형	R	R 제곱	수정된 R 제곱	추정값의 표준오차
1	.505	.255	.250	1.258

ANOVA

모형		제곱합	자유도	평균제곱	F	유의확률
1	회귀	537.913	7	76.845	48.555	.000
	잔차	1569.987	992	1.583		
	전체	2107.900	999			

계수[a]

모형		비표준화 계수		표준화 계수	t	유의확률	공선성 통계량	
		B	표준오차	베타			공차	VIF
1	(상수)		.302		4.049	.000		
	Size of h		[illegible]	-.175	-5.905	.000	.855	1.170
	Gender		.113	.094	2.439	.015	.505	1.978
	Number househo		.044	.086	2.948	.003	.873	1.146
	Age cate		.005	.465	11.050	.000	.423	2.362
	Income category	-6.185E-6	.000	-.128	-3.463	.001	.552	1.812
	I am worried about global warming.	-.087	.044	-.080	-1.993	.047	.467	2.141
	We should be looking for gasoline substitutes	.120	.032	.152	3.770	.000	.463	2.160

a. 종속변수: Desirability: 5 Seat Economy Gasoline

그림 15.5
IBM SPSS를 사용한 회귀분석 결과 아웃풋

이러한 가지치기는 종속변수와 관계가 있는 변수들의 차원을 줄여주는 역할을 한다. 이렇게 가지치기를 할 때마다 다중 R의 값은 변화하게 되는데 이 숫자를 주시해야 한다. 이 예에서는 변화한 다중 R의 값이 0.250으로 이전의 0.249에서 별로 크게 변화하지 않았다. 이러한 반복실행은 계수와 절편의 값도 변화시킨다. 결과적으로 매회 회귀분석을 실시할 때마다 이러한 변화된 값을 살펴보아야 한다. 이러한 반복실행을 통하여 마케팅 조사자들은 자신이 관심이 있는 종속변수와 선형관계를 가지는 독립변수들로 이루어진 최종 회귀식에 다다를 수 있다. 이 결과를 통하여 간략한 예측 모델을 수립할 수도 있다. 즉 이 결과에 의하면 5인승 휘발유 차량을 선호하는 사람은 작은 도시에 살고, 식구의 수가 많으며, 소득이 적고 나이가 많으며, 지구온난화에 대해서 걱정은 덜하지만 휘발유를 대체하는 에너지를 찾아야 한다는 것에는 동의를 하는 사람들이다. 성별도 유의미한데 이것의 의미를 해석하기 위해서는 다음 절에서 설명할 '더미(dummy)변수'를 이해해야 한다.

이러한 방식으로 모든 독립변수가 통계적으로 유의미할 때까지 회귀분석을 반복한다.

다중회귀분석의 특수한 활용

그림 15.5의 결과를 논의하기 전에 다중회귀분석을 수행하는 데 있어서 알아두어야 할 몇 가지 특수한 고려사항에 대해서 논의를 해보자. 이 고려사항들은 '더미'변수의 활용, 독립변수의 상대적 중요성을 파악하기 위한 표준화 베타(standardized beta), 그리고 변수들을 선별하기(screening) 위한 다중회귀의 활용이 그것들이다.

© Jakrit Jiraratwaro/Shutterstock

성별은 다중회귀분석에서 더미변수로 표현될 수 있다.

더미변수를 독립변수로 활용하기 **더미변수**(dummy independent variable)는 0과 1의 명목척도로 측정된 변수를 말한다. 0과 1을 사용하는 것이 전통적인 방법이긴 하지만 1과 2처럼 서로 붙어 있는 두 변수를 사용해도 된다. 다중회귀분석에서 사용되는 척도들은 최소한 등간척도여야 하지만 마케팅 조사자들이 관심 있어 하는 변수들에는 이렇게 등간척도로 나타낼 수 없는 변수들이 있다. 이러한 상황에서 마케팅 조사자들이 양자택일(dichotomous) 형태나 2레벨로 이루어진 변수를 사용하는 것은 드문 일이 아니다. 자주 쓰이는 더미변수에는 성별(남자, 여자), 구매행동(구매자, 비구매자), 광고 노출(회상, 비회상), 그리고 구매경험(새 고객, 반복 고객) 등이 있다. 예를 들어 성별의 경우에는 독립변수의 값으로 남성에는 '0'을 사용하고 여성에는 '1'을 사용할 수가 있다. 이렇게 독립변수들이 어느 정도 해석 가능한 결과를 도출할 수 있는 경우에는 변수들이 등간척도나 비율척도라는 가정들을 조금 무시해도 좋다. Auto Concepts의 다중회귀분석의 경우에 우리는 성별과 결혼 여부라는 2개의 더미변수를 사용했다. 다른 변수들은 연속형 척도이다(서열척도로 측정된 인구통계변수는 등간척도로 재코딩되었다). 그림 15.4에서 성별변수의 계수는 통계적으로 유의하고 +의 부호를 가지고 있다. 이 성별변수는 남자를 0으로 여자를 1로 코딩했기 때문에 이는 여자의 경우가 남자의 경우보다 5인승 휘발유 자동차를 더 선호한다는 의미이다.

등간척도나 비율척도가 쓰여야 한다는 가정은 더미변수의 경우에는 조금 완화될 수 있다.

독립변수들의 중요성을 비교하기 위한 표준화 베타 다중회귀분석의 결과를 어디에 적용하든지에 상관없이 조사자들은 독립변수들의 상대적 중요성을 알고 싶어 한다. 그런데 이 독립변수들은 종종 다른 척도에 의해서 측정되기 때문에 결과에 나타난 베타값만으로 그 중요성을 직접 비교하는 것은 잘못된 방법이다. 예를 들어 가족 구성원 수와 외모를 가꾸는 데 한 달에 지출하는 금액 중에서 전자는 사람 수로 측정되었고 후자는 달러로 측정되어서 사용된 척도가 다르다. 따라서 이 두 변수의 베타를 직접 비교하는 것은 옳지 않다. 독립변수들을 표준화하는 데 가장 흔히 쓰이는 방법은 그 변수의 값과 그 변수의 평균과의 차이를 그 변수의 표준편차로 나누는 방법이다. 즉 변수들의 값을 평균으로부터 표준편차의 몇 배나 떨어져 있는지로 변환하면 그 변수의 값들이 평균이 0이고 표준편차가 1인 분포로 변환된다. 이러한 방식으로 회귀분석을 실시하여 얻게 된 계수가 **표준화 베타 계수**(standardized beta coefficient)이다.

표준화 베타 계수는 직접 비교를 할 수 있지만 표준화되지 않은 베타 계수를 직접 비교하는 것은 사과와 오렌지를 비교하는 것과 같이 적절하지 않은 것이다.

이렇게 변환한 후에 얻어지는 표준화 베타값들을 직접 비교해서 변수의 상대적 중요성을 파악할 수 있다. 즉 표준화 계수가 크다면 그 독립변수가 종속변수를 예측하는 데 더 중요한 변수라는 뜻이다. SPSS나 다른 통계 프로그램도 이 표준화 계수를 자동적으로 제공해준다. 그림 15.5에 이 표준화 계수를 초록색으로 표시해두었는데 조금 뒤에 이것들을 해석하는 방법을 이야기하겠다. 여러분은 지금까지 너무 많은 전문용어들을 공부하느라 좀 휴식이 필요할 수도 있다. 그렇다면 마케팅 조사 인사이트 15.3에 있는 중국 운전자들이 운전 중에 보이는 분노에 대해서 읽어보길 바란다.

변수들을 선별하기 위한 다중회귀분석의 활용 다중회귀분석의 특별한 고려사항 중 마지막은 이 기법을 **식별 도구**(screening device) 혹은 선별 도구로 사용하는 것이다. 즉 마케팅 조사자는 일반 개념모델에서 아주 많은 독립변수들을 다루어야 하는 경우도 있는데 이 경우에 다중회귀분석을 사용하여 종속변수에 통계적으로 유의한 영향을 미치는 독립변수만을 선별하여 사용할 수 있다는 것이다. 이 경우에 분석의 목적은 종속변수를 예측하는 것이 아니라 어떠한 변수, 요소가 종속변수의 변화를 이해하는 데 도움이 되는지를 찾는 것이 된다. 예를 들어 시장 세분화를 계획하고 있는 마케팅 조사자는 회귀분석을 통해서 어떤 인구통계변수가 고객의 행동에 연관되어 있는지를 파악하여 그것을 중심으로 시장을 세분화할 수 있다는 것이다. 자동차 구매 행동에 대한 연구의 경우, 연구의 목적이 각 유형의 자동차에 대한 세분시장을 파악하는 것일 경우가 많은데 이 경우에도 회귀분석을 선별 도구로 사용하면 어떤 변수가 시장 세분화에 유용하게 쓰일지를 파악할 수 있다. 마케팅 조사 인사이트 15.4에 이러한 선별 도구로서의 회귀분석 활용의 예가 나와 있다.

© Sofi photo/Shutterstock
다중회귀분석은 최종적인 회귀식에 사용될 수 있는 독립변수들을 식별해낼 수 있다.

다중회귀분석의 해석 여러분은 앞에서 살펴본 Auto Concepts의 회귀분석의 예를 통하여 다중회귀분석을 사용하여 유의미한 인구통계변수나 태도변수를 파악해낼 수 있다는 점을 이해했을 것이다. 즉 이 기법은 변수 선별도구로 사용될 수 있다는 것이다. 자, 이제 그림 15.5에 있는 결과표에서 녹색으로 강조된 표준화 계수를 사용하여 결과를 해석해보자. 이 결과 해석에는 그 계수들의 상대적인 크기와 부호가 사용된다. 양의 부호(+)는 두

마케팅 조사 인사이트 15.3 | 글로벌 실무 적용

다중회귀분석을 스트레스 받고, 화났으며, 술 취한 운전자 사례에 적용하기 : 중국인 난폭운전자들

'난폭운전(road rage)'은 운전자가 비이성적이고 위험한 방식으로 운전하는 것을 의미한다. 위키피디아[10]는 난폭운전의 경우로 다음과 같은 것을 들고 있다.

- 급가속과 급제동, 그리고 앞차에 바싹 붙어서 운전하는 등의 공격적인 운전
- 끼어들기, 일부러 도로 합류(merge)를 방해하기
- 다른 운전자 뒤쫓기
- 상향등을 키거나 경적을 과하게 울리기
- 소리를 지르거나 자극적인 행동을 하는 행위
- 도로의 가운데 차선에서 고속으로 주행하여 양쪽의 운전자를 두렵게 하는 행위
- 무례한 제스처
- 욕을 하거나 협박을 하는 행위
- 의도적으로 충돌 일으키기
- 다른 차를 들이받는 행동
- 다른 운전자나 승객, 자전거나 오토바이를 탄 사람 또는 행인을 공격하는 행위
- 싸우기 위해서 차에서 내리거나 물건을 이용하여 다른 차를 치는 행위
- 총이나 다른 무기를 사용할 것처럼 협박하는 행위
- 움직이는 차 안에서 다른 차를 손상시키기 위해서 물건을 던지는 행위

위에서 보듯이 난폭운전은 무례한 손짓에서부터 생명을 위협하는 위험한 운전까지 다양하다. 더구나 난폭운전은 한 나라에 국한된 문제가 아니라 여러 나라가 고민하고 있는 국제적인 문제이다.

서양 국가에 비하여 중국에서 이러한 난폭운전 문제가 대두된 것은 최근의 일이다. 조사자들은 중국의 난폭운전 문제를 해결하기 위해서 중국 운전자들의 심리상태와 다른 여러 가지 내적인 면을 조사했다.[11] 그들은 난폭운전 성향을 감정적(emotional) 운전, 공격적(aggressive) 운전, 위험한(risky) 운전, 음주운전 네 가지 요소가 있는 '위험운전지수(dangerous driving index)'로 측정했다. 또한 그들은 운전자들의 화, 감각추구 성향(sensation seeking), 이타주의(altruistic) 등도 측정했으며 운전자의 스트레스 정도 역시 측정했다. 아래 표에서 ✓표시가 된 것은 유의수준 0.01에서 통계적으로 유의한 것들을 의미한다.

	무모한 운전	감정적 운전	공격적 운전	위험한 운전	음주 운전
스트레스	✓	✓			✓
분노	✓		✓		
감각추구	✓		✓	✓	
이타주의			✓ (음의 관계)		✓ (음의 관계)

일반적으로 위험하게 운전을 하는 중국인들은 스트레스를 많이 받았고 화가 났으며 감각을 추구하는 사람들이다. 그러나 감정적인 운전은 분노나 다른 성격적 특성에 상관없이 스트레스하에서 일어난다. 위험한 상황을 만드는 것과는 조금 다른 공격적 운전자들은 화가 나 있고 감각추구 성향이 있으며 이타주의가 적은 사람들이다. 운전을 위험하게 하는 사람들(risky driver)을 반드시 스트레스를 받았고 화가 나 있는 사람들이라고는 할 수 없고 감각추구 성향이 높은 사람들이다. 마지막으로 음주운전을 하는 사람들은 분노나 감각추구 정도와는 상관이 없고 스트레스를 많이 받았으며 이타주의 정도가 적은 사람들이다.

물론 이 표본은 중국 운전자들에게 국한된 것이지만 이 결과는 직관적으로 이해할 만하며 모든 운전자에게 적용될 수 있을 것으로 보인다. 이러한 난폭운전을 막기 위해서 미국운전자협회(American Automobile Association) 같은 관련단체는 다음과 같은 표어들을 사용하고 있다.

- 스트레스를 받으셨나요? 화를 풀기 위해서 술을 드시지 말고 버스나 기차 혹은 카풀을 이용하세요(don't take a drink, take the bus).
- 화가 났나요? 운전대를 잡기 전에 화부터 잡으세요.
- 흥분을 원하십니까? 운전 대신 놀이공원을 가거나 비디오 게임을 하세요.
- 직장동료나 이웃이 싫으십니까? 슬픔을 술로 해결하지 마세요.

변수 간에 양의 관계가 있다는 말이다. 즉 결과에 의하면 5인승 휘발유 자동차를 좋아하는 사람들은 남자(여자=0, 남자 1로 코딩되었기 때문에)이며, 가족 구성원 수가 많고, 나이가 많으며, 휘발유 대체재를 찾아야 한다고 생각하는 사람들이다. 음의 부호(−)는 두 변수의 관계가 음의 관계라는 뜻이다. 즉 결과를 보면 5인승 휘발유 자동차를 좋아하는 사람은 거주 도시의 인구가 적고 소득이 적은 사람들이며 지구온난화에 대해서 걱정을 덜하는 사람들이다. 표준화 계수가 0.465로 가장

마케팅 조사 인사이트 15.4 실무적 적용

다중회귀분석을 선별 도구로 사용하면 시력교정 업계의 경쟁을 경감시킬 수 있다

미국시력협회(Vision Council of Amecica)에 의하면 미국 성인의 75%가 어떤 형태로든 시력교정을 하고 있다고 한다. 이들 중 많은 사람들이 시력교정센터를 찾아서 검안을 하고 진단을 받으며 구매도 하고 있다. 안경을 구매한다는 것은 독특한 현상이다. 시력은 종종 나이에 직접적인 영향을 받는다. 양안이 모두 1.5인 사람이라 하더라도 나이가 들면서 시력저하를 경험한다. 40대 혹은 50대의 사람들이 일반적인 크기의 활자를 읽는 데 어려움을 느껴 시력교정센터를 찾는 것은 흔한 일이다. 하지만 안경이나 콘택트 렌즈를 사용하기 위해서는 몇 가지 고려해야 할 것이 있다. 예를 들어 의견선도자나 가족, 동료, 혹은 아는 사람들의 의견 등 사회적인 요소가 안경 구입에 영향을 미칠 수가 있다. 혹은 동기, 지각, 자기개념(self-concept)과 같은 심리적인 요소도 영향을 끼치며 또 성별이나 소득수준 역시 영향을 끼칠 수가 있다.

일단의 조사자들은[12] 안경 구입에 영향을 끼치는 13개의 경쟁요소를 나열하고 다중회귀분석을 통하여 어떤 것이 나이와 관련된 안경 구입에 유의한 영향을 끼치는지를 알아보았다. 그 요소들은 다음과 같다.

- 안경테의 디자인
- 렌즈 브랜드
- 가격
- 안경테의 무게
- 무상수리보증(warranty)
- 렌즈 처리(긁힘 방지 처리 등)
- 렌즈 재료(유리, 플라스틱 등)
- 렌즈 타입(단초점, 다중초점 등)
- 렌즈 액세서리
- 구매 프로모션
- 검안
- 구매시점(point-of sale) 서비스
- 광고

독립변수가 여러 개 식별되었기 때문에 조사자들은 다중회귀분석을 통하여 통계적으로 유의한 것들을 추려내려는 시도를 했다. 그 결과 3개의 변수가 신뢰수준 95%에서 유의미하고 네 번째 변수는 신뢰수준 90%에서 유의한 것으로 드러났다. 그 변수들은 가격, 무상수리보증, 그리고 광고가 처음의 3개의 변수이고 구매시점 서비스가 네 번째 변수이다. 흥미롭게도 다른 3개의 변수의 계수는 양의 부호를 가지고 있는 데 반해 광고의 계수는 음의 부호를 가지고 있었다.

이 결과를 해석하면 다음과 같은 마케팅 전략을 제시할 수 있을 것이다 –(1) 경쟁적인 가격을 제시하라. (2) 매력적인 사후 무상수리보증제도를 실시하라. (3) 구매시점 관리를 개선하라. (4) 다른 시력교정 센터와 광고전을 벌이는 것을 피하라.

크기 때문에 나이가 5인승 휘발유 자동차에 대한 호감도를 가장 잘 예측하는 변수이며 그다음이 거주 도시의 크기이다. 이렇게 표준화 계수의 크기를 생각해보면 여러분이 5인승 휘발유 자동차에 대한 시장 세분화를 하려고 할 때 어떤 사람들이 표적 시장에 속할 것인지를 알아낼 수 있을 것이다. 여러분들은 이 사람들이 왜 휘발유 차량에 호감을 보이는지를 알 수도 있을 것이다. 그들은 지구온난화를 걱정하지 않는 사람들이라는 것이다.

표준화 베타 계수는 독립변수들의 상대적인 중요성을 알려준다.

15-3 단계적 회귀분석

조사자가 다중회귀분석을 변수 선별을 위해서 사용하거나 아니면 개념 모델에 아주 많은 변수가 있어서 그 변수들을 검정해보려는 경우에 이러한 회귀분석을 수작업으로 반복하여 수행하는 것은 시간이 많이 드는 일이다. 다행스럽게도 단계적 회귀분석이라는 기법을 사용하면 이러한 선별작업을 자동으로 수행할 수 있다.

단계적 회귀분석은 독립변수의 수가 많아서 이 독립변수들 중 통계적으로 유의한 독립변수들만을 골라서 독립변수들 숫자를 줄이고 싶은 경우에 유용하다.

이 기법을 간략하게 설명하면 다음과 같다. **단계적 회귀분석**(stepwise multiple regression)은 독립변수들 중에서 통계적으로 유의하며 종속변수를 가장 많이 설명하는 변수를 식별해내어 회귀식에 포함시킨다. 그다음에는 종속변수 중 첫 번째 변수에 의해서 설명되지 않은 부분을 가장 잘 설

Segmentation Associates, Inc.

Segmentation Associates, Inc.는 시장 세분화를 전문으로 하는 마케팅 조사 회사이다. 이 회사는 방대하고 세밀한 인구통계적 변수, 라이프스타일, 소유재산, 소비자 가치, 그리고 여러 다른 소비자 특성 요소들에 대한 데이터베이스를 확보하고 있다. 이 회사는 이렇게 많은 데이터베이스를 선별하여 의뢰인들에게 적합하고 관리할 수 있는 결과물로 제시하는 것으로 명성을 쌓았다. 즉 이 회사는 그들이 발견한 것을 의뢰인이 마케팅 전략에 사용할 수 있는 시장 세분화 변수로 변환하는 것에 특별한 능력을 가지고 있다.

과거에 이 회사는 자동차 회사들의 시장 세분화를 맡아 왔다. 이 회사는 데이터 보안의 문제로 인해 그들의 데이터를 조금 수정한 후 다음과 같이 공개하는 것에 동의를 해주었다. 아래 표에는 시장 세분화를 위한 요소들과 자동차 구매자들의 세 집단이 식별되어 있고 각각의 세분화 변수를 사용하여 실시한 다중회귀분석 결과가 나타나 있다. 표에 있는 값들은 통계적으로 유의하다고 판단된 세분화 변수들의 표준화 계수들이고 '−' 표시는 그 변수가 통계적으로 유의하지 않다는 의미이다.

세분화 변수	이코노미카 구매자	스포츠카 구매자	럭셔리카 구매자
인구통계변수			
나이	−.28	−.15	+.59
교육수준	−.12	+.38	−
가족 구성원 수	+.39	−.35	−
소득수준	−.15	+.25	+.68
라이프스타일/가치			
활동적	−	+.59	−.39
자랑스러운 미국인	+.30	−	+.24
할인탐색자(bargain hunter)	+.45	−.33	−
보수적	−	−.38	+.54
세계시민주의(cosmopolitan)	−.40	+.68	−
변화 수용	−.30	+.65	−
가족 가치 중시	+.69	−	+.21
경제적으로 안전함	+.28	+.21	+.52
낙천적	−	+.71	+.37

질문

1. 이 세 종류의 결과물에서 드러나는 Segmentation Associates의 개념 모델은 무엇인가?
2. 이코노미카를 선호하는 소비자들을 구분해내는 변수들은 무엇이고 그 방향은 어떠한가?
3. 스포츠카를 선호하는 소비자들을 구분해내는 변수들은 무엇이고 그 방향은 어떠한가?
4. 럭셔리카를 선호하는 소비자들을 구분해내는 변수들은 무엇이고 그 방향은 어떠한가?

명하는 두 번째 독립변수를 식별하고 식에 포함시킨다. 이 과정을 통계적으로 유의한 독립변수가 모두 포함될 때까지 반복한다.[13] 다시 말하면 이 과정을 통해서 조사자가 설정한 유의수준에서 통계적으로 유의하지 않은 모든 독립변수들을 제거하고 통계적으로 유의한 독립변수들로만 회귀식을 구성할 수 있다. 단계적 회귀분석은 수많은 독립변수들을 가지고 있는 조사자가 통계적으로 유의미한 독립변수만을 하나의 회귀식에 포함시키는 방식으로 조사를 단순화하려는 경우에 유용한 도움을 준다. 단계적 회귀분석을 SPSS에서 실시하면 연구자는 회귀분석을 여러 번 반복하여 변수들을 선별해낼 필요 없이 조사자가 선택한 방법에 따라서 작업을 자동적으로 수행할 수 있다.

SPSS에서 단계적 회귀분석 수행하기

단계적 회귀분석을 실시하려면 SPSS 명령어에 일반 다중회귀분석처럼 '분석-회귀분석-선형' 순서로 명령어를 선택한다. 종속변수와 여러 개의 독립변수를 선택하는 것 역시 이전과 동일하다. SPSS에게 단계적 회귀분석을 수행시키려고 하면 '방법'란에 해당하는 메뉴에서 '후진'을 선택한다. 이 방식을 선택하면 반복적으로 회귀분석을 실시하여 변수들을 제거하는 방식과 같은 결과를 도출한다. 물론 단계적 회귀분석을 실시하여 유의하지 않은 독립변수들을 제거한 다음에 다시 VIF 통계치를 사용하여 다중공선성을 확인할 수도 있다.

단계적 회귀분석을 공부하려면 www.youtube.com에서 Multiple Regression-SPSS(Brief)를 검색하라.

우리는 이 책에 단계적 회귀분석에 대한 SPSS 스크린샷을 포함시키지 않기로 했다. 이 기법은 사실 좀 어려워서 여러분이 회귀분석에 대해서 더 많은 지식을 가질 때까지는 이 기법을 사용하지 않는 것이 좋겠다. 그렇지 않은 상황에서 이 기법을 사용하면 분석의 결과를 이해하지 못하게 되거나 심지어 상식과 어긋난다고 생각하게 될 수도 있기 때문이다.[14]

다중회귀분석 요약

우리는 이 다중회귀분석에 대해서 최대한 천천히, 쉽게 설명하려고 하고 있지만 여러분은 이 기법의 여러 부분들 때문에 정신이 없을 수도 있겠다. 그럼에도 불구하고 통계학 분석에는 간단한 기술통계를 제외하고는 어떤 형태로든지 통계적 검정이 필요하고 이 회귀분석에는 그러한 검정이 여러 개 나온다는 사실은 깨달았을 것이다. 마케팅 조사자들은 이러한 검정들을 단계적으로 하나씩 고려해야 한다. 표 15.2에 그 각각의 단계와 함께 다중회귀분석을 어떻게 수행하는지를 요약해두었다.

15-4 다중회귀분석에서 주의할 점

회귀분석은 통계적인 기법이지 인과관계에 대한 주장이 아니다.

다중회귀분석에 대한 설명을 마무리하기 전에 회귀분석 결과의 해석에 대해서 몇 가지 조심해야 할 부분이 있음을 알아야 한다. 첫째, 우리는 원래 두 변수의 관계를 인과관계적으로 해석하는 경향이 있기 때문에 회귀분석의 해석도 독립변수가 원인이 되어 종속변수를 발생시키는 것처럼 인과적으로 해석할 수 있다. 하지만 이는 절대적으로 잘못된 해석이다. 회귀분석은 단지 변수(들)와 종속변수 간 선형 관계의 유무를 밝혀줄 수 있을 뿐이다. 회귀분석은 두 변수 사이의 선형 관계 유무를 밝혀주는 상관분석에 바탕을 하고 있으며 이는 두 변수 사이의 인과관계를 보이는 기법이 아

표 15.2 SPSS에서 회귀분석을 실시하는 단계적 절차

단계		설명
1단계	**분석할 종속변수와 독립변수 정하기**	종속변수(y)는 예측되는 변수이고 독립변수들(x_i)은 종속변수를 예측하는 변수들이다. 보통 이 종속변수와 독립변수는 등간척도나 비율척도이긴 하지만 더미변수가 독립변수로 쓰일 수도 있다.
2단계	**모집단에 선형 관계가 존재하는지를 결정하기 (95% 신뢰수준을 사용하여)**	SPSS 아웃풋의 처음 부분에 ANOVA 표는 F값과 그에 대응하는 유의확률(Sig.)을 알려준다. a. 만약 유의확률(Sig.)이 0.05이거나 그보다 낮다면 선형 관계가 존재한다는 의미이다. 3단계로 진행하면 된다. b. 만약 유의확률(Sig.)이 0.05보다 크다면 선형 관계가 존재하지 않으므로 1단계로 돌아가서 변수들을 다시 선택하거나 분석을 중지한다.
3단계	**각각의 독립변수들이 통계적으로 유의한지를 결정하기(95% 신뢰수준에서)**	각각의 독립변수에 대한 계수의 유의확률(sig.)을 확인하라. a. 만약 유의확률(Sig.)이 0.05이거나 그보다 작으면 이 독립변수는 $y = a + bx$와 같은 형식으로 종속변수를 예측하는 데 사용될 수 있다. b. 만약 그 계수의 유의확률이 0.05보다 크다면 계수에 해당하는 독립변수는 종속변수를 예측하는 데 사용되지 못한다. c. 독립변수 중에 a에 해당하는 것도 있고 b에 해당하는 것도 있다면 유의하지 않은 변수들을 제거하거나 단계적 회귀분석을 실시하라.
4단계	**선형 관계의 강도 결정**	SPSS 아웃풋의 '모형 요약'표에는 'R 제곱'이 있다. 이는 상관관계의 제곱값으로 이 숫자를 표본의 숫자와 독립변수의 숫자를 고려하여 하향 조정한 숫자가 '수정된 R 제곱(adjusted R square)'이다. 이 숫자가 크다면 독립변수들이 종속변수를 더 많이 설명한다는 것을 의미한다.
5단계	**결과 해석**	통계적으로 유의미한 독립변수들을 파악했다면 이들의 상대적인 중요성을 표준화 계수의 크기를 사용하여 파악하라. 또 종속변수와 독립변수 간의 관계의 방향성은 이 표준화 계수의 부호를 사용하여 설명하라.

니다. 결과적으로 마케팅 조사자는 광고와 매출액 같은 논리적으로는 인과적으로 연결되어 있는 것 같은 두 변수조차도 다른 독립변수들이 통제되지 않았기 때문에 회귀분석을 통해서 나온 결과를 해석할 때 인과적으로 해석하면 안 된다.

두 번째 조심해야 할 점은 이 책에서 설명된 다중회귀분석에 대한 지식은 그야말로 기초적인 부분에 국한되었다는 점이다. 회귀분석에 관한 지식들 중에는 이 책의 범위를 넘어서는 것이 아주 많다. 이 책은 회귀분석에 대한 기본적인 소개와 더불어 그리 복잡하지 않은 모델을 SPSS를 사용하여 분석하고, 아웃풋에서 결과를 찾아내며, 그 결과를 해석하는 것에 초점을 두고 있다. 여러분이 실제로 SPSS를 사용해서 회귀분석을 실시해보면 이 책에서 다룬 내용은 수박겉핥기에 불과하다는 것을 알게 될 것이다.[15] SPSS의 회귀분석 메뉴에는 이 책에서 다룬 것보다 훨씬 많은 옵션과 통계치와 고려사항들이 있다.[16] 사실 회귀분석에 대한 설명만으로 이루어진 책들도 아주 많다. 이 책을 통해서 우리가 이루려고 하는 것은 여러분에게 회귀분석의 기초 개념과 어떤 경우에 이 기법을 쓰는가 하는 것, 그리고 결과를 해석할 때 필요한 기초적인 통계치들에 대한 이해를 도모하는 것이다.[17]

우리는 회귀분석을 최대한 쉽게 설명하려고 하고 있지만 사실 간단한 형태의 회귀분석도 여러분에게는 이해하기 어려울 수 있다는 것을 알고 있다. 또 여러분은 이 장에서 소개된 많은 통계 용어들과 개념들 속에서 허우적거릴 수도 있다. 경력이 많은 조사자들은 이러한 기법과 용어들을 편

표 15.3 회귀분석의 개념과 용어

개념	설명
회귀분석	$y = a + bx$ 형식의 직선형 관계를 이용하는 예측 모델
절편	위 식의 a 혹은 상수. 직선형 관계에서 $x = 0$일 때의 y값
기울기	위 식의 b, x가 한 단위 증가할 때 y가 증가하는 정도
종속변수	y, 독립변수(들) x에 의해서 예측되는 변수
독립변수(들)	x, 직선형 관계에서 종속변수를 예측하는 데 사용되는 변수
최소자승법	최선의 회귀식을 도출하기 위한 통계적 기법
R 제곱	0과 1 사이의 숫자로서 회귀선이 산포도에 나타난 데이터에 얼마나 잘 맞는지를 보여줌(높을수록 좋음)
다중회귀분석	회귀식의 독립변수(x)가 2개 이상인 회귀분석
가산성	다중회귀식에 둘 이상의 x를 사용하기 위한 통계적 가정 : $y = a + b_1x_1 + b_2x_2 + \cdots + b_mx_m$
독립성 가정	2개 이상의 독립변수가 사용되었을 때 그중 어떤 두 독립변수도 높은 상관관계를 가지면 안 된다는 통계적 조건
다중 R	0과 1 사이의 값을 갖고 결정계수라고도 불리는 이것은 다중회귀상에서 전체적인 선형 관계의 강도를 나타낸다. 숫자가 클수록 관계의 강도가 강함을 의미한다.
다중공선성	독립변수들은 서로 독립이라는 가정이 위배되어 회귀분석에 오류를 가져올 수 있는 경우를 말한다.
분산 확장 요인(VIF)	다중회귀분석의 여러 독립변수 중에서 어떤 독립변수가 다중공선성을 발생시키고 그래서 제거되어야 하는지를 알려주는 통계값. 이 값이 10 이상인 독립변수는 제거하는 것이 좋음
가지치기(trimming)	다중회귀분석의 1차 결과에서 통계적으로 유의하지 않은 독립변수를 제거하고 다시 회귀분석을 실시하는 것을 모든 독립변수가 통계적으로 유의할 때까지 반복하는 것
베타 계수와 표준화 베타 계수	베타 계수는 다중회귀분석에서 각 독립변수에 대해서 계산된 기울기(b값)이고 이를 0과 .99 사이의 숫자로 y를 예측하는 데 있어 독립변수들의 상대적인 중요성을 직접 비교할 수 있도록 만든 것이 표준화 베타 계수이다.
더미 독립변수	독립변수의 값을 0과 1 혹은 그 비슷한 방식으로 코딩하여 명목변수가 독립변수에 포함될 경우 사용되는 독립변수 형식
단계적 회귀분석	독립변수의 수가 많을 경우에 통계적으로 유의하지 않은 독립변수를 제거하여 통계적으로 유의한 독립변수만으로 회귀식이 구성되도록 하는 특별한 형태의 회귀분석으로 대부분의 회귀분석에서 자동적으로 수행할 수 있다.

하게 사용할 수 있을 정도의 지식을 가지고 있을 것이지만 이러한 것들을 처음 접해보는 학생 여러분은 좀 두려움을 느낄 수도 있을 것이다. 우리는 표 15.3에 이 장에서 다루어진 회귀분석의 개념들과 그에 대한 설명을 정리해두었다. 이 표가 여러분의 고뇌를 크게 줄여주지는 못하겠지만 적어도 여러분이 이러한 개념을 학습하거나 사용하려고 할 때 이 장의 여기저기를 뒤적거려야 하는 수고는 덜 수 있게 해줄 것이다.

15-5 의뢰인에게 회귀분석 결과 보고하기

변수를 선별하는 과정을 거치는 이유는 관심이 있는 종속변수와 연관되어 있는 의미 있는 독립변수들을 선정하기 위해서이다. 대부분의 의뢰인이 관심을 두는 종속변수는 매출액, 구매, 구매 의사, 만족도, 혹은 기업이나 브랜드에 대해서 소비자들이 어떻게 생각하고 행동하는지를 의미할 수 있는 다른 여러 가지 변수 중 하나이다. 마케팅 조사자는 종속변수에 영향을 끼칠 수 있는 많은 조합의 요소들과 맞닥뜨리게 된다. 회귀분석이 변수 선별의 도구로 사용되었을 때 의뢰인에게 보고해야 할 것은 (1) 종속변수, (2) 통계적으로 유의한 독립변수, (3) 베타 계수의 부호, (4) 통계적으로 유의한 독립변수의 표준화 베타 계수 등이다. 다음 표에는 샌드위치 가게의 표적 시장을 선정하기 위하여 수행된 회귀분석의 결과가 보고되어 있다.

샌드위치 가게 방문 횟수와 관련된 요소들(단계적 회귀분석 결과)

종속변수 지난 30일 동안 샌드위치 가게에서 식사를 한 횟수는 몇 번입니까?	총 288명 답변	
독립변수	베타 계수*	표준화 베타 계수
인구통계적 변수		
성별**	−3.02	−.43
연령	4.71	.35
교육수준	−7.28	−.12
라이프스타일 요소		
나는 종종 가격 경쟁력이 좋은 식당을 이용한다.***	0.32	.35
나는 주로 식당에서 식사를 한다.	−0.21	−.27
나는 점심 메뉴로 그 식당의 '오늘의 스페셜'을 주로 이용한다.	−0.17	-.20
절편	2.10	

* 95% 신뢰수준
** (0 = 여성, 1 = 남성으로 코딩된 더미변수)
*** 1 = 전혀 동의하지 않음, 7 = 매우 동의함

프레젠테이션에 사용될 표에는 다음 몇 가지 점들을 포함시키는 것이 좋다. 첫째, 어떤 회귀분석(예를 들어 단계적 회귀분석)이 사용되었는지를 밝히고, 둘째 보통 95% 신뢰수준에서 유의미한 독립변수들만 보고하며, 셋째, 독립변수의 유형들(인구통계적 변수, 라이프스타일 변수)을 구분하고, 넷째, 그 각각의 유형 안의 독립변수들을 그 변수의 표준화 계수의 절댓값 크기에 따라 내림차순으로 정렬한다. 또 분석 결과를 해석하는 데 있어서 코딩을 어떻게 했는지를 알아야 하는 경우에는 표 아래에 그 변수의 척도와 코딩 방식을 밝힌다. 특히 성별은 보통 더미변수로 측정되기 때문에 샌드위치 가게의 고객들 중에는 여성들이 많다는 것을 의뢰인들이 이해할 수 있으려면 그 더미 코딩이 어떻게 이루어졌는지를 밝혀야 한다.

종합학습

해당 실습은 아래 장에서 학습한 개념과 자료들을 고려해야 한다.

제13장 차이 검정
제14장 연관분석
제15장 회귀분석

알파항공

2010년대 중반에 많은 항공사들은 그들이 매우 불행한 상황에 처해 있음을 알게 되었다. 공급적인 측면에서는 비용이 크게 증가했다. 항공유 가격이 오르고 근로자의 임금, 서비스, 사무용품, 임대료, 수리비 등이 전례 없이 빠르게 증가했다. 이러한 비용의 증가를 흡수하지 못한 항공사들은 천천히 비행기표 값을 올리거나 위탁 수하물당 15달러씩을 부과하는 등 무료 서비스들을 없애 나갔다. 수요 측면에서는 제품과 서비스 가격의 상승에 직면한 기업들이 출장비 지출을 줄이고 일반 고객들도 가격 상승으로 인하여 비행기 대신에 기차나 자신들의 자동차를 이용하는 등 덜 비싼 수단을 사용한다. 여행사들에 따르면 많은 고객들이 비싼 비행기표 값과 안전의 문제로 해외 여행을 취소하거나 무기한 연기했다고 한다.

© Michaeljung/Shutterstock

알파항공은 서비스 개선 문제에 대한 결정을 내리기 위하여 마케팅 조사를 사용한다.

굴지의 해외 항공사인 알파항공 역시 고객들의 여행거리와 회사의 매출이 동시에 하락하는 '죽음의 나선' 현상을 겪고 있는 등 수요와 공급 양쪽에서 동시에 압박을 받고 있다. 그러나 알파항공의 마케팅 담당자는 제대로 한번 싸워보기 전에는 포기하지 않겠다는 신념을 가지고 항공사의 가격과 서비스의 변동에 대한 고객들의 대응을 위시한 여러 고객 데이터들을 입수할 목적으로 설문조사를 실시했다. 그 설문을 요약하면 다음과 같다.

1. 귀하는 다음의 경우에 각각 몇 번씩 알파항공을 이용하셨습니까?
   a. 국내 출장 __________　　b. 국내 여행 __________
   c. 해외 출장 __________　　d. 해외 여행 __________
2. 귀하는 __________ (해당하는 모든 것에 ✓ 표시를 해주세요.)
   __________ 알파항공의 마일리지 회원이다.
   __________ 알파항공의 프레스티지 회원이다. (개인 라운지 제공)
   __________ 예약 시에 알파항공의 웹사이트를 이용한다.
   __________ 알파항공의 퍼스트 클래스나 비즈니스 클래스를 이용한다.
3. 다음의 새로운 서비스가 귀하에게 얼마나 매력적인지를 1부터 7까지의 숫자로 나타내주세요.
   (1 = 전혀 매력적이지 않다, 7 = 아주 매력적이다)
   __________ 1년에 25,000마일을 달성한 이후에는 마일리지를 2배로 적립해주는 것
   __________ 해외 여행 시에 두 번째 가족의 표를 33~50% 정도 할인해주는 것

__________ 프레스티지 클럽 멤버에게는 위탁 수하물 하나당 15달러를 부과하는 것을 면제해주는 것
__________ 마일리지 회원에게는 국제선 탑승 시 우선탑승의 서비스를 제공하는 것
__________ 기내 무료 인터넷 서비스를 제공하는 것

이러한 질문에 대한 답과 더불어 설문에는 다음과 같은 질문들이 포함되어 있다－성별, 교육수준(최종 학력), 소득수준(10,000달러 단위), 연령, 결혼 여부, 지난 3년간 항공기(어떤 항공사이든) 탑승 여부, 라이프스타일 변수("내 경험에 의하면 큰 항공사일수록 비행기표 값이 싸다", "나는 항공사를 결정하기 전에 여러 항공사나 여행사에 전화해서 가격을 비교해본다", "비행기표 값은 항공사가 탑승 전 서비스나 기내 서비스보다 더 중요하다", "나는 시간을 아주 중요하게 생각하기 때문에 비행기로 여행을 한다", "기내 서비스는 좋은 편이다", "체크인이나 위탁 수하물 처리 등 탑승 전 서비스는 좋은 편이다", "나는 주로 한 항공사를 이용한다").

설문조사 방식은 기내 승무원이 설문지를 국내 여행 승객과 해외 여행 승객에게 나누어주는 자기실행(self-administered) 방식으로 이루어졌고 총 20,000부의 설문이 수집되었다.

항공사의 경영진은 이 설문을 통하여 다음과 같은 여러 가지 의문점에 대한 답을 얻기를 원했다. 각각의 의문점에 답하기 위해서 설문에 있는 어떤 질문, 혹은 변수를 분석해야 할 것인지를 파악해보라. 이때 각 질문이 어떠한 척도로 측정되었는지를 주목하라.

1. 다음의 각 경우에 해당하는 표적 시장은 어떤 사람들로 구성되어 있는가? 즉 다음의 각 경우에 있어서 고객들이 알파항공을 이용한 총비행 시간과 연관되어 있는 인구통계변수와 라이프스타일 변수의 특성은 무엇인가?
   a. 국내 출장
   b. 국내 여행
   c. 해외 출장
   d. 해외 여행
2. 다음의 변수에 따라서 앞으로 시행할 다섯 가지 새 서비스의 매력도는 차이를 보이는가?
   a. 성별
   b. 알파항공 마일리지 회원 여부
   c. 알파항공의 프레스티지 클럽 회원 여부
   d. 비행기표를 예약하는 데 있어 알파항공의 웹사이트 사용 여부
   e. 알파항공을 이용할 때의 좌석 종류 (비즈니스 이상 혹은 이코노미)
3. 지난 3개월 동안 항공사를 이용한 횟수는 다음의 변수들과 연관이 있는가?
   a. 연령
   b. 소득수준
   c. 교육수준
   d. 라이프스타일 변수들
4. (1) 마일리지 프로그램 회원 여부, (2) 프레스티지 회원 여부, (3) 예약 시 웹사이트 사용 여부는 다음의 변수들과 연관이 있는가?
   a. 성별
   b. 결혼 여부
   c. 알파항공을 이용할 때의 좌석 종류(비즈니스 이상 혹은 이코노미)

출처 : Cano, Lucila Zarraga, Sandoval, Enrique Corona, and Miguel Angel Olivares Urbina(2012), Proposals for Marketing Strategies for Optical Centers Based on the Consumer, Global Conference on Business and Finance Proceedings, Vol. 7, No 1, 601-606.

요약

시장 조사자들은 예측을 하기 위하여 회귀분석을 사용한다. 이 기법은 변수들 간의 선형 관계에 바탕을 두고 있다. 이변량 회귀분석의 경우는 하나의 독립변수 x가 $y = a + bx$라는 직선형 관계를 바탕으로 종속변수 y를 예측한다. 높은 R 제곱값과 통계적으로 유의한 기울기는 이 선형 관계가 데이터를 잘 설명하고 있음을 말한다. 다중회귀분석에서는 개념적인 모델에 근거하여 다수의 독립변수를 분석에 사용하여 그 중 통계적으로 유의한 변수를 선별한다. 다중회귀분석은 가산성(additivity)에 의해서 다수의 변수로 한 회귀식을 구성할 수 있는데 이때 이 독립변수 사이의 상관관계가 크지 않아야 한다. 다중공선성은 독립변수들 사이의 상관관계가 클 경우에 발생하며 회귀분석의 기본적인 가정을 위반한다. 통계 프로그램에서 제공되는 분산 확장 요인(VIF)은 이 다중공선성에 대한 경고를 해주며 이 지수를 사용하여 다중공선성의 문제를 일으키는 변수를 파악하고 이를 제거하는 것이 좋다.

이러한 방식으로 반복적인 절차를 통해서 통계적으로 유의하지 않은 변수를 제거하는 방법을 가지치기(trimming)라고 하고 이 방식을 통해서 조사자는 통계적으로 유의한 독립변수만을 사용하여 통계적으로 유의한 예측 결과를 도출할 수 있다. 보통 독립변수와 종속변수는 연속형 척도(등간척도 혹은 비율척도)의 변수가 사용되나 남자/여자처럼 두 가지 범주가 있는 명목척도의 변수를 회귀분석에 포함시키기도 하고 이를 더미변수라고 부른다. 마케팅 조사자는 설문을 하는 경우에 수많은 독립변수 후보들 중에 통계적으로 유의미한 변수들을 추려내기 위해서 다중회귀분석을 실시하기도 한다. 회귀분석의 결과를 해석할 때는 독립변수와 종속변수의 관계의 방향과 크기를 보여주는 표준화 베타 계수를 사용하는 것이 도움이 된다.

통계적으로 유의하지 않은 변수들을 반복적인 회귀분석을 통해서 제거하는 것은 시간이 많이 걸리는 일이기 때문에 인구통계변수와 라이프스타일 변수, 소비자 특성 변수 등 많은 잠재적 독립변수가 있는 경우에 숙련된 조사자들은 단계적 회귀분석을 사용한다. 단계적 회귀분석은 더 이상의 통계적으로 유의한 독립변수가 없을 때까지 변수를 하나씩 넣는 방법으로 수행된다.

핵심용어

회귀분석	다중회귀분석	단계적 회귀분석
이상치	표준화 베타 계수	독립변수
분산 확장 요인(VIF)	기울기	독립성 가정
이변량 회귀분석	회귀면	최소자승법
일반 개념 모델	식별 도구	다중공선성
더미변수	종속변수	
절편	가산성	

복습 질문/적용

15.1 x-y 그래프를 사용하여 다음과 같은 경우에 대해 간단한 선형 모형을 그리고 설명하라.

a. 휘발유 가격과 자동차 투어 가족여행 거리 간의 관계는 무엇인가?

b. 허리케인급 강풍 경고(예 : 카테고리 1, 카테고리 2 등)는 그 재해 예상 지역의 손전등 배터리 구매와 어떤 관련이 있는가?

c. 기내 반입 수하물 승객과 항공사 위탁 수하물 요금 간의 관계는 어떠한가?

15.2 다음 각각의 제시된 방법으로 서로 관련된 두 변수에 대하여 산포도와 가능한 회귀선의 모양을 나타내라. (각각의 경우에, 절편의 값은 음이라는 것을 가정하라.) (a) −0.89, (b) +0.48, (c) −0.10

15.3 서클케이(Circle K)는 이벤트를 통해서 고객을 초청하고 등록 카드를 작성하도록 하고 있다. 그 대가로 고객들은 경품 추첨을 통해 알래스카 여행을 가게 된다. 고객 카드는 고객의 나이, 교육, 성별, 서클케이에서의 주간 예상 구매액(달러), 고객의 집에서 서클케이까지의 대략적인 거리를 묻는다. 다중회귀분석을 해야 하는 경우, 위의 변수들 중에서 다음 각각에 해당하는 변수들은 어떤 것들인가? (a) 독립변수, (b) 종속변수, (c) 더미변수.

15.4 다중회귀분석에서 독립성 가정은 무엇을 의미하는가? 여러분의 데이터가 독립성을 갖는지를 어떻게 검토할 수 있으며, 대부분의 통계분석 프로그램에서 이를 검정하기 위한 통계치는 어떤 것을 사용하고 또 그 통계치는 어떻게 해석되는가? 즉 다중공선성의 존재를 나타내는 것은 무엇이며, 그것을 없애기 위해 여러분은 무엇을 할 것인가?

15.5 다중회귀분석이란 무엇인가? 구체적으로, '다중'이란 말은 무슨 뜻이며, 다중회귀에 대한 공식은 어떻게 나타내는가? 수식에 나타난 항들과 그 항들의 계수 부호를 명시하라.

15.6 다중회귀분석을 위해 '입력' 방법을 사용하는 경우, 결과를 평가하기 위해서는 SPSS 아웃풋에 나타난 어떤 통계치를 살펴보아야 하는가? 다음 각 항목을 결정하기 위한 방법을 기술하라.

a. 독립변수에 의해 종속변수가 설명되는 정도

b. 독립변수 각각의 통계적 유의성

c. 종속변수를 예측할 때 독립변수의 상대적 중요성

15.7 다중회귀 결과를 '가지치기(trimming)'한다는 개념이 의미하는 바를 설명하라. 이 개념에 대한 이해를 돕기 위해 다음 예제를 사용하라.

자전거 제조업체는 20년 동안 다음과 같은 매출관련 기록을 보유하고 있다 – 소매가격(달러), 협동 광고(cooperative advertising) 금액(달러), 경쟁업체 평균 소매가격(달러), 이 제조업체 브랜드를 판매하는 소매점의 수, 투르 드 프랑스 우승자가 제조업체 브랜드를 타는지 여부(0 = 아니요, 1 = 예 더미변수로 처리됨).

초기 다중회귀분석 결과는 다음을 알려준다.

변수	유의수준
평균 소매가격(달러)	.001
협동 광고 금액(달러)	.202
경쟁업체 평균 소매가격(달러)	.028
소매점 수	.591
투르 드 프랑스 우승자	.032

SPSS에서 '입력' 방법을 사용해 다중회귀분석을 실시할 경우 어떤 식으로 변수들을 가지치기하여 유의미한 회귀식을 얻을 수 있을 것인지 논하라.

15.8 위 문제의 자전거 예에서 단계적 회귀분석을 실시한다면 어떤 순서로 변수들이 제거되겠는가?

15.9 그래픽 기능을 사용하여 다음 변수에 대한 회귀 평면을 그려보라.

한 주당 소비된 휘발유 갤런 수	한 주당 출퇴근 거리	카풀 승객 수
5	50	4
10	125	3
15	175	2
20	250	0
25	300	0

15.10 맥시멈 어마운트(Maximum Amount)는 몸이 큰 사람들을 위한 큰 치수의 세련된 옷을 만드는 전문적인 회

사이다. 맥시멈 어마운트에 대한 설문조사가 시작되었고, 일부 데이터에 대한 회귀분석이 수행되었다. 이 분석에서 관심을 두고 있는 사항은 '자부심'(종속변수)과 '작년에 구입한 맥시멈 어마운트 품목 수'(독립변수) 사이에 어떠한 관계가 있는가 하는 것을 밝혀내는 것이었다. 자부심은 7점 척도, 즉 1점은 자부심이 매우 낮은 경우이고 7점은 매우 높은 경우로 측정되었다.

피어슨 적률상관 = +0.63
절편 = 3.5
기울기 = +0.2

모든 통계 검정은 유의수준 .01 이하에서 유의했다. 이 결과의 정확한 해석은 무엇인가?

15.11 웨인 라토르테는 미국 체신부에서 근무하는 안전 엔지니어다. 웨인은 대부분의 생애에서 UFO에 매료되었다. 그는 지난 15년 동안 애리조나, 캘리포니아 및 뉴멕시코의 사막 지역에서 UFO가 목격된 기록을 남겼으며, 이를 지진의 진동과 연관지었다. 동료 엔지니어는 웨인에게 이 둘 사이의 관계를 결정하는 방법으로 회귀분석을 추천했다. 웨인은 이를 통해 상수로서 30건의 각 지진발생 횟수와 기울기로서 UFO 관찰당 5건의 지진발생 횟수를 발견했다. 이를 바탕으로 웨인은 *UFO Observer*에 보낸 기고에서 지진은 주로 UFO가 지구의 대기로 들어가면서 내뿜는 저주파 진동에 의해 발생한다고 주장했다. 여러분은 이 웨인의 기고를 어떻게 생각하는가?

사례 15.1

L'Experience Félicité 레스토랑 설문조사의 회귀분석

(필요한 배경지식은 사례 12.1, 사례 13.1, 사례 14.1을 참조하라.)

레스토랑 주인이 될 제프 딘은 매우 행복했다. 그의 꿈이었던 L'Experience Félicité 레스토랑이 실현될 수 있다고 생각했다. 코리 로저스의 전문적인 감독 및 크리스틴 유의 SPSS 분석으로 수행된 조사를 통해 제프는 어떤 점이 필요한지, 식당의 위치로는 어디가 좋은지, 그리고 심지어 홍보를 위해 어떤 광고 매체를 사용해야 하는지 잘 알고 있었다. 그는 레스토랑을 디자인하고 건축하는 데 필요한 자금을 얻기 위한 모든 정보를 가지고 있다고 생각했다.

제프는 금요일 아침 코리에게 전화를 걸어 "코리, 당신이 레스토랑의 사업전망에 대해서 긍정적으로 이야기해주어서 정말 기쁩니다. 다음 주에 저의 거래 은행과 자금조달을 위한 미팅을 하는데 거기서 저의 사업계획을 설명하게 됩니다. 그때까지 최종 보고서를 얻을 수 있겠습니까?"라고 말했다. 코리는 잠시 생각한 후 다음과 같이 말했다. "크리스틴이 최종 그림 작업과 표를 장식하는 중이라서 보고서에 첨부할 수 있을 것 같습니다. 그러나 저는 당신이 마지막 조사 목표를 잊었다는 생각이 듭니다. 최종 분석을 통해 표적 시장 정의를 다루어야 합니다. 크리스틴의 학교 시험이 막 끝나서, 그녀는 주말에 할 일이 있는지 묻고 있습니다. 저는 그녀에게 이 일을 줄 생각입니다. 월요일에 오전 11시에 회의를 하는 것이 어떻겠습니까? 그때 결과를 보여 드리겠습니다. 그리고 크리스틴이 주말에 일한 대가로 점심을 대접하기로 합시다."

사례 15.1의 과제는 크리스틴의 역할을 맡아 L'Experience Félicité 레스토랑 SPSS 데이터 세트를 사용하여 적절한 분석을 수행하는 것이다. 또한 결과도 해석하라.

1. L'Experience Félicité 레스토랑의 인구통계학적 측면에서의 표적 시장 정의는 무엇인가?
2. L'Experience Félicité 레스토랑의 레스토랑 소비 행동 측면에서의 표적 시장 정의는 무엇인가?
3. L'Experience Félicité 레스토랑의 시장 세분화에 대한 일반 개념 모델을 개발하라. 다중회귀분석을 사용하여 테스트하고 제프 딘을 위한 결과를 해석하라.

사례 15.2 통합 사례

Auto Concepts 시장 세분화 분석

월요일인 오늘은 여러분이 새로운 마케팅 인턴십을 하는 첫 날이다. 코리 로저스와 셀레스테 브라운과의 힘겨운 두 번의 인터뷰를 포함한 어려운 지원 절차 끝에 여러분은 CMG Research에 고용이 되었다. 현재 오전 9시이며 여러분은 브라운과 함께 로저스의 사무실에 있다. 코리는 다음과 같이 말한다. "오늘이 당신의 CMG Research 마케팅 인턴으로서의 첫 날이지만, 현재 급한 업무들이 많이 있습니다. 이 일을 시간 내에 끝내지 못하면 의뢰인들이 불평할 것입니다. 며칠 전 제가 당신이 올해 마케팅 인턴으로 선발되었음을 알려드렸을 때, 셀레스테와 저는 SPSS에 대한 당신의 지식과 회귀분석 및 분산분석과 같은 보다 수준 높은 통계분석능력에 깊은 인상을 받았습니다. 그래서 우리는 당신이 능력을 발휘할 기회를 바로 드리려고 합니다."

코리는 계속해서 말했다. "우리는 Auto Concepts를 위해 실시한 중요한 조사의 마지막 단계에 있습니다. 그들은 수백만 달러 규모의 신모델 개발 프로젝트에서 다섯 가지 자동차 모델을 고려하고 있습니다. 우리는 지금껏 많은 분석을 제공했으며, 그들은 개발 목록을 좁혀 가는 중입니다. 저는 그들에게 분석 결과를 하나 더 제공하고 싶습니다. 구체적으로 말해 우리는 그들이 고려하고 있는 각 모델에 대한 표적 시장 정의를 제공하고자 합니다. 즉 다중회귀분석을 변수 선별(screening) 도구로 사용하여, 이러한 선호 세분시장을 정의해 줄 수 있는 지구온난화 문제와 관련이 있는 유의한 인구통계 변수와 태도변수를 식별할 수 있어야 합니다.

셀레스테는 다음과 같이 말한다. "사무실에 가서 SPSS 데이터 세트 복사본을 주겠습니다. 당신도 아시다시피 SPSS에서 변수 보기 페이지를 사용하든지 혹은 '유틸리티-변수' 명령어를 사용하여 이 조사에 대한 코드북을 볼 수 있습니다." 코리는 미팅을 마치면서 다음과 같이 말한다. "저는 당신이 이 업무를 잘 해낼 것이라고 믿습니다. 셀레스테와 저는 몇 시간 안에 비행기를 타서 앞으로 3일간은 다른 지역으로 출장을 가 있을 겁니다. 그러나 통화, 문자, 또는 이메일은 가능합니다. 목요일 오전 9시에 회의를 합시다. 그리고 그때 결과를 보고해주세요."

새로운 CMG 마케팅 인턴으로서 여러분의 업무는 Auto Concepts.Recoded.sav 데이터 파일을 사용하는 것이다. 데이터 세트는 마을 크기, 교육 등에 대한 중간값으로 '재코드'되어 있으므로 이러한 변수는 현재 회귀분석 요구사항에 들어맞는 연속형 변수이다. 적절한 분석을 수행하여, 고려 중인 각 자동차 모델의 선호도와 관련된 인구통계 및/또는 태도 요인을 알아내라.

각 자동차 모델별로 다음과 같은 요약을 준비하라.

1. 통계적으로 유의한 독립변수를 나열하라(95% 신뢰수준 사용).
2. 관련 자동차 모델에 대한 선호도와 통계적으로 유의한 독립변수들 간 관계의 방향성을 해석하라.
3. 통계적으로 유의한 각 독립변수의 상대적 중요성을 밝히거나 구별하라.
4. 각 자동차 모델의 선호도를 예측하기 위해 통계적으로 유의한 독립변수의 강도(strength)를 평가하라.

16 조사 보고서

학습 목표

이 장에서 여러분은 다음을 학습하게 될 것이다.

16-1 마케팅 조사 보고서의 중요성
16-2 대중에게 보고서 배치 방법
16-3 표절에 대한 정의와 심각성, 출처 올바르게 참조하는 방법
16-4 마케팅 조사 보고서에 포함해야 하는 요소
16-5 효과적인 마케팅 연구 보고서 작성 기본 지침 및 원칙
16-6 그림, 표, 차트 및 그래프와 같은 시각적 정보들을 사용한 데이터 표현 방법
16-7 SPSS를 사용하여 테이블 및 차트 등의 시각적 정보 만드는 방법
16-8 구두보고 제출 기본 원칙
16-9 결과보고 대체 방법
16-10 대시보드 등 조직 전체에 결과를 배포하는 방법

우리는 어느 과정에 있는가?

1 마케팅 조사 필요성 인식
2 문제 정의
3 조사목적 수립
4 조사 설계 결정
5 정보 유형과 원천 식별
6 데이터 분석 방법 결정
7 데이터 수집 양식 설계
8 표본 계획과 크기 결정
9 데이터 수집
10 데이터 분석
11 최종 보고서 준비 및 작성

태블로 : 현대 마케팅 담당자 : 분석에 대한 여정을 시작하기에 아직 늦지 않았다

Elissa Fink, 태블로 소프트웨어의 최고 글로벌 마케팅 담당자

마케터들은 최근 몇 년 동안 힘든 길을 걸어왔다. 로고, 브로슈어 및 예쁜 웹사이트로 우선 명성을 얻은 뒤 브랜드를 구축하고 인지도를 높이며 제품 및 서비스 판매를 늘리는 것뿐만 아니라 검증된 투자수익률(ROI)로 모든 비용을 정당화할 것을 요구받고 있다. 또한 오늘날 대부분의 마케팅 담당자는 디지털 및 오프라인 등 적어도 9개의 서로 다른 채널의 실적을 사용하여 고객을 표적하고 있다.

네 느낌대로 밀고 나가기(go-with-your-gut-style) 등의 마케팅 전략은 이미 오래전에 사라졌기 때문에 멀티 채널을 사용하는 성공적인 마케팅 담당자는 더 나은 결과를 더 빠르게 얻기 위한 의사결정을 하기 위해서 다양한 정보들을 이해하고 통합해야 한다. 마케팅에 있어서 지금처럼 데이터 수집과 분석력이 중요해본 적이 없었다.

그럼에도 불구하고 데이터 시각화 대시보드는 아주 중요하지만 마케팅 담당자가 종종 간과하는 도구 중 하나라고 할 수 있다. 상위 계층 고용주들은 마케터, 리더, 초보자 등 모두가 자신의 데이터에 대해 스스로 질문하고 대답할 수 있는 통찰력을 발휘해서 시간을 낭비하지 않기를 기대하고 있다. 날이 갈수록 데이터의 범위가 점점 더 방대해지고 있기 때문에 분석력은 더 이상 선택사항이 아니다.

좋은 소식은 태블로 소프트웨어(Tableau Software, Inc.)에서 마케터들이 다양한 채널, 캠페인 및 비즈니스 목표 등에서 무슨 일이 일어나고 있는지를 실시간으로 더 쉽게 이해하는 데 도움이 되는 drag-and-drop 분석 플랫폼을 개발했다는 것이다.

아직 데이터를 확보하지 않았다면, 이러한 전체적인 아이디어가 위협적으로 다가올 수도 있다. 다음은 시작을 위한 세 가지 도움말이다.

1. 작은 단위의 데이터들로 시작하라

첫 번째 단계는 지연을 막는 것이다. 완벽한 데이터를 수집하는 것이 중요한 게 아니다. 당장 본인이 가지고 있는 것들만으로 시작해도 된다. 웹사이트 트래픽에 대한 이해를 돕기 위해서는 구글 애널리틱스 데이터를 참고하면 된다. 참여도 측정은 소셜미디어 데이터를 사용하면 되고 여기에서 캠페인 데이터를 살펴보면 고객과 공감하기 위해 어떤 노력이 이루어졌는지를 알 수 있다. 성공이 성공을 이루어낼 수 있으며, 작은 업적으로도 충분한 발전을 이룰 수 있다. 세계 어느 곳이든 공인된 학교의 학생들은 태블로 데스크톱의 무료 라이선스를 통해 중요

한 분석기술을 배울 수 있다. 더 많은 정보를 위해서는 http://www.tableau.com/academic을 참조하면 된다.

2. 정보 시각화

스프레드시트가 강력하다고 생각한다면 크기에 대한 시각화를 시도해보라. 우리의 두뇌는 정보를 시각적으로 처리하기 위해 배선되어 있기 때문에 트렌드를 파악하고, 상관관계를 확인하고, 특이점을 연마하는 데 빠르다. 시각적 마케팅 대시보드를 사용하면 지리 정보를 캡처하는 지도, 막대그래프의 높이 변형 또는 수백만 개의 데이터 요소를 모으는 추세선을 통해 통찰력을 흡수하기가 더 쉬워진다.

3. 데이터 상호작용

마케팅 대시보드는 그룹원들 모두가 동일한 데이터를 시각적으로 볼 수 있기 때문에 중요하다. 하지만 사용자들이 그 동일한 데이터와 상호작용하기 시작하면 서로 다른 시각을 가지고 있는 사람들은 그들이 본 정보에 대해 각각 다른 독특한 질문을 던질 수 있다. 마케터와 의뢰인은 이렇게 같은 정보를 열람하면서 그들이 각자 제시하는 서로 다른 질문들을 공유한다.

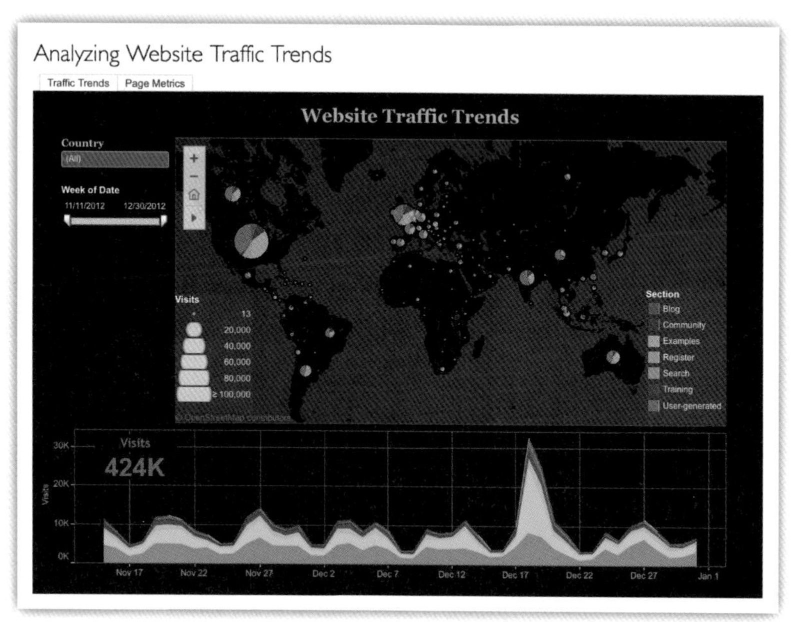

이 대시보드는 구글 애널리틱스와 직접적으로 연동되어 있다. 이를 사용하면 국가별, 웹사이트 섹션별, 그리고 특정 기간 내의 방문 숫자별 방문기록의 추세를 볼 수 있다. 다음의 링크를 클릭하여 이 데이터 세트를 시각화해보라(링크 : http://www.tableau.com/learn/gallery/website-traffic-trends).

대시보드 상호작용은 보기 필터(filtering view), 모수 조정(adjusting parameter), 빠른 계산 및 기저에 깔려 있는 데이터 검토를 위한 드릴 다운 분석 등 기본적인 분석을 가능케 한다. 상호작용으로 인해 데이터 축적량이 실행 가능한 통찰력으로 바뀌기 때문에 조직 전체의 마케팅 담당자와 비즈니스 리더들은 데이터 집합을 이해하는 데 어려움을 겪지 않고 문제 해결과 의사결정에 참여할 수 있게 된다.

– Elissa Fink

Elissa Fink에 관하여

2007년부터 태블로 소프트웨어 글로벌 마케팅의 최고 책임자를 역임하고 있는 Elissa Fink는 마케팅 의사결정을 위한 데이터 작업에서 중요한 것은 인간의 지성이라고 생각한다. 태블로 소프트웨어의 마케팅 부서는 매일 수백 가지 캠페인과 비즈니스 목표를 실행하기 위해 자체 도구를 사용한다. Fink는 또한 "마케팅은 여러분이 현재 어디에 있으며 추후에 어디로 진행하게 될지에 대해 아는 것에 관한 것입니다. 진행 과정을 측정하는 것이 전부인 것입니다"라고 말했다.

출처 : Text and photos courtesy of Elissa Fink and Tableau Software, Inc.

마케팅 조사 프로젝트의 결과를 선명도나 정확성을 고려하여 과장되지 않은 스타일로 전달하는 것은 매우 중요한 일이다. 더 단순하게 생각해보면, 문제 제기 단계부터 데이터 분석까지 아무리 복잡하게 프로젝트를 진행했다 할지라도 그 결과에 대한 보고가 미흡하면 그 조사는 실패한 것이나 다름없는 것이다. 조사자의 연구는 일반적으로 마케팅 조사 보고서의 품질을 기준으로 판단된다.

이 장의 도입 부분에서 알 수 있듯이 마케팅 조사 업계가 변화되어 온 여러 가지 이유 중 하나는 결과를 전달하는 데 사용되는 새롭고 혁신적인 방식들이 많이 생겨났기 때문이다. 요즘은 조사 결과를 애니메이션이나 영상, 사진 그리고 다른 시각적인 방법들로 많이 표현한다. 혁신적인 연구조사에서는 스토리텔링과 기타 감정 유도 기술들을 사용하여 조사 대상자들이 조사 결과를 이끌어낼 수 있도록 결과를 제시하기도 한다.[1] 마케팅 조사 결과들은 또한 다큐멘터리 영화나 영상으로 제작될 때도 있다.

또 다른 추세는 마케팅 조사자가 단순히 통계 결과만 제시하고 끝내는 것이 아니라 그 결과를 기반으로 하여 실천할 수 있는 전략들을 추천하는 것이다. 조사자들은 자신의 조사 결과가 적합하다는 것을 보이기 위해서라도 결과에 바탕한 이러한 행동들이 비즈니스에 긍정적인 영향을 미칠 것이라는 사실을 의뢰인들에게 입증해야 한다.[2] 기업 담당자들은 조사 결과를 단순히 도표로만 제시하고 정보의 중요성에 대해 추가적인 설명을 하지 않는 조사자들에게 한계를 느낀다. 조사자들은 더 이상 데이터만 수집하는 것이 아니라 신뢰할 수 있는 조언자의 역할까지 수행하도록 요청받고 있는 것이다.

이와 관련된 마케팅 조사방법 중 '민주화'라고 불리는 방법이 있는데, 이는 의뢰인 조직의 여러 부서에게 동시에 정보를 조달하는 것이다. 앞서 설명한 것처럼 태블로와 같은 소프트웨어 플랫폼들에서는 각각의 부서가 실시간으로 데이터를 열람하고 스스로 분석하고 자신만의 분석 그래픽을 만들 수 있게 한다. 태블로는 이 중 **데이터 시각화**(data visualization) 또는 그래픽이나 그림 형식으로 정보를 시각적으로 표시하는 분야를 전문으로 한다. 점점 더 많은 의뢰인들은 마케팅 조사 회사에게 자신들이 원하는 방식으로 데이터를 관리할 수 있도록 해달라고 요구하고 있다.[3]

데이터 시각화는 그래픽 또는 그림 형식으로 정보를 시각적으로 표현하는 것이다.

마케팅 산업을 뒤바꾸고 있는 새로운 트렌드, 도구, 그리고 기술들에 주의를 기울여야 하는 것은 당연하다. 그러나 이러한 변화가 진행되고 있다고 해서 구두 및 서면 형태로 연구 결과를 명확하고 정확하게 제시하는 방법이 중요하지 않은 것은 아니다. 이 장에서는 구두 및 서면 형태로 보고서를 작성하는 기본적인 방법들에 대해서 배울 것이다. 또한 보고서에 포함되어야 하는 중요한 요소들에 대해서도 배우게 될 것이다. 서면 보고서를 작성하는 것에 대한 기본 원칙과 가이드라인이 제시될 것이며 연구 결과를 더욱더 명확하게 표현하기 위해 도표와 그림과 같은 시각적인 자료를 작성하는 법을 배우게 될 것이다. 구두로 프레젠테이션하는 지침 또한 제시되어 있으며 이 장 끝부분에서는 효과적이며 이해하기 쉬운 방식으로 결과를 전달할 수 있는 기타 도구들에 대해 소개할 것이다.

16-1 마케팅 조사 보고서의 중요성

마케팅 조사 보고서(marketing research report)는 조사 결과, 결론, 권장사항 및 기타 중요한 정보를 의뢰인에게 전송하는 서면 및 구두 프레젠테이션으로, 의뢰인은 이 보고서의 내용에 기반하여 의사결정을 한다. 코닥의 마케팅 조사 담당자는 조사 보고서의 중요성에 대해 언급하면서 보고서를 읽는 사람이 그 조사의 결과와 의미를 이해하지 못한다면 아무리 최상의 조사일지라도 적절한 마케팅 액션으로 연결되지 않을 것이라고 말했다.[4] 마케팅 조사자인 James A. Rohde는 의사결정자는 최종 보고서에 있는 내용에서 자신들이 이해하고 달성할 수 있는 내용들에 기초하여 의사결정을 내리기 때문에 조사자는 보고서의 이 결과가 의뢰인들에게 관련이 있는 사항들이라는 것을 입증하는 것이 중요하다고 말했다. 고객들은 조사자가 어떤 조사방법과 분석을 수행했는지에 대해 큰 관심이 없다.[5] 이는 고객이 해야 하는 결정과 관련성을 잘 나타내는 방식으로 보고서를 작성하는 것이 더 중요함을 의미한다. 모든 조사 프로젝트 작업의 최종적인 결과는 고객과의 커뮤니케이션이다.

마케팅 조사 보고서는 조사 결과, 결론, 중요 권장사항 및 기타 중요 정보들을 고객에게 전달하는 서면 및/또는 구두 보고서이며 고객의 결정은 보고서의 내용에 기초한다.

마케팅 조사 보고서는 마케팅 조사팀의 성과를 나타낸다. 또한 일반적으로 전체 프로젝트에서 고객이 볼 수 있는 유일한 부분이다. 보고서가 제대로 작성되지 않고 문법 오류, 부주의 또는 질 낮은 내용으로 가득 찼을 경우 조사(분석 및 정보 포함)의 품질이 의심스러워지고 신뢰성이 떨어지게 된다. 조직이나 보고에 결함이 있는 경우 독자는 결코 의도한 결론에 도달하지 못할 가능성이 있다. 조사 과정에서 소비된 시간과 효과는 보고서가 효과적으로 전달되지 않는다면 낭비되는 것이다.

반면에 보고서의 모든 측면이 잘 수행되었다면 고객에게 올바르게 전달될 뿐만 아니라 신뢰성을 구축하는 데도 도움이 된다. 많은 기업 담당자들은 조사 과정 중 어떤 측면에도 관여하지 않지만 비즈니스 의사결정을 위해 보고서를 사용하기는 한다. 효과적인 보고는 필수적이며 조직, 형식화, 훌륭한 글쓰기 및 올바른 문법 사용에 주의를 기울여야 한다.

보고서 작성의 효율성 향상

여러분이 학기말 논문을 써봤다면 보고서 작성이 쉽지 않다는 것은 알 수 있을 것이다. 우리는 이 보고서 작성의 일부 프로세스에 대해서 전자 도구들로부터 도움을 얻는다. 워드 프로세싱 소프트웨어에는 일반적으로 글쓰기의 효율성을 높이는 기능들이 많이 포함되어 있다. 오늘날 많은 온라인 데이터베이스에서 사용할 수 있는 자동 인용 형식과 자동 참고문헌과 같은 기능들을 통해 보고서 작성에 소요되는 지루한 시간들을 줄일 수 있다. SPSS와 같은 오늘날의 통계분석 패키지에는 표, 원그래프, 막대그래프 및 작성자의 목적에 맞게 맞춤화할 수 있는 정교한 기타 시각화 도구들이 포함되어 있다.

서베이몽키 또는 퀄트릭스와 같은 컴퓨터 지원 설문지 디자인 도구는 설문 결과와 함께 표 및 그래프를 포함한 자동 보고서를 생성한다(제8장 참조). 이 보고서에는 일반적으로 기술통계만 표시되어 있기 때문에 더 높은 수준의 통계 검정을 수행하려면 설문조사의 원 데이터에 접근해야 한다. 비록 높은 가격을 지불해야 사용할 수 있는 서비스지만 컴퓨터 지원 설문지 디자인 도구를 사

© Rawpixel/Shutterstock
여러분의 청중들을 이해하라.

용하면 장기적으로 설문 결과를 엑셀 또는 SPSS와 같은 데이터 분석 소프트웨어로 다운로드할 수 있다. 여러분의 대학교에서 전문적인 전자설문조사 버전을 학생들에게 무료로 제공할 수도 있다.

16-2 잠재 고객 이해

마케팅 조사 보고서는 특정 독자 및 목적에 맞게 조정되므로 보고서 계획을 포함한 조사 과정의 모든 단계에서 이 두 가지를 고려해야 한다. 글쓰기를 시작하기 전에 몇 가지 질문에 답해보라.

- 전달하고 싶은 메시지가 무엇인가?
- 조사목적은 무엇인가?
- 독자(의뢰인)들은 누구인가?
- 만약 여러 분류의 독자들이 있다면, 일차적으로 중요한 독자와 이차적인 독자는 누구인가?
- 독자들이 사전에 알고 있는 정보는 무엇인가?
- 독자들이 알아야 하는 정보는 무엇인가?
- 고려해야 하는 문화적 차이가 있는가?
- 메시지에 장벽으로 작용될 수 있는 독자들의 편견이나 선입견으로는 무엇이 있는가?
- 독자들의 부정적인 반응을 극복하기 위한 전략은 무엇이 있는가?
- 독자들의 인구통계 및 라이프스타일 변수가 조사 관점에 영향을 주는가?
- 독자들의 흥미, 가치 및 관심사는 무엇인가?

자신의 조사 보고서 방향에 대해 정확하게 결정하려면 위와 같은 질문들을 포함하여 다양한 질문들에 답해보아야 한다.

최종 보고서를 준비할 때 종종 '책상의 반대쪽에 앉아보는 것'이 좋다. 여러분이 작가가 아니라 독자라고 가정해보면 독자의 눈을 통해 사물을 보게 되고 이는 의사소통 성공에 도움이 될 수 있다. 이 경우에 여러분은 독자의 관점에서 기본적이고 중요한 질문을 해야 한다. "이 결과가 왜 나에게 중요하죠?" 이러한 질문에 대답을 할 수 있게 되면 그때 보고서를 구성하라.

16-3 표절 피하기

표절은 다른 사람들의 작품을 자신의 것처럼 표현하는 것을 말한다. 표절은 심각한 범죄이며 사람들은 이러한 윤리적인 과오로 인해 직업을 잃는다.

마케팅 조사 보고서의 중요 요소들에 대해 논의하기 전에 자료 출처의 올바른 작성법에 대해 반드시 설명을 해야 하겠다. 여러분이 만약 2차 정보를 사용하는 경우에는, 그 자료의 출처를 문서화해야 한다(출처를 찾을 수 있는 충분한 정보를 제공해야 한다). 일반 지식이거나 쉽게 확인할 수 있는 사실을 문서화할 필요는 없다. 하지만 확실하지 않은 정보들이라면 문서화해야 한다. **표절**(plagiarism)은 다른 사람들의 작품을 자신의 것처럼 표현하는 것을 말한다. 다른 사람들의 작업을 사용할 때 인용을 제대로 하면 표절 혐의를 피할 수 있을 뿐만 아니라 전달하고자 하는 메시지에 신뢰성을 더할 수 있다. 인용을 할 때는 온라인에서 발견된 정보를 포함한 모든 출처를 정확하게 밝혀야 한다.

Marketing Research on YouTube™

표절의 위험에 대해 자세히 알아보려면 **www.youtube.com**에서 **Understanding Plagiarism**과 **York St. John University**를 검색하라.

학생들은 종종 표절을 저지르며 이의 심각성을 과소평가한다. 표절은 여러분의 직업을 잃게 만들수도 있는 중대한 문제이다. 표절을 탐지하는 것은 점점 더 쉬워지고 있다. 문서가 표절되었는지 확인하려면 문서의 의심되는 부분을 검색 엔진에 넣고 돌려서 일치하는 항목을 확인하기만 하면 되기 때문이다. 또한 턴잇인(Turnitin)과 같은 특수 소프트웨어를 사용하여 표절을 검사할 수도 있다.

유튜브 동영상을 참고하면 표절에 대해 더 자세히 알아볼 수 있다. 또한 인터넷을 통해 심각한 표절의 예를 찾아볼 수 있다. 학생들은 대학 학위를 잃었고 최상위 전문가는 직업을 잃었으며 유명한 작가는 명예를 잃었다. 마케팅 조사 인사이트 16.1을 통해 더 다양한 사례를 살펴볼 수 있을 것이다.

표절이 무엇을 의미하는지 이해하고 의심스러운 경우 자료에 대한 참조를 제공하는 등 인용 형식을 적절하게 지정하라.

마케팅 조사 인사이트 16.1 윤리적 고려사항

출처에 대한 올바른 표기

*표절*은 로마 시민의 노예를 납치하는 의미를 가진 라틴어 단어에서 파생되었다.[6] 글은 재산이라고 생각될 수 있다. 표절을 피하는 것은 원저자의 작품과 관객 요구에 대한 존중이라고 말할 수 있으며 데이터를 추적하고 출처에서 더 많은 것을 배우고자 하는 독자들의 행위를 존중하는 것이다.

모든 인쇄된 정보들이 그러한 것처럼 온라인에서 찾은 정보들도 문서화되어야 한다. 미국 작곡가, 작가, 출판인협회(American Society of Composers, Authors and Publishers)의 회장인 Marilyn Bergman은 *New York Times*에 보낸 서한에서 미국인들은 인터넷에서는 아무것이나 가져가 써도 된다는 생각을 하고 있다고 말함으로써 온라인 도난에 대해서 불편한 감정을 표현했다.[7] 인터넷은 공적인 도메인이 아니다. 작가가 공개적으로 망신을 당하는 일을 피하고 전문가로서의 고결성을 유지하려면 모든 출처에 대해 적절히 문서화해야 한다.

APA(American Psychological Association)와 MLA(Modern Language Association)는 인용 형식을 제공하는 두 가지 스타일이다. 많은 온라인 데이터베이스는 원하는 형식으로 참고문헌을 밝힐 수 있는 방법을 자동으로 제공하는 'Cite This' 옵션을 제공한다. 형식 면에서 APA는 경영학 분야에서 많이 사용되고 MLA는 인문학 분야에서 사용된다. 참고문헌 스타일에 관한 책이나 대학 웹사이트에서는 전자 형식을 비롯한 다양한 참고문헌 형식의 예를 제공하고 있다.

샘플 형식

제1저자 성, 제1저자 이름 이니셜., 제2저자 성, 제2저자 이름 이니셜., & 제3저자 성, 제3저자 이름 이니셜.

(출판연도, 출판월, 일), 자료 이름[매체 형식], available: 사이트 주소[접속일자]

© Lucky Business/Shutterstock

자료원을 참조하는 것은 비즈니스 세계에서 필수적이다.

16-4 보고서 요소

보고서는 섹션 또는 요소로 구성된다. 연구를 수행하는 조직에 문서 준비에 대한 특정 지침이 있는 경우에는 이를 따라야 한다. 특정 지침이 제공되지 않았다면 보고서를 준비할 때 특정 요소를 고려해야 한다. 이러한 요소는 전반부(front matter), 본문 및 후반부(end matter) 등 세 부분으로 그룹화할 수 있다. 표 16.1은 이러한 각 섹션들에서 다루어져야 하는 요소들을 포함시킨 예시이다.

전반부

전반부는 보고서의 첫 번째 페이지 앞에 제시되어야 하는 모든 페이지로 구성된다.

전반부(front matter)에서는 표지, 허가서(선택사항), 전달서/송부메모(letter/memo of transmittal), 그림/표 차례, 초록/핵심 요약 등 보고서의 첫 번째 페이지 앞에 제시되어야 하는 모든 페이지들로 구성되어 있다.

표지 **표지**(title page)(그림 16.1)에는 (1) 문서의 제목, (2) 보고서를 받아보고자 한 조직/사람, (3) 보고서를 준비한 조직/사람, (4) 제출일 등 네 가지의 중요 요소가 포함되어야 한다. 개인의 이름을 표지에 기입하려면 알파벳 순서 혹은 다른 어떤 순서를 정해 기입해야 하고 각 개인에 대한 직함이나 간단한 설명 등도 추가한다.

문서의 제목은 가능한 본문 내용에 대한 정보를 담고 있어야 하며 유익해야 한다. 'Dewey, Cheatam, Howe의 법률사무소에 대한 수요 분석' 또는 '새로운 M&M/Mars 저지방 초코바 소개를 위한 대체 광고 카피'와 같이 보고서의 목적과 내용이 포함되어야 하는 것이다. 제목은 가운데에

표 16.1 마케팅 조사 보고서의 요소

A. **전반부**
   1. 표지
   2. 저작권
   3. 전달서/송부메모
   4. 차례
   5. 그림/표 목록
   6. 초록/핵심 요약

B. **본문**
   1. 서론
   2. 조사목적
   3. 조사방법
   4. 조사 결과
   5. 조사 한계점
   6. 결론과 권장사항

C. **후반부**
   1. 부록
   2. 미주

표시하고 대문자로 인쇄되어야 한다. 그 외에 표지에 있는 다른 정보들은 페이지 가운데 쪽에 대문자와 소문자로 인쇄되어야 한다. 표지는 본문 앞부분에서 i페이지로 간주되지만 페이지 번호를 인쇄하지는 않는다. 그림 16.1을 참조하면 표지 다음의 페이지에서 인쇄된 페이지 번호는 ii일 것임을 알 수 있다.

일부 전문가는 설문조사 결과를 발표할 때는 제목을 간략하고 이해하기 쉽게 변경하도록 추천한다.[8] 예를 들어 'Dean & Allen 공인회계사 사무소에 대한 수요 분석'을 'Dean & Allen 지사에 대한 수요'로 간략화하는 것이다. 구두 발표 준비에 대한 생각해보아야 할 내용들은 이 장의 뒷부분에 나타나 있다.

허가서 **허가서**(letter of authorization)는 이 프로젝트를 수행하기 위한 마케팅 조사에 대한 인증이다. 이 요소는 선택사항이다. 여기에는 이 연구를 수행하는 것을 허용한 사람의 이름과 직함을 나타내며 의뢰인이 요구한 조사 프로젝트의 성격, 완료 날짜, 지불 조건 및 조사 프로젝트의 특수 조건에 대한 일반적인 설명들이 포함될 수 있다. 여러분이 전달서/송부메모에 여러분의 승인 조건을 언급했을 경우에는 보고서에 이 허가서가 추가로 필요하지 않다. 그러나 독자가 허가 조건을 알지 못하는 경우 이 문서를 포함하면 도움이 될 것이다.

그림 16.1 표지

NEW PRODUCTS DIVISION
OF HOGER CHOCOLATIERS:

A MARKETING RESEARCH STUDY OF
SHOPPERS' REACTIONS TO NEW PACKAGING
OF GIFT CHOCOLATES

Prepared for
Ms. Ola Hoger, CEO

Prepared by
Jonathan Yu, Vice President
CMG Research, Inc.

July 2016

그림 16.2 **전달서**

CMG Research, Inc.
1100 St. Louis Place
St. Louis, MO

July 14, 2016

Ms. Ola Hoger
Gift Chocolate Division
Hoger Chocolatiers
Cocoa, USA 00000

Dear Ms. Hoger:

With your letter of authorization, dated April 25, 2016, you authorized CMG to conduct a research project for Hoger Chocolatiers. With this letter, I am hereby transmitting to you the report of that project, entitled "A MARKETING RESEARCH STUDY OF SHOPPERS' REACTIONS TO NEW PACKAGING OF GIFT CHOCOLATES."

The method used to generate the findings of this report is described in detail in the report. Moreover, the method follows that described in our proposal to you. We believe the report accomplishes the research objectives we set out at the beginning of this process and, therefore, you should be able to use the information contained herein to make the important decisions needed for Hoger Chocolatiers.

My colleagues and I have been pleased to work with you on this project. We are prepared to make a presentation of the report at your convenience. Do not hesitate to call me at (877) 492-2891 should you have any questions.

Sincerely,

Jonathan Yu

Jonathan Yu

조직 외부의 서류는 전달서를 사용하고 조직 내에서는 송부메모를 사용하라.

전달서/송부메모 본인이 정직원이 아닌 조직의 문서를 공개하거나 전달하기 위해서는 **전달서**(letter of transmittal)를 사용하게 된다. 조직 내에서 문서를 전달하려면 **송부메모**(memo of transmittal)를 사용한다. 전달서/송부메모는 한두 문장으로 된 조사의 일반적인 성격을 기술하고 보고서를 공개하는 개인이 누구인지 밝힌다. 전달서/송부메모의 주된 목적은 독자에게 보고서를 안내하고 안내서에 대해서 이미지를 구축하는 것이다. 즉 이는 작가와 수신자 사이의 우호적인 관계를 형성하는 것이며 질문이 생길 경우 연락을 취할 수 있는 방법을 제공해주는 것이다.

전달서/송부메모의 글쓰기 스타일은 개인적이며 다소 비공식적이어야 한다. 전달서/송부메모에 나타날 수 있는 일반적인 요소들에는 연구에 대한 간략한 배경조사, 조사 권한에 대한 조건 검

그림 16.3 차례

Table of Contents

토(편지나 승인이 없는 경우), 조사 결과에 대한 코멘트, 추후에 진행될 조사에 대한 제안 및 관심의 표현이 있다. 과제에 대한 감사의 표명, 다른 사람들의 도움에 대한 감사, 사후 관리를 위한 제안 또한 뒷부분에 포함될 수 있다. 데이터 외적인 개인 의견들도 포함될 수 있다. 그림 16.2는 전달서의 예시를 보여주고 있다.

차례 **차례**(table of contents)는 독자들이 조사 보고서에 있는 정보들의 위치를 확인할 수 있도록 돕는다. 차례(그림 16.3)에는 보고서의 모든 섹션이 나열되어야 한다. 각 제목은 텍스트에 표시된 대로 정확하게 명시되어야 하며 페이지 번호 또한 표기되어야 한다. 섹션이 한 페이지보다 길어지면 페이지가 시작되는 페이지 번호를 나열하고 부제목은 제목 아래에 들여쓰기 해야 한다. 제목 페이지와 차례를 제외한 모든 항목은 페이지 번호와 함께 차례에 표기된다. 전반부 페이지에는 소문자로 로마 숫자 번호가 매겨져 있다(i, ii, iii, iv 등). 아라비아 숫자(1, 2, 3)는 보고서 본문의 소개 섹션부터 시작된다.

그림/표 목록 보고서에 표 또는 그림이 포함되어있는 경우 차례에 페이지 번호가 표기되어 있는 **그림/표 목록**(list of illustrations)을 포함시켜야 한다. 이 목록에는 모든 표와 그림이 포함되어 있어야 하며, 이를 통해 독자는 정보를 그래픽으로 묘사한 특정 그림들을 찾을 수 있다. **표**(table)는 행 및 열로 정렬된 단어 및 숫자를 뜻하며 **그림**(figure)은 그래프, 차트, 지도, 그림 등을 말한다. 표와 그림에는 독립적으로 번호가 매겨지기 때문에 목록에 '그림 1'과 '표 1' 모두 표기되어 있을 수 있다. 그림이나 표의 이름을 지정하고 보고서에 등장하는 순서대로 각 이름을 나열하라.

초록/핵심 요약 많은 독자들이 여러분의 보고서를 읽을 수도 있다. 그들 중 일부는 여러분의 결론과 권고를 뒷받침하는 데이터들과 같은 조사의 세부사항들에 대해 알고 싶어 할 것이다. 세부사항을 필요로 하지 않더라도 결론 및 권장사항을 읽고 싶어 할 수도 있다. 또 누군가는 일반적으로 보고서 중 요약부분만 읽을 수도 있다. 그러므로 **초록/핵심 요약**(abstract/executive summary)은 보고서의 '뼈대'인 셈이다. 그것은 바쁜 최고경영진들을 위한 요약이거나 심층적인 보고를 원하는 독자를 위한 미리 보기 역할을 하는 것이다. 또한 결론 및 권장사항을 포함한 가장 유용한 정보들의 개요를 제공한다. 초록이나 핵심 요약은 가능한 한 간결하게 정보를 전달하면서 매우 신중하게 작성되어야 한다. 뿐만 아니라 단일 간격이어야 하며 조사의 일반 주제, 조사 범위(조사가 다루는 것/다루지 않는 것), 사용된 방법에 대한 정의(예 : 1,000명의 주택 소유자를 대상으로 한 전자 조사), 결론, 권장사항 등에 대해 기재되어야 한다.

초록은 보고서의 요약이다.

본문

본문(body)은 보고서의 대부분을 차지한다. 여기에는 보고서에 대한 소개, 방법 설명, 결과에 대한 토론, 제한점에 대한 설명문, 결론 및 권장사항 목록 등이 포함되어 있다. 일반적으로 소수의 사람들만이 전통적인 마케팅 조사 보고서 전체를 읽을 것이며 대부분은 실행 요약, 결론 및 권장사항만을 읽을 것이다. 따라서 공식 보고서는 반복성을 띤다. 예를 들어 조사목적을 핵심 요약에 명시하고 결론 섹션에 결론과 함께 다시 한 번 참조할 수 있는 것이다. 조사자들은 표나 그림을 소개할 때 동일한 용어를 사용하기도 한다. 긴 보고서에서의 반복은 실제로 독자의 이해를 향상시킨다.

본문의 첫 번째 페이지에는 '도입 혹은 서론(Introduction)'과 같은 제목이 쓰여져 있다. 제목을 어떻게 지었든 무조건 첫 페이지 윗부분 가운데에 명시되어야 하며 1페이지로 간주는 되지만 표기는 하지 않는다. 그리고 그다음 페이지부터 순차적으로 번호를 매겨 표시하면 된다.

서론 조사 보고서의 **서론**(introduction)은 독자에게 조사 주제에 대해 설명하는 부분이다. 여기에는 조사 주제를 설정한 배경 상황에 대한 진술 및 조사 과정이 어떻게 시작되었는가에 대한 설명이 포함될 수 있다. 여기에는 보고서의 일반적인 목적에 대한 설명과 조사의 구체적인 목표가 포함되어야 한다.

조사목적 **조사목적**(research objectives)은 별도의 섹션으로 쓰여지거나 서론 부분에 포함될 수 있다. 조사목적과 문제 제시(statement of problem)는 두 가지 개념이 밀접하게 연관되어 있기 때문에 서로를 바탕으로 기술되어야 한다. 보고서는 종종 이 특정 조사목적의 목록에 따라 보고서의 절과 섹션을 구분하기도 한다.

조사방법 **조사방법**(method)은 조서가 어떻게 수행되었는가, 조사대상은 누구(혹은 무엇)인가, 조사목적을 달성하기 위하여 어떤 기법들이 사용되었는가 등에 대해서 최대한 자세히 기술한다. 이 부분은 반드시 길 필요는 없다. 하지만 데이터가 어떻게 수집되었고 분석이 되었는지 독자가 충분히 이해할 수 있게 작성되어야 한다. 다른 사람이 데이터 수집을 반복하여 비슷한 결과가 나올 수 있는가를 검증할 수 있을 정도로 자세하고 신뢰성 있게 설명되어야 한다. 즉 다른 조사자가 동일한 조사를 수행할 수 있을 만큼 명백하게 제시되어야 하는 것이다. 어떤 경우에는 조사를 사용하는 사람의 필요를 충족시키기 위해서 조사방법에 대한 기술을 아주 자세하게 해야 할 경우도 있다. 예를 들어 어떤 의뢰인은 조사자가 선택한 방법에 대한 충분한 설명뿐만 아니라 왜 다른 조사방법들은 사용될 수 없었는지에 대해 궁금해할 수 있다. 또 다른 예로는 조사 정보가 소송에서 사용될 수도 있는데 이러한 적대적인 상황에서 조사자는 조사를 수행하는 데 사용된 방법과 그렇지 않은 방법에 대한 철저한 설명을 제공하도록 요청받을 수도 있다.

조사방법에는 조사 수행 방법, 대상 인물(또는 대상 물질), 목표를 달성하기 위해 사용된 도구나 방법에 대해 자세히 설명한다.

조사방법인가 조사방법론인가? 조사방법 부분에는 조사 과정과 사용된 도구에 대한 자세한 설명들이 담겨 있다. 어떤 보고서에는 이 부분의 제목을 **조사방법론**(methodology)으로 표기했을 수도 있지만 조사방법(method)으로 표기하기를 더 추천한다. 왜냐하면 두 명칭은 서로 다른 의미를 지니고 있기 때문이다. 많은 사람들이 서로 바꾸어 사용하고 있다고 해서 이러한 사용법이 옳은 것은 아니다. 조사방법론은 조사를 수행하기 위하여 옳은 조사방법론을 결정하는 과학을 의미한다. 방법론은 특정 학문 영역에 적합한 조사방법에 대한 이론적인 분석을 의미하거나 특정 종류의 지식에 한정된 조사방법과 원칙의 총합을 의미한다.[9] 그러므로 소비자 설문조사의 방법론에 대한 이의 제기(즉 설문조사에서 사용된 방법의 적합성을 다루는 이의 제기) 또는 현대 마케팅 조사의 방법론(즉 마케팅 조사 분야의 조사를 뒷받침하는 원칙과 실천) 등의 표현에 쓰일 수 있다.[10] 따라서 방법론과 방법 사이에는 중요한 개념적 차이가 있다. 방법은 과학적 조사를 위한 도구를 말한다(예를 들어 "마케팅 조사 프로젝트에 사용된 도구는 보고서의 조사방법 부분에서 자세히 설명할 것이다"라는 식으로 쓰일 수 있다). 방법론은 이러한 도구가 배포되고 해석되는 방법을 결정하는 원칙에 관한 것이다. 마케팅 조사방법론에 따라 우리는 모집단의 대표 표본을 구하기 위해서는 확률적 표본을 사용해야 한다고 이야기할 수 있고 논문의 조사방법 섹션에는 특정 조사에 대한 확률표본의 사용에 대해 설명하면 된다. 짧게 말해 methodology가 아닌 method를 사용하라.

방법론은 조사를 수행하기 위한 적절한 방법을 결정하는 과학을 나타낸다.

결과 **결과**(results) 섹션은 보고서에서 주가 되는 부분이다. 일부 조사자들은 발견(findings)이라고 결과 부분은 보고서에서 가장 중요한 부분이며 조사 결과를 논리적으로 제시해야 한다.

표기하는 것을 선호하기도 한다. 이 섹션에는 본인의 조사 결과를 논리적으로 제시해야 하며 조사목적을 중심으로 구성한다. 결과는 서술 형식으로 제시되어야 하며 결과에 대한 보충 설명으로 표, 차트, 그림 및 기타 적절한 시각 정보가 수반되어야 한다. 표와 그림들은 보충 데이터이므로 과용되어서는 안 되고 번호와 제목을 포함해야 하며 본문 내용에 언급되어야 한다.

보고서를 작성하기 전에 결과 섹션에 대한 개요를 작성한다. 설문지는 논리적으로 혹은 목적에 의해 그룹화되어 있기 때문에 그 자체가 결과의 순서를 구성하는 데 큰 도움이 될 수 있다. 결과를 구성하는 또 다른 유용한 방법은 모든 표와 그림을 개별적으로 인쇄하고 논리적 순서로 정렬하는 것이다. 일단 결과를 적절히 설명했으면, 서론의 문장들이나 개념 정의(필요한 경우), 결과 검토(종종 표 및 그림 참조) 및 다음 주제로의 연결을 위한 전환 문장을 작성할 준비가 된 것이다.

한계점 완벽한 조사는 없다. 그러기에 본인의 조사에 대한 실수를 덮으려고 할 필요는 없다. 항상 본인의 조사의 모든 측면에 관해 스스로 밝히고 또 열려 있어야 한다. 본인의 조사에 대한 중요한 한계점을 기록한다는 것은 오히려 본인의 조사에 큰 이득이 될 수 있다. 한계점에 대한 논의를 피하는 것은 본인의 성실성과 조사에 대한 의심을 살 수 있으며 조사 결과를 정확하고 정직하게 보고하지 않는 것은 마케팅조사협회의 조사 기준 코드에 위배될 수 있다.[11] 조사의 한계점으로 무엇이 있을 수 있으며 그것이 결과에 어떤 영향을 미칠지 제시하라.

시간 제한, 표본의 크기와 구성, 조사 과정에 도입되었을지도 모르는 편향 등과 같은 연구의 한계는 항상 보고되어야 한다.

또한 한계점을 토대로 향후 조사 기회에 대한 제안을 할 수도 있다. 조사 보고서의 전형적인 **한계점**(limitations)으로 시간의 제약, 표본의 크기와 구성, 조사 과정에 도입되었을지도 모르는 편견과 같은 요소를 쉽게 들 수 있지만 이에 국한되어서는 안 된다. 다음 예시를 살펴보라. "독자는 이 조사가 미국 남동부에 있는 중간 크기 공립대학의 졸업반 학생들을 대상으로 한 설문조사에 기반을 두고 있음을 알아야 합니다. 따라서 이 조사 결과를 다른 집단으로 일반화할 때는 주의를 기울여야 합니다."

결론은 조사 결과를 바탕으로 도달한 결과와 결정이다.

결론과 권장사항 결론과 권장사항은 그 분량에 따라 같은 섹션으로 작성되거나 혹은 다른 섹션으로 분류되어 작성될 수 있다. 어떤 경우든 **결론**(conclusions)은 권장사항과 동일하지 않음에 유의해야 한다. 결론은 조사 결과를 바탕으로 도달한 결정과 결과이다. 예를 들어 데이터에 다섯 가지 자동차 모델에 대한 우선순위가 표시되는 경우 '모델 C가 가장 선호도가 높습니다'라고 결론을 내리는 것이다.

권장사항은 결론을 기반으로 진행하는 방법에 대한 제안이다.

권장사항(recommendations)은 결론을 기반으로 진행하는 방법에 대한 제안이다. 예를 들어 "회사는 모델 C를 생산하고 판매해야 한다". 조사자와 의뢰인은 보고서가 권장사항을 어느 정도까지 포함해야 할지에 대해 조사 전에 결정해야 한다. 조사자의 역할에 대한 명확한 이해는 과정을 원활하게 하고 갈등을 피하는 데 도움이 될 것이다. 이 장의 소개 부분에서 언급했듯이 마케팅 조사 업계의 새로운 추세에 따라 의뢰인은 조사자가 컨설팅 역할까지도 해주기를 바라고 있다. 다시 말해 의뢰인들은 조사자들이 고객과의 비즈니스에 전략적 가치를 추천해주고 더 많은 지식을 전달해주기를 기대하고 있는 것이다(제3장 참조).

후반부

후반부(end matter) 섹션은 추가 정보로 구성되는데 주로 참고자료 및 미주, 독자가 참조할 수는 있지만 데이터를 보고하는 데 필수적인 것은 아닌 **부록**(appendix)들로 구성된다. 독자에게 중요한 모든 정보는 보고서 본문 자체에 포함되어야 한다. 부록에는 '알아야 할 필요가 있는 정보'가 아니라 '알아두면 좋은 정보'를 포함하는데 이러한 '알아두면 좋은 정보'가 본문에 포함되면 본문이 너무 복잡해지기 때문에 끝부분에 삽입하는 것이다. 표, 그림, 추가 읽기, 기술적 설명, 자료 수집 양식 및 적절한 컴퓨터 출력물 등이 본문 뒤에 제시될 수 있는 몇 가지 요소이다. 각 부록에는 문자와 제목이 모두 표기되어야 하며 차례에 나타나 있어야 한다.

후반부에는 독자가 추가 읽기를 위해 참조할 수 있는 추가적인 정보들이 포함되어 있지만 데이터를 보고하는 데 필수적인 것은 아니다.

참고문헌 페이지 또는 미주(해당되는 경우)는 부록 앞에 와야 한다. **참고문헌**(reference) 목록에는 보고서에 쓰여진 정보가 수집된 모든 출처를 포함시키면 된다. 필요한 경우 독자가 출처를 검색할 수 있을 만큼 완전하게 기록해야 한다. **미주**(endnote)는 보고서 본문에 제공된 아이디어에 대한 보충 정보나 의견을 제공하는 문서 끝부분을 말한다.

16-5 서면 보고서의 지침 및 원칙

조사 보고서 각 부분의 목적을 이해하는 것에 더하여 보고서의 양식, 형식 및 스타일도 고려되어야 한다.

표제와 부제

긴 보고서에서 독자는 도로지도 역할을 하는 신호와 안내 표지가 필요하다. 표제와 부제가 이 기능을 수행한다. **표제**(heading)는 각 섹션의 주제를 나타낸다. 특정 표제에 속하는 모든 정보는 표제와 관련되어야 하고, **부제**(subheading)는 그 정보를 부분으로 나누는 역할을 한다. 새로운 표제는 주제가 변화되었음을 소개한다. 한 단어, 문구, 문장, 질문 등 여러분의 목적에 맞는 제목을 정하고, 보고서 전체에서 일관된 형식으로 사용하라. 표제 아래의 내용을 부제를 사용하여 구분한다면, 부제는 표제가 아닌 부제끼리 서로 평행하게 나열되어야 한다.

적절한 표제와 부제가 잘 구성된 보고서는 가독성을 크게 향상시킨다.

먼저 보고서를 섹션으로 구성하라. 이 과정에는 시간이 필요하지만, 그럴 만한 가치가 있다. 적절한 표제와 부제가 잘 구성된 보고서는 가독성을 크게 향상시킨다. 그런 다음 문서 형식의 예들을 알려주는 서적을 찾아 표준 형식 중 하나를 사용하여 표제를 구성하라. 예를 들어 레벨 1 표제는 가운데 정렬이고 모두 대문자이다. 레벨 2 표제는 대문자와 소문자로 왼쪽 정렬이다. 또는, 마이크로소프트 워드와 같은 워드 프로세스 프로그램에 있는 전문 형식을 사용할 수도 있다. 표제와 부제를 사용하는 방법을 배움으로써 여러분의 작문 실력은 크게 향상될 수 있다. 보고서의 모든 섹션이 일관된 형식을 따르는지 확인하라. 특히 다른 사람들과 섹션별로 나눠서 할 경우에는 더욱더 이를 확인해야 한다.

시각 자료

시각 자료는 표, 그림, 차트, 다이어그램, 그래프 및 기타 그래픽 도구이며, 이해하기 어려운 정보를 간결하게 나타낸다.

시각 자료(visuals)는 표, 그림, 차트, 다이어그램, 그래프 및 기타 그래픽 도구이다. 이들을 적절하게 사용하면 이해하기 어려운 정보를 간결하게 나타낼 수 있다. 표는 체계적으로 숫자 데이터 또는 글을 열과 행으로 나타낸다. 도표는 숫자를 시각적 디스플레이로 변환하여 연관성과 추세를 이해할 수 있게 한다. 도표의 예로는 그래프, 원그래프 및 막대그래프가 있다.

시각 자료는 이야기가 있어야 한다. 즉 깔끔하고 별도의 설명이 필요하지 않도록 나타내야 한다. 그러나 별도의 설명이 필요가 없더라도, 모든 시각 자료의 요점은 글에서 설명되어야 한다. 각 시각 자료에는 제목과 번호가 있어야 하고 해당 표를 지칭할 때는 '표 1에서 보여주듯이…' 하는 식으로 번호를 사용하라. 가능한 그 시각 자료가 처음 언급되는 그 단락 바로 아래에 시각 자료를 배치하라. 또는 공간이 충분하지 않다면, 글을 계속 작성하고, 다음 페이지에 시각 자료를 배치하라. 시각 자료는 부록에 넣을 수도 있다. SPSS에서 시각 자료 준비에 대한 추가 정보는 이 장의 뒷부분에 나와 있다.

형식

적절한 문법 및 문장 구성은 보고서 작성에 필수적이다. 독자가 읽기 쉽고 이해하기 쉬운 문장을 만들어야 하며, 문법 규칙을 준수해야 한다. 여러분은 여러분의 문법 지식이 어떤가 하는 것으로 여러분의 다른 부분에 대한 지식을 가늠할 수도 있다.

좋은 단락 구성은 보고서를 잘 작성하는 데 필수적이다. 좋은 단락은 하나의 메인 아이디어가 있으며, **주제 문장**(topic sentence)은 그 메인 아이디어를 나타내야 한다. 예를 들면 다음과 같다. "주민들이 고급 레스토랑을 애용할 것인지 여부를 가늠하기 위해, 응답자에게 고급 레스토랑을 애용할 가능성을 물었다." 다음으로, **단락의 본문**(body of the paragraph)에서는 더 많은 정보, 분석 또는 예제를 제공하여 주제 문장의 메인 아이디어를 나타낸다. 주제 문장의 예를 들면 다음과 같다. "모든 응답자가 고급 레스토랑에 대한 설명을 읽었다. 설명은 다음과 같다. … 응답자들은 '애용할 가능성이 매우 높다'부터 '별로 애용할 것 같지 않다' 등의 5단계 응답 등급 척도에서, 고급 레스토랑을 애용할 가능성을 표시하도록 했다. 실제 등급은 다음과 같다. …"

단락은 주제의 끝을 알리고 독자가 이제 어디로 향하고 있는지를 나타내 문장으로 마무리되어야 한다. 예를 들면 다음과 같다. "응답자가 애용 가능성 척도상에서 응답을 하는 방법은 다음 두 단락에서 논의된다." 이 마지막 문장은 **전환 문장**(transitional sentence)으로, 독자에게 글의 방향성을 제시하는 것으로 독자의 이해를 돕는다.

단락의 길이를 조절하면 의사 전달이 원활해진다. 일반적으로 단락은 짧아야 한다. 비즈니스 커뮤니케이션 전문가들은 단락은 대체로 100단어 정도여야 한다고 생각한다.[12] 이는 주제 문장에 적당한 길이이고, 본론의 한 단락은 3~4문장이 적절하다. 한 단락은 하나 이상의 메인 토픽을 다루어서는 안 된다. 주제가 복잡하다면 여러 단락으로 나누어야 한다.

보고서 형식을 개선하기 위한 지침들에는 다음과 같은 것들이 있다.

- 전문 용어를 적게 사용하라.
- 강한 동사를 사용하라.

- 능동태를 즐겨 사용하라.
- 어분의 단어를 제거하라.
- 시제의 변화를 피하라.
- 주어와 동사를 가깝게 유지하라.

전반적으로 보고서를 신중하게 편집하고 교정하라. 오류가 없도록 보고서를 여러 번 교정한 다음, 다른 사람에게 보고서를 한 번 읽고 어떤 문제가 있는지 알려달라고 부탁하라. 전문가들은 자신의 글이 명확하다는 확신이 들 때까지 보고서를 여러 번 재작성한 후, 회사의 다른 이들에게 보고서를 검토하고 문제가 있는지를 살펴봐달라고 요청한다.

16-6 시각 자료를 사용하기 : 표와 그림

데이터 및 아이디어를 시각 자료를 사용하여 표현하는 것은 결과를 효과적으로 제시하는 데 도움이 된다. 성공적인 시각 자료의 열쇠는 보고서의 메시지를 전달할 때 명확하고 간결하게 표현하는 것이다. 시각 자료의 선택은 자료가 무엇을 보이고자 하는지와 일치해야 한다. 일반적인 시각 자료는 다음과 같다.[13]

표 : 정확한 값을 나타냄(마케팅 조사 인사이트 16.2 참조)

그래프 및 차트 : 항목 간의 관계를 보여줌

원그래프 : 전체의 특정 부분을 전체와 비교함(마케팅 조사 인사이트 16.3 참조)

막대그래프(마케팅 조사 인사이트 16.4 참조) 및 **선 그래프** : 시간 경과에 따라 항목을 비교하거나 항목 간 상관관계를 보여줌

흐름도 : 일련의 주제를 소개하고 그 관계를 설명함(사건 또는 주제의 순서가 중요할 때 유용함)

지도 : 지리적 위치를 분명히 나타냄

사진 : 결과를 시각적으로 나타내고 실제 예제를 제공함

도면 : 명확하게 제공하기 위해 결과의 세부사항을 나타냄

이러한 시각 자료에 대한 설명은 다음과 같다.

표

독자는 **표**(tables)를 통해 숫자 데이터를 비교할 수 있다. 효과적인 표 작성에 대한 지침은 다음과 같다.

독자는 표를 통해 숫자 데이터를 비교할 수 있다.

- 컴퓨터 분석이 달성하지 못한 정확성 수준을 나타내지 않도록 하라. 소수 자릿수 사용을 제한하라(12.223% 대신 12% 또는 12.2%).
- 독자가 비교할 항목을 같은 행이 아닌 같은 열에 배치하라.
- 행이 많은 경우 독자가 항목을 정확하게 내려가며 읽도록, 교차로 항목을 검게 하거나, 몇 개

의 항목(5개)마다 두 칸씩 띄어쓰기를 하라.

- 필요하다면 열과 행의 수를 표시하라.

실무에서 조사자들은 보통 척도의 상위 2포인트의 합이나 하위 2포인트의 합을 보고한다. 이것을 **상위 2칸 점수**(top-two box scores)라고 한다.[14] 예를 들어 전체 표를 보여주는 대신 '매우 가능성이 높음' 및 '약간 가능성이 높음' 점수만 나타난다. 상위 2칸 점수는 5점 또는 7점을 만점으로, 상위 2칸(예 : '동의함' 및 '매우 동의함')의 퍼센트 합계를 나타낸다. 의뢰인은 종종 상위 2포인트 혹은 최상위 포인트 또는 (때때로) 하위 2포인트의 점수를 요구한다. 의뢰인은 이 방법이 평균점수보다 이해하기 쉽다고 생각하기도 한다. 마케팅 조사 인사이트 16.2에 SPSS를 사용하여 표를 만드는데 필요한 키 입력이 설명되어 있다.

원그래프

원그래프는 데이터 범주의 상대적인 크기 또는 비율을 설명하는 데 유용하다.

한 구성요소와 다른 구성요소의 상대적인 크기 또는 비율을 설명하려면 원그래프가 유용하다. 예를 들어 다양한 유형의 라디오 방송 프로그램 편성을 선호하는 소비자의 비율을 보여주기 원하는 경우, 원그래프는 각 유형의 프로그램 편성 선호도의 상대적 크기를 보여주는 훌륭한 도구이다. **원그래프**(pie chart)는 섹션으로 분할된 원이다. 각 섹션은 한 데이터의 카테고리와 관련된 원의 총면적에 대한 퍼센트를 나타낸다. 오늘날의 데이터 분석 프로그램은 쉽고 빠르게 원그래프를 만든다. 예를 들어 SPSS를 사용하면 사용자 정의 원그래프를 작성할 수 있다.

대부분의 전문가는 원그래프의 분할 수는 제한되어야 한다고 말한다(최대 4~8개). 데이터에 많은 작은 조각들이 있는 경우, 가장 작거나 중요하지 않은 조각은 '다른' 또는 '기타' 카테고리로 결합할 것을 고려하라. 작은 섹션에서는 내부 레이블을 읽기가 어렵기 때문에 해당 섹션의 레이블을 원의 바깥쪽에 배치해야 한다.

마케팅 조사 인사이트 16.3은 SPSS를 사용하여 원그래프를 작성하기 위한 키 입력 지침을 설명한다.

막대그래프

막대그래프는 응답의 정도를 보고하고, 그룹 간 정도 차이를 비교하고 시간 경과에 따른 변화를 설명하는 데 유용하다.

막대그래프(bar charts)는 해석하기 쉽기 때문에 설문조사 데이터를 보고할 때 자주 사용된다. 막대그래프는 응답의 정도를 보고하거나 그룹 간 정도의 차이를 비교하는 데 유용하다. 또한 시간 경과에 따른 변화를 보여주는 데 유용하다. 막대그래프는 몇 가지 유형으로 사용할 수 있다. 마케팅 조사 인사이트 16.4는 SPSS를 사용하여 다양한 유형의 막대그래프를 만들기 위한 키 입력 지침을 설명한다. SPSS에서 사용할 수 있는 막대그래프의 유형을 알아보자. 막대그래프 유형 선택은 독자와 소통하려는 내용에 따라 다르다.

선 그래프

선 그래프(line graph)는 올바르게 설계된 경우 쉽게 해석할 수 있다. 그래프 옵션을 사용하여 SPSS에서 선 그래프를 그릴 수 있다. 선 그래프 유형에는 몇 가지 옵션이 있음을 알 수 있다.

마케팅 조사 인사이트 16.2

실무적 적용

IBM SPSS를 사용하여 표를 만드는 방법

이전 장에서 통계분석 예제에 사용된 통합 사례인 Auto Concepts 데이터 세트(AutoConcepts.sav)를 사용하여 SPSS를 사용한 표 만드는 방법을 보여주려 한다. 우리는 응답자의 교육수준을 파악하고자 한다고 가정하자. 이를 위해 SPSS 데이터 세트의 '교육수준' 질문에 대한 간단한 빈도표를 만든다. 그림 16.4를 참조하라.

1. 설문지의 '교육수준' 질문에 대한 응답을 나타내는 빈도표를 만든다. 데이터 파일을 연 후에 '분석-기술통계량-빈도분석'을 사용하고 교육수준에 해당하는 변수를 선택한다. 결과 빈도표는 SPSS 결과창에 나타난다.
2. 표를 편집하려면 표 아무 곳에 커서를 놓고 더블클릭한다. 이렇게 하면 검은색 표 레이블과 선택한 표를 가리키는 빨간색 화살표로 표시된 표 편집기가 활성화된다.
3. 마우스 오른쪽 버튼으로 표를 클릭하고 나타나는 드롭다운 메뉴에서 '표 모양'을 선택한다.
4. 특정 표 형식을 선택하려면 디렉토리를 탐색하여 필요에 맞는 것을 선택한다. 여기에서의 경우 AvantGarde 형식을 사용했다. 그러나 글꼴을 변경하려면 선택한 표 형식을 편집해야 한다.
5. 이미 완성되어 있는 표의 형식을 편집하려면 표 모양에 '모양 편집'을 클릭한다. 글꼴, 정렬, 여백 등을 변경하려면 '셀 형식'을 클릭한다. 글꼴, 크기, 스타일 등을 필요에 맞게 변경하라. 테두리를 변경하려면 테두리를 클릭하고 적절한 테두리를 선택한다. 열의 모든 데이터를 음영 처리하고 마우스 오른쪽 단추를 클릭한 다음 지우기를 선택하여 범주를 숨길 수 있다. 또한 커서를 열 테두리의 오른쪽으로 이동하고 테두리를 끌어 열을 닫음으로써 이 작업을 수행할 수 있다.
6. 원하는 속성에 대해 표 특성을 조정한 후, '표 모양' 대화 상자에서 '모양 저장'을 클릭하고 표를 새 파일 이름으로 저장하여 사용자 정의된 표 형식을 저장한다.
7. 이제 표 편집 모드로 돌아왔다. 다음 단계는 원하는 경우 특정 셀의 텍스트를 변경하는 것이다. 이를 위해 텍스트를 변경하려는 셀을 더블클릭한다. 선택한 텍스트가 하이라이트 표시될 것이다. 간단히 텍스트 위에 입력하고 완료되면 확인을 누른다.

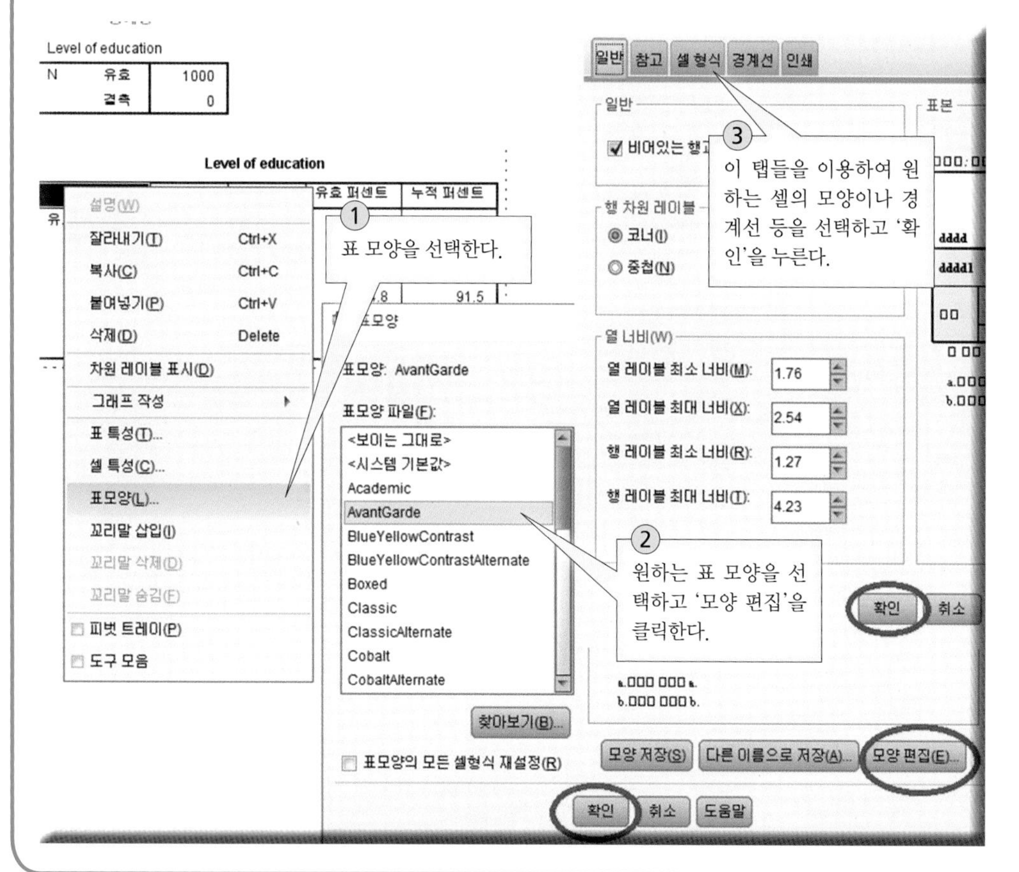

그림 16.4 IBM SPSS 표 모양 편집기를 사용하여 표 만들기

마케팅 조사 인사이트 16.3 실무적 적용

IBM SPSS를 사용하여 원그래프를 만드는 방법

Auto Concepts 설문의 데이터(AutoConcepts.sav)를 다시 사용하여, SPSS를 이용한 간단한 원그래프 제작 방법을 볼 것이다. '교육수준' 질문에 대한 응답을 원그래프 형태로 나타낸다고 해보자.

1. 설문지의 '교육수준' 질문에 대한 응답을 가지고 원그래프를 만든다. 그림 16.5에서 볼 수 있듯이 '그래프-레거시 대화 상자-원도표'의 명령 시퀀스를 사용하라. '케이스 집단들의 요약값'을 클릭하고 '정의'를 클릭한다.

   다음 화면에서는 여러분이 원하는 그래프의 변수를 선택할 수 있다. 설문지의 질문에 해당하는 변수를 선택하고, '조각 기준변수' 옆의 화살표를 누르면 변수가 입력된다. 여러분이 원형 조각에 표현하고 싶은 것을 선택할 수 있다. 이 경우 조각에 백분율(%)을 나타내도록 했다.
2. '제목'을 클릭하고 도표의 제목과 각주 등을 입력하라. '옵션' 명령을 사용하여 누락된 값을 처리하는 방법을 결정할 수 있다. 확인을 클릭하면 결과 원형 그래프가 SPSS 출력물 뷰어에 나타난다. SPSS는 원그래프에 하위 범주의 이름을 보여준다. 이제 도표를 편집할 준비가 되었다. (원그래프에 대해 기존 템플릿이 있는 경우, 도표의 아무 곳에 더블클릭하여 템플릿 사양에 따라 출력되도록 요청하고, 파일도표양식 적용으로 이동하여 저장된 파일 이름을 선택한다.)
3. 원그래프로 스크롤하라. 도표를 편집하려면 도표의 아무 곳에 더블클릭한다. 그러면 SPSS 도표 편집기 화면으로 이동할 것이다. 이 화면에서 모든 편집 작업을 수행하면 된다. 그림 16.6을 참조하라.
4. 도표 편집기 화면에서 편집할 영역을 클릭하라. 이렇게 하면 편집할 영역 주위에 테두리가 생긴다. 이렇게 하면 도표 편집기에서 사용할 수 있는 편집 도구 역시 변경할 수 있다. 제목을 한 번 클릭한다. 이제 글꼴을 편집할 수 있다. 마우스 오른쪽 버튼으로 원그래프를 클릭하라. '데이터 레이블 표시'로 이동하라. '특성' 화면이 나타날 것이다. 값뿐만 아니라 각 원형 조각에 설명 레이블을 배치하려면 '표시 안 함' 아래의 내용을 클릭하고 초록색 위쪽 화살표를 클릭하라. '적용'을 누르면 각 원형 조각 내에 값과 해당 설명 레이블이 배치된다. 원형 조각을 한 번 클릭하면 해당 조각만 테두리에 하이라이트 표시가 된다. 마우스 오른쪽 버튼을 클릭하고 '조각 분해'를 클릭하라.
5. 도표 편집기에서 그림 16.6과 같이 원그래프를 마우스 오른쪽 버튼으로 클릭한다. 특성 창을 선택한다. '깊이와 각도'를 선택하고

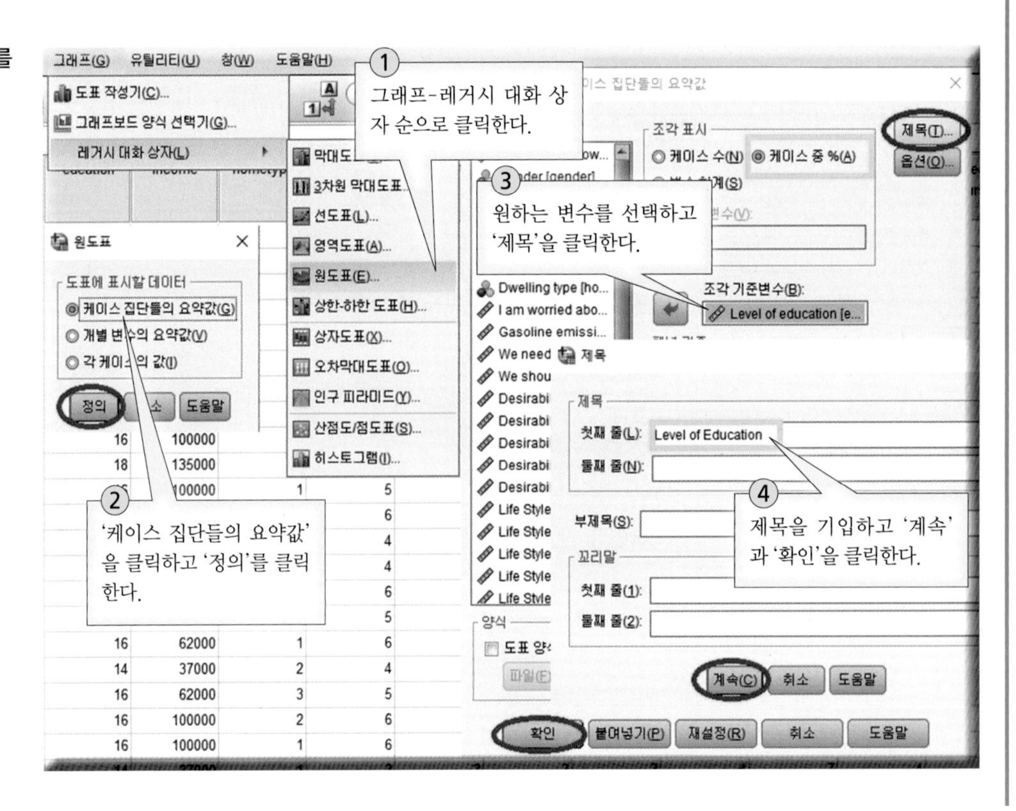

그림 16.5 IBM SPSS를 사용해 원그래프 그리기

3차원을 선택한다. 세로 슬라이드 바를 –60, 거리를 3으로 맞추어보라. 적용을 누르고 창을 닫는다.

6. SPSS에서는 도표의 아무 곳에나 텍스트를 추가할 수 있다. 도표 편집기에서 'T' 글자가 보이는 '입력란 삽입'을 클릭하거나 옵션-입력란을 클릭한다.
7. 모든 변경을 한 후, 파일-도표 양식 저장을 클릭하여 사용자 정의 도표를 저장한다. 차후 도표를 이용할 때, 여러분은 필요에 따라 이렇게 저장했던 사용자 정의 템플릿을 불러올 수 있다.
8. 이제 도표는 워드 프로세서 문서로 전송될 준비가 되었다.

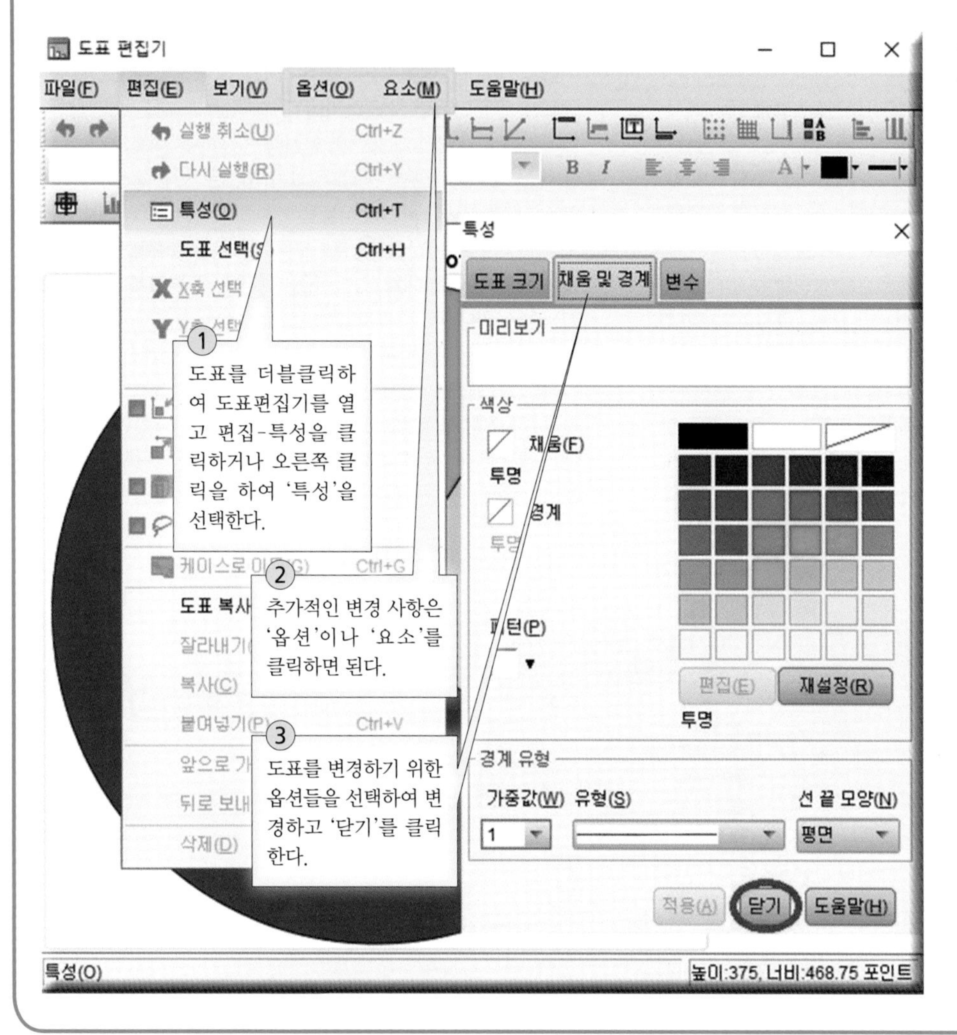

그림 16.6 IBM SPSS의 도표 편집기를 사용하여 원그래프 편집하기

흐름도

흐름도(flow diagram)는 일련의 주제를 소개하고 그 관계를 설명한다. 흐름도는 특히 순차적인 주제를 설명하는 데 유용하다(예 : 1단계, 2단계 등).

16-7 적절한 시각 자료 제작

마케팅 조사자는 항상 데이터를 정확하게 보여주고 정보를 잘못 전달하지 않도록 시각 자료를 제공해야 한다. 때로는 정보를 잘못 전달하는 것이 의도적일 수도 있고(외뢰인이 조사자에게 자신의

마케팅 조사 인사이트 16.4 실무적 적용

IBM SPSS를 사용하여 막대그래프를 만드는 방법

Auto Concepts 데이터 세트(AutoConcepts.sav)의 데이터를 사용하여, SPSS를 이용한 간단한 막대그래프 생성방법을 볼 것이다. 교육수준의 빈도 분포를 그래픽으로 나타낸다고 해보자.

1. '교육수준'에 대한 응답을 막대그래프로 만든다. 그림 16.7에서 볼 수 있듯이, 데이터 파일을 연 후에 '그래프-레거시 대화 상자-막대도표' 명령을 사용하라. 여러분은 세 가지 다른 스타일의 막대그래프 중에서 선택할 수 있다. 이 경우 '단순' 도표를 사용했다. '케이스 집단들의 요약값'을 클릭하고 '정의'를 클릭하라.

   다음 화면에서는 그래프로 나타낼 변수를 선택할 수 있다. '범주축'에 '교육수준'을 입력하라. 여러분이 표현하고자 하는 막대를 선택할 수 있다. 이 경우 응답자의 교육수준에 대한 비율을 알기 위해 '케이스 중 %'를 나타내는 막대를 선택했다.
2. 이 단계에서 여러분은 '제목'을 클릭하여 도표의 제목과 각주를 입력할 수도 있다. '계속-확인'을 클릭하면 막대그래프가 SPSS 출력물 뷰어에 나타난다. 이제 도표를 편집할 준비가 되었다. (막대그래프의 기존 템플릿이 있고 그것을 사용하고 싶다면 '단순 막대 정의 케이스 집단들의 요약값' 창 아래 '양식'에서 '도표양식으로 적용할 파일'에 체크를 하고 '파일'을 클릭한다. 저장된 파일 이름을 선택하여 템플릿 양식에 따라 출력을 요청할 수 있다.)
3. 도표를 편집하려면 도표의 아무 곳에 더블클릭을 한다. 그러면 SPSS 도표 편집기 화면이 열린다. 여러분은 이 화면에서 모든 편집 작업을 수행할 수 있다. 그림 16.8은 막대그래프가 있는 SPSS 도표 편집기 화면의 작동을 보여준다.
4. 도표 편집기 화면에서는 마우스 오른쪽 버튼을 클릭하고 '특성창'을 선택하라. 이 창에서 크기, 채움 및 경계, 3-D 요소 및 변수를 선택할 수 있다.
5. 막대 중 하나를 한 번 클릭하라. 그 막대의 주변 경계선으로 하이라이트 표시가 된다. 메뉴 모음에서 사용할 수 있는 도구를 확인하라. 특성 창 아이콘으로 이동하라(또는 편집-특성을 클릭하여 특성 창을 열어라). 특성 창에서 '깊이 및 각도'를 클릭하고, '그림자'를 선택하고, '변위'를 가로세로 모두 +15로 설정한다. 다시

그림 16.7 IBM SPSS를 사용하여 막대그래프 그리기

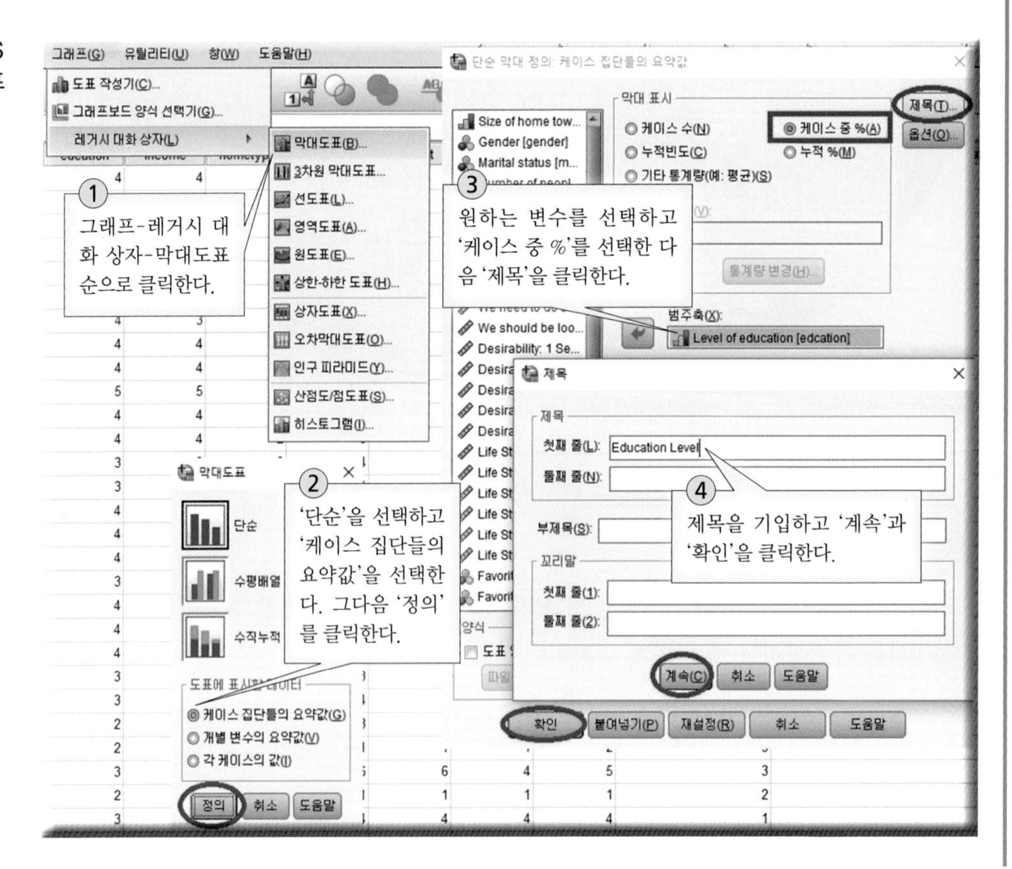

한 번 막대를 클릭한 다음 특성 창에서 '채움 및 경계'를 클릭하여 채우기 색상을 선택하라. 그리고 최종적으로 '적용'을 누른다. (참고 : 채우기 버튼을 클릭하여 막대의 색상을 변경하라. 테두리 버튼을 사용하여 막대의 경계선 색상을 변경할 수 있다.)

6. 도표 편집기에서 막대 이외의 다른 곳을 클릭하라. 특성 창을 열고 채움 및 경계를 눌러서 배경색을 변경한다. 적용을 클릭한다.
7. 도표의 텍스트 내용을 편집하려면, 도표 편집기에서 텍스트 아이콘을 선택한다. (또는 '옵션-입력란'으로 이동한다.) 나타난 입력상자에 텍스트를 삽입한 다음 상자를 드래그하여 원하는 곳에 위치시킨다.
8. 모든 변경을 한 후, '파일-도표양식 저장' 명령을 사용하여 사용자 정의된 도표를 저장할 수 있다. 차후 도표를 이용할 때, 여러분은 필요에 따라 편집하여 저장했던 사용자 정의 템플릿을 불러올 수 있다.
9. 이제 도표를 워드 프로세서 문서로 전송할 수 있다.

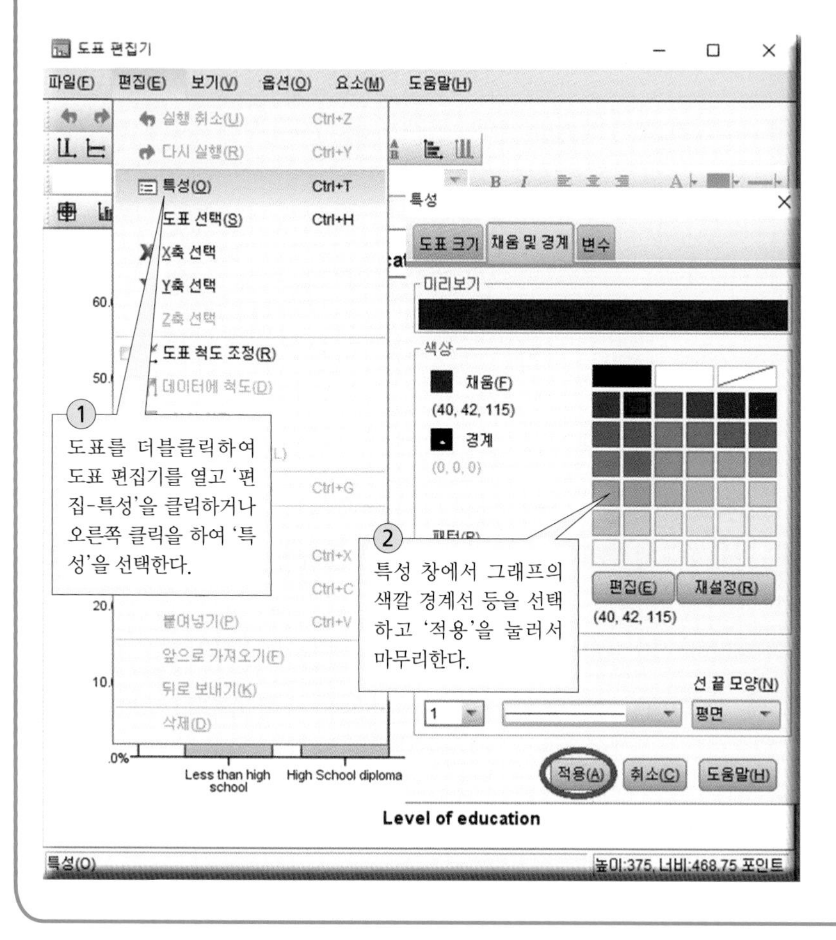

그림 16.8 IBM SPSS 도표 편집기를 사용하여 막대그래프 편집하기

'숙원 사업'을 과대평가하기 위해 데이터를 옳지 않게 표현하도록 요청한 경우), 비의도적일 수도 있다. 후자의 경우, 시각 자료를 준비하는 사람들은 가끔 그래픽 메시지가 그것을 보는 모든 사람에게 명백할 것이라고 잘못된 가정을 하곤 한다.

시각 자료를 정확하고 객관적으로 준비하려면 다음을 따라야 한다.

- 모든 레이블, 숫자 및 시각 데이터 모양을 두세 번 검사한다. 잘못되었거나 오해하기 쉬운 시각 데이터는 여러분의 보고서 및 작업의 신뢰성을 떨어뜨린다.
- 척도의 모든 부분이 표시되었는지 확인한다. 절단된 그래프(어떤 축에서 연속형 척도가 잘리

는 경우)는 관객이 데이터에 익숙한 경우에만 허용된다.

16-8 조사 결과 구두발표

구두발표의 목적은 권고사항 및 조사 결과를 간결하게 제시하고, 질문과 토론의 기회를 제공하는 데 있다.

마케팅 조사자는 종종 자신의 연구에 대한 결론과 권고사항에 대한 요약을 구두로 발표해야 한다. **구두발표**(oral presentation)의 목적은 정보를 간결하게 제시하고 질문과 토론의 기회를 제공하는 것이다. 발표는 고객과의 간단한 회의를 통해 이루어지거나, 많은 사람들을 대상으로 한 공식적인 발표가 될 수 있다.

조사를 구두로 발표할 때 적절히 준비하려면 다음 단계를 따라야 한다.

1. 청중을 확인하고 분석하라. 조사 과정의 시작 부분과 이 장의 시작 부분에서 언급한 것과 같은 질문을 고려하라.
2. 발표에 대한 잠재고객의 기대치를 확인하라. 발표는 공식적인가, 비공식적인가? 잠재고객은 화려한 시각 데이터가 있는 프레젠테이션을 기대하는가?
3. 청중이 들을 필요가 있는 핵심 사항을 결정하라.
4. 쉽게 참고할 수 있는 작은 카드나 프레젠테이션 소프트웨어의 '메모' 영역에 요점에 대한 간략한 개요를 작성하라.
5. 보고서가 일관된 구조를 지니는지 확인하고, 서론에 여러분이 말하고자 하는 것이 왜 중요한지 설명하는 내용을 포함하라.
6. 의견을 간결하고 명확하게 제시한다. 서면 보고서는 보다 심층적인 내용을 위한 참고 문헌으로 사용될 것이다.
7. 요점의 우선순위를 정하고 각 요점들에 할애할 시간을 정해서, 조사 결과를 신중하게 발표하도록 발표 시간을 계획하라.
8. 시각 데이터가 핵심 사항을 생생하게 잘 묘사하는지 확인하라.
9. 결론을 요약하고 최종적으로 강한 인상을 남기는 일관된 결말을 계획하라.
10. 발표를 연습하라. 편안한 모습으로 발표를 하라. 준비가 잘되고 기분이 편안할수록 불안감에 대한 걱정이 줄어든다.
11. 발표 전에 회의실과 미디어 장비를 확인하라.
12. 일찍 도착하라.
13. 발표에 대하여 긍정적으로 생각하고 자신감을 가져라. 여러분은 발표자로서의 권위를 가지고 있다. 다른 누구보다도 여러분의 주제에 대해 더 많이 알고 있다.
14. 방 안에 있는 모든 사람이 들을 수 있을 정도로 큰 소리로 말하라. 명확하게 말하라. 시선을 마주치고 좋은 자세를 유지하라.
15. 팀의 다른 구성원이 발표하는 동안 참여를 하라.
16. 적절하게 복장을 입어라.

16-9 결과 제시의 다른 대안법

이 장에 제시한 것처럼 데이터를 보고하기 위한 표준적인 방법들을 아는 것은 중요하다. 그러나 결과를 제시하는 데 혁신적이고 효과적인 다른 대안들도 많이 있다는 것을 알아야 한다. 마케팅 조사 인사이트 16.5에서는 마케팅 조사 기업인 곤고스가 라틴계 소비자에 대한 조사 사례를 가지고 데이터를 실제 생활의 장면으로 재현하는 방식으로 결과를 발표하는 방법을 보여준다. 다른 예로, MTV는 사무실 전체 층을 사용하여 'High School Hallways'라는 전시회를 열었다. 전시품으로는 고등학교 침실, 파티룸 및 SNS를 사용할 수 없는 천막 등이 있다(제6장 참조). Gongos와 MTV가 완전히 새로운 차원으로 결과를 전달했지만, 이밖에 동영상과 인포그래픽처럼 모든 조사자가 흥미롭고 강하게 결과를 표현할 수 있는 수많은 도구가 있다. 그러나 어떤 기술을 사용하든, 여러분이 표현하는 데이터에 의미를 부여하는 것은 도구가 아니라 여러분의 몫이다.[15]

Marketing Research on YouTube™

한 회사가 결과 제시에 스토리텔링을 사용한 경우를 보고싶다면 **www.youtube.com**에서 **Unforgettable Story Writing in 6Easy Steps**를 검색하라.

비디오

많은 마케팅 조사 회사 및 광고 대행사는 '현장의 순간(in-the-moment)' 클립('vox pops' 또는 'voice

마케팅 조사 인사이트 16.5 실무적 적용

시장 조사의 세계에서 보고 : 학습의 새로운 차원

80페이지 내외의 조사 보고서가 일반적인 때가 있었다. 시장 조사자들이 소비자들에게 질문한 내용들의 응답들은 차트나 핵심 요약 혹은 두 가지 모두를 사용하여 정리되었다. 파워포인트로 표현되는 이러한 결과물들은 최종적으로 공유드라이브에 전달되어 테라바이트 단위의 전매지식(proprietary knowledge)으로 축적되었다.

그러나 최근에 들어서 *Fortune 500* 기업과 기업 내의 고객 인사이트 부서들은 경영 일선의 실무자들과 최고경영자들의 능력을 배가시키기 위한 새로운 필요성을 인식하기 시작했다. 그것들은 바로 스토리텔링, 통합, 통찰력 조직화(insight curation), 비디오 다큐멘터리, 그리고 매우 중요한 IWIK-SIC("I wish I knew, so I could, 업무를 수행하기 위해서 알아야 할 것들)이다. 이들은 '보고'의 새로운 유행어이다. 오늘날의 학생들과 미래의 조사자는 이러한 도구에 익숙해질 뿐 아니라, 새로

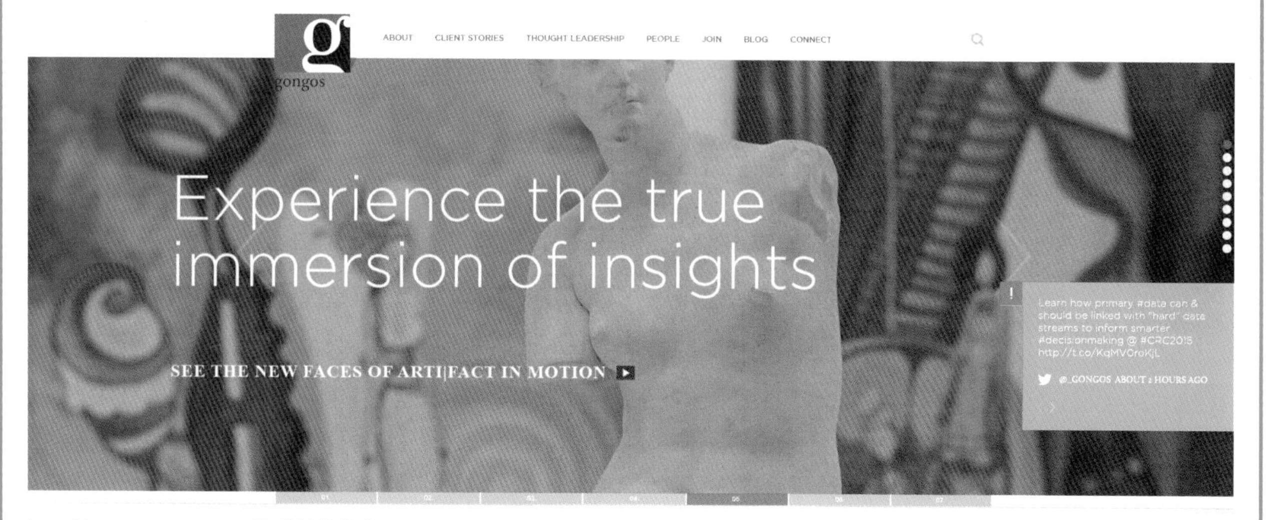

http://www.gongos.com을 방문해보라.

운 시대의 정보 수집 기술과 지식 중심 플랫폼을 창출하기 위해 신속하고 전략적으로 업무를 할 것이다.

업계의 입장

"파워포인트는 죽었나?"라고 외치는 P2P 업계의 발표 및 특집 기사는 2012년부터 블로그스피어 영역을 채워 왔다. '빅데이터'의 공격과 곧 닥쳐올 소비자 지식의 여러 원천들은 정보를 취하는 방식을 바꾸었다. 대시보드 및 기타 디지털 시각화 플랫폼 외에도, 통찰력 전문가들은 제한된 시간을 가진 의사결정권자의 관심을 얻기 위해 정보의 경쟁을 뚫고 나가는 방법을 찾아야 했다. 실시간 정보를 제공하는가 하는 문제와 주요 조사 결과를 의무적으로 점검해볼 수 있는가 하는 문제에서 기존의 보고는 의사결정자가 자신의 업무를 잘 수행할 수 있도록 정보를 배포하기 위한 가장 빠르고 효과적인 방법은 아니었다.

한 가지 혹은 두 가지 헤드라인에 강력하고 몰입된 통찰력을 나타내는 것 이외에도, 이 정보는 광범위한 기업 관중에게 도달해야 하고, 동시에 접근 가능하며, 소비가 가능하고, 기억에 남을 수 있어야 한다. 이론적으로 오늘날의 조사 결과는 본능적인 차원에서 독자에게 다가갈 수 있는 방법을 찾아야 한다. 조사 결과는 동료 및 조직을 대신하여 더 빠르고 더 나은 의사결정을 내릴 수 있도록 조직의 모든 사람에게 알리고 영감을 주어야 한다.

통찰력 실행 : 한 의뢰인의 이야기

그러면 이러한 변화는 조직 내에서는 실제로 어떨까?

의료계에서는 부분적으로 2010년의 ACA(Affordable Care Act)에 의해 시장 이동(market shift)이 발생했다. 그 결과, 이러한 변화에 따라 중서부 지역의 저명한 건강보험회사는 미시간주에 살고 있는 라틴계 미국인들과 더 많은 상호관계를 맺기 위한 고객 맞춤식 전략을 재조정할 필요를 느끼게 되었다. 라틴계 미국인들은 인구도 아주 많고 또 증가 추세에 있으며 보험이 없는 사람들이 많아, 이들은 문화적으로나 지역사회 중심의 관점에서 이해할 필요가 있는 중요한 그룹이다.

이 보험회사는 이를 위하여 조사기업인 Gongos에 의뢰하여 통찰력 조직화(insight curation) 기법인 Arti|fact를 실행했다. 회사 본사에서 몰입적인 고객 경험을 만들어 핵심 임원과 의사결정권자가 라틴계 가정인 것처럼 느낄 수 있도록 했다. 조사 분석 및 후속 마케팅 및 비즈니스 영향을 발표하는 대신, 조사자는 회의실 벽에 시각, 청각 및 촉각 감각을 활용하여 회사 이해관계자가 성장하는 라틴계 인구를 진정으로 이해하고 공감할 수 있도록 지원했다. 80페이지 내외 보고서 대신에, 조사 결과는 800제곱피트 내외 공간의 내부에서 살아 움직였다.

라틴계 미국인 몰입 공간

스테이션 1

이 라틴계 미국인 집단이 왜 회사에 중요한 집단인가를 보여주는 성인 키높이의 정보 패널을 사용하여 이 보험 가입률이 가장 낮은 인구집단에 몰입하기.

스테이션 2

병원의 대기실 상황에서, 비디오와 태블릿 PC를 통하여 그리고 경쟁 정보 책자를 사용해서 라틴계 미국인들과 미국 의료보험제도 사이의 갈등을 발견하기.

스테이션 3

라틴계 미국인들의 문화를 강조한 3D 체험 공간에서 라틴계 미국인들의 가족, 친구, 신앙, 그리고 다양성 등의 가치를 체험해 보기.

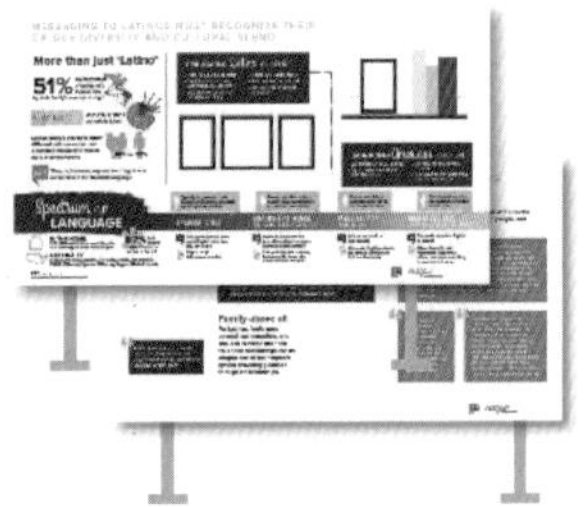

스테이션 4

배운 내용과 느낀 점들을 공유할 수 있는 칠판이 있는 공간에서 경험한 것들을 되새기기. 몰입도가 높고 쌍방향 소통이 가능한 웹 기반 플랫폼으로부터 제공되고 인사이트를 보여줄 수 있는 역동적 보고서 안으로 더 깊이 들어가보기.

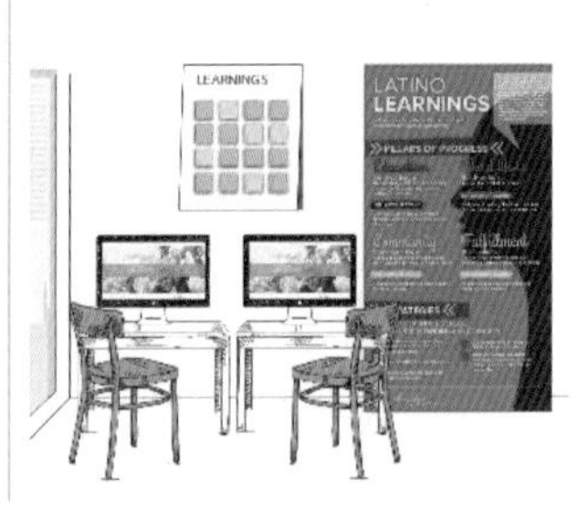

Gongos는 조사 결과를 살아 움직이는 것처럼 체험할 수 있는 방식으로 보고 형태를 바꾸었다.

출처 : Text and photos courtesy Gongos Research

of the people'이라고도 함)을 보여주는 비디오를 서면 및 구두 조사 보고서에 넣기도 한다. 비디오는 전자 보고서에 삽입되거나 구두발표에 포함할 수 있다. 서면 및 구두 보고서는 다큐멘터리 스타일의 비디오로 대체될 수 있다.[16] 관찰 또는 민족지 연구(ethnographic) 방법을 통해 수집된 비디오 데이터는 연구의 주요 시사점을 설명하는 데 사용될 수 있다. 예를 들어 피츠버그 광고 대행사 MARC USA가 케이블 TV 네트워크 리포지셔닝을 위한 조사를 발표했을 때, 이 기관은 목표 관객의 의견에 대한 비디오 클립을 포함하여 조사 결과를 설명했다.[17] BP가 시장 세분화 조사를 실시했을 때, 조사 보고서에는 각 세분시장의 인물이 등장하는 8분짜리 비디오가 사용되었다.[18] 감정이 실린 실제 사람의 발언을 보여준다는 것은 것은 연구 결과의 권고사항을 지지할 수 있도록 하는 데 매우 강력한 도구가 될 수 있다.

인포그래픽

인포그래픽(infographic)은 조사 결과의 핵심을 쉽고 빠르게 이해할 수 있도록 설계된 시각적 보고서이다. 인포그래픽은 결과를 간단하고 실용적으로 보여주는 현대 트렌드 중 하나이다. 서면 보고서와 마찬가지로, 인포그래픽은 그래프, 표, 그림 및 기타 시각 데이터를 통해 결과를 나타내고, 설명 문구는 핵심적인 의미만으로 줄여서 기입된다. 인포그래픽은 브로슈어 또는 뉴스레터 스타일의 문서와 같이 물리적인 형태이거나, 혹은 전자 형식만으로 만들어질 수도 있다.

인포그래픽은 조사 결과의 핵심을 쉽고 빠르게 이해할 수 있도록 설계된 시각적 보고서이다.

잘 디자인된 인포그래픽은 긴 서면 보고서를 요약하거나 심지어 대신할 수 있는데 이 인포그래픽도 작성하는 데 오랜 시간이 걸릴 수 있다. '쓸데없는 그림(chart junk)' 없이 간결하고 효과적인 문서를 작성하는 것은 기술과 시간이 필요하다.[19] 마케팅 조사 기술에 대해 잘 알고 있을 뿐만 아니라, 매력적이고 유익한 정보를 시각적으로 표현할 수 있는 그래픽 기술을 갖춘 직원이 마케팅 분야에서는 필요하다.[20] 인포그래픽의 우수 사례는 http://www.teradata.com, http://www.dailyinfographic.com, http://www.coolinfographics.com 및 http://www.mashable.com과 같은 웹사이트에서 온라인으로 볼 수 있다.

16-10 조직 전체로의 조사 결과 배포

조사 결과를 제시하는 데 사용되는 방법이 무엇이든, 프로젝트에서 얻은 통찰력이 회사 전체의 모든 필수 운영 단위에 확산되지 않아서 조직의 중요한 요소 중 하나로 자리매김을 하지 못한다면, 마케팅 조사에서 밝혀진 결과는 결국 회사가 비즈니스를 수행하는 방법에 거의 또는 전혀 영향을 미치지 못할 것이다.[21] InSites Consulting의 경영 파트너 Tom De Ruyck은 회사의 '주요 대사(embassadors)'를 통해 소비자의 행동 및 감정에 대한 통찰력을 회사 전체로 확산시키는 '통찰의 사내전파(memefication of insight)'의 중요성을 주장한다. 일례로, InSites는 Unilever의 R/D 부서에 종사하는 1,000명의 직원을 대상으로 몇 주에 걸쳐 소비자의 습관과 태도에 대하여 미니 퀴즈를 보는 것과 같은 방법을 사용하여 관리하는 것을 비롯한 여러 가지 방법을 사용하여 소비자들에 대한 직원들의 지식을 향상시켰다.[22] Northstar Research는 고객에게 영감을 받은 아바타가 들어간 컵 받침을 만들어 Land Rover 자동차 제조업체 전체에 배포하여 조직의 모든 부서에게 소비자 특성에 대한 인식을 발전시켰다.[23] 업데이트된 조사 결과는 정기적인 뉴스레터 또는 트위터와 같은 소셜미디어 도구를 통해 관리자에게 지속적으로 배포할 수 있다. 어떤 방법이든, 결과가 회사 전체에 전달되는 것이 중요하다.

대시보드

대시보드는 단순한 방식으로 나타낸 정보를 사용자가 빠르고 쉽게 볼 수 있도록 디지털 인터페이스를 제공한다.

대시보드(dashboards)라고 불리는 웹 기반 플랫폼은 조직 전체에 조사 결과를 보급하는 데 점점 인기 있는 수단으로 자리 잡고 있다. 도입부에 소개된 대로 태블로 및 다른 대시보드 브랜드는 사용자가 데이터를 시각화하고 데이터와 상호작용할 수 있게 한다. 대시보드는 단순한 방식으로 나타낸 정보를 사용자가 빠르고 쉽게 볼 수 있도록 디지털 인터페이스를 제공한다. 대시보드는 도입부에서 언급한 마케팅 조사 '민주화'의 일부이다. 대시보드를 통해 기업은 여러 소스의 데이터를 수집하고 통합한 후 표, 그래프 및 기타 수치 디스플레이를 통해 자동으로 데이터를 나타낼 수 있다. 대시보드는 웹페이지의 성능, 광고 캠페인에 대한 반응 및 지리적 구매 행동과 같은 다양한 마케팅 활동을 추적하는 데 사용할 수 있다.

능동적 학습

온라인 마케팅 조사 보고서 서비스 둘러보기

버크의 온라인 보고 작성 소프트웨어 Digital Dashboard를 자세히 보려면 http://www.digitaldashboard.com을 방문하라. 이 사이트에서 'About Digital Dashboard®'를 클릭하라. 기능에 대해 읽고 예제 출력 페이지를 보라(아직 데모를 실행하지 말라!). 'In the Customer's Words', 'Individual Reports' 및 'Data Collection Status Report'의 기능에 유의하라. 모든 기능을 읽은 후에는 둘러보기를 하라. 이는 화면 하단에 표시되어 있다. (프로그램은 자동으로 실행되며 몇 초 만에 제공된다.) 데이터 필터, 핵심 요약, 시간 경과에 따른 트렌드 및 중요 하위그룹 결과 비교 등의 기능을 보라. 원하는 하위그룹 결과를 조사하기 위해 필터링하는 능력, 솔직한 의견을 검색하기 위한 옵션, 보고서 소프트웨어를 사용한 통계 테스트 수행 기능, 자신의 차트 및 제목을 만들고 스프레드시트로 데이터를 전송하는 유틸리티 등이 있다. 이러한 도구를 사용하면 리포트 프로세스를 보다 효율적이고, 고객들이 더 유용하게 사용할 수 있는 보고서를 전달할 수 있을 것 같지 않은가?

대시보드의 사용은 두 가지 점에서 마케팅 조사 데이터를 보고하는 데 있어서 중요한 발전으로 간주되어야 한다. 첫째, 비전문적 사용자도 대시보드를 통해 조사 결과를 직접 알 수 있기 때문에, 관리자가 직접 데이터를 탐색할 수 있다. 둘째, 조사 분석가는 파워포인트 슬라이드와 같은 데이터의 슬라이드 프레젠테이션을 대시보드로 대체할 수 있다. 조사자는 단 하나의 동적인 전산 인터페이스를 사용하여 데이터를 표시하는 방식으로 대시보드를 나타낼 수 있다. 이 방법의 장점은 데이터를 복사할 때 발생할 수 있는 실수와 함께 정적 슬라이드를 개발하는 데 드는 시간을 없앤다는 것이다. 또한 프레젠테이션에 사용되는 데이터는 항상 최신 데이터이므로 슬라이드를 업데이트할 필요가 없다. 프레젠테이션 중에 질문이 제기되면(예 : "저소득층 소비자는 이 질문에 어떻게 반응했는가?" 또는 "어떤 소매 업체가 이 프로모션에 가장 적합한 응답을 보였는가?"), 조사자는 그 자리에서 문의에 대답할 수 있다.

태블로나 버크와 같은 회사는 의뢰인이 대시보드에 접속하여 지속적으로 데이터를 모니터링할 수 있게 한다. 독자는 전체 결과를 검토하거나 개별 응답자의 결과를 검토하는 것까지도 포함하여 자신이 원하는 하위그룹만으로 분석을 수행할 수도 있다. 보고서는 온라인에서 볼 수 있으므로 의뢰인의 다른 이용자들도 보고서에 접속하여 자신의 팀 또는 부서에 중요한 분석을 수행할 수 있다. 온라인 보고 소프트웨어는 선택된 관리자에게 마케팅 조사 보고서를 전자 방식으로 배포하고, 사용자가 자체 분석을 할 수 있도록 상호작용 형식을 갖는다. 버크의 대시보드 개념과 '친숙'해지기 위해 '능동적 학습'을 보라.

요약

기술의 발전이 다른 많은 것들에 변화를 가져온 것처럼 보고서를 작성하고 프레젠테이션하는 방식도 바꾸었다. 마케팅 조사 보고서는 조사 결과, 주요 권장사항, 결론과 더불어 다른 주요 정보들을 의뢰인에게 제공하는 사실적인 메시지이다. 의뢰인들은 이렇게 전달받은 보고내용을 바탕으로 의사결정을 하게 되는데 그 결정은 자신이 받은 보고서가 얼마나 잘 쓰여졌는지에 따라 달라질 수도 있다. 조사 설계나 그 집행이 얼마나 잘 이루어졌는가에 상관없이 조사 결과가 의뢰인에게 잘 전달되지 않는다면 그 프로젝트에 투입된 노력들은 수포로 돌아가게 된다.

보고서를 준비하고 작성하는 것은 시간을 요하는 작업이지만 보고서 작성을 보다 효율적으로 하는 데 도움이 되는 기법들이 개발되어 왔다. 정보의 원 출처에 대한 인용을 자동으로 하게 해주는 도구도 있고 표나 막대그래프 등의 시각 데이터를 자동으로 그려주는 SPSS와 같은 프로그램들도 있다. 기술의 발전은 보고서 작성과 프레젠테이션 준비, 그리고 결과의 배포 방식을 더 개선해줄 것이다.

마케팅 조사 보고서는 의뢰인들에게 맞춤 형식으로 작성되어야 한다. 이 보고서는 보통 전반부, 본문, 후반부로 구성되는데 각 부분은 특별한 목적을 달성하기 위한 하위 부분으로 다시 나뉜다.

표절은 다른 사람의 작업을 자신의 것인 양 제시하는 것을 말한다. 이는 심각한 위반사항이고 사람들은 이로 인하여 직장을 잃기도 한다. 출처를 밝히는 것은 작성자가 표절의 혐의를 쓰는 것을 막아줄 뿐만 아니라 다른 장점들도 제공한다.

결론은 조사 결과에 의거하여 쓰여지고 권장사항은 그 결론에 의거하여 앞으로 어떻게 할 것인지에 관한 것이다. 조사자들은 조사 결과에 전략적인 가치를 더해줄 것을 점점 더 요구받고 있다.

마케팅 조사 보고서를 잘 쓰기 위한 가이드라인으로는 독자들에게 길잡이가 될 수 있는 표제와 부제 잘 쓰는 것과 표와 그림 등의 시각 데이터를 잘 활용하는 것 등이 있다. 작문 스타일에 있어서는 토픽에 관계된 문장으로 문단을 시작하고 각 문단을 짧게 유지하는 것이 좋다. 전문 용어를 너무 많이 사용하지 말고, 강한 동사를 사용하며, 능동태의 문장와 일관된 시제를 사용하여 작성하고, 작성 후에는 여러 번 퇴고를 거쳐야 한다.

보고서의 내용은 독자들에게 분명하고 객관적으로 전달될 수 있도록 노력해야 한다. 시각 데이터는 때때로 왜곡되게 보여져서 독자들마다 다르게 해석하게 되는 경우도 있다. 조사자는 조사 보고서를 작성하는 데 있어 윤리강령을 준수해야 한다. 보고서는 표나 그래프 등 시각 데이터의 도움을 받을 수 있다. SPSS는 자체적으로 표와 그래프를 그려주는 기능을 가지고 있다. 우리는 본문에서 SPSS를 이용하여 표와 그래프를 전문적인 스타일로 그리는 법을 설명했다.

경우에 따라 마케팅 조사자는 그 조사 프로젝트의 결과를 의뢰인에게 구두로 발표해야 하는 경우가 있다. 구두발표를 잘하기 위한 가이드라인으로는 (1) 청중과 그들의 기대를 알아야 하고, (2) 어떤 점을 부각시킬 것인지를 정해야 하며, (3) 시각 데이터를 잘 준비하고, (4) 연습을 많이 해야 하며, (5) 프레젠테이션 시설과 장비를 사전에 점검하고, (6) 긍정적이고 자신감을 가질 것 등이 있다.

최근에는 전통적인 서면과 구두발표에 더하여 보다 혁신적인 방식으로 결과를 보고하기도 한다. 어떤 조사 기업은 스토리텔링 기법을 통하여 결과를 살아 움직이는 것처럼 체험해볼 수 있는 기회를 의뢰인에게 제공하기도 한다. 한 예로 Gongos 조사 회사의 경우는 방 크기의 공간에다가 의뢰인이 연구 결과에 빠져들어 쌍방향으로 결과를 이해할 수 있게 도와주는 환경을 조성하는 기법을 사용한다. 어떤 마케팅 조사 회사와 광고회사는 보고서에 '현장의 순간(in-the moment)' 비디오 클립을 추가하기도 한다. 또 결과를 쉽고 빠르게 전달하기 위하여 인포그래픽을 사용하기도 한다.

온라인 보고 소프트웨어는 마케팅 조사 회사가 데이터 수집과 결과의 배포를 모니터링하는 데 유용한 도구이다. 이것은 또한 데이터를 관리할 수 있게 해주고 결과와 상호작용을 할 수 있도록 해준다. Tableau는 이러한 기능을 제공하는 온라인 보고 소프트웨어를 제공하는 대표적인 회사이다.

핵심용어

결과
결론
구두발표
권장사항
그림
그림/표 목록
단락의 본문
대시보드
데이터 시각화
마케팅 조사 보고서
막대그래프
미주
본문
부록
부제
상위 2칸 점수
서론
선 그래프
송부메모
시각 데이터
원그래프
인포그래픽
전달서
전반부
전환 문장
조사목적
조사방법
조사방법론
주제 문장
차례
참고문헌
초록/핵심 요약
표
표절
표제
표지
한계점
허가서
후반부
흐름도

복습 질문/적용

16.1 마케팅 조사 과정의 다른 단계와 비교하여 마케팅 조사 보고서의 상대적 중요성을 논하라.

16.2 표절이라는 단어의 어원은 무엇인가?

16.3 마케팅 조사 보고서의 구성요소는 무엇인가?

16.4 언제 메모를 써야 하는가? 언제 편지를 써야 하는가?

16.5 조사가 어떻게 수행되는지 설명하기 위해서 조사방법(method)과 조사방법론(methodology) 중 어떤 표현을 사용해야 하는가? 그 이유는 무엇인가?

16.6 결과, 결론 및 권장사항을 구별하라.

16.7 언제 보고서에 한계가 있음을 인정해야 하는가?

16.8 부제는 언제 사용해야 하는가?

16.9 알아보기 쉽고 논리적인 단락의 구성요소는 무엇인가?

16.10 보고서의 스타일을 좋게 하기 위한 요소는 무엇인가?

16.11 표(table)의 주요 기능은 무엇인가?

16.12 시간 경과에 따른 네 가지 프로모션 믹스 변수의 상대적인 지출 변화를 시각적으로 가장 잘 나타내는 것은 어떤 시각 데이터인가?

16.13 세 가지 산업 간 고용 수준의 차이를 보여주기 위해 사람들의 이미지를 사용하고 싶다면 어떤 종류의 시각 데이터를 만들 수 있겠는가?

16.14 시각 데이터를 통해 정보를 잘못 전달하는 것을 막기 위해 취해야 할 조치는 무엇인가?

16.15 인터넷에서 마케팅 조사 보고서의 예를 검색하라. 다양한 종류의 여러 보고서를 발견할 수 있을 것이다. 그 보고서들을 살펴보라. 저자들이 작성한 섹션들의 공통점은 무엇인가? 섹션을 주의 깊게 보라. 서론 섹션과 방법 섹션에서 다루어진 문제 유형은 무엇인가? 저자는 결과 섹션에 보고된 모든 정보를 어떻게 구성했는가? 권고사항은 결론과 어떻게 다른가?

16.16 Gongos에서 제공한 사례에 근거하여 조사 결과의 보고 형식이 어떻게 변하겠는지를 논하라.

16.17 웹사이트 http://www.teradata.com 또는 http://www.dailyinfographic.com에서 인포그래픽을 조사하라. 인포그래픽은 어떻게 마케팅 조사 결과 발표를 향상시킬 수 있는가?

16.18 Tableau와 같은 대시보드가 마케팅 조사 결과 보고의 방식을 변화시키는 두 가지 방법을 열거하라.

사례 16.1 통합 사례

Auto Concepts : 보고서 작성하기

코리 로저스는 Auto Concepts에 대한 최종 보고서 초안을 작성하려 한다. Auto Concepts의 닉 토머스가 코리에게 말하기를, ZEN Motors에는 자체 마케팅 조사 부서가 있으며, 부서원들은 그의 보고서를 읽기를 기다린다고 한다. 코리는 그들이 표본 크기 및 오차 범위 결정과 같은 기술적 문제에 특히 관심이 있음을 알고 있다. 코리는 결론 및 권장사항에 대해 닉과 솔직한 회의를 했다. 닉은 그에게 이렇게 말한다. "코리, 저는 그 숫자가 어떤 의미를 갖는지 알고 싶습니다. 그 숫자에 근거한 결론은 무엇입니까? 이제 곧 나는 최고위 스태프 직원들을 만나서 결정을 내려야 하는데, 최종 결정을 내리기 위해서는 많은 제약 조건을 고려해야 합니다."

경험이 풍부한 마케팅 조사자로서 코리는 마케팅 조사 프로세스를 잘 알고 있다. 이 단계에 대한 지식은 마케팅 조사 보고서의 조사방법 섹션을 작성하는 데 유용하다. 예를 들어 코리는 보고서에 사용된 정보의 유형 및 출처를 다루어야 한다는 것을 알고 있다. 또한 그는 조사 계획을 다루면서, 왜 다른 것보다 그 계획을 선택했는지 언급해야 한다. 표본 추출방법 및 표본 크기도 이 섹션에 포함되어야 한다. 코리는 그가 다루어야 할 주제 목록을 작성하고, 최종 보고서에서 사용될 표제 및 부제와 관련하여 이러한 주제들을 구성하기 시작한다.

코리는 '이 보고서에서 사용한 모든 출처를 적절하게 인용해야 해'라고 되새긴다. 그는 이 단계가 사실 좀 두렵다. 그가 보고서를 작성할 때마다, 참고문헌에 나오는 모든 세부사항에 대한 기억은 오래가지 않기 때문이다. 그래도 그는 자신의 참고문헌 목록에 적절한 양식을 사용하는 것이 얼마나 중요한지 알고 있다.

1. 위 상황에서 실제로 보고서를 쓰기 시작하기 전에 코리가 정보를 가지고 해야 할 일은 무엇인가? 코리가 다루어야 할 특정 문제를 적어보라.
2. 코리는 보고서의 표준 '결론 및 권장사항' 섹션을 포함해야 하는가? 이유는 무엇인가?
3. 코리는 마케팅 조사 보고서에 사용된 2차 데이터를 제대로 인용하고 있는지 확인하기 위해 어떤 도구를 사용하는가?

사례 16.2 통합 사례

Auto Concepts : 파워포인트 만들기

CMG Research의 코리 로저스는 Auto Concepts 보고서를 완성하고, 파워포인트 슬라이드를 만들어 결과 발표 때 사용하려 한다. 그는 발표 제목 'Auto Concepts : 자동차 모델 선호도 및 세분시장 특성 파악을 위한 마케팅 조사'를 워드로 작성한다. 그리고 발표 도입부에 조사목적 및 표본 추출 계획 및 표본 크기를 포함한 방법에 관한 몇 가지 문제를 작성하려 한다. 조사의 목적과 방법을 전달하는 데 도움이 된다고 생각되는 부분들을 작성한 후, 그는 결과를 발표하는 것에 집중을 한다.

코리는 표본을 설명하면서 그의 조사 발표를 시작하려 한다. 표본에 대한 설명은 흔히 '표본 프로필'이라고 한다. 그는 성별 및 결혼 상태에 대하여 각 질문당 2개의 범주(남성, 여성 및 기혼, 미혼)만 있음을 발견한다. 그는 이러한 범주의 비율을 구두로 보고하기로 한다. 그러나 다른 일부 변수들은 응답의 여러 범주가 있어서, 그는 결과를 전달하는 가장 좋은 방법인 빈도 분포표로 보여주려 한다. 그는 SPSS를 사용하여 질문에 대한 응답의 빈도 분포를 준비한 다음, SPSS를 사용하여 데이터의 여러 주요한 분석을 계속한다.

1. 워드프로세서 프로그램을 사용하여 구두발표에서 고객에게 전달하기 적절하다고 생각되는 몇 가지 문장을 작성하라.
2. 1번 문제에서 준비한 문장을 복사 및 붙여넣기 하여 파워포인트로 가져온다. 다른 색상 텍스트와 글꼴 크기 및 스타일을 시험해보라.
3. SPSS를 사용하여 각 문장에 대해 적절한 빈도 분포를 조사하라. '표 모양'을 사용하여 원하는 형식을 선택하고, 표를 복사하여 파워포인트에 붙여넣어라.
4. SPSS를 사용하여, '나는 지구온난화를 걱정하고 있다'라는 변수에 관한 질문의 답변을 막대그래프로 작성하라. SPSS에서 사용할 수 있는 다양한 막대그래프 옵션을 시험해보라. 막대그래프를 선택하고 복사 및 붙여넣기를 사용하여 해당 그래프를 복사하여 파워포인트에 붙여넣어라. 그리고 이 슬라이드를 편집하는 것도 연습해보라.

미주

제1장

1. Wasserstrom, J. (2011, February 24). Media and revolution 2.0: From Tiananmen to Tahrir. Retrieved from Miller-McCune, http://www.miller-mccune.com/media/media-and-revolution-2-0-tiananmen-to-tahrir-28595
2. Kotler, P., & Keller, K. L. (2006). *Marketing management* (12th ed.). Upper Saddle River, NJ: Prentice Hall, p. 5.
3. Kindle Fire is the most successful product we've ever launched. (2011, December 11). *Time Techland.* Retrieved from http://techland.time.com/2011/12/15/amazon-kindle-fire-is-the-most-successful-product-weve-ever-launched
4. American Marketing Association. (2007, October). Definition of marketing. Retrieved from https://www.ama.org/AboutAMA/Pages/Definition-of-Marketing.aspx
5. Shostack, G. L. (1977). Breaking free from product marketing. *Journal of Marketing, 41*(2), 74. Shostack's original example used General Motors.
6. Schneider, J., & Hall, J. (2011, April). Why most product launches fail. *Harvard Business Review,* 21–23.
7. 25 biggest product flops of all time. (2012, January 21). *Daily Finance.* Retrieved from http://www.dailyfinance.com/photos/top-25-biggest-product-flops-of-all-time
8. Jargon, J. (2014, April 13). Burger King drops lower-calorie fry 'satisfries.'" *Wall Street Journal.* Retrieved from http://www.wsj.com/articles/burger-king-drops-lower-calorie-fries-1407964129
9. 이러한 철학들은 제품 중심 콘셉트와 판매 중심 콘셉트의 좋은 예이다. 이에 대해서는 다음의 논문을 참조하라: Kotler, P., & Armstrong, G. (2001). *Principles of marketing* (9th ed.). Upper Saddle River, NJ: Prentice Hall, p. 18.
10. Kotler, P. (2003). *Marketing management* (11th ed.). Upper Saddle River, NJ: Prentice Hall, p. 19.
11. Kotler, P. (2003). *Marketing management* (11th ed.). Upper Saddle River, NJ: Prentice Hall, p. 19.
12. 어떤 학자들은 여기에 관계 마케팅과 통합 마케팅, 내부 마케팅 , 그리고 사회적 책임 마케팅을 포함하는 총체주의적(holistic) 마케팅 개념을 추가하기도 한다. 이에 대해서는 다음을 참조하라: Kotler & Keller, *Marketing management*, pp. 15–23.
13. Bennett, P. D. (Ed.) (1995). *Dictionary of marketing terms* (2nd ed.). Chicago: American Marketing Association, p. 169.
14. 이러한 용어들과 더불어 마케팅과 의견 조사에서 사용되는 다른 전문용어들을 자세히 살펴보려면 다음 마케팅조사협회 웹페이지를 참조하라 (2012. 6. 29): http://www.marketingresearch.org/glossary
15. Pimley, S. (2008, August). Looking to increase their (s)miles per gallon. *Quirk's Marketing Research Review,* p. 32.
16. Berstell, G. (2011, December) Listen and learn—and sell. *Quirk's Marketing Research Review,* 48.
17. Monllos, K. (2015, September 28). Chobani extends its "Flip" Campaign after sales increase by 300%. *Adweek.* Retrieved from http://www.adweek.com/news/advertising-branding/chobani-extends-its-flip-campaign-after-sales-increase-300-167186
18. Dahab, D., O'Gara, L., & Vermass, J. (2007, October). As banks strive to build relationships, a national tracking study finds that good service is still key for customers. *Quirk's Marketing Research Review,* 52.
19. Janakiraman, N., Meyer, R., & Hoch, S. (2011). The psychology of decisions to abandon waits for service. *Journal of Marketing Research, 48*(6), 970. Retrieved from ABI/INFORM Global (Document ID: 2548456281)
20. Personal communication with the authors from Vincent P. Barabba, General Motors Corp, 1997.
21. Market research: Pre-testing helps ad effectiveness. (2003, May 8). *Marketing,* 27.
22. Tracy, K. (1998). *Jerry Seinfeld: The entire domain.* Secaucus, NJ: Carol, pp. 64–65.
23. Hodock, C. L. (2007). *Why smart companies do dumb things.* Amherst, NY: Prometheus, p. 157.
24. MIS에 대한 설명은 Kotler & Keller, *Marketing Management*에서 차용했다.
25. Ibid.

제2장

1. *U.S. News & World Report.* (2015). Best business jobs. Retrieved from http://money.usnews.com/careers/best-jobs/market-research-analyst
2. Lockley, L. C. (1950). Notes on the history of marketing research. *Journal of Marketing, 14*(5), 733–736.
3. Gallup, G., & Rae, S. F. (1940). *The pulse of democracy.* New York: Simon & Schuster, p. 35.
4. Hower, R. M. (1939). *The history of an advertising agency.* Cambridge, MA: Harvard University Press, pp. 88–90.
5. 1945년부터 지금까지 Parlin상을 받은 과거 수상자들의 명단은 다음 웹사이트에서 확인할 수 있다: http://themarketingfoundation.org/parlin_recipients.html
6. Hardy, H. (1990). *The politz papers: Science and truth in marketing research.* Chicago: American Marketing Association.
7. Bartels, R. (1976). *The history of marketing thought.* Cleveland, OH: Grid Publishing, p. 125.
8. 이 장의 많은 부분은 다음 두 책에서 근거하고 있다: Honomichl, J. (2006). Jack J. Honomichl on the marketing research industry. In Burns, A. C., & Bush, R. F. (2006). *Marketing research* (5th ed.). Upper Saddle River, NJ: Pearson/Prentice Hall, pp. 40–41.
9. *GreenBook.* (2015). *GreenBook Industry Trends Report,* 17th ed., New York, p. 40.
10. Murphy, L. (2015, July 21). Microsoft aims to disrupt market research: Here is the scoop and what it means for the future. *GreenBook.* Retrieved from www.greenbookblog.org/2015/07/21/microsoft-aims-to-disrupt-market-research-here-is-the-scoop-and-what-it-means-for-the-future
11. ESOMAR Industry Report. (2014). *Global market research 2014.* Amsterdam, The Netherlands: ESOMAR, p. 6.
12. Bowers, D., & Brereton, M. (2015). The 2015 AMA gold global top 50 report. *Marketing News,* 13.
13. Ibid.
14. Ibid.
15. ESOMAR (2015). *Global market research 2015,* p. 6.
16. Poynter, R. (2010). *The handbook of online and social media research: Tools and techniques for market researchers. West Sussex, UK: Wiley,* pp. xiv–xix.

17. ESOMAR (2015). *Global market research 2015*, p. 59.
18. ESOMAR (2015). *Global market research 2015*, p. 64.
19. ESOMAR (2011). *Global market research 2011*, pp. 22–29.
20. ESOMAR (2015). *Global market research 2015*, p. 64.
21. Rydholm, J. (2015). Client-side researchers offer dos and don'ts for MR vendors. *Quirk's Marketing Research Media*. Retrieved from http://www.quirks.com/articles/2015/20151025-1.aspx
22. *Quirk's Marketing Research Media* (2015). *Quirk's Corporate Research Report*. http://www.quirks.com/PDF/CorporateResearchReport.pdf
23. *GreenBook*. (2015). *GreenBook Industry Trends Report*, 17th ed., New York, p. 46.
24. Rydholm, J. (2015). Client-side researchers offer dos and don'ts for MR vendors. *Quirk's Marketing Research Media*. Retrieved from http://www.quirks.com/articles/2015/20151025-1.aspx
25. *GreenBook*. (2015). *GreenBook Industry Trends Report*, 17th ed., New York, pp. 43–45.
26. *GreenBook*. (2015). *GreenBook Industry Trends Report*, 17th ed., New York, p. 46.
27. ESOMAR. (2015). *Global market research 2015*, p. 59.
28. ESOMAR. (2015). *Global market research 2015*, p. 61.
29. See http://www.marketingresearch.org/issues-policies/best-practice
30. 강제유도 여론조사란 무엇일까? AAPOR은 이것을 정치 의견 조사로 위장된 네거티브 정치 광고라고 정의한다. 강제유도 여론조사는 실제로 전화로 유권자들의 의견을 묻는 조사 형태를 띠고 있지만 그 목적은 유권자들의 의견을 측정하려는 것이 아니라 유권자들을 설득하고 투표 결과에 영향을 미치려는 텔레마케팅으로 볼 수 있다. http://www.aapor.org/What_is_a_Push_Poll_1.htm, accessed March 10, 2012.
31. Council of American Survey Research Organizations. (2015, July 1). *What survey participants need to know*. Retrieved from http://www.casro.org/?page=participantstoknow&hhSearchTerms=%22Survey+and+Participants+and+Need+and+Know%22
32. American Association for Public Opinion Research. (2015, July 1). *Transparency Initiative*. Retrieved from https://www.aapor.org/AAPORKentico/Transparency-Initiative.aspx
33. ESOMAR. (2015). *Global market research 2015*, pp. 60–65.
34. Riviera, E. (2015). *Market research in the U.S.* Retrieved from http://www.ibisworld.com/industry/default.aspx?indid=1442

제3장

1. 책들은 마케팅 조사 단계를 다르게 나누고 있지만 이런 식으로 단계를 정해서 접근하는 것이 유용한 방법이라는 것에는 다들 동의를 하고 있다.
2. Malhotra, N. (2010). *Marketing research: An applied orientation* (6th ed.). Upper Saddle River, NJ: Pearson/Prentice Hall, p. 14.
3. Hagins, B. (2010, May). The ROI on calculating research's ROI. *Quirk's Marketing Research Review, 14*, 52–58.
4. Adapted from Adler, L. (1979, September 17). Secrets of when and when not to embark on a marketing research project. *Sales & Marketing Management Magazine, 123*, 108.
5. Gibson, L. D. (1998, Spring). Defining marketing problems: Don't spin your wheels solving the wrong puzzle. *Marketing Research, 10*(4), 7.
6. Retrieved from www.dictionary.com, accessed November 13, 2003.
7. Muthalyan, S. (2011, November 15). Maximizing retail promotions using smart alerts. *Marketing News*, 13.
8. 예를 들면 다음 논문을 참조하라: Gordon, G. L., Schoenbachler, D. D., Kaminski, P. F., & Brouchous, K. A. (1997). New product development: Using the salesforce to identify opportunities. *Business and Industrial Marketing, 12*(1), 33; Ardjchvilj, A., Cardozo, R., & Ray, S. (2003, January). A theory of entrepreneurial opportunity identification and development. *Journal of Business Venturing, 18*(1), 105.
9. Drummond-Dunn, D. (2015, May 6). Why marketing doesn't always get the research it needs, but usually what it deserves. *GreenBook*. Retrieved from http://www.greenbookblog.org/2015/05/06/why-marketing-doesnt-always-get-the-research-it-needs-but-usually-what-it-deserves
10. Semon, T. (1999, June 7). Make sure the research will answer the right question. *Marketing News, 33*(12), H30.
11. Adapted from Merriam-Webster online at http://www.merriam-webster.com/dictionary/hypothesis and dictionary.com/hypothesis
12. Ron Tatham 박사가 저자들에게 한 말을 인용하면 다음과 같다. "테스트 단계에서 무엇이 '더 나은' 광고 클레임을 구성하는가에 대해서 합의된 것이 없다는 것을 알게 되면 학생들은 아마도 놀라움을 금치 못할 것입니다. 조사자들은 종종 클레임의 질을 측정하는 것과 더불어 '더 나은' 클레임은 어떠해야 하는가를 정의하는 것에 어려움을 느낍니다. 만약 특정 회사가 각각의 클레임에 대한 과거 자료들을 가지고 있고 그것을 통해서 어떤 클레임이 좋은 것이었다는 합의를 내릴 수 있도록 하는 것이 바람직할 것입니다. 사실 '더 나은'이라는 것을 정의하는 것은 합의나 동의에 의존할 수밖에 없습니다. 그러지 않는다면 결정을 내릴 수 없으니까요."
13. Smith, S. M., & Albaum, G. S. (2005). *Fundamentals of marketing research*. Thousand Oaks, CA: Sage, p. 349.
14. American Marketing Association. (n.d.). Dictionary. Retrieved from www.marketingpower.com, December 10, 2003.
15. Bearden, W. O., Netemeyer, R. G., & Mobley, M. F. (1993). *Handbook of marketing scales*. Newberry Park, CA: Sage; Bearden, W. O., & Netemeyer, R. G. (1999). *Handbook of marketing scales: Multi-item measures for marketing and consumer behavior research*. Thousand Oaks, CA: Sage; and Bruner, G. C., Hensel, P. J., & James, K. E. (2005). *Marketing scales handbook: A compilation of multi-item measures for consumer behavior and advertising*. Chicago: American Marketing Association.
16. Moser, A. (2005). Take steps to avoid misused research pitfall. *Marketing News, 39*(15), 27.
17. See Burns, A. C., & Bush, R. F. (2006). Insights based on 30 years of defining the problem and research objectives, *Marketing research* (5th ed.). Upper Saddle River, NJ: Pearson/Prentice Hall, pp. 92–93.
18. Kane, C. (1994, November 28). New product killer: The research gap. *Brandweek, 35*(46), 12.
19. Mariampolski, H. (2000, December). A guide to writing and evaluating qualitative research proposals. *Quirk's Marketing Research Review*.

제4장

1. Singleton, D. (2003, November 24). Basics of good research involve understanding six simple rules. *Marketing News*, 22–23.
2. 조사 설계의 문제에 대한 문제를 훌륭하게 다룬 것으로는 다음의 문헌이 있다: Creswell, J. (2003). *Research design: Qualitative, quantitative, and mixed methods approaches*. Thousand Oaks, CA: Sage.
3. Boitnott, J. (2014, September 22). 40 young people who became millionaires before they were 20. *Inc.* Retrieved from http://www.inc.com/john-boitnott/40-young-people-who-became-millionaires-before-they-were-20.html
4. Company test marketing water bottle kiosks at WVU. (2012, April 9). *The Marietta Times*. Retrieved from http://www.wvgazettemail.com/Business/201204080024
5. 예를 들어 다음 문헌을 참조하라: Parasuraman, A., Berry, L. L., & Zeithaml, V. A. (1991, Winter). Refinement and reassessment of the SERVQUAL scale. *Journal of Retailing, 67*(4), 420ff. 이 주제에 대한

탐색적 조사를 조금만 한다면 서비스 품질을 측정하는 것에 대한 많은 참고문헌을 찾을 수 있다.

6. Stewart, D. W. (1984). *Secondary research: Information sources and methods.* Newbury Park, CA: Sage; Davidson, J. P. (1985, April). Low cost research sources. *Journal of Small Business Management, 23,* 73–77.
7. Malhotra, N. K. (2010). *Marketing research: An applied orientation* (6th ed.). Upper Saddle River, NJ: Pearson Prentice Hall, p. 40.
8. Bonoma, T. V. (1984). Case research in marketing: Opportunities, problems, and a process. *Journal of Marketing Research, 21,* 199–208.
9. Chen, C., Zhang, J., & Delaurentis, T. (2014). Quality control in food supply chain management: An analytical model and case study of the adulterated milk incident in China. *International Journal of Production Economics, 152,* 188–199.
10. Bowen, S. A., & Zheng, Y. (2015). Auto recall crisis, framing, and ethical response: Toyota's missteps. *Public Relations Review, 41*(1), 40–49.
11. Thomas, J. (2015, April 2). Rams fans make plea, express concern to NFL over team's possible move. *McClatchy-Tribune Business News. ProQuest.*
12. Sudman, S., & Wansink, B. (2002). *Consumer panels* (2nd ed.). Chicago: American Marketing Association. This book is recognized as an authoritative source on panels.
13. Esterl, M., & Vranica, S. (2015, August 7). Pepsi starts shipping aspartame-free soda. *Wall Street Journal.* Retrieved from http://www.wsj.com/articles/pepsi-starts-shipping-aspartame-free-soda-1438948840
14. Esterl, M. (2015, October 8). New Diet Pepsi leaves some loyalists with bad taste. *Wall Street Journal.* Retrieved from http://www.wsj.com/articles/new-diet-pepsi-leaves-some-loyalists-with-bad-taste-1444327691
15. 사실 Affordable Care Act는 2010년 3월에 오바마 대통령에 의해 법제화되었고 이 법령에 의해서 FDA는 20개 이상의 점포를 가진 레스토랑 체인에 대해서는 음식 메뉴에 영양정보를 표기하도록 요구하고 있다.
16. 예를 들면 다음 문헌을 참조하라: Montgomery, D. (2001). *Design and analysis of experiments.* New York: Wiley; Kerlinger, F. N. (1986). *Foundations of behavioral research* (3rd ed.). New York: Holt, Rinehart, and Winston.
17. Campbell, D. T., & Stanley, J. C. (1963). *Experimental and quasi-experimental designs for research.* Chicago: Rand McNally.
18. Calder, B. J., Phillips, L. W., & Tybout, A. M. (1992, December). The concept of external validity. *Journal of Consumer Research, 9,* 240–244.
19. Gray, L. R., & Diehl, P. L. (1992). *Research methods for business and management.* New York: Macmillan, pp. 387–390.
20. Brennan, L. (1988, March). Test marketing. *Sales Marketing Management Magazine, 140,* 50–62.
21. Chavez, J. (2015, May 14). Taco Bell's Quesalupa to be served nationwide. *Toledo Blade.* Retrieved from http://www.toledoblade.com/Retail/2015/05/14/Taco-Bell-s-Quesalupa-to-be-served-nationwide.html
22. Churchill, G. A., Jr. (2001). *Basic marketing research* (4th ed.). Fort Worth, TX: Dryden Press, pp. 144–145.
23. Soper, S., & Pettypiece, S. (2015, September 15). Target teams with Instacart to challenge Amazon on groceries. *Bloomberg Business.* Retrieved from www.bloomberg.com/news/articles/2015-09-15/target-teams-up-with-instacart-to-challenge-amazon-on-groceries-iel6hqe9
24. *Progressive Digital Media Beverages News.* (2015, October 19). Green Grass Foods to test launch Nutpods in Seattle, US. *ProQuest.* Web.
25. Lezin, K. (2015, October 7). Charlotte becomes test market for voting app. *Charlotte Observer.* Retrieved from www.charlotteobserver.com/news/local/community/south-charlotte/article38115189.html
26. Madhani, A. (2015, September 15). Taco Bell begins selling beer, wine and booze at Chicago location. *USA Today.* Retrieved from www.usatoday.com/story/money/2015/09/15/taco-bell-begins-selling-beer-wine-liquor-chicago/72292440/
27. *USA Today.* (2015, June 7). Taco Bell to serve booze in Chicago location. Retrieved from www.usatoday.com/story/money/business/2015/06/04/taco-bell-alcohol-mixed-alcohol-freezes/28461837/
28. Spethmann, B. (1985, May 8). Test market USA. *Brandweek, 36,* 40–43.
29. Melvin, P. (1992, September). Choosing simulated test marketing systems. *Marketing Research, 4*(3), 14–16.
30. Ibid. 또한 다음 문헌을 참조하라: Turner, J., & Brandt, J. (1978, Winter). Development and validation of a simulated market to test children for selected consumer skills. *Journal of Consumer Affairs,* 266–276.
31. Greene, S. (1996, May 4). Chattanooga chosen as test market for smokeless cigarette. *Knight-Ridder/Tribune Business News.* Retrieved from Lexis-Nexis.
32. Power, C. (1992, August 10). Will it sell in Podunk? Hard to say. *Business Week,* 46–47.
33. Murphy, P., & Laczniak, G. (1992, June). Emerging ethical issues facing marketing researchers. *Marketing Research,* 6.
34. 이 사례의 많은 부분들은 마케팅 조사자인 Doss Struse와의 토의에 근거하고 있다.

제5장

1. Lohr, S. (2013, January 1). The origins of "Big Data": An etymological detective story. *New York Times.* Retrieved from http://bits.blogs.nytimes.com/2013/02/01/the-origins-of-big-data-an-etymological-detective-story/?_r=0.
2. Rosenbush, S., & Totty, M. (2013, March 11). From a molehill to a mountain. *Wall Street Journal,* p. B1.
3. *GreenBook.* (2015). *GreenBook Industry Trends Report,* 17th ed. New York, p. 44.
4. Survey monitor: Boomers and gen X the most spend-happy; Millennials buy more per trip. (2010, May). *Quirk's Marketing Research Review, 14,* 10, 59.
5. Short, K. (2015, February). Brands, prepare to engage with Generation Z. *Quirk's Marketing Research Media.* Retrieved from http://www.quirks.com
6. Tootelian, D. H., & Varshney, S. B. (2010). The grandparent consumer: A financial "goldmine" with gray hair? *The Journal of Consumer Marketing, 27*(1), 57–63. Retrieved May 5, 2010, from ABI/INFORM Global (Document ID: 1945854611).
7. Senn, J. A. (1988). *Information technology in business: Principles, practice, and opportunities.* Upper Saddle River, NJ: Prentice Hall, p. 66.
8. Grisaffe, D. (2002, January 21). See about linking CRM and MR systems. *Marketing News, 36*(2), 13.
9. Drozdenko, R. G., & Drake, P. D. (2002). *Optimal database marketing.* Thousand Oaks, CA: Sage.
10. Berman, B., & Evans, J. R. (2010). *Retail management: A strategic approach.* Upper Saddle River, NJ: Pearson Prentice Hall, p. 235.
11. Kotler, P., & Keller, K. L. (2016). *Marketing management* (15th ed.).

Upper Saddle River, NJ: Pearson Prentice Hall, p. 640.
12. McKim, R. (2001, September). Privacy notices: What they mean and how marketers can prepare for them. *Journal of Database Marketing, 9*(1), 79–84.
13. *Economist.* (2015, November 21). Out of the box, pp. 56–57.
14. Data.gov. (2015). Retrieved from http://www.data.gov/
15. 이것들과 이와 비슷한 상황에 대한 토의로는 Crosen, C. (1994). *Tainted truth: The manipulation of fact in America.* New York: Simon & Schuster, p. 140을 보라.
16. America's experience with Census 2000. (2000, August). *Direct Marketing, 63*(4), 46–51.
17. 센서스의 정확성은 Census Coverage Measurement(CCM)에 의해서 측정된다. CCM에 의하면 2010년 센서스는 0.01퍼센트 과대 측정하고 있는데, 이는 총 36,000명이 추가로 집계되었다는 것을 의미한다. Retrieved on May 24, 2012, from http://www.census.gov.
18. Database of personalities (living and dead). (n.d.). Retrieved on May 30, 2012, from http://www.qscores.com/Web/personalities.aspx
19. 이는 마케팅 이밸류에이션즈가 2012년 5월 31일에 저자들에게 제공한 정보에 따른 것이다. 이 둘은 2012년도에 실시한 Performer Q 조사에서 최고 점수를 받은 유명인들이다.
20. Television measurement. (2012). Retrieved on May 30, 2012, from http://www.nielsen.com/us/en/measurement/television-measurement.html
21. Lange, K. E. (2009, November). The big idea: Electric cars. *National Geographic*, p. 24.
22. 사실 이들 중 거의 모든 회사들은 어느 정도의 고객화된 데이터 분석을 제공하고 있고 많은 회사들이 여러 가지 자료 수집방법을 제공한다. 하지만 고객화가 가능함에도 불구하고 이러한 회사들은 주로 표준적인 절차와 데이터를 제공한다.
23. Lifestyles-Esri Tapestry Segmentation. (n.d.). Retrieved on May 30, 2012, from http://www.esri.com/data/esri_data/tapestry.html
24. Murphy, L. (2015). The top 10 most innovative supplier companies in market research. *GreenBook Blog.* Retrieved from http://www.greenbookblog.org/2015/04/28/the-top-10-most-innovative-supplier-companies-in-market-research-grit-spring-2015-sneak-peek
25. ESOMAR. (2015). *Global market research 2015*, p. 35.
26. Fitzsimmons, C. (2013, October 10). Big Data: Forget the "big" and make better use of the data you already have. *Business Review Weekly.* Retrieved from http://www.brw.com.au/p/tech-gadgets/data_data_forget_already_have_and_cY0C3L5M9N1dYkVrsOFeuK
27. ESOMAR. (2014, June 10). The future of market research. *RW Connect.* Retrieved from https://rwconnect.esomar.org/the-future-of-market-research
28. Campbell, S., & Swigarts, S. (2015, April 17). 10 things marketing research needs to know about the Internet of Things. *Marketing Research Association.* Retrieved from http://www.marketingresearch.org/article/10-things-market-researchers-need-know-about-internet-things
29. Smith, R. (2015, August 19). Ralph Lauren to sell wearable-tech shirt timed for US Open. *Wall Street Journal.* Retrieved from http://www.wsj.com/articles/ralph-laurens-new-wearable-shirt-for-us-open-1439990079?alg=y
30. Robert Bellon, Steven Moser, Alec Pearson, Marissa Pertler, and Daniel Stropes가 한 프로젝트에서 아이디어를 얻었다.

제6장

1. Ezzy, D. (2001, August). Are qualitative methods misunderstood? *Australian and New Zealand Journal of Public Health, 25*(4), 294–297.
2. Clark, A. (2001, September 13). Research takes an inventive approach. *Marketing*, 25–26.
3. *GreenBook.* (2015, Q3-4). *GreenBook Research Industry Trends Report* (18th ed.). New York: New York, p. 10.
4. Rydholm, J. (2011, May). A clearer picture. *Quirk's Marketing Research Review, 25*(5), 30–33.
5. Cusumano, L. (2010, April). How Big Pharma is misusing qualitative marketing research. *Quirk's Marketing Research Review, 24*(4), 18–20.
6. Smith, S. M., & Whitlark, D. B. (2001, Summer). Men and women online: What makes them click? *Marketing Research, 13*(2), 20–25.
7. Piirto, R. (1991, September). Socks, ties and videotape. *American Demographics*, 6.
8. Fellman, M. W. (1999, Fall). Breaking tradition. *Marketing Research, 11*(3), 20–34.
9. Modified from Tull, D. S., & Hawkins, D. I. (1987). *Marketing research* (4th ed.). New York: Macmillan, p. 331.
10. Rust, L. (1993, November/December). How to reach children in stores: Marketing tactics grounded in observational research. *Journal of Advertising Research, 33*(6), 67–72; Rust, L. (1993, July/ August). Parents and children shopping together: A new approach to the qualitative analysis of observational data. *Journal of Advertising Research, 33*(4), 65–70.
11. Rydholm, J. (2010, May). Steering in the right direction. *Quirk's Marketing Research Review, 24*(5), 26–32.
12. See http://www.instituteofhomescience.com/
13. Viles, P. (1992, August 24). Company measures listenership in cars. *Broadcasting, 122*(35), 27.
14. Mariampolski, H. (1988, January 4). Ethnography makes comeback as research tool. *Marketing News, 22*(1), 32, 44; Peñaloza, L. (1994, June). Atravesando Fronteras/Border Crossings: A critical ethnographic study of the consumer acculturation of Mexican immigrants. *Journal of Consumer Research, 21*, 32–53; Peñaloza, L. (2006). Researching ethnicity and consumption. In Russell W. Belk (Ed.), *Handbook of qualitative research techniques in marketing.* Cheltenham, England: Edward Elgar, 547–549; Carlon, M. (2008, April). Evolving ethnography. *Quirk's Marketing Research Review, 22*(4), 18, 20.
15. Kephart, P. (1996, May). The spy in aisle 3. *American Demographics Marketing Tools.* Retrieved from http://www.marketingtools.com/Publications/MT/96_mt/9605MD04.htm
16. Del Vecchio, E. (1988, Spring). Generating marketing ideas when formal research is not available. *Journal of Services Marketing, 2*(2), 71–74.
17. Hellebursch, S. J. (2000, September 11). Don't read research by the numbers. *Marketing News, 34*(19), 25.
18. Greenbaum, T. I. (1988). *The practical handbook and guide in focus group research.* Lexington, MA: D. C. Heath.
19. Knutson, R. (2015, September 19). How a Silicon Valley project to reimagine TV became a Verizon app. *Wall Street Journal.* Retrieved from http://www.wsj.com/articles/verizons-go90-video-service-targets-millennials-1441906523
20. Stoltman, J. J., & Gentry, J. W. (1992). Using focus groups to study household decision processes and choices. In R. P. Leone and V. Kumar (Eds.), *AMA Educator's Conference Proceedings*, Vol. 3. Enhancing knowledge development in marketing (pp. 257–263). Chicago: American Marketing Association.
21. Quirk's Marketing Research Media. (2015). *Quirk's Corporate Research Report*, 8.

22. Greenbaum, T. L. (1993, March 1). Focus group research is not a commodity business. *Marketing News, 27*(5), 4.
23. Greenbaum, T. L. (1991, May 27). Answer to moderator problems starts with asking right questions. *Marketing News, 25*(11), 8–9; Fern, E. F. (1982, February). The use of focus groups for idea generation: The effects of group size, acquaintanceship, and moderator on response quantity and quality. *Journal of Marketing Research*, 1–13.
24. Greenbaum, T. L. (1991). Do you have the right moderator for your focus groups? Here are 10 questions to ask yourself. *Bank Marketing, 23*(1), 43.
25. "backroom observers"에 대한 가이드라인에 대해서는 Langer, J. (2001, September 24). Get more out of focus group research. *Marketing News, 35*(20), 19–20을 참조하라.
26. Grinchunas, R., & Siciliano, T. (1993, January 4). Focus groups produce verbatims, not facts. *Marketing News, 27*(1), FG-19.
27. Lonnie, K. (2001, November 19). Combine phone, Web for focus groups. *Marketing News, 35*(24), 15–16.
28. 흥미로운 코멘트를 보려면 DeNicola, N., & Kennedy, S.(2001, November 19). Quality Inter(net)action. *Marketing News, 35*(24), 14를 참조하라.
29. Jarvis, S., & Szynal, D. (2001, November 19). Show and tell. *Marketing News, 35*(24), 1, 13.
30. Langer, J. (2001). The mirrored window: Focus groups from a moderator's viewpoint. New York: Paramount Market, 11.
31. Quinlan, P. (2000, December). Insights on a new site. *Quirk's Marketing Research Review, 15*(11), 36–39.
32. Hines, T. (2000). An evaluation of two qualitative methods (focus group interviews and cognitive maps) for conducting research into entrepreneurial decision making. *Qualitative Market Research, 3*(1), 7–16; Quinlan, P. (2008, June). Let the maps be your guide. *Quirk's Marketing Research Review, 22*(6), 74, 76, 77.
33. Berlamino, C. (1989, December/January). Designing the qualitative research project: Addressing the process issues. *Journal of Advertising Research, 29*(6), S7–S9; Johnston, G. (2008, June). Qualitatively speaking. *Quirk's Marketing Research Review, 22*(6), 18, 20; *Alert! Magazine*. (2007, September). Special expanded qualitative research issue, *45*(9); Brownell, L. (2008, April). Chief executive column. *Alert! Magazine, 46*(4), 11, 23.
34. Perez, R. (2010, May). Shaping the discussion. *Quirk's Marketing Research Review*, 24(5), 34–40.
35. 예를 들어 Seidler, S. (2010, May). Qualitative research panels: A new spin on traditional focus groups. *Quirk's Marketing Research Review, 25*(5), 18–20을 보라.
36. American Marketing Association. (n.d.). Dictionary. Retrieved from http://www.marketingpower.com
37. Taylor, C. (2003, December). What's all the fuss about? *Quirk's Marketing Research Review, 17*(11), 40–45.
38. Brogdon, T. (2011, February). A bit more personal. *Quirk's Marketing Research Review, 25*(2), 50–53.
39. Davis, J. (2015, September/October). 10 minutes with Mike Mickunas. *Marketing Insights, 27*(5), 28–31.
40. Burns, A., & Bush, R. (2010). *Marketing research* (6th ed.). Upper Saddle River, NJ: Prentice Hall, p. 231.
41. Rodriguez, L. (2014, February). Qualitatively speaking: Mobile, yes; ethnography, not so much. *Quirk's Marketing Research Review, 28*(2), 20–23.
42. Kozinets, R. V. (2015). *Netnography: Redefined*. Thousand Oaks, CA: Sage.
43. Are marketers losing control of fashion brands? (2014). *Strategic Direction, 30*(6), 20–22.
44. de la Pena, A., & Quintanilla, C. (2015). Share, like and achieve: The power of Facebook to reach health-related goals. *International Journal of Consumer Studies, 39*(5), 495–505.
45. *GreenBook*. (2015). *GreenBook Industry Trends Report* (17th ed.). New York: New York, p. 44.
46. Conon, J. (2014, April). 12 strategies for keeping your Gen Z community engaged. *Quirk's Marketing Research Review, 28*(4), 56–59.
47. Austin, M. (2013, May). More than an activity: How passive "shopping" is changing the path to purchase. *Quirk's Marketing Research Review, 27*(5). Retrieved from http://www.quirks.com/articles/2013/20130526-2.aspx?searchID=1437330499&sort=5&pg=1
48. Based on a table in Goon, E. (2011, May). Need research? Won't travel. *Quirk's Marketing Research Review, 25*(5), 22–28.
49. Davies, H. (2014). Online communities vs. focus groups—who wins? *Quirk's Marketing Research Review*. Retrieved from http://researchindustryvoices.com/2014/03/13/online-communities-vs-focus-groups-who-wins/
50. Flores Letelier, M., Spinosa, C., & Calder, B. (2000, Winter). Taking an expanded view of customers' needs: Qualitative research for aiding innovation. *Marketing Research, 12*(4), 4–11.
51. Grapentine, T. (2010, December). Does more time equal more insights? *Quirk's Marketing Research Review, 24*(10), 34–37.
52. Donnely, T. (2011, May). Marrying phone and web. *Quirk's Marketing Research Review, 25*(5), 42–46.
53. Kahan, H. (1990, September 3). One-on-ones should sparkle like the gems they are. *Marketing News, 24*(18), 8–9.
54. Roller, M. R. (1987, August 28). A real in-depth interview wades into the stream of consciousness. *Marketing News, 21*(18), 14.
55. Kahan, One-on-ones should sparkle like the gems they are.
56. 심층 인터뷰의 발전에 대한 흥미로운 자료를 보려면 Wansink, B. (2000, Summer). New techniques to generate key marketing insights. *Marketing Research, 12*(2), 28–36을 참조하라.
57. Kates, B. (2000, April). Go in-depth with depth interviews. *Quirk's Marketing Research Review, 14*(4), 36–40.
58. Mitchell, V. (1993, First Quarter). Getting the most from in-depth interviews. *Business Marketing Digest, 18*(1), 63–70.
59. Reynolds, T. J., & Gutman, J. (1988). Laddering, method, analysis, and interpretation. *Journal of Advertising Research, 28*(1), 11–21.
60. Qualitative Research Services. (n.d.). Word association tests. Retrieved on May 20, 2015, from http://www.decisionanalyst.com
61. Pich, C., & Dean, D. (2015). Qualitative projective techniques in political brand image research from the perspective of young adults. *Qualitative Market Research: An International Journal 2015 18*(1), 115–144.
62. 이러한 기법들은 Holly M. O'Neill, President, Talking Business에 의해 제공되었다.
63. Singer, N. (2010, November 13). Making ads that whisper to the brain. *New York Times*. Retrieved from http://www.nytimes.com/2010/11/14/business/14stream.html?_r=0
64. Crupi, A. (2015, May 27). Nielsen buys neuromarketing research company Innerscope: Ratings giant wants to get inside your head. *Advertising Age*. Retrieved from http://adage.com/article/media/nielsen-buys/298771/
65. Eisenberger, N., Lieberman, M., & Williams, K. (2003). Does rejection hurt? An fMRI study of social exclusion. *Science, 302*(5643), 290–292.

66. Marshall, S., Drapeau, T., & DiSciullo, M. (2001, July/August). An eye on usability. *Quirk's Marketing Research Review, 15*(7), 20–21, 90–92.
67. Zapata, C. (2012). What caught their eye? *Quirk's Marketing Research Review, 26*(5), 32–37.
68. Hille, D., & Levin, A. (2013, March). Applying facial coding to ad testing. *Quirk's Marketing Research Review, 27*(3), 46–51.
69. Randall, K. (2015, November 3). Neuropolitics: Where campaigns try to read your mind. *New York Times*. Retrieved from http://www.nytimes.com/2015/11/04/world/americas/neuropolitics-where-campaigns-try-to-read-your-mind.html?_r=0
70. Jarrett, J. (2015, October 14). Has the age of neuromarketing finally arrived? *New York Magazine*. Retrieved from http://nymag.com/scienceofus/2015/10/has-the-age-of-neuromarketing-finally-arrived.html
71. Dooley, R. (2015, June 3). Nielsen doubles down on neuro. *Forbes*. Retrieved from http://www.forbes.com/sites/rogerdooley/2015/06/03/nielsen-doubles-down-on-neuro/

제7장

1. Malhotra, N. (1999). *Marketing research: An applied orientation* (3rd ed.). Upper Saddle River, NJ: Prentice Hall, p. 125.
2. Tourangeau, R. (2004). Survey research and societal change. *Annual Review of Psychology, 55*(1), 775–802.
3. Blyth, B. (2008). Mixed mode: The only 'fitness' regime. *International Journal of Market Research, 50*(2), 241–266.
4. Curtin, R., Presser, S., & Singer, E. (2005, Spring). Changes in telephone survey nonresponse over the past quarter century. *Public Opinion Quarterly, 69*(1), 87–98.
5. Macer, T., & Wilson, S. (2015, April). FocusVision Annual Market Research Technology Report, meaning ltd, London, p. 17.
6. Couper, M. P. (2011). The future of modes of data collection. *Public Opinion Quarterly, 75*(5), 889–908.
7. Oishi, S. M. (2003). *How to conduct in-person interviews for surveys*. Thousand Oaks, CA: Sage, p. 6을 참조하라.
8. Bronner, F., & Kuijlen, T. (2006, June). The live or digital interviewer. *International Journal of Market Research, 49*(2), 167–190.
9. Bourque, L., & Fielder, E. (2003). *How to conduct self-administered and mail surveys* (2nd ed.). Thousand Oaks, CA: Sage.
10. Jang, H., Lee, B., Park, M., & Stokowski, P. A. (2000, February). Measuring underlying meanings of gambling from the perspective of enduring involvement. *Journal of Travel Research, 38*(3), 230–238.
11. Mavletova, A. (2015). A gamification effect in longitudinal web surveys among children and adolescents. *International Journal of Market Research, 57*(3), 413–438.
12. Maronick, T. (2011, March). Pitting the mall against the Internet in advertising-research completion. *Journal of Advertising Research, 51*(1), 321–331.
13. 예를 들면 Dudley, D. (2001, January). The name collector. *New Media Age*, 18–20; Kent, R., & Brandal, H. (2003). Improving email response in a permission marketing context. *International Journal of Market Research, 45*(4), 489–540; Agrawal, A., Basak, J., Jain, V., Kothari, R., Kumar, M., Mittal, P. A., et al. (2004, September/October). Online marketing research. *IBM Journal of Research & Development, 48*(5/6), 671–677을 참조하라.
14. Bronner, F., & Kuijlen, T. (2007). The live or digital interviewer. *International Journal of Market Research, 49*(2), 167–190.
15. Haynes, D. (February 2005). Respondent goodwill is a cooperative activity. *Quirk's Marketing Research Review, 19*(2), 30–32.
16. Macer, T., & Wilson, S. (February 2007). Online makes more inroads. *Quirk's Marketing Research Review, 23*(2), 50–55; Westergaard, J. (2005, November). Your survey, our needs. *Quirk's Marketing Research Review, 19*(10), 64–66.
17. 어떤 저자들은 이 정의를 연구의 같은 단계에서 두 가지 이상의 자료 수집방법이 사용되는 경우로 국한시키기도 한다. 예를 들어 다음을 참조하라: Hogg, A. (2002, July). Multi-mode research dos and don'ts. *Quirk's Marketing Research Review*. Retrieved from http://www.quirks.com.
18. Cuneo, A. Z. (2004, November). Researchers flail as public cuts the cord. *Advertising Age, 75*(46), 3.
19. Townsend, L. (2010, November). Hit 'em where they surf. *Quirk's Marketing Research Review, 24*(11), 40–43.
20. Katz, M., & Mackey, P. (2010, April). Positive, negative, or neutral. *Quirk's Marketing Research Review*, 24(4), 26–31.
21. Mora, M. (2011, July). Understanding the pros and cons of mixed-mode research. *Quirk's Marketing Research Review, 25*(7), 50–54.
22. Lugtig, P., Gerty, J. L. M., Lensvelt-Mulders, R. F., & Greven, A. (2011). Estimating nonresponse bias and mode effects in a mixed-mode survey. *International Journal of Market Research, 53*(5), 669–686.
23. Fricker, S., Galesic, M., Tourangeau, R., & Ting, Y. (2005, Fall). An experimental comparison of web and telephone surveys. *Public Opinion Quarterly, 69*(3), 370–392.
24. Hsu, J. W., & McFall, B. H. (2015). Mode effects in mixed-mode economic surveys: Insights from a randomized experiment. *Finance and Economics Discussion Series 2015-008*. Washington: Board of Governors of the Federal Reserve System. Retrieved from http://www.federalreserve.gov/econresdata/feds/2015/files/2015008pap.pdf.
25. See Roy, A. (2003). Further issues and factors affecting the response rates of e-mail and mixed-mode studies. In M. Barone et al. (Eds.), *Enhancing knowledge development in marketing*. Proceedings of the American Marketing Association Educators' Conference, Chicago, pp. 338–339; Bachmann, D., Elfrink, J., & Vazzana, G. (1999). E-mail and snail mail face off in rematch. *Marketing Research, 11*(4), 11–15.
26. Hogg, Multi-mode research dos and don'ts.
27. Roy, S. (2004, July). The littlest consumers. *Display & Design Ideas, 16*(7), 18–21.
28. Trott, D. L., & Simpson, A. M. (2005). Computer assisted personal interviewing—The Bermuda experience. *Statistical Journal of the United Nations*, ECE 22, 133–145.
29. Caeyers, B., Chalmers, N., & De Weerdt, J. (2012). Improving consumption measurement and other survey data through CAPS: Evidence of a randomized experiment. *Journal of Development Economics, 98*, 19–33.
30. See Jacobs, H. (1989, Second Quarter). Entering the 1990s: The state of data collection–From a mall perspective. *Applied Marketing Research, 30*(2), 24–26; Lysaker, R. L. (1989, October). Data collection methods in the U.S. *Journal of the Market Research Society, 31*(4), 477–488; Gates, R., & Solomon, P. J. (1982, August/September). Research using the mall intercept: State of the art. *Journal of Advertising Research*, 43–50; Bush, A. J., Bush, R. F., & Chen, H. C. (1991). Method of administration effects in mall intercept interviews. *Journal of the Market Research Society, 33*(4), 309–319.
31. 예를 들면 Ghazali, E., Mutum, A. D., & Mahbob, N. A. (2006). Attitude towards online purchase of fish in urban Malaysia: An ethnic

comparison. *Journal of Food Products Marketing, 12*(4), 109–128; Yun, W., & Heitmeyer, J. (2006, January). Consumer attitude toward US versus domestic apparel in Taiwan. *International Journal of Consumer Studies, 30*(1), 64–74를 참조하라.
32. Frost-Norton, T. (2005, June). The future of mall research: Current trends affecting the future of marketing research in malls. *Journal of Consumer Behavior, 4*(4), 293–301.
33. Hornik, J., & Eilis, S. (1989, Winter). Strategies to secure compliance for a mall intercept interview. *Public Opinion Quarterly, 52*(4), 539–551.
34. 적어도 하나의 연구가 쇼핑 빈도에 대한 우려는 사실과 다르다고 말한다. 다음을 참조하라: DuPont, T. D. (1987, August/September). Do frequent mall shoppers distort mall-intercept results? *Journal of Advertising Research, 27*(4), 45–51.
35. Bourque, L., & Fielder, E. (2003). *How to conduct telephone interviews* (2nd ed.). Thousand Oaks, CA: Sage.
36. Holbrook, A. L., Green, M. C., & Krosnick, J. A. (2003, Spring). Telephone versus face-to-face interviewing of national probability samples with long questionnaires. *Public Opinion Quarterly, 67*(1), 79–126.
37. Brennan, M., Benson, S., & Kearns, Z. (2005). The effect of introductions on telephone survey participation rates. *International Journal of Market Research, 47*(1), 65–75.
38. 극단적인 경우로 중국의 조사회사는 적어도 50%의 전화 인터뷰를 모니터링한다고 알려져 있다. Harrison, M. (2006, Winter). Learning the language. *Marketing Research, 18*(4), 10–16을 참조하라.
39. Bronner, F., & Kuijlen, T. (2007). The live or digital interviewer: A comparison between CASI, CAPI, and CATI with respect to difference in response behavior. *International Journal of Market Research, 49*(2), 167–190.
40. Bos, R. (1999, November). A new era in data collection. *Quirk's Marketing Research Review, 12*(10), 32–40.
41. Fletcher, K. (1995, June 15). Jump on the omnibus. *Marketing,* 25–28.
42. DePaulo, P. J., & Weitzer, R. (1994, January 3). Interactive phone technology delivers survey data quickly. *Marketing News, 28(1*), 15.
43. Jones, P., & Palk, J. (1993). Computer-based personal interviewing: State-of-the-art and future prospects. *Journal of the Market Research Society, 35*(3), 221–233.
44. '속도'에 대한 비교를 위해서는 다음의 연구를 참조하라: Cobanouglu, C., Warde, B., & Moeo, P. J. (2001). A comparison of mail, fax and Web-based survey methods. *International Journal of Market Research, 43*(3), 441–452.
45. De Bruijne, M., & Wijnant, A. (2014, Winter). Improving response rates and questionniare design for mobile web surveys. *Public Opinion Quarterly, 78*(4), 951–962; Fine, B., & Menictas, C. (2012, December). The who, when, where and how of smartphone research. *Australasian Journal of Market & Social Research, 20*(2), 29–46을 참조하라.
46. Singh, A., Taneja, A., & Mangalaraj, G. (2009, June). Creating online surveys: Some wisdom from the trenches tutorial. *IEEE Transactions on Professional Communication, 52*(2), 197–212; Costa de Silva, S., & Duarte, P. (2014). Suggestions for international research using electronic surveys. *The Marketing Review, 4*(3), 297–309를 참조하라.
47. 모든 관찰자가 이러한 경향을 긍정적으로 보고 있는 것은 아니다. 다음 연구를 참조하라: Lauer, H. (2005, July/August). You say evolution, I say devolution. *Quirk's Marketing Research Review, 19*(7), 82–88.
48. Miles, L. (2004, June 16). Online market research panels offer clients high response rates at low prices. *Marketing*, 39.
49. Grecco, C. (2000, July/August). Research non-stop. *Quirk's Marketing Research Review, 14*(7), 70–73.
50. Greenberg, D. (2000, July/August). Internet economy gives rise to real-time research. *Quirk's Marketing Research Review, 14*(7), 88–90.
51. Frazier, D., & Rohmund, I. (2007, July/August). The real-time benefits of online surveys, *Electric Perspectives, 32*(4), 88–91.
52. Noh, M., Runyan, R., & Mosier, J. (2014). Young consumers' innovativeness and hedonic/utilitarian cool attitudes. *International Journal of Retail & Distribution Management, 42*(4), 267–280.
53. Brown, S. (1987). Drop and collect surveys: A neglected research technique? *Journal of the Market Research Society, 5*(1), 19–23.
54. See Ibeh, K. I., & Brock, J. K. (2004). Conducting survey research among organizational populations in developing countries. *International Journal of Market Research,* (3), 375–383; Ibeh, K. I., Brock, J. K., & Zhou, Y. J. (2004, February). The drop and collect survey among industrial populations: Theory and empirical evidence. *Industrial Marketing Management, 33*(2), 155–165.
55. Bourque & Fielder, *How to conduct self-administered and mail surveys.*
56. American Statistical Association. (1997). More about mail surveys. *ASA Series: What is a survey?* Alexandria, VA: Author.
57. Anderson, R. C., Fell, D., Smith, R. L., Hansen, E. N., & Gomon, S. (2005, January). Current consumer behavior research in forest products. *Forest Products Journal, 55*(1), 21–27.
58. Grandcolas, U., Rettie, R., & Marusenko, K. (2003). Web survey bias: Sample or mode effect? *Journal of Marketing Management, 19,* 541–561.
59. 예를 들어 다음 연구를 참조하라: McDaniel, S. W., & Verille, P. (1987, January). Do topic differences affect survey nonresponse? *Journal of the Market Research Society, 29*(1), 55–66; Whitehead, J. C. (1991, Winter). Environmental interest group behavior and self-selection bias in contingent valuation mail surveys. *Growth & Change, 22*(1), 10–21.
60. Radder, L., Malder, A., & Han, X. (2013). Motivations and socio-demographic characteristics of safari hunters: A South African perspective. *Academy of Marketing Studies Journal, 17*(1), 3–4.
61. Fulgoni, G. (2014, June). Uses and misuses of online-survey panels in digital research. *Journal of Advertising Research, 54*(2), 133–137.
62. Lusk, J. L., & Brooks, K. (2011). Who participates in household scanning panels? *American Journal of Agricultural Economics, 93*(1), 226–240.
63. Sellers, R. (2009). Dirty little secrets of online panels. Grey Matter Research & Consulting, Phoenix, AZ. Retrieved from http://affluenceresearch.org/Dirty-Little-Secrets-of-Online-Panels.pdf.
64. Kanyal, A. (2014, May 14). Top 20 most valuable companies in the online panel industry. Retrieved from http://www.onlinemr.com/2012/05/14/top-20-most-valuable-companies-in-the-online-panel-industry/.
65. Murphy, L. F. (Ed.), (2014, Fall). Greenbook Research Industry Trends. Greenbook, GRIT greenbook.org/GRIT, New York, 24.
66. 한 산업의 조사에 따르면 효과성, 특정 방법에 대한 수요, 비용, 자료 수집 시간, 그리고 가용 자원이 자료 수집방법을 결정하는 다섯 가지 중요요소로 밝혀졌다. Pioneer Marketing Research. (2004, April). *Research industry trends: 2004 report.* Retrieved from http://www.dialtek.com.
67. Philpott, G. (2005, February). Get the most from Net-based panel research. *Marketing News, 39*(2), 58.
68. Gerlotto, C. (2003, November). Learning on the go: Tips on getting international research right. *Quirk's Marketing Research Review*, 44.

제8장

1. 공식적이고 학술적인 척도 개발 방법에 대해서는 다음 논문을 참조하라: Sung, Y., Choi, S. M., Ahn, H., & Song, Y. (2015, January). Dimensions of luxury brand personality: Scale development and validation. *Psychology and Marketing, 32*(1), 121–132.
2. 어떤 경우에는 '모름'이라는 레이블을 사용하는 것이 '의견 없음'이라는 것을 사용하는 것보다 낫다. 다음 논문을 참조하라: Dolnicar, S., & Grun, B. (2012, September). Including don't know answer options in brand image surveys improves data quality. *International Journal of Marketing Research, 56*(1), 33–50.
3. 예를 들어 다음 논문을 참조하라: Yoon, S., & Kim, J. (2001, November/December). Is the Internet more effective than traditional media? Factors affecting the choice of media. *Journal of Advertising Research, 41*(6), 53–60; Donthu, N. (2001, November/December). Does your web site measure up? *Marketing Management, 10*(4), 29–32; Finn, A., McFadyen, S., Hoskins, C., & Hupfer, M. (2001, Fall). Quantifying the sources of value of a public service. *Journal of Public Policy & Marketing, 20*(2), 225–239.
4. 범주 수에 대한 연구로는 다음 논문을 참조하라: Wakita, T., Ueshima, N., & Noguchi, H. (2012). Psychological distance between categories in the Likert scale: Comparing different numbers of options. *Educational and Psychological Measurement, 72*(4), 533–546.
5. Edmondson, D., Edwards, Y., & Boyer, S. (2014, Fall). Likert scales: A marketing perspective. *International Journal of Business, Marketing, and Decision Sciences, 5*(2), 73–85.
6. 예를 들어 다음 논문을 참조하라: Wellner, A. S. (2002, February). The female persuasion. *American Demographics, 24*(2), 24–29; Wasserman, T. (2002, January 7). Color me bad. *Brandweek, 43*(1), 2; Wilke, M., & Applebaum, M. (2001, November 5). Peering out of the closet. *Brandweek, 42*(41), 26–32.
7. Kaplanidou, K., & Vogt, C. (2010, September). The meaning and measurement of a sport event experience among active sport tourists. *Journal of Sport Management, 24*(5), 544–566.
8. 브랜드 이미지를 측정하기 위한 다른 방법들도 비교 가능하다. 다음 논문을 참조하라: Driesener, C., & Romaniuk, J. (2006). Comparing methods of brand image measurement. *International Journal of Market Research, 48*(6), 681–698.
9. 후광효과를 차단하기 위한 또 다른 방법으로는 대상자들로 하여금 같은 속성의 각 자극들을 평가하도록 하고 나서 그다음 속성으로 넘어가는 방법을 쓸 수도 있다. 다음 논문을 참조하라: Wu, B. T. W., & Petroshius, S. (1987). The halo effect in store image management. *Journal of the Academy of Marketing Science, 15*(1), 44–51.
10. 이러한 후광효과는 실제로 존재하며 어떤 회사는 이것을 잘 활용하기도 한다. 다음 자료를 참조하라: Moukheiber, Z., & Langreth, R. (2001, December 10). The halo effect. *Forbes, 168*(15), 66; Sites seeking advertising (the paid kind). (2002, March 11). *Advertising Age, 73*(10), 38.
11. 어떤 저자들은 후광효과를 차단하기 위해서 부정적으로 표현된 문장을 리커트 척도에 사용할 것을 권고하기도 한다. 하지만 최근의 연구에서 나온 증거들은 그 반대임을 잘 보여준다. 다음 논문을 참조하라: Swain, S. D., Weathers, D., & Niedrich, R. W. (2007, February). Assessing three sources of misresponse to reversed Likert items. *Journal of Marketing Research, 45*(1), 116–131.
12. Garg, R. K. (1996, July). The influence of positive and negative wording and issue involvement on responses to Likert scales in marketing research. *Journal of the Marketing Research Society, 38*(3), 235–246.
13. 예를 들면 다음 논문을 참조하라: Bishop, G. F. (1985, Summer). Experiments with the middle response alternative in survey questions. *Public Opinion Quarterly, 51*, 220–232; Schertizer, C. B., & Kernan, J. B. (1985, October). More on the robustness of response scales. *Journal of the Marketing Research Society, 27*, 262–282.
14. 또 다음 논문도 참조할 수 있다: Duncan, O. D., & Stenbeck, M. (1988, Winter). No opinion or not sure? *Public Opinion Quarterly, 52*, 513–525; Durand, R. M., & Lambert, Z. V. (1988, March). Don't know responses in survey: Analyses and interpretational consequences. *Journal of Business Research, 16*, 533–543.
15. Semon, T. T. (2001, October 8). Symmetry shouldn't be goal for scales. *Marketing News, 35*(21), 9.
16. Semon, Symmetry shouldn't be goal for scales.
17. Elms, P. (2000, April). Using decision criteria anchors to measure importance among Hispanics. *Quirk's Marketing Research Review, 15*(4), 44–51.
18. Ashley, D. (2003, February). The questionnaire that launched a thousand responses. *Quirk's Marketing Research Review.* Retrieved from http://www.quirks.com.
19. 척도를 개발하는 것은 많은 노력이 드는 연구이다. 예를 들면 다음 논문을 참조하라: Churchill, G. A. (1979, February). A paradigm for developing better measures of marketing constructs. *Journal of Marketing Research, 16*, 64–73; Ram, S., & Jung, H. S. (1990). The conceptualization and measurement of product usage. *Journal of the Academy of Marketing Science, 18*(1), 67–76.
20. 복수의 질문에 있어서의 내적 일치성은 이 책의 범위를 넘어서는 것이다. 또한 최근의 연구는 어떤 상황에서는 단일 질문 척도가 더 낫다는 주장을 하기도 한다. 다음을 참조하라: Bergkvist, L., & Rossiter, J. (2007, May). The predictive validity of multiple-item versus single-item measures of the same constructs. *Journal of Marketing Research, 44*(2), 175–184.
21. 예를 들면 거짓으로 회상하는 것은 교육수준, 소득, 연령과 음의 관계를 가지고 있으며 항상 '예'라고 말하는 성향(yea-saying)과 표어에 대한 태도와 양의 관계를 가지고 있다. 다음의 논문들을 참조하라: Glassman, M., & Ford, J. B. (1988, Fall). An empirical investigation of bogus recall. *Journal of the Academy of Marketing Science, 16*(3–4), 38–41; Singh, R. (1991). Reliability and validity of survey research in marketing: The state of the art, in R. L. King (Ed.), *Marketing: Toward the twenty-first century, Proceedings of the Southern Marketing Association* (pp. 210–213); Pressley, M. M., Strutton, H. D., & Dunn, M. G. (1991). Demographic sample reliability among selected telephone sampling replacement techniques, in R. L. King (Ed.), *Marketing: Toward the twenty-first century, Proceedings of the Southern Marketing Association* (pp. 214–219); Babin, B. J., Darden, W. R., & Griffin, M. (1992). A note on demand artifacts in marketing research, in R. L. King (Ed.), *Marketing: Perspectives for the 1990s, Proceedings of the Southern Marketing Association* (pp. 227–230); Dunipace, R. A., Mix, R. A., & Poole, R. R. (1993). Overcoming the failure to replicate research in marketing: A chaotic explanation, in Tom K. Massey, Jr. (Ed.), *Marketing: Satisfying a diverse customerplace, Proceedings of the Southern Marketing Association* (pp. 194–197); Malawian, K. P., & Butler, D. D. (1994). The semantic differential: Is it being misused in marketing research? in R. Achrol & A. Mitchell (Eds.), *Enhancing knowledge development in marketing, A.M.A. Educators' Conference Proceedings*, 19.
22. Susan, C. (1994). Questionnaire design affects response rate. *Marketing News, 28*, H25; Sanchez, M. E. (1992). Effects of questionnaire design on the quality of survey data. *Public Opinion Quarterly, 56*(2), 206–217.
23. For a more comprehensive coverage of this topic, see Baker, M. J. (2003, Summer). Data collection: Questionnaire design. *Marketing Review, 3*(3), 343– 370.

24. Babble, E. (1990). *Survey research methods* (2nd ed.). Belmont, CA: Wadsworth, pp. 131–132.
25. Lietz, P. (2010). Research into questionnaire design: A summary of the literature. *International Journal of Market Research, 52*(2), 249–272.
26. Hunt, S. D., Sparkman, R. D., & Wilcox, J. (1982, May). The pretest in survey research: Issues and preliminary findings. *Journal of Marketing Research, 26*(4), 269–273.
27. Dillman, D. A. (1978). *Mail telephone surveys: The total design method.* New York: Wiley.
28. 관심이 있는 독자들은 다음 연구 논문을 읽어보라: Wood, R. T., & Williams, R. J. (2007, February). 'How much money do you spend on gambling?' The comparative validity of question wordings used to assess gambling expenditure. *International Journal of Social Research Methodology, 10*(1), 63–77.
29. Loftus, E., & Zanni, G. (1975). Eyewitness testimony: The influence of the wording of a question. *Bulletin of the Psychonomic Society, 5*, 86–88.
30. 다른 가이드라인에 대해서는 다음 논문을 살펴보라: Webb, J. (2000, Winter). Questionnaires and their design. *The Marketing Review, 1*(2), 197–218.
31. 다른 마케팅 조사론 교과서들도 질문의 초점을 옹호한다. 다음을 참조하라: Baker, M. J. (2008, February). Data collection: Questionnaire design do's and don'ts. *CRM Magazine, 12*(2), Special section, 13.
32. Webb, Questionnaires and their design.
33. Ibid.
34. 응답자들의 교육수준, 나이, 사회경제적인 계층, 그리고 지능을 막론하고 질문은 명확해야 한다. 다음 논문을 참조하라: Noelle-Neumann, E. (1970, Summer). Wanted: Rules for wording structured questionnaires. *Public Opinion Quarterly, 34*(2), 191–201.
35. Webb, Questionnaires and their design.
36. 기억에 관한 질문에 대해서는 응답자들로 하여금 특정 사건을 재구성하도록 하는 방법이 좋다. 예를 들면 다음 논문을 참조하라: Cook, W. A. (1987, February– March). Telescoping and memory's other tricks. *Journal of Advertising Research, 27*(1), RC5–RC8.
37. Baker, Data collection: Questionnaire design.
38. Ibid.
39. Peterson, R. A. (2000). *Constructing effective questionnaires.* Thousand Oaks, CA: Sage, p. 58.
40. Webb, Questionnaires and their design.
41. Baker, Data collection: Questionnaire design.
42. Webb, Questionnaires and their design.
43. See, for example, More ways to build a better survey. (2008, May). *HR Focus, 85*(5), 13–14.
44. Brennan, M., Benson, S., & Kearns, Z. (2005). The effect of introductions on telephone survey participation rates. *International Journal of Market Research, 47*(1), 65–74.
45. 보안(confidentiality)을 언급하는 것은 응답률과 부(–)의 관계가 있다는 증거들이 있기 때문에, 조사자들은 보안이 유지되는 조사라고 하더라도 그것을 설문 소개란에 언급할 것인지에 대해서는 신중히 생각해야 한다. 이에 대해서는 다음 논문을 참조하라: Brennan, Benson, & Kearns, The effect of introductions on telephone survey participation rates.
46. 응답자 선별(screening)은 어떤 응답자들이 솔직하게 대답하지 않을 것인가를 판단하는 데 사용될 수도 있다. 예를 들면 다음 논문을 참조하라: Waters, K. M. (1991, Spring–Summer). Designing screening questionnaires to minimize dishonest answers. *Applied Marketing Research, 31*(1), 51–53.
47. 마케팅조사협회는 권장사항과 모델 소개, 마무리, 그리고 타당도 조사 문구를 다음의 웹페이지에서 제공한다: http://cmor.org/resp_coop_tools.htm.
48. B2B 조사에 있어서 사용할 수 있는 설문 소개 문구를 보려면 다음의 연구를 참조하라: Durkee, A. (2005, March). First impressions are everything in b-to-b telephone surveys. *Quirk's Marketing Research Review, 19*(3), 30–32.
49. 우리는 상식을 지지하기는 하지만 조사자들은 질문 순서 효과에 대해서 신중을 기해야 한다. 예를 들면 다음 논문을 참조하라: Laflin, L., & Hansen, M. (2006, October). A slight change in the route. *Quirk's Marketing Research Review, 20*(9), 40–44.
50. Smith, R., Olah, D., Hansen, B., & Cumbo, D. (2003, November/December). The effect of questionnaire length on participant response rate: A case study in the U.S. cabinet industry. *Forest Products Journal, 53*(11/12), 33–36.
51. Webb, Questionnaires and their design.
52. Bethlehem, J. (1999/2000, Winter). The routing structure of questionnaires. *International Journal of Market Research, 42*(1), 95–110.
53. Baker, Data collection: Questionnaire design.
54. 적어도 하나의 집단 실행 조사에 의하면 질문의 순서는 협조율과 관계가 없다고 한다. 다음 논문을 참조하라: Roose, H., De Lange, D., Agneessens, F., & Waege, H. (2002, May). Theatre audience on stage: Three experiments analysing the effects of survey design features on survey response in audience research. *Marketing Bulletin, 13*, 1–10.
55. 이것들은 조사될 필요가 있는 발표 형태에 대한 새로운 고려사항을 보여준다. 예를 들면 다음 논문을 참조하라: Healey, B., Macpherson, T., & Kuijten, B., (2005, May). An empirical evaluation of three web survey design principles. *Marketing Bulletin,* 2005, 16, Research Note 2, 1–9; Christian, L. M., Dillman, D. A., & Smyth, J. D. (2007, Spring). Helping respondents get it right the first time: The influence of words, symbols, and graphics in web surveys. *Public Opinion Quarterly, 71*(1), 113–125.
56. 극도로 정교한 설문 설계 시스템은 그 안에 다양한 질문의 종류와 형태를 보유하고 있고 때로는 그 질문들을 논리적인 순서로 정리해주는 알고리듬을 가지고 있기도 하다. 이에 대해서는 다음 논문을 참조하라: Jenkins, S., & Solomonides, T. (1999/2000, Winter). Automating questionnaire design and construction. *International Journal of Market Research, 42*(1), 79–95.
57. Berman, A. (2013, November). Tips for effective mobile surveying. *Quirk's Marketing Research Review, 24*(11), 38–41.
58. '모두 응답하시오'라는 문항은 아주 효과적이긴 하지만 최근 연구에 의하면 '하나만 고르시오'라는 질문이나 '예/아니요' 질문보다는 덜 효과적이라고 밝혀졌다. 다음 논문을 참조하라: Smyth, J. D., Christian, L. M., & Dillman, D. A. (2008). Does yes or no on the telephone mean the same as check-all-that-apply on the web? *Public Opinion Quarterly, 72*(1), 103–113.
59. 적어도 한 명의 저자는 사전조사를 하지 않는 것은 조심스럽지 못한 것이라고 한다. 다음 자료를 보라: Webb, Questionnaires and their design.
60. 몇몇 저자들은 사전조사(pretest)를 설문지를 시험비행하는 것으로 보기도 한다. 다음을 참조하라: Baker, Data collection: Questionnaire design.
61. 보통 사전조사는 개별적으로 진행되지만 포커스 그룹에서 사용될 수도 있다. 예를 들면 다음 논문을 참조하라: Long, S. A. (1991, May 27). Pretesting questionnaires minimizes measurement error. *Marketing News, 25*(11), 12.
62. 사전조사의 목적과 절차에 대한 자세한 설명을 보려면 다음의 논문을 참조하라: Czaja, R. (1998, May). Questionnaire pretesting comes of age. *Marketing Bulletin, 9*, 52–64.
63. 사전조사에 대한 종합적인 논문으로 다음 논문을 참조하라: Presser, S., Couper, M. P., Lessler, J. T., Martin, E., Martin, J., Rothgeb, J. M., & Singer, E. (2004, Spring). Methods for testing and evaluating survey

questions. *Public Opinion Quarterly, 68*(1), 109–130.

제9장

1. Statement by deputy U.S. commerce secretary Rebecca Blank on release of data measuring 2010 census accuracy. (2012). Lanham, United States, Lanham: Retrieved from http://ezproxy.lib.uwf.edu/login?url=http://search.proquest.com/docview/1015154014?accountid=14787.
2. Wyner, G. A. (2001, Fall). Representation, randomization, and realism. *Marketing Research, 13*(3), 4–5.
3. Jackson, A., Pennay, D., Dowling, N., Coles-Janess, B., & Christensen, D. (2014). Improving gambling survey research using dual-frame sampling of landline and mobile phone numbers. *Journal of Gambling Studies, 30*, 291–307.
4. 표본 프레임 오류는 B2B 시장에서 특히 큰 문제다. 예를 들면 다음 논문을 참조하라: Macfarlene, P. (2002). Structuring and measuring the size of business markets. *International Journal of Market Research, 44*(1), 7–30.
5. Wyner, G. A. (2007, Spring). Survey errors. *Marketing Research, 19*(1), 6–8.
6. Bradley, N. (1999, October). Sampling for Internet surveys: An examination of respondent selection for Internet research. *Journal of the Market Research Society, 41*(4), 387.
7. Hall, T. W., Herron, T. L., & Pierce, B. J. (2006, January). How reliable is haphazard sampling? *CPA Journal, 76*(1), 26–27.
8. The RANDBETWEEN (bottom, top) function in Microsoft Excel returns a random integer number between 2 numbers that define the bottom and the top of the range.
9. Tucker, C., Brick, J. M., & Meekins, B. (2007, Spring). Household telephone service and usage patterns in the United Stated in 2004: Implications for telephone samples. *Public Opinion Quarterly, 71*(1), 3–22; Link, M. W., Battaglia, M. P., Frankel, M. R., Osborn, L., & Mokdad, A. H. (2008, Spring). A comparison of address-based sampling (ABS) versus random-digit dialing (RDD) for general population surveys. *Public Opinion Quarterly, 72*(1), 6–27을 참조하라.
10. 웹트래픽을 모니터하는 회사들도 무작위 전화 걸기를 사용한다. 예를 들면 다음 논문을 참조하라: Fatth, H. (2000, November 13). The metrics system. *Adweek, 41*(46), 98–102.
11. Tucker, C., Lepkowski, J. M., & Piekarski, L. (2002). The current efficiency of list-assisted telephone sampling designs. *Public Opinion Quarterly, 66*(3), 321–338.
12. Huang, E., Liu, T., & Wang, J. (2014). E-health videos on Chinese hospitals' websites. *International Journal of Healthcare Management, 7*(4), 273–280.
13. Economy is dependent on the number of clusters. See Zelin, A., & Stubbs, R. (2005). Cluster sampling: A false economy? *International Journal of Market Research, 47*(5), 503–524.
14. 또한 Sudman, S. (1985, February). Efficient screening methods for the sampling of geographically clustered special populations. *Journal of Marketing Research, 22*, 20–29를 참조하라.
15. Cronish, P. (1989, January). Geodemographic sampling in readership surveys. *Journal of the Market Research Society, 31*(1), 45–51.
16. 층화표본 추출법에 대해서 좀 더 기술적인 설명을 알고 싶다면 다음 논문을 참조하라: Carlin, J. B., & Hocking, J. (1999, October). Design of cross-sectional surveys using cluster sampling: An overview with Australian case studies. *Australian and New Zealand Journal of Public Health, 23*(5), 546–551.
17. 글로벌 비즈니스를 학술적으로 조사하는 연구자들은 비용 문제 때문에 비확률적 표본 추출을 사용한다. 다음 논문을 참조하라: Yang, Z., Wang, X., & Su, C. (2006, December). A review of research methodologies in international business. *International Business Review, 15*(6), 601–617.
18. Thomas, J. S., Reinartz, W., & Kumar, V. (2004, July/August). Getting the most out of all your customers. *Harvard Business Review, 82*(7/8), 116–124.
19. 마케팅을 학술적으로 연구하는 사람들도 편의표본 추출법으로 학생 표본을 사용한다. 다음 논문을 참조하라: Peterson, R. A. (2001, December). On the use of college students in social science research: Insights from a second-order meta-analysis. *Journal of Consumer Research, 28*(3), 450–461.
20. Wyner, G. A. (2001, Fall). Representation, randomization, and realism. *Marketing Research, 13*(3), 4–5.
21. 눈덩이표본의 변형은 다음의 논문에서 살펴볼 수 있는데, 대학생들이 설문지를 가지고 가서 그들의 가족이나 친구들에게 답을 하도록 하여 제출하는 식이다: Eaton, J., & Struthers, C. W. (2002, August). Using the Internet for organizational research: A study of cynicism in the workplace. *CyberPsychology & Behavior, 5*(4), 305–313; university students were required to return surveys completed by family, friends, or coworkers.
22. Browne, K. (2005, February). Snowball sampling: Using social networks to research non-heterosexual women. *Journal of Social Research Methodology, 8*(1), 47–60.
23. 추천표본 추출법의 적용은 다음 논문에서 살펴볼 수 있다: Moriarity, R. T., Jr., & Spekman, R. E. (1984, May). An empirical investigation of the information sources used during the industrial buying process. *Journal of Marketing Research, 21*(2), 137–147.
24. 온라인 표본에 대한 역사적인 관점과 앞으로의 예측에 대해서는 다음 논문을 참조하라: Sudman, S., & Blair, E. (1999, Spring). Sampling in the twenty-first century. *Academy of Marketing Science, 27*(2), 269–277.
25. 인터넷 조사는 접근하기 어려운 집단에게도 접근하게 해준다. 다음 자료를 참조하라: Pro and con: Internet interviewing. (1999, Summer). *Marketing Research, 11*(2), 33–36.
26. 표본 계획은 모집단에서 대표성이 있는 집단을 추출하려는 그 어떤 사람에게도 유용한 방법이다. 감사에 사용된 예로는 다음 자료를 참조하라: Martin, J. (2004, August). Sampling made simple. *The Internal Auditor, 61*(4), 21–23.

제10장

1. 어떤 저자는 이 속성들을 '질'과 '양'을 의미한다고 말한다. 다음을 참조하라: Hellebusch, S. J. (2006, September). Know sample quantity for clearer results. *Marketing News, 40*(15), 23–26.
2. Lenth, R. (2001, August). Some practical guidelines for effective sample size determination. *The American Statistician, 55*(3), 187–193.
3. Williams, G. (1999, April). What size sample do I need? *Australian and New Zealand Journal of Public Health, 23*(2), 215–217.
4. Cesana, B. M., Reina, G., & Marubini, E. (2001, November). Sample size for testing a proportion in clinical trials: A "two-step" procedure combining power and confidence interval expected width. *The American Statistician, 55*(4), 288–292.
5. 이 장은 복잡한 주제를 단순화해 설명하고 있다. 예를 들어 다음 자료를 참조하라: Williams, What size sample do I need?
6. 이 장은 정량적 마케팅 조사에 관한 것이다. 정성적 조사에 대해서는 다음 논문을 참조하라: Christy, R., & Wood, M. (1999). Researching possibilities in marketing. *Qualitative Market Research, 2*(3), 189–196.
7. Frendberg, N. (1992, June). Increasing survey accuracy. *Quirk's*

Marketing Research Review. Retrieved from http://www.quirks.com.

8. Frenberg(1992)는 "표본오차는 설문조사에서 측정 가능한 오류원을 가지고 있다는 점에서 독특하다"고 쉽게 정리했다.
9. 우리는 어떤 연구자들은 *N*이 들어 있는 표본 크기 공식을 사용하는 것을 선호한다는 것을 알고 있다. 하지만 모집단이 작을 경우나 *n*이 *N*에 비해 상대적으로 클 경우를 제외하고는 *N*의 값이 표본의 크기에 영향을 끼치지 못한다. 따라서 우리는 여기서 *N*이 없는 공식을 사용하기로 했다.
10. Xu, G. (1999, June). Estimating sample size for a descriptive study in quantitative research. *Quirk's Marketing Research Review*. Retrieved from http://www.quirks.com
11. 조금 다른 처리 방법으로는 다음 논문을 참조하라: Sangren, S. (1999, January). A simple solution to nagging questions about survey, sample size and validity. *Quirk's Marketing Research Review*. Retrieved from http://www.quirks.com
12. 두 평균의 차이를 사용한 다른 공식을 공부하려면 다음의 논문을 참조하라: Minchow, D. (2000, June). How large did you say the sample has to be? *Quirk's Marketing Research Review*. Retrieved from http://www.quirks.com
13. 이러한 접근법에 대해서는 조심해야 할 것이 있는데 그에 대해서는 다음 논문을 참조하라: Browne, R. H. (2001, November). Using the sample range as a basis for calculating sample size in power calculations. *The American Statistician, 55*(4), 293–298.
14. Shiffler, R. E., & Adams, A. J. (1987, August). A correction for biasing effects of pilot sample size on sample size determination. *Journal of Marketing Research, 24*(3), 319–321을 참조하라.
15. 보다 많은 정보를 위해서는 다음 자료를 참조하라: Lenth, Some practical guidelines for effective sample size determination.
16. 최종적인 표본 크기에 영향을 미치는 다른 요소들을 공부하려면 다음 논문을 참조하라: for example, Sangren, S. (2000, April). Survey and sampling in an imperfect world. *Quirk's Marketing Research Review*. Retrieved from http://www.quirks.com
17. 예를 들어 다음을 참조하라: Cesana, Reina, & Marubini, Sample size for testing a proportion in clinical trials.
18. 간단한 교차표 하나가 표본의 크기를 얼마나 늘리는가를 보려면 다음의 자료를 참고하라. Sangren, Survey and sampling in an imperfect world.
19. Kupper, L. L., & Hafner, K. B. (1989, May). How appropriate are popular sample size formulas? *American Statistician, 43*(2), 101–195.
20. 통계적인 분석법에 따라 표본의 크기를 결정하는 다른 경우는 효과 크기(effect size)의 경우이다. 다음 논문을 참조하라: Semon, T. T. (1994). Save a few bucks on sample size, risk millions in opportunity cost. *Marketing News, 28*(1), 19.
21. Ball, J. (2004, February). Simple rules shape proper sample size. *Marketing News, 38*(2), 38.
22. Ibid.
23. 표본 크기 결정에 대해서 떠오르는 가이드라인이 있다. 다음 논문을 참조하라: Marshall, B., Cardon, P., Poddar, A., & Fontenot, R. (2013, Fall). Does sample size matter in qualitative research: A review of qualitative interviews in IS research. *Journal of Computer Information Systems, 54*(1), 11–22; Fugard, A., & Potts, H. (2015). Supporting thinking on sample sizes for thematic analyses: A quantitative tool. *International Journal of Social Research Methodology, 18*(6), 669–684.
24. 예를 들어 다음을 참조하라: Hall, T. W., Herron, T. L., Pierce, B. J., & Witt, T. J. (2001, March). The effectiveness of increasing sample size to mitigate the influence of population characteristics in haphazard sampling. *Auditing, 20*(1), 169–185.
25. Savage, J. (2014). By the numbers: 10 online sample integrity tips. *Quirk's Marketing Research Review, 28*(3), 26–28.

제11장

1. 제10장에서 여러분은 허용 가능한 표본오차를 달성하는 데 필요한 표본의 크기를 결정하는 공식을 사용함으로써 표본오차를 통제하는 법을 학습했다.
2. B2B 시장에서 발생할 수 있는 비표본오차의 종류를 보려면 다음 논문을 참조하라: Lilien, G., Brown, R., & Searls, K. (1991, January 7). Cut errors, improve estimates to bridge biz-to-biz info gap. *Marketing News, 25*(1), 20–22.
3. 현장 조사원의 오류는 고질적인 문제다. 다음 논문을 참조하라: Snead, R. (1942). Problems of field interviewers. *Journal of Marketing, 7*(2), 139–145.
4. 의도적 오류는 데이터가 경쟁자로부터 제공되었을 때 흔히 일어난다. 다음 논문을 참조하라: Croft, R. (1992). How to minimize the problem of untruthful response. *Business Marketing Digest, 17*(3), 17–23.
5. 이 분야를 좀 더 이해하려면 다음 논문을 참조하라: Barker, R. A. (1987, July). A demographic profile of marketing research interviewers. *Journal of the Market Research Society, 29*, 279–292.
6. 인터뷰어의 부정행위에 대한 몇몇 흥미로운 이론에 대해서 알려면 다음 논문을 참조하라: Harrison, D. E., & Krauss, S. I. (2002, October). Interviewer cheating: Implications for research on entrepreneurship in Africa. *Journal of Developmental Entrepreneurship, 7*(3), 319–330.
7. Peterson, B. (1994, Fall). Insight into consumer cooperation. *Marketing Research, 6*(4), 52–53.
8. 이러한 문제는 국제적인 것이다. 영국의 예로는 다음 논문을 참조하라: Kreitzman, L. (1990, February 22). Market research: Virgins and groupies. *Marketing*, 35–38.
9. McKendall, M., Klein, H., Levenburg, N., & de la Rosa, D. (2010, Fall). College student cheating and perceived instructor fairness. *Journal of the Academy of Business Education, 11*, 14–32.
10. Collins, M. (1997, January). Interviewer variability: A review of the problem. *Journal of the Market Research Society, 39*(1), 67–84.
11. Flores-Macias, F., & Lawson, C. (2008, Spring). Effects of interviewer gender on survey responses: Findings from a household survey in Mexico. *International Journal of Public Opinion Research, 20*(1), 100–110; Oksenberg, L., Coleman, L., & Cannell, C. F. (1986, Spring). Interviewers' voices and refusal rates in telephone surveys. *Public Opinion Quarterly, 50*(1), 97–111을 참조하라.
12. Conrad, F. G., Broome, J. S., Benkí, J. R., Kreuter, F., Groves, R. M., Vannette, D., & McClain, C. (2013). Interviewer speech and success of survey invitations. *Journal of the Royal Statistical Society, 176*(1), 191–210.
13. 예를 들어 다음을 참조하라: Pol, L. G., & Ponzurick, T. G. (1989, Spring). Gender of interviewer/gender of respondent bias in telephone surveys. *Applied Marketing Research, 29*(2), 9–13 or Dykema, J., Diloreto, K., Price, J. L., White, E., & Schaeffer, N. C. (2012, June). ACASI gender-of-interviewer voice effects on reports to questions about sensitive behaviors among young adults. *Public Opinion Quarterly, 76*(2), 311–325.
14. Hansen, K. M. (2007, Spring). The effects of incentive, interview length, and interviewer characteristics on response rates in a CATI study. *International Journal of Public Opinion Research, 19*(1), 112–121; Olson, K., & Peytchev, A. (2007, Summer). Effect of interviewer experience on interview pace and interviewer attitudes. *Public Opinion Quarterly, 71*(2), 273–286을 참조하라.
15. Guéguen, N., Stefan, J., Jacob, C., & Sobecki, M. (2014). She wore a

red/white flower in her hair: The effect of hair ornamentation on compliance with a survey request. *Marketing Bulletin, 25*(1), 1–5.

16. Sanchez, M. E. (1992, Summer). Effects of questionnaire design on the quality of survey data. *Public Opinion Quarterly, 56*(2), 206–217.
17. Kiecker, P., Nelson, J. E. 1996, April). Do interviewers follow telephone survey instructions? *Journal of the Market Research Society, 38*(2), 161–173.
18. Loosveldt, G., Carton, A., & Billiet, J. (2004). Assessment of survey data quality: A pragmatic approach focused on interviewer tasks. *International Journal of Market Research, 46*(1), 65–82.
19. Epstein, W. M. (2006, January). Response bias in opinion polls and American social welfare. *Social Science Journal, 43*(1), 99–110.
20. Tourangeau, R., & Yan, T. (2007). Sensitive questions in surveys. *Psychological Bulletin, 133*(5), 859–883.
21. Preisendörfer, P., & Wolter, F. (2014, Spring). Who is telling the truth? A validation study on determinants of response behavior in surveys. *Public Opinion Quarterly, 78*(1), 126–146.
22. Honomichl, J. (1991, June 24). Legislation threatens research by phone. *Marketing News, 25*(13), 4; Webster, C. (1991). Consumers' attitudes toward data collection methods, in R. L. King (Ed.), *Marketing: Toward the twenty-first century, Proceedings of the Southern Marketing Association,* 220–224.
23. The Pew Research Center for the People & the Press (2012). Assessing the representativeness of public opinion surveys. Retrieved from http://www.people-press.org/files/legacy-pdf/Assessing%20the%20Representativeness%20of%20Public%20Opinion%20Surveys.pdf
24. Arnett, R. (1990). Mail panel research in the 1990s. *Applied Marketing Research, 30*(2), 8–10.
25. Lind, L. H., Schober, M. F., Conrad, F. G., & Reichert, H. (2013, Winter). Why do survey respondents disclose more when computers ask the questions? *Public Opinion Quarterly, 77*(4), 888–935.
26. 한 저자는 잘못 이해할 가능성을 내포한 응답의 경우를 '전언(hear-say) 답변'으로 부르기도 한다. 다음을 참조하라: Semon, T. (2003). Settle for personal truth vs. facts in surveys. *Marketing News, 37*(2), 17.
27. Lynn, P., & Kaminska, O. (2012, Summer). The impact of mobile phones on survey measurement error. *Public Opinion Quarterly, 77*(2), 586–605.
28. 물론 인터뷰어를 아예 없애버리는 것도 한 해결책이다. 이에 대해서는 다음 논문을 참조하라: Horton, K. (1990, February). Disk-based surveys: New way to pick your brain. *Software Magazine, 10*(2), 76–77.
29. 인터뷰어와 그에 대한 관리에 대한 초기 논문으로 다음의 논문들이 있다: Clarkson, E. P. (1949, January). Some suggestions for field research supervisors. *Journal of Marketing, 13*(3), 321–329; Reed, V. D., Parker, K. G., & Vitriol, H. A. (1948, January). Selection, training, and supervision of field interviewers in marketing research. *Journal of Marketing, 12*(3), 365–378.
30. Fowler, F., & Mangione, T. (1990). *Standardized survey interviewing: Minimizing interviewer-related error*. Newbury Park, CA: Sage를 참조하라.
31. 영국에는 인터뷰어에게도 자격증을 부여해야 한다는 사람들이 있다. 다음을 참조하라: Hemsley, S. (2000, August 17). Acting the part. *Marketing Week, 23*(28), 37–40.
32. 인터뷰어 표준화에 대한 반대논리로는 다음을 참조하라: Gobo, G.(2006, October). Set them free: Improving data quality by broadening the interviewer's tasks. *International Journal of Social Research Methodology, 9*(4), 279–301.
33. Tucker, C. (1983, Spring). Interviewer effects in telephone surveys. *Public Opinion Quarterly, 47*(1), 84–95.
34. 다음을 참조하라: Childers, T., & Skinner, S. (1985, January). Theoretical and empirical issues in the identification of survey respondents. *Journal of the Market Research Society, 27*, 39–53; Finlay, J. L., & Seyyet, F. J. (1988). The impact of sponsorship and respondent attitudes on response rate to telephone surveys: An exploratory investigation, in D. L. Moore (Ed.), *Marketing: Forward motion, Proceedings of the Atlantic Marketing Association,* 715–721; Goldsmith, R. E. (1987). Spurious response error in a new product survey, in J. J. Cronin, Jr., & M. T. Stith (Eds.), *Marketing: Meeting the Challenges of the 1990s, Proceedings of the Southern Marketing Association,* 172–175; Downs, P. E., & Kerr, J. R. (1982). Recent evidence on the relationship between anonymity and response variables, in J. H. Summey, B. J. Bergiel, & C. H. Anderson (Eds.), *A spectrum of contemporary marketing ideas, Proceedings of the Southern Marketing Association*, 258–264; Glisan, G., & Grimm, J. L. (1982). Improving response rates in an industrial setting: Will traditional variables work? in J. H. Summey, B. J. Bergiel, & C. H. Anderson (Eds.), *A spectrum of contemporary marketing ideas, Proceedings of the Southern Marketing Association*, 265–268; Taylor, R. D., Beisel, J., & Blakney, V. (1984). The effect of advanced notification by mail of a forthcoming mail survey on the response rates, item omission rates, and response speed, in D. M. Klein & A. E. Smith (Eds.), *Marketing comes of age, Proceedings of the Southern Marketing Association*, 184–187; Friedman, H. H. (1979, Spring). The effects of a monetary incentive and the ethnicity of the sponsor's signature on the rate and quality of response to a mall survey. *Journal of the Academy of Marketing Science,* 95–100; Goldstein, L., & Friedman, H. H. (1975, April). A case for double postcards in surveys. *Journal of Advertising Research,* 43–49; Hubbard, R., & Little, E. L. (1988, Fall). Cash prizes and mail response rates: A threshold analysis. *Journal of the Academy of Marketing Science,* 42–44; Childers, T. L., & Ferrell, O. C. (1979, August). Response rates and perceived questionnaire length in mail surveys. *Journal of Marketing Research,* 429–431; Childers, T. L., Pride, W. M., & Ferrell, O. C. (1980, August). A reassessment of the effects of appeals on response to mail surveys. *Journal of Marketing Research,* 365–370; Steele, T., Schwendig, W., & Kilpatrick, J. (1992, March/April). Duplicate responses to multiple survey mailings: A problem? *Journal of Advertising Research,* 26–33; Wilcox, J. B. (1977, November). The interaction of refusal and not-at-home sources of nonresponse bias. *Journal of Marketing Research*, 592–597.
35. Pruden과 Vavra는 반대 의견을 피력했는데, 그들은 참여자를 식별하여 그들의 연구 참여에 대해 어떤 종류의 사후 확인(follow-up acknowledgement)을 제공하는 것이 중요하다고 주장했다. 다음 논문을 참조하라: Pruden, D. R., & Vavra, T. G. (2000, Summer). Customer research, not marketing research. *Marketing Research, 12*(2), 14–19.
36. See, for example, Lynn, P. (2002, Autumn). The impact of incentives on response rates to personal interview surveys: Role and perceptions of interviewers. *International Journal of Public Opinion Research, 13*(3), 326–336.
37. 각각 다른 인센티브하에서의 무응답 오류를 비교한 것을 보려면 다음 논문을 참조하라: Barsky, J. K., & Huxley, S. J. (1992, December). A customer-survey tool: Using the "quality sample." *The Cornell Hotel and Restaurant Administration Quarterly, 33*(6), 18–25.
38. Derham, P. (2006, October). Increase response rates by increasing relevance. *Quirk's Marketing Research Review, 20*(9), 26–30.
39. Screening questionnaires can also be used. See Waters, K. M. (1991, Spring/Summer). Designing screening questionnaires to minimize dishonest answers. *Applied Marketing Research, 31*(1), 51–53.

40. Coleman, L. G. (1991, January 7). Researchers say nonresponse is single biggest problem. *Marketing News, 25*(1), 32–33.
41. Landler, M. (1991, February 11). The "bloodbath" in market research. *Business Week, 72,* 74.
42. Baim, J. (1991, June). Response rates: A multinational perspective. *Marketing & Research Today, 19*(2), 114–119.
43. Dutwin, D., Loft, J. D., Darling, J. E., Holbrook, A. L., Johnson, T. P., Langley, R. E., Lavrakas, P. J., Olson, K., & Peytcheva, E. (2015, Summer). Current knowledge and considerations regarding survey refusals: Executive summary of the AAPOR task force report on survey refusals. *Public Opinion Quarterly, 79*(2), 411–419.
44. Groves, R. M., Couper, M. P., Presser, S., Singer, E., Tourangeau, R., Acosta, G. P., & Nelson, L. (2006). Experiments in producing nonresponse bias. *Public Opinion Quarterly, 70*(5), 720–736.
45. Tourangeau, R., & Yan, T. (2007, September). Sensitive questions in surveys. *Psychological Bulletin, 133*(5), 859–883.
46. 설문 참여에 관한 흥미로운 시도에 대해서는 다음 논문을 참조하라: Heerwegh, D., & Loosveldt, G. (2009, July). Explaining the intention to participate in a web survey: A test of the theory of planned behavior. *International Journal of Social Research Methodology, 12*(3), 181–195.
47. Eisenfeld, B. (2011, January). Play it forward. *Quirk's Marketing Research Review, 25*(1), 58–61.
48. Vogt, C. A., & Stewart, S. I. (2001). Response problems in a vacation panel study. *Journal of Leisure Research, 33*(1), 91–105.
49. Suresh, N., & Conklin, M. (2009, July). Designed to engage. *Quirk's Marketing Research Review, 24*(7), 34–41. See also Peytchev, A. (2009, Spring). Survey break-off. *Public Opinion Quarterly, 73*(1), 74–97.
50. 항목 누락에 대해서 어떤 저자들은 단위 무응답(unit nonresponse)이라고 부르기도 한다. 예를 들어 다음 논문을 참조하라: Hudson, D., Seah, L., Hite, D., & Haab, T. (2004). Telephone presurveys, self-selection, and nonresponse bias to mail and Internet surveys in economic research. *Applied Economics Letters, 11*(4), 237–240.
51. Shoemaker, P. J., Eichholz, M., & Skewes, E. A. (2002, Summer). Item nonresponse: Distinguishing between don't know and refuse. *International Journal of Public Opinion Research, 14*(2), 193–201.
52. Vicente, P., Reis, E., & Santos, M. (2009). Using mobile phones for survey research: A comparison with fixed phones. *International Journal of Market Research, 51*(5), 613–633.
53. The American Association for Public Opinion Research (2015). *Standard Definitions; Final Dispositions of Case Codes and Outcome Rates for Surveys*, 14.
54. Frankel, L. R. (1982). *Special report on the definition of response rates.* Port Jefferson, NY: Council of American Survey Research Organizations.
55. CASRO 공식은 전화 설문에 관한 것이다. 웹 설문에 대해서는 다음의 논문을 참조하라: Bowling, J. M., Rimer, B. K., Lyons, E. J., Golin, C. E., Frydman, G., & Ribisl, K. M. (2006, November). Methodologic challenges of e-health research. *Evaluation and Program Planning, 29*(4), 390–396.
56. Data quality issues endemic in marketing. (2007, October). *Data Strategy, 3*(8), 10.
57. yae-saying과 nay-saying 에 대해서는 다음 논문을 참조하라: Bachman, J. G., & O'Malley, P. M. (1985, Summer). Yea-saying, nay-saying, and going to extremes: Black–white differences in response styles. *Public Opinion Quarterly, 48,* 491–509; Greenleaf, E. A. (1992, May). Improving rating scale measures by detecting and correcting bias components in some response styles. *Journal of Marketing Research, 29*(2), 176–188.
58. Fisher, S. (2007). How to spot a fake. *Quirk's Marketing Research Review, 21*(1), 44.
59. Tellis, G. J., & Chandrasekaran, D. (2010). Extent and impact of response biases in cross-national survey research. *International Journal of Research in Marketing, 27,* 329–341.
60. Speeders are not necessarily straightliners. See Professional test takers (2008, Spring). *Marketing Research, 20*(1), 4.
61. ESOMAR. (2012). 28 questions to help buyers of online samples. Retrieved from https://www.esomar.org/knowledge-and-standards/research-resources/28-questions-on-online-sampling.php.

제12장

1. 조사자와 의뢰인은 자료 분석 과정에서 파트너십을 가지는 것이 중요하다. 다음 논문을 참조하라: Fitzpatrick, M. (2001, August). Statistical analysis for direct marketers—in plain English. *Direct Marketing, 64*(4), 54–56.
2. 기술통계량을 사용하는 것은 때대로 '자료 축소(data reduction)'라고 불리기도 한다. 사실 어떤 저자들은 자료를 이해하는 데 도움이 되는 모든 기법을 '자료 축소'라고 부르기도 한다. Vondruska, R. (1995, April). The fine art of data reduction. *Quirk's Marketing Research Review*, online archive를 참조하라.
3. 어떤 저자들은 중심화 경향 척도는 너무 '깨끗하다(sterile)'고 말하기도 한다. 다음 논문을 참조하라: Pruden, D. R., & Vavra, T. G. (2000, Summer). Customer research, not marketing research. *Marketing Research, 12*(2), 14–19.
4. 기업 가치 분석에서 사용되는 중심화 경향 척도의 예에 대해서는 다음 논문을 참조하라: Sellers, K., Yingping, H., & Campbell, S. (2008, January/February). Measures of central tendency in business valuation. *Value Examiner*, 7–18.
5. Gutsche, A. (2001, September 24). Visuals make the case. *Marketing News, 35*(20), 21–23.
6. 가이드라인 중 몇몇은 다음의 자료에서 발췌했다: Ehrenberg, A. (2001, Winter). Data, but no information. *Marketing Research, 13*(2), 36–39.
7. 95% 수준이 학계나 실무에서 통용되는 수준이다. 그러나 어떤 저자들은 1에서 발견한 사실이 참일 유의수준을 뺀 확률을 사용하는 것을 선호하기도 한다. 다음 논문을 참조하라: Zucker, H. (1994). What is significance? *Quirk's Marketing Research Review*, electronic archive.
8. 통계적 유의성 검정이 종종 잘못 사용된다는 점은 마케팅 조사를 포함하여 사회과학에서 널리 알려진 사실이다. 비판자들은 조사자들이 유의성 검정이 실제로 가지고 있는 능력보다 더 큰 능력을 부여하고 있으며 모든 데이터 분석에 있어서 전적으로 유의성 검정에 의존한다고 비판한다(Sawyer & Peter, 1983) 다른 비판자들은 p값과 α 수준을 결합하여 $p \leq \alpha$처럼 표현하는 것은 두 개념이 두 개의 다른 철학적인 기반에서 발생한 것을 결합한 것이라 적합하지 않다고 주장한다(Hubbard & Bayarri, 2003). 통계적 검정을 공부하는 사람들은 이러한 주장들과 통계적 가설 검정을 잘못 이해하는 것을 경계하는 다른 논문들을 읽어볼 필요가 있다(Carver 1978). 이에 대해서는 다음의 논문들을 참조하라: Sawyer, A. G., & Peter, J. P. (1983, May). The significance of statistical significance tests in marketing research. *Journal of Marketing Research, 20,* 122–133; Hubbard, R., & Bayarri, M. J. (2003, August). Confusion over measures of evidence (p's) versus errors (α's) in classical statistical testing (with comments). *The American Statistician, 57,* 171–182; and Carver, R. P. (1978, August). The case against statistical significance testing. *Harvard Educational Review, 48,* 278–399.
9. 심리학이나 의학 등 어떤 전공에서는 가설 검정을 사용하는 것을 추천하지 않고 그 대신에 신뢰구간을 보고하라고 하기도 한다. 이에 대해서는 다음 논문들을 참조하라: Fidler, F., Cumming, G., Burgman, M., & Thomason,

N. (2004, November). Statistical reform in medicine, psychology and ecology. *Journal of Socio-Economics, 33*(5), 615–630; or Fidler, F., Thomason, N., Cumming, G., Finch, S., & Leeman, J. (2004, February). Research article editors can lead researchers to confidence intervals, but can't make them think: Statistical reform lessons from medicine. *Psychological Science, 15*(2), 119–126.

제13장

1. 어떤 저자는 *t*검정(차이 검정)이야말로 마케팅 조사들에게 가장 중요한 기법 중 하나라고 말한다. 다음의 자료를 참조하라: Migliore, V. T. (1996). If you hate statistics ... *Quirk's Marketing Research Review.* Retrieved from http://www.quirks.com
2. 반대의 시각에 대해서는 다음 자료를 참조하라: Mazur, L. (2000, June 8). The only truism in marketing is they don't exist. *Marketing,* 20.
3. 불행하게도 통계적 유의성의 본질은 아직 합의되지 않았다. 다음 논문을 참조하라: Hubbard, R., & Armstrong, J. S. (2006). Why we don't really know what statistical significance means: Implications for educators. *Journal of Marketing Education, 28*(2), 114–120.
4. 의미 있는 차이는 종종 '실제적 유의성(practical significance)'이라고 불린다. 다음 논문을 참조하라: Thompson, B. (2002, Winter). "Statistical," "practical," and "clinical": How many kinds of significance do counselors need to consider? *Journal of Counseling and Development, 30*(1), 64–71.
5. 이는 흔히 듣는 말이지만 찬반이 있을 수 있는 주장이다. 다음의 논문을 참조하라: Ozgur, C., & Strasser, S. (2004). A study of the statistical inference criteria: Can we agree on when to use *z* versus *t*? *Decision Sciences Journal of Innovative Education, 2*(2), 177–192.
6. 차이 검정에서 유의해야 할 사항으로는 다음의 논문을 참조하라: Helgeson, N. (1999). The insignificance of significance testing. *Quirk's Marketing Research Review,* electronic archive.
7. Fulgoni, G., & Lella, A. (2014). Is your digital marketing strategy in sync with Latino-user behavior? *Journal of Advertising Research, 54*(3), 255–258.
8. Hellebusch, S. J. (2001, June 4). One chi square beats two *z* tests. *Marketing News, 35*(12), 11, 13.
9. For illumination, see Burdick, R. K. (1983, August). Statement of hypotheses in the analysis of variance. *Journal of Marketing Research, 20*(3), 320–324.
10. Tellis, G. J., Yin, E., & Bell, S. (2009). Global consumer innovativeness: Cross-country differences and demographic commonalities. *Journal of International Marketing, 2*(17), 1–22.
11. 대응표본 *t*검정에 대한 예로는 다음 예를 참조하라: Ryan, C., & Mo, X. (2001, December). Chinese visitors to New Zealand demographics and perceptions. *Journal of Vacation Marketing, 8*(1), 13–27.

제14장

1. 이에 대한 상세한 설명과 예는 다음 논문을 참조하라: Semon, T. (1999, August). Use your brain when using a Chi-square. *Marketing News, 33*(16), 6.
2. Garee, M. (1997, September). Statistics don't lie if you know what they're really saying. *Marketing News, 31*(9), 11.
3. 상관관계는 척도 포인트 숫자에 민감하다. 척도 포인트가 10 미만일 경우에는 특히 그렇다. 다음 논문을 참조하라: Martin, W. (1978, May). Effects of scaling on the correlation coefficient: Additional considerations. *Journal of Marketing Research, 15*(2), 304–308.
4. 산포도에 대한 보다 전문적인 기법에 대해서 공부하려면 다음 논문을 참조하라: Goddard, B. L. (2000, April). The power of computer graphics for comparative analysis. *The Appraisal Journal, 68*(2), 134–141.
5. Pathak, S. (2013, September 30). Fans and brands. *Advertising Age, 84*(34), 18.
6. 교차표와 함께 카이제곱 분석을 하는 것은 각 칸의 빈도가 5보다 작을 때는 권장되지 않는다: Migliore, V. (1998). *Quirk's Marketing Research Review,* electronic archive.
7. 언제 카이제곱 분석을 하는가에 대해서는 다음 논문을 참조하라: Hellebush, S. J. (2001, June 4). One chi square beats two *z* tests. *Marketing News, 35*(12), 11, 13.
8. 이에 대해서 다른 관점은 이는 결국 조사자가 복수의 독립적인 사례 간의 비율 검정을 실시하는 것으로 보는 것이다(복수의 독립 집단의 평균의 차이를 검정하는 것처럼). 그리고 카이제곱 분석을 통하여 신뢰수준을 낮추는 1종 오류를 보상하는 것이다. 이에 대해서는 다음 논문을 참조하라: Neal, W. (1989, March). The problem with multiple paired comparisons in crosstabs. *Marketing Research, 1*(1), 52–54.
9. 교차표(contingency table) 분석에 대한 보다 전문적인 논의는 다음의 논문을 참조하라: Anawis, M. (2013, August). Contingency tables: A special class of analysis. *Scientific Computing,* 23–25.
10. Mehta, R., Sharma, N. K., & Swami, S. (2013). A typology of Indian hypermarket shoppers based on shopping motivation. *International Journal of Retail and Distribution Management, 42*(1), 40–55.
11. 또한 Gibson, L. (2007). Irreverent thoughts: Just what are correlation and regression? *Marketing Research, 19*(2), 30–33을 참조하라.
12. 이를 원인과 결과로 주장하는 것이 말이 안 됨을 보여주는 여러 허위 관계에 대해서 알고 싶으면 다음 웹페이지에 접속해보라: http://www.tylervigen.com/spurious-correlations

제15장

1. 적어도 한 조사자는 회귀분석이 너무 복잡하여 현실을 가리고 있다고 생각한다. 다음 자료를 참조하라: Semon, T. T. (2006). Complex analysis masks real meaning. *Marketing News, 40*(12), 7.
2. 물론 이상치(outlier)를 식별하는 방법은 많이 있다. 그러나 우리의 방법은 상관관계와 회귀분석에 존재하는 변수들 간의 직선형 관계를 보여주기 위한 그림을 통한 표현과 연관되어 있다. 이러한 식으로 학생들에게 이상치를 분석하는 것을 보여주고 현저한 이상치를 찾는 것을 학생들에게 보이고자 한다.
3. Semon, T. (1999, June 23). Outlier problem has no practical solution. *Marketing News, 31*(16), 2.
4. 저명한 마케팅 학자도 조사자들에게 그래프를 사용하는 것을 추천했다. 다음을 참조하라: Zinkhan, G. (1993). Statistical inference in advertising research. *Journal of Advertising, 22*(3), 1.
5. 이상치를 다루는 보다 전문적인 기법에 대해서는 다음의 논문을 참조하라: Clark, T. (1989, June). Managing outliers: Qualitative issues in the handling of extreme observations in marketing research. *Marketing Research, 2*(2), 31–48.
6. 보다 많은 정보를 위해서는 다음 논문들을 참조하라: Grapentine, T. (1997, Fall). Managing multicollinearity. *Marketing Research, 9*(3), 11–21, and Mason, R. L., Gunst, R. F., & Webster, J. T. (1986). Regression analysis and problems of multicollinearity in marketing models: Diagnostics and remedial measures. *International Journal of Research in Marketing, 3*(3), 181–205.
7. 그림으로 표현하는 법에 대해서는 다음 논문을 참조하라: Stine, R. (1995, February). Graphical interpretation of variance inflation factors. *The American Statistician, 49*(1), 53–56.
8. 다른 방법에 대해서는 다음 논문을 참조하라: Wang, G. (1996, Spring). How to handle multicollinearity in regression modeling, *The Journal of Business Forecasting, 14*(4), 23–27.
9. Sabate, F., Bergegal-Mirabent, J., Canabate, A., & Levherz, P. R. (2014). Factors influencing popularity of branded content in Facebook fan pages, *European Management Journal, 32(6)*, 1001–1011.

10. https://en.wikipedia.org/wiki/Road_rage
11. Ge, Y., Qu, W., Jiang, C., Du, F., Sun., X., & Xhang, K. (2014). The effect of stress and personality on dangerous driving behavior among Chinese drivers. *Accident Analysis and Prevention, 73*, 34–40.
12. Cano, L. Z., Sandoval, E. C., & Urbina, M. (2012). Proposals for marketing strategies for optical centers based on the consumer, *Global Conference on Business and Finance Proceedings, 7*(1), 601–606.
13. 우리의 접근법은 '전진(forward)' 단계별 회귀분석(stepwise regression)을 사용하고 있다. 우리의 접근이 단계적 회귀분석을 단순화한 것임을 인정한다.
14. 예를 들어 다음을 참조하라: Kennedy, P. (2005, Winter). Oh no! I got the wrong sign! What should I do? *Journal of Economic Education, 36*(1), 77–92.
15. 우리는 회귀분석에 대한 우리의 설명이 초보적이라는 것을 인정한다. 이에 대해 보다 전문적인 지식을 얻고 싶다면 다음 두 책을 추천한다: Lewis-Beck, M. S. (1980). *Applied regression: An introduction*. Sage Publications, Newbury Park, CA; Schroeder, L. D., Sjoffquist, D. L., & Stephan, P. E. (1986). *Understanding regression analysis: An introductory guide*. Sage Publications, Newbury Park, CA.
16. 다음의 자료들은 마케팅 조사에 적용된 다중회귀분석에서 발생할 수 있는 문제점을 처리하는 방법으로서 읽기 쉬운 것들이다: Mullet, G. (1994, October). Regression, regression. *Quirk's Marketing Research Review*, electronic archive; Mullet, G. (1998, June). Have you ever wondered.... *Quirk's Marketing Research Review*, electronic archive; Mullet, G. (2003, February). Data abuse. *Quirk's Marketing Research Review*, electronic archive.
17. 회귀분석은 학술적인 조사에서 많이 이루어진다. 다음 논문들이 그것에 대한 예다: Callahan, F. X. (1982, April/May). Advertising and profits 1969–1978. *Journal of Advertising Research, 22(2)*, 17–22; Dubinsky, A. J., & Levy, M. (1989, Summer). Influence of organizational fairness on work outcomes of retail salespeople. *Journal of Retailing, 65(2)*, 221–252; Frieden, J. B., & Downs, P. E. (1986, Fall). Testing the social involvement model in an energy conservation context. *Journal of the Academy of Marketing Science, 14(3)*, 13–20; and Tellis, G. J., & Fornell, C. (1988, February). The relationship between advertising and product quality over the product life cycle: A contingency theory. *Journal of Marketing Research, 25(1)*, 64–71. For an alternative to regression analysis, see Quaintance, B. S., & Franke, G. R. (1991). Neural networks for marketing research. In Robert L. King, ed., Marketing: Toward the twenty-first century. *Proceedings of the Southern Marketing Association* (1991), 230–235.
18. Taken from Bruning, E. R., Kovacic, M. L., & Oberdick, L. E. (1985). Segmentation analysis of domestic airline passenger markets. *Journal of the Academy of Marketing Science, 13*(1), 17–31.

제16장

1. Ewing, T. (2015, June). Why the research industry has reasons to be cheerful. *Quirk's Marketing Research Review*. Retrieved from http://www.quirks.com/articles/2015/20150610.aspx?searchID=1430763919&sort=7&pg=2
2. De Ruyck, T., & Willems, A. (2015, July 27). The memefication of insights. Retrieved from http://www.greenbookblog.org/2015/07/27/the-memefication-of-insights
3. Macer, T., & Wilson, S. (2015, July). Highlights from the FocusVision 2014 Annual MR Technology Report. *Quirk's Marketing Research Review*. Retrieved from http://www.quirks.com/articles/ 2015/20150609.aspx?searchID=1430763919&sort=7&pg=2
4. Michael Lotti와 저자들이 나눈 대화에 바탕하고 있다. 다음 책에서 처음 언급되었다 : Burns, A., & Bush, R. (2005). *Marketing research: Online research applications* (4th ed.). Upper Saddle River, NJ: Prentice Hall, p. 580.
5. Rohde, J. A. (2012, May). Three steps to better research presentations. Retrieved from Quirk's e-newsletter at http://www.quirks.com
6. Jameson, D. A. (1993, June). The ethics of plagiarism: How genre affects writers' use of source materials. *The Bulletin, 2*, 18–27.
7. Imperiled copyrights. (1998, April 15). *New York Times*, A24.
8. Fink, A. (2003). *How to report on surveys* (2nd ed.). Thousand Oaks, CA: Sage, p. 35.
9. *The American Heritage Dictionary of the English Language* (4th ed.) (2000). Boston: Houghton-Mifflin. Retrieved May 24, 2005, from http://www.dictionary.com
10. *American Heritage Dictionary*. Retrieved May 24, 2005, from http://www.dictionary.com
11. See Section A.7, Marketing Research Association's Code of Marketing Research Standards. Retrieved June 7, 2012, from http://www.marketingresearch.org/standards
12. Ober, S. (1998). *Contemporary business communication* (3rd ed.). Boston: Houghton Mifflin, p. 121.
13. Tufte, E. R. (1983). *The visual display of quantitative information*. Cheshire, CT: Graphics Press.
14. Kartik Pashupati와 저자들이 2012년 3월 9일에 마케팅 조사 실무자들이 사용하는 용어들에 대해서 토의를 나눈 후에 한 대화에 바탕하고 있다.
15. Donaldson, C. (2015, April). Dear PowerPoint. *Quirk's Marketing Research Review*. Retrieved from http://www.quirks.com/articles/2015/20150426-1.aspx
16. Kelly, B. (2015). Want foresight from Insight? Part 2: An interview with Gongos' Greg Heist. Retrieved from http://www.innovationexcellence.com/blog/2015/07/05/foresight-from-isight/?utm_campaign=Innovate+%40TBD+Festival&utm_content=17857989&utm_medium=social&utm_source=twitter&Itemid=92
17. 컨슈머 인사이츠(Consumer Insights)의 Jim McConnell과 저자들이 2015년 10월 25일에 나눈 대화에 바탕을 두고 있다.
18. Chakravarty, R., & Gudding, L. (2013, May). Activating segmentation through storytelling. *Quirk's Marketing Research Review*. Retrieved from http://www.quirks.com/articles/2013/20130507.aspx?searchID=1431741196&sort=7&pg=1
19. Tufte, E. (2001). *The visual display of quantitative information* (2nd ed.). Cheshire, CT: Graphics Press.
20. Macer, T., & Wilson, S. (2015, July). Highlights from the FocusVision 2014 Annual MR Technology Report. *Quirk's Marketing Research Review*. Retrieved from http://www.quirks.com/articles/2015/20150609.aspx?searchID=1430763919&sort=7&pg=2
21. Kelly, B. (2015). Pulling wisdom from abundant data—Part 1: An interview with Gongos' Greg Heist. Retrieved from http://www.innovationexcellence.com/blog/2015/06/01/pulling-wisdom-from-abundant-data-part-1-an-interview-with-gongos%E2%80%99-greg-heist
22. De Ruyck, T., & Willems, A. (2015, July 27). The memefication of insights. *GreenBook*, Retrieved from http://www.greenbookblog.org/2015/07/27/the-memefication-of-insights
23. Middlemiss, M. (2015). Sharing good ideas. Retrieved from http://www.aqr.org.uk/a/20150415-sharing-good-ideas

찾아보기

저자 소개

Alvin C. Burns는 루이지애나주립대학교 E. J. Ourso 경영대학의 마케팅 석좌교수다. 그는 인디애나대학교에서 마케팅 박사학위를, 테네시대학교에서 MBA를 취득했다. 그는 40년 이상 마케팅 조사 분야 박사 과정 세미나뿐만 아니라 학부 및 석사 과정도 가르쳤다. 이 기간 동안 그는 B2C(business-to-consumer), B2B(business-to-business) 및 비영리 조직을 대상으로 한 수많은 마케팅 조사 프로젝트를 감독했다. 그의 기사는 *Journal of Marketing Research, Journal of Business Research, Journal of Advertising Research* 등에 출간되었다. 그는 비즈니스 시뮬레이션 및 경험 학습 협회(Association for Business Simulation and Experiential Learning)의 회원이다.

Ann Veeck은 웨스트미시간대학교의 마케팅 교수이다. 그녀는 루이지애나주립대학교에서 마케팅을 전공으로, 통계학을 부전공으로 박사학위를 취득했고, 조지아대학교에서는 마케팅 조사 석사학위를 취득했다. 그녀는 17년 이상 수천 명의 학부생과 MBA 학생들을 대상으로 마케팅 조사 및 관련 과정을 가르쳐 왔고, 물론 이 마케팅 조사 교재를 사용하여 가르쳤다. 그녀의 연구초점은 중국을 중점으로 한 개발도상국에서의 가족 및 식량 소비 패턴이다. 그녀는 또한 마케팅 분야에서 광범위하게 최고의 학습방법을 발표했다. 그녀는 2013년 Haworth College of Business Teaching Award를 수상했으며 2012년 마케팅관리협회(Marketing Management Association, MMA)에서 혁신적인 교수법과 관련하여 수상했다.

Ronald F. Bush는 웨스트플로리다대학교의 명예교수 및 마케팅 석좌교수이다. 그는 앨라배마대학교에서 학사와 석사학위를 받고, 애리조나주립대학교에서 박사학위를 취득했다. 그는 마케팅 조사 분야에서 40년이 넘는 경험을 쌓아 중소기업에서부터 세계 최대의 다국적 기업에 이르는 다양한 기업의 연구 프로젝트를 수행했다. 또한 조사 보고서의 적합성에 대해 종종 증언하면서 조사 방법과 관련된 시험에서 감정인으로 일했다. 그의 연구는 특히 핵심 저널인 *Journal of Marketing*, *Journal of Marketing Research*, *Journal of Advertising Research*, *Journal of Retailing*, *Journal of Business*에 발표되었다. 1993년 그는 마케팅진흥회(Society for Marketing Advance) 회원으로 있었다.

역자 소개

남인우
부산대학교 경영학과를 졸업하고 동 대학원에서 마케팅으로 석사학위를 받았다. 이후 미국으로 건너가 펜실베이니아주립대학교에서 마케팅과 경영과학을 집중과목으로 MBA 학위를 취득하고 아이오와대학교에서 계량 마케팅과 마케팅 전략을 전공하여 박사학위를 취득했다. 박사학위 취득 후에는 2004년부터 2008년까지 싱가포르에 있는 난양기술대학교의 마케팅학과에서 조교수로 근무했다. 2008년에 중앙대학교 경영학부에 부임하여 현재 정교수로 근무하면서 마케팅과 마케팅 리서치, 사회과학 조사 방법론을 강의하고 있다.

전주언
인하대학교 경영학부를 졸업하고, 중앙대학교 대학원에서 마케팅 전공으로 석사 및 박사학위를 취득했다. 박사학위 취득 후 2013년부터 2016년까지 중앙대학교 경영경제대학 경영학부에서 강의전담교수로, KDB(한국산업은행) 금융대학교에서 겸임교수로 근무했다. 2016년에 안양대학교 글로벌경영학과에 임용되어 현재 조교수로 근무하면서 마케팅원론, 마케팅 조사론, 광고홍보론, 유통물류관리론을 강의하고 있다.

선택된 공식

제10장 표본의 크기 결정

$\pm$ 표본오차 비율 $= 1.96\sqrt{\frac{pq}{n}}$

비율의 경우 표준 표본 크기 공식

$$n = \frac{z^2(pq)}{e^2}$$

n = 표본 크기

z = 선택된 신뢰구간에 해당하는 표준 오차값(주로 1.96)

p = 모집단의 추정된 백분율

$q = 100 - p$

e = 허용 가능한 표본오차

평균의 경우 표본 크기 공식

$$n = \frac{z^2 s^2}{e^2}$$

n = 표본 크기

z = 선택된 신뢰구간에 해당하는 표준 오차값(주로 1.96)

s = 추정 표준편차로 표현된 변동성

e = 정밀도(precision) 혹은 허용 가능한 표본오차

제12장 기술통계분석, 모집단 추정, 그리고 가설 검정

표본평균 공식

$$\text{평균}\ (\bar{x}) = \frac{\sum_{i=1}^{n} x_i}{n}$$

n = 케이스의 수

x_i = 각 개별 케이스의 값

$\sum$ = 합산 기호

표준편차 공식

$$\text{표준편차}(s) = \sqrt{\frac{\sum_{i-1}^{n}(x_i - \bar{x})^2}{n-1}}$$

x_i = 각 개별 케이스의 값

$\bar{x}$ = 표본평균

평균의 표준 오차 공식

$$s_{\bar{x}} = \frac{s}{\sqrt{n}}$$

$s_{\bar{x}}$ = 평균의 표준 오차

s = 표본 표준편차

n = 표본 크기

백분율의 표준 오차

$$s_p = \sqrt{\frac{pq}{n}}$$

s_p = 백분율의 표준 오차

p = 표본 백분율

$q = 100 - p$

n = 표본 크기

평균에 대한 신뢰구간 공식

$$\bar{x} \pm z_\alpha s_{\bar{x}}$$

$\bar{x}$ = 표본평균

z_α = 95% 혹은 99% 신뢰수준에 대한 z값

$s_{\bar{x}}$ = 평균의 표준 오차

백분율에 대한 신뢰구간

$$p \pm z_\alpha s_p$$

p = 표본 백분율

z_α = 95% 혹은 99% 신뢰수준에 대한 z값

s_p = 백분율의 표준 오차

백분율에 대한 가설 검정 공식

$$z = \frac{p - \pi_H}{s_p}$$

p = 표본 백분율

π_H = 가정된 모집단의 확률

s_p = 백분율의 표준 오차

평균에 대한 가설 검정 공식

$$z = \frac{\bar{x} - \mu_H}{s_{\bar{x}}}$$

$\bar{x}$ = 표본평균

μ_H = 가정된 모집단 평균

$s_{\bar{x}}$ = 평균의 표준 오차

제13장 차이 검정

두 백분율 간 차이의 유의성에 대한 공식

$$z = \frac{p_1 - p_2}{s_{p_1 - p_2}}$$

p_1 = 표본 1의 백분율

p_1 = 표본 2의 백분율

$s_{p_1 - p_2}$ = 두 백분율 간 차이의 표준 오차

두 백분율 간 차이의 표준 오차에 대한 공식

$$s_{p_1-p_2} = \sqrt{\frac{p_1q_1}{n_1} + \frac{p_2q_2}{n_2}}$$

p_1 = 표본 1의 백분율

p_2 = 표본 2의 백분율

$q_1 = (100 - p_1)$

$q_2 = (100 - p_2)$

n_1 = 표본 1의 표본 크기

n_2 = 표본 2의 표본 크기

두 평균 간 차이의 유의성 검정을 위한 공식

$$z = \frac{\bar{x}_1 - \bar{x}_2}{s_{\bar{x}_1-\bar{x}_2}}$$

$\bar{x}_1$ = 표본 1의 평균

$\bar{x}_2$ = 표본 2의 평균

$s_{\bar{x}_1-\bar{x}_2}$ = 두 평균 간 차이의 표준 오차

두 평균 간 차이의 표준 오차에 대한 공식

$$s_{\bar{x}_1-\bar{x}_2} = \sqrt{\frac{s_1^2}{n_1} + \frac{s_2^2}{n_2}}$$

s_1 = 표본 1의 표준편차

s_2 = 표본 2의 표준편차

n_1 = 표본 1의 크기

n_2 = 표본 2의 크기

제14장 연관분석

선형 관계를 나타내는 공식

$y = a + bx$

y = 추정되거나 예측된 종속변수

a = 절편

b = 기울기

x = 종속변수를 예측하기 위한 독립변수

피어슨 적률상관계수에 대한 공식

$$r_{xy} = \frac{\sum_{n}^{i=1}(x_i - \bar{x})(y_i - \bar{y})}{ns_xs_y}$$

x_i = 각 x의 값

$\bar{x}$ = x의 평균

y_i = 각 y의 값

$\bar{y}$ = y의 평균

n = 짝지어진 쌍의 수

s_x, s_y = 각각 x와 y의 표준편차

열 백분율에 대한 공식

$$\text{열 백분율} = \frac{\text{그 칸의 빈도}}{\text{그 열의 모든 빈도}}$$

행 백분율에 대한 공식

$$\text{행 백분율} = \frac{\text{그 칸의 빈도}}{\text{그 행의 모든 빈도}}$$

각 칸의 기대 빈도에 대한 공식

$$\text{기대 빈도} = \frac{\text{열의 모든 빈도} \times \text{행의 모든 빈도}}{\text{총빈도}}$$

카이제곱 공식

$$x^2 = \sum_{i-1}^{n} \frac{(\text{관측 빈도}_i \times \text{기대 빈도}_i)^2}{\text{기대 빈도}_i}$$

관측 빈도$_i$ = 칸 i의 관측된 빈도

기대 빈도$_i$ = 칸 i의 기대 빈도

n = 칸의 수

제15장 회귀분석

이변량 회귀분석의 절편인 a에 대한 공식

$a = \bar{y} - b\bar{x}$

이변량 회귀분석의 기울기인 b에 대한 공식

$$b = \frac{n\sum_{i=1}^{n}x_iy_i - \left(\sum_{i=1}^{n}x_i\right)\left(\sum_{i=1}^{n}y_i\right)}{n\sum_{i=1}^{n}x_i^2 - \left(\sum_{i=1}^{n}x_i\right)^2}$$

x_i = x변수의 값

y_i = y변수의 값

n = 짝지어진 쌍의 수

다중회귀식

$y = a + b_1x_1 + b_2x_2 + b_3x_3 + \ ... \ + b_mx_m$

y = 종속변수 혹은 예측된 변수

x_i = 종속변수를 예측하기 위한 독립변수 i

a = 절편

b_i = 독립변수 i에 대한 기울기

m = 회귀식에서 독립변수의 수